Im gleichen Programm

Theo Aronson
DIE GOLDENEN BIENEN
Affären, Finanzen, Frauen der Familie Bonaparte

Louis Madelin
FOUCHÉ
1759–1826

Jean Orieux

Talleyrand

Die unverstandene Sphinx

Societäts-Verlag

Mit 8 Bildtafeln
Aus dem Französischen übersetzt von Gerhard Heller
Titel des Originals: Talleyrand ou le Sphinx incompris
(Flammarion, Paris, 1970)

Erste Auflage August 1972
Zweite Auflage November 1972
Dritte Auflage Januar 1973

Dritte Auflage

Frankfurter Societäts-Druckerei GmbH

Ausstattung: August Wolf
Typographie: Fritz Barkowsky
Bildteil: Frankfurter Societäts-Druckerei
Satz und Druck F. L. Wagener, Lemgo
Einbandarbeit Klemme & Bleimund, Bielefeld
Printed in Germany 1973
ISBN 3 7973 0231 2

Kaum eine Gestalt der Geschichte hat so viel Haß und Bewunderung erregt wie Talleyrand. Die leidenschaftliche Wißbegier, die dieser leidenschaftslose Mann hervorruft, ist nicht zu stillen, denn er wollte unergründbar sein, und er ist es gewesen.

Es galt, den Menschen unter seinen Masken aufzuspüren. Das Unterfangen mußte wohlüberlegt werden. Wir haben uns an alle die gehalten, die ihn gekannt, gehört, beschrieben und erforscht haben. Die Zahl der Zeugen ist groß: sie mußten zusammengefaßt werden. Dem Historiker Marc Ferro verdanken wir es, daß wir zu den besten Quellen Zugang fanden. Die nähere Beschäftigung mit unserem Helden brachte einige Unklarheiten zutage, insbesondere zum Zeitpunkt, da er sein Geschick mit dem Napoleon Bonapartes verbindet. Die Beziehungen dieser beiden Gestalten erscheinen in einem ganz anderen Licht, wenn man sich an die Geschichte hält, anstatt an die »Napoleonische Legende«, die uns immer wieder erzählt wird. Wann wird uns eine Gruppe junger Historiker die wirkliche Geschichte des Konsulats und des Kaiserreichs schreiben? Ein Werk wie das von Louis de Villefosse und Jeanine Bouissounousse »L'Opposition à Napoléon« wirft auf Napoleons Abenteuer ein neues Licht, wofür ich beiden Autoren dankbar bin. Das Buch von Emile Dard »Napoléon et Talleyrand« hat mir ebenfalls geholfen. Das von Michel Poniatowski »Talleyrand aux Etats-Unis« gibt viele Aufschlüsse über Talleyrands finanzielle Betätigung, über seinen Mut und sein Amtsgewissen. Françoise de Bernardy beschreibt in »Le dernier amour de M. de Talleyrand: la Duchesse de Dino« Talleyrands privates Leben während seiner letzten zwanzig Jahre. Der Historiker Guglielmo Ferrero »Talleyrand à Vienne« hebt, genau wie Duff Cooper, Talleyrands europäische Rolle hervor. Die von G. Pallain herausgegebenen »Correspondances«, die aus der Zeit des Wiener Kongresses und der Londoner Botschaft stammen, sind wichtige Quellen, ebenso die von P. Bertrand veröffentlichten »Briefe von Talleyrand«. Ständig benutzt habe ich »Le Dictionnaire de la Révolution et de l'Empire« von Bernardine Melchior-Bonnet. Schließlich sind noch Talleyrands »Memoiren« vorhanden, die nicht so verlogen sind, wie man allgemein annimmt, in denen der Autor sich aber verschleiert bewegt und sich heimlich den Ereignissen entzieht, die er nicht sehen will, die er vergißt. Doch plötzlich blitzt da oder dort Aufrichtigkeit auf. Das muß man gerade im Augenblick des Aufblitzens packen. Zudem kann man sagen, daß diese Art und Weise »zu vergessen« aufschlußreicher und weniger unredlich ist als schlechte Rechtfertigung.

Nach drei Jahre währenden Forschungen über die Persönlichkeit Talleyrands und seine Epoche stieß ich auf das Werk von Georges Lacour-Gayet »Talleyrand« (Payot 1928), einen wirklichen Markstein historischer Forschung und Entdeckung. Die Fülle, die Genauigkeit, die Gewissenhaftigkeit eines solchen Werks verdienen Hochachtung. In diesem Buch habe ich das Beste von allem dem gefunden, was ich zusammengetragen hatte. Es wurde mir zu einem unschätzbaren Helfer. In meinem Buch habe ich oft und dankbar darauf hingewiesen. Natürlich gibt das vor fünfzig Jahren von Lacour-Gayet verfaßte Werk ein Porträt Talleyrands, das spätere Arbeiten in ein anderes Licht gerückt haben. Unter anderen die Dissertation von Dr. René Laforgue »Talleyrand, l'homme de la France«, mit dem Untertitel: »Psychoanalytischer Versuch über die französische ›Kollektivpersönlichkeit‹«, und das Buch von Missoffe »Le Cœur secret de Talleyrand«.

Während der Unterhaltungen mit Madame de Montgomery-Bethouart wurde mir Talleyrands eigentliches Gesicht immer deutlicher. Dafür drücke ich ihr meine Dankbarkeit und Bewunderung aus. In den schwierigen Stunden, die Herr von Talleyrand mir bescherte, habe ich von meinen Freundinnen Madame Chibois und Madame Pefferkorn durch ihre Feinsinnigkeit, Erfahrung und Geduld Zuspruch erfahren. Ich danke ihnen, daß sie mir erlaubt haben, ihnen dieses Buch zu widmen.

Die Wesenszüge der Persönlichkeit Talleyrands mußten bestimmt werden: es gibt genauso viele unveränderliche wie wechselnde. Sie ist so farbig, so schillernd, daß man im Verlauf von vier gemeinsam verbrachten Jahren meint, man entdecke ihn jeden Tag neu, und man ist ständig in Gefahr, ihn auf jeder Seite neu zu definieren. Das wäre ein großer Irrtum. Man definiert Herrn von Talleyrand nicht, man begleitet ihn. Der Gang mit ihm durch vierundachtzig stürmische Jahre ist erregend: vom Seminar zu den Boudoirs, von den Altären zu den Spielsälen, von Versailles zu verfänglichen Stätten. Hier wie dort ist er wie Seide: sie schillert, der Schein verfliegt, das Gewebe bleibt. Das Schillern des Herrn von Talleyrand ist manchmal skandalös, manchmal schelmenhaft; es vermag Schrecken zu erregen, aber das Spiel ist stets faszinierend.

Nicht allein die Thesen irgendeines Historikers oder Biographen haben dazu geführt, daß diese beunruhigende Gestalt heute deutlicher vor uns steht als je zuvor. Wir verdanken dies dem Zug unserer kritischen und respektlosen Zeit, die sich nichts daraus macht, Masken herunterzureißen. Talleyrand, für den die »Gefährlichen Liebschaften« ungefährlich waren, fühlte sich in der bürgerlichen Gesellschaft des Biedermanns-Jahrhunderts nicht zu Hause. Offensichtlich hat er sich in manchen der Werke, die ihm während jener trübseligen Epoche gewidmet wurden, zu Tode gelangweilt. Daher entwandt er sich seinen Biographen und bewahrte seine Sphinx-Maske. Inzwischen haben wir andere Brillen aufgesetzt, wir sehen, daß der Bischof, das Mitglied der Konstituante, der kritische Minister sich in der gärenden Unruhe von 1970 wohler fühlen würde als unter den Gehröcken von 1838.

Die Gelegenheit war günstig, ihn einzuladen und zu sagen: »Herr von Talleyrand, wir wollen uns zusammensetzen und miteinander plaudern.« Da wir ihm Moralpredigten erspart haben, hat er uns vielleicht sein wahres Gesicht gezeigt.

Ein afrikanisches Sprichwort sagt: »Du bist mehr der Sohn deiner Zeit als der Sohn deines Vaters.« Talleyrand ist der Sohn mehrerer Epochen und sogar mehrerer Welten. Wenn die Maske der Unbewegtheit durchbrochen ist, ahnt man auf seinem Gesicht, so menschlich und liebenswürdig es ist, doch dunkle Klüfte, die vom hellen Geist des Jahrhunderts Ludwigs XV. nicht erhellt werden. Talleyrand ist sowohl der Zeitgenosse Voltaires wie der von Mirabeau, Bonaparte, Lamartine und Balzac. Er spricht die Sprache Voltaires, er schachert wie Mirabeau und hinkt durch die »düsteren Affären« der »Menschlichen Komödie«.

Obwohl er stets mit beiden Beinen in der Gegenwart steht, bleibt er im Kern unwandelbar. In den Geburtswehen der Geschichte ist er das unersetzliche Vehikel der Größe, des Lasters, der Eleganz und des Charmes der Vergangenheit gewesen. Er blieb der Perücke treu und der Anmut des Jahrhunderts der Aufklärung, ungetreu war er allem, was ihm in der Welt, die aus der Revolution hervorgegangen war, als vorübergehend erschien: den Politikern, ihren flüchtigen Regimen, ihren Redensarten und Schwüren. Hingegen gab es für ihn etwas, das die Individuen, selbst Napoleon, überragte: die Kultur nämlich, die Voltaires, Freiheit, Künste, Handel und Industrie, Reichtum. Für ihn verkörperte Frankreich diese Kultur, deshalb war Frankreich in seinen Augen mehr als die Regierungen, die Regierenden und die politischen Hochseiltänzer. Demgemäß behandelte er sie alle, und er tat es ohne Skrupel. Feinde schuf er sich durch seinen Zynismus, nicht durch seine Laster. Man hat ihm sein Gehen und Vorgehen angekreidet, seinen Hinkefuß und sein Verhalten – beides erfolgt in Schlangenlinien. Wie im Universum, verläuft in seinem Leben alles in Kurven. Mit unfehlbarem Instinkt hatte er erkannt, daß Mäander der sanfteste und sicherste Weg zum Erfolg sind. Man folgt ihm durch die Wirren und blutigen Jahre, in jenem weichen und parfümierten Kielwasser, das die Großen der europäischen Gesellschaft umspült. Im Summen der Wespen um ihn herum vernimmt man das Wort: »Verrat! Verrat!« Wen hat er »verraten«? Und im Hinblick worauf? Neues schaffen heißt in der Politik stets verraten. Wir haben das Wort in Anführungsstriche gesetzt: es gehört wohl eher zu den Waffen des Pamphletisten als zum Vokabular des Psychologen. Selbstverständlich haben wir seine Schwächen nicht verschleiert, vor allem dann nicht, wenn er selber sie geschickt beiseite schieben wollte. Wir haben ihn bei den dunkelsten Geschäften ertappt, in die er bis über die Ohren verstrickt war: dabei befand er sich in Gesellschaft höchster Persönlichkeiten – und sogar hervorragender Verfasser von Predigten. Bourrienne schrieb: »Die Geschichte wird über Herrn von Talleyrand ebensoviel Gutes sagen, wie seine Zeitgenossen Schlechtes über ihn gesagt haben.« In Wirklichkeit hat man sich seit einem Jahrhundert darauf beschränkt, das zu wiederholen, was der Neid seinen erlauchtesten Zeitgenossen eingegeben hatte. Die Bürger-Politiker haben nichts dabei gefunden, einen der größten Diener Frankreichs und Europas zu verdammen. Flaubert geißelt diese Borniertheit der französischen öffentlichen Meinung in seinem »Wörterbuch der Gemeinplätze«: »Fürst von Talleyrand: dagegen sein.« Alle Biedermänner gehorchten wie ein einziger Dummkopf. Wir haben es vorgezogen, Talleyrand zuzuhören. Wir haben ihn in seinem alltäglichen Leben beobachtet und uns in den Kreis seiner Vertrauten aufnehmen lassen. Es gibt nur wenige Menschen, die anziehender sind als dieser liebenswürdige, mit großer und unauffälliger Sensibilität begabte Grandseigneur. Er war so ungemein klug, daß er nie jemanden mit seinen Gedanken behelligte. Das überließ er den weniger Klugen, er hatte sich das Savoir-faire vorbehalten. Er besaß die Lebenslust seines Jahrhunderts und wollte, daß Glück in seinem Umkreis herrschte. Er hat seine Familie, seine Diener, das Personal des Ministeriums, seine Lehnsleute in Valençay und Benevent, seine Freunde, die nur der Tod von ihm schied, damit überhäuft. Aus der Nähe betrachtet, steht Herr von Talleyrand letztlich vor uns als ein Mensch mit einer »zweifelhaften Unmoral«.

Wird man deshalb von Rehabilitierung sprechen? Wir würden keinen Anstoß daran nehmen, wiewohl es nicht in unserer Absicht lag, ihn zu rehabilitieren oder zu verurteilen. Uns lag daran, ihn wieder lebendig werden zu lassen. Sollte es uns gelungen sein, braucht er keine Richter mehr. Lebendig rehabilitiert oder verurteilt er sich selbst. Auf jeden Fall werden weder der Tod noch das Vergessen die Spuren dieses Mannes, der aus der Tiefe der Zeiten kam, verwischen. Er gehört zu jenen Menschen, deren Wirkung sich ohne Ende fortsetzt und deren Weisheit, von Lastern übertüncht, so alt ist wie die Welt und solange bestehen wird, wie die Welt besteht.

Jean Orieux

ERSTER TEIL

WILGRIN 843
Graf von Angoulême und von Périgord

ALDUIN 886
ihm folgen verschiedene Nachkommen mit Namen Guillaume, Adalbert, Wilgrin, die sämtlich die Beinamen Taillefer und Taillerang tragen

ADALBERT
Graf von Périgord
gibt Hugo Capet 990 die berühmt gewordene Antwort

HELIE
Graf von Périgord
1166 mit dem Beinamen Tallerang

ARCHAMBAUD
Ältere Linie der Grafen von Périgord
bis 1440

ARCHAMBAUD VI.
1399 von Karl VI. enteignet und verbannt
† 1440 in Bordeaux

Ende der Älteren Linie

Jüngere Linie
Herren von Grignols genannt
Fürsten von Chalais

HELIE
† 1205 im Heiligen Land

HELIE
∞ Agnès von Chalais

JEAN TALLEYRAND 1514
Herr von Grignols (von Grignaux)
Kammerherr Karls VIII. und Ludwigs XII.
Vicomte von Fronsac, Fürst von Chalais

DANIEL TALLEYRAND
1613 urkundlich genannt
Graf von Grignols, Marquis von Excideuil, in direkter Linie von den Grafen von Périgord abstammend, Fürst von Chalais
∞ 1585 Tochter des Marschalls von Montluc

CHARLES

HENRI Graf von Chalais
1626 in Nantes enthauptet

DANIEL
Marquis von Talleyrand-Périgord
∞ 1725 Guyonne de Rochefort

GABRIEL VON TALLEYRAND-PÉRIGORD
Grande von Spanien, Gouverneur von Berry und Languedoc
∞ Kusine Marguerite von Chalais

begründen den Zweig der Herzöge von Périgord, Fürsten von Chalais, Granden von Spanien, 1815 bestätigt

AUGUSTIN-HELIE
∞ 1807 Frl. von Choiseul

AUGUSTIN-RENE ADALBERT
∞ 1879 Frl. Rousseau von Saint-Aignan

Eine Tochter, die durch Heirat den Titel der Fürsten von Chalais und der Granden von Spanien in das Haus Galard von Brassac von Béarn übertrug.

CHARLES-DANIEL
Graf von Périgord, 1734–1788
∞ Victoire-Eléonore von Damas von Antigny

CHARLES-MAURICE VON TALLEYRAND-PÉRIGORD
Bischof von Autun
∞ Catherine Grand
1754–1838

NAPOLEON LOUIS
Herzog von Valençay
∞ Alix von Montmerency

BOSON
Fürst von Sagan ∞ Jeanne Seillière

HELIE
Fürst von Sagan, Herzog von Talleyrand
∞ Anna Gould

HOWARD
1929

GRÄFIN JAMES VON POURTALES
∞ Gaston Palewski

TALLEYRAND-PERIGORD

Pairs von Frankreich · Fürsten von Chalais · Herzöge von Périgord · Herzöge von Talleyrand · Herzöge von Montmorency · Fürsten von Benevent · Herzöge von Dino · Fürsten von Sagan · Granden von Spanien Erster Klasse · Marquis von Excideuil · Grafen von Grignols, Montignac usw.

Wappen: drei goldene, bewehrte, blau-gekrönte Löwen mit herausgeschlagenen Zungen auf rotem Grund.

Devise: Ré qué Diou (Nichts als Gott)

ANDRE und MARIE DE COURBON
(Adel 1688 anerkannt, fußend auf Beweisen von 1475)

COLBERT und ROCHECHOUART-MORTEMART

Zweite Ehe mit Marie-Elisabeth Chamillart

GABRIEL-MAIRE
1726–1795

LOUIS-MARIE
Baron von Périgord

ALEXANDRE ANGELIQUE
Erzbischof von Reims
Kardinal-Erzbischof von Paris
† 1821

ARCHAMBAUD 1762–1838
∞ Madeleine von Sénozan
1817 Herzog von Talleyrand

BOSON

LOUIS
† in Berlin 1808

EDMOND
∞ Dorothee von Kurland
Herzog von Dino, Herzog von Talleyrand

MELANIE
∞ Just von Noailles,
Fürst von Poix

ALEXANDRE-EDMOND
Herzog von Dino
∞ Valentine von Sainte-Adelgonde

PAULINE
∞ Henri von Castellane

BONIFACE VON CASTELLANE

ADALBERT
Herzog von Montmorency

LOUIS
Herzog von Montmorency

MAURICE
Herzog von Dino

Eine Tochter

ARCHAMBAUD
Graf von Talleyrand
∞ Frl. von Gontaud-Biron

PAUL-LOUIS
Herzog von Valençay

ARCHAMBAUD-BOSON
∞ Hélène Morton

HELIE

ALEXANDRE

Anmerkung des Verlages: Die in Sigeln mit eckigen Klammern [] verschlüsselten Quellentexte sind vor dem Literaturverzeichnis auf Seite 747 aufgelöst.

Blaugekrönte goldene Löwen auf rotem Feld

Wie ein Leben verlaufen wird, zeichnet sich oft schon in der Jugendzeit ab, zuweilen wird es erst später erkennbar, und wiederum ein anderes bekommt seinen Sinn erst beim Eintritt ins hohe Alter. Mit Charles Maurice de Talleyrand-Périgord, geboren am 2. Februar 1754 und einer Familie entstammend, die ihren Namen wie einen Heiligenschein trug und die seit dem 9. Jahrhundert zur Spitze der Gesellschaft gehörte, verhält es sich anders. Am Tag seiner Geburt war seine Lebenslinie vorgezeichnet: Pracht und Ruhm, vereint mit moralischem Elend. Sein Schicksal hinkte bereits. Was ihn nicht daran hinderte, es sehr weit zu bringen.

Für Charles Maurice beginnt alles mit dem Beginn. Es handelt sich nicht um ein absurdes, nebuloses Verhältnis, sondern um ein innerliches Geschick, das er durch den Verstand und durch den Begriff, den er von sich selbst hatte, zu zügeln versuchte; diesem Begriff blieb der Mann, der oft und gern als »Chamäleon« bezeichnet wird, stets treu.

Er ist als Talleyrand-Périgord geboren worden, und das ist einer der Schlüssel seiner Lebensgeschichte. Diese Tatsache darf nicht außer acht gelassen werden, wenn er auch während seines langen Lebens nur ein einziges Mal auf den Adel seiner Familie anspielt. »Niemals davon sprechen, immer daran denken«, das ist der Schlüssel für sein Verhalten. Man begreift die Persönlichkeit nicht, wenn man seine Herkunft und den tiefverwurzelten Stolz nicht bedenkt, der damit verbunden war. Da dieses Bewußtsein, neben anderen Dingen, von Talleyrand streng gehütet wurde, erscheint sein Benehmen zuweilen unerklärlich. Weniger unerklärlich wird es in mancher Hinsicht, wenn man sieht, was die Familie Périgord darstellte und was Charles Maurice über sie wußte. Talleyrand gehört zum ältesten, dem am wenigsten anfechtbaren Adel Frankreichs. Die direkte Verknüpfung der Talleyrands mit den souveränen Grafen von Périgord wurde durch königliche Urkunden zuerst 1475 statuiert, dann erneut im Jahr 1613, als die Burgvogteien Grignols und Excideuil, die eine zur Grafschaft, die andere zum Marquisat erhoben wurden; bestätigt wurde sie 1688 und dann noch einmal im 18. Jahrhundert.

Der erste Graf von Périgord und Angoulême, Wilgrin, wurde von Karl dem Kahlen, seinem Verwandten, ernannt. Er starb 886. Seine Familie ist also mit den Karolingern verbunden. Die Nachfolge durch die Erstgeborenen reicht bis 1440.

Die Geschichte der Grafen von Périgord ist erschreckend. Sechs Jahrhunderte lang, vom 9. bis zum 14., weist die Chronik der Grafschaft nur Räubereien, Morde, Vergewaltigungen, Folterungen und Entführungen auf. Helie I. ließ dem Landbischof von Limoges die Augen ausstechen. Der Vicomte von Limoges setzte ihn gefangen, um ihm das gleiche anzutun, aber Helie entkam, nachdem er die Tochter des Kerkermeisters verführt hatte.

Daraufhin ließ der Vicomte einen Vettter Helies, den er in Gewahrsam hatte, blenden.

Adalbert Graf von Périgord stieß 990 in Tours mit seinem Lehnsherrn Hugo Capet, Graf von Paris, zusammen, der König von Frankreich geworden war – zweifellos zu frühzeitig für den streitsüchtigen Périgord. Seine Unbotmäßigkeit hatte Hugo Capets Aufmerksamkeit erregt, und er fragte: »Wer hat dich zum Grafen gemacht?«, worauf Adalbert schlagfertig erwiderte – das Wort ist berühmt geworden –: »Wer hat dich zum König gemacht?« Hugo Capet hielt es nicht für angebracht, einem so gefährlichen Gevatter zu antworten. Unser Talleyrand kannte das, die Nachkommen Capets kannten es auch.

Dieser Geist der Widerspenstigkeit, der Habgier und des Stolzes machte die Périgord zur Geißel ihrer Lehnsleute. Sie plünderten ihre eigene Hauptstadt aus. Périgueux bestand aus zwei befestigten Plätzen, der Stadtgemeinde und der Burg. Bürger und Handwerker lebten ständig in tausend Ängsten, sie verkrochen sich hinter ihren Mauern, um sich vor ihren Herren zu schützen, die eigentlich ihre Verteidiger hätten sein müssen.

Die Zeit des Hundertjährigen Krieges war die schlimmste. Die Grafen von Périgord – und nicht sie allein – wechselten vom französischen Lager ins englische über, genauer gesagt, aus dem Lager der Capetinger in das der Plantagenets. Stadt und Land wurden nacheinander von beiden Parteien verwüstet.

Helie V. von Périgord ging ein Bündnis mit Bertrand de Born ein – ein Troubadour, der nur zeitweise sanfte Züge aufwies – und mit dem Seigneur de Hautefort, gegen Richard Löwenherz, den Statthalter von Aquitanien. Helies Verbündete sagten sich von ihm los, weil er »flac et vil«, niedrig und weich, war. Dann söhnten sich die drei aus, um Richard in die Lage zu versetzen, sich gegen seinen Vater Heinrich II. Plantagenet zu erheben, unterstützt wurden sie davon von der schönen und schrecklichen Eleonore von Aquitanien, Heinrichs verlassener Gemahlin. In dem unglücklichen Land hörte das Blutvergießen nicht auf.

Die Périgord verbanden sich mit der Krone von England. Archambaud V. leistete seinem Freund, dem Schwarzen Prinzen, Statthalter von Guyenne, den Treueid. Dann beauftragte er seinen Bruder Talleyrand, sich nach Paris zu begeben und mit Karl V. gegen Bezahlung seine Unterwerfung auszuhandeln. Karl V., der Weise genannt, verhandelte lieber, als daß er Blut vergoß, und zahlte vierzigtausend Pfund in Gold. Eine erschreckend hohe Summe. Schon damals verkaufte sich ein Talleyrand, wie man sieht, sehr teuer. Es wurde zu einer Familiengewohnheit. Der damalige Talleyrand behielt für seine Vermittlung zehntausend Pfund für sich. Man verschaffte sich im 14. Jahrhundert recht hübsche Einkünfte, indem man bald auf die Löwen, bald auf die Lilien den Schwur leistete.

Gelegentlich zog dieser Talleyrand auch in den Krieg. Ihm schloß sich

Duguesclin an, um den Engländern die große und reiche Abtei Chancelade in der Nähe von Périgueux abzunehmen. Der tapfere Bretone und der listige Périgord hatten Erfolg. Während Duguesclin den Engländern die Köpfe spaltete, plünderte sein Verbündeter die Abtei völlig aus: den Mönchen überließ er nur vier nackte Mauern, weil er sie nicht wegtragen konnte. Die unglückselige Grafschaft bestand im 15. Jahrhundert nur noch aus rauchenden Ruinen und verwüsteten Feldern. Die beiden letzten Grafen, Archambaud V. und VI., übertrafen ihre Vorgänger an Falschheit und Raubgier.

Sie stellten Banden zusammen, an deren Spitze sie selber traten, um ihr eigenes Gebiet zu verheeren. Das Volk rief den König um Hilfe an, aber Paris war weit entfernt. Mehrmals griffen die Könige von Frankreich ein, doch nicht energisch genug. Erst Karl VI. setzte den furchtbaren Umtrieben der älteren Linie ein Ende. Archambaud VI. starb besiegt, von allen verlassen, 1440 in Bordeaux; er war geächtet worden und seiner Titel und Güter verlustig gegangen.

Die Grafschaft fiel an Louis d'Orléans, einen Bruder des Königs. Sie brachte ihm kein Glück; er wurde in Paris, in der Rue Barbette, vom Herzog von Burgund ermordet. Jetzt ging die Grafschaft an seinen Sohn, den Dichter Charles d'Orléans, über, der in Azincourt gefangengenommen wurde. Der gütige Mann, der sich weniger um das Périgord als um die Unbilden der Witterung kümmerte, schrieb aus seinem düsteren Gefängnis: »Das Wetter breitet seinen Mantel aus Wind, Kälte und Regen aus.«

Nun wurde die Grafschaft an Jean de Blois, Graf von Penthièvre aus dem Haus Bretagne – königlichen Stammes –, verkauft. Durch Heirat fiel sie an die Familie d'Albret und an Antoine de Bourbon – königlichen Stammes – und ging schließlich mit der Vicomté von Limoges an Heinrich IV. über, der alles zusammen mit der Krone vereinigte. Unser Talleyrand wußte das alles: die Grafschaft Périgord und ihre aus karolingischen Zeiten, das heißt aus den Urgründen der Nation stammenden hervorgegangenen Grafen waren jahrhundertelang den gleichen Weg – und in der gleichen Höhe – gegangen wie die Grafen von Paris und ihre Nachfahren. Talleyrand war stets der Auffassung, daß er ein besonderes Recht hatte, sich mit den Angelegenheiten Frankreichs zu befassen, die alles in allem nur die Weiterführung seiner Familienangelegenheiten waren.

Doch stammt Charles Maurice nicht von den letzten Grafen ab. Um die Verknüpfung mit der direkten Linie aufzufinden, muß zurückgegangen werden bis zum Jahr 1166, bis zum Grafen Helie V. von Périgord, genannt Talleyrand. Sein ältester Sohn Archambaud erbte die Grafschaft, und die schreckliche Linie setzte sich bis ins Jahr 1440 fort. Sein zweiter Sohn, Helie, Herr von Grignols, begründete die jüngere Linie, der unser Talleyrand angehört. Helie von Grignols starb 1205 im Heiligen Land. Sein Enkel heiratete Agnès von Chalais, die dieser Linie die Lehnsherrschaft gleichen Namens einbrachte und im 15. Jahrhundert den Titel eines Fürsten von Chalais.

Unter diesen »Raubtieren«, wahrhaft bewehrten und gekrönten Löwen wie jene, die aufrecht in ihrem Wappen auf blutrotem Hintergrund die Krallen zeigen, begegnet man zwei Talleyrands von ganz verschiedenem, aber nicht entgegengesetztem Wesen. Sie sind Talleyrands, was Stolz und Ehrgeiz anbelangt, doch ihre Verhaltensweise ist anders, oder besser gesagt, ihr Herrschaftswille und ihre Gier äußert sich auf andere Weise. Diese Talleyrands sind »blaugekrönte Löwen«: eine erstaunliche Vorwegnahme ihres späteren Nachfahren.

Der erste ist Helie de Talleyrand, Sohn des Grafen Helie VII. und der Brunissende de Foix. Er kam 1301 in Périgueux zur Welt und starb 1364 in Avignon. Er war ein Mann der Kirche: Archidiakonus in Périgueux, Dekan von Richmond, einer Diözese der Grafschaft York, Abbé von Chancelade, Bischof von Limoges, 1331 schließlich, dank seines Verwandten, des Papstes Johannes XXII., Kardinal. Seine Wesenszüge sind interessanter als seine Titel. Er spielte eine beachtliche Rolle in der Kirche seiner Zeit. Er hätte Papst werden können, lehnte jedoch ab. Petrarca sagte: »Er fand es schöner, Päpste zu machen, als selbst einer zu sein.« Er zog es vor, Verhandlungen zu führen und sich mit den Intrigen der Höfe, der Konzile und Armeen herumzuschlagen. Er hat unendlich viel Gutes getan und hat, unter Lebensgefahr, Krieg und Verbrechen verhindert. Eine der wichtigsten Verhandlungen, die er geführt hat und die, hätte König Johann der Gute auf ihn gehört, Frankreich ein Desaster erspart hätte, fand vor der Schlacht von Poitiers statt. Er befand sich auf der französischen Seite, war aber Dekan von Richmond und ein Freund des Prinzen von Wales, der die Engländer befehligte. Der Kardinal begab sich von einem Lager ins andere, er wollte den blutigen Zusammenstoß verhindern. Er wußte, daß die Franzosen nicht gerüstet waren, daß die Unordnung in ihren Reihen, ihre Prahlerei zu einer Niederlage führen mußten. Es gelang ihm, den Prinzen von Wales zu einem Verzicht auf die Schlacht zu bewegen und zum Rückzug gegen die Zusicherung, daß der König von Frankreich das gleiche täte und daß Friedensgespräche eingeleitet würden.

Johann der Gute und eine Gruppe leichtfertiger Ritter schlugen die Warnungen des Kardinals von Talleyrand in den Wind, sie stürzten sich wie Verrückte in die Schlacht. Der Ausgang ist bekannt. [In der Schlacht bei Maupertius unweit Poitiers besiegte 1356 der »Schwarze Prinz«, ein Sohn Eduards III. von England, König Johann II. von England und hielt ihn danach vier Jahre lang gefangen. Währenddessen wüteten in Frankreich schwere innere Kämpfe und Aufstände.] Trotz des Mißerfolgs, den der Kardinal einstecken mußte, hatte er seinem Gefolge den Befehl gegeben, Johann dem Guten zu helfen. Die Engländer nahmen es dem Kardinal nicht übel. Er verhandelte weiter, um das Unheil dieser Niederlage zu mildern. Er war ein klarer, kritischer, scharfsinniger Kopf und verfügte über eine umfassende Bildung. Petrarca bewunderte ihn. Er war berühmt für die Großzügigkeit seiner Gedanken. In Toulouse gründete er eine Schule, die Hälfte der Plätze war Kindern aus dem Périgord vorbehalten. Die Neuen wurden vom Grafen vorgeschlagen, jedoch erst zugelassen, wenn die anderen Schüler sie für fähig erachtet hatten. Mehr noch: die Kapläne, die die Schule leiteten, wurden mit zwei Dritteln der Stimmen von den Schülern gewählt, so wie im Konklave die Päpste gewählt werden. Man hält es nicht für möglich: Monseigneur de Talleyrand gehörte im 14. Jahrhundert tatsächlich zur Avantgarde.

Einige Vorwürfe werden ihm jedoch gemacht: er liebte den Prunk, und er liebte das Geld. Er hinterließ, trotz seiner gewaltigen Ausgaben und seiner Freigebigkeit, ein ungeheures Vermögen, das sich wie ein Goldregen über seine Neffen ergoß ... Da es nicht aus den kläglichen Abgaben seiner armen Lehnsleute stammen konnte, behauptete man, er habe geschäftliche Transaktionen unternommen, die kaum mit seinem Brustkreuz zu vereinbaren gewesen wären, und seine erstaunlichen diplomatischen Unterhandlungen hätten häufig fruchtbaren finanziellen Unternehmungen geglichen. Behauptet wird auch, er habe sich an Entführungen beteiligt: so an jener von Marie d'Anjou, der Schwester der Königin von Neapel. Ausgeführt wurde sie von seinem Neffen und einem Komplicen, dem Grafen von Duras, den der Kardinal später aus dem Gefängnis holte und der Bestrafung entzog. Aber was kann von einem Talleyrand nicht alles behauptet werden, der Kardinal, Diplomat, Pädagoge und Bankier war, selbst wenn er all diese Metiers meisterhaft ausgeübt hat? Nur seine Frömmigkeit war recht unzureichend.

Wem ähnelt er nun? Jedenfalls nicht seinem Vater. Vielleicht einem Nachfahren mit den Vornamen Charles Maurice.

Ein anderer Talleyrand, ein direkter Vorfahr des unseren, verdient eine Verbeugung. Am Ende des 15. und zu Beginn des 16. Jahrhunderts lebte Jean de Talleyrand, Herr von Grignols und Chalais, Vicomte von Fronsac. Am Hof Karls des VIII., dessen Kammerherr er war (sein Nachkomme Charles Maurice bekleidete das gleiche Amt bei Napoleon, Ludwig XVIII. und Karl X.), kannte man ihn unter dem Namen Grignaux (statt Grignols). Brantôme, der ihm begegnet war, schreibt ebenfalls Monsieur de Grignaux. (Im Jahre 1834 benutzt ein Feind Talleyrands diesen Namen, um zu verbreiten, daß Talleyrand nicht adlig sei und von einem gewissen Grignaux abstamme.)

Als Erster Majordomus und Ehrenritter der Königin Anne vertrat er den Adel des Périgords bei den Generalständen im Jahr 1484. Nach dem Tod Karls VIII. blieb er unter Ludwig XII. in seinen Ämtern (und im Besitz seines Vermögens). Brantôme spricht sehr angetan über ihn und über die Freundschaft, die ihn mit dem König verband. Er schildert ihn als einen

Mann, der die Kunst beherrschte, seine Gäste zu bewirten, der großartig zu reden verstand, nicht nur in Französisch, sondern auch in fremden Sprachen, und der in den Gesandtschaften, die ihm anvertraut waren, hervorragend wirkte. Mit unschuldiger Miene trieb er, respektlos sogar gegenüber den Mitgliedern des Königshauses, seine Scherze. Königin Anne bat, ihr einige Worte Spanisch beizubringen, die sie zur Begrüßung an den spanischen Gesandten richten wollte. Brantôme berichtet davon: »... Grignaux sagte ihr ein paar kleine Unanständigkeiten vor, die sie sogleich lernte ... Herr von Grignaux berichtete es dem König, der lachen mußte, denn er kannte seine fröhliche und spaßige Sinnesart.« Als aber die Königin den Sinn der Worte erfuhr, die sie dem Gesandten sagen sollte, geriet sie derart in Zorn, »daß sie Herrn von Grignaux wegjagen wollte«.

Dieser Talleyrand spielte eine bemerkenswerte Rolle in der Ehe Ludwigs XII. Da dieser von Anne de Bretagne keinen männlichen Erben haben konnte, heiratete er die sechzehnjährige Schwester Heinrichs VIII. Das änderte nichts an der Sache, denn der König war vorzeitig gealtert; außerdem bedeutete die junge, enttäuschte Königin eine Gefahr, was Louise von Savoyen, die Mutter des präsumptiven Erben, Franz von Angoulême, sogleich erkannte. Sie fürchtete, es könne, da der König zeugungsunfähig war, ein Edelmann an seiner Statt das tun, was er nicht vermochte. Denn Louise wollte, daß ihr Sohn König würde. Sie beauftragte Talleyrand de Grignaux, die junge Königin zu überwachen und dafür zu sorgen, daß niemand, der eine Hose trug, in ihre Nähe käme.

Seine Aufgabe war nicht einfach: die Schwester Heinrichs VIII. war, so sagte er ganz richtig und ohne Respekt, »mehr Närrin als Königin«. Sie war in den Herzog von Suffolk verliebt, den sie zum Gesandten in Paris hatte ernennen lassen. Es bedurfte der ganzen Schläue eines Talleyrand, um die List der Verliebten zu vereiteln; ganze Nächte verbrachte er schlaflos in den Kulissen der Monarchie, doch dank seiner Wachsamkeit wurde beim Tod Ludwigs XII. der geliebte Sohn der Louise von Savoyen König unter dem Namen Franz I. Auf diese Art und Weise stand Monsieur de Talleyrand de Grignaux in besonderer Gunst bei dem neuen Herrscher, so wie dies schon bei dessen beiden Vorgängern der Fall gewesen war. Günstling gleich dreier Herrscher zu sein, ist nicht jedem ersten besten Hofmann beschieden.

Wie man sieht, ist Geschicklichkeit ein Familienmerkmal. Nichtsdestoweniger gelang es der jüngeren Linie der Grignols, Chalais, Excideuil nicht, die Grafschaft zu übernehmen, als die ältere Linie ihren Besitz einbüßte. Sie behielten die Titel und die Vornamen, die viele Generationen hindurch, vom 9. bis ins 20. Jahrhundert hinein, bewahrt wurden: Helie, Archambaud, Adalbert. Der Name Helie war im 19. Jahrhundert im Périgord noch häufig feststellbar. Talleyrand ist ein Beiname, der haftenblieb. Die beiden ersten Grafen hatten die Beinamen Taillefer bekommen. Im 10. Jahrhundert erscheint die Schreibweise Taillerang oder Talleran, bevor es zur endgültigen

Fassung Talleyrand kam. Die Aussprache war Taille-rang oder Tal-rang. Im Périgord sagt man noch heute Taille-rang, in Reims spricht man von Monseigneur de Taille-rang. 1792 steht in einem Polizeibericht Tailleran. So wurde also damals der Name in Paris ausgesprochen. Nicht nur die Titel und die Vornamen wurden weitergegeben, auch bestimmte Neigungen und Verhaltensweisen: Kühnheit und Unerschrockenheit, vereint mit einem Sinn für Verhandlungen und Vermittlungen, ein unwiderstehlicher Drang nach Luxus, finanziert durch schlaue Manipulationen, kurzum, die Samtpfote und die Raubtiertatze. Alle diese Wesenszüge, durch Vererbung hier und dort, auf diesen und jenen verteilt, ergeben unterschiedliche Persönlichkeiten, die zumindest aber durch eine hervorstechende Eigenschaft sich gleichen: durch Stolz. »Nichts als Gott«, heißt ihre Devise. Soweit man diese »bewehrten und gekrönten Löwen« kennt, weiß man, was dieser fromme Wahlspruch zu bedeuten hat: da Gott im Himmel weilt, ist er nicht lästig; da der König in Paris lebt, ist er fast ebenso weit entfernt wie Gott vom Irdischen; bleibt das Périgord. Und dort gilt niemand außer ihnen: nichts als Talleyrand. Das ist im Grunde ihre eigentliche Devise. Und sie trifft zu.

Im Jahre 1613 war das Haupt der Familie Talleyrand Daniel, Fürst von Chalais, Graf von Grignols, Marquis von Excideuil, Baron von Beauville und Mareuil. Alle diese Lehen liegen im Périgord. Er hatte Jeanne de Montluc geheiratet, die Tochter des berühmten Marschalls. Ihr Sohn, Graf von Chalais, der Freund Ludwigs XIII. und Gastons von Orléans, war es, der zweimal versucht hat, Richelieu umzubringen. Nach dem ersten Versuch wurde er begnadigt, nach dem zweiten enthauptet. Der König verfügte, die Folter solle ihm erspart bleiben, doch der Henker, der ihm 1626 in Nantes den Kopf abschlug, war ein Anfänger und mußte mehr als dreißigmal ansetzen.

Immer bringen solche Leute Unheil mit sich. Jeannes Enkel Gabriel wurde 1714 bei der Belagerung von Barcelona getötet; dessen Sohn, der Marquis von Talleyrand-Périgord, kam bei der Belagerung von Tournai 1745 ums Leben. Er hatte Marie-Elisabeth Chamillart geheiratet, die Enkelin des Finanzministers von Ludwig XIV.; ihre Mutter war Marie-Françoise de Rochechouart-Mortemart, die Tochter des Herzogs von Mortemart, der wiederum die Tochter Colberts geheiratet hatte. Mithin stammt unser Talleyrand von Colbert und Chamillart ab. Sicherlich stand dieses Erbe seinem Geschäftssinn nicht im Wege. Seitens der Mortemart-Rochechouart kam ein Adel hinzu, der ebenso glanzvoll war wie der seine, ganz zu schweigen von der brillanten und witzig-bissigen Geisteshaltung, die als »esprit Mortemart« bekannt ist und von der die Urgroßtante unseres Helden, die Marquise von Montespan, am Hofe des Sonnenkönigs ausgiebig Gebrauch machte. Zwei seiner direkten Vorfahren waren also im Krieg gefallen: man gab in der Familie Talleyrand-Périgord sein Leben hin. Ihr Vermögen aber entsprach weder ihrem Heldenmut noch ihren Titeln. Anscheinend gelang es ihnen nicht, in den Vorzimmern der Minister die gleichen Taten zu vollbringen wie im Krieg. Ihr Ruhm wird dadurch gewiß nicht geschmälert. Wahrscheinlich aber hat sich ihr gescheiter Engel Charles Maurice, mit dessen Geschick wir uns beschäftigen, später Gedanken gemacht über das offenkundige Mißverhältnis zwischen der Größe der geleisteten Dienste und dem bescheidenen Maß der von seinen Vorfahren dafür empfangenen Belohnungen. Er wird dieser unerfreulichen Vergeßlichkeit der Regierungen, denen man erstklassige Dienste leistet, begegnen: er läßt sich im voraus bezahlen.

Das älteste Kind des Marquis von Talleyrand und Marie Chamillart war Charles-Daniel, Graf von Talleyrand-Périgord, 1734 geboren, der Vater unseres Talleyrand. Der dritte Sohn war Alexandre-Angélique, der spätere Koadjutor des Erzbischof-Herzogs von Reims, dann selber Erzbischof von Reims und schließlich bis zu seinem Tod im Jahre 1821 Kardinal-Erzbischof von Paris; er ist der Onkel Kardinal von Charles Maurice. Charles-Daniel verheiratete sich sechzehnjährig im Jahr 1751 mit Marie-Victoire-Eléonore de Damas d'Antigny aus trefflichem burgundischem Adel, doch leider brachte sie nur fünfzehntausend Pfund Renten ein, und ihr Ehemann, wiewohl der Älteste einer so großen Familie, besaß nicht viel mehr. Für Menschen ihres Ranges war das wenig genug. Die junge Frau war sechs Jahre älter als ihr Mann. Sie hatten sich ineinander verliebt und blieben verliebt. Im Jahrhundert der Libertinage war ihre Verbindung fast ein Wunder: ihr Leben lang blieben sie Liebende. Der Graf von Périgord hatte ein Regiment und die Gräfin ein Amt bei Hofe. Sie wurden in der so weiß schimmernden und so neuen Kirche Saint-Sulpice getraut und wohnten im Schatten ihrer Türme, Rue Garancière 4, bei seiner Mutter, der Marquise von Talleyrand. In diesem heute umgestalteten, aber noch bestehenden Haus kamen ihre vier Kinder zur Welt. Das erste starb in jungen Jahren, das zweite war Charles Maurice, der am 2. Februar 1754 geboren, später der Älteste wurde, danach folgten 1762 Archambaud und 1764 Boson.

Das Kind der Löwen lebt wie eine streunende Katze

Charles Maurice wurde noch am Tag seiner Geburt getauft, sein Pate war sein Onkel, der spätere Erzbischof. An der Kirchentür von Saint-Sulpice wurde der Knabe einer Amme übergeben, die ihn in den Faubourg Saint-Jacques mitnahm, wo sie wohnte. Niemals hat sich das Kind längere Zeit im Schoß der Familie aufgehalten. Vier Jahre später hatten sich seine Eltern nicht einmal nach ihm erkundigt. Niemand erfuhr auch von dem Unfall, durch den er verkrüppelt wurde. Als er wenige Monate alt war, hatte ihn seine Amme auf eine Kommode gelegt, er war heruntergefallen und hatte sich den Fuß gebrochen. Die unglückselige Frau achtete nicht weiter darauf.

Das Kind wuchs heran, die Knochen wuchsen nicht richtig zusammen; er bekam einen Klumpfuß. Dieses Gebrechen wird akzidenteller nach innen gedrehter Klumpfuß genannt. Man könnte annehmen, daß dieses Mißgeschick Mitleid erregt hätte, doch nichts dergleichen. Es wurde zum Vorwand gemeiner Anspielungen. Manchen böswilligen Autoren wäre es zupaß gekommen, wenn dieser mißgestaltete Fuß erblich gewesen wäre. Dann wäre für sie aus einem Gebrechen ein Makel geworden. Der Arzt Cabanès vertritt die Auffassung, der erbliche Klumpfuß sei von gewissen geistigen und moralischen Anomalien begleitet: eine Theorie, die es den »wohlmeinenden« Menschen der Restauration erlaubt hätte, die Abtrünnigkeit des Exbischofs von Autun als geistige Deformation zu erklären. Dieses Argument ließ sich nicht lange halten, denn man konnte Herrn von Talleyrand zwar viele Laster nachsagen, schwieriger jedoch war es, ihm permanenten oder zeitweiligen Schwachsinn vorzuwerfen. Lassen wir also »die Wissenschaft« des Doktor Cabanès auf sich beruhen, der selbst Talleyrand sich irren läßt, wenn er sagt: »Es fehlt nicht an Dummen, sondern an Scharlatanen.«

Der Klumpfuß war nicht angeboren. Madame de Talleyrand schreibt 1755 an ihre Mutter, als ihr Ältester noch am Leben und Charles Maurice, ein Jahr alt, in Pflege war: »Ich hoffe, es wird Ihnen Freude machen, Ihre Enkelkinder zu sehen. Vielleicht sind die meines Bruders hübscher, die meinen sind lebhaft und fröhlich ...«

Sie weiß also noch nicht, daß ihr zweiter Sohn verkrüppelt ist.

Von seinen frühesten Kinderjahren an konnte er nur gehen, wenn er sich auf eine behelfsmäßige Krücke stützte. Im Schloß Valençay und im Museum Carnavalet sind Schuhe von Talleyrand zu sehen. Geschädigt war der rechte Fuß, dessen Schuh die Form eines Elefantenfußes mit einem Metallgestell hatte; von ihm aus lief ein Eisenstab an der Innenseite der Wade bis hinauf zum Knie, wo er durch ein Lederband stramm befestigt war: ein wahres Folterinstrument.

Es war ein tragischer Unfall, denn er hatte tiefgreifende Folgen für Talleyrands Leben. An dem Tag, an dem das Kind sich den Fuß brach, mußte auch sein Schicksal einen Bruch hinnehmen.

In seinen Memoiren verfährt Talleyrand, so wie es alle Verfasser von Memoiren tun: er plädiert in eigener Sache. Wir akzeptieren daraus nicht alles, registrieren jedoch, daß Talleyrand bei der Mehrzahl der Dinge, die er darstellt, Glauben verdient. Hingegen ist er dort fragwürdig, wo es um »das Unausgesprochene« geht. Mit wenigen Ausnahmen, auf die zu gegebener Zeit und an gegebenem Ort hinzuweisen ist, lügt er nur durch Unterlassungen. Was er niederschrieb, ist wahr; denn da man kaum auf vollkommene Weise lügen kann, wäre die Verbreitung einer Lüge dumm, vulgär und vor allem wirkungslos – folglich das genaue Gegenteil zum Verhalten eines Talleyrand. Er betreibt die Kunst der Verschleierung. Er hält sich an die Wahrheit, um wichtige und gefährliche Dinge zu verbergen; sie bleiben geheim. Seine Aufrichtigkeit vermag die Einfältigen zu täuschen. Das hat er gewollt.

Was seine Kindheit angeht, so stimmt der Bericht in den Memoiren mit der Wirklichkeit überein. Vier Jahre lang war er einer einfachen Frau überlassen, die für ihn getan hat, was sie konnte. Talleyrand hat sich nie über sie beklagt. Er hat aber zwei- oder dreimal die Andeutung gewagt, er habe zu wenig Liebe empfangen. Dieses Geständnis nimmt man ihm übel. Aber wie abgeschwächt wirkt sein Bedauern – ohne jeglichen Vorwurf –, keine besser behütete, keine schönere Kindheit erlebt zu haben. Man sagt, er wage es, sich zu beklagen, seine Mutter habe ihn nicht geliebt! Nichts zeigt an, daß Talleyrand sich getäuscht hat . . . Seine Eltern gingen so ineinander und füreinander auf, daß ihre Kinder ihnen unwichtig waren. Diese Vernachlässigung erklärt sich teilweise auch aus den Vorstellungen, die man zu jener Zeit und in ihren Kreisen von der Kindererziehung hatte. Charles Maurices Eltern gehörten zu jener Gruppe bei Hofe, die den Dauphin und die Töchter Ludwigs XV. umgab; eine Gesellschaft, die bekannt war für ihre Sittenstrenge und formalistische Frömmigkeit, für ihr starres Festhalten am Hergebrachten und ihren Abscheu vor modernen Ideen. Es wäre ein grober Irrtum, sie ohne mildernde Umstände zu verdammen. Auch darf man sie nicht wegen ihrer »Härte« verurteilen, sie herrschte allgemein. »Empfindsamkeit« hatte die Herzen noch nicht heimgesucht. Ein Noailles, der bei seinem Vater, dem Marschall, in dessen Appartement in Versailles lebte, beschreibt seinen Tageslauf. Um fünf Uhr morgens stand er auf, schlang eine Rübensuppe herunter, arbeitete mit seinem Lehrer, ging zum Reiten, bekam dann wieder eine Kohl- und Rübensuppe mit gekochtem Rind- oder Schweinefleisch, arbeitete von neuem und hatte manchmal solchen Hunger, daß er versuchte, auf der Türschwelle ein Stück Fleisch von den vergoldeten Tellern zu stibitzen, die von des Vaters Tische kamen, und wenn die Diener ihn verpetzten, ließ sein Vater ihn auspeitschen. Doch dieser Noailles wohnte wenigstens bei seinen Eltern, er sah sie, redete mit ihnen, bekam von ihnen die Peitsche zu spüren, zumindest war er sicher, daß man sich so oder so um ihn kümmerte. Zwanzig Jahre danach kam Jean-Jacques Rousseau in Mode: man sah Damen, die sich früher nie über eine Wiege gebeugt hatten, jetzt ihren Sprößlingen in den Logen der Oper die Brust geben. Das war zeitgemäß. Was aber nicht bedeutet, daß sie zu Hause bessere Mütter gewesen wären.

Charles Maurices Eltern hatten zeitraubende Ämter am Hofe: der Graf von Périgord war ständiger Begleiter des Dauphins und die Gräfin Ehrendame. Weder in Versailles noch in Paris hatten sie wahrscheinlich die Zeit, mehr als nur flüchtig an ihre Kinder zu denken. Was jedoch bei beiden Elternteilen seltsam ist: sie nahmen ihrem behinderten Sohn gegenüber nicht die gleiche Haltung ein wie gegenüber ihren anderen Kindern. Lieblosigkeit kann man sich erklären, Ungerechtigkeit nicht. Was Anstoß erregt, ist die verschiedenartige Behandlung und nicht die Strenge der Erziehung. Der Bruder des Grafen, der Bailli von Périgord, entrüstete sich darüber. Da der Onkel von Charles Maurice sich entschloß, seiner Schwägerin eine scharfe Lektion zu erteilen, mußte wohl etwas Skandalöses im Falle des Neffen vorliegen.

Es geschah zu der Zeit, als der Junge im Faubourg Saint-Jacques in Pflege war. Sein älterer Bruder war soeben gestorben, Archambaud war noch nicht geboren, er war mithin der einzige Nachkomme der Familie.

Sein Onkel, der Bailli von Périgord, der in der Marine Dienst tat, wollte nach Rückkehr von einer langen Fahrt seinen Neffen kennenlernen. Dem Onkel wurde gesagt, er könne ihn in der Vorstadt, wo er nahezu vergessen lebte, besuchen. »Er traf ihn auf einem schneebedeckten Feld, als er mit seinem Milchbruder, beide völlig zerlumpt, Jagd auf Vögel machte. Der empörte Seemann ergriff den kleinen Maurice, nahm ihn mit sich und führte ihn, ohne ihn gewaschen und zurechtgemacht zu haben, in den Salon, in dem seine Frau Mutter feierlich Besucher empfing. ›Schwägerin‹, sagte er, ›hier ist der in direkter Linie von ihnen abstammende Nachkomme der Fürsten von Chalais, der auf seinem Wappenschild auf rotem Feld drei zur Linken hinschreitende goldene Löwen führt, blaubewehrt und blaubezungt mit Fürstenkronen, und dessen Mantel die Herzogskrone mit der Devise ‚Ré qué Diou' zeigt. Bitte, Monseigneur‹, sagte er zu dem Jungen, ›umarmen Sie diese Dame, sie ist Ihre Mutter.‹« [JV]

Diese Szene ist erschütternd. Einige Einzelheiten mögen erfunden sein: die Vogeljagd eines vierjährigen gebrechlichen Jungen, der Auftritt des kleinen zerlumpten Fürsten im Salon seiner Mutter, wo viele Besucher versammelt waren, sie stammen wohl aus der Feder des Erzählers; der Kuß am Ende soll die Verwirrung der Mutter erhöhen, doch in Wirklichkeit ist er nicht ein einziges Mal gegeben worden. Die Wahrheit ist viel bestürzender: Talleyrand ist weder von seiner Mutter noch von seinem Vater jemals umarmt worden. Davon abgesehen, trifft die Anekdote den Kern.

Diese Enthüllung machte Talleyrand 1792 als Ruinierter und Geächteter im Exil in London in einem Augenblick der Entmutigung – sehr ungewöhnlich in seinem Leben. Warum aber hat er, dem Vertraulichkeiten zuwider waren, der seine Memoiren von ihnen freigehalten hat, in sich hineinschauen lassen? Weil er in einer Stunde der Verzweiflung und der Not die Quelle aller seiner Nöte entdeckte: die Gleichgültigkeit seiner Eltern und sein Gebrechen, das die Folge der Vernachlässigung war. Hätten sie ihn, möglichst gleich nach dem Unfall, behandeln lassen, wäre er vielleicht geheilt worden.

Es ist ausgeschlossen, daß seine Eltern ihm zugetan waren, denn sie gaben den kleinen Krüppel unmittelbar nach dem Tod seines älteren Bruders in die Obhut seiner Urgroßmutter.

Was geschah nun? Nachdem er der Öde der Vorstadt entronnen war, wird er einer Gouvernante anvertraut, die sicherlich das Beste wollte und die der Junge liebte und schätzte, wie er seine Amme geliebt hatte. Talleyrand hat Menschen, die ihm gedient haben, nie streng behandelt, im Gegenteil, er war wohlwollend, dankbar und sogar herzlich.

Der vierjährige Junge und seine Gouvernante wurden in die Kutsche nach Bordeaux gesetzt, in ein öffentliches Fahrzeug, in das jeder beliebige hineingestopft wurde. Ein billigeres Verkehrsmittel hatte man nicht finden können. Die Kutsche sollte sie unterwegs im Schloß von Chalais bei seiner Urgroßmutter absetzen. Siebzehn Tage lang wurden sie durcheinandergerüttelt, um vierhundertzwanzig Kilometer zurückzulegen. Die Gouvernante hieß Fräulein Charlemagne. Das Schicksal wollte dieser schäbigen Reise vielleicht etwas Glanz aufsetzen, denn sie bedeutete für den jungen Seigneur nichts anderes als eine Reise ins Exil.

Seine Eltern waren sich bereits schlüssig geworden: der kleine Krüppel sollte nicht ihr Erbe sein, obgleich er jetzt der Älteste war. Die Reise nach Chalais hat etwas Symbolisches. Das Kind, das nie lachte, nie spielte, das keinen Kuß bekam und nicht im Elternhaus wohnte, dieses traurige Kind hatte gespürt, daß es »außerhalb« stand. Der kleine Maurice war bereits in tiefster Seele getroffen. Er war im Register der Familie gestrichen. Man hatte es ihm natürlich nicht in aller Deutlichkeit gesagt, aber eine unüberwindliche Traurigkeit hatte ihm sein Unglück angezeigt. Das furchtbare Gefühl der Benachteiligung und der Ungerechtigkeit vergrößerte noch das Leid, verwachsen zu sein – und zwar schmerzhaft verwachsen. Man sollte nie vergessen, daß Talleyrand bis zu seinem letzten Lebenstag jedesmal, wenn er den Fuß auf den Boden setzte, durch den Schmerz, der ihn durchfuhr, gleichermaßen an sein Gebrechen wie an die Erniedrigung, die ihm schon in frühester Kindheit zugefügt worden war, erinnert wurde. Das Schlimmste für dieses ungewöhnlich feinsinnige, empfindsame und alles beobachtende Kind war die Tatsache, daß seine Demütigung von den eigenen Eltern ausging. Sie haben ihn als erste spüren lassen, daß er nicht ein Kind war wie die anderen, daß er nicht ganz ihr Sohn war, nicht ganz der Bruder seiner Geschwister. Alles, was später folgt, stammt von da her. Alle späteren Kränkungen, alle Gefahren, alle Beleidigungen sind nichts gegenüber dieser hoffnungslosen Verzweiflung. Er hat diesen Mangel an Liebe und Gerechtigkeit nie verwunden. Die meisten seiner Zeitgenossen, seiner Feinde und seiner Biographen haben die Hintergründe dieser erschütternden Kindheit absichtlich übersehen. Man hat Talleyrand als einen mißratenen Sohn hingestellt. Seine einzige Schuld bestand darin, Eltern zu haben, die ihn als unerwünschten Eindringling betrachteten und behandelten. Sie hatten ihre Gründe; man kann darüber denken, wie man will. Und diese Gründe lassen sich so zusammenfassen: Ihr Sohn hatte nicht das Recht, zugleich Klumpfuß und Talleyrand zu sein. Man ließ es ihn spüren.

Bis er nach Chalais fuhr, war seine Kindheit kläglich gewesen; seine Jugendzeit sollte die Wunde noch vertiefen, doch in der Zwischenzeit erlebte er den Frühling von Chalais. Seine Urgroßmutter Marie-Françoise de Rochechouart-Mortemart, Tochter des Herzogs von Mortemart und Enkelin von Colbert, war 1758, als sie den kleinen Maurice bei sich aufnahm, zweiundsiebzig Jahre alt. Für den Jungen war es eine Wonne. Er verbrachte fast zwei Jahre in der vertrauten Nähe dieser hochstehenden Dame, die noch vom Hauch des Prunks am Hof Ludwigs XIV. umgeben war, an dem sie gelebt hatte. In den Augen des Kindes hatte sie einen unerhörten Nimbus und Zauber: sie liebte ihn. Zum erstenmal liebte ihn jemand, der weder seine Pflegemutter noch seine Gouvernante, noch ein Bedienter war. Er blühte auf. Die unheilbare Wunde, die ihm tief im Herzen saß, empfing lindernden Balsam: das Lächeln und den Kuß einer Verwandten, die Offenbarung der Liebe. »Die Zeit, die ich in Chalais verbrachte, hinterließ in mir tiefen Eindruck«, schrieb er in seinen Memoiren. Diese zurückhaltende und zärtliche Liebe entsprach in der Tat den tiefsten Sehnsüchten und Neigungen des jungen Seigneurs, in Anblick, Ton und Form ganz so, wie er es sich erträumte. Damals offenbarte sich ihm unbewußt, doch unauslöschlich, sein eigenes Wesen. Er beobachtete seine Ahne und ihre Umgebung, er nahm sie in sich auf und wurde so in die Lebensart eingeführt, die seiner Herkunft entsprach. Von ihr hatte er nun auf einmal eine lebendige Vorstellung. Zwischen seinem vierten und sechsten Lebensjahr bildete sich in ihm ein bestimmtes Bild der Gesellschaft und seiner selbst, es entstand in ihm die feste, unverrückbare und unzerstörbare Überzeugung, daß er, aus derselben Seide und aus demselben Stahl geschnitten wie die alte Fürstin, nie etwas anderes sein würde und sein könnte als ein Grandseigneur; Fürst von Chalais oder von irgendwo oder von nirgends, ganz gleich, aber ein Fürst der großen Welt, mit dem Bestreben, es zu sein und es auch darzustellen, zu jeder Zeit, an jedem Ort und bei jeder Gelegenheit, ohne Rücksicht auf die Zeitströmungen, auf die Öffentlichkeit, ohne sich zu kümmern um Kränkungen, Schmeicheleien, Drohungen; weder um Revolutionen und nicht einmal um Erfolge. Ein Talleyrand-Périgord zu sein war etwas ganz Außergewöhnliches in der Geschichte der Menschheit! Adlig sein bestand für ihn nie darin, seine Titel herauszukehren, sondern es bedeutete, seine Überlegenheit zu zeigen und die Welt allein durch seine Gegenwart zu formen.

Die Initiatorin, die ihm den Geheimkult der Aristokratie erschloß, schildert er folgendermaßen: »Madame de Chalais war eine sehr vornehme Persönlichkeit; ihr Geist, ihre Sprechweise, der Adel ihrer Umgangsformen, der Klang ihrer Stimme hatten einen großen Reiz. Sie hatte das bewahrt, was man noch heute den Geist der Mortemart nennt: das war ihr Familienname.« Und die Aussage, die folgt, ist bewegend durch ihre Bündigkeit: »Ich gefiel ihr.«

Welche Bescheidenheit spricht aus dem Wort. Ein alltägliches Wort, das zugleich enthüllt und verschleiert, was in einer Kinderseele an gehüteter Zärtlichkeit, schweigendem Entzücken und ergreifender Erschütterung vor sich geht. Ein tief veranlagtes, verschlossenes, schmerzgeprüftes Kind! »Sie ließ mich eine Zärtlichkeit fühlen, die ich noch nicht empfunden hatte. Sie ist die erste Frau aus meiner Familie, die mir mit Liebe begegnete.« Es ist bemerkenswert, daß das Bedauern über die mangelnde Liebe seiner Mutter nicht ausgesprochen wird; er übergeht es. Diese Zurückhaltung ist eindrucksvoller als Klage oder Beschimpfung. Und dennoch haben einige Biographen darin eine Kränkung seiner Eltern sehen wollen. Wir erblicken darin eher eine unendliche Bitterkeit.

Später, an der Schwelle des Alters, war er noch immer gerührt von der einzigen Liebe, die er in seiner Kindheit empfangen hatte, und schrieb: »Sie war auch die erste, die mir das Glück zu lieben nahegebracht hat – Dank sei ihr dafür gezollt! ... Ja, ich liebte sie sehr. Ihr Angedenken ist mir heute noch teuer! Wie oft habe ich mich in meinem Leben nach ihr gesehnt! Wie oft habe ich mit Bitterkeit gespürt, wie kostbar aufrichtige Zuneigung in der eigenen Familie ist ...«

Er liebte den kleinen feudalen und kultiviert ritterlichen Hofstaat, mit dem seine Ahne sich umgab: »Mehrere Edelleute ältester Herkunft (er vergißt den Stand nicht) bildeten um meine Urgroßmutter so etwas wie einen Hof, der nichts vom Vasallentum des 13. Jahrhunderts hatte, an dem jedoch die Formen der Ehrerbietung sich verbanden mit nobler Gesinnung.« Das war ihm wichtig: die Formen der Ehrerbietung und die noble Gesinnung. Darauf müssen die gesellschaftlichen Beziehungen aufgebaut werden, sonst gibt es keine Gesellschaft, sondern einen Dschungel. Dieser kleine, doch in Umgangsformen und Gesinnung vollkommene, große Hof hat Talleyrand so stark geprägt, daß er im Verlauf seines Lebens stets versucht hat, dieses winzige und bezaubernde Universum um sich herum zu schaffen. Es gelingt ihm spät in seinem Leben, in Valençay. Zum letztenmal bestand damit in Frankreich »ein Hof«. Er zählt die Namen der alten Seigneurs auf, deren Familien im Périgord noch nicht alle erloschen sind, die »es sich zur Ehre anrechneten, Madame jeden Sonntag in die Messe zu geleiten; jeder einzelne übte bei ihr ein Amt aus, das seiner noblen Lebensart entsprach. Neben der Gebetsbank meiner Urgroßmutter stand ein kleiner, für mich bestimmter Stuhl.« Er beschreibt diese Menschen eines früheren Zeitalters: »Sie ähnelten ihren alten Schlössern, sie hatten etwas Großes und Sicheres an sich, das Licht drang kaum in sie ein, aber es kam allmählich zu ihnen, man schritt mit edler Bedächtigkeit einer aufgeklärteren Kultur entgegen.« In dieser Aussage liegt Klugheit: die allmähliche Entwicklung zu einer aufgeklärteren Kultur. Das könnte von Voltaire sein. Es ist nicht das Paradies auf Erden, es ist das beharrliche, arbeitsame Leben eines Volkes, das langsam fortschreitet zu größerem Wohlstand und größerer Freiheit, mit dem aufgeklärten und wohlwollenden Beistand seiner großen Herren. Sanftheit und Bedächtigkeit – schon mit fünf Jahren hat er diesen Rhythmus gespürt, der sein ganzes Leben beherrscht.

Er war nicht nur zugegen, er war auch Mitspieler auf dem kleinen Theater, auf dem eine große Kultur dargestellt wurde. Er erschloß sich das Leben an einem Hof. Indem er beobachtete, wie diese alten Edelleute seiner Urgroßmutter dienten, legte er den Grund zu seiner Karriere: der erfahrenste Großkämmerer Europas zu werden. Wäre es denkbar, daß ein herz- und seelenloses Kind ein so feines Empfinden für dieses Zeremoniell und diese ausgesuchte Umwelt hätte haben können?

Und mit fünf Jahren beschreibt er bereits, einem Chef des Protokolls gleich, die einzelnen Kleidungsstücke der Fürstin, die sie trug, wenn sie nach der Messe die Kranken im Apothekenraum des Schlosses empfing: »Meine Urgroßmutter saß in einem breiten Samtsessel, vor ihr ein langer schwarzer Lacktisch. Ihr Kleid war aus Seide und mit Spitzen besetzt, sie trug eine Reihe Bandschleifen vor der Brust und an den Ärmeln, wie es Mode war, dazu dreifache, großgemusterte Manschetten, einen Pelzkragen, eine Flügelhaube und darüber einen schwarzen Schleier, der unter dem Kinn gebunden wurde. Das war ihre Sonntagskleidung, die gewählter war als die an anderen Tagen . . .«

Eine weitere glückliche Entdeckung des Kindes waren die ehrerbietigen und freundlichen Gefühle, welche die Bewohner von Chalais ihm selber entgegenbrachten. Sein herrschaftlicher Stolz – es ist ganz offenkundig – wurde hier befriedigt, aber auch sein Bedürfnis nach Güte und Sympathie. Er, der so zurückhaltend war, gestand, daß er bewegt und erstaunt war, wenn die Bauern ihm ihre Anhänglichkeit an seine Familie kundtaten und sie auf ihn übertrugen. Die Bauern sagten ihm oft, wie gütig die Herren von Chalais seien: einer verdankte ihnen ein Feld, ein anderer ein Haus, wiederum ein anderer ein Schmuckstück. Die Kirche war von jenem Grafen, der Markt von diesem errichtet worden. »Gute Bäume verderben nicht«, sagte ein Bauer zu ihm, »auch Sie werden gut sein.« Und der alte Fürst von Talleyrand schrieb, als er sich an die guten Leute von Chalais erinnerte: »Daß ich bei verschiedenen Gelegenheiten eine gewisse Hoheit ohne jeglichen Hochmut bewahrt habe, daß ich alte Leute liebe und achte, verdanke ich Chalais. Bei meiner Urgroßmutter habe ich die guten Gesinnungen kennengelernt, mit denen meine Verwandten in dieser Provinz umgeben waren und die sie mit Freude wahrnahmen . . .«

Eine wichtige Nuance seines Empfindungsvermögens, nämlich die Tatsache, daß er einfachen Menschen »herzliche, sogar zärtliche Gefühle ohne zu große Vertraulichkeit« entgegenbrachte, führt er auf diese guten Leute zurück. Das ist völlig richtig; er hat sich vor Vertraulichkeit gehütet, ebensowohl vor der, die man ihm hätte antragen können, wie vor der, die er anderen hätte beweisen können. Vertraulichkeit erschien ihm nie als ein Beweis für Sensibilität, sondern als ein gewöhnliches Mittel, Untergebenen zu schmeicheln oder Gleich- und Höhergestellte zu bestricken. Wenn er es für nötig hielt, schmeicheln, bestricken oder täuschen zu müssen, bediente er sich anderer Mittel, um sein Ziel zu erreichen.

In Chalais lernte er lesen und schreiben und sogar ein bißchen Dialekt sprechen. Sicherlich konnte er die Devise der Talleyrands »Ré qué Diou« aussprechen und verstehen. In dieser kleinen, behüteten und warmen Welt ließ ihn nie jemand spüren, daß er ein Gebrechen hatte. Wie in Paris hinkte er, aber hier schmerzte ihn nur sein Fuß, sein Herz war in Zärtlichkeit getaucht.

Kaum waren zwei Jahre vergangen, da wurde er nach Paris zurückgerufen. Unter Tränen verabschiedete er sich von seiner Urgroßmutter. Sie sahen sich nie wieder, verloren sich aber nicht aus dem Sinn. In seinem Herzen blieb die Fürstin von Chalais gegenwärtig als das leuchtende Bild der Liebe, des Edelmuts und der Güte. Fräulein Charlemagne reiste wiederum mit ihm. Wiederum nahmen sie die Kutsche, und nach einer ermüdenden Fahrt kamen sie am frühen Morgen des 1. September 1760 in Paris an. Er war sechseinhalb Jahre alt. Er war glücklich gewesen und war es von nun an nicht mehr.

»Seien Sie brav, mein Sohn . . . und tun Sie sich nicht zu sehr hervor«

Jäh wurde er wieder seinem Schicksal überlassen. Ein alter Kammerdiener seiner Eltern erwartete ihn in der Rue d'Enfer beim Eintreffen der Kutsche aus Bordeaux. »Er brachte mich unverzüglich ins Collège d'Harcourt. Zu Mittag saß ich im Refektorium bei Tisch.« Ein trauriger Empfang. Nach siebzehntägigem Karrengerumpel, nach zweijähriger Trennung kümmern sich seine Eltern weder um seine Gesundheit noch um die Fortschritte, die er gemacht hat, noch um sein Gebrechen. Sie wollen nicht einmal wissen, wie ihr ältester Sohn aussieht. Sie kerkern ihn ein wie jemand, der etwas Schlimmes getan hat.

In der Schule schloß er Freundschaft mit Auguste Choiseul-Gouffier, der zwei Jahre älter war als er. Diese Freundschaft verband sie ihr ganzes Leben hindurch. »Alle Sorgen, alle Freuden, alle Pläne, die mein Herz im Lauf meines Lebens bewegt haben, hat er mit mir geteilt und teilt sie noch.« Wahrscheinlich fühlte er sich in der Schule wohl, denn seine Lehrer und seine Gefährten liebten ihn mehr, als seine Familie es tat. Natürlich war die Schule nicht mit Chalais zu vergleichen, doch war ihm klar, daß Chalais unübertrefflich war, und er gab sich mit dem Internat zufrieden, wie er sich, ohne zu klagen, mit dem Faubourg Saint-Jacques zufriedengegeben hatte.

Sein Philosophielehrer war ein Abbé Duval, den er nicht ganz ernst nahm. Mit einem ironischen Lächeln, doch ohne Gehässigkeit, schreibt er: »Er hatte eine kleine Schrift gegen Newton verfaßt.« Voltaire hätte mit dieser lächerlichen Schrift seinen Spott getrieben, Newtons Philosophie nahm keinen Schaden daran. Das Ansehen des Abbé Duval steigerte sie in den Augen seines klarsichtigen Schülers jedoch nicht. Außerdem hatte er einen Erzieher, den Abbé Hardy, dessen Wissen er sich mit seinem Vetter de la Suze teilte. Weder der Vetter noch der Abbé wirkten ersprießlich, es waren zwei Nullen.

Nach dem mittelmäßigen Abbé Hardy bekam er einen verrückten Erzieher, einen gewissen Hullot, der später durch Langlois ersetzt wurde. Dieser hatte nur ein Gebiet, das ihn interessierte: die Geschichte Frankreichs, und innerhalb der Geschichte nur der Hofalmanach. Der liebenswerte Mann brachte seinem Schüler nur nebensächliches Zeug bei, wie etwa die Daten der Hofbälle. Lächelnd schreibt Talleyrand, der nie streng urteilt: »Daß ich verlockt war, an großen öffentlichen Angelegenheiten mitzuwirken, ist nicht darauf zurückzuführen, daß mir Langlois den Wunsch dazu eingegeben hätte.« Sicher nicht mit dem geistigen Gepäck, das er ihm mitgab. Sein Schüler trug es ihm so wenig nach, daß wir den Namen Langlois noch auf der Einladungsliste der privaten Gäste des Fürsten Talleyrand im Jahr 1828 finden. Regelmäßig war in den Salons der Rue Saint-Florentin der alte Erzieher anzutreffen, im seidenen Frack mit Straßknöpfen und Schnallenschuhen, den Hofalmanach unter dem Arm, die dünnen Waden in schwarzen Strümpfen, in der Hand eine Tabatière, groß wie eine Zuckerdose, und ein riesiges kariertes Taschentuch, in das er sein Wissen schneuzte, das ebenso leicht war wie der Puder seiner Perücke. Wie er aussah, war nebensächlich, Talleyrand blieb seinen Freundschaften treu; selbst der Freundschaft zu dem unbedeutenden Erzieher, weil Langlois ein liebenswürdiger Mensch war, wie es sie in Chalais gegeben hatte, weil Wohlerzogenheit und guter Ton für ihn unbestreitbare Qualitäten waren. Schließlich und endlich weil Langlois kein Geld hatte. Sein ehemaliger Schüler fand, dies sei ein ausreichender Grund, ihm etwas zukommen zu lassen. Während der Schuljahre luden der Graf und die Gräfin von Périgord einmal in der Woche ihren Sohn in Begleitung seines Erziehers zum Diner ein. »Wenn wir von Tisch aufstanden, kehrten wir in die Schule zurück, und ich hörte regelmäßig dieselben Worte: ›Seien Sie brav, mein Sohn, und geben Sie dem Herrn Abbé keinen Grund zur Klage.‹«

Das war alles, was er als Wegzehrung mitbekam. War das nicht ein ausgezeichneter Ratschlag?

Suchte man nach einem weiteren Beweis für die geistige Vernachlässigung, in der der Junge belassen wurde, könnte man sie in dem völligen Fehlen jener »Aussprüche«, jener »Charakterzüge« finden, die von den Familienangehörigen oder den Verwandten notiert (oder erfunden) werden und die als Anzeichen ungewöhnlicher Intelligenz berühmter Männer gelten. Im Fall Talleyrand nichts dergleichen. Hat ein so intelligentes Kind überhaupt keine Spur seiner Begabung hinterlassen? Oder hat niemand auf erste Äußerungen dieser Begabung Obacht gegeben? Vermutlich beides nicht. Schon damals hatte er keine Neigung, sich mitzuteilen, denn die einzigen Menschen, die er gern für sich eingenommen hätte, nahmen keinen Anteil an ihm. Heute wissen wir, daß für den Geist eines Kindes nichts lähmender ist als ein anomales seelisches Klima und daß Kinder, die keine Zärtlichkeit kennen, häufig mittelmäßige Schüler sind. Talleyrand sagt selbst, daß er nie unter den Preisträgern der Schule gewesen sei. Er gibt zu, er hätte darauf hinarbeiten können, und man glaubt es ihm ohne weiteres. Wem sollte er eine Freude machen? Er hatte seine Lage erkannt: »Die geringe Ermunterung, die mir, aus Furcht, meine Jugend könne zu viel Glanz erhalten, zuteil wurde, hat dazu geführt, daß ich die ersten Jahre meines Lebens recht trübselig verbrachte.«

Es wird behauptet, er sei ein bösartiges Kind gewesen. Die Legende fand Glauben, denn wie hätte ein abtrünniger Priester und Bischof in seiner Kindheit artig, sanft und sittenrein sein können? In Wirklichkeit war er ein sehr gelehriges, recht verschlossenes, trauriges und ziemlich weiches Kind. Bösartig und lasterhaft? Nein. Eher verschwiegen. Er mochte seine Intelligenz, sein Denkvermögen, sein Gedächtnis und auch seine Beobachtungsgabe nicht offenbaren. Die anderen hätten es bemerken müssen, eine Spur von Liebe hätte genügt. Ein Beispiel der sogenannten »Wahrheiten«, die 1834 über die Kindheit des Fürsten von Talleyrand veröffentlicht wurden, soll hier angeführt werden. Kaum wagt man es, diesen Unfug zu wiederholen, aber es muß sein, denn er ist für wahr gehalten worden und bildet bis auf den heutigen Tag »die Geschichte« Talleyrands.

Hier das Zaubermärchen: Es wurde ein Erzieher namens Fouquet erfunden (eine Spur dieses Mannes hat nie jemand entdeckt). Obwohl es sich um eine Phantasiegestalt handelt, verfügt sie über die Gabe, in die Zukunft zu schauen. Als der Erzieher seinen Schüler zum erstenmal sah, habe er ausgerufen: »Sie werden nie etwas anderes werden als ein liebenswerter Lüstling.« Eine merkwürdige Art, den Unterricht zu beginnen. Der junge fünfzehnjährige Maurice von Périgord habe, so erzählt er, als er noch Schüler und Interner im Collège d'Harcourt war und von ihm selbst beaufsichtigt wurde – sehr schlecht, wie sich erweisen wird –, es fertiggebracht, drei Mädchen zu entjungfern. Jawohl, drei, und gleich drei Schwestern. Für einen Hinkefuß von fünfzehn Jahren, Internatsschüler, einer strengen Disziplin unterworfen und von einem strengen Erzieher bewacht, eine beachtliche Leistung. Es wird noch toller, wenn man hört, daß es sich um die drei Töchter eines Schweizers, eines verstorbenen Hauptmanns, handelt. Der Hauptmann hatte die drei eidgenössischen Jungfrauen seiner untadeligen Witwe hinterlassen, einem wahren Tugenddrachen, den der greuliche Schüler spielend mit seiner Krücke umstieß. Es ist zum Lachen. War ein Bursche, der so etwas zustande brachte, nicht zu allem fähig? Dieses Märchen wurde noch zu Lebzeiten Talleyrands in Paris verbreitet. So kam es zu dem schlechten Ruf dieses Mannes, »der alle Laster hatte«, ungerechnet die, die ihm die tugendhaften Leute noch andichteten. Talleyrand wird uns mehr als einmal in Situationen begegnen, mit denen er sich selber einen ziemlich schlechten Ruf schafft, und zwar durch anmaßendes Auftreten, das zynisch genannt wird und es auch ist, das aber den Vorzug hat, niemand über sein Verhalten in Zweifel zu lassen. Wohingegen seine Feinde sich häufig nur ein Ehrbarkeitsdiplom umzuhängen versuchen, indem sie uns seine Laster aufschwatzen wollen und sich dabei leider auf den Weg der Verleumdung und oft auch auf den der Dummheit begeben.

Während seiner Schulzeit wurde Talleyrand von den Blattern befallen. Ins Haus seiner Eltern wurde er nicht aufgenommen, man brachte ihn zu einer Pflegerin in die Rue Saint-Jacques. Außer dieser Frau kümmerte sich niemand um den Kranken. Wie durch ein Wunder wurde er wieder gesund, sein hübsches Gesicht wurde nicht, wie das seines Freundes Mirabeau, durch Pockennarben entstellt. Er äußert sein Bedauern über »die geringe Anteilnahme, die man seiner Krankheit entgegenbrachte«. Nichts weiter.

Archambaud und Boson waren am Tag ihrer Geburt nicht in Pflege gegeben und vier Jahre lang nicht im Stich gelassen worden. Sie lebten in der Familie, täglich sahen sie Vater und Mutter, konnten mit ihnen reden (vielleicht erhielten sie manchmal sogar einen Kuß), sie wenigstens fühlten sich als Kinder ihrer Eltern. Wiederum wurde die Seele des kleinen, seiner Krankheit, seiner Einsamkeit überlassenen Jungen grausam verletzt. Es wurde ihm jetzt zur Gewißheit, daß man ihn nicht liebte, während seine Brüder geliebt wurden.

»Ich fühlte mich allein, ohne Beistand, stets nur auf mich gestellt. Ich beklage mich darüber nicht, denn ich glaube, daß diese Zeiten der Selbstbesinnung mein Denkvermögen gefördert haben. Den Leiden meiner ersten Lebensjahre verdanke ich es, daß ich frühzeitig nachgedacht und die Gewohnheit angenommen habe, tiefer zu denken, als ich es vielleicht getan hätte, wenn ich nur kleine Freuden gehabt hätte . . .«

Der maßvolle Ton darf nicht das tiefgreifende Leid verdecken. Nach einer solchen Kindheit hinkt Talleyrand nicht nur mit dem Fuß . . . Aufschlußreich in diesen Zeilen sind die Worte: »Ich beklage mich darüber nicht.« Kaum hat er einen Seufzer ausgestoßen, reißt er sich aus Stolz und Wohlanständigkeit wieder zusammen, und aus seinem Elend zieht er Ehre und Nutzen. Das Leid hat ihn hart gemacht, die Einsamkeit hat ihn zum Nachdenken und zum Schweigen gebracht. Die Haltung, das zu verschleiern, was ihm schadet oder unangenehm ist, einen Mißerfolg nie als einen Mißerfolg, eine Beleidigung nie als eine Beleidigung zu betrachten, macht er sich für sein ganzes Leben zu eigen. Das hindert ihn nicht daran, »tief nachzudenken«, zu forschen, ob auf dem Grund eines Mißerfolgs oder einer Beleidigung nicht eine neue Quelle von Kraft und Stolz oder ganz einfach von Vorteil sprudelt. Und er stellte Überlegungen an. Zum Beispiel: Aus welchem Grund hatten ihn seine Eltern aus ihrer Zuneigung und ihrem Haus ausgeschlossen? Welchen Prinzipien folgten sie? Welche Moral, welche Religion oder welche Interessen diktierten ihnen ihr Verhalten? Und welchen menschlichen Wert konnten eine Religion und eine Moral haben, die eine solche Ungerechtigkeit zuließen, wie sie ihm widerfuhr?

Aus dieser einsiedlerischen, von Bitterkeit und Ungerechtigkeit genährten Grübelei bildete sich der Verstand, aus einem Kind, das den konformistischsten Kreisen der Welt entstammte, wurde ein revolutionärer Staatsmann – der jedoch der Tradition ganz und gar verhaftet blieb. Hier liegt die Tragik seines Lebens: das Unvereinbare mußte vereinbart werden.

Das Schlimmste sollte er erst erfahren. Er wußte noch nicht, was über ihn beschlossen worden war. Ehe er uns von der grausamen Entdeckung berichtet, die er über sein eigenes Schicksal und die diesbezüglichen Absichten seiner Eltern machte, sucht er nach Entschuldigungen für ihr Verhalten. Sie haben es wirklich nötig. »Ich habe seither begriffen, daß meine Eltern, als sie den Entschluß faßten, mich im Familieninteresse einem Beruf zuzuführen, für den ich keinerlei Eignung besaß, ihrem Mut mißtrauten, wenn sie mich zu oft sahen.« Man kann nicht sagen, daß er seine Eltern streng beurteilte.

Diesen »Beruf«, den er nicht zu nennen wagt, ist der Priesterstand. Diese guten Eltern umgingen im voraus die Gefahr, an dem Tage schwach zu werden, an dem sie ihn »zu dem Beruf« zwingen müßten, den er nicht mochte und den er nie gemocht hatte. Ein Vater und eine Mutter, die sich bewußt vor der Versuchung schützen, ihrem Kind Liebe zu schenken! Es ist ihnen nicht schwergefallen. Maurice war, bevor sie willens gewesen wären, ihn in ihr Herz zu schließen, bereits daraus vertrieben. Eines »Familieninteresses« wegen sollte er lebend begraben werden. Das ist alles.

Mit einem Anflug von Ironie, von Bitterkeit, doch äußerst zurückhaltend, fügt er hinzu: »Diese Furcht ist ein Beweis von Zärtlichkeit, wofür ich ihnen Dank weiß.«

Führt der Weg vom Priesterseminar in den Himmel oder in den Reichtum?

1769, als er sein fünfzehntes Lebensjahr vollendet hatte, gaben seine Eltern etwas Geld für ihn aus. Sie schickten ihn für einige Zeit zu seinem Onkel, dem Kardinal de la Roche-Aymon, Koadjutor des Erzbischof-Herzogs von Reims. Nicht um ihn dort Ferien verleben zu lassen, sondern damit er sich mit der Idee vertraut machte, eines Tages Priester zu werden. Wiederum wurde er ohne Verabschiedung fortgeschickt, doch für diese Reise nicht in die öffentliche Kutsche gesetzt. Der Umstand ist ihm nicht entgangen. »Da es für meine Familie nicht standesgemäß war, daß ich vor dem erzbischöflichen Palais aus einer öffentlichen Kutsche stieg, wurde für mich die Reise bequemer als jene nach Chalais. Ein Wagen holte mich im Collège d'Harcourt ab und brachte mich in zwei Tagen nach Reims.«

Geschah es auch des guten Rufs der Familie wegen, daß er gleich nach seiner Ankunft gebeten wurde, eine Soutane anzulegen? Es war ein harter Schlag. Er begriff auf einmal, was ihn erwartete. Bisher hatte er es wohl nur geahnt. Jetzt war es schreckliche Gewißheit. Nie wurde ihm ein erklärendes Wort gesagt. Man wußte, daß er es von allein begreifen und daß er schließlich nachgeben würde. So wurde er heimtückisch aus dem Elendsviertel Faubourg Saint-Jacques in den Erzbischofspalast von Reims gedrängt. Er war auf dem Weg, an dessen Ende er die Gelübde ablegen und ad vitam aeternam angekettet sein würde ... eines »Familieninteresses« wegen.

Von seinem Entsetzen und seinem Widerwillen ließ er nichts merken. Er hatte bereits Übung darin, Gefühle zu verschleiern, die ohnehin niemand beachtete. Seine Mutter glaubte, die Angelegenheit sei erledigt. Munter schrieb sie: »Mein Sohn ist mit seinem neuen Stand sehr zufrieden.« Was für ein Stand? Eine Soutane über den Anzug ziehen, den Chorknaben spielen, das ist kein Stand, sondern eine Verkleidung, Madame. Hier ist Gelegenheit, die Dinge unverzüglich ins richtige Licht zu rücken. Von Ihrem Gesichtspunkt aus, Madame, kommt es nur auf die Form, auf die Riten der Überlieferung an – sogar im Glauben. Sie sollten jedoch wissen, daß der Glaube sich niemandem und nichts unterwirft, selbst Ihrem Familieninteresse nicht. Sie haben Ihren fünfzehnjährigen Sohn getäuscht. Sie haben nicht nur Ihren Sohn, sondern Gott getäuscht, Sie, eine untadelige Kirchgängerin, haben etwas getan, das zum Gottlosesten auf der Welt gehört. Und Sie haben es mit ruhigem Gewissen getan, in der Gewißheit, daß man Sie nicht tadeln kann, denn Sie hatten zur Sicherheit auf Ihrer Seite die Kirche, Ihre Grundsätze, Ihre Tradition und die Gesellschaft. Das alles wurde eingesetzt gegen einen zarten und empfindsamen Jungen, der zudem gehorsam war. Ja, sehr gehorsam. Er hat sich nicht widersetzt – aus Stolz nicht. Ein Talleyrand-Périgod sagt nicht nein zu seinem Vater. Ihr Sohn hat sich nicht empört, das wäre seiner und Ihrer unwürdig gewesen. Er hat sich gebeugt. Ihnen erschien es ganz natürlich, es war alles andere als das. Sie haben ihn getäuscht, und er hat Sie belogen. Da alles, was auf Lüge gebaut ist, bald zusammenbricht, sind Sie verantwortlich für das moralische Unheil, das darauf folgte. Selbstverständlich haben Sie und die Ihren ihm alles Unrecht zugeschoben. Sie haben ihn dazu verurteilt, Verschleierung zu betreiben: er hat sich darin selbst übertroffen. Sie haben auf Ihren Sohn verzichtet. Er hat auf seine Mutter verzichtet. Er hat Sie nie verdammt, aber er hat Ihnen auch nie vergeben. Er ist das Opfer.

Es ist erstaunlich. Sie haben, Madame, ohne es je zu begreifen, aus dem

Kind, von dem Sie sich losgesagt haben, den berühmtesten der Talleyrand-Périgod gemacht, den berühmtesten aller Diplomaten. Von seinem Volk am wenigsten verstanden und am wenigsten geliebt, war er doch für die Nation der nützlichste. Zu Beginn seines Lebens ist er von seiner Mutter verraten worden, danach sind alle anderen Verrätereien unwichtig.

Dies mußte gesagt werden, es umfaßt und enthält alles, was hinterher folgt, bis zu seinem Sterbebett.

Am fürstlichen Hof des Kardinal Erzbischof-Herzogs in Reims stellte der junge Talleyrand Überlegungen an, die keineswegs in die Richtung gingen, die seine Eltern erwartet hatten. Sie waren der Meinung, daß der Reichtum, der Pomp, das Zeremoniell und die Eleganz eines großen Prälaten Charles Maurice überwältigen würden und daß er in diesem Kirchenfürsten eine Vorwegnahme dessen sehen könnte, was er eines Tages selbst sein würde. Sein Name, das Ansehen, das seine Familie bei Hofe genoß, schließlich seine Intelligenz, seine angeborene Vornehmheit, alles bestimmte ihn dazu, ein neuer Kardinal de Périgord, ein Richelieu, ein Mazarin, ein Fleury zu werden. Und öffnete ihm sein Onkel, der Koadjutor, nicht bereits die Tür? Bei einem jungen Abbé de Périgord, der im gnädigen Schatten der scharlachroten Mäntel aufwuchs, konnte es nicht lange dauern, daß das Schwarz der Soutane sich in Violett verwandelte – bis es Zeit war für den Purpur. Das war nicht einmal ein Traum. Für jene Zeit, für seine Familie war die Angelegenheit im voraus geregelt, sie war sozusagen normal.

Zum Unglück für Gesellschaftsordnung, Morallehre und Religion, wie sie 1764 festgelegt waren, »protestierte« der junge Talleyrand, wie man heute sagen würde. Das bekam der traditionsgebundenen Welt sehr schlecht. Die Bitterkeit, die in sein Herz und in seine Einsamkeit drang, der Scharfsinn, mit dem er die Welt durchschaute, brachten ihn dazu, vor dem Tribunal seines eigenen Gewissens eine gesellschaftliche Ordnung und eine Religionsform in Frage zu stellen, die sich über seine Freiheit und seine Persönlichkeit hinwegsetzten. Mit einer Ausdauer, einer Ruhe, einer Mäßigung und einer erstaunlichen Gründlichkeit, die ihn als »Verweigerer« eines Stils erscheinen lassen, der der wilden Romantik der heutigen Verweigerer völlig entgegengesetzt ist, verwirklicht er zwanzig Jahre später das Ergebnis seiner jugendlichen Grübeleien mit einer Präzision, einer überwältigenden Logik den Institutionen gegenüber, die ihn gekränkt und verletzt hatten. Er vernichtete sie.

Wer hätte im erzbischöflichen Palais ahnen können, welch gefährliches Feuer in diesem charmanten Kopf schwelte? Charles Maurice war mit sechzehn Jahren wirklich sehr liebenswert. Selbst Chateaubriand, der ihn haßt, schreibt (vielleicht war es gar kein Kompliment), der Abbé de Périgord sei sehr hübsch. Dieses Pfäfflein hatte eine gute Haltung, wundervolles blondes, volles und gewelltes Haar, klare blaugraue, ein wenig kalte, ein wenig forschende Augen von schönstem Feuer und einen hellen, frischen Teint, er vermittelte den Eindruck von Lauterkeit und Zurückhaltung, er war bewundernswert höflich den Soutanen, den Damen und den Personen gegenüber, die den Kardinal de la Roche-Aymon umgaben. Sein unglückseliges Hinken veranlaßte ihn, oft unbeweglich zu bleiben, er hielt sich stets etwas im Hintergrund, was, weit davon entfernt, ihm zu schaden, ihm die Haltung liebenswürdiger Bescheidenheit verlieh. All dies hatte in seiner kirchlichen Umwelt die allerbeste Wirkung. Ja, wer hätte ahnen können, daß der Neffe des Monsignore Koadjutor, der mit soviel Anmut und Würde einen der größten Namen Frankreichs trug, sich wie eine Bombe mitten ins Herz der Kirche pflanzte? Er selber wußte davon nichts, aber er wußte etwas, das François Mauriac in seinem Buch »Der Jüngling von damals« folgendermaßen darstellt: »Ich weiß wohl, daß alles, was der Herr Dekan predigt, und alles, was meine Mutter glaubt, nicht mit dem übereinstimmt, was wirklich ist. Ich weiß wohl, daß sie keinerlei Gerechtigkeitssinn haben. Ich verabscheue die Religion, die sie praktizieren.« Nahezu zwei Jahrhunderte vor dem Jüngling von gestern empfand der Jüngling Talleyrand den gleichen Abscheu: »Ein in Formen erstarrtes Leben war mir unerträglich. Mit fünfzehn Jahren, wenn alle Gefühle noch echt sind, fällt es einem schwer zu begreifen, daß die Vorsicht, das heißt die Kunst, nur einen Teil seines Lebens, seines Denkens, seiner Gefühle zu zeigen, die hervorragendste aller Eigenschaften sei. Ich fand, daß der ganze Glanz des Kardinals de la Roche-Aymon das Opfer meiner Aufrichtigkeit, das von mir verlangt wurde, nicht wert war.«

Ein schwerwiegendes Geständnis. Niederschmetternd für seine Umgebung. Man hat ihn gelehrt, daß die hervorragendste aller Eigenschaften die Kunst des Verheimlichens sei. Diese Rezepte vergißt er auch später nicht, aber mit sechzehn Jahren beklagt er es, daß man ihm nicht erlaubt hat, aufrichtig zu sich selbst und zu den anderen zu sein. Er schreibt: »Die Jugend ist der Lebensabschnitt, in dem man am redlichsten ist.« Als Ausgleich dafür, daß er sich tarnte, wurde ihm ein prächtiges Dasein geboten. In jenem Alter sind solche Geschäfte ungeheuerlich. Seine Eltern tätigten sie für ihn.

Der Aufenthalt in Reims unter der falschen Soutane, die er verabscheute, dauerte ein Jahr. Die Biedermänner sind der Ansicht, er müsse einen schlechten Charakter gehabt haben, weil es ihn nicht befriedigte, im erzbischöflichen Palais zu leben oder in der Abtei von Hautvilliers, deren Nutznießer sein Onkel war. Hier genoß er außer dem Komfort der Gemächer, der Bedienung und der Tafel die Gesellschaft wortgewandter Priester, eleganter Mönche und, sogar recht oft, die seiner Eltern. Ja, seine Eltern kamen zu Besuch, um die Fortschritte der fragwürdigen Berufung ihres Sohnes zu beobachten. Wenn man glaubt oder vorgibt zu glauben, daß die Besuche seiner Eltern ihm angenehm waren, beweist man, daß man von der Psyche eines jungen Mannes, dieses hier im besonderen, nichts versteht. Die Sache mit der Soutane hatte ihn klüger gemacht. Der Anblick seiner Eltern erhöhte nur seine Verbitterung. Man stelle sich ihn vor: Mit verschlossenem, höflichem oder eher abwesendem Gesicht steht er vor seinem Vater und seiner Mutter. Die scheinheiligen Fragen, ihr gespieltes Interesse schmerzten ihn. Bei einem Sechzehnjährigen nimmt ein solcher Konflikt, selbst wenn er unausgesprochen bleibt, tragisches Ausmaß an. Das Pfäfflein verbarg alles. Madame de Genlis, die Charles Maurice im Erzbischofspalais in seiner Verkleidung traf, sagte: »Er hinkte ein bißchen, er war blaß und still, doch er hatte ein sympathisches Gesicht und einen beobachtenden Blick, der mich überraschte.«

Um ihn an seinen Stand und Rang zu gewöhnen, gab man ihm Lektüre in die Hand. Fromme Lektüre vielleicht? Das wäre unnütz gewesen, denn man wollte in ihm nicht den Glauben kultivieren, sondern den Ehrgeiz. So las er über das Leben des heiligen Hinkemar, Mönch aus Saint-Denis, später Erzbischof von Reims, Konzilsvater und Minister Karls des Kahlen (des Vetters von Wilgrin, des ersten Grafen von Périgord), über das Leben des Kardinals Ximénes, Großinquisitor von Kastilien und allmächtiger Ratgeber Ferdinands des Katholischen, über das Leben des Kardinals de Richelieu (das war natürlich das großartigste Vorbild), und schließlich las er die Memoiren des Kardinals de Retz. Gute Vorbilder, ihn für eine politische und finanzielle Laufbahn innerhalb oder außerhalb der Kirche, das war nicht wichtig, zu präparieren. Wichtig war vor allem, seine Familie von seiner Gegenwart zu befreien und das Recht des Ältesten auf seinen jüngeren Bruder Archambaud zu übertragen. Für alles übrige würde die Vorsehung sorgen. Die Redlichkeit des jungen Mannes stieß sich an den Hindernissen: »Ich begriff noch nicht, was es bedeutete, in einen Stand [den des Priesters] einzutreten, um nach einem anderen [dem des Ministers] zu streben, die Rolle ständigen Verzichts auf sich zu nehmen, um desto sicherer eine Karriere des Ehrgeizes zu erstreben, ins Seminar zu gehen, um Finanzminister zu werden.« Das ist Voltaires würdig, aber es ist kein Märchen.

Allerdings wird man mit sechzehn Jahren schwach, wenn man sich einer so umfassenden Verschwörung gegenübersieht. Und das geschah: Der Natur nach war Talleyrand eher ein Schilfrohr als eine Eiche. »Nach einjährigem Aufenthalt in Reims sah ich ein, daß ich meinem Schicksal nicht entgehen konnte, mein erschöpfter Geist gab nach. Ich ließ mich ins Seminar führen.« Wie ins Schlachthaus.

Fünf Jahre verbrachte Charles Maurice im Seminar, von 1769 bis 1774. Seine ganze Jugend, ausgenommen die Aufenthalte in Chalais und Reims, spielte sich im Stadtviertel von Saint-Sulpice ab: zwischen der Rue Garancière, wo er zur Welt kam, der Rue de la Harpe, wo seine Schule war, und dem Seminar, das sich auf der heutigen Place Saint-Sulpice befand und seine Pforte in der Rue du Vieux-Colombier hatte.

Diese fünf Jahre waren die trübseligsten seines Lebens. Er verschloß sich dieser kirchlichen Welt, der er versprochen und für die er keineswegs geschaffen war. Er verübelte es der Gesellschaft, die eine solche Einkerkerung zuließ. »Man hielt mich für hochmütig, oft warf man es mir vor ... Aber, lieber Gott, ich war weder hochmütig noch verächtlich, ich war nur ein äußerst unglücklicher und innerlich zorniger, gutherziger junger Mann.« [TM]

Das glauben wir ohne weiteres. Er war ein »gutherziger junger Mann«, doch auf dem Wege, weniger gutherzig zu werden. Wäre er »empfindsam« wie Jean-Jacques Rousseau gewesen, er hätte gejammert und »Tränenströme« vergossen. Aber Äußerungen solcher Art waren nicht seine Sache. Er zeigte weder Kummer noch Widerwillen. Er zeigte eine stolze Miene, in der sich Verachtung ausdrückte, um sich diese Welt, in die man ihn verbannt hatte und der er am liebsten entflohen wäre, vom Leibe zu halten.

»Ich sehe mich noch, wie ich in meinen Kniehosen und meinem kurzen schwarzen Seidenmantel im Hof umherging. Ich las die mit dem Messer eingeritzten Kritzeleien auf den Mauern ... Wenn es jemand gab, der das Alleinsein liebte und wenig mit seinen Kameraden umging, dann war ich es. Ich spielte mich als kleiner Bonaparte im Seminar auf.« Und er fügt hinzu: »Ich war der schweigsamste Junge, den man sich vorstellen kann, aber zugleich der aufgeschlossenste für die Lektionen der Lehrer, und ich lernte spielend.«

Er hat den Unterricht, den er im Seminar erhielt, gewürdigt. Es trifft zu, daß er spielend lernte, weil er sich das aussuchte, was er lernen wollte, und seinen Kopf nicht mit Bücherwissen vollstopfte. Sein Gespür und sein Geschmack wählten genau das, was aufzunehmen richtig und günstig war. Die Gelehrsamkeit interessierte ihn nicht, und die Schreiberlinge machten ihm nur Eindruck, wenn sie ehrliche Schlußfolgerungen in ihren Schriften zogen.

Mit sechzig Jahren verhielt er sich noch genauso wie im Seminar und stellte fest, es gebe »drei Arten von Wissen: das Wissen an sich, das Wissen um die Lebensart und das Wissen, wie man etwas tut; die beiden letzteren machen im allgemeinen das erstere überflüssig.«

Der melancholische Seminarist machte sich also von der Schulweisheit los und schuf sich im geheimen eine andere geistige Nahrung, flüssig, flüchtig und köstlich wie Honig.

Merkwürdig ist sein Lesestoff. Theologie betrieb dieser Theologe, wenn man ihn so nennen will, nur oberflächlich. Er wählt die Lektüre eines Mannes, der sich zum Handeln bestimmt weiß, zur Bewegung, zur Veränderung. Er liest Reiseberichte; andere Völker, andere Gesetze, andere Sitten interessieren ihn. Er schwärmt für lange Seereisen, Stürme, Meutereien, Seeräubereien, alles, was Wagnis und Gefahr darstellt. Und in der Geschichte vor allem für Revolutionen. Diese Bücher liest er ohne das Wissen seiner Lehrer; man entwischt so gut es geht. »Während der Freizeit verkroch ich mich in eine Bibliothek, wo ich die revolutionärsten Bücher heraussuchte und verschlang, ich nährte mich von der Geschichte von Umstürzen, Aufständen, Revolten aller Länder.«

Damit wurde auch sein Bedürfnis genährt, die Fesseln zu sprengen. So bildete sich die gefährliche Einsicht, daß die soziale Ordnung, die ihn einengte, auch andere Menschen einengte. Er machte die Entdeckung, daß es in der Geschichte Auflehnungen gegeben hatte, daß durch sie die Unterdrückten frei geworden waren. Unter der Soutane konnte er nicht frei atmen, so wurde aus ihm ein lernwilliger Revolutionär. Infolge einer bemerkenswerten Verirrung wurde er durch seine Familie in die Bahn des Umsturzes gedrängt. Aus dem jungen Seigneur, der wegen seiner Intelligenz, seines Ehrgeizes, seines Stolzes und seiner Doppelbegabung, zu verführen und zu herrschen, das Vorbild eines Aristokraten war, machten seine Eltern den Feind einer Gesellschaft und Kultur, die er besser als irgendeiner der Seinen verkörperte und deren fähigster Verteidiger er hätte sein können.

Seine Lektüre brachte ihn dazu, Stellung zu nehmen. Heimlich führt er Zwiesprache mit den »geheimen« Schriftstellern. Auf diese Weise bildet er sich, in der Verborgenheit und in der Stille. Er möchte gern bewundern. In späterer Zeit sagt er, es sei ein Zeichen von Mittelmäßigkeit, wenn man seine Bewunderung zügele. Hingegen hat er einen ganz sicheren Sinn für Überlegenheit, vor allem seiner eigenen, daran kann nicht gezweifelt werden. Er fühlt sich für die Bühne der Welt geschaffen. Das ist seine eigentliche Berufung. Gern würde er es den anderen schon mitteilen, aber seine Zurückhaltung und sein Stolz hindern ihn noch daran. Wenn der Baron de Vitrolles, der ihn in seinen besten Jahren gut gekannt hat, schreibt, daß Talleyrand »frühzeitig lernte, mit dem Skandal zu liebäugeln und die Meinung ehrenwerter Leute zu verachten«, so täuscht er sich hinsichtlich des jungen Mannes aus dem Jahre 1770. Eben weil er den Skandal verabscheute, hatte sich Charles Maurice unterworfen, und weil ihm die Meinung der ehrenwertesten Leute am Herzen lag: seiner Eltern und seines Onkels, des Erzbischofs. In der Folgezeit denkt er nüchterner darüber ... Die Erfahrungen, die er in der Welt machte, der Welt der ehrenwerten

Leute und die der anderen, die ihm manchmal lieber waren, flößten ihm nur völlige und stille Verachtung ein gegenüber der Tugend der ersteren, denn sie verhüllte nur einen Abgrund von Heuchelei und Konformismus; und ebenso gegenüber der Niedertracht der anderen, die nicht einmal verhüllt war.

Gegen Ende seines Lebens, als er seiner Nichte, Madame de Dino, die bitteren Erinnerungen aus dem Seminar berichtete, sagte er: »Ich war empört über die Gesellschaft, und ich begriff nicht weshalb, denn ich war mit einem Kindheitsgebrechen behaftet, ich war dazu verurteilt, den natürlichen Platz, der mir zukam, nicht einzunehmen.« Der natürliche Platz war der des Ältesten der Talleyrand, das darf nicht vergessen werden; dieser Platz befand sich in der weltlichen Welt und nicht in der kirchlichen. Zu dem Schmerz, im Seminar eingesperrt zu sein, kam die Empörung eines in seinem Adelsanspruch verletzten Aristokraten, das heißt in seinem Recht als Ältester, seinem Recht, den ihm überkommenen Namen und den Ruhm weiterzugeben, zu verteidigen, zu vergrößern und ihm helleren Glanz zu verleihen.

Talleyrand, der seiner natürlichen Rechte zugunsten seines jüngeren Bruders Archambaud verlustig gegangen war, hat diesem gegenüber nie Eifersucht gezeigt. Es gibt tausend Beweise dafür. Diese Geistesgröße ist eine Äußerung des »Stolzes«, der ihm mitunter vorgeworfen wird. Wer keine Bewunderung für eine solche Haltung aufbringt, sollte sie wenigstens anerkennen.

Nicht alles war Verzweiflung im Leben des unfreiwilligen Seminaristen. Später, 1815, vertraute er sich Alexis de Noailles an und bekennt, daß der Generalobere Bourrachot ihm ausgezeichnete Ratschläge gegeben und daß er Legrand, einen Doktor der Theologie, verehrt habe. Lassen wir es dahingestellt: wir meinen, daß der Siebzigjährige, der sich an die Ratschläge seiner Lehrer von Saint-Sulpice erinnert, sie besser findet als 1770 der unglückliche Seminarist. Hätte man ihm damals, als unterdrückter Zorn an ihm fraß, gesagt, er würde ein halbes Jahrhundert später seine Oberen loben, er wäre gewiß erstaunt gewesen. Aber in seinen Memoiren verschafft er sich damit einen guten Ruf. Man braucht ihn deshalb nicht gleich der Lüge zu zeihen, wie es getan worden ist.

1821 verbreitet er tatsächlich eine Lobrede über Monsignor Bourlier, Bischof von Evreux und ehemaligen Sulpicianer. Sehr wahrscheinlich tat er es aus Opportunismus, denn unter der Restauration wurden Lobreden auf ein Seminar gern gehört. Er tat es auch, wie jedermann, um Jugenderinnerungen, selbst die schlimmsten, in ein gutes Licht zu rücken, er tat es schließlich, weil er sein ganzes Leben lang den Priestern gegenüber ein Gefühl der Achtung empfand. Stets bezeigte er ihnen Wohlwollen und Güte. Ob sie abtrünnig waren oder nicht, sie schwirrten um ihn herum, er half ihnen in Schwierigkeiten. Der schreckliche Zwist, den er mit der Kirche als

Institution ausfocht, berührte in keiner Weise seine Einstellung gegenüber den Männern der Kirche. Wie auch der Zwist mit der Familie seine Haltung zu seinen Brüdern und Neffen nicht berührte. Talleyrand ist ein Überläufer, der keinen Groll hegt gegen diejenigen, denen er den Rücken kehrt. Das ist selten.

In jenem Jahr 1771 erschien der junge Seminarist, hinkend, im schwarzen Seidenmantel, mit seinem goldblonden Haar und seinem hellen Teint zu den Gottesdiensten von Saint-Sulpice. Zerstreuten Gemüts nahm er an ihnen teil. Er war achtzehn Jahre alt, er gehörte dem Jahrhundert Voltaires und Marivaux' an, er hatte den Kopf voll von den Ideen der von ihm gelesenen Autoren, und da er alles liebte, was liebenswert war, durchbrach er eines Tages diese Eintönigkeit seines Daseins. Der Seminarist entdeckte die Liebe. Bei der Messe begegnete ihm ein junges Mädchen, das aus einem Roman von Marivaux zu stammen schien. Es trug die bescheidene Eleganz Mariannens zur Schau, die Frische der Unschuld, und die Kleine war hübsch. Er näherte sich ihr und versäumte keinen Gottesdienst mehr. Er folgte ihr bis zur Kirchentür. Sie schien ihn nicht zu bemerken. Glücklicherweise schüttete ein Regenguß seine Segnungen über sie beide aus: Talleyrand bot ihr den Schutz seines Regenschirms an. Sie wies ihn ebensowenig ab wie die Hand, die er ihr reichte, um sie die Stufen hinabzuführen. Sie wies es auch nicht ab, daß er sie in ihre Wohnung begleitete, obwohl hier ein Regenschirm nicht mehr vonnöten war. Da sie in der Rue Férou wohnte, war der Weg so kurz, daß sie nicht die Zeit gehabt hatten, sich alles zu sagen. Dieser erste Besuch reichte nicht aus, um das Gespräch erschöpfend zu Ende zu führen, und sie sei es gewesen, sagt der Seminarist, die ihn gebeten habe, wiederzukommen. Sie tat es »wie eine ganz keusche junge Person«, die es überdrüssig geworden war, keusch zu bleiben. Zwei Jahre lang machte er Gebrauch von dieser Aufforderung. Das war die große Freude, die die traurigen Seminarjahre erhellte, nur der Hingabe Dorothées war es zu verdanken, daß er den drückenden Zwang ertrug. Sie hieß Dorothée Dorinville und diesen Namen hatte sie erhalten, als sie getauft wurde; sie war jüdischer Herkunft. Ohne ihre Einwilligung war sie auch zum Theater konvertiert worden. Lustlos spielte sie Rollen in der Comédie-Française, auf den Plakaten figurierte sie unter dem Namen Luzy. Talleyrand erzählt sehr charmant und heiter, daß sie sich durch die Berufe, die ihnen aufgezwungen waren, beide sehr nahegekommen wären. Er weinte innerlich vor den Altären, vor denen zu beten er keine Lust verspürte, sie weinte auf den Brettern, auf denen zu spielen sie keine Lust verspürte. Damit wurden feste Bande geknüpft. Ganz zu schweigen von den anderen. Ihre Liaison war für niemanden ein Geheimnis, weder im Seminar noch im Stadtviertel. Sie gingen stets zusammen aus, sie waren ein anmutiges junges Paar. Talleyrand ging hinkend vom Seminar zur Kirche und von der Kirche ins Heiligtum der Rue Férou, wo er seine Dorothée anbetete. Merkwürdiges

Zusammentreffen: seine erste Liebe, die zärtlichste, galt einer Dorothée, seine letzte Liebe, die tiefste, ebenfalls einer Dorothée, seiner Nichte, der Herzogin von Dino.

Er unternahm nichts, um diese Liaison zu verheimlichen, ebensowenig wie seine geringe Neigung zum Priesterstand. Man hat es ihm zum Vorwurf gemacht. Der Superior hätte ihn aus dem Seminar weisen müssen. Damit hätte er der Kirche und Talleyrand einen großen Dienst erwiesen. Er machte ihm keine Vorhaltungen. Das könnte man dem Superior zum Vorwurf machen.

Es bestehen keine Zweifel hinsichtlich der Gründe, die ihn daran hinderten, strenge Maßnahmen zu ergreifen. »Er verdankte es nur den mit seiner Geburt untrennbar verbundenen Gegebenheiten und vor allem der Verehrung, die den Tugenden und Verdiensten seines Onkels, dem Erzbischof von Reims, entgegengebracht wurden, daß er nicht mit Krach entlassen wurde.« [L-G]

Man war der Meinung, Talleyrand habe dadurch, daß er mit seiner Mätresse vor den Fenstern des Seminars spazierenging, genug Ärgernis erregt, man hätte nur einen zweiten Skandal geschaffen, wenn man den Sohn eines Grandseigneurs geräuschvoll der Anstalt verwiesen hätte. Der Lärm wäre um so unnötiger gewesen, als die Lehrer und Mitschüler des eigenwilligen Seminaristen bemerkt hatten, daß er sehr viel umgänglicher war, seitdem er Dorothée seine Aufwartungen machte. Ein sehr menschlicher Wesenszug: er fühlte sich seinesgleichen nahe, er haßte bestimmte Institutionen, aber er haßte die Menschen, die sie verkörperten, nicht, er hielt sie nicht für verantwortlich.

Kurzum, mit oder ohne Geliebte, seine Eltern hatten beschlossen, er solle Priester werden. Er wurde es.

Am 22. September 1774 errang er an der Sorbonne das Bakkalaureat in der Theologie. Er hatte eine Dissertation vorgelegt, die der heiligen Jungfrau gewidmet war: ein einfacheres Thema hätte er nicht wählen können. Es lautete: »Quenam est scientia quam custodient labea sacerdotis?« (Welche Wissenschaft müssen die Lippen des Priesters bewahren?) Diese Arbeit verdankte er fraglos mehr seinem liebenswürdigen Doktorvater Mannay als seinen eigenen Kenntnissen. Er war seinem Lehrer dankbar bis an sein Ende, und während dessen letzten Lebensjahren beherbergte er ihn in Valençay. Ein Zeichen von Treue; man hat vergessen, es ihm vorzuwerfen. Außerdem verdankt er es Mannay, daß bei ihm die Altersgrenze beiseite geschoben wurde. Er legte seine Dissertation mit zwanzig Jahren vor, obwohl zweiundzwanzig gefordert wurden.

Da er in seinen Memoiren sehr wenig über sich selbst, über seine Tätigkeiten und seine Gefühle spricht, ist nicht sicher, ob er sich im Seminar von Angers aufgehalten hat, wie manchmal behauptet wird. Dieser Aufenthalt – wenn er überhaupt stattgefunden hat – muß recht übermütig verlaufen sein. Eines Abends soll er gebechert und dann einen Säugling in das Bett des Superiors gelegt haben. (Zu seiner Entlastung wird gesagt, es wäre an einem Sonntag während des Karnevals geschehen.) Wir wären darüber ebenso verblüfft, wie der würdige Priester es gewesen sein müßte. Der Scherz würde von so schlechtem Geschmack zeugen, daß er dem Abbé von Périgord, wie er damals genannt wurde, nicht zuzutrauen ist. Er war ein in Seide gekleideter Abbé, gepudert und parfümiert, im Refektorium aß er nicht an der gemeinsamen Tafel, sondern bekam die Speisen aufgrund der eindrucksvollen Zahl seiner Ahnen an einem besonderen Tisch serviert. Der Abstecher nach Angers, den er selber mit keinem Wort erwähnt und der nur durch ein Ondit belegt ist, scheint wohl eine Legende zu sein.

Die Stunde für den Sprung

Wie dem auch sei, er war nicht mehr in Saint-Sulpice, als er am 1. April 1775 die Gelübde ablegte. Hatte man ihm, da er der Neffe eines Erzbischofs war, gestattet, bei Mademoiselle Dorothée zu wohnen?

Warum wurde er nicht mit allen anderen Sulpicianern zusammen ordiniert, sondern allein (immer steht er außerhalb) in Saint-Nicolas-du-Chardonnet durch den Bischof von Lombez, Monsignore de Salignac de la Motte-Fénelon, den Neffen Fénelons? Die niederen Weihen hatte er im Jahr zuvor, am 28. Mai 1774, in derselben Kirche durch den Bischof von Quimper erhalten.

Er vernahm den sakramentalen Satz: »Bis zu dieser Stunde seid Ihr frei gewesen ... [als ob er es jemals gewesen wäre!]. Habt Ihr einmal diese Weihe empfangen, könnt Ihr die Verpflichtung nie wieder brechen und seid auf immer dem Dienste Gottes verbunden ... Bedenkt Euch, solange es Zeit ist. Und wenn Ihr in Eurem heiligen Entschluß beharrt, so tretet vor, im Namen des Herrn.«

Er vernahm nur die Worte »heiliger Entschluß«, trat vor, kniete nieder: es war geschehen. Er hatte den Sprung getan. Seine Mutter hatte gesiegt. Sie hatte sich nicht einmal die Mühe gemacht, der Feier beizuwohnen. Niemand aus seiner Familie war anwesend.

Am 12. April erhielt er den Rang eines Subdiakons in Paris unter dem Namen Carolus Mauricus de Talleyrand-Périgor. (Das d wurde versehentlich ausgelassen.) Er war mitnichten besonders stolz darauf. Bis zur letzten Minute war er widerwillig, er schnaubte vor sich hin, doch verhalten und abseits, wie es seine Art war. Laut hingegen sagte er, die Priester konnten es hören: »Sie wollen einen Priester aus mir machen. Nun gut, ihr werdet es erleben, daß sie ein schreckliches Individuum aus mir machen. Aber ich hinke, bin nicht der Erstgeborene, es gibt keine Möglichkeit, mein Schicksal abzuwenden.« [LPT]

Damals hat niemand Alarm geschlagen. Er selber fand später eine Möglichkeit, das Schicksal abzuwenden: die Revolution. Man soll doch nicht behaupten, Talleyrand sei in den Dienst der Kirche getreten, um sie zu vernichten. Zwanzigmal hat er seiner Auflehnung und Verachtung Ausdruck verliehen, bevor er sich verpflichtete. Und es ist durchaus denkbar, daß es sich um eine Art Herausforderung handelte, wenn er seine Liaison mit Dorothée vor dem Seminar und sogar in Saint-Sulpice so unverhüllt zur Schau stellte. Weder seine Oberen noch seine Familie wollten irgend etwas wahrhaben, das ihren Plan durchkreuzen konnte. Sie ließen ihm eine Lektion in Diplomatie zuteil werden, die nicht vergeblich war für den, auf dessen Kosten sie ging.

Man glaubte, er würde folgsam werden, sobald er einmal das Gelübde abgelegt habe und durch den Eid gebunden sei. Folgsam auf damalige Art und Weise: er würde tun und lassen, was er wollte, und ebenso denken. Man verlangte nur von ihm, den Schein zu wahren und die ehrbaren Leute nicht vor den Kopf zu stoßen. Er sollte ruhig seine Einnahmen und seine Renten großzügig verbrauchen und als freigeistiger Grandseigneur leben. Welche Wunder vermochten die violette Soutane und die spitzenbesetzten Chorhemden zu bewirken: sie verbargen sein Hinken und zugleich seinen Groll und seine Laster. Noch schlug er diesen Weg nicht ein. »Sie zwingen mich, Geistlicher zu sein, sie werden es noch bereuen«, bemerkte er zu seinem Superior de Cussac.

Man hatte ihn herumgeschoben wie einen Stein auf einem Spielbrett, ohne zu wissen, was und wer er war. Der Abbé de Périgord hätte von seinem Vater das gleiche sagen können, was sein Zeitgenosse, der Fürst von Ligne, von dem seinen sagte: »Mein Vater liebte mich nicht, ich weiß nicht warum nicht, denn wir kannten uns nicht.«

Der Bischof von Blois, Monsignore de Sauzin, schrieb: »Ich kann bezeugen, daß er zur Zeit seines Subdiakonats eine Hundelaune hatte.« Selbst sein Erzieher Langlois, der das Desaster voraussah, wollte seine Ordinierung verhindern. Was aber vermochte ein armer Mann, ein schlecht bezahlter (sogar unbezahlter) Erzieher gegenüber dem Willen des Grafen von Périgord auszurichten? Er wurde nicht einmal angehört.

Die Würfel waren gefallen. Das verhängnisvolle Rad rollte bis ins Jahr 1789. Die Kirche und die Monarchie hatten auf das schwarze Feld gesetzt. Ihr Opfer spielte Rot: es gewann die Freiheit!

Wie man eine Krönung unterschlägt

Am 11. Juni 1775 wohnte der Abbé de Périgord in Reims der Krönung Ludwigs XVI. bei. Er hat keine Andeutung über seine Gefühle hinterlassen, die er bei dem großartigen Schauspiel dieser religiösen und königlichen

lichen Festlichkeit empfunden haben könnte, die sich vor seinen Augen als Krönung des letzten Königs von Gottes Gnaden abspielte. Er tat so, als ob es ihn nichts anginge. Für diese Gleichgültigkeit gibt es mehrere Erklärungen. Die erste: Sein Vater hatte verlangt, er solle zugegen sein. Die Familie Talleyrand hatte bei der Krönung eine Aufgabe zu erfüllen. Seit Hugo Capet waren sie dabei. Der Graf von Périgord, der Vicomte von La Rochefoucauld, der Marquis von Rochechouart und der Graf von la Roche-Aymon waren die vier Bürgen der heiligen Ampulle. Es war ein ehrenvolles Amt. Dem Abbé wurde durch seinen Vater und durch das Blut der Rochechouart diese Ehre zweifach zuteil. Er machte sich nichts daraus. Sein Onkel war Koadjutor des Erzbischof-Herzogs von Reims, der den König krönte. Er machte sich nichts daraus. Doch hatte er nichts dabei gefunden, ein bißchen nachzuhelfen, um aus der Diözese Paris in die Diözese Reims versetzt zu werden. Er strebte unter die Fittiche des Onkels und Erzbischof-Herzogs, des einflußreichsten in Frankreich. Man hatte ihm diesen Vorzug nicht verweigert. Seine Eltern sahen es gern, denn der Abbé würde in Reims unter besserer Aufsicht stehen, und seine Beförderung würde schneller vonstatten gehen. Hinsichtlich des ersten Punktes täuschten sie sich. Diese Mißdeutung verbesserte die Beziehungen zu seiner Familie, aber es verpflichtete ihn nicht gleich dazu, seinen adligen Vater zu bewundern, als er neben dem goldenen Baldachin herschritt, unter dem die heilige Ampulle in Prozession von der uralten Abtei Saint-Rémy, wo sie seit der Krönung Chlodwigs, des ersten Königs der Franken, aufbewahrt war, in die Kathedrale überführt wurde. Die Jahre im Seminar hatten ihm alles, was nach religiösem Ritus aussah, verleidet. Die starren Formen, die großartigen und unerbittlichen Bräuche der Kirche, deren Opfer er geworden war, flößten ihm Schrecken ein. Da aber der Abbé de Périgord der gebildetste der Menschen war, der selbstsicherste und stolzeste, hütete er sich stets vor abfälligen Äußerungen und vor Klagen. Was ihm mißfiel, strafte er mit Nichtachtung und mit einer abwesenden Miene. Mit diesem Gesicht – das ausdrückte, daß er woanders war – wohnte er der Salbung des Königs bei, seiner Krönung und seiner Thronbesteigung, die ihn unwiderruflich über alle anderen Menschen stellte und aus ihm das Werkzeug Gottes machte, mit allen Vollmachten über Frankreich und über seine Menschen. Das alles rief bei dem jungen Abbé ein Gähnen hervor, als ginge es um die Aufführung irgendeines klassischen Stücks bei einem Wohltätigkeitsfest. Wie schade! Er hätte des Königs Bruder, mit dem Titel Monsieur, den Grafen von Provence, sehen können. Er war schon recht rundlich und sollte später der dicke Ludwig XVIII. werden. Und auch den anderen Bruder, den Grafen von Artois, den großen Tölpel und Gecken, der als kläglicher Karl X. auftreten und den Talleyrand ein halbes Jahrhundert später hier am selben Ort zu seiner Krönung begleiten wird, eine durch Ströme von Blut und Tränen entheiligte Krönung. Er hätte den Herzog von Chartres sehen können, der, als er später Philippe Egalité hieß, den Kopf seines Vetters abschlagen läßt. Ja, den Kopf des geweihten Königs, auf den in diesem Augenblick eine Krone gesetzt wird, die an Unheil schwerer wiegt als an Diamanten. Er hätte auch den Fürsten von Condé sehen können und an seiner Seite einen Knaben von drei Jahren, den Herzog von Enghien, der später einmal beim Schein einer Laterne in den Gräben von Vincennes erschossen werden wird. Haben auch Sie, Herr Abbé, unter dem Gewölbe der erlauchten Basilika, in der seit tausend Jahren Könige gemacht werden, den Knaben gesehen? Werden Sie dereinst seinen gemordeten Leib erkennen? Ermordet von wem? Mit welcher Komplicenschaft? Sie bleiben still, stellen sich blind und stumm. Das ist bequem. Wie schade! Sie hätten seltsame, tragische und erstaunliche Horoskope aufstellen können, wenn Sie zugesehen und dann über das, was Sie sahen, gesprochen hätten. Ihre Biographen werfen Ihnen vor, unempfänglich für die Grandeur, für die Religion, für Hochgefühl und für den Glanz dieser Krönung gewesen zu sein. Das zeigt, wie schlecht man Sie kennt. In Wirklichkeit waren Sie empfänglich für alles, und vor allem für die Grandeur. Bei diesem prächtigen, bunten und strengen Krönungszeremoniell haben Sie die höhere Kunst der Repräsentation, des Protokolls, der Hierarchie erlernt. Niemals ist Ihnen darin jemand gleichgekommen. Niemand hat auch versucht, es Ihnen darin gleichzutun. Hier wurde es Ihnen zur unumstößlichen Gewißheit, daß Sie einer höheren Berufung gehörten und das Recht hatten, sich des Geschicks und der Angelegenheiten der Nation anzunehmen. Ihr waren Sie bis ins Mark verbunden, von ihren Ursprüngen an.

Und dennoch haben Sie nur einige wenige Zeilen über diese Krönung hinterlassen. Grandeur, Monarchie und Religion werden nicht erwähnt. Nur die Gesichter dreier reizender junger Hofdamen werden von Ihnen beschrieben. Auf diesem historischen Fresko haben Sie nur drei anmutige Profile bemerkt, und inmitten der Weihrauchwolken haben Sie nur ein leichtes Lilien- und Bergamotte-Parfüm wahrgenommen. Aus einer anderen Feder würde dies wie eine Frivolität wirken, aus der Ihren ist es eine Unverfrorenheit. Die Unverfrorenheit eines Meisters, dem Thron, der Kirche und Ihren Eltern gegenüber. Sie sind ebenso unverfroren, wie Sie lügen, durch Unterlassung. Sie haben bewußt übergangen, wovor sich Ihre Eltern an jenem Tag auf die Knie warfen. Sie befanden sich schon auf dem Weg der Rache.

Handelte es sich bei Ihnen nur um Unverfrorenheit und Verachtung, wäre die Sache einfach. Doch zeigen Sie zugleich dies und auch noch das Gegenteil. Geben Sie zu, daß Sie sich im Grunde bei der Königskrönung durchaus am Platze fühlten! Sie fühlten sich als Grandseigneur, als Großwürdenträger der Monarchie, und doch waren Sie bereits ein Priester in den Wehen der Abtrünnigkeit und ein Vasall in den Wehen der Auflehnung. Sie waren dies alles zur gleichen Zeit. Und nie haben Sie aufgehört, es zu sein.

Die Gelegenheit war günstig, und so erlaubten wir uns, Sie bei einem Wahrheits- und Verheimlichungs-Delikt zu ertappen.

Der Krönungstag war jedoch auch ein Festtag für den jungen Abbé. »Vom Tage der Krönung Ludwigs XVI. an datieren meine Liebschaften mit mehreren Frauen, die bemerkenswert waren durch die Vorzüge verschiedenster Art und deren Freundschaft einen Zauber über mein ganzes Leben geworfen hat ...«

Ja, für den Herrn Abbé war es ein Festtag, der Tag eines galanten Festes. Er schreibt diesen Satz fünfzig Jahre später, und diese Frauen sind noch immer seine bevorzugten Freundinnen. Zwar mögen in ihren Augenwinkeln Falten lauern, ihr Blick hat aber noch die gleiche Zärtlichkeit und das gleiche Feuer, ihr Charme ist ungebrochen, das Gespräch mit ihnen, ihre Manieren zeugen von der Eleganz, der unnachahmlichen Unbefangenheit des Jahrhunderts der Aufklärung. Wichtig war für sie eines: das Glück, Menschen um sich zu haben, die dazu geschaffen waren, im Glück zu leben. Dies hatte Vorrang und nicht die heilige Ampulle, die der Graf von Périgord griesgrämig und steif in seinem Umhang mit gezücktem Degen bewachte. Talleyrand nennt seine wundervollen Frauen mit Namen: »Ich spreche von der Herzogin von Luynes, der Herzogin von Fitz-James und der Vicomtesse von Laval.«

Wir begegnen ihnen noch in seiner Nähe. In nächster Nähe.

Erste Ausbrüche des Abbé von Périgord

Also war nicht alles traurig für den jungen Abbé. In jenen Jahren gegen Ende der Regierung Ludwigs XV., von denen der Prince de Ligne sagte, sie seien »die Zeiten des großen Glücks von Europa« gewesen, war es unschicklich, ein betrübtes Gesicht zu zeigen. Mit seinen Freunden, Choiseul, dem Grafen von Narbonne, Biron, dem Herzog von Lauzun, alle von hohem Adel, alle freigeistig gesinnt, alle frühe Vorbilder der »Gefährlichen Liebschaften«, und zwar prächtige Vorbilder; mit und bei diesen Freunden war Talleyrand weit entfernt von der Strenge der Périgord. Seine Freunde und er gingen in Versailles aus und ein. Sie waren die Vertrauten der Madame du Barry. Am Morgen, wenn sie angekleidet wurde, erschienen sie und unterhielten sie mit den Neuigkeiten vom Abend zuvor und von der Nacht – der Nacht von Paris. Man lachte über alles. Eines Tages, als man sich zweideutige Histörchen erzählt hatte, fragte die Favoritin den Abbé de Périgord, der schweigend zuhörte: »Haben Sie gar nichts zu sagen? Nun, was? Kein bißchen Glück? Nur Tugend oder Bescheidenheit?« Das hieß, ihm viel zuzutrauen, denn er besaß weder das eine noch das andere. Doch besaß er ein großes Talent: Fragen herauszulocken, auf die er die richtige Antwort bereit hatte. Ein Talent, zu dem noch die Fähigkeit kam, eine unbeteiligte Miene aufzusetzen und so zu wirken, als verschwende er seine Zeit. Aus dieser Lässigkeit Vergnügen und Nutzen zu ziehen verstand er schon damals. Zum erstenmal begegnet uns diese ungezwungene, elegante und diabolisch listige Art und Weise, das Gespräch und die Gesprächspartner zu einem Punkt zu führen, an dem sie sich selbst seiner Gnade ausliefern. Dann spießt er sie sanft, aber sicher auf. So antwortete er der Favoritin, die sich verwunderte, einen hübschen Abbé so keusch zu sehen: »Ah, Madame, ich mache eine sehr betrübliche Feststellung.« – »Welche denn?« – »Paris ist eine Stadt, in der es leichter ist, Frauen zu erlangen als Abteien.«

Zusammen mit den jungen Narren, die gar nicht so närrisch waren, hatte sie darüber gelacht. Es dauerte nicht lange, und Talleyrand erhielt den Beweis, daß Versailles nicht Paris war und daß am Hof Abteien zu finden waren, denn es wurden ihm zwei kirchliche Pfründen zugeteilt. Was die Frauen anging, so versorgte er sich selbst.

Somit geriet er endlich an den ersten ansehnlichen Lohn für seine Unterwerfung. Der junge König Ludwig XVI. belehnte ihn am 24. September 1775 mit der Abtei Saint-Rémy de Reims. Der Abbé verfügte jetzt über ein Einkommen von achtzehntausend Pfund (hundertfünfzigtausend Francs). Man hat nicht versäumt, ihm etwas anzuhängen, nicht weil er achtzehntausend Pfund dafür bekam, daß er nichts tat, sondern weil er sich darüber freute. Ist es nicht verständlich, daß der junge Mann, nachdem er in völliger Abhängigkeit von seiner Familie und vom Seminar gelebt hatte, »das erhebende Vergnügen empfindet, sein Dasein allein zu bestreiten«? Er verhehlt nicht, daß es für ihn »ein sehr süßer Augenblick« gewesen ist, als er sein erstes eigenes Geld in den Händen hielt. Er verwendete es gar nicht schlecht, er bezahlte die Rückstände seiner Pension im Collège d'Harcourt, die seine Eltern schuldig geblieben waren, und auch den guten Langlois, der seit langem kein Honorar erhalten hatte. Der Graf und die Gräfin von Périgord hatten wichtigere Ausgaben, sollte sich die Kirche doch seiner annehmen! Nun ist er der wohlbestallte Abbé der ehrwürdigsten Abtei des Königreichs.

Saint-Rémy wurde von Chlodwig, dem ersten König, gegründet; er ließ sich hier neben dem Heiligen, von dem er die Taufe und gewissermaßen auch die Krone empfangen hatte, beisetzen. Die Könige von Frankreich empfanden besondere Verehrung für Saint-Rémy, den heiligen Remigius. Am Tage ihrer Krönung stiegen sie in die unterirdischen Gänge hinunter und schritten bis zum Grab des Heiligen, des Gründers der fränkischen Monarchie, knieten nieder und erflehten Hilfe und Beistand. Jeanne d'Arc begleitete den König und sprach das gleiche Gebet. Dieser Krypta entsprang der Quell der königlichen Macht und ihrer Glorie.

Es ist ein bemerkenswertes Zusammentreffen, daß ein Périgord am Beginn der Monarchie der Kapetinger stand und daß ein Périgord der letzte Abt dieser Abtei war. Wenn wahr wäre, was berichtet wird, so hätte eben dieser letzte Abt am Ende der Monarchie die Abtei von Saint-Rémy in Brand gesteckt. Ein unheilverkündendes Zeichen, der antiken Tragödie würdig.

Tatsächlich wurde die Abtei 1774 durch einen Brand vernichtet. Siebzig Jahre danach (1844) berichtete man folgendes darüber: Eines Nachts wollten zwei junge Novizen, die in ihrem Zimmer eingeschlossen waren, ausreißen. Sie stiegen durch ein Fenster und ließen sich mit Hilfe ihrer Betttücher an der Mauer herunter. Sie vergaßen, die brennende Kerze zu löschen. Der Wind wehte durch das offene Fenster, die Vorhänge fingen Feuer. Bald war der Raum nur noch ein Flammenmeer. Dann wurde das ganze alte Gebäude erfaßt, dessen Holztäfelungen, Fußböden und Balkenwerk lichterloh brannten. Am wertvollsten waren die Handschriften, einige stammten aus merowingischer Zeit. Zwei Ketten wurden gebildet, die eine reichte die Wassereimer weiter, durch die andere wurden die Bücher und Urkunden herausgeschafft. Das Feuer behielt die Oberhand, aber zahlreiche Werke konnten doch gerettet werden. Kirche und Krypta entgingen der Zerstörung. Ludwig XVI. lag die Abtei so sehr am Herzen, daß er sie unverzüglich wiederaufbauen ließ. In diesem Zustand verblieb sie bis auf den heutigen Tag, und ihr Abt war Talleyrand. Diese Geschichte wurde damals nur hinter vorgehaltener Hand erzählt, denn der eine der beiden brandstiftenden Novizen war Charles Maurice de Talleyrand-Périgord, der Neffe des Erzbischofs von Reims, Monsignore de Talleyrand-Périgord.

Die Schicksalszeichen sind bestürzend: ein Périgord steckt die Wiege der Monarchie in Brand!

Im Jahr 1775 bestimmte die Provinz Reims den Abbé de Périgord zum Vertreter der Geistlichkeit in der alle fünf Jahre zusammentretenden Versammlung der gallikanischen Kirche. Man wollte damit vielleicht dem Onkel Erzbischof einen Gefallen tun, aber sicherlich waren auch gewisse Fähigkeiten des Neffen, die nicht unbemerkt geblieben waren, ausschlaggebend: seine Beobachtungsgabe, die seltenen, aber treffenden Bemerkungen, die er zuweilen machte, seine Noblesse und sein liebenswürdiges Gesicht hatten auf ihn aufmerksam gemacht, wie auch gewisse Freizügigkeiten in seinem Verhalten, denen gegenüber man sich tolerant zeigte. Frömmigkeit wurde nicht erwähnt. Er wurde sogar zum Promotor ernannt, gemeinschaftlich mit dem Abbé de Vogüé, der ihn in das Finanzwesen der Kirche einweihte. Ihre Aufgabe bestand darin, das kirchliche Vermögen gegen die Übergriffe des königlichen Fiskus zu verteidigen. Es bestand ein Durcheinander alter feudaler Rechte, die der Geistlichkeit zugefallen waren und mit deren Hilfe sie sich von Steuerabgaben freihalten wollte, indem sie erklärte, es handele sich um Rechte der Kirche und nicht um Feudalrechte.

Häufig waren die Rechtsfragen ineinander verfilzt. Talleyrand forderte, das Vermögen der Geistlichkeit müsse von Steuern frei sein. Die Prälaten waren entzückt zu sehen, wie wunderbar der Neffe des Erzbischofs sich auf die Dinge verstand. Sein Bericht über die Verteidigung der Immunität der Kirchengüter wurde als hervorragend beurteilt. Das Debüt des jungen Abts, obwohl leichtfertig in seiner Art, fand viele Bewunderer, und er wurde mit einundzwanzig Jahren zum »Generalbevollmächtigten des Klerus« ernannt, das heißt zum ständigen Vertreter und Verteidiger der kirchlichen Interessen beim königlichen Finanzwesen. So etwas wie ein Finanzminister der Geistlichkeit. Ein Vertrauensbeweis. Eine Anerkennung seiner finanziellen Fähigkeiten, die um vieles hervorstechender waren als seine theologischen Tugenden.

Mit der Theologie war er noch nicht fertig. Er war erst Subdiakon. Die Gelübde hatte er abgelegt, war aber noch nicht zum Priester geweiht worden. Noch konnte er austreten ... Da er seine Studien abschließen wollte, verließ er seine Abtei Saint-Rémy und ließ sich an der Sorbonne einschreiben, um seine Lizenz zu erwerben. Über seine Studien – wenn man sie so nennen will – schreibt er: »Ich verbrachte dort zwei Jahre und war mit allem anderen als mit der Theologie beschäftigt, denn die Vergnügungen nehmen im Tagesablauf eines jungen Bakkalaureus viel Raum ein.« Er findet für seine Leichtfertigkeit Entschuldigungen, die nicht angebracht sind. Der junge Bakkalaureus war immerhin Abt von Saint-Rémy. Im Grunde kümmerte er sich nicht um seinen geistlichen Stand. Sogleich hatte er die Gesellschaft gefunden, die seinen Neigungen entsprach: die Abbés de Montesquiou, de Saint-Phar, de Damas, de Coucy ... Alle von höchstem Adel und niedrigster Moral. Den guten Priestern, die die Klassen leiteten und Theologie zu unterrichten versuchten, standen die Haare zu Berge. Einer unter ihnen war so entsetzt über das, was er während seiner Vorlesungen sah und hörte, daß er eines Tages ausrief: »Mein Gott, was sehe ich bei denjenigen Deiner Diener, die dazu bestimmt sind, Dein Gesetz den anderen nahezubringen? Was sehe ich unter denen, die dazu bestimmt sind, die Bischofsmitra zu tragen? Was sehe ich? Männer, die die Laster des Jahrhunderts unter der Geistlichkeit verbreiten, unter den Dienern Gottes!« (Diese Teufel, diese künftigen Bischöfe, verdarben tatsächlich die künftigen Landpfarrer; sie brachten ihnen während der Vorlesungen Kartenspiele bei.) »Mein Gott, mein Gott, was soll aus unserer heiligen Religion werden?« Er brachte sie zum Lachen, dieser arme Jeremias, der die Laster der Geistlichkeit beklagte. Seine jungen Nichtsnutze nannten ihn »la grande Catau«. Der Zusammenbruch war nicht fern.

Zur Erholung von diesen aufreibenden und frommen Studien holten ihn seine Eltern nach Château-Thierry in das Schloß, das der Erzbischof von Reims dort besaß. Für ihn war es eine Qual, mit seinen Eltern zusammen auf dem Land leben zu müssen. Taten sie es absichtlich? Er selber ließ sich nichts anmerken. Sein Ernst, sein Schweigen waren undurchdringlich. Andere Regungen erwarteten seine Eltern nicht.

Seine Großmutter mütterlicherseits, die Marquise d'Antigny, schickte ihm Burgunderwein, der beim Pförtner der Sorbonne abgegeben wurde; er sollte sich darum kümmern. Das alte Fräulein Charlemagne gab der Marquise Nachricht, daß der Wein eingetroffen sei: »Ich fürchte, der Wein ist so gut, daß er nicht lange vorhalten wird. Der Herr Abbé ist sehr großzügig und wird seine Freunde damit bewirten.« So geschah es. Nichts liebte der Abbé de Périgord mehr als kleine oder große Feste und die Gesellschaft seiner hochgeborenen und hochfreigeistigen Freunde. Zu bemerken ist, daß seine frühere Erzieherin, die ihn seit seiner Kinderzeit kennt, ihm einen Punkt zugute schreibt: er ist großzügig. Auch später ist er es immer, manchmal sogar ist er überschwenglich, hilfsbereit und mitfühlend bei jeder Gelegenheit. Alle, die in seiner Umgebung lebten, hatten ihn gern.

Seine Lizenz in Theologie erhielt er am 2. März 1778. Von diesem Tage an brach er den Verkehr mit seinen Kommilitonen ab. Seine fröhlichen Studien brachten es zuwege, daß er an der Spitze der Liste der sechs Lizentiaten dieses Jahrgangs stand. Neben seinem Namen war das Prädikat »nobilissimus« vermerkt. Dem wahren Wissen und Können nach hätte er als letzter auf der Liste figurieren müssen. Doch diese Stelle war dem Abbé Borie Desrenaudes vorbehalten, aus der Corrèze stammend, bürgerlicher Abkunft, hervorragender Theologe. Er hätte eigentlich erster sein müssen. Den Abbé Desrenaudes dürfen wir nicht vergessen, denn der erste und der letzte auf dieser Liste schlossen sich aneinander an, sie hielten zusammen in guten und in schlechten Zeiten. Trotz aller Revolutionen blieb der Bürgerliche stets im Schatten des hochadligen Abbé de Périgord, und es gereichte beiden zum Guten.

Seine Unbekümmertheit der Theologie und den Theologen gegenüber gestattete Talleyrand jedoch, aus seinen Studien den einzigen Nutzen zu ziehen, der für ihn wichtig war: zu lernen, wie bestimmte Fragen angegangen, wie Gedankengänge geordnet und ausgelegt werden und wie man überzeugend redet – oder, wenn nötig, seinen Gesprächspartner einschüchtert. Viele ernsthafte Studenten sind aus ihren Studien nur mit einem Rucksack voller ebenso belastender wie unnützer Schulweisheiten hervorgegangen. Aus ihm machten das Seminar und die Sorbonne durch den Unterricht in Theologie, die er nicht erlernte, einen Dialektiker erster Güte.

Eine Weihe in drei Etappen, davon zwei unheiligen

Es gab an der Sorbonne – und es gibt ihn noch – einen großen Lehrer, an dem die Leichtfertigen achtlos vorübergingen oder den sie sogar beschimpften und dem die Professoren dann und wann untertänige Ehren bezeigten.

Unser Abbé gehörte weder zu den einen noch zu den anderen, er wollte, ehe er die Universität verließ, diesem Lehrer das erweisen, was er ihm schuldete: Achtung und Bewunderung. Als Gegenleistung hoffte er von ihm zu bekommen, was ein totes Genie stets denjenigen zu geben vermag, die sein Werk und sein Angedenken befragen: ein großes Vorbild für die Zukunft. Dieser große Tote, dieser große Lehrer hieß Richelieu. So kam es zu einem unwahrscheinlichen Schauspiel: Der junge Abbé, der den Frauen nachstellte, der durchschnittlichste, aber ehrgeizigste Theologe Frankreichs, schlich sich in die Kapelle, um dem energischsten und fähigsten der Lehrer zu huldigen und ihn um Rat zu fragen, den großen Kardinal, der dort in seinem Grab ruht. Der Abbé berichtet über den Vorgang in seiner ruhigen Art: Er stützte seinen Hinkefuß lässig auf den »in seinem schönen Mausoleum« liegenden Kardinal und begann mit ihm ein Zwiegespräch, bar jeder Scheu, bar jeder Bescheidenheit. Er war der Ansicht, das Beispiel Richelieus »sei nicht entmutigend« für den Abbé de Périgord. Nach diesem Tête-à-tête spürte er, daß seine Soutane sehr leicht geworden war, so leicht, daß ein Windhauch sie hätte wegtragen können, ein Wind der Ideen – oder selbst der Interessen.

Die Jugend profitiert offensichtlich stets, wenn sie den großen Schatten der Vergangenheit zuhört – vorausgesetzt, sie macht die Ohren auf.

So erhielt er seinen ersten Segen, ehe er ordiniert wurde.

Fröhlichen Schritts ging er auf den zweiten zu. Er holte ihn sich von dem Propheten, der damals im Schwange war und im Frühjahr 1778 in Paris und Europa thronte und glänzte wie ein Papst der Unheiligkeit: Voltaire. Der Patriarch von Ferney war gerade sieghaft in die Hauptstadt zurückgekehrt, aus der er vor dreißig Jahren verbannt worden war. Unser junger Abbé hatte Anrecht auf den gleichen Segen wie der Enkel des berühmten Benjamin Franklin. Man stelle sich die Szene vor! Der Geistliche, der gerade das Lizentiat in Theologie erworben, der soeben eine erhabene Unterhaltung mit Richelieus Schatten gehabt hat, kniet zu Füßen des Vaters von »Candide«, fühlt die knochigen Hände auf seinem blonden, parfümierten Haar liegen und lauscht der sarkastischen Stimme des einzigartigen Greises, der ihn mit einer geschliffenen schönen Rede segnet, in der die Menschheit durch einen glänzenden Hauptsatz glorifiziert und Gott geschwind durch einen flüchtigen Nebensatz beweihräuchert wird.

Unversehens hatte sich, als er das Hôtel de Villette verließ, seine Soutane völlig verflüchtigt. Nur sein Vater, seine Mutter, sein Onkel glaubten, er trüge noch eine ... Eltern und Verwandte sind immer blind.

Dieser Besuch, den er Voltaire abstattete, ist kein konventioneller Besuch, es ist keine kleine, hübsche Geste, die dem Segenspendenden und dem Segenempfangenden Spaß macht, die beide, wenn es sein muß, gute Schauspieler sind. Dieser Besuch, dieser frevlerische Kniefall bezeugen die ehrliche, die tiefe Bewunderung Talleyrands für Voltaire. Vor allem bewundert er an ihm seine Art Formulierungskunst. Für Menschen dieser Gattung ist die Art zu sprechen wichtiger als die Denkungsart. Und für Talleyrand sind Rede und Stil Voltaires gleichbedeutend mit Kultur, ohne die der Mensch nicht menschenwürdig zu leben vermag. Außerhalb der Welt Voltaires herrschten Elend, Tyrannei, Fanatismus, kurz gesagt, die primitive Dummheit. Das ist kein Leben, das ist die Maskerade der Sklaverei. In dem Universum, das Voltaire darstellte, sah Talleyrand ein nahezu vollkommenes Glück, geschaffen aus Reichtum, Freiheit, Anstand. Kein Überschwang, keine Träumerei, kein Paradies. Eine Redewendung von Voltaire begeisterte ihn: »Verehren Sie Gott, dienen Sie den Königen, lieben Sie die Menschen.«

Auf seiten der geistlichen Hierarchie standen Talleyrands Angelegenheiten nicht gut. Monsignore de Beaumont, der Erzbischof von Paris, erhielt sehr böse Berichte über den Umgang und die Äußerungen dieses so brillanten Abbés. Sein Name wurde auf die schwarze Liste gesetzt. Schon hatte man da und dort Furcht vor ihm, seine Lehrer hatten wohl bemerkt, daß niemand und nichts Macht über ihn hatte. Dem Zorn wie der Verachtung gegenüber war er gleichermaßen gefeit. Für ihn, so stellte man fest, zählten nur sein Nutzen oder seine Launen. »Sie haben mich gewollt? Sie haben mich. Nehmen Sie mich also, wie Sie mich bekommen haben.« Das war der Schlüssel für sein Verhalten. Nichts Heftiges dabei. Seine Absonderlichkeit hatte Maß, sie hätte ihm viel weniger Spaß gemacht, wenn seine Laufbahn durch sie kompromittiert worden wäre. Er hatte seine Soutane mit so viel Bitterkeit und Verzweiflung bezahlt, daß er meinte, sie müsse ihm jetzt als Gegenwert ein Maximum an Gewinn, Vorteil und Macht einbringen. Keineswegs handelte es sich um eine Wunschvorstellung, sondern um eine von einem geborenen Rechner kühl aufgestellte Kalkulation.

Da man ihn in der Diözese Paris ablehnte, bat er um seine Versetzung in die von Reims. Seit 1777, nach dem Tod von Monsignore de la Roche-Aymon, war sein Onkel Erzbischof-Herzog von Reims. Das vereinfachte alles. Talleyrand war zudem Titular der Kapelle Unserer Lieben Frau der Gemeinde Saint-Pierre wie seiner Abtei Saint-Rémy. Er wurde am 17. September 1779 in die Diözese Reims aufgenommen. Der Bischof, Graf von Beauvais, Monsignore de La Rochefoucauld, verlieh ihm das Diakonat, das ihm gestattete, am Altar »zu assistieren, zu taufen und zu predigen«. Als wenn er darauf aus gewesen wäre! Doch mußte er pflichtgemäß diese Stufe auf der Erfolgsleiter erklimmen, um zum Priester geweiht zu werden, und er mußte Priester sein, um Bischof zu werden: das wollte er erreichen.

Freilich, die Bischofswürde ist nur ein Anfang. Der bischöfliche Thron bedeutet für Talleyrand kein Endziel. Er blickt schon weit darüber hinaus. Wenn man Generalbevollmächtigter des Klerus ist, erfahren in der kirchlichen Finanzverwaltung und damit eingeweiht in die des Staates, wenn man sich, wie er, hervorgetan hat durch einen Bericht über »Die unveräußerlichen Güter der Kirche« und durch einen Bericht über die »freiwillige Gabe«, die der Staat als Steuer erhält, wenn es der Kirche gefällt, sie zu entrichten, die der Staat aber von Rechts wegen nicht fordern kann, wenn man mit Geschick und Ausdauer die Privilegien der Kirche gegen den König verteidigt und seine Zeit nicht mit Predigten über Buße und dummes Zeug wie Eucharistie und die Wohltaten der Fastenzeit oder selbst mit Messelesen und dem Herumtragen des Allerheiligsten vergeudet hat; wenn man all das erreicht hat und Talleyrand heißt, dann muß man eines schönen Morgens mit einem wappengeschmückten Portefeuille aus rotem Saffianleder aufwachen. Man ist Minister der Finanzen: ein Anfang.

Wer wollte ihm den Ehrgeiz verübeln? Gab man ihm nicht zu verstehen, er würde mit den höchsten Ämtern belohnt werden, wenn er gehorsam in seine Soutane schlüpfte? Der Onkel Erzbischof hat ihm andere Lehren nicht erteilt. So wurde ein fruchtbarer Boden bereitet, dessen Ernten alle Erwartungen übertrafen.

Er wurde am 18. Dezember 1779, sechsundzwanzig Jahre alt, zum Priester geweiht. Was spielte sich ab? Ein Drama. Im Augenblick, da er den letzten Schritt tun sollte, lehnte er sich auf. Dem stolzen Seigneur, der gern Offizier geworden wäre und den man vergewaltigt hatte, überkam ein allerletztes Aufzucken der Empörung. Er wurde weich. Die Nacht vor der Weihezeremonie war entsetzlich, er verbrachte sie unter Tränen. Sein Freund Choiseul fand ihn morgens in einem so desolaten Zustand, daß er erschrak. Das Maß der Verzweiflung erschütterte ihn um so mehr, als dieser Mensch seine Gefühle kaum zu zeigen pflegte. Choiseul beschwor ihn, zu verzichten, zurückzutreten, den Dienst in der Kirche aufzugeben. Talleyrand wies dieses Ansinnen von sich, er tat es seiner Mutter wegen, nicht etwa aus Sohnesliebe, sondern um sie gesellschaftlich nicht bloßzustellen. »Nein«, sagte er zu Choiseul-Gouffier, »es ist zu spät, es gibt kein Zurück mehr.«

Von nun an ist er Priester – er, der nicht Priester sein wollte, ein Adliger, der sich der Revolution zur Verfügung stellt, aber Aristokrat bleibt . . .

Der Bischof von Noyon, Monsignore Graf de Grimaldi, weihte ihn mit den folgenden Worten, die sein Leben lang in ihm widerhallten und die er noch auf seinem Sterbebett mit ungebrochener Gewalt vernahm: »Mit heiligem Schauder muß man eine so hohe Stufe erklimmen und sich daran erinnern, daß diejenigen, die dazu berufen werden, sich durch himmlische Weisheit, Sittenreinheit und Gerechtigkeit auszeichnen müssen.« Nach Messe und Kommunion legte er seine gefalteten Hände in die des Prälaten, der ihn fragte: »Geloben Sie Ihrem Bischof Achtung und Gehorsam?« Er hauchte: »Ich gelobe es.« Kein Mitglied seiner Familie hörte dieses tugendhafte Gelübde. Indes wohnten seine Eltern am folgenden Tage seiner ersten Meßfeier bei.

Als sie vorüber war, schleppte er peinvoll seinen Klumpfuß nach, jetzt waren ihm auch die Hände gebunden, und die Soutane klebte ihm für immer am Körper. Sein Kopf hingegen, darauf kann man sich verlassen, war frei.

Warum hat er nachgegeben? Aus Geschmeidigkeit und aus Trägheit. Das sind die Hauptzüge seines Charakters, und er wird sich nicht ändern. Talleyrand widersetzt sich nicht. Es ist Weisheit oder Fatalismus: er stellt sich nicht gegen ein Faktum, er nutzt es aus. Offen nein sagen, mit den Tatsachen, mit den Menschen brechen – das hat er nie getan. Um den Preis eines Skandals hätte er sich weigern können, die Soutane zu nehmen. Er ließ es geschehen. Das war schmerzhaft, aber es zahlte sich aus.

Stets suchte er den Ausgleich. Da die Mittel und Möglichkeiten seiner Intelligenz unerschöpflich waren, entdeckte er bald den Nutzen, der ihn für das entlohnte, was er verloren hatte. Er wußte sehr wohl, was die Folge eines Bruchs mit der Kirche sein würde: ein Dasein als mißratener Sohn einer großen Familie. Der Gedanke daran war ihm schrecklich. Denn dieser von Skandalen umwitterte Mann paßte sich gesellschaftlich an. Zudem hätte er seine Pfründen verloren, die sich 1780 auf jährlich dreihunderttausend [heutige] Francs beliefen. Gesellschaftlich deklassiert, ohne Geld ... unvorstellbar! Solange die Monarchie ihm seine Titel und seine Pfründen gewährleistete und ihn noch mehr erhoffen ließ, litt er zwar, blieb seine Unruhe in Grenzen, und er fand Linderung. Sollte diese Gesellschaft ihm eines Tages jedoch die Privilegien, denen er seine Freiheit geopfert hatte, aufkündigen, würde er den Vertrag, der ihn an sie band, neu überdenken. Seiner Meinung nach waren die Verpflichtungen zeitlich begrenzt, für die Kirche hingegen waren sie »ewige Gelübde«. Der Keim seiner Scheidung von der Kirche lag bereits in dem Eid, der ihn an sie band.

Ein mondäner Abbé und seine Freunde im Jahr 1780

Die Diözese galt ihm als vorteilhaft für seine Karriere, um aber wirklich zu leben, gab es nur Paris. In Paris verbrachte er die letzten Jahre des Ancien régime. Er wollte »die Lust zu leben« voll auskosten. Niemand vermochte es besser als er. Er hätte diese Lust zu leben erfinden können. Das war nicht mehr nötig, es galt sie zu verfeinern.

Er zog in die Rue de Bellechasse, in die Stille der Parks, der Wohnpaläste und der Klostergärten. Sein »kleines, aber bequemes« Haus hatte immerhin zwei Stockwerke und sechs Fenster, die auf die Rue Saint-Dominique und auf die Rue Bellechasse hinausgingen, oberhalb des Eingangs zum Kloster der Stiftsdamen vom Heiligen Grab. Er befand sich mithin in vornehmer Nachbarschaft, beachtete sie aber nicht. Er richtete sich nach seinem Geschmack ein, und das hieß: raffinierter, kostspieliger Luxus. Für seine Bibliothek gab er große Summen aus. Stets war er von kostbaren Büchern umgeben. Er liebte sie um ihrer selbst willen wie als Anlage. War er in Geldschwierigkeiten, dann halfen ihm seine Freunde, die Bücher, aus der Verlegenheit – im Auktionshaus. Auf seinen Regalen stand alles, was in Literatur, Geschichte und Politik gut und teuer war. Erotica befanden sich hier in trauter Nachbarschaft mit einigen frommen Werken aus der Feder Fénelons, alle prächtig gebunden. Jeder Band, ob frommen oder anrüchigen Inhalts, zeichnete sich durch die Qualität des Papiers, des Drucks und des Einbands aus. Er liest seine Bücher, er streichelt sie. Die Bibliothek des Abbé de Périgord ist ein Bestandteil seiner Lust zu leben.

Zu jener Zeit hatte niemand etwas dagegen einzuwenden. Aber als Herr Biedermann zur Feder greifen konnte, erfuhr man, daß Talleyrand an »verruchten« Werken Gefallen fand. Dank solcher Skribenten wissen wir, daß der Abbé die »Histoire de Dom B ... portier des Chartreux« [»Geschichte des Dom B., Pförtner der Kartäuser«] besaß. Eine bemerkenswerte, 1745 erschienene Ausgabe, mit Stichen, die dem unglaublich obszönen Text in nichts nachstanden. Und daneben stand das »Stundenbuch der Madame la Dauphine«. 1790 lieh sich Gouverneur Morris, ein hochgebildeter Amerikaner, vom Abbé ein Buch, eben diese »Geschichte des Dom B.«. In seinem Tagebuch gab er taktvoll seiner Überraschung Ausdruck: »Es ist einigermaßen spaßig, den ›Pförtner der Kartäuser‹ von einem hochwürdigen Pater in Gott zu erhalten.« Dieses Werk, das im Jahrhundert der Aufklärung im Umlauf war, wurde – endlich! – im Laufe des 19. Jahrhunderts viermal verdammt, und zwar von denselben Richtern, die auch Flauberts »Madame Bovary« und Baudelaires »Blumen des Bösen« indizierten.

In diesem Haus gab es nicht nur wertvolle Möbel und Bücher, stets gab es auch viele Freunde und Besucher. In seinen Memoiren denkt er an die Déjeuners in der Rue de Bellechasse zurück: »Es waren köstliche Mittage, die mir heute noch gefallen würden.« Wer würde sich nicht sehnen nach einem solchen Kreis junger, kluger, belesener und toleranter Freunde von natürlicher und vornehmer Lebensart. Jeder gab sich in dem Bewußtsein, er selbst zu sein. Alle Themen waren erlaubt. Bevorzugter Freund war Choiseul-Gouffier: »Monsieur de Choiseul ist der Mann, den ich am meisten geliebt habe«, schreibt Talleyrand. Er hatte im übrigen eine gute Wahl getroffen. Choiseul war zuverlässig und intelligent. Er wurde sogar berühmt nach einer Reise, die ihn im Alter von dreißig Jahren nach Griechenland führte und ihm später die Türen der Académie öffnete. 1821 weist Talleyrand darauf hin, daß Choiseul damals »gewissermaßen Botschafter unserer Könige und unserer Künste zugleich war«. An diesen Freund, der ihn wahrscheinlich am Selbstmord gehindert hat, als er in Saint-Sulpice eingemauert war, schrieb Talleyrand in melancholischer Verfassung: »Ich möchte, daß Du ein Wort von mir empfängst, das Dir sagen soll, daß ich Dich mehr als alles auf der Welt liebe, mit ganzer Seele und unaufhörlich, in glücklichen oder trübseligen oder selbst unglücklichen Stunden. Adieu, schreibe mir nur vier Worte, aber schreibe mir.«

Abgesehen von einigen Sätzen an General Bonaparte – wir werden das später noch lesen –, hat kein Mensch ähnliche Beteuerungen von Talleyrand empfangen. Ist man nicht betroffen von der Entdeckung, daß dieser verschlossene Mann zu solchen Gefühlsregungen fähig war, dieser Mann, dem man nachsagt, er sei seelenlos gewesen, dem man vorwirft, er habe statt Freundschaft Schmeicheleien geschenkt?

Neben Choiseul war der Graf von Narbonne der intimste Freund. Brillant, unbeschwert, eher verführerisch als anziehend, umgab er sich mit Freundschaften und Liebschaften. Alles, was funkelte, schwebte und glühte, wurde von ihm angezogen. Ein prächtiger Seigneur, natürlicher Sohn Ludwigs XV. und, wie sein Vater, würdig, »Bien-aimé« [Vielgeliebter] genannt zu werden. Die Frauen vergötterten ihn. Damals, 1781, war die Vicomtesse von Laval-Montmorency seine Mätresse; sie hatte Talleyrand während der Krönung Unterhaltung verschafft. Später wechselte sie von Narbonne zu Talleyrand über und blieb seine Freundin bis zum letzten Tag. Wie der Abbé, fand sich auch Narbonne in allen Regimen zurecht. Für ihn war es leicht, denn er war ein Leichtfuß. Der Wind der Geschichte trug ihn davon wie einen Schmetterling. Er vertauschte die Betten wie die Ministersessel, überall schlief er gut, immer nur lächelnd. Er ist Minister Ludwigs XVI., dann Gesandter Napoleons. Er ist der Geliebte der Frau von Laval, dann der Liebhaber von Germaine de Staël. Alles in der Welt mochte sich ändern, Narbonnes Glück blieb beständig. Und – eine wundervolle Eigenschaft! – Narbonne war nur wahrhaft glücklich, wenn es seine Freunde auch waren. Er besaß die Fähigkeit zur Hingabe, zur Freundschaft. Talleyrand war gewiß maßvoller in seinen Zuneigungen. Er warf seinem Freund Überschwenglichkeit vor und den Hang, den Retter spielen zu wollen, was ihm, vor allem in seinen Amtsgeschäften, oftmals Tadel eintrug. Doch Narbonne besserte sich nicht. Er nahm sogar den schrecklichen Fouché für sich ein, der über ihn schrieb: »Der Zauber einer Unterhaltung mit ihm war so stark, daß ich, mitten in meinen anstrengenden Arbeiten, den allergrößten Gefallen daran fand.« Talleyrand warnte seinen Freund vor Überschwang und voreiligen Freundschaften. »In der Politik wie auch sonst darf man nicht sein ganzes Herz einsetzen, nicht zu sehr lieben, das trübt den Blick, und wird nicht immer anerkannt. Die übermäßige Sorge um andere, die Hingabe, bei der man sich selbst zu sehr vergißt, schadet oft dem, den man liebt, und stets dem Liebenden, denn er wird dadurch unbeherrscht, ungewandt und sogar weniger überzeugend.« [L-G]

Obgleich die Worte sich auf Narbonne beziehen, offenbart sich in diesen weisen Zeilen Talleyrand selbst. In einer Sammlung »Gedanken« könnten sie unter dem Titel stehen: »Über den Nachteil, sein Herz an Angelegenheiten zu hängen – sogar an Herzensangelegenheiten.«

Narbonne blieb Narbonne. Talleyrand bewahrte seine gewohnte Zurückhaltung, doch beide blieben Freunde für immer.

Ein dritter Vertrauter aus der Rue de Bellechasse war Armand de Gontaud-Biron, Herzog von Lauzun. Er hatte einen Tropfen Grascogner-Blut und daher den Hang zum Abenteuer und zur Prahlerei. Er war anders als Talleyrands übrige Freunde, sieben Jahre älter als der Abbé, und er hatte bereits den Krieg in Amerika mitgemacht. Er war brillant, schwärmerisch, verwegen bis zur Tollkühnheit – und ein bißchen Vagabund. Sein Lustschlößchen in Montrouge war bekannt für große ausschweifende Feste, zu denen der Abbé de Périgord gelassen mit Hinkefuß und Beffchen erschien und seine schlagfertigen Antworten gab. Aus ganz verschiedenen Gründen, wobei ihr schlechter Umgang, ein bei Biron übertriebener, bei Talleyrand verdeckter, aber brennender Ehrgeiz eine große Rolle spielten, gerieten beide tief hinein in die revolutionäre Bewegung. Während der Revolution befinden sich beide in einer undurchsichtigen diplomatischen Mission in London. Biron geht nach Frankreich zurück, spielt den Eisenfresser und stellt seinen Degen dem Volk zur Verfügung. Er kämpft an der Spitze der Nordarmee mit wehendem blau-weiß-rotem Federbusch, was der Parteibürokratie mißfällt; sie verlangt seinen Kopf. Er trägt ihn unerschrocken nach Paris zurück, wo er ihm am 31. Dezember 1793 abgeschlagen wird. Auch Talleyrand wurde ersucht, den seinen aus London beizubringen. Vielleicht, weil der Fuß ihm Beschwerden machte, vielleicht aus Gründen der Vorsicht, was eher anzunehmen ist, fand er es nicht ratsam, die Reise zu unternehmen. So bewahrte er seinen Kopf für bessere Zwecke auf.

Die Déjeuners beim Abbé bekamen Glanz auch durch die Anwesenheit des berühmten Abbé Delille. Er galt damals als großer Dichter, denn er übersetzte – recht frei – das Griechische zwar in farblose Alexandriner, jedoch in ein Französisch von wundervoller Reinheit. Er besaß ausgezeichnete Umgangsformen, Witz und einen hervorragenden Appetit. Zu Abend aß er oft mit der Königin und mit Madame de Polignac. Man konnte sich glücklich schätzen, ihn bei Tisch zu haben, aber weniger glücklich, seine Reime anhören zu müssen.

Auch Chamfort, Mitglied der Académie française, war zugegen. Talleyrand bewunderte ihn sehr und notierte die Sentenzen seines Gastes, wenn er sie zwischen zwei Gängen zum besten gab. »Um liebenswürdig in der Welt zu erscheinen, muß man sich das beibringen lassen, was man schon weiß.« Ferner: »Im Bereich der Gefühle hat das keinen Wert, was man bewerten kann.« Wenn Chamfort äußerte: »Es gibt Mädchen, die sich wohl verkaufen, sich aber nicht schenken können«, war die kleine Tafelrunde hingerissen vor Bewunderung.

Zuweilen wurden auch Leute gebeten, die wir heute »Technokraten« nennen würden und die damals so etwas waren wie Ärzte der Gesellschaft. Sie waren unfähig, sie zu heilen, aber sie verstanden es meisterhaft, die

Autopsie vorzunehmen. Zum Beispiel ein berühmter Arzt aus Montpellier namens Barthez. Außerdem ein gewisser Dupont, genannt de Nemours, mit weitschweifig vorgetragenen Ideen über Geld, Handel und Industrie und sogar über die Kunst, wie alle drei zu kombinieren wären, um den Nutzen aus jedem der drei Gebiete mit hundert zu multiplizieren. Talleyrand hörte ihm mit hingebungsvoller Aufmerksamkeit zu; kein Gelehrter der Sorbonne hatte ihn je so fesseln können. In solchen Stunden spürte er, daß sich ein Ministerportefeuille unter seinen Arm schob ...

Am meisten aber bewunderte Talleyrand den Bankier Panchaud aus Genf, der den ebenfalls aus Genf stammenden Necker verabscheute; von ihm hat Talleyrand am meisten gelernt. Er brachte es fertig, seinen Abscheu vor Necker auch auf den Abbé zu übertragen. Man stritt ihm seine Fähigkeiten ab, lehnte seine Reformen ab, hielt seine Selbstgefälligkeit für aufgeblasen. Der König hatte Necker entlassen. Als er ihn 1788 erneut berief, erklärte Talleyrand unverhohlen, daß »der König keine schlechtere Wahl treffen konnte«. In der Folgezeit zeigte sich, daß die Wahl tatsächlich nicht sehr glücklich war. England machte sich Panchauds System zu eigen – und es hatte Erfolg. Dies war einer der Gründe für Talleyrands Hochachtung vor dem praktischen Sinn der Engländer.

Die Déjeuners des Abbés waren also nur bedingt als oberflächlich, mitnichten nur als frivole Unterhaltung abzutun. Die Stimmung war leicht und gelockert, doch im Grunde stellten diese Zusammenkünfte den besten Lehrkurs in politischer Ökonomie dar, der in Paris existierte. Zwischendurch wurde auch über Dichtkunst, Galanterie und Gastronomie gesprochen, aber wichtiger war die Analyse des Handelsvertrags, der 1786 zwischen Frankreich und England geschlossen wurde. Viele Franzosen kritisierten ihn, Talleyrand verteidigte ihn. Er verfaßte eine Aufzeichnung über das Thema, die er am 12. Oktober 1786 seinem Freund Mirabeau übergab. Sie enthielt bereits einen Gedanken, der als einer der Pfeiler seiner politischen Vorstellung angesehen werden kann: Handelsverträge sind unumgänglich notwendig für die Aufrechterhaltung des Friedens unter den Nationen – hier schlägt der voltairische Pazifismus durch –, Frieden ist die Grundvoraussetzung für die Kultur, denn er begünstigt das Anwachsen von Handel und Wandel, die Friedensverträge schaffen Wohlstand und damit eine Solidarität der Völker. Von jener Zeit an erschien ihm England als das Land, das diesen »liberalen Prinzipien, die den großen Nationen angemessen sind«, am ehesten entsprach.

Es wurde viel über den Krieg in Amerika gesprochen. Die Franzosen verfolgten begeistert die Vorgänge jenseits des Ozeans, den Versuch, in Unabhängigkeit und Demokratie zu leben. Talleyrand und sein Freund Choiseul rüsteten auf ihre Kosten ein Kaperschiff aus, das sie »Sainte-Cause« [Heilige Sache] tauften. Über diese enorme Ausgabe hat er nie ein Wort verloren. Als er im Alter einmal daran erinnert wurde, antwortete er, dem Gesprächspartner den Rücken zuwendend: »Lassen wir das, das war eine unserer Jugendsünden.« Es ist möglich, daß er es so sah: zum einen hatte er, indem er einer enthusiastischen Regung in einer politischen Angelegenheit nachgab, einen Fehler begangen; das Gefühl trübt den Blick, man unterscheidet den wahren Nutzen nicht mehr. Zum anderen hatte er durch die Ausrüstung eines Kaperschiffs einer Kriegshandlung Vorschub geleistet. Als er ein Mann von siebzig Jahren geworden war, der die Gemetzel der Revolution und des Kaiserreichs erlebt hatte, war für ihn der Krieg eine Schande der Menschheit, ein Krebsschaden der Zivilisation. Um nichts auf der Welt hätte er am Ende seines Lebens einen Krieg unterstützt. Er strich die Schiffsaffäre aus seiner Erinnerung.

Die berühmte Porträtistin Vigée-Lebrun empfing Talleyrand, sie malte ihn und skizzierte hinterher mit der Feder ein Porträt aus Buchstaben. »Sein Gesicht war anziehend, seine Wangen rund, und obwohl er hinkte, trat er nichtsdestoweniger elegant auf und galt als ein Mann, der Glück bei Frauen hat; über meine Bilder sagte er mir nur ein paar Worte.«

Er war nicht gesprächig, und ihre Malerei hat ihn vermutlich nicht besonders beeindruckt. Sie vergißt zu sagen, daß er sehr helle Augen hatte, blonde Haare und Augenbrauen und keinen Bart; einen langen Hals, einen hocherhobenen Kopf. Da er für jene Zeit recht groß war (1,768 Meter sind 1796 in seinem Paß verzeichnet), hatten die Leute häufig den Eindruck, daß sein eindringlicher und kühler Blick aus einer gewissen Höhe auf sie herabsah. Des Abbé de Périgord Liebenswürdigkeit und Manieren verwischten diesen ersten Eindruck nur teilweise. Er hatte also etwas Einschüchterndes bei aller Anmut seiner Jugend.

So war dieses Gesicht, von vorn gesehen. Bei Porträts im Profil ändert sich der Eindruck. Hier erkennt man den »hochstehenden und hochmögenden Seigneur«. Er wirkt gepflegt und vornehm, sein Lächeln ist leicht verschleiert. Die kurze, stumpfe Nase verdirbt das Profil ein wenig, durch den ungewöhnlich großen Zwischenraum zwischen Oberlippe und Nasenansatz kommt Unruhe in das Gesicht, es erinnert an die »drei goldenen bewehrten und gekrönten Löwen« seines Wappens, man ahnt den Schatten der Grafen von Périgord, die aus dem Dunkel der Jahrhunderte heraufstiegen und sich nicht immer ruhig verhielten. Diese Physiognomie ist packend, die Intelligenz wird zur Schlauheit, die Hoheit sarkastisch, die Kühnheit dreist und gierig, doch erscheint die Liebenswürdigkeit hier weich und sinnlich. Zumindest sieht man es so auf dem Porträt, das Louis David ohne jede Beschönigung von ihm bemalt hat.

Die Frauen schwärmten für ihn, so wie er war. Es hatte sich bereits eine Legende gebildet: man erzählte sich, er sei lasterhaft. Manch eine wollte sich überzeugen, ob die Legende der Wahrheit entsprach. Wie Voltaire fühlte sich Talleyrand wohler in der Gesellschaft von Frauen als unter Männern. Er schrieb ihnen nicht nur schärferen und aufnahmefähigeren Verstand zu, er fand sie auch nützlicher. Er hielt sie einer unvergleichlichen Hingabe für fähig und wußte, daß sie der Laufbahn eines Geliebten oder Freundes dienlich sein konnten.

Die damalige Zeit war für solchen Umgang günstig. Die begehrten Frauen verfügten alle über politischen Verstand. Politik wurde nicht im Kabinett des Königs und in den Ministerien gemacht, sondern in den Salons. Richtiger wäre es zu sagen, sie wurde »auseinandergemacht«. Man nahm alles auseinander ... Der Abbé de Périgord hat es wohl erkannt: »In den Jahren, die der Revolution vorausgingen, ist die Macht dessen, was man in Frankreich die Gesellschaft nennt, ungeheuer groß gewesen ... Beispielsweise befaßten sich die Frauen von Geist mit Verwaltungsfragen. Zwischen zwei Kontertänzen erklärte Madame de Staël dem Monsieur de Surgères, was es mit dem Okzident auf sich habe, Madame de Blot hatte ein Urteil über die Offiziere der französischen Marine, Madame de Simiane befand, daß Virginiatabak mit einer Steuer belegt werden müsse.«

Der Abbé hätte alles mit einer Steuer belegt, wenn Madame de Simiane ihn zum Minister gemacht hätte. Aber das vermochte sie nicht. Er versuchte es woanders. Er verkehrte auch im Salon von Madame de Montesson. Sie hatte im geheimen den Herzog von Orléans geheiratet, wohnte im Palais-Royal und empfing durch Türen und Fenster alles, was anklopfte. Voltaire ging, als er vierundachtzig Jahre alt war, einmal dorthin, nicht aber ein zweites Mal. Allerdings lag seine Karriere schon hinter ihm. Talleyrand erschien und schrieb: »Ihr Haus, das an der äußersten Grenze der Sittsamkeit stand, war ungewöhnlich angenehm. In ihrem Theater gab es eine Loge für die liederliche Geistlichkeit.« Welch himmlische Aufmerksamkeit!

Bei Madame de la Reynière, der Frau des wohlbeleibten Generalpächters, waren die Tafelfreuden phantastisch. Dorthin ging er zum Diner. Er besuchte auch den Salon von Madame d'Héricart, von der er sagte, »sie liebte den Witz, die jungen Leute und das Wohlleben«.

Es erwarteten ihn noch einflußreichere Salons: er ging in Dampierre ein und aus, bei der Herzogin von Luynes, deren Profil er während der Krönungszeremonie bewundert hatte. Er war eifriger Besucher bei der Gräfin von Brionne, geborener Rohan, die mit einem lothringischen Prinzen verheiratet war. Sie hatte zwei Töchter, die Talleyrand bezauberten, die ältere eine Prinzessin von Carignan, die jüngere eine Prinzessin Charlotte von Lothringen. Doch alle Prinzessinnen dieses berühmten und fraglos elegantesten Pariser Salons stellte die Schwiegertochter der Gräfin von Brionne, die Fürstin von Vaudémont, in den Schatten. Alle diese Frauen vergötterten Talleyrand, in diesem Milieu blühte er auf, dort war er natürlich, zutraulich, geistvoll und sanft. Die Gräfin von Brionne setzte es sich in den Kopf, aus dem Abbé de Périgord einen Kardinal zu machen. Marie-Antoinette war dagegen, der König ebenfalls. Der Kardinalshut entging ihm nur um Haaresbreite, und daß er durch die Weigerung (aus Versailles) nicht auf seinen, sondern auf einen anderen Kopf gesetzt wurde, erfüllte ihn mit einem gewissen Groll. Hingegen kam von Charlotte von Lothringen kein Nein. Sie war eine treffliche Mätresse, doch hatte das Verhältnis nur kurze Dauer. Sie starb, dreißig Jahre als, als Äbtissin von Rémiremont. An ihre Stelle trat die Fürstin von Vaudémont. Die Freundschaft mit Talleyrand war innig, sie währte bis zum Tod der Fürstin; sie hatte in der Perückenzeit von 1787 begonnen und verband die beiden noch in der trüben Gehrock-Epoche Louis-Philippes. Nur für sie wurden in den dreißiger Jahren des 19. Jahrhunderts die Erinnerungen an die »Lust zu leben« wieder lebendig, sie entschwand, als sie selbst entschwanden.

Nicht alle Salons waren von diesem Rang. Durch einige ging er hindurch, wie man durch eine Redaktion geht, um Neuigkeiten zu erfahren. In anderen zeigte er sich, um Beifall einzustecken. Er tat so, als langweile er sich nicht. Es wurden unaufführbare Tragödien vorgelesen, es wurde Musik gemacht, weil manche nicht viel auszusagen hatten und nicht so viel Charme entfalteten wie etwa Madame de Brionne. En vogue waren die Häuser des Grafen Creutz, Botschafter von Schweden in Liancourt, und der Salon von Madame Vigée-Lebrun. Als 1816 die Memoiren von Madame d'Epinay erschienen, wollte man in ihnen die gute Gesellschaft der Jahre vor 1789 wiedererkennen. Talleyrand stellte die Dinge richtig: »Das ist nur die Gesellschaft der Finanziers und Philosophen. Was aber die gute Gesellschaft angeht, sie war dort nicht vorhanden.«

Von den Menschen der »guten Gesellschaft« war seine Mutter die repräsentativste Figur, die er am Hof, in den Salons oder in ihrem eigenen Hause sah. Das Porträt, das er von ihr entwirft, hat nichts mit Sohnesliebe und Zärtlichkeit zu tun. Es ist die stilvolle Huldigung an eine Frau von Rang, die alle Eigenschaften vollkommensten Adels verkörpert, ein Meisterwerk aristokratischer Lebensart.

»Um meine Mutter zu besuchen, wählte ich die Stunden, da sie allein war. Ich tat es, um ihren begnadeten Geist zu genießen. Der Zauber ihrer Konversation war unvergleichlich. Sie kannte keinerlei Dünkel. Sie sprach nur in Andeutungen, niemals sagte sie ein zu direktes Wort. Das allzu Deutliche hält man zurück. Sie wollte nur gefallen, und was sie sagte, sollte sich verflüchtigen. Eine eindrucksvolle Auswahl leichtgewichtiger, neuer und stets delikater Formulierungen befriedigte die Bedürfnisse ihres Geistes.«

Kein realistisches Porträt, eher eine die Wirklichkeit berührende Definition. Was über Talleyrand selbst zu hören war, klang nicht so gut. Ein Widerhall davon dürfte den Eltern, dem König und der Königin zu Ohren gekommen sein, daher wohl ihr ablehnendes Verhalten. Nur in Paris wurde er gesehen, nie in Reims. Und in Paris an den übelstbeleumdeten Orten und in den elegantesten Salons. Nie jedoch in der Kirche.

1784 machte er dem Herzog von Choiseul, dem berühmten ehemaligen Minister Ludwigs XV., in Chanteloup einen Besuch. Er beobachtete diesen

Staatsmann aufs genaueste und hörte ihm aufmerksam zu, nicht eines seiner Worte ließ er sich entgehen. Er sah in ihm wohl das Vorbild dessen, was er zu werden hoffte.

Die Ratschläge, die er von ihm wie auch von Calonne empfing, benutzte er im Lauf seines Lebens mit einer Gewandtheit, von der seine Lehrer entzückt gewesen wären; denn diese Ratschläge entsprachen im Grunde seinem Wesen. Die beiden Staatsmänner hatten ihn fasziniert. Für ihn waren sie Inkarnation des Jahrhunderts der Aufklärung – ihre Intelligenz war auch die seine: Temperament, Klarheit, Leichtigkeit. Keine tiefschürfenden Dossiers, keine langen, langatmigen Berichte, sondern logische Schlußfolgerungen, zu denen man gelangt, wenn man ein Problem aufhellt, sei es bei einer Unterhaltung am Kamin, zwischen zwei Gängen bei Tisch, vor einer Türschwelle, bei der Morgentoilette der Favoritin, im Fond einer gutgefederten Karosse zwischen Paris und Versailles, kurzum, überall da, wo man unterrichtete, scharfsinnige und gebildete Leute trifft. Man erfährt alles, wenn man sich in die große Welt begibt. Und das tat der Abbé de Périgord. Aber was war das für eine Welt, und was für ein Abbé!

Bei dem Besuch, den er Choiseul machte, traf er Blanc d'Hauterive, Lehrer bei den Oratorianern. Während der Unterhaltung an jenem Tag entstand eine Zuneigung, die zu einer mehr als vierzigjährigen Zusammenarbeit im Ministerium für die Auswärtigen Angelegenheiten führte. Genauso hatte er die Hand auf Abbé Desrenaudes gelegt, am Tag, als er seine Lizenz in Theologie erhielt. Die drei Männer gehörten der Kirche an. Choiseul setzte dem Abbé de Périgord auseinander, daß die Epoche der aus der Kirche hervorgegangenen Minister vorüber sei. Es sei aus mit den Minister-Kardinälen, den Richelieu, Mazarin, Fleury ... Der Abbé war erstaunt und betroffen über diese prophetische Sicht. War er selber doch nur zum Priester gemacht worden, um Minister zu werden. Er war geprellt worden. Ihm war es viel wichtiger, Minister als Kardinal zu werden. Was sollte er unter diesen Bedingungen mit einer Soutane anfangen, die ihm weder den Himmel noch ein Ministerium verbürgte!

Schließlich bemerkte Choiseul noch, ein großer Minister müsse ein Hofmann sein und dessen Umgangsformen, Haltung, Lebensart haben. »In meinem Ministerium habe ich stets mehr arbeiten lassen, als ich selbst gearbeitet habe. Man darf sich nicht unter Papieren begraben. Man muß die Männer finden, die sie ordnen. Man muß die Staatsangelegenheiten mit einer Handbewegung, mit einem Wink lenken ... Ich habe nie lange Berichte verlangt, ich habe versucht, im Kopf bereit zu haben, was für das Gespräch mit den Gesandten wichtig war.«

Solche Ratschläge verstand niemand besser als der Abbé. Das Schlüsselwort war gefallen: Gespräch. Das Gespräch ersetzt Akten und Berichte. Die bürokratische Arbeit ist Sache der Untergebenen. Choiseul fügte hinzu: »Man muß diejenigen arbeiten lassen, die arbeiten, dann hat der Tag mehr als vierundzwanzig Stunden. Ein Minister, der unter die Leute geht, kann in jedem Augenblick einer Gefahr auf die Spur kommen, selbst bei einem Fest kann er sie erahnen, was aber würde er in seinen Büros erfahren, wenn er dort eingeschlossen bliebe?«

Der Abbé war begierig, diese Methode anzuwenden: immer war er gern ausgegangen. So erfuhr er, wie man Minister wird. Der alte Minister faßte dann den jungen Oratorianer, der ehrerbietig zuhörte, ins Auge und sagte zum Abbé de Périgord: »Ich glaube, er ist einer von den Männern, die man für das Wohl der Öffentlichkeit einspannen sollte, zur höheren Ehre seiner Vorgesetzten und zu seinem eigenen Nutzen.« [L-G]

Das Schicksal d'Hauterives war besiegelt. Auch der Abbé schaute ihn an und schloß ihn in seine Pläne ein. Er ließ ihn später für das Staatswohl arbeiten, zum Ruhme Talleyrands und sogar zu d'Hauterives eigenem kleinem Nutzen.

Die Kunst des Umgangs mit der großen Welt und die Kunst des Gesprächs derart ernst zu nehmen, könnte ein Lächeln entlocken. Es handelte sich jedoch weniger um die trotz aller Routine schwierige Kunst der Konversation, als um den Gebrauch, den man von ihr machte, und um die Vorteile, die man aus ihr zog. Für einen Choiseul ging es darum, die Menschen für sich einzunehmen, sie zu beschwichtigen oder auch, sie etwas glauben zu machen. Die Kunst des Zuhörens war nicht minder wichtig als die des Plauderns: sie verschaffte Information. Erfahrung und Weltklugheit besitzen, dazu Verbindungen in der Welt, das heißt bereits sie regieren. Es versteht sich von selbst, daß diese Kunst des Gesprächs aus einem Dummkopf nie mehr als einen Gecken machen wird – aber aus einem Abbé de Périgord macht sie einen Talleyrand.

In den Kulissen der Staatsaffären

Eine der erstaunlichsten Sehenswürdigkeiten in der Rue de Bellechasse war Mirabeau. Er hatte sich an den Abbé de Périgord angeschlossen, war aber nicht so vertraut mit ihm wie Narbonne oder der junge Choiseul. Er war von ganz anderer Art. Der Abbé de Périgord – man kann es ihm ankreiden – mochte verrufene Leute ganz gern. Er hielt indes nicht viel von ihnen, er machte sich lustig über sie, und im allgemeinen ließ er sie Dinge tun, die er selber nicht übernehmen wollte, die ihm aber genausoviel Minuspunkte eintrugen wie den Ausführenden, denn alle Welt kannte seine Beziehungen zu den Agenten der öffentlichen Unordnung. Es waren namhafte Figuren unter ihnen, zum Beispiel der Minister Calonne. Der Abbé de Périgord stand gut mit diesem liebenswürdigen, feinsinnigen Mann, der allerdings so windig wie ein ungedeckter Wechsel war.

Mirabeau äußerte sich in einem Brief an Calonne lobend über den Abbé:

»Monsieur l'Abbé de Périgord verbindet mit einer echten und geschulten Begabung große Besonnenheit. Sie werden keinen zuverlässigeren Mann finden, keinen, der mehr Sinn hat für Dankbarkeit und feste Freundschaft, keinen, der begieriger ist, Gutes zu schaffen, und weniger begierig, den Ruhm der anderen zu schmälern.« Calonne hatte diese Lobeshymne nicht abgewartet, um sich seine eigene Meinung zu bilden. Er antwortete Mirabeau: »Ich werde Ihnen morgen oder übermorgen schreiben, gemeinsam mit dem liebenswürdigen und ausgezeichneten Abbé de Périgord« [März 1787]. Hier wird offenbar, daß der Abbé bestimmte Briefe des Ministers »gemeinsam« mit ihm schrieb. Bei den Amtshandlungen Calonnes hat er wahrscheinlich eine größere Rolle gespielt als man glaubt. Doch sind kaum Spuren davon vorhanden, denn die Affären, in die er sich einmischte, gehören zu jener Kategorie, die man in den offiziellen Hauptbüchern nicht aufführt. Aber es war ihm förderlich in Fragen der öffentlichen Meinung, und er bediente sich Mirabeaus, um für Calonne zu werben. An Mirabeau schrieb er: »Sie können Monsieur de Calonne gar nicht genug loben, er muß durch vereintes Lob unterstützt werden, um diese wichtige Angelegenheit zu einem guten Ende zu bringen, und man muß ihm vor allem vor Augen halten, welchen Ruhm er ernten kann.« Es handelte sich um die Vorbereitung der Generalstände ... Der Abbé befand sich bereits in der Kulisse, er arbeitete auf seine Weise für die Einberufung der Versammlung der Notabeln, denn er hoffte, aus ihr werde eine neue Gesellschaft hervorgehen. Ohne direkt einzugreifen, war er es, der durch Calonnes Büros die Entwürfe für die Steuerreform ausarbeiten ließ, die Berichte und Memoranden, über die die Notabeln sich äußern sollten: Reform des Getreidehandels, Bezahlung der Schulden des Klerus. Sein Ehrgeiz trieb ihn an, das steht außer Zweifel. Hatte Calonne Erfolg, würde er auch ihm zugute kommen. Er würde Minister werden, ehe er Bischof war – denn die Bischofswürde ließ auf sich warten. Er war aber auch von dem aufrichtigen Wunsch beseelt, die Gesellschaft zu verbessern, und er war froh, sein Teil dazu beitragen zu können. Aus einem Brief an seinen vertrauten Freund Choiseul, Botschafter in Konstantinopel, geht hervor, daß er sich wohl bewußt war, auf welch schwachen Füßen sein Minister stand, daß er sich aber an die Hoffnung klammerte: »Ich schicke Dir, lieber Freund, die Rede von Monsieur de Calonne zur Eröffnung der Versammlung ... Du wirst sehen, daß ausgezeichnete Arbeit geleistet worden ist (er selber hatte mitgehofen), es ist ungefähr die Summe all dessen, was die klugen Köpfe seit einigen Jahren denken. (Ja – bei der Tafelrunde in der Rue de Bellechasse.) Die Einwände dagegen sind äußerst stark ... aber es erscheint unmöglich, daß der König nicht zustimmt. Noch zwei Wochen, und er hat den Sieg errungen ... Es wird dann von Ludwig XVI. die beste Verwaltungsreform durchgeführt werden, die es zu irgendeiner Zeit gegeben hat. Provinzialverwaltungen und keine Privilegien mehr. Das ist der Ausgangspunkt für alles Gute.«

Wenn ein Talleyrand-Périgord im Jahre 1787 so etwas schreibt und an seiner Verwirklichung arbeitet, dann ist er auf keinen Fall ein Konformist, jedenfalls damals nicht. Und er beschließt den Brief mit den erstaunlichen Sätzen: »Lieber Freund, endlich wird den Forderungen des Volkes Rechnung getragen werden ... Wenn der König alle angekündigten Veränderungen vornimmt, wird seine Regierungszeit als die glänzendste und auch nützlichste der Monarchie gelten. Ich habe nichts anderes im Kopf. Wie Du uns fehlst, Du, der Noble, Gebildete, Populäre.« [L-G]

Dieser Brief ist von wesentlicher Bedeutung, er ist aufrichtig und von seltener Wärme. Choiseul belügt er nicht, diesen »Mann, den ich am meisten geliebt habe« und den er achtet als »nobel, gebildet« und »populär«. Der Ausdruck ist neu. Sie beide liebten das Volk und wollten ihm den ihm zukommenden Platz verschaffen. Der Abbé de Périgord befand sich bereits am Angelpunkt zweier Welten. Sainte-Beuve, der Talleyrand sehr streng beurteilt, ist zu intelligent, um Angriffe gegen diesen Brief zu richten. Er schreibt: »Das ist lebendig, kurz, angenehm, liebenswert, und zugleich spürt man einen ersten Hauch von aufrichtigem Liberalismus, eine Sorge um die Interessen des Volkes, die tatsächlich ebenso aus dem Herzen wie aus dem Kopf kommt.«

Doch der König durchkreuzte die Hoffnungen des Abbé de Périgord und einiger anderer Persönlichkeiten von Rang. Er setzte Calonne ab und schickte ihn am 30. April 1787 nach Lothringen ins Exil. Am 16. Juli verlangte die Gruppe Oléans die Einberufung der Generalstände.

Außer dieser wichtigen, schließlich gescheiterten Angelegenheit, beschäftigten sich Calonne, der Abbé und Mirabeau wahrscheinlich noch mit anderen Dingen. Zu einem Diner bei Calonne, bei dem es auch um andere Fragen als nur um Volkswirtschaft ging, erschien der Abbé mit einer Phiole, gefüllt mit einem Elixier, das ihm der berühmte Scharlatan Cagliostro als unfehlbares Mittel gegen Migräne verkauft hatte. Die Fürstin von Robecq litt so stark an Kopfschmerzen, daß sie ausgestreckt auf einem Diwan liegen mußte. Talleyrand verabreichte ihr unverzüglich das Wundermittel und rieb ihr so kräftig die Stirn ein, daß sie Kratzspuren davontrug. Die Verehrer der Fürstin, Zeugen der Gewaltkur, beschimpften Talleyrand als Mörder und wollten ihn – angeblich – in Stücke reißen. Er lächelte. Die eingeriebene und zerkratzte Fürstin war ihre Migräne nicht losgeworden. Das war alles, was er den Bewunderern Cagliostros beweisen wollte: dessen Elixier war Betrug, und sie selber waren Dummköpfe. [CPT]

Calonne spielte mit dem Bankrott Frankreichs. Die Wuchergeschäfte der Banken, die Spekulanten und ihre Winkelzüge interessierten ihn leidenschaftlich. Auf Empfehlung des Abbé schickte er Mirabeau von 1786 bis 1787 in diplomatischer Mission nach Berlin. Ein Jahr lang hatte sich der Abbé mit dessen Berichten zu befassen. Er dechiffrierte sie und leitete sie danach an den Minister, wobei er ihm das übermittelte, was er für richtig hielt, zur Kenntnis Calonnes gebracht zu werden. Geldmanipulationen hatten ihn stets fasziniert, mit einer Art kalter Leidenschaft erlernte er die Regeln dieses schwindelerregenden Spiels, bei dem die Finanzen des Staats und der Kirche zugrunde gingen und bei dem bald darauf die Kirche und der Staat selbst zugrunde gehen sollten. Mirabeau befand sich dauernd im Zustand des Ruins, nun konnte er einige Handvoll Louisdor einsacken. Dafür war er dem Abbé dankbar – dankbar mit einer etwas klebrigen Wärme und Ergebenheit. Aber es lag ein Schatten über den beiden. Mirabeau war eifersüchtig auf die Bemühungen des Abbés um seine Mätresse Madame de Nehra, genannt Yet-Lu. Mirabeau schrieb ihr: »Er hat mir oft von seiner Leidenschaft für Dich erzählt, und ich gestehe, daß er so viele Tricks und so viel Falschheit praktiziert hat, daß ich ihn verabscheue.« Das ist übertrieben, wie alles bei Mirabeau. Doch wo ist die Falschheit zu suchen? Der Abbé hat Mirabeau aus seiner Passion für die Dame kein Hehl gemacht. Der Graf brauchte mit dem Abbé nur zu brechen und ihn fernzuhalten ... Ja, aber die Louisdor? Wohlweislich hält Mirabeau seinen »Abscheu« geheim, und dieser ehrenwerte Mann, der sich über die Falschheit empört, schreibt an den, der ihm Abscheu einflößt: »Mein lieber und sehr lieber Maître« (die Ehrerbietung ist ebenso übertrieben wie der Abscheu, der Abbé ist fünf Jahre jünger), »Verzeihung, mein lieber Maître, wenn ich überschwenglich bin, aber wem sollte ich meine Besorgnis anvertrauen, wenn nicht Ihnen, mein Freund, mein Trost, mein Führer, mein Halt. Für mich sind Sie mehr als ein Staatsmann, Sie, für dessen Händedruck ich alle Throne der Welt hingeben würde ...« Ein Meisterwerk verbaler Inflation. Der Abbé antwortete ihm mit der gleichen Tinte: »Adieu, es liegt mir daran, mein lieber Graf, Ihnen zu sagen, daß ich mich Ihnen für das ganze Leben zärtlich verbunden fühle.«

Als Calonne, zusammen mit den Illusionen, die er erweckt hatte, stürzte und der Abbé Mirabeau nicht mehr unter der Fuchtel hatte, überwarf sich dieser mit seinem »lieben Maître«. Sein verhaltener Groll findet Ausdruck in einem Brief vom 28. April 1787 an einen anderen dunklen und sehr gefährlichen Agenten, den Grafen d'Antraigues. »Meine durch das niederträchtige Verhalten des Abbé de Périgord diffamierte Stellung ist unhaltbar geworden.« (Die Niederträchtigkeit besteht nicht darin, daß Talleyrand ihm Yet-Lu weggenommen hat, sondern daß die geheimen Geldquellen versiegt sind.) »Ich schicke Ihnen den Brief, den ich an ihn richte, unverschlossen. Lesen Sie ihn, und senden Sie ihn an ihn weiter. Ich wiederhole: Senden Sie ihn an ihn weiter!« (Und machen Sie ihn so publik wie möglich!) »Aber das Unglück, das mich verfolgt, hat mich in seine Hände gegeben.« (Er spielt den Unschuldigen, er, der der Bastille entkommen, der von seinem Vater verflucht und von seiner Familie verleugnet worden war, den seine Frau haßte, stellte sich als ein Opfer des Abbé de Périgord hin, vor dem er solche Angst hat, daß »ich noch Vorsicht walten lassen muß diesem gemeinen, niedrigen und intriganten Mann gegenüber, er ist hinter dem Geld her und dem Schmutz. Für Geld hat er seine Ehre und seinen Freund verkauft.« (Es war keine wichtige Affäre, niemand hätte zwei Louisdor gegeben, weder für die Ehre des einen noch für die Freundschaft des anderen.) »Für Geld würde er seine Seele verkaufen, denn er würde seinen Mist eintauschen gegen Gold. Adieu, lieber Graf.« [L-G]

Das ist reines Geschwafel. Erstaunlich bei diesem Ausbruch ist, daß bereits die Grundmuster vorhanden sind und manchmal sogar die Worte der Litanei von Beschimpfungen, die, eintönig und hartnäckig, Talleyrand sein ganzes Leben lang begleiten wird. Ein anderer, vom Mittelmeer Stammender, wird später in noch explosiveren Wendungen die gleichen Beschimpfungen laut werden lassen: Napoleon.

Ein weiteres Zeugnis über Talleyrand und seinen Freund Calonne zu jener Zeit zeigt sich so gänzlich anders, daß es nicht uninteressant ist, es neben das von Mirabeau zu stellen. Es muß aber hinzugefügt werden, daß der Verfasser auch von besonderem Rang ist: Lord Holland.

»Talleyrand absolvierte seine politische Lehrzeit bei Monsieur de Calonne und erlernte von diesem geistvollen Minister die beneidenswerte Fertigkeit, die Dinge ohne Anstrengung und ohne Feierlichkeit in einer Kaminecke oder Fensternische zu behandeln. In der Ausübung dieses Talents kam er seinem Vorbild an Geschicklichkeit gleich, übertraf ihn jedoch an Geist. Er brachte außerdem Eigenschaften mit, die Calonne nicht besaß, das heißt an Wahrhaftigkeit, Diskretion und Klarsicht.«

Zumindest kann man sagen, daß der Abbé de Périgord sehr verschieden reflektierte – je nach der Beleuchtung.

Einige Monate nachdem er den »Mist«-Brief geschrieben hatte, richtete der gleiche Mirabeau an die gleiche Mätresse, die den »Abscheu«-Brief erhalten hatte, einen weiteren, aber er hatte die Tinte gewechselt: »Von meinem Werk [gemeint ist ›Von der Preußischen Monarchie unter Friedrich dem Großen‹] sind vier Exemplare auf Velinpapier abgezogen worden für die, die mir am teuersten auf der Welt sind, für Sie, den Abbé de Périgord, den Herzog von Lauzun und Panchaud.« Was bedeuteten also die Lobreden und die Beschimpfungen solcher Leute? Doch ist Vorsicht angebracht. Diese bösen und lauten Schmähungen, von einer Stimme vorgetragen, die durch Wirkung und Widerhall so mächtig geworden war, sind an der Soutane des Abbé haftengeblieben. Noch immer ist sie etwas beschmutzt, obgleich Mirabeau einige Wochen später nicht mehr daran dachte. Vielleicht hätte er es sogar übelgenommen, wenn er daran erinnert worden wäre, daß er Haß spie gegen das, »was ihm am teuersten auf der Welt war«. Wir brauchen den Abbé nicht allzusehr zu beklagen, ihn hat es weniger gestört als uns. Wenn man Talleyrand einigermaßen kennt, ist man nicht mehr darüber erstaunt, daß er seinen Verleumdern stets nur durch verächtliches Schweigen geantwortet hat. Auch in diesem Falle tat er es, und Mirabeau erschien wieder zu den Déjeuners. Er wurde dazu eingeladen, wie man ein Gewitter herbeiruft. Alles zitterte. Es war ungeheuer aufregend, aber auch bei seinen schrecklichen oder gefühlvollen Ergüssen bewahrte Mirabeau einen scharfen Blick und sagte vom Abbé: »Er versteht es, die Meinung der anderen zu erfassen und sie der seinen anzugleichen.« Das war sehr viel gerechter als seine Schimpfereien.

Sein Amt als Generalbevollmächtigter des Klerus übte der Abbé de Périgord zusammen mit dem Abbé de Boisgelin aus. Er beschwerte sich über die ungleiche Arbeitsteilung, denn, so sagte er, Boisgelin, der närrisch verliebt war in Madame de Cavanac (sie hieß ehemals als Mätresse Ludwigs XV. Mademoiselle de Romans), überließe ihm die ganze Arbeit. Dieser Vorwurf läßt uns lächeln: der Abbé de Périgord glaubt sich berechtigt, die lockeren Sitten seines Kollegen anzuprangern, geht über seine Ausschweifung hinweg und wirft ihm Faulheit vor. Um es ihm heimzuzahlen, stahl er sich davon und unternahm mehrere Reisen in die Bretagne: Studienreisen. Ein seriöser Vorwand, jedoch für jene Zeit zu ernsthaft, also gingen die Reisen auf das Konto galanter Abenteuer: er lief Madame de Girac, der Schwägerin des Bischofs von Rennes, nach; er hat in ihrem Schlafzimmer sogar einige Verse gemacht.

Bei dieser Gelegenheit wie bei vielen anderen hinderte ihn das Vergnügen keineswegs daran, sich über die politische und wirtschaftliche Lage der Bretagne zu unterrichten. Die Röcke der Madame de Girac waren nur ein Mittel, sich Informationen zu beschaffen: es gibt schlimmere. Das war die eigentliche Kunst zu leben – und sich zu bilden.

Im Jahre 1783 befand er sich in Reims. Manchmal fiel ihm dabei ein, daß er Abt von Saint-Rémy und Titular der Kapelle Unserer Lieben Frau in der Gemeinde Saint-Pierre war. Vor allem wurde ihm bewußt, daß er seinem Onkel Erzbischof den Hof machen mußte, von dem zum großen Teil seine Ernennung zum Bischof abhing. Während des damaligen Aufenthalts in Reims traf er drei junge vornehme Engländer, die eine Bildungsreise unternahmen. Er war angetan von der Unterhaltung mit ihnen und von den Vorzügen, die er an ihnen entdeckte. Er wollte »seine Ansichten« denen der Besucher »angleichen« und bot ihnen das Appartement an, das sein Onkel Erzbischof ihm im Schloß Saint-Thierry zur Verfügung gestellt hatte. Sechs Wochen blieben sie zusammen. Der eine Engländer, dreiundzwanzig Jahre alt, war der Sohn Lord Chathams. Er verfügte auch wirklich über politischen Verstand; er war Abgeordneter und faszinierte den Abbé durch seine Gedankengänge. Talleyrand verglich sie mit seinen eigenen Reformideen. Der junge Mann hieß William Pitt.

Über dieses Zusammentreffen sagt Talleyrand nicht mehr als ein paar kurze Worte. Pitt gibt darüber überhaupt nichts von sich. Man wird sehen warum. Nicht etwa, weil Pitts Besuch in Reims ein Fehlschlag gewesen wäre.

Das war Talleyrands Besuch in London im Jahr 1792. Beide besaßen ein Gespür, mit dem sie sich gegenseitig durchschauten.

Der Abbé wäre kein Sohn seiner Zeit gewesen, wenn er nicht Freimaurer geworden wäre. Er wurde es, weil es Mode und weil es »philosophisch« war. Die Herzogin von Chartres, die Herzogin von Bourbon, die Fürstin von Lamballe waren in schottischen Logen in Frankreich aufgenommen worden. Talleyrand hätte nicht dabeisein sollen? War das nicht eine herrliche Möglichkeit, sich zu informieren, das Netz der Beziehungen auszudehnen auf die verschiedenen Milieus, die sich in den Logen bildeten? Es war, unter anderen, einer der Wege, der zu den großen politischen Angelegenheiten führte. Mit den Herzog von Orléans gründete er eine Loge, in der er das Amt des Ersten Aufsehers innehatte. Diese Loge war die Keimzelle des berühmten Jakobinerklubs. Man sieht, diese Herren hatten eine glückliche Hand. Mirabeau brachte aus Deutschland einen bayrischen Ritus mit, den er bei der Loge »Philalèthes« einführte, in die sein Freund, der Abbé, sich aufnehmen ließ. Damit nicht genug: der Abbé de Périgord war auch Mitglied der »Vereinten Freunde« und überdies der »Gesellschaft der Dreißig«. Man ist nie gut genug informiert, also muß man Auge und Ohr an den richtigen Orten haben.

Der hinkende Abbé, der ständig unterwegs war, den man überall antraf, verkehrte in Paris jedoch in einem Haus, in dem er sich stets und ständig aufzuhalten schien. Dort sah man nur ihn, ihn allein. Es war der Salon der Gräfin von Flahaut, seiner offiziellen Mätresse. Es war die dauerhafteste, die heiterste, die eheähnlichste aller seiner Liaisons. Sie bestand von 1783 bis 1792. Erst die Revolution brachte dann die Trennung. Die Gräfin ist die einzige Mätresse Talleyrands, die nicht bis zu seinem Tod seine Freundin geblieben ist. Gleichwohl starb sie nur zwei Jahre vor ihm.

Ihre gemeinsamen Jahre waren herrlich. Der Graf von Flahaut war es auch. Seine Frau, mit Mädchenname Adélaide Filleul, galt als die Tochter eines Weinhändlers und der Irène du Buisson de Longpré. Wir haben es mit einer Familie zu tun, in der nie jemand der Sohn seines Vaters, sondern irgendeines Zugvogels ist. In Wirklichkeit war Adélaide die Tochter eines Generalpächters, der zum Beschützer ihrer Mutter wurde, als diese von einem Aufenthalt im »Hirschpark« zurückkehrte, wo Ludwig XV. auf sie aufmerksam geworden war. Der König soll mit ihr ihre erste Tochter, Julie genannt, gezeugt haben, die als Sechzehnjährige mit Abel Poisson verheiratet wurde, dessen Schwester sich einen großen Namen in der Geschichte jener Zeit gemacht hatte: Madame de Pompadour. Offensichtlich verfügte die Familie in der Galanterie über unvergleichliche Meriten. Aus Abel Poisson wurde der Marquis de Marigny, eine imposante Persönlichkeit. Seine Frau nahm sich Adélaides an, als sie, inzwischen Waise, aus dem Kloster entlassen wurde. 1776 war sie fünfzehn Jahre alt, ihre Schwester Julie war fünfundzwanzig und die Mätresse des berühmten Kardinals de Rohan.

Nach der Klostererziehung erhielt Adélaide erstklassigen Unterricht. Sie war begabt, sie wurde eines der hübschesten, strahlendsten jungen Mädchen, aber auch eines der zurückhaltendsten und – unschuldigsten: wie ein Gemälde von Greuze. Von ihr hätte man sagen können, was Sainte-Beuve später über einen ihrer Romane, »Adèle de Sénanges«, der einigen Erfolg hatte, schrieb: »Ein Pastell, dessen zarte Farben fast an Fadheit grenzen.« Man bewunderte »diese äußerste Schicklichkeit, die sie hervorragend beschrieben hat«. Diese Schicklichkeit [gemeint ist Formgefühl] war ein Teil ihres Wesens, für ihren Geliebten, den Abbé de Périgord, war sie es auch. Wäre sie zehn Jahre seine Mätresse geblieben?

Als Adélaide achtzehn Jahre alt war, wurde sie, niemand weiß warum, mit dem Grafen von Flahaut verheiratet, der vierundfünfzig zählte. Er war allgemein geachtet, Offizier, stammte aus einer Adelsfamilie des Beauvaisis, ein würdiger Mann. Seine Höflichkeit war bekannt. Sein Bruder, Herr von Angivilliers, Intendant der königlichen Bauten, ließ der frisch vermählten Gräfin ein Appartement im Louvre anweisen. Dort eröffnete sie ihren Salon, der bald Beliebtheit erlangte dank der Schönheit und der Intelligenz von Madame de Flahaut und nicht minder dank der häufigen Besuche des Abbé de Périgord. »Sie ist mehr als hübsch«, schrieb einer ihrer Bewunderer, »und von auffälliger Eleganz, was ihre edle und ungezwungene Erscheinung noch unterstreicht. Eine seltsame Anziehungskraft geht von ihrer ganzen Person aus. Das Oval ihres Gesichts ist vollkommen, die Fülle des kastanienbraunen Haars, das sich unter dem Puder natürlich zu locken scheint, läßt die Helle des von zwei braunen Augen überstrahlten Teints noch stärker hervortreten. Die schönsten Augen der Welt.« Der Bewunderer ist offenkundig sehr beeindruckt. Bemerkenswert ist das Diskrete, nahezu Hintergründige ihres Charmes. Alles ist von innen her, von der Wärme ihres Blicks durchflutet. Das zieht Talleyrand an und fesselt ihn. Madame de Flahaut war gutherzig: weder übler Klatsch noch böswillig abgeschossene Pfeile kümmerten sie. Es war Heiterkeit, nicht Spott, als sie einmal über eine Frau lachte, die ihr Testament mit den Worten begonnen hatte: »Wenn ich zufällig sterben sollte ...« Sie war gescheit und witzig, für Unfreundlichkeiten war sie nicht geschaffen. Strahlender Optimismus hielt sie ständig in guter und ausgeglichener Stimmung, so daß Montesquiou zu ihr sagen konnte: »Sie haben einen Charakter, der mehr Unglück töten wird, als das Schicksal Ihnen zudenken kann.« Das war fast wahr: die Revolution stürzte sie in unsagbares Elend, das sie mit bewunderungswürdigem Mut ertrug. Jedes Unglück ertrug sie, außer einem ... Gegen Ende des Jahrhunderts bekam sie eine launische Anwandlung, eben die, die Talleyrand ihr nicht verzieh. Wir kommen noch darauf zurück.

Zehn Jahre lang verstanden die beiden sich aufs beste. Jeden Abend sah man den Abbé – dann Bischof – bei ihr, er setzte sich als Partnerin der Gräfin an einen Whist-Tisch. Er war, wie schon in seiner Kindheit, ziemlich zurückhaltend und eher kühl, doch war der Umgang mit ihm sehr angenehm. Niemals war er barsch zu irgend jemandem, stets ließ er die Leute, die um ihn herum waren, tun und lassen, was sie wollten. Er verlangte von ihnen nur, was sie geben konnten, und stets war er von aufmerksamer, abgewogener und beschwingter Höflichkeit, was seine Gesellschaft in höchstem Maße anziehend machte. Seinen Geist ließ er nur glänzen, wenn er es wollte und für richtig hielt. Seine Aperçus waren so scharfsinnig, daß man stets über sie nachdachte. Man musterte diesen gutaussehenden, gepuderten, parfümierten und in Seide gekleideten Abbé genauer, dessen eisiger und durchdringender Blick den Verdacht aufkommen ließ, hinter der prächtigen Hülle schlummere ein Raubtier. Kein Wunder, daß gewisse Frauen seine Nähe suchten ... Wie waren die Gefühle beschaffen, die ihn an Adélaide banden? Zärtlichkeit, gewiß, nicht aber Leidenschaft. Am Rande dieser offiziellen Liaison leistete er sich oberflächliche Liebschaften. Treue aus Verliebtheit kannte er nicht und verlangte sie auch nicht von seinen Mätressen. Im Jahr 1785 galt dies als Zeichen eleganter Lebensart. Die Liaison Madame de Flahauts mit ihrem Abbé war eine der reizvollen Kuriositäten von Paris. Gouverneur Morris, Washingtons Botschafter, hat eine umfangreiche Korrespondenz über dieses Thema hinterlassen. Er war in Madame de Flahaut verliebt, er machte ihr mit der gleichen Beflissenheit wie Talleyrand den Hof, aber er war oft verzweifelt, wenn er auf seine Stunde warten mußte. Er sah, wie diese Leute lebten, und er traute seinen Augen nicht, wenn er sah, was sich da tat. Eines Tages fühlte Madame de Flahaut sich unpäßlich und wollte sich niederlegen. Sie wurde mit großem Gefolge in ihr Schlafzimmer gebracht. Während eine Kammerjungfer sie auskleidete und ihr ein Fußbad richtete, schlug der Bischof von Autun (es geschah 1789, und der Abbé war gerade zum Bischof ernannt worden) das Bett der lieblichen Adélaide auf und wärmte es mit Hilfe eines Holzkohlenbeckens. Der ehrenwerte Amerikaner schreibt: »Ich sah zu, denn es war recht seltsam, einen hochwürdigen Vater der Kirche bei solch einer frommen Handlung zu beobachten.« Das könnte einem Bild von Fragonard entnommen sein. Und doch ist es im Grunde so natürlich: dem, der die Lebenskunst beherrscht und Kavalier sein darf, ist nichts lächerlich ...

Ihre fast eheliche Verbindung wurde durch die Geburt eines Knaben gekrönt. Kein Mensch kam jemals auf den Gedanken, das Kind könne vom Grafen von Flahaut sein, der nie anwesend war. Adélaide selbst sagte, ihre Ehe sei nie vollzogen worden. Jedermann war davon überzeugt, daß der Knabe von Talleyrand stammte, und Talleyrand selber war davon überzeugter als irgendwer sonst. Der stets aufmerksame Gouverneur Morris notiert im Oktober 1789: »Ich gehe in den Louvre. Der Bischof ist bei Madame de Flahaut. Er hat darum gebeten, heute mit seinem Sohn dinieren zu können. Es ist ein richtiges Familiendiner. Er geht weg, und ich drücke

Madame de Flahaut mein Bedauern aus, eine so hübsche Szene unterbrochen zu haben. Sie spricht viel über ihr Kind und vergießt Tränen, die ich nach und nach trockne.«

Welch liebenswürdiger Botschafter! Er trocknete die Tränen, die der böse Bischof zum Fließen gebracht hatte, der Bischof, der ein hübsches Kind hatte und der mit Narbonne und Lauzun zusammen war, anstatt mit seiner Mätresse und dem Söhnchen am Kamin zu sitzen. Gerührt und melancholisch hält der Botschafter diese Dinge für die Nachwelt fest. Merkwürdig, daß Talleyrand hinkte und Gouverneur Morris ein Holzbein hatte und ebenfalls hinkte.

Der Graf von Flahaut sah über diese Liaison hinweg. Sein Bruder Angivilliers hingegen nicht. Er schleuderte Pech und Schwefel gegen seine Schwägerin. Überall verbreitete er die Nachricht von der skandalösen Niederkunft und erklärte »seine grenzenlose Verachtung« für Madame und »ihr Ungeheuer mit dem Bischofshut«. Wütend war nur er. Die Liebenden, Morris und Paris waren entzückt. Wenn der Bischof den Salon betrat, konnte ganz Paris nach den Begrüßungen die an die Gräfin von Flahaut gerichtete Frage vernehmen: »Madame, darf ich heute wohl meinen Sohn sehen?« Und da die Ansichten über Kindererziehung sich geändert hatten, wurde der Säugling auf seinem Spitzenkissen hereingetragen. Monseigneur warf einen Blick auf ihn, machte der Mutter Komplimente und bat um eine kurze Unterhaltung unter vier Augen. Er bot ihr seinen Arm, und mit großer bischöflicher Würde schritt das Paar hinaus und erschien nach einer Weile wieder mit der gleichen Würde. 1791, als Talleyrand Todesdrohungen erhielt, ließ er Madame de Flahaut sein Testament überbringen. Er setzte sie als Alleinerbin ein, das hieß, er bekannte sich zu seiner Liebe und zu seinem Sohn zugleich. Man könnte hinzufügen, er erkannte damit auch ihre Treue an, denn sie war ihm treu bis an die Grenze des Möglichen. Das war bewunderungswert, weil sie von seinen Abenteuern wußte und sich keiner Illusion darüber hingab, daß sie an dem Tag, an dem ihr Geliebter ihrer überdrüssig wäre, von ihm verlassen werden würde. Gouverneur Morris bestürmte sie, er machte ihr klar, daß ihr Geliebter diese Treue, die ihm gleichgültig war, nicht verdiene. Sie antwortete ihm mit dem großartigen Satz: »Ich bin mit dem Herzen vermählt.« 1791 bekam ihre bis dahin feste Haltung den ersten Stoß: Adélaide wurde eifersüchtig auf Madame de Staël, der Talleyrand so drängend und offensichtlich den Hof machte, daß Adélaide ihrerseits einer Versuchung nachgab. Wie immer unter den Augen von Gouverneur Morris, der enttäuscht war, nicht selber der Erwählte zu sein, zugleich aber entzückt war, Talleyrand betrogen zu sehen. Sie erlag dem Charme eines jungen Engländers, Lord Wycombe, Sohn des Marquess of Landsdowne, der ihr als Pensionsgast anvertraut war und der sich hinfort als der glücklichste Engländer in Frankreich betrachten konnte.

Eines Tages im Jahre 1791 sprach sie ohne jeden Hintergedanken über die Witwenschaft, die sie einmal erwarten würde – wenn auch nicht so bald –, und stellte Gouverneur Morris die Frage: »Wen würden Sie mir raten zu heiraten, im Falle, daß ich Witwe würde?« Er brachte eine Vermutung vor, an die er wohl selbst nicht glauben mochte, sicherlich war es eine Falle: »Ich habe sagen hören, daß die Heiratsgenehmigung für den Klerus zur Erörterung steht.« Sie brauste auf: »Oh, niemals werde ich Herrn d'Autun heiraten, denn ich müßte, ehe ich mit ihm vor den Altar trete, meine Liaison mit einem anderen bekanntgeben.«

Talleyrand war nicht mehr der über alles Geliebte.

Zwar setzte er seine Besuche im Louvre fort, doch waren die Beziehungen der beiden nicht mehr das, was sie vor Germaine de Staël und vor Lord Wycombe gewesen waren. Übrigblieb, in guter Gesundheit und Schönheit, beider Sprößling mit dem Namen Charles, nach seinem natürlichen Vater, und Flahaut, wie sein gesetzlicher Vater hieß. Wir werden noch das Vergnügen haben, Charles de Flahaut wiederzubegegnen.

Wie man einen Bischofssitz vernachlässigt, aber weiterhin Bischof bleibt

Die Versammlung des Klerus würdigte 1785 die ungewöhnlichen Verdienste des Abbé de Périgord. Die Berichte, die er zur Aufrechterhaltung der unveräußerlichen Rechte der Kirche vorlegte, brachten ihm Glückwünsche und hohe Gratifikationen ein. Er hatte sich damit zum Verfechter der traditionellen Rechte gemacht. Zu Beginn der Revolution vertrat er die entgegengesetzte These. 1785 hatte er eine beachtliche und sehr notwendige Arbeit verrichten lassen. Als Generalbevollmächtigter ließ er eine Aufstellung über die Fürsorge- und Lehrfunktionen erarbeiten, die der Kirche oblagen. Er schickte an alle Bistümer Frankreichs ein Rundschreiben in Form eines Fragebogens. So schuf er ein umfassendes Bild der Lage der Kirche von Frankreich im Jahre 1785, über die von ihr ausgeübten Funktionen: Krankenhäuser, Asyle, Schulen; über die Ausgaben, um diese Funktionen zu erfüllen, über die Einkünfte, mit denen sie rechnen konnte, und den Zusammenhang zwischen dem festgelegten und dem flüssigen Kapital. Es war wohl das erstemal, daß eine solche zusammenfassende Untersuchung vorgenommen wurde. Sie war durch seine Initiative zustande gekommen, und sie war sein geistiges Eigentum. Später weiß er Nutzen daraus zu ziehen. Als er zur Zeit der Konstituante seinen Bericht über die Kirche vorlegt, versetzt er alle Welt in Staunen.

Als die Versammlung des Jahres 1785 seinen Bericht mit größter Genugtuung vernommen hatte, zollte ihm Monsignore Champion de Cicé, Erzbischof von Bordeaux, eine Leuchte des gallikanischen Klerus, vor der Versammlung Lob und Anerkennung: »Dies ist ein Monument des Talents wie des Eifers. Den tüchtigen Händen, die es erstellt haben, ist unsere immerwährende Dankbarkeit gewiß.«

Da Dank und Anerkennung sich nie besser ausdrücken lassen als durch Zahlen, gewährte ihm die Versammlung durch Abstimmung eine Gratifikation in Höhe von vierundzwanzigtausend Pfund (mehr als 200 000 heutige Francs) sowie zwei Sondergratifikationen in Höhe von viertausend und dreitausend Pfund. (Insgesamt 240 000 heutige Francs.)

Das genügte ihm nicht. Er war einunddreißig Jahre alt, er war ein Périgord, und er hatte sogar Talent; folglich hätte er schon Bischof sein müssen. Wer war schuld an der Behinderung seines Aufstiegs? Einige Priester und der König. Die Kirche bestand nicht nur aus höfischen Abbés und philosophierenden Prälaten, nicht alle Soutanen schwangen im Wind der Mode, bei weitem nicht. Die weitaus größere Mehrheit der Kirche blieb der Tugend und der Tradition treu. Die kleine und ungestüme Minderheit, die im Vordergrund der Bühne agierte, erweckte falsche Vorstellungen. Ihr leistete die Masse des Klerus mit ihrem ganzen Gewicht Widerstand. So verrostet die alte Maschine war, sie stellte durch ihre Vielschichtigkeit und eben durch ihr Gewicht eine Macht dar, die selbst denen, die sie mit Worten attackierten, unzerstörbar schien. Ihr Alter verschaffte ihr Unverletzlichkeit. Alle der Tradition Verhafteten hielten den Abbé und seinesgleichen für Verrückte oder Ehrgeizige, die aus Hochmut und Habgier sich an die heiligsten Institutionen heranwagten. Das wurde dem allerchristlichsten König, der es nicht nur dem Wort nach war, immer wieder gesagt, und das glaubte die Hofclique, zu der Talleyrands Eltern gehörten. Ihr schenkte der strenggläubigste und frömmste der Könige am meisten Gehör. So beliebt der brillante Abbé de Périgord in den Salons auch war, in Versailles mied man ihn, und dies trotz des Lobliedes, das Monseigneur de Dillon, ein Prälat von hohem Rang, der in des Königs Gunst stand, auf den Abbé de Périgord gesungen hatte. Die Prälaten waren ihm dankbar, weil er ihre Pfründen gegen den königlichen Fiskus verteidigt hatte, sie waren froh, einen Finanz-Prälaten unter sich zu haben. Er war nicht fromm? Das war nicht so wichtig, andere würden für ihn beten, während er für sie rechnete.

1785 wurde sein Name aus der Liste der Priester gestrichen, die Seiner Majestät zur Besetzung vakanter Bischofssitze vorgelegt wurde. Den Schlag führte Monseigneur de Marbœuf, Bischof von Autun, der genau unterrichtet war über »die Kunst zu leben«, die der Abbé in Paris praktizierte. Er war unnachsichtig.

Der Abbé seinerseits verfügte über Unterstützung durch Madame de Brionne, ihre Töchter und Schwiegersöhne und durch seine eigene Familie. Auch hatte er die Rohans und die lothringischen Prinzen für sich.

Vielverheißend waren 1786 die Anzeichen schlechter Gesundheit, die beim Erzbischof von Bourges, Monseigneur Phelypeau d'Herbault, festgestellt wurden. Unser Abbé ließ in Paris und Versailles verbreiten, daß bei der Nachfolge nur an ihn gedacht würde. Er tat es so selbstsicher, daß jedermann glaubte, die Sache sei entschieden. Sie brauchte nur noch in den Büros formuliert und vom König unterzeichnet zu werden. Er schrieb an Mirabeau, der damals in diplomatischer Mission in Berlin war: »Gegenwärtig spricht man davon, daß ich das Erzbistum von Bourges bekommen soll. Es ist ein guter Platz. Er hat eine Verwaltung und verschafft notwendigerweise Eingang in die Generalstände. Der Erzbischof liegt mit einem Schlaganfall danieder. Man glaubt nicht, daß er noch länger als zwei oder drei Wochen leben wird.«

In der Tat handelte es sich um einen bedeutenden Erzbischofssitz, dem zahlreiche Suffraganbischöfe unterstanden und dem Einkünfte zufielen, die dem Titular einen Lebensstil, würdig eines Talleyrand-Périgord, erlaubt hätten.

Unglücklicherweise erholte sich Monseigneur de Bourges von seinem Schlaganfall und blieb in seinem Amt. Ein Jahr später eine neue Attacke. Diesmal mußte es klappen! Talleyrand schrieb an Choiseul: »Meinem Erzbischof geht es seit einigen Tagen sehr schlecht. Es heißt, er stürbe langsam. Die wirksamsten Arzneien sind weniger wirksam als die Krankheit.« Aufrichtiger hat nie jemand den Tod seines Nächsten gewünscht als der Abbé bei dieser Gelegenheit. Doch er fährt fort: »Jetzt wird sich mein Schicksal entscheiden. Im Augenblick erscheint es mir unwahrscheinlich, daß ich das Erzbistum von Bourges nicht bekomme. Die Böswilligkeit des Bischofs von Autun kann nicht so groß sein, daß er Mittel findet, es mir zu verweigern.«

Und dennoch, die »Böswilligkeit« von Monseigneur d'Autun verweigerte ihm das Erzbistum von Bourges, möglicherweise weil die Vorsehung bestimmt hatte, er solle gerade in Autun den Stuhl seines Widersachers einnehmen.

Er beklagte sich laut. Die Enttäuschung muß sehr groß gewesen sein. Am 17. Oktober 1787 schrieb er an Choiseul: »Jetzt ist das Erzbistum von Bourges dem Bischof von Nancy gegeben worden und das Bistum von Nancy dem Abbé de La Fare. Was wird nun geschehen? Für lange Zeit sehe ich keine Veränderung im Klerus voraus. Sollte eine erfolgen, wird man mir dann den Platz geben, der mir zukommt und dem ich zustimmen kann? Nichts von alldem, was ich wünsche, geht so, wie ich es möchte, lieber Freund, das ist keine glückliche Zeit für mich. Aber es wird sich ändern. Ich werde warten, aber man könnte vielleicht sagen, daß ein Mann von vierunddreißig Jahren« (das war zu jener Zeit wirklich ein respektables Alter), »der ständig an den öffentlichen Angelegenheiten teilhatte, der die seiner Körperschaft fünf Jahre lang ganz allein« (der Abbé de Boisgelin half ihm überhaupt nicht) »verwaltet hat und den man während dieser ganzen Zeit gelobt hat, es verdient hat, daß man ihn ein bißchen besser behandelt.« [L-G]

Es besteht offensichtlich ein gewisser Widerspruch zwischen den Glückwünschen und Gratifikationen, die ihm von der einen Seite zuteil wurden, und der Schranke, die von anderer Seite vor seiner Karriere errichtet wurde. Er war wirklich den Calonne, den Loménie de Brienne in den Ministerien weit überlegen und ebenso jenem Abbé de La Fare, den man ihm gegenüber den Vorzug gab. Geschah es, um ihn zu demütigen? Das war gefährlich, denn man demütigt einen Talleyrand nicht, man macht ihn sich zum Feind. Wäre er rechtzeitig in den alten Apparat eingegliedert worden, er wäre fähig gewesen, ihn zu reformieren. Statt dessen ließ man ihn neun Jahre lang vor der Tür eines Bischofssitzes warten, die man ihm eines Tages, das war unumgänglich, würde öffnen müssen. Glaubte man, ihn bestrafen, ihn bessern zu müssen? Das wäre eine Verkennung seiner Persönlichkeit gewesen.

Anscheinend erhörte der Himmel sein Flehen, mit dem er einen Schlaganfall auf den hohen Klerus herabsehnte: am 2. Mai 1788 wurde der Erzbischof von Lyon davon getroffen. Diesen wichtigen Stuhl bekam Monseigneur de Marbœuf, doch nun wurde der von Autun frei, der Abbé von Périgord nahm ihn ein. Er verdankte es seinem Vater. Der Graf lag im Sterben, er ließ seinen Sohn zu sich kommen und flehte ihn an, auf seine Spekulationen zu verzichten, auf das Spiel, auf seine politischen Intrigen, auf seine Freundschaften: Mirabeau, den Herzog von Orléans ... Kein Wort über seine hübschen Freundinnen: das war verzeihlich. Talleyrand, Meister der Form, gelobte es, in taktvollsten, höflichsten Wendungen. Wie hätte er auch einem so hochstehenden Mann wie seinem Vater das Gelöbnis nicht ablegen sollen, zudem im Angesichts des Todes? Er raffte sich also zu dieser guten Tat auf, und sein Vater seinerseits bat den König, seinem Sohn das Bistum von Autun zu überlassen. Ludwig XVI. empfand größte Hochachtung für den Grafen und sagte zu. Die Mutter jedoch widersetzte sich. Sie hatte allmählich eingesehen, daß ihr Sohn nicht für die Kirche geschaffen war. Er mußte vierunddreißig Jahre alt werden und ebenso viele Mätressen haben, dazu den unsoliden Ruf eines Börsenspekulanten und Spielers, erst mußten seine in den Augen des Königs und der Kirche höchst zweifelhaften Freundschaften bekanntwerden, bis sie begriff, daß er der anrüchigste Bischof der Weltgeschichte werden konnte. Sie machte den König auf die Gefahr aufmerksam, doch der König hatte bereits zugesagt, und da den Heiligen alles heilig ist, sprach er beim Unterzeichnen der Ernennungsurkunde die naiven Worte: »Das wird ihn bessern.« Auf diese Weise wurde unser Abbé Bischof.

»Heute, am zweiten Tag des Monats November 1788, hat der König zu Versailles, wohlunterrichtet über die tadellose Lebensführung und die guten Sitten, die Frömmigkeit, Gelehrtheit, Selbstgenügsamkeit und andere tugendsame und empfehlenswerte Eigenschaften, die in der Person« (wenn man diese Aufzählung von Tugenden liest, kann einen der Name, der folgt, zum Lachen oder zum Zittern bringen, je nachdem, in welcher

Stimmung man ist, doch gleichgültig bleibt man nicht) »des Sieur Charles Maurice de Talleyrand-Périgord, Generalvikar von Reims, vorhanden sind, und da Seine Majestät sich erhofft, daß er mit Eifer und Hingabe alle seine Talente in den Dienst der Kirche stellt, ihm das Bistum von Autun gewährt und übergeben, das gegenwärtig infolge des Weggangs des Sieur de Marbœuf, des letzten Titulars, unbesetzt ist, mit der Auflage, dem Sieur Borie Desrenaudes, dem ehemaligen Generalvikar von Tulle, eine jährliche und lebenslange Pension von dreitausend Pfund zu zahlen . . .«

Abbé Desrenaudes hatte mithin teil an der Freude. Damit ist er endgültig an das Schicksal seines Beschützers und Freundes gebunden.

Der neue Bischof mußte geweiht werden. Er schickte sich geduldig in die Zeremonie, und als der Superior von Saint-Sulpice ihm nahelegte, sich für kurze Zeit zu Exerzitien in das Novizenhaus von Issy, es hieß das »Haus der Einsamkeit«, zurückzuziehen, willigte er ein. Es wird ihm vorgeworfen, er habe das nur aus Liebedienerei getan. Hätte er taktlos ablehnen sollen? Hätte er nur in Frömmigkeit einwilligen dürfen? Eine Menge Scheinheiligkeit liegt in diesen Vorwürfen. Über seine Auffassungen kann man sich nicht im unklaren sein. Er hat sie nicht verheimlicht – er hat sie eher offen kundgetan. Der Superior, ein heiligmäßiger und besorgter Mann, ging zu ihm, um sich mit ihm zu unterhalten. Er versuchte, bei dem Liebhaber der Damen Flahaut, Laval, Vaudémont und so weiter »weltabgewandte Gedanken« zu erwecken. Daß dieser Priester das Unmögliche versucht hat, gehörte zu seinen Pflichten. Er gibt auch schlicht zu, sein Ziel nicht erreicht zu haben, und ist betrübt darüber. Beklagenswerter ist, daß es gelungen war, aus diesem Talleyrand einen Bischof zu machen.

Die Weihe fand in der bescheidenen Kapelle des Novizenhauses statt. Sie wurde schnell und ohne Aufsehen vollzogen. Die Salbung empfing Talleyrand durch Mgr. de Noyon, der ihm 1780 bereits die Priesterwürde übertragen hatte. Die Bischöfe von Béziers und Saint-Dié assistierten ihm. Kniend sprach Talleyrand noch ein weiteres Gelübde: »Ich, Charles Maurice, für die Kirche von Autun erkoren, werde von nun an und auf immer treu und gehorsam sein dem heiligen Apostel Petrus, der Heiligen Römischen Kirche, unserem Heiligen Vater, dem Papst, und seinen rechtmäßigen Nachfolgern. Ich werde darauf bedacht sein, die Rechte, die Würde, die Privilegien und die Autorität der Heiligen Römischen Kirche, unseres Heiligen Vaters, des Papstes, und seiner Nachfolger zu wahren, zu verteidigen, zu vermehren und zu fördern.«

Man lese dieses am 16. Januar 1789 abgelegte Gelübde, die Güter und Privilegien der Kirche zu wahren, zu verteidigen und zu vermehren, noch einmal. Man wird sehen, was davon am Ende des gleichen Jahres 1789 noch übrigbleibt. Im Januar war in dem alten ehrwürdigen und morschen Apparat der Kirche und der Monarchie noch alles intakt. Das Sommergewitter vom 14. Juli läßt alles zu Staub und Asche werden. Gewiß, alles wird zu Staub, außer den geheiligten Gelübden. Talleyrand wird es nie vergessen.

Während der Zeremonie kam es zu einem Zwischenfall. Zur Salbung ließ der Prälat den neuen Bischof vor sich hinknien, er strich das heilige Salböl auf die Tonsur, dann nahm er die Salbung der Hände vor, die Handflächen nach oben gewendet. Abbé Emery folgte jeder Einzelheit mit großer Aufmerksamkeit und sicherlich mit einigem Bangen ... Plötzlich, als der Prälat die ausgestreckten Hände salbte, sah er, wie Talleyrand blaß wurde, das Bewußtsein verlor und in sich zusammensank. Die Zeremonie wurde unterbrochen. Ein paar Minuten später kam er wieder zu sich, und die Weihe wurde fortgesetzt ...

Dieser Zwischenfall ist wie ein Notschrei. Das Geschehnis ist ungewöhnlich im Leben eines Mannes, dessen Gleichmut und Selbstbeherrschung sprichwörtlich sind. Niemals hat er Furcht vor jemandem empfunden. Weshalb aber hat er bei der Geste des Prälaten, der seine Hände salbte – diese Geste, auf seinem Totenbett wiederholt, beschwört dann noch einmal die Jugend in ihm herauf –, in der Blüte der Jahre zum ersten- und letztenmal in seinem Leben die Kraft verloren? Man könnte sagen, es seien übernatürliche Einflüsse wirksam gewesen. Es war wohl so: in der Abgeschiedenheit der schlichten Kapelle wurde Talleyrand ein einziges Mal von dem unerträglichen Bewußtsein eines Frevels zu Boden geworfen. Es sind nur drei Minuten in einem Leben, das vierundachtzig Jahre währte. Aber was geschah? Ein zusammensinkender Körper, ein Klirren von Kristall, ein Stokken des Rituals. Eine Seele, die bricht und sich, vielleicht, rettet ...

Niemand aus seiner Familie war anwesend. Seine Mutter erschien ebenso wenig zur Weihe wie zur Ablegung der Gelübde. Sein Vater war zwei Tage, nachdem der König das Breve der Ernennung unterzeichnet hatte, gestorben. Weder seine Onkel noch seine Brüder unterzogen sich der Mühe, ihrem Verwandten die Ehre zu geben. Was geschah, geschah wirklich in der Kapelle der »Solitude«, der Einsamkeit.

1843 erzählte Ernest Renan, ein alter Priester, der 1789 Seminarist in Issy war, er habe der Weihe des Bischofs von Autun beigewohnt, dessen Haltung unkorrekt gewesen sei. Was soll das bedeuten? Wie sollte sich Talleyrand bei der Zeremonie unziemlich verhalten haben, da doch sonst nie jemand ihn so erlebt hat?

Am Tag nach der Weihe empfing Monseigneur d'Autun aus den Händen des Erzbischofs von Paris ein vom Papst geweihtes Geschenk: das Pallium. Das war eine besondere Ehre, die seit dem 6. Jahrhundert dank dem heiligen Syagrius den Bischöfen von Autun vorbehalten ist. Es handelte sich um ein breites, mit sechs schwarzen Kerzen besticktes Band aus weißer Wolle, das die Bischöfe von Autun über ihrem Meßgewand tragen durften. Was ihm Rang verlieh, war die Tatsache, daß die Wolle von den geweihten Lämmern stammte, die auf den geweihten Wiesen des Klosters der heiligen

Agnes-vor-den-Mauern in Rom weideten. Mgr. de Talleyrand-Périgord, Bischof von Autun, steckte dieses erhabene Symbol in die Tasche und ging zum Abendessen zu Madame de Flahaut, bei der sich noch andere Personen von Stand befanden. Liebenswürdig nachsichtig sagte Adélaide zuweilen: »Jedes Alter hat sein Spielzeug.« Das, was »ihr Herzensgatte«, der Bischof, in seiner Tasche hatte, entsprach gewiß nicht seinem Alter, denn er sollte es nie benutzen.

Wahrscheinlich hatte er an seiner Diözese nur wenig Gefallen, sie verschaffte ihm jedoch die Möglichkeit, als Abgeordneter des Klerus bei den Generalständen gewählt zu werden, deren Einberufung beschlossen worden war. Was ihn am Episkopat interessierte, war ein Abgeordnetensitz. Dafür benötigte er die Stimmen der namenlosen Priester einer Diözese, die er nicht kannte. Um zu gewinnen, muß man spielen, die Karten seiner Partner kennen, wohlüberlegt die eigenen auf den Tisch legen und die Einsätze still und leise einstreichen. Das Bistum von Autun war eher berühmt für die lange Zeit seines Bestehens und für sein geweihtes Pallium als für seine Einkünfte: ganze zweiundzwanzigtausend Pfund. Aber sein Titular behielt ja die Abtei von Saint-Rémy mit achtzehntausend Pfund. Für Talleyrand war das nicht ausreichend. Der König ließ ihm die Abtei von Celles in der Nähe von Poitiers überschreiben, das heißt zwölftausend Pfund, was insgesamt ungefähr 450 000 heutigen Francs an jährlichen Einkünften gleichkommt. Für unseren Abbé war es das Minimum dessen, was er zum Leben brauchte. Also suchte er zusätzliche Quellen im Spiel, in Börsen- und anderen Spekulationen. Manchmal war ihm das Glück beim Spiel hold. Ein hübsches Bild: die Pique-Dame blinzelt in den Spielsälen des Palais-Royal dem Bischof zu. In Wirklichkeit war die Gier nach Geld, die ihn an den Spieltisch trieb, eher dazu angetan, ihn zu ruinieren, als ihn zu bereichern. Es war wie ein Verhängnis: er mußte Geld »machen«, Geld, das sofort greifbar war und sich sofort verflüchtigte. Die Louisdor, die er auf den Spieltischen zusammenraffte, brannten ihm in den Händen, er riskierte sie gleich wieder bei neuen Kombinationen. Dieses Geriesel berauschte ihn. Das Geld war der Rausch dieses sonst so kühlen Mannes. Das Zirkulieren des Goldes erwärmte ihn nicht nur physisch, sondern auch geistig, es stachelte seine Rechenkünste an und befeuerte seine Phantasie, es packte ihn eine Art geistiges Fieber – heute würde man sagen, es war ein Doping –, dessen seine Trägheit bedurfte. Er liebte diesen Zustand knisternder Spannung und die Gefahr. Er liebte es, sich der Gefahr auszusetzen, weil sie ihn nicht wankend, sondern härter macht und ihm erlaubt, Selbstbeherrschung zu üben, eine seiner Stärken. Das also bedeutet Spielen für ihn, und ob er verliert oder gewinnt, er weiß, daß er zuallererst seine eigenen Gefühle zu beherrschen hat und dann seine Partner unter Kontrolle bringt. Die Maske, die er aufsetzt, beeindruckt sie. Ob er verliert oder gewinnt, sie sind stets die Genasführten.

Seine Schäfchen aufzusuchen, ließ er sich Zeit. Er hatte sich vorgenommen, nach Autun nur zu gehen, um Stimmen zu sammeln. Was ihn interessierte, war das politische Spiel, das seine Freunde und andere in Paris aufführten. Einer Partei schenkte er seine Aufmerksamkeit: der des Herzogs von Orléans, die man mit einem wenig schmeichelhaften Wort als den »Orléans-Klüngel« bezeichnete. In den ersten Monaten des Jahres 1789 waren die Generalstände noch nicht zusammengetreten, aber in Paris hatte man bereits alle nur denkbaren parlamentarischen Kombinationen und Kniffe ausgetüftelt und in Gang gebracht. Der Herzog von Orléans und seine Umgebung, zu der Talleyrand gehörte, können das Verdienst, sofern es eines ist, für sich in Anspruch nehmen, die Revolution politisch verfälscht zu haben, ehe sie noch begonnen hatte.

Damit seine Schäfchen nicht ungeduldig wurden, schickte ihnen ihr neuer Bischof einen Sendboten, den Großkantor Simon de Grandchamp, der den Stuhl besetzen sollte, bis der Titular eintraf. So hätten sie in der Zwischenzeit wenigstens jemanden zum Anschauen. Um den Leuten auch etwas zu hören, zu lesen und zu bereden zu geben, verfaßte Talleyrand für sie einen Hirtenbrief. Er begann in Anlehnung an einen Satz aus dem »Brief an die Römer« des Apostels Paulus: »Desidero videre vos« – »Ich brenne vor Sehnsucht, Euch zu sehen.«

Ein Meisterwerk kirchlicher Prosa, zweckdienlich, geschickt und aktuell. Man meint, Fénelon zu hören. Die Komposition und die stilistische Klarheit dieses Textes sind zu bewundern. Alles, was man von einer solchen Verkündigung erwartet, ist darin enthalten: Salbungsvolles und Elegantes sowie ein Hauch von Rührung; nur eine Spur, aber sie geht zu Herzen. Hohe Kunst. Die Stimme des Hirten mit dem Tremolo verkündender Liebe.

»Gott ist mein Zeuge, daß ich unaufhörlich an Euch denke«, schrieb er an Madame de Flahauts kleinem Rosenholz-Schreibtisch sitzend. »Ja, meine sehr lieben Brüder, erlaubt diesen Ausdruck, Ihr seid zu unserer angenehmen und einzigen Beschäftigung geworden.«

Seine Beschäftigungen waren ganz anderer Art, und vornehmlich jene, die seine Nächte ausfüllten. Man sah ihn in den zweideutigsten Spielhäusern oder bei dem Herzog von Lauzun, der ein Lustschlößchen an der Barrière du Maine besaß, wo sich auch Narbonne, Mirabeau und Genossen einfanden, dazu ein Schwarm von Ballettmädchen, die man ausloste und gegebenenfalls austauschte, wenn Fortuna blind gewesen war. Man vermag nicht zu sagen – um nochmals auf den Hirtenbrief zurückzukommen –, was an ihm das erstaunlichste ist: die unbekümmerte Kühnheit Monseigneurs oder die Überzeugungskraft seines Stils – vielleicht auch das tragische Geschick einer Gesellschaft, die alle Fähigkeiten besaß bis auf den Mut, sie zu verteidigen.

In seinem Brief berührte er die wichtigsten Probleme, auf die er schon seit langem sein Augenmerk gerichtet hatte. Hören wir zu: »Und da wir in unserem Geist alles, was die große Wohltat des öffentlichen Unterrichts angeht, zur Kenntnis nehmen, haben wir eine lebhafte Genugtuung bei dem Gedanken empfunden, daß das löbliche Amt, die Jugend der verschiedenen Klassen der Gesellschaft zu erziehen, der berühmten Kongregation der Oratorianer anvertraut ist . . .«

Das sind keine leeren Worte. Er denkt bereits daran, das allgemeine Unterrichtswesen zu organisieren. Dann folgt im Zusammenhang mit dem Tod seines Vaters eine hübsche Litanei, die folgendermaßen ausgeht: »Als ich seine sterbenden Hände in meine Hände nahm und als ich meine Tränen, die über ihn fließen wollten, unterdrücken mußte . . .«

Ist das wahr? Hat er jemals die Hände seines Vaters in die seinen genommen? Hat er seit der Nacht seiner Priesterweihe jemals eine Träne vergossen? Wahrscheinlich hat er nicht einmal die letzten Stunden seines Vaters miterlebt. Nahm er an seiner Beisetzung teil? Nirgends ist es erwähnt, jedenfalls hat er auf solche Zeremonien nicht viel Zeit verschwendet. Er hatte Besseres zu tun . . . Doch das wußten seine Schäfchen nicht. Und es war schicklich, daß sie eine Träne vergossen über den Schmerz Monseigneurs am Sterbebett seines Vaters, eines so zärtlich geliebten Vaters, den der König ganz besonders geschätzt hatte.

Wie viele Stimmen gutgläubiger Geistlicher hat ihm diese Litanei eingebracht? Es folgt eine bemerkenswerte Analyse der Pflichten eines Bischofs seiner Herde, des Vorgesetzten seinen Untergebenen gegenüber. Er ist nur über sie gesetzt, um sich für die Opfer und Dienste in ihre Reihen zu stellen, die die Autorität verlangt. Das schmeckt nach seiner Philosophie: »Unheil kommt gewiß über den, der in den hohen Ämtern nur die Freuden der Eitelkeit sucht.« Er suchte in den Ämtern zwar nicht Befriedigung der Eitelkeit, er wird dafür andere finden. Eitelkeit ist nicht seine Sache. Sein maßloser Stolz erhob ihn über alle Ämter, die man ihm anbieten konnte. Er fügt hinzu, daß die Rechte des Vorgesetzten »stets nur schreckliche Ketten« seien. Er ist den Menschen, an die er sich wendet, um ein Jahrhundert voraus. Er stellt fest, daß ein Mann der Öffentlichkeit »verantwortlich ist für sein ganzes Tun, für seine ganze Zeit, daß er nicht mehr sich selbst gehört, da er sich allen widmen muß, daß die neuen Rechte, die er erwirbt, in Wirklichkeit nur eine neue Pflicht bedeuten«.

Die Geistlichkeit von Autun spürte den Atem der neuen Zeit. Kaum je zuvor hatte sich ein Bischof in dieser Weise an seine Schäfchen gewandt, hatte sich durch Pflichten an seine Herde gebunden betrachtet und hatte ihnen so großzügig sein Herz geöffnet.

Der Schluß ist ebenso fromm wie eigentümlich; er ruft seine Diözesanen zum Gebet auf, sie mögen Gott anflehen, ihrem Bischof nicht übernatürliches Licht zu senden, sondern menschliche Tugenden: »Die Reinheit des Wollens und die Frömmigkeit« (sie zu erwähnen war nötig), vor allem aber »den Geist des Unterscheidungsvermögens, der die Zeit und die Mittel zu wählen vermag«. Genau das sind seine vorzüglichsten Fähigkeiten, es sind die des Staatsmanns. Talleyrand bittet darum, noch mehr Talleyrand zu werden. Er bittet auch darum, »der Milde, die die Geister zugänglich macht«, teilhaftig zu werden. Er besitzt sie bereits, die Milde gehört zu den Mitteln, mit denen er auf die anderen einwirkt. Ferner »die Kraft, die den Hindernissen widersteht«, ein sehr aufschlußreiches Wort. Es handelt sich nicht um eine aggressive Kraft, sondern um eine »Kraft, die widersteht«. Er steht fest auf seinem Recht, durch seine Starrheit bringt er die Angreifer zur Erschöpfung, er besiegt sie durch Verschleiß, seine Geduld macht sie mutlos. Das Hindernis fällt in sich zusammen, Talleyrand bleibt unversehrt. Seinen Bitten reiht er »die Güte« an, nicht weil sie eine Tugend ist, sondern weil sie dem einzelnen nützlich ist wie auch der Gesellschaft. Sie wendet die von Böswilligkeit errichteten Hindernisse und wehrt die Feindseligkeit ab, und sie verschafft Freunde – das heißt »Verbündete«. Güte war eines seiner Mittel. Es muß zugegeben werden, daß es schlimmere gibt. Die letzte Bitte hätte Voltaire gefallen: der Bischof erbittet vom Himmel »vor allem die unwandelbare Gerechtigkeit, die vielleicht alles umfaßt, die die große Verpflichtung der Macht ist und die ewige Freundin des Gedankens«.

Der Ton ist tief ernst: Gerechtigkeit ist die erste Pflicht der Macht, sie umfaßt alle anderen. Gerechtigkeit verlangt ein Volk in erster Linie von der Obrigkeit, die es regiert: in seiner Rechten hält der König die Hand der Justitia. Obrigkeit und Gerechtigkeit gehören zusammen. Ihr Lohn ist der Frieden. Dieser Hirtenbrief enthält bereits das Glaubensbekenntnis des Wahlkandidaten. Er hat es nicht eilig, in seine Diözese zu gelangen, er ist gegenwärtig durch seinen Geist und durch seine Feder. Zweifellos wurde ein Teil des Klerus in Verwirrung gesetzt, doch bestand Einmütigkeit über einen Punkt: jeder spürte die Überlegenheit des Verfassers des Sendschreibens. Ob begeistert oder beunruhigt, die Autorität dessen, der ihnen in einer solchen Sprache entgegentrat, wurde von den Priestern nicht in Frage gestellt. Selten wurde ein Bischof mit mehr Verehrung erwartet.

Die Priester, die viele Jahre danach diesen Text wiederlasen, mit Augen, die ihnen die Revolution geöffnet hatte, waren entweder erschreckt oder hingerissen von dem, was er an Neuem und Zukunftsträchtigem enthielt. Die Erschreckten waren in der Mehrzahl, sie sahen in diesem Hirtenbrief nur eine garstige Parodie kirchlicher Salbaderei, das niederträchtige Mittel, den naiven Klerus zu überlisten, um dessen Stimmen zu erlangen. Inwieweit war Talleyrand aufrichtig? Die Bitte um Aufrichtigkeit steht nicht auf seinem Wunschzettel. Durch seinen salbungsvollen Ton verschleiert er Gedanken, die vom traditionalistischen Klerus nicht geteilt wurden. Es waren die Gedanken eines neuen Klerus. Er war zum Bischof gemacht worden, nun, er machte den Bischof.

Gegen Ende seines Lebens hatte er ein Gespräch mit Lamartine. Der ihn bewundernde Dichter, der sich in seinem Seelenadel durch einige Machenschaften des Fürsten Talleyrand verletzt fühlte, konnte nicht umhin, ihm offen heraus zu sagen, daß ein solches Verhalten nicht rechtschaffen sei. Talleyrand nahm es ihm nicht übel und antwortete: »Ihre Rechtschaffenheit ist nicht die meine.« Für Talleyrand kam es nicht darauf an, »rechtschaffen« zu sein, sondern das zu sagen und zu tun, was für Mgr. de Talleyrand, Bischof von Autun, der einen Sitz in den Generalständen erstrebte, angebracht war zu sagen und zu tun. Er hätte Lamartine mit dem Zynismus und der unerbittlichen Schärfe seiner Auffassung antworten können: Rechtschaffenheit ist, was mir zum Erfolg meiner Unternehmungen verhilft, denn in Anbetracht dessen, was ich bin, wirken sich meine Unternehmungen stets zum Nutzen der Gesellschaft und des Fortschritts aus – und zudem zu meinem persönlichen Nutzen. Das ist, auf den seltsamen Hirtenbrief bezogen, die seltsame Rechtschaffenheit des Herrn von Talleyrand.

Er ließ sich bis zum 12. März 1789 Zeit, um nach Autun zu reisen. Es war mitten in der Fastenzeit. Am Sonntag, dem 15. März, fand der offizielle Einzug in die Kathedrale Saint-Lazare statt. Dem Brauch gemäß mußte er unter dem Kirchentor den Eid leisten. Gräßlich, diese vielen Eide und Gelübde! Er brachte sie durcheinander und vergaß sie bald.

Er schwor also »seiner Gemahlin, der Kirche von Autun«, ihre Rechte, Freiheiten, Statuten und Privilegien zu wahren. »Ich werde die Rechte, den Besitz und die Güter meines Bistums nie veräußern, nie belehnen oder austauschen . . .« Und man ging zu Wichtigerem über.

Wie immer sah er die Dinge von hoher Warte. Er hatte nicht die geringste Lust, durch die Gegend zu fahren, um die Landpfarrer zu inspizieren; auch die anderen nicht. Zunächst regelte er die Stellung des Abbé Desrenaudes, seines Generalvikars, der gar nicht dort residierte, jedoch seine Pfründen bekommen mußte. Er erklärte, sein Generalvikar sei in Paris nützlicher als in Autun. Die politische und finanzielle Aktivität, die Monseigneur in Paris ausübte, erforderte ein sehr viel gewichtigeres Sekretariat als die unwichtigeren bischöflichen Ämter, die er in Autun hätte ausüben können. Was er vorbrachte, setzte das Kapitel einigermaßen in Erstaunen, wurde aber unbeanstandet angenommen. Man kam zum Wichtigsten: der Abfassung der Cahiers de Doléances, der Beschwerde-Eingaben an die Generalstände. Die Denkschriften der Diözese Autun gehörten zu den gehaltvollsten und am besten formulierten, die der Versammlung vorgelegt wurden. Ihr größter Vorzug war ihr klarer innerer und äußerer Aufbau. Talleyrand, der nie den Fuß in seine Diözese gesetzt hatte, der kurz zuvor nichts als ihren Namen und die Summe der Einkünfte kannte, ist in dem Dokument völlig gegenwärtig; es gibt eine umfassende Vorstellung von seinem Bistum. Seine klassische Denkweise ist bewunderungswürdig. Der Text ist nach Gegenständen geordnet, er verlangt die Aufhebung veralteter Einrichtungen, und demgegenüber steht der Text, mit dem die entsprechende Reform vorgeschlagen wird. Die Notwendigkeit von Reformen basierte auf zwei Prinzipien. Das eine ist politisch: die Volksvertreter sollen stets zur Beratung aller öffentlichen Angelegenheiten aufgerufen werden. Dieser kühne Grundsatz führte notwendigerweise dazu, die Vertretung des Volks zu definieren und zu formieren. Das bedeutete das Ende der absoluten Monarchie, es war die Einsetzung des demokratischen Regimes. Das andere Prinzip traf die Grundlagen der Gesellschaft: er forderte völlige Garantie des Eigentums und der persönlichen Freiheit, was eine totale Umwandlung des Rechts und der Rechtsprechung zur Folge haben mußte. Das ist die Revolution, wie sie bei den Déjeuners in der Rue de Bellechasse projektiert wurde.

Auch ein finanzielles Kapitel gab es. Die Finanzen, die unserem Prälaten so wichtig waren! Man forderte die Einrichtung einer nationalen Bank. (Der Erste Konsul schuf sie später und nannte sie Banque de France.) Es wurde Steuergleichheit gefordert, und damit es nicht bei diesem schönen demagogisch klingenden Ausdruck blieb, verlangte unser Finanzier eine Bestandsaufnahme des gesamten Vermögens des Königreichs. Was dabei herauskommen würde, wußte der Bischof von Autun: der gewaltige Umfang der unbeweglichen Güter der Kirche und die mageren Einkünfte aus diesem toten Kapital. Die Erhebung mußte unausweichlich hinsichtlich der Landverteilung und der Steuerveranlagung folgenschwere Ergebnisse nach sich ziehen. Es war nicht nur eine Revolution der Advokaten und Professoren, es war die wirkliche Revolution: es ging um den Besitz. Sainte-Beuve, der Talleyrand nicht mag, muß zugeben: »Es ist erwiesen, daß der Bischof von Autun vom ersten Tag an einer der aufgeklärtesten und scharfsichtigsten Geister seiner Zeit war.«

Durch seine Gewandtheit verblüffte er seine Pfarrkinder, flößte ihnen aber auch etwas Furcht ein, doch durch seine Lebensart bezwang und bezauberte er sie. Am Bischofssitz hielt er offene Tafel, und was für eine Tafel! Der äußere Aufwand, die Üppigkeit und Güte der Speisen machten ihm Autun untertan. Da Fastenzeit war, ließ er von Dieppe jeden Tag frische Seefische herbeischaffen. Das düstere Bischofspalais des Mgr. Marbœuf wurde der Schauplatz endloser Feste. Das Wetter war weniger erfreulich, der Winter war hart. Die Schulen, in denen Lehrer und Schüler fast erfroren, mußten geschlossen werden. Die Schüler verstreuten sich über das Land und schufen überall Unruhe. Es war das Jahr der Briganten und der Beginn der Angst. Jegliches Tragen von Waffen wurde untersagt. In den Denkschriften war die Einrichtung von Waisenhäusern gefordert worden, um die unehelichen Kinder, die im Übermaß vorhanden waren, aufzunehmen. Wölfe traten auf, auch Werwölfe, Banden verwahrloster Kinder, die ebenfalls gleich Wölfen hausten.

Mgr. de Talleyrand-Périgord entfaltete sein Gepränge. Er war so beschäftigt, daß er nicht einmal die Zeit fand, alles Gepäck, das er mitgebracht hatte, zu öffnen und die Geschenke zu mustern. Einer seiner ferneren

Nachfolger, Mgr. Villard, ließ 1909 von Talleyrand mitgebrachte Kisten auspacken und entdeckte ein prächtiges Kristall-Service, das ihm die Kristallwerkstatt der Königin in Creusot überreicht hatte. Das Service wurde dem Museum in Creusot übergeben, es ging bei einem Bombenangriff 1944 verloren.

Er betrieb seine Angelegenheiten mit Eifer und Umsicht. Die Generalvikare besuchten die kleinen Pfarreien, sie wurden von Monseigneur vor der Abreise genauestens instruiert und warben als Wahlagenten um Stimmen für ihn. Eile war geboten, denn der Zusammentritt der Generalstände war für den 27. April vorgesehen.

Am 16. März führte er den Vorsitz im Bischöflichen Rat. Er besuchte das Seminar und ermahnte Lehrer und Schüler zum »stillen Gebet«. (Der Komödiant!) Am 25. März, am Sonntag Mariä Verkündigung, flehten ihn seine Pfarrkinder mit rührender Eherbietung an, ihnen ein besonderes Zeichen seiner Zuneigung zu geben und an jenem Tag die Messe zu feiern. Die frommen Leute spielten ihm in ihrer Einfalt einen schlechten Streich. Als kümmere sich ein Talleyrand um solche Dinge! Ablehnen aber konnte er nicht. Es wurde ein merkwürdiges Schauspiel: Monseigneur verhaspelte sich, brachte Orationen und Rezitative durcheinander und verwechselte die rotgedruckten Texte, die den Ablauf der Liturgie regeln. Die erstaunten Domherren stießen sich mit dem Ellbogen an, einige lächelten, andere waren bestürzt. Zweifellos war Monseigneur ein überlegener Mann, aber von der Meßliturgie verstand er nichts.

Am 2. April wurde er entschädigt: er hatte die Genugtuung, mit großer Mehrheit zum Abgeordneten des Klerus von Autun in die Generalstände gewählt zu werden. Von nun an gab es für ihn nur ein Ziel: in aller Eile nach Paris zurückzukehren. Taktvoll wartete er noch ein paar Tage. Am 6. April besuchte er das Kolleg der Oratorianer und mußte eine Moralpredigt des Superiors über ein Thema anhören, das anscheinend mit Absicht gewählt worden war, um Monseigneur zum Nachdenken zu bringen: »Vom Einfluß der Moral der Regierenden auf den Geist des Volkes«, ein heißes Thema. Monseigneur hörte mit zerstreuter Anteilnahme zu, sprach dem Superior seinen Glückwunsch aus; dieser hatte eine hervorragende Rede gehalten, sie betraf aber Herrn de Talleyrand nicht.

Hier ist ein Aspekt seines Verhaltens zu erkennen, der seine Umgebung und vor allem die Zeugen, die ihn im 19. Jahrhundert beobachteten, verwirrten. Talleyrand geht nie auf Menschen ein, die andere Ansichten haben als er. Aus vielfachen Gründen. Zunächst weil jede Diskussion, die auf eine Konfrontation hinausläuft, ihm unangebracht erscheint; dann, weil sie zwecklos ist: niemals hat man erlebt, daß ein Gesprächspartner vom anderen überzeugt worden wäre. Hingegen sind Tausende verärgert und starrköpfiger als vorher auseinandergegangen. Zudem ist es ihm völlig gleichgültig, was die anderen denken, ausgenommen jene Erwählten, mit denen er sich »seine Welt« schafft. Er hat nie den Wunsch gehabt, überzeugt zu werden, und ebensowenig, irgend jemanden zu überzeugen. Er ist nie und nimmer ein Ideologe, er glaubt weder an den absoluten noch an den dauerhaften Wert einer Idee oder einer Meinung. Die besten Ideen sind jene, die zum Erfolg führen. Wozu wäre es nütze, sie zur Schau zu stellen? Man verschweigt sie und setzt sie in die Praxis um. Aufgrund der geschaffenen Tatsachen beurteilt man sie. Was der Herr Superior entwickelte und vortrug, störte ihn nicht, aber er verlor Zeit, die er lieber anderswo verbracht hätte . . ., bei Madame de Flahaut zum Beispiel. Weder Mißbilligung noch Groll äußerte er diesem würdigen Priester gegenüber, der, was er tun mußte, gut getan hat. In Gedanken war Herr von Talleyrand schon nicht mehr in Autun.

Er verließ die Stadt für immer am 12. April 1789, es war der Ostertag. Es hätte sein können, daß die Domherren ihn darum bitten würden, ein Hochamt zu feiern! Er wollte vermeiden, sich noch einmal lächerlich zu machen. Unter Zurücklassung einer Menge von Gepäck machte er sich aus dem Staube. Kutscher, gib dem Pferd die Peitsche! Den Ostertag verbrachte er unterwegs. Drei Wochen später sollten die Generalstände zusammentreten. Adieu Autun! Dreißig Tage hatte Talleyrands eigentliches Episkopat gedauert. Diese Stadt, die auf eine zweitausendjährige Geschichte zurückblickt, hat dennoch diesen Bischof, der die Flucht ergriff, nicht vergessen. Das Auftauchen eines Talleyrand in der Geschichte einer Stadt, eines Landes oder einer Regierung hinterläßt stets Spuren.

Monsieur d'Autun macht sich die neuen Ideen zu eigen,
behält aber seine alten Gewohnheiten bei

Am 4. Mai 1789 war Versailles von Fieber befallen, einem freudigen Fieber. Die Pariser waren in die Königsstadt geströmt, um der Prozession beizuwohnen, in der die Abgeordneten der drei Stände von der Kirche Notre-Dame zur Kirche Saint-Louis schritten. Die Menge spendete Beifall ohne Ende, sie beklatschte jeden. Man wartete auf das Wunder: der König hatte die Vertreter der Nation einberufen, um das Paradies auf Erden einzuweihen. Jeder der Abgeordneten war in seinem Bereich ein bedeutender Mann. Alle würden sie reden. Sie redeten gut, sie redeten lange, und jedes Wort, das von ihren Lippen kam, würde ein Allheilmittel für die Leiden des Landes sein. Das Geld würde in die Kassen fließen, die Ernten würden goldener werden, das Brot würde man umsonst bekommen, die Steuern würden so niedrig sein, daß man sie mit Vergnügen bezahlte, schließlich und endlich würde man das Recht bekommen, alles zu sagen und nichts zu tun. Denn diesem Volk wurde alles versprochen, nicht nur Überfluß, sondern sogar Tugendhaftigkeit. Vom 5. Mai 1889 an würden sich alle, ob sie oben oder unten auf der gesellschaftlichen Leiter standen, in die Arme fallen.

Kurzum, alles was man bei Jean-Jacques Rousseau und bei Bernardin de Saint-Pierre gelesen hatte, was man mündlich weitergab, übertrieb und popularisierte, sollte wahr werden. Es genügte zu reden und irgend etwas zu glauben.

Am 4. Mai waren die Ideen offensichtlich ein wenig verworren unter den Perücken, aber es herrschte noch Ordnung auf der Straße, und die Prozession ging mit dem Zeremoniell und der Würde vonstatten, die die Kultur eines altehrwürdigen Königreichs dem öffentlichen Leben der Franzosen aufgeprägt hatte: es war ein herrliches Schauspiel.

In der Menge machte man sich auf neuerdings berühmt gewordene Persönlichkeiten aufmerksam und nannte ihre Namen. Auch Talleyrand blieb keineswegs unbemerkt. Er präsentierte sich als Bischof, mit Beffchen und goldenem Brustkreuz. Man erkannte ihn an seinem zögernden Gang, er stützte sich auf einen hohen Stab. Er verlor dadurch nichts, weder von seiner ragenden Gestalt noch von seiner zugleich leutseligen und ironischen Miene. Er trug den Kopf hoch, sein Blick ging in die Ferne. Sein blondes gepudertes Haar war nach hinten gekämmt und verbarg Ohren und Nacken. Jedermann war beeindruckt von seinem hoheitsvollen Aussehen und dem Gefühl der Überlegenheit, das er ausstrahlte. Man sprach viel über seinen »schlechten Ruf«. Bischof und Frauenheld, das brachte die Leute zum Lächeln. Man sprach über seine Geldgeschäfte, da lächelte man schon weniger. Man erinnerte an die verbrecherischen Machenschaffen von Calonne, durch die die Staatskasse ruiniert worden war. Man sagte, Talleyrand sei sein Freund gewesen, sein Ratgeber, und manche meinten, auch sein Komplice.

Ein Memoirenschreiber namens Arnault, der während der Restauration seine Erinnerungen an 1789 aufzeichnete und Talleyrands Geschichte und Laufbahn dreißig Jahre lang verfolgt hatte, gibt ein Porträt des Bischofs von Autun. Es ist schwierig, seinen Worten Glauben zu schenken. Versuchen wir es trotzdem. Arnault ging während der schönen Jahreszeit 1789 in der Nähe des Sees der Schweizer Garde in Versailles spazieren: »Ich hatte eine männliche Gestalt bemerkt, ausgestreckt unter einem Baum, ›lentus in ombra‹, die in Nachdenken versunken und mehr mit ihren Gedanken als mit den Gedanken anderer beschäftigt schien, obwohl sie ein Buch in der Hand hielt.« Schon mischt sich Böswilligkeit in dieses Bild, das sich so harmlos ausnimmt. Es geht weiter: »Sein Gesicht war nicht ohne Reiz. Es war mir weniger seines Charmes wegen aufgefallen, als wegen einer gewissen Mischung von Lässigkeit und Bösartigkeit, die ihm einen besonderen Zug verlieh, den eines Engelskopfes, beseelt vom Geist des Teufels.«

1825 war die Gegenüberstellung von Gegensätzen im Schwange, und Engel und Teufel nebeneinanderzustellen hieß doppelt modisch sein, denn es gehörte zum guten Ton, Abscheu vor Talleyrand zu erwecken. Was Arnault sagte, machte die Runde. Wie scharfsichtig war er, daß er augenblicks ein Wesen zu entziffern vermochte, indem er einen Blick warf auf eine männliche Gestalt, die ausgestreckt im Gras lag. Er fährt fort: »Es war offensichtlich das Gesicht eines mondänen Mannes, eines Mannes, der eher gewohnt war, andere zu beschäftigen, als sich mit ihnen zu beschäftigen.« Das ist unglaublich dumm und ungerecht; das alles will er bei einem Menschen entdeckt haben, der über einem aufgeschlagenen Buch seinen Gedanken nachhing. Damit nicht genug, der geistigen Verkommenheit mußte die Ausschweifung noch hinzugefügt werden: »Seine Jugend, die sich an den Freuden dieser Welt bereits gesättigt hatte.« (Sie war noch keineswegs gesättigt, leider, sie verlangte nach mehr.) Zwei Worte klingen ungefähr richtig: Lässigkeit und Bösartigkeit – wiewohl Ironie als Ausdruck besser am Platz gewesen wäre. Im übrigen ist das Porträt zu grob, zu unstimmig, als daß man ihm zustimmen könnte. Kein Vergleich mit Davids Zeichenstift, der viel schrecklicher war. Aber in dem Haß des Malers war eine Prise Genie, während bei Arnault nur Mittelmäßigkeit im Spiel ist. Doch das Wort »Teufel« hat mehr Bestand gehabt als Davids Stift.

Talleyrand zieht aus der Rue de Bellechasse aus und wohnt von nun an in der Rue de l'Université, Ecke Rue de Beaune; seine Möbel und seine Freunde folgen ihm nach. Zu Narbonne und Choiseul gesellen sich neue Gefährten aus der Verfassunggebenden Versammlung. Seine Freunde und er selbst bilden den aktiven Flügel der Versammlung, und aus den Namen allein ist ersichtlich, daß die »Fortschrittlichkeit« von 1789 keineswegs plebejisch war: der Herzog von Orléans, der Herzog von Biron, der Herzog von La Rochefoucauld, der Herzog von Enville, der Herzog von Aiguillon, der Abbé Sieyès, der Abbé Grégoire, der Marquis de La Fayette, der Marquis de Montesquiou-Fézensac, der Marquis de Sillery, der Marquis de Mirabeau, der Vicomte de Noailles, der Graf von La Mark, der Prinz von Arenberg und schließlich Rechtsgelehrte, Volkswirtschaftler, Journalisten, die alle berühmt sind und aus dem Großbürgertum stammen, Dumont (aus Genf), Merlin (aus Douai), Garat (aus Bayonne): sie gehörten zum Nachschub und waren von Mirabeau gewonnen worden. Auch der berühmte Choderlos de Laclos, der Verfasser der »Gefährlichen Liebschaften«, war dabei, er war fast ebenso gefährlich wie diese Liebschaften. Die Seele der Gruppe war Philipp von Orléans. Die Aktivität dieser Leute war so schädlich für den Thron, daß ein royalistischer Journalist sie als »Anwärter auf den Galgen« bezeichnete. Sie wurden offen beschuldigt, Ludwig XVI. und die ältere Bourbonen-Linie ausschalten zu wollen, um Philipp auf den Thron zu bringen und somit eine konstitutionelle Monarchie in Frankreich zu errichten. Dieses Hochziel enthielten bereits die »Denkschriften« von Autun. Da weder Ludwig XVI. noch seine Brüder je zugestimmt hätten, auf das Gottesgnadentum zu verzichten, hatten die Männer dieser Gruppe beschlossen, den König abzusetzen und ihn nach Lothringen zu verbannen. Philipp sollte die entheiligte Krone entgegenehmen, Frankreich eine Verfassung geben, die seine Freunde für ihn ausarbeiteten, er sollte mit einem Parlament regieren und, wie er es bereits gewohnt war, zwischen den Parteien hin und her manövrieren, gegen die eine oder mit der anderen. Alle Spiele waren bereits bekannt. Sobald von Spielen die Rede ist, mischt Talleyrand die Karten. Er hatte sich die Kunst der Anträge, der Beschlüsse, der öffentlichen und geheimen Abstimmungen zu eigen gemacht, er wußte, was man durch Unterhaltungen, durch hingeworfene Worte in den Wandelgängen zu erreichen vermochte, durch Äußerungen in den Salons oder in den Komitees, in den Alkoven oder bei der Toilette der hochgestellten Damen, kurz, überall da, wo geübte Ohren eine bestimmte Sprache aufzunehmen vermögen, ein leicht hingeworfenes und doch schwerwiegendes Wort, das für einen Nichteingeweihten ebenso unverständlich war wie ein chiffrierter Text, wie es für einen Eingeweihten klar, eindringlich und überzeugend war.

Was sollte aus einem Ludwig XVI. angesichts solcher Fallgruben werden? Er mußte hineinstürzen.

Von dieser Gruppe fühlte sich Talleyrand ganz gewiß angezogen. Daß sie sich von ihm angezogen fühlte, ist nicht weniger gewiß. Daß er sich ihr verdungen habe, davon ist keine Spur zu entdecken. Er hat in dieser Angelegenheit, wie bei anderen, Vorsicht walten lassen. Allerdings sind sein Entgegenkommen, die Vertrautheit und die kompromittierende Regelmäßigkeit seiner Beziehungen zum Herzog von Orléans Mutmaßungen, die fast ein Beweis sind. Jedoch hat sich unser übervorsichtiger Prälat sicherlich nicht völlig verpflichtet, obwohl er unter den Mitgliedern der ersten Regierung der präsumptiven parlamentarischen Monarchie aufgeführt war. Justiz oder Finanzen? Welches der beiden Portefeuilles Monsieur d'Autun zugefallen wäre, weiß man nicht. Alle diese großartigen »Progressisten« hatten nur eines bei ihrer Revolution in Samt, Seide und Spitzen vergessen: sie hatten die eigentliche Revolution der Piken und Kartätschen vergessen. Sie wurden später verbannt, eingekerkert oder enthauptet wie Ludwig XVI. und seine Getreuen. Für diese so intelligenten Menschen ereignete sich etwas ganz Unvorhergesehenes, sie standen ebenso hilflos vor dem Druck des Volkes wie Versailles vor dem Aufruhr, der von ihnen geschürt worden war. Sie hatten es mit »Jakobinern« zu tun, die nicht spielen konnten und wollten, die weder die Regeln des gesellschaftlichen noch des politischen Spiels anerkannten. Auch Ludwig XVI. spielte nicht. Der heilige Mann war in seiner Weise »ein Reiner« wie Robespierre und Saint-Just. Zwei unvereinbare Arten von Reinheit, beide auch unvereinbar mit dem unbeständigen Humanismus der Herren »Anwärter auf den Galgen«, die weder für die Tugend noch für die Heiligkeit waren: sie waren für einen sehr wenig moralischen und sehr praktischen Ausgleich, bei dem Laster und

Tugend nur die Vorder- und Rückseite eines unschätzbaren und zerbrechlichen Gutes sind: des Lebens.

Unrein war seit 1789 Talleyrand wie der Herzog von Orléans für die Leute seiner Klasse. Wenn er ihn verteidigte, so verteidigte er damit seine eigene Sache.

Doch Talleyrand war so klug, sich rechtzeitig von der gefährlichen Gruppe zu lösen. Er ließ Philippe-Egalité seinen Weg gehen, bis zur Guillotine.

Selbst nach dem 14. Juli 1789, selbst nach den Oktobertagen nahm das mondäne Leben in Paris seinen Fortgang. Man glaubte noch – wenn man sich auch ein wenig dazu zwang –, daß »die neue Ära« sich in Freude und Frohsinn auflösen würde. Immerhin hatte der Aufruhr die Pariser erschüttert, doch und nur zu gern wären sie bei dem Glauben geblieben, es sei nichts als ein Aufruhr gewesen.

Talleyrand glaubte nichts. Er lebte als Talleyrand. Paris besaß in jenem Sommer 1789, wie immer, seine Attraktionen, seine »Sterne«, seinen Zirkus. Neben den Sehenswürdigkeiten des Augenblicks, die La Fayette, die Bastille und Bailly, Bürgermeister von Paris, hießen, gab es eine weitere, zumindest für die Leute von Welt: ein Schriftsteller, den man sozusagen mit der Pinzette aus den Niederungen gezogen hatte und den man mit entzücktem Abscheu las. Einige seiner Bücher trugen unglaubliche Titel: »Der Pornograph«, »Die verderbte Bäuerin« und versprachen, nach vielen langweiligen Seiten, die schrecklichsten Dinge. Ein anderes Buch hieß »Lucile oder Die Fortschritte der Tugend« und war naiv und krankhaft grausam. Das entsprach dem Geschmack der Zeit, es war eine genaue Abbildung der »Natur«, verbrämt mit viel unechter Gefühlsseligkeit und mit einer Metzgerburschen-Sinnlichkeit. Es war genau das, was den vom Glücksgenuß müde gewordenen Leuten gefiel. Man hielt den Schriftsteller für ein Genie, er hieß Restif de la Bretonne. Ihn zu lesen genügte nicht, man wollte ihn sehen, hören und womöglich berühren. Danach war man begierig, wenn man zur Crème der Gesellschaft gehörte, die zu allem bereit war, vorausgesetzt, man zeigte ihr eine neue Laterna magica. Eines Tages, im November 1789, erhielt Talleyrand eine Einladung zum Diner bei Monsieur Senac de Meilhan. Es war empfohlen worden, verkleidet zu erscheinen. Im Schutz der eigenen Maske konnte man Restif de la Bretonne unmaskiert sehen. Seine natürliche Häßlichkeit war so ausgeprägt, daß sie wie eine Maske wirkte. Wie mag der »verderbte Bauer« reagiert haben, als er mit seinem nackten Gesicht der Neugier dieser Masken ausgesetzt war. Das Diner verlief äußerst angeregt und anreizend. »Alle waren sehr geistvoll«, sagt Restif selber. Später bekam er ein Billet von Senac de Meilhan, auf dem die Namen der geistreichen Tischgenossen verzeichnet waren. Die Dame, die man ihm als die Händlerin Madame Denis vorgestellt hatte, war in

Wirklichkeit Talleyrands Freundin, die Herzogin von Luynes. Eine andere Dame, ebenfalls eine Freundin unseres Bischofs, war die Vicomtesse de Laval; ihr Schwiegersohn Nicodème war in Wirklichkeit Mathieu de Montmorency. Ein ganz in Weiß gekleideter Gast war Sieyès, und schließlich war der Mann, der hinkte und Sarkasmen von sich gab, der Bischof von Autun. So aß man fröhlich zu Abend, nachdem man den Tag über an der Revolution mitgekocht hatte.

Es gab unzählige Zusammenkünfte. Jeglicher Vorwand war recht, um sich zu treffen und miteinander zu plaudern. Ob im Palais-Royal, im Club Valois, der eher einem Salon glich als einem Club von Brandstiftern, ob im Café Foy, in der Société du Palais-Royal, ob im »Club de 1789«, wo man den Thron verteidigte, um die königliche Macht desto stärker zu untergraben, ob im »Club des Feuillants«, der 1791 gegründet wurde – stets traf man auf den Bischof von Autun und seine Kohorte: Mirabeau, Sieyès, Biron, Chamfort, Condorcet und Montmorin, der Minister wurde, auch auf Roederer und Dupont de Nemours. Dieselben Leute in denselben Sesseln mit denselben Phrasen über dieselben Prinzipien. Sie trafen sich im gleichen engen Bereich, sie schufen eine Treibhaustemperatur, sie stachelten sich an bis zur Fieberhitze, um dann das Fieber auf das Land zu übertragen. Als es 1791 die Vorstädte erreicht hatte, vernahmen einige dieser Herren, die gute Ohren hatten, beunruhigende Geräusche; unter ihnen Talleyrand. Er spürte, daß der Augenblick gekommen war, da Einhalt geboten werden mußte, sein Name steht unter einer – etwas späten – Eingabe, die die Unverletzlichkeit Ludwigs XVI. verlangte. Das Königtum war verletzt worden, als die Orléans-Gruppe den König und die Königin aus Versailles entführen ließ, nachdem die französischen Garden niedergemacht worden waren. Der König und die königliche Familie befanden sich tatsächlich in Haft in den Tuilerien. Zwei Jahre danach versuchten diese Zauberlehrlinge, sich verängstigt in den Falten des königlichen Mantels zu verstecken.

Aber die Würfel waren gefallen.

Sie holten sich noch einige Kastanien aus dem Feuer. Der Bischof tat wie die anderen, aber mit mehr Gewandtheit und Glück. Er spekulierte mit den öffentlichen Mitteln dank der Informationen, die er in den Clubs bekam. Tatsächlich hielt diese Oligarchie der Clubs und der Gesellschaften die Macht in der Hand. Aus der Nähe betrachtet, war es eine Macht der Worte. Das ganze Gerede war trügerisch, doch die Minister gehorchten ihm. Inmitten dieses ungezügelten Treibens, dieser Theatralik: die Unbeweglichkeit, das Schweigen, der Blick und die Gegenwart des Bischofs von Autun. Er wirkt beeindruckend. Während des Winters 1789/90 entfernt er nach und nach alles, was an seine kirchlichen Funktionen erinnerte. Zuerst hatte er das Käppchen weggelassen, dann schaffte er das Beffchen ab. Ein Spitzenjabot trat an seine Stelle. Das Brustkreuz behielt er bei, wenn nötig, konnte er es aber mit geschickten Fingern unter das Jabot schieben. Dann verschwand es völlig. Im Grunde war es ehrlicher so. Seine Freunde nannten ihn weiterhin »den Bischof«, immer nur »den Bischof«, ohne Feierlichkeit und ohne Ehrfurcht. Warum nannte man ihn nicht ganz einfach Herrn von Talleyrand?

Obwohl mit einem Bistum ausgestattet, das zu nichts weiter nützte, als ihm Einkünfte zu verschaffen, beschäftigte sich Talleyrand sehr wenig mit ihm. Da die Lebenshaltungskosten plötzlich angestiegen waren, trat Hungersnot ein. Im Juli 1789 ließ er jedoch seinen Großvikaren sechshundert Pfund zukommen, damit »an die bedürftigste Klasse« von Autun Mehl verteilt werden konnte. Am 1. August 1789 tat er das gleiche noch einmal, und die Regierung schickte eine Abteilung bretonischer Jäger nach Autun. Das besänftigte zwar nicht den Hunger, aber es besänftigte die Aufrührer, sagt man.

Am 8. August machte er seinen Domherren eine große Freude: um ihnen zu zeigen, daß er sie im Tumult von Paris nicht vergessen hatte, gestattete er ihnen, den Pelzbesatz zu tragen, das heißt ein kleines Stück Marder- oder Feh-Pelz, das sich die Domherren über den Arm legten, wenn sie sich zum Gottesdienst begaben. Ihnen lag sehr an dieser Bagatelle: sie hatten Talleyrand am Tag seiner Ankunft in Autun darum gebeten. Wie weit war Paris entfernt von der Sakristei der Kathedrale von Saint-Lazare! In Autun nahm man den Pelz, in Paris nahm man die Bastille. Im gleichen Monat August forderte Monseigneur seine Geistlichkeit auf, dafür zu sorgen, daß in der ganzen Diözese Gebete abgehalten würden zur Beruhigung der Geister. In den Straßen von Paris ging es stürmisch zu, und Monsieur d'Autun schrieb: »Die Religion, unsere sehr lieben Brüder, ist die sichere Stütze der Throne, das solideste Fundament des Wohlergehens der Staaten.« (Und die Orléans-Gruppe?) »Geht heim in Eure friedlichen Behausungen, kehrt zu Euren gewohnten Arbeiten zurück, es gibt keinen Grund zur Besorgnis mehr. Die Umsicht, die patriotische Tüchtigkeit beschützen Eure Ruhe, Eure Mitbürger bilden um Euch herum eine unbesiegbare Armee ...« In Wirklichkeit war die gesamte Nation von Unruhe und Angst zerfressen. Weit davon entfernt, sich zu beruhigen, geriet sie immer mehr in Schrecken. Und der gute Apostel von Autun ermahnte zur Geduld. Sein Brief ist vom 12. August 1879 datiert. Monsieur d'Autun ging unverzüglich daran, Frankreich neuen Anlaß für Begeisterung und Besorgnis, für Hoffnung und Aufregung zu geben.

Monsieur d'Autun handhabt behutsam die revolutionäre Maschinerie

Talleyrands Rolle in der Versammlung ist, wie sein ganzes Verhalten, undefinierbar, aber nicht unfaßbar. Folgen wir deshalb, ohne ihn zu definieren, seinen Wegen und Umwegen, den unendlichen Nuancen seiner Unternehmungen, und vergessen wir nicht die Dessous, das, was im Verborgenen geschah. Er ist jedoch sein Leben lang, auf all diesen gewundenen Pfaden, den Ideen von 1789 treu geblieben, den Reformen, die die Konstituante vorgenommen hat und an denen er großen Anteil hatte, wenn auch nicht den augenfälligsten. Talleyrand nimmt keinen umfangreichen Platz ein, aber er hat Gewicht. Er wirkt in die Tiefe. Man wirft ihm vor, er tue nichts, weil man ihn nicht herumfuchteln sieht. Er spricht kaum von der Tribüne, er unterhält sich in den Wandelgängen. Die Rede als solche, der Auftritt, der Effekt sind nicht seine Sache. Das ist zu auffällig und gewöhnlich. Er ist kein Demagoge. Er verzichtete darauf, sich seiner Stimme zu bedienen, die sehr schön, sehr tief war, und ernst und stark, wenn es ihm darauf ankam, im privaten Gespräch sanft und warm, eine »samtene Stimme«. Als begabter Schauspieler, der er war, hätte er mit diesem Organ bemerkenswerte Wirkung auf die Massen haben können, doch, wie gesagt, er war gegen »die Effekte«. Er überließ dieses Talent, das er eher für die Zirkusschau geeignet hielt, seinem Freund Mirabeau, der bekanntlich damit glänzte.

Sobald er die Vertreter der Nation versammelt sah und ihre Redeschlachten vernahm, bedauerte er es, daß die Versammlung eine zu große Zahl von »Advokaten« umfaßte, »eine Gattung von Menschen, die durch die Gewohnheiten ihres Geistes im allgemeinen sehr gefährlich sind« in der Politik. Er hätte gern eine Versammlung aus Technikern und Repräsentanten der verschiedenen staatlichen Körperschaften zusammengestellt. Kaum war der Parlamentarismus französischer Prägung geboren, da tadelte er bereits die von der Straße geprägten gemeinen Auswüchse der Straße. Der 14. Juli und die Oktobertage brachten ihn auf den Gedanken, die Generalstände auflösen und sie nach einem anderen Wahlverfahren neu wählen zu lassen. Das lag nicht in seiner Macht, aber seine Meinung stand fest.

Bei seinen parlamentarischen Manövern ging er bedächtig und langsam vor. Jeden Zusammenprall milderte er. Die Gegensätze brachte er zum Schmelzen. Seine Freundin, Aimée de Coigny – sie war »die junge Gefangene« des Dichters André Chénier –, sagte einige Jahre später von Talleyrand, er sei »einzig und allein damit beschäftigt gewesen, die Schroffheiten abzuschwächen, er habe versucht, jeden Sturz sacht aufzufangen«. Das bedeutete nicht, daß er sich nicht persönlich einsetzte. Er drängte auf Reformen, manchmal auf äußerst radikale, aber es lag ihm daran, daß sie in der Legalität erfolgten und gemäß menschlicher Verfahrensart, daß sie nicht aufgezwungen wurden, sondern daß ihnen nach Verhandlung mit den Gegnern zugestimmt wurde. Für ihn war ein solches politisches Verhalten letztlich nichts anders als eine Ausweitung der Wohlerzogenheit, die in allen Klassen einer zivilisierten Gesellschaft herrschen sollte. Die Versammlung war nicht taub dieser anständigen Gesinnung gegenüber, er manipulierte sie sehr viel mehr als ihr selbst bewußt wurde – und stets in Richtung auf einen vernünftigen Fortschritt.

Am 14. Juli 1789 wird er zum Mitglied des Verfassungskomitees ernannt. Das ist nicht nur ein Beweis großer Hochschätzung, sondern es handelt sich um ein wichtiges Amt. Obwohl am 15. September das Komitee umbesetzt wurde, behielt der Bischof von Autun seinen Posten. Bei den berühmtesten Ereignissen hat er eine entscheidende Rolle gespielt, insbesondere bei der Abfassung der »Erklärung der Menschenrechte«, diesem überragenden weltgeschichtlichen Dokument. Er verfaßte den bedeutenden Artikel VI und setzte ihn durch. »Das Gesetz ist der Ausdruck des allgemeinen Wollens. Alle Bürger haben das Recht, persönlich oder durch ihre Vertreter bei seinem Zustandekommen mitzuwirken. Es muß für alle gleich sein, sei es, daß es schützt, sei es, daß es straft. Da alle Bürger vor ihm gleich sind, sind sie auch gleichermaßen zugelassen zu allen Würden, Stellungen und öffentlichen Ämtern gemäß ihren Fähigkeiten . . .«

Jedes Wort für sich ist eine friedliche Revolution, jedes Wort setzt den unterdrückten Menschen wieder in seine Würde ein, in eine freie, gerechte, gesicherte, von allen anerkannte Gesellschaft. »Das Gesetz ist das gleiche für alle, sei es, daß es schützt, sei es, daß es straft.« La Barre und Calas zuckten zusammen, als dieser strahlende Satz zum erstenmal von Talleyrand vorgetragen wurde und Beifall erhielt. »Da alle Bürger vor ihm gleich sind, sind sie auch gleichermaßen zugelassen zu allen Würden . . .« Das ist die wahre Brüderlichkeit, sie besteht nicht darin, daß man sich Bruder nennt und »Ströme von sentimentalen Tränen« vergießt. Sie besteht darin, jedem Menschen zu verbürgen, daß seine Person und sein Besitz geachtet werden und daß allein seine Fähigkeiten ihm Rechte auf Stellung und Würde geben. Ein hervorragendes Verständnis und Hochachtung dem menschlichen Wesen gegenüber. Und da man bis zum Äußersten vernünftig ist, verspricht man nur, was gerechterweise zuerkannt werden kann. Daher endet dieser befreiende Satz mit der großartigen Feststellung: die Bürger haben ein Recht auf alles . . . »gemäß ihren Fähigkeiten«.

Und da behauptet Herr von Chateaubriand, Talleyrand habe nie etwas Interessantes geschrieben!

Seine seltenen Interventionen auf der Rednertribüne bezogen sich vor allem auf finanzielle Probleme, er übte weiterhin sein Amt als »Generalbevollmächtigter« aus. Drei Tage und drei Nächte arbeitete er selber und ließ er Mirabeau arbeiten, um einen Bericht über die königliche Lotterie abzufassen. Beide beurteilten sie als unmoralisch. Darüber könnte man mit Recht lächeln. Ein »Spielhaus-Stützpfeiler«, wie man Talleyrand nannte, ohne über ihn zu lästern, hatte sehr bestimmte Ansichten über Glücksspiele. Wenn ein mehr oder weniger abtrünniger Bischof hunderttausend Pfund beim Spiel verliert, sind das nur hunderttausend Pfund. Wenn von einer Million armer Teufel jeder zehn Pfund verliert, ergibt das zehn Millionen Pfund, ein Viertel des französischen Staatshaushalts im Jahr 1790, und bringt zahllose Familien ins Elend.

Am 27. August 1789 nahm er das Wort, um über eine Anleihe von achtzig Millionen abstimmen zu lassen. Die Versammlung und alle »Lichter, die in ihrem Schoß glänzten«, zeigten sich nicht schlauer als die Minister des Königs, um das Defizit des Königs zu decken. Man stimmte für die Anleihe. Dieses Defizit, das mit Großbuchstaben geschrieben werden müßte, ist das Krebsgeschwür geworden, das die Monarchie getötet hat. Die Revolution hat es nur verschlimmert. Indes, Mgr. d'Autun hatte seine eigenen Ansichten.

Mit dem Brief vom 12. August 1789 hatte er die Priester von Autun aufgefordert, Gebete abzuhalten, er hatte sie zur Geduld und zur Hoffnung ermahnt ... und er hatte sie beruhigt. Zwei Monate später stieg der gleiche Prälat, der sie mit honigsüßen Worten besänftigt hatte, auf die Tribüne der Versammlung und verlangte die Einziehung aller Kirchengüter. Mit vier Sätzen richtete er die Kirche völlig zugrunde. Das war sein Beitrag zur Deckung des Defizits. Die vorgeschlagene Maßnahme war nicht aus der Luft gegriffen, es gab keinen, der unzugänglicher für Wunder gewesen wäre. Er wußte, er allein wußte, was das Vermögen der Kirche darstellte. Als das Schreckgespenst des Bankrotts, mit dem Mirabeau in seiner berühmten Rede ganz Frankreich das Gruseln beibrachte, auf der Tribüne und in jedem Haus auftauchte, kam Talleyrand mit seinem Vorschlag, mit seinem Heilmittel. In seinem berühmten Antrag vom 10. Oktober 1789 sprach er von den »großen Mitteln«. »Die gewöhnlichen Mittel sind erschöpft«, sagte er, »das Volk ist von allen Seiten ausgepreßt, die leichteste Belastung würde zu Recht unerträglich sein.« Er führte klarsinnig und klarsichtig aus, daß, da die Nation kein Geld mehr habe, es bei denen geholt werden müsse, die etwas haben, das heißt bei der Kirche. Es war nicht zulässig, daß ein ganzes Volk Not leide und nur ein Teil der sozialen Gemeinschaft im Überfluß lebe. Welche Maßnahme sollte also getroffen werden? »Es gibt eine gewaltige, entscheidende, die in meiner Vorstellung (sonst würde ich sie zurückweisen) vereinbar ist mit strenger Achtung vor dem Eigentum. Diese Einnahmequelle scheint mir einzig und allein bei den kirchlichen Gütern zu liegen ...«

Es war geschehen, der Blitz hatte eingeschlagen! Niemals wurde eine revolutionäre Entscheidung von solchem Ausmaß in unaufdringlicherer Weise getroffen.

Und als verstünde sich die Sache für jeden aufgeklärten Kopf und besonnenen Geist von selbst: »Ich glaube nicht, daß es notwendig ist, die Frage der kirchlichen Güter lang und breit zu diskutieren.« In Wirklichkeit diskutierte man bis 1905 darüber – und sogar noch danach. Der Bischof begründete die Maßnahme sogleich rechtlich: »Was mir festzustehen scheint, ist die Tatsache, daß der Klerus kein Eigentümer ist wie andere Eigentümer, da das Vermögen, aus dem er Nutzen zieht und über das er nicht verfügen kann, ihm nicht zugunsten von Personen übereignet worden ist, sondern zur Ausübung von Ämtern.«

Der Exgeneralbevollmächtigte des Klerus wußte, worüber er sprach. Seine These war unwiderlegbar.

Doch seitens eines Talleyrand, zudem eines Bischofs, war es Verrat. Er verriet seine Familie, den König und alle Gelübde, die er Gott und der Kirche geleistet hatte. Was auch immer er danach tun mochte, welchen Dienst er der Kirche und der Monarchie leisten mochte – er blieb der »Verräter«. Sogar die am wenigsten adligen und am wenigsten klerikalen Leute im 19. Jahrhundert nannten ihn »Judas«.

Indes, seinem zerrütteten Vaterland hat er einen unschätzbaren Dienst geleistet. Und möglicherweise auch der Kirche? Die besitzlose Kirche hat, nach der Meinung der frömmsten ihrer Diener, zurückgefunden zur »erhabenen Würde der Armen«. Viele Priester denken gegenwärtig wie der Bischof von Autun.

Bar der leidenschaftlichen Affekte von 1789, vermögen wir heute zwangloser zu urteilen. In jedem Fall mußte die Nationalisierung der Kirchengüter vorgenommen werden, weil das Verbleiben eines beträchtlichen Teils des anbaufähigen Bodens in den Händen des Klerus nicht länger tragbar war. Diese Ländereien waren in gewisser Weise »eingefroren«, zum kirchlichen Besitz gehörend, waren sie schlecht verwaltet, schlecht bestellt. Die Mönche, die Äbte und die Bischöfe der Ära Pompadour glichen, das wußte jeder, nicht mehr jenen des 13. Jahrhunderts. In wenigen Worten hatte Talleyrand in gültiger Art und Weise gesagt, was gesagt werden mußte: diese Güter waren dem Klerus nur »zur Ausübung von Ämtern« übereignet worden. Da von nun an der Staat die Funktionen der Krankenpflege und des öffentlichen Unterrichts übernahm, sollte der Klerus für seine kirchlichen Funktionen, die ihm allein zukamen, entlohnt werden. Die Laizisierung der verschiedenen Funktionen der Kirche war unausweichlich, sie hatte bereits begonnen. Im Kopf der Reformatoren der Monarchie bestand sie bereits, Talleyrand tat nichts anders, als das Begehren der Nation in Wirklichkeit umzusetzen. In diesem Fall, wie in vielen anderen, tat er, was Frankreich zu tun begehrte.

Sobald der Antrag vom 10. Oktober 1789 von der Versammlung angenommen war, übertrug Talleyrand Mirabeau die Angelegenheit. Er wies den Weg, die anderen gingen ihn. Mirabeau präsentierte die Vorlage und verteidigte sie mit der ihm zur Verfügung stehenden Theatralik. Talleyrand hörte von seinem Platz aus zu. Am 2. November 1789 wurde über die Vorlage abgestimmt. Die Kirche wurde enteignet, sie verlor ihre unermeßlichen Güter, sie wurden zu Gütern der Nation erklärt. Nie hat der Klerus von Frankreich den Allerseelentag mit größerer Betrübnis begangen. Die Schnelligkeit, mit der dieser Beschluß ausgeführt wurde, war staunenerregend.

Unverzüglich brach hemmungsloser Haß aus: »Nachdem er sich durch niedrige Mittel bereichert hat, wagt er es, die Ausplünderung des Klerus vorzuschlagen und sich in den Augen der mißgeleiteten Menge mit scheinheiliger Großherzigkeit zu schmücken.« [L-G]

Doch welchen Gebrauch machten die Prälaten am Hof Ludwigs XV. und Ludwigs XVI. von ihren Pfründen und dem »Geld der Barmherzigkeit«? Man beschuldigt Talleyrand sogar, in den Dienst der Kirche getreten zu sein, um sie zu vernichten! »Frühzeitig entschlossen, den Klerus der Nation zu opfern, fühlte er, daß es sicherer war, ihn zu verraten, und so ist er Bischof geworden.«

Das fehlte noch! Ist nicht er verraten worden, als man ihm zum Geistlichen machte? Es ist schmerzlich, daß die Hand, die den Schlag geführt hat, die eines Adligen und Priesters war. Gleichwohl ist es bewundernswert, daß er sich über die Ideen und Interessen seiner Klasse hinweggesetzt hat, um dem Interesse der Nation zu dienen und ihr den Weg in die Zukunft zu bahnen.

Nicht alle Anwürfe gingen am Ziel vorbei. Manche aber sind reine Dummheiten, wie dieser Vers: »Talleyrand avait trois hures – luxure, parjure, usure.« [»Talleyrand hatte drei Köpfe – Wollust, Wortbruch, Wucher.«] Andere sind schwerwiegender: man beschuldigt ihn, die Kirchengüter nationalisiert zu haben, damit die Anteile, die er bei der Diskontbank gezeichnet hatte, gedeckt waren. Das sind nicht seine Methoden. Er trifft keine die ganze Nation angehende Maßnahme, um persönlichen Nutzen daraus zu ziehen. Wenn allerdings die zugunsten des allgemeinen Interesses getroffene Maßnahme seinem eigenen Interesse dient, nutzt er sie bedenkenlos aus. Und niemand versteht es besser als er, den Weg zu finden, auf dem er sich die Tasche füllen kann. Es scheint zu stimmen, daß er und sein Freund Mirabeau (der, o Wunder der Revolution, sich saniert hatte) nicht mit leeren Händen aus der Angelegenheit hervorgegangen sind. Man behauptet, daß Talleyrand von verschiedenen Käufern fünfhunderttausend Pfund bekommen hat. Denn es fiel bei der Nationalisierung der Güter einiges ab, und es waren nicht die Ackerbauern, die die Ländereien bekamen – doch das ist eine andere Sache. Natürlich gibt es keine Unterlagen dafür. Aber es gibt Vermutungen, die Gewißheiten gleichkommen. Die Beute, die man ihm unterstellt, fünf Millionen heutige Francs, klingt nicht unwahrscheinlich, jedenfalls entspricht die Summe seinen Verdiensten um die Konfiskationen, und sie entspricht auch seiner Geldgier.

Schade! Denn das Opfer, das er der Kirche auferlegte, den Dienst, den er der Nation leistete, hätten mehr Respekt verdient. Doch es ist so: seine verdienstvollsten und nützlichsten Unternehmungen sind befleckt durch seine Bestechlichkeit.

Bleibt noch das häßliche Rachegelüst, das ihm zugeschrieben worden ist. Solch ein Gefühl nährte Talleyrand nicht. Er empfand keinen Groll, denn er vergaß die Beleidigungen und Täuschungen, deren Opfer er zuweilen war. Er hielt es für vulgär, ständig darauf zurückzukommen. Außerdem war für ihn, was vergangen war, wertlos. Sich daran zu klammern, war für ihn nicht nur ein Zeichen von Schwäche, sondern ein Irrtum, verlorene Zeit. Ob er anläßlich der Beschlagnahmungen vielleicht ein bißchen boshaft an seine Mutter und seinen Onkel Erzbischof gedacht hat? Durchaus möglich, aber nicht wahrscheinlich. Jedenfalls deutet in seinem Verhalten, in seinen Worten nichts darauf hin, daß er schadenfroh in das lebendige Fleisch der Kirche geschnitten hätte.

Vorteile hat er daraus gezogen, Freude daran hat er nicht gehabt. Seine Diözese ließ sich vernehmen. Wie stand es mit dem Gelübde, das er an der Schwelle der Kathedrale abgelegt hatte? Wahrte er so »die Güter seiner Gemahlin, der Kirche von Autun«?

Ein Abbé aus Autun mit Namen Gouttes erhob einen merkwürdigen Anspruch. Er bat seinen Bischof, der Kirche so viel Land zu überlassen, daß die Priester wenigstens Beschäftigung in der Landwirtschaft fänden, denn, so führte er aus, die Stellung des Priesters schließe viel Muße ein, so daß dieser »demzufolge der einzige sei, der Erleuchtung genug habe, um Erfahrungen in der Landwirtschaft zu machen«. Talleyrand und Mirabeau lehnten es ab, neben der theologischen Berufung eine agronomische gelten zu lassen, die Kirchengüter wurden in ihrer Gesamtheit eingezogen aufgrund der Maßnahmen eines Prälaten, der vier Jahre zuvor vom Klerus für den Eifer belohnt worden war, mit dem er diese gleichen Güter gegen den königlichen Fiskus verteidigt hatte.

Die Domherren protestierten heftig gegen die Haltung ihres Bischofs. Sie wahrten die Form und schrieben über ihn: »Bei aller Achtung, die seiner Würde gebührt, und aller Anerkennung, die seine große Begabung verdient, werden wir sein System zu bekämpfen versuchen.« Der gesamte Klerus der Diözese stimmte ihnen zu, bis auf den Geistlichen von Saint-Aubin-d'Ouroux: »Mein Bischof, gestatten Sie, daß ich hiermit das Wort an Sie richte ... Sie sind ein Vorbild, dem jeder Christ nacheifern sollte.« Der Arme hatte nichts begriffen, die Domherren genausowenig. Talleyrand verfiel nicht in Rührung über den einen und nicht in Zorn über die anderen. Als der Einspruch am 11. November 1879 in der Versammlung verlesen wurde, antwortete er wie ein großer Politiker: »Niemals werde ich die mir treuen Zeichen der Anhänglichkeit vergessen, die Sie mir gegeben haben ... Das Eigentum? Fraglos gibt es nichts Heiligeres auf der Welt. Aber jeder von Ihnen, meine Herren, weiß, daß wir nur die Verwalter sind und daß wir persönlich kein wirkliches Recht haben außer dem, das für unseren Lebensunterhalt notwendig ist ...«

Entweder wußten sie es nicht, oder sie wollten es nicht wissen. Sie blieben bei ihrem Protest, der Talleyrands Argument nicht widerlegt, mit dem sie ihn jetzt aber bösartig angriffen. Die Domherren schrieben: »Ihre zärtliche Fürsorge gilt den Spekulanten mit öffentlichen Mitteln, den Rentiers und den Kapitalisten, ihnen lassen Sie die Schätze der Kirche von

Frankreich zukommen, mit denen Sie den unschicklichen Luxus bis zum Überfluß nähren.« [G-A]

Sein Ansehen in der Verfassunggebenden Versammlung wuchs. Am 9. Februar 1790 bekam er Beifall auf der Tribüne, als er eine Lobrede auf die Körperschaft hielt, der er angehörte: »Franzosen, das ist unser Werk, oder vielmehr das Eure, denn wir sind nur Eure ausführenden Organe.« (Sehr geschickt: die gesamte Nation haftet gemeinsam und ist verantwortlich für die Tätigkeit ihrer Vertreter.) »Aber, was hat man nicht alles über uns gesagt? Wir haben alles zerstört, hat man gesagt. Es mußte alles neu aufgebaut werden ... Wir hätten mit Übereifer gehandelt, und wieder andere haben uns vorgeworfen, zu langsam vorzugehen. Aber was heißt das schon, wenn die Erlasse, die daraus hervorgehen, weise sind! Wir müssen noch einige Schritte tun, und darauf warten die Verleumder der Revolution. Hütet Euch vor zu ungestümer Lebhaftigkeit, seht vor allen Dingen ab von Gewalttätigkeiten, denn jegliche Unordnung kann unheilvoll sein für die Freiheit.«

Vernünftiger und wahrheitsgetreuer kann man nicht argumentieren. Er spricht so, wie es sein Temperament ihm eingibt: er predigt Mäßigung, Gelassenheit, Ordnung und Milde. Alles andere wird zum Abenteuer.

Die Konstituante war über das Lob so erfreut, daß sie ihm am 16. Februar die Präsidentschaft antrug. Es muß erhebend gewesen sein zu beobachten, wie Mgr. d'Autun die Stufen der Tribüne erklomm, und sich zum Vergleich zu erinnern, wie derselbe Mann dic Altarstufen in der Kathedrale von Autun hinaufstieg, um hier den Gottesdienst auf seine Weise zu halten.

Eines Tages gab Mirabeau in Talleyrands Beisein seine Auffassung von einem idealen Präsidenten der Versammlung zum besten. Der Tribun, selbstsicher, voll prahlerischer Redelust, schüttelte sein Löwenhaupt, dessen Gesicht von Blatternarben entstellt war. Um das Porträt zu vervollständigen, zählte er seine eigenen Fähigkeiten auf und spendete sich Eigenlob. Worauf Mgr. d'Autun nur antwortete: »Es fehlt nur ein Merkmal an dem Bild, das Herr von Mirabeau gezeichnet hat: der Präsident der Versammlung müßte auch noch von Blatternnarben gezeichnet sein.« Mirabeau nahm solche Pfeile nicht übel. Er schürte gern fieberhafte Diskussionen, die Talleyrand völlig kalt ließen. Im Verlauf einer solchen Wortexplosion schrie er Talleyrand zu: »Ich werde Sie in einen Circulus vitiosus einschließen!« – »Sie wollen mich wohl umarmen?« antwortete gelassen sein Gefährte.

Neuerliches Geplänkel mit dem Klerus von Autun am 12. April, aus Anlaß der an jenem Tag von der Versammlung beschlossenen Resolution, die katholische Lehre nicht mehr als Staatsreligion zu betrachten. Talleyrand hatte die Versammlung dazu ermutigt, er drängte ständig, den Weg einer völligen Laizisierung des Staates einzuschlagen. Die Domherren von Autun erhoben Einspruch und flehten ihn an, seine Unterschrift neben die jener Abgeordneten zu setzen, die gegen den laizistischen Staat gestimmt hatten.

Talleyrand gab ihnen folgende Antwort: »Nein, meine Herren, ich habe eine solche Erklärung nicht unterzeichnet, und ich bin unwiderruflich entschlossen, sie nicht zu unterzeichnen, weil ich sie in jeder Hinsicht für absolut unbegreiflich halte ... Ja, ich meine, und ich meine es ausdrücklich, daß sie« (die Unterzeichner des Nein) »durch ihren Eifer getäuscht worden sind, und demzufolge glaube ich, daß auch der Ihre Sie verwirrt hat. Mir scheint, Sie hätten sich diesen Ausbruch Ihres Eifers untersagen sollen. Jedes Zwangsmittel im Bereich der Religion ist eine Verletzung des obersten der Menschenrechte ...«

Im »Moniteur« vom 29. April wurde diese Antwort veröffentlicht als »der weiseste und ehrenwerteste Hirtenbrief, den ein Bürger Bischof je an seine Diözese gerichtet hat«.

Für seine Gegner war die Mäßigung und Festigkeit, mit der er eine Idee vertrat, die uns heute vertraut ist und die die Kirche akzeptiert, die Idee der Gewissensfreiheit und der Weltlichkeit des Staates, damals gänzlich ungewöhnlich und daher, aus der Feder eines Prälaten stammend, skandalös. Ein anonymer Brief fachte die Auseinandersetzung erneut an; er kam aus Autun. Voller Bitterkeit und Ironie wurde Talleyrand als der geschworene Feind der Kirche und Christi bezeichnet: er zerstöre die Religion des Vergnügens wegen, sich auf der Tribüne der Versammlung Beifall zu verschaffen. Der anonyme Briefschreiber hat nichts begriffen, weder was seinen Bischof noch was seine Zeit angeht. Sein Bischof ist kein Volkstribun und auch kein fanatischer Politiker. Er ist sehr viel gefährlicher, aber auch sehr viel nützlicher für die Zukunft. Deshalb machen wir uns die vernünftige Schlußfolgerung des Domherrn Denis Grivot über den Verfasser dieses peinlichen Briefes zu eigen: »Er hätte besser getan zu schweigen.«

Da die Gemeindeverwaltung ihre Mißbilligung über den Inhalt dieses Briefes zum Ausdruck brachte, bezeigte ihr Talleyrand seine Dankbarkeit. Die Stadt empfand es als Last, die hundertfünfundsiebzig bretonischen Jäger, die man seinerzeit geschickt hatte, weiterhin im Quartier zu haben. Talleyrand machte das Angebot, sie in seinem Bischofspalais unterzubringen. (Er betonte: im Erdgeschoß.)

Am 28. Januar 1790 fordert er die Versammlung auf, ein Dekret zu erlassen, das den portugiesischen und avignonesischen Juden die französische Staatsbürgerschaft zuerkennt, die ihnen die Monarchie bereits zugebilligt hatte. Wieder ein guter Angriffspunkt für seine Feinde. Sie warteten mit Freundlichkeiten folgender Art auf: »Ein an der Börse spekulierender Prälat, der in inniger Freundschaft dem Juden Panchaud verbunden war und der nach dessen Tod allen reichen Kapitalisten jüdischer Religion zärtliche Zuneigung bewahrt hat, wäre seines schmutzigen Geistes und seiner Verderbtheit wegen würdiger gewesen, der Rabbiner dieser Sekte von Wucherern zu sein, als der Oberhirte der Religion Jesu Christi.«

Das Zutrauen in seine Fähigkeit zu vermitteln und zu überzeugen war so groß, daß die Versammlung ihn beauftragte, eine »Botschaft an die Franzosen« abzufassen. Man erhoffte im Februar 1790 von ihm den gleichen Erfolg für die nationale Werbung, den er mit seinem Hirtenbrief vom Januar 1789 für die Diözese Autun errungen hatte. Es handelte sich darum, den Franzosen den Sinn der Reformen begreiflich zu machen, die sie noch immer nicht verstanden, und darum, sie staatsbürgerliches Empfinden und vor allem Geduld und Zuversicht zu lehren. In der Tat, die Dinge standen sehr schlecht, und dem Land mußte beigebracht werden, die ungeheure Enttäuschung zu verschmerzen. Man erwartete vom Bischof eine laizistische Predigt, die bei der Sonntagsmesse von allen Geistlichen verlesen werden sollte. Der Honig, den Mgr. d'Autun ausgoß, bewirkte auch diesmal, daß die Franzosen die bittere Pille schluckten.

Im März 1790 erfolgte ein weiterer Schritt Talleyrands, diesmal zugunsten der Vereinheitlichung von Gewichten und Maßen zwischen Frankreich und England. Er forderte, die Königliche Gesellschaft in London und die Akademie der Wissenschaften in Paris sollten miteinander in Verbindung treten, um eine solche Normierung vorzunehmen. Er sah darin »das Prinzip einer politischen Entente vermittels der Wissenschaften«. Hiermit gibt er zum erstenmal öffentlich seiner Idee einer Entente und sogar einer Allianz mit England Ausdruck. Diese Idee verfolgt er bis zu seinem Tod.

Zu wiederholten Malen erhob er die Stimme, um zur Vorsicht in Finanz- und Geldfragen zu mahnen. Er war gegen den damaligen Scharlatanismus, und wiewohl ihm ein Ministeramt unter Necker nicht mißfallen hätte, hielt er Necker für einen Blender. Er war gegen das Papiergeld. »Der fiktive Zahlwert verdrängt den reellen Zahlwert, weil er an seine Stelle tritt und Unsicherheit verbreitet, und da er nie den vollkommen genauen Wert darstellt, geschieht es, daß er mehr verdrängt, als er ersetzt«, sagte er am 4. Dezember 1789.

Dieselbe Warnung brachte er am 18. September 1790 in einer Rede gegen die Assignaten, das Inflationspapiergeld, vor. Er machte sogar den Vorschlag, die Glocken einzuschmelzen, um Metallgeld daraus zu schlagen. Alles, nur kein Papier! Im Juni 1791 zieht er erneut gegen das Papiergeld zu Felde. Er führt aus, daß gutes Geld auf den Gesundheitszustand eines Landes schließen läßt: innere Ordnung, Gewerbetätigkeit, Gehorsam den Gesetzen, dem Steuerwesen gegenüber. Das alles zeigt, daß der Zustand Frankreichs dem, was er predigte, genau entgegengesetzt war. Am Tag nach dieser schönen Rede, am 20. Juni 1791, floh der König und wurde in Varennes festgehalten. Für die Ordnung und die Währung war das eine Katastrophe.

Weit weniger vernünftig benahm sich Talleyrand bei der Ausarbeitung der Zivilverfassung der Geistlichkeit und der Abstimmung darüber. Das war voreilig, lag nicht im nationalen Interesse und wurde von einer rührigen Minderheit als eine kränkende Maßnahme gewünscht. Talleyrand, besser wissend als jeder andere, daß Leidenschaft Irrtum erzeugt, vor allem in der Politik, stützte gleichwohl diese unheilvolle Maßnahme. In seinen Memoiren schreibt er: »Ich scheue mich nicht zuzugeben, daß ich Anteil gehabt habe an diesem Werk, daß die Zivilverfassung der Geistlichkeit vielleicht der größte politische Fehler dieser Versammlung gewesen ist.«

Doch sein Geständnis ist nur ein halbes, seine Schuld wiegt viel schwerer: die Zivilverfassung ist sein Werk, er trägt die ganze Verantwortung. Er versucht, die Versammlung zu entschuldigen: ». . . Sie war fasziniert von den Wahnideen der Gleichheit und der Souveränität des Volkes.« Er, der selber faszinierend ist, hat sich von »Ideen« nie faszinieren lassen, aber er ist der geistige Vater dieses ungeheuren Fehlers. Er ist kaum entschuldbar, denn er weiß sehr wohl, daß es in der Politik, an der hohen Stelle, an der er sich befindet, keine »Ideen« gibt, es handelt sich nur darum, Maßnahmen zu treffen, die die Umstände erfordern. Er gibt zu, daß zu jener Zeit »der Strom der Ignoranz und der Leidenschaften so gewaltig war, daß es keine Möglichkeit gab, ihn aufzuhalten«. In Wahrheit tat er, getreu seiner Lässigkeit, nicht nur nichts, um den Strom aufzuhalten, er ließ sich von ihm mitreißen. Man könnte sogar sagen, daß er den Lauf beschleunigt hat. Das ist ein Laster, das ihm nicht vorgeworfen wird, das nicht erwähnt wird, das aber unendlich viel schwerer wiegt als seine Leidenschaft für das Spiel, die Frauen und das Geld. Aus Trägheit ist er zum Schlimmsten fähig. Napoleon verzieh ihm alles außer dieser irritierenden Wendigkeit. Dieser kritische Richter wußte, mit wem er es zu tun hatte. Über die Zivilverfassung wurde am 24. August 1790 abgestimmt und durch Dekret im November wurde sie in Kraft gesetzt: alle Geistlichen waren nun verpflichtet, einen Eid auf die Verfassung zu leisten. Das war der Bruch mit Rom. Das war die totale Verstaatlichung des Klerus – im Widerspruch zum Freiheitsbegriff, im Widerspruch auch zu Talleyrands Ideen. Daher hielt er sich von den Beratungen fern, obwohl er den Wortlaut erarbeitet hatte. Zu spät!

Ludwig XVI. legte sein Veto ein und hielt es einen Monat lang aufrecht. Am 26. Dezember gab er nach. Die Dinge waren schon weit gediehen . . . Bereits am 27. regelte eine erste Gruppe von Geistlichen ihr Verhältnis zur politischen Gewalt. Der Bischof von Autun war nicht zugegen. Am 28. leistete er in aller Stille den Eid. Nur ein weiterer in der Reihe vieler. Der Eid kostete ihn weder Tränen noch eine Ohnmacht. Er wußte, was solcherart Äußerlichkeiten wert sind, was diejenigen wert sind, die sie veranstalten und vor denen man schwört. Es war das letzte Schauspiel, das er in der Soutane aufführte. Eine schon recht fadenscheinige Soutane. Drei Tage später richtete er an den König sein Entlassungsgesuch, betreffend das Bistum Autun. Er unterrichtete nicht einmal den Vatikan. In derselben Woche wurde er zum Mitglied des Departements Seine gewählt.

Es war ein Amt, vergleichbar mit dem eines Generalrats, und es verschaffte ihm beträchtliche finanzielle Zuwendungen. In der Verwaltung lockte ihn so etwas am meisten. Er ließ also das Bistum fahren. Eines ist sicher: wenn er dabei nicht achtzehntausend Pfund verloren hätte, wäre es schon früher abgetan worden. Sobald feststand, daß das Departement Seine ihm zumindest gleichwertige Einkünfte bot, nahm er Abschied von seinen Pfarrkindern. Am 20. Januar 1791 schrieb er nach Autun, er habe eine schmeichelhafte Auszeichnung von »der Stadt, in der er geboren wurde und in der seine Familie lebe«, erhalten, daß er deshalb vom Bischofsamt zurücktrete und bitte, einen Nachfolger für ihn wählen zu lassen. Das geschah am 15. Februar 1791. Zuvor hatte er an die Angehörigen seines Klerus geschrieben und sie aufgefordert, den Eid zu leisten. »Ihr werdet sehen, daß dieser Eid nichts enthält, was das bedrängteste Gewissen beunruhigen könnte.«

Allerdings waren die Gewissen mehr als beunruhigt. Die Großvikare äußerten ihre Empörung, sie schrieben an ihren Bischof: »Ihre Abtrünnigkeit hat niemand überrascht, Sie sind bei einem Grad der Schande angelangt, bei dem in der öffentlichen Meinung einen nichts mehr beschmutzen oder erniedrigen kann, Sie können nur noch danach streben, Ihre Missetat zu vollenden ...«

Man mag noch soviel Selbstbeherrschung besitzen – solchen Komplimenten gegenüber ist man ganz gewiß empfindlich. »Und den Eid, den Sie in aller Aufrichtigkeit Ihrer Seele geleistet haben, dieser Eid, die heilige Religion zu verraten, die Vorschriften der Kirche mit einem Eifer zu verletzen, der den schrecklichsten Ihrer Feinde würdig ist, diesen Eid des Schismas, der Ketzerei, der Abtrünnigkeit – haben Sie den auch vergessen?«

Die Pfarrer von Autun haben ein erschreckendes Wort geprägt: »Sie haben den Verräter-Eid geleistet.« Auf ewig und immer ist er nun mit dem Begriff »Verrat« geschlagen. Das schimpfliche Wort begleitet ihn bis zu seinem Tod.

Wo war die herrliche Fastenzeit des Jahres 1789? Wo der bezaubernde und faszinierende Bischof, dessen geistige Überlegenheit sie alle bezwungen hatte? Was blieb von jenen drei strahlenden Wochen übrig? Die Erscheinung des Fürsten des Bösen.

Die Herren der Gemeindeverwaltung brachen hingegen die Brücken nicht ab. Der A. E. d'Autun (so zeichnete er als Ancien Evêque d'Autun, als ehemaliger Bischof von Autun) hatte bei ihnen kein schlechtes Andenken hinterlassen, im Gegenteil. Sie schrieben ihm, sie könnten gut verstehen, daß er, vor die Wahl zwischen Paris und Autun gestellt, Paris gewählt habe. »Vor allem im Klerus hören die Verleumdungen Ihrer Ideen und Absichten nicht auf. Wir alle wissen, daß die Stadt Autun unter der Revolution kaum gelitten, daß sie noch einiges von ihrem alten Glanz bewahrt hat. Und das verdankt sie Ihrer Vermittlung, wir flehen Sie an, sie ihr weiter zuteil werden zu lassen.«

An die Stelle des Abbé de Périgord trat Abbé Gouttes. Mit einigen anderen Schurken seiner Gattung plünderte der neue Bischof von Autun die Diözese aus.

Später rief die Stadt noch einmal Talleyrand um Hilfe an, im Jahr 1800. Lucien Bonaparte wollte zwei Gemälde wegschaffen, die der Kathedrale gehörten. Nach Abbé Gouttes und seiner Clique betätigten sich nun die Bonapartes als Ausbeuter. Aber Talleyrand antwortete nicht mehr. Im Jahre 1800 konnte man einen Lucien Bonaparte nicht daran hindern, sich einen Van Eyck und einen Bartholomeo anzueignen, wenn er Lust darauf hatte. Die Verbindungen zwischen Autun und seinem Exbischof waren im Winde verweht.

Der schlecht Geweihte wird zum Weihenspender

Die Unbekümmertheit, mit der Talleyrand sich der geweihten Berufung, die ihm hinderlich geworden war, zugunsten eines politischen Amts entledigte, das ihm zusagte, war fast bewunderungswürdig. Die Empörung über diesen unerhörten Vorgang drang bis hin nach Rom. Bis zum Himmel hinauf schlug sicherlich die Entrüstung über sein Verhalten, als er am 24. Februar 1791, einen Monat nach seiner Demission, auf den Gedanken kam, zwei vereidigte Bischöfe zu weihen, die von den Gläubigen nicht anerkannt wurden. Die Daten in seinen Memoiren sind gefälscht. Er sagt, er habe einen Bischof geweiht und erst danach sein Entlassungsgesuch eingereicht. Er glaubt, durch ein halbes Geständnis die Sache mildern zu können. Das ändert nichts daran, daß er einen Bischof geweiht hat, wie er behauptet, oder drei, wie es wirklich war (am 24. März weihte er auch den Bischof von Paris). Doch wiederum zielen seine Feinde, da sie besonders streng mit ihm verfahren wollen, an dem eigentlichen Vergehen vorbei, sie treffen das richtige nicht. Sie sind der Auffassung, daß die von dem abgetretenen Bischof geweihten Bischöfe nicht rechtlich geweiht sind. Großer Irrtum! Zwar hat er auf seine Diözese verzichtet, doch ist er Bischof geblieben. Und da er geweiht ist, bleibt er es bis in alle Ewigkeit: das Sakrament ist unaufhebbar.

Warum gab er sich zu dieser Bischofsweihe her? Machte es ihm Freude, sich, wie man sagt, verhaßt zu machen? Ganz und gar nicht. Er war in ein Räderwerk geraten und vermochte sich nicht durch ein Nein herauszuwinden. Zudem glaubte er, es handele sich dabei nur um Schaustellungen ohne jegliche Bedeutung, die nur schon halb gestorbene Tabus verletzten. Schließlich und endlich konnte diese Parodie einer Weihe durchaus nützlich sein. Er meinte, sie könne dazu beitragen, einen neuen Klerus zu gründen, sie könne ferner dazu beitragen, eine gespaltene Gesellschaft zu befrieden, aus der die neue Gesellschaft und die neue Kirche des künftigen Frankreich hervorgehen sollte. In seinen Memoiren fügt er, um Balsam auf die Wunde zu träufeln, die er an jenem Tag aufgerissen hat, hinzu, er habe neue Bischöfe geweiht, um von der katholischen Kirche in Frankreich noch das zu retten, was zu retten war, denn er fürchtete, sie könne ins Presbytertum verfallen. Beim besten Willen kann diese Ausflucht, die er dreißig Jahre später zur Verteidigung seiner Sache vorbringt, nicht akzeptiert werden, eine Ausflucht, von der sich niemand täuschen läßt, am wenigsten die Frömmler der Restauration. Trotz allem blieb er stets Katholik, innerlich den Priestern, der Lehre, sogar seinem eigenen Priestertum verpflichtet. Die Weihe der neuen Bischöfe ist eine kleine Komödie. Nebenbei gesagt, es gab nicht viele, die sich um die Ehre rissen, vereidigte Priester und somit Abtrünnige zu weihen. Fast alle amtierenden Bischöfe hatten den Eid verweigert, und diejenigen, die es wagten, sich weihen zu lassen, gehörten nicht eben zur Blüte der Geistlichkeit, wie zum Beispiel der Abbé Gouttes. Unter den Bischöfen, die den Eid geleistet hatten, wurden drei ausgewählt, es waren Talleyrand, Mgr. Miroudot du Bourg, Bischof in partibus infidelium von Babylon, und Mgr. Gobel, Bischof in partibus von Lydia. Alle drei zeichneten sich mehr durch ihren Glauben an die Verfassung als durch ihren christlichen Glauben aus.

Dieser neue Glaube war sehr gewalttätig. Die genannten Prälaten wurden nicht gebeten, die neuen Bischöfe zu weihen, sondern schlechthin mit dem Tode bedroht, falls sie sie nicht weihten. Sie sahen nicht eine Beförderung vor sich, auf die sie unter dem neuen Regime gehofft hatten, sondern ein Martyrium. Politik treiben wollten sie, aber jegliches Martyrium war ihnen ein Greuel. Von der gegnerischen Seite drohte ihnen, Talleyrand inbegriffen, falls sie abtrünnige Priester weihten, von den »kirchentreuen Priestern« umgebracht zu werden oder von deren Gläubigen. Die Gefahr war groß, sie drohte von beiden Seiten. Gouverneur Morris sagt, Talleyrand habe die Angelegenheit ernst genommen; er schrieb an jenem Tag sein Testament und ließ es Madame de Flahaut bringen. Die Situation wurde unhaltbar, als Mgr. de Babylon und Mgr. de Lydia sich in ihren Zimmern verbarrikadierten und sich angstschlotternd weigerten, die Weihe vorzunehmen oder überhaupt herauszukommen. Talleyrand mußte die beiden Angsthasen überzeugen, es sei ihre Pflicht, zu »weihen«, um die Verfassung, die nicht viel wert sei, zu retten, sowie ihre Haut, die kaum mehr wert war. Dabei zeigte er als guter Schüler des Kardinals Retz seine ganze Raffinesse.

Zunächst begab er sich zum Bischof von Babylon. Er sagte ihm, daß, da auch der Bischof von Lydia sich weigere mitzutun, er sich selber keinesfalls vom Pöbel in Stücke reißen lassen wolle und daß er entschlossen sei, falls der Bischof von Babylon ihn im Stich lasse, sich eine Kugel in den Kopf zu schießen. Er holte eine Pistole aus der Tasche, hielt sie sich an die Schläfe und drohte dem Bischof, sich vor seinen Augen zu töten. Man kann sich vorstellen, wie beeindruckt Mgr. de Babylon war. Er gab nach und versprach, wen auch immer zu weihen unter der Bedingung, daß der Kirchenfürst von Autun die Pistole nicht benutze und die Aufrührer dazu bringe, ebenfalls auf Gewalttaten zu verzichten. Talleyrand steckte die Waffe ein, verabschiedete sich und ging würdigen Schritts, wobei er so gut wie möglich sein Hinken vermied, zu Mgr. de Lydia, um dort die gleiche Szene vorzuführen. Dieser gab angesichts der kleinen mit Perlmutter und Gold beschlagenen Pistole ebenfalls nach. Und schon behaupten die Kritiker: Talleyrand habe Angst gehabt, er sei umgefallen, er habe dem Pöbel nachgegeben. Ein großer Irrtum. Wenn man den Vorgang genau betrachtet, wird man erkennen, daß er sich als großer Komödiant aufgeführt hat, nicht aber als Feigling.

Die Zeremonie – man muß es so nennen – fand also statt unter dem Schutz der Bajonette der Truppe, die die Oratorianer-Kapelle in der Rue Saint-Honoré, die heutige calvinistische Kirche, umstellt hatte. Was sich damals begab, hätte Calvin als »römische Orgien« bezeichnet. Ob Talleyrand, der die feierlichsten Messen oberflächlich las und alles durcheinanderbrachte, das Ritual einer Weihe einhielt? Waren die Bischöfe von Aisne und Finistère, die durch seine Hände die Würde empfingen, auch unter Einhaltung aller Riten geweiht? Talleyrand war der letzte, der diesem Umstand Wichtigkeit zugemessen hätte. Seine Wertschätzung dieser »modernen« Priester, die er recht oder schlecht zu Bischöfen geweiht hatte, war nicht sehr groß, er hielt sie für Schelme. Von einem Fenster neben der Kapelle zeigte er sie einem Freund, als sie mit hochgeraffter Soutane zu ihrem Wagen liefen, und sagte hochmütig und verächtlich: »Sehen Sie sich nur an, wie diese komischen Leute davongaloppieren.«

Rom schleuderte einen Blitz. Durch ein Breve vom 10. März 1791 gab der Papst seinem Schmerz über die Haltung des Bischofs von Autun Ausdruck. Am 13. April enthob ihn ein weiteres Breve aller Ämter und bedrohte ihn mit der Exkommunikation, sofern er nicht anderen Sinnes würde. Warum hätte er dem nachkommen sollen? Alle Blitzstrahlen der Kirche dienten seinen Absichten: er wollte sämtliche Bande, die ihn in einem von ihm verabscheuten Zustand hielten, endgültig brechen.

Die päpstliche Drohung erschien im »Moniteur« vom 13. Mai 1791. Am gleichen Tag schrieb Talleyrand das folgende Billet an seinen Freund Biron, Herzog von Lauzun und Veranstalter so herrlicher nächtlicher Feste: »Haben Sie schon die Neuigkeit gehört: Exkommunikation! Kommen Sie, um mich zu trösten und um mit mir zu soupieren. Jeder soll mir Wasser und Feuer verweigern, so werden wir heute abend nur kaltes Fleisch und geeisten Wein haben.« Das ist an Unverfrorenheit kaum zu überbieten.

Am 2. April 1791 verlor er »seinen Freund« Mirabeau. Sie hatten sich wechselweise genützt und geschadet: es war eine ränkevolle Freundschaft gewesen. Mirabeau verkörperte das Forum, die Oper und den Zirkus, Talleyrand Versailles, die Sakristei und das Boudoir. Er erlebte Mirabeaus letzte Stunde mit und sagte dann: »Er hat den Tod dramatisiert.« Was sowohl ein Kompliment ist, weil Mirabeau, den Tod vor Augen, sich bis zuletzt in der Gewalt hatte und sich einen guten Abgang verschaffte, als auch eine Kritik, weil der Tod eine ernste Sache und es deshalb unpassend ist, aus dem Sterben ein Melodrama zu machen. Kurzum, er stand ihm in der letzten Stunde bei, und irgend jemand machte die Bemerkung: »Nun, der Beichtvater ist des Bußfertigen würdig.«

Der »Beichtvater« war der Testamentsvollstrecker des Tribuns, der ihm den Text einer Rede hinterließ, die am nächsten Tag durch Talleyrand der Versammlung vorgelesen wurde. Ihr war klar, daß sie ihren Sprecher verloren hatte. Die Konstituante fühlte, daß sie schwach und schwächer wurde. In der Kirche Saint-Eustache sprach Talleyrand als Leichenrede ein paar Abschiedsworte, die sich vor allem durch ihre Kürze auszeichneten. Als großer Redner hat er sich nie hervorgetan.

Die Krönung dieser bemerkenswerten Freundschaft war das Gerücht, das umlief, Mirabeau wäre in den Armen seines Freundes gestorben, weil dieser ihn vergiftet habe. Dieser Unfug hat sich erhalten, zumindest bleibt der Schatten eines Verdachts bestehen.

In seinen späten Tagen hat Talleyrand Colmache gegenüber Bemerkungen gemacht, die dieser in sein Buch »Revelations of the Life of the Prince Talleyrand« aufgenommen hat. Er sprach über Mirabeaus große geistige Fähigkeiten, über seine Trägheit und seine ungewöhnliche Charakterschwäche, die ihn einer gefährlichen Umgebung ausgeliefert habe: Pétion, Brissot usw. Diese hundertzehnprozentigen »Republikaner« schlugen einen Weg ein, der voller Gefahren schien. 1791 glaubte Talleyrand nicht, daß Frankreich sich der Monarchie entledigen könne, das Land sei nicht reif für die Demokratie, die Franzosen hätten keinen staatsbürgerlichen Sinn. Gaben sie die Monarchie auf, würden sie nicht von einem parlamentarischen Regime regiert werden, sondern, so sagte er, es würde »ein Volksstaat mit einer Diktatur« werden. Schon 1791 hatte er Robespierre und den Wohlfahrtsausschuß vorausgeahnt. Mirabeau wäre imstande gewesen, sich dieser Diktatur zu widersetzen, Talleyrand nicht. Er sah klar, doch er handelte nicht: »Von diesem Moment an gab es keinen Zweifel, daß sein Untergang feststand, ob aber sein Tod durch verbrecherische Mittel, wie man damals sagte, oder durch körperliche oder geistige Überanstrengung hervorgerufen worden ist, vermag niemand zu sagen.«

Mirabeau wußte, daß Talleyrand, obwohl er die gleichen Vorstellungen wie er selber über die Regierung in Frankreich hatte, es nicht wagen würde, für sie einzutreten. Es hatte keinen Sinn, Fürstlichkeiten zu verteidigen, die sich fallenließen. Doch vertraute Mirabeau sein verzweifeltes politisches Testament Talleyrand an: »Ich nehme die letzten Fetzen der Monarchie mit mir.«

Davon war Talleyrand überzeugt. Jedoch unternahm er bei Hofe einen letzten Versuch. Durch Mirabeaus Hinscheiden war eine schreckliche Lücke zwischen dem Thron und den »Exaltierten« entstanden, eine Lücke, auf die

die Nation mit aller Macht zutrieb. Talleyrand hoffte, daß Ludwig XVI. sich angesichts der Gefahr aufraffen würde. Durch Laporte, den Intendanten, ließ er dem König die folgende Aufzeichnung überbringen: »Sie ist vom Bischof von Autun, der den Wunsch hat, Eurer Majestät zu Diensten zu sein. Er hat mich zu sagen gebeten, daß Eure Majestät sich von seiner Ergebenheit und seiner Glaubwürdigkeit überzeugen könne, indem Sie ihm irgend etwas aufgeben, was Ihnen wünschenswert erscheint, sei es im Departement, sei es in der Nationalversammlung. Gelingt es ihm, etwas auszuführen, was Sie ihm vorgeschrieben haben, hätten Sie einen Beweis seiner Ergebenheit.« [20. April 1791]

Das war deutlich und auf schreckliche Weise bloßstellend. Das Dokument wurde in dem berühmten »eisernen Schrank« aufgefunden, in dem der König seine Papiere aufbewahrte und der vom Konvent beschlagnahmt wurde. Es ist noch eine zweite Aufzeichnung vom 3. Mai 1791 vorhanden, die den König darüber unterrichtet, daß Talleyrand eine Rede halten würde, deren Inhalt und Gegenstand er ihm mitteile: Benutzung der religiösen Gebäude. Er erwarte Hinweise von Seiner Majestät. Der König würdigte ihn keiner Antwort.

Am 7. Mai 1791 hielt Talleyrand eine große Rede. Er, der selber den Eid auf die Zivilverfassung geleistet hatte, erkannte den eidverweigernden Priestern Gewissensfreiheit zu. Seine Worte: »Es ist Zeit, sich zu erinnern, daß die Meinungsfreiheit nicht umsonst Teil der Erklärung der Menschenrechte ist, daß sie eine umfassende und ganze Freiheit ist, ein wirkliches Eigentum, nicht weniger heilig, nicht weniger unverletzlich als alles andere, dem Schutz gebührt.« Ein bemerkenswerter Beweis seiner Auffassung von Freiheit.

Kaum geboren, war die Freiheit bedroht. Selbst jene, die für die »Erklärung« gestimmt hatten, mußten daran erinnert werden, daß sie die Gedankenfreiheit verletzten, da sie sie jenen verweigerten, die anders dachten als sie. Dann sagte er das großartige Wort: »Sprechen wir hier nicht von Toleranz. Dieser anmaßende Ausdruck ist eine Beleidigung und darf von einem freien und aufgeklärten Volk in seinem Sprachschatz nicht mehr verwendet werden.« Das ist die Sprache des 20. Jahrhunderts.

Ohne auf sich selbst Bezug zu nehmen, wies er auf den päpstlichen Bannfluch hin, der alle die traf, die den Eid abgelegt hatten. Von der Tribüne herab antwortete er so dem Papst. Er tat es mit Gelassenheit, aber mit einer Entschlossenheit, an der nicht zu rütteln war. Sollte eine Änderung in der Situation eintreten, müßte sie von Rom kommen: »Wir erwarten mit Ruhe entweder seitens des gegenwärtigen enttäuschten Papstes« (was beweist, daß er selber es nicht ist) »oder seitens seiner Nachfolger« (man hat es nicht eilig) »eine unumgängliche Rückkehr zu Prinzipien, die religionsfreundlich sind.«

Er ist sehr kühn. Es sieht so aus, als habe sich der Papst »von Prinzipien, die religionsfreundlich sind«, entfernt. Der Zufall hat es gewollt, daß Talleyrand 1802 das Konkordat mit dem Nachfolger von Pius VI. zustande bringt.

Jedenfalls gebürt dem »Ehemaligen Bischof von Autun« ein Ruhmestitel, mit dem sich auch die Dankbarkeit des französischen Volkes verbindet – insbesondere der Kinder des Volkes. Das hat man zu oft außer acht gelassen. Chateaubriand, der alle Schwächen, alle Niedrigkeiten so aufmerksam beachtet, ist in diesem Punkt blind und stumm. Hätte er weniger auf seine inneren Stimmen gehört und mehr die Bedürfnisse des Volkes ins Auge gefaßt, so hätte er vielleicht einen Text gelesen, der durch den Gedankenschwung, die Hinneigung zur sozialen Gerechtigkeit einer der bedeutendsten, der schönsten ist, den die Revolution von 1789 hervorgebracht hat: den Gesetzentwurf über die Instruction publique, den öffentlichen Unterricht. Dieser von Talleyrand verfaßte Text ist in gewisser Weise die Charta, die allen jungen Franzosen das unantastbare Recht auf kostenlose Erziehung verschafft hat. Die Ausarbeitung dieses gehaltvollen, gutbegründeten Entwurfes konnte nicht das Werk eines einzigen Mannes sein. Talleyrand selbst sagt es: »Um diese große Arbeit zu bewältigen, konsultierte ich die gebildetsten Männer und die bemerkenswertesten Gelehrten dieser Zeit, in der de Laplace, Monge, de Condorcet, Vicq d'Azyr und de la Harpe lebten. Alle halfen mir. Der hohe Ruf, den diese Arbeit sich erworben hat, verlangt, daß ich die Namen nenne.«

Diese illustren Namen werfen auch Glanz auf den seinen. Seine unmittelbaren Mitarbeiter waren natürlich der Abbé Desrenaudes, dann Chamfort und der Leiter der Taubstummenschule von Bordeaux, Guilhe, ein bedeutender Pädagoge. Aus einer großen Menge von Unterlagen hat er, zusammen mit Desrenaudes, einen Text von außerordentlicher Gründlichkeit und Klarheit geschaffen. Doch das 19. Jahrhundert hat sich bemüht, »den hohen Ruf«, den dieses gewaltige Werk der Organisation des öffentlichen Unterrichts sich zu seiner Zeit erworben hat, zu unterdrücken.

Was für ein Mensch ist dieser Bischof, der das Bett von Madame de Flahaut wärmt, der mit Lauzun die unglaublichsten Feste feiert, der in den Spielsälen die Karten mischt, der die adligsten, die unnahbarsten Frauen der Aristokratie betört, der Mirabeau eine Letzte Ölung in voltairischer Manier spendet! Es ist derselbe, der sich mit der Ernsthaftigkeit eines Pädagogen und dem wachen Gewissen eines Wohltäters des Volkes den Problemen der auf alle sozialen Klassen ausgeweiteten Erziehung zuwendet. Er beklagt sich »über den völligen Mangel an Aufklärung, an dem die Mehrheit der Menschen leidet«, über die Untauglichkeit des in den traditionellen Schulen betriebenen Unterrichts zugunsten einer »blinden und beharrlichen Respektierung von Sitten und Gebräuchen, die seit langem überlebt sind«. Angesichts der Trümmer der Vergangenheit kommt er zu der Schlußfolgerung, daß alles reformiert werden muß: »Alles weist auf die dringliche Notwendigkeit hin, den Unterricht neu aufzubauen.« Doch im Gegensatz zu den Demagogen, die Beifall heischen für ihre Fähigkeit, alles einzureißen, und keinen Vorschlag zum Wiederaufbau machen, skizziert er, nach diesem kurzen Angriff auf das, was gewesen ist, das, was sein muß. Vor der faszinierten Versammlung richtet er ein Monument für die Zukunft auf: den öffentlichen Unterricht. Er fordert, er solle »völlig unentgeltlich sein, weil er für alle notwendig ist«. Er denkt ihn sich wie eine Pyramide: unten, an der Basis, alle kleinen Kinder Frankreichs, oben, an der Spitze, in Paris, das Institut. »Wir schlagen die Gründung eines nationalen Instituts vor, in dem sich alles sammelt, was der Verstand umfaßt, alles, was die Vorstellungskraft zu verschönen mag, alles, was der Geist schaffen kann.« Als das Institut 1795 gegründet wurde, vergaß man ihn nicht, sein Name stand neben den Namen der ersten Mitglieder. Er sorgte sogar dafür, daß die Erklärung der Menschenrechte in den Elementarklassen unterrichtet wurde, er nannte es »den neuen Katechismus für die Kinder«. Tatsächlich gab es eine Zeit, da die Erklärung im Staatsbürgerunterricht gelehrt wurde, später, als der Staatsbürgersinn entschwunden war, hielt man es für überflüssig.

Nicht alle Taten Talleyrands sind von der gleichen Uneigennützigkeit und der gleichen reinen Absicht getragen. Der Plan des Aufbaus eines Unterrichts für das ganze Volk ist frei von jeder Berechnung und jedem Streben nach Gewinn. Es ist bekannt, daß man im Dienst der Pädagogik weder zu Ruhm noch zu Vermögen kommt. In der Politik gibt es vorteilhaftere Sparten. Als Beweis dafür mag gelten, daß in der beispiellosen Lebensgeschichte Talleyrands dieses Werk, das seine Zeitgenossen mit Bewunderung erfüllte, nur selten erwähnt wird. Fraglos aber gehört es zum Menschlichsten und Beachtenswertesten, das er geschaffen hat. Folgende Feststellung ist überraschend: ein Bischof des Ancien régime, von so altem Adel wie Hugo Capet, hat dem demokratischen Frankreich seine größte Stütze verschafft, die staatliche Schule. Schon 1791 hat er sie gefordert, doch erst 1882 unter Jules Ferry wurde sie in vollem Umfang verwirklicht. Dieser Minister der Dritten Republik führte den Plan Talleyrands aus, doch niemand nannte den Namen des Urhebers. 1882 war eine Soutane, selbst wenn sie fadenscheinig war, keine gute Empfehlung. Der aus der traditionalistischsten Vergangenheit stammende Grandseigneur war bei dieser Gelegenheit wie bei vielen anderen seiner Zeit um ein Jahrhundert voraus. Er war aufgeklärter als die glorreiche Bourgeoisie des 19. Jahrhunderts, der Zukunft stärker verpflichtet als sie und mehr als sie bestrebt, dem Vaterland der Menschenrechte von Nutzen zu sein.

Es ist begreiflich, daß solche Taten ihn mit seiner Familie und seiner Gesellschaftsklasse noch mehr entzweiten. Er wurde beschimpft. Seine beiden Onkel, der Graf von Périgord und der Erzbischof, waren entsetzt über sein Verhalten. Der Graf charakterisierte seinen »ehrlosen« Neffen mit den Worten: »So schlecht man auch über ihn reden und denken mag, er wird einem zu Diensten sein, wenn es ihm dienlich ist.« Das ist hart, aber es ist nicht völlig falsch. Keinen Schimpf und keine Beleidigung trug er nach – es machte ihm nichts aus, was seine geschwätzigen Gegner über ihn verbreiteten, da sie ihm eines Tages vielleicht nützlich sein konnten. Immerhin zeigte er sich seinem Onkel gegenüber großzügig: der Onkel verurteilte ihn und redete, sein Neffe aber schwieg. Immer, wenn ein Gekrächze aus einem Sumpf aufsteigt, bleibt er, wenn es ihn betrifft, still. Eine seltene und noble Haltung, diese Kunst zu schweigen . . .

Der Onkel Erzbischof war emigriert. Den Namen seiner Mutter sprach Talleyrand nie aus. Sie verhielt sich genauso. Existierte ihr Sohn überhaupt noch für sie? Immerhin veröffentlichte 1790 ein sogenanntes edeldenkendes Blatt das angebliche Wehklagen dieser Mutter. Sie soll sich gefragt haben, wie es möglich gewesen sei, »ein Ungeheuer« auf die Welt zu bringen. Mit diesem Wort [monstre] bezeichnete man im allgemeinen eine Mißgeburt. Im Grunde hatte sie einen hübschen, intelligenten, aufgeschlossenen, umgänglichen Knaben zur Welt gebracht, dessen Leben sie zerbrochen hatte, weil er sich den Fuß gebrochen hatte. Es wird gesagt, sie habe eine solche Schande empfunden, wenn andere Emigranten ihr den Namen ihres Sohnes ins Gesicht warfen, daß sie zusammen mit ihrem Schwager, dem Erzbischof, sich nach Deutschland, nach Wolfenbüttel, verkrochen habe. Dort grübelten sie nach über die Verderbtheit des Abtrünnigen. Er verspürte keinen Groll, er war mit seiner Vergangenheit und seinen Verwandten, von seiner Seite aus, im reinen und dachte an die Gegenwart und Zukunft.

Er hatte Stoff genug zum Nachdenken. Am 30. September 1791 ging die Verfassunggebende Versammlung auseinander. Seine Laufbahn war beendet. Es bestand die seltsame Verfügung, daß kein Mitglied dieser Versammlung in die neue Versammlung, die sogenannte Gesetzgebende, wiedergewählt und ihr angehören durfte. Das einzige, was ihm zu jenem Zeitpunkt blieb: er war Administrator des Departements Seine. Das war recht wenig, was nicht bedeutet, daß es ein einfaches Amt war. Seine Lage war bestimmt durch die Rolle, die er in der Konstituante gespielt hatte, und durch die Besorgnis, die ihm die weiteren Geschehnisse verursachten. Er beschloß, der Revolution treu zu bleiben.

Von der Kunst, Feste zu begründen

Am 7. Juni 1790 hatte der Bischof von Autun einen Gedanken, den er der Verfassunggebenden Versammlung zur Kenntnis gab. In wenigen Sätzen legte er ein glanzvolles Datum der Revolution fest. Ausnahmsweise zeichnete es sich nicht durch Blutvergießen aus. Ein Fest, das Fest der Föderation. Hören wir ihm zunächst zu, wie er zur Versammlung, zur Nation, zur Nachwelt spricht. Hören wir dann, wie er in der Kulisse redet, denn es handelt sich sehr wohl um Theater.

»Der Ausschuß ist der Auffassung, daß dieses Fest der wirklich nationalen Föderation nicht feierlich genug begangen werden kann, daß ein solches Fest, indem es glorreiche Erinnerungen wachruft, indem es die Bande der Brüderlichkeit zwischen allen Bürgern festigt, indem es allen den Patriotismus, der die Franzosen beseelt, bewußt macht – daß ein solches Fest die Feinde der Revolution, sofern es solche noch gibt, endgültig davon überzeugen wird, daß alle Anstrengungen, die sie unternehmen würden, um sie zu vernichten, vergeblich wären.«

Die ganze Vorrede ist nur dazu da, um auf das Wesentliche hinzulenken: das Fest war ein Propagandamittel, es sollte in friedlicher, aber überzeugender Weise die Einmütigkeit der Franzosen der neuen Ordnung gegenüber aller Welt vor Augen führen. Eine sanfte Art und Weise, die Kraft der Revolution herauszustellen. Der Gedanke war ein großartiger Einfall, das Fest mußte von großartiger Schönheit sein. Alle Anhänger der Revolution und alle, die ihr Schicksal an das neue Regime geheftet hatten, spendeten Beifall. Die neue Ordnung erschien manchen als gut, weil sie glaubten, sie verbürge Ordnung. Ihr Irrtum kam sie teuer zu stehen. Talleyrand setzte auf diesen Glauben – oder zumindest auf diese Hoffnung – und wurde in zwei Tagen von einer Pariser Bekanntheit zu einer nationalen Berühmtheit. Wenn er durch die Straßen ging, wurde er beifällig beklatscht, in den Clubs erhob man sich, um ihn bei seinem Erscheinen jubelnd zu begrüßen.

Um das Stück zu spielen, brauchte er eine Bühne, einen Saal, ein Publikum. Der Spielleiter, der unfehlbare Veranstalter jeder Zeremonie, zeigte sein Können. Der Champ-de-Mars wurde auf den Kopf gestellt, es wurde gegraben, die Seiten wurden treppenförmig erhöht wie bei einem Amphitheater, in der Mitte errichtete man eine Erdpyramide, die auf ihrer Spitze einen Altar trug. Alle Pariser wurden zu Tiefbauarbeitern, Hunderttausende bewegten mit Schaufeln und Karren ganze Gebirge von Erde. In jenen Juniwochen 1790 äußerte sich der Patriotismus in Schubkarren voller Schutt. Die Herzogin von Luynes hatte sich einen hübschen Karren aus Mahagoni zimmern lassen, in dem sie mit unendlicher Anmut Kiesel und Steine vor sich herschob, um die Treppenstufen zu errichten, auf denen das ganze fiebernde und singende Frankreich seinen Glauben an Eintracht und Dauer festlich begehen sollte. Der Bischof ließ sich die Hauptrolle zuteilen: er wollte auf dem Altar des Vaterlandes den Gottesdienst abhalten.

Der festliche Tag brach unter drohenden Wolkenmassen an: der zweite 14. Juli der Revolutionsgeschichte war ein fürchterlicher Regentag. Der Himmel goß seine Fluten auf Tausende von vielfarbigen Regenschirmen herunter. Doch war alles bereit. Der gewaltige Umzug begann um sieben Uhr morgens bei der Bastille. Alle Provinzen, alle Städte, alle Dörfer waren vertreten. Die Ordnung und Disziplin des Zuges hielten bis zum Cours-la-

Reine. Dort wurde der Regen so stark, daß die Reihen sich auflösten und die Menschen in kleinen Gruppen unter Regenschirmen zum Champ-de-Mars strömten. Sie überquerten die Seine auf einer Schiffsbrücke, die eigens für das Fest errichtet worden war. Vor der École Militaire stand, ganz mit blauem und goldenem Samt ausgeschlagen, die königliche Tribüne. Bald füllte sich das gewaltige Rund mit Hunderttausenden von Menschen. Noch nie hatte Frankreich, noch nie hatte Europa eine solch gewaltige Ansammlung erlebt, noch nie hatte sich eine Menge trotz strömenden Regens weniger abkühlen lassen. Begeisterung und Zuversicht flammten auf. Es war ein großer Augenblick, ein außergewöhnlicher Glaubensakt für jenes bedrohte, in gänzlicher Umwandlung befindliche Land. Sein Volk war mit aller Leidenschaft entschlossen, es zu retten. Die Kundgebung war überwältigend: die Franzosen liebten Frankreich.

Auf dem Gipfel der Pyramide, Blick- und Zielpunkt der gesamten Nation, stand vor dem Altar der Bischof von Autun, sein Gesicht zum Himmel, auf den König, auf das Vaterland gerichtet. Er sollte die Messe der Einheit, der Brüderlichkeit, des Friedens und der Freiheit lesen.

Warum hätte der König ihn nicht dafür ausersehen sollen? Er hatte allerdings ein bißchen gezögert. Diese Ehre kam Talleyrand durchaus zu; ganz Paris sah in der Person des Bischofs von Autun die Vereinigung von Kirche, Verfassung und Volk. Er für sich allein war bereits eine Föderation. Er personifizierte die durch die neuen Ideen verjüngte Vergangenheit, er adelte die Revolution, und wie kein anderer revolutionierte er das Ancien régime. Das Fest der Eintracht, der Versöhnung mußte gelingen. Man konnte auf ihn zählen.

Er dankte Ludwig XVI. durch einen Brief, den er in aller Form durch Saint-Priest, den Sekretär des königlichen Hofstaats, überreichen ließ.

Jetzt durfte der Star dieses denkwürdigen Tages weder seinen Auftritt noch seine Messe, noch seinen Abgang verfehlen. Seine fromme – oder frevelhafte – Schaustellung sollte der Nachwelt überliefert werden. Das war nicht jedem ersten besten gegeben. Am Tag zuvor hatte er die schwächste Partie seiner Rolle, die Meßfeier, mehrfach geprobt. Wie erinnerlich, hatte er ziemliche Schwierigkeiten in Autun, als er sie aus dem Stegreif spielen mußte. Dieses Mal war es ernster, es handelte sich ja um eine wichtige politische Vorstellung. Die Probe fand am 13. Juli, am Abend, in der Rue de Lille bei Monsieur de Saisseval statt, bei dem er dinierte. Der Kaminsims diente als Altar. Ministrant war – wer hätte es für möglich gehalten? – Mirabeau. Dieser war dem Bischof überlegen, denn während seiner langen Aufenthalte im Gefängnis waren die Gottesdienste seine einzige Zerstreuung gewesen, und er hatte hinter Gittern mehr Messen angehört als der andere im Seminar. Eine unwahrscheinliche Szene: der Pockennarbige mit dem Raubtierkopf fauchte die Responsorien, korrigierte die Fehler, ließ schimpfend und barsch die Gesten wiederholen, während der Bischof, gehorsam, salbungsvoll und gefügig noch einmal begann, sich verbesserte und allmählich die richtige Intonation, die korrekte rituelle Geste und würdige Haltung fand. Er brauchte nicht lange, um sein Gedächtnis aufzufrischen. Die Anwesenden prusteten vor Lachen in ihren Sesseln. Ihr Freund in Mitra, Chorhemd und Meßgewand war unwiderstehlich. Talleyrands kleine Hündin, die ihm überallhin folgte, erkannte unter den bischöflichen Prunkgewändern ihren Herrn nicht wieder, sie wurde zornig und wollte bellend und beißend den Saum der Soutane zerreißen, womit das Gelächter seinen Höhepunkt erreichte.

Des Regens wegen kam die Zeremonie in Verzug. Talleyrand war in der École Militaire mit dem Klerus zur Stelle. Die Föderierten kamen nicht. »Werden die Kerle etwa überhaupt nicht kommen?« fragte er ungeduldig. Endlich wurde das Signal gegeben. Der Zug der Geistlichen im Chorhemd bewegte sich auf die Pyramide zu. Es waren Hunderte in untadeliger Ordnung, der Bischof von Autun, Mitra auf dem Haupt, Krummstab in der Hand, schritt als letzter. Die Priester verteilten sich auf den seitlichen Stufen. Unten stand, so ernsthaft wie es nur ihm möglich war, La Fayette, dem Talleyrand, als er vorüberschritt, die Worte zuflüsterte: »Ich bitte Sie, bringen Sie mich nicht zum Lachen.«

Der Marquis war schockiert. »Ein solches Benehmen bedarf keiner weiteren Erläuterung«, schrieb er. Er konnte es nicht begreifen, denn er glaubte sich vom göttlichen Hauch angerührt und fand alles ganz natürlich und richtig. Hingegen glaubte Talleyrand, der seinen Blick über das von ihm veranstaltete Theater schweifen ließ, weder an den prächtigen Rahmen noch an seine Messe, auch nicht an die Gesänge, an die Federbüsche und Fahnen und erst recht nicht an die Gefühlsaufwallungen. Das alles war nur Wind, doch unter geschickten Händen sollte dieser Wind das politische Sakrament des neuen Frankreich werden, aus ihm sollte das Frankreich der Zukunft entstehen.

Chateaubriand sagte später, er habe es bedauert, daß er an jenem Tag Fieber gehabt und daher das Schauspiel versäumt habe. »Es wird mir ewig leid tun, daß ich nicht gesehen habe, wie Herr von Talleyrand, unterstützt von Abbé Louis, die Messe zelebriert hat, daß ich ihn auch nicht gesehen habe, wie er, mit dem Säbel an der Seite, dem Gesandten des Großtürken Audienz gewährt hat.« Chateaubriand hat vieles nicht gesehen und trotzdem darüber gesprochen.

Abbé Louis, an dem die Soutane auch nur noch ganz lose hing, und Abbé Desrenaudes ministrierten. Wir kennen den Generalvikar von Autun, der nie in Autun gewesen ist. Louis wird als abtrünniger Priester unseren Weg noch kreuzen, er klammerte sich nicht an Talleyrands Karriere, schwamm aber im gleichen Wasser. Er wurde Finanzminister Ludwigs XVIII. – ein geschickter Minister. Da war er nicht mehr Abbé, sondern Baron. Alles ändert sich. An jenem Tag halfen sie, so gut sie konnten,

Monseigneur d'Autun bei der Messe. Als sie beendet war, hatte er einen Einfall, den Einfall eines genialen Schauspielers: mit einer bedächtigen, unendlich weiten Gebärde breitete er seine Hände über den König, über die königliche Familie, die Armee, die Föderierten, die Provinzen und sogar über die Grenzen, die wunderbarerweise nahe herangerückt waren und den Altar auf der Pyramide umschlossen, deren höchste Spitze Talleyrands Mitra war. Er breitete über die zu seinen Füßen kristallisierte Nation, die einmütig und bebend unter dem tausendjährigen Banner von Saint-Denis, das man für den König herbeigeholt hatte, und unter den neuen Fahnen der dreiundachtzig neuen Departements versammelt war, er breitete als Papst für eine Stunde die großherzige und wohlwollende Flut seiner heuchlerischen und dennoch wirksamen Segnungen aus.

Mit seiner schönen, tiefen Stimme begann er das Tedeum, das dreihunderttausend Franzosen im Chor mitsangen, begleitet von einem Orchester mit zwölfhundert Musikern. Die Stimme Frankreichs stieg an jenem Tag bis zum Himmel, die Gesichter waren von Tränen der Hoffnung überströmt. Allein Herr von Talleyrand war weder bewegt noch beunruhigt, auch nicht begeistert, er war zufrieden mit sich und seinen Mitbürgern. »Singt und weint eure Freudentränen, an diesem Tag ist Frankreich neu gefestigt worden. Ihr seid geeint und ihr werdet es bleiben, was immer auch kommen mag – und Schlimmes wird kommen –, aber ihr werdet in den neuen Zeiten geeint bleiben.«

Die Komödien des Herrn von Talleyrand vermögen nur ihn zu amüsieren – insgeheim. Sie sind zu ernst, als daß man über sie lachen könnte. Sie sind zu wichtig, als daß man sich über ihren Zynismus empören könnte. Was bleibt von dem Theater des 14. Juli 1790? Eine Anekdote. Aber auch die Erinnerung an einen grandiosen und friedlichen Tag, einen Tag der Hoffnung und des Glaubens an eine ausgesöhnte Nation.

Er hatte erfolgreich getan, was an jenem Tag getan werden mußte, er hatte vielen Menschen Glück und Frohsinn gespendet, und nun beschloß er, den Tagesausklang seinem eigenen Vergnügen zu widmen. Das hat man ihm vorgeworfen: er hätte sich Betrachtungen widmen sollen, sich vom patriotischen Schwung tragen lassen und gemeinsam mit der Nation kommunizieren sollen. Herr von Talleyrand läßt kommunizieren, er selbst tut es nicht. Er legte seine geistlichen Gewänder ab und ließ sich unverzüglich in ein Spielhaus fahren. Brachte er so etwas wie die Gnade mit, die der Erfolg denjenigen verleiht, die er auserwählt hat, und die ein Vorzeichen des Glücks ist? Er gewann. Er gewann ungeheuerlich, sprengte die Bank, stand von seinem Platz auf, rief nach seinem Wagen und ging weg. »Ich hatte mehr Gold bei mir als meine Taschen fassen konnten, nicht gerechnet die Geldscheine der Wechselbank.« Er begab sich zur Vicomtesse de Laval, schüttete den Goldregen vor seinen verdutzten Freunden aus, und dann setzte man sich in berauschter, triumphierender Stimmung zu Tisch.

Ein vergoldeter Abend. Aufgrund jenes ungewöhnlichen Gespürs, das ihm so oft das richtige Wort, die richtige Geste eingab, brach er nach dem Diner plötzlich auf und kehrte an den grünen Tisch zurück. Wiederum war ihm das Glück hold. Ein zweites Mal sprengte er die Bank. Das Unverhoffte entzückte ihn stets. Diese Launen des Schicksals, denen er sich herausfordernd und kühn, aus Geschmack an der Gefahr und dem Risiko, stellte, verschafften ihm erregendere und tiefere Gemütsbewegungen denn jene, die er empfand, als er vor dreihunderttausend Personen das Meßopfer feierte. Weil die Menschen, seien sie Könige oder dreihunderttausend anonyme Figuren, ihn keineswegs einzuschüchtern vermochten. Er ließ sich weder durch den Rang noch durch die Zahl seiner Gesprächspartner verwirren. Hingegen verbindet sich mit dem Spiel eine eigene, ganz besondere Lust, wie mit dem, was mit Schicksal und Tod zusammenhängt.

Nach diesem zweiten Erfolg: »Ich ging wieder zu Frau von Laval zurück, um ihr das Gold und die Scheine zu zeigen. Ich war damit eingedeckt, selbst mein Hut war voll. Merken Sie wohl, es war der 14. Juli.«

Ja, wir haben es bereits bemerkt. In seinen eigenen Memoiren sagt er kein Wort darüber, unsere Kenntnis stammt aus den Memoiren von Vitrolles.

Einige Gesichter des Monseigneur d'Autun

Dieser Ruf, ein Spieler zu sein, begann ihm zu schaden. Die Herrschaft der Tugend war am Tag der Generalstände errichtet worden. Die königlichen Pamphletisten sowohl wie die »Patrioten« schonten ihn nicht. In seinem Buch »Les révolutions de France et de Brabant« griff Camille Desmoulins die Sitten seiner Zeit heftig an. Vor allem Talleyrand wird von den Schlägen dieses weltlichen Savonarola getroffen: »Wie kann man über die Glücksspiele schimpfen, wenn zu ihren Stützpfeilern drei Präsidenten der Nationalversammlung gehören: Beaumetz, Le Chapelier und der Bischof von Autun? Es stimmt, daß die fünfhunderttausend Francs, die der letztere vorgestern einstrich, von ihm nicht in einem Spielsaal (reiner Zufall) gewonnen wurden, sondern bei Madame Montesson.«

Daß er bei Madame de Montesson [Madame d'Orléans] gespielt hat, ist durchaus möglich. Er spielte überall, wo Karten gemischt wurden. Nur die Summe ist übertrieben (heute würden es fünf Millionen Francs sein). Camille Desmoulins benimmt sich wie die Armen, die vom Glück der Reichen sprechen. Die Phantasie bemächtigt sich der Ziffern, und es werden Nullen angehängt. Je größer die Summe, desto größer der Skandal.

Obwohl er Angriffen gegenüber gelassen und unempfindlich war, schien Talleyrand zu spüren, daß diese Attacken eine Gefahr bedeuteten. Nebenbei bemerkt, man hat aus dieser unglaublichen Gleichgültigkeit gegenüber Beleidigungen und Verleumdungen »ein Rätsel« – ein weiteres – machen wollen. Seine Biographen wie auch die öffentliche Meinung sahen es als eine Art Makel an: Wer auf die Beleidigungen seines Portiers nichts erwidert, ist ein Monstrum. Den Aussagen seiner Freunde zufolge machte sich dieses »Monstrum« nichts aus den Schmähschriften, in denen seine Laster, seine Veruntreuungen beschrieben wurden, in denen man ihn der Schande und natürlich dem Galgen preisgab. In seinem Familienstolz hat er sich von Kindheit an gegen Verachtung, Eifersucht und selbst gegen Gleichgültigkeit gewappnet. Er ist so in sich selbst gefestigt, sich seiner Überlegenheit in allem so sicher, daß diese Begleitmusik von Beschimpfungen und Drohungen, die ihn sein Leben lang umtoste, nicht mehr Einfluß auf sein Verhalten und Denken gehabt hat als der vom Huf eines edlen Vollblüters aufgewirbelte Staub auf den Ablauf eines Rennens.

Er ist auf der hohen Stufe, auf die er sich gestellt hat, vielleicht ein seltenes Wesen, aber kein »rätselhaftes«. Um ihn zu verstehen, muß man die Beschaffenheit dieses Stolzes kennen. Vergleicht man ihn mit anderen seiner Art, wird man das Besondere besser erfassen. Wahrscheinlich hat Talleyrand die Bemerkung Metternichs, dessen aristokratischer Stolz sagenhaft war, gehört: »In Österreich beginnt der Mensch beim Baron.« Talleyrand hat darauf nichts erwidert, es roch zu sehr nach Molières lächerlicher Comtesse d'Escarbagnas. Er hätte durchaus erwidern können – hätte er diese Schwäche besessen –, daß die Menschheit in Österreich ein bißchen zu tief unten beginnt, für ihn begann sie mit Karl dem Großen, umfaßte die Kapetinger und endete bei Talleyrand, Graf von Périgord. Diese Gewißheit war in der Ordnung der Dinge so verankert, daß es eine Dummheit gewesen wäre, ihr Ausdruck zu geben, diese Taktlosigkeit hätte den granitenen Glauben an sich selbst geschwächt, der, um mächtig zu bleiben, geheim bleiben mußte. Die Macht des Geheimnisses. Hat ein anderer ungewöhnlicher Aristokrat, Nietzsche, nicht geschrieben, daß jeder höhere Mensch eine Maske brauche? Auf wen bezieht sich das mehr als auf Talleyrand? Da liegt kein »Rätsel« verborgen. Indes, als Camille Desmoulins ihn angriff, antwortete er ihm. Er gab seinem Ankläger recht. Wieso sollte er sich beleidigt fühlen, da der arme Camille sich in der Höhe seiner Gewinne geirrt hatte? Er bringt ihn auf den Boden der Wahrheit zurück: er habe nur dreißigtausend Pfund (250 000 heutige Francs) gewonnen. Er tut noch mehr, er gibt die Anschrift der Spielsäle preis, in denen er verkehrt, jedoch verpflichtet er sich nicht, sie künftig zu meiden. Er schreibt in einer Zeitung [»Chronique de Paris«, 8. Februar 1791]: »Ich stelle hier die genauen Tatsachen fest, ohne die Absicht zu haben, sie zu rechtfertigen.« Danach bezichtigt er sich seiner Schwächen, aber wer ist schon vollkommen? Ist das beste Unterpfand der Aufrichtigkeit nicht die öffentliche Selbstbezichtigung? »Ich verurteile mich also und halte es für meine Pflicht, es zu tun, denn seit die Herrschaft der Wahrheit begonnen hat, ist das ehrenwerteste Mittel, seine Irrtümer wiedergutzumachen, der Mut, sie zuzugeben.«

Man könnte darüber lachen. Wenn man einen Irrtum öffentlich beichtet, ist er wiedergutgemacht. Hat er denn je ein Hehl daraus gemacht, daß er spielt und Mätressen hat? Alles liegt klar zutage, alles ist in der Presse gebeichtet worden. Er ist also untadelig, ohne einen Schatten von Reue.

Doch wozu diese dreiste Heuchelei? Man hatte ihn für den erzbischöflichen Thron von Paris vorgeschlagen. Den wollte er um keinen Preis. Er wollte sein Bistum und seine Soutane loswerden. Es war nicht der richtige Augenblick, ihm Beförderung in einer Laufbahn anzutragen, die er verabscheute. Die Kirche stand vor dem Schiffbruch, er wußte es besser als jeder andere, und man bot ihm den Posten des Lotsen an. Vielen Dank. Um allen guten Absichten den Wind aus den Segeln zu nehmen, gestand er seine Laster ein, und um sie unentschuldbar und sich selbst ungeeignet für die Stellung, die man ihm anbot, zu machen, gab er das alles der Öffentlichkeit durch die Presse bekannt. Ein royalistischer Pamphletist schrieb, nachdem er das gelesen hatte: »Man weiß, daß alle Aussagen des Herrn Bischofs von Autun Evangelienworte sind.« Man bezeichnete ihn als »Spieler, Lästerer und Schurken«. Dank seiner Feinde von links und rechts war er der Erzbischofswürde entgangen.

Hingegen hätte er gern ein Ministerportefeuille gehabt. Die Finanzen waren so zerrüttet, daß Necker, den der König berufen hatte, nicht wußte, wem er sie anvertrauen sollte. Um zum Vater zu gelangen, nahm Talleyrand den Weg über die Tochter, Germaine de Staël. Er machte ihr so eindringlich, so unverhüllt den Hof, daß ganz Paris die raschen Fortschritte und den Erfolg miterlebte. Zu dieser Zeit litt die arme Adélaide an Eifersucht und tröstete sich mit Lord Wycombe. Allerdings gehörte Germaine de Staël nicht zu der Gattung von Menschen, die Talleyrand bislang hofiert hatte. Körperlich war sie eine große, starke junge Frau, gebaut wie ein Lastträger, ihre Dekolletés stellten gewaltige Fleisch- und Muskelmassen zur Schau. Breite Schultern, ein mächtiger Hals, Arme eines Ringers, gebräunte Haut, grobe Gesichtszüge, dichte Augenbrauen. Wie viele andere solcher kolossalen Frauen behängte sie sich mit Flitter, mit überflüssigem Tand, sie hatte einen bizarren Geschmack, sie trug verrückt gewundene Turbane, unter denen glänzende schwarze Haarsträhnen hervorkamen. Ja, es muß gesagt werden, die berühmte Germaine war weder mondän noch gepflegt. Doch besaß sie tiefschwarze, wundervolle Augen, in deren Feuer sich eine großartige, brennende, immer wache Intelligenz mischte, hinzu kamen ein großherziges Gemüt, eine feine und zarte Empfindsamkeit. In diesem zu weiten, zu großen, zu starken Herzen blühte die erlesene Pflanze der Liebe. Sie wurde seine Mätresse und war während der dunklen Jahre eine unersetzliche Freundin. Um das Portefeuille zu erlangen, setzte er sich über alles, was ihm an ihr nicht gefiel, hinweg, über Germaines zu dick aufgetragenes Bücherwissen, ihre Redseligkeit, ihre Gefühlsausbrüche. Seine Überlegungen waren offenkundig folgende: zur Zeit Calonnes war Necker die schlechteste Wahl, die der König treffen konnte. Jetzt, da Necker alleiniger Herrscher inmitten der Trümmer des Ancien régime war, hielt Talleyrand es für angebracht, sich an ihn zu hängen und, um dieses Ziel zu erreichen, an die Unterröcke seiner Tochter. Necker hörte sich die Lobreden an, die ihm von verschiedenen Seiten über Mgr. d'Autun zu Ohren kamen, aber er lehnte ab. Er schrieb an den König von Schweden, Talleyrand sei »ein Mann von Geist, fähig zu Staatsgeschäften, aber er schade sich durch seinen Ehrgeiz« (und höchstwahrscheinlich mehr noch durch die Geringschätzung, die er einst Necker gegenüber an den Tag gelegt hatte).

Gern hätte Marie-Antoinette, die Talleyrand im Grunde nicht mochte, in der mißlichen Lage, in der der Hof sich befand, ihn zum Ratgeber gehabt. Sie bat ihren Arzt, Vicq d'Azyr, behutsam einige Vorstöße zu unternehmen. Der Königin Empfehlung sprach sich herum, was genügte, daß die Versammlung Talleyrand das Portefeuille verweigerte, das man ihm in Ansehung seiner Berichterstattung und seines Eingreifens in finanzielle Dinge, womit er sich die Bewunderung der Abgeordneten erworben hatte, fast übertragen hätte.

Eine Anklage hatte ihm genützt, eine Belobigung hatte ihm geschadet. So ist die Welt.

Um seine eigenen Finanzen stand es günstiger als um die des Staates, doch waren sie nicht gesünder. Er hatte Schulden, obwohl er über mehrere gute Einnahmequellen verfügte. Seine Funktionen im Komitee der Versammlung brachten ihn mit den Vertretern des Auslands in Verbindung, sie kannten seinen Geschäftssinn. So erhielt er allein vom Gesandten Spaniens hunderttausend Dollar für die Erneuerung des Bündnisvertrags dieses Landes mit Frankreich. Das sind fünfhunderttausend Pfund, und diesmal sind es nicht Pamphletisten-Pfunde. Dieser enorme Betrag macht, wenn man die gleiche Summe hinzuzählt, die er bei der Beschlagnahme des Vermögens des Klerus erhielt, insgesamt zehn Millionen heutiger Francs aus, die er in zwei Jahren erwarb. Die zehn Millionen gingen dahin, wie sie gekommen waren. 1791 lieh sich Talleyrand den Schmuck von Madame de Flahaut aus und setzte ihn als Pfand gegen zweiundneunzigtausend Pfund, um sich von einigen Schulden zu befreien. Wo blieb all dieses Geld? Sein fürstlicher Lebenswandel? Seine Freigebigkeit? Zum Teil. Das meiste blieb am Spieltisch. Man spricht von seinen phantastischen Gewinnen. Das hatte sich ein einziges Mal ereignet. Aber die fast täglichen Verluste gingen manchmal in die Hunderttausende. Ohne mit der Wimper zu zucken, ruinierte er sich jede Nacht. Dieser Gleichmut, diese hochmütige Gleichgültigkeit gehörten zu seinem fürstlichen Lebenswandel und seiner Kunst, Eindruck zu machen – ohne ein Wort zu verlieren.

Um diesen Lebensstil aufrechtzuerhalten, mußte das Feuer genährt werden. Wenn er später, zur Zeit der Restauration, zur Vitrolles sagt: »Sehen Sie, man darf nie ein armer Teufel sein. Ich bin stets reich gewesen«, so täuscht er sich wohl, denn zu manchen Zeiten war er aller Mittel entblößt und dem Selbstmord nahe. Doch mit oder ohne Geld, stets hat er wie ein Reicher gelebt. Hatte er keines, bewahrte er, zumindest dem äußeren Anschein nach, seine Selbstsicherheit, seine Unbekümmertheit, seinen Prunk. Gleichwohl meinte er als Mann der Vernunft, es sei nichts angenehmer, als viel Geld zu haben, um wie ein Talleyrand leben zu können, wäre es auch nur, um es auszugeben, denn Ausgeben gehört ebenfalls zur »Lust zu leben«.

Und hier das Porträt von ihm, wie es in der »Galerie der Generalstände« zu finden ist. Er erscheint unter dem bezeichnenden Namen »Amène«, was soviel wie liebenswürdig, angenehm bedeutet. »Amène besitzt die bezaubernden Umgangsformen, die sogar die Tugend verschönen. Das hervorragende Werkzeug seiner Erfolge ist sein glänzender Geist. Er beurteilt die Menschen mit Nachsicht, die Geschehnisse mit Kaltblütigkeit, er ist maßvoll, er hat das wahre Wesen des Weisen. Amène denkt nicht daran, das Bauwerk eines großen Ansehens an einem Tag zu errichten.« (Das ist gut gesehen: Talleyrand hat es nie eilig, auch nicht, um Posten zu besetzen, er ist bedachtsam ehrgeizig.) »Aber es wird ihm alles gelingen, weil er die Gelegenheiten ergreift, die sich dem in Menge anbieten, der das Schicksal nicht zwingen will.« [L-G]

Mancher schon bekannte Zug ist zu entdecken. Das wohlwollende Porträt ist sehr viel hellsichtiger als die Anwürfe. Es stammt übrigens nicht von einem naiven Schriftsteller, es ist von Choderlos de Laclos, und es endet mit Aussagen über »die Milde des Charakters, die Freundlichkeit des Gesichts, den Charme der Liebenswürdigkeit«, Eigenschaften, die ihm den Beinamen »Amène«, der Angenehme, eingetragen haben. Der gnädige und liberale Grandseigneur hatte außerdem einen Vorzug, der weder mit seinem Rang noch mit seiner Erziehung zusammenhängt: eine glänzende Intelligenz, einen Scharfblick, der unter seinen Zeitgenossen – Napoleon ausgenommen – nicht seinesgleichen hat.

Doch nun aus derselben Zeit ein Bild von ihm in Versen, das 1790 unter dem Titel »Porträt eines Aristokraten« erschien. Hier wird dem Kirchenfürsten von Autun alles abgestritten, selbst die Intelligenz:

»Keine Begabung, wenig Geist, viel Selbstgefälligkeit
Unter Calonne, an der Börse, zehn zu eins ergaunernd
Und in seinem alten Harem die Schicklichkeit verletzend,
So sah man damals den Bischof von Autun.
Kalt, verächtlich führte er seine Streiche,
Er rät zu Raub, lehrt den Meineid
Und sät Zwietracht, wenn er von Frieden spricht.
Immer wieder sagt man sich, daß er nichts zu schaffen vermag

Und daß er nur der Vorleser seiner Reden ist.
Aber was ein anderer schreibt, er allein regt es an,
Und zumindest kann man sein Herz nicht verkennen.«

Zu entgegnen wäre, daß er die Sprache Voltaires beherrschte.

Villemarest, ein früherer Sekretär, rächte sich für seine Entlassung, und er rächte sich sehr wirkungsvoll. Die Verleumdungen, die ein im Jahre 1834 von ihm geschriebenes abfälliges Buch, »Monsieur de Talleyrand«, enthielt, wurden hundertmal benutzt, um das Porträt des »Dämons« zu zeichnen. Er erzählt, 1790 hätten die Tuilerien (das heißt Ludwig XVI. und Marie-Antoinette) ihm »Avancen« gemacht. Diese »Avancen« bestanden natürlich in einer ungeheuer großen Geldsumme. Sieht man ihn so, wie er dargestellt wurde, wäre es denkbar, daß er sich auf den Köder stürzte, ihn verschlang und alles verriet, was zu verraten war. Aber die Verleumdung ist viel gehässiger: Talleyrand habe sich aufs hohe Roß gesetzt und das Geld mit den folgenden Worten abgewiesen (man achte auf den Inhalt, den Stil und den Ton): »In der Kasse der öffentlichen Meinung finde ich sehr viel mehr als das, was Sie mir vorschlagen können. Geld, das vom Hof kommt, wird von jetzt an nur noch eine Ursache für den Ruin sein. Und da ich das Bedürfnis habe, reich zu werden, gedenke ich mein Vermögen auf solidere Grundlagen zu stellen.«

Die Ungeschliffenheit, die Plumpheit dieser Antwort können nicht von Talleyrand stammen, eher von einem Roßtäuscher. Er hätte es sich nie herausgenommen, dem König gegenüber in diesem Ton zu sprechen – übrigens auch seinen Sekretären gegenüber nicht. Unglücklicherweise ist Villemarests üble Nachrede für Wahrheit genommen worden. Was Talleyrands Geldgeschäfte angeht, gibt es andere Beweise, echte, wir werden sie vorlegen: sie zeigen seine Habgier, aber keine Flegelei. Ganz und gar falsch ist es nicht, daß Talleyrand versucht haben soll, sich dem Hof zu nähern. Ein Beweis dafür: er traf nächtens am 16. Juli 1789 in Marly den Grafen von Artois. Er brauchte fast zwei Stunden, um dem späteren Karl X. begreiflich zu machen, daß die Bastille erstürmt und daß in Paris die Autorität des Königs zerstört sei. Vielleicht hätte er einen intelligenteren und ernsthafteren Gesprächspartner wählen sollen. Er wählte ihn, weil sie miteinander befreundet waren, weil er »liebenswürdig« war. Wenigstens vermochte er den Prinzen dazu zu bringen, dem König die äußerst schwierige Situation vor Augen zu führen. Es war der ewige Dialog zwischen Tauben: »Das ist eine Revolte.« – »Nein, Sire, das ist eine Revolution.« Bei einem zweiten Treffen berichtete der Graf von Artois über das Ergebnis seiner Unterhaltung mit dem König. Der König wollte nichts unternehmen, vor allem nicht einen Tropfen französischen Bluts vergießen. So sah der »Tyrann, der nach dem Blut des Volkes dürstende Tiger« aus, der später auf dem Altar des Vaterlands hingeopfert wird. Als der Graf von Artois die Situation schließlich begriffen hatte, zog er die Schlußfolgerung. Nicht so wie ein Enkel Heinrichs IV. und Ludwigs XIV. »Was mich betrifft«, sagte er zu Talleyrand, der seinen Ohren nicht traute, »ist mein Entschluß gefaßt, ich reise morgen ab, ich verlasse Frankreich.«

Er gab das Beispiel. Wenn alles schlechtgeht, schaut man sich um, ob das Leben anderswo angenehmer ist. War er vielleicht durch die Haltung des Königs entmutigt worden? Er hatte, wie Talleyrand, begriffen, daß die Sache verloren war. Aber Talleyrand zeigte die Haltung eines Prinzen, er beschwor den Bruder des Königs zu bleiben, er hielt ihm vor Augen, daß sein Beispiel ansteckend wirken, daß der König allein sein würde, daß er unmöglich weggehen dürfe. Es nützte nichts. Talleyrand seinerseits zog aus dem Verhalten des Prinzen die Lehre, die daraus zu ziehen war. Sie war zynisch. »Dann, Monseigneur, bleibt jedem von uns nur, an seine eigenen Interessen zu denken, da der König und die Prinzen die ihren und die der Monarchie aufgeben.« Die Antwort des Grafen von Artois ist niederschmetternd: »In der Tat, rate ich Ihnen das zu tun. Was auch geschehen mag, ich werde Sie nicht tadeln, rechnen Sie immer auf meine Freundschaft.«

Um diese unglaubliche Szene zu vollenden, fehlt nur eine Einzelheit, der Blick, den Talleyrand dem Grafen von Artois zuwarf, als dieser hinausging. Mit welch kalter Verachtung hat er diesen Prinzen von Geblüt, den späteren König von Frankreich, angesehen, der ihm in der tragischsten Stunde der französischen Geschichte anriet zu desertieren.

England ist schwerer zu erobern als die Diözese von Autun

Warum hätte er sich nicht auf die Seite der Revolution stellen sollen? Wie groß auch die Nachteile und selbst die Gefahren waren, die er sah und die er besser als jeder andere voraussah, er war überzeugt, daß das Jahr 1789 Frankreich den Weg in die Zukunft geöffnet hatte.

In seinen Memoiren sagt er es, und das während der Restauration abgelegte Geständnis ist löblich. Allerdings leitete er mit der Rechtfertigung seines Verhaltens im Jahr 1791, nicht unklug, auch die Rechtfertigung der spektakulären Wendungen ein, die in seiner Laufbahn zu verzeichnen sind. Auf diese Weise reinigte er sich von den Beschimpfungen, mit denen man ihn seiner berühmten Widersprüchlichkeiten wegen übergoß. Er schrieb: »Ich dachte lange nach und verweilte dann bei dem Gedanken, Frankreich als Frankreich zu dienen, in welcher Situation es sich auch befinde.« (Was heißen soll: unter welchem Regime es sich auch befinde.) »In allen gab es etwas Gutes zu tun.« Diese Art von Maxime war in der Tat immer gültig für ihn. Ein Regime ist nur eine Situation, während Frankreich eine permanente Wirklichkeit ist. Ihm muß man dienen, indem man dem Regime dient, das ihm am besten dient, aber nur solange es fähig ist, ihm zu dienen. 1791 war Frankreich nicht in Koblenz, sondern in Paris. Ihm mußte also in Paris gedient werden, trotz allem, was die Situation an Unvollkommenem enthielt. Andererseits meldete sich sein Patriotismus. In Paris gab es eine Gruppe von Heißspornen, die den Krieg wollten, nicht weil das Land von außen, sondern weil die Revolution von innen her bedroht war. Er hielt Krieg in dem zerrütteten Zustand, in dem die Nation sich befand, für Wahnsinn. Die wirtschaftliche Lage war erbärmlich, und die Lawine von Reformen hatte die Volksmassen eher verwirrt als begeistert. Bei näherer Betrachtung erwies sich das neue Regime als verderblicher denn das alte.

Angesichts der Abkühlung der allgemeinen Stimmung hatten die Demagogen nach einem Mittel gesucht, um alle Franzosen wieder zu einigen wie 1789, sie beschworen die Gefahr einer ausländischen Invasion. Sollte eine fremde Armee die Grenzen verletzen, dann würde die Nation sich hinter die Regierung stellen und Frankreich verteidigen. Für die Demagogen hieß Krieg Ausnahmezustand, und das war das Allheilmittel. In einer berühmten, leider kaum bekannten Rede sagte Brissot: »Der Krieg ist jetzt eine nationale Segnung, die einzige bedauerliche Kalamität ist, keinen Krieg zu haben.« Man glaubt zu träumen, wenn man eine solche Ungeheuerlichkeit hört. Sie bekamen ihren Krieg, er und die Girondisten. Das verschaffte ihnen höchstwahrscheinlich einige Genugtuung, aber sie bezahlten sie teuer, Frankreich auch.

Was es mit der königlichen Macht auf sich hatte, darüber soll Talleyrand sich äußern: »Das Königtum, so wie es aus der Verfassunggebenden Versammlung herauskam, war nicht mehr als ein Schatten, ein Schatten, der immer blasser wurde.«

Er selbst war nur ein Schatten dieser ehemaligen Versammlung, da aber sein Freund Narbonne Kriegsminister der neuen Regierung und der einflußreichste unter den Ministern war, hatte Talleyrand, wie man sieht, Verbindungen zu hohen Stellen. Unter dem Druck der Eiferer unternahm Narbonne, leidenschaftslos, das kann man ihm bescheinigen, einen Scheinkrieg mit ... dem Kurfürsten von Trier. Er achtete sorgfältig darauf, daß diese Unternehmung für innere Propagandazwecke als »Krieg« bezeichnet wurde, daß jedoch für die ausländischen Regierungen dieses Theater nur eine Schießübung blieb.

Gleichwohl wurden einige Vorsichtsmaßnahmen getroffen. Der Minister für Auswärtige Angelegenheiten, Waldec de Lessart, beauftragte Talleyrand mit einer Mission in London. Er sollte die Absichten der englischen Regierung im Fall eines Kriegsausbruchs auf dem Kontinent erkunden.

Um zu begreifen, wie die Stimmung war, als Talleyrand seine erste diplomatische Mission unternahm, muß man sich klarmachen, in welchem politischen Milieu 1790 und 1791 die Konstituante und ihre führenden

Köpfe agierten. 1789 hatte ein Ansturm von Spionen aus ganz Europa auf Frankreich eingesetzt, man wollte sich die Auflösung des Ancien régime zunutze machen. Darüber unterrichtet vor allem die Korrespondenz von W. A. Miles, dem aktiven Bevollmächtigten von Pitt in Paris. Miles befreundete sich mit einem ziemlich obskuren Journalisten, Lebrun, der – man fragt sich wie – später Minister des Auswärtigen wurde. Miles hatte den Auftrag, mit Mirabeau Kontakt aufzunehmen, um zu versuchen, die franko-spanische Allianz zu untergraben. Es ist bekannt, daß Lebrun und Mirabeau von Pitt gekauft waren. Bestätigt wird dies durch einen russischen Spion, den baltischen Baron Simolin. Dieser kleine dickliche Mann mit den bohrenden Augen entfaltete eine teuflische Aktivität. Sein Briefwechsel mit der Zarin Katharina II. nimmt einem jede Illusion hinsichtlich der »republikanischen Tugenden«, die in der Versammlung herrschten. Keine auswärtige Macht kümmerte sich mehr um den König. Vornehmlich auf die Mitglieder des außenpolitischen Komitees, dessen nicht geringste Zierde Talleyrand war, übten die fremden Bevollmächtigten ihre sträfliche Verlockung aus. Talleyrand soll von Spanien gekauft worden sein. Merkwürdiges Zusammentreffen: wenige Tage, nachdem Simolin in einem Brief mitteilte, daß Talleyrand dem Madrider Gold erlegen sei, ließ Talleyrand in der Versammlung über die Bereitstellung von siebenundzwanzig Linienschiffen zur Verstärkung der spanischen Flotte abstimmen.

Miles bearbeitete Mirabeau, der englandfreundlich war. Simolin arbeitete ihm entgegen, weil Rußland und England hinsichtlich der Türkei verschiedener Meinung waren. Pitt unterstützte die Türkei, die Russen unterminierten sie. Es war Simolins Ziel, Mirabeau auf seine Seite zu bringen. Das wäre ein Schlag gegen den englischen Einfluß auf die »französische« Regierung! (Wenn man sie noch so nennen kann.) In seinen Berichten erscheint eine seltsame und anziehende Persönlichkeit, der Bewunderung gezollt wird, sie wird als »der Freund Mirabeaus« bezeichnet. Bald erfährt man, daß »der Freund« bereit sei, Katharina II. seiner Ergebenheit zu versichern. In einer Depesche vom 21. März 1791 an seine Herrscherin teilt Simolin mit, daß er über »den Freund verfüge« und daß »dieser in allem Herrn von Mirabeaus Geist beeinflusse«. Es ist Talleyrand! Es gelingt ihm tatsächlich, Mirabeau von London abzubringen und ihn für eine Unterstützung Rußlands gegen die Türkei und England zu gewinnen. Mirabeau, von »dem Freund« gehörig zurechtgestutzt, ließ von der Tribüne verlauten, Frankreich werde reagieren, falls England ein Geschwader in die Ostsee schicke. Das ist eine ganz hübsche Wendung. Wieviel mag sie gekostet haben? Zahlen fehlen. Simolin, der zwar »den Freund« bewundert, ist sich seiner trotzdem nicht sehr sicher, denn die Engländer und die Preußen verfügen über so bedeutende Geldmittel, daß sie durchaus imstande sind, die Verfechter der neuen Ordnung zu bestechen. Ephraim, ein jüdischer Finanzier, ist der Verteiler. Simolin behauptet, daß dieser während seines Aufenthalts in Paris eine Million zweitausend Pfund ausgeteilt hat, die über die Bank de la Borde liefen, eine der größten Pariser Banken zu jener Zeit. Er sagte außerdem, daß man mit Geld alles erlangen konnte, insbesondere von Mirabeau. »Sein Vertrauter [Talleyrand], der der intelligenteste der Menschen und mir sehr ergeben ist, würde sich unserem Hof ganz und gar zur Verfügung stellen, wenn ich ihm die Hoffnung, belohnt zu werden, verheißen könnte, und vor allem, wenn diese Hoffnung von Anfang an verwirklicht würde.«

Welch abschreckendes Licht werfen diese Briefe auf die Politiker der Konstituante! Auf die Rückseite des Briefes hat die Zarin handschriftlich eine Antwort gekritzelt, die den krank gewordenen Mirabeau betraf. »Zeigen Sie sich großzügig, wenn er nicht gestorben ist.« Er war es. »Der Freund« blieb. Unverzüglich nennt Simolin seinen Namen: »Es ist der Bischof von Autun, der an Herrn von Mirabeaus Stelle im außenpolitischen Komitee tritt.« Zu diesem Zeitpunkt bekommt die Laufbahn Talleyrands eine andere Richtung, von den Finanzen glitt er hinüber in die Diplomatie. Es handelte sich, wie stets, um Geld. Auch seine Kollegen lehnten Dienste nicht ab. Alle waren gekauft oder käuflich. War es einer nicht, so lag es meist daran, daß die Dienste nur mittelmäßig waren und keinen Käufer fanden. Talleyrand bot sich nicht an; man kam zu ihm, um ihn zu kaufen. In seiner bekannten Geduld wartete er, bis der Preis, der geboten wurde, seiner würdig war. Dann nahm das Bestechungsgeld das Gewicht einer »Staatsaffäre« an.

In der türkischen Frage hat Talleyrand Rußland unterstützt, weil der Sultan, von England und Preußen angestachelt, im östlichen Mittelmeer Schwierigkeit auf Schwierigkeit verursachte. Frankreich aber wollte Frieden in dieser Zone. Glücklicher- und zufälligerweise wollte Rußland das auch. Im Grunde ließ sich Talleyrand also genau für das bezahlen, was er sowieso zu tun beabsichtigte. Wenn man den Bischof in den Zusammenhang der damaligen Gesellschaft stellen und ihn nach den Maßstäben seiner und nicht unserer Zeit beurteilen will, nach den Ideen von damals und nicht denen des 19. oder 20. Jahrhunderts, muß man das lesen, was Simolin über den braven General Dumouriez schrieb, der einst ein Glanzstück der französischen Geschichtsbücher für die Schule war: »Er ist einer von jenen Jakobinern, die, einmal Minister geworden, nicht zögern, höchst akzeptable Royalisten zu werden.« Es ist Vorsicht geboten, wenn man einen Stein auf Talleyrand wirft. Man müßte die ganze Kohorte steinigen.

Die Zusammenarbeit Rußland – Talleyrand führte nicht weit. In dem Duell zwischen Simolin und Miles trug Miles den Sieg davon, weil Frankreich von 1792 an England im Orient nicht mehr beunruhigte; seine Flotte war ungefährlich geworden. Und dies ist einer der geheimen Gründe der Reise Talleyrands nach London. Er sollte die Engländer davon überzeugen, daß Frankreich im Orient keine Ambitionen mehr hatte. (Es hatte andere.)

Deshalb sollte auch die Regierung Seiner Britischen Majestät Zeichen der Beschwichtigung geben und ihre Machenschaften in der Türkei dämpfen.

Warum wurde er für diese sonderbare Mission ausersehen? Weil seine Fähigkeiten als Verhandlungspartner bekannt waren und weil er schon seit langem die Idee einer Annäherung an England verfocht. Hatte er doch am 28. Januar 1791 in der Versammlung erklärt, es müßten »von nun an die großen Fundamente für eine ewige Brüderschaft zwischen Frankreich und England gelegt werden«.

Er war der richtige Mann, so schien es, weil er einen großen Namen und Geschicklichkeit besaß und weil er Proben und Beweise seiner Geschicklichkeit gegeben hatte. Die Engländer sollten nicht sagen können, man habe ihnen irgendeinen beliebigen Abgeordneten geschickt.

Allerdings wurde er nicht mit einer amtlichen Mission betraut. Er war kein Botschafter. Er reiste als Privatperson. Als offiziöser Bevollmächtigter sollte er vom König und den Ministern empfangen werden und über Staatsaffären verhandeln. Eine heikle Aufgabe. In Paris war man der Auffassung, daß diese Zwielichtigkeit zu ihm paßte wie der Handschuh zur Hand. Doch leider war der Handschuh schlecht zugeschnitten.

Gleich nach seiner Ankunft wurde ihm eine unangenehme Überraschung zuteil. Daß er kein Botschafter war, wußte er, er erfuhr aber auch, daß er nicht einmal ein Ausländer von Distinktion war, denn die Engländer hatten an ihm nur seinen schlechten Ruf distinguiert. Ehe er Kontakt aufnehmen konnte, veröffentlichten die Zeitungen die Meldung, der Premierminister William Pitt habe Talleyrand empfangen, ihm aber alles abgelehnt. Seine Mission war torpediert, ehe sie richtig begonnen hatte.

Dazu noch ein weiteres Mißgeschick: er war nicht allein gekommen. Biron, Herzog von Lauzun, war in seiner Begleitung. Er hatte den Auftrag, viertausend Pferde für die Revolutionsarmee anzukaufen. Wer hätte geglaubt, daß der Herzog einen Roßhändler der Revolution abgeben könnte! Er entledigte sich seiner Mission auf seine Art und Weise. Ein Pferdehändler schrie: »Haltet den Dieb!«, Biron wurde festgenommen, er hatte vergessen zu bezahlen. Freunde zahlten für ihn, er wurde freigelassen, aber das Ansehen der französischen Mission war dadurch nicht gestiegen. Talleyrand ging mit Lessarts Schreiben von Ministerium zu Ministerium. Lord Grenville, der Außenminister, empfing ihn am 12. Januar 1792. Der Brief war des Lobes voll über den Überbringer und sollte die englische Regierung davon überzeugen, daß es der Wunsch Frankreichs sei, »das gute Einvernehmen, das zwischen den beiden Königreichen besteht, aufrechtzuerhalten und zu befestigen«.

Das Wichtigste, das Talleyrand erreichen sollte, war die Zusicherung, daß England im Fall eines Konflikts zwischen Frankreich und anderen europäischen Ländern neutral bleiben würde. Die englische öffentliche Meinung war gegen die Revolution eingestellt. Die Emigranten hatten in London ein finsteres Bild von der Lage gegeben, und ihnen verdankte Talleyrand die ärgerliche Publizität, die sich mit seinem Namen und seinen Abenteuern beschäftigte.

Talleyrand traf Lord Grenville noch einmal, er tat sein möglichstes, ihm klarzumachen, daß die schlechten Tage vorüber seien und daß Frankreich nun in den Genuß der Wohltaten der Reformen und des sozialen Friedens kommen würde. Er wiederholte, was wir schon wissen und was von seiner Seite aufrichtig gemeint war: »Zu allen Zeiten habe ich die Auffassung vertreten, daß England unser natürlicher Verbündeter ist.«

Er war sehr optimistisch hinsichtlich des Ausgangs seiner Mission. Er brauchte viel guten Willen dazu, denn er mußte manche Abfuhr einstecken. Der König beachtete ihn nicht. Als der Königin sein Name genannt wurde, drehte sie ihm den Rücken zu. Am 20. Januar 1792 traf er mit William Pitt zusammen; sie tauschten nur kühle Höflichkeitsfloskeln aus. Pitt sagte ihm unumwunden, seine Mission sei nicht offiziell und könne keine Resultate zeitigen. Er machte eine flüchtige Andeutung über seinen Aufenthalt damals in Reims. Talleyrand hatte einigen Stoff zum Nachdenken über den Gedächtnisschwund reisender junger Engländer, die später Minister werden sollten ... Es kränkte ihn jedoch keineswegs. Er verstand diese Einstellung durchaus, denn gelegentlich war sie auch die seine. Allerdings hatte er den Verdacht, Pitt sei über die geheimen Absprachen auf dem laufenden, die er mit Simolin hinsichtlich der Türkei getroffen hatte und auch über die hinsichtlich Spaniens, die dazu geführt hatten, daß Schiffe gegen England ausgerüstet wurden. Wahrscheinlich war es so. Miles war Pitts Agent in Paris, und Miles wußte alles. Dementsprechend behandelte Pitt den Besucher.

Schließlich muß gesagt werden, daß ihm der irreführende Eindruck, den er auf die Engländer machte, schadete. Sicherlich übertrieb er seine natürliche Zurückhaltung, weil er sich zu hart kritisiert und ausspioniert fühlte. Etienne Dumont aus Gent, der ihn in London sah und seinen Schritten folgte, notiert: »Er hielt auf Distanz und ging nicht aus sich heraus. Die Engländer, die nur summarische Vorstellungen von den Franzosen haben, entdeckten bei ihm weder Lebhaftigkeit noch Zwanglosigkeit, auch nicht Indiskretion und Fröhlichkeit, all diese den Franzosen zugeschriebenen Nationaleigenschaften. Seine lehrhafte Art, seine kühle Höflichkeit, sein prüfender Blick schufen um ihn herum bei seiner diplomatischen Rolle eine Schranke.«

Aber der diplomatische Mißerfolg, dem ein Mißerfolg auf gesellschaftlicher Ebene entsprach, entmutigte Talleyrand im Hinblick auf das englische Bündnis nicht. Da er stets die Zeit für sich arbeiten ließ, wartete er vierzig Jahre, um 1833 das zu verwirklichen, was bei seiner ersten Mission fehlgeschlagen war. Weder seine Ideen noch sein Verhalten hatten sich geändert, die Engländer hatten inzwischen andere Brillen aufgesetzt.

Am 10. Mai 1792 war er wieder in Paris. Während seiner Abwesenheit hatte die Legislative gearbeitet, sie hatte alle Minister ausgewechselt: Narbonne war abgesetzt, über Lessart war Haft verhängt worden. Dumouriez war in Paris. Er hatte von Ludwig XVI. eine Kriegserklärung an den König von Böhmen und Ungarn unterzeichnen lassen. Das Spiel nahm eine gefährliche Wendung. Da die englische Neutralität notwendiger denn je war, wurde Talleyrand gebeten, noch einmal nach London zu reisen und, koste es, was es wolle, die Neutralitätserklärung Englands mit nach Hause zu bringen.

Ihn zum Gesandten zu ernennen, wäre wohl zu einfach gewesen. Bürokratische Machenschaften waren wichtiger als der Krieg, der schon erklärt war. Also wurde ein französischer Gesandter in London eingesetzt, der allerdings nur als Fassade dienen sollte, hinter der Talleyrand die Arbeit tat. Die Wahl fiel, oder vielmehr traf Talleyrand sie selbst, auf einen jungen Mann namens Chauvelin, der Missionschef sein sollte, dem aber in Wirklichkeit Talleyrand Anweisungen geben würde. Chauvelin hatte dieselben politischen Ansichten, er würde das ausführen, was man von ihm verlangte, er würde ohne Widerrede die Berichte und Depeschen unterzeichnen, die man ihm diktierte: »Er war noch so jung«, schrieb der Bischof, »daß er nicht ärgerlich darüber war, die Arbeit anderen zu überlassen.« Er hatte sich einen Legationssekretär, Reinhardt, beigeordnet. Im Foreign Office ließ sich natürlich niemand täuschen, weder über die unechten Funktionen Chauvelins noch über die echten Talleyrands. Um nicht, wie das erstemal, mit leeren Händen zu erscheinen, hatte Talleyrand sich einen Brief von Ludwig XVI. mitgeben lassen. Er selber hatte ihn aufgesetzt, ein Sekretär hatte ihn geschrieben, der König ihn unterzeichnet. Darin stand: »Mir scheint, ich sehe von Tag zu Tag mehr die Überbleibsel jener Rivalität schwinden, die uns so viel Übles gebracht hat . . . Ich betrachte das Bündnis als notwendig für die Festigkeit des Bestands unserer beider Staaten und für die Aufrechterhaltung der inneren Ruhe. Ich möchte hinzufügen, daß wir, vereint, über den Frieden in Europa gebieten können.« [PCDJ]

Zu dem Zeitpunkt, da dieser Bündnisplan vorgelegt wurde, konnte er nicht gelingen. Die zweite Mission mißriet genauso wie die erste. Immerhin, man hatte einen Brief des Königs. Chauvelin tat alles, um das Ansehen seines Amts zu retten. Aber die diplomatische Diskretion wurde so schlecht gewahrt, daß die französischen Zeitungen den Brief veröffentlichten, ehe Chauvelin in London angekommen war. Das englische Kabinett wurde von dieser Unkorrektheit unterrichtet. Deshalb wurde der Brief, als Chauvelin ihn überreichte, nicht anders aufgenommen als ein Zeitungsausschnitt.

Talleyrand traf nach Chauvelin ein; keineswegs in Eile. Vor seiner Abreise hatte er aus Rom eine neuerliche Androhung seiner Exkommunikation erhalten. Er kümmerte sich ebensowenig darum wie um die erste. Er betrachtete sich seit langem und aus eigener Auffassung als exkommuniziert. Dann traf das Breve der Exkommunikation ein. Diesmal war es endgültig.

Noch eine andere Drohung erhielt er, fraglos viel gefährlicher als die unwirksamen Bannstrahlen des Heiligen Vaters. Ribes, ein Abgeordneter der Pyrénées Orientales, erstattete von der Tribüne herab eine »Große Anklage gegen den Herzog von Orléans und seine Komplicen«. Talleyrand gehörte zu den hauptsächlichsten Komplicen. Als Beweis führte Ribes die beiden Reisen des »Exmonsieur d'Autun« nach England an, wo er lange mit dem Herzog von Orléans zusammengewesen war. Durch diese Rede sind die Zusammenkünfte bekanntgeworden. Ribes führte weiter aus, daß Talleyrand, aufgrund einer unrechtmäßigen Bevorzugung, noch immer unstatthafterweise die Einkünfte aus seinem Bistum, zweiundsiebzigtausend Pfund, bezöge. Wenn das wahr ist, begreift man, warum es ihm so wenig ausgemacht hat, seinen bischöflichen Thron aufzugeben; aller Dienstleistungen ledig, behielt er doch die Nutznießung. Ob es glaubhaft ist? Die Versammlung wies ab, was Talleyrand geringschätzig »diese gemeinen und verrückten Verleumdungen« nennt. Er mußte vorsichtiger werden. Die Jakobiner lagen auf der Lauer, sie sollten bald nach vorn kommen, und Talleyrand mußte, trotz seines Phlegmas, einige Aufmerksamkeit darauf verwenden.

Schon bei den ersten Kontakten in London wurde ihm klar, daß die Mission keine leichte Aufgabe hatte; sie stand noch ein bißchen mehr in Mißkredit als beim erstenmal. Die französischen Armeen waren in den Niederlanden eingefallen, was für England äußerst unangenehm war. Allerdings waren die Franzosen geschlagen worden, was die Engländer zwar beruhigte, aber ihre Achtung nicht erhöhte. »Seitdem diese Nachrichten eingetroffen sind, ist unsere Lage peinlich geworden«, schrieb Talleyrand an Dumouriez. Doch waren der Friedenswille Englands und Talleyrands Geschicklichkeit und Ausdauer so groß, daß er trotz allem am 25. Mai 1792 die Neutralitätserklärung Englands erreichte. Ein Bündnis war es nicht. Wer hätte aber auch mit der damaligen Regierung in Paris ein Bündnis abgeschlossen? Es war ein halber Erfolg. Dumouriez sprach dem Missionschef Chauvelin sowie seinen »lieben Mitarbeitern« Glückwünsche aus. Jeder wußte, daß der Urheber des »Erfolgs« Talleyrand war. Leider verflüchtigten sich die letzten Reste des französischen Ansehens, als in London der Bericht über die Ereignisse des 20. Juni 1792 eintraf. Der Pöbel war in die Tuilerien eingedrungen, die königliche Familie war beschimpft und bedroht worden und dem Tod nur durch ein Wunder entgangen. Der König war gedemütigt und unwiderruflich besiegt. Die Wirkung, die dieses Ereignis in London hervorrief, war katastrophal und machte der französischen Mission klar, welch geringes Ansehen sie nicht nur bei der Regierung, sondern auch beim englischen Volk genoß. Ende Juni ging Talleyrand mit Dumont und anderen Mitgliedern der Mission in Ranelagh spazieren. Sie hörten, wie Vorübergehende flüsterten: »Das ist die französische Gesandtschaft.« Doch Dumont soll selber erzählen: »Neugierige und unfreundliche Blicke richteten sich sofort auf unsere Schar, denn wir waren acht oder zehn, und wir hatten bald die Gewißheit, daß es uns an Platz für unseren Spaziergang nicht mangeln würde. Denn jeder bog bei unserem Näherkommen nach rechts oder links aus, wie wenn man fürchtete, daß sogar die Luft, die wir ausatmeten, ansteckend wäre.«

Das war beredter als eine Schmähschrift. Als sei nichts geschehen, ging Talleyrand, »le père Gambille« [Väterchen Schlenkerbein], wie Dumouriez ihn nannte, seines Wegs. Aber die Sache beschäftigte ihn. Von diesem Augenblick an begann die Revolution, seiner Meinung nach, Frankreich zu schaden. Er, den einer seiner besten Analytiker und Psychoanalytiker (Dr. Lafforgue) »den Mann Frankreichs« nennt, war in der Deutung der Zeichen bewandert, und er sah in seinem Erlebnis eine Vorankündigung. Es war an der Zeit, einen anderen Weg einzuschlagen.

Eine Wendung, um Ausreisepapiere zu bekommen

Am 5. Juli 1792 kehrte er nach Paris zurück. Dumouriez war, wie vorauszusehen, nicht mehr im Amt. Chambonas hielt die Zügel in der Hand. Er wollte Talleyrand unverzüglich sehen. Er suchte einen Strohhalm, an den er sich klammern konnte. Talleyrand nahm seinen Platz wieder ein, das heißt im Komitee, wo er am 6. Juli für die Amtsenthebung Pétions stimmte, der sich bei dem Massaker am 20. Juni ruhmreich hervorgetan hatte, was mit seiner Stellung als Bürgermeister von Paris unvereinbar schien. Ganz im Gegenteil dazu war die Versammlung der Auffassung, der Bürgermeister von Paris habe durchaus das Recht gehabt, in die Tuilerien einzudringen. Für das Komitee eine üble Angelegenheit. Talleyrand war bereits dabei, sich von dieser Revolution, die er mitvorbereitet hatte, abzusetzen. Am 14. Juli wurden dem Komitee, und insonderheit Talleyrand, von dem Balkon, auf dem sich der König und die Königin befanden, zustimmende Zeichen und Winke für die getroffene Maßnahme zuteil. Damit wurde die Wut des Pöbels auf sie gelenkt, sie wurden beschimpft und mit dem Tode bedroht. Daraufhin legte Talleyrand sein Amt nieder, die anderen Komiteemitglieder folgten ihm. Niemand stand mehr zwischen dem Aufruhr und dem wehrlosen König.

Talleyrand setzte seine mondäne Lebensweise, wenn auch gedämpfter, fort, aber die schönen Salons waren geschlossen. Paris lag im Fieber. Das Braunschweiger Manifest (der verbündeten Österreicher und Preußen) war so ungeschickt abgefaßt, daß auch die Gemäßigten feindselig wurden. Es hätte von den Jakobinern stammen können; diese Herausforderung kam ihnen gerade recht. Der Krieg wurde eine nationale Angelegenheit, der Schimpf mußte gerächt, der preußischen Provokation mußte begegnet werden. Es wurde der Plan ins Auge gefaßt, den König aus Paris herauszuschaffen und ihn als Geisel zu behandeln. Indes Tausende von Rednern redeten, um sich zu betäuben, um sich hervorzutun und ihre Angst zu verdrängen, schwieg Talleyrand. In jenen Tagen war die Situation so undurchsichtig, so verwirrt, daß selbst er keine rechte Vorstellung hatte. »Ich hielt mich zur Verfügung der Ereignisse, und vorausgesetzt, daß ich Franzose blieb, war mir alles recht. Die Revolution verhieß der Nation neue Horizonte, ich folgte ihr und wagte manches.« Das ist nur zur Hälfte wahr. Er blieb zwar, aber sein Entschluß, Frankreich zu verlassen, war bereits gefaßt. Die gewalttätige Revolution war nicht die seine. Da er kein Mann jäher Abbrüche war, bereitete er seine Wendung behutsam vor. Ihm war klar, die Gesellschaft würde einen Sprung in den Abgrund tun, und danach würden neue Tage heraufkommen, für die ein Mann notwendig war, der aus dem, was vom Zusammenbruch noch übrig war, etwas machen konnte. Der Weise sparte sich für diese Zeit auf.

Am 8. August 1792 hörte er in seiner Eigenschaft als Geschworener Plädoyers in einem Gerichtsverfahren an. Ihm wurde ein von Roederer geschriebenes Billet zugeschoben: die Tuilerien seien bedroht, und der König sei nicht mehr in Sicherheit. Er gab nur zur Antwort: »Abwarten.« Zwei Tage später, am 10. August, sah er erneut Plünderungen und diesmal auch ein Massaker mit an. Gewalttätigkeit, Ungesetzmäßigkeit, Entfesselung der Instinkte, alles frohlockte, was »unmenschlich« in seinen Augen war.

Mit einer Vernunft, die alles, selbst die Auswüchse, einzuordnen versteht, schreibt er: »Der 10. August hat unsere Lage eindeutig verändert, er hat vielleicht die französische Unabhängigkeit und Freiheit gerettet, er hat zumindest die Verräter ausgeschaltet und bestraft, aber er hat uns gelähmt.« (Uns, das hieß die Männer von 1789, die Männer der Erklärung der Menschenrechte und der Vorlage über den Öffentlichen Unterricht.) »Von diesem Zeitpunkt an ist es nicht mehr möglich, sich für die Ereignisse zu verbürgen, man muß auf neuen Grundlagen tätig werden.« [SERF]

Mit bestem Willen versucht er, Vorteile an den Geschehnissen vom 10. August zu entdecken. Jedoch sind die letzten Worte vage. Wer sind die »ausgeschalteten und bestraften Verräter«? Und die »neuen Grundlagen«? Das ist alles sehr abstrakt ... Beobachtet man sein Verhalten während der folgenden Wochen, wird alles konkret.

Zunächst verhält er sich still. Er hat miterlebt, wie die aufrührerischen Massen aus den Niederungen hervorbrachen. Diesen Leuten kann man keine Reden über die Achtung vor der Menschenwürde und dem Eigentum halten. Anstatt entfesselten Menschen Strafpredigten zu halten, anstatt unnötige, sogar lächerliche Risiken einzugehen, war es sicherlich besser, nichts zu unternehmen, sich auf und mit dem Strom treiben zu lassen, der den König und das Gesetz hinwegschwemmte.

Er richtet keinen Staudamm auf, im Gegenteil, er faßt ein Memorandum ab, das dazu bestimmt ist, die ausländischen Regierungen über die blutigen Ereignisse des 10. August (auf seine Weise) zu informieren. Er tat es mit unerhörter Oberflächlichkeit. Um den Aufruhr zu erklären, mußte der König belastet werden. Er tat es mit salbungsvollen Worten, in jenem klerikalen Stil, den sich der gerade exkommunizierte Doktor der Theologie bewahrt hatte. »Die neue Verfassung, in der der König einen so guten Platz hatte ...« (Was? Hatte er nicht gesagt, der König verfüge nur noch über eine schattenhafte Macht?) »... war von ihm unmerklich untergraben worden ... Verführerisches Gold ist von ihm in skandalösem Übermaß ausgeschüttet worden ...« (Und die hunderttausend Dollar des spanischen Gesandten?) »... um den glühenden Patriotismus, der ihm lästig war, zu ersticken oder zu schwächen ...« Er fährt fort, der König habe auf keine Warnungen hören wollen. Und dann der Aufruhr: »Das mit den tapferen Föderierten des ganzen Königreichs vereinte Volk hat sich bewaffnet zum Schloß begeben.« Das ist alles, husch und vorbei! Vor allem keine Anwürfe gegen die »tapferen Föderierten«. Die Versammlung hat ganz sittsam die einem unwürdigen König anvertrauten Gewalten übernommen. Sie hat ihn seiner Funktionen enthoben. Das ist nicht ungesetzlich, wie böse Nachbarn glauben könnten, es geschieht nur, um ihn zu schützen. Und er schließt mit dem Satz, der so lakonisch ist, daß man zusammenzuckt: »Es gibt nur noch eine Partei in Frankreich.«

Im heutigen Europa weiß man, was der Ausdruck »einzige Partei« bedeutet. Das Frankreich von 1792 sollte es erfahren. Der milden Feder des Bischofs von Autun fiel es anheim, die europäischen Hauptstädte zu unterrichten.

Wie konnte Talleyrand, dem Gewalt und Illegalität zuwider waren, den Aufruhr vom 10. August rechtfertigen? Ist er wirklich das »Monstrum«, mit dem im 19. Jahrhundert die Seminaristen geschreckt wurden?

In Wirklichkeit verhielt es sich so, daß Talleyrand bereits drauf und dran war, vor dieser einzigen Partei zu fliehen. Sein Verhalten dem König gegenüber könnte bestürztes Erstaunen auslösen, denn wir sind gewöhnt, Gefühl in alles und jedes zu mischen, sogar unbewußt, während Talleyrand unsentimental vorgeht, vor allem in der Politik. Eine kühle Beurteilung der Dinge ergab, daß das Königtum tot war und daß es in niemandes Macht lag, es aus dem Nichts herauszuholen. So wurde an den Tatsachen nichts geändert, ob man den Monarchen belastete oder ihn lobte. Talleyrands Hoffnung war, das Leben des Königs und der Königin zu retten, das einzige, was bei ihnen noch zu retten war. Dazu war es notwendig, daß die ausländischen Regierungen das neue, aus dem 10. August hervorgegangene Regime anerkannten, daß sie darauf verzichteten, Ludwig XVI. zu rächen und Frankreich einen von fremden Armeen errichteten Thron aufzuzwingen. Hätten die ausländischen Regierungen auf den Bischof von Autun gehört, wäre der Krieg vermieden worden und die Extremisten hätten ihren stärksten Trumpf eingebüßt: den Krieg.

Wäre Talleyrand andererseits einem »schönen Gefühl« gefolgt, hätte er die Gewalttätigkeit verurteilt, sich auf das Gesetz berufen und die Person des Königs verteidigt – was wäre dann geschehen? Der Kopf des Bischofs von Autun wäre auf einer Pike aufgespießt und durch die Straßen getragen worden, an den Fenstern von Madame de Flahaut vorbei. Selbst die Leute seiner Gesellschaftsklasse hätten von Koblenz her gerufen: »Es geschieht ihm recht, er hat es so gewollt.« Den Lauf der Geschichte hätte es, wie man sagt, nicht aufgehalten. Aber wie schade wäre es für Frankreich gewesen, wenn es diesen Kopf dann nicht mehr gehabt hätte.

In Erwartung besserer Tage schrieb er also dieses bemerkenswert unaufrichtige, aber sehr nützliche Memorandum. Er verscheuchte damit den unheilvollen Verdacht, der sich über seinem gepuderten Haupt zusammenzog.

Dem Schriftstück fügte er, für England bestimmt, eine persönliche Schlußformel hinzu. Er bat die britische Regierung um Entgegennahme »des aufrichtigsten Ausdrucks seiner Freundschaft, seines Zutrauens, seiner Achtung für das Volk, das in Europa als erstes seine Unabhängigkeit zu erobern und zu bewahren gewußt hat«, und erwartete die gleichen Gefühle von der englischen Nation.

Das ist aufrichtig, ohne Zweifel, und es ist zugleich ganz eigennützig. Er setzt alles ein, selbst seine guten Gefühle. Gleich nach dem 10. August, am folgenden Tag, empfand Talleyrand das lebhafte Verlangen, Frankreich zu verlassen, und er meinte, daß eine dritte Londoner Mission gerade das richtige wäre, um zwischen die Heißsporne des Aufruhrs und seiner Person die ratsame und verächtliche Distanz zu schaffen, die er stets zwischen sich und der Brutalität einhielt. Die Abreise wurde dringlich. In Paris nannten ihn zu viele Dummköpfe noch Monseigneur d'Autun, andere »den Bischof« und manche »den Pfaffen«. Er selber fühlte sich als Herr von Talleyrand. Ihm kam es sehr darauf an, nur er selbst zu sein und zu bleiben. Allerdings brauchte er noch mehrere Jahre, schwere Jahre, um ganz einfach Talleyrand zu werden. In erster Linie ging es darum, am Leben zu bleiben.

Und das Leben war London. Ehe er an sich selbst dachte, verhalf er Narbonne und Beaumetz zur Flucht. Persönlich brachte er sie in einem Kabriolett an die Grenze. Das war keine geringe Tat, diese freundschaftliche Geste hätte ihn ebenso teuer zu stehen kommen können wie Herrn de Flahaut, der guillotiniert wurde, weil er seinen Anwalt, der seine Flucht begünstigt hatte, nicht bloßstellen wollte. Am 18. August ersuchte er darum, mit einer Mission nach London betraut zu werden, um dort das Werk, das er begonnen hatte, weiterzuführen. Ihm wurde zur Antwort, er habe alles erreicht; sein Gesuch wurde abgelehnt. Er zeigte sich hartnäckig und verlangte einen persönlichen Reisepaß, auf dem vermerkt werden sollte, er sei mit einer Mission beauftragt, obwohl dem nicht so war. Das war ein Notbehelf, aber alles war besser, als in Paris zu bleiben. Das schlimmste wäre gewesen, ohne Paß abzureisen. Wie klug, wie einsichtig war das! Um keinen Preis der Welt wollte er mit seinem Vaterland brechen, er verließ es, aber er gab es nicht auf, er ging aus Frankreich weg, aber er emigrierte nicht. Es kommt auf die Nuance an – sie besagt alles. Er bestand auf einem Reisepaß. Man ging äußerst sparsam und mißtrauisch mit einem solchen Papier um. Er wies auf die geleisteten Dienste hin, auf seinen patriotischen Sinn, er schrieb, indem er von sich in der dritten Person sprach: »Eine Ablehnung dieses Gesuches würde ihm wie eine Art Überwachung erscheinen, die er nicht verdient hat.« O doch, in den Augen der Jakobiner verdiente er sie bereits. Sie spürten in ihm den Ci-devant, den früheren, zur »Vertu« schlecht bekehrten Adligen. Aber geschickt wie er war, selbst im Umgang mit der neuen politischen Besetzung, die von der bluttriefenden Straße am Abend des 10. August in die Ministerstellungen aufgerückt war, hatte er bereits eine bedeutende Stütze gefunden: er hatte Danton für sich eingenommen. Ein unfaßbares Kunststück. Durch Danton wollte er seinen Paß bekommen. Er war Tag und Nacht hinter ihm her: »Mein Paß, mein Paß!« Am 1. September 1792 antichambrierte er im Justizministerium zusammen mit Bertrand Barère, einem bekannten Jakobiner und Konventsmitglied, in der Hoffnung, Danton im Vorübergehen zu erwischen. Noch abends um elf wartete er, und Barère beschreibt ihn: »In dem Salon traf ich den Bischof Talleyrand, in Lederhosen und Stiefeln, mit einem runden Hut, in einem kleinen Leibrock mit Schößen. Ich hatte ihn während der drei Jahre in der Nationalversammlung gut gekannt. Er kam liebenswürdig auf mich zu. Er merkte, daß ich erstaunt war, ihn zu dieser Stunde beim Justizminister zu sehen. Ich bin hier, sagte er zu mir, weil ich morgen früh in einer Mission der Exekutive nach London aufbreche, ich hole meine Papiere ab, die Danton mir aus dem Exekutivrat mitbringt, der beim Minister Servan eine Sitzung abhält.« [BB]

Er wartete bis halb zwei Uhr früh. Seinen Paß bekam er nicht. Er mußte wiederkommen.

Erst am 7. September erhielt er die Papiere. Fraglos waren die Tage des Wartens für ihn und für andere schrecklich. Es ging um Leben oder Tod. Jeder Tag Verzögerung konnte das Ende bedeuten. Im September 1792 gab es viele, die liebend gern nach London wollten. Von der ersten Septemberwoche an wurden nur noch wenige Pässe ausgegeben. Am 2. September begann das Massaker in den Gefängnissen. Scharen tollwütiger Menschen schlugen die Türen ein und machten die »Verdächtigen« unter fürchterlichen Umständen nieder. Was sich damals in Paris ereignet hat, läßt sich nicht beschreiben.

Kurzum, es war höchste Zeit, daß Danton ihm den Paß gab. Er war von

Danton gezeichnet und von fünf Ministern gegengezeichnet. Das Papier trug den Vermerk: »Lassen Sie Maurice Talleyrand passieren, er begibt sich in unserem Auftrag nach London.« Er emigrierte also in dienstlicher Obliegenheit. Ganz revolutionär!

Die Reise nach London nahm acht Tage in Anspruch. Sie war fürchterlich. Die Straßen, die Herbergen, die Relaisstationen, die Häfen waren überfüllt: Priester, Frauen, vor allem Kinder flohen vor dem Gemetzel.

Monsieur d'Autun hatte seine Bibliothek bereits vorausgeschickt.

Dritte Reise nach England

In London hatten die Engländer Subskriptionen für die Emigranten veranstaltet, besonders die Priester wurden gut aufgenommen. Diese Fürsorge für die eidverweigernden Priester bewies Talleyrand, daß England der Revolution feindlich gesinnt war, was er auch schon früher hätte bemerken können. Er selber blieb den neuen Ideen verhaftet. Die Auswüchse und die Verbrechen vermochten die wesentlichste Tatsache nicht zu verdecken, daß der revolutionäre Frühling existent war. Und weil er existierte, weil er das gegenwärtige Frankreich, das lebendige Frankreich, verkörperte, erkannte Talleyrand ihn an und war ihm zu Diensten. Aus London schrieb er: »Wenn man Franzose ist, kann man den Gedanken nicht ertragen, daß die Preußen in unserem Land die Oberhand bekommen sollen. Englische und französische Aristokraten geben sich alle Mühe, unserem Land Böses zuzufügen.« Frankreich angreifen, hieß seiner Meinung nach, die Revolution schwächen. Die Nachricht vom Sieg bei Valmy erfüllte ihn mit höchster Freude. Der Weg nach Paris war den Preußen verwehrt.

Er blieb nicht untätig. Obwohl er Lord Grenville mitgeteilt hatte, daß er mit keiner Mission betraut sei, hielt er Verbindung mit dem Minister für Auswärtige Angelegenheiten, Lebrun. Er verfaßte eine »Denkschrift über die gegenwärtigen Beziehungen Frankreichs zu den anderen Staaten Europas«. Darin sind hervorragende Überlegungen zu finden – man kann nicht von einer Doktrin sprechen, schon das Wort hätte ihm mißfallen –, aber man kann die Denkschrift einen »Traktat politischer Vernunft«, sogar moralischer Vernunft, nennen. Seine 1792 leichthin aufgezeichneten Gedanken ändern sich nicht mehr.

»Man weiß jetzt sehr wohl, wie alle großen Ideen über Rang und Stand, Vorrecht und Vorherrschaft zusammenschrumpfen ... Man hat endlich begriffen, daß das wahre Vorrecht, das einzig angemessene und vernünftige, das einzige, welches freien und aufgeklärten Menschen zukommt, das ist, Herr bei sich im Hause zu sein und nicht die lächerliche Anmaßung zu haben, es bei anderen sein zu wollen.«

Hervorzuheben sind die Worte »angemessen« und »vernünftig« sowie der praktische Sinn dieser Politik des gesunden Menschenverstands und der Gerechtigkeit. Man begreift, daß dieser Mann, der zu intelligent war, um »Ideen« im Sinne von Einfällen zu haben oder sich Träumereien zu überlassen, den Ideologen der Romantik Haß und Verachtung eingeflößt hat. Beachtenswert ist auch die Wendung: »Für die Staaten wie für die Individuen besteht der eigentliche Reichtum nicht darin, die Gebiete anderer zu erwerben oder zu überfallen, sondern die eigenen nutzbar zu machen.«

Und für diejenigen, die von Eroberungen träumen, für alle, die unterdrückte Völker unter ihrem Schwert halten, gilt: »Man hat gesehen, daß alle territorialen Vergrößerungen, alle Besitzergreifungen, sei es durch Gewalt oder List, nur grausame Spiele der politischen Vernunft sind, nur falsche Berechnungen der Macht, deren Ergebnis eine Zunahme der Kosten und eine Überlastung der Verwaltung ist, eine Verminderung des Glücks und der Sicherheit der Regierten zugunsten vorübergehenden Nutzens oder der Eitelkeit jener, die regieren.«

Alle Gründe für Napoleons Sturz sind in diesen Sätzen enthalten – es sind auch die Gründe für den Sturz aller auf Eroberung gegründeten Reiche.

Glaubte er auch das, was er damals schrieb? Ganz sicher ist es nicht. Das Jahr 1789, der Höhepunkt des Jahrhunderts der Aufklärung, hatte so große Hoffnungen erweckt, daß er Anlaß hatte zu meinen, die Vernunft würde eines Tages Sitz und Stimme im Forum haben. »Die Herrschaft der Illusion ist für Frankreich vorüber. Man wird Frankreich in seinem Reifealter nicht mehr durch all jene politischen Überlegungen verlocken, die so lange Zeit und auf so beklagenswerte Weise seine Kinderjahre verwirrt und verlängert haben.« [PMTD] Dieser Optimismus wirkt ein wenig naiv bei einem Mann, der es ganz und gar nicht ist.

Unglücklicherweise ist das, was in den Kinderjahren der Völker gesät wird, schwer auszurotten. Zum Beweis dafür mag Frankreich dienen, das acht Jahre später in seinem Reifeprozeß sich durch den genialsten Illusionsverkäufer der Geschichte hat verleiten lassen, einen gewissen Bonaparte, dessen hervorragendster Propagandist Talleyrand selbst wird. Zu gegebener Zeit wird man sich an das Wort »Die Herrschaft der Illusion ist vorüber . . .« erinnern müssen.

Sich selbst ähnlicher ist er, wenn er schreibt: »Frankreich muß also beschränkt bleiben auf seine eigenen Grenzen, das schuldet es seinem Ruhm, seiner Gerechtigkeit, seinem Verstand, seinen Interessen und denjenigen der Völker, die durch Frankreich frei werden.«

Ein großartiges Programm. Welche Vorausahnung des französischen Schicksals! Er wußte schon, daß sein zerrissenes, zerrüttetes Land, das kaum fähig war, sich zu rüsten, um der ausländischen Koalition die Stirn zu bieten, keine Gefahr lief, besiegt zu werden. Nein, es lief Gefahr, siegreich zu sein, so siegreich, daß aus dem politischen Sieg ein Triumph der

Eroberungssucht und Usurpation werden würde. Das war die Gefahr, die er voraussah: so wurde Frankreich »seinem Ruhm, seiner Gerechtigkeit, seiner Vernunft, seinen Interessen untreu und denjenigen der Völker, die durch Frankreich frei wurden«.

Sehr klug und sehr menschlich. Sehr gewandt auch. Zahlreich sind die Schattierungen, mit denen er die Wendung, die er vollzog, kaschierte. Ist er ein Mann der Revolution, oder ist er es nicht mehr?

Der Nationalkonvent gab rücksichtslos Antwort, er verwies ihn auf seinen Platz. Wie erinnerlich, hatte er am 20. April und am 3. Mai 1791 an den König geschrieben. Als der Eisenschrank beschlagnahmt wurde, stellte der Minister Roland das Inhaltsverzeichnis auf und übergab es der Versammlung. Nach Kenntnisnahme der beiden Briefe des Exbischofs von Autun wurde am 5. Dezember 1792 ein Dekret erlassen, das »bestimmte, es solle Anklage gegen Talleyrand-Périgord, vormals Bischof von Autun, erhoben und seine Papiere sollen sofort beschlagnahmt werden«.

Das war schlimm. Der getreue Desrenaudes, der in Paris zurückgeblieben war, um Talleyrands Interessen und sein Ansehen zu verwahren und, wenn nötig, zu verteidigen, gab den Beweis bewunderswürdiger Ergebenheit. Er ließ im »Moniteur« eine kluge und mutige Rechtfertigung des Verhaltens von Talleyrand erscheinen. Er zeigte auf, daß dieser hätte wahnsinnig gewesen sein müssen, gegen die Revolution Partei zu ergreifen, denn alles, was antirevolutionär war, hatte ihm »Haßgefühle, die ihn ehren«, entgegengebracht. Er beteuerte mit Verwegenheit: »Unter all den verräterischen Papieren, die bei dem Ci-devant-König aufgefunden wurden, sehe ich nicht eine einzige Zeile, nicht ein einziges Wort, das er geschrieben hat.« Er wies auf das hin, was Talleyrand geleistet hatte: »Alles gehört zu den reinsten Grundsätzen der Revolution.« Und er schloß hoffnungsvoll: »Ich bin sicher, daß der Nationalkonvent mit Freude vernehmen wird, daß er getäuscht worden ist und daß er immer auf den rechnen kann, den er einen Augenblick lang für verloren gehalten hat.« [L-G]

Talleyrand selbst schrieb an den Konvent, um sich zu entlasten und um seiner unvergänglichen Treue Ausdruck zu geben (das ist hoch gegriffen): »Ich habe nie irgendeine direkte oder indirekte Beziehung zum König oder zu Monsieur Laporte gehabt.« (Weil es der König nicht gewollt hat, sonst . . .) Kurzum, er ersuchte um Rücknahme des Anklagedekrets.

Seinem Brief wurde die Ehre der Veröffentlichung im »Moniteur« vom 24. Dezember 1792 zuteil, doch blieben das tote Buchstaben gegenüber den beiden in den Tuilerien aufgefundenen Briefen. Jetzt ermaß er den wahren Wert der von Danton ausgestellten Reisepapiere.

Der Konvent setzte ihn auf die Emigrantenliste, zusammen mit siebzehn Mitgliedern seiner Familie, darunter »die Frau Talleyrand, Witwe Damas«. Das war seine Mutter. Damit war er wieder auf den ihm gebührenden Platz gestellt, unter die Seinen.

Das Festnahmedekret wurde den Polizeiinspektoren mit der nachstehenden Notiz übergehen: »Der Exbischof von Autun, Taillerand [sic!], der emigriert ist, soll vorhaben, heimlich nach Frankreich zu kommen.« (Da kannte man ihn schlecht, Furcht hatte er nicht, aber vorsichtig war er.) »Bei seinen Verwandten oder möglichen Freunden, bei denen er sich vielleicht verstecken kann, müssen Nachforschungen angestellt werden. Personenbeschreibung des letzten Jahres. Größe: fünf Fuß, drei Zoll.« (In Wirklichkeit fünf Fuß, fünfeinhalb Zoll, das heißt 1,768 Meter.) »Längliches Gesicht« (nicht ganz richtig), »blaue Augen, gewöhnliche, ein wenig aufgestülpte Nase. Taille-rand Périgord hinkt auf einem Fuß, dem rechten oder linken.« Das kann sich der Inspektor aussuchen.

Wie angenehm muß das englische Klima einem Mann vorgekommen sein, über den ein solches Signalement zirkulierte.

So schrieb er auch: »Ich blieb während des ganzen schrecklichen Jahres 1793 und eines Teils von 1794 in England.« Ganz behaglich war ihm indes nicht zumute. Er empfindet das Bedürfnis, sich zu entschuldigen, seinen Aufenthalt bei der englischen Regierung zu rechtfertigen, und er schreibt, daß er »nur hier ist, um des Friedens und der persönlichen Sicherheit teilhaftig zu sein, im Schutze einer Verfassung, die die Freiheit und das Eigentum beschirmt«. Er versichert, keine politische Aktivität auszuüben, das einzige Motive für seine Gegenwart in London sei »der baldige Verkauf einer sehr beachtlichen Bibliothek, die ich in Paris besaß und die ich nach London gebracht habe«. Die englische Regierung dachte sich ihr Teil, sie glaubte nicht allen Beteuerungen eines Mannes, den Lord Grenville als »hintergründig und gefährlich« bezeichnete. Und Lord Grenville gehörte zu den Gemäßigten ...

In der Nähe des Hyde Park, am Kensington Square, hatte er ein kleines Haus gemietet, doch war er nur selten zu Hause. »Hinkende Leute hassen oftmals ihr Heim«, sagt La Fontaine. Er wurde häufig bei einer Malerin, Mrs. Cosway wie auch Mrs. Philipps in Juniper Hall gesehen. Dort trafen sich viele französische Emigranten. An dieses Haus hefteten sich die angenehmsten Erinnerungen. Als er London verließ, schrieb er an Mrs. Philipps: »Lassen Sie mich Ihnen sagen, daß mein Leben lang alle meine Wünsche Ihnen, dem Kapitän, Ihren Kindern gelten werden. Sie werden in Amerika einen ergebenen Diener haben. Ich werde nicht nach Europa zurückkehren, ohne nach Surrey zu kommen, alles, was meinem Geist und meinem Herzen teuer ist, befindet sich dort.«

Und es waren auch Franzosen da ... Es gab, wie man sich denken kann, verschiedene Lager. Die Royalisten, die zuerst emigriert waren, haßten die »Konstitutionellen«, die zuletzt emigriert waren und die als Ursache für alles Übel angesehen wurden. Zu den Gehaßtesten gehörte Talleyrand. Die Royalisten pflegten ihren Groll und ihre Trauer. Da sie nichts anderes zu tun hatten, hofften sie ... Sie hofften auf Rache und fertigten unter sich, wie es auch in Paris geschah, Listen von Verdächtigen an, denen sie alle Folterqualen zugedachten: das wenigste war Rädern, Vierteilen, Scheiterhaufen, Galeere. Talleyrand wurde auf die zweite Liste gesetzt – derjenigen, die gevierteilt werden sollten. Angefertigt hatte die Liste der Graf von Artois. Jener Mann, der Talleyrand Carte blanche gegeben hatte, wollte ihn vierteilen, ihn, dem er dreißig Jahre später den Thron verdankte! Doch das waren nur Hirngespinste, wohingegen in Paris hingerichtet wurde.

Auch die Gruppe der Freunde war zugegen: Narbonne, Mathieu de Montmorency, Beaumetz, Jaucourt, Lally-Tollendal und ... Madame de Flahaut, kärglich untergebracht, fast mittellos. Sie bat Talleyrand um Hilfe, doch er konnte nichts für sie tun, da er selber äußerst eingeschränkt leben mußte. Sie war gekränkt. Madame de Genlis, immer noch mit dem Herzog von Orléans verbunden, die dort mit Mademoiselle d'Orléans, seiner sechzehnjährigen Tochter und ihrem Bruder, Louis-Philippe, Herzog von Chartres, lebte, berichtet, daß Talleyrand Madame de Flahaut später, als sie in der Schweiz war, zwölftausend Pfund angeboten habe. Sie lehnte ab. Man traf auch die Comtesse de la Châtre, von der der Kanzler Pasquier sagte, »daß sie keinen imponierenden Ernst zur Schau trug«. Es schien ihr wohl überflüssig, dem Unglück, das sie betroffen hatte, noch Tristesse hinzuzufügen. Sie lebte bei Jaucourt, ihre Gesellschaft war äußerst angenehm. Alle kannten den Talleyrand jener Zeit, sein hartes Urteil über die Jakobiner, die seine Revolution zuschanden gemacht hatten, seinen ironischen und liebenswürdigen Esprit. Er bedankte sich bei seinen Freunden für die Gastmähler, »deren schätzenswerte Frugalität ihn entzückte«. Sie besaßen kein Geld, aber Witz und Geist.

Schließlich kam ein starker Wind unter ihnen auf, man könnte sagen ein Sturm, ein wärmender, begeisternder, ein bißchen lärmender, ein bißchen taktloser Wind in der Person von Germaine de Staël, die so großzügig, großherzig und intelligent war, daß ihr alles vergeben wurde. Ihr überströmendes Gefühl für Talleyrand brachte die meisten zum Lächeln. Sie wollte ihn der armen Adélaide endgültig entreißen. Sie wurde von Narbonne geliebt, und sie liebte auch Narbonne. Wen hätte sie nicht geliebt? Es war viel Platz in ihrem großen Herzen. Talleyrand ließ sich lieben: er war höflich und zurückhaltend, zu gut erzogen, um seine Langeweile zu zeigen, zu gleichgültig, um Liebe zu zeigen. Germaine fand ihn unübertrefflich. Und er war es auch, denn wer hätte es für möglich gehalten, daß Monseigneur zum Zeitvertreib – oder möglicherweise, um Ruhe zu finden – zum Angeln ging? Er stand stundenlang am Ufer und ließ die Schnur in den Fluß hängen, seine reglose Gestalt spiegelte sich im ruhigen Wasser. Wenn es regnete, blieb er häufig bei Madame de Flahaut. Sie schrieb an ihrem berühmten Roman »Adèle de Senange«. Er drängte sie, ihn zu veröffentlichen, er korrigierte die Druckbogen. Doch war das Leben zwischen den beiden Frauen nicht immer einfach. Madame de Flahaut fühlte, daß »ihr

Herzensgatte« ihr entglitt, Germaine fand, er sei ihrer Rivalin noch nicht genug entglitten. Sie haßten sich natürlich. Germaine rächte sich später, indem sie in ihrem Roman »Corinne« ein kaum sympathisches Bild von Adélaide unter dem Namen Madame d'Arbigny zeichnete. Germaine dichtete ihr eine Sanftheit an, die nur Ränke und Eifersucht verbarg und eine einseitige Leidenschaft für einen jungen, reichen Engländer, der sie abwies. Jeder erkannte darin Adélaides unglückliche Liebe zu Lord Wycombe, der sie nicht mit Talleyrand teilen wollte, während Germaine sich sehr gut zwischen Narbonne und Talleyrand teilen konnte. Daß dieser Mann imstande war, sich mit der Untätigkeit und Dürftigkeit dieses Emigrantendaseins, das dem Leben von Verbannten ähnelte, abzufinden! Wer sich darüber wundert, verkennt einen Wesenszug dieser ungewöhnlichen Persönlichkeit: die außerordentliche Modellierbarkeit seines Charakters, eine Formbarkeit, die für einen Mangel an Festigkeit hätte gelten können. Er findet sich mit allem und jedem ab, seine Geschmeidigkeit, seine Anpassungsfähigkeit sind furchterregend. Wäre er nicht so intelligent gewesen und vor allem von einer so erstaunlich ausgeglichenen Intelligenz, hätte er sich von allen Umständen und Gegebenheiten ohne Hemmung und ohne Skrupel formen und umformen lassen. Aber er besaß Vernunft, Unterscheidungsvermögen, Lebensart und die unzerstörbare Vorstellung, die er von Frankreich hatte, und das bewahrte ihn davor, irgendwer und irgendwas zu sein. Dieser im Moralischen rückhaltlose Mann hat es trotz allem verstanden, aus seinem Leben ein Meisterwerk zu machen.

Germaine las ihren Freunden den Anfang ihres philosophisch-poetisch-politischen Essays vor: »Einfluß der Leidenschaften auf das Glück der Menschen und Nationen.« Das war etwas anderes als der Roman »Adèle de Senange«. Germaines Essay griff in die schrecklichste Gegenwart hinein, alles, was sie an Gedanken und Empfindungen zusammenbraute, war brennend aktuell. Das Glück der Menschen war 1793 das oberste Anliegen aller Welt. Robespierre gab sich in Paris mit unbestreitbarer Folgerichtigkeit und unerbittlichem Eifer damit ab. Auch Germaine wollte zu diesem Jahrhundertwerk etwas beitragen. Talleyrand war hingerissen von der Kraft des Gedankens und der Klarheit des Stils. Germaine schlürfte dieses Lob wie Nektar, denn der es spendete, war berühmt für die Unbeirrbarkeit seines Geschmacks und die Treffsicherheit seines Urteils. Für sie als Verfasserin war es gleicherweise der Lorbeer der Kritik und das Schmeichelwort der Liebe. Sie war außer sich vor Begeisterung und Glück und sehr erregt, weil dieses Glück zerbrechlich war. Die Zuckungen einer aufgewühlten Welt würden, das spürten sie alle, ihre kleine Gemeinschaft auseinanderreißen, würden die einen ruinieren, die anderen töten. Wie schön müssen diese Monate des Exils mit Narbonne und Talleyrand für Germaine gewesen sein, diese behüteten Monate, an die sie ihr Leben lang sehnsüchtig gedacht hat und denen sie die Worte widmet: »Vier Monate, die dem Schiffbruch meines Lebens entgingen.« Der Charme, den Talleyrand ausübte, muß groß gewesen sein. Und doch brachte er sie häufig zum Weinen. Er war ein Spötter. Er war nicht entflammt. Er machte ihr gegenüber so treffende kritische Bemerkungen, daß sie nicht umhin konnte, ihre Schwächen einzusehen ... Doch ihr Naturell war stärker als alles. Wenn sie laut vorlas zum Beispiel, tadelte er sie: »Prosa lesen Sie sehr schlecht, wenn Sie lesen, verfallen Sie in ein Singen, in einen Rhythmus und eine Monotonie, die ganz und gar nicht gut ist. Wenn man Ihnen zuhört, glaubt man stets, Verse zu hören, und das macht einen schlechten Effekt.«

In diesen Bemerkungen ist seine ganze Art enthalten: man darf nicht auf den Effekt abzielen, man muß lesen, wie Herr von Talleyrand spricht. Dann finden die Worte auf geradem Weg zum Hörer und heften sich in sein Denken wie Lichtstrahlen. Der Singsang schläfert ein, der Strahl weckt auf. Es gibt keinen anderen als den aufgeweckten Geist.

Die schrecklichen Nachrichten über den Terror, der in Frankreich herrschte, brachten sein Blut in Wallung. In ihm erwachten die Vorfahren Talleyrand und gaben ihm seltsam heftige Impulse ein: »Ich habe große Lust zu kämpfen, ich gestehe es Ihnen«, sagte er zu Germaine, »ich gebe Ihnen mein Wort, daß es mir ein Vergnügen sein würde, auf diese schrecklichen Schurken einzuschlagen.« Im Mai 1793 kehrte Madame de Staël blutenden Herzens in die Schweiz zurück. Talleyrand war ihr stärker durch den Geist als durch die Sinne zugetan, doch liebte er sie so, wie sie war. Die Trennung verursachte ihnen großen Schmerz. Sie schrieben sich viel, aber die Briefe gingen oft verloren. Germaine beklagte sich darüber. Er beruhigte sie: »Es darf zwischen uns nie von Vorwürfen die Rede sein, denn dazu wird es nie Anlaß geben.« Solche Worte rührten Germaine. Sie antwortete mit Strömen flammender Beteuerungen. Mit einer einzigen Zeile traf er sie ins Herz. Sie war glücklich. Ihrer beider Liebe war ganz durchdrungen von Politik.

Der Untätigkeit überdrüssig, schrieb Talleyrand am 28. September 1792: »Unsere Rolle als ruhige Emigranten kann uns ehrlicherweise nicht mehr lange genügen.« Er befaßte sich mit dem Gedanken, die englische Landung in Toulon zu benutzen, um dort einen Brückenkopf zu schaffen, von dem aus seine Propaganda über die Provence ausstrahlen könne, und dann eine konstitutionelle Monarchie zu errichten. Er hoffte, das jakobinische Frankreich würde sich dem vernünftigen, liberalen und friedlichen Frankreich anschließen. Doch mit wem war eine liberale Monarchie aufzubauen? »Das Haus Bourbon ist ein Haus, das für Frankreich erledigt ist. Daran muß man denken.« [8. November 1792] Merkwürdig, Talleyrand beerdigte die Bourbonen, und sie setzten ihn auf die Liste derer, die gevierteilt werden sollten.

Er wollte England verlassen und in die Schweiz einreisen. Diese gab ihm zu verstehen, daß man keinen Wert darauf lege, ihn bei sich zu empfangen. Er dachte an Florenz. Der Großherzog bat ihn, die Neutralität der Stadt nicht durch sein Kommen zu stören.

Es blieben nur die Engländer.

Er besuchte Lord Lansdowne, den er 1783 bei der Unterzeichnung des Vertrages von Versailles kennengelernt hatte. Dieser Engländer war liberal und den Ideen von 1789 zugetan. Er empfing Talleyrand wie einen Grandseigneur, und Talleyrand bezeigte ihm ein wirklich ungewöhnliches Vertrauen. Über das, was sich in Paris begab, schrieb er ihm am 2. Oktober 1792: »Die Männer, die der Sache der Freiheit treu geblieben sind« (das heißt die von 1789), »trotz der Maske von Blut und Schmutz, die gräßliche Schurken über ihr Antlitz gezogen haben, sind äußerst gering an Zahl.« Und wo sind sie jetzt? Was ist aus ihnen geworden? »Eingepreßt seit zwei Jahren zwischen dem Terror und der Vorsicht, haben die Franzosen Sklavengewohnheiten angenommen, das heißt, sie sagen nur das, was man ohne Gefahr sagen kann. Die Klubs und die Piken töten die Energie, machen die Heuchelei, die Niedrigkeit zur Gewohnheit, und wenn man diese unwürdige Gewohnheit auf das Volk übergreifen läßt, wird es kein anderes Glück erfahren als einen Wechsel des Tyrannen. Von den Führern der Jakobiner, die sich vor den Kopfabschneidern verbeugen, bis zu den ehrenwertesten Bürgern gibt es heute nur eine einzige Kette von Gemeinheit und Lüge, deren erstes Glied sich im Schmutz verliert.«

Das ist ein Gemälde der Diktatur. Eine erschreckende Aussage über das Frankreich von 1793. Und es war ein Vertrauensbeweis, sich Lord Lansdowne gegenüber, der immer sein Freund blieb, so offen auszusprechen.

Er lernte auch den Marquess of Hastings kennen und den Doktor Priestley, bedeutende Männer, die Talleyrand sehr freundlich aufnahmen, zu freundlich im Hinblick auf seine Ruhe und seinen Frieden. Sie standen in heftiger Opposition zu Pitt, und Talleyrand, als zu auffälliger und ziemlich verdächtiger Emigrant, heftete sich zu emsig an diese Persönlichkeiten, um nicht die Aufmerksamkeit der Regierung auf sich zu lenken. Seine Fähigkeiten waren bekannt, und Pitt fürchtete, er könne sie in den Dienst der Opposition stellen.

Die anderen Engländer, mit denen er zusammentraf, waren allesamt befähigte Leute und alle der Revolution von 1789 ebenfalls günstig gesinnt, wie Jeremy Bentham, Canning, ein Sohn Lord Lansdownes, und Henry Petty, den er wiedertraf, als jener Minister in London war und er selber als Botschafter Louis-Philippes zurückkam. Sheridan, der berühmte Verfasser der »Schule der Verleumdung«, gehörte ebenfalls zu seinen Freunden – auch dieser stand in Opposition zu Pitt, wie auch Fox, der glänzende Redner. Als Talleyrand eines Tages an Fox' Tafel zu Mittag aß, bemerkte er zu seiner Überraschung, daß der Redner merkwürdige Handzeichen mit einem jungen Mann wechselte. Ihm wurde gesagt, es sei ein natürlicher Sohn von Fox, und er sei taubstumm. Talleyrand sagte dazu: »Es ist doch seltsam, mit dem größten Redner Europas zu dinieren und ihn einzig mit seinen Fingern sprechen zu sehen.« [L-G]

Er ging nicht immer nur zum Angeln und korrigierte nicht immer nur Adélaides Roman, er schrieb auch. Er arbeitete an einem »Leben des Herzogs von Orléans«. Es wird behauptet, er habe nicht schreiben können und die Arbeit von Beaumetz ausführen lassen. Das Buch wurde nicht veröffentlicht, doch fügte er das Kapitel, das auf Philippe-Egalité Bezug hat, in seine Memoiren ein. Außerdem beschäftigte er sich mit seinen Büchern. Sie verschafften ihm angenehme Gesellschaft, ein erlesenes und geistiges, seiner Natur entsprechendes Vergnügen, wenn er sie betrachtete, mit der Hand über sie hinstrich oder sie las; umgeben von ihnen, spürte er die Last der Verbannung nicht so stark. Sie stellten auch eine Kapitalanlage dar, und was geschehen mußte, geschah: als er in großer Geldverlegenheit war, ließ er seine Bibliothek verkaufen. Die besten Empfindungen sind gelegentlich eine nützliche Quelle. So erhielt er in schwieriger Zeit von den schönen Büchern das Geld zurück, das er in glücklicherer Zeit für sie ausgegeben hatte.

Der Verkauf ging unter ungünstigen Bedingungen vor sich, die Emigranten sabotierten ihn. Das elegante und literarisch interessierte Publikum kam nicht. Er ging in neun Terminen vom 12. bis 23. April 1793 vor sich. Talleyrand schrieb an Madame de Staël: »Heute sind meine Bücher verkauft worden, ich besitze außerhalb von Frankreich im ganzen siebenhundertfünfzig Pfund Sterling. Was nützt das schon?« Er ist enttäuscht, aber nicht niedergeschlagen. Solange diese fünfzehntausend Francs reichen, bleibt er Herr von Talleyrand. Wo aber sind die früheren Pfründen? Die Dollars aus Spanien? Und die Rubel von Simolin?

Das Jahresende 1793 ist trübe. Er vegetiert dahin, man könnte sagen, er hält Winterschlaf. Eine Form jener Klugheit, die bei ihm mehr dem Instinkt als der Überlegung entspringt. Da die Welt so ist und einem Mann seines Ranges keinen Platz zuweist, ist es besser, daß der Mann sich zurückzieht. Denn ein Einzelwesen trotzt der Welt nicht. Der gegenwärtige Zustand wird nicht ewig dauern, denn nichts dauert ewig, vor allem das nicht, was übertrieben ist. Der Konvent und der Terror werden sich sehr schnell verbrauchen, da sie gewalttätig sind. Die Zeit ist mit ihm, sie ist stets sein Bundesgenosse. Im Augenblick ist die wichtigste Frage, ob die fünfzehntausend Francs so lange durchhalten werden wie Robespierre. Der ehrgeizige Talleyrand gehört zu einer seltenen und gefährlichen Gattung: sanft und von grenzenloser Geduld. »Ihre Auffassung über unsere gegenwärtige Lage teile ich völlig«, schreibt er. »Einige Jahre lang nichts anderes tun als leben. Kommt es zu einer Konterrevolution in unserem Sinn, sich hineinbegeben.« (Er spricht nicht davon, sie anzustiften.) »Kommt es zu einer anderen, abwarten.« Diese Worte sind sehr aufschlußreich, sie zeigen, wie passiv er innerlich ist. Er besitzt so etwas wie Fingerspitzengefühl: stets hat er sich von tödlichen Gefahren ferngehalten. Doch zugleich ist es auch eine

Schwäche, die ihm geschadet hat, er hat nie Hauptrollen gespielt. Nie ist er, in keiner Angelegenheit, die einzige Person, das Oberhaupt, der Chef gewesen. Die Hälfte seines Lebens, von Kindheit an, hat er damit verbracht abzuwarten. Warten worauf? Daß sich die Tür des Collège öffnet, daß das Seminar ihn entläßt, daß er die Soutane ablegen kann, daß die Verfassunggebende Versammlung ihn zum Minister ernennt, daß die Kirche ihn verwirft ... und jetzt, daß Robespierre strauchelt und ins Nichts stürzt. Aber er unternimmt nichts, um die Entscheidung zu beschleunigen. Er ist Fatalist und der Meinung, daß seine Stunde kommen und daß sie günstig sein wird. Wenn er sieht, wohin die Strömung fließt, geht er ins Wasser und läßt sich treiben, er hält sich so weit vorn, daß er sie leiten kann. Aber er bestimmt sie nicht.

Weniger lange als befürchtet, wartete er in London. Seine siebenhundertfünfzig Pfund waren fast aufgebraucht. Unter peinvollen Bedingungen mußte er sich aus dem Staube machen. 1794, an einem scheußlichen Januartag, schickte Pitt zwei schwarzgekleidete Herren zu ihm, deren einer ihm kategorisch die Weisung überbrachte, England innerhalb von fünf Tagen zu verlassen. Ebenso kühl gab er zur Antwort, er werde der Weisung nachkommen.

Das war ein harter Schlag. Wohin sollte er ohne Geld, ohne Obdach, ohne Familie gehen? Er war vierzig Jahre alt, seine Laufbahn war vernichtet. Der Bischof: erledigt! Das Mitglied der Verfassunggebenden Versammlung: erledigt! Im entscheidenden Alter, da der Erfolg sich einstellen soll, stand er dem völligen Bankrott gegenüber. Bevor er der Aufforderung Folge leistete, wollte er wissen, woher der Schlag kam und – sofern die Möglichkeit sich bot – verhandeln. Ließ sich das Ministerium auf eine Verhandlung mit ihm ein, war alles zu erhoffen. Er hörte sich um, er wollte wissen, was in der Stadt gesprochen wurde, und teilte es Madame de Staël mit: »Vorwiegend wird gesagt, daß mir aufgrund eines Gesuchs des Kaisers wie des Königs von Preußen die Weisung, das Königreich zu verlassen, erteilt worden ist. Offensichtlich haben der Kaiser und der König von Preußen Furcht vor Leuten, die während des Sommers angeln gehen und während des Winters die Druckbogen eines Romans korrigieren. Damit hat sich dieser tätige Kopf beschäftigt, dessen Aufenthalt in Europa als so beunruhigend empfunden wird.«

Trotz der schmerzlichen Umstände ist die Ironie leicht und elegant, aber er läßt seine Hauptbeschäftigung aus: die Unterhaltung. Morgens schrieb er, nachmittags angelte er, doch abends redete er. Ob bei Lord Lansdowne, ob anderswo, immer war es bei Gegnern der Regierung. Ganz sicher redete er nicht über Nichtigkeiten, und zweifelsohne formulierte er auch einige gute Sätze über die Kunst, das Kabinett zu torpedieren, die dann weitergegeben wurden. Pitt hat sie gewiß nicht ohne Bitterkeit vernommen. Auch ist es durchaus möglich, daß die französischen Emigranten in England die

Emigranten in Koblenz ersucht haben, an den Höfen von Wien und Potsdam vorstellig zu werden, damit diese die Ausweisung Talleyrands aus London verlangten. Sollte es zutreffen, so muß man fragen, ob seine beiden Brüder Archambaud und Boson, seine Mutter und sein Onkel, die sich in Deutschland aufhielten, ihn verteidigt haben? Am 30. Januar 1794 schreibt er an Pitt und bittet um Aufklärung und die Aussetzung der Ausweisungsorder. Er tut es mit Würde. Er erwartet von einem Land, in dem die Gerechtigkeit herrscht, eine Maßnahme der Gerechtigkeit. Er legt dar, wie absurd die Anschuldigung ist, deren Opfer er geworden. Man beschuldigt ihn, ein Revolutionär zu sein, wohingegen der Konvent »ihn als Anhänger des Königtums angeklagt und außerhalb des Gesetzes gestellt hat«, und er fügt hinzu: »Man unterstellt mir die schwarze Undankbarkeit, das einzige gastfreie Land, wo ich mein Haupt niederlegen kann, nicht zu schätzen.« Das war aufrichtig, er hat England stets geliebt, sogar ehe er dem Land Gastfreundschaft verdankte. Doch Pitt meinte, daß das, was Talleyrand am meisten in England liebte, Pitts Gegner wären. Er tat so, als habe er den Brief nicht bekommen. Was solche Art Antwort bedeutete, wußte Talleyrand aus Erfahrung. Seine Lage war hoffnungslos.

Nun aber, angesichts des Unglücks, wird dieser genießerische, träge Mann auf einmal hart und stellt sich der Lage. Mit drei Sätzen an Madame de Staël zeigt er, wieviel Mut er hat: »Im Alter von neununddreißig Jahren« (in drei Tagen, am 2. Februar, wird er vierzig) »beginne ich ein neues Leben, ich hänge zu sehr an meinen Freunden, um andere Gedanken zu nähren.« (Er hatte mithin auch andere Gedanken gehabt. Freitod?) Doch dieser Egoist ist so subtil egoistisch, daß ihn die Fähigkeiten und die zärtlichen Gefühle jener, die ihn mit ihrer Liebe beglücken, und die für ihn die Freude und der Schmuck seines Daseins sind, an das Leben fesseln. »Außerdem muß ich vernehmlich sagen, was ich gewollt, was ich getan, was ich verhindert und was ich vermißt habe. Ich muß zeigen, wie sehr ich die Freiheit geliebt habe, die ich noch immer liebe, und wie sehr ich die Franzosen verabscheue.«

Das Bekenntnis klingt nicht so, als käme es von einem Verzweifelten, keineswegs. Sein Ideal ist die Freiheit. Die Franzosen wollen sie nicht, sie haben sie verbannt, sie haben lieber eine Diktatur auf sich genommen, die die Rinnsteine mit ihrem eigenen Blut füllt. Die Gefängnisse quellen über, und die eine Hälfte der Franzosen denunziert die andere. Das meint er, wenn er schreibt: »Ich verabscheue die Franzosen.« Er hat nicht gesagt Frankreich. Er hat auch nichts gegen die Engländer gesagt, die ihn ausweisen. Vielsagendes Schweigen!

Er ist sich schlüssig geworden, als neues Exil wählt er Amerika.

Diese Entscheidung bringt Schwierigkeiten mit sich: vierzig Tage Seefahrt unter äußerst unangenehmen Bedingungen. Für einen ehemaligen verwöhnten Abbé bedeutet das eine beträchtliche Anstrengung. Was erwartet ihn in Amerika? Sicherlich nicht die zu ihm passende Gesellschaft, die er, wie in London, in jeder anderen europäischen Hauptstadt vorgefunden hätte. Doch die Emigranten in London waren ihm so unsympathisch geworden, daß er ihnen in »die Savannen der Neuen Welt« entfliehen wollte. Und schließlich lag noch ein anderer Grund vor, der von seiner tief eingewurzelten Liebe zu Frankreich getragen war: er wollte nicht die Gastfreundschaft eines Landes annehmen, das mit seinem Vaterland im Krieg lag. Mit Amerika war Frieden. Diesem edlen Gefühl ist natürlich ein anderes beigesellt: Welche Einnahmequellen eröffnete ihm diese neutrale und liberale Republik? Er reiste arm ab, ärmer als er es je gewesen war, aber er nahm sich vor, es so kurze Zeit wie nur möglich zu bleiben. Vor seinem Weggang nahm er Verbindung zu verschiedenen Londoner Bankiers auf, und da ihn politische Probleme ebenso stark interessierten wie finanzielle, war diese im Aufbau begriffene Demokratie wichtig für ihn. »Wenn man politische Ideen studiert, muß man dieses Land sehen.« Mutig nimmt er das Abenteuer auf sich.

Ohne Klagen erbringt dieser Mann, der als weich und lässig gilt und der es in der Tat ist, bei dieser Gelegenheit den Beweis des Gegenteils. Indes sind fünf Tage zur Vorbereitung eines solchen Abenteuers doch etwas wenig. Er bittet Pitt um einen Aufschub bis zum 15. Februar. Er belegt zwei Plätze auf der »William Penn«, die an diesem Tag nach Philadelphia auslaufen soll. Er reist mit Beaumetz, seinem Freund aus der Konstituante, und seinem Kammerdiener Courtiade. Er trägt einen Wechsel über 8377 Dollar bei sich. Madame de Flahaut wird in London als Poststelle fungieren. Er bittet alle seine Freunde, ihm unter der Adresse der lieben Adélaide recht häufig zu schreiben, sie wird ihm alle Briefe ... selbst die von Germaine de Staël nachsenden. Der Aufschub dehnte sich über einen Monat aus, das Schiff war vorher nicht bereit. Am 1. März 1794 schrieb er endlich an Germaine einen Brief, der durchaus sein letzter hätte sein können, denn die Überfahrt nach Amerika war für manche Leute oft genug die Reise ins Jenseits. Unter Tränen las sie: »Das ist nun der letzte Brief, den ich aus London schreibe, morgen bin ich auf meinem Schiff. Jetzt vor dem Aufbruch, meine liebe Freundin, bitte ich Sie, daran zu denken, daß die einzige Freude, die mir zuteil werden kann, der Empfang Ihrer Briefe sein wird.« Er bittet sie, in der Nähe von Coppet am Genfer See einen Platz zu suchen, an den er eines Tages zurückkehren, wo er sich niederlassen und bei ihr leben könne. »Aber sorgen Sie dafür, liebe Freundin, daß wir nicht länger als ein Jahr getrennt bleiben. Adieu, teure Freundin, ich liebe Sie von ganzem Herzen.«

Sie suchte das unmöglich zu findende Obdach. Der Lauf der Dinge in Europa gestattete ihr nicht, es in einem Jahr, auch in zweien nicht, zu finden. Doch als er zurückkehrte, tat seine liebe Germaine etwas viel Besseres: sie öffnete ihm die Schatzhöhle Ali Babas. Geduld ...

Mgr. d'Autun erforscht die Wälder, die Prärien und die Banken der Neuen Welt

Vorerst hatte Talleyrand schrecklich unter Seekrankheit zu leiden. Das Schiff geriet im Ärmelkanal in einen fürchterlichen Sturm, beinahe wäre es an der französischen Küste gestrandet. Das hätte entweder Tod durch Ertrinken bedeutet oder Festnahme und Schafott. Das Schiff mußte Falmouth in Wales anlaufen. Da es sehr beschädigt war, mußte es kalfatert werden. Talleyrand ging an Land und machte die Bekanntschaft eines merkwürdigen Mannes: des amerikanischen Exgenerals Arnold, der während des Unabhängigkeitskrieges zu den Engländern übergetreten war, deshalb daheim zum Tode verurteilt wurde und nun in der trostlosen Einsamkeit dieser walisischen Ortschaft lebte. Der Reisende konnte einige Überlegungen anstellen über das Schicksal eines Mannes, dem zu spät klargeworden war, daß man nicht ungestraft zum Feind überlaufen kann.

Die Überfahrt dauerte siebenunddreißig Tage. Die ersten beiden Wochen waren gräßlich, danach ging alles besser. Die vollkommene Einsamkeit, die Unermeßlichkeit des Himmels und des Meeres verschafften ihm eine nie gekannte Heiterkeit. Eine ungeheure Entdeckung für einen Mann, der gar kein Naturgefühl hatte und bisher nur in der überfeinerten Zivilisation gelebt hatte. Er empfand die Ausgeglichenheit als so wohltuend, daß er, als das Schiff in die Delaware-Bucht einfuhr, wünschte, die Reise würde noch weitergehen. Daher ließ er bei einem Schiff, das sie kreuzten und das auf der Fahrt nach Kalkutta war, anfragen, ob Platz für ihn an Bord wäre. Die Meere des Südens! Eine Reise ohne Ende! Da er zum »Warten« gezwungen war, warum nicht? Sollte er sich etwa nicht zwischen Himmel und Meer wiegen lassen, anstatt neuen Menschen gegenüberzutreten in einem Land, das ihm nichts bedeutete? Diese Sehnsucht war so etwas wie ein Gegenstück zu seinem passiven Temperament, das der Verlockung eines Abenteuers zur See, der trägen Monotonie der milden und ruhigen Ozeane nachgab...

Über ästhetische Eindrücke verliert er kein Wort. Weder die gewaltige Schönheit eines Sturms noch die wilden Wolken am Himmel oder die blaugrünen unermeßlichen Wasserfluten vermochten seine Feder in Bewegung zu setzen.

Da kein Platz nach Kalkutta frei war, ging er in Philadelphia an Land, was ihn völlig gleichgültig ließ.

Drei Jahre zuvor war Chateaubriand am gleichen Ort gelandet und hatte seinen Falkenblick umherschweifen lassen. Aufgrund einiger vorgefaßter starrer Ideen war er »schockiert« gewesen, »überall luxuriöse Equipagen anzutreffen, leichtfertige Unterhaltungen, die Ungleichheit der Vermögen, die Unmoral der Bank- und Spielhäuser, den Lärm der Ball- und Theatersäle«.

Talleyrand ist in seinem Urteil unendlich viel maßvoller und wahrscheinlich gerechter. Aber Begeisterung äußert auch er nicht: sein klarer und kühler Blick nimmt alles wahr, aber er richtet nicht. Er wartet ... »Ich traf hier ein voller Widerwillen den neuen Dingen gegenüber, für die im allgemeinen die Reisenden sich interessieren. Ich mußte mich anstrengen, um ein bißchen Neugier in mir zu erwecken.« [PTEU] Talleyrand – oder der Antitourist.

Allerdings hatte die Stadt nichts Anziehendes. Ganz in Backstein, eine Straße wie die andere, wie mit dem Winkelmaß gezogen, alle Häuser wie aus derselben Form gegossen. Was aber den Schüler Montaignes, La Fontaines und Voltaires interessierte, war das Menschliche, die Gesellschaft, die Gesetze, das Geld. Für ihn war Amerika vor allem das, was im Blick der Amerikaner zu lesen war. Er schrieb an Madame de Staël: »Hier habe ich unter Menschen, die ich nicht kannte, Blicke voller Wohlwollen entdeckt, wie ich ihnen lange nicht begegnet bin.« Ein Land ohne Haß! Herr von Talleyrand hatte eine wundervolle Entdeckung gemacht.

Es dauerte nicht lange, und er stieß wieder auf Haß, bei den Franzosen. Lord Lansdowne hatte ihm ein Empfehlungsschreiben für George Washington mitgegeben. Es handelte sich nicht um eine banale Empfehlung, die Elogen waren abgewogen und präzis. Äußerst freundschaftliche Beziehungen wurden angeknüpft zu den vornehmsten Bürgern, wie zum Beispiel zu Hamilton, dem Finanzminister, der sich erbot, Washington das Einführungsschreiben zu übergeben. Es wurde allgemein erwartet, daß Talleyrand eine Einladung des Präsidenten der Vereinigten Staaten erhalten würde. Der damals unbekannte Chateaubriand war von ihm empfangen worden. Leider war dies bei Talleyrand nicht der Fall: er war eher zu bekannt. Sein Ruf war über den Ozean gedrungen: man entsann sich der Briefe von Morris. Der Leumund des Bischofs war nicht ausgesprochen schlecht, doch Washington war auch über das Privatleben des Besuchers genau unterrichtet: davon hatte sich der Präsident der Vereinigten Staaten eine abträgliche Vorstellung gemacht. In Frankreich verzieh man ihm seine Mätressen, nicht aber seine Börsenspekulationen. In Amerika hätte man seine finanziellen Talente eher bewundert, nicht aber seine moralischen Ausschweifungen. Die Moral hat ihre Launen, sie ändert sich mit dem Klima. Jedenfalls war Talleyrand hier wie dort verrufen. Es war ihm nicht vergönnt, an Washingtons Tafel zu speisen.

Möglicherweise hätte der Präsident, der von Hamilton besser informiert wurde, seine Voreingenommenheit revidiert. Doch Talleyrand hatte nicht nur die Puritaner gegen sich, sondern auch die Jakobiner, die nun die Französische Republik bei Washington vertraten und ganz und gar dagegen waren, daß ein Emigrant vom Präsidenten empfangen wurde. Der Chef der Vertretung, Joseph Fauchet, kam aus dem Wohlfahrtsausschuß und hätte, wenn es ihm möglich gewesen wäre, eine Zweigstelle des Wohlfahrtsausschusses in New York zu gründen, sie gern mit dem abgehackten Kopf des vormaligen Bischofs von Autun eröffnet. Talleyrands Ankunft wirkte auf die diplomatische Vertretung niederschmetternd.

Fauchet zitterte vor Furcht, und bekanntermaßen erweckt Furcht ingrimmige Gefühl. Am 15. Juni 1794 schrieb er nach Paris. Bemerkenswert ist der Stil des lächerlich ängstlichen Schreibens. »Es besteht ein teuflischer Plan. Was bedeutet er? Ich weiß es nicht. Aber die Urheber sind bekannt ... Versuchen Sie, sich die Schrecken vorzustellen, die gegen die Republik ausgeheckt werden, Beaumetz und Talleyrand sind mit einer Empfehlung von Lord Lansdowne in Philadelphia ... Sie sind zum Essen in alle besseren Häuser eingeladen worden ... Ich habe die Falle erkannt und habe erwidert, daß ich die beiden äußerster Schamlosigkeit für fähig halte, allerdings nicht in einem solchen Maße, daß sie den Vertreter einer Nation besuchen würden, die sie verraten und an den Despotismus verkauft haben.« (Als wenn Talleyrand Frankreich verraten hätte oder etwa die Revolution, an der er beteiligt war, die Revolution der öffentlichen Einrichtungen, der Gesetze, der Menschenrechte!) »Monsieur Hamilton wünschte, die Ankömmlinge sollten dem Präsidenten der Vereinigten Staaten vorgestellt werden. Ich bin dem Streich, über den ich rechtzeitig unterrichtet worden war, zuvorgekommen und habe ihn abgewehrt. Ich bin fest geblieben, und schließlich hat Washington schriftlich zur Antwort gegeben, er würde sie weder öffentlich noch privat jemals empfangen.« Ein schöner Sieg des Wohlfahrtsausschusses über Herrn von Talleyrand und den Präsidenten zugleich! Fauchet ist noch nicht befriedigt, er ist vom Verfolgungsfieber gepackt. »Die von ihnen zustande gebrachte Verschwörung ist vielleicht die ausgedehnteste und am geschicktesten angezettelte aller Verschwörungen, die gegen die Freiheit und demzufolge gegen das Glück der Völker unternommen wurden. D'Autun und Beaumetz möchten sich gern Monroes bemächtigen, des neuen Gesandten der Vereinigten Staaten bei der Französischen Republik ...« [PTEU]

Genug von diesen Narrheiten ... Talleyrand kümmerte sich überhaupt nicht darum. Er kümmerte sich darum, Geld zu beschaffen. Er war völlig mittellos, und es ist unschwer zu verstehen, daß diese Sorge alles andere in den Schatten stellte.

Die Ausweisung aus England hatte ihn von der Neigung geheilt, in einem Gastland zu politisieren. Wenn er wichtige Leute besucht, tut er es nicht, um sich in Regierungsgeschäfte einzumischen, sondern um sich bei seinen Geschäften helfen zu lassen. Er verhielt sich wie immer in solchen Fällen, er bewahrte Schweigen über die Kränkung, die Washington ihm zufügte – und diese Haltung bewog den Präsidenten, als er an Lord Lansdowne schrieb, um seine Absage zu erklären, zu den Worten: »Ein Mann seiner Wesensart, mit diesen Talenten und Verdiensten ausgestattet, ist dazu geschaffen, sich stets über die flüchtigen Ungelegenheiten zu erheben, die in Revolutionszeiten sich aus politischen Meinungsverschiedenheiten ergeben.«

In bezug auf einen verrufenen, einen »verachteten« Mann liegt viel Achtung in dieser Beurteilung. Um dem Gesetz des Landes Genüge zu tun, leistete er am 19. Mai 1794 einen Eid »loyaler Treue gegenüber der Republik von Pensylvanien und den Vereinigten Staaten von Amerika«.

Er hatte bereits einige Verbindungen am Ort geknüpft. Eines Tages bekam Moreau de Saint-Méry, Abgeordneter der Insel Martinique in der Konstituante, der nach Philadelphia emigriert war, in seiner Buchhandlung den Besuch zweier Männer, die ihn umarmten: Talleyrand und Beaumetz. Sie nahmen ihren früheren Kollegen aus der Verfassunggebenden Versammlung mit zum Essen. Drei weitere Franzosen stießen zu ihnen: der Marquis de Blacons, Abgeordneter des Dauphiné, der berühmte Vicomte de Noailles und Omer Talon, Abgeordneter von Chartres. Dieser Gruppe schlossen sich ferner an der Herzog von La Rochefoucauld-Liancourt, den Talleyrand sehr schätzte, ein gewisser La Colombe, ehemaliger Adjutant von La Fayette, der berühmte Globetrotter Volney, Verfasser der »Ruinen« und der »Reise nach Ägypten«, und ein unerträglicher Schwätzer mit Namen Demeunier, der stets nur von sich sprach und von dem Talleyrand sagte, er habe aus dem Wort moi [ich] zwei Silben gemacht, indem er es mo-ah aussprach.

Der Treffpunkt war Moreaus Buchhandlung in der First Street, Nummer 84. Die Zusammenkünfte waren laut und fröhlich. Die Männer krakeelten wie Schüler zwischen den Bücherregalen, knufften und pufften sich, schrien und sangen, bis die Leute auf der Straße aufmerksam wurden. Moreau schenkte Madeira ein, Talleyrands Lieblingswein. Das Getränk war sicherlich die Ursache des Lärms. Blacons neckte Talleyrand, sprach ihn mit Monseigneur an und erinnerte ihn an die Soutane. Dic anderen prusteten vor Lachen. Talleyrand – wer hätte es gedacht? – besaß ein wirksames Mittel, sich zu rächen, er teilte »Manschetten« aus, das heißt Schläge mit dem Handgelenk. Und des Bischofs Handgelenke waren aus Eisen. Moreau mußte seine Freunde des öfteren zur Ordnung rufen, denn ihr Spektakel vertrieb ihm die Kundschaft. Moreau und Talleyrand schlossen enge Freundschaft, sie faßten den Plan, sich in Louisiana niederzulassen. Solche Pläne glichen Träumen ... In London hatte Talleyrand seinen Kreis von Frauen gehabt, Salons, ein mondänes Leben, kurzum, »das Leben«. In Philadelphia nichts dergleichen, doch nach und nach ließ er sich gefangennehmen vom liebenswürdigen und einfachen Milieu der Familie Moreau. Merkwürdig ist dieses Bedürfnis, ein Nest zu finden – wahrscheinlich eine ungestillte Sehnsucht, aus seiner freudlosen Kindheit stammend. Blieb er zum Nachtessen in der Wohnung der Moreaus, die sich über der Buchhandlung befand, konnte er sich nicht losreißen. »Er ging erst, wenn meine Frau zu ihm sagte: Sie können morgen bis Mittag in Ihrem Bett faulenzen, während Ihr Freund um sieben Uhr in der Frühe seinen Laden aufmachen muß.« [L-G]

Unter anderen Umständen hätte er diese Familie nie kennengelernt. Er schloß sich ihr an, er liebte die einfachen Abende und die herzlichen Leute.

In solchen kleinen, unformellen Kreisen war seine Gesellschaft sehr geschätzt. Er war ein unvergleichlich amüsanter Plauderer. Er konnte gut erzählen und die Unterhaltung in Fluß bringen. Er verstand es aber auch, das Lächerliche anzuprangern, sein Spott war spitz wie ein Pfeil. Ein Freund von ihm, Pontgibaud de Moré, berichtet indessen, daß »trotz seiner Liebenswürdigkeit Talleyrand in der Gesellschaft von Philadelphia nicht den Erfolg errang, der ihm aufgrund der Gewandtheit seiner Rede und seiner Umgangsformen eigentlich zukam. Die zynische Verachtung ihres Gastes gegenüber der Meinung Amerikas schockierte in höchstem Maße.« Der bürgerliche, puritanische Konformismus vermochte sich nicht abzufinden mit dem freien Geist eines Grandseigneurs, und die Gewandtheit seiner Rede verschlimmerte alles nur, sie trug ihm den Vorwurf der Frivolität ein.

Aber niemand und nichts konnte ihn daran hindern zu sein, was er war, die Puritaner von Philadelphia waren genauso ohnmächtig wie die Jakobiner von Paris. Das Ärgernis, das er erregte – obgleich in die Formen des Anstands verpackt –, setzte nichtsdestowengier den gehobenen Kaufmannsstand, die Banken und die Geschäfte von Philadelphia in Erstaunen, vor allem, wenn der Exbischof von Autun, Nachfahr der Grafen von Périgord, mit völlig natürlicher und lächelnder Miene vor der Nase und unter den Augen der Quäker und Quäkerinnen spazierenging und dabei eine prächtige, vor Freude und Flittergold strahlende Negerin am Arm führte. Ein Schauspiel, das 1794 mitten in Philadelphia gewiß sehenswert war.

Selbst sein Hund erregte Aufsehen. Talleyrand war ein Hundefreund. Stets hatte er einen bei sich. Man erinnere sich der kleinen Hündin, die seine violette Soutane zerreißen wollte. Der Hund, den er in Philadelphia besaß, war so gut dressiert, daß er an der Tür läutete, wenn er von seinen Ausflügen zurückkam, und Monseigneur machte ihm auf – sofern es nicht Courtiade tat, der getreue Kammerdiener. Machte ihm niemand auf, lief der Hund zu der Negerin, wo er seinen Herrn zu finden hoffte. War auch dort niemand anwesend, hob er mit der Schnauze den Riegel hoch, ging hinein und legte sich auf Doudous Bett. Er wußte, daß sein Herr irgendwann kommen würde. So erzählte man es sich in Philadelphia.

Aber die Negerin und der Hund, die die brave Stadt schockierten, waren nicht Talleyrands Lebensinhalt. »Keineswegs besorgt über die Gegenwart und noch weniger über die Zukunft, betrieb er Spekulationsgeschäfte«, sagte Moré, »er scherte sich um nichts und niemanden.« Moré irrte sich. Talleyrand dachte an die Zukunft, an eine Zukunft, in die er seine Freunde, die Freunde, von denen er getrennt war, mit einschloß. Die Zukunft, das hieß wieder mit ihnen zusammen sein und mit ihnen ein üppiges, aller materieller Sorgen lediges Leben führen. »Ich beschäftige mich nur mit den Gedanken, wie ich wieder mit ihnen zusammenkommen kann, um sie nie wieder zu verlassen, um mit ihnen zu leben, unabhängig von der übrigen Welt, und mit einigen Freunden ein kleines Universum zu bauen, das nur uns gehört und undurchdringlich ist für alle die Verrücktheiten, alle die Bösartigkeiten, die unser elendiges Europa beherrschen . . .«

Das wahre, das echteste Gefühl Talleyrands zeigt sich, wenn man den Brief weiterliest. Es ist der Talleyrand der Abendgesellschaften mit Freunden. »Mein fortgeschrittenes Alter« (er war vierzig Jahre alt!) »und eine Revolution erlauben mir gefühlvolle Äußerungen, die ich zu anderer Zeit nie zu tun gewagt hätte. Nehmen Sie mit Freundschaft die Versicherung einer Zuneigung entgegen, die Ihnen zu aller Zeit, in allen Ländern, in allen Lebenslagen folgen wird. Bitte schreiben Sie mir; viele Namen sollen in Ihren Briefen vorkommen, und vor allem möge Madame de Valence [Tochter von Madame de Genlis] einen bevorzugten Platz in ihnen haben. Ich wünschte sehr, Ihre Verhandlungen könnten dazu führen, daß Sie eher nach Dänemark als in irgendein anderes Land ziehen. Das ist das Königreich in Europa, in dem ich mich höchstwahrscheinlich niederlassen werde. Jedoch habe ich noch keine Entscheidung getroffen. Fest steht, daß ich während des ganzen Krieges in Amerika bleiben werde.« [G]

Um »dieses kleine Universum, das nur uns gehört«, zu schaffen, war viel Geld nötig. Es sollten Schlösser dazu gehören, Parks, Stallungen, Wagen, Gemäldegalerien, Bibliotheken sowie verschwiegenes und gutgeschultes Personal. Um unabhängig zu werden von Dummheit und Böswilligkeit, muß man reich sein. Es ist die ewig gleiche Melodie: Talleyrand weiß sehr wohl, daß alles vom Geld abhängt, selbst die Träume. »Ich bin damit beschäftigt, mir wieder ein Vermögen zu schaffen, und ich lege viel Tatkraft da hinein, die beflügelt wird von dem Gedanken an die erhoffte Verwendung.« Die Hoffnung auf »das kleine Universum« voller Freundschaft, Intelligenz, Luxus und Freiheit gab ihm eine ungeheure Energie. Er ist entschlossen, »Dollars zu machen«. Wie stellte er es an? Folgen wir seinen Schritten.

Talleyrand fragte einen Bürger des Staates Maine: »Wenn Sie nach Philadelphia gingen, würde es Ihnen Freude machen, den General Washington zu sehen?« Worauf der andere antwortete: »Ja, gewiß, aber vor allem würde ich Mr. Bingham gern sehen, von dem es heißt, er sei sehr reich.«

Die Vorstellung, daß Geld gesellschaftliche Stellung und Rang einbringt, verblüffte ihn. Er selber benötigte kein Geld, um in der Gesellschaft anerkannt zu werden: er war anerkannt durch seine Geburt. Und was den Rang angeht, wäre er durch seine Geldbedürfnisse eher in Schwierigkeiten geraten. Er liebte das Geld, um es auszugeben. Je reicher man ist, desto mehr gibt man aus. Die Amerikaner liebten das Geld, um noch mehr Geld zu erwerben; je reicher man ist, desto mehr bereichert man sich, meinten sie.

Ihre Auffassung hielt er für anstößig. Noch gegen Ende seines Lebens sagte er zu Barante: »Sprechen Sie nur nicht von jenem Land, in dem ich niemandem begegnet bin, der nicht bereit gewesen wäre, seinen Hund zu verkaufen.«

Er lebte vom Geld, aber nicht für das Geld.

In diesem Sinne schrieb er am 12. Mai 1794 an Madame de Staël: »Mein Verstand sagt mir, daß ich mir wieder etwas Vermögen schaffen muß, damit ich nicht in dauernde Abhängigkeit gerate, wenn ich alt werde. Dieser Gedanke beschäftigt mich. Doch habe ich bis auf den heutigen Tag nichts Richtiges entdeckt. Hier ist viel Geld zu erwerben, aber nur für Leute, die bereits Geld besitzen.« [PTEU]

Daß er in Amerika kein Vermögen erworben hat, beruht nicht darauf, daß er nicht gewußt hätte, wie er es anstellen solle, noch war es ein Mangel an Spürsinn oder an kaufmännischem Verstand (es wird noch deutlich werden, daß er ihn reichlich besaß), sondern es fehlte ihm an Kapital. Er hat für Banken gearbeitet, er war nur Kundenwerber, nicht Kapitalist. Er wußte, was man tun mußte: spekulieren mit Grund und Boden und mit Handelsware. Er tat es für Leute, die Geld hatten, er selber mußte sich mit Provisionen zufriedengeben. »Hier gibt es mehr als anderswo Mittel und Möglichkeiten, sich ein Vermögen zu schaffen. Ich bin imstande, Kommissionsgeschäfte mit Europa zu tätigen, und alles, was mir übertragen wird, ist sehr nützlich für mich« (4. August 1794). Er drängte vor allem Madame de Staël, denn sie war die Tochter von Necker, einem der reichsten Männer Europas. Sie, ihr Vater und ihre Freunde kamen in Betracht, Geld in amerikanischem Grund und Boden anzulegen oder mit Handelswaren zu spekulieren, die in Europa von ihnen aufgekauft und an Talleyrand geschickt wurden, der sie mit zweihundert Prozent Gewinn weiterverkaufen würde. »Es wäre töricht, hier zu sein und sich nicht eine Existenzgrundlage zu schaffen, die vor dem Wandel der Ereignisse sicher ist, und in kurzer Zeit viel Geld zu erwerben, sei es durch Kommissionsgeschäfte mit Handelswaren, mit denen ich beauftragt werde, sei es durch Geldgeschäfte oder durch Aufträge, Land aufzukaufen.«

Schließlich verschrieb er sich der Bodenspekulation, indem er sich mit Cazenove zusammentat, dem Vertreter der Bank »Holland Land Company«, und der Gesellschaft »Pennsylvania Population Company«. Cazenove brachte ihn mit Robert Morris zusammen, einem sehr reichen und skrupellosen amerikanischen Spekulanten. Durch Fauchet, den Vertreter des Wohlfahrtsausschusses in Amerika, der jeden Schritt des dollarbedürftigen Bischofs überwachte, sind wir über die verschiedenen Unternehmungen Talleyrands unterrichtet.

Er versuchte, ihm zum Verkauf anvertrautes Terrain bei französischen Emigranten unterzubringen, die ein neues Leben in Amerika anfangen wollten. Die amerikanischen Makler hatten bei den englischen, holländischen und französischen Banken einen schlechten Ruf. Durch die Gründung einer europäischen Gesellschaft für Werbung und Verkauf hoffte man daher, das Vertrauen der europäischen Kundschaft zu gewinnen. Fauchet sah darin ein antipatriotisches Unternehmen, denn die Franzosen flüchteten aus Frankreich unter Mitnahme von Gold, das sie in Amerika investierten. Eine ähnliche Gesellschaft war bereits vorhanden: »Asylum«, der Name war für die Emigranten bereits eine Art Appell, gegründet von Noailles und Omer Talon, wurde sie finanziert von Robert Morris. Talleyrand und Beaumetz kamen etwas spät, doch es gelang ihnen, die riesigen Flächen jungfräulicher Erde zu verkaufen, die Knox, dem Kriegsminister, gehörten; dieser hatte sich Gelände, soviel er nur wollte, in dem erst halb erforschten Staat Maine angeeignet.

Während seines fünfundzwanzig Monate dauernden Aufenthalts in Amerika verwandelte sich Monsieur d'Autun somit in einen Immobilienmakler und Geländeprospektor. In den Jahren 1794 und 1795 hätte man – sofern man mutig genug gewesen wäre, ihn zu begleiten, wie Courtiade, sein Kammerdiener, und Beaumetz – den vierzigjährigen hinkenden Mann, der einst gepudert und parfümiert, der träge und ein Nachtschwärmer gewesen war, in Urwälder eindringen sehen können, in Wälder mit Schlingpflanzen, Gestrüpp und den hochaufgetürmten gigantischen, vor Altersschwäche umgestürzten Bäumen, und man hätte sehen können, wie der Fremdling sich mit der Axt in der Hand einen Weg bahnte und dabei manchmal in heimtückischen Morast einsinkt.

Was hätten die Damen Laval, Brionne und Flahaut gesagt, wenn sie ihrem Liebhaber beim Durchwaten übelriechender Moore und in dornenzerfetzten Kleidern begegnet wären? Am meisten überrascht wäre Gouverneur Morris gewesen; er ahnte bestimmt nicht, daß der Prälat, der Adélaides Bett angewärmt hatte, mit größter Ungezwungenheit auch fähig war, die wilden Landstriche von Massachussetts mit der Axt in der Hand zu erforschen. Er wußte eben nicht, aus welchem Stahl die Talleyrands gemacht waren.

Wozu aber dieser strapaziöse Tatendrang? Wozu? Weil Talleyrand redliche Geschäfte machen wollte. Ehe er europäischen Käufern, die sich auf sein Wort verließen, Land verkaufte, wollte er die Beschaffenheit des Bodens feststellen und die Begrenzung markieren, wodurch er sich von manchen amerikanischen Maklern unterschied, die unzugängliches Gelände und Sümpfe verkauften oder Terrain, das bereits verkauft war – zuweilen auch Ländereien, die überhaupt nicht vorhanden waren.

Einige Provisionen flossen Talleyrand auch in seiner Eigenschaft als Berater der Londoner Bank Chollet & Bourdin zu. Er gab Auskunft über den Bedarf oder Überfluß an Geld, den Wechselkurs, den Überfluß oder die Knappheit irgendeiner Ware auf dem Markt von Philadelphia. Er teilte Germaine (sprich Necker) mit, daß es ratsam wäre, sich bei jeder finanziellen Transaktion in Amerika mit der Bank Maillard Seton & Company in London in Verbindung zu setzen, und zwar durch die Vermittlung – man staune! – des Abbé Desrenaudes. Ein wirklich unersetzlicher Generalvikar! Allezeit treu, allezeit in Paris auf dem Posten, während die Guillotine mit ihrem unheilvollen und unermüdlichen Klicken den Rhythmus des großen Terrors skandierte. Desrenaudes war das Auge und Ohr von Monseigneur: er hielt ihm einen Platz warm in Hinblick auf ... die Zukunft.

Die geschäftlichen Unternehmungen hinderten Talleyrand jedoch nicht, die Größe, Weite und Eigenart des Landes zu erkennen und zu bewundern. Über eine Reise schreibt er in seinen Memoiren:

»Ich begegnete einer völlig rohen, wilden Natur, Wäldern, die ebenso alt waren wie die Welt; Überreste von Pflanzen und altersschwachen Bäumen bedeckten den Boden, der sie unbestellt hervorgebracht hatte; Schlingpflanzen erschwerten uns oft das Weiterkommen; ich sah Flußufer, bedeckt mit frischem und kräftigem Grün, und manchmal große Strecken natürlicher Prärien, an anderen Stellen auch Blumen, die mir bisher unbekannt waren.«

In den amerikanischen Häusern bemerkt er einen auffälligen Mangel an Geschmack. Nicht Armut erstaunt ihn, sondern Häßlichkeit, das Fehlen jeglicher Harmonie sowie Gleichgültigkeit gegenüber der Bequemlichkeit, verstärkt noch durch einen Hang zum Kitsch. Zum Beispiel im Milieu einer dürftigen Inneneinrichtung plötzlich ein völlig unnützer, unpassender und sehr teurer Gegenstand oder ein protziges Möbelstück. In Ohio verblüffte es ihn, in einer Blockhütte ein prächtiges Klavier mit auffallenden Bronzebeschlägen vorzufinden. Beaumetz wollte es öffnen und darauf spielen. Er wurde gebeten, es nicht zu berühren, das Klavier war unbrauchbar. Der Klavierstimmer wohnte vierhundert Kilometer entfernt.

Auf einer Rundreise im September begegnete er in Troy, in der Nähe von Albany, einer jungen Frau, die er als Kind gekannt hatte, es war Mademoiselle Dillon, die Nichte von Mgr. Dillon, des Erzbischofs von Narbonne. Sie hatte den Marquis de La Tour du Pin-Gouvernet geheiratet. Das Ehepaar war emigriert und versuchte, durch Kultivierung amerikanischen Bodens seinen Lebensunterhalt zu bestreiten. Die Marquise war mit ebensoviel Mut wie Anmut dabei, ihr Gewerbe als Farmerin auszuüben. Als Talleyrand in den Hof trat, sah er, wie sie mit dem Beil in der Hand den Knochen aus einer Hammelkeule hieb, die sie braten wollte. Sie selbst beschreibt die Szene: »Plötzlich ließ sich hinter mir eine laute Stimme vernehmen. Es sagte jemand auf französisch: ›Mit größerer Würde kann man eine Hammelkeule nicht zurichten.‹ Ich drehte mich rasch um und erblickte Herrn von Talleyrand und Herrn von Beaumetz. Herr von Talleyrand amüsierte sich sehr über meinen Hammelbraten, ich bat ihn inständig, am nächsten Tag wiederzukommen und ihn mit uns zu essen. Er sagte zu.«

Die sehr schöne junge vierundzwanzigjährige Frau, die über eine ungewöhnliche Noblesse und Ausstrahlung verfügte, war am Hof erzogen worden. Sie fand uneingeschränkte Bewunderung bei den rauhen Farmern der Umgegend. In der Küche wie am Waschplatz war sie unermüdlich, und die Gevatterinnen konnten nur immer wieder rufen: »Happy husband! Happy husband!«

Ihre Erinnerungen hat sie in reizender Art in ihrem »Tagebuch einer Fünfzigjährigen« niedergelegt. Bosheiten war sie abhold, ihre Ansichten waren keineswegs die von Talleyrand (eher die seiner Mutter). Was sie sagt, ist folglich nicht ohne Wert. Sie beurteilt ihn allein aufgrund strenger, aber wirklicher Tugendprinzipien: sie verrät eine große Seele und Geist: »Herr von Talleyrand war liebenswürdig, wie er es mir gegenüber stets und unveränderlich gewesen ist. In der Unterhaltung sprühte er wie kein anderer von Witz und Geist. Er kannte mich seit meiner Kindheit und schlug daher einen väterlichen und freundlichen Ton an, der äußerst reizvoll war. Innerlich bedauerte man es, sich so viele Gründe, ihn nicht schätzen zu können, vorzuhalten, und man konnte nicht umhin, üble Erinnerungen zu verscheuchen, wenn man ihm eine Stunde lang zugehört hatte. Obwohl er selber keine Tugend hatte, verabscheute er – welch merkwürdiger Gegensatz – alles, was bei anderen schlecht war. Hörte man ihn, ohne ihn zu kennen, hätte man geglaubt, einen tugendhaften Mann vor sich zu haben. Nur ein ausgesprochener Sinn für Schicklichkeit hinderte ihn daran, Dinge vor mir auszusprechen, die mir mißfallen hätten; entschlüpfte ihm aber etwas, wie es manchmal geschah, so verbesserte er sich sogleich: ›Ja, richtig, Sie mögen so etwas nicht.‹«

Talleyrand gab den beiden La Tour du Pin die schönsten und nützlichsten Beweise seiner Freundschaft: er schenkte der Marquise einen prachtvollen Damensattel mit Decke und Zubehör; als sie an einer langwierigen Bronchitis litt, schickte er Boten auf Boten in ihr abgelegenes Dorf, um ihr Chinin zukommen zu lassen. Und schließlich rettete er sie auch vor dem Ruin, indem er La Tour du Pin rechtzeitig benachrichtigte, daß sein Bankier Morris vor dem Bankrott stand.

In dem Porträt, das er Germaine de Staël von Madame de La Tour du Pin zeichnete, ist sowohl die schöne Frau wie der Porträtist selbst zu entdecken: »Sie hat einfache Umgangsformen und, was hier sehr empfehlenswert ist, sie schläft jede Nacht bei ihrem Mann. Sie haben nur ein Schlafzimmer. Sagen Sie das Mathieu und Narbonne, prägen Sie ihnen ein, daß dies eine wichtige Sache ist, um in diesem Land zu einem guten Ruf zu kommen.«

»Welch ein Land!« mögen vermutlich seine Freunde ausgerufen haben, Mathieu de Montmorency, Narbonne und auch Germaine, die gern andere Schlafzimmer bevorzugte und wenig in dem des Herrn von Staël weilte. Bemerkenswert ist, daß Talleyrand, der in der Politik seinen Blick auf die Zukunft richtet, im Bereich der Sitten, des Anstands und des Lebensstils stets »rückschrittlich« ist und bleibt. Geben Sie acht, Monseigneur, auf die Bürger, die zur Ablösung bereitstehen!

In Albany begegnete er Frau Rendslaer, der Schwester seines Freundes Hamilton. Von ihr erfuhr der Besucher, daß ihr Bruder das Finanzministerium aufgeben wollte, um sich seinem Rechtsanwaltsberuf zu widmen und somit zum Nutzen seiner Geschäfte und seiner Familie zu arbeiten. Talleyrand traute seinen Ohren nicht. Wie war es möglich, daß ein Mann das Finanzministerium aufgab, um Geld zu verdienen! Für den Freund von Calonne und Mirabeau, der mit Staatsgeldern hantiert und gewaltige Summen von auswärtigen Botschaftern eingestrichen hatte, war das schwer zu verstehen. Das war nicht alles: er hatte gehört, daß Hamilton arbeiten wollte, um seine Familie zu ernähren! Daß man arbeitete, billigte er, aber das geschah, um Läpperschulden zu begleichen, ehe man neue machte; es geschah des Spiels wegen und für Wagen, Damen, Möbel, Perückenmacher, seltene Buchausgaben und Gemälde. Dafür durfte man durchaus den Rükken krumm machen und Geld auflesen, selbst aus der Hand eines Simolin.

Darüber schreibt Madame de La Tour de Pin, die solche Äußerungen des Bischofs vernommen hatte – sehr gedämpfte Äußerungen, aber verständlich für jemanden, der in Versailles reden und zuhören gelernt hatte: »Ein solcher Vorwand erschien Herrn von Talleyrand einigermaßen sonderbar und, um es genau zu sagen, ein bißchen albern.«

Am Tag nach der netten Begegnung in Albany begaben sich alle, in Begleitung des reichen Engländers John Law, zu General Shimpler, mit dem Talleyrand in Geschäftsverbindung stand.

Der General erwartete sie auf der Freitreppe und schwenkte, sobald er sie erblickte, ungeduldig eine Zeitung, wobei er rief: »Kommen Sie, kommen Sie, es gibt große Neuigkeiten aus Frankreich.« Durch die Zeitung erfuhren sie, was am 9. und 10. Thermidor in Frankreich geschehen war: Robespierres Sturz und Tod, das Ende der Schreckensherrschaft. Bei der großen Freude, die Talleyrand erfaßte, galt sein erster Gedanke seiner in Frankreich gebliebenen Schwägerin, Sabine de Sénozan, einer Nachfahrin von Sully, die mit Archambaud verheiratet war. Dieser edelmütige Gatte hatte sich, zusammen mit Boson, nach Deutschland in Sicherheit gebracht und seine Frau mit dem Auftrag allein zurückgelassen, den gemeinsamen Besitz zu schützen. Sie hatte gehorcht, war aber, und das war unvermeidlich, festgenommen worden. Talleyrand war froh, daß sie dem Tod entgangen war. Als er jedoch dieselbe Zeitung aufmerksam durchsah, stieß er auf die Liste der letzten Opfer, die Opfer des letzten Karrens am 8. Thermidor: leider war die Gräfin von Périgord unter ihnen. Als sie verurteilt wurde, riet man ihr zu sagen, sie sei schwanger, um dadurch den Zeitpunkt der Hinrichtung hinauszuschieben. Sie lehnte es ab zu lügen. Sie hinterließ drei Kinder, denen wir später noch begegnen werden, eine Tochter, mit einem Noailles verheiratet, die dann Fürstin von Poix wurde, einen Sohn, Louis, der in

Berlin bei der Armee starb, und den Erben, den höchst erstaunlichen Edmond, der den Titel Herzog von Dino führte und Dorothee von Kurland heiratete. Der Schwägerin Talleyrands gebührte ein Gruß. Sie dachte geringschätzig vom »Bischof«, wie der ganze Clan der Talleyrands, doch der Bischof bewunderte und schätzte sie. Am 8. September 1795 schrieb er an Germaine de Staël: »In meinem letzten Brief, der vielleicht auf dem Grund des Meeres liegt, schrieb ich Ihnen über die Kinder von Madame de Périgord und bat Sie, ihnen, so gut es geht, zu helfen. Da meine Familie und ich nicht die gleichen Überzeugungen haben, ist das ein Herzensgrund mehr für mich, ihnen behilflich zu sein.« Solche Gedanken und Gefühle hegte das »Ungeheuer« seiner Familie gegenüber.

Auf seiner Reise in den Norden der Staaten stieß er bis zu den Niagarafällen vor. Nicht ein Wort findet sich in seinen Memoiren über dieses gewaltige Naturschauspiel. Maßlosigkeit beeindruckte ihn nicht. Die Wälder, die Prärien und die Flüsse, die ganze gewaltige Leere dieses Kontinents hatten für ihn nur Interesse in bezug auf die Menschen und auf das, was sie dabei gewinnen konnten. Noch waren diese öden Landstriche unbewohnbar (wenigstens für ihn), aber sie wurden zu Spekulationsobjekten, und demzufolge vermenschlichten sie sich, denn Geld und Arbeit ließen Kultur und Zivilisation aufblühen. Das war interessant für ihn. Liest man die erhabenen Hymnen, die Chateaubriand dem gleichen Thema gewidmet hat, wird man begreifen, daß die Gegensätzlichkeit zwischen den beiden Männern unüberbrückbar war.

Großenteils war diese Reise ein langer Marsch, auf dem der hinkende Bischof stets begleitet war von Beaumetz und seinem getreuen und ehrerbietigen Kammerdiener Courtiade. Courtiade war wirklich bewundernswert. Wann bekam er in diesem Zeitabschnitt überhaupt seinen Lohn? Ja, selbst in den Sümpfen, selbst struppig, zerrissen und bis zu den Ohren beschmutzt, blieb Talleyrand für Courtiade stets »Monseigneur«. Eines Abends, als sie sich in einem unheimlichen Wald verlaufen und schon die Hoffnung aufgegeben hatten, jemals herauszukommen, war Courtiade verschwunden. In der Düsternis, die von dem zur Neige gehenden Tag noch verstärkt wurde, hörte der Herr und Gebieter auf einmal die Axt seines Dieners nicht mehr, auch nicht das Geräusch brechender Zweige. Beunruhigt rief er: »Courtiade, sind Sie da?« Und durch das Gestrüpp drang Courtiades klagende Stimme zu ihm: »Leider ja, Monseigneur, ich bin hier.« Dieses »Monseigneur« in dem furchterregenden wilden Wald brachte ihn zum Lachen. Sie hatten eine Begegnung: in der Wildnis war das zumeist nicht ungefährlich. Sie trafen drei Trapper. Die drei Gestalten ähnelten ebensowohl einem Pelztier auf allen vieren wie einer anderen Sorte von Tier, das nur zwei Füße, keinen Pelz, aber eine Geldtasche besitzt. Sie boten den Reisenden Gastfreundschaft in ihrer Hütte an. Dort war es warm, es gab eine Ölfunzel und drei dem Galgen entwischte Männer: immerhin war das eine kleine Gesellschaft. Talleyrand war liebenswürdig, er redete unentwegt und schluckte schaurigen Branntwein. Er war so entzückt, die struppigen Kerle interessierten ihn derart, daß er unter der Wirkung des Feuerwassers etwas Unglaubliches tat: er versprach, bei den Trappern zu bleiben und mit ihnen ein Unternehmen zu gründen. Courtiade, der schon manches erlebt hatte, war vor Schreck wie versteinert. Man versetze sich in seine Lage: er hatte einem Prälaten und Grandseigneur gedient, der auf einmal die Idee bekam, Biberfallen aufzustellen und sich seelenruhig mit Bärenhäutern zusammenzutun, das war wohl Grund genug, entsetzt zu sein.

Als sie am nächsten Morgen ernüchtert aufwachten, stellten sie fest, daß sie ganz dumm in eine Falle gegangen waren. Um sich von der Bindung loszukaufen, die sie nachts zuvor eingegangen waren, überließen sie den Trappern ihr ganzes Gold. Murrend gingen diese auf die Absage ein. Talleyrand war noch einmal davongekommen. Das ist in seiner Lebensgeschichte eine kleine Episode, die manchen Einblick gewährt.

Zwei Reisen unternahm er auch nach New York. Im Mai 1795 wohnte er mehrere Monate lang in der Stone Street. Von seinem Balkon sah er, zusammen mit anderen Franzosen – dem unzertrennlichen Beaumetz, Cazenove, Moreau und anderen –, am 4. Juli, beim Unabhängigkeitsfest, dem Vorbeimarsch der Menge zu, die sich zum Gouverneur von New York begab. Zur französischen Delegation gehörte eine aus Frankreich gekommene Gruppe von Jakobinern, die revolutionäre Lieder sang. Sobald Talleyrand und seine Freunde von ihnen bemerkt wurden, hörten sie auf zu singen und schleuderten Beleidigungen und Drohungen zum Balkon hinauf. Ein freundlicher Gruß des Vaterlandes!

In New York traf Talleyrand auch den jungen Oratorianer – er war es nicht mehr – Blanc d'Hauterive wieder, dessen Bekanntschaft er in Chanteloup gemacht hatte, als Choiseul ihn mit Ratschlägen bedachte. Der Unglückselige befand sich in einer äußerst peinlichen Lage. Die Revolution hatte ihn zum Konsul in New York ernannt, die Jakobiner in Amerika aber wollten ihn nicht. So betätigte er sich als Gärtner und verkaufte auf der Straße Gemüse und Blumen, die er selbst pflanzte und erntete auf einem Boden, wo heute Wolkenkratzer stehen.

Die Hitze und Epidemien vertrieben Talleyrand und Beaumetz am 15. Juli aus New York. Das extreme, ungesunde Klima machte den Franzosen sehr zu schaffen. Auf dem Seeweg gelangten sie nach Norden, nach Boston, wo die Luft frischer und bekömmlicher war. »Von allen Städten, die ich bislang gesehen habe, gefällt mir Boston am besten. Die Landschaft ringsum ist hübsch, und in der Lebensart ist sehr viel mehr Einfachheit«, schrieb er am 4. August 1796 an Madame de Staël.

Vor allem war die Gesellschaft englischer und manierlicher. Das in der Nähe liegende Harvard College hatte ein kultivierteres Milieu geschaffen, es gab auch Traditionen im gesellschaftlichen Leben, einen besser angepaßten und echteren Luxus. Das meint Talleyrand, wenn er »Einfachheit« schreibt. Deutlich gesagt: Boston war die eleganteste Stadt in den Staaten.

Nur halbwegs zufrieden war Talleyrand mit dem Nutzen und Gewinn aus seinen Unternehmungen. Der Dollar ließ sich nicht züchten. Er kam auf die Idee, nach Indien zu gehen, um sich dort schnell ein beträchtlicheres Vermögen zu schaffen. Zwischen Philadelphia und Kalkutta bestanden enge und regelmäßige Handelsbeziehungen. Ihm war bekannt, daß man bei Warengeschäften mit Indien, sei es Export oder Import, fünfhundert Prozent verdienen konnte. Mit Beaumetz zusammen charterte er ein Schiff, englische und holländische Banken finanzierten das Projekt. Talleyrand besaß ihr Vertrauen. Indien bedeutete vielleicht Fortüne, auf jeden Fall aber war es ein gewaltiges Wagnis und ein Exil auf unabsehbare Zeit. Talleyrand aber ließ der Gedanke an Frankreich nicht los. Es steckte ihm im Blut. Er glaubte, damit alle Aussicht aufzugeben, es jemals wiederzusehen. Im letzten Augenblick entschied er sich zwischen dem Reichtum eines Nabobs und Frankreich für Frankreich. Seinen Anteil überließ er Beaumetz. Dieser konnte die Auswanderung nicht mehr umgehen, er war dazu verurteilt, Reichtum zu erwerben, denn er hatte sich verheiratet. »Nur er allein findet«, sagt Talleyrand, »daß dies nicht eine Verrücktheit ist . . . Seine Frau hat keine fünfzig Louisdor Rente, sie ist Witwe und hat drei Kinder.« Das war schlimmer als die Umsegelung des stürmischsten Kaps.

Hatte Talleyrand mit dem sechsten Sinn, der nicht die geringste seiner Eigenarten ist, vorausgeahnt, daß diese Reise unglücklich enden mußte? Beaumetz starb, als er in Indien ankam. Glücklich die, die am Kai geblieben waren.

Alle Nachrichten, die aus Frankreich kamen, versetzten Talleyrand in leidenschaftliche Erregung. Mehr noch als die Regierungsform und die Entwicklung der Parteien, interessierten ihn die Wirtschaft und die Finanzen.

Mit Erleichterung hörte er, daß die aus dem 9. Thermidor hervorgegangene Regierung, das Directoire, die Abschaffung der Assignaten beschlossen hatte. Wie erinnerlich, war er dem Papiergeld und der Inflation gegenüber äußerst mißtrauisch. In einer kleinen Zeitung, die der gute Moreau unter großen Opfern in New York für die nach Amerika ausgewanderten Franzosen herausgab, »Le Courrier de la France et des Colonies«, war in der Nummer vom 26. Februar 1796 ein Artikel ohne Verfasserangabe zu lesen: »Es ist nicht zu leugnen, daß die Aufhebung der Assignaten eine Wohltat ist.« Es war darin die Rede von dem abscheulichen Robespierre und daß man nun Grund habe, auf eine Besserung des Schicksals der Franzosen zu hoffen, da das Directoire auf Frieden aus war. Nach Meinung des anonymen Verfassers war das die wichtigste Bedingung für den Wiederaufbau. »Denn wie sollte man sich eine dauerhafte Ruhezeit in Frankreich vorstellen, wenn der Frieden nicht die Ordnung und Fülle zurückbrachte, indem er unzählige Hände der Landwirtschaft zurückgibt, den Fabriken fleißige Männer, dem Handel nützliche Spekulationen. Der Frieden allein kann die Güter hervorbringen, die aus Frankreich auch eine der angenehmsten Stätten zum Wohnen machen würden, wo die Künste und die erfreulichen Genüsse, vereint mit der Milde seines Klimas, wie ehedem die Bewohner aller anderen Gegenden anlocken würden.«

Das Ideal des Jahrhunderts der Aufklärung: der Frieden gebiert materiellen Wohlstand, in dem die innere Sicherheit, die Freiheit und die Künste sich entfalten – und auch die Vergnügungen. Alle Wohltaten der Zivilisation zusammengefaßt in einem unvergleichlichen Land, Frankreich. Das ist »Candides« Traum. Natürlich war der anonyme Autor Talleyrand.

Dieser Artikel gibt eine Vorstellung von dem, was ihn damals beschäftigte. »Ich nutzte die Geistesverfassung, in die mein kleines Zimmer mich versetzte, um große Politik zu machen und die Welt zu ordnen.« Während seine schwarze Freundin spazierenging, dachte Talleyrand an die Zukunft und an Frankreich. Da Robespierre und seinesgleichen nicht mehr an der Regierung waren, würde Frankreich wiederaufleben, das heißt produzieren und konsumieren, verkaufen und kaufen. Welches Regime auch immer auf Robespierre folgen würde, Talleyrand hatte die unveränderlichen Interessen Frankreichs im Blick – selbst wenn das neue Regime ihn noch unter der Drohung eines Haftbefehls hielt. Ausländische Historiker und Biographen haben den tiefen Patriotismus Talleyrands besser erkannt als manche Franzosen, die nebenbei gesagt eher Pamphletisten – zuweilen geniale – sind denn Historiker.

Zwischen den Vereinigten Staaten und Frankreich stand damals hinsichtlich einer wirtschaftlichen und finanziellen Zusammenarbeit ein unüberwindliches Hindernis: England. Man kann sich vorstellen, daß Talleyrand es für nutzlos erachtete, versuchen zu wollen, das Hindernis zu zerbrechen oder es zu überwinden; er zog es vor, aus seinen Beobachtungen und Erfahrungen Richtlinien abzuleiten, die für zukünftige französische Regierungen nützlich sein konnten. Den Mondschein über den Wäldern der Neuen Welt hat er nicht beschrieben, auch die Niagarafälle nicht, aber er zeigt auf, wie die Pariser Regierung sich angesichts einer völlig neuen Nation und eines unermeßlichen Reichtums verhalten soll. In einem Brief an Lord Lansdowne vom 1. Februar 1795 erinnert er daran, daß die Vergangenheit tot ist und daß alle politischen Bande zwischen England und den Vereinigten Staaten ein für allemal zerrissen sind. »Jede Hoffnung in dieser Hinsicht, stamme sie von der einen oder der anderen Seite, kann nur als der Wahn einer krankhaften Phantasie betrachtet werden oder als plumpe und trügerische Lobhudelei.« Demzufolge ist das eigentlich Interessante das, was zwischen der alten Metropole und den unabhängig gewordenen Kolonien entstehen kann. Das alles wird festgestellt ohne den Schatten einer Kritik oder einer Parteilichkeit: es ist so, das ist alles. Und darauf muß gebaut werden, denn trotz der Sezession »ist Amerika völlig englisch, das heißt, daß England gegenüber Frankreich noch immer den Vorteil hat, aus den Vereinigten Staaten den gesamten Nutzen ziehen zu können, den eine Nation aus einer anderen ziehen kann«. Ist das nicht klar genug?

Das hat er im Jahr 1795 bereits gesehen. Trotz des Unabhängigkeitskrieges, der zwölf Jahre zuvor Amerika gegen England stellte, »besteht eine Anhänglichkeit der Amerikaner zugunsten Englands«. Er fügt hinzu, dies bedeute nicht, die Amerikaner hätten nach zwölf Jahren vergessen, daß »es ihnen ohne Frankreich nicht gelungen wäre, unabhängig zu werden, aber sie verstehen so viel von Politik, daß sie von Nation zu Nation nicht an eine Tugend glauben, die man Dankbarkeit nennt«.

Weshalb sollte hier Dankbarkeit ins Spiel kommen, da sie nirgends und nie anzutreffen ist? Was Amerika nach England drängt, ist kein Gefühl. Es ist der mächtigste Beweggrund: der Nutzen. Talleyrand hat all das vorzüglich ausgedrückt: in Amerika macht man sich nicht die Mühe, den Nutzen verschleiern zu wollen, »weil es in diesem Land ausnahmslos jedermanns Anliegen ist, sein Vermögen zu mehren. Somit ist das Geld der einzige universale Kult; die Menge, die man davon besitzt, ist das Maß, an dem alles gemessen wird.«

Diese Gedanken, die im Grunde Beobachtungen sind, wurden von ihm in den Vortrag aufgenommen, den er 1797 vor den Mitgliedern des »Institut de France« hielt, die ihn am 4. April des gleichen Jahres aufnahmen: »Bericht über die Handelsbeziehungen der Vereinigten Staaten mit England.« Es ist berechtigt, jetzt davon zu sprechen, denn Talleyrand hat ihn während seines Aufenthalts in Philadelphia entworfen. Er geht darin auf den scheinbaren Widerspruch der Verhältnisse ein, die von manchen Franzosen falsch gesehen wurden: weit davon entfernt, den englischen Interessen zu schaden, hatte ihnen die Unabhängigkeit der Kolonien in Amerika sogar genützt. England hatte die Klugheit besessen, allen Groll zu begraben: das Land dachte an seine Fabrikbetriebe. Die Vereinigten Staaten besaßen keine, also verkaufte man ihnen nach der Unabhängigkeit mehr Waren als während der Kolonialzeit bei ihnen abgesetzt wurden. Talleyrand bewunderte diese friedliche Macht, die imstande war, Gefühle zum Schweigen zu bringen und dem, was nützlich ist, den Vorrang zu geben. Die Amerikaner von 1795 charakterisierte er mit einem Wort von erstaunlicher Treffsicherheit, er nannte sie ein »leidenschaftsfreies« Volk. »Sie hüten sich vor Haßgefühlen, gemeinsam haben sie gekämpft, gemeinsam nutzen sie den Sieg. Parteien, Klüngel, Haß, alles ist verschwunden: als gute Rechner haben sie gemerkt, daß daraus nichts Gutes entsteht ... Kommerzielle Gewohnheiten sind weitaus schwieriger als man denkt; der gleiche Vorteil und Nutzen bringt an einem Tag und häufig für immer Menschen zusammen, die während langer Jahre von glühenden Leidenschaften gegeneinander beseelt waren.«

Seit jener Epoche war das die goldene Regel der angelsächsischen Politik. Sie sollte die Richtschnur jeglicher Politik sein. Talleyrand hat sie aufgezeigt. Ist er gehört worden? Die Schwerhörigen und Frankreich sind selber schuld.

Es steht außer Zweifel, daß dieser »Bericht« Talleyrands eigene Gedanken und Vorstellungen wiedergibt. Seiner Ansicht nach sind Leidenschaften, vor allem in der Politik, unheilvoll: sie führen zum Bürgerkrieg, zum Krieg mit anderen Nationen oder zu beidem. Sie lähmen die Tatkraft einer Nation, sie vernichten die Erfolge der Arbeit. Die wahren Siege werden von der Landwirtschaft errungen, vom Handel und der Industrie, es sind die Siege der Zivilisation, der Spenderin des Glücks der Völker.

Der 9. Thermidor: Robespierre verläßt die Bühne, Monsieur d'Autun betritt sie wieder

»Wenn ich noch ein Jahr hierbleibe, sterbe ich daran«, schrieb er an Madame de Staël. Er übertrieb ein wenig. Die gute Germaine alarmierte alle, die helfen konnten, »den Bischof zu retten«. Er brannte vor Ungeduld, nach Frankreich zurückzukehren, doch war seine Lage nicht unerträglich. Er verstand es, sich einen Ausgleich für sein Mißgeschick und für seine Ungeduld zu verschaffen: die zur Schau gestellte Negerin und die anderen Damen, die nicht schwarz waren und nicht zur Schau gestellt wurden, die Spekulationen und die daraus erwachsenen, nicht genau bekannten, sicherlich aber beträchtlichen Gewinne, seine Freunde und sein Hund. An seinen Freunden hing er, an den amerikanischen sowohl wie den französischen. Indes war in der Verbannung sein bester Freund noch immer er selbst. Über sich selbst hat er sich nie beklagt, mit sich hat er stets in bestem Einvernehmen gelebt, er hat sich sorgfältig und mit Eitelkeit gepflegt, und im stillen hat er mit sich selbst die interessantesten Gespräche geführt.

Amerika verlassen? Um wohin zu gehen? Er hatte nur ein Ziel: Frankreich. Am 14. Mai 1795 schrieb er Madame de Genlis: »Ich schmiede keine Zukunftspläne« (er tat nichts anderes als das), »es hängt von Europa ab: ich könnte in keinem Land leben, das mit Frankreich im Krieg steht. England verabscheue ich, bleibt die Schweiz oder Amerika, und bis jetzt ziehe ich Amerika vor, weil es unter allen Ländern dasjenige ist, wo unsere Republik am meisten geschätzt wird, der ich trotz der erlittenen schimpflichen Behandlung, durch eine der beherrschenden früheren Parteien des Konvents, mit allen Sinnen und allen Hoffnungswünschen zugehöre.« [LVP]

Ausgezeichnet. Madame de Genlis reichte den Brief herum oder las ihn bei Zusammenkünften vor, wie es üblich war, und sicherlich schrieb irgendein französischer Beamter über die staatsbürgerliche Gesinnung des »Citoyen

Taillerand« (sic!). Und bestimmt bekam er eine gute Note. Auf jeden Fall hatte er keine »Emigranten-Gesinnung«. Er ist kein Royalist, aber nicht aus grundsätzlichem Antiroyalismus, sondern weil die Partei Ludwigs XVIII. nicht begreift, wie die Zukunft aussehen wird. Sollten die Royalisten eines Tages eine zukunftsträchtige Partei sein, würde er Royalist werden. Sollte ein König an die Regierung kommen, der die Grundsätze einer Verfassung anerkennt und sich auf ein gewähltes Parlament stützt, würde Talleyrand für diesen König sein.

Er erhielt eine überraschende Nachricht: am 31. März 1795 hatte in Paris die öffentliche Versteigerung des Besitzes von »Talleran-Périgord ci-devant Evêque d'Autun« stattgefunden! Eine aufsehenerregende Auktion des bischöflichen Hausrats, derweil dieser die öden Landstriche von Massachusetts durchstreift. Nichts ist merkwürdiger und aufschlußreicher als das Auspakken der Siebensachen des vormaligen Bischofs. Packen wir aus!

Zunächst eine Soutane aus violettem Tuch, für sechzig Pfund angeboten, fand sie einen Käufer, der vierhunderteinundfünfzig Pfund zahlte. Gewaltig! (Viertausend heutige Francs.) Ein Chorhemd aus Spitzen und Batist, ausgerufen für zwanzig Pfund, erhielt den Zuschlag bei dreihundertein Pfund. Kostbare Spitzen! Wer konnte dreitausend Francs ausgeben für ein kirchliches Gewand in einem am Boden liegenden Land, in dem der katholische Kultus abgeschafft war? Insgesamt brachten die Kleidungsstücke (seine Garderobe war reichhaltig) 13 377 Pfund ein (ungefähr 130 000 heutige Francs). Dann gab es Gemälde, Zeichnungen, Stiche. Sie gingen weg, ohne hohe Preise zu erreichen. Die dafür in Frage kommenden Liebhaber waren woanders ... Was folgt, ist frivoler. Der Inhalt der Schränke des Bischofs ist wahrhaft einzigartig. Eine unglaubliche Ansammlung weiblicher Roben, Kleider und Unterkleidung: ein Unterrock aus englischem Tüll, ein Kleid, ein Unterrock aus blauem, mit weißem Kettenstich besetzten Musselin, eine große Zahl persischer und indischer Unterröcke, schließlich haufenweise Dessous aus Taft und Batist ... Woher kam das alles? Wer hatte die Hemden, die Höschen, die Unterröcke bei ihm vergessen? Waren sie für intime Feste bestimmt? Bewahrte er sie als Fetisch-Objekte auf? Diese Anhäufung ist wahrscheinlich die Folge seiner Großzügigkeit: die zu Besuch bei ihm weilenden Damen machten es sich bequem, sie zogen sich an, sie zogen sich aus, sie wechselten die Toilette. Er kümmerte sich nicht darum, weder um das, was sie hinterließen, noch um das, was sie mitnahmen, oder um das, was sie auf seine Rechnung einkauften und in sein Haus liefern ließen ... Er war ein großzügiger Gastgeber.

Das Inventar offenbart ein Haus, das von Möbeln überquoll: Betten, Kanapees, Lehnsessel und Stühle zu Dutzenden. Was seinen Sinn und Geschmack für Luxus und Raffinement am besten kennzeichnet, sind Menge und Qualität der Tisch- und Bettwäsche. Der Verkauf der Wäsche beanspruchte einen ganzen Tag und erbrachte fünfzehntausend Pfund (nahezu

150 000 heutige Francs). Die Möbelstücke wurden zu niedrigen Preisen verschleudert. Sein prachtvolles Piano aus Mahagoni ging für 1691 Pfund weg, ein Viertel des eigentlichen Werts. Zweiundzwanzig vergoldete, mit karminroter und weißer Seide bezogene Sessel: 2209 Pfund. Sie waren fünfmal soviel wert. In seinem ehemaligen Haus in der Rue de Bellechasse fand man außerdem zwei gebrauchte Damensättel, der eine mit grünem Tuch bezogen, der andere karminrot, und dazu eine alte gelbe Postkutsche! Übelwollende haben ebenso spontan wie blind daraus geschlossen, der Bischof habe sich als Pfandleiher betätigt. Diese Mutmaßung ist nicht weniger komisch als die Lektüre der Inventarliste. Er wäre durchaus fähig gewesen, Pfandleiher zu sein, wenn es ihm viel eingebracht hätte. Er war für die großen Geschäfte auf der Ministerebene, aber nicht auf der eines gebrauchten Sattels oder einer alten Kutsche. Wiederum zielt man zu tief, der Pfeil trifft ihn nicht. So wurden also die Siebensachen des »nommé Tailleran-Périgor, rue Dominique, Faubourg Germain, ancien couvent Bellechasse« verstreut. Aus abergläubischer Furcht hatte der Auktionator bei den Straßennamen alle »saint« weggelassen; der Verkauf erlaubte ihm nichtsdestoweniger, etwas mehr als eine Million (umgerechnet) heutiger Francs einzustreichen.

Das alles minderte Talleyrands Verlangen nicht, nach Paris zurückzukehren. Am 16. Juni 1795 sandte er eine in Philadelphia abgefaßte Petition an den Konvent. Er bat, ihm die Rückkehr zu erlauben, damit er sich in den Dienst der Republik stellen könne. Das Schreiben schickte er an Desrenaudes mit dem Auftrag, es der Versammlung zu einem Zeitpunkt und unter Bedingungen, die ihm am günstigsten schienen, zu übergeben. Desrenaudes, der frühere Priester, jetzt Professor an den Écoles Centrales von Paris, stand zwischen den Parteien, beobachtete die Fluktuation der Komitees und tat sein Bestes, die Angelegenheiten seines Oberen und Komplicen zu fördern.

Im August 1795 traf Talleyrand in New York einen Franzosen namens Dupuy, der aus Frankreich kam und ihm eine Rede zu lesen gab, die Boissy d'Anglas im März gehalten hatte, zum Ruhm des 9. Thermidor, »der dem Volk die Ausübung seiner Rechte und der Republik ihre Unabhängigkeit wiederverschafft hatte«. Da eine solche Lobrede sogar von der Tribüne des Konvents herunter gehalten werden konnte und Beifall gefunden hatte, meinte der vormalige Bischof, den absoluten Beweis erhalten zu haben, daß die Herrschaft der Jakobiner zu Ende war und daß seine Petition nicht ungünstig aufgenommen werden würde. Groß war seine Freude, als er las, daß »dieser Tag für Frankreich die Wiedergeburt der Herrschaft des Glücks und der Tugend bedeute«. Das war eine weitgreifende Behauptung, denn die »Tugend« hatte eigentlich nur unter Robespierres Guillotine regiert. Nach dem 9. Thermidor büßte sie viel von ihrer Macht ein, dafür trat die Menschlichkeit an ihre Stelle. Was das Glück anging ... Für die Herrschaft des Glücks spürte Talleyrand die Berufung eines Apostels in sich, und sein Wunsch, wieder in Paris zu sein, war ungestümer als je.

Aber was konnte er noch unternehmen, um nach Paris zu gelangen? Er hatte nur seine Feder und seine Freunde, die Feder bestürmte die Freunde. Er schrieb an Germaine: »Entweder wird Europa von einem umfassenden Erdbeben heimgesucht, oder ich bin im nächsten Mai wieder dort!« Ungewöhnlich wirkt eine solche Aufregung an ihm. Aber er wollte den anderen seinen heißen Wunsch nach Rückkehr einhauchen. »Sorgen Sie dafür, daß Abbé Desrenaudes sich alle Mühe gibt«, fügte er hinzu. Talleyrand nannte ihn noch immer Abbé, wie Germaine ihn selbst immer noch Bischof nannte.

Gewiß, der Abbé hatte sich hervorragend abgemüht. Die Petition war in aller Form dem Büro des Konvents übergeben worden, sie konnte nicht unbeachtet bleiben. Sie wurde im Verlauf einer Sitzung verlesen, und am 3. September wurde ihr die Ehre zuteil, im »Moniteur« zu erscheinen. Desrenaudes' Eifer und Beharrlichkeit, die Besuche, die er unternahm, seine zwischen Tür und Angel hingeworfenen leisen Bemerkungen wurden belohnt: ganz Paris erfuhr, daß Talleyrand zurückzukehren wünsche, daß er Republikaner, daß er niemals emigriert, daß er ein Opfer des schrecklichen Klüngels sei, der am 9. Thermidor zur Strecke gebracht wurde, daß er nicht aufgehört habe, Frankreich und die Republik im Ausland zu verteidigen, und daß er bereit sei, es auch in Paris zu tun, wenn man ihm zuriefe: »Komm, Bürger, das Vaterland erwartet dich mit offenen Armen.«

Als Beweis, daß er ein Opfer des Terrors geworden sei, erklärte er, das Anklagedekret gegen ihn sei angefertigt worden aufgrund »eines so leichtfertigen Vorwands, daß die Ausschüsse, die mit der Abfassung der Anklageschrift beauftragt waren, nichts gefunden hätten, womit sie sie hätten füllen können«.

Sind die beiden vom Bischof von Autun an den König gerichteten und im Eisenschrank aufgefundenen Briefe »ein so leichtfertiger Vorwand«? Seine Schwägerin und sehr viele andere (sogar Republikaner) waren aus geringerem Anlaß guillotiniert worden. Schließlich erinnerte er an die Dienste, die er der Konstituante geleistet hatte: Erklärung der Menschenrechte, Einziehung der Kirchengüter, öffentlicher Unterricht ...

Seitdem Boissy d'Anglas seine Rede gehalten hatte, war das Klima für Leute wie Talleyrand günstig geworden. Roederer veröffentlichte am 11. August 1795 eine Schrift »Französische Flüchtlinge und Emigranten«, in der er eine deutliche Unterscheidung vornahm zwischen den ersteren, die Frankreich nach den Massakern vom September 1792 verlassen und nie die Waffen gegen ihr Vaterland erhoben hatten, und den eigentlichen Emigranten. Die Flüchtlinge hatten die vollen Rechte ihrer Staatsbürgerschaft bewahrt, und als Beispiel gab er Talleyrand an: »Ist es nicht allgemein bekannt, wie sich Talleyrand und Beaumetz vor dem Krieg in London und, nachdem der Krieg erklärt worden war, in Amerika verhalten haben? Haben diese Männer einen Augenblick aufgehört, Franzosen zu sein?« Eine bessere Propaganda zugunsten einer Repatriierung war nicht denkbar. Der Name des Mannes, der das patriotische Verhalten des »Bischofs« in London und Amerika gepriesen und, wie Roederer sagt, allgemein bekanntgemacht hatte, ist nicht schwer zu erraten: es ist Desrenaudes. Ein ungewöhnlich glücklicher und von dem Exvikar Tallien nicht einmal sonderlich provozierter Zufall fügte es, daß er – die »Sonne des 9. Thermidor«, vermählt mit der als »Notre-Dame de Thermidor« verehrten Thérésa – ebenfalls auf der Tribüne der Versammlung das Wort zugunsten der exilierten Franzosen ergriff und auch ein Beispiel anführte: Talleyrand-Périgord, »der auf die Liste der Emigranten gesetzt wurde, obwohl er im Regierungsauftrag das Land verlassen hatte«. Die Republik war es sich schuldig, diese Ungerechtigkeit zu beheben und einem Mann die Grenzen zu öffnen, der im Besitz eines Passes und eines von Danton unterzeichneten Beglaubigungsschreibens war. Die Versammlung wartete nur noch auf eine einzige Stimme, um den Fall zu behandeln und den Entwurf des Dekrets der Streichung von der Liste der Emigranten vorzulegen. Die großmütige und geschickte Germaine de Staël machte diese Stimme ausfindig. Sie tat noch mehr: sie gab die Inspiration zu einem Lied.

Der Vorgang erinnert an eine Posse. Das Stück wurde ausgezeichnet gespielt. Germaine erwählte Marie-Joseph Chénier als Mitspieler. Er war der Bruder des unglücklichen, hingerichteten Dichters. Vermittels der ihr eigenen Künste überredete sie ihn, von der Tribüne herab einzutreten für die Aufhebung des Dekrets, das Talleyrands Rückkehr erschwerte. Anfänglich widerstand Chénier, der Talleyrand nicht mochte, der üppigen Sirene, er war damals von einer anderen bezaubert, einer weniger stattlichen Ausgabe, deren Stimme melodiöser war. Da ihre Redekunst nichts fruchtete, kam Germaine, die, wenn es um Freundschaft ging, in Kriegslisten unerschöpflich war, auf den Gedanken, Chénier zu umgarnen und ihn in einen Zustand der Besessenheit zu versetzen, in dem er fast unfreiwillig zugunsten des geächteten und in den Sümpfen von Massachusetts weilenden Bischofs tätig wurde.

Diese zartere Sirene, die Chénier mit ihren Reizen fesselte, war eine Freundin von Germaine, Eugénie de la Bouchardie. Sie war schön und sanft, sie hatte eine entzückende Stimme und begleitete sich selbst auf der Harfe. Nun geschah es, daß jedesmal wenn Chénier sich ihr zu Füßen niederließ, das heißt jeden Abend, Eugénie (auf inständiges Bitten von Germaine) ein Lied jener Zeit anstimmte, das alle Herzen rührte: »Die Ballade vom Geächteten«. Die Wirkung war so stark, daß Chénier, bedrängt von Germaines Reden und erschüttert von Eugénies Schluchzen, sich eines Tages sozusagen auf die Tribüne gestoßen fühlte und für den »Geächteten« eintrat, dessen Verzweiflung und Hoffnungslosigkeit so unermüdlich von einer ihm unendlich teuren Stimme besungen wurde. Chénier war großartig: »Es handelt sich darum, Ihren Gerechtigkeitssinn auf einen Mann zu lenken, der bekannt ist für seine großen Verdienste zur Zeit der Verfassunggebenden Versammlung, auf einen Philosophen, dessen unwandelbare Grundsätze und hervorragende Fähigkeiten ihn in die Reihe der Begründer der französischen Freiheit gestellt haben. Ich spreche von Talleyrand-Périgord, den ehemaligen Bischof von Autun.« Er hielt sich an die Lektion, die ihm Germaine eingepaukt hatte, er sollte von den »patriotischen« Umständen der Abreise des Geächteten sprechen. Er vergaß auch nicht, zu unterstreichen, daß Talleyrand nur einem Exil in einer befreundeten Republik zugestimmt hatte, und schließlich erinnerte er an die unermeßlichen, der Freiheit gewidmeten Dienste. Noch unter dem Einfluß der bedrängenden und bezaubernden Stimme schloß er schwungvoll seine Rede: »Ich fordere von Ihnen Talleyrand, ich fordere ihn im Namen seiner zahlreichen Verdienste, ich fordere ihn im Namen der nationalen Gerechtigkeit, ich fordere ihn im Namen der Republik, der er mit seinen Fähigkeiten und seiner Arbeitskraft weiterhin dienen wird, ich fordere ihn im Namen Ihres Ruhms, ich fordere ihn im Namen Ihres Hasses gegen die Emigranten, deren Opfer er wie Sie werden würde, wenn diese Feiglinge triumphieren würden!«

Bravo Germaine! Sie hatte es erreicht. Unter großem Beifall erließ der Konvent unverzüglich das folgende Dekret: »Der Nationalkonvent verfügt, daß Talleyrand-Périgord, ehemals Bischof von Autun« (noch immer klebt das Bistum an seinen Schuhen!), »auf das Territorium der französischen Republik zurückkehren darf und daß sein Name von allen Emigrantenlisten gestrichen wird: zufolgedessen hebt der Konvent das gegen ihn erlassene Anklagedekret auf.«

Das geschah am 4. September 1795. Ihm kam die herrliche Nachricht erst am 2. November in New York zur Kenntnis. Er eilte zu Moreau. Sie fielen sich in die Arme.

Schnellstens setzte er sich mit der Regierung in Verbindung, er schrieb einen Dankesbrief an den Bürger Minister der Auswärtigen Beziehungen der Direktorial-Regierung, einen gewissen Delacroix, der noch nicht ahnte, welche Erschütterungen der Unterzeichner dieses Ergebenheitsschreibens einige Monate später in seinem Leben herbeiführen würde. »Bürger Minister, nach drei Jahren Exil, Verleumdungen und Verfolgungen jeder Art ist es endlich gelungen, eine Anklage niederzuschlagen, deren Urheber selbst nie daran glauben konnten, daß sie begründet sei. Ich nehme die Gerechtigkeit entgegen mit einem Bewußtsein, das mir erlaubt, ihre ganze Süße auszukosten ... Sobald die Rückkehr des Frühlings die Wiederaufnahme der Schiffahrt erlaubt, werde ich in den Schoß eines Vaterlands zurückkehren, das mir durch die Abwesenheit noch teurer geworden ist und dessen ehrenhaftes Urteil mir weitere Pflichten auferlegt. In Ihre Hände, Bürger Minister, lege ich den Ausdruck meiner Hochachtung, meiner Dankbarkeit und meiner Treue, und ich bitte Sie, sie den Obrigkeiten der Republik zu übermitteln.«

Auch die unersetzliche Germaine hatte einen Dankesbrief verdient. New York, den 14. November 1795: »Dank Ihrer Hilfe, liebe Freundin, ist diese Angelegenheit nun erledigt. Sie haben in vollem Umfang das getan, was ich wünschte. Ich wollte, daß der gleiche Konvent, der mich angeklagt hatte, sein Dekret zurücknimmt. Im Frühjahr werde ich von hier aufbrechen zu dem Hafen, den Sie mir angeben werden, und den Rest meines Lebens werde ich, wo immer Sie auch wohnen, in Ihrer Nähe verbringen.« (Damit versprach er viel, aber der Traum von dem kleinen »Universum« war noch lebendig.) »Tausend Gründe sprechen dafür, den Monat Mai zu wählen, um aufs Schiff zu gehen. Möglicherweise mit einer Fracht, die den Bedürfnissen Frankreichs in jener Jahreszeit zugute kommt.« (Und zugleich mit den Interessen des Zurückkehrenden.) »Ist das nicht auch Ihre Meinung? Wird Herr von Staël mir ein kleines Zimmer geben? Gern würde ich bei Ihnen absteigen, wenn ich ankomme.« Er lud sich selber ein, das war selbstverständlich ... Germaine war von dem Gedanken des »kleinen Universums« sehr angetan, sie würde über ihm schweben, sie würde nicht dessen Muse sein, sondern der blitzende Verstand und die Wärme; dessen war sie sicher – und vielleicht auch der Liebe des Bischofs. Die Unglückliche! Er konnte auf die Zuneigung seiner Freundin bauen, nur das erwartete er von ihr und die kleine Gefälligkeit, ihm zuliebe alle interessanten und nützlichen Leute in ihrem Salon in der Rue du Bac zu empfangen. Er wußte, daß Germaine in ihrer Begeisterung und ihrer unendlichen Wißbegier, alles kennenzulernen, in ihrem Haus die neuen Männer versammelte, die nach der Schreckensherrschaft auftauchten, sowie die Gespenster der Alten Welt, die aus ihren Rattenlöchern krochen und sich in der Rue du Bac reckten und streckten. »Sollten Sie eine Schwierigkeit darin sehen, daß ich in einem unserer Häfen lande, würde ich nach Holland gehen und von dort auf dem Landweg mich in die Rue du Bac begeben. Adieu, liebe Freundin, ich liebe Sie von ganzem Herzen.«

Schon spricht er nicht mehr von dem, was mit so viel Ausdauer und Geschicklichkeit erreicht worden ist. Er spricht von dem, was noch erreicht werden muß, und er fordert es. In seinen Memoiren schreibt er über seine Rückkehr, daß ihm die Genehmigung dafür ohne ein Gesuch von seiner Seite erteilt worden wäre. Das ist ein Irrtum. Zur Zeit des Direktoriums hat er selber berichtet, wie und durch welche Schritte seine Repatriierung zustande gekommen ist. Was bedeutet dieser Gedächtnisschwund? Lag es in seinem Interesse, unter der Restauration zuzugeben, daß der Konvent ihn mit offenen Armen empfangen hatte? Sicherlich nicht. Aber es sind dreißig Jahre vergangen, als er es schreibt. Er hat die Demarchen vergessen, die seine Freunde unternommen haben, und nach so vielen Jahren bildet er sich ein, daß er auf völlig normale Weise aus dem Exil zurückgekehrt sei. Wenn man ihm im übrigen in diesem Punkt ein Versagen nachweisen will, fällt es nicht schwer. Indem er die Gesuche und Schritte hinsichtlich seiner Wiedereingliederung nicht erwähnt, umgeht er die Dankesbezeigung, die er Madame de Staël schuldig ist. 1795 schrieb er: »Ich liebe Sie von ganzem Herzen«, aber 1825 ist man schon seit langen Jahren entzweit. So unterschlägt er die unschätzbare Hilfe, die sie ihm geleistet hat.

Diesem Vergessen liegt noch etwas anderes zugrunde, etwas Umfassenderes und Tieferes, das mit seinem Wesen zusammenhängt: für ihn verliert das, was vergangen ist, die Farbe, verliert die Kraft. Er blickt nach vorn, wichtig ist, was morgen sein wird. Er ist zurückgekehrt, das ist das Wichtigste. Was er bei der Rückkehr getan hat, verdient ebenfalls Beachtung. Für ihn ist die Angelegenheit eine simple Anekdote, aber Germaines Schmerz war nicht anekdotisch ... Er ist imstande zu vergessen, sie kann nicht vergessen.

Anfang Dezember begab er sich von New York nach Philadelphia, wo er ein Schiff nach Frankreich zu finden und gewinnbringende Fracht an Bord zu bringen hofft. Bevor er New York verließ, unternahm er mit Beaumetz, der seine absonderlichen Heiratspläne und die abenteuerliche Fahrt nach Indien im Sinn hatte, einen letzten Spaziergang nach Manhattan. Von den Wällen der Befestigungsanlage im Süden der Insel sahen sie hinunter auf das grandiose Schauspiel, das der Ozean bot. Am Rande der Steilklippe, wo unten die Wellen sich brachen und schäumten, plauderten sie wehmütig miteinander. Talleyrand teilte seinem Freund mit, daß er ihn auf der Reise nach Indien nicht begleiten würde. Wahrscheinlich war das für Beaumetz ein schwerer Schlag. Sie hatten große und schlechte Tage miteinander verlebt. Für ihn ging etwas Wesentliches zu Ende. Keimte Todesahnung in ihm? Wer weiß, ob er nicht außer sich war über die Kaltblütigkeit, die Gleichgültigkeit, mit der Talleyrand seinen Sinn änderte und ihren gemeinsamen Plan zunichte machte? Beaumetz war ein Mann, dem vor der Zukunft bange war, der sich verletzt fühlte durch die Absage seines Freundes. Und vielleicht noch stärker durch die verborgene Hoffnung und verschleierte Freude, die er bei Talleyrand zu ahnen schien, für den er selber nichts mehr bedeutete.

Wie auch immer, Talleyrand sah, daß Beaumetz plötzlich von ungewöhnlicher Erregung ergriffen wurde, sein Gesicht verkrampfte sich, er sah wie ein Wahnsinniger aus. Talleyrand blickte ihm eindringlich in die Augen und erkannte, welchen fürchterlichen Gedanken der Unglückliche hegte, der am ganzen Körper zitterte. »Beaumetz«, schrie er, »Sie haben die Absicht, mich zu töten, Sie wollen mich von hier ins Meer hinunterstürzen. Leugnen Sie es, Sie Ungeheuer, wenn Sie es wagen!« Beaumetz brach zusammen. Weinend warf er sich dem Freund an die Brust und bat ihn um Vergebung: er hatte wirklich die Absicht gehabt, ihn in den Abgrund zu stoßen. Diese Szene erhellt einen charakteristischen Zug der Persönlichkeit Talleyrands.

Beaumetz hatte sich nicht getäuscht: wenn Talleyrand ihn im Stich ließ, bedeutete das, daß seine Sache verloren war. Mehrmals in seinem Leben hat sich das ungewöhnliche Ahnungsvermögen Talleyrands offenbart. Eine merkwürdige Fähigkeit bei einem Menschen, der mit so viel Vernunft und gesundem Menschenverstand begabt war. Aber er war auch Fatalist und ließ sich zuweilen von ganz instinktiven Eingebungen leiten, die mehr mit der Witterung eines Tieres zu tun zu haben scheinen als mit der Intelligenz eines Mannes, der intelligenter war als irgendeiner.

So verhält es sich. Er wußte es, und er verließ sich auf seinen Instinkt. Kein Mensch, der so wie er Rachegelüsten abhold war, hat je über ein so schreckliches Mittel der Rache verfügt: er brauchte nur einen Menschen zu verachten oder aus seinem Gedächtnis zu streichen, und dieser Mensch oder auch Angelegenheiten, von denen er sich abwandte, waren ruiniert und vernichtet.

Die Affäre Beaumetz beschäftigte ihn nicht länger als nötig. Beaumetz hatte in seiner Zukunft keinen Platz mehr. Während der Windermonate stellte Talleyrand eine Schiffsladung aus Zucker, Kaffee und Gewürzen zusammen, womit er den Geschmack der spartanischen Blutsuppe und des verschimmelten Brots veredeln wollte – Genüsse, die die Jakobiner den Franzosen zugeteilt hatten. Er ließ sich einen neuen Paß ausstellen, und der neue französische Gesandte in New York, Adet, bedachte ihn nicht mehr wie der frühere mit Beleidigungen. Der Kanzlist stellte fest, daß er noch immer fünf Fuß und fünfeinhalb Zoll groß war, blonde Haare und Augenbrauen hatte, blaue Augen und eine mittelgroße Nase (er vergaß zu schreiben, daß sie aufgeworfen war). Auch der Hinkfuß wurde übergangen. Bevor er aufbrach, wurde er eingeladen, ein riesiges Baugelände zu besichtigen. Die Amerikaner hatten einen Landstrich ausgewählt, auf dem sie eine völlig neue Hauptstadt errichteten: Federal City. Sie tauften sie dann Washington, zum Gedenken an ihren Gründer und Präsidenten. Dieses Schauspiel fesselte ihn unendlich viel mehr als die Niagarafälle.

Ein Wesenszug Talleyrands verdient Beachtung, der später nur die Biedermänner erstaunte, die sich eine vorgefaßte Meinung von ihm gebildet hatten. Es ist bekannt, wie sehr er zu seinen Freunden hielt: als er sich von Moreau und Beaumetz verabschiedete, erbot er sich, je einen ihrer Söhne (jeder hatte mehrere) mit sich nach Paris zu nehmen. Er versprach, sich um die Ausbildung der Jungen zu kümmern und ihnen eine gesicherte Zukunft zu schaffen, indem er ihnen eine ihren Fähigkeiten entsprechende Stellung besorgte. Die Väter hätten eingewilligt, die Mütter lehnten ab. Sie hatten zu große Angst vor den Gefahren, die ihren Kindern an der Seite Talleyrands drohten. Seine Lebensführung würde wie immer, so auch künftig gefährlich sein, er würde jederzeit sein Vermögen, seinen Ruf aufs Spiel setzen, sei es am Kartentisch oder in der Politik. Er hörte sich die Gründe ihrer Ablehnung mit gewohnter Gelassenheit an, beruhigte sie lächelnd mit einem

Satz, der seinen Charakter ganz deutlich werden läßt: »Nein, ich habe dort drüben nichts zu fürchten, ich kenne alle Spielarten der Revolution.« Doch die Mütter blieben ängstlich. Bedauerlich für ihre Söhne!

Einige Monate später gab er sichtbare Beispiele seiner Fähigkeiten.

Er wartete bis zum Sommer und ging am 13. Juni an Bord der »Den Ny Proeve« [»Der Neue Versuch«], eines dänischen Schiffs, das nach Hamburg segelte. Moreau und sein Sohn begleiteten ihn und warteten am Kai, bis das Schiff abgelegt hatte. Sie winkten ihm endlose Abschiedsgrüße zu. Doch leider wehte an jenem Tag kein Wind in der Delaware-Mündung, das Schiff blieb zwei Tage in der Flaute liegen. Am 15. Juni wurden die Segel erneut gesetzt. Talleyrand übersandte Moreau ein Briefchen, um ihm mitzuteilen, daß es ihm gutgehe, daß man aber nicht vorankomme. Am 18. Juni erreichten sie endlich das offene Meer. Ein letzter Brief: »Jetzt sind wir auf dem Meer, lieber Freund, der Wind ist schwach, aber günstig. Seit Tagen hat sich kein Seeräuber sehen lassen. Adieu. In fünfundvierzig Tagen schreibe ich Ihnen von der Elbe ... Unser Kapitän ist gut, aber er schläft fünfzehn Stunden, ohne aufzuwachen.«

Nach angenehmer Reise traf er Ende Juli 1796 in Hamburg ein und schrieb am 31. an Moreau: »Von Küste zu Küste vierzig Tage, keine Seeräuber, kurzer Besuch eines Geschwaders fünfzig Meilen vor den Scilly-Inseln, jeden Tag Regen ... Ich kenne die Stadt noch nicht. Ich habe noch keinen Besuch gemacht. Die Kokarde ist sehr in Mode. Ich habe sie bei der Ankunft angelegt.«

Es ließ sich alles gut an. Er hatte die blauweißrote republikanische Kokarde angesteckt, um sich von den Emigranten zu unterscheiden. Doch bevor er den Fuß an Land setzte, sprang ihm seine Vergangenheit an den Hals – oder an die Kehle – in der Gestalt des Emigranten de Ricci, der als eiliger Abgesandter von Adélaide de Flahaut an Bord kam. Sie lebte in Hamburg und beschwor ihn, nicht an Land zu gehen, sondern so schnell wie möglich wieder in See zu stechen und nichts zu unternehmen, um sie wiederzusehen. Riccis Auftrag war mehr als überraschend. Die teure Freundin war, auf der Schwelle zum Alter, im Begriff, die große Chance ihres Lebens wahrzunehmen: sie erstrebte die Heirat mit Herrn von Souza, dem Gesandten Portugals in Dänemark, und glaubte befürchten zu müssen, daß die Ankunft ihres »Exherzensgatten«, des Vaters ihres Sohnes, die feingesponnenen Fäden ihres Netzes zerreißen würde. Herr von Souza war ein schwieriger Mann und hätte die Rückkehr des ehemaligen Geliebten seiner zukünftigen Frau als sehr peinlich empfunden, um so mehr, als in dem abgeschlossenen und verbitterten Milieu der französischen Emigranten Klatsch und üble Nachrede in Blüte standen. Talleyrand kümmerte sich nicht um Adélaides portugiesische Ränke, er kam aus vierjährigem Exil zurück und dachte nicht daran, wieder in See zu stechen. Mit einem Wort schob er das Hindernis beiseite: »Nichts einfacher als das. Es handelt sich um einen starken Eifersuchtsanfall. Daran gehen die Frauen nicht zugrunde, und für die Männer ist es nicht gefährlich.«

Er ging an Land. Das bedeutete den Bruch mit Madame de Flahaut. Er verzieh ihr die lächerliche Aufforderung nicht. Sie verzieh ihm nicht, daß er sich darüber lustig gemacht hatte.

Er traf mit Madame de Genlis zusammen. Obwohl sie fünfzig Jahre zählte, hatte sie sich nicht verändert. Eine Gemeinsamkeit verband sie: »Der Orléanismus.« Jedoch mit dem Unterschied, daß sie in dieser Beziehung fanatisch war, er hingegen gemäßigt.

Die konstitutionelle Monarchie mit einem Prinzen von Orléans war eine vernünftige Regierungsform, eine nicht von der Hand zu weisende Möglichkeit, doch für Frankreich bestanden viele andere. Madame de Genlis befragte Talleyrand nach seinen Plänen. Er schwor, sich nie wieder mit Politik abzugeben. Er war noch gebrannt von den Erfahrungen der Jahre 1789 und 1792 sowie vom Exil, außerdem fühlte er sich an Madame de Staël gebunden, bei der er sein Leben verbringen zu können glaubte ... Entzückt voneinander trennten sich Madame de Genlis und er, beide behielten die Begegnung in bester Erinnerung. Er schrieb über sie: »Die Beständigkeit bei vielschichtigen Naturen beruht auf ihrer Geschmeidigkeit.« Eine gute Maxime. Frappierend ist, daß die Bemerkung auf Madame de Genlis in großem Umfang zutrifft, mehr aber noch auf ihren Urheber.

Sie selber schrieb, nachdem sie den feierlichen Verzicht auf jede Politik mit Skepsis vernommen hatte, Politiker und Ehrgeizige seien »wie Liebhaber, die unaufhörlich ihr Mißvergnügen und ihren Ärger für Entsagung und Vernunft halten«. Sie hatte sich nicht getäuscht.

Es lag viel Liebenswürdiges in der Wiederbegegnung zweier Überlebender der früheren Gesellschaft. Wie folgende kleine Episode zeigt: Madame de Genlis bat ihren Freund, wenn er wieder in Paris sei, ihr den »Traktat über die Klugheit« von Pierre Charron zu schicken. Bereits am folgenden Morgen empfing sie den Band. Sie traute ihren Augen nicht. Es war das bibliophile Exemplar einer Elzevier-Ausgabe von außergewöhnlicher Schönheit in Druck und Einband, das Talleyrand vor dem Verkauf gerettet hatte und das er stets bei sich trug. So beschaffen war das Brevier dieses Bischofs! In dem Buch des Freundes von Montaigne besaß er eine Art Talisman gegen die scheußlichsten Übel dieser Welt: Dummheit, Fanatismus und Tyrannei. Madame de Genlis nahm dieses Buch wie ein unschätzbares Kleinod entgegen.

Er traf auch andere Leute wieder, die er in London kennengelernt hatte, so die schöne Pamela, die Lord Fitz-James heiratete, und Mademoiselle de Sercey, die den Hamburger Bankier Conrad Mathiessen ehelichte. (Pamela galt als Tochter des Herzogs von Chartres und der Frau von Genlis, der Erzieherin der Kinder des Herzogs von Orléans. Pamela wurde mit ihnen zusammen erzogen, Frau von Genlis gab sie als ihre Nichte aus. Diese Herkunft erklärt ihre Heirat mit Lord Fitz-James.) Bei Madame de Genlis begegnete Talleyrand der ganzen Gruppe Orléans: Auguste und Charles de Lameth, dem Herzog von Aiguillon, Dumouriez und de Valence, dem Schwiegersohn seiner Freundin. Louis-Philippe, der junge Herzog von Orléans, war damals nicht in Hamburg. Abbé Louis, Talleyrands Meßdiener beim Föderationsfest, war dort. Hat er ihn damals getroffen? An den Wegkreuzungen von Politik und Geld kamen sie immer wieder zusammen. Talleyrand läßt über diese Cliquen von Schwätzern und Unfähigen seinen spöttischen Blick schweifen. »Ich verstehe nicht ein Wort von dem, was man die Politik der Franzosen nennt, die zur Zeit in Hamburg und Altona sind. Was ich begreife, ist, daß alle diese Leute England hassen und zurück nach Frankreich wollen. Der Verkauf ihres Besitzes schafft Tausende von Republikanern. Man redes von einer Orléans-Partei, deren Chef, wie mir dieser Tage mein Arzt sagte, an nichts weiter denkt, als nach Amerika zu gehen; von einer Lameth-Partei, die aus zwei Personen besteht, deren eine der schwächliche Aiguillon ist; von einer Dumouriez-Partei, die von seinem Kammerdiener Baptiste und seinem Stabsarzt gebildet wird. Wenn in Ihrer Schweiz nicht gefährlichere Gruppierungen vorhanden sind, dann glaube ich, daß wir einen sehr ruhigen Winter in Paris haben werden.« [An Madame de Staël, am 19. August 1796.]

Mit der Freundin sprach er auch über seine Gesundheit. In Hamburg hatte er zwei Wochen lang Fieber und sah daher wenig Leute. Er hoffte, um den 10. September sich nach Paris aufmachen zu können, und er fragte sie, ob sie einen jungen Mann namens Benjamin Constant kenne, den Verfasser einer Schrift, die er gerade gelesen habe: »Über die Macht der Regierung«. Zu seiner Überraschung hatte er darin Gedanken des teuren Narbonne wiedergefunden. Er, der »Geächtete«, ahnte nicht, daß niemand auf der Welt ihm besser als Germaine Auskunft über Benjamin Constant geben konnte. Mit ihm hatte sie gerade eine Liaison angeknüpft, die so leidenschaftlich und berühmt wurde, daß sie nicht glücklich enden konnte. Wenn man aus dem Exil zurückkommt, erlebt man Überraschungen. Wenn man weiß, daß Narbonne Germaines Geliebter und der Vater ihres Kindes war, daß die weitherzige Dame Gefühle und Gedanken, von allem, was ihr zusagte, vermengte, wird man nicht erstaunt sein, daß Talleyrand in Constants Schrift Narbonnes Ideen entdeckte: sie waren auf die natürlichste Art und Weise nach dem Prinzip der kommunizierenden Röhren hineingeflossen. Man kann nicht oft genug wiederholen, daß nichts intelligenter ist als die Liebe – bei sehr intelligenten Leuten natürlich.

Schließlich machte er in demselben Brief Germaine de Staël den Vorwurf, sie habe Mathieu de Montmorency zurückgewiesen und ihn der Frömmigkeit überliefert, was bedeuten konnte, daß er einen Freund verlor: »Das ist schlecht für mich.«

Ehe er Hamburg verließ, deponierte er sein kleines Dollar-Kapital bei der Bank Ricci (ungefähr 500 000 heutige Francs). An Moreau, dessen Madeira er nie wieder trinken sollte, schrieb er und schloß mit den Zeilen: »Was meine Person betrifft, habe ich noch keine Pläne gemacht. Von hier aus sehe ich nicht klar genug. Ich umarme Sie, und ich liebe Sie.«

Er nahm den Weg über die Niederlande. Amsterdam war damals die Hauptstadt der Batavischen Republik, die Pichegru ersonnen hatte, und Brüssel war Hauptort eines französischen Départements, genannt Dyle. Solche Neuheiten betrachtete Talleyrand mit Skepsis und schwieg sich gedankenvoll aus.

Nach seiner Ankunft in Paris wohnte er erst bei Madame Boufflers in Auteuil, dann bei General d'Arcon in der Rue de l'Assomption. Und warum nicht bei Germaine? Als er eintraf, war sie wahrscheinlich in Coppet am Genfer See. Am 25. September 1796 teilte der »Courrier Républicain« mit: »Monsieur de Talleyrand-Périgord, vormaliger Bischof von Autun, privilegierter Emigrant, ist in Paris eingetroffen.« Wahrscheinlich hat der »privilegierte Emigrant« mit den Zähnen geknirscht.

ZWEITER TEIL

Das neue Paris, Paris des Pöbels

Talleyrand glaubte, in seine Geburtsstadt zurückzukehren, er gelangte in eine Welt, die ihm fremder war als die der Trapper von Massachusetts, in das Paris des Direktoriums. Am Tag, der auf Robespierres Tod folgte, stieß Paris einen befreienden Schrei aus, sprengte die Tore seines Gefängnisses und stürzte sich in die Ballsäle. Aus der polizeilichen Gewaltherrschaft fiel man kopfüber in die tollste Zügellosigkeit. Mit Freiheit hatte das nichts zu tun. Der schändliche Luxus der Parvenüs war kein echter Reichtum, denn Frankreich war zugrunde gerichtet. Die Stadt war vier Jahre lang nicht gepflegt, der Abfall nicht beseitigt worden, sie zerbröckelte, die Straßen waren Kloaken. Der englische Diplomat Henry Swinburne traute seinen Augen nicht, als er Paris wiedersah. Der vornehme Faubourg Saint-Germain war menschenleer, Gras wuchs auf den Straßen, die geborstenen Fenster klapperten im Wind, und der Regen ergoß sich in die geplünderten Häuser. Das Palais Royal war ein Schuttabladeplatz. Die Comédie-Française konnte man nicht mehr besuchen. Die Zuschauer setzten sich, wohin sie wollten, der Theaterraum war widerlich schmutzig und voller Ungeziefer. Die Männer behielten den Hut auf dem Kopf, und die Frauen trugen durchsichtige Schleiergewänder. »Beim Anblick ihrer nackten Arme und Beine wurde einem kalt«, bemerkt der ehrenwerte Engländer. Die Adligen, die ihr Leben und einige Überbleibsel ihres Besitzes hatten retten können, versuchten auf jede Weise Geld zu verdienen: wer einen Salon aufmachen konnte, verwandelte ihn in einen Spielsaal, in ein öffentliches Tanzhaus oder eine Art Freudenhaus. Man traf dort alle Welt. Swinburne begegnete in einem dieser Salons der Dame des Tages, Madame Tallien. Eine schwarze Perücke verdeckte ihr Gesicht zur Hälfte, wohingegen ihre durchsichtige griechische Tunika alles übrige den Blicken preisgab.

Der Elysée-Palast, der der Herzogin von Bourbon gehört hatte, war in kleine Appartements aufgeteilt, die zu mieten waren. Die weitläufigen Räume hatte man, so gut es ging, mit Zwischenwänden versehen, und die Mieter hausten somit in Abteilen, die zur Hälfte aus Gips, zur Hälfte aus vergoldeten Boiserien bestanden. Der Garten stand jedem beliebigen als Rummelplatz zur Verfügung mit Verlosungen, Reitbahnen, Marktschreiern und Schaukeln. Ein Sohn des Parlamentspräsidenten von Toulouse verkaufte Tabak, ein Hauptmann der Garde Schreibpapier; eine Herzogin heiratete einen Notar, ein Domherr war Bote einer Druckerei, ein Bischof war Schreibgehilfe ... Einerlei, man atmete wieder!

Zweihundert Bälle fanden jeden Abend in Paris statt. Ein Taumel hatte die Leute erfaßt: es gab Tanzveranstaltungen der Wasserträger, der Köhler, sogar der Ci-devants, der früheren Adligen. Man tanzte über die Angst hinweg, über den Tod, über einen noch blutbefleckten Boden, man tanzte, weil man lebte.

Talleyrand sah sich um und berichtet: »An die Stelle der Gefängnisse und revolutionären Ausschüsse sind Bälle, Schauspiele und Feuerwerk getreten.« (Das Volk schwärmte dafür, und die Direktorial-Regierung ließ dreimal in der Woche ein Feuerwerk abbrennen. Das war weniger kostspielig, als Getreide zu kaufen.) »Die Hofdamen sind verschwunden, aber die Frauen der Neureichen haben ihren Platz eingenommen, und die Dirnen stehen ihnen in puncto Luxus und Ausschweifung in nichts nach. Und daneben der hirnlose Schwarm, den man früher die ›petits maîtres‹, Herrchen oder Stutzer, nannte und die heute ›Merveilleux‹, die Herrlichen, heißen. Sie reden beim Tanzen über Politik und sehnen sich, wenn sie Eis schlürfen, nach dem Königtum oder gähnen bei einem Feuerwerk.« Nach den Fanatikern nun die Dummköpfe. Armes Land! Im Hintergrund dieses Abschaums der Gesellschaft, der angeblich die Geschichte macht, standen zwanzig Millionen Franzosen, betrogen, unglücklich, von Arbeit und Steuern erdrückt, zum Kriegsdienst gepreßt, auf den Dörfern sogar von Räuberbanden terrorisiert, und mit Papiergeld, den Assignaten, entlohnt; es wurde so verachtet, daß in Paris die Arbeiter über fortgeworfene Geldscheine schritten, ohne sich die Mühe zu machen, sie aufzuheben. Überall war Mangel, außer bei den »Pourris«, den Korrupten. In den Vorstädten herrschte Hungersnot.

Für Politik interessierten sich nur noch die Politiker und die royalistischen oder extremistischen Verschwörer. Die Franzosen fühlten sich heillos hintergangen. »Vive la République!« schrien nur noch die Offiziellen bei offiziellen Feierlichkeiten. Hingegen hörten Zeugen jener Zeit auf der Straße merkwürdige Aussprüche wie diesen: »Die Republik gehört in die Hände eines geschickten Lenkers.« Ein Lenker (geschickt oder nicht) heißt auf italienisch »Duce«, auf deutsch »Führer«. Zwei Jahre danach auf französisch: Bonaparte.

Im Augenblick begnügten sich die Franzosen mit Barras, dem Chef des Directoire. Was an kompromittierenden Eigenschaften und Handlungen vorstellbar war, vereinigte sich in diesem Mann. Er war intelligent, ohne jede Moral und schien dem Roman »Gefährliche Liebschaften« entsprungen zu sein. Er kleidete sich elegant, verfügte über einen erlesenen Geschmack und hatte in der Revolution nichts anderes als eine schnelle und lukrative Möglichkeit gesehen, sein Schäfchen ins trockene zu bringen. Er konnte ebensogut blutiger Jakobiner wie Reaktionär sein, alles war ihm recht, vorausgesetzt, daß es seinem Vermögen zugute kam. Unumwunden erklärte er: »Bürgerkriegszeiten sind keine moralischen Zeiten.« Deshalb hatte er wohl den Kult der »Tugend« mit seinen Freunden vom Wohlfahrtsausschuß so intensiv gefeiert. Barras war aristokratischer Abkunft, verwandt mit den Pontevés und den Castellane, trotzdem wurden durch sein Zutun die unheilvollen Karren für die Guillotine beladen; danach hatte, ebenfalls durch sein Zutun, Robespierre seinen Kopf verloren. Zur Belohnung war er zum Directeur, zum Staatschef gemacht worden. Als offizielle Wohnung diente ihm das Palais Luxembourg, er hielt sich aber lieber in seinem prächtigen Haus in Suresnes auf, das mit Staatsmobiliar ausgestattet war, oder auf seinem fürstlichen Besitztum in Grosbois, das dem Grafen von Provence, dem späteren Ludwig XVIII., gehört hatte. Seine Empfänge glichen einem buntgemischten Gewimmel. Vormalige Herzoginnen saßen neben bekannten Prostituierten; Drouet, der Postmeister, der Ludwig XVI. in Varennes festgenommen hatte, sprach mit den Verkäufern nationaler Besitztümer; stellungsuchende Herzöge tauschten Winke und Hinweise aus mit Zuhältern und Spielern. Joséphine de Beauharnais war eine regelmäßige Besucherin, und Madame Tallien hatte das Amt der Hausherrin übernommen.

Jeder wußte, daß Barras auf dem Gebiet der Verwaltung eine Null war, König hingegen war er auf dem Gebiet politischer oder polizeilicher Intrigen, der Fälschung von Karten, Würfeln oder Wahlen, der Kuppelei oder intimer Feste. Dank der Revolution war er auch König der Republik.

Benjamin Constant, der die Republikaner dieser Färbung schätzte, bezeigte ihm eine gewisse Hochachtung. Sie hatten ein gemeinsames Laster, das Spiel. Er schrieb Barras Sinn für Tatsachen und Realität zu und ein Gespür, das ihn drohende Staatsstreiche vorausahnen ließ. Dann war er zum Zuschlagen bereit und zum Handeln entschlossen, aber, so sagte Constant, »man wußte nie, ob es dafür oder dagegen sein würde«. Ein ausländischer Diplomat charakterisierte Barras folgendermaßen: »Er würde die Republik unverzüglich zum Fenster hinauswerfen, unterhielte sie nicht seine Hunde, seine Pferde, seine Mätressen, seine Tafel und sein Spiel.«

Madame Tallien, geborene Thérésa Cabarrus, war als Frau für diese Belle Epoque ebenso repräsentativ wie Barras. »Notre-Dame de Thermidor«, wie sie genannt wurde, war durch Tallien vor der Hinrichtung auf dem Schafott gerettet worden. Sie heiratete ihn.

Sie bewohnten ein »La Chaumière« genanntes Haus am Ende der Allée des Veuves, die von den Champs-Elysées zur Seine hinunterführte. Die Behausung war zwischen Bäumen und in einem großen Garten betont ländlich gehalten. »La Chaumière« wurde zum galanten Wallfahrtsort der Pariser jener Zeit. Eines der begehrtesten Schmuckstücke des Hauses war die Bürgerin Beauharnais. Doch an Extravaganz wurde sie noch von Fortunée Hamelin überflügelt. Allgemein trug man Frisuren »à la victime«, das heißt halsfreie Hochfrisuren und griechische Gewänder.

Die Männer zeigten gelangweilte und geringschätzige Mienen, das Haar hing ihnen gleich »Hundeohren« auf die Schultern, der Anzug war ein grauer Frack, dazu eine sechsunddreißigmal geschlungene Krawatte in der Farbe »vert-pomme-pas-mûre«, dem »Grün unreifer Äpfel«, sie trugen große Brillen oder Lorgnons und in der Hand als Spazierstock gewaltige Knüttel. Begleitet waren sie von ihren »Vaporeuses«, den Luftigen, Durchsichtigen, die sich gegenseitig an Keckheit und Gewagtheit überboten. Mit violetten, wie Fliegenleiber schimmernden Kothurnen an den Füßen schwebten sie diesen besseren Zeiten entgegen, die von den Weisen des Wohlfahrtsausschusses nicht vorausgesehen waren.

Eines Tages spazierten Thérésa Tallien und Fortunée Hamelin die Champs-Elysées hinunter. Außer ihren bis an die Waden geschnürten Kothurnen trugen sie nur ein dünnes, bis an die Hüften geschlitztes Schleiergewand: weder Gebote der Scham noch Kälte konnten sie davon abhalten, dem souveränen Volk ein Schauspiel zu bieten, über dem das der unseligen Kopfabschneide-Maschine in Vergessenheit geriet.

Fortunée Hamelin war eine Kreolin aus Santo Domingo. Ihre Zügellosigkeiten grenzten an Skandal – und das wollte zur Zeit des Directoire etwas heißen! Sie hatte den Beinamen eines »ersten Schlingels von Frankreich« bekommen. Sie hatte Teint, Lippen und Haar der von der Insel Haiti stammenden Rasse, ihre Vorfahren waren schon auf Haiti geboren und hatten sich mit Eingeborenen vermischt. Dazu kamen eine unwiderstehliche Anmut und ein ebensolches Naturell sowie die unbestreitbare Gabe, diese Eigenschaften zur Geltung zu bringen. Hinzugefügt werden muß, daß es ihr nicht an Esprit mangelte. Sie glänzte auf den Empfängen, die Talleyrand veranstaltete, und bei ihm traf sie auf einen Freund des Hausherrn, den Grafen von Montrond, der ihr Liebhaber wurde. Als sie sich zum erstenmal begegneten, ging Montrond ohne Umschweife auf sie zu, und die dunkle Kreolin rief: »Sie sind doch verheiratet!« – »Oh, nur ein bißchen ...« antwortete er. Darauf sie: »Und ich noch weniger!« Sie waren füreinander geschaffen. Dem schönen Montrond werden wir noch oft begegnen, denn von jener Zeit an lebte er im Kielwasser Talleyrands und hing an Fortunées Röcken – an denen auch noch einige Dutzend andere hingen.

Um in diesem allgemeinen Karneval die guten Sitten zu verteidigen, traf die Dummheit der Regierenden ebenso groteske wie unwirksame Maßnahmen. Als zum Beispiel der Luftschiffer Garnerin, dem ein Aufstieg und eine berühmte Landung im Parc Monceau gelungen waren, ankündigte, er wolle seine Heldentat wiederholen und diesmal eine Frau mitnehmen, die in die Elysée-Gärten mit dem Fallschirm abspringen sollte, untersagten die Behörden der Republik »das unmoralische und unanständige Schauspiel, bei dem zwei Personen verschiedenen Geschlechts sich zusammen in die Lüfte erheben«. Zur Wahrung der guten Sitten wurde die Dame durch ein Schaf ersetzt. Wer wollte behaupten, daß diese Regierung die Tugend vernachlässigte?

Doch von Bällen und von Feuerwerk allein ernährte Paris sich nicht. Paris berauschte sich an Siegesmeldungen. Zumindest ein Ruhmesstrahl leuchtete in diesem Verfall. Ein junger, siebenundzwanzigjähriger General führte in Norditalien die republikanischen Armeen von Sieg zu Sieg. Der geschlagene König von Sardinien hatte um Frieden gebeten. Ganz Paris war trunken vor Freude über die Meldung vom Sieg an der Brücke von Lodi. Beim Bericht über den triumphalen Einzug der französischen Armee in Mailand warfen sich die unkriegerischsten Republikaner stolz in die Brust. Die »Merveilleuses«, die Wundervollen, gaben sich griechischer und durchsichtiger denn je, begeisterte Dirnen zogen aus ihren Gassen auf die Boulevards und die Champs-Elysées und führten sich noch herausfordernder und patriotischer auf. Paris hatte die Ausschüsse, das Gefängnis und das Schafott abgeschafft, man brauchte jetzt einen Helden, einen Sieger, um ihn zu bewundern und zu lieben, einen edlen, schönen jungen Menschen, man wollte sich etwas Großem hingeben: dem Ruhm. All das vermochte Bonaparte zu bieten.

Es wurde gemeldet, die österreichische Armee unter Wurmser sei bei Castiglione und Bassano geschlagen worden, sie sei in Mantua eingeschlossen und verloren. Diese Renaissance des Ruhms und der Freiheit war so schön, daß ganz Frankreich ein bißchen verrückt wurde. Sie war um so schöner, als dieser von Statur kleine junge Mann, der Schlag auf Schlag Siegesmeldungen und Ladungen feindlicher Fahnen nach Hause sandte, auch gewaltige Kontributionen und andere Beute heimschickte. Die Siege begeisterten das Volk, und das Gold kam der Regierung zugute. Idealistische republikanische Aufrufe wurden an die geplünderten und befreiten Völker erlassen. Wehe den Besiegten! Und hoch General Bonaparte! Dahin hatten die Franzosen die Schreibweise und Aussprache seines Namens geändert, er war ihnen so für den täglichen Gebrauch zugänglicher. Mit einem Namen wie Napoleone Buonaparte wäre es unmöglich gewesen, Karriere zu machen.

Talleyrand war zweiundvierzig Jahre alt, als er dieses neue Paris wiedersah. Er gehörte nicht zu den Menschen, die leicht an irgend etwas Anstoß nehmen, er war nicht einmal erstaunt. Er ging daran, diese umgekrempelte Gesellschaft vernunftmäßig zu erforschen, wie er die Wälder der Neuen Welt und die Sümpfe und Prärien erforscht hatte. Er watete durch den Schlamm der Salons, durch die Vorzimmer der Minister, durch die Kulissen der Sitzungen des Rats der Alten und der Fünfhundert, durch die Kloake der Spielhöllen und der zwielichtigen Stätten des Palais-Royal, wo die korruptesten und die am besten informierten Leute von Paris anzutreffen waren. Obwohl er »alle Spielarten der Revolution« kannte, stellte er fest, daß Robespierre die Karten geändert hatte. Genaugenommen hatte er nur die Köpfe geändert, die Spielregeln waren die gleichen geblieben: in der Politik gab es keine neuen Kombinationen mehr.

Talleyrand selbst hatte sich in nichts geändert: er trug weiterhin seinen gepuderten Kopf, seinen seidenen Frack, sein Hemd aus Batist und Spitzen, seine Schnallenschuhe. Er setzte sich weiterhin über jedes Vorurteil hinweg und verließ sich auf seinen gesunden Verstand. Er blieb seinen Bestrebungen treu, seinem Hang zum Geld, seinem Übermut; und natürlich war ihm sein Klumpfuß erhalten geblieben. So zeigte er sich bei seinem Wiederauftritt.

Als unter seinen hinkenden Schritten die von den Stiefeln der Jakobiner übel zugerichteten alten Parkettböden der Salons des Faubourg Saint-Germain leise knarrten, hinkte auch die Revolution oder wenigstens das, was von ihr übriggeblieben war. Sie hinkte so stark, daß sie sich bald hinlegen und dann einschlafen mußte.

Wenn man nicht hat, was man liebt, lernt man lieben, was man hat

Talleyrand sah dem Schauspiel zu und hielt sich eine Weile im Hintergrund. Klugheit war nicht der einzige Beweggrund für seine Zurückhaltung: ihm fehlte Geld. Zuerst lieh er sich fünfundzwanzigtausend Pfund von Germaine de Staël. Was bedeutete das unter seinen Händen? Drei Monate eines bescheidenen Lebens. Ein Zeitgenosse traf ihn in Saint-Leu bei Madame de La Tour und berichtet: »Er war ein äußerst liebenswürdiger Mann, beseelt von verhaltener und innerer Freude, in einem Kreis eleganter Frauen, mit denen er ein paar Louis bei einer ruhigen Whist-Partie wagte.« Mangels größerer Summen spielte er nicht mehr so hoch wie früher. Geduld! Die schönen Tage kommen wieder zurück. Es ist nur eine Wartezeit, um dann um so größere Sprünge machen zu können.

Germaine de Staël schickte ihm ihr letztes Buch »Die Literatur, betrachtet in ihrem Verhältnis zu den sozialen Einrichtungen«. Er war hingerissen: »Ihr Werk ist großartig, ich weiß nicht, ob es Ihrem Renommee noch an etwas gefehlt hat, aber gegenwärtig kann man das nicht mehr sagen ...« Dann geht er zu anderen Themen über: »Hier verbringe ich meine Zeit damit, Geldgeschäfte, die ich in Amerika und Hamburg angefangen habe, weiterzuführen. Ich bin viel bei einer gutmütigen Frau, sie heißt Madame de Brack, und jeden Abend um zehn Uhr gehe ich nach Hause. Mein innigster Wunsch ist das Gedcihcn der Republik.« (Germaine und Benjamin hegten den gleichen Wunsch.) »Mehr denn je verabscheue ich die Aristokratie.« (Sie gab es ihm mit gleicher Münze zurück.) »Ich hoffe, daß Sie bald zurückkommen, ich sehne mich danach, Sie wiederzusehen. Ich liebe Sie von ganzem Herzen.« [18. Februar 1797] Germaine war in Coppet. Das »kleine Universum« sollte nie verwirklicht werden. Benjamin Constant hatte es wie eine aus einem Traum entstandene Seifenblase platzen lassen. Der junge Mann sah nicht besonders gut aus, er war rothaarig, lang aufgeschossen, biegsam, als habe er keine Wirbel, auch fröhlich war er nicht, aber seine Intelligenz war überragend, fast beunruhigend und überwältigend. Germaine erlag seiner Anziehungskraft und kam nicht mehr von ihm los. Sie war buchstäblich gefangen und blieb es durch Wonnen und Qualen, Hoffnungen und Ängste hindurch.

Eifersucht ist ein Gefühl, das Talleyrand nicht kannte. Er litt keineswegs unter Germaines ausschließlicher Leidenschaft für den Neuling. Darf man sogar sagen: im Gegenteil? Jetzt überschüttete sie Benjamin mit ihrem

Amazonen-Eifer, ihren Redeströmen, bei denen sich Talleyrand eher unbehaglich als bezaubert gefühlt hatte. Zudem hatte Germaine die Großmut, ihm den jungen Mann anzuvertrauen. So gewann Talleyrand einen Mitarbeiter, einen Gehilfen, einen Fürsprecher, einen Informanten. Welchen Titel soll man ihm geben? Kurzum, einen Verbündeten von ungewöhnlichen Fähigkeiten für das, was sich bald unter der Schutzherrschaft von Germaine de Staël abspielen sollte. Es ging um ein Minister-Portefeuille.

Ob mit, ob ohne Benjamin, Talleyrand ersehnte inständig Germaines Rückkehr nach Paris. Eigeninteresse und Freundschaft trafen zusammen. Die Anwesenheit seiner Freundin in der Hauptstadt war wichtiger für ihn als alles andere. »Ist es Ihrer Meinung nach möglich, amerikanische Ländereien in der Schweiz zu verkaufen? Wäre es so, würde ich jemanden schicken.« Desrenaudes zum Beispiel. Mithin hatte er seine Optionen auf die Ländereien in Massachusetts behalten. Er hatte gehofft, sie an Franzosen in Hamburg verkaufen zu können, war aber enttäuscht worden. Die Emigranten wollten, wenn auch enteignet, deklassiert und elend, in Frankreich leben und sterben – sofern man sie wieder aufnahm. Anscheinend hat er bei den Landsleuten von Madame de Staël ebenfalls einen Mißerfolg erlitten. Damit war seine Laufbahn als Immobilienmakler beendet. Seine Laufbahn als Finanzier hingegen nicht: die angelsächsischen Bankiers und Geschäftemacher hatten ihn in kühnere und wendigere Geldmanipulationen eingeweiht, aus denen er guten Nutzen zog.

Um wieder Fuß zu fassen, ließ er bald nach seiner Rückkehr vom »Institut des Sciences morales et politiques«, wo er seinen Sitz hatte, einen Empfang für sich veranstalten. Das war die zweite Klasse des »Institut des Sciences et des Arts«, Kategorie »Economie politique«. Am 14. Dezember 1795, noch als er in Amerika weilte, war er gewählt worden. So gehörte er von Anbeginn an zu diesem Institut, dessen Gründung er gefördert hatte und das auf diese Weise öffentlich seinem Schöpfer gegenüber Wertschätzung bezeigte. Die feierliche Aufnahme als Sekretär des »Lycée des Arts«, einer höchst angesehenen gelehrten Gesellschaft, fand am 23. September 1796 statt.

Das Institut tagte im Louvre, in der Salle des Cariatides. Auf ausdrückliches Verlangen seiner Kollegen verlas er in öffentlicher Sitzung zwei von ihm abgefaßte Berichte. Der erste, am 4. April 1797, war die »Denkschrift über die Handelsbeziehungen der Vereinigten Staaten mit England«, deren Inhalt uns dank des langen Briefes an Lord Lansdowne bekannt ist. Die Lesung hinterließ einen tiefen Eindruck. Das gesamte diplomatische Corps war gekommen, ihn anzuhören. Die Gesandten hatten allen Grund, dieser faszinierenden Persönlichkeit aufmerksam zuzuhören, denn Talleyrand legte ihnen aufgrund überragender Kenntnisse die politischen und ökonomischen Prinzipien dar, mit denen sie, wenig später, rechnen mußten. Sie ahnten nicht, daß der Vortragende dieses Tages der Minister der Auswärtigen Beziehungen von morgen sein würde, aber alle waren davon überzeugt, daß er »jemand« sei und daß er »etwas« werden würde.

Die zweite Sitzung fand am 3. Juli 1797 statt. Er legte dem Institut seinen »Essay über den Nutzen, der bei den gegenwärtigen Gegebenheiten aus Kolonien erwachsen kann«, vor. Es handelte sich um eine Ergänzung des ersten Vortrags, und die Gedanken, die er ausführte, waren die Frucht seiner Erfahrungen in Amerika. Er begann damit, eine Richtlinie vorzuzeichnen, die als die weiseste für ein Volk gelten kann, das eine Revolution hinter sich hat: der Alpdruck mußte vergessen werden. Und Vergessen bringt »alles, was den Menschen den Weg der Hoffnung weist«. Seiner Meinung nach lag die Zukunft des französischen Wiederaufbaus in der Gründung von Kolonien, die »nach solcher Unruhe die Quelle wertvollen Nutzens sein können«. Und er erklärte es: Frankreich hatte zu viele ruinierte, haltlose Bürger, die an Unruhe gewöhnt waren und Frieden, Arbeit und deren Eintönigkeit ablehnten, Frankreich hatte zu viele Abenteurer, die nach Wirren stets zahlreich auftreten, Spekulanten und Erbauer von Luftschlössern, schließlich Leute, die als soziale Außenseiter bezeichnet werden können, »solche, die sich nicht anpassen können, solche, die sich mit keiner Abhängigkeit abfinden können«. Für diese Leute wären Kolonien ein Ventil, und Frankreich würde sich dabei eine nutzbringende Quelle erschließen sowie eine Möglichkeit zur Beeinflussung anderer Völker. Und wie verhält es sich mit den Mißerfolgen französischer Kolonisation unter Ludwig XV.? Auf diesen Einwand war er vorbereitet. Schuld daran war »die törichteste Fahrlässigkeit«. Nur Menschen mit Übung und Erfahrung in der Kolonisation dürfen beauftragt werden, die Verpflanzung von Zuwanderern mit den richtigen Methoden vorzunehmen und Freiheit und Gerechtigkeit zur Herrschaft zu bringen. »Keine Beherrschung, kein Monopol, stets eine Macht, die schützt, niemals eine, die sich aufdrängt.« Was hätten die Kolonisatoren im 19. Jahrhundert und selbst die im 20. an Einsicht gewonnen, wenn sie Talleyrands »Essay« gelesen hätten! Einer unter ihnen kannte ihn: Lyautey.

Talleyrand, der durch seinen Namen, seine Winkelzüge, seine Pseudo-Emigration den Jakobinern verdächtig war, ließ, um der Wahrheit und dem Interesse Frankreichs zu dienen, jegliche Vorsicht außer acht und hatte den Mut, den Namen und die Verdienste eines großen Ministers des Ancien régime zu zitieren, um seine Thesen zu stützen. Die verblüffte Zuhörerschaft vernahm folgendes: »Der Herr Herzog von Choiseul, einer der Männer unseres Jahrhunderts, die die Zukunft am stärksten in ihrem Kopf und Geist hatten, sah voraus ...« Er beruft sich nicht nur auf diesen Ci-devant, sondern tituliert ihn »Herr Herzog«! Ja, Choiseul hatte vorausgesehen, daß Frankreich und England ihre Kolonien in Amerika verlieren würden, und er hatte vorausgesehen, daß man zum Ausgleich dieses Verlustes »durch Verhandlungen die Abtretung Ägyptens an Frankreich vorbereiten« müsse. Diese Bemerkung Talleyrands ist in mehr als einer Hinsicht bemerkenswert. Einmal weil sie in einer präzisen Formulierung einen bemerkenswerten Wesenszug Choiseuls festhält, der vor allem auch ein Wesenszug Talleyrands ist: »Ein Mann, der die Zukunft in Kopf und Geist hat.« Das ist er selber. Auch später, als er vierundachtzig Jahre alt ist, hat er Kopf und Geist noch immer voller Zukunft und definiert das Europa des 20. Jahrhunderts, das, in Paranthese gesagt, sich merklich rückschrittlicher erweist, als Talleyrand es vorausgesehen hat. Zum anderen ist diese Aussage auch deswegen außergewöhnlich, weil der Hinweis auf Ägypten den jungen General Bonaparte angeregt hat. (Noch einer, der die Zukunft im Kopf und im Geist hat.) Dieses in den Wind gestreute Samenkorn wird keimen, wachsen und Frucht bringen.

Talleyrand bringt seine Prophezeiungen im gelassensten akademischen Tonfall vor. Im Grunde ersinnt er nie etwas, er verfügt über keine schöpferische Kraft: er erschafft das Geschehen nicht, er läuft ihm voraus, er kündigt es an, und er macht es sich zunutze. Er ist weder ein Magier noch ein Hellseher, aber er versteht es, so gut zu beobachten, daß er etwas vorauszusehen vermag. Keine Leidenschaft trübt seinen Verstand, er ist ganz einfach viel intelligenter als die meisten der Schwätzer und Hetzer, die ihn umgeben. Schließlich hat Talleyrand nach der Schreckensherrschaft als erster die unheilvollen Jahre übersprungen und Frankreich wieder auf die Bahn des Lebens, der Grandeur gestellt. Er tat es, indem er das neue Frankreich an das alte koppelte. Alles, was aus dem Frankreich der Monarchie wert ist zu überleben, wird durch ihn weitergegeben. Er hat sich von den vorgefaßten Meinungen der feudalen und monarchischen Vergangenheit losgesagt, aber er hat dem demokratischen Frankreich das Erbe der klassischen Jahrhunderte eingeimpft. Dieser Mann, der in so hohem Maße dazu beigetragen hat, die abgetakelten und schädlichen Institutionen des Ancien régime wie morsche Zweige an einem tausendjährigen Baum abzuschlagen, macht sich vom Tage seiner Rückkehr in das verwüstete Frankreich an bewußt zum Vehikel, zum kühnen Promotor für das unvergleichliche Erbe des monarchischen Frankreich. Ihm ist es zu verdanken, daß die Reichtümer der Vergangenheit die Neuerungen der Gegenwart befruchten. Er war wirklich der Mann Frankreichs. Und über diesen Mann schreibt Chateaubriand, einem Haßgefühl nachgebend: »Seine Befugnis war keine solche in Sachen der Zukunft, er sah nicht nach vorn, er sah nur nach rückwärts.« Niemals ist Bösartigkeit so blind gewesen.

Die Lesung der »Denkschrift« rief große Bewunderung hervor. Gelobt wurde deren Prägnanz, Klarheit und Treffsicherheit. Es herrschte allgemein der Eindruck, daß sich ein großer Staatsmann vorgestellt hatte.

Sein Leben wurde dadurch nicht einfacher, seine Anwesenheit wurde als störend empfunden, auch sein Stillschweigen, und der Umgang, den er pflegte, rief Besorgnis hervor. Er traf mit vielen Orléanisten zusammen.

Er hatte spöttisch über ihre Gruppe gesprochen, aber er vernachlässigte die Personen nicht, die möglicherweise zu ihr gehörten. Er schreibt darüber am 17. Febraur 1797 an Moreau: »... diese Orléans-Gruppe, von der jeder spricht und die um so gefährlicher ist, als sie unsichtbar bleibt. Sie ist überall zugegen, aber man sieht sie nirgends. Man erweist mir die Ehre, mich als einen Anführer dieser wendigen Gruppe zu betrachten. Dies scheint mir aus den Kramläden der Priester zu stammen, die gegenwärtig recht tätig sind« (nicht in den Kirchen, die waren noch geschlossen), »aber glauben Sie nur nicht, daß das etwas Nennenswertes ist.«

Er mag ironisch darüber schreiben, es steht außer Zweifel, daß diese Mutmaßungen der Grund dafür waren, daß er nicht, wie er es hoffte, zum Stadtrat von Paris ernannt wurde.

Die Polizei überwachte ihn. Der damalige Minister, der kurioserweise Cochon hieß, ließ ihn beschatten. Einem Bericht, der Barras und den anderen Direktoren zugeleitet wurde, sind die Äußerungen zu entnehmen, die bei einem Diner von Talleyrand, General Brune, Desrenaudes, Maret und Sémonville getan wurden. Talleyrand sei aufgefallen durch sein Mißtrauen den Emigranten gegenüber, aber er habe an Delacroix, dem Minister des Auswärtigen, seiner Gewöhnlichkeit und Dummheit wegen kein gutes Haar gelassen. Rewbell, der für seine Heftigkeit und Grobheit bekannt war, wetterte im Direktorium gegen Talleyrand, in dem er nichts weiter sah als eine Stütze des Ancien régime. Er sprach von ihm als »tollwütigem Lügner«, fluchte und hieb mit den Fäusten auf den Intarsientisch aus dem nationalen Mobiliar und behauptete, der Bischof sei der schlimmsten Untat fähig – was heißen sollte, eine Verschwörung gegen die fünf Direktoren anzuzetteln. Äußerungen, die Talleyrand entschlüpft und an die Adresse der Regierung gerichtet waren, hatten in der Tat ihr Ziel erreicht und wurden übel aufgenommen. Eines Tages, als er ins Palais Luxembourg ging, sich auf seinen Stock stützend und den anderen Arm bei Colonel Lamothe eingehängt, kam der Pförtner auf ihn zu, um ihm, wie es für alle Besucher, die an den Sitzungen teilnehmen wollten, befohlen war, den Stock wegzunehmen. Talleyrand mußte sich um so stärker an den Oberst klammern und sagte laut zu ihm:

»Mein Lieber, mir scheint, Ihre Regierung hat fürchterliche Angst vor Stockschlägen.«

Aus dem Munde eines so überwachten Verdächtigen wie des brillanten Vortragenden im Institut verursachte diese Äußerung an hoher Stelle einige Aufregung.

Die Spitzel berichteten dem Bürger Cochon auch von Talleyrands Anwesenheit bei einem Zusammentreffen royalistischer Verschwörer im Februar 1797 in der Rue de Provence Nummer 16. Zugegen waren Dumas vom Rat der Alten, der Royalist Montesquiou, Roederer, Segier, früherer Botschafter in Rußland und Royalist, die Herzogin von Aiguillon, Tochter von Madame de Genlis, und andere. Auch wenn es nicht stimmen sollte, so ist seine Teilnahme doch wahrscheinlich, denn alle sind Freunde von ihm, und alle sind Orléanisten.

Direktor Barras, der seine Erfahrungen hatte, was Komplotte anging, nahm die Sache auf die leichte Schulter: »Laßt diese Herren nur machen und sich in der Sphäre ihrer mehr oder weniger subalternen Intrigen abmühen.« Die Orléanisten machten ihm keine Angst.

Einen Monat später liegt ein neuer Bericht von Cochon vor über die verdächtigen Beziehungen zwischen Talleyrand und La Vauguyon, der als Agent des Grafen von Provence galt. Mit solchen gezielt zusammengestellten Berichten bringt man schnell jemanden in schlechten Ruf.

Talleyrand hielt es für richtig, seine Meinung zu beteuern: »Mein deutlich erklärtes Sinnen und Trachten galt und gilt beständig dem Glück und Ruhm der französischen Republik.« Es gab recht unverfrorene Leute, die über den für ihre Begriffe zu ernsthaft verkündeten Republikanismus Talleyrands lachten.

Ein Republikaner, der nicht lachte, war der berühmte Chénier, der in erster Linie zur Repatriierung des »Royalisten« beigetragen hatte. Er lachte allerdings nie und diente mit dem gleichen gemessenen Ernst der Republik, die seinen Bruder aufs Schafott gebracht hatte, und der angebeteten Eugénie, die die »Ballade des Geächteten« nicht mehr vortrug. Aus seiner Feder stammen die herben Worte über Talleyrand: »Der Brief des Abbé Maurice beweist mir, daß er sich als Anhänger des Directoire ausgibt, nachdem er Anarchist und Orléanist gewesen ist, leider nicht Robespierist werden konnte, weil Maximilien ihn nicht wollte; jetzt ist er Direktorist, bis er das werden kann, was die Regierung später einmal sein wird. Dieser Kerl ist wie ein Schwamm ...«

Ihn »Abbé Maurice« zu nennen ist kein Beweismittel, sondern ein dummer Witz. Anarchist – eine Albernheit. Orléanist, das heißt Parteigänger einer konstitutionellen Monarchie? Das ist schon fundierter: das einzige beachtenswerte Wort. Robespierist? Das hatte Talleyrand nie sein wollen. Man denke daran, wie ungeduldig er seinerzeit auf seinen Reisepaß gewartet hat. Direktorist? Er brauchte es nicht erst zu werden. Sobald er von den Geschehnissen am 9. Thermidor erfuhr, hat er verkündet, er sei für die Republik. In Wirklichkeit war es so, daß Talleyrand die Leute in Verwirrung brachte. Sie fürchteten ihn ... und deshalb attackierten sie ihn.

Heißt man Chénier und lebt man im Jahr 1797, als das Publikum im Theater noch für Tragödien und für Alexandriner schwärmte, gibt es nichts Bissigeres als eine Satire in Versen, ein Spottgedicht. Ein solches verfaßte der Dichter-Tribun. Bevor er über Talleyrand herfällt, singt er sein eigenes Lob. Seine Tugend erscheint fleckenlos, die Laster des Ci-devant hingegen sind um so schwärzer. Hier der sinngemäße Inhalt:

»Aufrichtig auf meinem Weg und wahrhaftig in meinen Reden,
So war ich, so bin ich, und so werde ich immer sein.«
Und nun kommt der Abbé Maurice an die Reihe:
»Vollgestopft mit Schande und Gold, betet der schamlose Maurice
Jeder Regierung Laune an, wie sie auch sein mag,
Als abtrünniger Söldner jeder Partei
Verkauft er seine Freunde, wie er den Staat verkauft.«

Vollgestopft mit Schande? Großer Irrtum. Maurice empfindet weder Schande noch Skrupel. Nur eine einzige besiegte Partei hat er verraten: die Kirche – sofern man sie als Partei betrachten mag. Talleyrand hat nie einen Freund verkauft, und auch den Staat nicht. Als die legislative Macht in die Hände von Rasenden fiel, ging er in die Fremde. Chéniers Gedicht ist vielleicht ein Kuriosum der Zeit, ein Zeugnis ist es nicht.

Das Triebwerk des Hasses war in Gang gesetzt. Wie ist diese Welle des Hasses entstanden, und wie konnte sie immer mehr anschwellen, um im darauffolgenden Jahrhundert in Chateaubriands »Erinnerungen von jenseits des Grabes« einen so erhabenen Höhepunkt zu erreichen? Genährt worden ist der Haß nicht durch Talleyrands Ideen, nicht durch seine Meinungen und die Freizügigkeit seiner Lebensführung, auch nicht durch seine vorgeblichen Verrätereien, es geschah durch Talleyrands Person und Wesen. Sein Auftreten, seine Art zu reden, sein Blick gingen vielen Leuten auf die Nerven. Was den Haß der einen hervorrief, entzückte die anderen, wie Madame de Brionne, Madame de Staël, Choiseul, Narbonne oder Montrond. Germaine de Staël sagte: »Könnte man die Kunst der Unterhaltung kaufen, ich würde alles darangeben, um die seine zu kaufen.« Doch es gab viele Leute, die mit den Zähnen knirschten, wenn sie ihm zuhörten. Genauso wie sie es bei der Lektüre von Voltaire oder Fontenelle taten. Er war ihnen sogar körperlich zuwider, seine Eleganz, sein überhebliches Lächeln, seine überwältigende Höflichkeit den Grobianen des Directoires gegenüber, das alles gab ihnen mörderische Gedanken ein. Was sie im Grunde an ihm haßten, war der Aristokrat. Und sie hatten nicht einmal unrecht, denn er war 1797 der aristokratischste der Franzosen. Den waschechten Jakobinern wurde übel, wenn sie sahen, daß er seinen Kopf noch auf den Schultern hatte, denn ein Kopf wie der seine gehörte zu der Gattung, die hätte fallen müssen. Feindlich gesinnt war ihm auch der brutale und plumpe Direktor Rewbell, ehemals Ankläger in Colmar. Er empfand eine physische Antipathie Talleyrand gegenüber.

Talleyrand war zu geschickt, zu bedacht, als daß er sich mit irgend jemand eingelassen hätte, doch war er in Paris ständig unterwegs. Man sah ihn überall, er informierte sich, nahm frühere Verbindungen wieder auf oder knüpfte neue. Sein Verhalten ist recht ergötzlich: in dieser durcheinandergewürfelten und gewöhnlichen Gesellschaft täuschten sich die Einfältigen manchmal über seine Freundlichkeit, sie meinten, sie könnten seinen Arm nehmen, ihn am Ärmel ziehen oder an den Revers packen. Mit einem Blick verwies er sie auf ihren Platz – ganz unten. »Glauben Sie nur nicht, daß ich, weil ich höflich bin, Ihnen zuhöre, Ihnen zustimme. Glauben Sie nur nicht, daß ich, weil ich höflich bin, Sie schätze.« Offensichtlich war das zu hoch für die Leute um Rewbell. Wenn Talleyrand mit Menschen seiner Umgebung sprach, äußerte Rewbell: »Sie stecken unter einer Decke, sie wollen uns umbringen.« Er schlug vor, den Namen Talleyrand wieder auf die Emigrantenliste zu setzen. Das war schlimm, denn das bedeutete Ausweisung und Elend. Mit wem sollte er im Ausland zusammen sein? Mit den Emigranten? Auch bei denen stand er auf der Liste der lebendig zu Vierteilenden. Barras dämpfte Rewbells Groll, dennoch blieb er hartnäckig, sagte aber schließlich: »Talleyrand mag in Frankreich bleiben; ich habe ihm wahrscheinlich zu viel Wichtigkeit beigemessen. Außer, Sie wollen eines Tages einen hohen Beamten aus ihm machen! Warum nicht einen Ihrer Minister?«

Seine plumpe Ironie ging daneben; was er ausgesprochen hatte, sollte wahr werden. Wenn ein Schwachkopf zu phantasieren glaubt, sagt er ernsthaftere Dinge, als wenn er ernsthaft nachzudenken glaubt.

Nicht so gewalttätig wie die »Reinen«, die Echten, war La Révellière-Lépeaux, aber er tat Dinge, die Talleyrand lächerlich fand und die ihn amüsierten: er beschäftigte sich mit Mystizismus. Er wollte eine Religion stiften, besser gesagt eine Sekte gründen, die zugleich seine Partei sein sollte. Er legte Talleyrand seine Ansichten dar in der Hoffnung, ein Exbischof könne dieser, von Atheisten, den »Theo-Philanthropen«, zusammengebrauten Religion den Anstrich einer Religion geben. Talleyrand taufte sie sofort »eine Herde von Spitzbuben«. Für eine geistige Hochstapelei solcher Art hatte er nur Nadelstiche übrig. Die Nadel ist die Feindin der Luftballone. Talleyrand hatte sich unter unendlicher Mühe von der Kirche losgemacht, er wollte sich nicht auf einen Holzweg begeben, indem er sich mit dieser schamlosen Falschmünzerei einließ. Der neue Hohepriester legte seine »Betrachtungen über den Kultus, über die bürgerlichen Zeremonien und die nationalen Feste« vor einem Zuhörerkreis dar, in den er auch Talleyrand geschleppt hatte. Dieser hörte ihm zu, wie ein Hoherpriester einem andern zuhört, und sagte danach mit dem ernstesten Gesicht von der Welt zu ihm: »Ich habe dazu nur eine Bemerkung zu machen: Um seine Religion zu gründen, ist Jesus Christus gekreuzigt worden, und er ist wiederauferstanden. Versuchen Sie, ein Gleiches zu tun.« Damit hatte er sich einen weiteren Feind gemacht.

Auch Carnot, der große Carnot, mochte ihn nicht. Er empfand ihm gegenüber ebenfalls eine tiefgründige Antipathie. Er beschuldigte ihn, alle Laster des Ancien régime in die neue Zeit hinübergeschleppt zu haben. Was verstand er unter Lastern in einer Epoche der fragwürdigen Tugenden eines

Barras, eines Tallien und ihrer Kumpane? Wenn allerdings Höflichkeit, Eleganz, Liebe zu den Künsten, der Glaube an individuelle Freiheit, das Recht auf Eigentum und die Meinungsfreiheit Laster sind, dann hat Talleyrand diese tatsächlich in die neue Gesellschaft eingepflanzt. Was Ausschweifung, Untreue im Amt, Spiel und so weiter angeht, so hatte das Directoire bei seinem Entstehen bereits darin eine Vollkommenheit erlangt, die in Frankreich nie ihresgleichen hatte und die seither nicht überboten worden ist.

Carnot sagte: »Er kennt keine Grundsätze, und er wechselt sie wie seine Wäsche.« Das ist absurd im Ausdruck: wenn er keine Grundsätze besitzt, kann er sie nicht wechseln – und falsch in der Sache: Talleyrand ist den Prinzipien von 1789 und der Erklärung der Menschenrechte jederzeit treu geblieben. Was die Wäsche anbetrifft, so wechselte er sie öfter als Carnot und Rewbell zusammen. Warum also soviel bösartige und wachsame Beachtung? Und warum, demgegenüber, jenes einmütige Lob nach den Sitzungen des Institut de France? Talleyrands Überlegenheit rief bei den einen Bewunderung hervor, die anderen waren außer sich und erschreckt. Für sie war er so etwas wie ein lebender Vorwurf, er machte die Mittelmäßigkeit und Gewöhnlichkeit der Direktoren deutlich sichtbar.

Ein wenig engagierte sich Talleyrand: er trat dem »Cercle Constitutionnel« bei, der die Grundsätze von 1789 verfocht und im Gegensatz zum »Cercle de Clichy« stand, der royalistisch eingestellt war. Er war der Meinung und sprach sie aus, daß eine monarchische Restauration in der damaligen Situation ein Fehler wäre. Sie ins Werk zu setzen hätte ein Wiederaufleben aller Haßgefühle, des Bürgerkriegs und der Schreckensherrschaft bedeutet. Frankreich brauchte ein konstitutionelles, mehr oder weniger demokratisches Regime, jedoch nicht eine Monarchie. Hierbei handelt es sich um Gedanken, die nur für den Zeitpunkt gültig waren, an dem er sie aussprach, an dem sie mit den Gegebenheiten übereinstimmten. Wenn die Gegebenheiten sich ändern, müssen die Gedanken ihnen folgen.

Im Cercle traf er Benjamin Constant – nicht zufällig, wie sich erweisen wird –, Garret, Daunou, Abbé Sieyès und die Generale Kléber und Jourdan. Auch Chénier war da, höchst verärgert darüber, daß der infame »Abbé Maurice« Seite an Seite auf seinem eigenen Terrain mit ihm kämpfen sollte. Talleyrand wurde auf der Stelle ins Erste Büro berufen, Chénier nicht. Als Rewbell erfuhr, daß Talleyrand sich an die Spitze des Cercle geschoben hatte, wurde er in Prosa ebenso lyrisch wie Chénier in Versen: »Er ist der Adler unter den prophetischen Unglücksvögeln«, rief er aus. Und da er wollte, dieser Adler solle bis aufs Blut gerupft werden, fügte er hinzu: »Hoffentlich können sie ihn zähmen und unschädlich machen.« Wie naiv! Er und seinesgleichen teilten gelegentlich Beschimpfungen und Schläge aus. Zähmen und Unschädlichmachen war Talleyrands Angelegenheit.

Er besänftigte jeden, er zeigte sich jedem gegenüber in dem jeweils für ihn günstigsten Licht. Dem einen erzählte er von der Freundschaft, die ihn mit Mirabeau verbunden hatte, dem anderen, daß er seinen Paß und sein Leben dem unersetzlichen Danton verdanke. Den Freunden Vergniauds und Gensonnés gegenüber unterstrich er seine Begeisterung für die Gironde, und er wagte es sogar, zwischen Tür und Angel oder in einer Fensternische früheren Verfechtern des Wohlfahrtsausschusses zuzuflüstern, Robespierres erhabene Tugend habe ihn oft in ein Meer der Bewunderung getaucht – stummer Bewunderung natürlich, aber ganz aufrichtiger. Das war die Kunst der Konversation! Da die Kunst des Schreibens nicht hintanstehen sollte, beauftragte ihn eine neue Zeitung, »Le Conservateur«, mit der Rubrik Auswärtige Politik.

Es fehlte ihm jedoch ein Amt, ein großes Amt, was er als »in die Affären einsteigen« bezeichnete – in die des Staates natürlich, um die seinen voranzubringen. Fast hätte er Erfolg gehabt. Er wurde zum Beigeordneten eines früheren Direktors vorgeschlagen, Letourneur de la Marche, der in Lille Friedensverhandlungen mit England aufnehmen sollte. Barras trat aus zwei Gründen für Talleyrand ein: Erstens sprach jeder in Paris über ihn, über seine Verdienste und über seine Laster; es sollte ihm Gelegenheit gegeben werden, der Öffentlichkeit sein Geschick zu beweisen. Zweitens war hier ein ausgezeichneter Vorwand gegeben, Paris von der Gegenwart dieses beunruhigenden Zeitgenossen zu befreien. Barras meinte, daß Talleyrand, wenn er sich stark in die Affären einmengte, wie alle Leute unter diesem Regime Geschäfte machen und sich vernünftig verhalten würde. Doch Rewbell war wachsam: ehe Talleyrand noch ernannt wurde, beschuldigte er ihn, er verkaufe Frankreich an das Ausland. Worauf Barras ruhig zur Antwort gab: »Wie so viele andere dient Talleyrand seinem Ehrgeiz und seinem Interesse.« Rewbell verhielt sich still. Wer mochten »die anderen« sein? Als er jedoch erfuhr, Talleyrands Ernennung stehe unmittelbar bevor, empörte er sich: »Sofern Sie Redlichkeit und Fähigkeit wollen, denken Sie nicht an Talleyrand. Er ist die verkörperte Schurkerei und Nichtsnutzigkeit.«

Was die Schurkerei angeht, so verhielt er sich wie »so viele andere«, Bürger Rewbell. Ihm aber »Nichtsnutzigkeit« vorzuwerfen macht alle anderen Anschuldigungen gegenstandslos. Die Ernennung wurde nicht vorgenommen. Die Engländer waren froh darüber, sie atmeten auf. In London war das Gerücht von seiner Ernennung vorzeitig bekanntgeworden. Man bedauerte den englischen Bevollmächtigten, Lord Malesbury, daß er es »mit einer traurigen Kanaille zu tun haben« sollte. Auch in Bern regten sich die Tugendhaften auf. Dieser Talleyrand war fähig, den Frieden zustande zu bringen. Was wäre dann aus den Geschäften geworden? Ein von seinen Gegnern so gefürchteter Unterhändler wäre sicherlich sehr von Nutzen gewesen.

Es war eine bittere Enttäuschung. Er vertraute sich Madame de Staël an. Er fand so zu Herzen gehende und treffende Worte, daß Germaine den Schwur tat, sie beide würden einen Platz an der Spitze des Staates erobern, und der Bischof sollte ihn einnehmen. Er brauchte sein Schicksal nur in die Hände dieser unvergleichlichen Freundin zu legen. Es ist stets behauptet worden, er habe keine Grundsätze gehabt. Das ist falsch. Ein Beweis hierfür: »Bei wichtigen Angelegenheiten muß man die Frauen in Gang setzen.« Das Wort stammt von ihm. Germaine setzte sich mit ihrer ganzen Begeisterung nicht nur in Gang, sondern setzte zum Angriff auf das Direktorium an. Wieder einmal hatte er die leicht entzündliche Germaine entflammen müssen. Er ging folgendermaßen vor: Eines Tages kam er zu ihr in die Rue du Bac, er war schweigsam, feierlich, kühl und warf seinen Geldbeutel vor ihr auf einen Tisch. »Mein liebes Kind, ich besitze nur noch fünfundzwanzig Louis, damit komme ich nicht einmal über den Monat. Sie wissen, daß ich nicht zu Fuß gehen kann und einen Wagen brauche. Wenn Sie nicht ein Mittel finden, um mir eine angemessene Stellung zu beschaffen, schieße ich mir das Hirn aus dem Kopf. Richten Sie sich darauf ein. Wenn Sie mich lieben, wissen Sie, was Sie zu tun haben.«

Die mit einer blühenden Phantasie begabte, arme Germaine glaubte den Schuß zu hören und den Leichnam ihres Bischofs vor sich auf dem Teppich liegen zu sehen. Zutiefst aufgewühlt machte sie sich wie eine Besessene auf, um eine »Stellung« zu suchen, um vor allem die schreckliche Vision loszuwerden, die der listige Komödiant so geschickt heraufbeschworen hatte. Sie meinte, die Position eines Ministers wäre am passendsten, sowohl für ihn wie für das Land. Man sieht, er verstand es, die Drähte zu ziehen. Die Frauen haben ihm das übrigens nie zum Vorwurf gemacht, sie sind ihm gegenüber stets nachsichtiger gewesen als die Männer. Außer einer einzigen, Madame de Montesson, der Schwiegermutter von Philippe-Egalité. Eines Tages machte ein von Talleyrands Intelligenz überwältigter Vertrauter der Dame ihm in ihrem Salon ein bemerkenswertes Kompliment: »Wäre ich jung, ich könnte Ihnen nichts verweigern.« Talleyrand mit der Antwort zuvorkommend, sagte Madame de Montesson: »Ihre Gunstbezeigungen ja, Ihr Vertrauen nein.« Warum dieser Hieb? Weil Talleyrand sich für die Orléans-Partei nicht genügend eingesetzt und sie bloßgestellt hatte? Weil er jetzt, nachdem er mit der »Gruppe« geflirtet hatte, seiner Zuneigung zur Republik Ausdruck gab? Hatte die orléanistische Partei geglaubt, sie könne eine bedingungslose Bindung von ihm fordern? Jede Partei hat ihm diese Unabhängigkeit vorgeworfen. Keine hat begreifen wollen oder können, daß er sich mit den Möglichkeiten, die die jeweilige Gegenwart bot, nur einließ, um seiner Linie treu zu bleiben. Zu jener Stunde war Germaine de Staël, die Frau des schwedischen Botschafters, »die Gegenwart«. In ihrem

Haus verkehrten Politiker der Republik, Emigranten, Finanziers und Künstler, es strömten die unzähligen leichtgewichtigen Dinge hinein, die der Wind der Aktualität in den Straßen von Paris aufwirbelte und vor manchen Türen ablagerte. Das alles versammelte sich in der Rue du Bac.

Daß Talleyrand das Haus frequentierte, geschah allein Germaines wegen (und der Gefälligkeiten wegen, die sie ihm zu erweisen vermochte). Die Art, wie die Familien Necker und Staël lebten, hatte ihn nie gereizt, weder vor 1789 noch jetzt 1797. Was er von Necker dachte und hielt, ist bekannt. Über Madame Necker sagte er, »sie besäße sämtliche Tugenden und nur einen einzigen Fehler – den, unerträglich zu sein«.

Was war zu tun, um Minister in einer Regierung zu werden, die ihn als »Nichtsnutz« betrachtete und die über seinen engsten Mitarbeiter Benjamin Constant sagte, »er besäße die Harmlosigkeit und Einfalt junger Spintisierer«? So beurteilte das Direktorium zwei der intelligentesten Männer jener Zeit. Um der Geschichte eine Lehre zu erteilen, narrten später der »Nichtsnutz« und die »Einfalt« die politischen Ziele des Palais Luxembourg.

Der als »faul und träge« bekannte Talleyrand begab sich jeden Morgen bald nach sechs Uhr in Benjamins Schlafzimmer, wo die beiden den Tagesplan für ihre Unternehmungen aufstellten. Von Juli 1797 an wurde die Zusammenarbeit sehr eng. Der im Institut gehaltene Vortrag hatte die geistige Elite in Staunen und Bewunderung versetzt. Es wurde in Paris gerade ausgiebig über die Absetzung des Außenministers gesprochen, der weder die Elite noch die Volksmassen in Staunen und Bewunderung versetzte und der außerdem krank war. Er galt schon als erledigt, und unter den möglichen Nachfolgern dieses Delacroix wurde Talleyrand genannt. Wer diesen Namen am meisten im Munde führte, war er selber, jedoch mit Zurückhaltung, sozusagen in Klammern. Die wichtigste Persönlichkeit, die überzeugt werden mußte, war Barras. Germaine hatte bereits mit der Belagerung begonnen: sie strich den republikanischen Eifer des »Bischofs« heraus, seine vielseitigen Fähigkeiten, und unter Zuhilfenahme aller Phantasie pries sie sogar seine Tugend. Sie tat noch mehr: sie wollte Barras mit Talleyrand zusammenbringen. Der Direktor sollte sich persönlich von dem unschätzbaren Wert Talleyrands überzeugen. Sie bedrängte Barras derart, daß er trotz seines Argwohns ihr und ihrem Schützling schließlich eine Audienz gewährte. Sie wurde auf den Abend desselben Tages, an dem ihr Gespräch mit Barras stattfand, auf neun Uhr im Palais Luxembourg festgelegt.

Als Barras Talleyrand zum erstenmal erblickte, glaubte er einer Sinnestäuschung zum Opfer gefallen zu sein. Er meinte, Robespierre vor sich zu sehen. Die Ähnlichkeit sei bestürzend, sagte er. Er nahm Madame de Staël zur Seite und gestand ihr seine Überraschung. Sie benutzte die Gelegenheit sogleich und erwiderte, Talleyrand sei ungeheuer viel wertvoller als sein

Doppelgänger, er besitze ein Herz aus Gold, sei der vertrauenswürdigste und treueste Freund, und immer eifriger werdend schloß sie: »Er würde für Sie durchs Feuer gehen.« Sie nahm den artig wartenden Talleyrand bei der Hand, flüsterte ihm zu, daß sein Lob gesungen worden sei, und führte ihn zu Barras. Talleyrand vollführte einen vollendeten höfischen Gruß und sagte dabei: »Ergebenster Diener. Dankbarer Diener. Meine Ergebenheit und meine Dankbarkeit können nur durch meine Bewunderung übertroffen werden.« Barras, der solches und ähnliches schon oft gehört hatte, betrachtete den vor ihm Stehenden eindringlich, blieb stumm und trug einen Gleichmut zur Schau, der dem Talleyrands entsprach.

Germaine war enttäuscht: sie hatte sich Begeisterung, Umarmungen erhofft. Am folgenden Abend begab sie sich zur selben Stunde an denselben Ort; sie bedrängte Barras, stimmte die am Abend zuvor kaum begonnene Lobeshymne auf Talleyrand und die Meriten des Direktors von neuem an. »Er betrachtet Sie wie etwas Übermenschliches«, rief sie aus. Es muß eine rührselige Szene gewesen sein: Germaines aufgewühltes Gesicht, ihr schwärmerisches Gebaren, ihre tränenglänzenden Blicke, ihre dunklen, zum Himmel erhobenen, tragischen Augen, ihre füllige Brust, die sie mit ihren großen Händen schlug, um noch tiefere Seufzer heraufzuholen, und dazu die schweren dunklen Lider, die sie unaufhörlich auf- und niederschlug und die das Theatralische in ihrem Gesicht noch unterstrichen. Sie ließ sich hinreißen und ging noch weiter als am Abend zuvor, sie pries sogar Talleyrands Laster. »Er hat alle Laster des alten Regimes und alle des neuen.« Für einen Mann vom Schlage Barras' war das kein unwichtiges Verdienst, dennoch blieb er kühl. Sie redete weiter: »Immer wird er einen Fuß in allen Parteien haben, Sie können daher keinen nützlicheren Agenten finden.« Spielte sie auf das Epigramm an, mit dem Chénier auf den Abbé Maurice gezielt hatte?

»In der Partei, die ihm einen Lohn zahlt,
steht er verstohlen mit einem unsicheren Fuß.
Der andere steht fest in der Gegenpartei,
doch das ist der Fuß, auf dem Maurice hinkt.«

Da Barras noch immer ungerührt blieb, ging sie ohne weitere Umschweife vor: »Er muß zum Minister gemacht werden, zumindest zum Minister des Auswärtigen, nach allem, was ich Ihnen über seine Fähigkeiten für eine solche Stellung zur Kenntnis gebracht habe.«

Barras ließ sich zu dem Versprechen erweichen, im Direktorium darüber zu reden. Er wußte im voraus, wie Rewbell darauf reagieren würde.

Am übernächsten Tag erschien Germaine wiederum, genauso stürmisch wie zuvor. Doch sie erhielt eine eiskalte Dusche: »Derjenige, für den Sie eintreten, versammelt auf sich die fast einstimmige Ablehnung und Geringschätzung der Mitglieder des Direktoriums.« Was sie hörte, ließ sie nicht verzagen, im Gegenteil, es stachelte sie an. Sie antwortete: »Das ist zum Vorteil für Sie, Barras, eben weil Talleyrand mit Ihren Kollegen schlecht steht, wird er mit Ihnen um so besser stehen. Wie ein Hirtenhund wird er für Sie die Polizei machen, er ist buchstäblich der treueste Wachhund, den Sie haben könnten.«

Schroff brach Barras die Unterhaltung ab und bat sie, über diese Angelegenheit nicht mehr mit ihm zu sprechen.

Während Germaine sich tapfer auf dem Vorposten schlug, umzingelte Talleyrand listig die Stellung. Ohne daß Barras es merkte, umgarnte ihn Talleyrand, indem er dessen Familienangehörige und Freunde für sich einnahm und ihnen einflüsterte, er wäre dem Direktor mit Leib und Seele ergeben und würde ihm bis zum Tod zu Diensten sein. Im Luxembourg, in den Vorzimmern, in den Salons, bei Tisch und sogar in Barras' Privatgemächern, überall erhob sich eine Stimme, die die Tugenden, die Laster, die Fähigkeiten und vor allem die Ergebenheit des Bischofs von Autun pries.

Als der Vorstand des »Cercle Constitutionnel« dem Direktor Barras vorgestellt wurde, ergriff Talleyrand die Gelegenheit und schob Benjamin Constant vor mit dem Auftrag, den Bürger Direktor davon zu überzeugen, daß »der mächtigste politische Cercle von Paris ihm zu Füßen liege«. Bei diesen Worten und auf ein Zeichen des Bischofs hin warfen sich Benjamin, Talleyrand und alle anderen tatsächlich zu Boden. Der sonst ungerührte Barras spürte eine verborgene Saite in sich schwingen: dieser Jakobiner war einer Vergötterung nicht so unzugänglich, wie man hätte glauben können.

Wenige Tage später trat Germaine noch einmal zum Angriff im Luxembourg an. Ihr Auftritt glich dem einer Besessenen: ihr Turban war verrutscht, Haarsträhnen quollen darunter hervor, ihr Schultertuch war heruntergeglitten und gab ihren Busen frei, ihre Dragonergestalt nahm tragische Züge an. Sie hatte eine ganz große Szene vorbereitet. Sie packte Barras beim Arm, zog ihn neben sich auf ein Kanapee, nahm seine Hände in die ihren und redete auf ihn ein. Ihre Stimme überschlug sich, sie seufzte und schluckste, doch was sie sagte, war deutlich zu vernehmen: »Barras, Barras! Mein Freund, nur auf Sie zähle ich in dieser Welt. Ohne Sie sind wir verloren, vollkommen verloren. Wissen Sie, was er zu mir gesagt hat? Was er soeben dauernd wiederholt hat? Ich komme gerade von ihm: vielleicht ist er schon nicht mehr am Leben. Er hat gesagt, er wolle sich in die Seine stürzen, wenn Sie ihn nicht sofort zum Minister der Auswärtigen Angelegenheiten machen. Er besitzt nur noch zehn Louis.«

Diese »Auswärtigen Angelegenheiten« sind eine seltsame Angelegenheit. Im Grunde genommen ist Germaines Ersuchen unsinnig: Er hat keinen Pfennig mehr, machen Sie ihn deshalb zum Minister! Wenn nicht, bringt er sich um, und Sie haben ihn auf dem Gewissen. Das ist blühende

Phantasie, Romantik, die zugunsten des unromantischsten und nüchternsten aller Menschen eingesetzt wird. Ein toller Auftritt! Was bleibt, abgesehen von der Person der Schauspielerin und der theatralischen Inszenierung? Eine ungereimte Aussage. Aber das Theater ist nicht zu umgehen. Theater ist alles: es ahmt nicht das Leben nach, es schafft es.

Hingerissen von ihrer Rolle – die Aufrichtigkeit ihrer Begeisterung steht außer Zweifel – überschwemmt Germaine Barras mit einer Redeflut. Sie versichert ihm, daß Talleyrand, hätte er dem Konvent angehört, stets mit Barras gestimmt hätte. (Sogar für den Tod des Königs?) Wagt das Direktorium, diesen Mann zu verstoßen, den die Emigranten vierteilen wollen? Will das Direktorium diesen Mann ertrinken lassen, der drauf und dran ist, sich aus verletztem Bürgersinn in die Seine zu stürzen? Nein und nochmals nein! Er muß Minister werden. »Sonst falle ich in Hoffnungslosigkeit und sterbe selber, ich kann nicht mehr.« Sie schien ohnmächtig zu werden. Klug richtete Barras es so ein, daß sie auf der ihm abgewandten Seite des Kanapees zusammensank. Was er über diese Szene berichtet, zeigt, daß er sehr beeindruckt war von der riesigen Gestalt, die ihm im nächsten Augenblick in die Arme sinken konnte. In der Überlegung, die Nachwelt könne ihm möglicherweise vorwerfen, er habe aus der Ohnmacht dieser starken Frau Vorteil gezogen, schreibt er in seinen Memoiren über den Vorgang: »Nie bin ich aus einer Situation dieser Art, aus einer solchen Prüfung unschuldiger und reiner hervorgegangen.«

Reinheit aus dieser Feder ist eine Beleidigung für die Tugend. Germaine richtete sich auf und sagte noch: »Ich gehe zu ihm, was soll ich ihm sagen, um ihn zu beruhigen? Werden wir jemals Trost finden, wenn wir die Ursache dafür sind, daß er sich ertränkt?«

Diesmal erhielt sie eine Antwort: »Bringen Sie Ihren Freund dazu, sich nicht zu ertränken, denn dann wäre es nicht mehr möglich, irgend etwas für ihn zu tun.« Das war eine Binsenwahrheit, doch Barras fügte hinzu: »Wir werden versuchen, seine Talente für die Republik nutzbar zu machen und seine guten Absichten für uns.« Hoffnung keimte wieder auf.

Als Germaine Barras verließ, war sie wie beflügelt.

Sie sank in den Wagen, der seit einer Stunde vor dem Portal des Luxembourg stand: aus dem Fond lächelte ihr ein unbeweglich dasitzender Mann freundlich zu. Als er Germaines Bericht vernahm, atmete er auf. Nie ist ein Selbstmordkandidat so schnell bereit gewesen, sich dem Leben wiederzuschenken.

Gleichwohl überlegten sie, ob bei einer solchen Komödie Barras' Verheißungen nicht ebenfalls als Komödie zu werten waren. Am nächsten Tag stürzte Germaine wieder in den Luxembourg, um den halben Erfolg des Vortags zu untermauern. Sie klammerte sich an Barras und erklärte ohne jede Einleitung: »Ah, wenn Sie erst einen Minister wie ihn haben werden!« Barras unterbrach sie brüsk und schob sie von sich: »Die Angelegenheit ihres Freundes ist hinlänglich bekannt, ich weiß sie auswendig. Adieu, Madame.«

Sie fand keine weiteren Worte, und da sie diesmal keine Lehne hatte, fiel sie lieber nicht in Ohnmacht, wiewohl sie allen Grund dazu hatte.

Sollte ein neuer Vorstoß unternommen werden? Barras' Stimmung schien ungünstig zu sein. Unerwartet erhielt Talleyrand von ihm eine Einladung zum Diner in Suresnes. Er erschien verfrüht. Es war noch niemand da. Um sich die Zeit zu vertreiben, nahm er ein Buch zur Hand. Plötzlich stürzte ein Gärtner herein mit dem Schrei: »Monsieur Raymond ist ertrunken!« Wer war das? Barras' junger Sekretär, den er erzogen und gefördert hatte und dem er sehr zugetan war. Das Unglück ereignete sich im Juli 1797. Es war sehr heiß, und Raymond war zum Baden an die Seine gegangen, an die das Anwesen grenzte. Er war untergegangen und verschwunden. Barras kam hinzu. Als er die Nachricht erfuhr, ergriff ihn solcher Schmerz, daß er laute Schreie ausstieß, in seine Gemächer eilte und sich dort einschloß. Die Wendung, die der Abend genommen hatte, bestürzte Talleyrand; er vermutete, daß seine Angelegenheit so tot war wie der unglückliche Junge. Barras ließ ihm sagen, er solle sich zu Tisch setzen, ohne auf ihn zu warten, wenig später jedoch wurde er gebeten, in seine Gemächer hinaufzukommen. Wieder eine rührende Szene! Das Gesicht von Schmerz und Tränen entstellt, ergriff Barras die Hände des vormaligen Bischofs und umarmte ihn schluchzend. Talleyrand beschreibt das Geschehnis in seinen Memoiren und behauptet, es sei das erstemal gewesen, daß er Barras sah. Doch das ist ein Irrtum. Talleyrand verschweigt das erste Zusammentreffen wahrscheinlich, um nicht von Madame de Staël und seiner eigenen Rolle als Bittsteller sprechen zu müssen. Er will glaubhaft machen, daß Barras ihn angefleht habe, ein Ministerium zu übernehmen. Wie dem auch sei, Talleyrand war von dem, was geschah, äußerst überrascht. Doch mag er selbst weitererzählen, das Ende ist nicht weniger merkwürdig als der Beginn. Talleyrands Anpassungsfähigkeit ist verblüffend: im Augenblick, als er die Tränen des Sünders auf seinen Händen und Wangen spürte, erwachte der Priester in ihm: »Ich sagte ihm alles Tröstliche, was mir die Umstände, in denen ich ihn sah und in denen ich mich selber befand, eingaben.« (Ja, er verstand es, Worte zu sagen, die den Schmerz milderten.) »Er bat mich, mit ihm nach Paris zurückzufahren.« (Barras war bereits sehr von ihm angetan.) »Ich kannte ihn kaum zwei Stunden und konnte schon des Glaubens sein, daß ich womöglich zu denen gehörte, die er am liebsten mochte.«

Im Wagen, der sie beide von Suresnes nach Paris zurückbrachte, gelang es Talleyrand dann, Barras zu überzeugen. Germaine hatte den Boden vorbereitet, doch ihr Enthusiasmus war dazu angetan, alles zu verderben. An ihm selber war es, die Entscheidung herbeizuführen. Das merkwürdige Zusammentreffen verschiedener Umstände kam ihm zu Hilfe. Der Tod im Wasser, der alles in Frage zu stellen schien, war ein Schicksalszeichen. Die

Vorsehung hatte bestimmt, daß in dieser Angelegenheit ein Mensch in der Seine ertrinken sollte. Es war nicht Talleyrand, wie Germaine befürchtete und Barras glauben machen wollte. Das Los fiel auf einen unschuldigen jungen Mann, mit dem einzigen Zweck und Ziel, daß Talleyrand den tränenüberströmten Barras voller Mitgefühl trösten konnte und von dem ihm in die Hand gegebenen Direktor das förmliche Versprechen der Abberufung von Delacroix bekam wie die Zusicherung, der nächste Außenminister des Direktoriums würde Talleyrand heißen. So etwas nennt man Glück haben.

Jetzt mußte Barras die anderen Direktoren für seine Meinung gewinnen: das war etwa ebenso leicht wie ein Versuch, die Sonne anzuhalten. Indes, am 17. Juli 1797 geschah es.

Die Auseinandersetzung war ungeheuer bewegt. Carnot überschlug sich. Wenn Haß, Neid und Furcht über einen für intelligent geltenden Mann Macht bekommen, übersteigt das Resultat die schlimmsten Befürchtungen. Carnot rief aus: »Ja, was denn! Dieses Pfäfflein« (verwechselte er den Bischof von Autun mit einem kleinen Landpfarrer?), »dieser durchtriebene Mensch wird Sie alle öffentlich auf dem Markt, einen nach dem anderen, verkaufen, sofern er nur ein bißchen Nutzen daraus ziehen kann.« – »Und wen hat er verkauft?« fragte La Révellière-Lépaux nicht unvernünftig, denn wenn man Talleyrand beschuldigt, jemanden oder etwas zu verkaufen, mußte ein für allemal deutlich festgestellt werden, wen oder was er verkaufte.

Nun machte Carnot sich lächerlich: »Zuallererst seinen Gott«, gab er zur Antwort. Ihm wurde erwidert, daß Talleyrand Gott nicht verkauft habe, da er nicht an ihn glaube. »Warum diente er ihm dann? Danach hat er seinen Stand verkauft.« Das ist richtig und in der Tat der einzige Verrat, den ihm jeder andere, nur nicht Carnot, hätte vorwerfen dürfen. Einzig und allein sein Stand und seine Familie durften sich darüber beklagen. Was Carnots Haltung angeht, so war sie denkbar reaktionär, denn was er vertrat, bedeutete, daß die »Klassen« voneinander getrennt sind, daß man als adlig Geborener nicht das Recht hat, aus seinem Stand herauszutreten; man ist sozusagen dazu bestimmt und verurteilt, »gegen den Fortschritt« zu sein, »gegen die Freiheit«, »für den Obskuratismus«. Das ist nicht die Sprache eines Staatsmanns, sondern eines Fanatikers.

Eine Stimme, wahrscheinlich die von Barras, erhob sich, um festzustellen, daß Talleyrands Verhalten in den Jahren 1789 und 1790 ein Beweis für seine Weltanschauung gewesen sei. »Eher für seinen Ehrgeiz«, antwortete Carnot. »Danach hat er den König verkauft.« Das war völlig falsch und im Munde eines Königsmörders völlig fehl am Platz. Die gleiche nüchterne Stimme gab zu bedenken: »Mir scheint aber, daß es nicht an uns ist, ihm daraus einen Vorwurf zu machen.« Es wird deutlich, wie gefährlich Talleyrands Vorgehen war, wie schwierig es war, sich den Weg durch diese Haßgefühle hindurch zu bahnen, auf der einen Seite die Geistlichkeit, seine Familie und die Bourbonen, auf der anderen Seite die Jakobiner. Seine Feinde standen sich unversöhnlich gegenüber, getrennt voneinander durch einen Abgrund von Blut und Haß, und doch bedienten sie sich, wie durch eine geheime Vereinbarung, derselben Sprache und derselben Argumente. Nach der Epoche der »Lust zu leben« war es schwer, in Frankreich zu leben.

Schließlich schritten die Herren zur Abstimmung über den Fall Talleyrand. Von den fünf Stimmen hätte er eigentlich vier gegen sich haben müssen. Was aber geschah? Barras kannte alle Rezepte des Manipulierens, des Anstachelns der Eigenliebe, und er benutzte sie. Kurzum, Talleyrand bekam drei von den fünf Stimmen. Am erstauntesten war Barras.

Während man ihn durch die Gosse zog, ihn dabei aber zum Minister machte, saß Talleyrand in aller Gelassenheit mit einem seiner früheren Freunde vom Hof, Boniface de Castellane, im Theater. Mitten in der Vorstellung erschien, völlig außer Atem, Benjamin Constant. Er hatte, solange die Sitzung dauerte, hinter Barras' Sessel gestanden. Die armen, zeternden Direktoren ahnten nicht, daß Talleyrand sie mit Benjamins Augen anschaute und durchschaute. Benjamin war auf Germaines Anraten in den Sitzungssaal gegangen. Sobald er ihr die Nachricht überbrachte, schickte sie ihn ins Theater.

Als Talleyrand erfuhr, daß er Minister geworden war, ging eine Verwandlung mit ihm vor: unter Benjamins Augen wurde er buchstäblich ein anderer Mensch. Dieses eine Mal in Talleyrands Leben war seinem Gesicht, seinem Verhalten, seinen Worten abzulesen und zu entnehmen, welche Gedanken er hegte. Stürmisch umarmte er Castellane und Benjamin Constant. Überstürzt verließen alle drei das Theater und stiegen in eine Droschke: Talleyrand in der Mitte, rechts und links ein Freund. »Wir wollen uns sofort bei Barras bedanken«, sagte er. Während der Fahrt soll er seine Hände auf die Knie der Freunde gelegt und im Rhythmus der Räder unaufhörlich die Worte gemurmelt haben: »Die Stellung ist erreicht, daraus muß ein ungeheures Vermögen gemacht werden, ein ungeheures Vermögen, ein ungeheures Vermögen, ein ungeheures Vermögen ...« Das soll die Litanei gewesen sein, die er bis vor das Portal des Palais Luxembourg ständig wiederholte, die Litanei des Ehrgeizes und der Geldgier.

Diese Stunde entschied über alles Weitere: von nun an hatte er teil an den großen Staatsaffären, und vierzig Jahre lang, bis zu seinem Tod, sollte es in Frankreich und sogar in Europa keine »Affären« mehr geben, bei denen er nicht eine Rolle spielte.

Die erste Handlung, die er als Minister vollführte, war die eines Höflings des Ancien régime. Er fiel vor Barras auf die Knie und umarmte ihn. Der ließ es geschehen. Talleyrand bat, die späte Stunde zu entschuldigen: es war elf Uhr, und Barras ging früh schlafen. Er ersuchte ihn, seinetwegen nicht länger aufzubleiben und seine abendliche Toilette ungeniert vorzunehmen: er wolle ihm behilflich sein. Und er tat es. Sein erstes Amtsgeschäft bestand also darin, die Abendaudienz seines neuen Souveräns im kleinsten Kreis zu veranstalten. Es war alles tadellos: Monseigneur verstand es, ein Bett aufzuschlagen, Handtücher darzureichen, dann ein Hemd, und die Vorhänge zuzuziehen. Barras ließ sich bedienen, er meinte, daß dieser Mann, der so viele Dinge zu tun verstand, auch einen Vertrag auszuhandeln imstande wäre, nützlichste Klauseln in ihm unterzubringen und sie untadelig abzufassen, daß er gelegentlich einen Staatsstreich oder ein Kostümfest zu organisieren fähig wäre und beides zu einem vollen Erfolg führen würde. Um ihn zu verabschieden, sagte Barras: »Sie werden zu Hause die offizielle Ausfertigung Ihrer Ernennung vorfinden. Kommen Sie also morgen mittag, um sich dem Direktorium vorzustellen.« Talleyrand zog sich zurück, nachdem er Barras mit höfischen Verbeugungen bedacht hatte: dieser glaubte nicht in seinem Bett zu liegen, sondern auf einem Thron zu sitzen. Talleyrand war solchen Phantastereien nicht unterworfen, aber er war ein Meister in der Kunst, sie anderen vorzugaukeln.

Sein Abgang aus dem Palais Luxembourg verdient Beachtung. Da sich soeben sein Leben geändert hatte, änderte er für einen Augenblick sein Verhalten. Er war Revolutions-Minister, er war Bürger-Minister: daher umarmte er mit Küssen auf beide Wangen die Bürger-Diener, er tat das gleiche bei den Bürger-Leuchterträgern, die die Stufen des fürstlichen Treppenhauses des Bürger-Direktors beleuchteten, und unter dem Torbogen schüttelte er dem Bürger-Portier überschwenglich die Hand. Dann fuhr er nach Hause. Diese freudig erregte Stimmung hatte ungefähr eine Stunde angehalten. In seinem langen, vierundachtzigjährigen Leben hat es keine weitere solche Stunde gegeben, diese genügte vollauf.

Am Tag darauf, dem 18. Juli 1797, erhielt er seine Ernennung: »Das Exekutiv-Direktorium fordert Sie höflich auf, Bürger, sich morgen früh um zehn Uhr im Haus der Auswärtigen Beziehungen einzufinden, damit Ihnen der Bürger Delacroix, Minister dieses Ressorts, das Portefeuille übergeben kann. Der Präsident des Exekutiv-Direktoriums: Carnot.«

Mit welch bitterer Tinte und mit welch grimmigem Gesicht mag Carnot diese Ernennung unterzeichnet haben, die, richtig gesehen, das Todesurteil des Direktoriums war. Und Madame de Staël schreibt 1814 im Hinblick auf ihre eigene Rolle bei dieser Ernennung: »Ich bin vor den Göttern und den Menschen verantwortlich und schuldig, mitgeholfen zu haben, Talleyrand in die Staatsaffären einzuführen; das war ein Verbrechen, ein fürchterliches Verbrechen.« Später wird ersichtlich werden, wo diese Bitterkeit und diese Übertreibung ihre Wurzeln haben.

Der Bürger Minister war nicht sonderlich entzückt, als er erfuhr, daß er ein Gehalt von »siebenunddreißigtausend Myriagramm Weizen« erhalten würde. Einfacher wäre es gewesen, hunderttausend Pfund zu sagen, doch wußte niemand, was das Pfund wert war und ob es überhaupt noch existierte. Siebentausend erhielt er indes für den Unterhalt seines Hauses. Das waren Lappalien! Im Laufe von drei Monaten hatte er bereits Schulden in Höhe von fünfundfünfzigtausend Pfund gemacht, für Wagen und Möbel. Er war schneller beim Ausgeben als das Direktorium beim Auszahlen seines Gehalts. Bald erregte die sehr elegante weiße Kutsche Aufsehen, in der er durch die Straßen fuhr. Leider war sie noch nicht bezahlt, und der Wagenbauer jammerte. Er stellte sich unter den Torbogen in der Rue du Bac, wo sich das Ministerium der Auswärtigen Angelegenheiten befand, und verstellte dem neuen Minister den Weg, um ihm die Rechnung zu präsentieren. Es entspann sich folgender Dialog: »Nichts richtiger als das: Man ist Ihnen etwas schuldig, Sie müssen bezahlt werden!« – »Ach, Bürger Minister, die Zeiten sind hart, Sie würden mir einen großen Gefallen erweisen.« – »Das hat mit Gefallen nichts zu tun; wenn man etwas schuldet, muß man es begleichen.« Die Kutsche fuhr weiter, der Unglückliche lief hinterher, er wollte etwas anderes als schöne Sprüche. »Sie werden mich bezahlen, Bürger Minister, aber wann?« – »Wann? Sie sind äußerst neugierig.« Dann los, Kutscher! Und der Minister war entschwunden. Da er des öfteren Leute derart behandelte, Leute, die nicht Wagenbauer, sondern Politiker, Schreiber von Artikeln, Denkschriften oder Schmähschriften waren, ist es leicht erklärlich, daß manche Zeugnisse und Aussagen über ihn nicht gerade freundlich sind. Ein weiteres Beispiel für diesen Zynismus: Seinem Freund Narbonne gegenüber, der sich damals in ähnlicher Geldnot befand, vergleichbar der eigenen, die er, ehe er Minister wurde, selber durchgemacht hatte, ließ er eines Tages eine anzügliche Bemerkung fallen. Narbonne war zu Besuch gekommen und kürzte ihn ab, da er befürchten mußte, die Mietkutsche, die im Hof stand und auf ihn wartete, nicht bezahlen zu können. Talleyrand fragte ihn ironisch-liebenswürdig: »Und warum hast du keine eigene Karosse?« Darauf Narbonne: »Das ist ein schlechter Scherz. Du weißt genau, daß ich nicht einen Sou besitze.« Talleyrand: »Du verstehst dich nicht darauf: man hat immer eine Karosse [Wortspiel: man ist immer so reich], um sich eine Karosse leisten zu können.«

Sein Gehalt war nichts im Vergleich zu den »Vergünstigungen«. Sie zu vervielfältigen war Talleyrands vordringlichste Sorge in der Rue du Bac. Das war unbedingt nötig, denn sein Lebensstil war ruinös. Sein Vorgänger Delacroix hatte mit seiner Frau mit einem Hundertstel des Geldes gelebt, das Talleyrand in demselben Haus ausgab. Sein Nachfolger, der redliche

Reinhardt und die gutmütige Madame Reinhardt, vereinfachten ihren Haushalt derart, daß sie dreimal in der Woche Pot-au-feu kochten und glücklich damit lebten. Allerdings sah man niemanden mehr im Ministerium, und die Angelegenheiten, die hier ver- und behandelt wurden, hatten so viel Bedeutung wie die in einem Tabakladen.

Innerhalb weniger Wochen drückte Talleyrand dem Haus seinen Stempel auf, dank der Summen, die er beim Spiel gewann – zwischen fünfhundert- und sechshunderttausend Pfund. Das war etwas anderes als die siebentausend Pfund des Direktoriums! Sein Ruf und sein Ansehen standen bald in allen Kanzleien fest. Um die Geschäfte führen zu können, verlangte Talleyrand große Geldsummen. Der preußische Gesandte schrieb an seinen König: »Der Minister der Auswärtigen Beziehungen liebt das Geld und erklärt laut, daß er außerhalb seiner Stellung keine Almosen von der Republik verlangen will.« (Er verkündet es »laut«. Die anderen in dem gleichen Bericht aufgeführten Minister handelten genauso, sie aber stahlen wie die Raben, was anscheinend Nachsicht verdiente.) »Seine Freunde bestärken ihn in dieser Auffassung.« Der preußische Gesandte führte dann aus, wie vorzugehen sei, wenn eine Angelegenheit mit dem Minister zu behandeln war, und zwar, sobald ihm ein Aktenstück vorgelegt wurde. »Man könnte ihm das Geschenk einer bestimmten Summe machen, die ich im Augenblick nicht zu beziffern imstande bin, die aber nicht geringer als dreihunderttausend Francs sein sollte.«

Auch außerhalb des Ministeriums betrieb der Minister seine Geschäfte. In seinem Sold stehende Unterhändler schickte er direkt zum König von Spanien, Karl IV., um ihm Waren zu verkaufen. Der französische Botschafter in Madrid, Bürger Truguet, kam hinter das Treiben und ließ die Unterhändler seines eigenen Ministers ausweisen. Ein so verstockter Botschafter verdiente nichts anderes als seine Abberufung. Talleyrand ließ sie ihm zustellen.

Eine gewisse Madame Villars, die einem der Würdenträger des Regimes, Merlin de Douai, ihre Gunst schenkte und die durch den vertrauten Umgang mit der Republik in die Wahrnehmung der »Vergünstigungen« eingeweiht war, verlangte Schadenersatz vom Kriegsministerium. Sie gewann Talleyrand für ihr Ersuchen. Er machte sich ein Vergnügen daraus, die Forderung durchzudrücken, und behielt das Geld für sich. In der Tat schuldete der Staat sie ihr ebensowenig wie ihm, doch war er der Auffassung, daß dieses Manna ihm zukam, da er die notwendigen Schritte unternommen hatte, und um so mehr, als die Bürgerin, da sie die Ehre hatte, von einem Volksvertreter ausgezeichnet zu sein, in anderer Weise entschädigt werden würde.

In Frankreich wird zu oft außer acht gelassen, daß Talleyrand bei den ausländischen Regierungen, obwohl er sie viel Geld kostete, in einem gewissen Ansehen stand, denn er hatte eine politische Linie: er verstand zu verhandeln, und er wollte über den Frieden verhandeln. Deshalb unterstützten mehrere Regierungen seine Kandidatur, als er in den Rang eines Direktors aufrücken sollte. Sie kannten das beste Mittel, das Ziel zu erreichen: Geld. Spanien und Portugal stellten ihm gemeinsam eine Million fünfhunderttausend Pfund zur Verfügung. Das heißt also, man bot ihm mehr als zehn Millionen heutiger Francs, um die Direktoren, die allesamt käuflich waren, zu kaufen.

Allen voran Barras, der in seinen Memoiren eine Aufstellung aller »Transaktionen« von Talleyrand gibt, jedoch die seinen, die sehr viel umfangreicher und bedeutender waren, vergißt. Barras' Zuträgerin war, gegen Ende der Epoche des Directoire, Madame de Staël. Nach ihrem Zwist mit Talleyrand nahm sie begierig jegliches Gerede und jeden Klatsch auf und – maßlos im Groll wie in der Begeisterung – übertrieb sie die »Vergünstigungen«. Die Beweisstücke sind so zahlreich, daß eines sicher ist: Talleyrand hat so viel Geld wie nur irgend möglich an sich gezogen, und das war sehr viel. Während der zwei Jahre seines Ministeramts soll er dreizehn und eine halbe Million Pfund geerntet haben – was etwa hundert Millionen heutigen Francs entspräche. Fünfzehn ausländische Regierungen haben zur Errichtung dieses »ungeheuren Vermögens« beigetragen. Selbst im Fond einer billigen Mietkutsche redete ein Talleyrand nicht leichtfertig über irgend etwas.

Die »Korrupten« des Direktoriums schrien Zeter und Mordio, weil der infame Exbischof mehr zu erbeuten verstand als sie. Barras beschuldigte ihn, fünfhunderttausend Francs vom portugiesischen Botschafter in Den Haag angenommen zu haben. Das stimmt. Doch er vergißt, daß das Aktenstück über diese Angelegenheit existiert und daß der Ankläger Barras mit seinem Anteil darin vertreten ist, einem allerdings geringeren, denn er war weniger nützlich.

Eine Affäre wirbelte viel Staub auf, häßlichen Staub um Talleyrands Ministerium. Die Sache wurde von drei Bevollmächtigten der Vereinigten Staaten ausgelöst, die nach Frankreich gekommen waren, um vom Direktorium Schadenersatz für die Aufbringung von Schiffen durch französische Kaperschiffe zu fordern. Die drei Amerikaner erhielten verschiedene Besuche, den einer Frau, den eines Bankiers und den von zwei Freunden Talleyrands, Montrond und Sainte-Foy. Aus Erfahrung kannte Talleyrand die Gebräuche und Gewohnheiten amerikanischer Geschäftsleute. Seine Unterhändler schlugen ihnen also ungeschminkt gewisse Modalitäten im Hinblick auf die Zahlung der Entschädigungen vor. Talleyrand sollte eine »Vergünstigung« von fünfzigtausend Louisdor bekommen, das heißt eine Million Pfund, zu dem einzigen Zweck und Ziel, die Verhandlungen in einer freundlichen Atmosphäre beginnen zu lassen. Diese Summe war nicht zur Gänze für ihn bestimmt, er sollte sie mit den Bürgern Direktoren teilen. Jeder der fünf sollte seinen Anteil haben, selbst diejenigen, die gegen ihn gestimmt hatten. Das war eine gute Gelegenheit zu sehen, ob Rewbell dieses Gold anspucken würde, so wie er den bespie, der es ihm beschaffte. Talleyrand gab den Amerikanern zu verstehen, daß sie darüber hinaus den Unterhändlern, die die Freundlichkeit gehabt hatten, dieses »Arrangement« zu vermitteln, ein Schmiergeld zukommen lassen müßten. Leider waren die Amerikaner weniger empfindlich für die nette Seite der Unternehmung als gegenüber der Gaunerei. Vom Oktober 1797 bis zum Frühjahr 1798 stellten sie sich taub. Da keine Regelung zustande kam, schickten sie einen bissigen Bericht über das empörende Verhalten des Ministers des Auswärtigen an ihre Regierung. Dieser Bericht hatte eine tiefgreifende Wirkung, er hatte eine Intervention des Präsidenten der Vereinigten Staaten in persona am 3. April 1798 vor dem Kongreß zur Folge. Das ergab einen aufsehenerregenden internationalen Skandal.

Ohne sich im geringsten zu beunruhigen ließ Talleyrand am 9. Juni 1798 im »Moniteur« eine Erklärung veröffentlichen. Der nicht unterzeichnete Artikel machte darauf aufmerksam, daß ein Minister nicht verantwortlich gemacht werden könne für unbesonnene Demarchen, die von unverantwortlichen Agenten vorgenommen werden. Die Kürze, die Ungeniertheit und Unpersönlichkeit dieser Erklärung waren eine Unverschämtheit. Die amerikanischen Bevollmächtigten reisten ab und schleuderten Pech und Schwefel gegen Talleyrand. »Dieser Mann, dem wir wohlwollendste Gastfreundschaft erwiesen haben, ist derselbe Minister, vor dem wir nur aus dem Grunde erschienen sind, um Gerechtigkeit zu erlangen. Und dieser undankbare Gast, dieser Bischof, der seinen Gott verleugnet hat, schämt sich nicht, fünfzigtausend Pfund Sterling als ›sweetness‹ zu veranschlagen, fünfzigtausend Pfund Sterling, damit er seinen Lastern frönen kann.«

Diesen empörten Sätzen entnimmt Talleyrand nur das eine Wort »sweetness«, »douceurs«, womit die Bestechungsgelder gemeint sind. Er machte sich den Ausdruck zu eigen und war der Meinung, daß die Amerikaner auf diesem Gebiet bewandert sein mußten, da sie für diese Sache ein so passendes Wort gefunden hatten.

Madame de Staël war entrüstet über die Kampagne der Feindseligkeit, die in Paris gegen Talleyrand entfesselt wurde. Sie versuchte, ihn zu verteidigen, aber die Tatsachen, denen sie begegnete, verwirrten sie derart, daß sie sich entschloß, den »Bischof« in seinem Kabinett aufzusuchen, um eine Erklärung von ihm zu verlangen. Sie war, verständlicherweise, außer sich, sie hat wahrscheinlich geweint, gefleht und die Hände gerungen. Sie beschwor ihn, sich durch ein einziges Wort zu rechtfertigen. Er hörte sie schweigend an und verließ den Raum. Nie hat sie eine Erklärung bekommen. Durch diese amerikanische Affäre hat ihre Freundschaft einen Bruch erhalten.

Man ist sprachlos einer solchen Haltung gegenüber. Diese »Amoralität« bringt selbst die Bewunderer der Intelligenz Talleyrands in Verwirrung.

Talleyrand ist der Schöpfer zweier Meisterwerke: das eine ist nicht signiert, wohl aber das andere. Das erste ist ein Meisterwerk der Künste, es wurde in der Verborgenheit eines Alkovens gezeugt, es führt den Namen Eugène Delacroix. Das zweite, unter den Augen von ganz Europa und den Scheinwerfern der Geschichte geschaffen, ist der Wiener Kongreß, der auch ein Kind Talleyrands ist, doch widmete er es dem Kontinent Europa. Davon wird später die Rede sein.

Zunächst schauen wir in die Wiege Eugènes, des Sohnes einer reizenden Frau, Madame Delacroix, Gattin des Directoire-Ministers, der aufgrund der Machenschaften Germaine de Staëls kaltgestellt wurde, damit sein Portefeuille an Talleyrand fallen konnte.

Am 24. Germinal des Jahres VI [13. April 1798] war im »Moniteur« der Bericht über einen verblüffenden chirurgischen Eingriff zu lesen, demgegenüber – wenn man die Zeitumstände in Rechnung stellt – die Herzverpflanzung nur als eine Spielerei erscheint. Es handelte sich um die »Operation einer Hodenverhärtung, vorgenommen am 27. Fructidor des Jahres V am Bürger Charles Delacroix, Exminister der Auswärtigen Beziehungen, bevollmächtigter Gesandter der Französischen Republik bei der Batavischen Republik«. So lautet die Überschrift dieser seltsamen Meldung.

Der Militärarzt und Chirurg Imbert Delonnes hatte unter Mißachtung des Arztgeheimnisses, sogar auf Anordnung des Direktoriums, das die Kosten der Drucklegung in der Nationaldruckerei übernahm, ein Werk veröffentlicht, in dem er »den Freunden der Menschheit« die Operation schilderte, der sich der Exminister Delacroix hatte unterziehen müssen. »Die Freunde der Menschheit« sind die Bürger der Directoire-Zeit, die von Amts wegen darüber unterrichtet werden, daß der Bürger Exminister »seit fünfzehn Jahren an einem schrecklichen Gewächs« litt, »von dem die empfindlichsten Organe des Mannes behaftet waren«. Sogar Barras spricht in seinen Memoiren über diesen Auswuchs, »die ungeheure Geschwulst, die den unteren Teil des Bauches bedeckte und ihm das Aussehen einer ungefähr im neunten Monat schwangeren Frau gab«. Barras erinnert sich hierbei an ein Wort, das Madame de Staël ihm gegenüber äußerte, als sie ihn zugunsten ihres Bischofs bedrängte und das im Besitz von Delacroix befindliche Portefeuille für ihn erlangen wollte. Sie sagte über Delacroix: »Das ist kein Minister, das ist eine alte schwangere Frau.« Dieser ungeheuerliche »Auswuchs«, von dem nur das Ehepaar Delacroix hätte wissen dürfen, wurde mithin dem Publikum – und auch dies ist ungeheuerlich – in aller Genauigkeit von dem Chirurgen beschrieben. Das schreckliche Ding wog zweiunddreißig Pfund, hatte den Umfang von siebenunddreißig mal siebenundzwanzig Zentimetern, und damit auch ja niemand in Unkenntnis darüber blieb, wurde es in seiner Gesamtheit und in allen Einzelheiten durch einen

Kupferstich wiedergegeben. – Das Herausschneiden war zur größten Zufriedenheit des Chirurgen gelungen. Nicht nur hatte er seinen Patienten nicht getötet, sondern konnte ihn, um fünfzehn Jahre verjüngt, zu seiner Frau zurückschicken. Delacroix hatte, so hieß es, den Gebrauch »der empfindlichsten Organe des Mannes« wiedererlangt – seinen Ministersessel konnte er nicht wiedererlangen.

Was sollte diese peinliche und amtliche Zurschaustellung? Um dem Chirurgen für seine unerhörte Heldentat einen Ruhmeskranz zu winden? Des wissenschaftlichen Interesses wegen? In diesem Fall hätte eine anonyme Bekanntgabe dieselbe medizinische Bedeutung gehabt.

Wahr ist, daß die Veröffentlichung nur vorgenommen wurde, um deutlich auf Delacroix hinzuweisen und die Daten der Operation präzis festzulegen, wie auch die Rückkehr ins eheliche Heim und das triumphale Ergebnis dieser Rückkehr. Nicht mehr Delacroix sah aus wie eine schwangere Frau, es war jetzt die Gattin, die tatsächlich schwanger war. Der Artikel im »Moniteur« und die Schrift des Chirurgen legten dar und bewiesen, daß Madame Delacroix' Schwangerschaft dem Skalpell eines geschickten Chirurgen zu verdanken war. Diese zugleich offizielle, medizinische und unziemliche Aufklärung sollte die Ehre des Ehestands des Exministers retten. Um der Lächerlichkeit des betrogenen Ehemanns zu entgehen, gab er seine abstoßenden körperlichen Miseren öffentlich preis. Nichtsdestoweniger war er gehörnt, und die Moral der Directoire-Zeit wurde dadurch nicht gestärkt. Denn die Schwangerschaft der Madame Delacroix hatte bereits eine andere Deutung erfahren. Der Artikel im »Moniteur« erschien zu spät.

Betrachten wir die Tatsachen und Daten. Am 26. April 1798 brachte Madame Delacroix einen Sohn zur Welt. Den Artikel hatte man am 13. April erscheinen lassen, um damit die Geburt zur gehörigen Zeit zu erklären. Da Delacroix im September operiert worden war, das heißt sieben Monate zuvor, da er vor der Operation schon ernstlich krank war, da er danach eine Rekonvaleszenz von zwei Monaten benötigte, was den Zeitpunkt, an dem »er die Vorzüge der Männlichkeit«, wie der »Moniteur« es ausdrückte, auf Ende November verschiebt, war es unmöglich, daß das im April geborene Kind von ihm sein konnte. Sechs Monate nach der Zeugung geboren, wäre es nicht lebensfähig gewesen.

Am besten schließt man sich wohl der Meinung der Umgebung Talleyrands und der Familie Delacroix an wie auch der Auffassung hervorragender Autoren, die glauben, daß in der Frage einer illegitimen Geburt stets wiederholte und von glaubwürdigen Zeugen bestätigte Mutmaßungen ausreichende Beweise sind, insbesondere, da sie hier durch spätere Tatsachen untermauert werden.

Madame Delacroix und Talleyrand hatten während der Zeit, als Delacroix bevollmächtigter Minister bei der Batavischen Republik war und in Den Haag residierte, intime und regelmäßige Beziehungen unterhalten.

Das ungeheuerliche Gewächs und die räumliche Entfernung brachten Delacroix kaum in die Lage, mit seiner Ehefrau einen Sohn zu zeugen. Wer war nun Madame Delacroix? 1797, als Talleyrand sie kennenlernte, war sie achtunddreißig Jahre alt, war schön und frisch geblieben und hatte jenen Charme, der nicht vom Alter, auch nicht vom Aussehen abhängt und den Talleyrand bei all seinen Mätressen liebte: eine Haut wie Lilien und Rosen, wie Milch und Blut, taktvolle Zärtlichkeit, gedämpfte Ausstrahlung, Eleganz. Das alles besaß Madame Delacroix. Sie gehörte nicht zur Aristokratie des Geburtsadels, aber sie gehörte zur Aristokratie der Kunst, Bildung, Eleganz. Sie war die Tochter von Œben, dem Kunsttischler der Königin, und die Nichte von Riesener, einem anderen unübertrefflichen Meister dieses Fachs. In Versailles war Mademoiselle Œben von der Königin empfangen worden. In ihrer Nähe umwehte Talleyrand der Duft von Frauen wie Madame de Flahaut, Madame de Brionne, Madame de Laval. Im Geist vernahm er ihre Stimmen, allmählich unterlag er dem Zauber jener schönen, wiederauferstandenen Welt. Madame Delacroix war eine Anhängerin Voltaires und eine glühende Royalistin, dazu sehr wenig konformistisch. Als Talleyrand das Amt von Delacroix übernahm, bezeigte er ihm die Artigkeit, ihn zum Gesandten in Den Haag ernennen zu lassen, womit er zu erkennen gab, daß ein Exbischof sich einem armen Mann gegenüber verpflichtet fühlte, dem er zu gleicher Zeit seinen Posten und seine Frau fortnahm. Das Ministerium behielt er, doch gab er, sobald Delacroix geheilt war, ihm höflich seine Frau zurück, allerdings geschwängert. Welches Unterpfand seiner leichtfertigen und unbeschwerten Liebe hinterließ er dieser Familie! Er hinterließ es ganz Frankreich. Eugène Delacroix wurde der größte Maler des 19. Jahrhunderts. Selbst wenn Talleyrand in seinem ganzen Leben nichts anderes hervorgebracht hätte als diesen Sohn, hätte er ein unnachahmliches Meisterstück vollbracht.

Vater und Sohn haben über das Band, das sie vereinte, Schweigen bewahrt. Ihre Ähnlichkeit war so auffallend, daß nicht herausposaunt zu werden brauchte, was ein wohlunterrichtetes Publikum schon seit 1798 wußte. Ohne diese außergewöhnliche Abkunft ließen sich bestimmte Vorgänge in der Laufbahn des Malers Delacroix nicht erklären. Wäre der junge Delacroix, amtlich der Sohn eines königsmörderischen Konventsmitglieds, während der Restauration so ohne weiteres in den Salons der »Ultras« des Faubourg Saint-Germain empfangen worden? In den Salons wußte man Bescheid. In den Amtsstuben nicht: sie verweigerten dem Sohn des Königsmörders den Zugang zur Verwaltungslaufbahn. Seine romantische, revolutionäre, staunenerregende Malerei, die die offiziellen Kritiker als »Farbenkleckserei« abtaten und zu den Ausstellungen nicht zulassen wollten, fand erst einen Verteidiger, als Delacroix 1822 »Dantes und Vergils Fahrt auf der Barke« ausstellte. Dann wurde ihm Weihrauch gestreut. »Monsieur Eugène Delacroix ist vom Genius berührt.« Ganz einfach. Wer schrieb diese Worte? Der junge Adolphe Thiers. Und wie kam er dazu? Der kleine »Rastignac« aus Marseille machte Talleyrand den Hof, er ging sozusagen bei ihm in die Schule, er drängte sich in seinen Kreis. Er hörte, was über die Geburt des jungen Malers geflüstert wurde. Er wollte sich dem Vater gefällig erweisen, als er schrieb, sein Sohn besitze Genie. Später wurde gesagt, Thiers sei ein Geschöpf Talleyrands geworden: er war es damals bereits. Und das ist nicht alles: gegen den einmütigen Widerstand der Kritik und der Museen wurde Delacroix' Gemälde wie auch die späteren auf geheimnisvollen Wegen vom Staat zu einem sehr hohen Preis angekauft: es war der Preis für die Meisterwerke eines unbekannten jungen Mannes, der von mächtiger Hand protegiert wurde.

Nach 1830, als Talleyrand einer der großen Männer der Juli-Monarchie wurde, bekam Delacroix bedeutende Aufträge vom Staat, der sich zum Protektor des Malers aufschwang, zumindest bis zum Tode Talleyrands.

Dann noch etwas, das jedermann sehen konnte: ihre Ähnlichkeit und, stärker als die Ähnlichkeit der Gesichtszüge, ihr Auftreten. Die herablassende Art von Delacroix glich dem Gehabe Talleyrands. Als Sosthème de la Rochefoucauld ihn zu sich berief und von ihm forderte, seine Malweise zu ändern, weil sein riesiges Gemälde »Sardanapals Tod« mit den vielen nackten Leibern Ärgernis erregt hatte, gab er ihm zur Antwort, er denke nicht daran, etwas zu ändern, und er sagte es in der Tonart, in der Talleyrand sich an La Révellière-Lépeaux oder an irgendein anderes Mitglied des Direktoriums wandte. Hinzu kommt der Stil: Briefstil und Lebensstil. Delacroix' Malerei ist revolutionär, sie hat nichts von romantischer Farbkleckserei. Als er älter wurde, ähnelte er immer stärker dem »Fürsten«. Sein Profil wurde immer talleyrandesker. Auch seine Gesinnung: er vergaß die Barrikaden, er wurde Royalist und wieder klassenbewußt. Er hatte die vornehmsten Frauen, verheiratete sich aber nicht. In seiner etwas hochmütigen, schroffen Art erklärte er, daß in einer amtlich beglaubigten Ehe ein Versehen geschehen könne. Sagte Saint Simon nicht, es sei unschicklich, »daß Bastarde Nachkommenschaft hervorbrächten«? (Ihre Abkunft wird nicht uneingeschränkt anerkannt, da man nur Mutmaßungen vorbringen kann, um sie zu stützen oder um sie zu verleugnen.)

Es gibt keinen unbezweifelbaren Beweis einer illegitimen Herkunft. Doch es ist ein überzeugend klingender Beweis, daß zum Zeitpunkt der Geburt im April 1798 kein Mensch geglaubt hat, das Kind könne von Delacroix sein – im Gegenteil, alle Welt hat geglaubt, es stamme von Talleyrand. Nicht eine Stimme hat sich erhoben, um eine andere Vaterschaft zu behaupten, der Name des Bischofs war der einzige, der genannt wurde. Fast ist es ein Wunder: dieses eine Mal haben Klatsch und Verleumdung nichts zu erfinden brauchen. Da später diese Einstimmigkeit von den Tatsachen bestätigt wird, tut man recht, ihr beizupflichten. Talleyrand hat mehr als ein Meisterwerk geschaffen: einen Schöpfer von Meisterwerken.

Bürger Minister bekommt eine Uniform, ein Stadtpalais und macht einen Staatsstreich

Das Direktorium hatte für die Direktoren und die hohen Würdenträger des Regimes Amtsroben entwerfen und herstellen lassen. Der Dienstanzug, den Talleyrand tragen sollte, war so beschaffen, daß er darin nicht unbemerkt bleiben konnte: er bestand aus einem Mantel und einem Frack mit übermäßig großen Revers. Das Äußere war schwarz, aber die Revers (außer denen der Jacke, die blau waren), die Ärmelaufschläge, das Futter, die Weste und die Hosen waren hochrot. Dazu eine gewaltige Leibbinde aus weißer Seide. Der Kragen, die Vorderseite des Fracks sowie die Ärmelaufschläge waren über und über mit bunter Seide bestickt. Auf den ausgeschnittenen schwarzen Schuhen schwebte ein Büschel bunter Bänder. Ein Wehrgehänge, ein Degen, ein riesiger, vorn aufgeschlagener Hut mit drei großen roten Federn. Das Ganze war entsetzlich geschmacklos. Man wollte durch diese Aufmachung Staunen erregen und reizte die Leute zum Lachen.

Madame Sophie Gay wollte bissig sein und sagte, als sie Talleyrand als Kakadu verkleidet gesehen hatte: »Er trug einen Frack, der in allen Farben schillerte.« Es waren die Farben des Regimes, es waren nicht die seinen.

In der Rue du Bac bewohnte er eines der schönsten Häuser des Faubourg Saint-Germain, bekannt unter dem Namen Hôtel de Galliffet. [Gegenwärtig Sitz der italienischen Kulturmission, gegenüber der italienischen Botschaft in der Rue de Varenne.] Die Besitzer hatten das Gebäude in den Jahren 1776 bis 1792 errichten lassen. Zur Zeit der Revolution war es noch nicht fertiggestellt. Die Familie Galliffet hat es nie bewohnt; sie bezahlten es und emigrierten, dann wurde das Palais konfisziert. Es war mithin ganz neu, als 1794 das Ministerium der Auswärtigen Beziehungen hineingelegt wurde. Es ist auch heute noch ganz intakt: grandios, in reinem klassizistischem Stil. Zur damaligen Zeit war es von weitläufigen Gärten umgeben. Heute ist der Platz zusammengeschrumpft, was der architektonischen Schönheit Abbruch tut, denn die Proportionen der zehn Meter hohen majestätischen Säulen erfordern freien Raum und einen Abstand, der nicht mehr vorhanden ist. Doch so, wie es da steht, wirkt das Palais noch immer schön und edel. Talleyrands Büro im Erdgeschoß ist noch zu sehen, es geht auf einen gepflasterten Hof, mit einer wundervollen Treppe von herrlichem Schwung und einem Ausmaß, das einem Königsschloß würdig wäre. Im ersten Stock ist das Treppenhaus mit zehn Säulen und mit Reliefs geschmückt, gekrönt wird es von einer Kuppel, durch die das Licht einfällt. Am Fuß dieser Treppe schwebt noch der Schatten Germaine de Staëls; dort wurde sie von Bonaparte zutiefst gekränkt, und dort verlor sie Talleyrands Freundschaft.

Diese Mauern sind noch von Talleyrands Gegenwart und seiner Epoche erfüllt. Hier wohnte er mehrere Jahre, hier verheiratete er sich, arbeitete er und verheiratete er Frankreich mit der Inkarnation Cäsars. In diesem Haus empfing Talleyrand den Mann, der in jenem Jahr den größten Erfolg hatte: Esseid Ali Effendi, den ottomanischen Botschafter. Die Frauen rissen sich um ihn, den liebenswürdigen Muselman, der sich nicht allzuviel um seine Geschäfte kümmerte. Ihm zu Ehren gab Talleyrand ein prächtiges Fest. Die schönsten Frauen von Paris glänzten neben einem üppigen Buffet köstlicher Speisen. Serviert wurde an kleinen tragbaren Tischen, die vor jeden Stuhl gestellt wurden. Talleyrand bat den Botschafter der Hohen Pforte, die Frau zu wählen, neben der er zu soupieren wünschte. Er wies auf die schönste, sanfteste, tugendhafteste und bescheidenste der Damen: die Marquise de La Tour du Pin – dieselbe, die in den Wäldern der Neuen Welt die Hammelkeulen zerhackt hatte.

Die kleineren Zeitungen machten sich lustig über Talleyrand. So wurde zum Beispiel geschrieben: »Wo bist du, Scarron? Wenn Lächerlichkeit ebenso unsterblich macht wie Ruhm, dann wird diese ebenso majestätische wie possenhafte Zeremonie, deren Zeugen unsere Augen geworden sind, auch unseren Enkeln überliefert werden. Der Bischof von Autun war gepudert und geschnürt wie auf dem Porträt, auf dem er sich als Alkibiades darstellen ließ, als er noch der Alkibiades des Klerus war.« Noch immer haften die Fetzen der Soutane an ihm und rufen beißenden Spott hervor. In Wahrheit war er als Minister des Directoire nicht mehr verkleidet als einst als verfassungstreuer Bischof.

Um ihm Schaden zuzufügen, wurde in Paris das Gerücht ausgestreut, er stehe im Einverständnis mit England – das heißt mit dem Feind. Man versicherte, er habe die Absicht, den Frieden zu torpedieren. Die Polizei legte einen Bericht über dieses Gerede vor. Talleyrand gab eine Erklärung ab: »Nicht ein einziges Wort davon ist wahr oder für jemanden plausibel, der mich auch nur einen einzigen Tag gekannt hat...« Das ist glaubhaft. Talleyrand hat stets den Frieden verteidigt. Seiner Auffassung nach war der Krieg die leichtfertigste, die primitivste, die unmenschlichste Lösung, etwas, das den Ideen der Aufklärung völlig widersprach. Am unsinnigsten war in seinen Augen der Krieg mit England, weil er für die Zivilisation am schädlichsten war.

Die Beziehungen zu den auswärtigen Regierungen waren nicht einfach. Das Regime flößte ihnen ein solches Mißtrauen ein, daß alle Verhandlungen langsam und mit pedantischer Zähigkeit vor sich gingen.

Talleyrands erstes Bemühen war, das Vertrauen wiederherzustellen. Er spornte den Diensteifer seiner Botschafter durch ein Rundschreiben an, mit dem er ihnen Argumente an die Hand gab, die ihnen helfen sollten, die ausländischen Regierungen zu beruhigen und ihnen deutlich zu machen, was in Frankreich vor sich ging. Mit welcher Kunstfertigkeit Talleyrand religiöse oder politische »Erlasse« abfaßte, ist erinnerlich. Es ging insbesondere darum, die ausländischen Hauptstädte davon zu überzeugen, daß die Unordnung in Frankreich keine Anarchie sei, daß »einige Meinungsverschiedenheiten unter Franzosen« (sie waren riesengroß und unlösbar) »in gewisser Weise der Preis für die Mußezeit des Friedens sind, daß sie sich aber schnell in einer Gesinnung vereinigen würden, sobald man wagt, aus diesen Ungleichheiten, die möglicherweise unzertrennlich mit jeder freien Verfassung zusammenhängen, schändliche Hoffnungen abzuleiten ...« Die Folgerung ist richtig: Die Ausländer schmieden »schändliche Hoffnungen«, wenn sie sich einbilden, daß politische Uneinigkeit ihnen Frankreich ausliefere. Weniger richtig war es jedoch, den politischen Zerfall zu leugnen, der trotz allem Frankreich schwächte und Begehrlichkeiten erweckte.

Um ihre Autorität zu bekräftigen, bemühten sich die Direktoren, dem Volk zu zeigen, daß sie sich in völliger Übereinstimmung mit den Generalen befänden. In Wirklichkeit aber hatten die Politiker große Angst vor der Armee und scheuten sich, ihr Befehle zu erteilen. Die Generale schickten erbeutete feindliche Fahnen und Siegesberichte in die Heimat: die Regierung schmückte sich mit diesem Ruhm. Ihre einzige Hoffnung war, der Krieg möge weitergehen, damit die Generale und ihre Truppen nicht nach Frankreich zurückkehrten.

Es gab auch politische Mißhelligkeiten. Das Regime fühlte sich so wenig sicher, daß es sich im Innern unaufhörlich verteidigte. Talleyrand nannte das: »Den Gemeinsinn wieder anfachen.« Er wurde auch auf verschiedene Art und Weise angefacht – keine aber war demokratisch. »Das Exekutiv-Direktorium wird allem die Stirn bieten, um den Franzosen ihre Freiheit, ihre Verfassung, ihr Eigentum, ihre Ruhe, ihren Ruhm zu gewährleisten ... Die Republik wird gerettet werden.« (So etwas sagt man am Lager eines Schwerkranken.) War sie denn bedroht? Es wäre interessant zu wissen, mit welchen Augen Talleyrand solche Sitzungen der Wiederentfachung der republikanischen Staatsgesinnung betrachtete. An der vom 18. Fructidor V [4. September 1797] nahm er teil – und brauchte keine Federn zu lassen.

Der Jakobiner-Flügel erregte Besorgnis. Die Jakobiner waren stets bereit, wieder so zu beginnen wie 1793. Das Direktorium wünschte zwar die revolutionäre Kraft zu erhalten, sie sollte aber um keinen Preis praktiziert werden. Wenn man das Ungestüm der Getreuen des Wohlfahrtsausschusses zügeln wollte, mußte eine »Säuberung« ins Auge gefaßt werden. (Denn darum handelte es sich im Grunde.) Um jedoch kein Ärgernis hervorzurufen, ließ das Direktorium zum Zeitpunkt des 18. Fructidor einen Schub von Royalisten nach Cayenne deportieren, was Talleyrand nicht mißbilligte. Es verschaffte ihm sogar ein Argument, um Madame de Staël und Benjamin Constant für eine Säuberung unter den Jakobinern einzunehmen. Er war beauftragt worden, die hervorragendsten Geister und einflußreiche Persönlichkeiten auf diese Maßnahme vorzubereiten, die als brutal empfunden werden mußte. Er appellierte an die republikanische Gesinnung und hatte Erfolg. So billigte Germaine, die gegen jede Gewalttätigkeit war, die Gewalttat des 18. Fructidor, weil sie gegen beide extremen Parteien gerichtet war. Die Freunde des »kleinen Universums« waren allesamt Mitwisser der darauffolgenden Verhaftungen, Deportationen ... und des Verschwindens von Personen. Sie schluckten alles, was die Küche der Direktoren zusammenbraute und was Talleyrand ihnen vorsetzte. Die Gespräche an Talleyrands Tafel waren zur Einstimmung der Geister im höchsten Maße wichtig gewesen.

Am 18. August, kaum einen Monat nach seiner Ernennung, hatte er ein großes Diner gegeben. Benjamin Constant hatte als Beobachter daran teilgenommen. Am 2. September fand ein weiterer Empfang statt, zugegen waren: Madame de Staël, Madame Tallien und eine gewisse Madame Grand (sie verdient genau betrachtet zu werden, denn sie war schön, kümmerte sich weder um Säuberung noch um Reinheit, und sie war in Indien geboren), Madame de Castellane, die Generale Kleber, Bernadotte, Lannes, Augereau (er war derjenige, der es übernahm, den Gewaltstreich zu führen), Berthier, Junot und einige andere. Sie hatten nicht alle die gleichen Überzeugungen, als aber Bernadotte den triumphalen Einzug der Franzosen in Mailand am 14. Juli schilderte, Bonaparte an der Spitze der Armee, klang einhelliger Beifall auf. Ein Toast wurde auf das Direktorium ausgebracht, und Talleyrand verstand es, die Huldigung auf Barras allein zu richten, dessen Autorität anerkannt und unterstrichen werden mußte.

Zwei Tage danach, am 18. Fructidor, wurden Carnot, Barthélemy und eine Anzahl jakobinischer Abgeordneter aus dem Rat der Alten und der Fünfhundert deportiert, oder sie befanden sich auf der Flucht. Die »Entfachung« verlief hervorragend. Hinter dieser Affäre war eine kundige Hand tätig, die von Barras, und dazu ein Gehirn voll klarer Begriffe, das von Talleyrand. Madame de Coigny faßt die Dinge folgendermaßen zusammen: »Da sieht man, was es heißt, einen liebenswürdigen Mann an der Spitze der Staatsaffären zu haben. Herr von Talleyrand leitet Frankreich mit Erlassen wie seine Diözese mit Hirtenbriefen. Doch es ist ein General anstelle eines Generalvikars, der sie verkündet.« Der General war Augereau. Während andere Bürger nach Cayenne verfrachtet wurden, spielte Herr von Talleyrand eine Partie Whist. In regelmäßigen Abständen erschien ein Bote und flüsterte ihm ein paar Worte ins Ohr. Ein undurchdringliches, höfliches Lächeln spielte um seinen Mund. Ohne mit der Wimper zu zucken, verfolgte er die Karten auf dem grünen Tuch des Tisches. Eine andere Partie, das große Spiel der Marionetten des Direktoriums, lief ohne ihn ab, aber er verfolgte es ebenfalls, denn er hatte die Spielregeln dafür aufgestellt. Seine Informanten taten nichts weiter, als ihm zu versichern, daß sie befolgt wurden.

Schon am 19. erhob Madame de Staël lautes Geschrei, sie spann bereits Pläne, um ihre royalistischen Freunde entkommen zu lassen. Überall verbreitete sie, Talleyrand sei der Schuldige. Mit einem Wort wies er sie in die Schranken, wies ihr ihren Platz zu, den einer Komplicin: »Madame de Staël hat den 18. Fructidor gemacht, aber nicht den neunzehnten.« Maßlos, mit großer Zungenfertigkeit tat sie, als sei sie der Staatschef, und begann über Menschen und Einrichtungen zu verfügen: »Dies muß Bonaparte zustatten kommen. Ich will, daß er sofort zum Direktor ernannt wird. Ich will, daß er dort einzieht, mit Barras, den ich behalte. Sieyès, Talleyrand, Constant und er: die Republik wird hervorragend verwaltet werden.« Welche Anmaßung! Ich will – ich behalte! Das sollte Germaines Republik werden. Sie schickte zu Bonaparte und ließ ihm mitteilen, welche guten Absichten sie mit ihm habe, und versprach ihm eine feste Unterstützung durch ihre robusten Schultern. Er soll wissen, »was ich für ihn tue, das Interesse kennen, das ich ihm entgegenbringe. In manchen Nächten verwirren seine Siege seltsam meinen Schlaf. Zwischen uns beiden wird Sympathie bestehen, dessen bin ich sicher.« Bonaparte kümmerte sich wenig um die nächtlichen Verwirrungen einer Schriftstellerin. Für einen Mann seines Schlages konnte nichts unangenehmer sein als diese Komplimente und dieser Ton einer Schirmherrin. Und was die Posten anging, die sie ihm zudachte, so interessierten sie ihn ganz und gar nicht: er wollte sich seinen Posten selbst erobern.

Die genau und gut durchgeführte Säuberung brachte Talleyrand nichts ein. Carnot und Barthélemy hinterließen zwei vakante Plätze im Direktorium, er selber bekam keinen von beiden. Das schmälerte seinen Eifer nicht. Er verfaßte einen neuen Erlaß an seine Botschafter, mit dem er ihnen zu verstehen gab, wie sie den ausländischen Regierungen das klarmachen sollten, was die Geschichte mit einem übertriebenen Wort »den Staatsstreich des 18. Fructidor« nennt. »Das Direktorium hat durch seinen Mut, seine Weitsicht und das wohlgehütete Geheimnis, das den Erfolg vorbereitet und gesichert hat, in höchstem Maße gezeigt, daß es in den schwierigsten Zeiten die Kunst zu regieren beherrscht.« Das alles sind Unwahrheiten. Das Direktorium ist feige, besitzt keinen Weitblick. Nur eines ist wahr: das Polizeigeheimnis ist, dank Talleyrand, gut gehütet worden. Jetzt war es seine Aufgabe, den Staatsstreich in richtiger Weise zu interpretieren, ihn auch für das Ausland akzeptabel zu machen: für einen kurzen Augenblick war man aus der Legalität herausgetreten, aber nur, um für ewig und immer wieder in sie zurückzukehren. Was ist ein Staatsstreich, der gut ausgeht? Eine blasse Zeitungsnotiz. Seine besten Formulierungen bewahrte Talleyrand auf, um den in Italien weilenden Bonaparte zu unterrichten.

Das Regime hatte für Talleyrand bereits Leichengeruch. Gleich in der ersten Sitzung, der er beiwohnte, hatte das Exekutiv-Direktorium ihm ein unverzeihliches Schauspiel geboten. Carnot und Barras waren in Streit geraten. Einer warf dem anderen vor, er habe eine Akte verschwinden lassen. Mit Schreien und Beschimpfungen standen sie sich Auge in Auge gegenüber, schleuderten sie sich Haß und Verachtung ins Gesicht. Mit erhobenen Armen legte Carnot einen Eid ab: »Ich schwöre bei meinem Ehrenwort, daß es nicht wahr ist!« Barras: »Hebe die Hand nicht hoch, es würde Blut heruntertropfen!« Diese Worte sind schrecklich, die beiden wirkten wie Mörder, die sich gegenseitig an ihre Vergangenheit erinnern und sie sich vorwerfen.

Ebenfalls vor dem 18. Fructidor brach noch einmal Streit zwischen Carnot und Barras aus, einer Unterschrift wegen, die Carnot nicht geben wollte. Wiederum benutzte Barras das Wort von den blutigen Händen. Carnot bezeichnete Barras als Abenteurer und Dummkopf. Barras fuhr auf: »Daran soll es nicht fehlen, machen wir es gleich aus.« Sie warfen ihren Frack ab und wurden handgemein. Die drei anderen, gleichfalls schreiend, fuhren dazwischen. Wie schade, daß sie nicht in großer offizieller Aufmachung waren: man hätte Federn fliegen sehen können. La Revellière-Lépeaux, der bucklig war, schrie für zwei, ganz ordinär, er rief den Hinkenden zu Hilfe. Talleyrand wirkte wie versteinert, aber er war weder taub noch blind.

Zuweilen war er der Sündenbock der Fünf Könige, die Frankreich von der Revolution geschenkt bekommen hatte. Eines Tages wollten sie sich einen Spaß machen und forderten ihn auf, unter Ausschluß der Öffentlichkeit vor ihnen zu erscheinen. Trotz seiner Behinderung ließen sie ihn stehen. Eine ganze Weile blickte Barras ihn schweigend und mißtrauisch an. Dann sagte er in einem etwas unheimlichen Ton: »Bürger, Ihre intime Liaison mit dem Bürger Lagarde, unserem Sekretär, verursacht Besorgnis. Wir erwarten, daß Sie uns die Beweggründe darlegen.«

Tatsächlich hatte Talleyrand versucht, den besagten Lagarde zu umgarnen. Durch Leutseligkeit und durch unschuldige Fragen wollte er herausbringen, was im Verlauf der Sitzungen vor sich ging, von denen er nur zu häufig ferngehalten wurde.

Um allerdings einen Talleyrand in Verlegenheit zu bringen, bedurfte es anderer Dinge als fünf Bürger Direktoren, die zu Beschimpfungen eher fähig waren, als einem Mgr. d'Autun irgend etwas zu entlocken. Talleyrand erwiderte kein Wort, lässig nahm er ein Blatt Papier und schrieb seine Antwort darauf. Er schrieb sie auf, denn es gab Worte, die ein Mgr. d'Autun nicht in den Mund nahm, selbst vor denen nicht, die sie dauernd benutzten. Da stand: »Weil Lagarde nur ›Sacredieu‹ [Donnerwetter] sagt, während

Sie ›foutre‹ [verdammter Mist] anwenden.« Das Spiel war aus. Sie waren fassungslos und entließen ihn.

Immer wieder fand man etwas an ihm auszusetzen. Er war selber daran schuld: gar zu schlecht spielte er seine Rolle als Jakobiner – die ihm wirklich nicht lag. Er ging dann zu weit, er gab Beteuerungen über seine »patriotische Treue« von sich, er wurde schwärmerisch in der Bekundung seines Republikanertums. »Ja, wie denn, Monseigneur«, sagte Barras ironisch zu ihm, »ohne dazu gezwungen zu sein?« Aber auch das glitt am geschmeidigen und glatten Rücken Monseigneurs ab: das Wesentliche war, auf dem Posten zu bleiben.

Rewbell war der gröbste. Talleyrand haßte ihn, stillschweigend, der andere gab es ihm hundertfach zurück. Rewbell wußte recht gut, daß sein Opfer wehrlos war, er genoß es, den vormaligen Adligen und Bischof vor den Direktoren kriechen zu sehen, und er gab sich diesem Schauspiel freudigen Herzens hin.

Rewbell hatte durch die Zeitungen erfahren, daß Spanien England den Handel mit den amerikanischen Kolonien genehmigt hatte. Er erhob lautes Geschrei, weil der Minister der Auswärtigen Beziehungen das Direktorium über »diesen Verrat« nicht unterrichtet hatte. Das war ein Schlagwort jener Zeit: alles wurde als Verrat bezeichnet. Der König von Spanien war der legitime Herrscher eines unabhängigen Staates und brauchte Rewbell nicht um die Erlaubnis zu bitten, ein Handelsabkommen mit England abzuschließen. Für die Bürger Direktoren war es aber ein Vorwand für einen weiteren Krieg, der ihnen stets gelegen kam. Talleyrand spürte, daß ein böses Gewitter in der Luft lag, und schickte unverzüglich einen Bericht. Er wurde ihm mit der wütenden Randbemerkung zurückgeschickt: »Schlecht, noch einmal, ausführlicher.« Fügsam kam Monseigneur seiner Pflicht nach und sandte dem großspurigen Rewbell einen neuen Bericht. Das Gewitter verzog sich.

Doch ein weiteres folgte. Rewbell nahm alle Papiere, die aus der Rue du Bac kamen, in die Hand, zerknitterte sie, warf sie zu Boden, schaute Talleyrand an und schrie: »Ihr Stil ist mir zu pathetisch, ich kann darin weder Präzision noch Urteilsvermögen erkennen. Tatsachen! Tatsachen! Das vergessen Sie immer!«

Es wurde noch schlimmer. Als Rewbell einmal plötzlich und unvermutet Talleyrand eine Frage stellte, gab dieser zu, sie nicht beantworten zu können, ohne darüber nachgedacht zu haben, und da er einen Wutanfall voraussah, übergoß er, um sich im voraus zu schützen, den jähzornigen Ankläger von Colmar mit Lobhudelei. Er entschuldigte sich dafür, daß er nicht vorbereitet sei, und fügte hinzu: »Selbst wenn ich es gewesen wäre, würde ich mich nicht imstande fühlen, irgendeine Diskussion mit dem Bürger Rewbell zu führen, der in Sachen Diplomatie und Verwaltung allgemein als erster Kopf von Europa gilt.« Darauf bat er um die Erlaubnis, sich zurückziehen zu dürfen, um nachzudenken. Sein Peiniger wollte ihn nicht entlassen und sagte: »Wenn Sie, um Ihren Geist zu befruchten, allein sein müssen, verschaffe ich Ihnen eine Möglichkeit, die Sie vor Zerstreuungen bewahrt.« Er schob ihn in einen benachbarten Raum und schloß ihn eine Stunde lang ein. Dann erschien er wieder und verlangte die Antwort. Talleyrand hatte nichts aufgeschrieben und klagte über Kopfschmerzen. Mit dem Zitat »Leg dich nieder, Basile, man merkt, du hast Fieber!« wies Rewbell ihm die Tür.

So wurde Frankreich im Jahre 1798 regiert: an den Grenzen war Krieg, im Innern Hungersnot, wertloses Geld und Räuberbanden auf allen Straßen. Einerlei! Rewbell hatte einen Sieg errungen: »Sehen Sie, Bürger, das ist Ihr großer Aufschneider!« sagte er zu den anderen Direktoren.

Es ist begreiflich, daß Talleyrand und einige andere sehnlichst darauf warteten, die Leiche – denn das war das Direktorium geworden – zu beerdigen. Aber sollte er an seinem Platz bleiben und solche Beleidigungen einstecken? Er spielte mit dem Gedanken, als Botschafter nach Konstantinopel zu gehen. Dann kam ihm eine andere Idee: er versuchte Bonaparte zu veranlassen, Rewbell abzuberufen. Der General schien die Anregung nicht zu verstehen. Er wollte nicht nur einen Direktor loswerden, er wollte mit dem ganzen Klüngel aufräumen. Zu jenem Zeitpunkt träumte Bonaparte von Pyramiden. Zu einem Drama kam es nicht, Talleyrand blieb in seiner Stellung. Er hat nicht allzu sehr unter der üblen Behandlung durch das Direktorium gelitten. Niemand vermochte ihn zu demütigen. Ihm kam es einzig und allein darauf an, seinen Neigungen leben zu können und seine Politik recht und schlecht bis an das gesteckte Ziel zu bringen, das heißt, Frankreich von denjenigen zu befreien, denen er nur zu Diensten war, um sie zu vernichten. Er litt weder an Selbstsucht noch Eitelkeit, alles bei ihm war Berechnung und sicheres Bewußtsein seiner Überlegenheit und Ausdauer.

Er ging sogar so weit, seinem Feind Rewbell Avancen zu machen. Wenn gesagt wird, er sei geschmeidig gewesen, ist das kein leeres Kompliment. Man könnte meinen, er habe ein gewisses Gefallen an diesem subtilen und gefährlichen Spiel gefunden, das vielleicht eine Abart von Stolz war, invertierte Unterwürfigkeit. Er lauerte auf den Augenblick, da der Bär sich vom Honig sanfter Worte einfangen lassen würde. Im April 1798 erlebte er eine solche Genugtuung. Die Direktoren bereiteten die Wahlen für die Versammlungen vor. Eine schwerwiegende Angelegenheit. Die vorhergehenden Wahlen waren zum erstenmal schlecht ausgegangen. Die Royalisten hatten eine Mehrheit erzielt. Die unerwünschten Abgeordneten mußten tatkräftig und wirksam wieder herausgespült werden. Talleyrand gab Rewbell eine verlockende und arglistige Anregung. Er erzählte ihm, daß man in England das Problem durch Stimmenkauf gelöst habe, und zwar mit dem Geld der Regierung oder der Parteien, und daß man mit dieser Methode sehr gut gefahren sei, denn sie habe die erwünschten Resultate gebracht. Eine Niederträchtigkeit! Die Direktoren verhüllten ihr Haupt: Solche Korruption in der Republik? Lieber sterben! Talleyrand mußte einige, allerdings gemäßigte Beschimpfungen einstecken. Man redete nicht mehr darüber. Doch dann, als wäre es das Natürlichste von der Welt, schritten die Bürger Direktoren in großer Heimlichkeit zur Aufteilung der Geheimfonds. Mit wohlwollender Herablassung überließen sie Talleyrand diese Aufgabe. Er tat es dem unausgesprochenen Wunsch der tugendhaften Bürger Direktoren gemäß, das heißt, er verteilte die Fonds so, daß die Wahlen von der Regierung bezahlt wurden.

Die Tugend war unangetastet, und diese Wahlen würden besser ausfallen als die vorigen. Er hat sich wahrscheinlich köstlich amüsiert, unendlich viel mehr, als er sich an dem Tag geärgert hat, als Rewbell ihn in ein Kabinett einschloß.

Zum Rat der Alten unterhielt Talleyrand gute Beziehungen. Der berühmte Dupont de Nemours kannte Tüchtigkeit und Wert des Ministers seit 1788. Sein Urteil ist bemerkenswert: »Der gegenwärtige Minister der Auswärtigen Beziehungen hat viele wirkliche Fähigkeiten. Klare Gedanken vereint er mit einer mühelosen Begabung, einem festen Charakter und dem sehnlichen Wunsch, die öffentliche Meinung durch wirkliche Dienste für sich zu gewinnen.«

Das klingt anders als Rewbells Urteil: »Talleyrand war die Vereinigung aller Plagen, sowohl der Urtyp des Verrats als auch der Korruption. Er ist ein gepuderter Lakai des Ancien régime; wäre er besser zu Fuß, könnte man allenfalls einen Galadiener aus ihm machen. Aber er hat genauso wenig Fuß wie Herz.«

In dieser üblen Umgebung fühlte sich Talleyrand nicht völlig unglücklich, er konnte viel vertragen, doch wurde seine Stellung immer prekärer. Ihm wurde offen mit Verabschiedung gedroht. Nur Barras hielt ihn noch. Es lag ein Einverständnis zwischen ihnen vor: beide waren sie »Ci-devants«, vormalige Adlige; das Verhalten der anderen schockierte sie beide in gleicher Weise. Doch vor allem war die Erinnerung an die unvergeßliche Szene ihrer ersten Begegnung noch lebendig, als der Bürger Direktor in die Arme des Exbischofs gesunken war.

Zuweilen wartete Talleyrand am Palais Luxembourg, in den Fond einer Kutsche gekauert, auf Barras. Wenn Barras aus den langatmigen Sitzungen des Direktoriums kam, war er von der Gewalttätigkeit und Dummheit seiner Kollegen angewidert. Talleyrand sprach ihm gut zu, sie redeten im verborgenen miteinander. Talleyrand war von bestrickender Liebenswürdigkeit. Auf diese Weise sicherte er sich die Unterstützung, die der Vicomte de Barras weiterhin dem Bischof von Autun, Mgr. de Talleyrand-Périgord, gewährte.

Gern wäre Talleyrand Direktor geworden. Doch wurde leider jedesmal, wenn eine Vakanz eintrat, der Platz von irgendeiner Null besetzt. Er klammerte sich an Barras: »Sie sind der Mann des Direktoriums, Sie sind sein Kopf und Arm. Hätte ich das Glück, Ihr Kollege zu werden, würde ich mir einen Ruhmestitel daraus machen, Ihnen in allem zu gehorchen wie ein Kind seinem Vater.«

Diese schönen Beteuerungen waren vergebens. Ihm wurde Neufchateau vorgezogen, dann Merlin de Douai. Als Neufchateau am 22. Mai 1798 ging, wurde Talleyrand der Posten von einem berühmten Freund der vier anderen weggeschnappt, einem gewissen Treillard. Der preußische Gesandte wunderte sich, daß Talleyrand sich noch immer halten konnte. »Talleyrands Ministerexistenz ist noch immer so, wie ich sie seinerzeit schilderte, das heißt heikel. Man könnte von einem Wunder des Geistes und Benehmens sprechen, wenn es ihm gelänge, sich zu halten. Im Direktorium ist alles gegen ihn. Der Sieur Barras ist der einzige, der es offen wagt, sich vor ihn zu stellen, die anderen Direktoren, darüber bin ich informiert, richten fast niemals das Wort an ihn.« Der Gesandte spricht weiter davon, daß nicht jedermann von Talleyrands Republikanertum überzeugt sei. Schlimmer jedoch war, daß seine einzige Stütze ihm ebenso mißtraute wie Rewbell: »Geist, der keinen Charakter hat, ist zu nichts nutze.« Eine hübsche Redewendung im Munde eines Barras. Zum Unglück für Barras sollte Talleyrand ihm später, wiewohl charakterlos, den Beweis dafür liefern, daß einer, der »zu nichts nutze« ist, immerhin noch imstande ist, einen Bürger Direktor vor die Tür zu setzen.

Doch zur Stunde mußte Talleyrand annehmen, daß seine Verabschiedung bevorstand. Sein Kollege, der Polizeiminister, ein gewisser Sottin, war abberufen worden. Talleyrand kannte ihn zwar nicht, hielt ihn aber für einen Schwachkopf. Abgesehen von den groben Stiefeln der fünf Direktoren, die Talleyrand mit dem unterwürfigsten Eifer putzte, weil er seine Entlassung befürchten mußte, dachte er in der Tat geringschätzig von den kleinen Leuten des Regimes und kannte sie nicht einmal – einbegriffen seine Kollegen. Im Verlauf eines politischen Diners, zu dem viele Leute geladen waren, sprach in Talleyrands Nähe jemand über die Abberufung Sottins. Talleyrand ließ kein gutes Haar an dem Unglücklichen: »Er ist eine von diesen politischen Drohnen, die stets den emsigen Bienenkorb des Staates verunzieren. Und dann, wodurch hat sich dieser Herr Sottin bislang ausgezeichnet? Durch welche Tat ist er ins Ministerium gekommen? Es wird gesagt, er tanze gut. Das ist eine traurige Begabung für einen Minister der Republik.«

Es ist ein trauriges Schauspiel, Talleyrand in flagranti bei übler Nachrede zu ertappen. Diese Schwäche und dieser Mangel an Form sollen nicht verschwiegen werden. Die Strafe folgte auf dem Fuße, als er fortfuhr: »Außerdem, was ist das für ein Name! Von Sottin zu sot [dumm] ist es nicht sehr weit.« – »Sie haben völlig recht, mein Herr, manchmal liegt zwischen einem sot und Sottin nur die Breite eines Tisches«, antwortete ihm der Tischgast von gegenüber. Es war ausgerechnet Herr Sottin.

Talleyrand war heruntergeputzt worden und hatte es nicht anders verdient.

Talleyrand zwinkert dem General Bonaparte zu

Sie hatten sich noch nicht kennengelernt, aber sie hatten einander geschrieben. Kaum hatte Talleyrand von seinem Ministerium Besitz ergriffen, schrieb er am 26. Juli 1797 an Bonaparte: »Ich habe die Ehre, Ihnen mitzuteilen, General, daß das Exekutiv-Direktorium mich zum Minister der Auswärtigen Beziehungen ernannt hat. Mit Recht beeindruckt von dem Amt, dessen gefahrvolle Bedeutung mir bewußt ist, habe ich das Bedürfnis, mich zu stärken durch das Bewußtsein dessen, was Ihr Ruhm an Möglichkeiten und Vorteilen zu den Verhandlungen beitragen kann. Der Name Bonaparte allein ist ein Hilfsmittel, das alles zu ebnen vermag.

Ich werde mich bemühen, Ihnen alle Ansichten und Meinungen zukommen zu lassen, die das Direktorium Ihnen zu übermitteln mich beauftragen wird, und der Ruhm, Ihr gewohntes Sprachrohr, wird mir oft das Glück zuteil werden lassen, von ihm zu erfahren, in welcher Weise Sie ihnen gerecht geworden ist.«

Wie wundervoll er ihn beweihräuchert!

Ein Muster dafür, in welchem Stil man in ein Amt eintritt und Beziehungen mit seiner Umgebung anknüpft, wenn man seine Bildung in Saint-Sulpice erworben hat, mit Probezeiten im Erzbischofspalais in Reims, in Versailles und in den Boudoirs hochstehender Frauen. Das ist der Stil Racines, des königlichen Geschichtsschreibers. Das ist der Stil der Hirtenbriefe des Bischofs von Autun.

Bonaparte zog aus der Botschaft die gleiche Schlußfolgerung wie die Geistlichen des Département Saône-et-Loire: der Verfasser sei eine außergewöhnliche Persönlichkeit. Er meinte, endlich sei einmal »jemand« im Direktorium vorhanden. Als Joséphine sich am 20. August 1797 nach Italien zu Bonaparte begab, brachte sie ihm alle Neuigkeiten aus Paris mit. Sie erzählte von Talleyrand, über den alle Welt sprach; des Ministers guter und schlechter Ruf stand bereits fest. Bonaparte schrieb an das Direktorium, um ihm für die getroffene Wahl zu gratulieren, und an Talleyrand, um ihm für seinen Brief zu danken: »Die Wahl, die die Regierung getroffen hat, Sie zum Minister der Auswärtigen Beziehungen zu ernennen, gereicht ihrer Klugheit zur Ehre. Es beweist, daß Sie große Fähigkeiten und einen geläuterten Staatsbürgersinn haben, daß Sie ein Mann sind, abhold den Verirrungen, die die Revolution entehrt haben. Ich bin entzückt, oft mit Ihnen korrespondieren zu können und Sie dadurch in den Stand zu setzen, sich von der Wertschätzung und der Hochachtung, die ich für Sie hege, zu überzeugen. Gruß und Brüderlichkeit. Bonaparte.«

Aus diesem Briefwechsel entstand ein gewaltiges Abenteuer: Frankreich und Europa begaben sich ahnungslos auf einen Weg, dessen großartigen und tragischen Verlauf diese beiden Männer absteckten und der sich an einem Abend des Juni 1815 im Schlamm und im Blut von Waterloo verlor.

Für einen Leser jener Epoche hatten alle Worte des Briefes eine Bedeutung. »Der geläuterte Staatsbürgersinn« war die Garantie für die revolutionäre Gesinnung des Bischofs der Verfassunggebenden Versammlung, dieser Ausdruck schloß jedes Entgegenkommen den Royalisten gegenüber aus, jenen Leuten, die Bonaparte in Toulon, dann in Paris vor der Kirche Saint-Roch niederkartätscht hatte. Eine gute Note für Talleyrand. Es ist sicher, daß er, wie Pasquier in seinen Memoiren schreibt, »zu denen gehörte, die im höchsten Maße die Rückkehr der Familie Bourbon fürchteten. Er wußte, daß er seiner Vergangenheit wegen sich nicht mit ihr aussöhnen konnte.« »Abhold den Verirrungen, die die Revolution entehrt haben« stellt das Gleichgewicht her: weder Royalist noch Terrorist. Die zweite gute Note für den Minister.

In seinen Memoiren gesteht Talleyrand, daß er von ferne »in diesem jungen Sieger, in dem, was er tat, sagte oder schrieb, etwas sehr Neues, sehr Starkes, sehr Geschicktes und sehr Kühnes« erkannt habe, »so daß man große Hoffnungen an sein Genie knüpfen kann«.

Es waren nur Hoffnungen. Und wie sah die Wirklichkeit aus?

Wie gewöhnlich waren Talleyrands Äußerungen verschwommen. Für ihn war es bequem, doppeldeutig für die anderen. »Etwas sehr Neues« in dem jungen General. Was verstand er darunter? Bonaparte führte glänzend Krieg, das ist bekannt, aber er führte ihn für sich. Er errang Siege und verhandelte dann mit dem italienischen Staat oder mit Österreich, ohne sich um die Instruktionen seiner Regierung zu kümmern. Er befand sich im Zustand offenkundiger Unbotmäßigkeit: in Bologna hatte er mit dem Großherzog von Toskana regelrechte Vorfriedensverträge abgeschlossen, ohne das Direktorium zu Rate zu ziehen; das gleiche hatte er am 19. Februar 1797 mit dem Papst in Tolentino getan; mit dem österreichischen Kaiser in Leoben am 18. April; mit Venedig am 16. Mai 1797. Das alles lag vor der Berufung Talleyrands ins Ministerium.

Delacroix hatte Bonaparte gewähren lassen. Die Geschichte warf diesem Versager, der niemanden störte, nichts vor. Nur, seine Fahrlässigkeit ruinierte Frankreich. Sobald Talleyrand sein Nachfolger geworden war, beschuldigte man ihn, er habe es an Autorität fehlen lassen. Es ist bekannt, unter welchen Bedingungen er arbeitete, und bekannt ist auch die Art seiner Beziehungen zu den allmächtigen Direktoren. Daß der Minister Talleyrand keinen Druck auf Bonaparte ausübte, ist richtig. Er tat noch etwas Besseres – oder Schlimmeres –, er trieb ihn langsam zum Ungehorsam.

Wer aber war unter diesen Umständen schwach? War es der Bürger Minister Talleyrand oder etwa das Regime, in das er durch eine Hintertür gelangt war und in dem er gerade noch geduldet wurde?

Nach dem 18. Fructidor schrieb Talleyrand wiederum an Bonaparte: »Paris ist ruhig, Augereaus Haltung untadelig, man sieht, daß er eine gute Schule hinter sich hat.« (Er streut Weihrauch, denn gemeint ist die Schule Bonapartes. Der General hatte das Säuberungswerk nicht übernehmen wollen. Er hatte die Pariser schon einmal vor Saint-Roch zusammenkartätscht. Nach dem Vendémiaire hätte ein zweites Massaker unzweifelhaft die Zukunft, die Bonaparte vor sich sah, in Frage gestellt. Er hatte also den Auftrag, mit dem man ihn betrauen wollte, dem »Säbel Augereaus« überlassen.) »Ein paar Terroristen wollten eine Zeitlang aufsässig werden. Ein einziges, von Augereau in festem Ton gesprochenes Wort hat sie in die Vororte gejagt, wo sie sich ruhig verhalten. Einen kurzen Augenblick ist man aus der Verfassung herausgetreten, man ist wieder drinnen, ich hoffe für immer.«

Der letzte Satz ist ein Augenzwinkern von bodenloser Heuchelei. Talleyrand wußte: Bonaparte würde begreifen, daß eines Tages der Schritt aus der Verfassung heraus geschehen müßte, dann jedoch, ohne die Füße je wieder hineinzusetzen. An dem betreffenden Tag würden sie beide gemeinsam die Verfassung hinter sich lassen. Beide besaßen wunderbare Antennen.

Der Brief vom 8. September ist noch interessanter. Durch ihn werden Bonaparte gewissermaßen alle Vollmachten, mit Italien zu verhandeln, übertragen: »Wenn wir somit die Grenze am Rhein haben, Venedig nicht mehr dem Kaiser gehört, dann ist das ein Frieden, eines Bonaparte würdig.« Talleyrand spricht mit ihm schon wie mit Cäsar! »Was alles übrige angeht, überlassen Sie sich Ihren Eingebungen, sie werden sicherlich den Charakter der Größe und Festigkeit haben, die Sie allem zu verleihen wissen.«

Dieser Satz ist prophetisch: zwischen ihnen ist bereits der Pakt geschlossen. Talleyrand hatte den Mann gewittert und erkannt, der Frankreich aus dem Sumpf ziehen sollte. Man sage nicht, er habe zu jenem Zeitpunkt aus Eigennutz gehandelt. Talleyrands Eigennutz – wenn er nur der gierige Mann gewesen wäre, als den man ihn hingestellt hat – bestand darin, Millionen aus der direktorialen Verderbtheit herauszuziehen und unentwegt an seine Ernennung zum Direktor zu denken. Das wäre sicherlich auch eingetreten ... wenn das Direktorium auf seinem Weg nicht Talleyrand und Bonaparte begegnet wäre, zwei Klippen, die die Dummheit und Schlaffheit zum Scheitern brachten.

Welche andere Haltung hätte Talleyrand Bonaparte gegenüber einnehmen sollen? Er war zu Anfang äußerst duldsam gegenüber dem brillanten jungen Mann, von dem er nur die Siegesmeldungen und den Text der Übereinkommen kannte, die er von den Besiegten unterzeichnen ließ und die dem Verfasser der berühmten »Hirtenbriefe und Erlasse« höchste Bewunderung einflößten.

Wie hätte er sich, selbst wenn es sein Wille gewesen wäre, dem General und dem Direktorium entgegenstellen können? Die Minister dieses Regimes erschienen nicht vor den Kammern, sie erhielten ihre Befehle nur von den fünf mit Federn besteckten und mit Gold bestickten Bürgern, die alles leiteten und denen niemand gehorchte, außer den Ministern, die sie nach Gutdünken absetzten. Talleyrand war keineswegs gewillt, sich zu opfern. Beim geringsten Ungehorsam hätte Rewbell ihn zur Rechenschaft gezogen. Bonaparte andererseits tat, was er wollte, weil das Direktorium zu lasch war, ihm seinen Willen aufzuzwingen, zumal Bonaparte die Finanzen mit den gewaltigen Kriegsentschädigungen aufbesserte, die er von den Besiegten erhob. Talleyrand gab zwar die Anordnungen der Regierung weiter, um den bürokratischen Weg einzuhalten, aber er wußte sehr wohl, daß Bonaparte nach seinem eigenen Kopf handeln würde – und eben das wünschte und hoffte er, weil Bonapartes Kopf unendlich viel tauglicher war als der von Rewbell. Zweimal ließ er den General wissen, daß das Direktorium die Überlassung der Republik Venedig an Österreich nicht wünschte [23. September 1797]. »Wir sind nicht nach Italien gezogen, um Völkerhandel zu treiben.«

Das war der Stil des Direktoriums: Doch am 17. Oktober, kaum einen Monat später, gab Bonaparte im Vertrag von Campo Formio Venedig an Österreich. Was unternahm das von seinem General verhöhnte Direktorium? Rückberufung? Absetzung? Statt dessen ein Blumenstrauß: »Der Frieden ist also gemacht, ein Frieden à la Bonaparte. Empfangen Sie, mon Général, meinen herzlichen Glückwunsch. Mir fehlen die Worte, um Ihnen alles zu sagen, was man in diesem Augenblick sagen möchte. Das Direktorium ist zufrieden, die Öffentlichkeit begeistert. Alles steht zum besten.«

Keine Rede mehr von Venedig, noch von Unbotmäßigkeit. »Alles steht zum besten.« Doch in einem letzten Absatz heißt es: »Wahrscheinlich wird sich einiges Geschrei bei den Italienern erheben, aber das ist egal.« (Und das Wort über den »Völkerhandel«?) Der Schluß des Briefes: »Adieu, Friedensgeneral, adieu! Freundschaft, Bewunderung, Hochachtung, Dankbarkeit: man weiß nicht, wo man bei dieser Aufzählung innehalten soll.«

Nach der Lektüre dieses Briefes wußte General Bonaparte, daß er in Paris einen unschätzbaren Verbündeten hatte, der im Schoß der Regierung über weniger amtliche, dafür aber über Trümpfe verfügte, die besser stachen als die der Direktoren. Über die Entfernung hinweg schätzten sich die beiden Männer, zogen sich magnetisch an, das Fluidum einer heimlichen Komplicenschaft war wirksam geworden.

Bonaparte hatte es deutlich begriffen; er spielte mit dem Gedanken, sich zusammen mit Talleyrand zum Direktor ernennen zu lassen und nach dem 18. Fructidor die Macht zu ergreifen. Sie wurden beide nicht gewählt.

Talleyrand schrieb damals einen offenbar sehr wichtigen Brief, der verlorengegangen ist. Aus Bonapartes Antwort geht hervor, wie enttäuscht Talleyrand war, daß er Sieyès nach Italien an die Seite des Generals schikken sollte. Sieyès galt als der beste Rechtsgelehrte seiner Zeit, sein Auftrag hätte darin bestanden, eine mustergültige Verfassung für die Cisalpinische Republik auszuarbeiten. Die politischen Absichten standen in Bonapartes Denken an erster Stelle, vor den militärischen Operationen. Er wußte, daß er auf diesem Gebiet keine genügende Ausbildung besaß, er wollte lernen und darüber nachdenken. Auf der Empfangsquittung dieses Briefes steht von Talleyrands Hand: »Langer Brief, mit Sorgfalt abgefaßt, mit dem er wollte, daß ich einen anderen Menschen in ihm erkenne als den, der bislang auf der Bühne der Geschehnisse erschienen ist.«

Talleyrand hatte sich nicht getäuscht: der Gesetzgeber, der Staatsmann gesellte sich zum Soldaten. Bonaparte faßte den Plan, sich in Italien eine Art Prokonsulat zu schaffen, dessen Haupt er sein wollte und nach dessen Muster Frankreich seine Institutionen gestalten sollte. Talleyrand glaubte nicht an diesen Entwurf, er hatte recht.

Doch schon war ein neuer Plan, ein noch phantastischerer, in Bonapartes Kopf entstanden. Er wollte Korfu einnehmen, die Ionischen Inseln, Griechenland von den Türken befreien, sich Konstantinopels bemächtigen und durch die Türkei und Syrien marschieren, um nach Ägypten zu gelangen, dem Ziel seines Eroberungszuges und Sitz seines orientalischen Reiches. Der Traum vom Orient war geboren. Bonaparte ließ Griechenland und die Türkei fallen, weil die Italiener keine Begeisterung zeigten, in einen Krieg zu ziehen, zu dem er sie nötigen wollte. Talleyrand war genauso wenig begeistert wie sie. Er sah nicht ein, wieso die Italiener damit einverstanden sein sollten, daß sie, erobert, geschlagen und gebrandschatzt, nun von Bonaparte anstatt von den Österreichern zum Kriegsdienst gezwungen wurden. Mit dieser Auffassung, die er anscheinend mit einem Hinweis auf die Menschenrechte, die Rechtlichkeit und die Vernunft verband, zog Talleyrand sich indes einen Tadel Bonapartes zu: »Ich ersehe aus Ihren Briefen, daß Sie immer von einer falschen Voraussetzung ausgehen. Sie scheinen sich einzubilden, daß die Freiheit einem weichen, abergläubischen, possenhaften und feigen Volk große Dinge einzugeben vermag.« So denkt der General über die Italiener, die er kurz darauf auch als »Spitzbuben« bezeichnet. (Diese Beleidigung wurde 1812 wieder wettgemacht durch die Lobreden Napoleons an die italienischen Bataillone, die er mit nach Rußland geschleppt hatte.) Schon in seinem Brief vom 7. Oktober 1797 bezeichnete er das italienische Volk als »sehr nervöse und recht feige Nation«. Was Bonaparte den Italienern wirklich an »Freiheit« brachte, sei dahingestellt, jedenfalls handelte es sich um eine »Freiheit«, die von einer Besatzungsarmee errichtet wurde. Der orientalische Traum wird einige Zeit später für Bonaparte Wirklichkeit, nicht aber für Talleyrand.

Im Jahr zuvor, am 10. Mai 1796, hatte er geschrieben: »Was für ein Mann ist unser Bonaparte! Er ist noch nicht achtundzwanzig Jahre alt und hat aufgrund des Krieges jeden Ruhm und jede Ehre: die der Friedensschlüsse, der Mäßigung, der Großmut: er hat alles.« Er sprach ihm in seiner Begeisterung (eine seltene Gefühlsregung bei ihm) bereits Mäßigung zu, eine Tugend, die er über alles bewunderte. Das hieß, dem kleinen General großen Kredit einräumen! Diese Mäßigung, ein Zeichen überlegener Stärke und Intelligenz, lobte er vor dem Direktorium, als am 1. November 1797 die Regierung den General Berthier und den Gelehrten Monge empfing, die den in Campo Formio von Bonaparte unterzeichneten Friedensvertrag vorlegten. Die Herzogin von Abrantès zitiert in ihrer »Geschichte der Pariser Salons« Talleyrands Worte: »Unsterblicher Dank gebührt dem Direktorium, das gewußt hat, wann es Zeit war, seinen Siegen Einhalt zu gebieten ... das gespürt hat, daß die wahre Größe darin besteht, sich zu beschränken, die wahre Kraft, sich zu mäßigen, und der wahre Ruhm, von der nationalen Dankbarkeit umfangen zu sein.«

Es wäre ein Irrtum, diese Worte als reine Lobhudelei an die Adresse des Direktoriums aufzufassen. Den federgeschmückten Bürgern zu schmeicheln war vielleicht der vordergründige Zweck. Tatsächlich handelte es sich um ein echtes politisches Glaubensbekenntnis. Talleyrand lobte das Direktorium für Verdienste und Fähigkeiten, die es nicht hatte, die aber er und Bonaparte gemeinsam besaßen. (Möglicherweise schrieb er sie dem General ein wenig voreilig zu.) Die Lobrede richtete sich also an Bonaparte, an sich selbst und an ihre Prinzipien: »Die wahre Kraft ist die, die sich mäßigt, die wahre Größe ist die, die sich beschränkt.« Das sind zwei goldene Leitsätze.

Die Kunst, den Anschein zu erwecken, nichts zu tun

»Ich, der ich faul bin und großen Gefallen darin finde, es zu sein«, hat Talleyrand geschrieben. Niemand hat es bestritten. Dieser große Genießer hat es verstanden, aus der Faulheit ein subtiles inneres und – wer hätte es bezweifelt? – ungeheuer nutzbringendes Vergnügen zu machen. Auf eine gewisse Lässigkeit abzielend – der von Montaigne, La Fontaine und einigen anderen –, hat Paul Valéry gesagt: »Zu beachten ist, daß die Nonchalance hier durchdacht ist, die Lässigkeit ist gewollt, die Ungezwungenheit ist der Gipfel der Kunst.« Diese Menschen sind für faul gehalten worden, weil sie sich den Anschein gaben, es zu sein. Sie meinten, es stünde ihnen gut an, das Gehabe eines unbeschwerten und stets verfügbaren Mannes zur Schau zu tragen, der keiner Aufgabe verpflichtet und von keiner Sorge bedrückt ist. Mit dieser Miene ist Talleyrand von 1774 bis 1838 durch die Weltgeschichte spaziert; sie hat ihm den Ruf des Nichtstuers eingebracht.

In der Tat war er während seiner Amtszeit im Ministerium des Auswärtigen weit davon entfernt, sich zu überarbeiten. Einesteils weil er von Natur aus jeder übermäßigen Anstrengung abhold war und anderenteils weil das Direktorium solche Angst vor ihm hatte, daß man ihm viele Dinge entzog. Die Direktoren heckten die Geschäfte unter sich aus und überließen den Ministern nur den Kleinkram. Selbst Delacroix, der in keiner Hinsicht gefährlich war, brauchte nie eine Entscheidung zu fällen: er fertigte die in der Ratssitzung getroffenen Beschlüsse aus.

Der preußische Gesandte schrieb über Talleyrand: »Er ist nur dem Namen nach Minister des Auswärtigen und hat nicht den geringsten Einfluß.« Da er wenig zu tun hatte, tat er noch weniger. Er legte dabei die ganze Lässigkeit an den Tag, deren er fähig war, und die Verzögerung, mit der er die Angelegenheiten betrieb, wurde sprichwörtlich. Bemerkenswert ist, daß sie den Affären oft zustatten kam. Das Direktorium erwog – wenn man es so nennen darf – die Dinge mit einer Hektik, die zuweilen an Raserei grenzte, es faßte übertriebene und allzu plötzliche Entschlüsse, während Talleyrand bremste. Er ließ, so sagte er, »den ersten direktorialen Stoß« passieren. Er kannte seine Umgebung: heute Geschrei, Faustschläge auf den Tisch, morgen Angst vor der eigenen Courage. Aus den Sitzungen kamen die Direktoren mit geröteten Gesichtern und atemlos heraus: das nannten sie arbeiten. Da er die Launen und Unsicherheiten kannte, die ihr Urteilsvermögen trübten, nahm er jede Gelegenheit wahr, »den Wortlaut zu mildern« und die Dinge ruhen zu lassen. Für ihn war Abwarten nie verlorene Zeit. Die Gedanken reifen, die Streitigkeiten verglimmen, die Worte werden sanfter, die Gegensätze gleichen sich an. Mazarin sagte: »Die Zeit und ich«, Talleyrand, diesem durchtriebenen Kardinal nicht unähnlich, wiederholte diesen Ausdruck gern. Alles, was bei kleinen oder großen Angelegenheiten ohne die Mitwirkung der Zeit entworfen und verwirklicht wird, altert schlecht und altert schnell. Talleyrand und Frankreich haben sich langsam aufgebaut, mit der Geduld kluger Handwerker und nicht durch Genieblitze. Die Kapetinger haben zehn Jahrhunderte gebraucht, um eine Nation zu schaffen, es bedurfte ebenso vieler, um einen bestimmten Menschentypus zustande zu bringen, für den Talleyrand das Muster ist.

Trotzdem beklagte er sich darüber, daß er beiseite stehen mußte: »Wenn Sie wüßten, wie enttäuscht man ist, wenn man sich hier befindet.« Vermißte er »die großen Angelegenheiten«? Zu Anfang ja. Doch sobald er Bonaparte kennenlernte, ahnte er, daß sie später auf ihn zukommen würden. Der General trug sie in sich: das spürte man. Um ihn wehte der Hauch der Größe. Talleyrand fürchtete sogar, sich in dem direktorialen Durcheinander ein bißchen zu stark kompromittiert zu haben. In seinen Memoiren verteidigt er sich gegen den Vorwurf, es übernommen zu haben, diesem Regime des Mittelmaßes zu dienen. Er erwidert, er habe es nur aus Pflichtgefühl getan, aus Opfergeist, um die Niederträchtigkeiten, die Irrtümer und die Greuel dieser Regierung in Schranken zu halten. »Man muß sich klarmachen, daß in solchen Tagen der Erschütterung die Verweigerung der Mitarbeit nichts anderes bedeutet, als denen, die zerstören wollen, eine Gelegenheit mehr zu geben. Man akzeptiert, nicht um Menschen oder Dingen zu dienen, die einem mißfallen, sondern um sie der Zukunft dienstbar zu machen.«

Fünfundzwanzig Jahre nach den Ereignissen geschrieben, rufen diese Äußerungen ein Lächeln hervor – aber nicht Gelächter –, weil das Wahre und das weniger Wahre so fein dosiert und so vermischt sind, daß eine scheinbar falsche Auslegung Talleyrands auf jeden Fall untersucht werden muß; um den Wahrheitsgehalt, den sie stets in sich schließt, aus ihr herauszuschälen. Nur soll er uns nicht sagen, daß er ein Opfer gebracht hat, als er in den Dienst des Direktoriums trat, denn wir wissen sehr wohl, was Germaine de Staël und er unternommen haben, um bei Barras Zugang zu erhalten. Wahr hingegen ist, daß er, sobald er den Posten inne- und sich selber gut ge- und bedient hatte, Auswüchse gezügelt, Gewalttaten gemildert und die Zukunft eines besseren Regimes (mit anderen Worten das Ende des Direktoriums) vorbereitet hat. Wenn die Royalisten ihm vorwarfen, er habe sich mit dem Direktorium unwiderruflich um seine Ehre gebracht, so war es ihm ein leichtes, den Emigranten zu antworten, die nur ihre Bitterkeiten wiederkäuten und nichts weiter taten als alles kritisieren, ohne etwas aufzubauen, daß das Direktorium nur ein schon überholtes Übergangsregime war, mithin ohne Wichtigkeit und Belang. Was seiner Auffassung nach in der Politik gilt, ist nicht, was vorübergehend existiert, sondern was aus dem gegenwärtigen Regime entstehen kann, um das Regime von morgen zu bilden. In seinen Memoiren schreibt er darüber: »Was ist, ist fast immer sehr wenig, wenn man nicht bedenkt, daß das, was ist, jenes hervorbringt, was sein wird, und in der Tat muß man, um anzukommen, sich auf den Weg machen.« Folglich hatte er sich mit dem Direktorium auf den Weg gemacht, auf einen wenig ruhmvollen. Doch er wußte, daß dies nicht sehr bedeutend und nur von kurzer Dauer sein würde. Auf der morastigen Straße des Direktoriums hatte er Bonaparte kennengelernt: er war die Zukunft, und das Direktorium war bereits tot. Der Leichnam brauchte nur noch begraben zu werden, um Platz zu schaffen für die Zukunft. »Man muß jederzeit«, sagte er, »seine Lage so gestalten, daß man zwischen zwei Parteien wählen kann.« Als er auf den wurmstichigen Stuhl des Direktoriums gesetzt wurde, ging sein Bemühen dahin, sich einen festeren in einem neuen Regime vorzubereiten, das unfehlbar auf dieses dem Untergang bereits bestimmten folgen würde. Er mußte es abwarten. »Ich hatte kaum mehr zu tun, als Pässe auszustellen und Sichtvermerke zu unterzeichnen.«

Er ist allzu bescheiden, er tat sehr viel mehr, als er sagte. Er verteidigte mit besten Kräften den Frieden, die Interessen Frankreichs und Europas.

Er war kühn genug, Rewbell vorzuschlagen, mit England in Verhandlungen zu treten. Dieser war wütend und schrie: »Wie kommen Sie darauf, über Frieden mit England zu sprechen? Sie sind der einzige, der einen solchen Unsinn vorbringen kann. Ich sehe nur einen einzigen Weg, ihm den Frieden zu verschaffen, nämlich es zu demütigen und zu unterjochen.«

Daß eines der Häupter des Staates derart blind sein konnte, daß ein mit fast unumschränkten Vollmachten ausgestatteter Mann sich bereit fand, das heruntergewirtschaftete, ruinierte, uneinige Frankreich zur Eroberung Englands zu verleiten, das ist schlechthin unglaublich.

Talleyrand wußte wohl, daß seine Friedenspolitik bekämpft werden würde, weil der Krieg für den an der Macht befindlichen Klüngel das einzige Mittel war, sich zu halten. In Paris konnte man diese vernünftigen Wahrheiten nur insgeheim äußern. Eines Tages vertraute er sie dem preußischen Gesandten an. Und diese Äußerungen stellen eine höchst interessante Analyse der Volksmeinung und der Bestrebungen der Regierung im Jahr 1798 dar. »Sie werden genausogut wie ich festgestellt haben, daß Frankreich eine sehr junge Republik ist, die infolge ihrer mangelnden Erfahrung und infolge des Freudenrauschs Fehler begeht und sich die Hörner abstößt. Durch den Krieg würde das alles fortgesetzt und ausgeweitet werden. Warum? Weil die gegenwärtige Erziehung für den Krieg ist, weil die Erfolge der republikanischen Armeen den nationalen Geist elektrisiert haben und weil der Soldatenberuf schnellere und ehrenhaftere Aussichten und Beförderungen bietet als jeder andere Stand. Der Frieden muß das alles abkühlen und die alten Gewohnheiten wiedererwecken.«

Das ist eine grundlegende Bekundung: Das Jakobinertum hatte Frankreich dem Krieg überantwortet, erzog es für den Krieg und lebte vom Krieg. Das verstand Bonaparte wahrscheinlich darunter, wenn er sagte, er sei ein »Sohn der Revolution«.

Talleyrand ist es auch zu verdanken, daß während dieser traurigen Regierung unter friedlichen und völlig legalen Bedingungen der Anschluß von Mülhausen und Genf an das Territorium der Republik verhandelt wurde. Die kleine Republik von Mülhausen entsandte ihre Abgeordneten, der Vertrag wurde abgeschlossen und die Vereinigung mit Frankreich am 1. März 1798 durch ein einstimmiges Votum ratifiziert.

Das ist für Talleyrand die Art und Weise, wie ein Anschluß vollzogen wird – sofern er vollzogen werden soll –, denn er ist nicht dafür, Gebiete zu annektieren, und später ist er immer stärker dagegen, als Frankreich – oder zumindest die Regierung – fortschreitend immer neue Gebiete an sich reißt. Das Direktorium hatte Satellitenrepubliken geschaffen, die, gestützt auf militärische Besatzung, gehalten wurden mit den ganzen beklagenswerten Folgen: die Batavische, Römische, Helvetische, Parthenopäische Republik. Diese Politik ist nicht von Napoleon eingeleitet worden, aber er hat sie pompös bis zu dem bekannten Ende weiterbetrieben.

Einem Kollegen vom Institut de France, der einen Bericht abfaßte über die Haltung, die Frankreich den Völkern gegenüber bezeigen sollte, die von seinen Armeen »befreit« worden waren (oder »erobert«, je nachdem, welchen Standpunkt man einnimmt), antwortete Talleyrand folgendermaßen: »Ich stelle fest, daß das System, das die Freiheit mit offener Gewalt zu den benachbarten Nationen bringen will, am meisten geeignet ist, die Freiheit hassenswert zu machen und ihren Triumph zu verhindern.« Bildlicher und viel beredter gab er seiner Meinung über militärische Eroberung und Besetzung mit den Worten Ausdruck: »Mit Bajonetten kann man alles machen, außer sich auf sie setzen.«

Hier ist Talleyrand eindrucksvoll. Diese Haltung beweist eine ganz andere Achtung vor dem Einzelwesen und den Nationen als die Haltung eines Rewbell, der England »demütigen und unterjochen« wollte und Spanien des »Verrats« bezichtigte, um einen Vorwand zu haben, die Spanier zu »befreien«.

Diese vernünftige und friedfertige Einstellung Talleyrands war den Regierungen der anderen Länder bekannt. Am 11. April 1798 schrieb der preußische Gesandte an seinen König: »Ich habe es gesagt, und ich glaube es, daß sein [Talleyrands] Eintritt in diese erste Magistratur Frankreichs künftigen Erschütterungen Europas ein Ende setzen wird.«

Schon 1798 hat Europa in ihm einen Europäer gesehen. Solche Hoffnungen wurden durch das Direktorium stets zunichte gemacht. Die im September 1797 in Lille begonnenen Friedensverhandlungen mit England waren gescheitert.

Talleyrand war der Auffassung, daß Frieden auf dem Kontinent geschaffen werden mußte, da Frankreich dazu verurteilt war, den Krieg gegen England weiterzuführen. Daher bat er Bonaparte, sich zum Rastätter Kongreß zu begeben, dessen Ziel es war, dem Krieg mit Österreich ein Ende zu setzen. Der Kongreß trat auf der Stelle, in seinen Instruktionen an Bonaparte sagte Talleyrand: »Sie werden die französische Delegation in den Stand setzen, die Verhandlungen zu beschleunigen und die Langsamkeit der deutschen Diplomatie zu überwinden, wie Sie es mit deren Armeen getan haben.« [21. Februar 1798]

Oft handelte er ohne Wissen der Direktoren oder sogar ihren Instruktionen entgegen: es geschah im Interesse Frankreichs. Zwei sehr unangenehme Angelegenheiten schlugen ihm fehl – wenig ruhmreich für die Franzosen.

In Rom wurde im Verlauf eines Aufruhrs General Duphot ermordet, der Begleiter des französischen Gesandten Joseph Bonaparte (die Familie des »Helden« fängt an, sich in Talleyrands Ministerien zu »plazieren«). Der Gesandte Frankreichs war also bei den Römern nicht sehr geschätzt. Um sie dafür zu bestrafen, daß sie den Besatzern nicht genug Respekt entgegenbrachten, besetzte eine von Berthier befehligte französische Armee

Rom, und im Schutz der Bajonette wurde die Römische Republik ausgerufen.

Am 13. April 1798 war Bernadotte, der Gesandte in Wien, von der Wiener Bevölkerung beschimpft worden. Bernadotte fuhr nach Paris zurück und verlangte von den Direktoren als Wiedergutmachung die Wiederaufnahme der Feindseligkeiten mit Österreich, die während des Kongresses zu Rastatt ausgesetzt worden waren. Talleyrand meinte, Bernadotte hätte seinen Posten nicht verlassen dürfen, es wäre an ihm gewesen, an Ort und Stelle Entschuldigungen und eine augenfällige Wiedergutmachung zu verlangen. Er fügt hinzu: »Es würde zu häufig Kriege geben, wenn man bei jeder Beschimpfung, die ein Gesandter erleidet, zu den Waffen greifen würde, um ihn zu rächen.« Er schließt, wie stets, mit einer Lektion in politischer Klugheit und Friedfertigkeit: »Meiner Meinung nach sollte das Direktorium in diesem Augenblick ein großes Beispiel der Mäßigung geben, um die üble Vorstellung, die man von seinen Sitten und seinen politischen Prinzipien gewonnen hat, auszuräumen.«

Das brachte den »Kriegsläufer« Rewbell in Wut. Wenn Talleyrand manchmal über das Ziel dessen, was möglich war, hinausschoß, so, weil er in wesentlichen Fragen harte Wahrheiten deutlich zum Ausdruck brachte. Das Wesentliche war: Frieden und Frankreich. Die Direktorialregierung war keineswegs gewillt, diese Wahrheiten zu vernehmen. Noch heute können die Franzosen nicht ohne Bitterkeit an der Tatsache vorübergehen, daß Frankreich nicht in dem Maße beliebt war, wie man sie es hat lehren wollen.

Kurzum, der träge Mann im Ministerium des Auswärtigen vollbrachte ein enormes Arbeitspensum. So wurde er beauftragt, ein »Allgemeines Bild der Republik in Beziehung zu allen anderen Staaten« anzufertigen. Er hatte Erfahrung in der Bewältigung einer solchen Arbeit. Sein hundert Seiten umfassender Bericht ist ein bemerkenswertes Dokument hinsichtlich der Information und der Folgerungen, die er daraus zu ziehen verstand. Es waren mahnende Hinweise darin wie dieser: »Ich wiederhole es, weil es eine feststehende Wahrheit ist: Verbündete erhält man sich allein durch Sorgfalt, Entgegenkommen und wechselseitige Vergünstigungen.« Frankreich stand isoliert da und hätte Verbündete sehr nötig gehabt, aber kein Land in Europa war bereit, ein Bündnis mit ihm einzugehen. »So mächtig die Republik auch ist, sie flößt weniger Vertrauen als Respekt ein.« Eine grausame, konkrete Wahrheit. Frankreich mit seinen dreißig Millionen gut organisierter und militarisierter Bewohner war einem weniger bevölkerten und weniger zusammengewachsenen Europa unheimlich. Gibt man dem Wort »Respekt« den Sinn, den es hier hat, bedeutet es, daß die Republik »Furcht« einflößte. Für Talleyrand aber ist die Furcht kein gutes Mittel, weder zum Regieren noch zur Erhaltung des Friedens. Furcht erzeugt Krieg. Nur wenn Vertrauen herrscht, kann man in Frieden leben. »Die Republik muß Vertrauen erlangen, um echte und nützliche Verbündete zu bekommen.«

Dann sagt er, wie er es gewöhnlich tat, Schmeicheleien über Eigenschaften und Fähigkeiten, die der Direktorialregierung am meisten abgehen. Das mag ironisch erscheinen, in Wirklichkeit will er sie listig dahin bringen, so zu handeln, als besäße sie diese Fähigkeiten, und so wie Talleyrand es wünscht. »In entscheidenden Situationen hat die Republik stets große, erstaunliche Mäßigung gezeigt. Bei Verhandlungen mit Preußen, Spanien, mit Neapel, mit dem Kaiser hat sie ihre Stärke nicht mißbraucht. Sie möge folglich auch bei geringeren Gelegenheiten das Auftrumpfen vermeiden. Sie möge standhaft, geschickt und weise sein, damit der Name eines großen Volkes, der ihr aus Bewunderung verliehen wurde, auch aus Vertrauen gewährt wird.«

Eine einzige Aufforderung krönte das Ganze: Machen wir »Frieden mit Europa«. Das ist einer der schönsten und weisesten Gedanken der Sphinx im Ministerium der Rue du Bac.

Wie konnte ein Mann, der als träge galt, diese vielen verschiedenen Aufgaben bewältigen? Auf die einfachste Art und Weise: Um sich das Nichtstun zu ermöglichen, hatte er sich einen Kreis hervorragender Mitarbeiter geschaffen. Sie waren seine Freunde, und sie verstanden zu arbeiten.

Die Komplicen seiner Trägheit

Desrenaudes, Blanc d'Hauterive, Durand de Mareuil, La Besnardière, sie alle blieben bei ihm bis an ihr Lebensende oder an das seine. Man bezichtigt ihn der Treulosigkeit! Warum aber sind seine Getreuen ihm treu geblieben? Weil er selber treu war. Sie hätten tausend Gelegenheiten gehabt, ihn im Stich zu lassen. Sie sind großmütig belohnt worden. Aber das ist es nicht allein. Während seiner ereignisreichen, wechselvollen Karriere sind sie bei ihm geblieben. Aus Eigennutz? Sie fühlten sich Talleyrand verbunden, weil sie, in seiner Schule geformt, in der obersten Verwaltung und in den auswärtigen Kanzleien höchstes Ansehen genossen. Sicherlich ist oft versucht worden, sie ihm abspenstig zu machen und auf eine andere Seite zu ziehen, sie sind aber nie wankend geworden. Madame de Chastenay hat ein grimmiges Wort dafür gefunden: »Er hielt und hütete Freunde, ich wage zu sagen – fast wie Hunde.«

Der grimmige Pfeil hat keinen anderen Zweck, als dem »satanischen« Exbischof von Autun das Recht abzusprechen, Freunde zu haben. Ob man ihm dieses Recht zubilligt oder nicht, Tatsache ist, daß er seine Freunde unter den nächsten Mitarbeitern hatte und daß sie ihm unendlich ergeben waren. Drei unter ihnen waren abtrünnige, ehemalige Priester. Sicherlich schuf dies ein besonders enges Band zwischen ihnen. Das andere Band war die gemeinsame Arbeit in Talleyrands Nähe. Er selber sagt, und nichts kann deutlicher sein: »In meinem Ministerium habe ich allezeit mehr arbeiten lassen, als ich selber gearbeitet habe. Man darf sich nicht unter Papieren begraben, man muß einen Mann haben, der sie sichtet. Man muß arbeitsame Leute arbeiten lassen, dann hat der Tag mehr als vierundzwanzig Stunden.«

Das ist der Widerhall der Worte Choiseuls in Chanteloup. Er erwähnt nicht, daß derjenige, der andere zur Arbeit anhält, selber alle Aufgaben, mit denen Untergebene betraut werden, meistern muß, er muß ihre Bedeutung und Tragweite ermessen, damit er sie richtig aufteilen kann. Man muß auch diejenigen meistern, die arbeiten. Und, was eine noch wichtigere Fähigkeit ist, sie dazu bringen, die Überlegenheit dessen, der ihr Meister ist, freudig hinzunehmen und anzuerkennen. Die Biographen machen sich die Sache einfach, wenn sie Talleyrand als Faulpelz behandeln. Sie vergessen nur die Hauptsache: daß man die Begabung haben muß, seine Faulheit richtig zu dosieren. Sie hatten sich eine gute Arbeitsteilung zurechtgelegt. Desrenaudes war sein bester und bevorzugter Sachbearbeiter. Talleyrand entwickelte in Desrenaudes' Gegenwart seine Gedanken, und dieser fertigte einen ersten Entwurf über das Gesagte an. Talleyrand sah dieses Konzept durch und gab ihm die endgültige Fassung. Im Lauf der Zeit verstanden sie sich aufgrund dieser engen Zusammenarbeit schon bei Andeutungen. Ihr durch dieselben Erfahrungen, Übungen und Texte geformter Sinn und Geschmack war der gleiche. Desrenaudes hatte einen guten Stil und war imstande, einen Entwurf der berühmten »Hirtenbriefe und Erlasse«, der »Instruktionen« und der »Rundschreiben« vorzulegen. Talleyrands Geist wehte, Desrenaudes hatte die Melodie im Kopf und fertigte eine erste Fassung des Liedes an. Es brauchten nur einige Worte korrigiert und das Schriftstück den Betroffenen und Beteiligten ausgehändigt zu werden. Diese Art der Zusammenarbeit hat die Legende entstehen lassen, Talleyrand habe alles unterzeichnet, was aus Desrenaudes' Feder kam. Das ist, wie erinnerlich, Chateaubriands Auffassung. Stets korrigierte Talleyrand eine Menge, er feilte, glättete und nuancierte, bis der Text eine Art Vieldeutigkeit bekam: er war dann – und trotzdem – zugleich klar, schillernd und glatt – man mußte hell wach sein, um ihn richtig zu lesen. Zwischen den Zeilen konnte man die größten Entdeckungen machen. Baron de Vitrolles sagte mit Bezug auf solche Entwürfe: »Wenn man ihm den verlangten Brief brachte, las er ihn aufmerksam durch. War er nicht völlig einverstanden, faltete er das Papier zusammen und gab es dem Verfasser zurück. ›So geht es nicht‹ oder ›So geht es noch nicht‹ oder auch ›So geht es noch nicht ganz‹, ohne jede weitere Erklärung. Man mußte immer von neuem beginnen, bis die Zustimmung erreicht war: ›So geht es.‹«

Das Einverständnis zwischen Talleyrand und Desrenaudes war vollkommen – bis auf eine Ausnahme. Zum Zeitpunkt, als Talleyrand ihn unter dem Konsulat zum Mitglied des Tribunats ernennen ließ, wurde der brave Desrenaudes, wie sein Gebieter bemerkt, »von einem leichten tribunatischen Rausch« erfaßt, einem Rausch, der ihn dazu brachte, gegen einen Gesetzentwurf zu stimmen, den zu unterstützen man ihm anempfohlen hatte. Talleyrand tadelte ihn und gab ihm zu verstehen, daß solche Launen sich nicht gehörten. Desrenaudes, noch immer in seiner Hochstimmung benebelt, erwiderte: »Als Tribun gehorche ich nur meinem Gewissen.« Wie man sieht, hatte der schlechte Umgang in der Versammlung bereits seine Ausdrucksweise beeinträchtigt. Talleyrand wies ihn in die Schranken: »Es handelt sich zwar um Ihr Gewissen, aber Sie haben den Platz im Tribunat nicht Ihres Gewissens wegen bekommen, sondern Ihrer Stimme wegen.« Das war die Stimme der Klugheit. Desrenaudes begriff es, und fortan stimmte er die seine stets auf sie ein. (Ein ähnliches, verblüffendes Wort stammt von Disraeli. Zu einem jungen Abgeordneten, der es für richtig befunden hatte, gegen seine Partei und nur seinem Gewissen folgend abzustimmen, sagte er: »Junger Mann, Sie hätten ehrenhaft im Einvernehmen mit ihrer Partei abstimmen sollen und nicht Ihrem Gewissen folgend, wie ein Abenteurer.«)

Das Ministerium umfaßte zwei große Dienststellen: die Abteilung Süd und die Abteilung Nord. Die erstere hatte ihre Räume im vorderen Hof in der Rue du Bac. Ihr Leiter war Blanc d'Hauterive. Ausgezeichnet durch großen Takt und bewundernswerte berufliche Gewissenhaftigkeit, hat er in diesem Haus eine immerwährende Erinnerung hinterlassen.

Seine würdige Erscheinung war beeindruckend. Talleyrand konnte ruhig schlafen. Folgende Anekdote ist überliefert: Eines Morgens betritt d'Hauterive wie gewöhnlich das Schlafzimmer des Ministers. Talleyrand schläft nicht, er tut so, als schlafe er, und genießt das Vergnügen, das er daran hat. »Mein Fürst, ein Brief des Kurfürsten von ... – Nun, und? – Er muß beantwortet werden. – Was? Eigenhändig von mir? – Gewiß, mein Fürst, ein Kurfürst ... – Das ist ein unerträglicher Zwang. Soll man nachdenken und zugleich schreiben? – Ja, mein Fürst. – Nun wohl, Hauterive, ich werde schreiben, was Sie diktieren.«

Die Abteilung Nord wurde von Durand de Mareuil geleitet. Elegant, gut aussehend, von besten Umgangsformen, war er der Typ des Diplomaten, wie man ihn auf der Bühne sieht, aber auch in den Kanzleien. Talleyrands Freundin, Madame de Rémusat, beobachtete ihn und hatte großen Spaß daran festzustellen, bis zu welchem Grad er seinem Minister nacheiferte und ihn nachahmte. Er verstand sich ausgezeichnet mit seinem Vorgesetzten, den er sehr genau kannte. Talleyrand nahm ihn mit nach Deutschland, als die Fürsten, die ihre Reichsunmittelbarkeit verloren hatten, entschädigt werden mußten. Talleyrand zweigte phantastische Summen von diesen Entschädigungen ab, sein charmanter Mitarbeiter tat das gleiche.

Blanc d'Hauterive und Durand de Mareuil waren beide, wie Desrenaudes, wenn auch vielleicht nicht ganz so stark, von der Denkungsart und den

Umgangsformen ihres Ministers geprägt, sie waren imstande, aus einer von ihm hingeworfenen Bemerkung, einer von ihm hingekritzelten Notiz einen Text im gepflegtesten Stil zu fertigen. Durands Dienststelle nahm das vierte Stockwerk des Gebäudes ein. Über eine für ihn reservierte Treppe konnte er das Arbeitszimmer Talleyrands im Erdgeschoß und dessen Wohnung im ersten Stock erreichen. Die beiden kleinen Räume im Erdgeschoß sind noch heute ungefähr so erhalten wie zu Talleyrands Zeit, sie sind eher elegant als prunkvoll eingerichtet.

Noch andere Personen standen ihm nahe. Osmond, sein Kabinettschef und Privatsekretär, beschäftigte sich mit Talleyrands persönlichen Angelegenheiten. Osmonds Bruder hatte die Stelle eines Hauslehrers bei den Kindern Archambauds inne. Den ältesten der Neffen, Louis, er war der begabteste und der Erbe, hatte Talleyrand dem Gesandten in Wien, de Champagny, anvertraut, mit dem er befreundet war. In einem Brief bittet er Champagny, Louis zur Arbeit zu erziehen und ihn fernzuhalten von »Paris, das ungefähr das Schlimmste wäre für einen jungen Mann von achtzehn Jahren«. Er sprach aus Kenntnis und Erfahrung. Und er fügte hinzu: »Wenn er Geld benötigt, bitte ich Sie, es ihm zu geben und wegen der Rückzahlung sich an mich zu wenden.« Es ist nicht sicher, ob der schöne Archambaud sich mit gleicher Sorge um seinen Sohn gekümmert hätte.

Eines Tages entdeckte Talleyrand bei der Lektüre eines hervorragend abgefaßten Berichts einen jungen Sekretär: La Besnardière. Er behielt ihn sein Leben lang bei sich. Bis zum Ende blieb der Erwählte unerschütterlich, unermüdlich neben seinem Chef. Was hat dieser Mann an Arbeit geleistet, an Takt und Treue bewiesen!

In einem kleinen Raum, getrennt von den anderen Dienststellen – man würde es heute ein Pressebüro nennen –, saßen drei Redakteure und entwarfen die Kommuniqués für die Zeitungen: d'Arbelles, Lesur und Goldsmith, letzterer von englisch-jüdischer Abkunft.

Neben dem Eingang das Büro der Kasse und der Buchhaltung: hier regierte Bresson. Wenn Talleyrand einem Mitarbeiter eine Freude machen wollte, brauchte er nur zu sagen: »Ich glaube, Sie sollten Herrn Bresson einen kleinen Besuch abstatten.« Was bedeutete, daß der Betreffende eine Gehaltserhöhung oder eine Gratifikation bekam.

In seinem Ministerium arbeitete auch Tony Rœderer, der Sohn des Senators, seines Freundes vom Institut de France. Ferner Villemarest, ein junger Mann, der seine Zeit damit zubrachte, tausend kleine Niederträchtigkeiten zu notieren. Später hat er sie in einem Buch mit dem Titel »Monsieur de Talleyrand« veröffentlicht, bei dem es sich jedoch nicht um ein Porträt handelt, sondern um eine Karikatur. Er ist der einzige aus dem Mitarbeiterkreis, der seinen Vorgesetzten begeifert hat. Dieser Kreis wurde vervollständigt durch einen fachkundigen Bibliothekar namens Lechevalier, dessen Rat sehr geschätzt war, und durch einen bescheidenen Angestellten namens Charpentier. Er erhielt in Anerkennung seiner geleisteten Dienste 1809 das von Py gemalte Porträt Talleyrands.

Doch darf der unersetzliche Courtiade nicht vergessen werden, der Kammerdiener, der so etwas wie ein Schutzengel war, Bediensteter und Freund in einem, und immer blieb er es, von der Bischofszeit an, im Exil von London, in den Sümpfen von Massachusetts, bis zu seinem Ende. Es steht außer Zweifel, daß er der Mann ist, der im Hintergrund und ohne jede Aufdringlichkeit am meisten dazu beigetragen hat, daß sein Herr über die Muße verfügte, Monsieur de Talleyrand zu sein. Vergessen werden darf auch nicht ein großer, äußerst majestätischer Portier, der am Portal den Dienst versah. Er verkündete den Besuchern sein »Der Minister ist nicht zugegen« in einem derartigen Tonfall, daß niemand auf seinem Vorhaben zu beharren wagte. Stets bewahrte er Aussehen und Tonfall, nur änderte er von 1802 an den Wortschatz: »Seine Exzellenz ist nicht zugegen.« Als der Minister das Fürstentum von Benevent verliehen bekam, änderte er das Vokabular noch einmal: »Seine allerdurchlauchtigste Hoheit ist nicht zugegen.« Frankreich folgte dem Lauf der Zeit. Nach und nach kam man auf die Höflichkeitsformeln der Vergangenheit zurück, man schob das Wort »Citoyen«, Bürger, beiseite und redete sich mit Monsieur an. Talleyrand, der seine Briefe zuerst mit »Salut et Fraternité«, Gruß und Brüderlichkeit, unterschrieb, beschloß sie später mit »J'ai l'honneur de vous saluer«, Ich habe die Ehre, Sie zu begrüßen.

Schließlich muß das Affenweibchen erwähnt werden, das Schmuckstück des Botenraums. Für alle war es ein Riesenvergnügen zuzusehen, wie die Äffin Briefe versiegelte. Als Joséphine sie eines Tages erblickte, bat sie Talleyrand, ihr das possierliche Tier zu schenken. Er ließ es ihr nach Malmaison bringen.

Zu Beginn des Konsulats baute Talleyrand sein Ministerium neu auf und verfaßte zu diesem Zeitpunkt in seinem allerbesten Stil und mit glänzender Treffsicherheit einen Bericht über die diplomatische Laufbahn, über die Ausbildung des Diplomaten und die Eigenschaften, die er haben muß. Eigentlich müßte man den Text im vollen Wortlaut lesen, hier nur einige Leitsätze: »In jedem gut regierten Staat herrscht in jedem Verwaltungszweig ein eigener Geist. Dieser Geist verleiht der Lenkung der Angelegenheiten Einheit, Einheitlichkeit und ein sicheres Arbeitsvermögen.«

Das verwirklichte er in der Rue du Bac. »Dieser« seinem Ministerium »eigene Geist« verbürgte einen reibungslosen Arbeitsablauf auch bei Abwesenheit des Ministers. Erreicht werden muß Beständigkeit und Zusammenhalt eines auserwählten und von seinen Verantwortlichkeiten durchdrungenen Personals. Die Diplomaten: »Es gibt zwei bestimmte Eigenschaften, die in dem Gefüge von Geist und Berufsehre, was Gegenstand dieses Artikels ist, wichtige Bestandteile sind: die Eigenschaften der Seele und die des Geistes.« Darüber könnte man lächeln, denn es sind offenkundig Talleyrands ureigene Eigenschaften. Über die Uneigennützigkeit, die den anderen anzuempfehlen er nicht vergißt, gehen wir besser hinweg. Schließlich spricht er von »allem, was mit der Wendigkeit zu tun hat, in der Kunst, Verhandlungen zu führen«. Hierin kennt er sich aus, er weiß, worum es sich handelt, und dies ist möglicherweise nicht erlernbar.

Da bei jedem Amt das Einkommen ein gewichtiger Faktor ist, verschweigt er nicht, daß im Ministerium des Auswärtigen ein Anfänger sechshundert Francs im Jahr [5000 heutige Francs] verdient, ein Sekretär dreitausend Francs, ein bevollmächtigter Gesandter sechstausend, ein Botschafter zehntausend. Als er selbst hunderttausend Francs »douceurs« empfing, war das ein nicht zu verachtendes Geschenk, und da er bekanntlich drei Millionen in London und Hamburg deponiert hatte, kann man ziemlich sicher sein, daß er sie nicht von seinem Gehalt gespart hatte.

Was seinem Ministerium noch fehlte, war der eigentliche Name, der Name, den es 1794 eingebüßt hatte: »Affaires étrangères« [Auswärtige Angelegenheiten] – Bonaparte beantwortete nicht einmal das Gesuch, das Talleyrand ihm diesbezüglich machte. Er selber bestand nicht darauf. Es lag kein Grund zur Eile vor. Ihm machte es nichts aus, bis 1814 zu warten, um Genugtuung zu erlangen.

Als unerreichter Könner in der Diplomatie war er auch König in einem Bereich, in dem ihm niemand gleichkam, ihm auch niemand helfen konnte: in der Information. Seine Geschicklichkeit und Wendigkeit in der Kunst, vertrauliche Mitteilungen an sich zu bringen, in der Kunst, anderen etwas einzuflößen, sich ihnen anzugleichen, um sie in Sicherheit zu wiegen und sie zu benutzen, hat diejenigen, die sein Treiben verfolgt haben und manchmal die Opfer gewesen sind, mit Bewunderung oder mit Haß erfüllt. Vitrolles, der sich nicht immer wohlwollend gibt, berichtet, wie Talleyrand »arbeitete«, nicht in seinen Amtszimmern, sondern in den Salons der Gesellschaft. »Die Hauptmerkmale seiner Redekunst waren Finesse und Grazie. Er verstand die Kunst, seine Gedanken oder seine Bosheit hinter dem durchsichtigen Schleier von Anspielungen zu verbergen, hinter Worten, die außerdem durch das, was sie ausdrücken, noch eine andere Bedeutung erahnen lassen. Das war das feinste Salz der Unterhaltung von früher, der Zeit, da die Konversation sehr geistvoll war ... Seine Person trat nur in Erscheinung, wenn es unbedingt notwendig war.«

In den Salons der Gesellschaft sprach er wenig. Viele Leute haben geschwärmt vom Charme seiner Redekunst, aber die meisten haben nur Einsilbigkeiten aus seinem Mund vernommen. Doch einige dieser stereotypen Bemerkungen sind unvergeßlich. Zum Beispiel sprach er, um sich die Mühe zu ersparen, die gerade ernannten Konsuln – Erster Konsul Bonaparte, Zweiter Cambacérès, Dritter Lebrun – näher zu bezeichnen, von ihnen als: »Hic – Haec – Hoc.« Worunter zu verstehen war: »Er« [Bonaparte], »Sie« [Cambacérès, der einen Hang zum starken Geschlecht hatte] und »Es« [für den Unbedeutenden, das Neutrum, Lebrun]. Es ist schwer, in drei Silben mehr auszudrücken. Bei ernsthaften Themen ging er selten über zwei oder drei Sätze hinaus. Darin drückt sich Takt aus, um andere nicht zu langweilen, und Exaktheit: Kann man über ein tiefgreifendes Thema viel reden? Er dachte lange darüber nach, um dann kurz darüber zu sprechen. In eine Diskussion, selbst bei Beratungen, ließ er sich nicht ein. Das ist wahre Klugheit. Hat jemals irgend jemand jemals einen Gegner überzeugt? Anstatt zuzuhören und zu begreifen, verbohrt sich jeder in seine Vorstellung, erregt sich, fährt sich fest, übertreibt, wird folglich dumm. Er ließ die Schwätzer reden. Seine Worte »bezogen sich nie auf den Kern des Gesprächsgegenstands, um den er sich gar nicht kümmerte, sondern sie wurden ihm diktiert von irgendeinem persönlichen Vorsatz, irgendeiner schmeichlerischen Absicht oder von etwas ganz anderem«.

Er setzte (wie Napoleon) kein Vertrauen in die »Begriffe«, in den eigentlichen Kern der Diskussion. Wortgefechte waren unnütz und langweilig, außer wenn ein Wortwechsel dazu dienen konnte, einen Gesprächspartner zu umgarnen.

Er hatte so etwas wie einen Hofstaat um sich gebildet, bestehend aus Botschaftern und Gesandten verschiedener Länder. Sie waren von seinem Charme gefesselt, seine Geschöpfe geworden, sei es, daß er sie kaufte, sei es, daß er ihnen erlaubte zu kaufen. Gemeinschaftlich veranstalteten sie Whist-Partien, stellten lebende Bilder oder fanden sich einfach zu Konversationszirkeln zusammen, bei denen er unvergleichlich war. Irgend jemand hat gesagt, daß, wer mit Talleyrand nicht zu dritt oder viert eine Reise in einer Kutsche unternommen hat, nicht wissen kann, wie fesselnd und bezaubernd seine Unterhaltung war. Die Botschafter und Gesandten bildeten ein für Talleyrand unschätzbares Informationsnetz, das in jener Zeit in Europa einzigartig war. Der neapolitanische Gesandte Gallo spionierte die anderen Gesandtschaften aus. Der sächsische Gesandte Bunau tat das gleiche. Der spanische Gesandte Azara fand die alten Monarchien so grotesk – in erster Linie die, die er selber vertrat –, daß er Talleyrand alles weitergab, was er seiner eigenen Regierung hätte vorbehalten müssen. Der preußische Gesandte Lucchesini war der Vertraute Talleyrands, der dem Diplomaten gute Ratschläge gab. Unter anderem diesen: »Wagen Sie, wagen Sie etwas, nur das ist nötig, um in diesem Jahrhundert in Europa zu herrschen, man muß etwas wagen.« (Das hat er auch dem Ersten Konsul eingebleut.) Lucchesini schrieb es seinem König, der dem keine Beachtung schenkte. Doch eines Tages wird Talleyrands Satz einem gewissen Bismarck vor Augen kommen, und er wird etwas wagen.

Aus seinen Gesprächen mit Frauen bezog Talleyrand eine unglaubliche Menge von Informationen, die sein überragendes Gedächtnis stapelte. Er bediente sich ihrer nur selten, höchstens als Waffe oder Druckmittel, niemals um zu lästern.

Er verfügte auch über gebräuchlichere Mittel und Wege, wenn man so sagen darf. Der Leiter der Postverwaltung händigte ihm große Mengen von Postsachen aus, vor allem die der anderen Minister und die der Gesandtschaften. In Deutschland und Italien unterhielt er Gruppen von Gendarmen, die, als Räuber verkleidet, ausgezeichnete, vorweggenommene Szenen aus Western-Filmen spielten. Sie überfielen die Kuriere und übergaben die Depeschen den französischen Besatzungsbehörden. Alles das landete dann in der Rue du Bac bei Talleyrand. Dann spielte er den Propheten und sagte mit sibyllinischer Miene den Untergang irgendeines deutschen Fürsten voraus oder einen Aufstand in einem italienischen Staat, von dessen noch geheimer Vorbereitung er erfahren hatte. Man sprach von ihm als einem Orakel. Dabei war es nur Geschicklichkeit.

Überdies verfügte er, außerhalb der Amtsräume, über eine Clique von »Spekulanten«-Freunden. Talleyrand hat stets eine Neigung zu dieser ein wenig fragwürdigen Rückseite bestimmter Geschäfte gezeigt, zu entsprechenden Informanten, Zwischenhändlern, zwielichtigen Geschäftemachern, in deren Kreis er nie den Fuß gesetzt hätte, in den er aber durch Verbindungsleute die Hand streckte. Von solchen Leuten bezog er Nachrichten, aber auch Einkünfte und hatte das vielleicht ein bißchen trübe Vergnügen, mit diesen »Halunken«, ohne Moral, aber nicht ohne Talente und nicht ohne manche gute Seite, zu spielen und sie spielen zu lassen. Über diese Seite seiner frivolen Aktivitäten, die nicht zu bezweifeln sind, läßt er sich nicht aus, er bleibt stumm. Auch ist von diesen Geschäften keine Spur geblieben, die Geschäftemacher jedoch sind bekannt.

Der bemerkenswerteste, der geschätzteste, der eleganteste und bestimmt der abenteuerlichste ist Montrond, der liebe, der unersetzliche Casimir, Graf von Montrond. Er hatte Aimée de Coigny, die geschiedene Frau des Herzogs von Fleury, geheiratet. Die Ehe war nicht von langer Dauer: Monsieur und Madame zogen die Freiheit vor. Montrond war ein ausgesprochener »Ci-devant«, er hatte gute Umgangsformen und besaß die Liebenswürdigkeit der früheren Welt, dazu Esprit. Seine Amoralität war so anmutig verbrämt, daß niemand sich über sie aufregte, wiewohl sie sich auf alles erstreckte. Entzückt von so viel Erfolg, nannte Talleyrand ihn: »L'enfant Jésus de l'Enfer«, das Jesuskind der Hölle. Das ist wirklich ein Bischofswort. Montrond wurde bei Tag und bei Nacht zugelassen. Ihm gegenüber gab es kein Geheimnis, denn er war zwar gänzlich ohne Tugend, aber diskret und treu, was richtig betrachtet doch vielleicht eine Tugend ist. Eines Tages fragte die Vicomtesse de Laval Talleyrand, woher seine lange Freundschaft mit Montrond rühre. Er antwortete: »Sie wollen wissen, warum ich Montrond recht gern habe? Weil er sehr wenig Vorurteile hat.« Worauf Montrond, vielleicht ungehalten über dieses »recht gern« und das »wenig«, einwarf: »Und ich, Madame, wissen Sie, warum ich Talleyrand gern habe? Weil er überhaupt keine Vorurteile hat.«

Talleyrand benutzte ihn für geheime Aufträge und Feste unter Ausschluß der Öffentlichkeit. Außerdem besuchten sie dieselben Spielsäle. In dieser Hölle saßen sie gemeinsam. Nichtsdestoweniger wunderte man sich über dieses Freundschaftsbündnis. Madame Hamelin, die sich als »Merveilleuse« aufgeführt hatte und jahrelang die Mätresse Montronds gewesen war, warf ihm vor, Talleyrand zu sehr zu schätzen. Montrond beruhigte sie mit Worten, wie sie eine Gestalt aus den »Gefährlichen Liebschaften« hätte sagen können: »Ach, mein Gott, Madame, wer sollte ihn nicht lieben? Er ist so lasterhaft!« Talleyrand, der nicht zurückstehen wollte, sagte von ihm: »Er ist bestimmt der klügste Mann der Welt.« Und um den Beweis dafür anzutreten, fügte er hinzu: »Tatsächlich hat er keinen Sou Vermögen, er empfängt kein Gehalt, er gibt sechzigtausend Francs im Jahr aus und hat keine Schulden.«

Es kamen noch andere Leute in die Rue du Bac, ebenso schillernde, aber weniger liebenswerte. Wie jener frühere Bischof von Orléans, den Talleyrand dazu verleitet hatte, den Eid auf die Zivilverfassung des Klerus zu leisten. (Mit ein bißchen Gold fischte Monsieur d'Autun noch ein paar Seelen dieser Art.) Ferner Jarente de Senac d'Orgeval, überschwenglich, für zehn Louisdor bereit zu allem und jedem. Er hatte schon alles gemacht, außer etwas Ordentlichem.

Ein gewisser Radix Sainte-Foy fiel auch nicht aus dem Rahmen. Vor 1789 hatte er das Amt des Schatzmeisters beim Grafen von Artois inne, eines betrügerischen Bankrotts wegen sollte er an den Galgen kommen, war ihm indes, dank des Ausbruchs der Revolution, entgangen. Nach der Schreckensherrschaft war er wieder aufgetaucht und ließ sich jetzt auf den trüben Wassern der Directoire-Zeit dahintreiben, als Hafen diente ihm das Kabinett des Ministers in der Rue du Bac, wo er mit offenen Armen empfangen wurde: er führte Aufträge aus.

Vergessen werden darf unter den Vertrauten nicht der berühmte Ouvrard, Bankier, wenn man ihm schon einen Titel geben will. Sein Vermögen war unermeßlich. Mit Talleyrand befreundete er sich in der grauen Zeit zwischen dessen Rückkehr aus Amerika und der Übernahme des Ministeramts. Das waren die Monate, da man hinter zwei Louisdor herlief. Dabei schlängelte sich Talleyrand wie ein Aal stromaufwärts bis zur Quelle, wo der Paktolos entsprang: bis hin zu Ouvrard. Der Bankier erkannte in Talleyrand einen Bruder, der vom Unglück verfolgt war, er gab ihm einige gute Ratschläge für seine Spekulationen. Später revanchierte sich Talleyrand, indem er dem Bankier Informationen aus seinem Ministerium zukommen ließ. Nicht immer vergißt Talleyrand früher geleistete Dienste, vor allem wenn man ihm gegenwärtige Dienste bar bezahlt. So muß man vielleicht verstehen, was Ouvrard schreibt: »In der Gesellschaft hatte ich ihn schon oft getroffen, er bezeigte mir großes Wohlwollen, das er mir auch bewahrte, als er an die Macht gekommen war.« Im Jahr 1798 handelte es sich nicht mehr um ein paar Louis. Wie sollte der unvergleichliche Sieger in Italien würdig gefeiert werden, wenn man zum Leben nur »siebenunddreißigtausend Myriagramm Weizen« hatte?

Unterstützt von Männern dieser Art, konnte Talleyrand »die Kunst, nichts zu tun« auf den Höhepunkt treiben.

»Bei Staatsaffären ist der Vorwurf des Hinauszögerns für jedermann vorteilhaft«, schrieb er ironisch. Denjenigen, die diesen Vorwurf machen, »verleiht er einen Anschein von Überlegenheit«. Denjenigen, denen er zugedacht ist, verleiht er »den Anschein kluger Vorsicht«. Für Talleyrand sind »Hinauszögern« und »kluge Vorsicht« die zwei wichtigsten Tugenden des Diplomaten. Jeder Botschafter, der sich auf seinen Posten begibt, sollte die Ratschläge lesen, die er Andréossy gab, der Frankreich in London vertreten sollte: »Versuchen Sie stets gute Gründe zu finden, um die Antworten, die man von Ihnen verlangt, auf später zu verschieben, und vor allem entscheiden Sie nie etwas, selbst wenn Ihre Entscheidung klar vorgezeichnet zu sein scheint. Ludwig XIV. antwortete oft: Ich werde sehen. Also, lassen Sie es an sich herankommen!«

Diese hinhaltende Klugheit mag unerträglich scheinen. Sie ist, zur Zeit des Konsulats und des Kaiserreichs, in den schönen Jahren des Einvernehmens mit dem Gebieter, stets von Nutzen gewesen – außer wenn das kaiserliche Ungestüm sich darüber hinwegsetzte, was ein paarmal geschah. Am Ende seines Lebens sagte Talleyrand: »Kaiser Napoleon, ein Mann der Unruhe, war mir stets dankbar, wenn ich die Ausführung einer Sache verzögerte, was ihm die Zeit eintrug, voreilig gefaßte Entschlüsse aufzuheben.«

Dieses Hinauszögern war nie Fahrlässigkeit. Talleyrand verabscheute ein Laisser-aller in jeder Form, sei es in seiner Körperpflege und Kleidung, in seiner Haltung oder in seiner Arbeit, ja sogar in seiner Trägheit, die der Organisation und Disziplin unterworfen war. Wirft man ihm diese Hauptsünde vor, sollte nicht außer acht gelassen werden, daß man ein Laster zwar bei allen, denen man es zuschreibt, mit demselben Namen belegen kann, daß aber jeder es auf seine ganz persönliche Art und Weise pflegt. War Talleyrands Methode, die Trägheit in der Diplomatie zu pflegen, nicht wirksam und verdienstvoll? Eine kühne Behauptung ... Sollte jedoch Chateaubriand wieder in Zorn geraten, so könnte man die Trägheit des Königs der Diplomaten vielleicht nur als ein Talent bezeichnen oder – noch bescheidener – als eine Art von Talent. Ob er diese Nachsicht verzeihen würde?

Strahlen und Schatten einer Begegnung, die alles veränderte

Am 5. Dezember 1797 traf Bonaparte in Paris ein. Er bewohnte in der Rue Chantereine ein Haus, das er gerade gekauft hatte, dasselbe, in dem er seine Frau, Joséphine de Beauharnais, kennengelernt hatte. Am gleichen Abend noch stattete Barras ihm einen Besuch ab. Man hatte es eilig ... Die Regierung machte dem General den Hof. Hingegen schickte Bonaparte am nächsten Tag, früh am Morgen, einen Ordonnanzoffizier zum Bürger Außenminister, um eine Audienz zu erbitten. Talleyrand, entzückt über diese Bereitwilligkeit, ließ dem General antworten, er erwarte ihn zu jeder beliebigen Stunde. Am 7. Dezember um elf Uhr war Bonaparte in der Rue du Bac. Germaine de Staël eilte herzu. Zugegen waren auch der Seefahrer Bougainville und einige andere Personen. Bonaparte betrat den Raum. Große Überraschung: ein kleiner, magerer junger Mann mit bleicher Hautfarbe, langen, glatten schwarzen Haaren, die als sogenannte ›Hundeohren‹ auf die Schulter hingen, scharfe, sogar schneidende Gesichtszüge, von Müdigkeit gezeichnet, die Nase leicht gebogen, die Lippen schmal wie ein Strich, zusammengepreßt durch ein vorstehendes Kinn. Und unter den schmalen, feingezeichneten Brauen die Augen ... helle, tiefliegende Augen, verschattet von bräunlichen Lidern, blitzende und beherrschende Augen, die alle bannten und trafen, die es wagten, diesen Blick der Willenskraft, des Stolzes und des Genies auszuhalten. Sein schmächtiger Körper war gespannt, seine Gesten waren sparsam und knapp, die ganze Kraft dieses Wesens schien in dem Jupiterblick konzentriert zu sein. Dieser Blick überraschte und bezwang sie alle. Er hatte schon andere bezwungen, allerdings Menschen, die weniger in den Feuern der Intelligenz und des Ehrgeizes gestählt waren als ein Talleyrand und eine Germaine de Staël.

Diese Begegnung war ein Ereignis. Zwei Welten, zwei einander fremde Gattungen vereinigten sich – verheirateten sich, wäre richtiger – an einem Wendepunkt der Geschichte.

Durch ihre Intelligenz hatten sie sich bereits aus der Entfernung gegenseitig wie zwei Magneten angezogen; als sie sich sahen, ereignete sich das, was man »Liebe auf den ersten Blick« zu nennen pflegt. Es war eine vom Kopf bestimmte Leidenschaft. Außer Bonaparte haben nur das Geld und Frankreich Talleyrand eine so leidenschaftliche Regung eingegeben. Wie bei allen Leidenschaften, selbst bei kühlen, waren die Anfänge atemberaubend. Später dann ...

An jenem Tag ließ Talleyrand sich faszinieren. Was er über Bonaparte gesagt hat, klingt wie ein Gesang, der eine Idylle einleitet, deren Folgen für die Franzosen und für alle Europäer jedoch schwerer wogen als die Romanze zwischen Antonius und Kleopatra. Dieser Gesang ist nur einmal zu vernehmen:

»Auf den ersten Blick schien Bonaparte ein bezauberndes Gesicht zu haben. Zwanzig gewonnene Schlachten stehen der Jugend gut an, den schönen Augen, der Blässe, dieser Art von Erschöpfung ...«

Es ist erstaunlich: Racine legt Phädra, als sie Hippolyt erblickt, die Worte in den Mund:

»Und treu und stolz und selbst ein wenig scheu,
Jung, voller Reiz, der alle Herzen an sich zieht,
So wie man unsere Götter sieht und so wie ich dich sehe.«

Talleyrand ist »alt«, er steht im vierundvierzigsten Lebensjahr. Der »scheue Hippolyt« ist erst achtundzwanzig Jahre alt: »die Jugend«, »die Blässe«, »die Erschöpfung« dieses jungen, ruhmbeladenen Helden ... Während seine Zeitgenossen diese schmächtige Gestalt, diese fieberhafte Unruhe in den Augen, diese Nervosität häßlich fanden oder zumindest absonderlich, erschien das alles den sonst so prüfenden und strengen Augen Talleyrands schön: »Zwanzig gewonnene Schlachten stehen der Jugend gut an ...« Auf griechisch hätte Talleyrand diese Ode niederschreiben sollen, um ihr den richtigen Ton zu verleihen. Er sah den jungen General umgeben von den Strahlen des Ruhms und als Überbringer dessen, was für einen Spieler alle irdischen Gaben an Wert übertrifft: des Glücks. Bonaparte gewann immer. Er war der vom Schicksal Auserwählte. Der vernünftigste, der logischste aller Denker beugte sich vor der Realität: wenn Bonaparte die Würfel warf, kamen immer vier Treffer heraus. In ihm war ein Funke des Siegesgottes. Talleyrand neigte sich – und in diesem Augenblick war er aufrichtig.

Bonaparte spürte, daß er einen neuen Sieg errungen hatte. Er war genauso stolz, gesiegt zu haben, wie Talleyrand bezaubert, besiegt worden zu sein. Über wen und über was triumphierte eigentlich der kleine Korse, der zwanzig Jahre zuvor noch durch das dornige Gestrüpp seiner Heimat lief? Auch Bonaparte hatte einigen Grund, überrascht vor diesem Bürger Minister zu stehen, der mit niemandem in der Regierung zu vergleichen war und im Jahr 1797 in ganz Frankreich nicht seinesgleichen hatte.

Nun stand er vor diesem Mann, der ihn mit seiner hohen Gestalt überragte, ohne jedoch beherrschend zu sein. Überlegen und ruhig, ausgeglichen und nicht ohne Weichheit wirkte er, obwohl er sich ganz gerade hielt, eher leicht gebeugt als steif. Das Gegenstück zu dem kleinen Bonaparte. Mit sparsamen, bedächtigen und abgerundeten Gesten. Die Stimme sanft, tief und melodisch. Überaus liebenswürdig, doch distanziert. So wie er immer war, unverändert, ob er aus Choiseuls Arbeitszimmer kam oder aus Madame du Barrys Boudoir. Seine kalten, klaren, unergründlichen Augen schienen nichts zu sehen, um nichts sehen lassen zu müssen. Das Gesicht, milchig glatt, bartlos und zu einem vagen Paradelächeln erstarrt, drückte nichts als freundliche Lässigkeit aus. Die etwas aufgeworfene Nase hätte in jedem anderen Gesicht albern gewirkt, in dem seinen war es tatsächlich der einzige Zug, der ihm etwas Markantes gab und in recht herausfordernder Weise die Unverfrorenheit, die stets auf der Lauer lag, offenbarte.

Um den General zu empfangen, hatte es Talleyrand nicht für nötig befunden, die Bürger jener Zeit nachzuahmen und sich wie ein abgerichteter Affe zu verkleiden. Er trat als Edelmann auf, im seidenen Frack, dessen

Farbe wie gewöhnlich grau, resedagrün oder malvenfarben war, in Schnallenschuhen und weißen Strümpfen. Er bewegte sich kaum, das Gehen war ihm unangenehm, aber weniger unangenehm als der Gedanke, es könne schwerfällig aussehen. Mit großer Willenskraft, die er seit seiner Kindheit übte, hielt er sich steif aufgerichtet, um nicht schief und verwachsen zu erscheinen. Um nicht hinken und nicht sein Bein nachziehen zu müssen, wie es ihm, nicht sehr christlich, Chateaubriand nachsagt, hatte er sich durch schmerzhaftes Training eine Art von wiegendem Gang zugelegt; er schritt nicht, sondern er glitt über das Parkett. Es war eine sorgsam eingeübte, seltsame Bewegung, die etwas Beängstigendes an sich hatte. Viele seiner bereits der »romantischen« Epoche angehörenden Zeitgenossen glaubten, einem höchst rätselhaften, höchst ungewöhnlichen und – das Wort stellt sich von selbst ein – einem diabolischen Wesen gegenüberzustehen. In Wirklichkeit war er sehr menschlich. Dieser Grandseigneur, der zu leben verstand, das heißt mit den anderen zu leben verstand, aber auf einer überlegenen Ebene, gehörte jener »Spezies« an, die Bonaparte nicht mehr richtig erlebt hatte, die er zuweilen vor den Kopf stieß, die er aber bewunderte und im Grunde seines Herzens beneidete: dem Adel des Ancien régime. Er sah also den Nachfahren der Grafen von Périgord hinken und bemerkte mit Staunen, daß dieser Grandseigneur durch eine bewundernswerte und unmerkliche Kraftanstrengung aus einem Gebrechen einen Akt voller Eleganz machte.

Für eine Weile zogen sie sich zu einem Tête-à-tête zurück. »Wir gingen in mein Kabinett. Diese erste Unterhaltung war von seiner Seite voller Vertrauen.« (Die Vermutung liegt nahe, daß Talleyrand alle Register seiner unvergleichlichen Redekunst gezogen hatte, um Bonaparte für sich einzunehmen.) »Er sprach mit großer Liebenswürdigkeit über meine Berufung zum Minister des Auswärtigen und unterstrich, wie froh er gewesen sei, mit einem Menschen einer anderen Spezies als der Direktoren-Gattung korrespondieren zu können.«

Bonaparte befand sich nicht in Unkenntnis über die groben Zurücksetzungen, die Talleyrand in der Regierung einstecken mußte. Die Anspielung war mithin eine diskrete Schmeichelei: sie hat ihm gewiß gefallen. Bonaparte war ganz offensichtlich auf der Suche nach Wahlverwandtschaften, Verbindungen zu »dieser Spezies«. Er sprach über Talleyrands Onkel, den Erzbischof. Gern hätte der Bürger Minister seinen Onkel in der Versenkung gelassen. Doch Bonaparte hatte an ihn nur erinnert, um ihn mit seinem eigenen Onkel, dem Erzdechanten Fesch, zu vergleichen. Ob Talleyrand entzückt war über die Gleichsetzung eines Erzdechanten aus Korsika mit einem Talleyrand-Périgord, Erzbischof-Herzog von Reims und erster Pair von Frankreich? Einerlei. Die idyllische Stimmung dieser Unterhaltung tauchte alles in ein liebenswürdiges Licht.

Übereinstimmungen bestanden zwischen ihnen. Sie ergaben sich, ohne daß sie danach suchten. Doch waren es die, die ihnen am meisten am Herzen lagen? Zunächst die Revolution: ohne sie wären sich die beiden Männer wahrscheinlich nie begegnet, und sie führte sie auf ihren Trümmern zusammen. Genauer gesagt, verdankten alle beide ihre Fortüne demselben Mann, Barras, »dem König der Korrupten«, wie die Volksstimme ihn nannte. Talleyrand verdankte ihm seine Stellung, Bonaparte verdankte ihm seinen Rang und seine Frau. Barras, Joséphines überdrüssig, hatte sie Bonaparte überlassen und dafür gesorgt, daß er sie heiratete. Die Hochzeit fand am 9. März 1796 statt. Am 3. März hatte Bonaparte den Titel eines Kommandierenden Generals der Italien-Armee von dem früheren Geliebten seiner Frau verliehen bekommen. Das war das Geschenk, das Barras in das Nähkörbchen seiner ehemaligen Mätresse legte.

Ein weiteres Band vereinte die beiden Männer: der Widerwille gegen die Direktorial-Regierung und der Horror vor den Schreckenstaten von 1793. Für Talleyrand war die terroristische Revolution Wahnsinn, entfesselte Romantik, das wilde Produkt der Triebe, der Verfall der Vernunft, kurz Antizivilisation. Er sagte: »Welche Lehre könnten die Menschen aus planlosen Handlungen ziehen, die wild aus ungezügelten Leidenschaften erwachsen?« Für Bonaparte bedeutete sie Unordnung, beherrscht von Schwätzern, Taugenichtsen und »Ideologen«. Es braucht nicht betont zu werden, daß er die »Ideologen« am meisten verachtete.

Beide waren der Ansicht, Frankreich verdiene Besseres als dieses Regime, dessen Ende die Franzosen im übrigen sehnlichst erwarteten. Talleyrand, getroffen in seinem Stolz als »Franzose, Aristokrat und Philosoph«, litt darunter, mit ansehen zu müssen, in welchen Zustand des Verfalls das Land der Aufklärung versank. Seine Liebe zu Frankreich hatte nichts gemein mit dem bürgerlichen Nationalismus und genausowenig mit dem jakobinischen Chauvinismus. Er erstrebte keine Beherrschung anderer Nationen, er wollte keine Übergriffe auf deren Territorien, eine Einmischung in ihre Innenpolitik. Er liebt Frankreich in der Gestalt, die seine Vorfahren dem Land gegeben haben und wie es die Philosophen und die Revolution von 1789 vervollkommnet haben, er liebt Frankreich, weil es das Vaterland der Zivilisation ist, wie er sie versteht. Nur eines erträumt er sich für Frankreich: den Vorrang, den seine großen Männer und die Erklärung der Menschenrechte ihm verschafft haben, die Ausstrahlung des französischen Geistes und der französischen Sprache. Seine Haltung den anderen Nationen gegenüber ist gekennzeichnet durch die Anerkennung ihrer Grenzen und ihrer Regierungen, wie immer sie politisch auch beschaffen sein mögen. Im finanziellen und wirtschaftlichen Bereich tritt er für die europäische Solidarität ein, es sollte der oberste Grundsatz Frankreichs sein, seine Angelegenheiten so zu verwalten, daß sie nicht gegen die der Nachbarn gerichtet sind, sondern in Übereinstimmung mit diesen stehen. Keine wirtschaftliche Rivalität, denn das hieße in absehbarer Zeit Krieg. Gut geführte Verhandlungen und die Erkenntnis tiefgreifender und weitreichender gemeinsamer

Interessen müßten seiner Auffassung nach zu einem Übereinkommen führen. Die Solidarität europäischer Interessen war in seinen Augen eine Realität, die nur durch Vorurteile, nationale Leidenschaften oder dynastische Rivalitäten verschleiert war, eine Realität, die nur mangelnde Erkenntnis der Tatsachen leugnen konnte. Da er sich weder mit Vorurteilen noch mit nationalen Gefühlen belastete, auch nicht mit der guten oder schlechten Einstellung der Habsburger oder der Bourbonen, konnte er mit freiem Kopf erkennen, wo das gemeinsame Interesse Europas lag, das heißt: im Frieden. Reichtum, Freiheit sowie Blüte von Kunst und Wissenschaft würden der Lohn sein.

Diese Konzeption der Außenpolitik begriff die Direktorial-Regierung nicht. Talleyrand glaubte, Bonaparte teile diese Konzeption. Er schloß sich ihm an, wie er sich bisher niemandem angeschlossen hatte.

Unglücklicherweise war das ein Trugschluß. Bonaparte wurde nicht Talleyrands Schüler, weil er niemandes Schüler war. Er war Cäsar. Begreiflich ist, daß Talleyrand 1798 dieser Illusion verfallen konnte. Er glaubte, sein Alter, seine Erfahrung, seine Herkunft, seine Geschicklichkeit und seine Kenntnis von Europa und der Welt, die Bonaparte abging, würden ihm den nötigen Einfluß verschaffen, um die Außenpolitik leiten und die Wirtschafts- und Finanzpolitik eines in Ordnung, Stärke, Reichtum und Frieden wiederaufgebauten Frankreich bestimmen zu können – dank dem jungen Gott des Sieges und des Glücks. Aber diese Ideen – wenn man Idee nennen will, was im Grunde nur der auf die Regierung eines Staates angewandte gesunde Menschenverstand ist –, diese Ideen interessierten Bonaparte ebensowenig wie irgendeine andere Idee. Talleyrand war nicht nur von Bonapartes Genie betört, sondern auch von seinem Vertrauen einflößenden Gehabe. Wenn es noch eines weiteren Beweises für das Genie des jungen Generals bedarf: hier ist er: er hat Talleyrand hinters Licht geführt, wie kein anderer es vermocht hat. Die unübertreffliche Gaunerei verdient eine Reverenz. Er hat ihm Vertrauen eingeflößt, damit der Minister des Auswärtigen die Regierung beeinflußte; er wußte, was für ein großartiger Propagandist Talleyrand sein konnte. Was tat der Kartätscher von Toulon, als er vom Staatsstreich des 18. Fructidor erfuhr? Er spielte sich tugendhaft, republikanisch auf, als sei er gegen jeden Gewaltakt. Bajonette im Dienst der Illegalität, pfui! Am 19. Oktober 1797 schrieb er:

»Man muß Energie ohne Fanatismus, Grundsätze ohne Demagogie, Strenge ohne Grausamkeit besitzen. – Für eine Nation von dreißig Millionen Menschen und im 18. Jahrhundert ist es ein großes Unglück, gezwungen zu sein, auf die Bajonette zurückgreifen zu müssen, um das Vaterland zu retten. Die verwendeten drastischen Mittel sprechen gegen den Gesetzgeber.« Der letzte Satz ist ausgezeichnet: reiner Talleyrand. Wie sollte Talleyrand diesen jungen genialen Helden, bei dem er seine eigene Denkungsart wiederfand, nicht lieben?

Seinen italienischen Vertrauensleuten gegenüber, deren er sich bediente, um ein für ihn günstiges Prokonsulat zu errichten, schlug Bonaparte über die Demokratie in Frankreich einen ganz anderen Ton an. Doch für die Franzosen, die nach Italien kamen, spielte er die Rolle des Bürger-Generals. Fragte man ihn, was er nach Sieg und Frieden zu tun gedenke, antwortete er: »Ich vergrabe mich in die Stille und arbeite dort, um ins Institut aufgenommen zu werden.«

Diesen Ausspruch griff Talleyrand auf, er war ein bemerkenswertes Propagandainstrument, er verwendete ihn bei seiner Rede im Luxembourg. Unverzüglich bot das Institut de France dem General einen Sitz an, und, sich bedankend, sagte dieser mit entwaffnender Unbefangenheit: »Die für mich abgegebenen Stimmen der hervorragenden Männer, aus denen sich das Institut zusammensetzt, gereichten mir zur Ehre. Ich bin mir bewußt, daß ich, ehe ich Ihr Ebenbürtiger bin, lange Zeit Ihr Schüler sein werde.« Diese Bescheidenheit wirkte sich günstig auf den Ruf des Generals als redlicher Republikaner aus. Ja, er war wirklich nicht so wie die anderen, bei ihm brauchte man keine Angst zu haben, er werde die Macht an sich reißen! Man mußte ihn sogar anflehen, einen Sitz im Institut de France anzunehmen. Und als er dort seinen Platz einnahm, errötete er vor Verlegenheit. Talleyrand war selbstverständlich hingerissen. Seine eigene Auffassung vom Frieden, von der Vergeblichkeit und der Gefahr der Eroberungen und der militärischen Vorherrschaft fand er bei Bonaparte wieder. »Die wahrhaften Siege, die einzigen, die keine Reue hinterlassen, sind diejenigen, die über die Unwissenheit errungen werden. Die ehrenvollste sowie nützlichste Beschäftigung für die Nationen ist es, bei der Ausbreitung der Menschheitsideen mitzuwirken.« Diese weisen Worte deuteten in nichts auf das kommende Kriegsgewitter hin. Im Lager der »Ideologen« war man außer sich vor Freude, die gute Germaine de Staël jubelte: dieser General sei nicht aus der Kriegsschule hervorgegangen, sondern aus der Enzyklopädie. Garat, ein Mann des Regimes, schrieb (Bonapartes Unbefangenheit hatte auch ihn unbefangen gemacht): »In Ansehung seiner einfachen und bescheidenen Neigungen, seiner Liebe zur Zurückgezogenheit, seiner Leidenschaft für die Künste und die Wissenschaften würde man glauben, daß dies ein Philosoph ist, der sich für eine Weile von seinen geliebten Studien fortreißt, um Siege zu erringen, und der, nachdem er sie errungen hat, zurückkehrt, um sich von neuem ihrem Zauberbann hinzugeben.«

Die tiefgreifende Übereinstimmung im Denken, die Talleyrand bei sich und Bonaparte festzustellen glaubte, begeisterte ihn. Er konnte damals nicht ahnen, wie groß die assimilierende Kraft der Intelligenz des jungen Generals war, der blitzartig alle Gedanken, alle Denkrichtungen Talleyrands erfaßte und sich – zum Nutzen seiner eigenen Sache – den Anschein gab, ihm ähnlich zu sein.

Wenn Hippolyte Taine über Bonaparte schreibt: »Keine der politischen und sozialen Anschauungen, die damals so große Macht über die Menschen hatten, hat Macht über ihn«, treffen diese Worte gleicherweise auf Talleyrand zu. Das ist die geistige Haltung, die Nietzsche dem »Übermenschen« zuschreibt: Er ist vollkommen frei von den Anschauungen, von denen die anderen Menschen geknechtet werden.

Emile Dard analysiert in grundlegender Weise in dem bemerkenswerten Buch, das er »Napoleon und Talleyrand« gewidmet hat, die Anfänge ihrer Beziehungen, er weist auf den Trugschluß hin, der gleich zu Beginn das Spiel dieser beiden außergewöhnlichen Persönlichkeiten trübte, und findet dafür das frappierende Wort: »Es ist unklug, sich zu lieben, ehe man sich kennengelernt hat.« Das war eine der wenigen Unklugheiten – und die schrecklichste –, die Talleyrand unterlaufen ist. Anfänglich mochten sie sich. Dann erkannten sie sich – und formten ihr Urteil einer über den anderen. Zu spät ermaß Talleyrand, wie unendlich tief der Abgrund war, der Napoleon von dem jungen Mann trennte, den der Bürger Minister des Direktoriums unter dem Namen Bonaparte geschätzt hatte. Es gab tatsächlich keine Gemeinsamkeit des Denkens zwischen ihnen. Bonaparte glaubte nur an das, was in ihm selber war. Sein Denken basierte mehr auf »Erleuchtung« als auf Reflexion.

Bonaparte übertraf alles, was Talleyrand von ihm erwartete. Der junge Held gehörte keiner Spezies an, die Talleyrand kannte, und er kannte doch alle Arten des Menschengeschlechts: Bonaparte glich nur sich selbst. Er war maßlos, und das täuschte Talleyrands Maßstab, er überschritt die Grenzen der Vernunft und täuschte die Vernunft. Talleyrand glaubte – das ist eine seiner Schwächen oder, anders ausgedrückt, eine seiner Grenzen –, daß jede Genialität, wie etwa die von Descartes oder Newton, aus Kalkül und Methode bestehe und das alles, was sich der Kontrolle der Vernunft entzieht, der Wirkungslosigkeit und Lächerlichkeit preisgegeben sei – kurzum der Dummheit. Bonaparte umgab sich mit Dunkel. In vieler Hinsicht war er ein romantischer Held; als begeisterter Leser von Ossian meinte er, zu einem unermeßlich großen, von der Vorsehung bestimmten Schicksal berufen zu sein. Manchmal redete er wie Guy Blas oder Lorenzaccio. Man glaubt Byron zu hören: »Was ist die Zukunft? Was ist die Vergangenheit? Was sind wir? Welche magischen Ströme umgeben uns und verbergen uns die Dinge, die wir unbedingt kennen müßten? Wir werden geboren, wir leben, wir sterben – inmitten von Wundern.«

Für Talleyrand ist das Phantasterei. Genau das, was man auf keinen Fall sagen soll, weil solcherart Fragen ohne befriedigende Antwort bleiben. Versucht man sie zu geben, wirken sie wie Ammenmärchen: »Was ist die Zukunft?« – »Was ist die Vergangenheit?« Nichts ist müßiger als diese vulgäre Metaphysik.

So waren die beiden Männer beschaffen, die durch gegenseitige Bewunderung gebannt waren. In dieser einzigartigen Romanze zweier Intelligenzen, deren eine, die übermenschliche, die andere bezwang und aus ihr, vorübergehend, das Werkzeug ihres Ehrgeizes machte, erahnt man den tiefen Schatten, den diese Giganten der Geschichte werfen, die ganze Feindschaft, die ganze Gegensätzlichkeit, die sie später auseinanderbringen wird. Schon bei der Umarmung anläßlich ihrer ersten Begegnung hatte sich ein Trennungsstrich zwischen sie gedrängt.

Sie verhielten sich so, als bestehe dieser Bruch nicht; jeder blieb, was er war: Bonaparte, jung, fieberhaft unruhig, fortgerissen von seinem sieghaften Genius, dessen Stempel er der ganzen Welt aufdrücken wollte; Talleyrand, bereits im reifen Alter stehend, eine Art alter Sphinx, aus dem Urgrund der Zeiten stammend, die das rechte Wort am rechten Platz sprach und Weisheit verbreitete, obgleich man von ihm nur Kartenkunststücke erwartete oder Wahlmanöver, um die Republik, im Schutz der Bajonette, in die wunderbare Welt des Schweigens zu verbannen.

Ein Flecken lag auf ihrer Begegnung: Bonaparte begrüßte Madame de Staël nur kurz, wandte ihr den Rücken und unterhielt sich lange mit Bougainville, der ihn faszinierte. Germaine war stumm vor Überraschung und Schmerz. Sie hatte bereits viele Pläne auf »ihrem« General aufgebaut. Allerdings hatte sie schlecht über seine Frau gesprochen. Wahrscheinlich war es Joséphine zur Kenntnis gelangt, und Bonaparte ebenfalls. Madame Bonaparte fand Germaine häßlich und schulmeisterlich, während Germaine sagte: »Wenn man wie Joséphine denkt und handelt, dürfte man nicht die Frau, sondern die Haushälterin eines Helden sein. Was mögen die beiden miteinander sprechen? Sie redet von Kleidern, während er von Schlachten redet.«

Der Zwist wurde immer schlimmer. Talleyrand mußte zwischen den beiden Parteien wählen. Er ging auf die Seite des sich anbahnenden Erfolgs über, doch die verratene Freundschaft wirbelt viel Staub auf. Wir werden davon noch hören.

Wie man das Genie verschwinden läßt, um die Regierung in Sicherheit zu wiegen

Die Direktoren waren sich der Pflicht bewußt, den Besieger Italiens würdig zu empfangen. Frohen Herzens taten sie es nicht, aber es war eine Notwendigkeit: nur dank der Siege und der Siegesbeute des Generals saßen sie noch auf ihren Sesseln. Sie hatten Angst vor ihm, das Volk hingegen bewunderte ihn und erwartete, daß dem Helden eine Art Triumphzug bereitet würde. Die Bürger Direktoıen waren hin und her gerissen zwischen dem Volksverlangen und ihrer Angst.

Wenn man nicht weiß, wie man eine Sache anpacken soll, appelliert man an Talleyrand, sofern man in der glücklichen Lage ist, ihn bei der Hand zu haben. Barras übertrug also dem Bischof die Aufgabe (die der Kriegsminister hätte ausführen müssen), ein Fest zu Ehren des siegreichen Generals zu veranstalten. Die Anweisungen, die der Direktor Talleyrand erteilte, machen die Verlegenheit, die Niedrigkeit, die Furcht und die Anmaßung der Bürger Direktoren deutlich: »Es ist nicht so sehr der General, sondern der Friedensunterhändler, der Bürger, der hier gelobt und hervorgekehrt werden sollte. Ich empfehle Ihnen, diesen Gesichtspunkt zu beachten. Sie besitzen Taktgefühl.« (Wie erhebend, solches Lob zu vernehmen!) »In diesem Sinn sollten Ihre Glückwünsche gehalten sein, meine Kollegen vor allem sind nicht ohne einigen Grund erschreckt über den militärischen Ruhm, er soll nicht ausgelöscht, sondern erhellt und gelenkt werden.«

Wer wäre imstande gewesen, Bonapartes Ruhm auszulöschen? Die Rede eines Politikers? Das ist lächerlich. Ihn erhellen? Eine Unverschämtheit. Als habe der Ruhm, um strahlen zu können, die schlecht geschneuzten Kerzen des Direktoriums nötig gehabt. Er strahlte hell wie Italiens Sonne über ganz Europa. Talleyrand antwortete in nachsichtiger Weise: »Ich weiß mit Militärs umzugehen, Bürger Direktor.« Und er hatte damit in diesem Moment seine ganze Schläue ausgespielt. Barras hätte über den Sinn dieser Antwort nachdenken müssen, über das Lächeln, von dem sie begleitet war, und über die höfische Reverenz, die ihr folgte. Talleyrand verließ rückwärts gehend den Raum und hielt, ehe er verschwand, einen Augenblick inne; er sagte, den Satz in geistliche Bedächtigkeit hüllend: »Ich werde nachsinnen über die Befehle, die Sie die Ehre hatten mir zu geben. Sie werden erledigt werden. Ich habe Sie im übrigen verstanden, Bürger Direktor.« Dieses »Ich habe Sie verstanden« hätte den selbstbewußten Jakobiner eigentlich zum Erschaudern bringen müssen.

Alles wird erledigt werden. Zunächst die Befehle des Bürger Direktors, dann das Direktorium selbst.

Der Ehrenhof des Palais Luxembourg bot Talleyrand an dem trüben Morgen des 10. Dezember 1797 den Rahmen eines Empfangs, der für den Sieger von Campo Formio nicht ganz unwürdig war. Das Spektakel entbehrte nicht einiger lächerlicher Farbkleckse, was aber nicht die Schuld des Regisseurs war. Sie rührten ausschließlich von der Ausstaffierung der Direktoren und ihrer Anhänger sowie von ihrem Bramarbasieren her. Der bunte Aufputz war ihr einziges Mittel, das Volk zu beeindrucken. Vor der strengen und edlen Architektur des alten Palais wirkte dieser Aufwand lächerlich. Und dennoch repräsentierte dieser Mummenschanz Frankreich. Die Direktoren hatten ihre scharlachroten, goldbesetzten Mäntel angelegt, aus denen ihre Köpfe, von phantastischen weißen Spitzenkragen gestützt, hervorlugten. Es sah aus, als seien sie bis zu den Ohren eingegipst. Unter dem scharlachroten Mantel ein ebenfalls goldbesetzter blauer Frack, eine goldbesetzte weiße Seidenweste, ein Gürtel, nein, eine riesige blauseidene, um die Hüfte geschlungene Schärpe mit goldenen Fransen, dazu die Hose aus weißer Seide, das Gehänge über der Weste, alles mit Gold verziert. Viel Gold wurde vor diesem Volk ohne Geld zur Schau gestellt. Um gegen das Blau besonders abzustechen, waren die Wehrgehänge von heller, hahnenkammroter Farbe. Als Krönung des ganzen der Hut, auf dem sich ein Busch blauweißroter Straußenfedern entfaltete. Zur weiteren Vervollständigung dieser Kirmesaufmachung hier und dort Büschel von Bändern und Schleifen, insbesondere auf jedem Fuß eine große blaue Schleife. Robespierres Nachfolger gingen in Seide einher, bis zu den Knöcheln. Talleyrand hatte sich ebenfalls verkleidet. In seinen Memoiren hütet er sich wohlweislich, sich seines Anzugs zu rühmen. Schließlich war er an ganz andere Vermummungen gewöhnt – und hat auch uns an sie gewöhnt.

Unter dem Donner der Artillerie stolzierten die fünf Direktoren in den Ehrenhof hinein. Zwischen zwei furchterregenden Salven blieben sie einen Augenblick stehen, und eine Kapelle spielte »die geliebten Melodien der Republikaner«. Wie barbarische Gesänge, Massaker und Ströme von Blut heraufbeschwörend, stiegen die Strophen zum Himmel. Dann gelangte der federgeschmückte Zug vor den Altar des Vaterlandes. Wieder ein Altar! In Talleyrands Leben geht es von Altar zu Altar, mit oder ohne Gott; da war der von Issy, der von Autun, der vom Föderationsfest und nun dieser. Und weitere werden folgen ... Hinter diesem Altar erhoben sich die heiligen Statuen der Freiheit, der Gleichheit ... und des Friedens. Auf diese Weise wurden Gottheiten geehrt, die abwesend waren. Was jedoch vorhanden war: die zahllosen Fahnen, die Bonaparte dem Feind abgenommen hatte, sie trugen die Namen greifbarer Siege. Die Federbüsche der Direktoren erregten kein Aufsehen mehr, als die Menge diese Siegestrophäen erblickte, die in wahren Garben zusammengestellt waren. In diese Bühnenausstattung ließ Talleyrand, der Veranstalter des Festes, den Star des Tages hereinführen, er mußte die schwierigste Rolle spielen, die er je übernommen hatte. Da er jedoch ein ebenso genialer Schauspieler auf dem politischen Theater wie ein genialer Stratege und genialer Verhandlungsführer war, verschaffte er sich einen Erfolg, mit dem er sich die erstaunlichste Laufbahn der Geschichte eröffnete. Aber dieser erste Versuch mußte auch gelingen. Allein auf sich gestellt wäre er wahrscheinlich gescheitert, sein Stolz und seine Schroffheit hätten alles vereitelt. Besser war es, den Anweisungen des Regisseurs zu folgen, der ihm alles erklärte.

Während die Direktoren auf ihren vergoldeten Thronen dem Altar gegenüber Platz nahmen, wurde die Menge von gedämpften symphonischen Klängen überflutet. Plötzlich übertönte ein Grollen, ein gewaltiger Stimmenlärm die Musik. Wie aus einem Munde schrie ganz Paris: »Vive Buonaparte! Vive la République!« Die guten Leute hatten ihn und die Republik verheiratet. Inmitten des trunkenen Tobens hielt der Star seinen Einzug in den Hof. Das Protokoll vermeldet, daß Bonaparte sich »ruhig und bescheiden« vorwärts bewegte. So zu erscheinen war ihm angeraten worden.

Durch den bunten Aufputz und das Getöse, durch Gold, Seide, Säbel und Kanonen hindurch ging er allein, klein und schmal seinen Weg, in einem grauen Frack, ohne Tressen, ohne Federbusch, und so bescheiden, daß Frankreich nur noch auf ihn schaute. Und Frankreich sah ihn groß. Bonaparte verkörperte für das Volk den republikanischen Helden schlechthin, jungenhaft und bescheiden, ohne jeden sichtbaren Nimbus und ohne jeglichen Ehrgeiz: ein richtiger kleiner Beamter, der beauftragt ist, die Siege auf der Liste abzuhaken, und der in den Ruhestand versetzt wird, wenn sie komplett ist. Es war wundervoll! Und wie begabt war dieser junge Mann! Um Regierung und Volk in Sicherheit zu wiegen, machte er ihnen vor, wofür man ihn halten sollte. Dank Talleyrands Ratschlägen erschien er ihnen als das genaue Gegenteil dessen, was er in Wirklichkeit war.

Er hatte ein glänzendes Geleit, neben ihm schritt General Joubert und hinter ihm, in geringem Abstand, der Impresario des Stars, Talleyrand. Er hielt sich zurück, um seinen Schatz besser darbieten zu können, er hielt sich zurück, um nicht verdächtigt zu werden, die Vorstellung inszeniert zu haben. Vor allem durfte niemand auf den Gedanken kommen, er habe sich zum Mentor des jungen Generals aufgeschwungen. In die Zuneigung, die er Bonaparte entgegenbrachte, mischte sich ein Gefühl, Schutz ausüben zu müssen, denn in dem Gestrüpp des Direktoriums hatte der zu glückhafte General alles zu befürchten – sogar den Tod. Einige Historiker haben in der erstaunlichen Verbundenheit dieser beiden Gestalten nur eine Interessen- und Ehrgeiz-Gemeinschaft gesehen, einen Kuhhandel auf höherer Ebene. Daß vor allem Eigennutz sie verband, hieße ihr Verhältnis zu einfach zu definieren. Weder der eine noch der andere läßt sich durch irgendeine Definition fassen. Ihr Ehrgeiz, ihre Habgier, ihr Stolz, ihre Schläue, alles, was man ihnen vorwerfen kann, hat gewaltige Ausmaße, doch ihre Begegnung ist in gewissem Maße frei von Niedrigkeit und Berechnung. Vielleicht kann gesagt werden, daß Eigennutz und Ehrgeiz in ihrem Bündnis den Platz einnahmen, der diesen monumentalen Lastern zugemessen ist. An jenem Tag jedoch brannte eine einzige Flamme in ihren Herzen: die Sehnsucht nach einem mächtigen und edlen Frankreich. Ihr Bündnis hatte die Flamme entfacht. Gemeinsam fühlten sie sich imstande, ihrem Vaterland den ersten Platz zu verschaffen. Von diesem Tag an bestand ein Geheimnis zwischen ihnen.

Dem Volk mußte eine Rede gehalten werden, und auch diese Aufgabe fiel Talleyrand zu, da es sich darum handelte, einen siegreichen General zu lobpreisen, ohne von seinen Siegen zu sprechen.

»Bürger Direktoren, ich habe die Ehre, dem Direktorium den Bürger Bonaparte« (es kam nicht in Frage, ihn General zu titulieren) »vorzustellen, der den mit dem Kaiser geschlossenen Friedensvertrag überbringt. Indem er uns dies sichere Pfand des Friedens bringt, ruft er ungewollt die unzähligen Wunder ins Gedächtnis, die zu einem so großen Ereignis geführt haben.« (Die nicht erwünschten Siege sind durch die Umschreibung ausgeklammert, aber die Anspielung ist gemacht worden.) »Aber er möge beruhigt sein, ich werde heute alles verschweigen, was einmal als Ehre in der Geschichte erscheinen und die Bewunderung der Nachwelt hervorrufen wird. Um seinen sehnlichen Wünschen entgegenzukommen, will ich auch hinzufügen, daß dieser Ruhm, der über ganz Frankreich einen so großen Glanz wirft, der Revolution zugehört.«

Damit waren die Ängste der Bürger Direktoren und der dirigierten Bürger beschwichtigt: Bonaparte, das ist die Revolution, der Ruhm seiner Siege, deren Namen man nicht auszusprechen wagt, ist ein jakobinischer Ruhm. Dieser General, dessen Bescheidenheit Talleyrand taktvoll zu schonen versucht, erträgt kaum die Anspielung auf seine Siege. Wer sollte nicht, wenn er ihn dort so klein und so grau stehen sah, überzeugt sein, daß er der bescheidenste der Bürger ist? Die Komödie war geglückt, die Befürchtungen des Direktoriums eingelullt, und das Volk schrie seine Begeisterung nicht der Siege, sondern des Friedens wegen hinaus. Herr von Talleyrand hatte gute Arbeit geleistet: Bonaparte begann seine Laufbahn in der Eigenschaft eines Friedensbringers. Im weiteren Verlauf der Rede wurde Bonapartes Stolz nicht geschürt: das hätte ihn angestachelt und die Zukunft verstellt. Talleyrands Spiel ist feinsinniger, es diente dem Streben des Generals, es bahnte ihm einen Weg, der zwar nicht der glanzvollste, aber doch der listigste und sicherste war, und Bonaparte hatte das begriffen.

Der junge heißblütige Korse ließ es zu, daß sein großartiger Titel »Général en Chef de l'Armée d'Italie«, der öffentlich hätte genannt werden müssen, stillschweigend übergangen wurde. Er ließ sich als »Citoyen« behandeln. Er würde gewinnen. Und er wußte es. »Wenn ich daran denke«, sagte Talleyrand in seiner Rede, »was er alles getan hat, um sich für diesen Ruhm zu entschuldigen!« Der Bischof fand die republikanischen Worte, die im Schwange waren, er sagte, Bonaparte besitze »diese antike Vorliebe für die Einfachheit, die ihn selber auszeichnet«. Und um alle Welt endgültig in Sicherheit zu wiegen, machte er Bonaparte zu einem Mann der Studien, einen Schreibtisch-Menschen, und um der Menge zu gefallen, machte er ihn auch noch zum Mathematiker und Dichter. Man denke an »seine Liebe zu den abstrakten Wissenschaften, an den erhabenen Ossian, der ihn von der Erde zu lösen scheint«.

Um Bescheidenheit und Bürgersinn noch stärker herauszustreichen: »Jedermann kennt seine tiefe Abneigung gegenüber dem Glanz, dem Luxus, der Pracht, diesen elenden Ambitionen gewöhnlicher Seelen.« (Im Munde Talleyrands wirken diese Äußerungen pikant – und wenn man an Joséphine denkt, die Frau des kleinen grauen Bürgers, bekommt dieser Verzicht auf Luxus einen leicht ironischen Anstrich, den das gutgläubige Volk nicht wahrnahm. Wie gut die beiden Komplicen ihre Nummer darboten!)

Talleyrand ging noch weiter, er wollte den letzten Argwohn derjenigen beheben, die die Vermessenheit hatten, Bonaparte für einen Militär zu halten: »Keine Angst vor dem, was man seinen Ehrgeiz nennen könnte! Ich fühle, daß wir ihn eines Tages vielleicht anflehen und aus der Stille seiner von Lernbegier erfüllten Zurückgezogenheit herausreißen müssen. Ganz Frankreich wird frei sein, er wird es möglicherweise nie sein.«

Diese Worte sind erstaunlich. Chateaubriand sah eine Prophezeiung in ihnen, aber er mischt immer und überall etwas Übernatürliches hinein. Hier handelt es sich nicht um Prophezeiung, sondern einzig um tiefgreifende Überlegung. Anstatt immer von neuem zu wiederholen, Talleyrand sei falsch, gerissen und habgierig gewesen, wäre es besser, ihn mit Gelassenheit und Beharrlichkeit zu studieren und ihm zuzuhören, wie er es selber mit seiner Umgebung tat, um das Wesen der Menschen und die Sprache der Tatsachen zu entziffern, dann bestünde einige Aussicht, ihn selber zu entziffern – und fortan würde man ihn weniger schmähen.

An jenem Tag gab er keine Prophezeiung von sich. Er sah die Zukunft nicht als Vision, er bereitete sie real vor. Und er bereitete die Franzosen auf Bonaparte vor.

Der Satz wurde hingenommen, weil Talleyrand die Devise »Frankreich wird frei sein« hineingebracht hatte.

Er behielt recht – bis auf eine Einzelheit: Frankreich ging seiner Freiheit radikal verlustig. Alles übrige trat ein. Talleyrand wahrsagte nicht, indem er in Kristallkugeln blickte oder in die Konstellation der Sterne, er las in den Herzen und Eingeweiden der Fürsten und der Völker, der Generale und der Bürger Direktoren.

Schüchtern und unbewegt hörte Bonaparte zu. Er war trotz allem angerührt von der Noblesse der Sprache und dem Fluidum von Größe, das den Redner umgab. Seine Antwort war kurz. Der letzte Satz, den er sprach, ist geschickt, er ist vage (hatte Talleyrand ihn in die Kunst des Verschleierns eingeweiht?), er hatte etwas Verheißendes und Verunsicherndes und ging über in die Unermeßlichkeit: »Wenn das Glück des französischen Volkes auf den besten organischen Gesetzen beruhen wird, wird ganz Europa frei werden.«

Diese Worte entfesselten ein Beifallsgetöse. Man legte gar keinen Wert darauf, alles zu verstehen, man wollte nur die Stimme hören, das Gesicht sehen und, wenn möglich, den Rockärmel des Mannes berühren, der den Friedensvertrag unterzeichnet hatte. Der Rausch griff über auf die Straße und die ganze Stadt.

Danach sprach Barras. Er sprach lange, in Sentenzen. Ein Schwall von abgegriffenen, seelen- und farblosen Worten. Er verbreitete Langeweile, und in dieser Langeweile wurde es der Menge bewußt, daß der Redner genau den Typus des Politikers darstellte, den man nicht mehr sehen noch hören wollte. Als seine Rede zu Ende war, warf sich Barras theatralisch in

Bonapartes Arme, und die anderen Direktoren taten es ihm nach. Das ergab ein großes Geflatter und Geraschel von Seide, Gold und Federn, was der Menge außerordentlich gefiel. Der Beifall sprang wieder auf.

Chateaubriand hat die Szene festgehalten: »Herr von Talleyrand empfing den Sieger am Altar, er erinnerte sich gewiß, daß er die Messe an einem anderen Altar gehalten hatte. Der aus den Vereinigten Staaten zurückgekehrte Flüchtling (Chateaubriand selber war nach England, in die Vereinigten Staaten und in die Armee der Prinzen emigriert!), durch die Protektion von Chénier, vor allem aber durch die von Madame de Staël zum Minister des Auswärtigen berufen, der Bischof von Autun trug einen Degen an der Seite und einen Hut à la Henri IV auf dem Kopf. Die Ereignisse zwangen dazu, diesen Mummenschanz ernst zu nehmen.« Das ist gut gesehen und schlecht geurteilt: Talleyrand nahm seinen Mummenschanz nicht ernster als der grimmige Verfasser der »Memoiren von jenseits des Grabes«.

Während des ungeheuren Tumults, der auf die Ergüsse folgte, blickte der zur Statue gewordene Talleyrand aus halb geschlossenen Lidern um sich. Er geruhte, ein Lächeln anzudeuten, die Vorstellung war gelungen. Sogar die von Barras verbreitete Langeweile war seiner Absicht nützlich gewesen. Talleyrand registrierte bereits die Unbeliebtheit der Tribunen des Direktoriums. Es bedurfte nur noch eines Fingerschnalzens, um alle oppositionellen Regungen zu bündeln, um die Verachtung und den Haß des Volks bewußt und aktiv zu machen. Eines nicht fernen Tages konnten diese Gefühle unaufhaltbar losbrechen. Daran dachte er.

Noch fehlte etwas bei dem Fest. Die Revolution war noch nicht beendet – zumindest offiziell nicht –, man konnte folglich die Menschenmenge nicht ohne Hymnen, ohne zahllose und erhebende Gesänge, in denen das Volk seine eigene Stimme wiedererkannte, innerlich bewegen. Die Schüler des Konservatoriums stimmten den »Chant du Retour«, das Lied der Rückkehr, an, Text von Chénier, Musik von Méhul. Das Lied war im Auftrag von Talleyrand geschaffen worden, der ein Meisterwerk verlangt hatte. Er bekam es. Drei Chöre standen im Wechselgesang: »die Krieger«, »die Greise« und »die Jungfrauen«. Die drei Gruppen boten sich gegenseitig das dar, was sie als ihr Höchstes erachteten: die Krieger gaben ihren Ruhm hin, die Jungfrauen ihre Jungfräulichkeit, die Greise ihre Erfahrungen und ihren Rat. Dann vereinten sich die drei Gruppen zu der Strophe:

»Du warst lange der Schrecken, sei jetzt die Liebe auf der Erde,
O Republik der Franzosen,
Laß Lieder der Freude folgen auf das Kriegsgeschrei:
Der Sieg hat den Frieden erobert.«

Der letzte Vers war der Hoffnungsschrei eines ausgebluteten, von Not und einer ungewissen Zukunft bedrohten Volkes. Auch Talleyrand teilte diese

Hoffnung. Er glaubte, den Mann an der Hand zu haben, der »das Kriegsgeschrei« zum Schweigen bringen und »die Lieder der Freude« anstimmen lassen konnte, den von der Vorsehung gesandten Mann, dessen herrlichste Eroberung der Frieden war ...

Kein Mensch ahnte damals, daß der kleine, spindeldürre General, der im Verlauf der jakobinischen Umarmungen unter den scharlachroten Mänteln fast erstickte, ein Adler war. Er war »der Adler«, das Genie.

Nur wenige Ohren hatten Bonapartes seltsame Worte richtig vernommen – einer, dem sie recht rätselhaft erschienen waren, trat nach der Feier an Talleyrand heran, wiederholte sie ihm und fragte, was er darüber denke. Mit grüblerischem Blick, die Frage bedenkend, murmelte Talleyrand wie abwesend: »Es liegt Zukunft darin.« Die Sphinx hatte gesprochen.

Der Bürger Minister zeigt, daß er Talleyrand ist, und gibt ein Fest

Das Direktorium hatte Bonaparte auf seine Art und Weise empfangen. Talleyrand hatte sich an die Anweisungen gehalten. Man hatte für das Volk und für die Nachwelt gesprochen und posiert. Es war eine Zeremonie, es war kein Fest. Damals verstand es in Frankreich kein Mensch mehr, ein Fest zu geben – außer Herrn von Talleyrand, der Lust hatte, wieder einmal Talleyrand zu sein und einen Abend lang zu vergessen, daß er »Citoyen« war. Er veranstaltete also am 3. Januar 1798 [14. Nivôse des Jahres VI] ein Fest, wie es dem jungen Gott des Sieges zukam und so großartig, wie Paris sich nicht mehr erinnern konnte, es erlebt zu haben.

Das war mutig, denn er war nur das verrufene Mitglied einer unbeliebten Regierung. Im Direktorium selbst war seine Stellung schwierig. Man fragt sich, warum die Direktoren ihn eigentlich hielten. Aus abergläubischer Furcht? Wurde nicht gesagt, sein Abgang würde Unglück bringen? Möglicherweise dachte man auch, er würde, ganz in die Freiheit entlassen, Schlimmeres tun können, als wenn er bei seinen Kollegen verbliebe und von Spionen und Ämtern überwacht würde.

Seine Kühnheit war allerdings mit Vorsicht gepaart. Er mußte Rücksicht nehmen auf die starken Empfindlichkeiten derjenigen, die er »die groben Stiefel des Direktoriums« nannte. Er widmete das Fest nicht dem General, er widmete es Madame Bonaparte. Das hatte mit Politik nichts mehr zu tun, das war Galanterie. Die Jakobiner verachteten ihn noch etwas mehr, zuckten die Schultern und überließen ihn den Vergnügungen, wie ein unbußfertiger Ci-devant sie liebte. Ein Exbischof, der noch dazu hinkte, gab ein Tanzfest! Das war zum Lachen. Der Gipfel der Frivolität! Man schneidet ihnen die Hälse ab, und sowie damit aufgehört wird, tanzen sie wieder!

Das Fest fand in der Rue du Bac, im Hôtel de Galliffet statt. An jenem Abend wurde das schöne Haus durch das viele Gold, durch Musik, Lichter und Parfüms ein märchenhafter Schmelztiegel, in dem etwas Bestimmtes entstehen sollte – wahrscheinlich weil im gleichen Augenblick etwas anderes zu Tode gekränkt wurde. Man hüte sich vor dem, was einen frivolen Anstrich hat, was einem zulächelt, was glänzt, was Walzer tanzt – denn Walzer wurde am Abend des 3. Januar 1798 zum erstenmal in Paris getanzt. Talleyrand war stets und in allem voraus, sogar was den Walzer angeht.

Er hatte alles bis in die kleinste Einzelheit vorbereitet, mit dem Geschmack und dem Gepränge eines Grandseigneurs, der, ohne sich den Anschein zu geben, mitzuzupacken, alles sieht und korrigiert. Es wurde gesagt, er habe so viel Sorgfalt aufgewendet und so viel Geld ausgegeben, nur um Joséphine für sich einzunehmen. Indem er sie an den ersten Platz stellte, wollte er jedoch vor allem den General beeindrucken und ihn sich verpflichten. Die Rechnung ging auf: Bonaparte war gerührt über die Ehren und die Gunstbezeigungen, mit denen Joséphine umgeben wurde. Sie war es gleichfalls. Sie atmete an diesem Abend die Luft der Feste von einst. Talleyrand behandelte sie nicht nur wie die Königin dieses abendlichen Festes, sondern wie eine Königin überhaupt. Nie hatte der Minister des Auswärtigen die Ehefrauen der Direktoren mit so ehrerbietiger und ausgesuchter Zuvorkommenheit behandelt, wie er sie der Bürgerin Bonaparte zuteil werden ließ. Der General selber zog aus dem Schauspiel die Schlußfolgerung: Joséphine war an diesem Abend die erste Frau von Paris. Vermutlich weil Talleyrand die Auffassung vertrat, daß Bonaparte der erste Mann von Frankreich war. Vor den Augen aller, die damals in Frankreich Rang und Namen hatten, war es ihm gelungen, Joséphine eine Art Strahlenkrone aufs Haupt zu setzen. Das war nur ein Vorzeichen. Herr von Talleyrand hatte es gegeben; Bonaparte verstand es.

Die Bürger Direktoren nahmen es nicht wahr. Bonaparte jedoch machte im Laufe dieses Abends die Erfahrung, daß man in einer liebenswürdigen Unterhaltung, an einer prächtigen Tafel oder auf der Wandbank in einem Ballsaal als Zuschauer der sich drehenden Paare in wenigen Worten unvergeßliche Dinge sagen, machen oder machen lassen kann. Wie hätte er Talleyrand in der Folgezeit vergessen können, den Zauberer, der dieses abendliche Fest so meisterhaft veranstaltet hatte?

Der Zauberer hatte nichts außer acht und unbedacht gelassen, damit dieses Fest ungewöhnliches Aufsehen erregte. Als Ausstatter verpflichtete er den berühmten Architekten Bellanger. Hunderte von Arbeitern wurden beschäftigt, das Wohnhaus in ein Opernhaus zu verwandeln: Tischler, Maler, Kerzenzieher, Gipser, Stukkateure, Kronleuchterhersteller, Blumenbinder, Feuerwerker, Dekorateure und noch viele andere, deren Rechnungen und Kostenanschläge sich stapelten und ein wahres Vermögen verschlangen. Allein für die Zulieferer kam man auf die Summe von zweihunderttausend bis zweihundertfünfzigtausend heutigen Francs. Hinzu kamen die

Honorare für Künstler und Musiker sowie die Ausgaben für die Tafel, die bei Talleyrand stets sehr aufwendig waren. Die Summe ist nicht bekannt. Das prächtige Treppenhaus war von unten bis oben mit duftenden Myrten ausgeschmückt. Die seltensten und wohlriechendsten Pflanzen zierten in Überfülle die Salons. Die Beleuchtung war ganz besonders gelungen: gewaltige Kronleuchter aus Bergkristall glitzerten in tausendfachem diamantenem Feuer. Ambraduft war überall verbreitet; stets hat Talleyrand eine Leidenschaft für wohlriechende Essenzen gehabt. Beim Überschreiten der Schwelle wurden die Gäste eingehüllt von Wärme, Licht, Parfüm und gedämpfter Musik: sie betraten die Wohnstätte des Zauberers. Schon beim Durchqueren des Hofes, der von der majestätischen Reihe dorischer Säulen beherrscht wurde, waren sie in Bewunderung verfallen. Hier hatte Talleyrand ein Heerlager mit Prachtzelten aufschlagen lassen. Alle Waffengattungen der Italienarmee waren vertreten. Nichts konnte dekorativer, erregender sein als dieses militärische Gepränge, im rötlichen Schein der Biwakfeuer glänzten die bunten und goldbestickten Uniformen, die Waffen, die Fahnen, die Trophäen. Konnte man der Frau des Generals Bonaparte etwas vorführen, das ihr die Siege ihres Gatten eindrucksvoller vor Augen führte? Der Zauberer hatte das höfische Raffinement noch weiter getrieben. Er hatte die Nachbildung eines antiken Tempels errichten lassen, den die wundervolle Brutus-Büste beherrschte, die Bonaparte im Kapitol »gefunden« und mitgebracht hatte. Dieser Brutus, auf den sich alle Jakobiner beriefen, er war gegenwärtig. Die republikanische Tugend hatte ihn wohl nicht dorthin gestellt, aber für einen Akt der Schmeichelei war es das richtige. Im Vorübergehen empfand Bonaparte die Huldigung. Doch war das nur der Anfang. An den Wänden der Salons, im Treppenhaus, überall hatte Talleyrand die Reproduktionen der Meisterwerke ausgestellt, die Bonaparte aus Italien herbeigeschafft und als unschätzbare Kriegsbeute der Republik zu Füßen gelegt hatte. Auf diese Weise dankte ihm Talleyrand stellvertretend für die Republik, denn sie hatte vergessen, es zu tun. Auf ungeheuer beredte Art und Weise vermochte er es, sich dem anderen verständlich zu machen.

Nur fünfhundert Personen hatte Talleyrand zur Huldigung des Helden eingeladen. Die Zahl war klein in Anbetracht derjenigen, die alles darum gegeben hätten, eine Einladung zu erhalten – doch das wäre auf Kosten der Qualität gegangen. Indes, die Mischung war ein Erfolg. Eine Mischung war nicht zu umgehen. Die Kunst bestand in der richtigen Dosierung: »Man mußte sich in acht nehmen«, sagte er, »vor der ungewöhnlichen Gewöhnlichkeit der Frauen der Direktoren, die, wie es sich gehörte, den ersten Rang einnahmen.« Wesentlich war es, den zweiten Rang gut auszustatten und selbst den dritten, in dem die weniger offiziellen, aber die elegantesten Personen zu finden waren. Talleyrand lud die hübschesten Frauen von Paris ein. Es waren noch einige hübsche Köpfe auf schönen Schultern übriggeblieben. Die »Incroyables« und die »Merveilleuses« konnten sich in der Rue du Bac nicht entfalten, doch die Mode war noch immer stark von den Extravaganzen der Madame Tallien beeinflußt. Zugegen war Laure Permon, die spätere Herzogin von Abrantès, dreizehn Jahre alt, in Begleitung ihrer Mutter. Sie berichtet, daß sie beide gleich gekleidet waren: »Ein Kleid aus weißem Schleierflor, von zwei breiten silbernen Bändern gehalten, der Rock war gesäumt mit einer daumenbreiten rosa Rüsche aus silberdurchwirkter Gaze. Und auf dem Kopf eine Girlande aus Eichenblättern, deren Eicheln aus Silber waren.« In einer revolutionären und martialischen Epoche war die Eiche sehr passend! Alle Schönen waren in Tüll, Schleierstoff oder Gaze gekleidet, durchsichtig rosa und silbern. Anscheinend waren das die Farben des Festes. Zu sehen waren nur Gewänder à la Diana, Tuniken à la Ceres, Schleier à la Minerva, Sandalen à l'Omphale. Die Brüste, nackt oder verschleiert, wurden freigebig zur Schau gestellt.

Neben den Repräsentanten der Regierung und den hohen Staatsbeamten fand sich alles ein, was in Geldgeschäften oder sogar in dunklen Geschäften einen Namen hatte, und dazu all jene, die nur noch einen Namen besaßen und aus der Emigration hatten zurückkehren können, indem sie durch zwei Grenzposten hindurchschlüpften. Das Diplomatische Korps war vollständig vertreten, natürlich.

Zwei der Direktoren waren ferngeblieben: Rewbell, der »diese Leute« nicht ausstehen konnte, und La Revellière-Lépeaux, der noch immer seine Religion ohne Religion gründen wollte und die Äußerungen des Exbischofs über die Notwendigkeit, sich kreuzigen zu lassen, nicht verdaut hatte. Die drei anderen hatten sich herabgelassen, sich für diese Fisimatenten zu derangieren. Sie taten es mit äußerstem Unmut, und damit jeder sah, was sie von der Einladung ihres Ministers hielten, erschienen sie nicht im Paradefrack, wie es angebracht gewesen wäre, sie kamen im wollenen Gehrock; alle trugen das gleiche Schuhwerk: derbe Jakobinerstiefel. Sie wollten sich rächen, sie gaben ihrem Trotz dem Mann gegenüber Ausdruck, der ihnen in allem überlegen war, auch auf ihrem ureigenen Gebiet der Politisiererei, der Intrigen und Unterschlagungen. Möglicherweise hatten sie geglaubt, dem vormaligen Bischof einen Streich spielen zu können. Ach, hätten sie nur ein Hundertstel von der Eingebung dessen besessen, über den sie sich lustig machen wollten, sie hätten gespürt, daß sich an jenem Abend etwas Neues begab. Hätten sie genau beobachtet, wie Bonaparte und Joséphine auf dem spiegelnden Parkett des Herrn von Talleyrand als Souveräne ihren Einzug hielten, wäre ihnen vielleicht klargeworden, daß dieses Parkett für jakobinische Stiefel lebensgefährlich war.

In Begleitung des Generals und seiner Frau befand sich Hortense de Beauharnais, fünfzehn Jahre alt. Mutter und Tochter strahlten vor Schönheit und Glück. Joséphine trug ein Diadem aus antiken Kameen, das Bonaparte ihr geschenkt hatte. Im Augenblick ihres Einzugs geschah etwas

Seltsames: Die Schönheit der Räume, das Dekor, der Adel und die Zartheit ihrer Erscheinung, die Regungen, die der Auftritt des Helden hervorrief, bewirkten, daß diese gemischte Gesellschaft von einem Bann befallen wurde. Ein fast frommes Schweigen empfing Bonaparte, es erhoben sich weder Vivat- noch Bravo-Rufe. Die Menge war vor Bewunderung wie versteinert. Bonaparte, im grauen, bis zum Hals zugeknöpften Gehrock, war den Weisungen gefolgt und zeigte sich bescheiden. Schmächtig, aber sehr aufrecht, ernst, dominierend, vollzog er seinen Auftritt wie ein Fürst, der dem Hausherrn die Ehre seines Besuches schenkt. Talleyrands Zauberkunst tat ihre Wirkung. Sein Held blieb Citoyen, er flößte in keiner Weise Besorgnis ein. Man konnte ihn liebgewinnen. So eroberte er die öffentliche Meinung, das heißt Paris und Frankreich, und das war sehr viel schwieriger, als Italien zu erobern.

Madame de Staël glaubte den Moment gekommen, ebenfalls eine Eroberung machen zu können, sie wollte den Eroberer erobern. Sie wartete, ungeduldig hin und her laufend, am Fuß der Treppe. Sie warf sich, so kann man es nennen, blindlings in das feingesponnene Zaubernetz, das Talleyrand bedacht um Bonaparte ausgelegt hatte. Sie brachte alles durcheinander, zerstörte den Zauber, um ihren eigenen Zauber glänzen zu lassen. Talleyrand konnte es nicht verhindern, daß sie sich auf Bonaparte stürzte. Sie klammerte sich an dessen Begleiter Arnauld, damit er ihr ein Tête-à-tête vermittele. Arnauld unternahm alles, um sie von einem Gespräch mit Bonaparte abzubringen, denn ihr erstes Zusammentreffen war keineswegs ein Erfolg gewesen. Das zweite ließ sich nicht besser an. Bonaparte hatte Germaine nicht »gesehen«, wiewohl sie sich sehr sichtbar machte. Aber diese Warnung war nicht ausreichend. Sie hielt sich für unwiderstehlich, vor allem in den Augen eines hochstehenden Mannes. Sie glaubte, ihn durch ihre Intelligenz zu bannen, sie hatte sich eingeredet, daß sie und Bonaparte das gefeiertste Paar des Jahrhunderts bilden würden. Sie vergaß dabei nur eines: daß der Partner, den sie gewählt hatte, Bonaparte war. Sie meinte, sie könne ihn nach ihrer Fasson modeln, er brauchte nur ja zu sagen, das übrige würde sie besorgen. Mit einem kleinen Teil ihrer Gaben: Reichtum, Genie, Großzügigkeit, Treue, Liebe, Unordnung, Beredsamkeit und Aufgeregtheit hätte sie Bonaparte bereits verstimmt, und ihre Liaison wäre ein Fehlschlag geworden. Mit der Gesamtheit ihrer Eigenschaften jedoch mußte ihre Begegnung eine Katastrophe werden. Sie rannte hinein. Sie bearbeitete Arnauld dermaßen, daß er tat, was sie verlangte: er stellte beide Auge in Auge einander gegenüber. Sie überragte ihren Helden um einen Kopf und goß einen Sturzbach von Lobeshymnen über ihn aus, bebend, pathetisch, unmäßig, kurzum geschmacklose Reden. Traurig war dabei, daß sie ihr Herz sprechen ließ. Sie glaubte, das Herz habe immer recht, selbst wenn es schwärmt und faselt.

Warum hat sie Bonaparte nicht ins Gesicht gesehen? Sie hätte augenblicklich innegehalten. Sie sah nichts außer sich selbst. Sie sagte ihm, er sei der erste unter den Männern. Schweigen. Nun begann sie mit einer bestürzenden Fragerei: »General, welche Frau lieben Sie am meisten?« Nach der vorbereitenden Ansprache, die sie ihm gehalten hatte, erwartete sie als Antwort: »Jene, die vor mir steht.« Doch er erwiderte trocken: »Die meine.« Sie blieb beharrlich: »Das ist verständlich, aber welche schätzen Sie am meisten?« – »Diejenige, die sich am besten um ihren Haushalt kümmert.« Wirklich, er verhielt sich sehr entmutigend, doch sie war nicht zu erschüttern: »Das begreife ich, aber schließlich, welche Frau ist die erste unter den Frauen?« Im Kreise ihrer »ideologischen« Freunde und Geliebten hatte man ihr derart oft gesagt, sie sei die erste, daß sie meinte, Bonaparte sei es ihr schuldig, gleichfalls zu sagen: »Die erste unter den Frauen sind Sie.« Worauf sie entgegnet hätte: »Sie gehört Ihnen.« Aber dieser General, ruhmreich, doch bar jeder Höflichkeit, antwortete ihr, wie man einen Säbelstreich austeilt: »Die die meisten Kinder bekommt.« Und er machte kehrt und ließ sie stehen. Sie war derart perplex, daß sie kein Wort hervorzubringen vermochte.

Sie wandte sich ein wenig später an Arnauld und sagte: »Ihr großer Mann ist ein sehr eigenartiger Mann.«

Die Unterhaltung hatte eine Fortsetzung. Im Verlauf des Abends setzte sich Bonaparte auf einen Stuhl neben Madame de Staël. Unverzüglich richtete sie das Wort an ihn: »General, Sie . . . zu meinen Füßen!« – »Das ist eine Huldigung, die mein Geschlecht dem Ihren schuldet.«

Sie schwang sich zu einer schwärmerischen Rede über das Heldentum auf: darüber vergäße er wahrscheinlich die Ehebande. Wiederum antwortete er kurz und bündig. Sie verstrickte sich immer mehr und sagte schließlich: »General, spielen Sie nicht mit mir wie mit einer Puppe. Behandeln Sie mich wie einen Mann.«

So wie sie beschaffen war und wie Bonaparte es war, wäre das Spiel mit dieser Puppe ein wenig bequemes Spiel gewesen. Zudem hatte dieser mediterrane Mann eine ganz bestimmte Vorstellung von Frauen. Selbst wenn er sich bemüht hätte, hätte er Germaine weder als Mann noch als Frau behandeln können.

Sie war fassungslos – aber keineswegs mutlos und bewunderte ihn noch einige Jahre lang.

Wie dachte Talleyrand über diesen Zwischenfall? Er lud Madame de Staël nicht mehr ein. Genaugenommen hatte sie sich bereits bei der ersten Begegnung selbst das Urteil gesprochen. Talleyrand witterte von ferne den Mißerfolg wie den Erfolg. Er war nicht der Mann, der sich gegen den Strom stemmte, der Menschen und Dinge mitriß. Zwischen Bonaparte und Germaine stand eine nicht zu überbrückende Unvereinbarkeit. Sie hatte schlecht gespielt, sie hatte verloren. Talleyrand liebte die nicht, die verlieren. Er wandte sich nach und nach von seiner Freundin ab. Und die früheren

Zärtlichkeiten? Und die erwiesenen Gefälligkeiten und Dienste? Und das »kleine Universum«? Was wog das alles? Der Sieger von heute, der Triumphator von morgen war Bonaparte. Der Sieger hat allezeit recht. Germaine wurde in das Lager der in Ungnade Gefallenen verwiesen. Als Bonaparte, zur Zeit des Konsulats, ihn eines Tages fragte: »Wer ist Madame de Staël?«, antwortete Talleyrand mit eisigem Zynismus: »Eine Intrigantin, eine so große, daß sie es zustande gebracht hat, daß ich mich hier befinde.« (Im Ministerium nämlich.) Darauf Bonaparte: »Sie ist immerhin eine gute Freundin?« – »Freundin?« fragte Talleyrand zurück. »Sie würde ihre Freunde in den Fluß werfen, um sie hernach mit der Angel herauszufischen.« Ist das grausam? Es ist grausam wahr. Leidenschaftlich gern tat sie Unglücklichen Gutes, aber dazu waren Unglückliche nötig. Das Unglück der Freunde ist das günstige Geschick aller tüchtigen Menschen wie Germaine.

Seit geraumer Zeit bereits ertrug Talleyrand Germaine und ihr Gerede nur noch schwer. Durch ihre Manie, stets Fragen zu stellen, die sich auf ihre Person bezogen, machte sie sich lächerlich und wurde lästig. Immer stand sie im Mittelpunkt und zwang die anderen, Aussagen über sie zu machen. Eines Tages fragte sie Talleyrand, wen er retten würde: sie oder Madame Recamier, angenommen, sie würden ins Wasser fallen. Talleyrand antwortete gelassen: »Ich bin sicher, Madame, daß Sie wie ein Engel zu schwimmen verstehen.« Bonaparte besaß nicht die gleiche Kaltblütigkeit und Schlagfertigkeit. Er war brutal.

Sie übertrieb alles, das war in den Augen des Bischofs eine Hauptsünde: »Sie stickt hundert Ellen Faden auf ein Monogramm von einem Quadratzoll. Ich kenne sie in- und auswendig, ich würde ihr unter dem Siegel der Verschwiegenheit nur das anvertrauen, was ich der ganzen Welt zur Kenntnis bringen möchte. Nun, trotz dieser Vorsicht entdecke ich immer wieder, daß sie mir tausendmal mehr in den Mund legt, als ich ihr zugegeben habe. Achten Sie vor allem darauf, daß sie sich nicht in Bonapartes Angelegenheiten mischt. Wenn sie ihn erst von ihrer Zustimmung abhängig macht, dann gibt es Mißhelligkeiten mit dem Himmel, der Hölle, nicht zu vergessen die anderen Planeten und unsere Erde.« Er wünschte also keine Freundschaft zwischen Bonaparte und Germaine. Die Kluft zwischen ihnen kam seinen geheimen Wünschen entgegen. Bonaparte wurde mithin nicht »abhängig«. Talleyrand war wachsam.

Sie sah die Ungnade auf sich zukommen und stellte, wie es ihre Gewohnheit war, Fragen, um, wie man sagt, die Leute in die Enge zu treiben. Rundheraus fragte sie Talleyrand, was er unternehmen würde, falls das Direktorium ihre Festnahme anordnete. Talleyrand tat so, als habe er die Frage nicht verstanden. Das war deutlich. Sie wandte sich nun an Benjamin Constant und machte eine recht schmerzliche Bemerkung: »Wenn ich festgenommen würde, müßte ich mich nicht an die wenden, die mir verpflichtet sind, sondern an die, die mir schon Dienste geleistet haben. Man muß auf die Erinnerung an geleistete Dienste bauen, und nicht auf die Erinnerung an empfangene Dienste. Sie werden also«, sagte sie zu Benjamin, »zu Chénier gehen, dem wir verpflichtet sind wegen der Rückkehr des Herrn von Talleyrand nach Frankreich.« [L-G] Sie beschwor die Vergangenheit herauf! Doch wer kümmerte sich darum?

Talleyrands Biographen gehen sehr streng mit ihm um hinsichtlich seiner politischen »Verrätereien«, die man stark in Zweifel ziehen kann. Weniger streng sind sie hinsichtlich seines Verrats an der Freundschaft. Germaine hatte ihre verdrehten und lächerlichen Seiten, aber die kannte er, er hatte sie akzeptiert. Sie war eine aufrichtige Freundin gewesen, unvergleichlich hingebungsvoll und treu. Nie hätte sie Talleyrand verraten. Er hingegen drehte sich um und ließ sie im Stich, er ließ sie in den Clan der Besiegten, der Unerwünschten abgleiten. Eines nicht so fernen Tages heißt das für sie: Verbannung, Exil.

Die Begebenheit zwischen Bonaparte und Madame de Staël hatte, wie man sieht, schwerwiegende Folgen. Aber sie störte das Fest nicht, das seinen Fortgang nahm.

Alles war noch nicht unter Dach und Fach. An diesem Abend war der illustre Ci-devant dabei, mit dem Takt, den er in schwierigen Situationen stets anwandte, die Jakobiner zu den Sitten des Ancien régime zu bekehren. Doch hütete er sich wohl, ihnen die revolutionäre Fassade zu rauben, die sie nötig hatten, die ihr Gewissen darüber beruhigte, daß sie im Begriff waren, ihren Ursprüngen und Überzeugungen untreu zu werden, eine Untreue, die ihn selber vor allzu herber Kritik bewahrte. Man befleißigte sich also, sich mit »Citoyen« und »Citoyenne« anzureden und revolutionären Liedern zuzuhören (die im Tonfall einer Romanze gespielt wurden). Auf die Einladungskarten hatte er sogar einen patriotischen Hinweis drukken lassen: »Sie werden es für schicklich halten, dessen bin ich sicher, sich jedes Kleidungsstück zu untersagen, das aus englischen Manufakturen stammt.« Es war die Zeit, da der Krieg auf Leben und Tod gegen England ausgerufen wurde und da Bonaparte den Hafen Boulogne als Heerlager ausbaute, von dem aus eine Landung in England erfolgen sollte. In Paris wurde dieser Plan stürmisch bejubelt. Wie immer, wenn eine Landung in Liedern besungen wird, glaubte das brave Volk, es wäre ebenso leicht wie das Fabrizieren von Knüttelversen:

»Das ist nicht so, wie's euch mag dünken,
Das Meer auszutrinken,
Das Meer auszutrinken!«

Für Talleyrand war die Landung in England gleichbedeutend mit »das Meer auszutrinken«, und er wußte, daß man es nicht einmal versuchen durfte. Allerdings wußte er auch, daß es noch gefährlicher gewesen wäre, sich einer unsinnigen populären Begeisterung, die von der Regierung geschürt wurde, entgegenzustellen, als das Hinüberschwimmen nach England zu versuchen. Deshalb forderte er die Sängerin Dugazon auf, die Kriegshetzer in Schnallenschuhen oder in Stiefeln mit der ewig alten Leier zu entzücken. So brachte er sich in Übereinstimmung mit der öffentlichen Meinung. Plötzlich erscholl eine ohrenbetäubende Musik, die die Gästeschar elektrisierte: »Le Chant du Départ« von Maire-Joseph Chénier. Herr von Talleyrand, Graf von Périgord, Fürst von Chalais und so weiter ließ das Lied nicht spielen, um seine Gäste aufzurufen, für die Republik zu leben oder zu sterben, es war nur das vereinbarte Signal, mit dem sie gebeten wurden, zu Tisch zu gehen. Die fünfhundert Köpfe zählende Tischgesellschaft begab sich in feierlichem Zug in den Speisesaal, wo eine eigenartige Novität sie erwartete: Nur die Damen nahmen Platz, die Herren bedienten sie stehend, sie erquickten sich, indem sie ihre Damen bedienten. Talleyrand stand hinter dem Stuhl der Bürgerin Bonaparte und bediente sie, wie nur er zu bedienen verstand, daß heißt, wie er selber es liebte, bedient zu werden. Es war ein liebenswürdiges Treiben, dem sich der Grandseigneur an der Seite der anmutigen und hübschen Joséphine beflissen hingab. Die Kunst und Eleganz seiner Aufwartung machten ihn sogleich zum Fürsten dieses Abends.

Die Speisen und die Weine waren des Hausherrn würdig. Vergessen war die spartanische schwarze Suppe und ebenso waren es Spartas Prinzipien. Die von der Ausstattung bereits verblüffte Menge der Eingeladenen war berauscht vom Diner. Man muß sich bewußt machen, daß die Franzosen gerade aus einem schaurigen Alptraum erwacht waren. Dieser Abend bedeutete Vergessen; ein Spalt des Himmels tat sich auf mit der Sicht auf ein schöneres Leben. Das war kein Traum mehr, das war sehr wohl die Wirklichkeit einer früheren, jetzt wiederauferstandenen Welt, einer Welt, an deren Zerstörung jedoch fast alle, die an diesem Abend voller Staunen und Bewunderung waren, einst mitgewirkt hatten. Talleyrand vergaß keinen Augenblick, daß die Königin des Festes Madame Bonaparte war, er hatte ihr zu Ehren ein Lied von Despréaux komponieren lassen, das die berühmte Lays vortrug: »Il faut qu'on aime une fois« [Einmal muß man lieben]. Mars wurde verhüllt, man streute Rosenblätter vor die Füße der Venus. Doch gab es neben den Rosen für »sie« ebensoviel Lorbeer für »ihn«. Die ganze Gesellschaft war im Innersten gerührt, Bonaparte gab sich gleichmütig, er spürte den zauberischen Zephir des Ruhms wehen.

Das alles hatte ein hinkender, ironischer Magier aus der Asche wiedererstehen lassen. Er mochte denken, daß er weder seine Zeit noch sein Geld verschwendet hatte. Dieses Fest ist eine von Talleyrands Meisterleistungen. Zum erstenmal seit dem Sturz der Monarchie feierte man in Paris ein Fest, das weder ein Gottesdienst noch eine Staatszeremonie, keine Parade und kein Volksaufruhr war. Ein Fest der guten Umgangsformen, des Luxus und der Lebenslust. Diejenigen der Gäste, die zum Ancien régime gehört hatten, sahen vor ihren Augen sogleich die heimatliche Welt aus dem Abgrund aufsteigen. Die anderen, die weitaus zahlreicheren, die Söhne der Revolution, reich geworden durch sie, entdeckten eine Märchenwelt. Mehr als dieses Schauspiel verwirrte sie, was sie in ihrem Innern entdeckten: sie verspürten, daß sie Zugang gefunden hatten zu einer Lebensform, die sie zu hassen vermeinten und nach der sie sich doch nur gesehnt hatten.

Talleyrand schritt von Gruppe zu Gruppe, er hatte eines der bedeutsamsten, eines der zukunftsträchtigsten Ereignisse der Geschichte seiner Zeit zustande gebracht, er hatte die Verbindung zwischen der Welt des alten Frankreich und dem aus der Revolution hervorgegangenen Frankreich hergestellt. Darin liegt vielleicht die größte Bedeutung des Geschicks dieses revolutionären Grandseigneurs. Zwischen dem 18. und 19. Jahrhundert spinnt er den blutgetränkten Faden aus Seide und Gold, der die alte Monarchie mit dem neuen Frankreich verknüpft. Vergangenheit und Zukunft schmelzen in ihm zusammen, sie strahlen von seiner Gestalt aus, weil er, wie die Besten seines Jahrhunderts, zu jenen Menschen gehört, die vom Geist, von der Aufklärung geformt sind, weil er die Gabe hat zu erhellen, weil er die Gabe hat, den Nimbus und den Charme der aristokratischen Kultur weiterzutragen und sie der Welt der Freiheit, der Vernunft und der Gerechtigkeit zu vermitteln, der er mit der »Erklärung der Menschenrechte« zur Geburt verholfen hatte. An jenem Abend hätte ein Marktschreier rufen können: »Messieurs, Mesdames, die Kultur geht weiter!« Trotz aller Vorsicht ließen die »Lauteren«, die »Reinen« sich nicht täuschen. Talleyrand hatte die Republikaner eingeladen, aber die Republik hatte er draußen auf der Straße gelassen.

Warum gab er ein solches Fest, genau zu jenem Zeitpunkt? Sechs Monate zuvor wäre es voreilig und gefährlich gewesen und sechs Monate danach nicht mehr fortschrittlich. Bonapartes Eintreffen kündete ihm die politische Temperatur des Volkes von Paris an. Talleyrand stellte sich erst dann an die Spitze der öffentlichen Meinung, wenn er sicher war, daß man ihm nachfolgte. Er riß nicht mit, er wurde gestoßen.

Ein leichter Zwischenfall zeigte an, welchen Wechsel die revolutionäre Gesinnung in wenigen Monaten durchgemacht hatte. Die Tänzer der Truppe, die im Verlauf des Abends auftraten, wollten zusammen mit den Gästen soupieren. Talleyrand ließ sie im Bedientenraum bewirten, sie protestierten. Niemand von den Jakobinern ergriff ihre Partei. Sie aßen im Bedientenraum, tanzten und verhielten sich still. Sechs Monate zuvor hätten sie einen Skandal heraufbeschworen. Talleyrand wußte, wie weit er gehen konnte und wann er innehalten oder zurückstecken mußte.

Auch Bonaparte war sich dessen bewußt. Er schrieb, nicht ohne Zynismus, an den Grafen Melzi, einen Italiener: »Glauben Sie, daß ich in Italien siege, um den Advokaten des Direktoriums, den Carnot, den Barras, zu Ruhm und Ehren zu verhelfen? Oder glauben Sie, daß ich es tue, um eine Republik zu gründen? Welch ein Gedanke! Das ist ein Hirngespinst, in das die Franzosen vernarrt sind, das aber, wie so viele andere, vorübergehen wird. Sie brauchen Ruhm und die Befriedigung der Eitelkeit, aber von der Freiheit verstehen sie nichts.« [V]

Daß Bonaparte von dem Fest angetan war, ist begreiflich, er hatte dessen ganze Tragweite erfaßt. Noch in Sankt Helena sprach er darüber. Er hatte die Zeichen gesehen, die Talleyrand den Göttern der Staatsgeschäfte machte, und er hatte gesehen, daß diese Götter ihm antworteten. An diesem Abend gewann er die Überzeugung, daß Frankreich bald reif sein würde. Er konnte sich folglich dem Schicksal anvertrauen. Deshalb nahm er den Arm des liebenswürdigen Esseid Ali, Botschafter der Türkei, der mit Zuckerwerk vollgestopft und von hübschen Frauen umschwärmt wurde; lange sprach er mit ihm unter dem segnenden Auge Talleyrands. Der unglückliche Turbanträger ahnte nicht, daß Talleyrand ihn so aufgebaut hatte, daß Bonaparte mit ihm zusammentreffen mußte, damit er ihn dann in seine Pläne einspannen konnte: Ägypten zu erobern, das von der Türkei abhängig war. Der arme Esseid Ali zahlte die Zeche des gefährlichen Tête-à-tête. Ohne es zu wissen, trug er dazu bei, daß sein Land seiner schönsten Errungenschaft verlustig ging.

Ein herrliches Fest! Und es gibt Leute, die Talleyrand einen frivolen Hang zu Geselligkeit vorgeworfen haben!

Bonaparte und Joséphine zogen sich um ein Uhr morgens zurück. Die anderen genossen das Vergnügen noch länger. Die Gatinnen der Direktoren fühlten sich wie Göttinnen und flatterten glückstrunken hin und her. Als die Bürgerinnen de Douai und de Neufchâteau sich von ihrem Gastgeber verabschiedeten, wollten sie ihm zeigen, daß sie wohl gemerkt hatten, welche Opfer er sich auferlegt hatte, und bemerkten: »Das muß Sie einiges gekostet haben, Bürger Minister.« Worauf er in dem gleichen einfältigen Ton erwiderte: »Nicht das ganze Gold von Peru, Bürgerinnen.« Es hatte ihn nur Geld gekostet, und Geld würde er wiederbekommen. Die Jakobiner hatte es ihren Glauben gekostet, sie hatten ihre blutigen Stiefel auf den Teppichen aus der Savonnerie-Manufaktur abgewischt. Bonaparte hatte den türkischen Botschafter ausgeforscht, und er hatte die Gewißheit erworben, daß die erschöpften Franzosen zu allem bereit waren, um Ordnung, Luxus, Ruhm ... und sogar eitlen Ruhm wiederzuerlangen. Alle waren entzückt. Auch Talleyrand.

Das Fest vom 3. Januar war vielleicht ein bedeutenderer Staatsstreich als der 18. Fructidor.

Zwei Wochen nach dem Fest erhielt Talleyrand von den Direktoren den Auftrag, General Bonaparte wieder auf den republikanischen Weg zurückzuführen, von dem ein launischer Einfall ihn abzubringen schien. Wiederum aus Anlaß eines Festes. Doch handelte es sich um ein abgeschmacktes Fest, ähnlich dem, das Talleyrand nicht lange zuvor im Ehrenhof des Luxembourg veranstaltet hatte. Diesmal ging es darum, den Jahrestag des Todes von Ludwig XVI. zu begehen. Nun geschah es, daß Bonaparte es ablehnte, an diesen Feierlichkeiten teilzunehmen. Immerhin war er Robespierres Freund zu jener Zeit gewesen, als es gut war, ihn zum Freund zu haben. Er hatte sich unter den Terroristen sogar eine Art Berühmtheit durch das Massaker der Royalisten in Toulon verschafft. Doch das lag vier Jahre zurück, und Bonaparte war der Auffassung, der Jahrestag der Hinrichtung des Königs sei kein Grund zum Feiern mehr, dieses Königs, von dem man nur als dem »Tyrannen« sprach, den Bonaparte als »Couillon« bezeichnet hatte – allerdings auf italienisch, um genau zu sein. (»Che coglione!« hatte er am 10. August ausgerufen, als Ludwig XVI. seinen Garden untersagte, auf die Aufrührer zu schießen.) Bonapartes Fernbleiben hätte die revolutionäre Zeremonie wie auch ihre Veranstalter abgewertet. Das Direktorium roch die Gefahr. Um jeden Preis mußte der Heros durch seine Gegenwart für den Kult der Guillotine einstehen. Und wieder einmal schickten sie Talleyrand aus, um die Dinge ins reine zu bringen. Wichtig war vor allem, den jähzornigen Korsen nicht vor den Kopf zu stoßen und ihn daran zu erinnern, daß die Zeremonie gesetzlich verankert sei, daß er also pflichtgemäß teilnehmen müsse. Es handelte sich darum, ihm auf geschickte Weise beizukommen. Talleyrand begab sich also in die Rue Chantereine. Er bediente sich der sanften und blumigen Redeweise, über die er als Monseigneur d'Autun verfügt hatte, um dem General einen Platz in der ersten Reihe unter den höchsten Würdenträgern des Regimes anzubieten. Der General lehnte brüsk und ganz entschieden ab. Talleyrand hielt ihm nun sehr bedächtig, aber eindringlich vor, daß diese Ablehnung ihn keineswegs betrübe, hingegen ... wäre es äußerst angebracht, durch persönliche Anwesenheit den General und das Mitglied des ›Institut de France‹ zur Geltung zu bringen. Sollte jedoch Bonaparte als General nicht teilnehmen wollen, wäre es gewiß geschickt und vertrauenerweckend, sich an die bisher so gut gespielte bescheidene Rolle zu halten und einzuwilligen, der Zeremonie in der dritten Reihe beizuwohnen, zusammen mit der Delegation seiner Kollegen des Instituts – und im grauen Gehrock. Da stünde er hinter den Pfauen des Regimes; wenn man ihn sähe, würde man nur seine Zurückhaltung loben können, seine Anwesenheit würde die Jakobiner beruhigen und die Gemäßigten nicht aufregen. Bonaparte sagte zu. Selten, ganz selten sind die Fälle, da Bonaparte sich herbeiließ, seine Meinung unter dem Druck eines Ratgebers zu ändern. Sehr wenige Leute, selbst unter den bedeutendsten seiner Umgebung, können sich schmeicheln, jemals seine Entschlüsse beeinflußt zu haben. Talleyrand gelang es in ihrer gemeinsamen friedlichen Anfangszeit zwei- oder dreimal, den Heros die Stimme des gesunden Menschenverstandes vernehmen zu lassen. Und weil dem so war, beging Talleyrand den ungeheuren Irrtum zu glauben, er könne auch künftig Einfluß auf den Herrn und Gebieter bewahren. So wurde Bonaparte Talleyrands Herr in ebenso absoluter Weise, wie er der Herr über die letzten Soldaten seiner Armee war. Für eine gewisse Zeit – das versteht sich von selbst.

An jenem Tag stimmte er Talleyrands Vorschlag zu, und das Direktorium gab sich mit dem zufrieden, was ihm gewährt wurde. Die Regierung und die gesamte Körperschaft des Staates begaben sich in feierlichem Zug in »das Gebäude vormals Saint-Sulpice«. Zum wievielten Mal erschien Talleyrand seit dem Tag seiner Geburt und Taufe in diesen Hallen? Welche Gedanken beschäftigten ihn unter seinem gepuderten Haar an diesem 21. Januar 1798? Meinte er, den Tod Ludwigs XVI. zu glorifizieren? Dachte er an seinen Vater, der bei der Krönung jenes Königs die heilige Ampulle getragen hatte? Dachte er an die heiligen Messen in Begleitung von Mademoiselle Dorothée oder an die endlosen Gottesdienste, bei denen er seine Melancholie, seine verpfuschte Jugend, sein Streben, seine Philosophie herunterschluckte? Er hörte mit der gleichen Langeweile wie seinerzeit das Tedeum und das Tantum Ergo die Reden der Königsmörder an und die Hymnen des Jahres 1793 mit ihren farbigen Bildern von Gemetzeln.

»Wenn ein Usurpator Frankreich unterjochen will,
Ist er des Volkes Rache verfallen.
Er stürzt unter dem Eisen, seine blutigen Knochen
liegen auf dem Acker den Geiern zum Fraß.«

Ob Bonaparte Überlegungen anstellte über den »Usurpator«, der den Folterqualen geweiht war?

Als der Festzug aus Saint-Sulpice herauskam, wurde er mit einer Ovation des Volks empfangen. Und wem galt sie? Dem Bescheidensten, dem Unscheinbarsten unter den offiziellen Persönlichkeiten. Es war unbezweifelbar, man vernahm nur einen Schrei: »Es lebe der General der Italienarmee!« Er war erstaunt und gerührt. Noch in Sankt Helena dachte er daran wie auch an den Ärger der Direktoren. »Dergestalt, daß dieses Ereignis das Mißvergnügen der Regierenden nur steigerte.« Talleyrand empfand kein Mißvergnügen: alles verlief seiner Voraussicht gemäß. Das Direktorium hatte den General gewollt, es hatte ihn gehabt, mit Hilfe seiner Bemühungen. Ebenfalls durch seine Bemühungen und in Übereinstimmung mit der Meinung der Nation würde das Direktorium in Zukunft Bonaparte immer stärker am Hals haben und schließlich seine Klauen an der Kehle.

Durch einen Polizeibericht tritt die Frau, die Frau von Talleyrand-Périgord, Fürstin von Benevent, werden sollte, in die Geschichte ein. Daß sie überhaupt in das Leben Talleyrands eintrat, ist noch viel verblüffender.

In den ersten Monaten des Jahres 1798 wurde die Direktorial-Regierung davon unterrichtet, daß eine gewisse Mrs. Grand, englischer Herkunft, einen sehr wenig patriotischen Briefwechsel mit einem gewissen Lambertye, vormals Vicomte, in England wohnhaft, unterhielt. Sehr wahrscheinlich war die Dame eine Agentin des perfiden Albion. Keine Verdächtigung konnte zu jener Zeit schlimmer sein. In ihren Briefen erwähnte sie eine wichtige Persönlichkeit, von der sie sich viel erhoffte und die sie unter dem Namen »Kurzfuß« anführte. »Dieser«, schrieb sie, »scheint zu großen Posten« (gemeint ist die Stellung eines Mitglieds des Direktoriums) »berufen zu sein und wird vom Zauberer« (gemeint ist Merlin) »und seiner Clique behindert.« Die Bürger Direktoren erkannten im »Kurzfuß« den hinkenden Talleyrand, der, schon immer verdächtig, jetzt nahezu der Spionage-Mitwisserschaft bezichtigt werden konnte. Die Frau wurde festgenommen.

Der galante Kurzfuß holte sie aus dem Gefängnis. In seinem besten und überzeugendsten Stil schrieb er einen großartigen Brief, er richtete die Eingabe an Barras: »Bürger Direktor, Mrs. Grand ist als Verschwörerin festgenommen worden. Sie ist die Person auf der Welt, die am weitesten davon entfernt und am unfähigsten ist, sich in irgendeine Affäre einzulassen. Sie ist eine sehr schöne, ganz unaktive Inderin, die untätigste aller Frauen, die mir je begegnet ist. Ich bitte Sie, sich Ihrer Sache anzunehmen. Ich bin sicher, daß man nicht die Spur eines Vorwurfs finden wird, so daß diese kleine Affäre beendet werden könnte; es würde mir sehr leid tun, wenn Aufsehen erregt würde.« Und dann die Fortsetzung, die, wenn man Talleyrand und seine Zurückhaltung kennt, einen ungewöhnlichen Akzent bekommt: »Ich liebe sie, und ich bezeuge Ihnen, von Mann zu Mann, daß sie sich in ihrem Leben noch in keine Affäre eingemischt hat und auch nicht in der Lage ist, sich einzumischen. Sie ist eine wirkliche Inderin, und Sie wissen, wie fern solche Frauen jeder Intrige stehen. Gruß und Verbundenheit.« [23. März 1798]

Dieses »Ich liebe sie« ist umwerfend, und es wird Talleyrands ganzes Leben herumwerfen.

Die Dame kam von fernen Gestaden, in vielerlei Hinsicht. Catherine-Noël Worlée kam am 21. November 1762 in Tranquebar auf die Welt, in Indien, in einer dänischen, von französischen Besitzungen umschlossenen Enklave. Ihr Vater war Franzose, Offizier des Königs in Pondichéry und Ritter des Sankt-Ludwigs-Kreuzes. Sie ist demnach nicht von so geringer Herkunft, wie ihr böswilligerweise nachgesagt wird. Ihre Geburtsurkunde befindet sich in den Staatsarchiven. Bedauerlich ist, daß andere Papiere, die mit ihrer Festnahme – mit verschiedenen Festnahmen – zusammenhängen, verschwunden sind. Talleyrand hat später vermutlich das Notwendige getan, um die Akten zu säubern. Darin hatte er Talent und Übung. Catherine Worlée heiratete den Engländer George Grand, einen Beamten des Indian Civil Service. Sie brachte nur ihre Garderobe mit, ein paar Schmuckstücke, ihre fünfzehn Jahre und ihre unvergleichliche Schönheit. Sie war ziemlich groß, sehr gut gewachsen, und ihre Haut war von einer Durchsichtigkeit, die sprichwörtlich wurde. In ihr begegneten sich die Lässigkeit eines Kindes der Tropen mit nordischer Frische; ihre Augen, die blauesten und klarsten, die man sich vorstellen kann, und ihr blondes, strahlendes Haar machten Mrs. Grand zu einer der schönsten Frauen der Zeit. Kenner bezeugen, daß bei ihrer Blondheit der schwarze Bogen der Augenbrauen ihrem Blick etwas Bestrickendes verlieh. In bezug auf ihre Schönheit stimmen alle Aussagen überein. Der glückliche Mister Grand war schwerfällig und farblos. Geboren war er in Surrey, von französischen Eltern, Hugenotten, die ausgewandert waren. Die Engländer sahen einen Franzosen in ihm, die Franzosen einen Engländer. Esprit besaß er nicht, aber Herz, genau das Gegenteil von dem, was in seiner Ehe nötig gewesen wäre. Er zog mit seiner jungen Frau nach Kalkutta. Das große Leben begann.

Ein vornehmer Engländer, Sir Philip Francis, man würde ihn heute einen Playboy nennen, verliebte sich in Mrs. Grand. Ihr zu Ehren gab er einen Ball, überhäufte sie mit Artigkeiten und Geschenken, und die liebenswerte »Cathy«, so wurde sie genannt, erlebte am Abend des 8. Dezember 1778 die Überraschung, Sir Philip durch das Fenster in ihr Schlafzimmer und in ihr Bett springen zu sehen; er war mit Hilfe einer Leiter zu ihr hinaufgeklettert. In sein »Tagebuch« schrieb Sir Philip unter diesem Datum: »Heute nacht ist im Haus von George Grand der Teufel los.« George aß auswärts zu Abend. Als der Liebhaber wieder hinuntersteigen wollte, nahmen ihn am Fuß der Leiter die Bediensteten des Hauses in Empfang, stürzten sich auf ihn, schlugen ihn und banden ihn auf einem Stuhl fest. Man benachrichtigte den hintergangenen Ehemann. Er vergoß, so wird gesagt, in den Armen seiner Freunde »einen Strom von Tränen«, begab sich dann in ein anderes Haus, wo er von seinem Mißgeschick berichtete, tat das gleiche in einem weiteren, immer noch weinend, immer wieder getröstet, und auf diese Weise wurde seinem Unglück eine rührende Verbreitung zuteil. Unterdessen war es Sir Philip zu langweilig geworden, auf die Rückkehr des törichten Gatten zu warten, er versuchte, sich zu befreien, er pfiff nach seinen Leuten, die herbeieilten und Grands Domestiken windelweich schlugen, bevor sie, mit Sir Philip, entschwanden. Dann erschien Grand, noch immer in Tränen. Die Schuldige schickte er nach Chandernagor und seine Zeugen zu Sir Philip: er forderte ihn auf schwere Säbel, ein Duell auf Leben und Tod. Sir Philip hatte gar keine Lust dazu, er benahm sich unverschämt, tat, als wisse er nicht, worum es sich handele. Seiner Gattin erklärte er sogar, man suche Händel mit ihm, weil er sich einer jungen Frau erbarmt habe, die mit »einem alten häßlichen und stumpfsinnigen Franzosen« verheiratet worden sei. Lady Francis ergriff Partei für ihren ritterlichen Ehemann. Kurzum, die Angelegenheit kam vor Gericht. Da es noch Richter in Kalkutta gab, wurde der niederträchtige Verführer dazu verurteilt, Mr. Grand fünfzigtausend Rupien zu zahlen. Dieser gab unverzüglich die Erklärung ab, ihm sei »in vollem Umfang Genugtuung widerfahren«, er sei »bezahlt und zufriedengestellt«. Dieser einfältige Mann hatte auf einmal eine fast unversiegbare Quelle für Einkünfte entdeckt.

Sir Philip seinerseits war der Auffassung, er habe zuviel bezahlt für ein Vorspiel, er wollte die Fortsetzung des Stücks erleben. Er holte Cathy aus Chandernagor nach Kalkutta zurück und schiffte sie einige Monate später nach England ein. Dort blieb sie nicht. 1783 ist ihre Spur in Paris zu finden: durch eine Rechnung über 4816 Pfund für Schmuckstücke bei dem Juwelier des Bruders des Königs im Palais-Royal. Das war keine Bagatelle. Ihr Gewerbe hatte noch keinen großen Umfang, aber sie verfügte über Geld. Etwas später mietete sie ein Stadtpalais in der Rue d'Artois. Ausgehalten wurde sie – unter anderen – von dem Bankier Waldec de Lessart, der im Jahre 1791 Minister des Auswärtigen während der Gesetzgebenden Versammlung war. Waldec stand mit Talleyrand gerade zu der Zeit in Verbindung, als dieser mit der Mission in London beauftragt war. Hat Cathy Talleyrand damals gekannt? Es gibt zwar keine Beweise, aber es ist sehr wahrscheinlich. Waldec gab Diners bei seiner Mätresse. Das war genau die Gesellschaft, in der Monsieur d'Autun sich zu erholen liebte. Hat Cathy eine Rolle bei dieser Mission in London gespielt? Es gibt auch dafür keinen Beweis. Doch selbst ohne in solche Affären verwickelt zu sein, wie hätte sie von Talleyrand, Narbonne und Lauzun unbeachtet bleiben können? Sie trieb großen Aufwand, sie hatte Abonnements in drei Theatern. Sie tätigte umfangreiche Einkäufe von Schmuck, goldenem Geschirr, Silberwaren und Pelzen. Sie war für ihre Eleganz bekannt, sie trug die schönsten Roben mit großer Meisterschaft. Manchmal erschien sie sparsamer – und das war ihr großartigster Erfolg –, nur mit ihrem Haar bekleidet zum Diner. Alle, die diese Haarpracht in aufgelöstem Zustand gesehen haben, sind beeindruckt gewesen von der Fülle, der Länge und dem kostbaren, feinen Blond.

Die Malerin Vigée-Lebrun schuf 1783 ein Porträt von Catherine Grand. Von dieser Künstlerin gemalt zu werden, war ein sichtbares Zeichen großen Erfolgs. Auch bei Madame Vigée-Lebrun hätte Talleyrand Catherine treffen können. Dieses Porträt ist ein bißchen geziert und süßlich, aber sehr schön. Aus dem engelhaften Gesicht läßt sich nicht herauslesen, daß das Modell schon sehr viel hinter sich hatte und noch manchen Sturm bestehen mußte. Ihre Frische und Blondheit wirken unverwüstlich. Das Merkwürdigste jedoch ist, daß Catherine Grand und Talleyrand sich ähnlich sehen (Barras vergleicht sie beide mit Robespierre). Die gleiche Hautfarbe, das gleiche blonde Haar, die gleichen blauen Augen, die gleiche Lässigkeit und, als überraschendster Zug, die gleiche aufgeworfene Nase.

Am 10. August 1792, nach dem schrecklichen Tag des Massakers, wurde Frau Grand bewußt – sofern das überhaupt möglich war –, daß sich in Paris Ereignisse abspielten, von denen auch sie betroffen werden konnte. Doch um es ihr deutlich zu machen, mußte erst vor ihren Augen, wenige Schritte von ihr entfernt, ihr Hausmeister von einer Volksmenge in blutigen Lumpen ergriffen und in Stücke gerissen werden. Obgleich sie nie konsequent gedacht hat, meinte sie, daß es in kurzer Zeit auch an ihr sein könnte, massakriert zu werden. Sie ergriff die Flucht. Einige Tage danach befand sie sich im Hafen von Dover, sie saß am Kai auf einer Kiste, noch zitternd vor Angst, mit feuchten Augen und sechs in ihren Unterrock eingenähten Louisdor. Ein bezauberndes Bild. Ein junger Engländer bot ihr Hilfe an. Sie schickte ihn augenblicks nach Paris, er sollte ihr Goldgeschirr zusammenpacken und herüberbringen, dazu ihren Schmuck und ihre Pelze. Es gelang ihm, aber er mußte zehnmal sein Leben riskieren für die prächtigen, so kindlichen Augen der schönen Inderin. Die Bibliothek blieb zurück. Sie ließ sie sich von der Direktorial-Regierung zurückerstatten: »Kurzfuß« erledigte die Formalitäten.

In London gefiel es ihr ganz und gar nicht. Die Herren gingen bei ihr ein und aus, doch die Damen mochten sie nicht. Sie konnte nicht verstehen, daß die Türen der anderen ihr verschlossen blieben, da die ihre doch immer offenstand. Sobald Robespierre und seine Guillotine in Paris nicht mehr in Mode waren, wollte sie zurück. Nur, leider, stand sie auf der Liste der Emigranten. Trotzdem fuhr sie hinüber. Sie hoffte, einen galanten Jakobiner zu finden, der mit einem Federstrich ihren Namen von der Liste streichen würde. Das war nicht viel schwieriger, als einen Namen auf die Liste der zu Guillotinierenden zu setzen.

Sie machte die Reise über den Kanal zusammen mit einem Herrn Spinola, der durch die Zeitumstände der Schwiegersohn des hingerichteten Herzogs von Lévis geworden war. Der Schwiegersohn wollte den Besitz seiner Frau in Frankreich wieder an sich bringen. Der Polizei kam das aus Albion herübergekommene Paar seltsam vor und verhaftete die beiden. Spinola wurde ausgewiesen. Catherine konnte bleiben. Durch welche Gunst? Durch die, die sie verschenkte, wahrscheinlich. Sie hatte den galanten Jakobiner gefunden. Sie bezog ein bescheidenes Logis in der Rue Saint-Nicaise. Die Polizei behielt sie im Auge. Und zwar so genau, daß sie zum zweitenmal verhaftet wurde, das war der Augenblick, da Talleyrand intervenierte. Sie kannten sich mithin sehr gut. Woher?

Darüber berichtet der Engländer Colmache, der Talleyrands Sekretär war, in seinen »Revelations of the Life of Prince Talleyrand«. Eines Abends im Oktober oder November 1797 kam Talleyrand, Minister der Direktorial-

Regierung, nach Hause. Er hatte höchst enttäuschende Whist-Partien hinter sich und wollte sich schlafen legen. Ihm wurde gemeldet, daß seit längerer Zeit eine Dame einer sehr ernsten Angelegenheit wegen auf ihn warte; sie habe einen Brief von Montrond für ihn. Talleyrand war in schlechter Stimmung, wollte Montrond jedoch nicht verärgern. Er ging in den Raum, in dem die Dame wartete. Was er erblickte, war lediglich ein weiter Mantel mit einer Kapuze, in den die Besucherin eingehüllt war. Er bemerkte die Spitze der vergoldeten Sandalen und dazu den goldenen Saum des Schleiergewands, der unter dem Mantel hervorsah. Sie war neben dem Kaminfeuer eingeschlafen. Als er herantrat, wurde sie von dem Geräusch aufgeweckt, sie zuckte zusammen, stand auf, die Kapuze fiel nach hinten, der Mantel glitt von den Schultern: die Blume entfaltete sich, frisch und errötend wie eine wilde Rose, umstrahlt vom Schein des Feuers. Talleyrand war hingerissen. Die Unbekannte hätte erzählen können, was sie wollte, er hätte ja und amen gesagt.

Weshalb war sie gekommen, was wollte sie ihm sagen? Das, was »das Jesuskind der Hölle« ihr eingeflüstert hatte. Sie war schrecklich aufgeregt, und die Aufgeregtheit stand ihr gut. Montrond hatte ihr eingeredet, daß Bonaparte England besetzen würde, daß die Banken geplündert würden und sie ihr ganzes Vermögen verlöre, daß es aber einen Retter gäbe, der Talleyrand hieße, und daß, wenn sie sich ihm zu Füßen würfe, alles in die Reihe kommen würde. Es wurde Talleyrand klar, daß die Schöne ein Geschenk war, das Montrond ihm sandte. Er lächelte ihr zu und beruhigte sie. Sie würde doch in dunkler Nacht nicht zurück auf die Straße gehen wollen? Sie setzte der Aufforderung zu bleiben keinen Widerstand entgegen. Sie blieb im Hause Talleyrand. Dort wäre sie noch, wenn die Zeit und der Tod sie nicht ausquartiert hätten, wie Zeit und Tod es bei aller Welt tun.

Über ihren Einzug in Talleyrands Herz und Haus gibt es noch andere Versionen. Sie weichen nur hinsichtlich des Beginns voneinander ab, der Schluß ist der gleiche. Catherine Grand nistet sich ein. Es wird unter anderem gesagt, sie wäre nicht von Montrond geschickt worden, sondern von der Marquise de Sainte-Croix (Zoé Talon), der Schwester der Comtesse du Cayla, Favoritin von Ludwig XVIII. Sie habe Schutz gesucht vor den Schikanen der Polizei. Diese Fassung ist sehr viel wahrscheinlicher als die von der Plünderung Londons durch Bonaparte. Doch immer ist es dunkle Nacht, wenn sie in die Rue de Bac geschickt wird, um eine Audienz beim Minister zu erbitten. Der zweiten Fassung zufolge war Talleyrand an jenem Abend nicht allein: er war in Gesellschaft des Herzogs von Laval sowie von Sainte-Foy. Er habe die schöne Besucherin empfangen, sie in seine Gemächer geführt und sich wieder bei seinen Freunden eingefunden. Ein gewisses zufriedenes Lächeln erhellt sein Gesicht ... er erzählt ihnen den Grund dafür. Die beiden anderen sind entzückt. Sie bitten ihn, ihnen diese Schönheit vorzuführen. Geduld. Morgen werden sie sie sehen, übermorgen ... und dann jeden Tag, fünfundzwanzig Jahre lang, aber es dauert nicht so lange, bis daß sie über ihre Gegenwart stöhnen.

1797 war sie fünfunddreißig Jahre alt und zeigte leichte, kaum abträgliche Spuren eines Embonpoints. Talleyrand sagte von ihr, sie besitze »drei köstliche Arten der Süße: der Haut, des Atems und des Wesens«. [L-G] Was den Geist angeht, so hatte sie, wie er sagte, einen Geist »wie eine Rose«. Die Malerin Vigée-Lebrun meinte, zum Glück für die beiden hätte der Ehemann Geist für zwei. Ihre Einfältigkeit wurde sprichwörtlich. Ob es stimmt, daß sie auf die Frage, wo sie geboren sei, geantwortet habe: »Je suis d'Inde.« [Ich bin aus Indien.] [Wortspiel: *d'Inde* = *dinde*, auf deutsch: Pute.] Das ist durch alle Salons gegangen.

Als Vivant-Denon aus Ägypten zurückkam und von seiner Reise ein Buch mitbrachte, das sie mit Robinson Crusoe verwechselte, vernahm man zu aller Überraschung aus ihrem Mund die Frage, warum er nicht auch Freitag mitgebracht habe. Das und hundert andere Torheiten hörte sich Talleyrand mit völliger Gemütsruhe an, er ertrug alles und schien sogar entzückt. Gaben Narbonne und Montrond ihrem Erstaunen über seine Geduld Ausdruck, erwiderte er ihnen mit den furchtbaren Worten: »Man muß der Geliebte von Madame de Staël gewesen sein, um das ganze Vergnügen auszukosten, der Geliebte einer Törin zu sein.« Baron von Fenilly, einer der Liebhaber Catherine Grands, sagte von ihr, sie »wäre la Belle et la Bête in einem«.

So war die Frau beschaffen, derentwegen Talleyrand, Exbischof, aber immerhin Bischof, den unbegreiflichsten Irrtum seines Lebens begangen hat.

Daß er sie geliebt, daß er sie in sein Haus aufgenommen hat, daß sie dort als Hausherrin geblieben ist, daß sie ihm unschätzbare Annehmlichkeiten geschenkt hat, alles das ist begreiflich.

Was unverständlich bleibt, ist die Heirat.

An die große Liebe vermag man nicht zu glauben, weil es im Leben Talleyrands nie Liebesleidenschaft gegeben hat, weil er nicht fähig war, dieses Gefühl zu empfinden. Von ihm kann man sagen, was Madame du Deffand zu Fontenelle sagte und dabei einen Finger auf die Stelle legte, wo das Herz sitzt: »Auch hier befindet sich das Gehirn.«

Möglicherweise liegt dieser angeblichen Liebesaffäre etwas ganz anderes zugrunde als Liebe. Wäre in diesem Fall das »Ich liebe sie«, das so überzeugend klingt, unecht? Sollte er Liebe vorgeschützt haben, um etwas anderes zu verbergen? Mit dieser Heirat ist etwas Geheimnisvolles verknüpft, das nie geklärt worden ist.

Wenn es nicht Liebe war, was hat ihn dann zu dieser Heirat veranlaßt? Zu gegebener Zeit werden wir über ihn und seine Umgebung Weiteres erfahren. Im Augenblick können wir seltsame Komplicenschaften in ihren früheren Beziehungen vermuten. Es ist unwahrscheinlich anzunehmen, daß sie sich in der Nacht, als sie ins Haus des Ministers eindrang, zum erstenmal sahen. Haben sie 1797 an eine frühere Komplicenschaft angeknüpft, an eine vielleicht gefährliche? Die Verbindung mit Catherine Grand ist in seinem langen und gelassen geführten Leben, das erfüllt war von den erschütterndsten Ereignissen der französischen Geschichte, von grandiosen Dramen und düsteren Verheerungen, der einzige Abschnitt, vor dem man wirklich ratlos steht. Diese Frau ist »von woanders« her, sie ähnelt keiner seiner früheren Mätressen. Sie ist nie seine Freundin gewesen, und wiewohl sie sich Madame de Talleyrand hat nennen können, ist sie in seiner Welt nie heimisch geworden.

Die meisten Biographen begnügen sich damit, die Macht dieser Frau mit der »Sinnlichkeit« zu erklären. Davon wird noch die Rede sein anhand von Bekundungen, deren Offenheit keine Illusionen bestehen läßt. Andere lassen sich hinreißen und sprechen von »Sadismus«, was schlecht in Einklang zu bringen ist mit dem Wesen Talleyrands. Man ist geneigt, sich zu fragen, ob an dem Tag, da Mrs. Grand sich ihm aufdrängte, unter Talleyrands Klumpfuß nicht ein dunkler Abgrund gähnte, mit dem sie ihm Angst einjagte.

Vorerst soll er der Intimität mit seiner Rose ohne Dornen, wenn auch nicht ohne Geheimnisse, überlassen bleiben. Wie stand es um ihn und die Direktoren?

In geheimer Sitzung verlas Barras Talleyrands Brief an das Direktorium. Damit entfesselte er einen Schwall von Beschimpfungen gegen seinen Schützling.

Diesmal war es der bucklige La Revellière-Lépeaux, der als erster und am lautesten schrie. Er richtete seine Schimpfreden gegen den Bischof und die katholische Religion. In Talleyrands Eingeständnis sah er nichts anderes als das Verbrechen eines römischen Priesters. Des Bischofs Verderbtheit stamme von seiner klerikalen Erziehung her. Für den Bürger Direktor bestand die Verderbtheit darin, daß Talleyrand eine schöne blonde Frau liebte, die, was alles noch schlimmer machte, eine Engländerin war.

Rewbell machte dem Gezeter des Buckligen ein Ende. Jetzt war Merlin an der Reihe. Die Dinge schienen eine höchst gefährliche Wendung für Talleyrand zu nehmen. Merlin hatte juristische Kenntnisse, wie kein anderer verstand er es, die Legalität zurechtzubiegen. Deswegen war er ins Direktorium aufgenommen worden. Zunächst warf er einem Minister der Republik vor, sich eine Mätresse aus England geholt zu haben. Gab es denn in Frankreich nicht auch ordentliche und schöne Frauenzimmer? Dann weist er nach, daß »die vorgebliche galante Liaison in Wirklichkeit eine politische Liaison ist«. Er erinnert an die Gerüchte, die im Umlauf waren, an die hartnäckigen Gerüchte über die geheimen Beziehungen Talleyrands zu England: »Ein von England gekaufter Mann, für den Madame Grand nur der vermittelnde Dampfer ist.« Das Bild ist grotesk, läßt aber Gelächter nicht zu, denn mit diesem blödsinnigen Vergleich beantragt er die Todesstrafe gegen den Geliebten des »Dampfers«.

Diese Schlußfolgerung könnte einem das Zittern beibringen. Es darf nicht vergessen werden, daß vier Jahre zuvor diese gleichen Männer Leute beschuldigten und in den Tod schickten, gegen die sie nicht mehr Beweise in der Hand hatten als Merlin gegen Talleyrand. Er fordert, die Affäre Madame Grand solle untersucht werden, er wollte den Minister belangen: »Wenn es uns, wie ich hoffe, gelingt, das Gespinst der Verschwörung aufzudecken, werden wir einen aufsehenerregenden Prozeß veranstalten.« Mit solchen Direktiven kann die Polizei des Direktoriums sich sehr viel erlauben. »Haben wir ihn erst abgesetzt, wie es sich gehört, stellen wir ihn vor ein Militärgericht.« Die Sache ist beschlossen, man vermeint die Salve des Hinrichtungspelotons schon zu hören.

Nun beginnt Rewbell zu grollen. Sein Grollen ist erträglicher als das Zischen der Schlange. Er wiederholt seine alten Schimpfreden, er schlägt aber an jenem Tag, ohne es eigentlich zu wollen, einen neuen Ton an, der bestimmte Aspekte von Talleyrands Wesen, die von der offiziellen Geschichtsschreibung bisher nicht beachtet wurden, in den Vordergrund rückt. Rewbells impulsive Reaktionen machen die Haltung sehr vieler Leute Talleyrand gegenüber verständlich und werfen ein grelles – und fast unziemliches – Licht auf seine Gestalt. Rewbells Worte: »In Frankreich konnte er sich also nicht befriedigen, wo es an Dirnen nicht mangelt.« Damit ist die spätere Fürstin Talleyrand klassifiziert. Dann bekommt die Schimpferei einen anderen Klang: er greift Talleyrand selber an, in seiner Person, Rewbell versucht, den Fabrikationsfehler zu finden. Sein von einem geradezu tierischen Instinkt geleiteter Haß, ein körperlicher Widerwille, kommt der Bruchstelle nahe, und uns Heutigen, die Talleyrand nicht in Fleisch und Blut gesehen und gekannt haben, vermittelt er einen bestimmten Geruch, ein bestimmtes Hautgefühl. In den Beziehungen der Menschen zueinander spielt die Haut eine große Rolle, selbst wenn man sich darüber nicht im klaren ist. Eine Epidermis sträubt sich gegen die Epidermis eines anderen Wesens, dessen Ausdünstung und Beschaffenheit als unerträglich empfunden werden. »Er ist ein Hinkfuß, ein Krüppel, ein Mensch, der nur über einen Teil seiner Gliedmaßen verfügt und sich kaum auf zwei abgezehrten Knochen zu halten vermag.« Von der Schmähung abgesehen, was bleibt? Daß Talleyrand nicht nur in seinem Hinken körperlich verkümmert ist, sondern in seiner ganzen Person. Das stößt einen robusten Kerl vom Schlage Rewbells ab. Das Tierische, fast Bestialische in seinem Widerwillen kann Rewbell nicht unterdrücken. Die Sprache drückt die körperliche Abstoßung eines Menschen sehr deutlich aus: »Er ist zum Speien«, oder: »Er kann ihn nicht riechen.« Diese Antipathie gibt Rewbell folgende Worte ein: »Er ist ein lebender Toter, für den es gar keine Entschuldigung gibt, wo es für andere noch eine gäbe.« Ja, bei Talleyrand ist die Sinnlichkeit mehr als lau, sie läßt sich bei diesem lymphatischen Wesen leicht zügeln. Er kann den Skandal, eine solche Mätresse zu haben, nicht als Ausrede benutzen, denn er hat kein Temperament. Also bleibt er keusch, bleibt er in der Soutane, bleibt er kastriert. Das ist Rewbells Gedankengang. Ein vulgärer, ein schokkierender, aber ganz falsch ist er nicht. Talleyrands Trägheit, sein schlaffes, blasses Fleisch, seine salamanderhaften Bewegungen, seine wachsbleichen Wangen – sie sind bartlos, ja, er hat keine drei Barthaare – machen Rewbells Ansicht begreiflich: »Er ist ein Lüstling ohne [sexuelles] Bedürfnis, ohne [sexuelle] Möglichkeiten, der sich alle Mittel der Ausschweifung zunutze macht, gemäß der Schule Sades.« Der Anfang ist annehmbar, am Schluß entgleist er. In der Liebe spielte Talleyrand, aber er spielte nicht hoch. (Eine vertrauliche Aussage von Adélaide de Flahaut, die besser als Rewbell imstande ist, ein Urteil über den Fall abzugeben, erhärtet dessen Anwürfe. Am 17. Oktober 1789 gesteht sie Gouverneur Morris, sie wolle sich von Talleyrand lösen, weil es ihm an »fortiter in re« mangele, obwohl er reichlich über »suaviter in modo« verfüge, was nicht ausreichend sei.) Das bedeutet nicht, daß es ihm an Sinnlichkeit fehlte, im Gegenteil, er war ein Wollüstling. Ein weicher Lüstling, ein Kater, der sich selbst liebkost, wenn er Liebkosungen austeilt. Geht es an, Sade herbeizurufen, um Talleyrand zu erklären? Um ein Sadist zu sein, muß man grausam sein, emsig und erfinderisch. Talleyrand liebt nur die Sanftheit, die Trägheit und die Liebkosungen.

Merkwürdig! Aus dem Mund dieses Rohlings kommen die delikatesten Anspielungen auf Talleyrands Intimleben zutage.

Die Sitzung nimmt ihren Fortgang. François de Neufchateau wagt es, an den Respekt vor der Privatsphäre zu erinnern: »Das ist ein Heiligtum«, sagt er. Dieses Heiligtum glich eher einer Kirmes. Barras machte sich eine vorübergehende Windstille zunutze, übergab die Angelegenheit dem Polizeiminister (es war nicht mehr Sottin) und ließ ihm ganz freie Hand, um sie zu regeln. Talleyrand hat wohl von dieser Befugnis profitiert, denn die schöne Inderin verließ das Gefängnis und nahm das süße Leben im Haus der Auswärtigen Beziehungen wieder auf. Eine tolle Welt! Die gestern noch eingekerkerte Spionin kehrte in des Ministers Bett zurück und saß an seiner Tafel obenan. Der Minister, dem am Tag zuvor noch das Kriegsgericht drohte, blieb genauso Minister wie vorher, und die Welt ging ihren schmutzigen Weg weiter. Herrn von Talleyrand war nichts geschehen.

Der Orient verleitet General Bonaparte zum Träumen und Minister Talleyrand zum Kalkulieren

Wie erinnerlich, hatte Talleyrand vor den Mitgliedern des Institut de France am 3. Juli 1797 einen bemerkenswerten Vortrag gehalten über »den Nutzen, der bei den gegenwärtigen Gegebenheiten aus Kolonien erwachsen kann«. Um seine Ideen bildhaft zu machen, nahm er Ägypten als Beispiel. Choiseul hatte ihm den Gedanken eingegeben. Diese Politik war schon einmal Gesprächsstoff gewesen, als Volney 1787 sein berühmtes Werk »Reise nach Ägypten und Syrien« veröffentlichte. Talleyrand hatte es damals sehr bewundert und entwarf, Choiseuls Gedankengang und Volneys Kenntnisse vereinigend, einen Kolonisierungsplan für Ägypten, der dann, in der Hoffnung auf günstigere Zeiten, in der Schublade schlummerte. Talleyrands Bericht gelangte zu Bonaparte, der sich damals in Italien aufhielt. Das war wie ein Lichtstrahl. Er hatte bereits vom Orient geträumt, jetzt beschloß er, Talleyrands Plan zu verwirklichen. Häufig sprach er mit seinen Generalen darüber. Die Tatsache wird von Desaix in seinem »Tagebuch« festgehalten. Ohne es zu wollen, stand Talleyrand offensichtlich Pate bei der Expedition in den Orient. Willentlich drängte er später Bonaparte in dieses Abenteuer. Seine Rolle muß genau umrissen werden, denn sobald die Unternehmung eine schlechte Wendung nahm, vergaß er gänzlich, daß er an ihr beteiligt war.

Bonaparte schrieb ans Direktorium: »Die Zeiten sind nicht fern, da wir erkennen werden, daß wir, um England wirklich zu zerstören, uns Ägyptens bemächtigen müssen.«

Unverzüglich beglückwünschte Talleyrand Bonaparte zu dieser hervorragenden Initiative. Bonaparte war froh, einen Verbündeten gefunden zu haben, er antwortete: »Warum nehmen wir nicht die Insel Malta ein?« Und auch Korfu und andere Mittelmeerinseln und dann Ägypten, das eigentliche Ziel seiner Begehrlichkeit. »Man könnte von hier mit fünfundzwanzigtausend Mann aufbrechen, eskortiert von acht bis zehn Linienschiffen oder venezianischen Fregatten, und es besetzen. Ägypten gehört nicht dem Grandseigneur.« [13. September 1797] Der Grandseigneur ist der Sultan, der über Ägypten nur eine Schutzherrschaft, aber keine eigentliche Souveränität ausübt. Immerhin konnte Konstantinopel begründete Besorgnis über solche Pläne haben. Der Sultan mußte also in Sicherheit gewiegt werden. Das waren die Hintergründe, weshalb dem Botschafter Esseid Ali bei Talleyrands abendlichem Fest soviel Aufmerksamkeit und Liebenswürdigkeit bezeigt wurde. Er war zuvorkommender behandelt worden als irgendein anderer Botschafter. Das war die Eroberung, die Bonaparte an jenem Abend machen wollte, und nicht die von Germaine de Staël.

Talleyrand erhielt den Auftrag, den Sultan zu beruhigen und dessen Absichten zu ergründen, sobald er begriffen hatte, was sich gegen Ägypten zusammenbraute. Stets praktisch und vorausschauend, reorganisierte Talleyrand die »Ecole des langues orientales« [Schule für orientalische Sprachen] und vermehrte die Zahl der Dolmetscherschüler für Arabisch.

Am 27. Januar 1798, drei Wochen nach dem Fest und nach zahlreichen Unterhaltungen mit dem General, legte Talleyrand dem Direktorium einen Bericht über Ägypten vor. Dieses Schriftstück war in enger Zusammenarbeit der beiden Komplicen entstanden. Der unvermeidliche Zusammenbruch des Ottomanischen Reichs war einkalkuliert; es mußte verhindert werden, daß Rußland und Österreich sich der Überreste bemächtigten, die Republik mußte sich ihren Anteil reservieren. »In die erste Reihe stelle ich Ägypten, die Inseln Candia [Kreta] und Lemnos.«

Dann folgte die Aufzählung sämtlicher Inseln, die in Besitz genommen werden mußten, um den Weg nach Ägypten zu sichern: eine wahre Eskalation von Annektionen. Der Bericht ist von Talleyrand unterzeichnet. Doch ist diese Annektionspolitik seiner Denkart entgegengesetzt, und der trockene und autoritäre Stil ist nicht der seiner Erlasse. Wie kam es zu dieser Vergewaltigung seiner Grundsätze? Er hat die Verantwortung für einen von Bonaparte diktierten Bericht übernommen. Später wird ersichtlich werden, warum er es tat, und dazu, aus der Wendung eines Satzes, vielleicht die Andeutung des Beweggrunds, dem er gefolgt ist. So macht er es oft: mitten in einem farblosen Text wird, zwischen zwei Beistrichen, durch einen eingeschobenen Zwischensatz, eine grundlegende Wahrheit ausgesagt. Nur Geduld ... Um dem Direktorium, das drauf und dran war, dem Sultan den Dolch in den Rücken zu stoßen, alle Bedenken zu nehmen, schreibt er in dem Bericht: »Warum sollen wir uns noch länger für eine Macht aufopfern, deren Freundschaft fragwürdig ist und die vor ihrem Ruin steht? Ägypten ist nichts für die Türkei, die keine Spur von Autorität besitzt.«

Unterdessen fütterte man Esseid Ali mit Zuckerwerk, er hatte keine Ahnung von der »fragwürdigen Freundschaft«, von der er umgeben war.

Der Beginn des Feldzugs wurde auf den 1. Messidor festgelegt, Juli 1798, sechs Monate später. Man hatte es eilig. Das ähnelt Talleyrand nicht. Ebensowenig wie ihm die Initiative ähnelt, einen Bericht vorzulegen, den man nicht von ihm verlangt hatte. Eher hätte er vergessen, die Berichte abzuliefern, die er machen sollte. Wie dem auch sei, der Bericht existiert, er hat ihn unterzeichnet und vorgelegt. Nichtsdestoweniger behauptet er später, dieser Bericht stamme von Delacroix, er habe ihn völlig fertig vorgefunden, als er ins Ministerium einzog. In seinen Memoiren herrscht Schweigen darüber. Dort steht nur gerade so viel, daß man ahnt, eine Landung in Ägypten habe stattgefunden, aber daß der damalige Minister Talleyrand hieß, wird verschwiegen. Wiederum die liebenswürdige Neigung zum »Auslassen«.

Als Beweis für die entscheidende Rolle, die er gespielt hat, mag gelten, daß er, und das ist bekannt, Magallons ausgezeichnete Berichte studiert hat, der fünfunddreißig Jahre lang französischer Konsul in Kairo war. Schließlich existiert noch ein weiterer von ihm unterzeichneter Text, der aber im Stil den Säbelhieben dessen gleicht, der der eigentliche Verfasser war, und mit der Logik verhält es sich genauso. Ein Beispiel: »Ägypten war einstens eine Provinz der Römischen Republik, es muß eine der Französischen Republik werden.« Niemals hätte Talleyrand etwas so Ungereimtes in so entschiedenem Ton geschrieben. Gleichwohl hat er auch diesen Text unterschrieben wie viele andere mehr. Zum Schluß ein Schwenken des Weihrauchfasses zum Direktorium hin: hier ist die Feder von Monseigneur wieder zu erkennen: Die Monarchie ist zu schwach gewesen, um den grandiosen Plan zu verwirklichen, die Ausführung ist der Republik vorbehalten geblieben. Sie wird die Welt in Staunen setzen. Amen. Jede Einzelheit des Unternehmens ist festgelegt, alles ist einfach und leicht. Nur Siege stehen in Aussicht.

Ein Traum: von Suez aus wird ein Korps, fünfzehntausend Mann umfassend, nach Indien auf den Weg gebracht! Die Kriegsbeute ist gewaltig. Das klingt wie La Fontaines Fabel von Perrette und dem Milchtopf oder wie das Märchen von Hans im Glück. Wie konnte der sonst so vorsichtige Talleyrand ein solches Projekt unterstützen? In dem Text findet sich nichts über Stürme oder Landungsschwierigkeiten, nichts über die Versorgung oder über mögliche Epidemien – alles ist in Ordnung, und das Ganze kostet nicht viel. Vor allem werden die geringfügigen Kosten dieses Krieges hervorgehoben.

Was Fouché in seinen Memoiren darüber äußert, verdient Beachtung. Was er sagt, ist gewiß nicht dazu angetan, Talleyrand zu entlasten, aber es wirft etwas Licht auf die Angelegenheit: »Der ehemalige Bischof von Autun, so gewandt, so glatt, den die intrigante Tochter Neckers in die Auswärtigen Angelegenheiten lanciert hat, plante das große Scherbengericht in Ägypten.«

Nein, Bonaparte war der schöpferische Planer, und der »glatte und gewandte« Talleyrand beschleunigte die Verwirklichung. Was den Ausdruck »Scherbengericht« angeht, so muß er Fouché erst sehr viel später gekommen sein. Zum Zeitpunkt des Feldzugs hießen allein die Direktoren, in aller Heimlichkeit, das »Exil« des Generals willkommen, während Talleyrand, auf zwei Karten setzend, einerseits Bonaparte den Hof machte, indem er seinen ehrgeizigen Traum schürte, und andererseits dem Direktorium, indem er den Aufbruch des »voreiligen und verwegenen Generals«, wie Fouché ihn nennt, begünstigte. Fouché irrt sich nicht, wenn er hinzufügt, daß Bonaparte sich »mit Feuereifer ins Geschirr legte« bei dieser Eroberung des Orients, über »den er sich bereits als Sultan und Prophet herrschen sah«. Ein Traum, den Talleyrand zwar befürwortete, aber kaum unterstützte. Als die Affäre im Gange war, ließ er sie laufen und wusch seine Hände in Unschuld.

Und woher stammen Widerhall und Kenntnis von alldem? Vom preußischen Gesandten in Paris, dessen Freund Talleyrand war. Ihm hat er anvertraut, daß die Konzentration der Flotte in Toulon keinem anderen Ziel diene als dem Feldzug nach Ägypten. Der Preuße hat das Staatsgeheimnis gut gehütet! Aus der vertraulichen Mitteilung muß ein Satz, der die politischen Hintergründe der Expedition beleuchtet, hervorgehoben werden:

»Sie hat ein doppeltes, historisches und politisches, Ziel. Das erste ist, die Altertümer Ägyptens zu erforschen, die dazu dienen können, die Geschichte dieses Teils der Erde zu erhellen, und das andere ist, die Aufmerksamkeit und die kriegerischen Kräfte der Regierung von den revolutionären Ideen abzubringen, die ganz Europa erschüttern würden. Die universelle Republik ist ein ebenso großes Hirngespinst, wie die universelle Monarchie es gewesen ist.«

Diese Mitteilung, dieses Eingeständnis erklärt voll und ganz das seltsame Verhalten Talleyrands in der ägyptischen Affäre. Ihm ist der Orient einerlei, genauso wie der Seeweg nach Indien und das Reich, das Bonaparte sich schaffen zu können glaubt. Soll er doch die revolutionären Kräfte in der Wüste verbrauchen, das wird die Spannung in Europa mildern. Denn was für Talleyrand einzig und allein wesentlich ist, das ist das alte Europa.

Wenn Talleyrand den Eindruck erweckt, das Abenteuer zu fördern, dann geschieht es, um Beruhigung in Europa hervorzurufen. Und er macht dem preußischen Gesandten Sandoz-Rollin die vertrauliche Mitteilung nicht, damit dieser das Geheimnis für sich behält, sondern, im Gegenteil, damit er es seiner Regierung weitergibt und demzufolge den anderen Hauptstädten. Sie werden begeistert sein zu erfahren, daß die Republik sich in Europa weniger aggressiv verhalten wird, daß sie ihre Armee im Sand der Pharaonen versinken läßt. Europa wird aufatmen, die Zuversicht in einen künftigen Frieden wird wachsen. Dem Anschein nach sind Bonaparte und Talleyrand einer Meinung. In Wirklichkeit stehen sie mit dem Rücken zueinander. Der eine brach auf, um ein Reich zu erobern, der andere schickte ihn mit seinem Kriegslärm in die weite Ferne. »Die Sphinx aus der Rue du Bac« sah weit über die Pyramiden hinaus und möglicherweise auch voraus, daß die Direktorial-Regierung immer schwächer werden würde. Das Direktorium selbst war vermutlich gar nicht böse, daß der gefährliche Italienheld sich in die Ferne begab. Jedermann in Paris war also irgendwie an diesem Abenteuer – denn es war eines – interessiert und beteiligt, aus den verschiedensten und gegensätzlichsten Gründen.

Bonaparte hatte es mit dem Aufbruch so eilig, daß er sich nicht zum Rastätter Kongreß begab, worum Talleyrand ihn gebeten hatte, damit die Friedensverhandlungen mit Österreich beschleunigt würden. Diese Unbotmäßigkeit war schuld daran, daß Frankreich im Kriegszustand mit Österreich verblieb, was schwerwiegende Folgen hatte. Hingegen unternahm er eine Inspektionsfahrt ins Lager von Boulogne, um England irrezuführen und im Glauben zu lassen, er verfolge noch immer den Plan, »das Meer auszutrinken«. Talleyrand beschwichtigte Esseid Ali, der über die Gerüchte eines Feldzugs nach Ägypten beunruhigt war. Talleyrand redete ihm ein, die in Toulon liegende Flotte würde nicht weiter als bis Malta segeln. Danach würde man weitersehen . . .

Der Abschied des Generals von seinem Verbündeten im Außenministerium verdient es, beschrieben zu werden. Die beiden Persönlichkeiten erscheinen dabei in einem merkwürdigen Licht. Talleyrand war ernstlich krank, er lag bereits mehrere Tage zu Bett, als Bonaparte erschien, um sich zu verabschieden, ehe er nach Toulon aufbrach. Kurz bevor er ging, sagte er dem Minister, er habe keinen Sou in der Tasche und wisse nicht, woher er Geld nehmen solle für die Stunden, die er noch in Paris verbringen müsse. Talleyrand traute seinen Ohren nicht. Was, der Held, der Mann, der die Geldkästen des Direktoriums gefüllt hatte, war mittellos? Das ist wohl der Zug an Bonaparte, der ihn am meisten verblüfft hat. Er beschreibt die Szene in seinen Memoiren. Er sagt zu dem General, und das ist ein neuerlicher Beweis seines Wohlwollens: »›Bitte, öffnen Sie die Schublade meines Sekretärs, Sie finden dort hunderttausend Francs, die mir gehören. Jetzt gehören sie Ihnen, Sie können sie mir bei Ihrer Rückkehr wiedergeben.‹ Er fiel mir um den Hals, und ich war wirklich gerührt, wie sehr er sich freute. Nachdem er Konsul geworden war, gab er mir das geliehene Geld zurück. Eines Tages fragte er mich dann: ›Welches Interesse hatten Sie damals daran, mir diese Summe zu leihen? Hundertmal habe ich darüber nachgedacht, aber ich konnte mir nie erklären, welchen Zweck Sie verfolgten.‹ – ›Ganz einfach‹, antwortete ich ihm, ›ich hatte keinen. Ich fühlte mich sehr krank, es wäre durchaus möglich gewesen, daß ich Sie nie wiedersah. Aber Sie waren jung, Sie wirkten lebendig und eindrucksvoll auf mich, und mir gefiel es, Ihnen diese Gefälligkeit, ohne den geringsten Hintergedanken zu erweisen.‹« (Für Talleyrand war es ein Herzensanliegen . . .) Darauf die kalte Dusche: »In diesem Fall«, erwiderte Bonaparte, »haben Sie wie ein Tor gehandelt.«

Das sind Worte, die als Lehre dienen können und die späterhin manchen Leuten die Skrupel nehmen könnten, Leuten, die eher davon befallen werden als Talleyrand. Talleyrand erschien, dreißig Jahre später, diese Bemerkung höchst interessant. Uns auch.

Bevor Bonaparte ging, nahm er Talleyrand das Versprechen ab, einen erstklassigen Botschafter nach Konstantinopel zu schicken, um den Sultan zu beschwichtigen. Wer sollte dieser außerordentliche Botschafter sein? Talleyrand selbst. Der General bestand derart darauf, daß Talleyrand einwilligte. Gleichwohl packte er nicht sofort seine Koffer, sondern verfaßte Instruktionen für Herrn X in Konstantinopel, der Name des Adressaten blieb ungeschrieben, der Botschafter, dem die Instruktionen zugedacht waren, wurde nie ernannt.

Dieser Erlaß sollte dem Sultan klarmachen, daß die Eroberung Ägyptens nicht eine feindselige, gegen ihn gerichtete Maßnahme sei, ganz im Gegenteil, man wollte ihn lediglich von seinen Feinden, den Engländern, befreien. Es hätte ihm also schlecht angestanden, sich zu beklagen.

Kaum war Bonaparte in Malta gelandet, schickte er sein Schiff zurück nach

Toulon, es sollte Talleyrand zur Verfügung stehen, der auf diese Weise am schnellsten auf seinen Posten nach Konstantinopel gelangen konnte. Das Schiff führte den Namen »La Badine« [Das Stöckchen], und die Engländer kaperten es auf offenem Meer. Talleyrand brauchte sich also nicht einzuschiffen. Es wäre auf das gleiche hinausgekommen. Er war fest entschlossen, nicht nach Konstantinopel zu reisen, und er antwortete auf keine der Anfragen, die Bonaparte aus Ägypten an ihn richtete, um von ihm zu erfahren, ob er sich auch am Hofe des Sultans befinde und wie dieser sich verhielt. Talleyrand las Bonapartes Depeschen im Ministerium. »Ich weiß nicht, ob Talleyrand in Konstantinopel ist, Sie müssen einen Botschafter nach Konstantinopel schicken, das ist sehr wichtig. Talleyrand muß sich dorthin begeben und sein Wort halten.«

Er begab sich nicht dorthin, er ernannte niemanden. Der Geschäftsträger mit Namen Boulouvard tat, was er in seiner sehr wenig angenehmen Lage tun konnte. Er jammerte, denn er hatte Angst. Die Launen eines beleidigten und gefoppten Sultans konnten im 18. Jahrhundert für die Geiseln, die er in der Hand hatte, grausame Folgen haben. Das wußte Talleyrand sehr wohl, und er tröstete Boulouvard mit der ihm eigenen Artigkeit: »Ich begreife, wie peinlich, delikat und gefährlich Ihre Stellung bei der Pforte werden wird.« Er sprach ihm Mut zu: »Haben Sie keine Furcht vor den Sieben Türmen.« Damit meinte er das berüchtigte Gefängnis, in das die Gefangenen des Sultans geworfen und wo sie gefoltert wurden: Pfählen war die gängigste Methode. Talleyrand setzte Boulouvard auseinander, daß das Ottomanische Reich im Zerfall begriffen sei, mithin auch die Folterpraktiken, die seien weniger häufig und weniger grausam als in der Vergangenheit. Jedenfalls möge er ganz sicher sein, daß die Republik ihn rächen werde, wenn er leiden und sterben müsse, man habe Esseid Ali als Bürgen. Boulouvards Erwiderung auf diese trostspendenden Worte ist nicht bekannt.

Durch sein Verbleiben in Paris spielte Talleyrand zwei Leuten einen schlechten Streich. Zum einen Bonaparte (richtig besehen hätte Talleyrands Mission in Konstantinopel an dem unausbleiblichen militärischen Fehlschlag nichts geändert), zum anderen François de Neufchateau, der Talleyrands Platz an der Spitze des Ministeriums erstrebte.

Talleyrands Verhalten in dieser Affäre ist sehr unterschiedlich beurteilt worden. Die einen bezeichnen ihn als Verräter. Er hat Bonaparte die Unterstützung in Konstantinopel verweigert, trotz seines förmlichen Versprechens. Dieses Urteil ist einerseits diktiert von dem Widerwillen, den Talleyrand vielen Leuten einflößt, und andererseits von einer unbedingten Bewunderung für Bonaparte. Für den Historiker C. L. Lokke handelt es sich nicht mehr um Bewunderung und Widerwillen, sondern um Tatsachen: Man sähe sich bestätigt in der Annahme, daß Talleyrand in seinem Ministerium nur über eine beschränkte Aktivität verfügte, daß er keine Initiative ergreifen konnte – insbesondere die nicht, sich selbst mit einer Mission in Konstantinopel zu beauftragen –, wenn das Direktorium dagegen war. Und es wäre aus sehr ernsten Motiven dagegen gewesen: der Krieg mit Österreich drohte wieder aufzuflammen. (General Bonaparte hatte es nicht für nötig befunden, dem ihm gegebenen Befehl zu gehorchen und nach Rastatt zu gehen, um dort Friedensverhandlungen zu führen wie in Campo Formio.) Außerdem spitzte sich ein Konflikt mit den Vereinigten Staaten immer gefährlicher zu.

Hinzugefügt werden muß noch (man hätte es ahnen können), daß Talleyrand nichts unternahm, die Genehmigung für die Reise nach Konstantinopel zu erhalten, um dort für eine Sache einzutreten, die ihm weder schön noch gut, noch nützlich erschien. Zugunsten eines Mißerfolgs zu predigen hielt er für unnütz. Die Zukunft gab ihm nicht unrecht.

Jäher Sturz eines vormaligen Bischofs

Bei diesem Feldzug ist alles nur Mißverständnis und Widrigkeit. Am 18. September 1798 feierte Paris im Freudentaumel die Landung der französischen Armee in Alexandria, die am 1. Juli stattgefunden hatte. Das Desaster von Abukir, bei dem die französische Flotte vernichtet wurde, woraufhin das Expeditionskorps in der Wüste gefangen und von jeglicher Hilfe abgeschnitten war, hatte sich am 1. August ereignet. Was mithin heißt, daß der Sieg gefeiert wurde, während man eigentlich Trauer der Niederlage wegen hätte anlegen müssen. Chénier brüstete sich mit rhetorischen Phrasen über den Sieg, die von den aus England kommenden Nachrichten zunichte gemacht wurden. Nur die Engländer waren imstande, Seefahrt im Mittelmeer zu treiben, nur sie allein ließen Nachrichten über Bonapartes Armee aus dem Orient durch, sie waren allesamt katastrophal. Die Stimmung schlug von Begeisterung in Zorn um, und wie stets in solchen Fällen, wurde nach »Verrätern« gesucht. Die Direktoren wurden beschuldigt, Bonaparte bewußt in den Orient geschickt zu haben, damit sie ihn loswurden. Doch der am meisten Geschmähte war Talleyrand, er galt als der teuflische Initiator, der die Expedition geplant und ihr Scheitern angestiftet habe. Man weiß, was davon zu halten ist: Bonaparte, der eigentliche Urheber, der sich bei dieser Unternehmung ein Reich schaffen wollte, wurde als das unschuldige Opfer angesehen. Die Öffentlichkeit wußte nichts von seinen Plänen und Träumen. Sie hatte nur den Bürgergeneral, Mitglied des Institut de France, vor Augen. Alle sahen ihn heroisch, genial, schön und hintergangen von den ränkeschmiedenden Politikern. Die Vergötterung begann bereits.

Bonapartes Abwesenheit wurde schmerzlich verspürt, um so mehr als sie die europäischen Staaten ermutigte. Überall flammte der Krieg wieder auf, und überall gab es nur Desaster.

In Rastatt waren die französischen Bevollmächtigten von österreichischen Husaren ermordet worden. Angesichts dieser Untat erwachte in Talleyrand Zorn und die Bereitschaft zu kämpfen. Er verwies auf die Menschenrechte. Das Recht, gefahrlos zu verhandeln, war durch den Mord an den Unterhändlern vergewaltigt worden. Diesmal ergriff er die Partei der Jakobiner gegen die Kaiserlichen. »Dieses Verbrechen muß alle Nationen in Empörung versetzen, vor allem aber die freien, mit der Republik verbündeten Regierungen; denn gegen sie ist es in erster Linie gerichtet ...« Er forderte alle befreiten Völker auf, sich Frankreich anzuschließen, damit »die Freiheit in diesem Kampf, den Tyrannei und Verbrechen gegen sie führen, den Sieg davontrage«.

Er rief zum Krieg auf, weil er Frankreich bedroht sah. Die Angriffe richteten sich nicht mehr gegen die Jakobiner allein, sie galten Frankreich insgesamt. Überall waren die französischen Armeen auf dem Rückzug. Italien war verloren, die Niederlande wurden geräumt, die Schweiz desgleichen, und das Elsaß war bereits vom Feind besetzt. Das war – es ließ sich nicht verheimlichen – das Ergebnis der unsinnigen Politik der Direktorial-Regierung, derentwegen die Republik in allen Hauptstädten verhaßt war. Talleyrand hatte die Regierung immer wieder davor gewarnt, ehemalige Konventsmitglieder als Vertreter ins Ausland zu schicken, wie es beklagenswerterweise üblich war, denn sie führten sich auf wie in eroberten Ländern, ihr Auftreten, ihre Reden wirkten wie Provokationen. Durch ihre Unwissenheit und ihre Taktlosigkeit machten sie sich lächerlich und verhaßt. Man erinnere sich an das Verhalten der Konvents-Vertreter in New York. Was vermochte ein Minister, der über ein solches Personal verfügte?

Gleichwohl wurde der Minister für alles verantwortlich gemacht. Die Presse schäumte vor Wut, am giftigsten waren die Jakobiner. Ihre Zeitungen, »Le Républicain« und das »Journal des Hommes libres«, brachten wilde und drohende Schlagzeilen wie »Besuch des Teufels im Direktorium« oder »Mordprozeß einer Abenteurerin, genannt Revolution«.

Die Artikel waren derart blutrünstig, daß die letztgenannte Zeitung den Beinamen »Journal des Tigres« bekam. Jede Nacht wurden Plakate gegen den »Teufel« an die Mauern geklebt. Pamphlete waren im Umlauf. Eines trug, ein Jahrhundert vor Zola, den Titel: »Je vous accuse« [Ich klage an]. Talleyrand wurde beschuldigt, den Thron wiederaufrichten zu wollen.

Einer seiner erbittertsten Feinde war Antonelle – vormals Marquis, dann Mitglied des Revolutionstribunals, zu jenem Zeitpunkt Bürgermeister von Arles. Wie man sieht, hatte er einen guten Posten, und es kann gleich gesagt werden: er steht auch später an wichtiger Stelle. 1815 beteiligt er sich eifrig an der Wiedererrichtung (Restauration) von Thron und Altar. Am 2. Juli 1799 beginnt er mit seiner Kampagne gegen Talleyrand. Er wirft ihm seine adlige Abkunft vor. Das ist nur der bescheidene Anfang. Er wirft ihm weiterhin vor, er sei mit Choiseul-Gouffier befreundet, dem späteren Gesandten Ludwigs XVIII. in Sankt Petersburg. Er wirft ihm vor, daß er Bischof ist und es auch bleibt, denn das Sakrament ist unauflöslich. Er wirft ihm weiterhin vor, er stehe im Sold von England und trinke den Tokaier des Kaisers von Österreich mit seinem Freund Pitt (der ihn aus England ausgewiesen hatte). Die Wut dieses Ci-devant stieg auf den Höhepunkt, als das Direktorium außer dem Ministerium des Auswärtigen Talleyrand auch noch das Marineministerium übertrug. »Ja, wir wiederholen es, der Mann, der uns zugrunde richtet, ist jener ewige Bischof von Autun, jener Grandseigneur und große Scharlatan, der scheinbar alles weiß, ohne je etwas gelernt zu haben ...« Antonelle beschuldigt ihn, sein ganzes Trachten sei nur auf den Untergang der Revolution gerichtet, und er betreibe »als Anglomane im ganzen vaterlandsmörderischen Sinn des Wortes den Ruin Frankreichs, beginnend mit der Marine und der Verfassung ... Man muß noch schwachsinniger sein als dieser gemeine, schurkische und verkommene Intrigant, um nicht zu erkennen, daß er sich unter Barthélemy und Carnot zum Minister hat ernennen lassen mit dem einzigen Ziel, die Republik zugrunde zu richten.« [L-G]

Was sollte Talleyrand darauf antworten? Er antwortete nie. Seine Vertrauten berichten, er sei sogar einmal bei der Lektüre eines Schriftstücks eingeschlafen, das die Drohung enthielt, ihn dem Hinrichtungspeleton zu überantworten. Er hatte sich nicht zum Minister ernennen lassen, um Frankreich an England zu verkaufen, sondern einmal, um sich ein Vermögen zu verschaffen – und das ist ihm gelungen –, andererseits, um den Frieden mit Europa zustande zu bringen – und daran ist er durch alle möglichen Schikanen und Verdächtigungen gehindert worden. Antonelle streut sie aus: »Euer Minister ist ein Anglo-Emigrant, ein Verräter und Mörder seines Landes.«

Schließlich fand der tugendhafte Richter des Revolutionstribunals etwas viel Schlimmeres als Verrat, nämlich den Tatbestand des Konkubinats. Jetzt rast die beleidigte Tugend, sie schnaubt und schleudert Pech und Schwefel gegen die schöne Inderin. »Man denke, in diesem Augenblick teilt sie als Lieblingsfrau und Sultanin das Lager unseres Emigranten-Bischofs!« In diesem Augenblick, das ist brennende Aktualität. Man muß sich einen braven Bürger vorstellen, der seine von Druckerschwärze noch feuchte Zeitung liest: »Wir wagen folglich zu behaupten, daß wir den eigentlichen Schlüssel der heimlichen Ursache unseres ganzen Unglücks entdeckt haben.«

Talleyrands Lage wurde unhaltbar. Zumal zwei sehr unangenehme – und ziemlich gefährliche – Affären gleichzeitig auf ihn zukamen. Höchstwahrscheinlich von denselben Feinden ins Werk gesetzt.

Die erste, die die schlimmere hätte sein können, ging ohne Schaden vorüber. Sie bezog sich auf die Mission, mit der er 1792 in London betraut war und deren offiziell vorgeschobener Leiter ein junger Mann namens Chauvelin gewesen war. 1798 wurde diese Mission in der Öffentlichkeit als eine Delegation von Verrätern hingestellt, die nach London gegangen wären, um Frankreich zu verkaufen. Chauvelin rechtfertigte sich mit der ganzen Energie, die ihm seine Angst eingab, und mit der rührenden Unfähigkeit, die er schon in England bewiesen hatte. Es machte ihm keine Mühe darzulegen, daß er überhaupt nichts getan hatte und daß Talleyrand der allein »Schuldige« sei. Schuldig wessen? Erreicht zu haben, daß England neutral blieb. Dafür hätte man ihm eher danken sollen. Statt dessen wurde er wegen Hochverrats angeklagt. Doch unter diesem Regime ging man deswegen seiner Stellung nicht verlustig. Man konnte sie aus einem damals viel gewichtigeren Grund verlieren: der Minister des Auswärtigen hatte es an Zuvorkommenheit gegenüber einem jungen Spionageanwärter fehlen lassen, der überdies Wahlmann in seinem Stadtviertel war.

Das ist die zweite Affäre; man könnte weinen vor Scham.

Jorry, mit Vornamen Sébastien-Louis-Gabriel, 1772 in Paris geboren – Sohn eines Druckers –, war mit achtzehn Jahren in die republikanische Armee eingetreten. Da man in jener Zeit schnell befördert wurde, bekam er schon beim Eintritt den Grad eines Unterleutnants. In Jemappes brachte ihm eine nicht unwillkommene Verwundung den Rang eines Obristen ein. Sein Verhalten auf dem Schlachtfeld war keineswegs tadellos. In dieser zusammengewürfelten Armee lag vieles im argen, aber sie hatte eine unübertreffliche Tugend: bewunderungswürdigen Mut. Jorry jedoch zeichnete sich durch Feigheit aus. 1794 wurde er degradiert und drei Jahre später aus der Armee entlassen. Wiederum war Feigheit der Grund dafür, aber auch seine Betätigung in der extremistischen Partei von Babeuf. Er wurde in den Babeuf-Prozeß verwickelt, jedoch freigesprochen. Durch Zufall – ob es einer war, steht dahin – fand der junge Mann zum Zeitpunkt seiner Affäre mit Talleyrand einen Leumundszeugen in der Person von Barras. Wahrhaftig, Barras trat in einer Leumundsaffäre auf und bürgte für das Wohlverhalten eines jungen zwanzigjährigen Soldaten, der wegen Mangels an Tapferkeit nach Hause geschickt worden war! Er bezeugte feierlich: »Ehrenhafter Soldat, voller Mut und Charakterfestigkeit, eine sehr seltene Eigenschaft.« Zwar war, was Barras aussagte, falsch, aber er zielte richtig. Er bediente sich Jorrys, um die Anglo-Emigranten-Fregatte, genannt Talleyrand, zu torpedieren.

Was war geschehen? Ein Jahr zuvor, Ende Oktober 1797, hatte Talleyrand in seinem Ministerium zwei Leute empfangen, die ihm vom Polizeiminister geschickt worden waren, sie kamen mit folgender Empfehlung: »Bekannt für ihren ungestümen Charakter, im Geheimdienst in Italien zu verwenden.« Offenkundig handelte es sich darum, zwei Individuen aus Paris verschwinden zu lassen. Ein eigenartiges Geschenk an die »befreiten Völker«. An ihrem Weggang war der Polizei von Paris gelegen, er würde der Besatzungsarmee Spione verschaffen und zwei Galgenvögeln eine Existenz. Der eine war der »General« Rossignol, der andere Jorry. Talleyrand empfing sie höflich und bot ihnen eine Stellung in Rom an. Das war kein schlechter Anfang. »Sie baten mich darum, nachdenken und frühstücken zu dürfen«, sagt Talleyrand. Nachdem sie beim Frühstück nachgedacht hatten, lehnte Rossignol den Posten ab. Jorry nahm an. Er ging zur Kasse und erhielt zweitausendvierhundert Pfund Vorschuß, um sich nach Rom zu begeben. Er steckte das Geld ein, erschien aber nie wieder, um den Paß und die Instruktionen zu holen, sondern machte sich mit dem Geld des Ministeriums schöne Tage.

Fünf Monate später wurde das Direktorium von dieser schwerwiegenden Unregelmäßigkeit in Talleyrands Amtsführung unterrichtet. Man verlangte Erklärungen, doch er wußte nicht mehr genau, um wen und was es sich handelte. Er beging nach dieser Warnung den Fehler, die Dinge laufen zu lassen, er unterließ es, Jorry vorzuladen und Nachforschungen anzustellen. Allerdings nannte er, bei seiner üblichen Vorsicht, in der schriftlichen Antwort Jorrys Namen nicht. Es könnte so aussehen, als habe er ihn schonen wollen. Hatte er wieder einmal eine Fallgrube gewittert? Vielleicht hatte er jedoch wirklich den Namen vergessen.

Merlin hatte sich mit der ausweichenden Antwort nicht zufriedengegeben. Er hatte der Polizei einen Fahndungsbefehl direkt zuleiten lassen: »Sofort nach Oberst Jorry wegen Betrugs fahnden.«

Ohne daß Talleyrand es wußte und ohne daß er es wollte, war die Angelegenheit in Gang gesetzt worden. Jorry wurde am 5. April 1798 gefaßt. Unverzüglich machte er Talleyrand für seine Festnahme verantwortlich. Drei Tage später erschien er vor dem Richter, gab zu, das Geld bekommen, es aber nicht angetastet zu haben, er sei bereit, es zurückzugeben, und er sagte, seine Ehrlichkeit beteuernd, er wäre nicht abgereist, weil der Minister ihm weder einen Paß noch Instruktionen gegeben habe. Er brüstete sich, Wahlmann seines Stadtviertels zu sein und Barras als Bürgen zu haben. Der Richter ließ ihn augenblicklich gehen und hatte ihm nichts weiter vorzuwerfen. Am 8. April war Jorry frei. Jetzt bewies er seinen unberechenbaren Charakter. Das »Journal des Hommes libres« stellte sich ihm zur Verfügung. An den Straßenecken ballten sich die Leute zusammen, um die Anschläge zu lesen, in denen Talleyrand beschimpft wurde. Mit welchen Mitteln wurde wohl diese gewaltige Kampagne bezahlt? Paris summte und dröhnte vor Haß. Er, gelassen wie immer, unternahm nichts. Seine Freunde waren besorgt. Einer suchte ihn auf, um ihn vor den drohenden Gefahren zu warnen. Er hörte nur mit halbem Ohr zu und sagte, er erwarte den Besuch zweier großer, bemerkenswerter Persönlichkeiten. Der Besucher wurde neugierig, er stellte sich etwas Hochpolitisches vor. Europa stand in Flammen. Aus welchem Land mochten sie kommen? »Von wem sprechen Sie?« fragte er. Talleyrand antwortete: »Von zwei Bären aus Bern.« Er fand es vergnüglich, daß Bären aus der Schweiz für den Tiergarten geschickt wurden, wo ein hübsches Gehege ausgehoben worden war, um die helvetischen Gäste zu empfangen. An solchen Dingen nahm dieser Mann Anteil in einem Augenblick, da er keine Straße in Paris überqueren konnte, ohne das Wagnis einzugehen, belästigt oder gar aufgehängt zu werden.

Unterdes machte Jorry einen Prozeß gegen den Minister anhängig wegen willkürlicher Verhaftung und verleumderischer Beschuldigung. Der damaligen Prozeßordnung zufolge konnte Talleyrand einem Erscheinen vor Gericht nicht ausweichen. Den Gerichtshöfen des Direktoriums schenkte niemand Vertrauen, nicht einmal die Männer des Direktoriums selbst. Talleyrand spürte die unmittelbar drohende Gefahr. Er ließ im »Moniteur«, unpersönlich abgefaßt, einen Artikel erscheinen, der das Verhalten des Außenministers rechtfertigte. Darin wird dargelegt, was sich zwischen ihm und Jorry abgespielt hatte. Es wird erklärt – was die Richter im Prozeß nicht beachten wollten –, daß der Fahndungsbefehl gegen Jorry nicht vom Minister veranlaßt worden war. Der Artikel schließt mit der Feststellung, daß hier kein Streitfall zwischen zwei Personen vorliege, sondern eine von dritten ausgeschlachtete Affäre, und er weist auf ihren eigentlichen Hintergrund hin: »Das alles wäre mitleiderregend und würde auch nur Mitleid erregen, wenn man in diesen widerlichen, wütenden und verleumderischen Anschlägen nicht die kaum verhohlene Absicht dieser von Grund auf zerstörerischen Partei erkennen müßte, die tagtäglich auf den Sturz der Regierung sinnt.«

Genaugenommen wollte man nur den Sturz des Ministers. Was die Regierung anging, so fühlte diese sich ziemlich sicher. Bonaparte in der Wüste, Talleyrand kaltgestellt, die Direktorenclique konnte weiter ihr Süppchen kochen.

Man hatte es sich so sehr zur Gewohnheit gemacht, ihn zu übergehen, daß ihm nicht einmal mehr die Schriftstücke übermittelt wurden, die sein Ministerium betrafen. Gesandte wurden ernannt und versetzt, ohne daß er benachrichtigt wurde. Seine Geldmittel wurden eingefroren. Er flehte das Finanzministerium an, seine Angestellten zu bezahlen, er selbst erhielt weder ein Myriagramm noch ein Gramm Weizen. Das bedeutete Verabschiedung.

Er bewahrte seine gleichmütige Miene, aber Vorsichtsmaßregeln hatte er getroffen. Sein Paß für eine Flucht ins Ausland lag bereit. Sein Vermögen – nach zwei Jahren Ministeramt auf drei Millionen Pfund (ungefähr fünfundzwanzig Millionen heutige Francs) geschätzt – war auf Banken in Hamburg und London verteilt. Immerhin versuchte er, Zeit zu gewinnen. Er setzte alles daran, den Termin, an dem die Angelegenheit verhandelt werden sollte, hinauszuschieben, er verzögerte ihn um ein Jahr. Schließlich veröffentlichte Antonelles Zeitung am 11. Juli 1799 einen Brief von Jorry, der die Frage nach den Gründen des Prozeßaufschubs und nach der »höchst verbrecherischen Nachsicht gegenüber dem Urheber des ganzen Unglücks der Republik« stellte. Am 12. Juli folgten die Richter dem Ansinnen der Klageschrift und fällten ein Urteil gemäß den Wünschen des »Journal des Hommes libres«, das am 13. Juli jubelte: der »unschuldige« Jorry war freigesprochen worden. Die Richter hatten in der Sitzung kein Hehl daraus gemacht, daß sie das Verhalten des Ministers mißbilligten. Erstaunlicherweise hat keiner Talleyrand den einzigen und eigentlichen Fehler vorgeworfen, den er begangen hatte, nämlich einem Abenteurer Geld zu geben, ohne Rechnungslegung von ihm zu fordern. Hingegen wurde er angeklagt und verurteilt wegen der Festnahme Jorrys, wiewohl er mit der Verhaftung des Amateurspions überhaupt nichts zu tun hatte.

Jorry erreichte, daß der Minister verurteilt wurde, ihm hunderttausend damalige Francs als Wiedergutmachung zu zahlen (sogar eine Gefängnisstrafe war gefordert worden); außerdem erreichte er die Veröffentlichung des Urteils »in zweitausend Exemplaren mit Regreßanspruch an die zuständige Person«.

Die zuständige Person reichte nach Erhalt des Verdikts ihr Rücktrittsgesuch ein. Das war am 13. Juli 1799. Nach einer Woche hatten die Bürger Direktoren noch immer keine Antwort gegeben. Talleyrand sandte einen zweiten Brief: »Ich kann es mir nicht verzeihen, auf einem Posten zu bleiben, auf dem, wie ich feststelle, trotz der Gewißheit, alles in meiner Macht stehende Gute für die Republik getan zu haben, allein mein Name, der Tag für Tag mit neuen Schmähungen überhäuft wird, ein Hindernis für die Absichten der Regierung werden kann. In einem Augenblick, da ein Gericht des Département de la Seine mich verurteilt, ohne mich zur Sache vernommen zu haben, da es mir eine Denunzierung, die nie, weder schriftlich noch mündlich, erfolgt ist« (er weiß also nicht, daß Merlin die Anzeige unterzeichnet hat), »als verleumderisch und verfassungswidrig zur Last legt, obwohl ich sie nicht geäußert habe noch jemals habe äußern wollen – in diesem Augenblick weist mich alles darauf hin, daß ich mich zurückziehen muß.« Das war am 20. Juli 1799. Diesmal wurde das Rücktrittsgesuch angenommen, mit einem schriftlichen Lob »für den beständigen Eifer, die Staatsbürgergesinnung und die Kenntnisse«, die Talleyrand bei der Ausübung seines Ministeramts bewiesen habe. [L-G]

Das »Journal des Hommes libres« spie Gift und Galle, daß man einem »Verräter« Lobsprüche widmete: Als Talleyrand den Namen seines Nachfolgers erfuhr, blitzte ein Funke ironischer Genugtuung in seinen Augen auf, es handelte sich um einen seiner Untergebenen, einen sehr ehrbaren, sehr zuverlässigen, sehr pünktlichen, sehr verstaubten Abteilungsleiter des Ministeriums. Dieser Mann besaß offensichtlich alle Eigenschaften, die seinem Vorgänger fehlten, hingegen hatte er keines seiner Talente. Wie alle vernünftigen Leute war Talleyrand der Meinung, daß dieser Reinhardt nur eine Zwischenperiode ausfüllen könne und daß es dessen einzige Aufgabe sei, den Platz für ihn warmzuhalten. Reinhardt, der voller Hochachtung zu

Talleyrand aufsah, war selber davon überzeugt. Talleyrand beglückwünschte ihn auf das liebenswürdigste.

Keine Spur von Verbitterung, im Gegenteil, er pries sich glücklich, rechtzeitig ein morsches Schiff verlassen zu haben. War es nicht besser, auf festem Boden zu stehen, um es zu gegebener Zeit versenken zu können? Er dachte an das neue Schiff, auf dem sich das Frankreich von morgen einschiffen sollte. Was war schon ein Jorry bei solchen Perspektiven? Ein Nichts, jemand, der, ohne es zu ahnen, geholfen hatte, Talleyrand etwas früher als vorgesehen auf den Weg zu bringen, den er gehen mußte. Frankreich war unterwegs ...

In seinem Rücktrittsgesuch bekundet Talleyrand seine Treue zur Republik. Er geht, bricht aber die Brücken nicht ab. Im Grunde fehlte ihm das Ministerium, er gesteht es Sandoz-Rollin, dem preußischen Gesandten. Um sich selber treu zu bleiben, das heißt seiner Seiltänzernatur, war er nicht früher gegangen, als sein Grundsatz, sich stets die Wahl zwischen zwei Parteien offenzuhalten, es ihm erlaubte. Er hatte einen Amtssessel verloren, er brauchte einen anderen. Erstaunlich und überraschend ist allerdings, daß er, seitdem das Direktorium ihn so schlecht behandelte, mit einem Geheimboten des Grafen von Artois, des späteren Ludwigs XVIII., in Verbindung getreten war. Warum? Die Bourbonen haßten ihn. Er streckte seine Fühler aus ... er steckte Wegmarken ab ... Was würde die Zukunft bringen? Das Direktorium war ein Leichnam, und Bonaparte war in Ägypten. Ob er überhaupt eines Tages wiederkommen würde? Um mit dem designierten König ins Gespräch zu kommen, ließ er anfragen, ob im Falle einer Restauration der Exbischof von Autun einen Titel als Herzog und Pair und seine völlige Säkularisierung würde erlangen können. Ludwig XVIII. ließ ihm antworten, er würde ihm das Herzogtum Périgord zusprechen, unter der Bedingung, daß die Kirche ihm Säkularisierung gewährte. Das war ebensogut wie nichts versprechen. Im Grunde hatte Talleyrand nur sondieren wollen, seine Neigungen gehörten im Falle einer Restauration dem Haus Orléans. Doch auf dieser Seite war nichts zu erhoffen, der Herzog von Orléans wollte von Politik nichts mehr wissen. Um seine Lage als Republikaner zu festigen, hatte Talleyrand – angeblich – die machiavellistische Idee, sich die Verhandlungen mit den Bourbonen zunutze zu machen und Barras einen unerhörten Plan vorzutragen. Es handelte sich um eine solche Verräterei, daß auf die Quelle hingewiesen werden muß: die Dinge sind allein durch Barras' Memoiren bekanntgeworden. Alle Prinzen der Bourbonen-Familie sollten nach Wesel gerufen werden. »Nichts wäre einfacher«, hätte Talleyrand gesagt, »als sich ihrer zu bemächtigen und sie nach Frankreich zu schaffen, wo mit ihnen geschehen sollte, was das Direktorium in seiner Weisheit beschließen würde.« Ist das denkbar, oder war es ein Tiefschlag von Barras, der durch die Veröffentlichung dieses wahnsinnigen

Plans zwischen Talleyrand und den Bourbonen ewigen Haß säen wollte? Talleyrand habe – noch immer Barras zufolge – hinzugefügt: »Ein großartiger Fang, bei dem man alle Fische auf einmal im Netz haben würde.«

Und dieses Projekt soll Talleyrand nur ausgeheckt haben, um vom »Journal des Hommes libres«, von Rewbell und Antonelle als Republikaner anerkannt zu werden! Das klingt wenig glaubwürdig, nicht weil es so ungeheuerlich ist, sondern weil Talleyrand nicht mehr auf das Direktorium setzte. Alles deutet darauf hin, daß Barras in seinen Memoiren – wie er es öfter tut – Talleyrand wissentlich angeschwärzt hat, um sich an ihm zu rächen. Nicht ohne Grund, wie sich noch zeigen wird.

Barras ging auf den »Fischzug« nicht ein, da er aber krank war, kam Talleyrand öfter an sein Bett. Es war im Juli 1799, er hatte gerade sein erstes Rücktrittsgesuch eingereicht. Durch freundlichen Zuspruch bei dem geschwächten Kranken hoffte er, ebenso gute Ergebnisse zu erlangen wie seinerzeit, als er den zu Tode Betrübten tröstete. Er versuchte, Barras einzureden, die Affäre Jorry sei gegen ihn, Talleyrand, nur angezettelt worden, um seinen Freund Barras zu treffen, dem er am Schluß seiner Briefe stets »ewige Verbundenheit« beteuerte. Barras unterstützte insgeheim Jorry und kannte die Hintergründe der Affäre sehr genau. Deshalb hörte er »diese Art Schnurren und die falschen schmeichlerischen Liebkosungen der Angorakatze« mit Geringschätzung an. Wie richtig und genau! »Eine Angorakatze«, das ist eine wirklich treffende Bezeichnung für Monsieur d'Autun.

Talleyrand hielt es für angebracht, eine Broschüre zu seiner Rechtfertigung zu schreiben. Einmal ist keinmal! Er hatte bei der ganzen Sache keine glückliche Hand. Immerhin, durch die Druckkosten richtete er sich nicht zugrunde, denn er wies darauf hin, es sei der Minister und nicht der Mensch, der hier betroffen sei, und ließ die Broschüre vom Ministerium bezahlen. Seine Verteidigung besteht darin, daß er diejenigen, die ihn angreifen, beschuldigt, weniger gute Revolutionäre zu sein als er selbst.

Es ist ein Verhängnis. Talleyrand mit seiner Soutane und seiner Noblesse ist ständig gezwungen, Beweise seiner Jakobinergesinnung zu geben, die von den Jakobinern immer wieder in Zweifel gezogen wird. Das ist die Tragik der Überläufer. Er unterstreicht die Rolle, die er in den Jahren 1789 bis 1791 gespielt hat: Er ist der Begründer der Freiheit in Frankreich. 1799 machte das noch Eindruck und konnte günstige Wirkungen haben. Leider aber veranstalteten 1815 seine Feinde eine Neuauflage dieser Broschüre, in der er die Großtaten der Revolution preist und den Anteil, den er daran hat. Für ihn war das ein böser Augenblick. Die Regierungen kommen und gehen – die Broschüren bleiben bestehen. Heutzutage würde man sagen, die »Konjunktur« habe sich geändert. Der Ausdruck hätte Talleyrand gefallen: er klingt so melodiös.

Er brauchte nicht bis 1815 zu warten, um einige kräftige Rügen einstecken zu müssen. Am meisten Aufsehen erregte die von Delacroix, seinem tristen Vorgänger. Talleyrand hatte ihm in seiner üblichen Gelassenheit und Unverfrorenheit eine Vaterschaft zugeschrieben, die Delacroix diesmal nicht beanspruchte: die für den Feldzug nach Ägypten. Delacroix gab Antwort und legte mühelos die entscheidende Rolle dar, die Talleyrand dabei gespielt hatte. Dieser blieb beharrlich und verfing sich dabei nur immer mehr. Mangels eines Beweisstücks gegen Delacroix zitierte er einen Brief, in dem Delacroix dem Konsul Magallon einen Krankheitsurlaub gewährte. Damit wollte Talleyrand glauben machen, die beiden Männer hätten den Eroberungszug gegen Ägypten ausgeheckt. Am 28. Juli 1799 veröffentlichte Delacroix einen scharfen Artikel, um die Dinge richtigzustellen. Darauf antwortete Talleyrand nicht mehr; diese Taktik hätte er von Anfang an anwenden sollen. In Zukunft reagiert er nun nie mehr auf irgendwelche Angriffe, niemals mehr rechtfertigt er sich. Er bleibt ungerührt und stumm. Die Nörgler mögen sich heiser schreien, von ihm ist kein Echo zu erwarten.

Bevor er sein Amt quittierte, machte er der Republik ein letztes Geschenk: er empfahl ihr Fouché als Polizeiminister. Der war – aus anderem Holz als Sottin – eine der erschreckendsten Persönlichkeiten einer Epoche, die an solchen Charakteren gewiß nicht arm war. Seit einigen Monaten war er in untergeordneter Stellung dem Ministerium des Auswärtigen zugeteilt. Talleyrand war der Auffassung, er könne mehr leisten, obgleich er ihn kaum kannte und keineswegs begierig war, persönliche Verbindungen mit ihm aufzunehmen. Die blutige Vorgeschichte dieses Mannes war ihm bekannt. Sie paßten auch nicht zueinander. Weder Fouchés frühere Zugehörigkeit zu den Oratorianern noch seine Herkunft, weder sein Wesen noch seine Umgangsformen, noch seine Laufbahn vermochten Talleyrand anzuziehen. Wenn Talleyrand mit Fouché sprach, hatte er den Eindruck, einen Putzlumpen zu berühren ... Davon abgesehen war Talleyrand sehr wohl in der Lage zu erkennen, daß man in Revolutionszeiten des öfteren einen solchen Lappen nötig hat, um schmutzige Ecken zu säubern. Er war, da er die Bürger Direktoren und ihren Drang, die Staatsbürgergesinnung der Franzosen »anzufachen«, kannte, der Meinung, daß Fouché ihr Mann sei. Zugleich war es ein Racheakt. Weil die Jakobiner des »Journal des Hommes libres« ihm in der Affäre Jorry einen so üblen Streich gespielt hatten, hinterließ er ihnen, um sie zu züchtigen, ihren schlimmsten Feind: einen Jakobiner wie sie, einen so untadeligen Jakobiner, daß er die Jakobiner würde austilgen können, ohne daß jemand seine hervorragende Jakobinergesinnung in Zweifel zu ziehen vermochte. Das hielt er Sieyès vor Augen. Sieyès war der Kopf der neuen direktorialen Mannschaft, ein guter Kopf, ein bedeutender Jurist, ein philosophisch geschulter Mann, ein Mann von 1789 und der »Erklärung der Menschenrechte«. Aufmerksam hörte er den letzten Vortrag an, den Talleyrand hielt, ehe er sein Ministerium verließ: »Jetzt, da die Jakobiner sich so kühn und gewalttätig uns gegenüber benehmen, gibt es nur einen Jakobiner, der sie tatkräftig bekämpfen, sie wirksam attackieren und sie zerschmettern kann. Sie haben folglich keinen besseren als Fouché.«

Sieyès stimmte zu. Fouché übernahm sein Amt an dem Tag, da Talleyrand das seine abgab. Die Jakobiner freuten sich. Sie waren naiv. Beim Abgang hinterließ Talleyrand einen Trumpf, der sie ausstechen sollte. Was Fouché für Talleyrand bedeutete, ist nicht sonderlich wichtig. Sie begegnen sich zuweilen auf ihrem Weg, befreunden sich jedoch nicht, sie verabscheuen und verachten sich – bis sie sich eines Tages verbünden, um gemeinsam einen Schlag zu führen, und sich danach um so tiefer zu hassen.

Talleyrand verließ also das Hôtel de Galliffet und dessen Pracht und zog in die Rue Taitbout. Die schöne Inderin machte den Umzug mit.

Wenn man konspiriert, wenn man ohne Schrecken sich Verschwörer nennen kann

Was tun? Jeden Abend Whist spielen, einige Leute sehen, mit denen man dinieren kann – und reden –, andere Leute sehen, um sich zu informieren und um mehr oder weniger falsche Nachrichten in Umlauf zu bringen, alle nützlich und geeignet, den Verfall des Regimes zu beschleunigen. Talleyrand war beunruhigt. Die Royalisten regten sich merklich. Die Chouans rührten sich im Westen. Die Jakobiner wurden bedrohlich: sie forderten eine neue Schreckensherrschaft. Auf wen konnte man bauen, um den Leichnam zu begraben?

Während der wenigen Wochen seiner Untätigkeit hat er einen Plan für eine Restauration der Monarchie in Frankreich entworfen. Da die Bourbonen nicht erwünscht waren, hat er daran gedacht, einen Hohenzollern auf den Thron zu setzen!

Der Text der Depesche, mit der Preußens Gesandter diesen extravaganten Vorschlag seinem König übermittelte, ist vorhanden. Talleyrands Wortführer war Sainte-Foy. Die Regierung in Berlin war so bestürzt, daß sie keine Antwort gab. Der Plan muß als ein Zeichen der völligen Verwirrung angesehen werden, in die das Direktorium die öffentliche Meinung in Frankreich versetzt hatte. Daß Talleyrand einen so phantastischen Schritt unternehmen konnte, ist darauf zurückzuführen, daß er wußte, Frankreich war bereit zu allem, nur um eine handlungsfähige Regierung zu bekommen.

Endlich landete am 9. Oktober 1799 Bonaparte in Fréjus. Am 16. war er in Paris. Ein Freudenschrei erhob sich. Nie zuvor ist ein besiegter General, der seine Armee im Stich gelassen hatte und eigentlich vor den Obersten Gerichtshof gehört hätte, jubelnder empfangen worden. Frankreich verhielt sich so, wie Talleyrand es vorausgesehen hatte – und wie er selbst sich verhielt –, Frankreich war der Verlust Ägyptens gleichgültig, niemand hatte sich je für Ägypten interessiert. Als Bonaparte erschien, glaubten die Franzosen sich gerettet – und Talleyrand glaubte es auch. Es war kein Zweifel mehr möglich: die Zukunft hieß Bonaparte.

Am 16. abends war Bonaparte eingetroffen, am Morgen des 17. empfing er Talleyrand. Trotz der leidigen Angelegenheit von Konstantinopel wurde er mit offenen Armen empfangen.

Die »Konjunktur« war für ihre Projekte so günstig, daß sie am gleichen Abend wußten, was sie tun wollten – sie stimmten in allem völlig überein. Talleyrand wurde beauftragt, überall Gleichgesinnte aufzuspüren und zu sammeln. Er hatte sie bereits in den Ministerien, in den Gesandtschaften, in den Salons. Sogar im Schoß des Direktoriums selbst gab es einen: Sieyès. Dieser hatte Talleyrand eines voraus, er schwärmte für Geschriebenes, er schwärmte für Gesetze, Lehren und für Systeme, er kannte alle vorhandenen, und überdies verfaßte er selber welche. Es hieß, er habe stets einen neuen Verfassungsentwurf in der Tasche. Es war somit alles da, was nötig war: Bonaparte würde das Terrain säubern, Sieyès die Pläne ausarbeiten, Talleyrand den Wiederaufbau leiten. Er selbst handelt nicht, er läßt handeln. Wenn er in Erscheinung tritt, ist die Arbeit getan. Bei den Vorgängen, die zum 18. Brumaire führen, steht er nie in der ersten Reihe, ist er überall. Bonaparte war höchst zufrieden, daß Sieyès mit von der Partie war. Er wollte das Direktorium als Regierungsform ausschalten, ohne es abzuwürgen. Talleyrand präsentierte ihm die ausgleichende Formel: »Sie wollen Macht, Sieyès will eine neue Verfassung. Vereinigen Sie sich, um das, was ist, zu zerstören, da es ein Hindernis für Sie beide ist.«

Unglücklicherweise konnten Sieyès und Bonaparte sich nicht leiden. War Talleyrand nicht dazu geschaffen, die Gegensätze zusammenzubringen, abzuschleifen und zu vereinen? Er versprach Bonaparte, ihm einen umgeformten, fügsamen und zum Mittun bereiten Sieyès zu bringen. Obgleich Sieyès erklärt hatte, »daß es keinen schrecklicheren und teuflischeren Beruf gäbe« als den eines Direktors, war er ein aufrichtiger Republikaner, und Bonapartes Säbel flößte ihm unüberwindlichen Argwohn ein. Talleyrand mit seinem Bischofsorgan und seinem Bischofsgehabe hielt dem Exabbé Predigten, er überzeugte ihn von Bonapartes republikanischer Gesinnung und von seiner Bescheidenheit, die das Institut de France und ganz Frankreich, ja selbst Madame de Staël beeindruckt hatten. Er redete ihm sogar ein, Bonaparte sei der einzige Mann, der fähig wäre, jene ideale Republik aufzurichten, die Sieyès, wie er selbst, zusammen mit allen Philosophen, zur Zeit der Verfassunggebenden Versammlung sich erträumt habe: Jene Republik, die die barbarischen Jakobiner nie gewollt hätten, die Sieyès aber – subtilste Spitzfindigkeit! – seit acht Jahren bereithielte in Form einer wahrhaft unvergleichlichen Verfassung, deren Text er auf dem Herzen trüge. Jetzt bestünde die unverhoffte Gelegenheit, durch ihre Verwirklichung den Franzosen das Glück zu bringen und Sieyès den Ruhm – mit Hilfe des Generals Bonaparte.

Tatsächlich stimmte der Abbé Sieyès einer Zusammenkunft mit dem republikanischen General und Mitglied des Institut de France zu.

Talleyrand hatte jedem das gesagt, was jeder hören wollte. Da er ihnen freie Hand ließ, Datum und Umstände ihres Zusammentreffens festzulegen, hätte im letzten Augenblick ein Fauxpas Bonapartes die Begegnung fast scheitern lassen: der General schickte einen Unterleutnant zu Sieyès und ließ ihm sagen, er erwarte ihn. Der Direktor Sieyès jagte den Untergebenen und seinen General zum Teufel. Wieder war es Talleyrand, der zwischen dem Palais Luxembourg und der Rue Chantereine, wo Bonaparte wohnte, den Boten spielte, hier wie dort Balsam auf die Wunden der Eitelkeit träufelte und – geschäftig zwischen beiden Parteien hin und her humpelnd – wieder zusammenbrachte. Er benahm sich so, als sei er Mitglied einer Regierung, die, ohne offiziell im Amt zu sein, bereits offiziell berufen war. Das ging so weit, daß er General Brune nach einer über die verbündeten Engländer und Russen gewonnenen Schlacht Glückwünsche schickte, daß er ein Protokoll veröffentlichen ließ über die Zusammenkunft Sieyès–Bonaparte. Das alles ist unerhört kühn, aber von unbestreitbarer Zweckmäßigkeit und Treffsicherheit. Talleyrand wußte stets, wo Sieg, Macht und Vorteil lagen.

Für seine Besuche in den verschiedenen Häusern nahm er zu seiner Unterstützung Rœderer mit, seinen bedeutenden Kollegen im Institut de France. Man sah sie Arm in Arm von Haus zu Haus gehen und die Fäden des Komplotts knüpfen, das zum Ende des Regimes beitrug. Manchmal ließ er Rœderer in der Kutsche sitzen und ging allein in einen Salon, um interessante Persönlichkeiten aufzusuchen. War der Fischzug erfolgreich, ließ er Rœderer zur Verstärkung herbeiholen, und dann arbeiteten sie gemeinsam und sammelten Freunde. Waren feindselig gesinnte Personen in einer Gesellschaft, machte Talleyrand augenblicks kehrt und ging anderswo fischen. Das alles lief nicht ohne Beschwernisse ab, denn Rœderer mußte oft stundenlang ungeduldig im Wagen warten, und es war auch nicht gefahrlos, denn die Polizei überwachte das Wirken des vormaligen Ministers. Und das alles geschah des Nachts, Talleyrands Umtriebe glichen den Beutezügen der Eule, des Vogels der Minerva. Er ging um drei Uhr in der Früh schlafen und stand gegen Mittag auf. Zu einem Teil ist es diesem Nachtleben zuzuschreiben, daß sein Gesicht so bleich war. Mit fünfundvierzig Jahren hatte er bereits das erschütternde Aussehen eines dem Grab entstiegenen Wesens.

Eines Nachts waren bei Talleyrand in der Rue Taitbout Bonaparte und einige Vertraute beisammen, um den Plan bestimmter, dem Direktorium sehr wenig zuträglicher Unternehmungen zu besprechen. In seinen Memoiren erzählt Talleyrand, wie gegen ein Uhr auf der Straße vor dem Haus plötzlich ein ungeheurer Lärm von Wagen und Reitern zu hören war, so daß sie erschraken. Sie erbleichten, blickten sich stumm an und meinten, sie seien angezeigt worden, die Regierung habe Leute ausgeschickt, um sie festzunehmen. Sie bliesen die Kerzen aus und beobachteten die Straße. Sie konnten aufatmen. Eine Kutsche, die die Einnahmen eines Spielhauses transportierte, war verunglückt und hatte eine Gendarmerie-Eskorte um Hilfe ersucht. Die Versammelten mußten lachen, aber sie hatten schreckliche Angst ausgestanden.

Talleyrand wurde mit einer weiteren wichtigen Mission betraut: es war unumgänglich notwendig, Barras auf ihre Seite zu bringen. In gewisser Hinsicht war es leichter ihn als Sieyès zu gewinnen. Wie die Sache vor sich gehen würde, war unschwer zu erraten. Um von Barras das Wort zu vernehmen: »Ich gehöre zu Ihnen«, mußte vorher auf seine Frage »Wieviel?« mit einer angemessenen Summe Antwort gegeben werden. Bonaparte war bereit zu zahlen, aber er wollte, daß die Dinge stillschweigend erledigt würden. Nichts kam Talleyrand gelegener. Er erklärte dem Obersten Direktor, daß Bonaparte nur eine geringfügige Reform des Direktoriums im Auge habe – anstelle von fünf Direktoren sollte nur einer übrigbleiben, selbstverständlich würde das Barras sein. Dieser ließ sich von den Schmeicheleien der »Angorakatze« betören. Er willigte ein. Als das Komplott im Gange war, bekam er einen weiteren Besuch von Talleyrand, der diesmal von dem unheimlichen Fouché und von Lucien Bonaparte, dem Vorsitzenden der Fünfhundert, begleitet war. Man sprach von einem einzigen Präsidenten an der Spitze des neuen Regimes, indes sein Name wurde nicht genannt. Barras fühlte sich hintergangen. Aber es war zu spät. Er saß in der Falle. Man schrieb den 6. November 1799, das heißt den 15. Brumaire im neuen staatsbürgerlichen Kalender. Mit Bonaparte liefen die Dinge prompt und glatt. Das war auch nötig: ihm standen nur fünfzehn Jahre zur Verfügung, um die Welt aus den Angeln zu heben.

In der Rue de la Victoire – die frühere Rue Chantereine war umgetauft worden wegen der Endsilbe »reine« (was nicht »Königin« bedeutete, sondern »rain = Frosch«) – gab an jenem Abend die Bürgerin Bonaparte einen Empfang. Welche Frau würde am Tag, da ihr Mann sich anschickt, einen Staatsstreich zu unternehmen, ein großes Diner veranstalten? Die Polizei konnte beruhigt sein. Um so mehr als der Polizeiminister unter den ahnungslosen Gästen war: er überwachte die Dinge als Fachmann und Komplice. Talleyrand war zu Hause geblieben, um jedweden Verdacht zu vermeiden. Er saß mit Rœderer, Regnault de Saint-Jean d'Angély und Lemaire beim Kartenspiel. Lemaire gab witzige Anekdoten zum besten, um die Atmosphäre zu entspannen. Plötzlich erscheint Arnauld, einer der Mitverschwörer. Talleyrand ist beunruhigt. Was tut sich? Niemand wagt in Anwesenheit der anderen Personen zu sprechen. Regnault richtet seinen fragenden Blick auf Arnauld, dieser antwortet mit einem unmerklichen

Kopfschütteln: nein. Das gleiche Zeichen bekommt Talleyrand von Regnault. Die Spieler spielen weiter, die Damen lachen über Lemaire. Talleyrand schiebt sich in die Nähe Arnaulds und spitzt die Ohren. Arnauld hatte in Eile Joséphines Abendgesellschaft verlassen: Bonaparte war gemeldet worden, daß der für den nächsten Tag, den 16. Brumaire, geplante Gewaltstreich erst am 18. durchgeführt werden könne. Es sollte keinen 16. Brumaire geben.

Die Komödie mußte noch einmal wiederholt werden. Joséphine gab am Abend des 17. wiederum ein Diner, da die Spielregel lautete: Wer zum Diner eingeladen ist, komplottiert nicht. Das Ereignis vollzog sich also am Samstag, dem 9. November 1799. Das Jahrhundert ging zur Neige, und mit ihm viele andere Dinge. Die Geschichtsschreibung hat den Staatsstreich, dem republikanischen Kalender gemäß, eingetragen als vollzogen am 18. Brumaire des Jahres VIII.

Eine Tragödie war es nicht, höchstens eine Tragikomödie mit einigen Schurkenstreichen. Den tragischen Anstrich bekam dieser Tag erst später durch seine weittragenden und erschreckenden Folgen. Fünfzehn Jahre lang wurde Europa in Blut getaucht und Frankreich jene grandiose und fürchterliche Maske aufgedrückt, durch die es in Überschwang versetzt, wundgeschlagen und zweifelsohne entstellt wurde.

Sehen wir uns mit Talleyrand die Dinge aus der Perspektive des Souffleurkastens an. Das etwa war die Rolle, die er in diesem Schauspiel übernommen hatte. Doch war es sein eigener Text, den er den Akteuren soufflierte, wobei diese glaubten, sie wären die Autoren. Mit Rœderer und Macdonald begab er sich in die Rue de la Victoire. Sie vollzogen eine kleine theatralische Zeremonie: auf ein Kruzifix schworen sie, über das Komplott Stillschweigen zu bewahren. Dann übernahm Talleyrand den Auftrag, ins Palais Luxembourg zu gehen und Barras die Demission abzuringen. Um ihn zu einer sofortigen Unterschrift zu veranlassen, wurde Talleyrand ein Wechsel über drei Millionen Pfund mitgegeben. Das Wichtigste war, daß von den Direktoren überhaupt nicht mehr gesprochen wurde. Da man sie nicht festnehmen wollte, mußten sie ohne Aufhebens aus dem Gesichtskreis verschwinden.

In Paris war es ganz ruhig, doch überall kampierten Soldaten. Die Tuilerien und das Palais Luxembourg waren von Truppen umstellt. Das Palais war menschenleer. Es war zur Stunde des Déjeuners. Im Speisesaal, wo sonst dreißig bis vierzig Gäste am Tisch der Direktoren saßen, war heute nur Barras mit einem einzigen Visavis zu sehen: Ouvrard.

Talleyrand erschien in Begleitung von Admiral Bruix. Um Barras den Ernst der Situation vor Augen zu führen, ließen sie ihn aus dem Fenster blicken. Er sah, daß das Gebäude umstellt war, er sah, daß die Menschenmenge und die Soldaten sich gegen die Regierung verbrüderten. Die gesamte Armee gehorchte den Befehlen des Generals, er war das Idol des

Volkes. Auf ein Zeichen von Bonaparte hin konnte das Direktorium, konnten die Minister, die Ratsversammlungen, die Klubs, die Zeitungen weggefegt werden. Folglich muß Barras zurücktreten. Talleyrand lockt und beschwört. Er appelliert an den Staatsbürgersinn des Direktors. Doch das war kaum noch nötig, Barras hatte bereits begriffen. Die Sprache der Straße ist allezeit überzeugend. Er geht zu einem Schreibtisch, formuliert seinen Rücktritt, überreicht Talleyrand das Papier. Ein trefflicher Brief: mit Gefühlen und Prinzipien gespickt, in fünf Minuten abgefaßt. Da Talleyrand weiß, daß Barras Schmeicheleien liebt, ist dies der Moment, sie anzuwenden. Er küßt ihm die Hände und nennt ihn den »ersten Patrioten Frankreichs«. Das ist das allermindeste, denn von nun an ist Barras überhaupt nichts mehr. Talleyrand strahlt. Er nimmt den Arm des Admirals und geht hinaus. In seiner rechten Tasche trägt er das wunderbare Rücktrittsschreiben, in der linken Tasche den Wechsel, den er Barras als Preis für seinen Rücktritt hätte übergeben sollen. Da Barras ohne Bezahlung unterschrieben hat, streicht Talleyrand an seiner Stelle das Geld ein. Er betrachtet es als Entschädigung für die schamlose Unterstützung, die Barras einem kleinen Gauner namens Jorry gewährt hatte, der gemeinsam mit dem vormaligen Direktorium den vormaligen Minister beschimpft und beleidigt hatte. Ein solches Geschäft nennt Talleyrand, Scapin großen Stils, seelenruhig »eine Gelegenheit«.

Und nun auf, nach Saint-Cloud! Dort soll das Finale stattfinden. Dorthin waren die Mitglieder der Ratsversammlungen einberufen worden; man hoffte, sie hier besser unter Kontrolle zu haben als in Paris, wo die Bevölkerung womöglich heftigen und unvorhergesehenen Reaktionen unterworfen war. Montrond war Talleyrands Gehilfe. Wie schade, daß er sich über diese Tage in seinen Memoiren so zurückhaltend äußert. Welch ein Genuß müßte es sein, der Unterhaltung der »Angorakatze« mit dem »Jesuskind der Hölle« zuhören zu können, während der Wagen die beiden ins Zentrum der Ereignisse brachte! Wahrscheinlich sprachen sie über die Folgen, die der gerade begonnene Umsturz mit sich bringen konnte. Noch war nichts entschieden. Um für alles gerüstet zu sein, hatte Talleyrand eine Reisekutsche bereitstellen lassen, die Pferde scharrten mit den Hufen.

Kann man, im Hinblick auf den 18. Brumaire, von einem »Verrat« Talleyrands sprechen? Es ist gut, sich zu vergegenwärtigen, wonach Frankreich damals trachtete. Haben Talleyrand und Bonaparte zu jenem Zeitpunkt irgend etwas oder irgend jemand verraten – abgesehen von Barras und Genossen? Betont werden müssen die Worte »zu jenem Zeitpunkt«, denn bald danach haben die beiden die Freiheit verraten. Am Tag vor dem 18. Brumaire jedoch waren sich selbst die guten Republikaner einig: an der Spitze Madame de Staël, Benjamin Constant, Garat, Sieyès, auch Destutt de Tracy, ein Mann von bewundernswertem Bürgersinn und Geistesschwung, Cabanis und andere. Talleyrand stand im Einvernehmen mit ihnen. Er steht mit ganz Frankreich im Einvernehmen, »Ihr werdet ihn bitten, zurückzukommen«, hatte er gesagt ... Selbst General Moreau, ein aufrechter Republikaner und Bonaparte nicht sonderlich freundlich gesinnt, schrieb: »Müde des Jochs der Advokaten, die die Republik zugrunde richten, biete ich Ihnen meinen Beistand an, um sie zu retten.« Seinen Beistand? Es soll heißen: seine Armee. Und Joubert, ein anderer aufrechter republikanischer General, hatte die Herrschaft der Jakobiner derart satt, daß er eines Tages in aller Öffentlichkeit ausrief: »Ich würde, wenn man es wünschte, das alles mit zwanzig Grenadieren erledigen.« Man ist versucht zu sagen, hätten Bonaparte, Talleyrand und ihre Freunde den 18. Brumaire nicht gemacht, dann wäre es das Werk irgendeines anderen Generals gewesen. Bonaparte in seinem bildhaften Stil sagte, die Jakobiner des Direktoriums seien »Leute, auf die man pissen« sollte. Was die Jakobiner nicht davon abhielt, ihn als »Sohn der Revolution« zu beweihräuchern. Arme Mutter Revolution!

Die Zeit für den Staatsstreich war so reif, daß er, wie Talleyrand es erhofft hatte, ohne Blutvergießen und ohne Racheakt vonstatten ging. Ihm folgten sogar Maßnahmen der Milde, der Begnadigung von Straftätern und der Aussetzung von Deportationen. Die Hand, die das bewirkte, war so geschickt und zugleich so stark, daß man sie respektierte, bevor sie zugeschlagen hatte.

In Kürze hier der Ablauf dieser Tage.

Als der Rat der Fünfhundert [Rat der Alten] am 19. Brumaire in Saint-Cloud Bonaparte für »hors la loi«, für vogelfrei, erklärte, und Napoleon einen Augenblick den Boden unter den Füßen verlor, schien es, als würde das Abenteuer ein böses Ende nehmen. Lucien Bonaparte rettete alles durch seine Entschlossenheit. Nichtsdestoweniger machte der stolze General eine klägliche Figur. Er war totenbleich. Diese Politiker, die er haßte, mit ihren wedelnden Togen und großen Sprüchen, die er genauso haßte, hatten ihn aus der Fassung gebracht wie nie zuvor und niemals wieder. Als Montrond sah, daß Napoleon einer Ohnmacht nahe war, flüsterte er ihm, damit er sich zusammennähme, ins Ohr: »General, das gehört sich nicht!« Auf einmal wurde der Lärm der Schreier von gebieterischem Trommelwirbel übertönt. Grenadiere, angefeuert von Murat und Leclerc, drangen in den Saal. Die Abgeordneten schrien: »Freiheit oder Tod!« und sprangen aus den Fenstern. Unverzüglich schritt man zur Abfassung der Dekrete, durch die drei Konsuln ernannt wurden: Sieyès, Roger Ducos und Bonaparte.

Das war die Geburtsstunde des Konsulats. Talleyrand atmete auf. Er hatte auf die richtige Karte gesetzt. Froh und zufrieden blickte er seine Begleiter an, Rœderer und dessen Sohn sowie Montrond. »Liebe Freunde«, sagte er zu ihnen, »es ist Zeit, zu Abend zu essen.« Das war sein Kommentar zu diesem Tag, der als Überschrift über einem der eindruckvollsten Kapitel der Geschichte steht.

Talleyrand kehrt in die Staatsgeschäfte zurück und vergißt die Kränkungen

Zum Abendessen am 19. Brumaire lud er seine Freunde zwanglos zu einer Dame namens Simons ein, die in der Nähe von Saint-Cloud wohnte. Bekannter war sie unter ihrem Künstlernamen, es war die berühmte Schauspielerin Lange. Talleyrand hatte als Trauzeuge ihren Heiratsvertrag mit François de Neufchateau unterzeichnet, danach hatte sie einen belgischen Bankier Simons geehelicht, ihr Herz aber gehörte, wie es hieß, Barras. Um genau zu sein: es gehörte ihm bis zu diesem Abend. Barras hatte, wie erinnerlich, am 17. Brumaire, von Talleyrand getrieben, demissioniert. Dieser hatte sich nicht damit begnügt, ihm seinen Posten zu rauben, er hatte ihm auch die drei Millionen Pfund vorenthalten. Zur Krönung des Ganzen nahm er ihm am 19. auch noch seine Mätresse weg. Der Sieg des Hinkenden über das Direktorium war alles umfassend.

Es ist nicht verwunderlich, daß Barras in seinen Memoiren kein Muster von Zurückhaltung ist, wenn er über Talleyrand spricht.

Am 14. November empfing Bonaparte, der sich ohne zu zögern im Palais Luxembourg in Barras' Mobiliar einquartiert hatte, Rœderer, seinen alten, lieben Freund Volney und Talleyrand. Er dankte ihnen wärmstens für ihre Unterstützung während der schweren Stunden, in denen das Konsulat geboren wurde. Dann nahm er Talleyrand einen Moment beiseite und versprach ihm, daß er in Kürze wieder ins Ministerium des Auswärtigen, in die Rue du Bac, einziehen könnte. Talleyrand war keineswegs überrascht. Hatte er nicht vorausgesehen, daß der brave Reinhardt nur sein Platzhalter sein würde? Am 21. November 1799 bezog Reinhardt, begleitet von seiner braven Frau, den Posten des französischen Gesandten in Bern und Talleyrand den seinen in der Rue du Bac, begleitet von seiner geliebten Inderin. Trotz seiner Bewunderung für Talleyrand hatte Bonaparte einige Bedenken, ihn so rasch wieder ins Ministeramt einzusetzen. Die Affäre Jorry war noch in aller Munde, und die Rückkehr des Ministers würde die Jakobiner vermutlich in Wut versetzen. Aber er war auf diesem Posten unersetzlich. Vier Monate lang war er nicht im Amt, und sieben Jahre lang sollte er jetzt bleiben. Diese sieben Jahre wiegen schwerer an historischen Ereignissen als manche Jahrhunderte. Germaine de Staël freute sich über seine Rückkehr. Sie gratulierte ihm. Er machte ihr einen Dankesbesuch und äußerte mit blasierter Miene, dieser Posten sei unbedeutend für ihn. In Wirklichkeit aber war er begeistert: jetzt sollten die großen Affären beginnen.

Die Opposition bezeichnet ihn als Ci-devant, als Bischof, als Gehilfen Pitts und so weiter, sie wiederholte Anwürfe, deren Stachel stumpf geworden war. In der übrigen Presse hingegen waren Lobeshymnen zu lesen, und zum erstenmal werden Talleyrands Rolle als Friedensstifter in Europa und seine Politik der europäischen Solidarität zutreffend gewürdigt. »Es war unmöglich, eine geeignetere Wahl zu treffen, um die Friedenshoffnungen zu verwirklichen, die sich überall erhoben. Seit langem hätte Talleyrand den Frieden zustande gebracht, wenn er nur die Hindernisse, die die auswärtigen Mächte ihm entgegensetzten, zu überwinden gehabt hätte. Wie aber sollte er über die unsinnige Politik und den übertriebenen Ehrgeiz der meisten der Direktoren obsiegen, die alles taten, um den Krieg zu verewigen, indem sie alle Länder, in die wir einfallen konnten, revolutionierten.« [A]

Was Bonaparte über Talleyrand dachte, als er ihm das Ministerium übergab, drückte er mit den Worten aus: »Er hat vieles, das für Verhandlungen notwendig ist, weltmännische Art, Kenntnis der europäischen Höfe, Klugheit, um nicht mehr zu sagen, einen Gleichmut in seiner Miene, der durch nichts zu erschüttern ist, und schließlich einen großen Namen.« Ja, auch der große Name faszinierte den jungen General. Kam jemand, um ihm von irgendwelchen häßlichen Machenschaften Talleyrands zu berichten, zum Beispiel von der Höhe der »Douceurs«, die er sich zahlen ließ, von den Nächten in den Spielhöllen, seinen Intrigen, seinen schamlosen Abenteuern, hörte Bonaparte wütend und blitzenden Auges zu und entließ dann den Denunzianten mit einem Achselzucken und den Worten: »Er stammt aus einem großen Haus, das entschuldigt alles.«

Bonaparte stand – zumindest in seinen Anfängen – der öffentlichen Meinung nicht gleichgültig gegenüber. Besonders was Talleyrand anging, war es ihm unangenehm, die bösartigen Vorwürfe anzuhören über das ungeheure Vermögen, das sein Minister zusammengerafft hatte.

Es muß darauf hingewiesen werden, daß die Bestechlichkeit des politischen und militärischen Personals zur Zeit des Direktoriums, des Konsulats und des Kaiserreichs alle heutigen Vorstellungen übertrifft. Die Vorwürfe, die dem einen oder anderen gemacht wurden, waren nicht nur polemischer Natur. Unter hundert anderen hätte Bonaparte zum Beispiel seinen Bruder Joseph fragen können, wie er aus einem Bettler – er war völlig mittellos, wie übrigens die ganze Familie – nach nur fünfmonatiger Tätigkeit als Botschafter in Rom ein reicher Mann geworden war, wie es möglich war, ein Vermögen zusammenzubringen, das es ihm erlaubte, die fürstliche Domäne Mortefontaine in Ermenonville zu kaufen und dort unerhört luxuriöse Feste zu geben.

Eines Tages fragte Bonaparte Talleyrand in seiner üblichen barschen Art, wie er es angestellt habe, so viel Geld aufzuhäufen. Schlagfertig antwortete der Minister: »Oh, das ist ganz einfach. Ich hatte am 17. Brumaire Rentenscheine gekauft und habe sie drei Tage später wieder verkauft.« Bonaparte konnte Talleyrands Kunst, eine unbequeme Frage durch eine Schmeichelei zu umgehen, im stillen nur bewundern. Dieser Ausspruch ist überdies interessant, denn der von Talleyrand angeführte Grund war nicht aus der Luft gegriffen. Frankreich zeigte ein fast ans Wunder grenzendes

Vertrauen in die neue Regierung. Man spürte, daß Frieden und Wohlstand heranrückten.

Einige Tage nach seiner Wiedereinsetzung wurde Talleyrand von Bonaparte im Palais Luxembourg empfangen. Er machte dem General und Konsul gegenüber Äußerungen, die Bourrienne, der der Unterhaltung beiwohnte, aufgezeichnet hat: »Bürger Konsul, Sie haben mir das Ministerium des Auswärtigen anvertraut, und ich werde Ihr Vertrauen rechtfertigen. Aber ich glaube, Ihnen erklären zu müssen, daß ich nur mit Ihnen arbeiten will.«

Er legte Bonaparte dar, daß es ihm nicht um belanglosen Stolz ginge, sondern allein um das Wohl Frankreichs. Um ihm mit besten Kräften dienen zu können, müßte eine Aktionseinheit hergestellt werden: »Sie müssen Erster Konsul werden, und der Erste Konsul muß alles in seiner Hand halten, was unmittelbar mit der Politik zusammenhängt, das heißt das Ministerium des Innern und die Polizei, mein Außenministerium und dazu die beiden großen Exekutiven: Krieg und die Marine.« Diese Worte sind von allergrößter Bedeutung, als erster spricht Talleyrand den Titel »Erster Konsul« aus, er setzt Bonaparte sozusagen auf diesen höchsten Posten und legt dessen Befugnisse fest. Der Erste Konsul soll absoluter Herrscher über die vier großen Ministerien sein – die Anhängsel Justiz und Finanzen werden ausführenden Organen anvertraut. »Damit können jene sich amüsieren und beschäftigen, und Sie, General, werden, wenn Sie alle lebenswichtigen Abteilungen der Regierung zu Ihrer Verfügung haben, das edle Ziel erreichen, das Sie sich gesteckt haben: die Erneuerung Frankreichs.« [L-G]

Talleyrand besaß die große Gabe, im rechten Augenblick das rechte Wort zu sagen. Er sprach genau das aus, was Bonaparte zu tun plante, was er aber nicht in Worte zu fassen wagte. Nun war es gesagt und damit fast schon getan. Als Talleyrand gegangen war, wandte sich Bonaparte zu Bourrienne und sagte: »Sie haben gesehen, Bourrienne, daß Talleyrand ein guter Ratgeber ist, ein Mann von großem Verstand.« Und er fügte hinzu: »Er hat mich durchschaut.« Das war kein geringes Lob, denn Bonaparte war nicht leicht durchschaubar. Mußte es nicht faszinierend für den jungen Staatschef sein, diese Intelligenz an seiner Seite zu wissen, dieses überfeine Instrument, das die Ereignisse voraussah, Spannungen und Lügen aufspürte und den Erfolg witterte? Niemand schätzte Talleyrand höher ein als Napoleon Bonaparte. Es ist bemerkenswert, daß dies ungewöhnliche Genie Talleyrand so gewürdigt hat. Nach dem 18. Brumaire verband sie echte Zuneigung; die Affäre von Konstantinopel hatte die Bewunderung nur einen kurzen Augenblick getrübt. Gesagt werden muß aber auch, daß die personelle Ausstattung des Konsulats zu Anfang nicht sehr glanzvoll war. Stendhal meinte, das waren nur »kleine Leute«. Bonaparte wußte es. Obwohl der General ein Kind der Revolution war, schätzte er die Redeweise und Umgangsformen der »Ci-devants« viel mehr. In seiner Nähe gab es nur einen Talleyrand, er bewunderte ihn, selbst wenn »seine republikanische Tugendhaftigkeit« über die Amoralität seines Ministers schockiert war. Talleyrands Kunst der Rede und Unterhaltung hielt ihn gefangen. Gab es ein besseres Instrument, das er einsetzen konnte, um die Regierungen der anderen Länder zu betören, als diese bezaubernde Stimme, die ihn, den Unbesiegbaren, betört hatte?

Talleyrand war sich seiner Macht bewußt. Er trachtete danach, sie noch wirkungsvoller zu machen, eines Tages unersetzlich zu werden. Zur Zeit des Konsulats tat Bonaparte nichts, um ihm diese Illusion zu rauben. Hätte er nur ein einziges Mal die Stirn gerunzelt, die »Angorakatze« hätte es sofort begriffen. Es ist anzunehmen, daß Bonaparte das aus Schmeicheleien gemixte Elixier, das Talleyrand ihm mit unvergleichlichem Takt servierte, genossen hat. Man glaube nicht, es habe sich um reine Lobhudelei gehandelt, dieses Kompliment war aufrichtig, allerdings auf ein sehr genau anvisiertes Ziel eingestellt. Talleyrands Briefe sind voller Respekt und Hingabe, sie klingen nicht nach Verstellung. Stets befand er sich mit dem tiefsten – manchmal unbewußten – Sehnen der Nation in Übereinstimmung, er begrüßte, wie ganz Frankreich, Bonaparte mit Bewunderung und Liebe.

Folgendes schrieb er an sein Idol am 22. Mai 1800, zum Zeitpunkt, als der General den Großen Sankt Bernhard überquerte. Talleyrand war krank gewesen. »Jetzt, da jeder Tag mir Gesundheit und Kraft zurückgibt, fühle ich mich in der Lage, Sie zu treffen, wo immer Sie es für nützlich halten. Ich wage zu sagen, daß ich, wenn Ihre Abwesenheit noch länger dauern sollte, nicht nur den Wunsch hätte, in Ihrer Nähe zu sein, sondern ihrer bedürftig wäre.« [L-G]

Sicherlich gibt es viele Beispiele einer solchen Zuneigung eines Ministers zu seinem Staatschef. Doch gibt es einen Minister, der sich eines solchen Stils bedient hätte, um seiner Hingabe Ausdruck zu verleihen, seiner Hingabe nicht nur an die Sache, sondern an die Person, die diese Sache verkörpert?

Nach dem Sieg von Marengo erhielt Bonaparte einen blumigen Huldigungsbrief, ein Meisterwerk der Beweihräucherung. »General, ich komme aus den Tuilerien. Die Versammlung der Gesandten konnte nicht glanzvoller sein. Ich will ebensowenig versuchen, Ihnen die Begeisterung der Franzosen, die Bewunderung der Ausländer zu beschreiben, als die persönlichen Gefühle, die mich bei der Lektüre des Briefes durchdrangen, den Sie an die Konsuln geschrieben haben. Welch ein Beginn und welche Fügung! Wird die Nachwelt die Großartigkeit dieses Feldzugs begreifen? Ihre Rückkehr ist uns unter glücklichen Vorzeichen verheißen. Es gibt kein Reich, das nicht auf dem Wunderbaren gegründet wäre, hier ist das Wunderbare Wirklichkeit.« [21. Juni 1800]

Wer hätte solchen Lobsprüchen widerstanden? Und, was noch tiefer greift, der zauberischen und prophetischen Kraft eines Wortes, das im Augenblick des Sieges fällt und wie ein Blitz die Zukunft erhellt: dieses Wort »Reich«, »Empire«, das aus einer sagenhaften Vergangenheit aufsteigt und sich verbindet mit »hier ist es Wirklichkeit«. Talleyrand hat den Grundstein gelegt für ein Gebäude, das in der Tat ans Wunderbare grenzte: das Napoleonische Empire. Und wie taktvoll ist er! In diesem Brief über den Sieg findet sich kein Wort individueller Zuneigung: alles gilt der Gloire.

Als Talleyrand hingegen, von der Krankheit noch erschöpft, zur Kur nach Bourbon-l'Archambault fuhr, beklagte er die Trennung gefühlvoll. Noch war die Zeit der Romanze, und sein Brief aus dem Badeort ist in einem völlig anderen Stil abgefaßt. Er bleibt in den Grenzen – sie werden niemals überschritten, manchmal gestreift – dessen, was man an einen Chef (der wenig zu Rührung neigt) schreiben kann. Gewiß, Talleyrand besaß das Vorrecht des Alters und das Vorrecht, »einem großen Haus« anzugehören, das verschafft einem Ungezwungenheit. Gleichwohl ist dieser Brief höchst bemerkenswert: er beleuchtet das spätere Verhalten Napoleon Bonapartes und seines Ministers.

»General, ich reise ab mit dem einzigen, aber sehr lebhaften Bedauern, mich von Ihnen zu trennen. Das Gefühl, das mich an Sie bindet, meine Zuversicht, daß die Hingabe meines Lebens an Ihr Schicksal, an die großen Visionen, die Sie beseelen, zu ihrer Verwirklichung nicht unnütz ist, haben der Sorge um meine Gesundheit eine Bedeutung verliehen, die ich bisher nie gekannt habe. Ohne diese innere Überzeugung würde ich auf alle erhofften Wohltaten dieser Reise verzichten, die zu unternehmen Sie mir gestatten. Auch Sie weiß ich leidend, doch stets erfüllt von dieser edlen Leidenschaft, die dem Körper keine Ruhe und der Seele keine Muße gönnt. Ich fürchte, und ich gestehe es Ihnen, daß es keinem menschlichen Organismus verliehen ist, sich auf die Dauer dem Impuls dieser unermüdlichen und wahrhaft erhabenen Tätigkeit hinzugeben, mit der die Natur Sie begabt hat. Wäre, was Sie denken, was Sie sagen und alles, was ich Sie unternehmen sehe, ein bloßes Schauspiel, so wäre die Abwesenheit, die mir jetzt bevorsteht, für mich bereits die spürbarste Entbehrung. Erlauben Sie mir, daß ich wiederhole, wie sehr ich Sie liebe, daß ich über meine Abreise betrübt bin, daß ich die lebhafteste Ungeduld spüre, zu Ihnen zurückzukehren, und daß meine Ergebenheit erst mit meinem Leben enden wird.« [BERT]

Einen anderen Brief, in dem er Bonaparte seine Ansicht über verschiedene Angelegenheiten mitteilt, beendet er mit dem herrlichen Wort einer einsamen Seele: »Daher werde ich wahrscheinlich recht armselige Dinge schreiben, aber das ist nicht meine Schuld, denn ich bin nicht ganz Ich, wenn ich fern von Ihnen bin.« Kurz darauf schließt er einen Brief mit einer Beweihräucherung, die einen Heiligen hätte betäuben können: »Ihre Bibliothek kann ich nicht leiden, Sie halten sich zu lange dort auf, sie ist, glaube ich, feucht. Das Erdgeschoß taugt nicht für Sie, Sie sind für die Höhen geschaffen.«

Er übernimmt ein Wort Sullys, das an Heinrich IV. gerichtet war, und serviert es Bonaparte: »Seit ich Ihrem Schicksal verbunden bin, gehöre ich Ihnen mit Leib und Leben.«

In dem allem sind gewiß Geziertheiten und Affektiertheiten des Ancien régime zu finden, aber es steckt viel mehr darin. Absicht und Ziel sind klar, stets im Gedankenbereich des Konsuls zu sein, stets gegenwärtig, unumgänglich, unentbehrlich. Dieses Streben, so etwas wie ein Doppel von Bonaparte zu sein, verleitet Talleyrand zu Übertreibungen. Aus der Romanze wurde Unterwürfigkeit. Je größer das Idol wurde, desto mehr entglitt es ihm und desto ergebener wurde er. Das bezeugt der bestürzende Brief, den er ihm am 29. Juli 1804 schrieb, als »Napoleon hinter Bonaparte sichtbar wurde«: »Selbstverständlich werde ich stets zufrieden sein mit dem, was mir zufolge der wohlwollenden Absicht Eurer Majestät geschieht. Aber ich setze eine Art von Eifersucht, die Sie mir verzeihen mögen, darein, keinen anderen Lohn als den Ihren zu erhoffen, nur Ihnen zu dienen, nicht zu wollen, daß die Auszeichnung meiner Person sich durch eine einfache Fürsprache ausdrückt. Euer Majestät weiß, und ich gestatte mir es zu wiederholen, daß ich, abgestoßen von allen politischen Systemen, die zehn Jahre lang die Leidenschaft und das Unglück aller Franzosen waren, ihrer überdrüssig bin und nur Ihretwegen die Institutionen schätze, die Sie gegründet haben. Ich darf mithin und kann nicht wünschen, in irgendeine aufgenommen zu werden, außer ich werde von Eurer Majestät und von Ihnen allein eingesetzt.«

Und warum? Talleyrand war gerade in den Senat gewählt worden, wollte aber nicht Senator sein, weil er diesen Posten nicht unmittelbar aus der Hand des Herrn und Gebieters bekommen hatte. Aufgrund zuverlässiger Quellen ist jedoch bekannt, daß er von seiner Klientel im Ministerium des Auswärtigen stets die Bestechungsgelder einstrich, die nicht aus dieser so teuren Hand kamen; doch so war es der Brauch, und der Brauch wollte sogar, daß der Herr und Gebieter so tat, als wisse er nichts von den »Douceurs«, die seine Minister annahmen.

Mit den ergebensten und sogar mit hofmännischen Höflichkeitsfloskeln verband Talleyrand eine Ungeniertheit, die jedem anderen Minister Ungnade eingetragen hätte. Wie er mit dem Ersten Konsul umging, zeigt ein Vorfall. Als der Friedensvertrag von Amiens unterschrieben worden war, ein bedeutendes Ereignis, das dem Krieg mit England ein Ende bereitete und Frankreich das schenkte, was das Land von seinem kriegerischen Idol erhofft hatte, den Frieden nämlich, erlaubte sich Talleyrand eine unglaubliche Unverfrorenheit. Bonaparte wartete, sichtlich nervös und irritiert, auf den Kurier, der ihm die Urkunde des Friedensvertrages bringen sollte. Talleyrand hatte sie bereits erhalten und bewahrte sie in seinem

Portefeuille auf. Der Ministerrat fand statt, Talleyrand ließ ihn in Gegenwart des aufgeregten Ersten Konsuls zu Ende gehen. Im Augenblick, da alle Schreiben, alle Papiere weggeräumt wurden, sagte Talleyrand, gelassen und heiter: »Jetzt will ich Ihnen eine große Freude machen, der Vertrag ist unterzeichnet, hier ist er.« Bonaparte fuhr auf: »Und weshalb haben Sie das nicht sofort gesagt?« Darauf Talleyrand unerschütterlich: »Ah, weil Sie mir dann bei allem übrigen nicht zugehört hätten. Wenn Sie glücklich sind, sind Sie nicht zugänglich.« [REM]

Daß er so etwas tat, daß er solche Antworten gab und dafür einen brummigen Dank einheimste, setzte alle Welt in Erstaunen. Zuweilen ging seine Unverfrorenheit noch weiter, und sie wurde auch riskanter, denn inzwischen war das Kaiserreich errichtet und das Idol ein Gott geworden. An einem Sommertag trat der Ministerrat in Saint-Cloud zusammen. Man wartete vergebens auf Talleyrand. Der Kaiser ging schimpfend auf und ab, er nahm sich eine Handvoll Kirschen und aß sie wütend. Er schäumte, Zeit zu verlieren war ihm ein Greuel. Endlich traf Talleyrand ein. Napoleon nahm ihn ins Gebet: »Sie haben mich warten lassen, Monsieur.« Talleyrand geruhte nicht zu antworten. Mit einem unergründlichen Lächeln auf den Lippen ging er auf die Schale mit Kirschen zu, nahm eine in den Mund und sagte: »Sire, Euer Majestät hat die köstlichsten Kirschen des Reichs.« Napoleon zuckte nicht mit der Wimper. Man begab sich an die Arbeit; die Minister waren starr. Diese beiden Männer betrugen sich ungewöhnlich. Bonaparte war Talleyrand gegenüber in einem Maße zu Nachgiebigkeit fähig, zu Geduldsproben, Zornausbrüchen und Begnadigungen, zu Verdammungen, gefolgt von neuen Vertrauensbeweisen und selbst von Zuneigung, wie es kaum glaubhaft erscheint. Und der andere, seiner selbst sicher, sicher auch seiner kaum begreiflichen Immunität, die freilich zuweilen von heftigen Szenen erschüttert wurde, wich nicht von seiner Linie als Talleyrand ab, sagte amen und blieb ungerührt.

Damit beeindruckte er Bonaparte. Durch die Formen, die Eleganz und das Raffinement der früheren Gesellschaft brachte er Bonaparte dazu, sich an die Vergötterung zu gewöhnen. Und da er ihn immer weiter nach oben trieb, war er ursächlich beteiligt an dem Sturz aus schwindelnder Höhe. Bis zum Ende seines Lebens hat Talleyrand Napoleon geliebt. Mitten in der Zeit der Restauration schrieb er in seinen Memoiren: »Ich liebte Napoleon, ich hatte mich trotz seiner Fehler an seine Person attachiert. Von seinen Anfängen an habe ich mich zu ihm hingezogen gefühlt durch die unwiderstehliche Anziehungskraft, die ein großes Genie ausstrahlt. Seine Wohltaten hatten in mir aufrichtige Dankbarkeit erzeugt. Warum sollte ich mich fürchten, es zu sagen? Ich hatte Teil an seinem Ruhm und genoß die Strahlen, die auf diejenigen fielen, die ihm bei seiner edlen Aufgabe halfen.«

Man hat behauptet, Talleyrand habe alles verleugnet. Dies aber ist der

Beweis für das Gegenteil. Am Ende seines Lebens entdeckt er das Gefühl wieder, das ihn anfangs beseelte: »Ich liebte Napoleon.« Er liebte ihn in der edlen gemeinsamen Aufgabe der Wiedererweckung Frankreichs. Wenigstens zu Anfang ... Später war es dann eine andere Geschichte.

Als Talleyrand sein Ministerium wieder übernahm, hatte er Gelegenheit, aus Anlaß des beschwingten Neubeginns, einen Gnadenerlaß zu erwirken. Er erfuhr, daß der Heißsporn Jorry, zusammen mit siebenunddreißig anderen Leuten seiner Art, festgenommen worden war und nach Guayana deportiert werden sollte. Unverzüglich setzte er sich beim Polizeiminister dafür ein, daß Jorry begnadigt wurde. Eine schöne Geste. Talleyrand kennt, das sei wiederholt, keinen Groll, keinen Haß. Solche niederen Regungen sind ihm unbekannt. Es schien ihm angemessen, diese dumme Affäre aus der Liste seiner eigenen Angelegenheiten zu streichen, in denen sie nur einen winzigen Platz und nur eine winzige Zeitspanne eingenommen hatte. Zugunsten Jorrys schrieb er einen schönen Brief: »Ich habe mit großem Kummer, Bürger Minister, den Namen Jorry in der Liste der zur Verbannung verurteilten Männer gesehen. Jorry ist ein sehr junger Mann, dessen Streiche eher Nachsicht als Strenge verdienen. Er steht im Dienst der Republik und im Dienst der Italien-Armee, vielleicht ist sie im Augenblick, da das Gesetz ihn trifft, von den Schlägen des Feindes bedroht, vielleicht ehren Verwundungen oder der Tod fürs Vaterland seinen Namen. Ich möchte hinzufügen, daß meiner Kenntnis nach Jorry nie jemand anderen als mich beleidigt hat, und daher glaube ich mich ganz besonders berechtigt, Ihnen diese Bemerkungen vorzulegen. Und ich versichere Ihnen, daß ich aufs lebhafteste wünsche, die Beleidigung möge von jedermann vergessen werden, wie sie von mir schon vergessen ist. Ich würde deshalb die Maßnahme, um die ich ersuche, als eine persönliche Gunst betrachten, und ich bitte Sie inständigst, auf die Konsuln der Republik einzuwirken.« [Veröffentlicht im »Citoyen Français« vom 10. November 1799]

Man sieht, wie falsch es ist zu behaupten, er habe keine Gefühlsregungen gekannt und es habe ihm an Ausdrucksfähigkeit gemangelt. Alles deutet darauf hin, daß er Kränkungen vergessen wollte und ein feines Gefühl für Menschlichkeit besaß, mit einem Hauch vom Geist der Evangelisten, als rührende Erinnerung an sein weit zurückliegendes Priestertum.

Da manche Leute immer anschwärzen müssen, was in einer Seele glänzt, mutmaßen sie, dieses großherzige Gesuch sei nur Berechnung gewesen. Er habe gewußt, daß die Ächtung und Verbannung beim Volk unbeliebt war, und dieses Mittel benutzt, um zu zeigen, daß er mit dem Polizeiminister nicht übereinstimme. Das ist durch nichts zu beweisen. Jedenfalls ging die Rechnung auf. Es wäre schon viel gewesen, hätte er nur Jorry gerettet, es geschah aber noch mehr: er rettete alle, die auf der Liste standen. Dank seines Briefes, der großen Eindruck machte, wurde die Maßnahme der Verbannung annulliert.

Ende Dezember 1799 erschien ein Abgesandter Ludwigs XVIII. in Paris, um Bonaparte etwas zu eröffnen, das als blanke Illusion der Bourbonen bezeichnet werden muß. Glaubten sie wirklich, daß Bonaparte helfen würde, den Thron des heiligen Ludwig wiederaufzurichten? Sobald alles bereit wäre, wollte Ludwig XVIII. in Paris einziehen, Bonaparte sollte ausziehen, geschmückt mit einem schönen Ordensband um den Hals und mit einem tönenden Titel. Er würde irgendwo hingeschickt werden, und die Monarchie könnte ihren urväterlichen Trott wiederaufnehmen. Talleyrand fiel es zu, Hyde de Neuville, den Abgesandten des Königs, Bonaparte vorzustellen. Die Zusammenkunft verlief ergebnislos. Talleyrand war sehr skeptisch, doch bot er Hyde de Neuville und Monsieur d'Andignée seinen Wagen zur Rückfahrt an. Diese beiden Männer standen im anderen Lager, indes, sie sprachen die gleiche Sprache wie er, sie setzten sich, sie grüßten, sie öffneten und schlossen die Türen in einer besonderen Art und Weise ... das rührte Erinnerungen in ihm auf. Sie sprachen auch miteinander, was Talleyrand ihnen sagte, versetzte sie in Staunen. Über den Ersten Konsul äußerte er: »Wenn er das erste Jahr übersteht, wird er es weit bringen.« Sie hatten wissen wollen, ob Bonaparte fähig sei, das Gebäude seines Regimes aufrechtzuerhalten; denn das ganze Regime sei er allein, es sei nur auf ihn gebaut, und das fanden sie beunruhigend. Dann sprachen sie über die Prinzen.

Talleyrand hatte Monsieur, den Bruder des Königs, nicht vergessen. Er erinnerte an die Zeit, die ihre »Belle Epoque« gewesen war, und gab ihnen zu verstehen, daß sein Leben infolge seines Gebrechens einen anderen Verlauf genommen habe. Wenn er nicht gewaltsam zum Geistlichen gemacht worden wäre, hätte er die militärische Laufbahn ergriffen. Er verglich seine gegenwärtige Lage mit jener, in die er sich möglicherweise befinden würde, wenn er den geraden Weg gegangen wäre, und sagte lächelnd zu ihnen: »Wer weiß? Ich wäre vielleicht ein Emigrant wie Sie oder, wie Sie, der Abgesandte der Bourbonen.« [»Memoiren« des Barons Hyde de Neuville]

Im darauffolgenden Jahr, 1800, schickte Monsieur, für den Talleyrand stets Freundschaft empfand, La Tour du Pin zum Konsul. Interessant ist, was die Bourbonen Talleyrand zugedacht hatten für den Fall, daß er Bonaparte dazu brächte, Ludwig XVIII. seinen Platz abzutreten. Für Bonaparte hatten sie vorgesehen, ihn zum Konnetabel zu machen. »Aber was werden Sie mit Herrn von Talleyrand tun?« hatte La Tour du Pin den späteren Karl X. gefragt. Und die Antwort: »Selbstverständlich werde ich von ganzem Herzen für ihn sein, wenn wir nach Frankreich zurückkehren. Natürlich kann er dort nicht bleiben, aber ich garantiere ihm freies Geleit, damit er in einem anderen Land, das ihm am geeignetsten erscheint, leben kann.« [L-G]

Bewundernswert ist diese Huld: Talleyrand würde von der Liste derer, die gevierteilt werden sollten, gestrichen, nachdem er den Thron wiederaufgerichtet hätte. Dann hätte auch er unverzüglich ins Exil zu gehen. Wirklich, dieses politische Unverständnis ist unbegreiflich!

Herr von Talleyrand richtet sich im neuen Regime bequem ein

Dem Auge des Adlers entging nichts. Bonaparte hatte den Nachhall des Festes vom 3. Januar 1798 nicht vergessen. Ein großer Name ist etwas Schönes und ungemein nützlich. Bonaparte benutzte Talleyrand wie ein Werbeplakat: »Lasset alle Ci-devants zu mir kommen!« Der Erste Konsul wollte alle rückkehrwilligen Adligen um sich sammeln. Er brauchte sie, wie er alle Franzosen brauchte. Talleyrand seinerseits wußte, daß Frankreich dem Königtum nachtrauerte. Darüber ließen die Wahlen keinen Zweifel. Bonaparte wußte es auch. Wenn er im Hinblick auf den 18. Brumaire und seine Folgen schreibt: »Ich habe den schrecklichen Geist der Neuerungen, der die Welt durchweht, abgewendet«, so läßt er erkennen, daß er den Staatsstreich nicht unternommen hat, um die Revolution fortzuführen, sondern um ihr ein Ende zu setzen. Er hat es übrigens ganz eindeutig proklamiert, als die neue Verfassung in Kraft trat: »Bürger, die Revolution hat sich auf den Grundsätzen, mit denen sie begonnen wurde, konsolidiert: sie ist beendet.« [15. Dezember 1799]

Das war vorauszusehen gewesen. Um eine abgestufte Gesellschaft neu zu schaffen, brauchte man vor allem einen Adel. »Das ist die wahre, die einzige Stütze einer Monarchie«, sagte Napoleon später, »ihr Regulator, ihr Hebel, ihr Kern. Ohne sie ist der Staat ein Schiff ohne Steuer, ein Ballon in den Lüften.«

Ehe er seinen Adel schuf, hielt er es für zweckdienlich, sich des alten zu bedienen. Talleyrand war der geeignete Mann, um die Rekrutierung zu bewerkstelligen. Neben anderen Aufträgen bekam er den, das neue und das alte Frankreich an den gleichen Tisch zu setzen, auf die gleichen Bälle zu führen in der Hoffnung, sie würden sich in den gleichen Betten vereinen.

In Neuilly erwarb Talleyrand einen prachtvollen Besitz. Das erste Fest gab er dort am 25. Februar 1800. Bonaparte ging auf solche Feste nur der anderen wegen, er langweilte sich meistens, diesem wohnte er bei, denn es war im Grunde eine politische Veranstaltung. Hier konnte er außer den Würdenträgern des Konsulats die ersten Ci-devants treffen, die geneigt waren, ihn zu sehen: den Chevalier de Coigny, einen engen Freund Ludwigs XVI., Ségur, den Sohn des Marschalls und Botschafters in Sankt Petersburg, den Herzog de La Rochefoucauld-Liancourt, Großkämmerer Ludwigs XVI., Crillon, einen Abgeordneten des Adels, Bernier, Haupt der Vendée-Partei, einen erst kürzlich übergetretenen Rebellen. Selbst frühere, am 18. Fructidor Geächtete waren zugegen, denen Bonaparte mitteilte, er habe ihre Freunde amnestiert, und sie würden aus Guayana zurückkehren. Einige von Talleyrand eingeladene Damen trugen illustre Namen: de Vergennes, de Castellane, d'Aiguillon, de Lameth, de Noailles, de Caumont, de Custine – und selbst Madame de Flahaut war da, die voller Neugier die schöne Inderin musterte. Dazu viele andere, die in Kürze einen Salon eröffnen würden. Bei ihnen wurde die öffentliche Meinung gebildet, bei ihnen gab Talleyrand den Ton an, er informierte die anderen und informierte sich selbst. Welcher Staatschef hat je einen so brillanten Informationsminister zur Verfügung gehabt? Natürlich der brillanteste aller Staatschefs: Napoleon Bonaparte! Der eine war nicht zu denken ohne den anderen.

Ein Jahr danach, aus Anlaß des Friedens zu Lunéville [9. Februar 1801], durch den zum zweitenmal das linke Rheinufer an Frankreich fiel – Belgien war bereits annektiert, ebenso die Pfalz und Aachen –, waren alle Interessengruppen bei Talleyrand zusammengekommen. Er strahlte: mit ganz Europa war Frieden geschlossen. Auch unter den Franzosen herrschte Frieden. Er sah schon wirklich werden, wonach er trachtete, solange er sich mit Politik beschäftigte: der Wohlstand würde wiederaufleben und die Wissenschaften, die Künste, den Luxus zu neuer Blüte bringen. Paris wäre wieder die Hauptstadt der Kultur und Talleyrand ihr Majordomus. Er könnte nicht nur für Generale und Minister Empfänge geben, sondern auch für die Intelligenz und die Schönheit, die aus allen Teilen der Welt zusammenströmen würde. Nach Paris würde man kommen, um allen Meisterwerken zu huldigen und um allen Luxus zu entfalten. All das, glaubte Talleyrand damals, könne das Konsulat Frankreich bescheren. Nicht territoriale Eroberungen ließen sein Herz höher schlagen, sondern die friedliche Herrschaft der über die ganze Welt ausstrahlenden Kultur.

Zu jenem Zeitpunkt war er allein in der Lage, zwei Fürstlichkeiten des Hauses Bourbon in Paris zu empfangen, die ersten Bourbonen, die in Frankreich wiederauftauchten, den Herzog und die Herzogin von Toskana. Bonaparte hatte ihr Herzogtum in ein Königreich von Etrurien umgewandelt. Der Titel hatte klassizistischen Stil, wie die Sessel und Tische um 1800. Der Empfang bei Talleyrand am 8. Juni wurde zu einem unerhört prächtigen Fest. Als Huldigung für seine Gäste hatte er die Fassaden der Piazza Signoria mit dem Palazzo Vecchio von Florenz errichten lassen. Die zwei berühmtesten Sängerinnen jener Zeit, die Crescentini und die Grassini, die Bonaparte aus Italien mitgebracht hatte (neben einigen anderen Museumsstücken), sangen in italienischer Sprache für die toskanischen Fürstlichkeiten. Der König von Etrurien eröffnete den Ball mit der Generalin Leclerc, das war Pauline, Bonapartes junge und hübsche Schwester. Das Souper wurde mit einem Pomp aufgetragen, der für viele Neulinge der Entdeckung einer Märchenwelt gleichkam. Talleyrand gab seinen jüngeren Zeitgenossen aus Armee und Verwaltung eine Lektion in Lebenskunst, eine Erziehungsmethode, die einem hergelaufenen Rewbell nicht zur Verfügung stand. Zu Bonapartes Ansehen und Beliebtheit trug Talleyrand dadurch in hohem Maße bei.

Bonaparte war nicht unempfindlich gegenüber solchen Diensten. Und er bewies es seinem Minister, indem er die beiden Brüder Talleyrands, Archambaud und Boson, von der Liste der Emigranten streichen ließ. Gleichzeitig ließ er ihnen ihren gesamten Besitz zurückerstatten. Diese Mitglieder der Familie Talleyrand waren schöne Menschen, aber ihre Bedeutungslosigkeit war ebenso groß wie ihre Schönheit. Vor allem von dem älteren, Archambaud, hieß es, er sei ebenso dumm wie schön: »Archi-beau – archi-bête«, erzschön – erzdumm. Talleyrand war die Geduld und Nachsicht in Person. Er vergab seinen Brüdern alles. Kaum waren sie in Paris, wurden sie ihrer Ungebührlichkeit und ihrer Taktlosigkeit wegen für Bonaparte unerträglich. Sie protzten mit Affären, die eher peinlich waren, doch glücklicherweise sah die öffentliche Meinung nur das Lächerliche daran. Zwei Jahre zuvor hätte man ihnen übel mitspielen können mit dem Vorwurf, alle Talleyrands stünden im Solde Englands; denn das war bei Archambaud und Boson tatsächlich der Fall. Kurz vor der Rückkehr war ihnen vom britischen Ministerium ihr Sold als englischen Militärs, der ihnen noch zustand, gestrichen worden. Ihr Bruder, der Minister des Auswärtigen, schickte die beiden Antragsteller mit einem gutabgefaßten Empfehlungsschreiben zu seinem britischen Kollegen Addington. Daraufhin erhielten Archambaud und Boson ihre Guineen und kamen, laut mit ihren vollen Beuteln klingend, nach Frankreich zurück. Das war äußerst geschmacklos. Als Bonaparte davon erfuhr, wies er den beiden Dummköpfen eine Residenz außerhalb von Paris zu. Boson, in seiner Unbekümmertheit, brüstete sich damit, daß seine Pension »durch die Gunst von Mr. Pitt« von fünfhundert auf neunhundert Guineen erhöht worden sei.

Talleyrand erwähnte die törichte Affäre mit keinem Wort, doch schlug sie auf einem Umweg, der nicht vorauszusehen war, gegen ihn aus. Wie bekannt, hatte Bonaparte Brüder und Schwestern, die ihm höchst unangenehme Streiche spielten. Gleichwohl deckte er sie stets. Talleyrand aber, der seinen Brüdern gegenüber die Gutmütigkeit selbst war, meinte, nicht noch einmal zu ihren Gunsten intervenieren zu können, als sie jene Taktlosigkeit begingen, derentwegen sie Paris verlassen mußten. Das aber machte Bonaparte ihm zum Vorwurf. »Was ist von einem Mann zu erwarten, der nicht ein Wort zugunsten seiner Familie vorbringt?« rief er aus. In diesem Fall war Talleyrands Zurückhaltung eher lobenswert. Bonaparte aber verargte sie ihm. Zwei Welten, zwei Arten ...

Gewisse Kreise sahen, was die Freiheit anlangte, nicht ohne Sorge, daß Bonaparte eine »mit den Bajonetten geschriebene« Verfassung in Anwendung brachte. Um solche Leute für sich einzunehmen, machte der Konsul in Begleitung von Talleyrand der in Auteuil wohnenden Madame Helvétius einen Besuch. Die Witwe des Philosophen hielt fest an ihren Ideen und ihren Freunden, Menschen vom Schlag der Germaine de Staël, die Bonaparte als »Ideologen« verabscheute. Der Konsul ließ der alten Dame gegenüber die Bemerkung fallen, ihr Garten sei nicht gerade groß. Feinsinnig antwortete sie ihm: »Sie ahnen nicht, General, wie glücklich man sich auf drei Joch eigener Erde fühlen kann.« Wäre er länger zu Besuch geblieben, hätte er noch sehr viel mehr zu hören bekommen, über die Achtung zum Beispiel, die man der Freiheit schuldet, den Grundsätzen der »Erklärung der Menschenrechte« und den Grenzen anderer Länder.

Der Philosophenwitwe gerade gegenüber wohnte die Marquise de Boufflers, die Talleyrand ihr Haus und ihren Park zur Verfügung sellte, damit er Bonaparte dort zum Déjeuner empfangen könnte. Montrond wurde beauftragt, diesen ländlichen Ausflug vorzubereiten. Um ihn durch eine Jagd im Park zu verschönern, ließ Montrond am Tag zuvor in Paris einige Tausend Kaninchen aufkaufen, die abends ausgesetzt wurden. »Am nächsten Tag erscheint der Konsul mit seinem goldverschnürten Generalstab. Man ißt zu Mittag und steigt dann zu Pferde, man reitet in den Park, und die Kaninchen, die während der Nacht weder Kohl noch Karotten zu fressen bekommen hatten, kamen angesprungen, bis vor die Füße der Pferde und Menschen, um gefüttert zu werden. Bonaparte ahnt nichts, bemerkt nichts und erlegt aus nächster Nähe, Jäger von Kopf bis Fuß, ein Dutzend der armen Tiere. Schließlich bricht jemand in lautes Lachen aus, das von allen aufgenommen wird, außer vom Konsul, der sich auf die Lippen beißt. Talleyrand, der mit der Zutraulichkeit der zahmen Kaninchen nicht gerechnet hatte und dem es um einen guten Eindruck zu tun war, tat sein Bestes, um die Sache wieder in Ordnung zu bringen.« [Brief von V. Jacquemont an Stendhal]

In der Regierung war Talleyrand wieder mit Fouché zusammengetroffen. Ihre Beziehungen waren nach außen hin ebenso korrekt wie in Wahrheit schlecht. Fouché war durch die Schreckensherrschaft so kompromittiert, daß er die berüchtigten Tage von 1793 nicht loswerden konnte. Für Talleyrand war dies ein abgeschlossenes Kapitel, und je weniger man darüber sprach, desto besser. Er sagte, »Bonaparte sei der Erbe der Revolution, er könne sich keineswegs zu ihrem Fortsetzer machen«.

Noch in einer anderen Sache war er entgegengesetzter Ansicht von Fouché. Die beiden erwogen bereits die Möglichkeit einer Scheidung Bonapartes von Joséphine. Fouché wollte sie halten, und Talleyrand wollte sie verstoßen. Er hatte die Brüder und die Mutter Bonapartes auf seiner Seite. Woher kam dieses Einverständnis? Die Familie, von Talleyrand sanft ins Gebet genommen, plante die Vererbung der Macht an Bonapartes Nachkommenschaft. Nach Talleyrands Meinung war eine Monarchie für Frankreich das einzig richtige. Doch gibt es keine wirkliche Monarchie ohne Erblichkeit. Da die Bourbonen aus dem Spiel waren, dachte er ganz ernsthaft an »das vierte Geschlecht«, wie er es nannte. Nach den Merowingern, den Karolingern und den Kapetingern sollten die Napoleoniden kommen. Er dachte in langen Zeiträumen. Joséphine wurde ein Hindernis für diesen Plan, weil sie von Bonaparte keine Kinder bekam. Fouché hingegen hatte so viele Leute umgebracht, die an die erbliche Monarchie glaubten, daß er es für verfrüht hielt, eine neue aufzurichten; die alte war erst weniger als sieben Jahre zuvor zugrunde gerichtet worden.

Von der Familie Bonaparte erhielt Talleyrand eine höchst fragwürdige Unterstützung. Lucien Bonaparte, der querköpfige Bruder, den Talleyrand den »großen Landsknecht« nannte, hatte eine Schrift veröffentlicht, deren Auswirkung für die Sache, die Talleyrand verfocht, katastrophal hätte werden können. Ihr Titel hieß »Parallele zwischen Cäsar, Cromwell, Monk* und Bonaparte«. Mit einer Plumpheit ohnegleichen behauptete Lucien, es sei dringend notwendig, die Erblichkeit der Macht in der Familie Bonaparte zu verankern. Das kam derart ungelegen, daß die Republikaner, wären ihnen die Niederträchtigkeiten des Direktoriums nicht noch gegenwärtig gewesen, heftig dagegen opponiert und die Angelegenheit zum Scheitern gebracht hätten. Talleyrand ging in völlig anderer Weise vor. Unter seinen Prälaten- und Geburtshelferhänden kam das Erblichkeitsprinzip ganz gemach zur Welt. Er begann damit, die öffentliche Meinung mit dem Gedanken der Nachfolge vertraut zu machen: Wenn man einen so großen Mann an der Spitze habe, müsse man Sorge tragen, ihn nicht zu verlieren; wenn jedoch das Unglück es wollte, daß man ihn verlöre, sollte sein Sohn die Erbschaft übernehmen und seiner Spur folgen. Später, als die Dinge gereift waren, hieß es wie selbstverständlich: »Warum sollte die Erblichkeit nicht eingeführt werden?« Der »große Landsknecht« hätte beinahe alles verdorben. Bonaparte war wütend und schickte ihn als Botschafter nach Madrid. Armes Spanien! Es hat mit den Bonapartes kein Glück gehabt.

Joséphine, die sich um die große Politik nicht sorgte, sorgte sich um ihre Ehe. Sie spürte, daß Gefahr im Anrücken war. Seit ihr kleiner General groß geworden war, zitterte sie. Sie schrieb: »Ich bin sicher, daß Talleyrand Bonaparte eine neue Verfassung vorgelegt hat, in der die Erblichkeit vorgesehen ist. In dieser Sache arbeitet Lucien für ihn, Rœderer für Lucien, Talleyrand für ich weiß nicht wen, denn bei ihm weiß man nicht, womit man rechnen muß.«

Talleyrand arbeitete daran, Frankreich eine starke und dauerhafte Regierung zu geben. Er lieferte Bonaparte die magischen Formeln, aus denen seine geheimen Absichten herauszulesen waren. Er sagte zu ihm: »Sie müssen nur einen Entschluß fassen. Sie müssen die Regierung festigen, die Gemüter hinsichtlich der Furcht vor der Zukunft beruhigen und denen

* Monk (1608–1670), englischer General, bekämpfte unter Cromwell die Royalisten und setzte dann Karl II. auf den Thron [A. d. V.].

Sicherheit verleihen, die Ihnen ergeben sind ... Dafür haben sie nur ein Mittel: das, Ihren Nachfolger zu bestimmen. Wer kann Sie hindern, das zu tun?«

Bemerkenswert ist die kluge Vorsicht: kein Wort von Erblichkeit. Für eine bestimmte Gruppe, die noch geschont werden mußte, wäre der Schock zu heftig gewesen. Vor allem für den Kreis um Germaine de Staël. Die Zeit arbeitet für den unermüdlichen, trägen Talleyrand. Ihr vertraut er seine Pläne an, wie man Eier in einen Brutkasten legt.

Einige Zeit nach der Schlacht von Marengo erlitt die Gunst, in der Talleyrand stand, eine Einbuße, trotz des schönen Briefes, den er geschrieben hatte. Während Bonapartes Abwesenheit hatten Talleyrand und Fouché, obgleich verfeindet, ein paarmal unter vier Augen miteinander gesprochen. Sie stellten sich gemeinsam einige Fragen. »Und wenn – was Gott verhüten möge – Bonaparte aus Italien nicht zurückkommt? Ein verirrtes Geschoß ... eine Kanonenkugel, die die Spielregeln nicht einhält und einen General tötet statt einen Füsilier ... ein Unfall? Die Alpen haben viele Abgründe. Und Paris? Die Stadt ist genauso gefährlich wie ein Schlachtfeld. Man entgeht nicht zweimal einer Höllenmaschine wie in der Rue Saint-Nicaise.« Was würde geschehen, wenn ... Und was würde aus ihnen beiden werden? Es heißt, sie hätten vorsorglich Maßnahmen getroffen, die ihren eigenen Interessen galten und dem Schutz der so wichtigen Nachfolge Bonapartes. Gleich nach seiner Rückkehr wurde dieser über alles unterrichtet. Von wem? Wahrscheinlich sowohl vom einen wie vom anderen, indem der eine den anderen beschuldigte. Sie hatten einen Helfershelfer, einen Senator namens Clément de Ris, und dieser wurde entführt. Er verschwand. (Wer hatte da seine Hände im Spiel, Bürger Fouché?) Diese Geschichte wirbelte genausoviel Staub auf wie die Höllenmaschine, sie wurde »die düstere Affäre« genannt. Trotzdem blieben Talleyrand und Fouché auf ihren Posten. Beide waren mit ihren Hexenküchen unersetzlich. Doch in seiner rüden Soldatensprache sagte ihnen Bonaparte, was er von ihren Machenschaften hielt.

Auf jeden Fall büßte die Romanze viel an Frische ein – oder, wenn man so will, an Feuer.

Um es wieder anzufachen, besaß Talleyrand ein Rezept: er gab ein weiteres Fest, am 14. Juli im Ministerium, in der Rue de Bac. Und es war wieder ein Meisterwerk. Madame de Staël flehte ihren Freund, den Bischof, an, sie einzuladen. Talleyrand flehte sie im Namen der Freundschaft an, zu Hause zu bleiben. Er wußte nur zu gut, was Napoleon von ihr hielt und wie leicht sie bei dem unterschwelligen Groll, den sie dem General einflößte, durch ihre Taktlosigkeiten und Überspanntheiten eine fürchterliche und vielleicht rüpelhafte Szene heraufbeschwören könnte. Bei Bonaparte mußte man mit dem Schlimmsten rechnen. Sie erschien nicht, alles ging reibungslos vonstatten. Bonaparte, der Sieger von Marengo, sah mit Stolz und Genugtuung ganz Paris zu seinen Füßen.

Fouché wurde allmählich hinderlich. Talleyrand versuchte, ihn loszuwerden. Das Attentat in der Rue Saint-Nicaise diente ihm als Vorwand. Bekanntlich war am 24. Dezember 1800 eine Höllenmaschine explodiert, die Bonaparte fast getötet hätte. Wie durch ein Wunder entging er der schrecklichen Explosion, doch kamen zweiundzwanzig Personen ums Leben und sechshundertfünfzig wurden verletzt. Talleyrand stellte die Behauptung auf, der Schlag wäre von Fouchés Freunden, den Jakobinern, geführt worden. Dieser behauptete, die Royalisten wären es gewesen. Talleyrand behielt am Ende nicht recht. Ihm aber war wichtig gewesen zu beweisen, daß der Polizeiminister nicht imstande sei, das Leben Bonapartes zu schützen. Er ging noch weiter und sagte, daß er im Gegenteil fähig sei, frisierte Komplotte zu schmieden, um sich den Ruhm, sie zu vereiteln, zuzuschanzen, angeblich Schuldige zu verhaften und diejenigen laufen zu lassen, die den Retter Frankreichs wirklich umbringen wollten. Fouché verlor seine Stellung nicht, doch Talleyrand brachte ein Manöver zustande, das im Strafverfahren noch nicht dagewesen war und dessen Geschicklichkeit nur von seiner Illegalität übertroffen wird.

Anstatt das Gesetz für die Bestrafung der vorgeblich schuldigen Jakobiner vor den Tribunat zu bringen, wo er die Opposition der »Ideologen« fürchtete, brachte er es vor den Senat, der der Regierung ergeben war. Das Gesetz wurde ohne Beanstandung angenommen. Dazu sagte er: »Wozu hat man einen Senat, wenn man sich seiner nicht bedient?« Talleyrand hatte eine so prächtige Probe der Kunst, sich seiner zu bedienen, abgegeben, daß dieses Verfahren unter der Bezeichnung »Senatus consultus« gebräuchlich wurde und jeden Machtmißbrauch gestattete – unter Wahrung der äußeren Form. Die Republik lag in den letzten Zügen. Hundertdreißig Menschen wurden ohne weiteres Verfahren deportiert.

Was nun Fouché betraf, so machte sich Talleyrand einen Augenblick, da jener sich in eine heikle Lage gebracht hatte, zunutze, um ihn absetzen zu lassen. Am 4. August 1802 wurde durch »Senatus consultus« das Erblichkeitsprinzip in die Verfassung aufgenommen. Fouché war dagegen. Talleyrand unterrichtete »die Familie« davon, und »der große Landsknecht«, als Wortführer zum Ersten Konsul geschickt, erreichte bei seinem Bruder die Abberufung Fouchés. Zur Entschädigung wurde er zum Senator ernannt. Einige Tage danach waren Fouché und Talleyrand in der Komödie zu sehen. Wie ganz Paris zu dieser Zeit amüsierten sie sich auch köstlich über das Schauspiel »Madame Angot im Serail von Konstantinopel«. Diesen Serail aus der Nähe zu betrachten, hatte Talleyrand sich einstmals geweigert.

Im Juni 1802 bekam er einen überraschenden, erstaunlichen Besuch: Herr von Calonne erschien. Der brillante Calonne! Aus welchen Katakomben stieg er herauf? Brachte er aus ihnen auch die Erinnerung an seine unbeschreiblich verheerende Amtszeit im Ministerium mit, in der er das letzte Geld der Monarchie vergeudet hatte? Kurzum, er war da, weiß gepudert und herausgeputzt, als käme er von seinen Schlössern. Er brachte einen »Plan«. Noch einen! In der Zwischenzeit hatte er Muße gehabt, jenen Plan zu verbessern, mit dem er Ludwig XVI. vollständig ruiniert hatte. Als wäre nichts geschehen, erklärte er sich bereit, seine Rezepte und Heilmittel dem Finanzministerium des Konsulats anzubieten. Das tollste war, daß ganz Paris sich zuflüsterte, Calonne würde in allernächster Zeit die Finanzen übernehmen. Fouché glaubte in ihm den Hebel gefunden zu haben, mit dem er Talleyrand zu Fall bringen könnte. Das war vorschnell gedacht. Im »Moniteur« erschien eine sehr scharfe, ja vernichtende Kritik des Plans von Calonne. Wer hatte sie veranlaßt? Bonaparte oder Talleyrand? Wahrscheinlich beide. Für Calonne war es eine endgültige Niederlage, die durch einen Ausweisungsbeschluß besiegelt wurde. Als Talleyrand ihn fröhlich verabschiedete, fügte er hinzu: »Wie, Calonne, bist du so sehr auf Rückzug eingestellt?« Dieses aus der Versenkung aufgetauchte Gespenst war ein ungefährlicher Schatten. Für Talleyrand war das Ganze nur blinder Alarm.

Der nächste Alarm war kein blinder, wieder einmal hätte das Schlimmste geschehen können. Er ging nicht zugrunde daran, aber es blieb ein häßlicher Fleck zurück. Um diese Affäre zu benennen, soll eine Schlagzeile benutzt werden, die mehr als einmal gebraucht wurde, was beweist, daß sie gut ist: die »Affäre der undichten Stellen«.

Regelmäßig verschwanden aus dem Ministerium Briefe und Dokumente von höchster Wichtigkeit. Alle Nachforschungen, alle Untersuchungen kamen nicht weiter als bis an die Tür des Ministers. Die Dinge waren so schwerwiegend, daß der Erste Konsul um die Erlaubnis gebeten wurde, die Schwelle dieser Tür überschreiten zu dürfen. Man wollte Talleyrand eine Falle stellen. Man wollte ihm eine Information zuleiten – ihm allein – und ihn im Glauben lassen, sie wäre auch anderen unter dem Siegel der Verschwiegenheit überliefert worden. Gab es dann wieder eine undichte Stelle, würde man sofort wissen, wer der Schuldige war. Im letzten Augenblick versagte Bonaparte seine Einwilligung. Hatte er Angst, etwas zu erfahren? Er ordnete eine verstärkte Überwachung an, doch die entscheidende Maßnahme zu gestatten, weigerte er sich. Ein unerklärliches Verhalten ... Nichts wurde entdeckt. Das war ein weiterer Schatten, der über das Einvernehmen fiel, doch bald löste er sich auf: Talleyrand hatte einen Einfall, von dem Bonaparte entzückt war und über dem er alles andere vergaß. Das geschah anläßlich des Todes von General Leclerc, des Gatten von Pauline Bonaparte, in Santo Domingo. Im Grunde handelte es sich um nichts weiter als um eine sehr hübsche, junge Witwe. Doch immerhin war die Familie des Ersten Konsuls in Trauer. Talleyrand brachte alle Mitglieder des Diplomatischen Korps dazu, Trauer anzulegen und dem Ersten Konsul ihr Beileid auszusprechen, wie sonst nur einem Souverän. Er war ein Zauberer! Bonaparte war derart gerührt, daß er Talleyrand um den Hals fiel. Das war Balsam für seinen Stolz gewesen, an dieser Stelle war er überaus empfindlich. Welcher Geschicklichkeit hatte es bedurft, um, unter anderen, den Gesandten des Kaisers zu veranlassen, Trauer für einen gewissen Leclerc anzulegen, der Karriere in einer Armee von Sansculotten gemacht hatte. Jemand, dem Talleyrand von seinem Plan erzählte, meinte, es würde ihn tausend Mühen kosten, das zu erreichen. Unverfroren wie immer antwortete Talleyrand: »Mühe würde ich nur haben, wenn ich sie daran hindern wollte, Trauerflor anzulegen.« Nach dieser Zeremonie wurde von der Affäre der undichten Stellen nicht mehr gesprochen. Bonaparte unternahm eine Reise nach Belgien, er forderte Talleyrand auf mitzukommen. Sie führten lange Zwiegespräche. Bonaparte blätterte in seinem Minister wie in einer Geschichte des alten Europa, der Höfe und Kanzleien. Gewiß, der Erste Konsul wußte viele Dinge, die sein Minister nicht kannte, insbesondere wußte er, wie Krieg zu führen war. Talleyrand besaß die Gabe, ihn zu verhindern, er wußte Bescheid über die Interessen, die Eigenlieben, die Traditionen und die empfindlichen Stellen jeder Regierung. Diese Reise war für sie beide ein glückliches und nützliches Ereignis.

Nach der Rückkehr ließ Bonaparte einem Vetter von Talleyrand, dem Baron von Périgord, die beschlagnahmten Güter zurückerstatten. Talleyrand nutzte die Gunst der Stunde und bat um Gnade für einen jungen Sekretär bei der französischen Gesandtschaft in Rom. Er war seinem Amt unterstellt und somit den Geboten des Gesandten und Legaten Fesch, eines Onkels von Bonaparte, einstmals Zahlmeister in der Armee. Der junge und übermütige Sekretär hatte sich eines bisher unbekannten Verbrechens schuldig gemacht: der Onkelbeleidigung. In seinen Briefen hatte sich der junge Mann mit einer gewissen Giftigkeit über den Onkel Fesch lustig gemacht. Sie wurden abgefangen und dem Neffen, dem Ersten Konsul, vorgelegt, der die seinem illustren korsischen Verwandten zugefügte Beleidigung persönlich nahm. Er verfügte die Festnahme des Schuldigen: es handelte sich um den Vicomte René de Chateaubriand, der damals seine ersten Übungen mit der Feder unternahm. Sie war wohl sehr bissig gewesen, denn Talleyrand mußte mehrfach vorstellig werden, um Pardon zu erlangen. Diese Verwendung zu seinen Gnaden vergaß Chateaubriand später, denn mit der gleichen Feder griff er Talleyrand tödlich an.

Bösartig schreibt Chateaubriand: »Wenn Herr von Talleyrand nicht intrigiert, macht er Geschäfte.« Wahrscheinlich schrieb er dies, weil er selber nichts von Geschäften verstand, sich einzig und allein mit Intrigen abgab und verbittert darüber war, das sie nichts einbrachten. In Wirklichkeit suchte Talleyrand die Intrige nicht, sie kam auf ihn zu. Es gibt gewisse Affinitäten.

Aufgrund einer solchen Affinität geschah es eines Abends, daß er bei einem Diner, das die Herzogin von Luynes gab, neben den Abbé de Montesquiou, den Sendboten Ludwigs XVIII., zu sitzen kam. Der Abbé wollte sich erkundigen: War Bonaparte noch immer gegen eine Restauration der Bourbonen? Welche Ansichten hatte er darüber? Die Herzogin von Luynes führte die beiden Herren nach dem Diner in einen kleinen Salon, wo sie sich ungestört unterhalten konnten. Die schöne Inderin wollte an der Unterhaltung teilnehmen, sie hatte eine royalistische Ader und hätte es gern gesehen, daß Talleyrand, da sie selbst es nicht konnte, für die Sache der Bourbonen eingetreten wäre. Nach Tisch war Talleyrand meistens in guter Stimmung und äußerst redselig. Er spottete über die Naivität der Prinzen, ihren Mangel an Information und politischem Urteilsvermögen. Doch schließlich beruhigte er Montesquiou. Die Bourbonen sollten einsehen, daß sie warten müßten; nichts wäre verloren, nichts wäre endgültig. Er gab dem Abbé den Rat, in Zukunft die Vermittler zwischen Bonaparte und den Prinzen mit Bedacht auszuwählen ... Er tat es so eindringlich, das Montesquiou begriff, Talleyrand selber wollte es sein. Er glaubte seinen Ohren nicht zu trauen. »Sind unsere Aussichten besser als früher?« fragte er. Talleyrand antwortete: »Ja, was die Zukunft angeht, nicht jedoch die Gegenwart. Bonaparte denkt nicht daran, seinen Platz zu räumen.« (Das stimmte.) »Er unternimmt nichts, ihn zu sichern.« Das stimmte nicht, und Talleyrand wußte es besser als jeder andere, da er für die Einführung der erblichen Monarchie eintrat.

Warum also pflanzte er dem Abgesandten Ludwigs XVIII. diese vage und vergebliche Hoffnung ein? Weil man stets für die Zukunft vorsorgen muß, weil man immer imstande sein muß, sich für eine andere Partei zu entscheiden. Es ist nicht klug, jemand in Hoffnungslosigkeit zu stürzen, der sich in einer ungünstigen Lage befindet, ja, verloren zu sein scheint. Solange ein Funken Leben in ihm ist, kann er überleben – und eines Tages den Sieg erringen. Die Zeit! Die Zeit verändert die Farbe der Herzen, warum sollte sie nicht die Farbe der Fahnen verändern?

Man fragt sich, ob Talleyrand nach diesen Unterhaltungen Lucchesini den Plan anvertraute, den er mit Bonaparte entworfen hatte und der vorsah, alle Royalisten um den Ersten Konsul und die zukünftige Dynastie zu scharen. Die beiden spielten mit dem Gedanken, Ludwig XVIII., der unter elenden Bedingungen in Polen lebte, dazu zu bringen, für sich und alle Prinzen seiner Familie auf alle Rechte an der Krone Frankreichs zu verzichten. Für diesen Verzicht sollten sie großzügige Pensionen bekommen, von denen sie in einer fernen Gegend Europas, entfernter noch als Warschau, angenehm leben könnten, man sprach von Moskau. Die Antwort Ludwigs XVIII. rückte die Dinge wieder zurecht: »Ich weiß nicht, welche Absichten Gott mit mir und meinem Volk hat, aber ich kenne die Verpflichtungen, die er mir auferlegt hat. Als Christ werde ich meine Pflicht bis zum letzten Atemzug tun, als Sohn des heiligen Ludwig werde ich wie er meine Selbstachtung wahren, sogar in Fesseln, als Nachfolger Franz' I. möchte ich stets sagen können wie er: ›Alles ist verloren, nur nicht die Ehre.‹« Eigentlich hätte Herr von Talleyrand erstaunt sein müssen, daß sich jemand fand, der nicht käuflich war; doch er war niemals erstaunt.

Talleyrand wünschte nichts anderes als Frieden. Von Bonaparte erwartete er, er solle ihn zustande bringen, nach dem Grundsatz: »Die wahre Herrschaft besteht darin, Herr im eigenen Haus zu sein ohne die lächerliche Anmaßung, es bei anderen sein zu wollen.« Anfangs zeigte Bonaparte die erhoffte Verständigungsbereitschaft: am 25. Dezember 1799 versprach er, Frieden zu machen. Am 26. schrieb er einen wohlabgewogenen Brief, den Talleyrand der englischen Regierung übermittelte, er ließ ihn Lord Grenville zuleiten, den er gut kannte. Pitt, in seiner Eigenschaft als Minister, nahm ihn in Empfang. Ihn kannte Talleyrand noch besser. Wiederum kam es zu einem Mißerfolg. Pitt lehnte in aller Härte ab. Talleyrand war bestürzt, er sagte: »Es ist, als habe Frankreich von England gefordert, es möge die Stuarts wiedereinsetzen und auf Indien verzichten.«

Österreich antwortete auf die Friedensangebote nicht. Es war das erste Land, das dafür zahlen mußte; es wurde am 24. Juni 1800 in der Schlacht von Marengo geschlagen. Die Friedensbedingungen, die Bonaparte ohne jede Verhandlung diktierte, waren hart. Weder Talleyrand noch sonst jemand wurde um seine Meinung gefragt. Überall verbreitete Catherine Grand: »Der Erste Konsul hat alles gemacht, alles selber ausgefertigt.« Das entsprach der Wahrheit. Bonaparte behandelte seine Minister, wie das Direktorium es mit den seinen getan hatte. Als Graf Cobenzl, der österreichische Gesandte, in Paris erschien, um zu verhandeln, ließ Bonaparte ihm kurz und bündig bedeuten, daß jede Hoffnung auf eine Diskussion vergeblich sei. Talleyrand stellte Cobenzl Bonaparte in einem Kabinett in den Tuilerien vor. Der Erste Konsul saß hinter einem Schreibtisch, auf dem eine einzige Lampe brannte. In dem Raum gab es sonst keinen Stuhl. Als Cobenzl und Talleyrand eintraten, erhob sich Bonaparte kurz und setzte sich, ohne ein Wort zu sagen, brüsk wieder hin. Er ließ sie stehen. Cobenzl vorn, Talleyrand hinter ihm. Bonaparte wühlte in Papieren, sagte drei Sätze über die Bedingungen des Friedens, der am 9. Februar 1801 unterzeichnet werden sollte. Dann machte er ein Zeichen mit der Hand, die Audienz war zu Ende. Österreich unterzeichnete.

So hätte sich Talleyrand nicht verhalten. Er hätte mit Österreich verhandelt. Der Friedensvertrag wäre der Vorläufer eines Bündnisvertrags gewesen. Der Frieden von Lunéville jedoch war ein Diktat, das nur einen Revanche-Krieg von seiten Österreichs auslösen konnte, vor allem, da England, das sich noch immer feindselig verhielt, bereits als Verbündeter Österreichs gelten konnte. Talleyrand wäre so vorgegangen, daß die Dinge sich nicht so gefährlich hätten entwickeln können. Das Eindringen französischer Heere in Italien und Deutschland, die politische Neuordnung dieser Länder unter dem Zwang französischer Besatzungskräfte beunruhigte ihn sehr. Einem Freund gegenüber äußerte er sich vertraulich: »Ich weiß wohl, was der Erste Konsul tun sollte, was für ihn günstig wäre, für Frankreich und für Europa. Zwei Wege stehen ihm offen: das föderalistische Prinzip, das jeden Herrscher nach der Eroberung als Herrn im eigenen Haus beläßt, unter günstigen Bedingungen für den Sieger. So könnte der Erste Konsul heute den König von Sardinien wiedereinsetzen, den Großherzog von Toskana und so weiter. Will er aber im Gegenteil einverleiben, annektieren? Dann begibt er sich auf eine endlose Bahn.«

Bonaparte wählte bekanntlich den zweiten Weg: Annexion, militärische Besetzung, immer wieder aufflackernden Krieg, kurzum, das ewige Abenteuer der Eroberung und das verhängnisvolle Ende.

Nachdem Talleyrand also richtig gesehen hatte, wo das Richtige lag, widmete er sich einige erfolgreiche Jahre lang mit besten Kräften der Unterstützung des Falschen. Er stand gleichermaßen unter dem Charme und der eisernen Faust Bonapartes. Sandoz-Rollin berichtete nach Berlin: »Der Erste Konsul behandelt die politischen Angelegenheiten wie er die militärischen behandelt. Er will, daß alles rasch beendet wird und daß sich alles seinem Willen beugt ... Der Sieur Talleyrand, der anfänglich zur Beratung über die Befriedungspläne für Deutschland konsultiert worden ist, hat Rœderer und Regnaud Platz gemacht. Der Minister ist nur zur Unterzeichnung gebeten worden, und das war wegen seines Amtes erforderlich.«

Madame de Cazenove d'Arlens schreibt 1803 in ihrem »Tagebuch«: Monsieur de Talleyrand hat keinen Einfluß auf den Ersten Konsul. Er muß viel Geschmeidigkeit und unendliche Geschicklichkeit aufbringen, um sich in seiner Stellung zu halten, unter den Beleidigungen und dem Grollen seines Chefs.« Und sie fügte hinzu: »Monsieur de Périgord ist den groben und derben Beschimpfungen dieses kleinen Korsen ausgesetzt.« Das mußte in der Tat ertragen werden. Und Talleyrand ertrug es, da er blieb. Ein Spion im Dienst des berühmten d'Antraigues schreibt über Talleyrand: »Er hat einen raschen Blick, eine klare Auffassungsgabe, Kühnheit im Kopf, aber Schwäche im Herzen, und er hängt so sehr an seiner Stellung, daß er wahrhaft närrisch wird, wenn er Angst hat zu mißfallen ...«

Es liegt viel traurige Wahrheit in der Äußerung dieses traurigen Herrn: Talleyrand beugte seinen geschmeidigen Rücken.

Am 14. Dezember 1799, während der Frieden mit Österreich vorbereitet wurde, starb Washington. Talleyrand hielt eine zutiefst aufrichtige Trauerrede auf diesen Mann, der seinem Volk die Freiheit, den Frieden und den Wohlstand gebracht und ihm achtbare und solide Institutionen beschert hatte. Talleyrand sprach aus Erfahrung, sein Aufenthalt in den Vereinigten Staaten hatte ihm gezeigt, wie ernst die amerikanische Demokratie genommen wurde. Er trat aus seiner Zurückhaltung heraus, er war nicht mehr kühl, er war begeistert, als er diesen Mann pries und sein »Volk, das eines Tages ein großes Volk sein wird, das heute schon das weiseste, das glücklichste auf der Erde ist«. Als er Washington als einen Mann bezeichnete, »der durch seinen Mut und sein Ingenium am meisten dazu beitrug, sein Volk vom Joch zu befreien, um es in den Rang der unabhängigen und souveränen Nationen zu erheben«, dachte er vermutlich: »Wenn doch Bonaparte diesem weisen Mann nacheifern wollte! Würde er doch die Freiheit seines Landes achten und die Unabhängigkeit und Souveränität der anderen.« Seine wesentlichen Gedanken offenbart Talleyrand stets durch Anspielungen.

Zur Erinnerung an Washington forderte er die Aufstellung einer Statue und die Benennung eines Platzes in Paris. Bonaparte kam seinem Ersuchen nicht nach. Auch nicht dem Aufruf zur Mäßigung, zur Achtung der Gesetze, des Völkerrechts und der Grenzen. Und Talleyrand schien sich mit den Verstocktheiten seines Herrn abzufinden. Unbekümmert brach er am 23. Dezember 1801 nach Lyon auf, wohin die italienischen Vertreter der Cisalpinischen Republik beordert worden waren. Kurz vor dem Ziel brach sein Wagen auf der Landstraße zusammen. Wo? In Autun! Ob er, während der Wagen repariert wurde, einige Überlegungen angestellt hat? Übermäßig schienen sie ihn nicht zu beschäftigen. Autun? Eine Episode von drei Wochen Dauer, verdrießliche Domherren, eine schlechtgelesene Messe in einer eiskalten Kathedrale . . . Staub der Jahre.

In Lyon traf er auf die Vertreter der »Schwesterrepublik«. Sie waren klug ausgewählt worden. Talleyrand schrieb an Bonaparte: »Sie werden alles tun, was Sie wollen, ohne daß Sie Ihrem Willen Nachdruck zu verleihen brauchen. Was man als Ihre Wünsche ansieht, wird auf der Stelle ein Gesetz.«

Unschuldig an Bonapartes Cäsarentum war Talleyrand nicht. Unzweifelhaft ist dies seine Hauptsünde: er verrät das Regime in diesem Augenblick nicht, er festigt es, aber sich selbst verrät er oder, was schlimmer ist, die Weisheit, die Menschlichkeit und die Gerechtigkeit, die in ihm verankert sind.

Sehen wir zu, was er tat. Seine souveräne Haltung ist bewundernswert, aber der Zweck, dem sie dient, ist zu beklagen. Rœderer hatte für diese Republik eine sehr einfache Verfassung ausgearbeitet, eine »sehr kurze, sehr klare«, wie er entschuldigend sagte. Talleyrand unterbrach ihn: für ein Satelliten-Land, wo stets Eingriffe nötig wären, müßte sie stets »kurz und verschwommen« sein. Nachdem dies erledigt war, gab er den cisalpinischen Abgesandten ein Diner. Für dreihundertzwanzigtausend heutige Francs mietete er für vierunddreißig Tage ein Stadtpalais! Im ganzen gab er für die fünfwöchigen Verhandlungen an Kosten für Nahrung und Empfänge fünfzig Millionen heutige Francs aus. Mehr als die ganze Stadt Lyon für den Lebensunterhalt während eines Jahres brauchte. Ganz sicher hat er die Rechnungen gefälscht und sich die Differenzbeträge auszahlen lassen. Großer Gott, was für Trinkgelder hat Herr von Talleyrand eingesteckt! »Aber er stammt aus einem großen Haus . . .«

Allerdings holten die Lyoneser, die unter der Revolution fürchterlich gelitten hatten (niemand wußte es besser als Fouché), so gut es nur ging, alles nach, was sie während der Jahre des Hungers und der Massaker entbehrt hatten, sie schraubten die Preise hoch. Zwei Italienern wurden hundertdreißig Pfund (tausend heutige Francs) für zwei Koteletts und Schinken abverlangt. Sie erhoben ein solches Geschrei, daß die Behörden eingreifen mußten. Drei Pfund boten die Gäste, zahlen mußten sie doch noch zwölf, einen Kongreßpreis.

Die Cisalpinische Republik wählte ihren Präsidenten. Wie durch Zufall war es Melzi, Bonapartes Vertrauter und Agent zur Zeit der Eroberung. Es ging alles nach Wunsch, doch Talleyrand meinte, es könne noch vollkommener sein. Mit salbungsvollen Worten beglückwünschte er Melzi zu der spontanen Entscheidung der Wähler (und der französischen Dienststellen) und fügte, indem er sich an die Abgesandten wandte, hinzu: »Sie könnten eine noch bessere Entscheidung treffen und dabei Monsieur Melzi die Rolle spielen lassen, die ihm zukommt.« Mit welchem Vorbedacht er sprach! Weiland Kardinal Mazarin hätte es nicht besser gekonnt. Die Italiener überlegten eine Weile, sahen sich an, flüsterten miteinander und baten, noch einmal abstimmen zu dürfen. Monseigneur war mit seiner gelehrigen Herde zufrieden. Sie wählten General Bonaparte zum Präsidenten der Cisalpinischen Republik!

Bevor Talleyrand Lyon verließ, kümmerte er sich auch um andere Dinge. Er interessierte sich für die Lage der Seidenarbeiter. Er holte diejenigen, die nach dem Ausbruch der Revolution ins Ausland geflohen waren, zurück. Und in den Vertrag mit Rußland ließ er eine Klausel einfügen, es solle Seide aus Lyon beziehen.

Das große Drama war noch immer der Krieg mit England. Er schickte den getreuen Montrond nach London. Dieser sollte den Boden bereiten, ehe offizielle Friedensverhandlungen aufgenommen wurden. Der Zeitpunkt war günstig, das Problem Irland hatte sich verschärft, und Pitt hatte in heikler Lage seine Stellung Addington überlassen, der für Frieden war. In diesem Augenblick widerfuhr Talleyrand seitens seines Herrn ein Affront. Ungeheuer verblüfft muß der Minister des Auswärtigen ausgesehen haben, als er die Kanone auf der Place des Invalides dröhnen hörte und den Grund dafür erfuhr: die Salve wurde zu Ehren der Vorfriedensverhandlungen abgefeuert, die in London abgeschlossen worden waren. Davon hatte er keine Ahnung.

Man könnte sich mit und für ihn schämen. Warum hat er kein Rücktrittsgesuch eingereicht? Er nimmt den Affront nicht nur hin, sondern schreibt an den Herrn und Gebieter Schmeichelbriefe von unverzeihlicher Untertänigkeit. Trotzdem war ein neues Samenkorn der Zwietracht gelegt worden. Stets ist bei Talleyrand die Zeit des Keimens lang, die Früchte sind um so erstaunlicher. Abends, beim Diner in Malmaison, meinte er, eine gewisse Verärgerung zeigen zu müssen. Nicht dem Herrn gegenüber, sondern für die Galerie.

Zur Unterzeichnung des Friedensvertrags begab er sich am 25. März 1802 nicht nach Amiens, wie er auch nach Lunéville nicht gegangen war. Die Verträge wurden von Joseph Bonaparte unterzeichnet. Talleyrand bedankte sich bei ihm, daß er seinen Platz eingenommen habe.

Die beleidigende Unkorrektheit Bonapartes vermochte Talleyrands Meinung über ihn nicht zu beeinträchtigen. Es war seine Stärke, Eigenliebe und sogar Eigennutz hintanzustellen, um seinen Kopf freizuhalten und in aller Gelassenheit über das Werk, das der Erste Konsul vollbracht hatte, urteilen zu können. In seinen Memoiren schreibt er: »Frankreich genoß im Ausland einen so großen Ruf, einen solchen Ruhm, daß der ehrgeizigste Mensch darüber hinaus für sein Vaterland nichts ersehnen konnte. Und was diese Situation noch großartiger machte, war die Schnelligkeit, mit der sie geschaffen worden war. In weniger als zweieinhalb Jahren war Frankreich aus der Erniedrigung, in die das Direktorium das Land gestürzt hatte, in den ersten Rang in Europa aufgestiegen.«

Wie hätte er da trotz der Grobheiten und Ungebührlichkeiten Bonaparte im Stich lassen sollen?

Manchmal wurde Talleyrand ärgerlich, doch das amüsierte Bonaparte mehr, als daß es ihn störte. Er hatte, ohne den Minister zu unterrichten – eine weitere schwere Unterlassung –, General Andréossy zum Botschafter in London ernannt. Überallhin steckte Bonaparte seine Generale. Andréossy war untauglich für den Posten. In Malmaison sprach Bonaparte, als wäre noch nichts geschehen, über die Notwendigkeit, einen Botschafter in London zu ernennen. Er wußte nicht, daß Talleyrand bereits über seine Entscheidung informiert war. Dieser spielte den Unwissenden und schlug mehrere Personen vor, die Bonaparte natürlich verwarf. Er sagte: »Ich habe meinen Mann, ich werde Andréossy schicken.« Talleyrand tat überrascht: »Sie wollen André auch ernennen? [Andréossy = André aussi] Wer ist dieser André?« Bonaparte runzelte die Stirn. »Ich spreche nicht von einem André, ich spreche von Andréossy. Mein Gott, Andréossy! Artilleriegeneral.« Talleyrand: »Andréossy! Ja, natürlich. An den dachte ich nicht. Ich suchte den Namen in der Diplomatie und fand ihn nicht. Natürlich – ja, ja, er ist in der Artillerie.« Ein weiterer Dorn im Fleisch, später wird er eine Entzündung hervorrufen.

Es kam noch schlimmer. Talleyrand hatte sich für die Rückgabe eroberter Territorien eingesetzt, insbesondere für Piemont, das wieder dem König von Sardinien überlassen werden sollte. Das wäre gleichermaßen ein Akt der Gerechtigkeit und Klugheit gewesen. Ohne vorher etwas verlauten zu lassen, annektierte Bonaparte am 11. September 1801 Piemont. Diese Annexion, schreibt Talleyrand in seinen Memoiren, »war eine ungeheure Vergewaltigung dessen, was im Völkerrecht als Heiligstes gilt«. Das hört sich ausgezeichnet an, aber als es geschah, hat er weder protestiert noch Bedenken erhoben. London, wie alle Hauptstädte Europas, geriet in Erregung. Und als England Malta zurückgeben sollte, wozu es sich verpflichtet hatte, weigerte es sich. Bonaparte gab durch sein Verhalten seinen Feinden ein Beispiel, »das Recht« nämlich, das Recht nicht mehr zu achten. Talleyrand versetzte Bonaparte in Wut mit der Äußerung, Malta sei einen neuen Krieg nicht wert. Bonaparte war der Meinung, der Krieg sei das einzige Mittel, sich durchzusetzen.

Der neue englische Botschafter in Paris befand sich in einer äußerst schwierigen Lage. Bonapartes gesamte Umgebung verhielt sich ihm gegenüber unglaublich feindselig. Der einzige Mensch, mit dem er eine Verhandlung hätte beginnen können, wäre Talleyrand gewesen, aber der Botschafter suchte ihn nicht auf. Ihm war Angst gemacht worden, Talleyrand ließe sich für alles bezahlen, selbst für das Zustandekommen einer Audienz. Talleyrand, mit seiner Mrs. Grand behaftet, wagte sich seinerseits nicht in zu große Nähe der englischen Botschaft, man hätte ihn vielleicht beschuldigt, sich mit Mrs. Grand in den Dienst der Engländer zu stellen. Daher verhandelte der Botschafter mit Joseph Bonaparte, der erschwinglichere Preise hatte. Aus der Spannung wurde ein offener Eklat. Anläßlich eines Empfangs des Diplomatischen Korps bei Madame Bonaparte ließ sich Bonaparte zu einer Kutscherszene dem Botschafter Withworth gegenüber hinreißen. Seine Heftigkeit, seine Gesten und Grobheiten empörten alle Anwesenden, und die Hauptstädte hallten wider von diesen Äußerungen. Weder an Würde noch an Freundschaft konnte Frankreich dabei gewinnen. Die Hoffnung auf Frieden, an die ganz Europa sich klammerte, verflog, als Bonaparte schrie: »Malta oder Krieg, und wehe denen, die die Verträge verletzen!«

Und diejenigen, die die Grenzen verletzen?

Withworth bat um seine Pässe und bereitete sich auf die Rückkehr nach London vor. Eine bereits mit dem Gepäck beladene Kutsche stand im Hof bereit, als Talleyrand eintraf. Es gelang ihm, Withworth zu beruhigen. Dieser ließ abspannen und blieb.

Selbst Joséphine warf Bonaparte übertriebene Heftigkeit vor. »Die ganze Welt zittert vor dir, man hält dich für bösartig.« Tatsächlich fing man an, das zu glauben, doch wurde er noch nicht »das Ungeheuer« genannt: er hatte noch nicht Menschen genug getötet. »Es stimmt«, gab er zu, »ich habe unrecht gehabt. Ich wollte heute nicht in Erscheinung treten. Talleyrand hat mir Dinge gesagt, die mir die Stimmung verdorben haben, und ausgerechnet dieser lange Kerl von Botschafter ist mir vor die Nase gekommen.«

Hing der Krieg denn von Bonapartes »Stimmung« ab? Darf man Stimmungen unterworfen sein, wenn man Cäsar sein will? Talleyrand hatte gewagt, ihn vor seiner Empfindlichkeit, seiner Nervosität zu warnen.

Er ertrug nicht die leiseste Mißbilligung. Anstatt ihn zur Vernunft zu bringen, hatte Talleyrand ihn verärgert: das war unverzeihlich.

Zwei Tage darauf traf überraschend ein englisches Ultimatum ein. Alles war verloren. Als Talleyrand den Text dem Ersten Konsul unterbreitete, kam es wieder zu einer Szene. Bonaparte sagte zu seinem Minister, er lasse es an Respekt fehlen, weil er ihm diese Note zu lesen gegeben habe. Die ersten Anzeichen von Größenwahn wurden sichtbar. Um die Antwort auf das Ultimatum zu formulieren, wurde ein Rat gebildet. Talleyrand bekam Bonapartes ganzen Zorn zu spüren, nur Joseph stand zu ihm; auch er war für die Aufrechterhaltung des Friedens. Sie wurden zum Schweigen gebracht. Das Ultimatum wurde zurückgewiesen. Das hieß Krieg. Und die Tragödie nahm ihren verhängnisvollen Verlauf.

Talleyrand begab sich zu einem letzten Besuch zu Withworth und vertrat nun Bonapartes Standpunkt: er machte England für den Bruch verantwortlich. Das war nicht unrichtig. Bonaparte hatte allerdings jeglichen Anlaß und Vorwand geliefert. Doch ein Vorwand ist eben nur ein Vorwand. In London war man sich vollkommen klar darüber gewesen, daß Bonaparte nach Kenntnisnahme dieser schroffen Note losstürmen würde. Und er stürmte los, wie England es wollte. Talleyrand hätte die Feindseligkeiten um keinen Preis, selbst um den Preis der Insel Malta nicht, wiedereröffnet. Frankreichs wirtschaftlicher Wiederaufstieg in den letzten drei Jahren war höchst bemerkenswert, Landwirtschaft, Industrie, Handel, Bankwesen, alles war in vollem Aufschwung. Diese Prosperität wollte Talleyrand erhalten und mehren, und das wollte die englische Regierung nicht. Letztlich war ein Friede des Ausgleichs, wie Talleyrand ihn im Sinn hatte, für die englischen Interessen gefahrvoller als Bonapartes Kriegslüsternheit. Weise wählten die Engländer das geringere Risiko: den Krieg. Talleyrand hätte ihnen diese Chance nicht eingeräumt. Doch der Herr des Krieges gab sie ihnen.

Frieden machen, Krieg machen, vor allem aber Geld machen

Nach dem 18. Brumaire kamen der Marquis de La Tour du Pin und seine liebenswerte Frau nach Paris zurück. Talleyrand empfing sie mit offenen Armen, und da er glaubte, sie würden sich, wie viele andere seiner Freunde, dem Ersten Konsul zur Verfügung stellen, bot er seine Vermittlung an. Sie lehnten ab und sagten, sie wollten abseits vom großen Getriebe auf ihren Ländereien leben. »Schade«, sagte Talleyrand, »das ist eine Torheit.« Die Familie La Tour du Pin war nicht reich. »Aber, fuhr ich fort«, schrieb die Marquise, »wir sind nicht imstande, in Paris zu bleiben.« Talleyrand antwortete: »Ach was, man hat immer Geld, wenn man will.« Höchst schokkiert schloß sie: »Darin drückt sich das Wesen des ganzen Mannes aus.«

Aber sie war hingerissen vom Hôtel de Créqui, das er gerade gekauft, instand gesetzt und mit dem Luxus und Geschmack eingerichtet hatte, für den er bekannt war. (Dieses Stadtpalais in der Rue d'Anjou wurde beim Durchbruch des Boulevard Malesherbes abgerissen.) Es war ein herrliches Gebäude mit einem großen Garten. In der Rue du Bac wohnte er nicht mehr. Dort gab er nur noch Diners mit hundert Gedecken und offizielle Empfänge. In der Rue d'Anjou war man bei Monsieur de Talleyrand-Périgord. Im Sommer wohnte er in Auteuil oder Neuilly. Auteuil mochte er nicht so gern, doch in Neuilly blieb er jedes Jahr mehrere Monate. Auch das Haus der Schauspielerin Lange kaufte er: dort hatte er am 19. Brumaire seinen Sieg über das Direktorium und Barras gefeiert. Ebenso mietete er das Schloß von Bry-sur-Marne, einen prächtigen Wohnsitz, der unter Ludwig XV. vom Generalkontrolleur Silhouette errichtet worden war. Im Finanzwesen wollte Silhouette als Fachmann bestimmte Reformen durchführen, die aber nur in Umrissen zustande kamen, weshalb nach ihm die Kunst des »Silhouetten«-Schneidens benannt worden ist. Dieses prunkvolle Leben liebte Talleyrand, ein Leben, für das er zu allem bereit war, selbst Bonapartes Beschimpfungen zu ertragen, selbst dessen schlimme Charakterfehler zu fördern. Das Rieseln von Gold und Seide, die Scharen schöner Frauen, die Parfümwolken, mit denen er sich umgab, das war sein Leben, seine Atemluft. Für ihn hieß leben Geld raffen und es mit vollen Händen wieder ausgeben.

Am 18. Brumaire wurde sein Vermögen auf achtzehn Millionen Pfund (ungefähr hundertfünfzig Millionen heutige Francs) geschätzt – eine überwältigende Summe. Noch überwältigender ist die Art und Weise, wie diese kleinen Millionen zu ihm kamen. Erstaunlich ist nicht die Spitzfindigkeit seiner Unternehmungen, sondern im Gegenteil die Einfachheit, die Kühnheit und der Erfolg.

Eines Tages sagte Bonaparte zu Talleyrand, die monatliche Entschädigung von fünf Millionen, die Spanien seit dem Vertrag von Basel an Frankreich zahlte, solle aufgehoben werden. Talleyrand bemerkte dazu, es wäre klüger, eine Zeitlang nur auf die Hälfte der Summe zu verzichten. Folglich wurde der Finanzminister davon in Kenntnis gesetzt, daß er von nun an nur zweieinhalb Millionen von Spanien bekommen würde. Charles IV., König von Spanien, wurde indes vom Minister des Auswärtigen keineswegs in Kenntnis gesetzt: es wurden weiterhin fünf Millionen gezahlt. Was geschah mit den anderen zweieinhalb Millionen? Sie wurden aufgeteilt zwischen Talleyrand und Godoy, dem »Friedensfürsten«, Gesandten und Günstling am spanischen Hof. Und dieser Handel zog sich über zweieinhalb Jahre hin. Bonaparte setzte ihm mit dem Frieden von Lunéville ein Ende; Spanien wurde die gesamte Schuldsumme erlassen.

Schon vor dem 18. Brumaire war Talleyrand in eine Affäre verwickelt, die nicht zu den brillantesten seiner Unternehmungen gehört, die aber der

Beginn einer außergewöhnlichen Begebenheit ist, deren letzte Auswirkungen vielleicht heute noch zu spüren sind. In den Akten trägt sie die Aufschrift »Affäre Cohen-Bacri und Busnach«. Diese beiden Häupter der israelitischen Gemeinschaft in Algier hatten den gesamten Getreidehandel zur Zeit der Régence in der Hand. Talleyrand, damals Minister der Direktorial-Regierung, stellte diesen Kaufleuten eine Vollmacht aus, die ihnen gestattete, eine Schuldforderung einzutreiben, die der Dey von Algier der Französischen Republik gegenüber hatte. Nun aber hatten die Herren Cohen-Bacri und Busnach große Mühe, sich das Geld auszahlen zu lassen, denn die Summen, die in der von Talleyrand unterzeichneten Vollmacht standen, waren ungleich viel höher als die vom Dey ausgeliehenen. Talleyrand, Cohen-Bacri und Busnach planten, darüber besteht kein Zweifel, die Differenz unter sich zu teilen. Talleyrand unternahm es, dieses dunkle Geschäft zu einem fruchtbaren Abschluß zu bringen. Er schrieb an den Finanzminister: »Der Stand unserer gegenwärtigen Beziehungen zur Régence erfordert, daß den Juden mit größtmöglicher Zuvorkommenheit begegnet wird.« Der Finanzminister meinte, Frankreich würde sich seiner Verpflichtung weitgehend entledigen, wenn er ihnen die Hälfte dessen auszahlte, was Talleyrand für sie forderte: sie bekamen sieben Millionen. Die Juden rieben sich die Hände, eine solche Summe hatten sie nie zu erhoffen gewagt. Doch es blieb immer noch ein Rest übrig. Warum sollten sie darauf verzichten? Der eine schrieb: »Wäre der Hinkende nicht in meiner Hand, würde ich mit nichts mehr rechnen.« Das sagt alles. Ungefähr dreißig Jahre später stieß Karl X., König von Frankreich, unter den strittigen Affären auf die Schuldforderung Cohen-Bacri, sie wurde der Ausgangspunkt des Zwists mit dem Dey von Algier. Und dann wurde Algier eingenommen. Betrachtet man die Folgen, so kann man sagen, daß die Angelegenheit erst 1962 gelöst worden ist.

1800 schloß Talleyrand einen Handelsvertrag mit den Vereinigten Staaten. Mit wenigen Worten brachte er es fertig, Livingstone, den Gesandten der Vereinigten Staaten, zu verblüffen. Als dieser im Ministerium vorsprach, um die Vereinbarung zu unterzeichnen, fragte ihn Talleyrand: »Haben Sie Geld?« – »Geld? Aber Bürger Minister ...« stammelte der andere. – »Antworten Sie mir frei heraus. Haben Sie Geld?« – »Ja, aber ... ich verstehe nicht.« – »Das ist doch ganz einfach«, sagte Talleyrand. »Aber das ist nicht alles. Haben Sie viel Geld? Denn, sehen Sie, in diesem Land ist es sehr schwierig, Geschäfte abzuwickeln. Man braucht viel Geld. Mit Geld gibt es kaum Schwierigkeiten, die nicht zu ebnen wären. Denken Sie gut darüber nach. Es hängt nur von Ihnen ab, die Dinge zur Zufriedenheit der vertragschließenden Parteien zu regeln.« [VIL]

Als Livingstone darüber nachgedacht hatte, steckte Talleyrand zwei Millionen in die Tasche, und die vertragschließenden Parteien waren zufrieden.

In den Tagen der Schlacht von Marengo, als er häufig mit dem österreichischen Gesandten Saint-Julien zusammenkam, spekulierte er so geschickt mit öffentlichen Mitteln, daß er mit einem Schlag die ungeheure Summe von sieben Millionen Pfund [ungefähr fünfzig Millionen heutige Francs] zusammenraffte.

Obwohl Bonaparte ihn des Vergnügens beraubt hatte, den Friedensvertrag von Lunéville mit Österreich zu unterzeichnen, fand er Mittel und Wege, sich sieben bis acht Millionen »Douceurs« zu verschaffen. Das ist schwindelerregend, denn zur gleichen Zeit bekam er vom Kaiser von Österreich, der dem alten Brauch ebenfalls huldigte, dreihunderttausend Francs und von Bonaparte vierhunderttausend Francs. Woher aber kamen die sieben Millionen? Er hatte Kenntnis von einer Klausel des Vertrags, der Österreich die Verpflichtung auferlegte, die Schuldverschreibungen der Staatsanleihen integral zu bezahlen, die es früher in den österreichischen Niederlanden (Belgien und Holland) aufgenommen hatte. Nun war dem Volk eingeredet worden – von wem? –, die Titel würden wertlos werden, sobald diese Länder unter französische Oberhoheit kämen. Talleyrand ließ in den Niederlanden alle Anteilscheine aufkaufen, deren er habhaft werden konnte, denn die verzweifelten Inhaber verkauften sie in den Tagen vor der Unterzeichnung des Vertrags wie wertloses Papier. Kaum war der Vertrag geschlossen und die Klausel bekanntgeworden, notierten die Titel wieder ihren vollen Wert. Sechzig bis siebzig Millionen heutiger Francs trugen auf diese Art und Weise dazu bei, das Haushaltsbudget im Palais de Créqui und in den Schlössern Neuilly und Bry-sur-Marne aufzubessern.

Alle nur möglichen »Kniffe« wandte er an. Wie anders sollte man die Komödie bezeichnen, die er Mrs. Grand spielen ließ, um Geschenke einzuheimsen? Sie schmückte sich mit prächtigen Juwelen, wenn Botschafter, Bankiers und Geschäftsleute aller Art beieinander waren. Dieser Schmuck aus sibirischen Saphiren stamme, sagte sie, vom Sankt Petersburger Botschafter, er habe ihn ihr zu Füßen gelegt. Die sechsreihige Perlenkette komme vom Gesandten des Kaisers, das Halsband aus Diamanten sei preußisch, das Diadem römisch und so weiter. Das alles, um die etwas zaghafteren Bewunderer anzuregen, ihre Fürsprache zu erkaufen, die offenkundig zu verkaufen war – doch nicht zu billigem Preis.

Jeder Spieler, selbst der glückhafteste, hat manchmal Pech. Anläßlich des Friedens von Amiens wurden Talleyrands Berechnungen über den Haufen geworfen: er verlor zwei Millionen. Doch unter Bonaparte folgten Verträge, Kriege, Abtrennungen, Annexionen und Plünderungen dicht aufeinander. Und stets war Geld dabei herauszuschlagen. Talleyrand hat sich seinen Anteil verschafft – wie alle anderen auch. Was aber die mißbilligende Aufmerksamkeit auf seine Person lenkte, war der gigantische Geldumlauf, der sich um ihn herum abspielte, während die kleinen Spitzbuben ihr Geld mit gesenkten Blicken einstrichen. Letztlich warf man ihm weniger die

Geldsummen vor, die er einkassierte, als die, die er ausgab. Er behielt die Sitten und Gebräuche des Ancien régime bei in einer Gesellschaft, die genauso durch Geld korrumpiert war, der aber Jean-Jacques Rousseau und Robespierre als Erbe den Wortschatz und die Maske der »Tugend« hinterlassen hatten.

Der phantastischste Handel, in den er sich einließ, war die Neugliederung der deutschen Fürstentümer und die Säkularisation des kirchlichen Vermögens der Fürstbischöfe. Mehrere Jahre lang verschaffte ihm das Schachern der mehr oder weniger enteigneten Fürsten untereinander die Gelegenheit, sich unzählige und beträchtliche Vergünstigungen zu verschaffen, indem er die einen bevorzugte, die anderen benachteiligte. Die ganz großen Geschäfte begannen nach Lunéville im Jahre 1801 und erreichten ihren Höhepunkt mit dem Reichsdeputations-Hauptschluß von 1803. Es handelte sich um eine völlige Neuverteilung von Territorien: die am meisten zahlten, behielten die ihren und annektierten die der anderen. Es ging eben darum, ein gutes Los zu ziehen. Herr von Talleyrand nahm die Ziehung vor oder leitete sie zumindest von Paris aus. An Ort und Stelle bewerkstelligte Durand de Mareuil die Dinge. Für seinen einsichtigen Eifer wurde er reichlich belohnt. Talleyrand bezahlte die Dienste, die man ihm leistete, genauso reichlich, wie er sich die, die er selbst nicht immer leistete, bezahlen ließ, natürlich im voraus. Ein Beispiel: der Fürst von Nassau-Weilburg, der Präsident der Batavischen Republik werden wollte, ließ Talleyrand fünf Millionen zukommen, um den Gang der Dinge zu erleichtern. Bonaparte war dagegen, doch Talleyrand behielt die fünf Millionen.

Dieses Spiel war dermaßen einträglich, daß er es mit Bonapartes Bestrebungen in Übereinstimmung brachte, auch wo es gegen seine eigene Überzeugung ging. So bediente sich Bonaparte Talleyrands, um Preußens Interessen zu fördern gegen die Interessen der deutschen Fürsten und Österreichs, wiewohl Talleyrand die preußische Vormachtstellung in Deutschland für nicht wünschenswert hielt. Über das, was er tat, war er sich im klaren. Aber es stand Geld in Aussicht, ungeheuer viel Geld. Um seinem Herrn und dem König von Preußen zu Gefallen zu sein, schrieb er: »Unter allen befreundeten Mächten ist Preußen diejenige« (eine Unwahrheit, denn 1801 hatte Frankreich keine Freunde), »die wir am liebsten sich vergrößern sehen, deren Zuneigung wir sorgfältig pflegen wollen und auf deren Stärke und Beistand wir uns in Zukunft zu stützen wünschen. Daher harmonieren die Pläne Ihrer Ausweitung mit unseren Absichten, Sie müssen im Norden Deutschlands das Übergewicht haben. Das System der Säkularisierungen bietet Ihnen die Möglichkeiten dazu. Der Erste Konsul ist aufrichtig beseelt von dem Wunsch, zur Vergrößerung Preußens beizutragen.«

Wieder einmal wird er sich selbst untreu, um seinem Herrn zu dienen.

Er war sich durchaus bewußt, daß er sich mit der unseligen Rolle, die er bei dem sträflichen Unternehmen Bonapartes spielte, nicht brüsten konnte.

Deshalb sagte er seinem Freund, dem österreichischen Gesandten Graf Cobenzl, der bei ihm in Neuilly wohnte, kein Wort davon. Cobenzl stand eines Tages vor der vollendeten Tatsache. Um Mrs. Grand den Hof zu machen, spielte er mit ihren Möpsen; sie hatte er dafür gewonnen, Österreichs Sache bei Talleyrand zu vertreten. Während er in Neuilly seine Zeit mit dieser einfältigen Person und ihren Hunden vergeudete, reisten Mareuil, Roux-Laborie und der Fürst von Nassau-Siegen, ein neuer Freund Talleyrands, den er in irgendeinem Spielsaal aufgetan hatte, auf Rechnung des Ministers durch Deutschland. Der Fürst von Nassau-Siegen war, so wurde gesagt, »der schurkischste und niederträchtigste Kerl von allen«. Natürlich war auch Montrond dabei, er schickte Talleyrand die Säkularisierungsdekrete der Kirchengüter zur Unterzeichnung, und in seine Hände, in die Hände des »Jesuskinds der Hölle«, flossen die frommen Provisionen, die er, ebenso fromm, an Monsieur d'Autun sandte. Er behielt sich nur das zurück, was er zum Spielen brauchte, was nötig war, um seine Mätressen und seine Equipagen zu unterhalten, damit er als pompöser, liebenswerter und freigeistiger Seigneur leben konnte.

Talleyrand betrachtete die Dinge von Paris aus, von oben und von fern, aber er beobachtete sie sehr genau. Manchmal versah er die Schriftstücke der deutschen Fürsten, die in Sorge und zu allem bereit waren, um ihre Besitztümer zu retten, mit Anmerkungen. So zum Beispiel schlug der Fürst zu Reuß Frankreich vor, einen Friedens- und Bündnisvertrag, von Staat zu Staat, abzuschließen. Er schrieb: »Artikel eins: Der Fürst zu Reuß anerkennt die Französische Republik.« Und Talleyrand vermerkt am Rand: »Die Französische Republik ist entzückt, Bekanntschaft mit dem Fürsten zu Reuß zu machen.«

Abgesehen von diesen Liebenswürdigkeiten brachte die Neuaufteilung Deutschlands Talleyrand zehn bis fünfzehn Millionen ein.

Am 30. April 1803 verkaufte Bonaparte Louisiana an die Vereinigten Staaten. Nie wird herauskommen, wie die Sache vor sich gegangen ist. Talleyrand hat sich gehütet, etwas darüber verlauten zu lassen. Dieses Thema streift er nur, denn er hätte allzuviel darüber zu sagen. Zuerst wurde ein Preis von achtzig Millionen festgesetzt. Er ging dann auf sechzig herunter. Schließlich erhielt Frankreich vierundfünfzig, der »Verhandlungskosten« wegen. Wie kam es zu diesem Nachlaß? Wer hat ihn bewilligt? Wohin ist die Differenz geflossen? Vielleicht nach Valençay, dem Schloß, das Talleyrand inzwischen erworben hatte?

Portugal wagte es, schüchtern Klage zu führen. Bonaparte hatte General Lannes als französischen Gesandten nach Lissabon geschickt. Das war ein Mißgriff. Die portugiesische Regierung bat, sie von diesem forschen Soldaten zu befreien. Deshalb traf Talleyrand mit dem portugiesischen Gesandten in Paris, de Souza, zusammen (dem gleichen, der Madame de Flahaut geheiratet hatte; so etwas verbindet). Herrn de Souza gegenüber machte er kein Hehl daraus, daß er Lannes für eine Null hielt, und stellte ihm frei, seiner Regierung diese seine Meinung mitzuteilen. Lannes wurde abberufen. Die portugiesische Regierung wurde mit dem unerwünschten General zugleich vier Millionen los, die an Talleyrand gingen. Diese letztere Verfügung schmerzte Portugal. Der Klage darüber ist es zu verdanken, daß der Vorgang bekannt wurde.

Nicht alle Affären liefen so glatt ab. Eine wäre fast schiefgegangen. Ein dem Prinzen von Nassau-Oranien, einem Schwager des Königs von Preußen, geschuldeter Betrag blieb lange Zeit unerledigt. Als er schließlich gezahlt wurde, war er erheblich zusammengeschmolzen. Durand de Mareuil, im Namen Talleyrands, ferner Duroc, der junge Präsident der Batavischen Republik, Schimmelpenninck und Semonville, der Vertreter Frankreichs in Den Haag, hatten ihre Finger im Spiel. Der König von Preußen beschwerte sich unmittelbar beim Ersten Konsul. Unglücklicherweise wurde ein Brief Mareuils entdeckt, in dem Anweisungen über eine gleichmäßige Verteilung der »Differenz« enthalten waren. Dieser Brief wurde Bonaparte, der sich damals, 1804, in Aachen befand, vorgelegt. Er ließ Talleyrand kommen.

»Sind Sie sicher, daß Durand nicht in Ihrem Auftrag irgendeine Anordnung gegeben hat?« – »Keine, Sire, dessen bin ich sicher.« – »Lassen Sie ihn sofort herbeirufen.« Durand de Mareuil kam nicht. Bonaparte sprach noch einmal mit Talleyrand: »Was ist los, Ihr Durand ist nicht gekommen, er ist bestimmt schuldig. Doch sind Sie ganz sicher, daß Sie ihm keine Befehle gegeben haben?« – »Ganz sicher.« – »Daß er nicht geschrieben hat?« – »Davon bin ich fest überzeugt, oder sein Brief ist von Schimmelpenninck falsch aufgefaßt worden. Es muß irgendein Durcheinander bei den holländischen Ministern entstanden sein.« Bonaparte wurde wütend und wies ihm die Tür: »Ich brauche Sie in Mainz nicht. Kehren Sie nach Paris zurück und ruhen Sie sich aus, Sie haben es nötig.«

Die Angelegenheit hatte keine weiteren Folgen. Es heißt, Bonaparte sei weniger über die Veruntreuung als über die Lüge verärgert gewesen. »Solch ein Lügner! Er müßte nach Valençay geschickt werden, aber wer soll dann das Auswärtige übernehmen?« [BAR]

Talleyrand blieb auf seinem Posten und holte aus dem »kleinen Sumpf«, wie er Holland nannte, ein paar weitere Millionen heraus. Später sagte er zu Cambacérès, Napoleon vergesse die zu belohnen, die ihm die besten Dienste leisteten. Also mußte er daran denken, sich selber zu belohnen. Napoleon schränkte ihn in seinen Ämtern nicht ein, entzog ihm auch sein Vertrauen nicht. Mit der Wertschätzung verhält es sich anders, aber die empfand Napoleon für niemanden. Da Talleyrand ähnlich dachte, hatte die Romanze – oder was so aussah – noch einige Zukunftschancen.

Die Kirche söhnt sich mit Frankreich aus, aber nicht mit Monsieur d'Autun

Fast ist es wie ein Verhängnis, daß alles, was er unternahm, um in Frankreich die frühere Gesellschaft wiederzubeleben, sich bald gegen ihn kehrte. Unter der Direktorial-Regierung war alles erlaubt. Unter dem Konsulat änderte sich alles. Es hatte den Anschein, als sei Talleyrand dazu verurteilt, die günstigsten Bedingungen für das Wohl seines Landes, aber die ungünstigsten für sein persönliches Wohl zu schaffen. Um zu leben, wie er es sich ersehnte, mußte er Unvereinbares miteinander vereinbaren. Er war von Natur aus ein Mann der Ordnung, jedoch entfaltete er sich in der Anarchie. Leider gab es in der Anarchie kein Geld, keine Whist-Partien, keine Madame de Flahaut, keine Madame de Brionne, kein Palais de Créqui, keine von Riesener gefertigten Möbel, keine Musik von Mozart, kurzum, keine Atemluft. Das war das Drama seines Daseins und die Wurzel seines Leidens, gegen das es kein Mittel gab, denn er ist sein Leben lang unglücklich gewesen. Er hat keine wirklichen Freuden gehabt. Stets nur einen Ersatz dafür – gewiß einen stattlichen, großartigen –, aber er hat immer dafür zahlen müssen. Das wahre Glück aber fällt einem umsonst zu. Zum Beispiel das Glück, nicht hinken zu müssen.

Als das Konsulat die frühere Gesellschaft in aller Form wiederhergestellt hatte, wurde die Lage für einen Minister, der als Exbischof mit einer Abenteurerin im Konkubinat lebte, von Tag zu Tag unbequemer. Völlig unhaltbar wurde sie 1802 nach der Unterzeichnung des Konkordats. Die Kirche trat zum größten Teil wieder in ihre Rechte ein, der Kultus wurde wiedereingeführt. Talleyrand machte sich keine großen Sorgen. Ambiguität gehörte zu seinem Wesen, und so sah er nichts Unpassendes darin, seine Mätresse im Ministerium wohnen und sie bei Empfängen und bei Tisch die Dame des Hauses spielen zu lassen. Bonaparte empfand und sah – verdammte sie auch – diese unschickliche Situation eines Grandseigneurs, der, obwohl mit hoher Intelligenz begabt, sich keinen »konformistischen« Rahmen hatte schaffen können. Er wollte die Dinge in die Reihe bringen. Da Talleyrand Bischof war, konnte man sich die Aussöhnung Frankreichs mit der Kirche zunutze machen und ihn zum Kardinal ernennen. Diese Lösung war seiner Meinung nach dazu angetan, Talleyrand in seine Welt zurückzuführen – und in die Ordnung, an der Bonaparte so gelegen war: die einen in die Kaserne, die anderen in die Kirche, der Rest in die Polizei – und Frankreich würde gefügig werden. Das sollte für Talleyrand kein Hindernis sein, ein großer Minister zu werden. Sein Hang zum Luxus, zur Gesellschaft und zu Frauen würde sich durchaus mit dem Kardinalspurpur vertragen. Es wäre nur ein bißchen Scheinheiligkeit nötig.

Talleyrand lehnte den Purpur ab, sein Bruch mit der Kirche war, was ihn anging, ein für allemal vollzogen, und den Scheinheiligen in der roten

Cappa magna zu spielen, daran war überhaupt nicht zu denken. Bei diesem Ansinnen stieg der ganze Groll seiner Jugendzeit wie ein Brechreiz in ihm auf.

Deshalb wurde im Verlauf der Verhandlungen mit Rom über das Konkordat Widerwille und Unbehagen bei ihm spürbar, obwohl er, wäre seine Sache mit der Kirche nicht vermengt worden, gegen die Rückkehr Frankreichs zum Katholizismus durchaus nichts einzuwenden gehabt hätte. Den Priestern und dem Katholizismus wollte er weiterhin Wohlwollen bewahren (unter der Bedingung, daß er selber nicht mehr zur Kirche zu gehören brauchte). Die Wiederherstellung der Religion begünstigte die Aussöhnung der Franzosen untereinander, das frühere Frankreich trat wieder in seine sittlichen und moralischen Bräuche ein, ohne daß an die politischen Einrichtungen gerührt wurde. Für Talleyrand war die Erklärung der Menschenrechte sowie das gesamte Werk der Revolution unumstößlich. Ein von ihm stammender Satz zeigt ihn als einen Schlichter, aber zugleich auch als einen Getreuen von 1789: »Diejenigen, denen die Revolution vergibt, müssen ihrerseits der Revolution vergeben.« Er trat also für das Konkordat ein bis zu dem Augenblick, da Rom sich weigerte, ihn von seinen Gelübden und von der sakramentalen Würde des bischöflichen Amts zu entbinden. Das Bistum, das er seinerzeit so ersehnt hatte, war jetzt ein Hindernis geworden. Da der Papst ihn von dieser hinderlichen und – sowohl in seinen wie in vieler anderer Augen – lächerlichen Würde nicht lossprechen konnte, versuchte er, die Verhandlungen zu hintertreiben. Nuntius Caselli, der Abgesandte des Papstes in Paris, schrieb: »Wir haben viele Feinde und insbesondere einen unerbittlichen und sehr mächtigen: Autun.«

Für Talleyrand stand es fest, daß es kein Konkordat geben würde, wenn nicht eine Klausel ihn ausdrücklich von seinem Gelübde befreite. Um seinen persönlichen Fall mit dem jener Priester zu verbinden, die auf das Priestertum verzichtet und sich zum Teil verheiratet hatten, ließ er festlegen, daß diesen Priestern Absolution erteilt werden sollte. Leider, leider wurden die Bischöfe von der Absolution ausgenommen.

Talleyrand gab sich nicht geschlagen. Bonaparte unterstützte ihn. Da er ihn nicht zum Kardinal machen konnte, blieb nur übrig, ihn vollständig zu laisieren. Der Kardinal-Legat Caprara wurde ins Ministerium gerufen. Talleyrand teilte ihm mit, er habe einen Brief – von Bonaparte unterzeichnet – direkt an den Papst gerichtet, mit dem Ersuchen, ihn von allen Gelübden zu entbinden. Um sein Gesuch zu stützen, hatte er alle Präzedenzfälle aus der Kirchengeschichte zusammengetragen, die es dem Papst gestatten sollten, im Fall des Exbischofs von Autun eine Maßnahme zu treffen, wie sie von Vorgängern des Heiligen Vaters hinsichtlich anderer Bischöfe getroffen worden war. Kardinal Caprara war kein Präzedenzfall für die Aufhebung einer Bischofsweihe bekannt, doch der Exbischof schien gut unterrichtet zu sein. In seinem Brief an den Papst stand zu lesen: »Da

Frankreich wieder eine katholische Nation wird, ist es nicht angängig, daß ein Minister, der in der Regierung einen Vertrauensposten innehat, Gegenstand von Ungewißheit und Auseinandersetzung bezüglich seines früheren Standes ist.«

»Gegenstand von Ungewißheit und Auseinandersetzung.« Vielleicht ist das die Definition, die Talleyrands Wesen am besten trifft; er hat sie selber gegeben. Das paßt völlig zu einer anderen Reflexion über sich selbst: »Ich möchte, daß man jahrhundertelang darüber diskutiert, was ich gewesen bin, was ich gedacht habe, was ich gewollt habe.« Seiner Aufforderung wollen wir nicht nachkommen: wir wollen nicht diskutieren, was er gewesen ist, wir wollen versuchen, ihn zu beschreiben. Talleyrand gibt in dem Brief zu, daß er der Kirche gegenüber im Unrecht war, ohne jedoch aus dem Unbestimmten und Abstrakten herauszutreten, das ihm zuweilen so nützlich ist. Allerdings zeigte er nicht die Spur von Reue. Aus Furcht, Talleyrand könne die Verhandlungen scheitern lassen, billigte der Papst diesem »reumütigen« und unterwürfigen Sohn »die Eigenschaft« zu, »das Gewand der Weltgeistlichen zu tragen und die Ämter der Französischen Republik auszuüben«. Er war enttäuscht, doch in der Kirchengeschichte war kein Beispiel für die Laisierung eines Bischofs zu finden gewesen. Weltliche Gewänder trug Talleyrand seit 1790, ohne um Erlaubnis nachgefragt zu haben, und was die Ämter betrifft, die hatte ihm die Republik übertragen, er konnte auf den Segen des Papstes verzichten. Nur eine einzige Sache lag ihm am Herzen: er wollte von allen Gelübden entbunden werden, um Mrs. Grand heiraten zu können.

Das war in Rom durchaus bekannt, und Talleyrands Gesuch wurde unumwunden »die Mrs.-Grand-Klausel« genannt.

Die päpstliche Antwort war so nichtssagend, sie zeugte von einem solchen Unverständnis, daß Kardinal Caprara sie dem Empfänger nicht zustellte, weil er schlimme Reaktionen fürchtete.

Talleyrand hatte einen Gendarmen namens Cacault nach Rom geschickt. Dieser war in einen diplomatischen Rang erhoben worden und hatte den Auftrag, so schnell wie nur möglich den Brief zu überbringen und ebenso eilig mit der päpstlichen Antwort zurückzukommen. Anfang Juli war der Gendarm aufgebrochen, man sah ihn lange in Rom herumstreunen, und erst Ende des Monats traf er wieder in Paris ein. Talleyrand befand sich zur Badekur in Bourbon. Mit einem kurzen Wort teilte ihm der Erste Konsul mit, die Antwort sei eingetroffen. Der Nuntius machte ihm in einem geschnörkelten Brief die gleiche Mitteilung. Kurz angebunden ersuchte Talleyrand um Übermittlung des Textes. Er erhielt die päpstliche Weigerung noch in Bourbon, gab jedoch nicht zu erkennen, was er fühlte und dachte. Auch bei seiner Rückkehr nach Paris nicht. Der Nuntius glaubte, Talleyrand habe sich gefügt und gab seiner Freude darüber Ausdruck in einem Brief an den Heiligen Vater. Ein bißchen voreilig.

In Paris tüftelte man an den Worten herum und hob folgenden Satz aus dem Brief des Papstes hervor: »Der Bürger Maurice Talleyrand, Minister des Auswärtigen, wird dem weltlichen und laizistischen Leben zurückgegeben.« Dieser Satz wurde vom Conseil d'Etat registriert. Die Öffentlichkeit konnte der Meinung sein, Talleyrand sei nicht mehr Priester, nicht mehr Bischof. Mit einem anderen Satz desselben Briefes beschäftigte man sich überhaupt nicht, er bekräftigte das sakramentale und unwiderrufliche Wesen des Episkopats: »Kein Bischof hat je die Erlaubnis erhalten, sich zu verheiraten.«

Am 15. Juli 1801 wurde das Konkordat unterzeichnet. Die Situation des Bischofs von Autun war keineswegs geklärt.

Das Ereignis wurde von ganz Frankreich mit befreiendem Aufatmen willkommen geheißen, doch die Jakobiner knirschten mit den Zähnen. Die Royalisten auch, denn der Thron war noch nicht wiederaufgerichtet. Der Altar war wiederhergestellt, aber zum Nutzen des Usurpators. In seinem »Geist des Christentums« schanzte sich Chateaubriand bei dieser Gelegenheit ein gut Teil Erfolg zu. Das Buch unterstützte ausgezeichnet die Politik der Beschlagnahme der Geister und Gewissen, die Bonaparte verfolgte. Chateaubriand bekam einen Glückwunsch des Ersten Konsuls und sogar einen Posten als Gesandtschaftssekretär.

Zur Krönung dieser alle Gemüter erregenden Aussöhnung der Kirche (die im Grunde ein Werkzeug der diktatorischen Politik des Ersten Konsuls wurde) und Frankreichs (das darin nur eine Maßnahme der Befriedung sah) wurde am Ostertag 1802 ein stolzes Tedeum in Notre-Dame gesungen. Die Kathedrale war endlich dem Gottesdienst wiedergeschenkt und neu geweiht worden. Es wurde ein ungeheurer Pomp entfaltet mit den von acht Pferden gezogenen Karossen der Konsuln, mit den sechs- und vierspännigen Karossen der Großwürdenträger. Dreißig Bischöfe unter ihren Baldachinen erwarteten Bonaparte. Am Portal reichte ihm der Erzbischof von Paris das Weihwasser. In der von Gold strotzenden und buntgekleideten Menge der Beamten des neuen Regimes vermochten nur zwei Personen dem Ablauf des Gottesdienstes richtig zu folgen: der Exbischof von Autun und der Ex-Oratorianer Fouché. Alle übrigen ahmten so gut es ging, so gut sie konnten, ihren Kniefall und ihre Kreuzeszeichen nach. Als Minister standen sie, dem Protokoll gemäß, nebeneinander und konnten sich hinter gesenkten Lidern dann und wann verständnisinnig zuzwinkern. Die Militärs fühlten sich fehl am Platze, Berthier hatte sie gezwungen zu erscheinen. Augereau hatte Bonaparte gebeten, all diesen Haudegen, die in der Revolutionsarmee von der Pike auf gedient hatten, die Teilnahme an dieser Zeremonie zu erlassen, die für sie nichts weiter war als eine Verleugnung der Revolution, ihrer Überzeugungen und ihrer Kämpfe. Bonaparte gab zur Antwort, sie hätten nur zu gehorchen. Sie gehorchten, doch der Glaube kam nicht zu ihnen bei diesem ersten Anruf. Widerstand leistete allein

General Moreau. Ostentativ ging er vor den Tuilerien auf und ab und rauchte seine Zigarre. Diese Unbotmäßigkeit kam ihn teuer zu stehen.

In Talleyrands Memoiren wird die ganze Geschichte des Konkordats und der »Mrs.-Grand-Klausel« mit zwei Zeilen abgetan: »Bonaparte erlangte vom Papst ein Breve, datiert Sankt Peter zu Rom, am 29. Juni 1802, meine Säkularisierung betreffend.« Das Datum zumindest ist exakt.

Die Ablehnung hinderte ihn nicht daran, dem Papst zu antworten: er heiratete Mrs. Grand.

Monsieur d'Autun löst auf seine Weise das Problem des Zölibats der Priester

Mit aller »Glorie« zog Mrs. Grand in die Familie Périgord und in das Bett eines Bischofs ein. Sie hatte den Boden gut vorbereitet. Ihre Frömmigkeit war ohne Fehl. Sie umgab den Nuntius und den Kardinal-Legaten mit großer Zuvorkommenheit. Die beiden bemühten sich auch um sie. Zwar war sie nicht auf dem Weg in den Himmel, aber doch auf dem Weg in die brillanteste und skandalöseste Ehe des Jahrhunderts. Vorsorglich hatte sie sich schon scheiden lassen, und an höchster Stelle war ihr vergeben worden; nicht umsonst hatte sie die römischen Fürsten umschmeichelt. Sie erhielt die Belohnung dafür, denn eines Tages trägt sie den Titel einer Fürstin. Am 7. April 1798 hatte sie die Scheidungsurkunde erhalten.

Während der Papst, Bonaparte und Talleyrand sich angestrengt mit der »Mrs.-Grand-Klausel« beschäftigten, hatte ein seltsamer Zufall drei andere Personen in Paris zusammengeführt, die vorzeiten den Röcken von Mademoiselle Worlée, Ehefrau Grand, nachgelaufen waren. Sie waren nicht so bedeutend wie die ersteren, aber sie waren höchst interessiert an der Geschichte. Der eine war Sir Philip, der seine »Cathy« wiedersehen wollte; er wollte sie recht intim wiedersehen. Sie floh vor ihm aufs Land, um einen Skandal zu vermeiden. Der zweite war der indische Richter Elijah, der gleiche, der Sir Philip dazu verurteilt hatte, fünfzigtausend Rupien zu zahlen, und der dritte war der Ehemann, Mr. Grand, der die Rupien eingesteckt hatte. Er richtete sich in der Rue de Richelieu eine Wohnung ein, ließ häufig von sich hören und stöberte mit verzweiflungsvoller Sorgfalt und Genauigkeit in Paris herum, in der Hoffnung, auf irgend etwas zu stoßen, das den fünfzigtausend Rupien ähnelte. Er bekam sie in anderer Weise und dazu das Versprechen, daß ihm ein guter Posten verschafft werden würde – unter der Voraussetzung, daß er sehr weit fort in ein exotisches Land ginge. Er war sofort dazu bereit.

Die Hochzeit fand tatsächlich statt. Am 9. September 1802 wurde der Kontrakt in Neuilly unterschrieben. Talleyrand zeigte sich äußerst großzügig, er übereignete seiner Frau – die nichts ihr eigen nannte, als sie damals in der Rue du Bac erschien – das Palais de Créqui, den Landsitz Pont-de-Sains im Departement Nord und einen Teil seines Vermögens. Immerhin traf er die Vorsorge, sich als ihr Universalerbe einsetzen zu lassen für den Fall, daß sie vor ihm stürbe. Der Kontrakt trägt die Unterschriften von Bonaparte und Joséphine, der beiden anderen Konsuln, der beiden Brüder Talleyrands und des Staatssekretärs Maret. Die Ziviltrauung fand am 10. September im Rathaus des 10. Arrondissements in der Rue de Verneuil statt. Catherine Grand war neununddreißig Jahre alt. Die Zeremonie verlief ohne Aufsehen, aber es war auch keine Geheimniskrämerei dabei, denn die Vermählung sollte zwar zurückhaltend, aber nicht heimlich vollzogen werden. Die Öffentlichkeit wurde unterrichtet, aber nicht eingeladen.

In der Heiratsurkunde gibt es eine Ungenauigkeit. Es steht dort, daß Charles Maurice der Sohn sei von Charles-Daniel Talleyrand-Périgord und Alexandrine-Victoire-Eléonore Damas d'Antigny, »beide verstorben«. Das ist falsch. Talleyrands Mutter lebte noch, sie starb erst 1809 in der Rue d'Anjou 34, im Alter von einundachtzig Jahren. Warum hat er seine Mutter für tot erklären lassen? Und das im Beisein seiner beiden Brüder, die sie regelmäßig sahen? Auch hatte er sich gar nicht von ihr losgesagt. Sie kehrte erst 1803 aus der Emigration zurück. Er selbst richtete ihr in der Nähe des Hôtel de Créqui eine Wohnung ein.

Wie hätte sich die Gräfin von Périgord bei dieser absurden Eheschließung verhalten sollen? Sie für tot erklären war eher ein Zeichen von Respekt als eine Beleidigung.

Es ist behauptet worden, der Ziviltrauung sei eine kirchliche gefolgt und sie sei in Epinay vorgenommen worden, dem Ort, den Catherine Grand als ihren Wohnsitz hatte eintragen lassen. Das ist sehr wenig wahrscheinlich. Welcher Priester hätte einen Bischof getraut? Gewiß, das berühmte Dekret, das der Conseil d'Etat erlassen hatte, war dazu angetan, viele Leute irrezuführen, sogar im Klerus. Der Erzbischof von Bordeaux, Mgr. d'Aviau, schrieb, der Bischof von Autun sei »entpriestert und entbischoft«. Doch die Frau war eine geschiedene Frau, vom kirchlichen Standpunkt aus gesehen, blieb sie verheiratet mit Mr. Grand, der noch am Leben war. Wie hätte ein Priester hintergangen werden können? Wie auch immer, über eine kirchliche Trauung gibt es keine Aufzeichnung – nur Ondits.

Warum heiratete Talleyrand Catherine Grand? Manche, ohne viel nachzudenken, sagen: aus Freude am Skandal. Das ist unwahrscheinlich. Seiner Denkweise zufolge war ein Skandal eine Geschmacklosigkeit, ein Mangel an Lebensart und eine Verletzung der Regeln der gesellschaftlichen Harmonie, die ein Element des Glücks ist. Er hat gewiß alle diese Fehler auch begangen, doch, so kann man sagen, wider Willen.

Um diese »Schwäche« zu erklären, hat man Motive herangezogen, für die es keinen Beweis gibt, die aber nicht ohne Bedeutung sind. Die sozusagen präzisesten sind übrigens die am wenigsten überzeugenden. Man hat behauptet, daß er sich von Catherine Grand nicht trennen konnte, ohne sich zu ruinieren, da sie die Treuhänderin seines Vermögens war. Das ist eine Unklugheit, deren wir ihn nicht für fähig halten.

In den Memoiren des Generals Thiébaud steht ein Satz, den Catherine Grand in einem Augenblick der Verärgerung über Talleyrand ausgesprochen haben soll: »Wenn Sie mich nicht sofort heiraten, lasse ich Sie um einen Fuß kürzer machen.« Ist hinter dieser Drohung irgendeine geheimnisvolle Mitwisserschaft zu vermuten? Welche Machenschaften, welche Kellerleiche gab es zwischen ihnen? Sollte eine häßliche Affäre sie aneinandergekettet haben, könnte es nur eine Spionagegeschichte zugunsten Englands gewesen sein, derentwegen die Polizei der Direktorial-Regierung sie verdächtigt hatte; man hielt sie damals für eine Agentin. Irgend etwas Beweiskräftiges liegt nicht vor. Oder hat er Mrs. Grand möglicherweise geheiratet, um etwas Unwiderrufliches zwischen sich und die Kirche zu stellen? Um ein für allemal das letzte Band, das ihn an Rom fesselte, das Zölibat, zu zerreißen? Solcher Art Herausforderung liegt nicht in seiner Natur. Das Zölibat drückte ihn unendlich viel weniger als die unerträgliche Kette, die ihn nun an diese einfältige, unbedeutende und sogar zweifelhafte Frau band. Und welche Gründe gab er selber für diese unsinnige Heirat? Wie zu vermuten keine, außer – und das im Jahre 1836 – seiner Nichte, der Herzogin von Dino gegenüber. Nach vielen hoffnungslosen Versuchen erhielt sie eine Antwort. Er sagte, er könne »keine zufriedenstellende Erklärung für diese Heirat geben. Das geschah in einer Zeit allgemeiner Unordnung. Damals maß man niemandem und nichts, weder sich noch anderen, große Bedeutung bei. Sie können sich nicht vorstellen, bis wohin sich Menschen in Zeiten gesellschaftlicher Auflösung verirren können.«

Diese Antwort kam zu spät. Im Jahre 1836 war er zweiundachtzig Jahre alt. Vierunddreißig Jahre waren seit der Heirat verstrichen. Die Verirrungen der Zeit? Die Zeit um 1802 war keine Epoche »gesellschaftlicher Auflösung«, eher das Gegenteil: Bonaparte hatte seinen Minister vor die Wahl gestellt, seiner Mätresse den Laufpaß zu geben oder sie aus Gründen des Konformismus und der sozialen Ordnung zu heiraten. Das zumindest steht fest.

Der Kanzler Pasquier kommt in seinen Memoiren sicherlich der menschlichen Wahrheit näher. Seine Aussage stimmt überein mit dem, was über Talleyrands Weichheit bekannt ist, und die Art und Weise, wie seine Konkubine sie sich zunutze machte. Pasquier schreibt: »Talleyrand hat dem dauernden, lästigen Druck auf seine Schwäche nachgegeben, dem Wunsch, ein bißchen Frieden wiederzufinden in einem Heim, in dem sich Gewohnheiten eingenistet hatten, die er nicht abschütteln wollte, und auch einer großen Gleichgültigkeit der öffentlichen Meinung gegenüber.«

In weniger zurückhaltenden Worten wurde davon gesprochen, daß Mrs. Grand ihm unerträgliche Szenen machte, und da er nicht imstande war, sie wegzujagen, habe er sie, um sie zum Schweigen zu bringen, geheiratet. Später ließ er sie dafür zahlen.

Vielleicht hätte er auch Mrs. Grand nicht geheiratet, wenn Bonaparte sich nicht eingemischt hätte. Der Kriegsheld war von der Sucht besessen, alle Leute zu verheiraten. Überall steckte er seine Nase hinein, selbst in die Alkoven. Sein Minister des Auswärtigen konnte dieser Manie nicht entgehen.

Madame de Rémusat, Talleyrands Freundin und Vertraute während der Jahre des Konsulats und des Kaiserreichs, berichtet, daß mehrere Frauen ausländischer Diplomaten sich beim Ersten Konsul darüber beklagten, in der Rue du Bac von der Frauensperson Grand, deren Abenteuer allgemein bekannt waren, empfangen worden zu sein. Dieser Demütigung überdrüssig, würden sie bei weiteren Empfängen nicht mehr erscheinen. Bonaparte war aufgebracht über seinen Minister. Das neue Regime legte größten Wert auf Untadligkeit. Diese Frauensperson Grand brachte es in Verruf.

Das Urteil über sie war gefällt. Bonaparte ließ Talleyrand mitteilen, Catherine Grand habe aus dem Ministerium in der Rue du Bac sowie aus den anderen Wohnsitzen des Ministers zu verschwinden. Sie hielt alles für verloren. Aber obwohl sie als einfältig galt, zeigte sie sich bei dieser Gelegenheit äußerst geschickt. Sie lief hilfesuchend zu Joséphine. Wer vermochte ihre Lage besser zu verstehen? Wer hätte besseres Verständnis aufbringen können für Verfehlungen, die auch Joséphine nicht unbekannt waren? Wer konnte stärker die Solidarität empfinden, die schöne Frauen miteinander verbindet, Frauen, die den Luxus lieben, das Geld und die Abenteuer, und die das Alleinsein verabscheuen? Joséphine versprach Catherine, für sie einzutreten. Leicht grollend ließ Bonaparte sich herbei, die schöne Inderin zu empfangen. Sie führte sich besser auf als Germaine de Staël. Sie brach zusammen, weinte und stammelte irgend etwas mit aufgelösten Haaren und gesenkten Augenlidern. Bonaparte ließ sich erweichen. Mit grimmiger Stimme sagte er: »Ich sehe nur ein Mittel. Daß Talleyrand Sie heiratet. Dann ist alles in Ordnung. Aber Sie müssen seinen Namen tragen, andernfalls dürfen Sie bei ihm nicht mehr erscheinen.«

Genau das hatte sie erhofft. Sie hatte gewonnen.

Sie wußte, daß Talleyrand außerstande war, nein zu sagen. Außerstande, einen Domestiken zu entlassen, wie hätte er es über sich bringen sollen, eine Frau, die er geliebt, die er zweifellos noch liebte, an die er sich gewöhnt hatte, wegzuschicken, eine Frau, der er nicht einmal zuzuhören brauchte? Kurzum, er nahm Mrs. Grand auf sich, wie er die Tonsur auf sich genommen hatte.

Napoleon hat später ein unzutreffendes Urteil gefällt: »Gegen meinen Willen hat er, zum größten Ärgernis ganz Europas, seine schändliche Mätresse geheiratet, von der er nicht einmal Kinder haben konnte.« Glücklicherweise, möchte man sagen. Talleyrand war mit unehelichen Kindern so erfolgreich, daß legitime Kinder von Catherine Grand ihm nur Enttäuschungen hätten bringen können. Auch war die Wahl seiner Freundinnen besser als die seiner Ehefrau. Um aber auf Napoleons Worte zurückzukommen, muß man wissen, daß sie 1813 ausgesprochen worden sind. Seit 1802 hatte sich seine Einstellung gewandelt. Die Romanze war längst vorüber. Er hatte vergessen, welche Rolle er bei Talleyrands Verehelichung gespielt hatte. Was an diesem Urteil bestehen bleibt, ist Napoleons Geringschätzung Catherine Grand gegenüber – und Talleyrand gegenüber, der eingewilligt hatte, sie zu heiraten. Chateaubriand hat in dieser Angelegenheit Bonapartes Kalkül am klarsten erkannt. Der Erste Konsul war sich bewußt, welche unschätzbaren Dienste Talleyrand ihm geleistet hatte, und er erwartete noch größere von ihm. Um Bonapartes Traum von der Monarchie zu verwirklichen, bedurfte es eines Talleyrand. Er wußte, was eine Monarchie und eine monarchische Gesellschaft war, er war vertraut mit dem Getriebe des Hofes in Frankreich und dem der anderen Höfe in Europa. Indes, Bonaparte hatte den absonderlichen und erstaunlichen Magier durchschaut, der ihm auf so gefährliche Weise diente, er kannte dieses nicht greifbare, undurchdringliche Wesen. Er wußte, daß sein Minister ihm gerade in dem Augenblick entgleiten konnte, da er glaubte, ihn fest in der Hand zu haben. Er mußte doch auf dem laufenden sein über Talleyrands Liebäugeln mit Hyde de Neuville? Mit Montesquiou? Mit den anderen Gewährsleuten Ludwigs XVIII.? Talleyrand war der Königstreue verdächtig und der Anhängerschaft des Legitimitätsprinzips. Irgend jemandem ist er immer verdächtig. Catherine Grands dummes Gerede gab diesen Verdächtigungen noch Nahrung. Sie war eine überschwengliche Royalistin und Katholikin, obwohl Thron und Altar sie von sich gestoßen hatten. Bonaparte war sich dessen bewußt, daß der Graben zwischen den Bourbonen und Talleyrand leicht zugeschüttet werden konnte durch Geld, durch geschickte Verhandlungen, durch Talleyrands Sehnsucht nach seiner eigentlichen Welt, durch seine Vorliebe für den patriarchalischen Liberalismus der Bourbonen, für ihren Pazifismus. Über das alles war er sich vollkommen im klaren; 1802 begriff Bonaparte alles und erahnte das übrige. Sein Hochmut war noch nicht krankhaft und hatte sein Genie noch nicht überwuchert. Es verhält sich wohl so: Er wollte Talleyrand in nicht wiedergutzumachender Weise herabwürdigen, um ihn endgültig an seine Sache zu ketten und ihn auf ewig mit der Kirche und den Bourbonen zu entzweien. Weder die Kirche noch die Bourbonen würden es diesem Bischof und Grandseigneur jemals verzeihen, daß er der Religion, dem Königtum und seiner Kaste getrotzt hatte, indem er eine Abenteuerin ehelichte, die geschieden, wahrscheinlich eine Spionin und bekanntermaßen eine Kurtisane gewesen war.

Dies ist vermutlich die annehmbarste Erklärung dieser merkwürdigen

Eheschließung – aber auch die machiavellistischste. Die Ehre, diese Auslegung verbreitet zu haben, kommt Chateaubriand zu, er hat diese Vereinigung temperamentvoll gebrandmarkt. Er sagte, Bonaparte habe Talleyrand diese Frau angehängt, »wie ein Plakat«. Doch wartete er dreißig Jahre, ehe er diese Meinung von sich gab. An dem Tag, als der junge Chateaubriand an Catherine Grands Tafel in der Rue du Bac saß, sagte er kein Wort von einem »Plakat«. Damals dachte er nur daran, seinen Posten als französischer Gesandtschaftssekretär in Rom einzunehmen, und bewunderte die Leutseligkeit und Umgangsformen des wohlwollenden Grandseigneurs, der sein Minister und Protektor war. Zur gleichen Zeit wagte es eine Dame, Talleyrand mit Bezug auf seine Heirat ins Gesicht zu sagen: »Sie stehen im Schmutz bis zum Hals, da ist es gleichgültig, ob er ihnen bis über den Kopf geht.«

Nicht unter dem Schmutz litt Talleyrand in diesem Zweigespann, sondern unter der Langeweile. In der Hoffnung, der kirchlichen Gelübde ledig zu werden, bürdete er sich neue auf, hundertfach lastendere, durch die die früheren nicht einmal aufgehoben wurden. Diese Frau war sein Kreuz. Er konnte sie nicht mehr lieben. Ihre Eitelkeit, ihre Dummheit und ihre Indiskretionen nahmen zu mit ihrem Taillenumfang. Sie wurde schwammig und schlaff, und ihre Äußerungen waren häufig recht bitter. Sie betrog Talleyrand, aber das war das geringste Übel. Unter diesen Umständen war es verständlich, daß Talleyrand auf dem Grunde seines Herzens Groll dem gegenüber bewahrte, der ihm diesen Leidensweg aufgezwungen hatte. Wie hätte er auch dem unerbittlichen Gebieter endlos dienen können, der, wie Emile Dard sagt, »ihn zu der größten Sünde gezwungen hatte: einem Fehler in Dingen des Geschmacks«.

Die Bürgerin Talleyrand – wie man 1802 noch sagte – empfing in der Rue du Bac bei weitgeöffneten Türen die Frauen der Diplomaten, die es zwei Monate zuvor abgelehnt hatten, sie aufzusuchen. Keine warf ihr mehr ihre Vergangenheit vor. Doch lag ein Schatten über dem Glanz, der Schatten ihres eigentlichen Mannes, des Mr. Grand. Sie befürchtete, er könne eines schönen Abends, wenn das Geld, das ihm Talleyrand gegeben hatte, aufgebraucht war, in der Menge der Gäste auftauchen und mehr oder weniger höflich weitere Geldmittel fordern, auf die er ein Recht zu haben glaubte, da ihm eine schöne, treue Gattin abspenstig gemacht worden war, ein wahrer Schatz: Huhn mit goldenen Eiern. Daher gab sie sich alle Mühe, ihm eine einträgliche Stellung, aber in weiter Ferne, zu beschaffen. Talleyrand wandte sich an Van der Goes, Staatssekretär im Auswärtigen Amt in Den Haag. Er sollte für den ehrenwerten Mr. Grand einen Posten in den überseeischen Besitzungen der Batavischen Republik ausfindig machen. Da die Batavische Republik damals nur eine Filiale der Französischen war, konnte sie nichts ablehnen. So wurde für ihn eine Stellung als privater und außerordentlicher Rat am Kap der Guten Hoffnung gefunden. Das mit zweitausend Gulden ausgestattete Amt und der bei den Antipoden liegende Ort wurden für passend erachtet.

Die Bürgerin Talleyrand bedankte sich eigenhändig bei Van der Goes und unterschrieb ihren Brief mit dem Namen der für sie gleichermaßen zu neu und zu alt war. Am 23. September 1802 schrieb sie ihm: »Sie werden an dem Namen sehen, den zu tragen mir meine Vereinigung mit Herrn von Talleyrand das Recht gibt, daß die zärtliche und aufrichtige Zuneigung dieses liebenswerten Freundes mich zur glücklichsten der Frauen gemacht hat.« [L-G]

Drei Monate danach war der ehrenwerte Grand noch immer nicht abgereist. Die Bürgerin Talleyrand zitterte. Wiederum wurde von Krieg mit England gesprochen. Kam es dazu, würde die Schiffahrt nicht mehr frei sein, und damit geriet sie in Gefahr, ihren Mann sozusagen auf dem Halse zu haben. Diese Aussicht war so erschreckend, daß Talleyrand wieder zur Feder griff, um Van der Goes erneut zu bedrängen. »Es ist ganz unbegreiflich, daß er [Mr. Grand] seinen Aufenthalt in Amsterdam hinauszieht, wo er seit mehr als einem Monat unerwünscht ist.« Im März 1803 brach er endlich auf. Er erreichte das Kap der Guten Hoffnung, und seine Frau konnte nun die Freude genießen, ihre Briefe mit dem Namenszug Madame de Talleyrand-Périgord zu unterzeichnen.

Talleyrands Umgebung war entsetzt über diese Eheschließung. Die Herzogin von Luynes, die Vicomtesse de Laval, Madame de Coigny und Montrond konnten ihren Zorn nicht verbergen. Er selber blieb kühl, tief innerlich aber war er doch getroffen, und der Verdruß, den ihm nach und nach die schöne Inderin einflößte, wurde zweifelsohne noch verschlimmert durch die Vorwürfe seiner Freunde, die letztlich seine eigentliche Familie darstellten. Der Vorwurf, der ihn wohl am empfindlichsten traf – der auch der verborgenste blieb –, war der von seiten Courtiades: »Wer hätte denken können, daß wir eine solche Dummheit begingen, wir, die wir die höchsten Damen des Hofes gehabt haben? Wir, die wir die reizende Gräfin Brionne hatten. Daß wir uns schließlich so betten, das ist kaum glaublich.« Courtiade blieb untröstlich. Wieder einmal konnte Talleyrand die Treffsicherheit und die tiefe Anhänglichkeit seines Dieners ermessen.

Auch die Straße beschäftigte sich mit der Heirat, man urteilte nicht anders als die Herzoginnen und Courtiade. Es wurde ein Vierzeiler gesungen, der Mrs. Grand, genannt »Blanchette«, gewidmet war.

»Blanchette ist vierzig Jahre, hat bleiche, kranke Haut,
Blanchette heiratet jedoch einen adligen Abbé.
Warum sich verwundern? Wenn jeder andere sie verschmäht,
Wird eine Dirne brav und wird Mutter Äbtissin.«

Eine Dame von Stand, aus der Schweiz kommend, wurde kurze Zeit nach der Eheschließung in der Rue du Bac empfangen. Sie berichtet darüber: »Der Hof des Palais des Auswärtigen war so voll von Karossen, daß man nicht hineinfahren konnte, man mußte warten, bis jemand herauskam. Ich trete ins Haus, ich steige die große Treppe, hell erleuchtet, mit Blumen geschmückt, hinauf.« [CAZ]

Das war an einem gewöhnlichen Tag, aber der Aufwand war ständig der gleiche. Dieses Haus war wahrhaftig ein Zweig von Versailles, der neuen Gesellschaft aufgepropft. Die Besucherin hatte Talleyrand nie zuvor gesehen, ihre Überraschung spricht aus den lebhaft hingeworfenen Aufzeichnungen: »Eine Gestalt, die mir erschien wie die eines Toten, gekleidet in einen rotsamtenen Frack mit breiter Goldstickerei, Weste, Degen, Ärmelaufschläge, große Frisur. Das war der Minister, das war Herr von Talleyrand. Diese Miene! Auf diesem Totengesicht erkennt man die feine und vergeistigte Physiognomie des Bischofs von Autun.« Zum erstenmal wird hier die Ähnlichkeit mit einem Totenkopf hervorgehoben. Daraus ist zu folgern, daß Talleyrand, als er auf die Fünfzig zuging, sein Altersgesicht bekam.

Und die Berichterstatterin fährt fort: »Ich durchschreite dann einen großen und glanzvollen Salon, in dem Frau von Talleyrand sich befand. Sie ist groß, schön, gut gewachsen, aber ihr Inneres steht auf ihrem Gesicht geschrieben: Dummheit und Eitelkeit.« Das ist noch nicht alles. »Die Freude, einen großen Namen zu tragen und eine große Stellung einzunehmen, verdreht ihr den Kopf. Stets fürchtet sie, zu höflich zu sein, und erspart sich diese Verlegenheit, indem sie es ganz und gar nicht ist.« Ludwig XIV. fürchtete, nicht höflich genug zu sein.

Die Salons, so fügt die Besucherin hinzu, waren gedrängt voll von Menschen. Gesandten, Bankiers, auf der Durchreise befindliche Fürstlichkeiten, Würdenträger des Staates, alle kamen, um eine Verbeugung vor Madame de Talleyrand zu machen. Es war so etwas wie eine Heerschau. Die Schweizer Dame, als gute Beobachterin, notiert: »Viele Diamanten.« Ein Zeichen hervorragender Gesundheit der Gesellschaft: die Diamanten rollten aus dem Ausland zurück oder wurden aus ihren Verstecken hervorgeholt.

Talleyrand war dem Salon der Herzogin von Luynes treugeblieben, deren Stadtpalais sich in der Rue Saint-Dominique befand, in jenem Teil, der heute verschwunden ist, dort, wo der Boulevard Raspail mit dem Boulevard Saint-Germain zusammentrifft. Treugeblieben war er auch den alten Freundinnen, der Vicomtesse von Laval, der Fürstin von Vaudémont. Ihr Kreis traf sich meistens bei der Herzogin von Luynes, er blieb eng begrenzt und geschlossen. Wenn nach dem Abendessen alle anderen gegangen waren, blieben sie noch. Sie rückten ihre Sessel zusammen und sprachen gedämpft miteinander. Zwischen Mitternacht und zwei Uhr morgens flossen ihnen die Sätze dahin wie Seidenbänder. Talleyrand war der einzige Mann in diesem Kreis von Frauen, die fast alle seine Mätressen gewesen waren. Er bezauberte sie und ließ sich bezaubern. Sie erweckten gemeinsam ihre untergegangene Welt und ihre Jugend wieder zum Leben. Das war seine Art und Weise, seine Ehefrau, die Frauensperson Grand, zu betrügen.

In der Rue d'Anjou empfing er seinen Freundeskreis. Hier wurde der Wortkarge redselig, wenn Narbonne, Choiseul, Montrond, Sainte-Foy und ein neu Hinzugekommener, der Fürst von Nassau-Siegen, zugegen waren. Diese Abende gingen erst am frühen Morgen zu Ende, das Souper wurde um zwei Uhr serviert. Die Leichenblässe seines Gesichts stammte von diesem Treiben: seinem Nachtleben.

Ein fehlender Name ruft Bedauern hervor: Germaine de Staël erscheint nicht mehr, weder hier noch dort. Ihr Zwist mit Bonaparte hatte sie auch mit Talleyrand entzweit. Sie war zur »Opposition« übergegangen, und sie führte sich dort auf wie stets, mit Freimut, auch mit Ungestüm, zuweilen mit Überschwang, sie brachte oft gute Argumente vor, die Talleyrand lieber nicht zur Kenntnis nahm. Kurzum, sie machte es wie viele andere: da sie den Stärkeren nicht in den Zügel fallen können, schreiben sie ein Buch, um sich das Herz zu erleichtern. Wie im Fieber verfaßte sie ihren Roman »Delphine«. Hier beschrieb sie sich, wie sie liebend gern gewesen wäre, mit den Zügen eines zarten und anbetungswürdigen Geschöpfs. Sie war nicht die einzige Person, die in dem Buch wiedererkannt wurde, auch Talleyrand war darin geschildert, recht durchsichtig und bösartig. Er erschien in der Verkleidung einer Frau namens Madame de Vernon: »Im Grunde ihres Herzens liebte sie nichts, glaubte an nichts, ließ sich durch nichts verwirren.« Germaine gab Madame de Vernon-Talleyrand die Worte in den Mund: »Niemand hat sich in meiner Kindheit um mich gekümmert. Ich verbarg in meinem Innern alles, was ich empfand, ich erwarb frühzeitig die Kunst der Verstellung, und ich erstickte die Gefühligkeit, die die Natur mir verliehen hatte ... Mein Leben war durchdrungen von einer tiefen Geringschätzung für die Menschen, von großer Ungläubigkeit jeder Tugend, jeder Zuneigung gegenüber.«

Niemand ließ sich beirren. Eine wohlwollende Seele gab Talleyrand den Roman in die Hand. Er las ihn, blieb aber ungerührt. Hinterhältig aufmerksam wurde auf eine Reaktion von seiner Seite gewartet, und da er keine zeigte, forderte man ihn heraus. Bei einem Diner fragte ihn jemand, was er über das Buch von Madame de Staël denke. Er hielt eine Lobrede und sagte, sie habe wirklich ungeheuer viel Talent, es sei ihr gelungen, »uns darzustellen, sie und mich, als Frauen verkleidet«.

Talleyrand kümmerte sich um seine Familie. Was die Fähigkeiten seiner Brüder betraf, machte er sich keine Illusionen. Er verheiratete seine Nichte Mélanie-Xavière de Périgord an Just de Noailles, der am kaiserlichen Hof als Kämmerer Karriere machte. Die Verbindung war rühmlich für beide

Familien. Dieser Meinung war jedoch die frühere Mrs. Grand nicht. Von oben herab, von der Spitze des Stammbaums der Périgord, den sie erklommen, ließ sie die verachtungsvollen Worte fallen: »Diese Verbindung ist keineswegs rühmlich für uns, denn was ist die Familie Noailles neben dem Haus Périgord?«

Sie trieb es so weit, daß Bonaparte ihr den Zutritt zu den Tuilerien untersagte. Als sie nach der Heirat zum erstenmal im Schloß erschien, gab ihr Bonaparte in seiner schroffen Art Hinweise über das Benehmen, das sie von nun an an den Tag legen müsse, damit in Vergessenheit geriete, wie sie sich früher aufgeführt hatte. Der Vorgang war unqualifizierbar, eine Grobheit gegenüber der Frau, beleidigend für ihren Mann. Die Dame aus Indien nahm den Affront hin und beantwortete ihn mit einer recht riskanten »Naivität«. Sie solle sich eine neue Tugend zulegen? »Ich brauche mich, Bürger Erster Konsul, nur nach der Bürgerin Bonaparte zu richten.«

Vielleicht war sie doch nicht so dumm, wie oft gesagt worden ist.

Einmal, anläßlich eines Diners in der englischen Gesandtschaft, bewunderte sie das Diamantkollier, das die Frau des Gesandten trug, und gab ihrer Bewunderung Ausdruck mit den Worten: »Das muß viel gekostet haben!« Sie erhielt zur Antwort, der Preis sei nicht so hoch, daß Herr von Talleyrand ihr nicht ein ähnliches schenken könne. Darauf rief die schöne Inderin: »Ach, mein Gott, glauben Sie, Madame, ich habe den Papst geheiratet?« Sie hatte sich mit einem Bischof zufriedengegeben. Auch hatte sie einige Geschicklichkeit in Schmuggelaffären erworben, was ihr ein kleines Taschengeld einbrachte.

Ihr bischöflicher Ehemann nahm sie im Sommer 1803 mit zur Kur nach Bourbon-l'Archambault. Dorthin ging er dreißig Jahre lang während des Monats August. Er unterzog sich mit großer Sorgfalt der Behandlung durch Bäder und Duschen, er war überzeugt, daß das Wasser ihn bei guter Gesundheit hielt. Er war der erlauchte Gast der kleinen Stadt. Wenn er eintraf, geriet alles in Aufruhr. Er wurde mit größter Aufmerksamkeit umgeben, er hatte ein eigenes Bassin zur Verfügung, das den Namen »Fürstenbad« behalten hat. Er reiste nur mit kleinem Gefolge, das sich an Ort und Stelle durch einige Einheimische vergrößerte. So schuf er sich eine provinzielle Gesellschaft, artig und wohlanständig. Es gab keine Lockerung in den Umgangsformen, in der Sprache oder im Zeitablauf, doch alles geschah in Ruhe und mit Fröhlichkeit. Man wird an den kleinen Hofstaat seiner Großmutter im Schloß von Chalais erinnert, auch Talleyrand hat sicherlich daran gedacht.

Stundenlang spielte er Whist sowie ein neues, aus England eingeführtes Spiel, Craps, und beim Spielen gewährte er Audienzen. Die Notabeln der Umgegend kamen zu ihm aus Ehrerbietung, aus Neugier oder persönlicher Anliegen wegen. Manche legten ihm für Pariser Ämter bestimmte Gesuche vor. Er hörte nur mit einem Ohr zu, aber er vergaß nichts. Er kümmerte sich um die Angelegenheiten dieser schlichten Leute. Im übrigen vergnügte er sich so harmlos und naiv, daß seine Pariser Freunde sich verwundert hätten. Sein zum Gefolge gehöriger Arzt liebte es, lateinische Zitate zu gebrauchen, die von den anderen, besonders den Damen, nicht verstanden wurden. Talleyrands Vergnügen bestand darin, die neugierigen Damen glauben zu machen, der Arzt sage auf lateinisch so unpassende Dinge, daß man sie, ohne die ganze Stadt zum Erröten zu bringen, nicht übersetzen könne. Der Doktor sagte nur Albernheiten, aber die Damen blickten den Ahnungslosen so argwöhnisch an, daß Talleyrand von dem Schauspiel des Mißverständnisses beider Seiten zum Lachen gereizt wurde. Er traf auch einen Geistlichen, den er seinerzeit, als er selber noch die Soutane trug, kennengelernt hatte. Dieser Abbé de la Romagère hatte die vergnügliche Angewohnheit, Lieder zu verfassen, über die Talleyrand sich amüsierte. Sich d'Hauterive zuwendend, der ebenfalls zuhörte, allerdings ohne sich zu amüsieren, sagte Talleyrand mit dem ernsthaftesten Gesicht von der Welt: »Haben Sie den Abbé gehört? Aus ihm muß ein Bischof gemacht werden.« So geschah es. Es war wie eine Erzählung von Voltaire.

Geduldig lauschte er dem Geschwätz seines Barbiers, der ihm immer die gleichen Jagdgeschichten und den gleichen Klatsch der Kleinstadt erzählte. Ein alter Edelmann aus dem Limousin, der bei Hofe gelebt hatte, wärmte immer von neuem seine Erinnerungen an Versailles auf. Auch ihm hörte Talleyrand zu und lud ihn sogar nach Paris ein, wo er ihn mit rührender Aufmerksamkeit empfing, obwohl er manchmal schon vor dem Ende der Erzählung einschlief. Dieses Sandmännchen war der Baron von Saint-Etienne.

In Bourbon hatte Talleyrand Spaß am Reden. Er erzählte Histörchen, etwas, das er in Paris nie tat, außer im engsten Freundeskreis. Ein junger Sekretär erinnerte sich später an diese köstlichen Stunden harmloser Fröhlichkeit und sagte, sein Herr »gab sich dem Vergnügen hin, laut zu denken; man hätte ihn für ein großes Kind halten können, das sich der Freude an der Pause überläßt«.

Im Badeort Bourbon hat Talleyrand die Ferien erfunden.

Er berichtet, welchen Spaß er daran gehabt habe, die Teller des Chevalier d'Azara, des spanischen Gesandten, zu zerschlagen. Dieser hatte die Form verletzt – was bei einem Caballero selten vorkommt, aber es kann vorkommen. Talleyrand hatte ihn um drei Pfund Schokolade gebeten. Dieses Genußmittel war damals eine spanische Spezialität. Azara schickte Talleyrand die Schokolade, doch o Graus, die Rechnung lag dabei! Das erheischte Rache. Deshalb verdingte Talleyrand jedesmal, wenn er bei dem spanischen Gesandten dinierte, mit einem kräftigen Trinkgeld die Dienerschaft dazu, während des Servierens so viel Porzellan wie nur möglich zu zertrümmern. Er hatte, so sagte er, die heimliche Genugtuung, »zu sehen, wie sich das Gesicht des alten und noblen Spaniers verzerrte«. [VIL]

Während der Badesaison trat auf einmal ein kleines Persönchen als zum Hause gehörig in Erscheinung. Sie hieß Charlotte und war etwa fünf Jahre alt. Sie war anscheinend wie ein Pilz im Morgentau geboren worden. Eines Tages sah die Bevölkerung von Bourbon sie zwischen Herrn und Frau von Talleyrand. Aus dem Schatten der kleinen Kurstadt wurde sie zunächst in das gedämpfte Licht der Provinz gestellt und dann dem großen Licht der Pariser Gesellschaft ausgesetzt. Als sie nach Paris zurückkehrten, war die Vorstellung zur Hälfte schon erfolgt – sozusagen, denn weder Talleyrand noch seine sonst so indiskrete Gattin haben nie ein Wort über Charlottes Herkunft verlauten lassen. Sie blieb »Charlotte« bis zu ihrer Heirat mit einem Neffen Talleyrands, dem Baron Alexandre-Daniel de Périgord, im Jahre 1820. Wenn Talleyrand ein mittelloses Findelkind mit seinem Neffen verheiratet, kann man über dessen Abstammung beruhigt sein, es ist bestimmt nicht irgendwo aufgefunden worden. Was ihre Mitgift anlangte, für sie hatte er großzügig gesorgt. Wie ein Vater.

Da über den Ursprung von Charlotte (Talleyrand hieß mit seinem ersten Namen Charles) nichts bekannt wurde, versuchte die Umwelt, etwas zu erfinden. Man hielt sie für die Tochter eines französischen Emigranten in England. Man hielt sie auch für eine Tochter einer der Töchter von Madame de Brionne aus der Zeit, da Talleyrand ihr Geliebter war. Doch das war 1785 gewesen, jetzt schrieb man 1803, und Charlotte war fünf Jahre alt. Man hielt sie für eine Tochter des Grafen von Beaujolais, des Bruders von Louis-Philippe von Orléans. Schließlich wurde gesagt, sie wäre ganz einfach eine Tochter Catherine Grands, die sie von Talleyrand zu Beginn ihrer Liaison 1798 bekommen hatte. Die Daten sprechen für diese Erklärung. Doch zu beweisen ist nichts. Was jeden verwunderte, war die Sorge, die Zuneigung, die Talleyrand dem kleinen Mädchen angedeihen ließ. Er liebte Kinder, er ließ Charlotte die beste Erziehung zuteil werden, und überwachte sie persönlich. Gleichmütig ertrug er ihre Schelmereien und sogar ihre Launen. Seine Nachgiebigkeit und Gutmütigkeit erstaunten jedermann – außer seine intimen Freunde.

Damals aber weinte Charlotte oft, denn sie lernte widerwillig lesen, und ebenso weinte Madame de Talleyrand, die ihr das Buchstabieren beibrachte. Dazu muß gesagt werden, daß sie neben ihrem goldblonden Haar, ihrem Lilien- und Rosen-Teint die Gabe des Tränenvergießens besaß. So trat Charlotte als weiteres Rätsel in Talleyrands Leben.

Am Ende seines Aufenthalts in Bourbon bat Talleyrand Bonaparte um die Erlaubnis, einen Umweg machen zu dürfen, um die Domäne von Valençay zu besuchen, deren Besitzer er seit Mai 1803 war, die er aber noch nicht gesehen hatte.

Valençay ist mehr als ein Schloß, mehr als eine Domäne, mehr als ein Jagdgebiet. Valençay ist eine in Erfüllung gegangene Sehnsucht, ist Politik, ist ein persönliches Anliegen, ist vor allem ein Ausdruck der Lebenskunst:

es ist Talleyrand selbst. Der erste, dem bewußt wurde, daß Talleyrand zu seiner ganzen Größe erst aufsteigen würde, wenn er nicht nur Minister, Diplomat, Finanzier und politisches Orakel wäre, sondern ein Seigneur, der über ein seines Namens würdiges Lehen herrschte, war Bonaparte. Bonaparte war es, der Talleyrand gewissermaßen drängte, Valençay zu kaufen. Er wußte, welch großartiges Mittel, sich einen Nimbus zu verschaffen, er in diesem Minister besaß, dem kein anderer ähnelte und der seiner Regierung das zuführte, woran es ihr mangelte: den Glanz des Adels und der gesellschaftlichen Kultur.

Er dachte nicht daran, den Luxus und die aufwendigen Ausgaben seines Ministers zu tadeln, im Gegenteil, er machte sich das alles zunutze. Eines Tages sagte er zu Talleyrand: »Ich möchte, daß Sie einen schönen Landsitz kaufen, daß sie dort das diplomatische Korps und die Ausländer von Rang aufs prächtigste empfangen, daß man mit Freuden zu Ihnen kommt und daß eine Einladung dorthin eine Belohnung ist für die Gesandten der Herrscher, mit denen ich zufrieden bin.« Mit anderen Worten hieß das, Talleyrand zum Intendanten des kaiserlichen Gepränges zu machen. Die Wahl war nicht schlecht getroffen, auch die Art und Weise nicht, die fügsamen Gesandten zu belohnen. Talleyrand war zur Verfügung, es fehlte nur noch »der schöne Landsitz«.

Dem Präfekten des Palais und nahen Mitarbeiter des Ersten Konsuls, de Luçay, gehörte im Departement Indre die Domäne von Valençay. Er war außerstande, die Unterhaltskosten zu bestreiten, und wollte seinen Besitz verkaufen. Was er darüber berichtete und wie er es beschrieb, gefiel Bonaparte und Talleyrand gleichermaßen. Der geforderte Preis überstieg – sagte Talleyrand – seine bescheidenen Mittel. Diese Bescheidenheit ist die eines mit allen Wassern gewaschenen Mannes, der weiß, daß Bescheidenheit stets von tyrannischen und stolzen Gebietern vergolten wird. Hatte Bonaparte denn nicht gesagt: »Ich möchte, daß sie kaufen«? Wer befiehlt, hat auch Pflichten, insbesondere die, zu zahlen. Bonaparte versprach, die fehlende Summe beizusteuern. Im Mai 1803 wurde die Verkaufsurkunde vor zwei Notaren in Paris unterschrieben. Die Schilderung der Lage und Geschichte des Besitzes ist eindrucksvoll. Das Gebiet von Valençay hatte eine Gesamtfläche von neunzehntausend Hektar. Es handelte sich um eins der zwei oder drei größten feudalen Landgüter in Frankreich. Dazu gehörten dreiundzwanzig Gemeinden mit Valençay als Hauptort des Kantons. Ein imposantes Überbleibsel des Ancien régime, das in die Hände des vollkommensten Überlebenden der früheren Gesellschaft fiel. Alles in allem richtete sich der bedeutendste der aus dem Schiffbruch Davongekommenen auf dem schönsten Wrack ein. Dieses an ein Wunder grenzende Zusammentreffen gestattete die Fortdauer des herrschaftlichen Lebens und des höfischen Lebens der früheren Jahrhunderte bis ins Jahr 1838.

In den ersten Septembertagen kam Talleyrand zur Besichtigung nach

Valençay, vierzig Kilometer nördlich von Chateauroux zwischen dem Berry und der Touraine gelegen. Das Schloß erhebt sich über dem Flüßchen Nahon und ist von zwei ausgedehnten Wäldern umgeben, dem Wald von Garseland und dem von Gastine. Ohne Wald gäbe es keine Jagd und keine schöne Aussicht. Die Geschichte des Besitztums ist sehr alt. Im 13. Jahrhundert gehörte es Alix de Bourgogne, einer Nachkommin von Pierre de Courtenay. Es ging über an das aus der Touraine stammende Geschlecht der Etampes, bei denen es drei Jahrhunderte verblieb. Die Herren trugen den Titel Marquis d'Etampes et de Valençay. Sie ließen im 16. Jahrhundert das wuchtige Schloß, so wie es heute aussieht, aufführen, und vor allem den Donjon, der charakteristisch für die gesamte Anlage ist. Im 18. Jahrhundert kam die Domäne in Schwierigkeiten. Der Finanzier Law kaufte die Ländereien, bezahlte sie aber nicht. Der Kauf wurde rückgängig gemacht. Sie wurden dann von Chaumont de la Millière erworben, dessen Tochter sie 1766 dem Generalpächter de Villemorien weiterverkaufte. Dieser verfügte über viel Geld und vereinigte die Ländereien von Valençay mit denen von Luçay. Den Namen Luçay nahm sein Sohn an, und dieser verkaufte die Domäne an Talleyrand.

Alles hatte königliche Ausmaße. Das Schloß besaß fünfundzwanzig herrschaftliche Gemächer. Der Wandelgang im ersten Stock war sechsundfünfzig Meter lang und führte zu einer Kapelle, die sich in einem Eckturm befand. Talleyrand und seine Frau legten durch die Korridore und Gemächer humpelnd viele Kilometer zurück. In drei Tagen konnten sie unmöglich alles besichtigen. Sie standen bewundernd in dem von Mauern umschlossenen hundertfünfzig Hektar großen Park. Die Bäume und Alleen waren von wunderbarer Schönheit. Sie mußten sich losreißen von diesem Zauber, der sie entzückt und ermüdet hatte, denn Bonaparte verlangte nach seinem Minister.

An Kommentaren zu diesem Erwerb und dem Auftauchen Charlottes fehlte es nicht. Ein Spion Ludwigs XVIII. schrieb über Valençay: »Man vermutet, daß er das Schloß für ein kleines Mädchen vorgesehen hat, das plötzlich in seinem Haus aufgetaucht ist, ohne daß man weiß, woher es kommt.« Es wurde sogar gesagt, daß »Charlotte Inconnue« sich Mademoiselle Valençay nennen würde. Diese Ehre blieb anderen vorbehalten.

Von nun an machte es sich Talleyrand zur Gewohnheit, im September nach Valençay zu fahren. Hier empfing er den preußischen Gesandten Lucchesini, der im Jahr 1804 zwei Wochen blieb. Im Jahr danach war es der Prinz von Württemberg. Als dieses gewaltige Schloß wieder zum Leben erwachte, schwirrten Gerüchte und Fabeln über das ganze Land. Der Prunk der Empfänge beeindruckte die Menschen ungeheuer. Ein Chouan, der sich in der Gegend versteckt hielt, verbreitete die Legende, Talleyrand habe in den ausgedehnten Kellergewölben eine Falschmünzerwerkstatt eingerichtet. Das hieß, ihn gänzlich verkennen. Er zog es vor, fertiges und gediegenes Geld entgegenzunehmen. Trotzdem hätte er es lieber gesehen, diese ungeheuer große Domäne wäre nicht nur eine Belastung gewesen, sondern hätte etwas einzubringen vermocht. Der Berry sei ein »von Natur völlig verschlafener« Landstrich. Um ihn aus dem Schlaf zu reißen, brauchte Talleyrand Zeit. 1807 schrieb er: »Ich bin in Valençay, ich beschäftige mich hier mit meinen seit einiger Zeit recht vernachlässigten Angelegenheiten, und ich versuche, meine eigenen Anliegen zu verbinden mit einigen Vorhaben von öffentlichem Nutzen: Merinoschafen, eine Baumwollspinnerei, neuen Erwerbsmöglichkeiten.« [L-G]

Ackerbau und Viehzucht haben nie viel eingebracht, deshalb versuchte er Industrie anzusiedeln. Schon 1808 brachte ihm Valençay hundertachtzigtausend Francs ein, ein sehr gutes Ergebnis. 1806 hatte er den Kirchturm erbauen lassen. Seiner Gattin übertrug er die Aufgabe, eine kleine Schule für zwölf Mädchen einzurichten, was Germaine de Staël zu der Äußerung veranlaßte, die Bürgerin Talleyrand sei eine neue Maintenon. Darin ist kaum ein Kompliment zu erblicken, weder für »den Ludwig XIV.« dieser Maintenon, noch für die Maintenon, die sich »der Bischof« erwählt hatte.

Als der neue Herr von Valençay nach Paris zurückkam, erwarteten ihn dort andere Sorgen.

Der Hinkende setzt einen Fuß in Blut – und gleitet nicht aus

Ende 1803 war Talleyrand in der Umgebung des Ersten Konsuls eine der bedeutendsten Persönlichkeiten, vielleicht die bedeutendste in Frankreich nach dem großen Herrn. Er hatte Fouché ausgeschaltet, Lucien war in Ungnade gefallen. Der kluge Cambacérès war so wendig, daß er sich nie mit irgend jemand angelegt hätte. Der Zeitpunkt schien gekommen, zu dem – nach einem Wort Talleyrands, das gut zum Geschmack der Epoche paßte – »der kurulische Stuhl des Ersten Konsuls sich in einen Thron verwandeln mußte«.

Niemand tat mehr für Bonaparte denn Talleyrand, als der Erste Konsul nach der Kaiserkrönung griff. Napoleon hat es nie vergessen, selbst zu Zeiten nicht, da er mit Talleyrand entzweit war. 1812 äußerte er Caulaincourt gegenüber: »Er gehört zu denen, die mitgewirkt haben, meine Dynastie zu begründen.«

Er wirkte dergestalt mit, daß er in der Öffentlichkeit eine günstige Stimmung für die Krönung schuf. Wie aber sollte das Mißtrauen der früheren königsmörderischen Konventsmitglieder bezwungen werden, die in den Versammlungen und hohen Verwaltungsstellen saßen? Indem ihnen ein Pfand versprochen wurde. Ein Pfand, das ihnen Sicherheit verlieh: Der gekrönte Bonaparte und sein aus ehemaligen Adligen bestehender Hof würden nicht auf die Idee kommen, ihnen eines Tages ihre blutige Vergangenheit vorzuwerfen und sie auszustoßen. Zu diesem Pfand sollte der Leichnam eines Prinzen aus dem Hause Bourbon werden. Die Leute, die Ludwig XVI. ermordet hatten, würden sich in Sicherheit wähnen, wenn die neue Dynastie einen Prinzen aus derselben Familie ermordete: ein blutiger Pakt wäre somit zwischen Schreckensherrschaft und Kaiserreich geschlossen.

Und wer hat diese Idee gehabt? Weder der königsmörderische und düstere Fouché noch seine schrecklichen Akoluthen, sondern der Nachfahr Adalberts von Périgord, der Exbischof von Autun. Es war wirklich Talleyrand, der den Plan der Entführung und Ermordung des Herzogs von Enghien entwarf.

»Als Herr von Talleyrand, Priester und Edelmann, das Verbrechen anregte und vorbereitete, indem er Bonaparte unaufhörlich in Unruhe versetzte, fürchtete er die Rückkehr des legitimen Königshauses.« Chateaubriand hat sich nicht getäuscht, wenn er hier den Schuldigen benennt.

Talleyrand hat die Sache eingefädelt, er hat sie behutsam angeraten. Mit der ihm eigenen Fähigkeit, die ungerechtfertigsten Unternehmen darzulegen und zu rechtfertigen, hat er es zustandegebracht, daß der Mann den Plan des Verbrechens akzeptierte, dem er am meisten nützte. Und er hat es verstanden, die Ausführenden nahezu in Unwissenheit über die Ungeheuerlichkeit ihrer Schandtat zu halten. Dann hat er sich zurückgezogen, und unberührt von jeder Beschmutzung konnte er später sagen: »Was habt Ihr getan, Ihr Kainsbrüder?«

Gibt es Beweise seiner Schuld? Sehr wenige. Talleyrand ist so klug gewesen, die blutige Spur seiner Schritte zu verwischen.

Alle offiziellen Unterlagen, die Bezug hatten auf die Ermordung des Herzogs von Enghien hat Talleyrand 1814, zum Zeitpunkt des Zusammenbruchs, an sich gerissen, zu jener Stunde, da er im besiegten und besetzten Paris Präsident der provisorischen Regierung war. Alles, was er über diese grauenvolle Affäre geschrieben hat, ist verschwunden. Gleichwohl haben Berichte an den Ersten Konsul über die Notwendigkeit der Entführung und Ermordung des jungen Prinzen existiert. Übriggeblieben ist nichts außer einem von ihm selbst geschriebenen Brief, der hinten in eine Schublade gerutscht sein muß und so dem Feuer entgangen ist. Diesen Brief haben zumindest zwei Personen gelesen: Napoleons Sekretär Méneval und Chateaubriand. Es wäre durchaus möglich, daß Chateaubriands dichterische Phantasie den Brief hätte »schaffen« oder dessen Inhalt entstellen können. In diesem Fall hat er den Brief tatsächlich gesehen, in der Hand gehalten und gelesen. Bedauerlich ist es für ihn, daß er ihn nicht kopiert hat: mit ihm hätte er seinen Feind mitten ins Herz treffen können. Méneval hat diesen Brief in den Händen des Ersten Konsuls gesehen, am 8. März 1807. Er hat ihn 1814 noch einmal vor Augen gehabt und seinen Inhalt zusammengefaßt: Talleyrand bestätigt Bonaparte eine Unterhaltung am Tag zuvor und führt noch einmal die von ihm vorgebrachten Argumente an, um

Bonaparte von der Notwendigkeit zu überzeugen, daß ein aufsehenerregender Schlag geführt werden müsse. Den Franzosen (und vor allem den Jakobinern) müsse bewiesen werden, daß er nicht beabsichtige, die Rolle des englischen Königsmachers Monk zu spielen, und daß er die Bourbonen nie wieder auf den Thron lassen wolle. Talleyrand weist nach, daß Cadoudals Komplott, bei dem Bonaparte beinahe umgekommen wäre, ein royalistisches Komplott war, von den Prinzen und insbesondere vom Herzog von Enghien angezettelt. Daraus folgert er, daß bei der Bestrafung der Schuldigen keine Ausnahme gemacht werden darf. Eine Stelle aus dem Brief hat Chateaubriand notieren können: »Wenn die Gerechtigkeit zu strafen zwingt, so zwingt die Politik, ohne Ausnahme zu strafen.« Das stimmt auf den Buchstaben genau überein mit Ménevals Resümee. Auch folgenden Satz zitiert Chateaubriand: »Ich empfehle dem Ersten Konsul Monsieur de Caulaincourt, dem er Befehle geben könnte, die dieser mit ebenso viel Verschwiegenheit wie Treue ausführen wird.« Wenn das kein echter Talleyrand ist, so ist es eine ausgezeichnete Nachahmung. Man vermeint ihn zu hören. Es könnte gesagt werden, Méneval sei ein fanatischer Anhänger Napoleons, der alles tut, um ihn zu entlasten, und daß der haßblinde Chateaubriand ein blitzeschleudernder aber fragwürdiger Zeuge ist: trotzdem ist es schwierig, ihre Aussagen in diesem Fall zu verwerfen.

Leider kommt es noch schlimmer. Die Polizei hatte versucht, sich des Grafen von Artois zu bemächtigen und ihn in Paris in eine Falle zu lokken. Er wurde argwöhnisch und entging der Schlinge. Nach diesem Fehlschlag war es Talleyrand, der zu verstehen gab, daß anstelle des Bruders des Königs sein Vetter, der letzte der Condés der Richtige wäre. Er war es auch, der Bonaparte meldete, daß der junge Prinz sich in Ettenheim im Herzogtum Baden nahe der Grenze aufhalte. Von Straßburg könnte man mit einiger Geschicklichkeit ... Er ließ die Andeutung in Bonapartes Kopf keimen. Der Boden war gut, die reife Frucht beachtlich. Auf diese Weise erfuhr Bonaparte durch Talleyrand von der Existenz des jungen Mannes, von dem er nichts wußte, und von seinem Aufenthaltsort. Durch einen Irrtum im Bericht eines Spions wurde der Fall des unglücklichen Enkels des großen Condé noch verschlimmert. Talleyrand hatte verlauten lassen, der Prinz halte sich nur deshalb so nahe der Grenze auf, um die royalistischen Verschwörungen gegen die Person des Ersten Konsuls leiten zu können. Dieser mißliche Bericht besagte nun, daß Dumouriez, ein übergelaufener General, sich an der Seite des Herzogs von Enghien befinde. Bonaparte fühlte sich bedroht, sein Zorn war fürchterlich. »Bin ich denn ein Hund, den der erste beste ungestraft erschlagen kann?« soll er ausgerufen haben. Indes, es handelte sich nicht um Dumouriez, sondern um einen gewissen Thumery, einen belanglosen französischen Emigranten, dessen Name infolge der deutschen Aussprache zu Dumouriez geworden war.

Am 9. März wurde Cadoudal, der Chef der Chouans, in Paris festgenommen. Die royalistische Sache war verloren. Am 10. März rief Bonaparte Fouché, Talleyrand, Cambacérès und Murat zusammen. Es geschah nicht, um sie um ihre Meinung zu fragen, sondern um ihre Zustimmung und ihre Mitwirkung bei der Entführung und bei der Hinrichtung des Herzogs von Enghien zu fordern. Allein Cambacérès wandte sich gegen den Plan, was ihm die Bemerkung Bonapartes eintrug: »Sie gehen jetzt mit dem Blut der Bourbonen sehr geizig um.« Er war entschlossen, Talleyrands Idee auszuführen. Talleyrand wollte, wie Barras sagt, »zwischen die Bourbonen und Napoleon einen Strom von Blut bringen«. Möglicherweise ist dieser »Strom von Blut« die Entsprechung zu dem »Strom von Schmutz«, den Bonaparte zuvor zwischen Talleyrand und die Bourbonen hatte bringen wollen, indem er verlangte, der Bischof von Autun solle Mrs. Grand heiraten. Talleyrands Schlagfertigkeit drückt sich nicht nur in Worten aus.

In seinem Testament nimmt Napoleon, nicht ohne Würde, die ganze Verantwortung für das Verbrechen auf sich. Als während der Verbannung auf Sankt Helena eine englische Zeitung Savary und Caulaincourt beschuldigte, rief der Kaiser aus: »Das ist unwürdig!« Und in seinem Testament fügte er die Erklärung hinzu: »Ich habe den Herzog von Enghien festnehmen und aburteilen lassen, weil dies notwendig war für die Sicherheit, das Interesse und die Ehre des französischen Volkes, zu einer Zeit, als der Graf von Artois in Paris, seinem Geständnis zufolge, sechzig Mörder gedungen hatte. In einem ähnlichen Fall würde ich wieder so handeln.«

Weder Reue noch Anklage gegen irgend jemand. Talleyrand hat wahrscheinlich erleichtert aufgeatmet. Aus Stolz rettet ihn Napoleon hier. Aber an anderer Stelle läßt er die Wahrheit zu ihrem Recht kommen. »Talleyrand hat mich zu dem Entschluß gebracht, den Herzog von Enghien festzunehmen, an den ich nicht dachte ... Ich war weit davon entfernt, seinem Aufenthalt an den Ufern des Rheins die geringste Bedeutung beizumessen und irgendeinen ihn betreffenden Plan zu fassen.«

1809 erfährt er, daß Talleyrand sich damit brüstet, nichts mit dem Verbrechen zu tun zu haben, und seine Hände in Unschuld wäscht. Der Kaiser ist außer sich: »Ich finde es sonderbar, daß er seine Späße auf meine Kosten macht. Kannte ich denn den Herzog von Enghien, wollte ich ihn sterben lassen?« Gewiß nicht, doch sobald er Kenntnis von ihm hatte, war er entschlossen, ihn töten zu lassen. Er konnte durchaus nein sagen, wenn er wollte.

Adolphe Thiers [in seiner Geschichte des Konsulats und des Kaiserreichs] stellt fest, daß der Erste Konsul alle Befehle aufsetzen ließ und sie unterzeichnete, daß er dann Savary beauftragte, sie zu Murat zu bringen und sich nach Vincennes zu begeben, und dann zu ihrer Exekution zu schreiten – das heißt zur Exekution des Herzogs von Enghien. Die Befehle waren umfassend und eindeutig, der Wille zu töten war deutlicher als die Absicht Recht zu sprechen. Es war bestimmt worden, daß unmittelbar nach Verkündigung des Urteils (es bestand kein Zweifel darüber, wie es ausfallen würde) der Herzog füsiliert und in einem Hof der Festung begraben werden sollte. Nach Angaben der Historiker soll sich Thiers auf ein Dokument gestützt haben, das von einer während des Kaiserreichs geadelten Familie aufbewahrt worden war.

Am 10. und 11. März 1804 richtete Talleyrand an den badischen Gesandten in Paris, Baron von Edelsheim, zwei Noten, um ihn zu unterrichten, daß der auf badischem Boden sich befindende Herzog von Enghien festgenommen und von einem französischen Kommando abgeführt werden sollte. Ohne Erklärung, ohne Entschuldigung, ohne Genehmigungsgesuch, ohne alles, was irgendwie nach Recht ausgesehen hätte. Eins steht fest: das Recht ist gebrochen worden. Hier vergaß Talleyrand sogar einmal »die Formen«. Er war nur noch das ausführende Werkzeug eines Plans, den er entworfen, den er aber aus den Händen gegeben hatte. Das war jetzt die Angelegenheit der Exekutanten (oder Exekutoren?).

Der Herzog wurde in der Nacht vom 14. auf den 15. März 1804 von General Ordener festgenommen, nach Straßburg und dann nach Paris verschleppt. Murat hatte die Anweisungen von Talleyrand bekommen. Am 20. März wurde der Herzog vor ein Gericht gestellt und ohne Rechtsanwalt und ohne Beweise zum Tode verurteilt. Der Hinrichtungsbefehl war vor dem Urteilsspruch ausgefertigt worden. Er wurde unverzüglich vollstreckt.

Es war ein schauriges Gemälde. In dieser schrecklichen Nacht in den Festungsgräben von Vincennes gab es keine Hoffnung mehr; es sei denn im Blick des keines Verbrechens schuldigen jungen Edelmanns. Die würdige Haltung und die Tapferkeit des Herzogs von Enghien haben aus dem Opfer dieses Mordes einen Helden gemacht. An der Schulter des Verurteilten wurde ein Windlicht befestigt, der flackernde fahle Schein zeigte den Soldaten, wo das Herz lag. Es war zwischen zwei und drei Uhr in der Nacht. In dieser Affäre ist alles düster.

Talleyrand befand sich in seinem Cercle bei der Herzogin von Luynes. Er spielte Craps. Da er wußte, daß der Vorgang auf die Minute genau eingeteilt war, legte er um zwei Uhr dreißig seine Karten einen Augenblick auf den Tisch, ließ seine Augen blicklos durch den Raum schweifen und sagte: »Der letzte Condé hat aufgehört zu leben.« Alle Anwesenden erstarrten. Da sie keine Ahnung von der Sache hatten, begriffen sie nichts. Sie blickten Talleyrand an, und zum erstenmal flößte er ihnen Angst ein.

Joséphine hatte versucht, den Herzog von Enghien zu retten. Im Verlauf stürmischer Szenen flehte sie ihren Mann an, den jungen Fürsten zu verschonen. Ihre Tochter Hortense war bei diesen Szenen zugegen. Jedesmal wenn Bonaparte für Milde und Gnade gewonnen schien, danach aber Talleyrand sah, ging für Joséphine die Partie verloren. Joseph gegenüber äußerte sie: »Dieser Hinkefuß bringt mich zum Zittern.« Sie war nicht die einzige. Hauterive war erschüttert, als er im Ministerium die Nachricht von der Hinrichtung im »Moniteur« las. Als Talleyrand sein verstörtes Gesicht sah, fragte er: »Was haben Sie denn, daß Ihnen die Augen aus dem Kopf treten?« – »Was ich habe? Was Sie selber haben müssen, wenn Sie den ›Moniteur‹ lesen. Das ist entsetzlich!« – »Was denn, was denn, sind Sie verrückt? Es liegt kein Grund vor, so viel Aufhebens zu machen. Ein Verschwörer wird in Grenznähe ergriffen, nach Paris gebracht und füsiliert. Was ist so Ungewöhnliches dabei?« [MEM/PAS]

In seinem Kopf konzipierte er bereits, als er das aussprach, den Entwurf des Rundschreibens, das nach gründlichem und durchdachtem Polieren den Regierungen der anderen Länder zur Erklärung und Rechtfertigung zugeleitet werden sollte. Wie viele Entsetzlichkeiten hat er auf diese Weise erklärt und gerechtfertigt? Unter anderen die Massaker vom 10. August.

Beunruhigten und harmlosen Gemütern, die weiterhin von einer »ungewöhnlichen« Hinrichtung sprachen, gab er beiläufig zurück: »Was denn weiter; das sind eben so Staatsaffären.«

Um sich etwas abzulenken, gab Bonaparte drei Tage danach Talleyrand den Auftrag, ein Fest zu veranstalten. Was soll's, geben wir einen großen Ball! Das gesamte diplomatische Korps erschien, jedoch mit ernsten Gesichtern. Die Ermordung hatte an den auswärtigen Höfen eine niederschmetternde Wirkung hervorgerufen. Jetzt war man sicher, daß die französische Regierung zu allem imstande war. Wie sollte man noch Verhandlungen führen? Wie konnte man sich noch mit einer Regierung verbünden, die einer solchen Handlungsweise fähig war? Die Besorgnis stand auf allen Gesichtern geschrieben. Der unerschütterliche Talleyrand ließ indes die Diplomatie tanzen, wozu sie keineswegs aufgelegt war.

Am 21. März 1804 reichte Chateaubriand ihm sein Entlassungsgesuch ein. Das war mutig. Kurz zuvor hatte er die Gesandtschaft im Wallis übertragen bekommen. Außer seinen Bezügen besaß er kein weiteres Vermögen. Als Begründung gab er in dem Brief eine Krankheit seiner Frau an. Talleyrand nahm die Demission ohne großes Bedauern an. Am meisten betroffen war Madame de Chateaubriand, die große Mühe hatte, zwar nicht ihre Gesundheit, die aus politischen Gründen übertrieben worden war, wiederherzustellen, sondern ihr Haushaltsbudget im Gleichgewicht zu halten. Die für die Übersiedlung in die Schweiz empfangenen Vorauszahlungen waren bereits ausgegeben, sie mußten dem Ministerium zurückerstattet werden, und damit war die Mitgift von Madame de Chateaubriand aufgebraucht.

Die Hauptstädte der anderen Länder waren – dem Anschein nach – nachgiebiger als Chateaubriand. Sie taten so, als akzeptierten sie Talleyrands Erklärungen. Diesmal hatte er einen fast schwülstigen Ton angeschlagen: weil er zu sehr lügen mußte. Ein einziges Land verlangte zusätzliche Erklärungen, Rußland. Dieser Verweis, der von einem Hof kam, an dem Mord ein geläufiges Mittel war, um die Thronnachfolge zu erlangen, beflügelte Talleyrands Feder. Er antwortete auf die Anfrage, indem er den Russen eine Gegenfrage stellte. Frankreich habe bisher keine Erklärung über die Ermordung des Zaren Paul I. verlangt, die in Sankt Petersburg begangen wurde, erwarte sie jetzt aber von der Regierung des Zaren Alexander, seines Nachfolgers. Diese Art und Weise zu antworten soll, wie ein Verwandter Alexanders sagt, den Zaren so gekränkt haben, daß er sie Napoleon und seinem Minister nie verzieh, wie auch die gegenseitigen Freundschaftsbezeigungen später ausfallen mochten.

Wie war es möglich, daß Talleyrand, entgegen seinen persönlichen und politischen Vorsätzen, an diesem Verbrechen schuldig wurde? Bei ihm ist alles Berechnung. Er lebte in der Furcht, einem Terroristen könne es gelingen, Bonaparte umzubringen. Das wäre der Zusammenbruch seiner Karriere und der Zukunft Frankreichs, wie er sie begriff, gewesen. Mit der Krönung Bonapartes glaubte er Frankreich das geben zu können, was für das Land notwendig war: einen König und den Frieden. Vor der Entschlossenheit und Kühnheit eines Cadoudal hatte er solche Angst, daß er es für richtig erachtete, nicht nur die Schuldigen des Cadoudalschen Attentats zu treffen, sondern auch ihre Anstifter. Der royalistische Terrorismus mußte terrorisiert werden, indem ihm das Haupt abgeschlagen wurde. Deshalb hat er die Hinrichtung des Herzogs von Enghien angeraten. Das Rezept ist fürchterlich, doch es war wirksam. Alle Prinzen und Fürsten sahen sich im Feuer des Erschießungskommandos von Vincennes.

Zum anderen verpflichtete er sich zugleich auch Bonaparte, jetzt gab es eine Leiche zwischen ihnen. Sie konnten, untrennbar voneinander, nun zusammen eine neue Monarchie schaffen. Fürsten brauchten nicht mehr erschossen zu werden, nur die Freiheit wurde erdrosselt. Alles, was Talleyrand bisher verteidigt, alles, was er geliebt hat: Freiheit, Recht, Gerechtigkeit, Menschlichkeit, alles, was ihn über seine Fehler und Laster erhob, hat er anläßlich einer Mordtat aufgeopfert.

Trotz aller Wendigkeit und Vorsicht blieb ein Blutfleck an Talleyrand haften. Er ist ebenso unauflöslich wie die priesterliche Salbung.

Von nun an bekommen sein Inneres und sein Gesicht eine andere Färbung. Die totenkopfähnliche Maske, die an ihm seit 1802 zu entdecken war, prägt sich auf seinem bleichen Gesicht immer stärker aus. Die Nacht von Vincennes und das flackernde Windlicht, das den Tod auf einen Unschuldigen lenkt, schweben um eine merkwürdige Persönlichkeit. Der elegante und zynische Grandseigneur, der höfische Exabbé leben weiter in ihm fort. Doch mit dem neuen Jahrhundert tritt ein neuer Talleyrand zutage. Er ist nicht mehr ganz der Freund Voltaires, er ist nicht mehr ganz das Kind der Aufklärung. Er wird unheimlich, er verdüstert sich. Aus der Lust zu leben sind wir durch einen Fehltritt in die schauerliche Hexerei gewisser Keller der »menschlichen Komödie« geraten. Balzac empfindet Talleyrand später als einen der Seinen. Voltaire wendet sich ab. Und wir wenden diese schändliche Seite um.

»Der erste, der König war, war ein glückhafter Soldat«

Erinnerte sich Talleyrand dieses Verses von Voltaire, als er den Sieger über Italien zum Thron drängte? 1804 war alles reif für die Krönung. Das Prinzip der Erblichkeit wurde am 23. April 1804 im Rat beschlossen. Talleyrand nahm an der Sitzung teil. Am 7. Mai schickte er ein ausgeklügeltes Rundschreiben an die Vertreter Frankreichs im Ausland, um ihnen Argumente an die Hand zu geben, mit denen sie die betreffenden Regierungen von der Legitimität der in Paris vor sich gehenden Umwandlung überzeugen sollten. »Es handelte sich um ein Begehren, das seit dem Ende unserer Wirren sich in allen Herzen bildete.« Dieses Begehren war das »Empire«, das Kaiserreich, aber das Wort war noch nicht ausgesprochen worden.

Der Senatus consultus, der aus dem Ersten Konsul Bonaparte einen Kaiser machte, wurde am 18. Mai 1804 durch einen Kanonenschuß verkündet. Talleyrand nahm an dieser Sitzung nicht teil, aber er hielt sich bereit und war unter den allerersten und ohne Zweifel der einzige, der im richtigen Tonfall »Votre Majesté« zu Kaiser Napoleon I. sagte. An den letzten Beratungen, die zur Proklamation des Kaiserreichs führten, hatte er nicht mehr aktiv teilgenommen. Er hatte das Wesentliche getan. Seit 1798 hatte er die Öffentlichkeit mit Reden über die Notwendigkeit eines Königs traktiert. Niemand übertraf ihn in der Geschicklichkeit, in der französischen Gesellschaft die Vorstellung von einer napoleonischen Monarchie zu verankern. Dabei ging er mit einer Ungeniertheit vor, die an Zynismus grenzte: er verkaufte Illusionen, von denen keine bestehen blieb. Hatte er nicht zu Madame Rémusat, von Bonaparte sprechend, gesagt, »daß diese Verbindung von römischer Republik und Karl dem Großen ihm den Kopf verdrehe«?

Die Proklamation selbst war die Sache der Kanzlisten der Volksversammlungen. Wenn ein Führer vorhanden ist sowie eine Krone, und wenn die öffentliche Meinung dafür ist, braucht nur noch das Protokoll über die Angelegenheit aufgesetzt zu werden. Diese Sorge überließ er den Fachleuten.

Doch war nicht alles in der Proklamation nach seinem Geschmack. Er war gegen den Titel »Kaiser«. Ihm wäre »König« lieber gewesen. Empire ist ein militaristischer Ausdruck, der Gedanken an Eroberungen weckt, an verrückbare Grenzen, an ferne Vasallenschaft, kurz, an Ungewißheit und Krieg. Überdies fand er diesen bombastischen Titel geschmacklos. »Roi de France« klang, so fand er, edler, maßvoller, sicherer. Gewiß, illegitim wäre er gewesen, aber der Frieden, das Wohlergehen verleihen einem Regime schließlich stets Rechte, die es zu Anfang nicht besitzt, es sind Rechte des Erfolgs. Talleyrand war überzeugt, daß eine weise und friedliche Monarchie Erfolg haben müsse. Bonaparte wollte den Titel »König« nicht. Ihm schien es, dieser Rang hätte ihn ins Kielwasser der Bourbonen gebracht.

Ihm ging es darum, daß alles mit ihm und bei ihm begänne. König? Kaiser? Das sind nur Worte, über Sinn und Bedeutung eines Worts gehen die Meinungen auseinander. Listig schickte Talleyrand eines Tages Berthier zu Bonaparte und ließ ihn die Vorzüge des Titels »König« rühmen. Er blieb in der Nähe, um zuhören zu können, und er wurde nicht enttäuscht. Sobald Bonaparte das Wort »König« hörte, brach es aus ihm heraus: »Sie Dummkopf, wer hat Ihnen geraten, zu mir zu kommen, um mir die Galle zum Überlaufen zu bringen? Ein andermal nehmen Sie solche Aufträge nicht mehr an.« [L-G]

Am 11. Juli erhielt Talleyrand seinen ersten kaiserlichen Titel: Großkämmerer Seiner Majestät. Kaum zwei Monate nach der Proklamation des Kaiserreichs war der Hofstaat gebildet. Durch seine Ämter war Talleyrand nun an die Person des Kaisers selbst attachiert, er hatte Zugang zu seinen Gemächern und stand bei Tisch hinter dem Souverän. Die offizielle Bekleidung war prächtig, noch immer ein wenig übertrieben, aber es war nicht mehr die Paradeaufmachung des Zirkus' Barras, Rewbell und Genossen. Rotsamtener Frack, ebensolcher Mantel mit weißer Seide gefüttert, Kragen, Revers und Ärmelaufschläge goldverziert, Spitzenjabot, herunterhängende weißseidene Schärpe, Degen. Sechs Monate später gehörte er zu den ersten, die den Orden der Ehrenlegion erhielten: großes Ordensband.

Das alles sah er als Lappalien an. Er fand es nicht ausreichend, und er hatte recht. Cambacérès zum Beispiel war zum Erzkanzler ernannt worden, und dieser Titel hätte Talleyrand zukommen müssen. Er hatte erwartet, ihn zu erhalten, bekam ihn allerdings nicht. Und Madame de Vaines, eine seiner Freundinnen spricht aus, warum nicht: »Seiner Frau wegen ist er nicht Erz. Man wollte nicht, daß sie Durchlauchtigste Hoheit wird und durch die Stellung ihres Mannes im selben Rang mit den Schwestern des Kaisers stünde. Dieses Scheitern war sehr schmerzlich für das Paar. Was wollen Sie? Früher oder später muß man eben für seine Dummheiten zahlen.« Talleyrand, der wußte, was Titel und Rang bedeuten, schrieb an Stanislas de Girardin: »Hoheit ist ein Titel, der aus der Herrschaftszeit stammt, er hat hier weder Sinn noch Verstand.« Gewiß, das ist richtig, aber wäre er »Hoheit« geworden, hätte er sich bestimmt herabgelassen, den Titel zu tragen. Und es schmerzte ihn zu sehen, wie schlecht ihn andere trugen. Seine abgekanzelte Frau aber gefiel sich in Lobreden über die neuen Titel und verkündete laut, wie glücklich ihr Mann darüber sei, sie so gut verteilt zu sehen. Madame de Rémusat hörte gut zu und schrieb dann: »Sie hat mir so oft und mit solchem Getue wiederholt, daß ihr Mann sehr glücklich, sehr zufrieden, sehr froh sei und sehr gut mit dem Kaiser stünde, daß ich fast versucht war, daran zu zweifeln.« [21. September 1804]

Talleyrand fand Vergnügen daran, Napoleon mit Schmeicheleien zu überschütten. Er schürte den karolingischen Traum in ihm. Als der Kaiser die rheinischen Provinzen besuchte und sich in Aachen aufhielt, schrieb er an ihn: »Es erscheint erhaben und gerecht, daß die Stadt, die so lange Zeit die erste der kaiserlichen Städte war, die die Hofhaltung Karls des Großen beherbergte, sich deutlich der Gegenwart Eurer Majestät bewußt wird und die Ähnlichkeit des Geschicks zur Geltung bringt, die Europa in der Wiederaufrichtung des römischen Reichs mit dem Gründer des französischen Kaiserreichs erkannt hat.« Wie hätte nach solchen Worten Napoleon das Zepter Karls des Großen missen können, das – welch ein Zusammentreffen! – gerade in dem Augenblick aufgefunden wurde, da er es haben wollte. Vermittels der von der Vorsehung berufenen Altwarenhändler erhielt der Kaiser das eiserne Zepter seines Vorgängers: es war eine Fälschung.

Diese Schmeichelei, die alsbald in Lobhudelei umschlug, verdient näher betrachtet zu werden. Napoleon ließ sich nicht immer davon beeindrucken. Talleyrand verfuhr nach den Rezepten einer früheren Zeit. Er glaubte, daß das, was er Napoleon als »Weihrauch« schickte, zu ihm als »Gunst« zurückkommen würde. Doch Wort und Sache waren nicht mehr in Mode. Als Neuschöpfer der Monarchie meinte Talleyrand, er würde »der Günstling« des neuen Monarchen sein, die Seele der Macht. Das war ein großer Irrtum. Napoleon war alles, er hatte nur Ausführende nötig. Talleyrand sah diese Unerbittlichkeit als einen Mangel an Form und politischem Verstand an. In Wirklichkeit täuschten sich beide: Talleyrand, weil er glaubte, das Unmögliche erlangen zu können, und Napoleon, weil er sich eines unersetzlichen Ratgebers begab.

Talleyrand war enttäuscht. Die Schmeichelei trug ihm keine Machtstellung ein, sie brachte ihm nur gewisse Vorteile und das fragwürdige Vergnügen, einen Herrn zu beweihräuchern, den er nach und nach immer weniger bewunderte.

Um dem Kaiserreich den vollen Glanz zu verleihen, der ihm gebührte, mußte eine erhabene Zeremonie stattfinden: die Krönung. Der Gedanke stammt von Napoleon. Als er ankündigte, er würde in Notre-Dame vom Papst geweiht und gekrönt werden, den man nach Paris holen wollte, entstand allgemeine Verblüffung. Schwierig war es nicht, die Öffentlichkeit zu erstaunen, sondern den Papst dazu zu bringen, sich nach Paris auf den Weg zu machen. Diese Aufgabe wurde Talleyrand übertragen. Er traf auf Widerstand. »Seine Majestät«, schrieb er an Papst Pius VII., »sieht mit Bekümmerung, daß man anscheinend meint, es sei noch nicht alles getan worden, was getan werden könnte, damit der Papst der Einladung Folge leistet.« Genaugenommen war diese Einladung eine Einberufung, die keine Absage zuließ. Dann zählte Talleyrand auf, was der Erste Konsul für Rom getan hatte. Die Liste seiner Wohltaten war so komplett, daß selbst die Namen zweier päpstlicher Fürstentümer aufgeführt waren, die der Papst zurückerhalten hatte: Pontecorvo und Benevent. Für wie lange wurden sie ihm zurückgegeben? Warum und für wen wurden sie ihm wieder abgenommen? Davon wird noch die Rede sein. Kurzum, der Papst gab nach. Aus

Dankbarkeit oder aus Furcht? Der Großkämmerer Seiner Kaiserlichen Majestät ging nach Fontainebleau, um den Heiligen Vater zu empfangen. Ein merkwürdiges Zusammentreffen des verheirateten, abtrünnigen Bischofs mit dem Papst. Die Unterhaltung muß sehr abgeschirmt vor sich gegangen sein, nichts ist davon nach außen gedrungen. Und Blicke hinterlassen keine Spuren.

Die harmlose Madame de Talleyrand ersuchte um eine Audienz beim Papst. Er lehnte es ab, »questa donna«, diese Frau zu empfangen, des Namens wegen, den sie trug. Talleyrand soll diese Verweigerung sehr getroffen haben.

Bei der Krönung spielte Talleyrand eine Rolle: die Familie Périgord ist stets bei Krönungen zugegen. Wieder hörte er ein prachtvolles Tedeum, das die Gewölbe von Notre-Dame sprengte und bis nach Wien, London, Berlin, Sankt Petersburg und Madrid drang und überall dort in der Welt widerhallte, wo eine Regierung bestand, die mit Staunen und Schrecken diesen die Zukunft belastenden Anachronismus entstehen sah: einen Kaiser des Abendlandes. Talleyrand war fünfzig Jahre alt, einundzwanzig war er bei der Krönung Ludwigs XVI. gewesen. Er sollte noch eine dritte erleben, im Alter von einundsiebzig Jahren die Krönung Karls X. Ob er am 2. Dezember 1804 an die Krönung Ludwigs XVI. dachte? Ob er die reizenden Gesichter seiner Freundinnen vor Augen hatte? Seinen Vater als Schwertträger und Wächter der heiligen Ampulle? In seinen Memoiren geht er darüber hinweg. Krönungen geben ihm keine Gedanken ein. Für ihn war das, was sich jetzt vollzog, Zirkus, sehr großer, ein bißchen unechter Zirkus. Er wußte es besser als alle anderen, denn er hatte seine Hand dazu geliehen.

Graf von Ségur war der Organisator und Leiter der Zeremonie, die in ihrer Art ein großer Erfolg war.

Notre-Dame war nicht wiederzuerkennen. Das Innere hatte man mit bemalter Pappe verkleidet, die Kathedrale des heiligen Ludwig war sozusagen in einen Papiertempel griechisch-römischen Stils umgewandelt worden. Überall nur Giebel und Pilaster, Säulen und Obelisken, dazu eine Überfülle von Trophäen, Fahnen und Adlern mit ausgebreiteten Flügeln. Der Adler war überall, man lebte im Zeichen des Adlers. Die Tracht der Würdenträger und Generale funkelte. Der neue Hofstaat hatte sich mit Seide, Spitzen und Federn geschmückt. Alles Gold und alle Edelsteine aus Frankreich und Navarra – und wahrscheinlich von überall her – schimmerten und glänzten auf Stirnen und Schultern. Es war ein überwältigender Pomp.

Aber das Zeremoniell stammte nicht aus dieser neuen Gesellschaft, und der Zeitplan geriet durcheinander. Talleyrand entdeckte sofort die Mängel. Zuerst sah er sie bei Napoleon, als er in seiner Eigenschaft als Großkämmerer in seinen Gemächern in den Tuilerien erschien. »Wäre der Augenblick nicht so feierlich gewesen, hätte ich meine Kaltblütigkeit kaum bewahren können. Er (der Kaiser) trug bereits seine weißsamtene, mit goldenen Bienen bestickte Hose ohne Füßlinge, seine Halskrause aus Spitzen à la Heinrich IV. und über seinem Reiterfrack den einzigen Hausrock, den er je besessen hat.«

Die Vorbereitungen nahmen kein Ende. Die Geleitzüge hatten Schwierigkeiten, sich zu sammeln und aufzustellen, die Straßen und Gassen um Notre-Dame waren verstopft von ineinandergefahrenen Karossen. Es war kalt an diesem 2. Dezember. Der Papst und die hohen Würdenträger waren vom Protokoll bereits am frühen Morgen in die Kirche geleitet worden. Der Heilige Vater zitterte seit Stunden vor Kälte auf seinem Thron. Unter den Anwesenden stellte sich keine feierliche Stimmung ein, man überbrückte das Warten durch lautes Reden und Lachen. Man stampfte mit den Füßen und schlug sich die Arme um die Schultern, um sich warmzuhalten. Die frischgebackenen Hoheiten und die es noch nicht waren, pufften und knufften sich und stärkten sich mit Fleischpasteten.

Als das kaiserliche Paar erschien, trat Ruhe und Ordnung ein, die Nation ging in Habachtstellung und verblieb so zehn Jahre lang. Auf dem großen von David stammenden Gemälde der Krönung ist das deutlich ausgedrückt. Der ungestüme Revolutionsmaler hat sich selbst übertroffen, um den kaiserlichen Triumph darzustellen. Wie die Paletten sich ändern – auch sie! Er ist so eifrig gewesen, daß er auch Madame Laetitia, Napoleons Mutter, auf das Gemälde gebracht hat, die der Feierlichkeit gar nicht beiwohnte. Sie wollte nicht mit ansehen müssen, wie ihre Schwiegertochter Joséphine, die Witwe Beauharnais, gekrönt wurde. Wahrscheinlich hat sie auch »questa donna« gesagt. Zwischen Berthier und Eugène Beauharnais steht Talleyrand nahe dem Alter. Er ist größer als die meisten ihn umgebenden Personen. Doch was für ein Gesicht hat der Maler ihm gegeben! In seinem Blick, den er von oben herab über diese Ansammlung kleiner Leute schweifen läßt, die für ihn nur Statisten in einer märchenhaften, von ihm inszenierten Opernaufführung sind, errät man die Ironie, den scharfen, mit Mühe zurückgehaltenen Sarkasmus. Es steht fest: das Gesicht eines verehrenden Anbeters ist das nicht. Talleyrand wohnt, ohne die Spur einer Gefühlsregung oder Überzeugung, einer für den gewöhnlichen Menschen ungeheuer eindrucksvollen Zeremonie bei, die für ihn nur die abschließende äußere Förmlichkeit einer gewaltigen politischen Angelegenheit ist.

Die Krönung war nur der Abschluß einer Etappe. Wichtig allein war, was der neue Monarch aus der Monarchie machen würde. Hoffentlich erweist sich der Herr und Gebieter, den Talleyrand sich und Frankreich gegeben hat, würdig der alten Nation und der Kapetinger-Weisheit.

Sechs Monate später nahm Talleyrand an einer weiteren Krönung teil. In Mailand setzte sich Napoleon die eiserne Königskrone Italiens aufs Haupt. Ohne große Förmlichkeiten. Er spricht den Schwur mit einer Überzeugung, als wäre er der legitime Erbe des Königs der Lombarden: »Il Cielo me la diede, guai a chi la toccherà.« Der Himmel gab sie mir, wehe dem, der sie anrührt. Eine solche Usurpation konnte Talleyrand nicht gutheißen. Gleichwohl tat er so, als wäre er mit dem, was er für unheilvoll hielt, einverstanden. Einige Wochen zuvor hatte er der Kaiserin Joséphine gesagt, der Kaiser müsse sich mit seinem Bruder Lucien aussöhnen, und um diese Versöhnung zu feiern, solle Lucien die Krone Italiens bekommen. Als Lucien dieser ehrenvolle Vorschlag gemacht wurde, waren so viele Bedingungen der Unterwerfungen unter den Willen des Kaisers damit verbunden, daß er ablehnte. Er wählte die Freiheit, und nun machte Talleyrand Joseph den gleichen Vorschlag – der ebenfalls ablehnte. Napoleon behielt die Krone für sich. Damit wurden die Dinge klarer, das Königreich Italien war nicht mehr ein Satellitenstaat des französischen Kaiserreichs, es wurde ganz einfach annektiert.

Den Auftrag, diese überraschende Annektion vorzubereiten, erhielt Talleyrand. Von Anfang an fürchtete er – und er täuschte sich nicht – eine heftige Reaktion seitens Österreichs. Konnte Österreich zulassen, daß Frankreich seine Grenzen bis Tirol, Venetien und ins Herz der Halbinsel vorschob? Doch der Talleyrand des Jahres 1804 hörte nicht auf den wahren Talleyrand, er tat, was Napoleon wollte. Er kroch. »Ein Verräter« ist er nicht, wenn er sich gegen Napoleons ehrgeiziges Streben stellt, »Verräter« ist er, wenn er ihm dient. Jemand, der sein Tun und Treiben gut kannte, sagte, in jenem Zeitabschnitt habe er seine ganze Intelligenz dazu benutzt, »zu erraten, was Bonaparte wollte und dem seine eigenen Gedanken untergeordnet«. Um dem Herrn zu gefallen, ging er so weit, ihn für seine »Mäßigung« zu loben: »Euer Majestät wollte Frankreich zu Auffassungen der Ordnung zurückführen« (das ist richtig) »und Europa zu Auffassungen vom Frieden« (das ist falsch). Und er tut erstaunt darüber, daß man gewagt hat, den Kaiser mit Alexander und Karl dem Großen zu vergleichen. »Leichtfertige und fragwürdige Analogien!« sagt er. Er empört sich, weil man gewagt hat zu behaupten, daß »Alexander, indem er unaufhörlich die Grenzen seines Reichs ausweitete, nichts weiter tat, als sich ein blutiges Leichenbegängnis zu verschaffen«. [»Moniteur Universal« 19. März 1805] Mit »man« ist in diesem Fall der Clan der »Ideologen« gemeint, die Freunde von Germaine de Staël: Destutt de Tracy, Benjamin Constant und so weiter, die »Clique der Freiheit«. Beim Beschauen einer ganz neuen Krone hat er sie völlig vergessen. Und dennoch, er ist von einem überzeugt: alles, was Napoleon tut, führt unausweichlich zum Krieg.

Inmitten der Wonnen der Mailänder Krönung im Mai 1805 verlieh die preußische Regierung Talleyrand den Roten und Schwarzen Adlerorden mit großem Ordensband. Er war nicht unempfänglich für Ordensbänder, sie gehörten zu seinem ererbten Dekorum.

Während Napoleon, König der Lombarden, und sein Hof sich in den

Städten Italiens feiern ließen, ging in Paris das Gerücht, Talleyrand sei in Mailand gestorben. Madame de Vaines, deren Mann der italienischen Krönung beiwohnte, schrieb deswegen an General Thibaudeau, der ihr versichert hatte, der Exbischof von Autun sei wirklich tot. »Herr von Talleyrand in Mailand gestorben? Ach, wirklich? Er hatte dazu gar keine Lust. Mit den Italienerinnen trieb er es kurz aber gut, unter anderem mit einer früheren Mätresse von Petiet, dem französischen Gesandten in Mailand, der er viel Geld hat zukommen lassen. Und zwischendurch immer Madame Simons Lange« (die Exmätresse von Barras, bei der Talleyrand am Abend des 19. Brumaire zu Tisch war), »die ihm in jede Stadt folgte oder vor ihm dort war. Böse Zungen sagen, er sei kein Held, und behaupten, er gebe sich diesen Anschein, um noch immer zu gefallen.« Diese Lästerung trifft in dieselbe Kerbe, die Rewbell bereits geschlagen, als er in einer Direktorial-Sitzung ausgerufen hatte: »Er hatte keine Möglichkeiten.« Gewiß wird jemand, der kein »Held« ist, mit Fünfzig nicht zu amourösen Heldentaten ermuntert. Ist er auf diesem Gebiet je ein Held gewesen? Madame Simons Lange gehört zu seiner Umgebung, sie ist die »offizielle« Mätresse, vielleicht nur um den Anschein zu erwecken, daß ihr Exgeliebter noch ein Geliebter ist. »Gegenwärtig ist er zur Badekur, um sich an der Seite seiner keuschen anderen Hälfte auszuruhen. Ich will ihn, wenn er zurück ist, ordentlich aushorchen über sein galantes Leben während der Reise in Italien.«

Das falsche Gerücht über seinen Tod hat uns zumindest ein amüsantes Bulletin über die Gesundheit, die Ortsveränderungen und Sommeraufenthalte des fünfzigjährigen Talleyrand eingetragen.

»Wir zogen ins Feld, dahinten nach Deutschland«

1805 steht Talleyrand in höchster Gunst, er erntet die Früchte seiner Fügsamkeit. Niemand kann sich der gleichen Freiheit des Wortes Napoleon gegenüber rühmen. Fast jeden Tag hatten sie lange Gespräche unter vier Augen. Danach schickte Talleyrand dem Kaiser Berichte über bestimmte Punkte ihrer Unterredung. Davon ist nichts erhalten geblieben. Talleyrand hat alles vernichtet. Napoleon war sehr empfänglich für den Reiz dieser Stunden. Eines Tages sagte er zu seinem Kämmerer:

»Sie sind in Europa der König der Konversation, was ist Ihr Geheimnis?« Talleyrand antwortete ihm mit einer Gegenfrage: »Wenn Sie Krieg führen, möchten Sie doch stets Ihre Schlachtfelder wählen?« Napoleon entgegnete, es wäre ihm sehr angenehm, wenn er es tun könnte, aber es wäre nicht immer möglich. »Nun, Sire, das Gelände der Konversation wähle immer ich. Ich begebe mich nur auf das, wo ich etwas zu sagen habe. Auf das übrige antworte ich nicht. Im allgemeinen lasse ich mir keine Fragen stellen, außer von Ihnen, oder wenn man mich etwas fragt, bin ich es, der die

Fragen suggeriert hat. Früher, auf der Jagd, schoß ich stets auf sechs Schritt Entfernung: ich habe kaum ein Wild getötet. Die anderen schossen hierhin und dorthin. Ich ging immer den sicheren Weg. In einer Unterhaltung lasse ich tausend fernliegende Dinge, auf die ich nur oberflächliche Antworten geben könnte, vorübergehen; was aber genau vor mir steht, verfehle ich nie.« Selten hat sich Talleyrand zu einer so ausführlichen, vertraulichen Äußerung hinreißen lassen.

Ein Beispiel für die Gunst, in der er sich befand, ist die Haltung Napoleons einem außerordentlichen Gesandten gegenüber, den der Zar ihm geschickt hatte mit der Empfehlung, sich nur ohne Zeugen mit ihm zu unterhalten. Das sollte ein gegen Talleyrand gerichteter Schlag sein, er stammte von Markow, dem russischen Gesandten, den Talleyrand einmal ermahnt hatte, die Form zu wahren. Napoleon nahm Partei für seinen Minister. Und er tat es noch einmal, dem gleichen Markow gegenüber, als dieser Beschimpfungen gegen Talleyrand in einem Brief an Lucien Bonaparte richtete. Der Brief wurde abgefangen und dem Kaiser überbracht.

Unterdessen war die Kriegsdrohung immer stärker geworden. Die Vorbereitungen für eine Landung in England blieben nur Vorbereitungen, England dachte nicht daran, Malta in dem Augenblick zurückzugeben, da Napoleon Italien annektierte.

Jetzt erschien Graf Cobenzl auf dem Plan, der österreichische Gesandte in Paris, Talleyrands Mitschüler im Collège d'Harcourt, Hausfreund im Palais de Créqui, in Neuilly und enger Vertrauter von Mrs. Grand und ihren Möpsen. Er war ein liebenswürdiger Mann, jedoch ein bißchen lächerlich, und eines Tages überbrachte er eine Botschaft des österreichischen Kaisers, wie wenn es die Einladung zu einem Ball gewesen wäre. Es handelte sich aber um ein Ultimatum. Kaiser Franz II. verlangte, Napoleon solle Italien räumen. Das »Wehe dem«, das demjenigen verheißen war, der an die Krone der Lombarden rührte, schlug auf den zurück, der die Hand auf sie gelegt hatte.

Napoleon konnte nicht verhandeln, konnte nicht zurückweichen. Die Tragik seiner gewagten Unternehmungen beruhte darin, daß sie unwiderruflich waren. Er mußte Krieg führen, ihn gewinnen oder alles verlieren. Es ist bekannt, was folgte: das Lager von Boulogne wurde aufgegeben, die Armee brach in Deutschland ein, alle Kräfte waren gegen Österreich gerichtet. Alle Truppen zu Lande, sehr wenige zur See. Es wurde mithin Krieg um das Königreich Italien geführt. Das war an sich schon ein phantastisches Wagnis. Wiewohl Talleyrand diese Kalamität vorausgesehen hatte, war er von der Schnelligkeit, die Österreich an den Tag legte, überrascht. Lucchesini schrieb an den König von Preußen: »Herr von Talleyrand ist verzweifelt, und wenn er es gekonnt hätte oder wenn er es noch jetzt könnte, entweder den Ausbruch des Krieges zu verhindern oder den Lauf sofort anzuhalten, ehe Erfolg oder Niederlagen den Ehrgeiz anstacheln, oder die Ehre dazu zwingt, den Krieg fortzusetzen, er würde diese Gelegenheit für die glorreichste seiner Laufbahn erachten.« [PB/Zit L-G]

Er hätte gern verhandelt, um die Feindseligkeiten zu verhindern oder allenfalls zu unterbrechen, aber sein Weitblick und seine friedliche Gesinnung blieben ohne jegliche Wirkung. Allerdings verstärkte sich in den europäischen Kanzleien das »pazifistische« Renommee von Napoleons Außenminister. Und doch verfaßte er auf Befehl seines Herrn ein neues Rundschreiben, um mit List und Tücke zu beweisen, daß alles Unrecht auf Österreichs Seite liege.

1805 ermaß er, wie schwer die Ketten waren, die ein Diener Napoleons zu tragen hatte.

Zu Ende war es mit den Wonnen der Rue du Bac, der Rue d'Anjou, von Neuilly und so weiter. Zu Ende war es mit den Damenzirkeln im Hôtel de Luynes und so weiter. Der Gebieter zerrte ihn mit sich durch Europa. Und das Ministerium folgte dem Minister von Ort zu Ort. Der hinkende Minister schleppte sich von Feldlager zu Herberge, von Schlammloch zu Schlachtfeld.

Am 1. Oktober stieß er in Straßburg zu Napoleon. An diesem Abend dinierten sie mit Monsieur de Rémusat. Der Kaiser mußte gleich darauf mit der Armee weiter, die in Gewaltmärschen nach Österreich strebte. Nach dem Essen gingen Talleyrand und Rémusat in Napoleons Zimmer. Dort wurden sie Zeugen eines Vorfalls, der Talleyrand so naheging, daß er viele Jahre später in seinen Memoiren eine bis ins einzelne gehende – und bewegte – Schilderung davon gibt. Sie waren zu dritt allein, als Napoleon plötzlich, wie von der Axt gefällt, zu Boden stürzte. Er hatte gerade noch Zeit, Talleyrand zu sagen, er möge die Tür schließen. Er verlor das Bewußtsein, stöhnte, bekam Schaum vor den Mund und wurde von starken Zuckungen geschüttelt. Der Anfall dauerte eine Viertelstunde. Talleyrand besprengte das Gesicht des Kaisers mit Kölnisch Wasser. Endlich kam Napoleon wieder zu sich, stand auf, zog sich an, und er legte den beiden Zeugen strengstes Stillschweigen auf über das, was sie gesehen hatten. Es schien ein epileptischer Anfall gewesen zu sein.

Talleyrand und Rémusat hatten sich kaum von ihrer Bestürzung erholt, da war Napoleon mit der Armee bereits unterwegs nach Karlsruhe.

Damals kam Talleyrand der Gedanke, daß Napoleon auch sterben könne. Was würde dann werden? Ihm grauste vor den Folgen. Anarchie? Dann noch besser Krieg. Die Furcht, Napoleon zu verlieren, fachte Talleyrands Zuneigung zu ihm wieder an. Der Kaiser war ihm nicht weniger zugetan. Im Augenblick des Aufbruchs, als er von Joséphine und Talleyrand Abschied nahm, sagte er in Rémusats Gegenwart: »Es ist doch sehr schmerzlich, die beiden Menschen, die man am meisten liebt, verlassen zu müssen.« [1. Oktober 1805]

Im Briefwechsel der darauffolgenden Tage klingt Talleyrands Bewegung über diesen Abschied nach. Manches erinnerte an die schönen Briefe am Anfang der Romanze: »Als ich von Ihrer Majestät der Kaiserin erfuhr, daß wir vier oder fünf Tage ohne Nachricht von Euer Majestät sein würden, habe ich ein Gefühl empfunden, daß ich unmöglich wiedergeben kann.«

Hinzugefügt werden muß, daß er in demselben Brief das »heimliche« Auslaufen der englischen Flotte nach Cadiz erwähnte. Mit dem Blick in die Zukunft, der ihm eigen war, mußte er, als er von Nelsons Manöver erfuhr, »dieses Gefühl empfinden, daß er nicht wiedergeben kann«. Sah er vielleicht voraus, daß das heimliche Auslaufen der feindlichen Flotte zu jenem schrecklichen Ort hinführte, den die Geschichte Trafalgar genannt hat?

In den Tagen, die auf Straßburg folgten, schloß Napoleon die österreichische Armee in Ulm ein und zwang sie zur Übergabe. Das war ein genialer Streich. Noch einen anderen führte er, einen bescheideneren. Er beschloß, seiner Manie nachgebend, Eugène de Beauharnais mit der Tochter des Kurfürsten von Bayern zu verheiraten. Warum? Weil es ihm so gefiel. In den Anweisungen, die er dem Heiratsvermittler gab, liest man mit Bestürzung, »daß der Wille und Charakter Napoleons eine Ablehnung nicht dulden könne«. Zwei Monate später, am 16. Januar 1806, wurde die Ehe geschlossen.

Napoleon hatte nicht so viel Zeit vor sich, daß er viel Zeit verschwenden konnte, Talleyrand schritt weniger schnell voran, aber er sah weiter. Er wollte als Hemmschuh wirken. Er wollte sogar den Sieg abschwächen. Es klingt absurd, aber es war klug und weise. Nach der Übergabe von Ulm schrieb er an Napoleon, daß er jetzt, da Österreich ihm ausgeliefert sei, es nicht vernichten, nicht ein unüberwindliches Revanchegelüst heraufbeschwören dürfe, im Gegenteil, es müsse eine Versöhnung angestrebt werden durch einen gemäßigten Vertrag, aus dem ein Bündnis werden könne. Das ist sein alter, aus dem Jahre 1792 stammender Gedanke: Festigung des Friedens in Europa durch ein Bündnis mit einer mächtigen Nation, so daß das Gleichgewicht der Kräfte jeden Krieg unmöglich macht.

Dieses aus Straßburg an den im Felde befindlichen Kaiser gerichtete Schreiben ist ein Muster an Takt, politischem Verstand, Mäßigung und Weitblick. Es kann nicht behauptet werden, dieses Schreiben sei von Desrenaudes oder von Hauterive abgefaßt worden, denn Talleyrand befand sich allein mit seinen Sekretären in Straßburg. Er hat diktiert, korrigiert, noch einmal diktiert, noch einmal korrigiert. Dieser Text ist mit der gleichen Tinte und Feder geschrieben wie alle früheren Texte, und diesmal steht fest, daß er von ihm stammt.

Um den Frieden mit Österreich herzustellen und zu festigen, schlug er vor, jede Reibung zwischen Österreich und Frankreich unmöglich zu machen, indem jegliche gemeinsame Grenze vermieden wurde. Es mußte folglich ein Pufferstaat zwischen Italien und Österreich geschaffen werden, Venetien, vergrößert durch Tirol und Triest. Um die Verluste, die Österreich erleiden würde, auszugleichen, bot man ihm einen großen Gebietszuwachs auf dem Balkan an: Walachei, Moldau, Bessarabien und das nördliche Bulgarien.

Talleyrand schrieb an Hauterive, übermittelte ihm den Entwurf seines Briefes an den Kaiser und sprach vom Geist des Friedens, der nun auf die Kette von Kriegen folgen müsse. Er endete mit den Worten: »Das ist mein Traum von heute abend.« [ART]

Wiederum sagte er etwas Richtiges: es war nur ein Traum. Napoleon beantwortete Talleyrands Brief nicht. Er hatte nicht begriffen, daß der Brief des Exbischofs von Autun, abgefaßt im salbungsvollen Ton eines Hirtenbriefs, eine Mahnung war, ja sogar eine Warnung. Talleyrand stellte ihn vor die Wahl, entweder Frieden zu schließen oder dazu verurteilt zu werden, Krieg ohne Atempause zu führen, bis zur verhängnisvollen Katastrophe. Diese Empfehlung verdiente mehr Aufmerksamkeit, als Napoleon ihr zukommen ließ.

Als Napoleon den Brief erhielt, wußte er noch nicht, daß zwei Tage nach dem Fall von Ulm die französische Flotte am 21. Oktober 1805 bei Trafalgar vernichtet worden war. Talleyrand, selbst in den schwierigsten Lagen stets ein Hofmann, teilte Napoleon das nicht wiedergutzumachende Unheil folgendermaßen mit: »Ich empfinde lebhaften Schmerz, da ich Euer Majestät die traurigen Nachrichten übermittle, die ich aus Cadiz über die Situation der vereinten Flotte erhalte.« Und er schloß mit einem Kompliment: »Das Genie und das Glück befanden sich in Deutschland.« [12. November 1805] Ulm sollte über Trafalgar hinwegtrösten.

In einem völlig anderen Ton schreibt er am gleichen Tag an Hauterive über das gleiche Thema. Aus dem Text ist herauszulesen, daß er bewegt, erschüttert ist. Die Worte, die er benutzt, so farblos sie auch sind, haben einen Klang, den man bei ihm nicht gewohnt ist. Er spricht von einer »fürchterlichen Nachricht«, er denkt an die Schmerzen und Leiden der unglücklichen Verwundeten und Gefangenen, die in grausiger Haft schmachten werden. Das »zerreißt ihm das Herz«. Durch diese Niederlage ist »der Mann Frankreichs« zutiefst getroffen, gequält von der Unruhe über die politische Zukunft. Der Zweifel ist geboren. Das Kaiserreich hat einen Stoß bekommen. Trafalgar ist der Riß. »Welch fürchterliche Nachricht ist aus Cadiz gekommen! Hoffentlich stellt sie den politischen Vorhaben, die vorzunehmen mir jetzt angemessen scheint, kein Hindernis in den Weg. Die ersten Briefe, die ich bekomme, sind betrüblich. Ich fürchte, daß die Einzelheiten, die folgen werden, dieses Bild, das das Herz zerreißt, noch verdüstern. Ich mache mir Sorgen um die Reste der Flotte und die Wirkung, die das Unglück in der Meinung und Stimmung der Häfen und Mannschaften hervorrufen wird.«

Doch deswegen verliert er seinen Esprit nicht. Er schreibt, die Übergabe von Ulm sei in Straßburg gefeiert worden, und fügt gelassen, wie immer, hinzu: »Wir haben die Kanone von Straßburg genau wie bei Ihnen abgefeuert. Der Bischof brutzelt ein Tedeum.« Ein gebrutzeltes Tedeum: eine Küche, die Monseigneur d'Autun gut kennt.

Ende Oktober befindet er sich in München. Der Kaiser geht an die Ausführung eines bestürzenden Vorhabens: Deutschland soll zerstückelt werden, dann sollen die Stücke eingesammelt werden, damit Napoleon sie unter drei Mächte verteilen kann: Frankreich, Österreich und Preußen. Das ist die Stunde des Rheinbunds. Napoleon diktiert, Talleyrand schreibt. Er ist nur noch der erste Sekretär des Kaisers für den Bereich der auswärtigen Beziehungen. Er macht nur noch Aufzeichnungen und denkt nicht mehr. Napoleon denkt für alle, er zerschneidet, trennt ab, verteilt. Was wird aus der Bevölkerung? Das ist unwichtig. Und die Könige? Sie zittern.

Es darf indes nicht übersehen werden, daß Talleyrand in dem engen Spielraum, der ihm manchmal noch zum freien Schalten und Walten blieb, die frühere Politik französischer Geltung weiterverfolgte. Zur Zeit des Konsulats, 1802, schickte er General Brune nach Konstantinopel, um im Nahen Orient die von den Kreuzzügen her stammende französische Vorherrschaft aufrechtzuerhalten. 1805 ließ er zwei Professoren, den einen für Türkisch, den anderen für Persisch an das Collège de France berufen, um qualifizierte Mitarbeiter für die diplomatischen Missionen heranzubilden. Einer dieser Professoren war der berühmte Sylvestre de Sac. Doch was war das neben den gigantischen kriegerischen Unternehmungen des Kaisers?

Ist die hochadlige und sehr schöne Comtesse de Brionne noch in Erinnerung? Sie liebte seinerzeit den hübschen Abbé de Périgord so sehr, daß sie einen Kardinal aus ihm machen wollte. Sie lebte, noch immer als Emigrantin, in Österreich. Sie hatte Talleyrand »seine lasterhaften Handlungen« zu Beginn der Revolution nicht verziehen. Sie wohnte in Linz, wo Talleyrand sich aufhielt. Er schrieb ihr, mit der Bitte, ihn zu empfangen, und man kann sich vorstellen, wie kunstvoll er seinen Brief abfaßte. Dann begab er sich zu ihr. Er bekam die Auskunft, sie habe die Stadt verlassen – wahrscheinlich weil er in ihren Mauern weilte. Man übergab ihm einen versiegelten Umschlag, der seinen Namen trug und, unterstrichen, die Titel, die er im Kaiserreich erworben hatte. Der Umschlag war leer. So gleichgültig er sich geben mochte, er muß den Schlag schmerzhaft gespürt haben, den eine so teure Freundin, eine von so hohem Rang, ihm versetzte. In so unausgeglichenen, heiklen Lebensabläufen, bildet sich gewöhnlich irgendwann eine scharfe Kante, die tief ins Fleisch schneidet.

Noch ein weiteres Mal wurde Talleyrand totgesagt, und Paris freute sich. Die Nachricht schien so sicher, daß sein Bruder Archambaud, dem Napoleon die Rückkehr aus dem Exil gestattet hatte, zur »Witwe« lief, um sie zu unterrichten. Es wird gesagt, er habe einer großen Szene mit Schreien, zerrauften Haaren und Nervenzusammenbrüchen beigewohnt. Dann traf ein Brief von Talleyrand selbst ein, er teilte mit, es gehe ihm ausgezeichnet. Madame trocknete ihre Tränen, die anderen hörten auf zu lachen, und Talleyrand prägte einen bemerkenswerten Satz. Der dem Usurpator äußerst feindlich gesinnte Faubourg Saint-Germain ergötzte sich daran, allabendlich den Tod irgendeiner Persönlichkeit zu verkünden. In den Salons fanden wahre Hekatomben statt. Talleyrand sagte dazu: »Die Zungen des Faubourg Saint-Germain haben mehr Generale getötet als die österreichischen Kanonen.«

Talleyrand behauptet, er sei am Abend der Kämpfe von Austerlitz auf dem Schlachtfeld gewesen. Seine Briefe vom 2. Dezember tragen jedoch die Ortsangabe Wien. Was ist richtig? Er beschreibt »das mit Toten bedeckte Feld, über das die Nacht sich senkte«, und den unheimlichen Gang, den er in Begleitung des Generals Lannes über das Schlachtfeld machte. Er sagt: »Ich muß zu seiner Ehre und zur Ehre der Militärs im allgemeinen sagen, daß dieser gleiche Mann, der am Tag zuvor Wunder an Tapferkeit vollbracht hatte, der, solange er Feinde zu bekämpfen hatte, selber unerhört tapfer war, fast ohnmächtig geworden ist, als er nur noch Tote und Verstümmelte aller Nationen vor Augen hatte. Er war so erschüttert, daß er im Augenblick, als er mir die verschiedenen Punkte zeigte, von denen aus die hauptsächlichsten Angriffe unternommen worden waren, zu mir sagte: ›Ich kann es nicht mehr aushalten, es sei denn, Sie wollen mit mir kommen, um diese elenden Juden zu erschlagen, die die Toten und Sterbenden ausplündern.‹«

Dieser kühle Mann war zumindest empfänglich für die Sensibilität eines anderen, und die Hochachtung, die er General Lannes widerfahren läßt, ist ergreifend in ihrer Nüchternheit. Sie gebührt Talleyrand selbst.

Unter der Kurierpost, die aus Paris kam, wo der Sieg von Austerlitz bekannt geworden war, fand Napoleon einen Brief von Madame de Genlis, die ihm Berichte gab über die Stimmung im Faubourg Saint-Germain. Sie zitierte bissige Äußerungen der Aristokratie über seinen »angeblichen Sieg«. Napoleon, der sich noch im Rausch der siegreich bestandenen Schlacht befand, ertrug diesen Sarkasmus nicht, und bekam in Talleyrands Anwesenheit, wie gewöhnlich in solchen Fällen, einen Wutanfall. Er schrie, stampfte mit den Füßen, schimpfte: »Oh, sie meinen stärker zu sein als ich, die Herren des Faubourg Saint-Germain, wir werden sehen, wir werden sehen!«

Talleyrand sah ungerührt zu. Später schrieb er: »Dieses ›wir werden sehen‹ kam wann? ... Wenige Stunden nach einem über die Russen und Österreicher errungenen Sieg.« Es gab keinen gemeinsamen Maßstab für die Größe dieses Sieges und die Albernheit dieser Äußerung und des Zorns. Napoleon war schrecklich empfindlich, empfindsam vor allem den Anzüglichkeiten des Adels gegenüber. Talleyrand amüsierte sich über die Schwäche des kleinen Mannes, der jede Selbstbeherrschung verlor und auf seinem

Zweispitz herumtrampelte, weil einige Übriggebliebene des früheren Hofs dümmlich grinsten in ihren getäfelten Gemächern. Er fügte boshaft hinzu, daß Napoleon bei der Rückkehr nach Paris einen weiteren Sieg davongetragen zu haben glaubte, als er erfuhr, daß die Damen de Montmorency, de Mortemart und de Chevreuse eingewilligt hatten, bei seiner lieben Joséphine Palastdamen zu werden.

Gleich nach Austerlitz wollte Talleyrand einen neuen Schritt zugunsten eines ehrenhaften Friedens für Österreich unternehmen. In seinem Gefolge befand sich La Besnardière, der nicht wußte, wie und wo er seine Papiere und seine Sekretäre unterbringen sollte. »La Besnardière geht es gut«, schrieb Talleyrand an Hauterive, »obwohl er eine unangenehme und lange Reise hinter sich hat. Auf Brot und Pferde verzichten und auf den Landstraßen Tote finden, das gehörte nicht zur Ausbildung für unser Kabinett ... Dieses Leben gefällt La Besnardière nur halb. Er liebt das Zimmer, aber er liebt es nicht, Mitternacht oder zwei Uhr morgens schlagen zu hören.«

Von sich selbst spricht Talleyrand nicht. Es ist anzunehmen, daß dieses Leben ihm ebensowenig paßte wie La Besnardière, denn er lebte unter den gleichen unbequemen und anstrengenden Bedingungen. Aber er hütet sich, die Gefühle, die er seinem Mitarbeiter zuschreibt, sich selber zuzurechnen.

Drei Tage nach Austerlitz schreibt er an Napoleon: »Ich freue mich über Euer Majestät Erfolg als Mann, von dem E. M. wohl weiß, daß alle seine Gedanken und seine ganze Ergebenheit als oberstes Ziel E. M. Glück und Ruhm haben ... Euer Majestät kann jetzt die österreichische Monarchie zerbrechen oder sie wiederaufrichten. Ist sie einmal zerbrochen, wird es nicht in E. M. Macht selbst liegen, die verstreuten Stücke zu sammeln und daraus wieder ein einziges Gefüge zu machen. Doch die Existenz dieses Gefüges ist notwendig. Sie ist unumgänglich für das künftige Heil der zivilisierten Nationen.« [BERT]

Die letzten Sätze sind seherisch: die österreichische Monarchie war unumgänglich notwendig für das Heil Europas. (Das hatte man 1918 noch nicht begriffen. Die Geschichte hat gezeigt, daß es der kapitale Fehler des Versailler Vertrages ist, das vollbracht zu haben, wovor Talleyrand Napoleon gewarnt und inständig gebeten hatte, es nicht zu tun. Wo sind heute »die verstreuten Stücke« des Habsburger Reichs? Die Hälfte Europas ist zerbröckelt. Wer könnte heute »daraus ein einziges Gefüge machen«?)

Dieser Brief hatte keine Wirkung – außer der, Mißfallen zu erregen. Napoleon schloß einen Frieden, der seinen Vorstellungen entsprach, und, wie er es immer tat, übernahm Talleyrand die Vorstellungen seines Herrn. Obwohl sie ihm höchlichst mißfielen, verschaffte er ihnen im Preßburger Friedensvertrag Geltung.

Für den Entschluß, Hannover (das zur englischen Krone gehörte) an Preußen zu geben, das ein solches Geschenk nicht verdiente, beglückwünschte Talleyrand seinen Herrn. Obwohl er wußte, daß eine Gefahr darin lag, Preußen zu stärken. Und er schrieb an Napoleon: »Wenn der Vertrag in Berlin ratifiziert ist, verfügt Euer Majestät über den Norden Deutschlands wie E. M. durch die Allianz mit den drei Kurfürsten über den Süden verfügt ... Doch während E. M. mit der gleichen Überlegenheit verhandelt, wie Sie eine Schlacht lenkt, befinde ich mich hier in einer sehr unangenehmen Lage.«

Das stimmt. Aus Brünn schrieb er am 17. Dezember 1805: »Brünn ist ein scheußlicher Ort, hier sind vier- bis fünftausend Verwundete. Jeden Tag gibt es Tote in Fülle. Gestern war der Geruch abscheulich.«

Der Geruch am Tag nach einem Sieg ... Fast alle Wunden eiterten, und die unbedeutendsten waren tödlich. Das ist die Kehrseite des Ruhms – dieses militärischen Ruhms, dessen Vorderseite Talleyrand nicht einmal schätzte.

Um wieder zu Kräften zu kommen, bedarf er einer Stärkung, und er schreibt folgendes: »Heute friert es, das gut ist für jedermann«, und er bittet, nicht zu vergessen, ihm Malagawein zu schicken, »sehr trockenen, so wenig likörartig wie möglich.« So großem Elend muß man Trotz bieten, nicht wahr?

Zur Unterzeichnung des Friedensvertrags begab er sich nach Preßburg, am 26. Dezember 1805. Napoleon ließ augenscheinlich die Verhandlungen nicht schleifen. Österreich nahm alle Bedingungen an. Talleyrand schrieb an den Kaiser: »Ich habe die Ehre, Euer Majestät den Friedensvertrag zu übersenden, den wir unterzeichnet haben. Nie zuvor hat Frankreich einen ähnlichen diktiert, nie hat Österreich einen ähnlichen unterzeichnet.«

Napoleon war nicht ganz zufrieden. Talleyrand hatte sich erlaubt – seiner Auffassung nachgebend –, bestimmte Bedingungen zu mildern. Er hatte Fristen eingeräumt für die Zahlung der Kriegsentschädigungen. Napoleon forderte unverzügliche Zahlung. Um es genau zu sagen: er hatte auch einen Nachlaß von zehn Prozent bewilligt ... Was Napoleon in Wut versetzte. Ob Talleyrand von diesem Nachlaß seine Provision erhielt? Man sagt: die Hälfte. Napoleon war der Meinung, sein Minister habe sich selbst genügend belohnt und schrieb ihm anstelle von Glückwünschen: »Sie haben mir in Preßburg einen Frieden gemacht, der mich sehr geniert.« Der Vertrag, den Talleyrand gemacht, wenn er die Hände frei gehabt hätte, wäre auf lange Sicht unendlich viel nutzbringender für den Kaiser und sein Reich gewesen.

Als 1812 ein Denkmal zur Erinnerung an den Frieden von Preßburg errichtet wurde, gab Talleyrand durch ein Billet vom 12. März 1812 zu verstehen, daß er auf diesem Monument nicht dargestellt sein wollte. Damit brachte er zum Ausdruck, daß er nur das nicht verantwortliche Werkzeug der Unterzeichnung dieses Vertrags gewesen ist, er wollte dafür die Verantwortung nicht auf sich laden.

Sein Zusammentreffen mit den österreichischen Unterhändlern in Preßburg war von Bedeutung und hatte Folgen. Metternich schrieb anschließend, es gebe in Frankreich zwei Parteien, die der Militärs, deren Geschick völlig mit dem des Kaisers verknüpft sei, und eine andere, die bereits erkannt habe, daß Napoleons »ruheloses Genie« nur Ruinen hinterlassen würde. Als Vertreter der letzteren Partei bezeichnete er den Minister des Auswärtigen und den Minister der Polizei: Talleyrand und Fouché. Metternich präzisiert: »Seit dem Feldzug von 1805 hat Herr von Talleyrand den Plan gefaßt, sich mit seinem ganzen Gewicht den zerstörerischen Projekten Napoleons entgegenzustellen ... Ihm verdanken wir bestimmt mehr oder weniger günstige Nuancen in der Verhandlung von Preßburg.«

Zwar verteidigte Talleyrand in öffentlicher Rede folgsam des Kaisers Pläne, vergaß aber die seinen in privaten Unterhaltungen nicht. Er sorgte für die Zukunft vor. Nach der Niederlage von Trafalgar und dem Sieg von Austerlitz wußte er, daß die eklatante Niederlage und der eklatante Sieg eines gemein hatten: beide waren der Ausgangspunkt für neue Kriege. Die Wende war bereits angedeutet.

Für ihn hatten die politischen Affären oft persönliche Affären zur Folge. Er verstand es hervorragend, das eine mit dem anderen zu verquicken, zum Wohl des einen und des anderen. Zu jener Zeit schuldete er seinem Freund Choiseul, damals Botschafter in Konstantinopel, sechshunderttausend Francs. Er kam auf den Gedanken, die österreichische Regierung könne ihm diese Summe zahlen.

Schon 1804 begann die Geschichte. Um ein Gesuch vorzulegen, war ein Vorwand nötig: er fand ihn. In Wien wurde eine seriöse Note überreicht, mit der um die Rückerstattung von sechshunderttausend Francs ersucht wurde, die von Choiseul für von den Türken gefangene Österreicher ausgegeben worden seien. Cobenzl schrieb, »daß die österreichische Regierung jederzeit bereit sei, ihre Schulden zu bezahlen, doch sechszigtausend Gulden für nichts sei ein wenig hart.« Und Talleyrand schrieb an Choiseul: »Sie haben die Sache nicht so behandeln wollen, wie ich es wünschte, aber sei ruhig, ich werde Dich in einer Art und Weise rächen, die sie sich nicht erwarten und an die sie sich erinnern werden.«

Trotz allem erhielt er, durch Vermittlung des Fürsten von Lichtenstein, am 26. April eine erste Zahlung von einhunderttausend Francs. Dann ein zweiter Vorstoß: Choiseul bekam am 27. November noch einmal einhunderttausend Francs. Man ersuchte ihn um eine Empfangsbestätigung, denn ein drittes Mal wollte man nicht zahlen. Die Toren hatten geglaubt, mit einer ersten Zahlung davonzukommen, sie erlagen dem Irrtum zu glauben, mit einer zweiten, durch eine Quittung gedeckt, wäre alles erledigt. Weit gefehlt!

Zum Zeitpunkt des Friedens von Preßburg kam Talleyrand auf die

Affäre zurück. Hatte er in den Vertrag nicht »günstige Nuancen« eingeschleust? Hatte Metternich in ihm nicht »einen Freund« erkannt? Die Umstände waren sehr viel besser, jetzt mit einem Schlag das zu bekommen, was in kleinen Brocken mühevoll losgeeist wurde. Es gehörte zur Form, daß die Herrscher nach der Unterzeichnung von Verträgen den unterzeichnenden Ministern Geschenke machten. Talleyrand erhielt von Franz II. ein Diamantenkästchen, auf das das Bildnis des Herrschers gemalt war. Minister Stadion, der Talleyrand das Präsent überbrachte, sagt, Talleyrand sei sehr gerührt gewesen. »Vor allem fragte er mich, ob das Porträt ähnlich sei, was ich ihm versicherte.« Welch reizende Szene! War das Gesicht Franz' II. auf diesem Kästchen anziehender, oder das auf den Münzen der sechzigtausend Gulden, die am gleichen Tag heimlich gezahlt wurden »an eine Person, deren Namen Seine Majestät allein weiß«. Sechzigtausend Gulden! Genau die Summe, die Österreich – das hatte sich Talleyrand geschworen – an Choiseul zahlen sollte.

Ehe er Wien verließ, kam es zu einer Begegnung mit einer der Zierden des damaligen Europa, dem Fürsten von Ligne, der in der österreichischen Hauptstadt residierte. Die beiden Männer hatten sich noch nicht kennengelernt, später trafen sie sich auf dem Wiener Kongreß wieder. Der Fürst von Ligne führte ein recht bescheidenes Leben. Die Revolution hatte ihn ruiniert, sein ganzer Besitz befand sich in Belgien und Frankreich und war beschlagnahmt worden. Er hatte seine Dienste Österreich angeboten, war aber trotz seiner Fähigkeiten und seines Mutes – und möglicherweise seiner Geistesgaben wegen – auf Ablehnung gestoßen und lebte in Ungnade. Damals war er siebzig Jahre alt. Er war ein Europäer, er verkörperte sowohl Voltaire wie Richelieu, Friedrich II., Ludwig XV. und Beaumarchais. Ein Meisterwerk der Kultur des Aufklärungszeitalters. Sein Haus war der Treffpunkt von allem und jedem, was es in Wien und in Europa an Glanzvollem gab. Als Talleyrand ihm begegnete, litt er an Sehschwäche, litt an Untätigkeit, litt an seinem Alter, an Geldmangel, aber er strahlte Lebensfreude aus, er war froh, Freunde und Geist zu besitzen. Liebenswürdig und geistreich zu sein, war sein Luxus. Gräfin Potocka sagte über ihn: »Man hätte meinen können, daß er, um glücklich zu sein, arm sein wollte.« Nach Talleyrands Besuch schrieb er an einen alten Freund von gleichem Format, den Fürsten von Arenberg: »Stellen Sie sich seine Freude vor, von mir empfangen zu werden, denn es gibt auf der Welt keine Franzosen mehr außer ihm und Ihnen und mir, die wir es nicht sind.« Das ist so gut gesagt wie von Voltaire.

Diese Begegnung tröstete Talleyrand über die bittere Abfuhr seitens der Comtesse de Brionne hinweg.

Wie man regierender Fürst und durchlauchtigste Hoheit wird zum Glück für seine Untertanen und Mrs. Grand

Während der Abwesenheit des Kaisers war Paris in eine schwere finanzielle Krise geraten. Wie erinnerlich, hatte Talleyrand ein brillantes Debüt in Finanzdingen gehabt, und mit der in England und Amerika erworbenen Erfahrung war er in der Lage, Geldfragen zu meistern. In einem Regime, in dem Krieg und auswärtige Angelegenheiten nicht den Vorrang vor der Ökonomie gehabt hätten, wie es unter Napoleon der Fall war, hätte der Exgeneralbevollmächtigte des Klerus im Finanzwesen des Staates Karriere gemacht. Zur Zeit des Kaiserreichs verwandte er seine Talente darauf, seine persönlichen Finanzen zu pflegen. Was ihn nicht davon abhielt, dem Kaiser eine Reform der Banque de France vorzuschlagen, die sich während der Krise als der Situation nicht gewachsen gezeigt hatte. »Die wesentliche Idee ist«, schrieb Talleyrand, »daß die Bank viel mehr zum Nutzen des Publikums eingerichtet werden muß als zum Gewinn für die Aktionäre und daß sie Paris mit Bargeld versorgen muß.« In der Sprache von heute würde man sagen, daß die Bank als eine öffentliche Einrichtung angesehen werden müsse und nicht als ein Unternehmen, das nur die Interessen von einzelnen begünstigt. Das ist eine angelsächsische Vorstellung: Nichts ist weiser als dem allgemeinen Interesse zu dienen, die privaten Interessen kommen dabei weithin zu ihrem Recht. Der Brief blieb unbeachtet.

Die Ratifizierung des Vertrags von Preßburg fand am 1. Januar 1806 statt, was Talleyrand zu der Äußerung veranlaßte: »An dem Tag, da die Franzosen zum Gregorianischen Kalender zurückkehren, beginnen sie anscheinend eine neue Ära.« Genaugenommen hatte die neue Ära am 19. Brumaire begonnen. Sechs Jahre hatte man gewartet, um die alten Monde in der Versenkung verschwinden zu lassen, die Pluviôses, Ventôses, Vendémiaires und Fructidors. Schon seit geraumer Zeit waren solche Flausen aus der Mode gekommen.

Einige Lorbeeren des Sieges mußten Talleyrand noch zufallen. Die etwa fünf Millionen, die er, wie es heißt, mit seinen Spitzenmanschetten über – oder unter – den Tischen von Preßburg abgestaubt hatte, waren nur ein kaschiertes »Douceur«. Glorreiche Zeiten verlangen glorreichen Lohn: Napoleon machte ihn zum Prince de Bénévent. Diesmal wurde er zur durchlauchtigsten Hoheit erhoben – und die frühere Mrs. Grand ebenfalls.

Die Affäre nahm einen ebenso merkwürdigen Verlauf wie alle Talleyrandschen Affären. Stets ist eine Posse damit verbunden, allerdings eine Posse großen Stils. Als er seinerzeit dem Papst die Wohltaten aufzählte, die dieser von Bonaparte empfangen hatte, ließ er die Fürstentümer Pontecorvo und Benevent nicht aus, die dem Heiligen Vater wieder zufielen. Die Wohltat war von kurzer Dauer, denn die beiden Fürstentümer, die zum Königreich Neapel geschlagen worden waren, wurden dem französischen

Kaiserreich wiedereinverleibt. Mit Talleyrands Einverständnis. Diese Annexion hielt er nicht für skandalös. Der neue König von Neapel war Joseph, der Bruder des Kaisers. Die Bourbonen waren verjagt worden, sie regierten jetzt nur noch über Sizilien, unter dem Schutz der englischen Flotte und der englischen Kanonen von Malta. Um den Papst in höflicher Weise zu enteignen, brachte Talleyrand Argumente vor, die einem ein Lächeln entlocken. Seine Heiligkeit sollte der Bürden »enthoben« werden, die diese beiden Enklaven, in fremdem Territorium gelegen, ihm aufluden. Waren diese Bürden so schwer? War das »fremde« Territorium nicht französisches Territorium? Die Weisheit des Ministers ist grenzenlos: »Unter einer neuen Regierung und in einem so leicht entzündlichen Land darf man keine Funken bestehen lassen.« Bildreicher Stil! Kurz gesagt, man raubte die beiden Fürstentümer. Aufgrund eines kaiserlichen Dekrets. Es lautete: »Napoleon, durch Gottes Gnade und die Verfassung Kaiser der Franzosen und König von Italien, allen Heutigen und Kommenden, salut. Um Unserem Großkämmerer und Minister der Auswärtigen Beziehungen Talleyrand ein Zeugnis Unseres Wohlwollens zu geben für die Dienste, die er Unserer Krone geleistet hat, haben wir beschlossen, ihm, wie hiermit bezeugt wird, das Fürstentum Benevent zu übertragen, mit dem Titel Fürst und Herzog von Benevent, zu ganzem Besitz und ganzer Oberhoheit und als ein unmittelbares Lehen Unserer Krone.« Saint-Cloud, den 5. Juni 1806.

Das Herzogtum Pontecorvo wurde Bernadotte verliehen.

Die ausländischen Regierungen vernahmen mit Verbüffung von diesen Grenzänderungen, und zwar durch die Zeitungen, die in den Gesandtschaften umliefen. Offiziell wurden sie nicht unterrichtet.

Madame Reinhardt hielt sich zum Zeitpunkt der Annexion in Wien auf. »Eine französische Zeitung«, schreibt sie, »verkündet die Erschaffung eines neuen Königs« (es handelte sich um Louis, König von Holland) und zweier Fürsten, Benevent und Pontecorvo. Man meint zu träumen und fragt sich, ob dies alles auf einer von Menschen bewohnten und von Gott im Himmel gelenkten Erde geschehen kann. Hier wird darüber nicht gesprochen oder, besser gesagt, man hält den Mund, so niedergeschmettert ist man vom Gefühl seiner Ohnmacht.« [L-G]

Es ist nicht einfach, zu sagen und zu wissen, durch wen oder durch was die Erde gelenkt wird. Auf jeden Fall hat es den Anschein, daß sie unter Napoleon nicht durch Gesetze gelenkt wurde. Sondern durch eine »Ordnung« ohne Gesetzlichkeit, eine persönliche Ordnung. Was die Ohnmacht der Opfer angeht, ist es wohltuend zu denken, daß sie nicht ewig währt, wie übrigens auch eine Ordnung nicht, die nur auf einer einzigen Person ruht. So ungefähr dachte Talleyrand über das napoleonische System. Gleichwohl schreibt er an Alquié, den Gesandten beim Vatikan, er solle dem Heiligen Vater die Leviten lesen und ihn dahin bringen, sich dem kaiserlichen Dekret ohne Widerrede zu beugen. Vom Pontifex wurde sogar verlangt, »einen vollständigen Verzicht auf die Rechte, die er über Benevent habe«, auszusprechen. Wie die übrige Welt erfuhr der Papst von seiner Enteignung durch den »Moniteur«. Immerhin wagte er, einen offiziellen Protest vorzubringen: diese Herzogtümer waren seit undenklichen Zeiten Güter der Kirche ... Den Bischof von Autun, der 1789 aus der merowingischen Zeit stammende Abteien nationalisiert hatte, ließen die Worte gleichgültig.

In Paris herrschte großer Andrang bei der frischgebackenen Fürstin von Benevent. Die Besucher, die in Scharen kamen, um dem Minister ihre Glückwünsche darzubringen, wurden an die Fürstin verwiesen: »Gehen Sie zu Frau von Talleyrand, ihr muß gratuliert werden, denn die Frauen sind stets entzückt, Fürstinnen zu werden.« Vor allem die seine. Madame d'Abrantès läßt sich folgendermaßen über »die Fürstin von Benevent« aus: »Sie bedachte mich mit der unseligsten aller Freundschaften, denn die Freundschaft der Frau von Talleyrand war eine Plage. Demzufolge kam sie regelmäßig zweimal in der Woche zu mir, entweder morgens, um vertraulich mit mir zu sprechen, oder abends, des Anstands wegen, wie sie sagte, und stets langweilte sie mich, was ich ihr jedoch nicht sagen konnte und was sie nicht merkte. Ich flüchtete mich vor ihr zu Herrn von Talleyrand, wo ich sicher war, daß sie nicht hinkam, um mich zu suchen, denn sie fürchtete ihn und liebte ihn nicht mehr.«

Die frühere Mrs. Grand war selig als Hoheit. Bei ihren Empfängen saß sie in einem großen Sessel, die Füße ruhten auf einem Kissen, auf das die Wappen der Familie Périgord gestickt waren. Von nun an unterzeichnete sie mit dem Namen »Souveräne Fürstin von Talleyrand«, und wenn das Glück ihr in den Kopf stieg, sogar mit »Regierende Fürstin«.

Er selber nahm den neapolitanischen Titel an wie eine Bagatelle. Er sagte, es wäre spaßig, daß man ihn mit Hoheit anrede wie jenen anderen, der vor zehn Jahren noch vom ersten besten für eine Rechtsberatung drei Francs einkassierte. Er zielte auf Cambacérès ab. Das einzige Standesvorurteil, dem er frönte, war das der Herkunft, so wird gesagt. Er ließ es nie erkennen, aber es war tief in ihm verwurzelt. Es gibt keinen Ausspruch von ihm, der darauf hinweist. Es ist für ihn auch kein Ausdruck der Eitelkeit, sondern eher des Stolzes. Während seiner Reise nach Polen sprach ihn sein Freund, Baron von Gagern, vor anderen häufig mit Hoheit an. Ein bißchen ungehalten sagte Talleyrand zu ihm: »Nennen Sie mich nicht Hoheit, ich bin weniger oder vielleicht mehr als das. Nennen Sie mich ganz einfach Herr von Talleyrand.«

Klug, wie Talleyrand war, wollte er jegliche Gärung, jeglichen Aufruhr im Augenblick der Übernahme der Machtbefugnisse in seinem Fürstentum vermeiden. Allerdings mußten die päpstlichen Truppen ausgewiesen werden. Er gab seinen Vertretern auf, es zu tun, »indem alle notwendigen Vorsichtsmaßregeln getroffen werden, damit sich alles in Ruhe und Ordnung und ohne Feierlichkeit abwickelt«. Ohne Aufsehen, heimlich, still und leise. Kein Tedeum diesmal. Das wäre wenig schicklich gewesen, um den Papst hinauszubefördern. Und gleisnerisch fügt er noch hinzu: »Die Mittel der Überzeugung wären sehr viel angebrachter und hätten den Vorzug, auf der Linie meiner Politik sowohl wie meines Charakters zu liegen.«

Die Besetzung erfolgte, bevor seine klugen Anweisungen eintrafen. Sie wurde mit fliegenden Fahnen von einem französischen General an der Spitze der Armee des Bruders Joseph vorgenommen. Der General legte sich unverzüglich den Titel eines Gouverneurs zu. Talleyrand war verärgert über dieses Vorgehen. Eiligst schickte er seinen Vertreter nach Benevent und gab ihm als hauptsächlichste Instruktion mit, den General und seine Truppen abziehen und in dem Fürstentum keine Spur einer militärischen Besetzung fortbestehen zu lassen. »Geben Sie den Einwohnern die Versicherung«, schrieb er, »daß ich Sorge tragen werde für ihr Wohlergehen. Wenn diese Herrschaft überhaupt einen Wert für mich hat, so vor allem der Hoffnung und des Wunsches wegen, meine Regierungsform beliebt zu machen.«

Das war ehrlich gemeint. Eigennutz band ihn nicht an dieses Fürstentum ohne Glanz und ohne Reichtümer. Die Hauptstadt zählte achtzehntausend Einwohner, das ganze Fürstentum vierzigtausend. Es brachte ihm jährlich vierzigtausend Francs ein, fünfmal weniger als Valençay, das indes keineswegs soviel erbrachte, wie es hätte erbringen sollen.

Talleyrand hat nie den Fuß nach Benevent gesetzt und regierte das Ländchen nur durch Mittelspersonen. In Paris hatte das Fürstentum als Lehen, das direkt der Krone unterstand, Amtsräume, die von Roux und Rochette geleitet wurden.

Sein Vertreter in Benevent war ein Elsässer namens von Beer, ein wendiger und entschlossener Mann. Seine Stellung war nicht einfach, bei der Bevölkerung und beim Klerus galt er als Besatzer und Usurpator. Zudem regierte er nur in Vertretung, er war nicht der Fürst selber. Trotz dieser widrigen Umstände tat er sehr viel für die Bevölkerung und wurde von Talleyrand geschätzt. Und er vertrat ihn auch höchst ehrenhaft.

An Reibungen fehlte es nicht: sie gingen von der Regierung des Königs Joseph aus, der sein Besatzungsrecht mißbrauchte. Eines Tages fiel ein Neffe Josephs, ein Clary, mit dreihundert Reitern in das friedliche Fürstentum ein. Alle, die irgendwie mit Napoleon verschwägert waren, kannten keine Hemmung. Ludwig von Beer trat diesen Franzosen, die einen französischen Besitz überfielen, mutig entgegen. Talleyrand stand gut mit Joseph und konnte die Dinge beilegen.

Als Murat König von Neapel wurde, begannen die militärischen Übergriffe auf Benevent von neuem. Um den unersättlichen gekrönten Husaren zur Räson zu bringen, bedurfte es des Einspruchs seiner Frau Caroline Bonaparte und des Kaisers. Außerdem trieben noch Räuber ihr Unwesen, die sich als Widerständler gegen die französische Besatzung ausgaben. In

Wirklichkeit plünderten sie die Reisenden, die Bauernhöfe und die Dörfer aus.

Trotz seiner ungeheuren Aufgaben und der langen Reise im Gefolge des Kaisers kümmerte sich Talleyrand um Benevent. Er dankte Beer für seine Aufopferung und gab ihm Anweisungen, die stets von großer Menschlichkeit zeugten. Er führte dort den Code Napoleon ein, forderte, daß alle amtlichen Urkunden und Erlasse in französischer und italienischer Sprache abgefaßt wurden. Französisch wurde offizielle Sprache. Doch war seine Herrschaft von zu kurzer Dauer, als daß die französische Sprache hätte Fuß fassen können. Immerhin hat er viel dafür getan: er baute den Grundschulunterricht für Jungen und Mädchen auf.

Seine einzigartige Denkschrift des Jahres 1790 über den öffentlichen Unterricht hatte er nicht aus den Augen verloren. Das Fürstentum Benevent war der einzige Staat in Europa, in dem der Schulunterricht kostenlos war. Gegen die Auffassungen jener Zeit setzte er sich dafür ein, daß auch die Mädchen zur Schule gingen, denn, so sagte er: »Die Sorgfalt, die man der Erziehung der Frauen widmet, ist eines der sichersten Mittel, die Sitten zu verfeinern und reinzuhalten.«

Er vergaß auch die Bau- und Kunstwerke seines Fürstentums nicht. Er ließ den wundervollen Trajans-Bogen restaurieren, und auf seine Anweisung hin erbaute Beer einen öffentlichen Brunnen. In einen anderen zuvor versiegten Brunnen, der wiederhergestellt wurde, ließ er die hübsche Inschrift einmeißeln: »Naiades aevo deturbante exules, Carolo Maurizio regnante reduces.« »Die in den Wirren der Zeiten in die Verbannung gegangenen Najaden sind unter der Regierung von Charles Maurice zurückgekehrt.« Wirklich waren die Brunnenschalen voll, und das Wasser sprudelte wieder. Wo Talleyrand regierte, kehrte der Wohlstand ein. Die Bevölkerung war unter seiner milden Herrschaft glücklich.

Doch das war nur ein Zwischenspiel. Nach dem Zusammenbruch des Napoleonischen Reiches 1814 stürzt sich Murat, König von Neapel und Schwager Napoleons, auf Benevent und verleibt es sich ein. So ging Carolo Maurizios Herrschaft zu Ende. Er gestand, daß Benevent ihm zumindest eine große Genugtuung eingebracht habe. Anläßlich des Kongresses zu Erfurt 1808 kamen bei einem Gala-Diner die regierenden Fürsten zusammen. Berthier, regierender Fürst von Neuchâtel, und Talleyrand, regierender Fürst von Benevent, durften sich an die Tafel der gekrönten Häupter Europas setzen. Außer dieser Befriedigung zog er auch einen kleinen Gewinn aus Benevent. Beim Wiener Kongreß erhielt der Papst sein Eigentum zurück, doch Monseigneur d'Autun erstattete das, was er genommen hatte, mit so viel Geschick und Liebenswürdigkeit zurück, daß der Papst ihm eine Lebensrente aussetzte, die Beneventer Einkünften entnommen wurde. Die Summe war nicht beträchtlich, aber besser als gar nichts. Zum Zeitpunkt der Niederlage im Juni 1814 gelang es Talleyrand noch, Monsieur de Montor, einen Sekretär der römischen Gesandtschaft, nach Benevent zu schicken mit dem Auftrag, alle Schubfächer des Fürstentums zu leeren und den Inhalt nach Paris zu bringen. Auf diese Weise bekam der enteignete Fürst anläßlich der Enteignung mehr Geld in die Hand als zuvor während seiner Regierungszeit. Indes geht für Talleyrand selbst eine schlecht ausgehende Angelegenheit nie aus, ohne ihm einen Vorteil einzubringen.

Die Katakomben der Rue du Bac oder die erhabene Kunst des Doppelspiels

Einen Hauch von Friedenshoffnung verspürte Talleyrand, als er Verhandlungen mit England einleitete. Die Gelegenheit, das Gespräch mit London, bot sich ihm aufgrund des Briefes eines englischen Freundes, dessen Bekanntschaft er 1792 gemacht hatte. Er teilte ihm mit, die englische Polizei habe eine Verschwörung vereitelt, die in London geschmiedet worden war, um Napoleon zu ermorden. Der Schreiber dieses ungewöhnlichen Briefes war Fox, Premierminister Seiner Britischen Majestät. Talleyrand antwortete ihm, und man versuchte, über den Frieden zu sprechen. Um England zu beschwichtigen, hätte Hannover zurückgegeben werden müssen, das Preußen ein bißchen zu eilig zugeschlagen worden war.

Napoleon hätte nichts dagegen gehabt, seine Beziehungen zu Berlin hatten sich abgekühlt. Aber auch auf Malta hätte verzichtet und überdies Sizilien an England gegeben werden müssen, als Belohnung dafür, daß England den neapolitanischen Bourbonen die Insel erhalten hatte. Und was sollte aus dem König von Neapel werden? Sollte man ihm sein Königreich, über das Joseph herrschte, auch zurückgeben? Das war ungeheuer verwikkelt und eigentlich unentwirrbar.

Was Hannover anging, so war Napoleon entschlossen, es Preußen wieder abzunehmen. Er machte diesbezüglich Äußerungen, die aus dem Munde eines Staatschefs bestürzend waren: »Preußen, das Hannover aus Gründen der Furcht bekommen hat, muß es aus Furcht wieder hergeben, und was den Gegenwert betrifft, den es entrichtet hat« (dieses unerfreuliche Geschenk war hoch bezahlt worden), »so werde ich ihn durch Versprechungen aufwiegen, die der Eigenliebe des Kabinetts genügen müssen und mit denen sich das Land gezwungenermaßen zufriedengeben muß.« Stärkerer Zynismus und größere Rücksichtslosigkeit sind kaum denkbar. Diese Worte sollte man im Gedächtnis behalten, denn Preußen hat sie nicht vergessen, weder bei der Abrechnung 1815, noch 1870 und möglicherweise wohl auch später nicht.

Die Verhandlung fand in Paris statt, wohin Fox Lord Lauderdale geschickt hatte. Es wurde ein Mißerfolg daraus. Lord Lauderdale bat um seine Pässe und wollte, niemand weiß warum, bevor er abreiste, den französischen Delegierten, de Champagny, einen Degen zum Geschenk machen.

Dieser lehnte ab. Talleyrand erteilte ihm ärgerlich eine Lektion: er hätte den Degen annehmen und dem Diplomaten ein Gegengeschenk machen müssen. Napoleon hatte von Anfang an nicht an solche Verhandlungen geglaubt und machte sich über das Scheitern lustig. Er wußte, daß, hätte Fox hinsichtlich der Frage Hannover und Sizilien eingelenkt, der Friede am Tag darauf seiner weiteren Pläne wegen in Frage gestellt worden wäre. Er war dabei, Deutschland neu zu gliedern, um den Rheinbund zustande zu bringen, mit dem kein anderes Ziel verfolgt wurde, als ihn unter seine Abhängigkeit zu bringen. Zum anderen zwang ihn seine Idee von der Kontinentalsperre, die noch geheim war, unausweichlich zum Krieg mit England. Im Verlauf der riesigen Grenzveränderungen in Deutschland verschwanden unzählige kleine Fürstentümer, sie wurden von den großen geschluckt. Das war die Politik der großen Zusammenschlüsse. Geschaffen wurden die Königreiche Bayern und Württemberg. Talleyrand war über eine fehlgelaufene Sache verstimmt: Als Louis zum König von Holland gemacht wurde, schlug er seinen Bruder Boson als Großkämmerer vor. Louis mochte Boson nicht. Murat bekam das Großherzogtum Berg. Deshalb mußte der Herzog von Nassau durch eine Roßtäuscherei enteignet werden, zu der Beurnonville seine Hand lieh. Man erlaubte sich alles, weil Napoleon alle und jeden in Furcht hielt, er kultivierte die Furcht und zog daraus alle nur erdenklichen Vorteile.

Der Fürst von Benevent schritt zur Zerstückelung und Neugliederung. Die von ihm nach Paris gerufenen deutschen Fürsten wußten nicht, was mit ihnen geschehen würde. Der Minister empfing sie einzeln, ließ seinen Charme spielen oder arbeitete mit Einschüchterung. Dann beruhigte er sie, indem er ihnen versicherte, unter dem Schutz der unbesieglichen Armee des Kaisers hätten sie nichts von ihrem Oberherrn, dem Kaiser von Österreich, zu befürchten. Als er sie einen nach dem anderen für die Sache der Konföderation gewonnen hatte, ließ er sie am 2. Juli 1806 alle in der Rue du Bac zusammenkommen. Er las ihnen den Text vor, der die Bildung des Rheinbundes festlegte. Es blieb ihnen keine andere Wahl, sie mußten unterzeichnen. So erfuhr der österreichische Kaiser, daß sein Heiliges Reich zu Ende war. Der Text wurde am 26. Juli in München ratifiziert. Berthier unterzeichnete für Frankreich. Louis de Périgord, Archambauds ältester Sohn und Talleyrands Lieblingsneffe, befand sich in der Begleitung von Berthier und wurde beauftragt, den Wortlaut des Vertrags nach Paris zu bringen. Ein weiterer Talleyrand begann seine Laufbahn.

Es erübrigt sich zu sagen, daß die Rolle, die Talleyrand bei dieser Zerstückelung des alten Reichs sichtbar, aber vor allem im geheimen spielte, beträchtlich – und einbringlich war. Wehe den Fürsten, die mit leeren Händen kamen! Ihre Länder wurden denen zugesprochen, die mit vollen Händen gekommen waren. Baron von Gagern, der deutscherseits die Vorgänge aus der Nähe beobachtete, schrieb über den Fürsten von Benevent: »Er sah seine hohe Stellung als eine Goldmine an. Seine Gefälligkeiten durften nicht mit Tabatieren oder Brillanten, wie es der Brauch war, bezahlt werden, sondern mit barem Geld.« Wodurch sich erklärt, daß von diesen »Douceurs« kaum Spuren zu entdecken sind. Und was gibt es auch Leichteres, Bequemeres als Geld? Und wie hätte er sich 1806 gegen die Pläne eines Napoleon stellen können? Das wäre Wahnsinn gewesen. Die Maschine lief mit voller Kraft, nichts vermochte ihr zu widerstehen. Er wußte um alle Fehler und Schwächen, aber Frankreich war offenbar zufrieden. Es zahlte für den Ruhm, die innere Ordnung und den militärischen Prunk mit seinem Blut, mit seinem Geld. Frankreichs Hunger nach erbeuteten Fahnen war noch nicht gesättigt, und das Land war noch nicht ausgeblutet. Talleyrand ließ die Dinge laufen und vermehrte seinen Reichtum.

Um zu verstehen, wie er die deutsche Angelegenheit regelte, muß man seine Umgebung kennen. Er handelte nicht allein. Mit welchem Geschick er treue Mitarbeiter an sich fesselte, ist bekannt. Diese arbeiteten in der Rue du Bac im hellen Licht des Tages – oder fast. Es gab andere, von denen nicht soviel gesprochen wird, sie bildeten im verborgenen ein geheimes Ministerium, das nicht weniger tatkräftig, nicht weniger verzweigt war als das andere und nicht unbedingt in demselben Sinn und in derselben Richtung zu Werke ging. Dieser dunkle Bereich muß jetzt freigelegt werden. An erster Stelle stehen die Dalbergs, der Onkel und der Neffe. Manche Autoren sind der Auffassung, die beiden Dalbergs hätten in Talleyrands Leben nur eine unbedeutende Rolle gespielt. Der Neffe, ein vertrauter Freund des Fürsten, war an allen großen Unternehmungen seines Lebens beteiligt, sowohl zur Zeit des Konsulats, des Kaiserreichs wie auch zu Beginn der Restauration. Ohne Dalberg hätte Talleyrand die deutschen Fürsten nicht so lenken und leiten können, wie er es tat. Ohne Dalberg wäre ihm nicht das gelungen, was die Biographen »den Verrat« nennen, das heißt den auf Napoleon bezogenen (als wenn es nur diesen einen gegeben hätte und als wenn dies der eigentliche wäre!). Ohne Dalberg schrumpft »der Verrat« zu einem Bilderbogen-Ereignis zusammen: Talleyrand ist »der typische Verräter«, der seinem Wohltäter den Dolch in den Rücken stößt. Das hieße ihm Schimpf antun. Wenn er Verrat übt, geschieht es in Tiefen, von denen das auf Melodramen erpichte Publikum nichts ahnt. Wir werden versuchen, Dalberg und Talleyrand zu folgen, denn Hand in Hand schreiten sie durch die Labyrinthe der okkulten Politik.

Wie Talleyrand gehört Dalberg zum ältesten Adel. Die Familie Dalberg behauptet, von einem römischen Ritter abzustammen, der sich in der Pfalz niederließ. Seit Karls des Großen Zeiten haben sie nie einen anderen Rang angenommen als den eines Freiherrn. Sie waren mit fürstlichen Familien verwandt und überdies sehr reich. Um 1800 sind die beiden Vertreter dieser Familie der Onkel Karl-Theodor und der Neffe Emmerich.

Der Onkel war Bischof. Ein noch feudaler Bischof, Besitzer unermeßlicher

Domänen, die teils aus der Familie stammten, teils kirchliche Güter waren. Vor 1789 war er ein ebensolcher Bischof wie Monseigneur d'Autun, in Lebensweise und Denkungsart französisch orientiert, Libertin. Er seufzte über Rom, nicht des Vatikans sondern der Mädchen wegen, und sagte es frei heraus. In seinem prächtigen Palais empfing er Wieland, Goethe, Herder, Schiller und den Schweizer Historiker Johannes von Müller, für den Voltaire in Ferney sich begeisterte. Er korrespondierte mit Joseph II. und mit Katharina II., er schrieb politische Abhandlungen für sie, die voller neuer und kühner Gedanken waren. Er war Philosoph. Trotz der Mitra gehörte er zur Loge der »Erleuchteten von Bayern«. Wie erinnerlich, war auch Mirabeau Logenbruder gewesen und hatte Talleyrand eingeführt. Höchstwahrscheinlich hat die Freimaurerei das Bündnis zwischen Talleyrand und dem rheinischen Kirchenfürsten zustande gebracht. Von Natur aus hatte Talleyrand, das muß gesagt werden, Affinitäten zur Welt der Dalbergs. Ihre Geisteshaltung, ihre Umgangsformen – und ihre Neigungen – waren die gleichen.

Vom linken Rheinufer wurden die Dalbergs durch die Revolution enteignet und verjagt. Sie gingen nach Österreich. Es ist begreiflich, daß sie die Revolution haßten und demzufolge auch Frankreich. Doch sie haßten auf ihre Art und Weise. Eine Art und Weise, die allein Talleyrand würdigen und sogar ausnutzen konnte: es war ein unsichtbarer Haß. Sie verstanden sich derart auf das Doppelspiel, daß sie bei den Franzosen den Eindruck erweckten, ihre Verbündeten zu sein. Sie waren beim Reichsdeputationshauptschluß zusammen mit dem Prior der Malteser Ritter und dem Hochmeister des Deutschritterordens die einzigen, denen bei der Säkularisierung Güter und Vermögen nicht abgenommen wurden. Diese Gunstbezeigung wird noch besser verständlich, wenn man bedenkt, daß Talleyrand dabei den Vorsitz führte ... Der Onkel hatte damit begonnen, dem Ersten Konsul den Hof zu machen. Bemerkenswerterweise bedachte er Bonaparte mit den gleichen Lobsprüchen, wie Talleyrand es tat. Er drängte ihn, sich zum Kaiser des Abendlandes krönen zu lassen, und um ihn noch stärker zu beeindrucken, schrieb er sogar ein Buch für ihn: »Bemerkungen über das Reich Karls des Großen«. Man wird vielleicht erstaunt sein zu erfahren, daß er zum gleichen Zeitpunkt allen Höfen Deutschlands im geheimen ein Rundschreiben zukommen ließ, das die Vorbereitung des Widerstands gegen das französische Kaiserreich zum Gegenstand hatte. Die Persönlichkeit verdient, ganz offensichtlich, Beachtung.

Zur Belohnung wurden 1804 der Onkel und der Neffe zur Krönung eingeladen. Napoleon empfing den Onkel sogar in Privataudienz. »Er trug einen großen Namen.« Der Kaiser war hocherfreut zu sehen, daß sich diese außergewöhnliche Persönlichkeit in den Dienst Frankreichs und des künftigen Rheinbunds stellte. Zu welchem Behuf? Man fragte ihn nicht danach. Talleyrand war freundschaftlich verbunden mit dem Neffen, dem Gesandten Badens in Paris. Er war ihm unendlich mehr verbunden als den Menschen, die er tagtäglich sah. Hinsichtlich des revolutionären Frankreichs und des Usurpators teilte Emmerich Dalberg die Gefühle und Gedanken seines Onkels. Dalberg war klein, lebhaft, kränklich und ungewöhnlich boshaft. Sein Freund Vitrolles, der politische Bevollmächtigte Ludwigs XVIII., schrieb, »er habe von dieser Boshaftigkeit zu viel in den Augen gehabt, um die Vertraulichkeit nicht einzuschränken und ein Sichgehenlassen zu verhindern«. Doch Talleyrand ließ sich nie gehen und gab keine Vertraulichkeiten von sich: er gab ganz wissentlich Informationen.

Als 1802 Dalberg nach Paris kam, versah er den mit der Säkularisierung der Kirchengüter in Deutschland beauftragten Minister unverzüglich mit allen Auskünften, über die er verfügte. Er haßte den Ersten Konsul so sehr, daß er seine Ermordung plante. Und Talleyrand war sein Vertrauter! 1814 taucht sein Name im Zusammenhang mit der unheimlichen Affäre Maubreuil auf. Unbezweifelbar aber bestand schon 1804 bei ihm die Absicht, den Usurpator – auf weniger brutale Art und Weise – zu erdolchen. Wie erinnerlich hatte der lästige russische Gesandte Markow seinen Posten verlassen müssen, als Napoleons Polizei entdeckte, daß die russische Gesandtschaft eine Spionagewerkstatt war, die mit dem berüchtigten Baron d'Antraigues in Verbindung stand. Natürlich hörte die Spionage nach Markows Abgang nicht auf. Doch wurde dessen Posten nicht wieder besetzt, und während der Vakanz wurde die Aufgabe, die geheime Korrespondenz zwischen der russischen Gesandtschaft und Sankt Petersburg zu befördern, ausgerechnet Dalberg anvertraut! Er besaß also das Vertrauen der Russen, er sammelte alle Nachrichten, die vom Spionagenetz eingebracht wurden und übermittelte sie dem Zaren persönlich, der sie seinerseits London zugutekommen ließ. Man erinnere sich an die peinliche »Affäre der undichten Stellen«, die Bonaparte, damals Erster Konsul, so erregt hatte. Der Verdacht hatte sich auf die Person des Ministers der Auswärtigen Beziehungen gerichtet. Dieser Minister, Talleyrand, war also der vertraute Freund des offiziellsten und bestorganisierten Spions in Paris, der durch eine Mittelsperson sogar in der kaiserlichen Regierung saß.

Eine der Nachrichten, die in Paris ausspioniert, nach Sankt Petersburg und von dort nach London übermittelt wurde, ist von so großer Bedeutung, daß sie behandelt werden muß, denn obwohl nichts darauf hinweist, daß Talleyrand damit zu tun hatte, war es doch sein teurer Dalberg, der die Depesche abgeschickt hat. Woher stammte das, was er an jenem Tag weitergab? Es handelte sich um den der französischen Flotte gegebenen Befehl, aus Brest, La Rochelle und Toulon auszulaufen, sich mit der spanischen Flotte zu vereinen, gemeinsam nach den Antillen zu segeln und dann überraschend umzukehren und mit vollen Segeln zum Angriff auf England anzusetzen. Da dank der Geheimhaltung einige Tage Vorsprung gewonnen werden konnten, würde der Ärmelkanal frei sein und Napoleon die Lan-

Der Vater: Charles-Daniel de Talleyrand. (Sammlung Jean Morel, lençay)

Die Mutter: Marie-Victoire-Eléonore, Gräfin de Talleyrand-Péri-rd. (Sammlung Jean Morel, Valençay)

III Adélaide de Flahaut. Gemälde von Adélaide Labille-Guyard

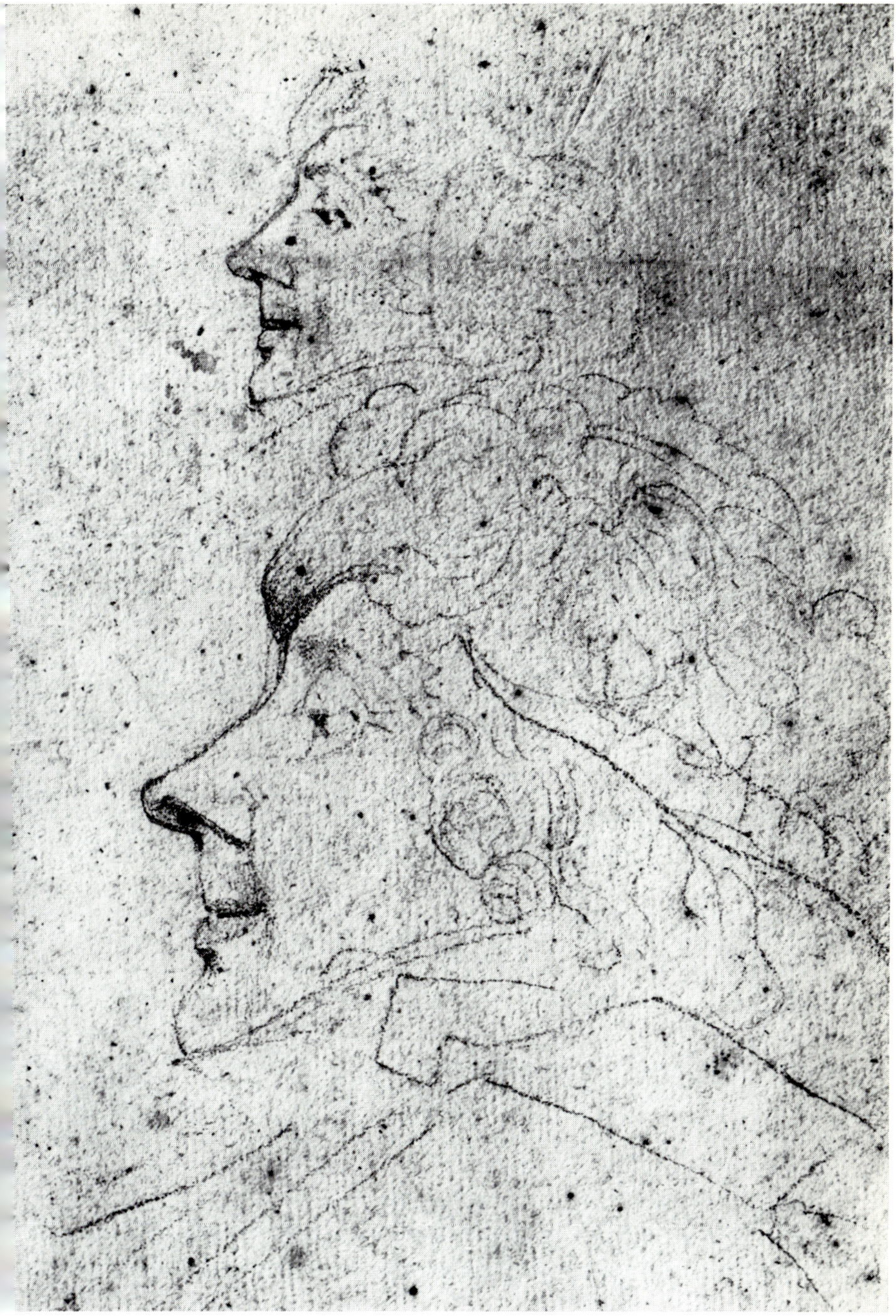

V Talleyrand; Bleistiftskizze von David. (Musée Carnavalet)

V Talleyrand, Bischof von Autun. Zeichnung von Labadye (Bibliothèque Nationale)

VI Blick auf Schloß Valençay. Tuschzeichnung von L.-G. Moreau l'Aîné (Louvre)

VII Die Stutzer des Directoire auf dem Boulevard de Gand. Karikatur von Isabey. 1 Isabey 2 Vestris 3 J. Murat 4 Garat 5 Mme Récamier 6 Bonaparte 7 Talleyrand (Bibliothèque Nationale)

2 3 4 5 6 7

CHARLES MAURICE DE TALLEYRAND PÉRIGORD PRINCE DE BENEV
VICE GRAND ÉLECTEUR DE L'EMPIRE + 1838. (PEINT PAR PRUDHON EN 180

VIII Talleyrand, Gemälde von Prud'-hon. (Sammlung Comte de Castellane, Paris)

IX Dorothée, Herzogin von Dino, Gemälde von Prud'hon. (Sammlung Comte de Castellane, Paris)

X Die Herzogin von Kurland, ihre Mutter; Gemälde von Prud'hon. (Sammlung Jean Morel, Valençay)

XI Madame Grand; Skizze von Antoine Vestier. (Museum von Dijon)

XII „Der Fürst Talleyrand bei den Bädern von Aachen", Juli 1829. Gezeichnet von der Gräfin Bruyère. (Bibliothèque Nationale)

XIII Das Schuhwerk Talleyrands. (Sammlung Jean Morel, Valençay)

XIV Eigenhändiger Brief Talleyrands an Napoleon (Ausschnitt) vom 21. Mai 1808. (Archives Nationales)

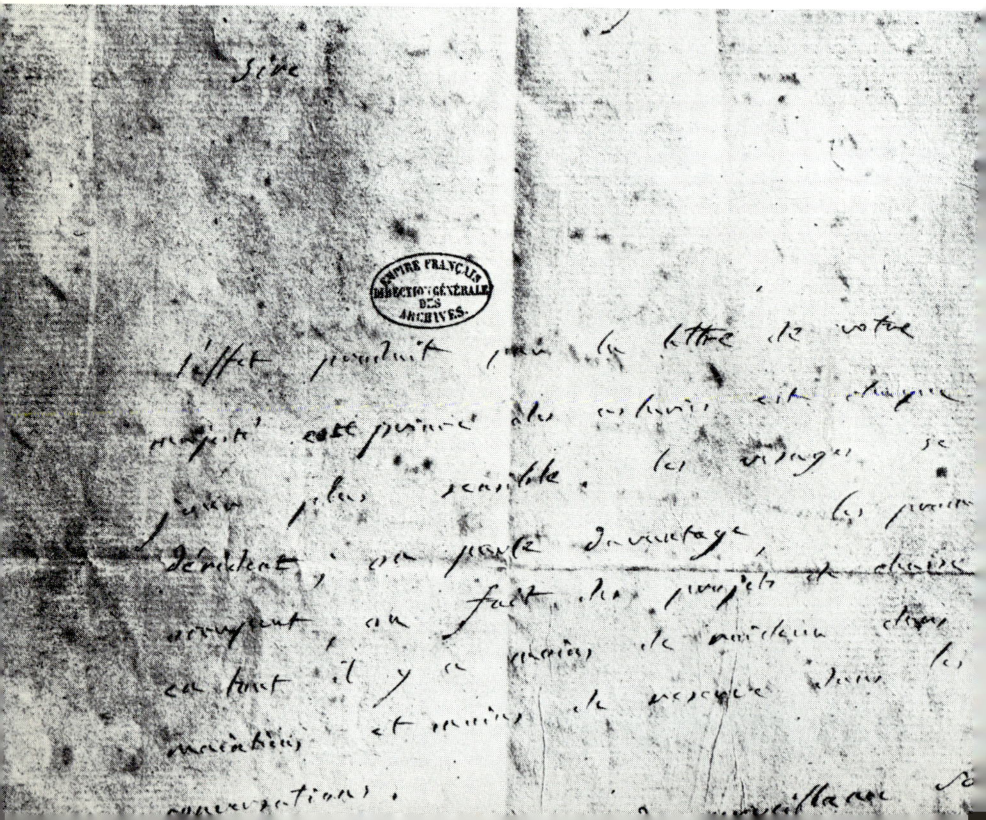
Sire

dung wagen können. Dieser Befehl nun wurde bekannt, Nelson wurde unterrichtet, er traf rechtzeitig auf die französische Flotte, und es kam zur Schlacht bei Trafalgar. Die Persönlichkeit, die diese Nachrichten unterschrieb, bezeichnete sich als »Sohn des Freundes«. Wer sich dahinter verbarg, ist nie ermittelt worden. Ein untergeordneter Agent namens Michel, der Dokumente aus dem Kriegsministerium stahl, wurde festgenommen und füsiliert, doch damit ist nichts erklärt. Eines ist sicher: Dalberg sorgte für die Übermittlung. Etwas anderes ist genauso sicher: Talleyrand benutzte Dalberg. Es bleibt die Frage, ob Dalberg Talleyrand benutzte. Das kann nicht beantwortet werden. Bekannt ist, daß Dalberg nicht nur seine Güter zurückbekam, sondern auch »Kompensationen« empfing. Eine von den Vergünstigungen ist recht bestürzend: Talleyrand erlaubte Dalberg, seine Kurierpost mit der des Ministeriums zu befördern. Dieser Kurier machte sich unter dem Schutz der »kaiserlichen Adler« auf den Weg zum Onkel Dalberg, der in Frankfurt residierte und herrschte. Der Onkel gab die Depeschen seines Neffen nach Sankt Petersburg weiter. Und Talleyrand, der Minister Napoleons, war es, der die Post der Spione sicherte! In einem Fall zumindest liegt der Beweis vor, daß Talleyrand sich Dalbergs bedient hat, um eine Affäre in Ordnung zu bringen, die für seine Zukunft nicht ohne Unannehmlichkeiten war. Zur Zeit des Todes des Herzogs von Enghien, der aus dem Herzogtum Baden entführt wurde, war Dalberg Gesandter dieses Landes und daher über die Hintergründe der Angelegenheit auf dem laufenden. Er stellte seinem Freund Talleyrand ein Alibi aus. Gemeinsam verfaßten sie einen an den Zaren gerichteten, mit »der Freund« unterzeichneten, erdachten Brief, in dem Talleyrand als das Opfer der Umtriebe, die den jungen Herzog das Leben gekostet hatten, dargestellt wurde. Er wäre nicht nur kein Mitwisser, sondern man hätte ihn in perfider Weise kompromittiert: als Beweis wurde angeführt, Talleyrand sei blaß geworden, als er vom Tod des Herzogs erfuhr ... Niemand hat in Paris Talleyrand bei dieser Gelegenheit blaß werden sehen – auch bei anderen Gelegenheiten übrigens nicht. In dem erdachten Brief wurde außerdem gesagt, Talleyrand habe, als er von der Falle, die dem Herzog von Enghin gestellt werden sollte, erfuhr, selbst einen Kurier geschickt mit der Warnung: »Reisen Sie schnell ab!« Der Kurier habe den Herzog am Tag vor der Entführung erreicht. Er hätte sich retten können, habe aber der Botschaft nicht Folge geleistet. Der Zar wollte, trotz allem, was ihm in der Folgezeit berichtet wurde, nie von dem lassen, was Dalberg ihm in den Kopf gesetzt hatte. Er hatte absolutes Vertrauen in den »Freund«. Er war von Talleyrands Unschuld überzeugt – wenigstens in dieser Affäre. Zu fragen bleibt, wer von beiden, Dalberg oder Talleyrand, der »Freund« ist und wer der »Sohn des Freundes«?

Nach der Schlacht von Friedland erwirkte Talleyrand für den treuen »Freund« die französische Staatsbürgerschaft und eine Stellung als Staatsrat mit zweihunderttausend Francs Gehalt. Der Onkel wurde Fürstprimas von Frankfurt, was tatsächlich eine Landesherrschaft bedeutete. Er gab nach der Schlacht bei Leipzig sein Amt auf. Er ahnte, daß die Zeit heranrückte, da man nichts mehr halten sollte, was man aus der Hand der Franzosen bekommen hatte. Auf diese Weise rettete er sein Vermögen, seinen Ruf und galt im Augenblick des Untergangs des Kaiserreichs als guter Deutscher.

Napoleon, der aufgrund von genialen Einfällen eine hektische Politik betrieb, ahnte nichts von dieser geduldigen Kleinarbeit, die eines Tages über seine Eingebungen siegen sollte.

Preußen zog den Blitz auf sich, da es mobilzumachen wagte. Es baute auf die Unterstützung Rußlands und Englands. Von dieser unbotmäßigen Haltung unterrichtete Talleyrand den Kaiser im August 1806. Ohne Zeit zu verlieren brach man nach Deutschland auf. Wiederum begann für Talleyrand ein unbequemes Leben, es gab Arbeit zu jeder Tages- und Nachtzeit, und dazu mußte er die Gesellschaft der ungehobelten Leute aus der Umgebung des Kaisers ertragen. Er empfand es als besonders bedauerlich, mitreisen zu müssen, da er kurz vor dem Aufbruch in Paris bei Madame de Laval die Bekanntschaft eines brillanten jungen Mannes, des Herzogs Victor von Broglie gemacht hatte, der später, unter Louis-Philippe, Minister wurde. In der Unterhaltung mit dem Neuankömmling hatte er sofort gespürt, daß dieser eine große Persönlichkeit werden würde.

Auch hatte er noch Zeit, ehe er nach Mainz fuhr, wo Napoleon die Vorbereitungen für den Feldzug traf, ein günstiges und angenehmes Geschäft zu machen. Er kaufte die kostbare Bibliothek von Marie-Joseph Chénier, die sehr wertvolle Bücher enthielt. Chénier mußte seine Bücher verkaufen, weil er seiner liberalen Ideen wegen seines Postens als Generalinspektor der Universität enthoben worden war. Talleyrand kaufte sie ihm ab, um sich wieder eine eigene Bibliothek zu schaffen. Diese Liebe zu wertvollen Büchern kommt ihm in späterer Zeit noch einmal als nutzbringende Quelle zugute.

Seinen Vertrauten gegenüber verhehlte er in Mainz nicht – die beiden Dalbergs und Metternich haben seine Äußerungen aufgezeichnet –, wie sehr er den Krieg ablehnte. Nicht weil er große Sympathien für Preußen hatte. Doch fand er es abwegig, daß Napoleon 1805 Preußen zur mächtigsten deutschen Nation machen wollte, indem er Österreich rupfte, und daß er es ein Jahr später in einer Art Wutanfall zerschmetterte.

Es war der Monat September des Jahres 1806, und da Talleyrand nicht zur Badekur nach Bourbon-l'Archambault fahren konnte, unternahm er sie in Wiesbaden. Er vernachlässigte Leben und Gesundheit nicht, weil Krieg geführt wurde. In Wiesbaden traf er die junge Königin Hortense, die kürzlich erst auf Hollands Thron gekommen war. Die Begegnung mit Talleyrand war für sie eine Entdeckung. »Jahrelang«, schrieb sie, »hatte ich gesehen, wie er in die Salons von Malmaison trat, mit kühlem Gesicht, den

Fuß nachziehend, sich auf einen Sessel stützend, kaum einen Gruß austeilend.« Hingegen entdeckte sie in der entspannenden Atmosphäre eines Badeorts den richtigen Talleyrand. »Er suchte meine Gesellschaft und bemühte sich um mich. Ich war überrascht, sogar geschmeichelt, denn die Beflissenheit eines Mannes, der sie sonst kaum zeigt, beeindruckt meistens stärker, und ich bin überzeugt, daß der Ruf, viel Geist zu besitzen, mehr auf das wenige, das er sagt und das er gut sagt, zurückzuführen ist als auf das, was er an Bemerkenswertem tut . . .«

Die liebenswürdige Hortense hatte vermutlich keine Kenntnis von allem dem, was Talleyrand an »Bemerkenswertem« machte. Ihre Aussage ist interessant; sie ist nicht die erste, die berichtet, daß der Fürst von Benevent mit seinem Esprit sparsam umgeht. »Er ist vor allem seines vollendeten Benehmens wegen bemerkenswert, er besitzt viel Feinsinnigkeit, um die Menschen zu durchschauen und sich vor ihnen zu verbergen . . .« Was folgt, ist klug beobachtet . . . »dazu kommt eine Trägheit, die den Umgang mit ihm so angenehm und leicht macht, daß sie gern für Güte gehalten wird.« Wie aber verhält es sich bei ihm mit der Güte? Er besitzt etwas anderes, Besseres, den augenfälligen Charme einer nicht vorhandenen Tugend. Der Charme ist echt, er umgarnt und entwaffnet. Es kann jedoch geschehen, daß diese trügerische Sanftheit eine völlig entgegengesetzte Wirkung hat, nämlich bei gespannten, geladenen Wesen, die zu Wutanfällen oder zu Ekstase neigen, zum Beispiel bei Chateaubriand. Solche Menschen werden durch Talleyrands Nonchalance aus der Fassung gebracht, durch seine gleichmütige Art, die Zeit dahinfließen zu lassen, während sie hinter dieser »Sanftheit« einen unerbittlichen Scharfsinn ahnen, der sich unverfroren über die Fassungslosigkeit, die er hervorruft, amüsiert. Hortense fügt hinzu, er sei »Untugenden gegenüber nachsichtig«. Das ist richtig, er verabscheut üble Nachrede, abfällige Urteile über das Verhalten anderer; im übrigen hat er zu viel Welterfahrung, um nicht zu wissen, was Untugend ist und was nicht. Er hat seltsame Gegebenheiten und Umstände erlebt, als die Moral sich änderte wie die Jahreszeiten auf dem Kalender, die Klubs, die Salons und die Spielsäle . . . Er ist zu intelligent, um anzunehmen, es gäbe festumrissene Definitionen – außer was Gemeinheit, Gewöhnlichkeit angeht. Hortense stellt fest, daß er stets zuhört und nie diskutiert; er hütet sich zu widersprechen, und wenn er etwas mißbilligt, so ist es eher an seinem Lächeln abzulesen. Man geht nicht fehl in der Annahme, daß er eine ganz klare Überlegenheit besaß, denn während seines langen Lebens hat sich niemand – außer Napoleon, der es bereut hat, und dem wilden Abenteurer Maubreuil – erlaubt, ihm die »Wahrheit« ins Gesicht zu sagen, wohingegen sich viele Zeitgenossen erlaubt haben, es in ihren Tagebüchern und Memoiren zu tun. Hortense erklärt sehr gescheit den bestrickenden Charme des Fürsten: »Die Anziehungskraft, die er besitzt und die sehr groß ist, beruht größtenteils auf der Eitelkeit der anderen. Ich selber bin von ihr gefesselt worden. Wenn er geruht, mit einem zu sprechen, ist er bereits liebenswert, und man ist bereit, ihn zu lieben, wenn er sich nach der Gesundheit seines Gesprächspartners erkundigt.« Ungefähr dasselbe sagte Madame de Sévigné über Ludwig XIV.

Das ganze Jahr 1806 hindurch behandelt er Napoleon wie ein Idol. Es muß schnell erwähnt werden, ehe diese Anwandlung vorüber ist. Gerüchte von Attentaten gegen den Kaiser liefen um, und Talleyrand schreibt ihm: »Alle diese Berichte lassen einen schaudern. Aber Eure Majestät muß alles wissen, und wer sollte den Mut haben, es Ihr zu sagen, wenn nicht diejenigen, die Sie anbeten.« 20. Oktober 1806.

Er weiß recht gut, daß der Kaiser, den er mit Schmeicheleien blendet, dem Untergang zusteuert. Er wartet, daß auch andere es begreifen, er wartet darauf, daß Blicke von anderen den seinen kreuzen, Blicke, die ihm sagen, daß er nicht der einzige ist, der begriffen hat ... Doch dieser Zeitpunkt ist noch nicht gekommen.

Diesmal tut er nichts, um Napoleon zu bereden, nach der Schlacht von Jena und Auerstädt den Preußen einen vernünftigen Frieden zu gewähren, er weiß, daß es vergeblich ist. Der Herr verlangt keine Ratschläge, sondern Gehorsam.

Die französischen Truppen ziehen in Berlin ein. Für Talleyrand war es ein niederdrückender Aufenthalt. Dieser Sieg führt ihm alle preußischen Bittsteller zu, die meinen, er würde für Preußen das tun, was er für Österreich getan hatte. Sie gaben sich Illusionen hin. Preußen hatte er nie gemocht, wie auch Rußland nicht. Diese Länder ohne Freiheit und ohne Recht lagen nicht auf der Linie seiner Lebens- und Denkart. Für ihn waren Wien, Paris und London Europa. Seiner Meinung nach spielte Preußen eine gefährliche und unheilvolle Rolle in Deutschland. Zu diesem Zeitpunkt befand sich Napoleon auf schwindelnder Höhe, sein Machtstreben kannte keine Grenzen, seine Phantasie ebensowenig. Am 21. November 1806 unterzeichnete er in Berlin das berühmte Dekret, mit dem die Kontinentalsperre verfügt wurde. Wer lieferte der Großmannssucht die historischen und juristischen Grundlagen, mit deren Hilfe Europa vom Handel mit England abgeschnitten wurde? Talleyrand. Man ist sprachlos. Talleyrands Entwurf stammt vom 20. November, das kaiserliche Dekret vom 21. gibt den Text des Ministers der Auswärtigen Beziehungen, der nebenbei gesagt bemerkenswert klar und ausgewogen ist, fast integral wieder: ein Meisterwerk großer Vernunft, um eine Torheit zu rechtfertigen.

In seinen Memoiren kommt Talleyrand auf eine Begebenheit zurück, die sich während des Aufenthalts in Berlin zutrug. Sie war so folgenschwer, daß von ihr gesprochen werden muß. In Berlin erhielt Napoleon einen Brief vom spanischen Premierminister Godoy, »dem Friedensfürsten«, in dem angekündigt wurde, daß Spanien sich nicht an der Kontinentalsperre beteiligen wolle, da diese das Land ruinieren würde. Spanien wollte die Handelsfreiheit mit England aufrechterhalten. Diese Abtrünnigkeit barg die Gefahr in sich, das unsinnige Gebäude, das unaufhörlich durch Macht und Gewalt gestützt werden mußte, zum Einsturz zu bringen. Spanien wollte sich nicht aushungern und ruinieren lassen. Folglich mußte es erobert werden. Napoleon in seiner Wut »schwor, nun um jeden Preis den spanischen Zweig des Hauses Bourbon zu vernichten«. Und Talleyrand setzt hinzu: »Und ich selber schwor in meinem Innern, um welchen Preis auch immer, nicht mehr sein Minister zu sein, sobald wir nach Frankreich zurückgekehrt wären.«

So wurde die Idee des unsinnigen Krieges gegen Spanien geboren, so kam es – wenigstens behauptet er es – zur »Scheidung« zwischen Talleyrand und Napoleon. Doch wenn man es mit Talleyrand zu tun hat, erfolgt eine Scheidung, ebensowenig wie eine Eheschließung, nicht an einem Tag, auch nicht ohne Formalitäten und ohne Manipulationen.

Zu Recht kann die Frage gestellt werden, ob sein Vorsatz tatsächlich in dem Augenblick gefaßt wurde, als Napoleon sich schlüssig wurde, die spanischen Bourbonen niederzuringen. Talleyrand schrieb seine Memoiren zur Zeit der Restauration, 1816, er war schlau genug, Napoleons Drohung gegenüber den Bourbonen zusammenzubringen mit der Weigerung, ihm fernerhin zu dienen. Wahrscheinlicher ist, daß der Entschluß bereits nach Preßburg gefaßt wurde. Einerlei, es steht fest: von nun an trägt Talleyrand eine Maske. Ein Feind Napoleons ist Napoleons Minister.

Nachdem der Kaiser mit Preußen abgerechnet hatte, brach er nach Polen auf. Talleyrand folgte ihm – ohne jede Begeisterung.

»Im schlammigen Osten erfuhr er viel Ungemach«

In Posen begegnete Talleyrand König Friedrich August von Sachsen, der durch seinen Beitritt zum Rheinbund Napoleons Verbündeter wurde. Der Vertrag, der sein Schicksal an das des Kaisers kettete, wurde am 11. Dezember 1806 unterzeichnet. Er war ein liebenswürdiger Mann, der Lebensart des vorigen Jahrhunderts verhaftet. Für Talleyrand hatte er viel Sympathie. Er machte ihm sein von Gérard gemaltes Porträt zum Geschenk und überreichte es ihm mit den Worten: »Ich habe mich bemüht, etwas zu finden, das weniger nach einem Präsent aussieht und mehr einer Freundschaftsbezeigung gleichkommt.« Solche Umgangsformen waren in den kaiserlichen »Kantinen« nicht anzutreffen. So liebenswürdig war der König von Sachsen, daß sogar Napoleon Gefallen an ihm fand. In dessen Umgebung war jedoch der Wunsch laut geworden, die prachtvolle Dresdner Gemäldegalerie ein wenig auszuräumen, die der neue Verbündete und seine Vorgänger geschaffen hatten. Friedrich August vermochte seinen Kummer nicht zu unterdrücken, er sagte, er selbst würde es nie wagen, an die Gemälde seiner Galerie zu rühren, da er sie als Nationaleigentum betrachte. Talleyrand hatte Verständnis für solche Skrupel, er konnte den Kummer des Königs nachempfinden, er wurde beim Kaiser vorstellig, und die Dresdner Galerie, der berühmte Zwinger, blieb unangetastet. Da für den Fürsten von Benevent alles jederzeit gut ausgeht, ließ er sich beim Abschied von dem liebenswürdigen Herrscher mit einer Million beladen. Das ist Lebenskunst!

Die Reise nach Warschau war scheußlich. Im Dezember war Polen ein einziger Schlamm. Talleyrands Wagen sank bis zu den Radnaben ein. Zwölf Soldaten hatten Mühe, ihn herauszuziehen. Bis zu den Hüften standen die Unglücklichen im aufgeweichten Boden und machten ihrem Unmut lauthals Luft: »Warum muß er Diplomatie in diesem verdammten Land treiben!« Er war völlig ihrer Meinung.

Indes, in Warschau wurde ihnen ein warmer Empfang zuteil. Die Niederwerfung Preußens hatte hier einen Widerhall gefunden wie die Posaunen des Jüngsten Gerichts. Napoleon hatte unterwegs verheißungsvolle Worte fallen lassen: »Es liegt im Interesse Frankreichs, im Interesse Europas, daß Polen weiterbesteht.« 1772 war Polen unter drei Autokraten aufgeteilt worden: dem Zaren, dem König von Preußen und dem Kaiser von Österreich. Talleyrand hatte es stets als einen schweren Fehler angesehen, daß das Frankreich des Ancien régime diese Teilung zugelassen hatte. Seine Auffassung war von keiner Gefühlsregung bestimmt, er sah in der Zerstückelung dieses Landes eine Gefahr. Das traditionelle Gleichgewicht der europäischen Staaten wurde zum Schaden Frankreichs gestört, Frankreich als einzige unter den großen Mächten wurde nicht größer. Überdies sah er mit steter Besorgnis, daß Rußland nach Europa vorstieß. Wahrscheinlich fürchtete er das am meisten. Er unterließ es nicht, Österreich darauf hinzuweisen, daß es durch die Schaffung einer gemeinsamen Grenze mit Rußland mehr einbüßte, als es durch die Annexion seines Anteils an Polen gewonnen hatte. Er machte deutlich, daß Österreich großes Interesse haben müsse, zwischen sich und den Slawen einen Pufferstaat bestehen zu lassen. Er bat Andréossy, den französischen Botschafter in Wien, der österreichischen Regierung diese Argumente zu unterbreiten und sie zu einem Verzicht auf den polnischen Anteil zu bewegen. Im Austausch sollte Österreich Schlesien bekommen. Dalberg diente ihm als Mittelsmann bei den polnischen Magnaten und überbrachte ihm in ihrem Namen vier Millionen Gulden. Von nun an wollte er sich noch weitaus eifriger für das gequälte Volk der Polen einsetzen.

Wie es sich gehörte, bezog man fürstliche Quartiere. Dem Fürsten von Benevent wurde das Palais Radziwill zugewiesen. Da der polnische Winter keine militärische Operation zuließ, entschied Napoleon, es solle getanzt werden. Trotz seines Hinkfußes wurde der Fürst beauftragt, die Ballsaison zu eröffnen. Festlichkeiten waren seine Spezialität. Das Fest, das er gab, erweckte bei den Polen die Hoffnung auf Unabhängigkeit. Daher tanzten die Polen fröhlicheren Herzens als die Franzosen. Eine große Dame der polnischen Gesellschaft, Gräfin Potocka, deren Erinnerungen äußerst lebendig geschrieben sind, berichtet von der franko-polnischen Saison 1806 bis 1807. Talleyrand hatte alle Damen der Aristokratie zusammengerufen, um sie gemeinsam dem Kaiser vorzustellen. Danach würde er sie, wie er sich ausdrückte, »in Gang bringen«. Und Polen würde unter dem Stab des Zauberers dieser Schwadron schöner Frauen folgen. Gräfin Potocka schrieb in ihren Memoiren: »Lange mußten wir am Abend der Vorstellung warten, und ich gestehe, unsere Neugier war nicht frei von einer gewissen Furcht. Plötzlich wurde das Schweigen von Lärm unterbrochen, die Flügeltüren taten sich geräuschvoll auf, und Herr von Talleyrand trat ein. Mit lauter und vernehmbarer Stimme sprach er das magische Wort aus, das alle Welt zum Zittern bringt: ›Der Kaiser!‹« [L-G]

Nachdem die erste Aufregung vorüber war, interessierte sich die Gräfin weniger für »das Idol« als für den Großkämmerer, den sie vom Hörensagen kannte, denn ihre Tante, Gräfin Tyszkiewicz, geborene Poniatowska, war eine Freundin Talleyrands und gehörte zu dem bevorzugten Kreis der Damen de Laval, de Luynes und so weiter. Ihre Nichte behauptete, sie sei nicht nur eine Freundin, sondern eine Sklavin Talleyrands gewesen. Daß diese Äußerung nicht übertrieben war, wird sich noch erweisen. Gräfin Potocka hatte sich von dem intelligentesten, höflichsten, liebenswertesten Mann eine bestimmte Vorstellung gemacht. Und wen sah sie vor sich? »Wenn ich den Eindruck beschreiben soll, den er damals auf mich machte, würde ich sagen, daß er blasiert war und gelangweilt von allem, begierig sein Glück zu machen, eifersüchtig bedacht auf die Gunst eines Herrn, den er verabscheute, ohne Charakter und ohne Prinzipien, in einem Wort: unangenehm im Wesen wie im Aussehen.«

Und dann beschreibt sie den Fürsten in Gala-Aufmachung, hinkend, hochmütig, mürrisch, sichtlich angestrengt von der Reise, dem Land, den Leuten, dem Krieg und dem Gebieter. Sie sah den Großkämmerer sozusagen in Ausübung seiner Ämter »sich mühsam bis in die Mitte des Salons bewegen, eine gefaltete Serviette über dem Arm, ein feuervergoldetes Tablett in der Hand und dem Monarchen, den er als Parvenü bezeichnete, ein Glas Limonade anbieten«. Talleyrand spielte den Maître d'hôtel, er spielte auch eine weitere Rolle: er stellte Napoleon die kleine Gräfin Marie Walewska vor, die er hatte holen lassen.

Zum erstenmal waren Marie Walewska und Napoleon am 1. Januar 1807 auf der Landstraße vor Warschau zusammengetroffen. Sie war als Bäuerin gekleidet. Napoleon ließ nach ihr forschen. Die offizielle Vorstellung nahm Talleyrand bei dem von der Gräfin Potocka beschriebenen Fest vor.

Er servierte sie ihm zur gleichen Stunde wie das Glas Limonade – mit der Serviette über dem Arm. Warum tat er es? Weil er wollte, daß Napoleon eine Mätresse hätte; das mußte so sein, wenn man in Frankreich König oder gar Kaiser war. Talleyrand meinte, seinem Herrn mangele es an Lebensart. Er war weder träge noch dem Vergnügen zugeneigt. Es bestand die Hoffnung, eine Mätresse könne ihn menschlicher machen. Möglicherweise würde die Besessenheit nach Ruhm, die Herrschsucht gebessert – wenn nicht gar geheilt werden durch die Liebe. Später sagte Napoleon zu Gourgaud: »Es war Talleyrand, der mir Madame Walewska zugeführt hat, sie hat sich nicht gewehrt. «Sie war nicht die erste. Talleyrand tat sein Bestes, um seinen Herrn in Liebeslaune zu versetzen. Und der Kaiser sagte von seinem Großkämmerer: »Er hatte stets die Taschen voller Frauen.« Selbst in der privaten Sphäre behandelte Napoleon Talleyrand wie einen Lakai. Mitten in der Nacht ließ er ihn wecken. Diese Manieren waren nicht dazu angetan, Gefühle des Grolls, die kaum noch unterdrückt wurden, zu beschwichtigen. Eines Nachts schlief der Kaiser über Schriftstücken ein, die er zusammen mit Talleyrand studierte. Diesem erging es nach einer Weile genauso. Plötzlich wacht Napoleon auf: »Was, ich glaube gar, er schläft!« ruft er aus. »Wie denn, Sie Schelm, Sie schlafen bei mir? Ah!« Die Arbeitssitzung war um fünf Uhr in der Früh zu Ende, ungefähr zu der Stunde, da Talleyrand in Paris vom Whist-Tisch aufstand.

Ein andermal ließ ihn der Kaiser mitten in der Nacht rufen und verlangte, daß der Großkämmerer der schlaflosen Majestät etwas vorlas; es war in Finkenstein, auf dem Weg, der nach Friedland und Tilsit führte. Dorthin hatte der Kaiser ihn beordert. Solche Launen haben Tyrannen in dem Augenblick, da ihr Niedergang sich ankündigt; sie zahlen später einen unerhörten Preis, wenn diejenigen, die sie gedemütigt haben, in der Lage sind, Genugtuung zu verlangen. Das Buch jener Nachtlektüre war »Corinne«, Germaine de Staëls zweiter Roman. Mürrisch sagte Napoleon: »Sie lieben diese Frau, wir wollen sehen, ob sie Verstand besitzt.« Er wußte genau, daß Talleyrand und Madame de Staël sich nicht mehr sahen. In den Tuilerien kursierten sogar die Worte, die sie gegen »den Bischof« gesagt hatte, und Sätze, wie sie eben in dem Roman »Corinne« zu lesen waren. Talleyrand war deutlich zu erkennen, nicht mehr als Frau verkleidet, sondern unter den durchsichtigen Zügen eines »Monsieur de Maltigues«, dessen Redeweise der des Fürsten von Benevent glich, sozusagen »à la manière« des Fürsten von Benevent. »In diesem Leben gibt es an Erstrebenswertem nur Vermögen oder Macht – oder alles beides.« Dieser Ausspruch erinnert an die berühmten Worte, die er damals in der Kutsche, die ihn mit seinen Freunden zum Palais Luxembourg brachte, immerfort vor sich hinsprach: »Ein ungeheures Vermögen, ein ungeheures Vermögen.« Ihre Romanfigur ließ sie sagen: »Freundschaften sind Mittel, die man je nach den Umstände nehmen oder lassen muß.« War sie selbst nicht ein Opfer dieses Grundsatzes? Dann folgt die schreckliche Feststellung: »Auf dieser Welt gibt es nur den Unterschied zwischen den Vögeln, die im Netz gefangen sind, und denen, die ihm entgangen sind.« Ferner die Äußerung, die auf Montrond oder Narbonne gemünzt sein könnte: »Die Tugend ist eine Sprache für den gemeinen Mann, die Auguren können sie untereinander nicht anwenden, ohne zu lachen.«

Durch die Karikatur wird die Ähnlichkeit nur um so deutlicher. Wenn Germaine gehofft hatte, Talleyrand kränken und sich rächen zu können, täuschte sie sich. Er fand es ganz natürlich, daß sie so dachte, hielt es aber für naiv, gewöhnlich und überflüssig, es zu sagen. Ein wohlerzogener Mensch schweigt über sich und die anderen.

Napoleon hörte der Lektüre eine Weile zu, verabschiedete dann Vorleser und Autor ohne jedes Kompliment und brummte: »Das ist ohne Sinn und Gefühl, eine Anhäufung von Phrasen. Gehen Sie schlafen, das ist verlorene Zeit.« Der Großkämmerer ging höchst würdevoll schlafen.

Während des Aufenthalts in Warschau von Dezember 1806 bis Mai 1807 tat er sehr viel mehr als für Limonade und Frauen sorgen. Napoleon überhäufte ihn mit ungeheuer schwierigen Aufgaben, deren er sich meisterlich entledigte (dieser Arbeitsscheue ist auf seltsame Weise faul). Nicht immer betrafen die Aufgaben das Ministerium der Auswärtigen Beziehungen. In dieser Funktion empfing er die Botschafter, so auch den Baron von Vincent, einen Lothringer im Dienste Österreichs. Napoleon ließ ihm einen freundlichen Empfang zuteil werden, sogar einen zu freundlichen. Er sprach dem verblüfften Baron gegenüber von einem Bündnis! Das hatte der Gesprächspartner nicht erwartet. Er wußte, daß Napoleon für eine Allianz mit Rußland war, die nur auf Kosten Österreichs geschlossen werden konnte. Besorgt war er nach Warschau gekommen, um zu erfahren, wie die Dinge sich entwickelten. Es war nicht leicht vorauszusehen, was Napoleon am nächsten Tag tun würde. Talleyrand ergriff die Initiative. Unterstützt von Dalberg erneuerte er in dringlicher Form an Österreich das Angebot, seinen Anteil an Polen gegen Schlesien auszutauschen. Vincent hätte vielleicht akzeptiert. Doch der Krieg mit Rußland erweckte bei allen besiegten Nationen neue Hoffnung, denn Napoleon hatte bei Preußisch-Eylau eine halbe Niederlage erlitten. Es war fraglich geworden, wie der Krieg ausgehen würde. Wien zog es vor, abzuwarten. Talleyrand drängte Vincent, in den Tausch einzuwilligen, er tat es im europäischen Interesse, denn er wußte, daß Napoleon noch einmal – dieses eine Mal noch – siegreich sein würde. Wenn Rußland besiegt war, würde der Kaiser unerbittlich sein. Entgegen Talleyrands Mahnungen spielte Österreich und verlor. Es kam zur Schlacht von Friedland. Noch einmal hatte die Siegesgöttin Napoleon zugelächelt. Von nun an interessierte ihn ein Bündnis mit Österreich nicht mehr. Talleyrand fand es bedauerlich, aber nach Friedland war es nicht mehr möglich, Napoleons Russen-Projekt ein Gegengewicht entgegenzusetzen. Wie immer beugte sich Talleyrand den Tatsachen. Er ging nach Tilsit, um dem Zaren seine Aufwartung zu machen.

Doch bevor es zum Sieg und Friedensvertrag kommen konnte, mußte von Warschau aus der Krieg vorbereitet und das besetzte Polen verwaltet werden. Aufgaben, die Napoleon seinem Minister der Auswärtigen Beziehungen übertrug. Allein die Armee zählte. Das Reich ruhte nur auf den Kanonen und Bajonetten. In diesem trostlosen Land sollte Talleyrand die Verpflegung der Truppen gewährleisten. Er führte den Auftrag zu Napoleons Zufriedenheit aus. Talleyrands Leistung muß um so höher eingeschätzt werden, als er für solche Aufgaben keinerlei Neigung besaß. Er liebte es nur, mit Geld und Worten umzugehen, mit Dingen, die weder Geruch noch Farbe haben. Außerdem oblag ihm mit seinem Rang als Gouverneur von Warschau die Verwaltung der Hauptstadt. »Heute morgen habe ich«, schreibt er in einem Bericht an den im Feld befindlichen Kaiser, »alle Lazarette von Warschau besucht. An die Verwundeten von Ostrolenka habe ich die Gratifikation verteilt, die Eure Majestät geruht hat, ihnen zu gewähren.« (Ein Napoléondor für jeden Soldaten und fünf für jeden Offizier.) »Ich habe mir an ihren Betten die kleinen Sonderwünsche angehört, und sie waren zufrieden, als ich sie verließ.« Daran ist nicht zu zweifeln. Der Fürst von Benevent als barmherzige Schwester! Das Bild hätte Madame de Staël in Entzücken versetzt.

Auch in Polen verschaffte er sich Freunde. Ohne ihre Unterstützung hätte er die Aufgaben nicht meistern können. Es gehörte auch Begabung dazu, hingebungsvolle Helfer und Mitarbeiter zu finden, wie etwa den Fürsten Poniatowski, den Bruder der Gräfin Tyszkiewicz, der später Marschall Poniatowski wurde.

Die Kriegführung war nicht einfach. Nie zuvor war Napoleon auf solche Schwierigkeiten gestoßen: das Klima und die Russen waren unerbittlich. Am 8. Februar 1807 kam es zu der mörderischen unnützen Schlacht von Preußisch-Eylau. Talleyrand sagte ein treffendes Wort über diese fast verlorene Schlacht: sie sei »wenig gewonnen worden«. So wenig, daß er den Wind der Niederlage verspürte, der sich in der Ferne, im Osten, erhob ... Dalberg, der nie hervortrat, war gleichwohl stets zugegen. Er ließ durchblicken, daß das Gemetzel von Preußisch-Eylau einen Wendepunkt in der Geschichte des Kaiserreichs darstelle. Und im Verhalten Talleyrands.

Nicht nur Talleyrands. Die Marschälle waren kriegsmüde. Mit Gold gespickt und mit Goldverschnürungen behängt, drohte das Abenteuer schlecht für sie auszugehen, wenn das Reich zusammenbrach. Sie trachteten danach, das Regime und damit ihre eigene Situation zu festigen – aber im Frieden.

Der Fürst von Benevent war wieder nach Warschau zurückgekehrt und schrieb von dort hingebungsvolle Briefe an Napoleon. Er leide, sagte er, unter der zu langen Abwesenheit des Herrn, über Warschau berichtete er nur Gutes. Er war zugegen, als die polnischen Fahnen mit großer Begeisterung gesegnet wurden, die nun den kaiserlichen Adlern zugesellt wurden, um die von Napoleon versprochene Unabhängigkeit zurückzuerobern. »Ich verlasse Warschau sehr vertrauensvoll und sehr ruhig«, schrieb er am 3. Mai 1807.

Am 18. Juni befindet er sich in Danzig, wo er vom Sieg in der Schlacht von Friedland erfährt und alsbald seine Glückwünsche schickt. Hätte Napoleon die Sätze genau gelesen, er hätte etliche Dornen entdecken müssen, aber er war blind. »Der Sieg wird als einer der herrlichsten in die Geschichte eingehen und eine immerwährende Erinnerung hinterlassen. Aber nicht nur mit Bezug auf den Ruhm möchte ich ihn betrachten, ich sehe ihn eher als einen Vorläufer, als einen Garanten des Friedens, der Eurer Majestät nach so vielen Mühen, Entbehrungen und Gefahren die Ruhe bringen soll, die Sie auch Ihren Völkern gewährleistet. Ich möchte den Sieg als den letzten ansehen, den Eure Majestät gezwungen ist zu erkämpfen. Deshalb ist er mir teuer, denn so herrlich er auch ist, ich muß gestehen, daß er in meinen Augen mehr als ich ausdrücken kann verlieren würde, wenn Euer Majestät neuen Schlachten entgegenmarschieren und sich neuen Wagnissen aussetzen müßte, über die ich in meiner Zuneigung um so mehr beunruhigt bin, als ich weiß, wie sehr Eure Majestät sie verschmäht.« [BERT]

Das Höflings-Madrigal am Ende des Briefes kann die schwerwiegende erneute Mahnung nicht verschleiern. Die erste erfolgte von Preßburg aus, sie wurde in den Wind geschlagen. Dies ist die zweite. Eine dritte wird es nicht geben. Napoleon wird nie Frieden machen. Er wird ihn mit Rußland abschließen, aber nur, um den Krieg gegen England besser führen zu können. Doch Talleyrand hat es nicht eilig ...

Am 23. Juni 1807 brach der Kaiser nach Königsberg auf, nahe der russischen Grenze. Talleyrand schickt ihm wieder ein paar Schmeicheleien. Es ist seltsam: nachdem er ihn ermahnt hat, lullt er ihn ein: »Eure Mäjestät hat nun Ihre Politik zu einem Punkt gebracht, den zu erreichen ich nie zu hoffen gewagt hätte. Doch bin voller Bewunderung. Eure Mäjestät hat mich seit langem an Großtaten gewöhnt.« [L–G]

Mit Dalberg besprach er schon besorgt die Nachfolge. »Was sollen wir tun, wenn Napoleon getötet wird?« Sie hatten einen Plan, das Regime zu retten: Joseph Bonaparte sollte den Thron besteigen. Sie zählten auf die Unterstützung aller Nutznießer des kaiserlichen Regimes. Dem einfältigen Joseph mußte nur eine gute Regierung beigegeben werden – das heißt eine von Talleyrand gebildete und geführte Regierung. »Kaiser Joseph« war die Rolle eines jener bedeutungslosen Könige zugedacht, von denen Napoleon liebenswürdig sagte, sie seien »wie gemästete Schweine in ihrem Palast«. Um Europa zu beschwichtigen, sollte Frankreich sich hinter die Alpen- und Rhein-Grenze zurückziehen. Dieser Plan wurde sogar den ausländischen Regierungen »für den Fall eines Unglücks« unterbreitet. Metternich hatte Kenntnis davon, er sagte, er sei ihm von einer Persönlichkeit, der Talleyrand alle Pläne anvertraue, mitgeteilt worden. Natürlich war das Dalberg! Die Pläne schmiedeten sie gemeinsam.

Noch aber war Napoleon sehr lebendig. Er schickte sich an, den Njemen zu überschreiten. Talleyrand war höchst beunruhigt darüber. Wollte sich der Kaiser tief hinein nach Rußland wagen? Talleyrand witterte bereits, daß ein Feldzug in Rußland eine Fallgrube sein würde. Dieses Wagnis – von dem er wußte, daß Napoleon es eingehen würde, wenn der Sinn ihm danach stand – fürchtete er dermaßen, daß er sich mit dem Gedanken eines völligen Rückzugs auf das westliche Europa befreundete. Man müßte dann auf alle Projekte verzichten, eingeschlossen Polens Unabhängigkeit. Während der Friedens- und Bündnis-Vorbesprechungen mit dem Zaren, die bald danach in Tilsit stattfanden, tat Talleyrand nichts zur Verteidigung der polnischen Sache, trotz der gegebenen Versicherungen und der erhaltenen vier Millionen Gulden. Überraschend ist es nicht, daß er einen Schritt, für den er im voraus bezahlt worden ist, nicht unternimmt, über alle Maßen überraschend ist es jedoch, daß er den Polen die vier Millionen zurückgibt, weil er sich nicht mehr um ihre Angelegenheiten kümmern will.

Es handelt sich hier um eine der wenigen Extravaganzen, die sich dieser sonst so besonnene Mann erlaubt hat. »Dem Kaiser muß diese Polen-Idee ausgeredet werden«, sagte er. »Man kann mit diesen Leuten nichts machen. Nur Unordnung kann man mit den Polen zustande bringen.« Die Rolle, die er beim Vertrag von Tilsit gespielt hat, war nahezu null. Napoleon zog ihn zu den Besprechungen nicht hinzu. Nur die Aufgabe, den Bündnisvertrag mit dem Vertreter des Zaren, General Kurakin, zu unterzeichnen, überließ er ihm. Man hatte versprochen – jedoch nicht schriftlich –, Rußland die Hinterlassenschaft des Ottomanischen Reichs, Moldau und Walachei, zu geben. Talleyrand war gegen diese Abtretungen, weil sie Rußlands Vordringen nach Mitteleuropa begünstigten. Bekanntlich wollte er diese Provinzen Österreich zuschlagen, um ein Bollwerk gegen die Steppenvölker zu errichten.

Zur Genugtuung Talleyrands wurde der Frieden gegen Murats Partei und Meinung abgeschlossen, der sich in einen Krieg auf Leben und Tod stürzen und die Russen verfolgen wollte – bis nach Rußland hinein! Leider wurde sein Plan später exekutiert. Das Kaiserreich auch. Murat hatte sich in den Kopf gesetzt, König von Polen zu werden. War das nicht einen Feldzug in Rußland wert? Eines Tages traf ihn Talleyrand, als er aus dem Kabinett des Kaisers kam: »Monseigneur«, sagte er zu ihm, »Sie haben uns den Krieg führen lassen, aber Sie werden uns nicht daran hindern, den Frieden zu machen.«

Das Leben am Ufer des Njemen war ihm noch unangenehmer als das in Warschau. Obwohl sich Marschälle und französische, russische und preußische Diplomaten im Lager aufhielten, war es alles in allem doch nur ein Soldatenfeldlager. Herr von Talleyrand hätte bestenfalls das Lagerleben ertragen, wenn er so hätte leben können wie der Marschall von Sachsen oder der Marschall von Richelieu, umgeben vom gewohnten Luxus ihrer Schlösser, mit Silbergeschirr, Köchen, Musikern ... Leider waren Ostpreußen, die Randbezirke Rußlands und die neuen Sitten für solche Raffinements nicht geschaffen. Der Wein fehlte auf der Tafel des Fürsten von Benevent. Selbst in barbarischen Landstrichen und in Kriegszeiten wollte er volle Weinkaraffen auf dem Tisch sehen. An den Generalintendanten Daru (einen Vetter Stendhals) schrieb er und bat um Wein: »Mein lieber Daru, von einer Sache bin ich überzeugt, Sie würden, wenn Sie Horaz übersetzten und zu jener köstlichen Ode kämen, die mit den Worten beginnt: ›Nunc est bibendum ...‹ [Jetzt muß getrunken werden], nicht auf den Gedanken kommen, Horaz könne empfehlen, Wasser zu trinken. Dorthin würde ich kommen, wenn Sie mir nicht ein wenig von den Vorräten abtreten, die Sie für den Kaiser speichern.« Auf zwei Tafeln nur stand Wein, auf Napoleons und auf Talleyrands.

In Tilsit traf Napoleon mit Königin Luise von Preußen zusammen. Sie war berühmt ihrer Schönheit, ihrer Intelligenz und ihrer Würde wegen. Sie war gekommen, den Sieger um Schonung für Preußen anzuflehen. Am 6. Juli 1807 hatte sie eine Unterredung mit ihm. Napoleon behandelte sie streng und herablassend. Auf seine Frage: »Wie konnten Sie, Madame, es wagen, mit völlig unzulänglichen Mitteln gegen mich Krieg zu führen?« gab sie die stolze Antwort: »Sire, ich muß es Euer Majestät sagen, Friedrichs II. Ruhm hat uns über unsere eigene Kraft getäuscht.« Talleyrand wiederholte den Satz der Königin Luise mit einiger Anerkennung, so daß Napoleon ihn anfuhr: »Ich weiß nicht, was Sie an diesem Wort der Königin von Preußen so Schönes finden. Sie täten besser daran, von etwas anderem zu sprechen.«

Talleyrand hatte Mitleid mit der unglücklichen Königin: »Ich war empört über das, was ich sah, über das, was ich hörte, aber ich war gezwungen, meine Empörung zu unterdrücken.« Der gutmütige Fürst! War er denn am Abend der Massaker des 10. August empört gewesen, in der Nacht, da der Herzog von Enghien ermordet wurde? In seinem Bericht über die Größe und das Elend der Königin Luise ist er bis zu Tränen gerührt: »Mit innerer Bewegung denke ich noch an die Dinge, die sie die Güte hatte, mir damals zu sagen, die sie mir fast vertraulich mitteilte: ›Herr von Benevent‹, sagte sie, als ich zum letztenmal die Ehre hatte, sie zu ihrem Wagen zu begleiten, ›es gibt nur zwei Menschen, die bedauern, daß ich hierhergekommen bin, ich und Sie. Sie verargen es mir nicht, nicht wahr, daß ich diesen Eindruck mit mir nehme?‹ Tränen der Rührung und des Stolzes, die mir in die Augen kamen, waren meine Antwort.«

Eine hübsche Szene. Die Königin hat ihn als Grafen von Périgord behandelt: »Hier gibt es nur Sie und mich.« Das hat ihm wohlgetan. Und die Tränen ... Seit der schlimmen Nacht, die seiner Priesterweihe voraufging, hat er nicht eine einzige mehr vergossen. Die Tränen, die seinen Blick verschleiert haben, um die Abschiedsszene zu verklären, erwecken keine Rührung, denn man glaubt nicht an sie.

Er hatte nur einen Wunsch: Polen, Rußland und das Feldlagerleben so schnell wie möglich hinter sich zu lassen. Er hatte es auch eilig, weil sich am anderen Ende Europas »eine Affäre« zusammenbraute, die unverzüglich geregelt werden mußte. Savary, der ihm zuhörte, ohne ihn zu begreifen, vernahm geheimnisvolle Worte: »Eile ist um so mehr geboten, als der Kaiser andernorts eine sehr viel wichtigere Affäre hat, die zu einem Friedensvertrag führen kann. Wenn es nicht zu dem kommt, was er unternehmen möchte, wird er durch neue Schwierigkeiten hierher gerufen werden.« [SAV]

Worum handelt es sich bei dieser Affäre, deren Einzelheiten er verschweigt und derentwegen Polen aufgegeben und der Zar beschwichtigt werden muß? Talleyrand wußte, was gesponnen wurde, denn er spann daran im geheimen zusammen mit dem Kaiser. Hierin liegt ein Geständnis der Vorsätzlichkeit. Das darf nicht übersehen werden. Er will die spanische Affäre regeln. Sein Wunsch wurde erhört. Am 9. Juli 1807 brachen Napoleon und die Franzosen das Lager ab.

Der Fürst von Benevent verläßt das Ministerium, wahrt das Gesicht und rettet seine Pensionen

In Dresden, bei dem guten König Friedrich August von Sachsen, machte Talleyrand eine Pause. Er war glücklich. Dort befand er sich in seiner Welt, in der Luft der Aristokratie. Sein Aufenthalt gab Anlaß zu festlichen Empfängen. Er war bei dem französischen Gesandten untergebracht, wo ein Besucher auf den anderen folgte. Er saß in einem kleinen Salon und ließ nur diejenigen vor, die er geneigt war zu empfangen. Er beschäftigte sich mit großen Plänen und kleinen Dingen. Man traf ihn in Begleitung der Gattin des Gesandten und einer Zofe beim Einkauf von feiner Wäsche, die er nach Paris mitnehmen wollte. Außerdem nahm er eine Million Gulden mit, die Friedrich August ihm aushändigte.

Von dieser Reise ins östliche Europa brachte er auch eine Reihe von Überlegungen und Einsichten mit. Die Zukunft des Kaiserreichs und Europas sah er deutlich vor sich, und das, was er sah, war nicht sehr beruhigend. Talleyrand hatte begriffen – der Historiker Albert Sorel bestätigt es –, daß die Revolution auf Frieden nur hoffen konnte, wenn sie die natürlichen Grenzen Frankreichs beibehielt. Wenn sie aber auf wahnsinnige Eroberungen ausginge, dann würde »die Eroberung die Freiheit töten«. Talleyrand hatte richtig erkannt, »daß mit der heldenhaften Epoche der Republik und des Kaiserreichs die lange und verhängnisvolle Verirrung der Geschichte Frankreichs einherging, welche die Republik zur militärischen Diktatur führte, die militärische Diktatur zur universellen Monarchie und die universelle Monarchie zur Katastrophe von Moskau«.

Was geschah im August 1807? Talleyrand verließ das Ministerium der Auswärtigen Beziehungen. Die Erklärung, die er in seinen Memoiren gibt, bestätigt das, was wir bereits wissen: er mißbilligte die Politik des Kaisers, er erkannte die Brüchigkeit seines Reichs, er war sich der Ohnmacht bewußt, seine eigenen Ansichten und Meinungen zu Gehör zu bringen. »Von dem Augenblick an, da ich sah, daß er die umwälzenden Unternehmungen ins Werk setzte, die zu seinem Untergang führten, verließ ich das Ministerium, was er mir nie verziehen hat.« Doch war es schon eine lange Zeit her, daß Napoleon seine »umwälzenden Unternehmungen« gegen Europa begonnen hatte, und Talleyrand hatte sich den Befehlen gefügt. Hat er aus freien Stücken, wie er sagt, den Abschied genommen? »Ich verließ das Ministerium, weil ich es wollte.« Napoleon hingegen äußerte Las Cases gegenüber, er habe derart viele Klagen über Talleyrands Habgier zu hören bekommen, daß er ihm das Ministerium habe abnehmen müssen. Entlassung? Davon hat zum Zeitpunkt, als Talleyrand die Rue du Bac verließ, niemand gesprochen. Metternich, damals österreichischer Gesandter in Paris und auf dem laufenden über alles, was mit Talleyrand zusammenhing, behauptet, er habe das Ministerium verlassen, weil ihm der Posten zu anstrengend wurde. Das paßt zu einem Wesenszug Talleyrands, seiner Trägheit und Lässigkeit, hingegen ganz und gar nicht zu seinem Ehrgeiz und der Geldgier, die noch stärker sind.

Stets muß er Nebel um sich verbreiten. Savary berichtet, Napoleon habe ihm gestanden, Talleyrands Abgang sei gegen seine Absicht erfolgt, und der Kaiser sagt 1813 Caulaincourt gegenüber, im Zusammenhang mit Talleyrands unerklärlichem Verhalten: »Warum hat er das Ministerium verlassen wollen? Er wäre heute noch da, wenn er es gewollt hätte.« In Wirklichkeit war Talleyrand damals für Napoleon unerträglich, unerläßlich und unersetzlich geworden. Der Kaiser hatte tausend Vorwände, sich von ihm zu trennen, aber getan hat er es nicht. In diesem Fall, wie in vielen anderen, hat Talleyrand sich verstohlen aus dem Machtbereich herausgeschlichen und hat es fertiggebracht, sein Ausscheiden so undurchsichtig zu machen, daß niemand imstande war zu behaupten, er sei von selbst gegangen oder umgekehrt entlassen worden. Und um die Verwirrung voll zu machen, war er, obschon nicht mehr am Platze, immer noch da – als Berater. Und was für Ratschläge gab er? Solche, die Napoleon hören wollte, die auf der Linie des Größenwahns lagen. Später war es Talleyrand ein leichtes zu behaupten, er trage an des Kaisers Fehlern und Irrtümern keine Schuld, da er nicht mehr Minister gewesen sei. Wichtig und wesentlich war nur, rechtzeitig auszusteigen. Einer seiner zuverlässigsten Biographen, der Historiker Emile Dard, sagt es so: »Den Vorwurf, den Kaiser bei seinem Sturz im Stich gelassen zu haben, kann man ihm nicht machen. Er hat sich von ihm getrennt, als er auf der Höhe des Ruhms stand.« Das ist vollkommen richtig.

Im Sommer 1807, nach seiner Rückkehr aus Sachsen, litt er noch immer an der Kränkung, die Napoleon ihm angetan hatte, indem er ihn von den Friedensverhandlungen fernhielt, während alle Diplomaten, die preußische Königin und selbst die französischen Marschälle ihn bedrängt hatten, Napoleon auf seinem kriegerischen Weg aufzuhalten.

Überdies glaubte er, ungenügend bezahlt und belohnt zu werden. Die ihm 1804 zugefügte Demütigung hatte er nicht vergessen: damals waren Cambacérès und Lebrun Großwürdenträger und Hoheiten geworden. Nun schien ihm der Zeitpunkt gekommen, einen hohen Titel, den eines Großwürdenträgers, zu verlangen. Napoleon fand das übertrieben, er wollte keine Anhäufung von Rängen und Titeln bei einer Person. Er empfand Talleyrands Begehren als ärgerlich, denn es zwang ihn, das Gesuch entweder abzulehnen oder ihm stattzugeben, dann allerdings unter der Bedingung, daß der neue Großwürdenträger auf sein Ministeramt verzichtete.

Talleyrand besaß genug Takt und höfische Erfahrung, als daß er den Irrtum begangen hätte, Napoleon in eine so unangenehme Lage zu bringen. Wenn es trotzdem geschah, so ganz bewußt. Napoleon ging darauf ein, er machte ihn zum Vice-Grand Electeur. Was Fouché dazu brachte, aus seinem Loch herauszukommen und durch die Korridore zu zischen: »Das ist das einzige Laster [französisch: vice], das ihm noch fehlte.« Was wiederum Talleyrand schmeichelte.

Durch dieses kleine Kunststück konnte er die Rue du Bac aufgeben, ohne daß jemand hätte sagen können, ob er durch die Tür oder durch das Fenster abgegangen ist. Wieder einmal brachte er es zustande, »ein strittiges Objekt« zu sein und, als er ging, stolz zu sagen: »Ich will nicht der Henker Europas sein.«

Er sagt nichts Unrichtiges, wenn er in seinen Memoiren behauptet, er habe Napoleon »in Treue und mit Eifer« gedient. Selbst Unternehmungen, die im völligen Gegensatz zu seinen eigenen Grundsätzen standen, hat er mit dem alleinigen Ziel gefördert, Gefallen zu erregen. Wenn er jedoch einige Zeilen weiter behauptet, er habe »das Geltungsbewußtsein des Herrschers in gerechten Grenzen« gehalten, dann ist das falsch. Eben weil seine Wendigkeit und sein Eifer vor dem Tyrannen zu einer Verbeugung wurden. Und wenn er hinzufügt, daß er »Europa geschont habe, damit Frankreichs Glück und Ruhm Vergebung fänden«, ist das genauso falsch. Er hatte sich keiner Annexion widersetzt, wie auch der Zerstückelung Deutschlands nicht. Richtiger zu sagen wäre es, er habe die Absicht gehabt, aber sie zu verwirklichen hat er nicht einmal versucht, da er wußte, daß das Übel unheilbar war. Sein Verdienst war es, gesehen zu haben, wo Klugheit und Besonnenheit lagen, und diese Klugheit zu verkörpern; sein Fehler jedoch war es, daß er zu allen Fehlern seines Herrn Amen gesagt hat.

Kurzum, die Formen blieben gewahrt, seinen Nachfolger Champagny, der zum Herzog von Cadore ernannt wurde, führte er ins Ministerium ein.

Von Champagny sagte er: »Der einzige Unterschied, der zwischen Champagny und mir besteht, ist, daß er, wenn der Kaiser ihm befiehlt, jemandem den Kopf abzuschlagen, es in einer Stunde tut, während ich in diesem Fall einen Monat benötige, um seinen Befehl auszuführen.«

Zweifellos gab es noch andere Unterschiede, und bestünden sie auch nur in der Art und Weise, einen Beamten innerhalb einer Viertelstunde zu ernennen und wieder zu entlassen. Als Talleyrand noch in der Rue du Bac residierte, war sein Augenmerk auf einen sehr seriösen, aber im Hintergrund stehenden Beamten gefallen. Um ihn zu befördern, ernannte er ihn zum Konsul. Der völlig überraschte Mann ging, sich zu bedanken, zum Minister und sagte, innerlich bewegt, er fühle sich dieser Beförderung wegen um so glücklicher, als er in seinem ganzen Leben nie Glück gehabt habe. »Sie haben kein Glück?« fragte Talleyrand zurück. »Dann ernenne ich sie nicht.« Und augenblicklich strich er ihn von der Liste der neuen Konsuln. Mazarin und Napoleon verhielten sich ähnlich.

Talleyrand machte sich ein Vergnügen daraus, Champagny zu schockieren, als er ihm die Mitarbeiter des Ministeriums vorstellte und ihm als Abschiedsrede einige Hinweise gab über den nützlichen Gebrauch, der in politischen Affären von der Bedächtigkeit und Nonchalance zu machen ist. »Monsieur, Sie haben hier empfehlenswerte Leute, mit denen Sie zufrieden sein werden. Sie werden sehen, daß sie zuverlässig, geschickt, ergeben sind, aber, dank meiner Anleitung, keineswegs diensteifrig.« Champagny wäre hinter seiner hochgebundenen Krawatte fast erstickt. Das ermutigte Talleyrand nur, nicht ohne Herablassung fortzufahren: »Jawohl, Monsieur, mit Ausnahme einiger kleiner Postabfertiger, die, wie ich meine, ihre Briefumschläge mit etwas zu großer Schnelligkeit versiegeln, befleißigen sich alle hier der größten Gelassenheit und sind der Eile entwöhnt. Wenn Sie eine Zeitlang die Angelegenheiten Europas mit dem Kaiser zu behandeln gehabt haben, werden Sie erfahren, wie wichtig es ist, bei der Siegelung und Beförderung seiner Willensäußerung keine zu große Eile an den Tag zu legen.«

Napoleon geruhte zu lächeln, als ihm von der Verblüffung des Nachfolgers von Talleyrand berichtet wurde. Von der Richtigkeit dieser Ratschläge war er so überzeugt, daß er dem Neuen selber erklärte: »Meine Briefe müssen Sie drei oder vier Tage unter Ihrem Kopfkissen aufbewahren, ehe Sie sie auf den Weg geben.« Und als Talleyrand später auf den Vorzug zu sprechen kam, den die Langsamkeit bei politischen Angelegenheiten haben könne, sagte er: »In Verlegenheit ist der Kaiser an dem Tag gekommen, an dem er eine Viertelstunde früher das tun konnte, was ich eine Viertelstunde später von ihm erwirkt hätte.« Das war am 10. August, dem Tag, an dem er das Ministerium verließ. Champagny hätte seine Funktionen am 9. übernehmen sollen. Talleyrand unterschrieb die Post also am 10. zum letztenmal, mit einer unnachahmlichen höfischen Wendung: »Die Sendung, die ich heute die Ehre habe, Eurer Majestät zukommen zu lassen, wird die letzte Handlung in meinem Ministeramt sein. Die erste und letzte Gefühlsregung meines Lebens wird Dankbarkeit und Ergebenheit sein.« [BERT]

Das bleibt abzuwarten ... Der Abgang war gelungen. Welche Vorteile verschaffte ihm nun die halbe Ungnade, die er selber gewollt hatte? Er wurde Vice-Grand Electeur. Grand Electeur war Joseph, König von Napel. Scherzhaft und von oben herab bezeichnete er die Würden als »ehrenvolle und einträgliche Sinekuren«. Das war nicht unzutreffend. Dieser Rang brachte ihm dreihundertdreißigtausend Francs ein. Daneben bekam er vierzigtausend in seiner Eigenschaft als Großkämmerer, weitere hundertzwanzigtausend aus seinem Fürstentum und Valençay, fünftausend für das Große Ordensband der Ehrenlegion. Insgesamt eine halbe Million jährlicher Einkünfte (ungefähr drei Millionen heutiger Francs).

Und einige zusätzliche kleine Ehren. In der Eigenschaft als Durchlauchtigste Hoheit und dritte Persönlichkeit des Kaiserreichs (die erste und zweite waren – leider! – Cambacérès und Lebrun) durfte er das Tedeum in derselben Reihe wie sie stehend anhören.

In der gleichen Eigenschaft wohnte er am 20. April 1808, als die junge Königin Hortense in Paris einen Sohn namens Napoléon-Louis-Charles auf die Welt brachte, der Geburt bei. Seine Glückwünsche brachte er mit Nonchalance, nicht ohne Eleganz vor. »Es obliegt Ihrer Majestät, uns Prinzen zu schenken. Auf Sie müssen wir das Glück unserer Zukunft bauen.« Woraufhin er sich neben das Bett stellte und von anderen Dingen sprach.

Die in Wehen liegende Königin behielt diesen Besuch in Erinnerung. Talleyrand war – wir wissen es schon – stets von einer Duftwolke von Puder, Salben und verschiedenen Essenzen umgeben. Er hatte sich so aufdringlich parfümiert, daß die arme Wöchnerin meinte, ersticken zu müssen.

Von welcher Seite und wie immer man ihn betrachtet, die Spur, die er hinterläßt, ist unauslöschlich.

Das Kind, das an jenem Tag geboren wurde, machte sich später in der Geschichte einen Namen als Napoleon III. (Der dritte Sohn der Königin Hortense, ein illegitimes Kind, das sie von Flahaut hatte, dem Sohn Talleyrands, als dieser noch Bischof von Autun war, machte sich ebenfalls einen Namen. In der Geschichte führt er den Namen Herzog von Morny. Er war der Urheber des Staatsstreichs vom 2. Dezember 1851, der seinen Halbbruder auf den Thron brachte. In seiner Eigenschaft als Innenminister bis 1862 unterstützte er ihn tatkräftig. Nach seinem Tod trat Graf Walewski an seine Stelle, der Sohn, den Napoleon mit Marie Walewska hatte. Napoleon III. vermochte darüber nur zu sagen: »Die Natur läßt sich nicht verleugnen.«)

Talleyrand bekam mit seiner neuen Würde das Recht, eine üppigere, schwerere und glänzendere Tracht als die eines Großkämmerers zu tragen.

So angetan, hat ihn Prud'hon auf dem Bild dargestellt, das sich im Museum Carnavalet befindet. Er sieht nicht gerade zufrieden darauf aus. Kommt es von der Kleidung, die blenden und beeindrucken soll? Oder hat der Maler die düstere Seite der Gestalt unterstrichen, die während der Jahre des Konsulats deutlich wurde? Wie dem auch sei, er wirkt imposant und etwas unheimlich, er zeigt Würde, hat aber seinen ironischen Ausdruck verloren. Das Jahrhundert hat ihn verwandelt.

Er durfte sich auch ein neues Wappen zulegen, auf dem selbstverständlich die »drei gekrönten goldenen Löwen mit herausgeschlagener Zunge« des Hauses Périgord wiederzufinden sind, aber – auch sie – verkleidet, vermählt – auch sie – mit anderen Wappentieren: einem Eber, der aus Benevent stammt, und einem Adler, der von überall und nirgends herstammt, denn unter dem Kaiserreich gab es ihn überall, »einem Adler, der einen Blitz in den Klauen hält«. Es wirkt wie ein Hohn. Wenn man der seit neun Jahrhunderten bestehenden Familie Talleyrand-Périgord angehört, braucht man dann sein Wappen umzumodeln?

Es konnte nicht ausbleiben, daß Talleyrand sich unter seinen Goldverschnürungen, mit seinem »Eber«, seinem »Adler« und in seiner Sinekure bald langweilte und seinem Ministeramt nachtrauerte. Er war dreiundfünfzig Jahre alt.

In der Untätigkeit ist der Fürst von Benevent unheimlicher als im Ministerium

Er zog in die Rue d'Anjou und nahm sein Spielerdasein wieder auf. Montrond und Narbonne waren noch immer zur Stelle. Diese »jungen Alten« aus Versailler Zeiten waren ständig in seiner Nähe, sie begleiteten ihn in die Spielsäle oder zu den Sitzungen des berühmten Phrenologen Gall, der ein bißchen Arzt, ein bißchen Scharlatan war, zu dem die Leute strömten, um sich von ihm sagen zu lassen, wer sie sind und was aus ihnen werden würde: Er brauchte nur die Höcker ihrer Schädel zu betasten. Das alles tröstete Talleyrand nicht darüber hinweg, daß er von »den Angelegenheiten Europas« ausgeschlossen war. Madame de Rémusat gegenüber äußerte er: »Sie können sicher sein, daß der Kaiser mit allen seinen Fehlern heute noch sehr notwendig für Frankreich ist, das er aufrechterhält und für das jeder sein Äußerstes tun muß.« Augenscheinlich bereute er es, ein wenig zu früh »ausgeschieden« zu sein. Andernorts sprach er in einem anderen Ton. Er verstand sich gut mit Metternich. Zwischen den beiden genügten Andeutungen. Sie waren Menschen der gleichen Gattung, der gleichen Bildung, Metternich einfacher, aber von grenzenloser Hinterhältigkeit. Alle beide waren sie Denkmäler des Ancien régime, die ins neue Regime verpflanzt waren. Talleyrand hatte Gedankentiefe und zukunftsträchtige Visionen, die dem anderen abgingen, was aber Wendigkeit, Flair und Verschleierungskunst angeht, so waren sie sich sehr ähnlich. Was Talleyrand für nötig hielt, teilte er Metternich vertraulich mit, seine Zweifel über die Zukunft des Kaiserreichs und sein Bedauern, nicht mehr am Werk zu sein. Metternich glaubte damals, Talleyrand sei politisch am Ende.

In den Salons hingegen gab er im Flüsterton Sätze von sich, die die Leute erstaunten und verwirrten. »Mein kleiner Geist hat große Mühe, sich vorzustellen, daß das, was wir jenseits des Rheins machen werden, den großen Mann überdauert, der es befiehlt. Nach ihm wird keine Nation bereit sein, sich einer anderen Nation zu unterwerfen. Die wachsame und schwere Hand des Kaisers wird uns vor allem bewahren, aber wer wird ihm nachfolgen? Die Natur bringt nicht zwei Menschen seiner Dimension hervor.«

Die Beweihräucherung beiseite gelassen, muß es so verstanden werden: Napoleons Werk wird ihn nicht überleben, der aufwallende Nationalismus wird sein auf Bajonette gestütztes Gebäude umwerfen, das Empire hat keine Zukunft. Daraus sprach gesunder Menschenverstand.

Wie war es möglich, daß die kaiserliche Polizei, die ihre Ohren überall hatte (in jeder Familie, in jedem Salon, in jedem Café, in jeder Kutsche gab es einen oder mehrere Spione), nichts unternahm? Wie kam es, daß so doppeldeutige und listige, von einem solchen Mann geäußerte Worte nicht bis zu Napoleon gedrungen sind? Es ist kaum zu glauben. Gab es jemanden, der die Berichte siebte? Napoleon empfing Talleyrand weiterhin, er hörte ihm zu, sprach mit ihm über alle Angelegenheiten, er wollte gelobt werden und wurde dabei weiter auf die Bahn gedrängt, auf der er bald danach zugrunde gehen sollte. Ihn zu »verraten«, war gar nicht nötig, man brauchte ihn nur tun zu lassen. Jede Tragödie hat ihr Fatum.

Und so stürzte sich Napoleon gesenkten Kopfes in das unheilvolle Abenteuer in Spanien. Wenn man Talleyrand mit Madame de Rémusat über den Vorgang sprechen hört, könnte man meinen, er betrachtete das Wagnis, auf das sich Napoleon jenseits der Pyrenäen einläßt, als wahnwitzig. »Folgt er den schönen Ratschlägen, die man ihm heute gibt, stehe ich für nichts mehr ein. Er hat sich in eine unerbittliche, kritische Lage gebracht. Murat will König von Spanien werden, sie beschwatzen den Friedensfürsten (den schrecklichen Godoy) und wollen ihn für sich gewinnen, wie wenn er irgendeinen Einfluß in Spanien hätte. Das ist eine schöne Politik des Kaisers, in ein Land zu ziehen und den Ruf zu haben, er stehe in vertrauter Verbindung mit einem verhaßten Minister. Ich weiß wohl, daß er diesen Minister täuscht, daß er ihn wegjagen wird, wenn er bemerkt, daß er ihm nichts mehr nützt, aber er hätte sich die Kosten dieser elenden Heimtücke sparen können.«

Das alles ist leider nur zu wahr. Wenn man ihn indes mit solcher Triftigkeit das Vorhaben des Kaisers kritisieren hört, würde man nicht glauben, daß er einen Monat, nachdem er das Ministerium verlassen hat, im September 1807, höchstpersönlich mit Izquierdo, der von Godoy geschickt war, in Fontainebleau über die Liquidation der Bourbonen in Spanien verhandelt hat. Demnach unterstützte er Napoleons Politik, die er im kleinen Kreis verdammte. Klarsehend fügte er hinzu: »Aber der Ehrgeiz, der Zorn, der Stolz und einige Dummköpfe, denen er sein Ohr leiht, machen ihn blind und taub. Sobald ich von Mäßigung spreche, verdächtigt er mich, und wenn er mir nicht mehr glaubt, werden Sie sehen, durch welche unvorsichtigen Dummheiten er sich und uns zugrunde richten wird.«

Da Unvorsichtigkeit nicht Talleyrands Sache ist, umkleidet er dieses schwerwiegende Geständnis mit einem ganz förmlichen Treuebekenntnis: »Jedoch werde ich bis zum Ende Wache halten.« (Könnte man nicht meinen, er spräche von einem Schwerkranken?) »Ich habe mitgewirkt am Zustandekommen seines Reichs, ich möchte, daß es als mein letztes Werk gilt, und solange ich einen Schimmer von Erfolg meines Plans sehe, werde ich darauf nicht verzichten.« [REM]

Seine Treue ist nicht auf den Kaiser, sondern auf das Kaiserreich gerichtet. Bei ihm haben die Worte einen Sinn. Es handelt sich um eine bedingte Treue: er verhehlt nicht, daß sie so lange anhalten wird, wie »der Erfolg« anhält. Nun sehen wir klar.

Seinen Memoiren zufolge könnte man meinen, die »spanische Intrige« sei ohne sein Zutun gesponnen worden. Mit wenigen Zeilen verschleiert er sowohl die Tatsache wie die Rolle, die er dabei gespielt hat. »Ich habe den Plan mit aller Kraft bekämpft, indem ich die Unmoral und die Gefahren eines solchen Unternehmens dargelegt habe.« Wo? Wann? In welcher Form? Hat er Berichte geschrieben? Eine Aufzeichnung abgefaßt? Er verdammt »das denkwürdigste aller Vergehen Napoleons«. Doch diese Worte sind zur Zeit der Restauration geschrieben worden. 1808 gibt es keine Spur von Opposition. Hingegen hat Pasquier bei einem Diner gehört, daß er der rechtswidrigen Aneignung mit folgenden Worten beipflichtete: »Die Krone Spaniens hat seit Ludwig XIV. der Familie gehört, die über Frankreich herrschte. Sie ist mithin eines der schönsten Erbteile des großen Königs, und dieses Erbe muß der Kaiser in vollem Umfang zurückholen; er darf, er kann kein Stück davon aufgeben.«

Wahrscheinlich hat er in dieser Weise, um ihn zu ermutigen, auf Napoleon eingeredet. Seit 1792 empfand er bekanntlich besonderen Haß den Bourbonen gegenüber, er bezog sich nicht nur auf den französischen Zweig, sondern auch auf den spanischen und den in Neapel. Als Napoleon die neapolitanischen Bourbonen enteignete und ihr Königreich seinem Bruder Joseph übertrug, war Madame de Rémusat empört. Sie handelte sich von ihrem Freund Talleyrand die Antwort ein: »Madame, alles dies wird erst vollendet sein, wenn es keinen Bourbonen mehr auf irgendeinem Thron Europas gibt.« In diesem Fall drückt er sich nicht doppeldeutig aus. Daß von dieser seiner Haltung keine Spur zu finden ist, beruht darauf, daß er

1814 das spanische Aktenstück verschwinden ließ – zusammen mit dem Dossier der Affäre des Herzogs von Enghien.

Als er erfuhr, was sich am 8. Mai 1808 in Bayonne ereignet hatte, beglückwünschte er den Kaiser in einem Brief mit wohlgesetzten Worten dafür, daß er den Infanten von Spanien, den Prinzen von Asturien, seinen Bruder und seinen Onkel in einen Hinterhalt gelockt und sie gefangengesetzt habe, nachdem er ihnen unter Drohungen den Verzicht auf ihre Rechte an der spanischen Krone abgerungen hatte. Sollte Talleyrand vergessen haben, daß er an der Abfassung der »Erklärung der Menschenrechte« mitgearbeitet hatte? Wie konnte er schreiben: »Jeder bewundert hier den Verlauf, den die Ereignisse genommen haben, einen so glücklichen Verlauf, daß es unmöglich ist, mehr zu erhoffen.« Dieser Brief ist dem vernichtenden Feuer entgangen: er für sich allein genügt. Eine große Heldentat: drei königliche Gefangene, die ohne Schwertstreich in eine Mausefalle gegangen sind! Der Sieger von Austerlitz ist ein Fallensteller geworden. Und Talleyrand lobhudelt noch immer. Nie hat die Stimme des Untergangs einen deutlicheren und beredsameren Klang gehabt. Das Schlimmste ist, daß er ganz Frankreich mit diesem widerwärtigen Handstreich in Verbindung bringt. »Selbst der gemeine Mann ist überzeugt.« Dem »gemeinen Mann« legt er in den Mund, was ihm wichtig schien. Ein weiterer Verrat, den man Talleyrand nicht angekreidet hat: er verrät die Freiheit, die Gerechtigkeit und wird sich selbst untreu.

Hervorgehoben werden muß, daß er Napoleon zwar schmeichelte, ihm aber keine kriegerischen Ratschläge gab. Im Gegenteil, er beschwor ihn, die Pyrenäen nicht zu überschreiten, wie er ihn beschworen hatte, den Njemen nicht zu überschreiten: »Eure Majestät scheint mir die Hoffnung zu erlauben, daß alles in Bayonne abgewickelt werden wird und daß Sie nicht verpflichtet ist, über die Grenzen Frankreichs hinauszugehen, was ich von ganzem Herzen wünsche.«

Was Talleyrands Herz sich wünschte, kümmerte Napoleon wenig, denn er war bereits in Spanien eingefallen. Dennoch gratulierte ihm der enttäuschte Talleyrand. Er feierte den von Bessières bei Medina de Rio Seco errungenen Sieg und verglich ihn mit dem Almanzas, durch den der Thron Philipps V., eines Enkels Ludwigs XIV., gesichert wurde. Bessières' Sieg verhalf Joseph Bonaparte zu einem Thron. Talleyrand mag in seinen Memoiren ruhig erzählen – vor allem für die Bourbonen –, Napoleon habe ihm im August 1808 in Nantes eine heftige Szene gemacht, weil er sich der spanischen Unternehmung widersetzt habe, glaubwürdig ist nichts davon. Möglicherweise hätte er in Nantes, wohin er sich auf Napoleons Geheiß begeben mußte, auf den Kaiser einwirken können, nicht indem er sich auf die Grundsätze der Moral und des Rechts berief, wie er den Anschein erwekken will, sondern indem er die Wirkung der schlimmen Nachrichten benutzte, die über die unheilvolle Wendung, die der Krieg in Spanien genommen hatte, umliefen: die Zeit der Rückschläge hatte begonnen. Die kaiserliche Welle war im Rückfluten begriffen. Am 20. Juli hatte General Dupont in Baïlen kapituliert. Die Gelegenheit, so schrecklich sie war, wäre für eine klärende Aussprache günstig gewesen. Talleyrand tat nichts, um seinen Herrn nachdenklich zu stimmen, und die Zeugen, die ihm nach dem Gespräch in Nantes trafen, sagen übereinstimmend, er habe in höherer Gunst beim Kaiser gestanden als je zuvor. Pasquier begegnete bei Talleyrand in Paris dem Herzog von San Carlos, dem Gefährten der spanischen Prinzen, sowie dem Abbé de Pradt, der später Erzbischof von Mecheln wird. Pasquier war überrascht zu hören, daß der Fürst von Benevent sich darüber freute, vom Kaiser als Wächter der spanischen Gefangenen ausersehen worden zu sein. Man kann so verblüfft wie Pasquier sein, wenn man erfährt, warum und wieso der Vice-Grand Electeur zum Kerkermeister ernannt worden ist. Warum spielt er dieses Spiel? Warum zeigt er seine Unterwürfigkeit so deutlich? Diese Fassade war notwendig, um sein eigentliches Spiel zu verschleiern. Der Kaiser sollte und mußte an seine Ergebenheit glauben, und kein Verdacht durfte in ihm aufkommen. Auf diese Weise blieb Talleyrand eingeweiht in die Politik mit Österreich, Rußland und Deutschland. Zu späterer Zeit ist er als einziger fähig, mit den ausländischen Herrschern zu verhandeln. Dann verhandelt er nach seiner Fasson, und erst auf dem Weg ins Exil wird es Napoleon schließlich klar, warum sein Ratgeber solchen Eifer an den Tag legte.

Trotz der Klugheit und Vorsicht, die Talleyrand – offiziell – in der spanischen Angelegenheit bewahrte, spielte Napoleon ihm, vielleicht weil er Doppelzüngigkeit ahnte, einen selten heimtückischen Streich, um ihn bloßzustellen und zu demütigen. Wie schon gesagt, hatte der Kaiser am 9. Mai 1808 die spanischen Prinzen in Bayonne festgenommen. Ihm schien es bequem und amüsant zugleich, sie dem Fürsten von Benevent nach Valençay zur Bewachung zu schicken. Damit wollte er ihn auch daran erinnern, daß er das Schloß zu einem Teil bezahlt hatte und sich sozusagen ein bißchen im eigenen Haus befand. Talleyrand erhielt die Befehle des Kaisers vermittels eines Briefes. Er kündigt die Ankunft der Gefangenen für »Dienstag in Valençay« an. »Seien Sie ab Montag abend dort.«

»Ich wünsche, daß die Prinzen ohne äußeres Aufsehen, aber ehrenhaft empfangen werden und daß Sie alles nur mögliche tun, um ihnen Unterhaltung zu verschaffen. Wenn Sie ein Theater in Valençay haben und einige Komödianten kommen ließen, wäre es nicht schlecht.« Das mit der Komödie mag hingehen, aber es folgt noch etwas anderes: »Sie könnten Madame de Talleyrand mit vier oder fünf Frauen kommen lassen.« (Ist es zu glauben? Kann man sich Seine Durchlauchtigste Hoheit vorstellen, wie er, mit der Serviette über dem Arm, seine Frau und deren Frauen den gefangenen Prinzen präsentiert?) Es geht weiter: »Sollte der Prinz von Asturien Zuneigung zu irgendeiner hübschen Frau empfinden und man dessen sicher sein, wäre dagegen nichts einzuwenden, da man so ein weiteres Mittel hätte, ihn zu überwachen.« (Zu welch erhabenen Höhen sich die Gedanken Seiner Kaiserlichen Majestät aufschwingen! Er denkt an alles.) »Was Sie selber betrifft, so ist Ihre Aufgabe sehr ehrenvoll. Drei hochstehende Persönlichkeiten zu empfangen und für deren Unterhaltung zu sorgen, verträgt sich ganz und gar mit der Würde der Nation und Ihrem eigenen Rang. Acht oder zehn Tage, die Sie dort mit ihnen verbringen werden, werden Sie davon unterrichten, was sie denken, und das wird mir helfen zu entscheiden, was ich tun muß.« [L-G]

Dieser Brief, der mehr einem Peitschenhieb als einem Kompliment gleicht, wurde mit Lächeln aufgenommen. Talleyrand hatte Pasquier gegenüber schon verlauten lassen, wie er über sein neues Amt als Kerkermeister dachte. Doch darf man dem nicht allzu viel Glauben schenken: zwar ist der Striemen des Hiebs nicht auf der Haut sichtbar, die stechende Narbe ist verborgen, im Innern. Talleyrands Verstellungskunst und Gleichmut haben alle Welt überrascht. In seiner ungeschminkten Soldatensprache sagte Lannes: »Talleyrand kann einen Tritt in den Hintern bekommen, ohne daß es auf seinem Gesicht zu sehen ist.« Mit anderen Worten sagte Stendhal das gleiche: »Nie war ein Gesicht ein schlechteres Barometer.«

Hätte man das »Barometer« befragen können, wäre zu sehen gewesen, daß es auf »Haß« stand.

Mit heiterer Stirn, in unterwürfigem Ton, mit spitzer Feder bestätigt der Fürst von Benevent den Empfang Seiner Majestät Peitschenhiebe. »Ich werde mit größter Sorgfalt das Vertrauen, mit dem Eure Majestät mich beehrt, rechtfertigen. Madame de Talleyrand ist gestern abend nach Valençay abgereist, um die ersten Anordnungen zu treffen. Das Schloß ist reichlich mit Köchen, Wäsche und Tafelgeschirr aller Art versehen. Die Prinzen werden dort alle Vergnügungen finden, die die unerfreuliche Jahreszeit zuläßt. Ich werde ihnen jeden Tag die Messe bieten, einen Park für Spaziergänge, einen gut durchgeforsteten Wald, in dem es jedoch wenig Wild gibt, Pferde, viele Mahlzeiten und Musik. Ein Theater gibt es hier nicht, und daher wäre es mehr als schwierig, Schauspieler zu finden. Im übrigen ist genug Jugend vorhanden, so daß die Prinzen tanzen können, wenn ihnen der Sinn danach steht. Den Gendarmerieinspektor von Valençay weise ich an, seine Brigade vollzählig zu halten, ich fordere ihn auf, einige Posten in der Umgebung aufzustellen und den Gendarmen den Befehl zu geben, gut zu wachen, ohne daß es auffällt.« 13. Mai 1808

Alles verlief zum besten. Madame de Talleyrand übernahm »ihren Dienst« mit größter Bereitwilligkeit. Sehr bald wurde sie schwach: der Hofmann der Infanten, der Herzog von San Carlos, entflammte für die welken Reize der üppigen Dame, die ihrem Hidalgo alle Glut schenkte, die Talleyrand seit ihrer Verheiratung verschmähte. Als Hausherr – eines königlichen Hauses – war Talleyrand unvergleichlich. Auf dem mächtigen

Donjon ließ er die spanische Fahne mit den roten und goldenen Streifen hissen. Viele Jahre nach dem Fortgang der Prinzen flatterte sie noch immer dort oben. Er tat sein möglichstes, um den Prinzen die Gefangenschaft angenehm zu machen. Zu erfahren, was sie dachten, war nicht schwierig, denn sie dachten nicht. Um das bestätigt zu bekommen, braucht man nur die Porträts anzuschauen, die Goya von ihnen gemacht hat. Sie spielten kindliche Spiele. Zum Beispiel bauten sie in ihrem Zimmer kleine Gärten auf und ließen Wasserbäche fließen. Herrn von Talleyrands Parkettböden bewahrten die Erinnerung daran. Diese Prinzen waren ungefährlich, was die Gendarmen nicht glauben wollten; sie fürchteten ihren kriegerischen Sinn und Intrigen, weshalb sie die Infanten auf Schritt und Tritt bewachten. Talleyrand ließ sie wissen, daß im Schloß und im Park weder der Kaiser noch die Gendarmen zu befehlen hätten, sondern nur er. Seine Unterwürfigkeit hatte Grenzen. Er ließ eine Mauer um den Park errichten, so konnten seine Gäste sich im Freien ergehen, ohne den Blicken der Gendarmerie ausgesetzt zu sein. In ihrem Gefolge befand sich ein Gitarrespieler, der sich in die Bäume schwang und ihnen abends Boleros vorspielte. Frau von Talleyrand setzte sich ans Piano. Tagsüber gingen sie auf die Jagd. War das Wetter schlecht, versuchte man, sie in der Bibliothek zu beschäftigen, doch verschreckt kamen sie gleich wieder heraus. Während der Nachtstunden widmete sich ihnen irgendeine junge Dame, die zu diesem Zweck eingeladen wurde.

In seinen Memoiren schreibt Talleyrand: »Zu diesen Zerstreuungen, bei denen jeder mir half, gesellten sich für die Prinzen die Tröstungen der Religion. Großes Unglück stärkt den Glauben und macht die Seele empfänglicher.« Das Schlußbild ist geradezu erbaulich: »Der Tag wurde mit einem allgemeinen Gebet beendet, zu dem ich alles aufforderte, was ins Schloß kam, die Offiziere der Departementalgarde und selbst einige Männer der Gendarmerie.« Man stelle sich die ins Gebet versunkenen Gendarmen unter dem Krummstab des musterhaften Hirten Monseigneur d'Autun vor!

Aus dieser frommen Zurückgezogenheit riß ihn ein Befehl Napoleons. Er wurde im Laufe des Monats August nach Nantes gerufen. Von dort aus machte er einen Bogen über Paris und kam nach Valençay zurück. Er konnte nur wenige Tage bleiben, denn wieder rief ihn Napoleon zu sich, um ihn nach Deutschland, nach Erfurt mitzunehmen, wo er mit dem Zaren und verschiedenen anderen Herrschern zusammentreffen wollte.

Während des kurzen Aufenthalts in Valençay wurde Talleyrand von einer traurigen Nachricht tief erschüttert. Sein Neffe Louis de Périgord war am 18. Juni 1808 in Berlin an Typhus gestorben. Von allen Verwandten war er ihm der liebste gewesen. Auf ihn hatte er selber und hatte die ganze Familie alle Hoffnungen gesetzt. Übereinstimmend berichten alle, die Louis de Périgord gekannt haben, er sei ein tapferer Offizier gewesen, ein Edelmann von beispielhafter Haltung, ein verläßlicher Freund. Talleyrand hatte ihn als seinen Erben ausersehen, für ihn war das Fürstentum Benevent bestimmt.

Louis' Tod gab keinen Anlaß zu Szenen der Rührung. Talleyrands tiefer Schmerz ist nur aus einigen kurzen Briefen an Freunde »der Familie« zu ersehen, wie aus dem an den Marquis d'Osmond. »Ich habe Ihnen dieser Tage nicht geschrieben, mein lieber Osmond, weil ich wußte, daß Sie Ihr ganzes Leben mit den Meinen verbracht haben. Sie gehören so sehr zu uns, daß Sie wie wir selbst den furchtbaren Verlust empfinden, den wir erlitten haben. Suchen Sie bitte Forel auf, und wie schmerzlich die Einzelheiten auch sein mögen, berichten Sie mir alles, was sich ereignet hat seit dem Eintreffen des armen Louis in Berlin. Adieu. Ich bin sehr unglücklich, ich bekenne es Ihnen. Ich sah, nach mir, einen Chef für meine Familie, einen Chef, der die Achtung und das Wohlwollen aller hatte. Gegenwärtig ist niemand mehr da. Adieu. In Freundschaft.« [L-G]

Hierin ist alles echt und wahr. Die von ihm geschriebenen Worte »Ich bin sehr unglücklich« sind ergreifend, und der letzte Satz zeugt von seiner Verzweiflung, angesichts einer Familie ohne Haupt, deren Zukunft unsicher ist. Der jüngere Neffe Edmond war nicht fähig, Chef der Familie zu werden.

Als er nach Paris zurückkam, stellte man fest, daß sein sonst unbewegtes Gesicht verändert war. Seine Worte, sein Benehmen, seine Aufmerksamkeit den Gästen gegenüber waren anders geworden. Der Schmerz hatte ihn tief getroffen. Madame de Rémusat und Madame de Vaines waren erschüttert von der Traurigkeit ihres stets verschlossenen Freundes.

Sehr viel rührseliger indes war der Abschied von den Gefangenen in Valençay gewesen. Die drei Prinzen kamen mit feuchten Augen, überbrachten ihre Geschenke und ihren Dank dem Gastgeber, der aus ihrem »Gefängnis« ein reines Vergnügen zu machen verstanden hatte. Sie boten dem Exbischof von Autun ihre Gebetbücher an, die sie aus Spanien mitgebracht hatten. Der Bischof, dessen oberste Tugend wohl nicht die Frömmigkeit war, zeigte sich bewegt. Über die frommen Präsente sagte er: »Ich nehme sie an mit Hochachtung und einer so starken Gefühlsregung, daß ich nicht wage, sie in Worte zu fassen.« Es gehört viel Naivität dazu, das zu glauben.

Glaubhaft hingegen ist die Tatsache, daß die Prinzen sich von dem Schreck der Festnahme in Bayonne in dem luxuriösen Asyl unter der Aufsicht oder besser gesagt dem Schutz eines liebenswürdigen Grandseigneurs, der sie mit Zuvorkommenheit und sogar einer Art Etikette umgab, bald erholt hatten. So waren sie zwar der Freiheit beraubt, aber nicht ihrer Würde, sie genossen das süße Leben. Die besten Eigenschaften Talleyrands treten bei solchen Gelegenheiten zutage: sein Gefühl und Sinn für gesellschaftliches Leben, sein Respekt vor der Würde anderer, mit einem Wort das unersetzliche humanitäre Erbe, das ihm aus dem Jahrhundert der Aufklärung überkommen war.

Es ist nur zu verständlich, daß seine Gefangenen Zuneigung zu ihm gefaßt hatten. Der Brief, den sie ihm schrieben, wirft zwar kein rühmliches Licht auf ihre Hof- und Lehrmeister, zeugt aber von ihrer guten Denkart und ist voller Lob für ihren »Kerkermeister«.

»Monsieur le Prince, unser lieber Vetter und lieber Freund, die Wohltaten, mit denen Eure Durchlauchtigste Hoheit uns überschüttet, seitdem wir das Glück haben, Sie zu kennen, die liebenswürdige Gastfreundschaft, die wir Ihnen schulden und tausend andere Gründe für größte Dankbarkeit, verbunden mit der höchsten Achtung, die Ihre großen Tugenden uns einflößen, machen es uns zu einer angenehmen Pflicht, Ihnen durch den Herzog von San Carlos und den Domherrn Escoiquiz, den Überbringern dieses Briefes, Gefühle vollkommenster und unerschütterlicher Freundschaft zum Ausdruck zu bringen; wiewohl wir überzeugt sind, sie nur mit schwachen Worten auszudrücken, und ebenso das Bedauern, das Ihre Abwesenheit uns verursacht, das jedoch gemäßigt wird durch die Hoffnung, sie möge für die Erledigung unserer Angelegenheiten günstig sein und daß wir die Freude haben werden, Sie wiederzusehen. Empfangen Sie mithin, Fürst, diesen Erguß unserer Herzen. Er ist zu echt, als daß er von Ihnen selbst nicht empfunden werden könnte. Ihre sehr ergebenen Vettern und Freunde: Ferdinand, Charles, Antonio. 30. August 1808.

Es waren, was sie nicht wußten, endgültige Abschiedsgrüße. Die Geschichte hatte sich einen Spaß daraus gemacht, diese Fürstlichkeiten unter dem Dach von Valençay zu vereinen, doch es war nur ein launischer Einfall.

Talleyrand war Napoleon nach Erfurt vorausgereist, um alles für dessen Ankunft vorzubereiten. Seitdem er nicht mehr Minister war, ähnelte er mehr und mehr einem Haushofmeister – das verlangte sein Amt als Großkämmerer. Die Politik, die er in Erfurt in Gang brachte, war von so explosiver Kraft, daß er vor 1816 nicht die Muße fand, nach Valençay zurückzukehren. Erst acht Jahre später! Unterdessen hatte sich die Welt völlig verändert. Die Gefangenen von Valençay erlangten, dank dieser Explosion, ihre Freiheit wieder und konnten nach Madrid zurückkehren. Ob sie manchmal an das sanfte Gefängnis zurückdachten, das ihnen Talleyrand bereitet hatte? Bewiesen ist es nicht. Allein San Carlos blieb der üppigen Fülle der »Kerkermeisterin« treu, der (regierenden) Fürstin von Benevent.

»Treulosigkeit der Tyrannis gegenüber ist edel.« (Corneille, »Cinna«)

Metternich schrieb am 24. September 1808, zum Zeitpunkt des Erfurter Kongresses, an seine Regierung: »Talleyrand treibt noch nicht Verrat, er leistet Widerstand und will lenken.« Es stimmt, daß Talleyrand alle Auskünfte, die wichtig für Österreich sein konnten, an Metternich, den er den »Bleichen« nannte, weitergab. Die Beziehungen zwischen Kaiser Franz II.

und Napoleon waren sehr gespannt. Durch die Allianz Frankreichs mit dem Zaren war Österreichs Lage noch gefährlicher geworden. Österreich mußte fürchten, sobald Napoleon mit Spanien zu einem Ende gekommen war, zwischen dem Zaren und Frankreich zerrieben zu werden. Zitternd und zagend rüstete es heimlich auf. Nach Erfurt war es nicht geladen worden. Talleyrand war enttäuscht darüber.

Er war für ein Bündnis mit Österreich. Sachverständig in der Kunst der Aussöhnung, kam er, um die Beziehung zwischen Wien und Paris aufzutauen, auf eine Idee, die er Metternich anvertraute. »Wissen Sie, was ich anstelle Ihres Hofes tun würde? Ich würde ihm den Austausch von Orden vorschlagen. Der Kaiser mißt allem, was von Ihrem Hof kommt, große Bedeutung bei, da es von altem Adel herrührt.« Es handelte sich darum, zwischen den Herrschern und Großwürdenträgern der beiden Länder die höchsten Stufen des Ordens vom Goldenen Vlies und der Ehrenlegion auszutauschen. Metternich machte darauf aufmerksam, daß man fünfhundert Jahre Adel nachweisen müsse, um das Goldene Vlies zu bekommen, und bemerkte dazu: »Sie wären folglich der einzige, der dafür in Frage käme, und wir werden sehen, wie der Kaiser seinen Nachweis erbringt.« Die Herren lächelten sich zu, vom Goldenen Vlies war nicht mehr die Rede.

Talleyrand wollte Wien und Paris zusammenbringen, Napoleon wollte davon nichts hören. Indes, er war nicht ganz ohne Sorge: der Krieg in Spanien hatte seinem Nimbus geschadet. In Deutschland mußte Frieden herrschen, solange seine besten Truppen in Spanien standen. Auch war er seines Verbündeten, Alexanders I., nicht mehr sicher. Deshalb wollte er um jeden Preis das Bündnis von Tilsit festigen.

In Erfurt setzte Napoleon, wie bei jeder Schlacht, alles auf eine Karte. Griffen Rußland und Österreich in diesem Augenblick an, war er verloren. Folglich durften sie nicht zusammentreffen, der Zar mußte umgarnt und »überrumpelt« werden. Dafür hatte Napoleon Trümpfe in der Hand. Sein Talent als »Commediante« und Schmeichler war beachtlich. Alexanders Verhalten hingegen war gefühlsbetont. Mit schönen Traumbildern vom Orient, mit der Phantasievorstellung von einem zerstückelten Ottomanischen Reich, von den Dardanellen und so weiter konnte man etwas bei ihm erreichen. Außerdem war er ein Schürzenjäger. Es wurde dafür gesorgt, daß Frauen zur Stelle waren. Die Comédie-Française war ein Bestandteil der Feldausrüstung. Corneille wurde requiriert, Napoleon wählte »Cinna« aus. Das Schauspiel war voller Anspielungen auf seine eigene Grandeur. Doch sein größter Trumpf in diesem Spiel war der Fürst von Benevent. Nur wußte er nicht, daß diese Trumpfkarte gezinkt war. Talleyrand sah und lenkte die Partie von höchster Warte. Was er jedoch aus nächster Nähe überwachte, war die Korrespondenz Caulaincourts, des Gesandten in Sankt Petersburg, mit Alexander und Napoleon. Caulaincourt war Talleyrands Freund, er bewunderte ihn, er hielt nichts geheim vor ihm.

Wiewohl Talleyrand nicht mehr im Außenministerium war, las er sämtliche Schriftstücke dieser drei Persönlichkeiten, war völlig auf dem laufenden über Napoleons Absichten, seine Argumente und seine Schwächen. Napoleon hatte keine Ahnung von dem vertraulichen Umgang Caulaincourts mit seinem früheren Minister. Er wußte, daß Talleyrands Beziehungen zum Zaren gut waren, und beabsichtigte, sich seiner zu bedienen, um Alexander zu umgarnen und zu hintergehen, wobei er seinen dubiosen Unterhändler durch Caulaincourt überwachen ließ.

Napoleon beauftragte Talleyrand, den Entwurf eines Bündnisvertrages mit dem Zaren abzufassen. Er hatte ihm die großen Linien aufgezeigt: alles nehmen, nichts geben, außer Versprechungen unter Bedingungen, die im geeigneten Moment die Versprechungen aufhoben. Talleyrand unterbreitete ihm den Entwurf. Napoleon lobte ihn, daß er sich öfter auf »Prinzipien« berufen als Zugeständnisse eingeräumt habe. »Prinzip ist gut, das verpflichtet nicht.« Das verpflichtete aber auch den anderen nicht. Doch Napoleon wollte und mußte es unbedingt dahin bringen, daß der Zar sich festlegte. Wieder einmal wurden ihm Moldau und Walachei versprochen, »doch durch die Vermittlung Frankreichs«. »Dieser Artikel ist gut«, sagte Napoleon und dachte daran, daß die Vermittlung gegebenenfalls abgelehnt werden könne. Diese Rußland versprochenen Provinzen sollten zugleich eine Drohung gegenüber Österreich sein. Napoleon wollte Unruhe verbreiten, den Nationen und den Menschen drohen: »Sie gehorchen nur, wenn sie Angst haben.« Nur der wichtigste Artikel fehlte noch, der Passus, durch den Rußland sich verpflichten sollte, in einem Krieg gegen Österreich sich an die Seite Frankreichs zu stellen. Talleyrand hatte diesen Punkt in seinem Entwurf nicht aufgenommen, weil er gegen ihn war. »Das ist der wesentlichste Artikel, wie konnten Sie das vergessen? Sind Sie noch immer Österreicher?« fragte Napoleon. Worauf Talleyrand erwiderte: »Ein wenig, Sire, aber ich glaube, es wäre richtiger zu sagen, daß ich nie Russe und stets Franzose bin.«

Napoleon ging auf die Antwort nicht ein. Er gab ihm Anweisungen: »Während der Zeit des Aufenthalts (in Erfurt) nehmen Sie jede Möglichkeit wahr, Kaiser Alexander so oft es geht zu sehen. Sie kennen ihn gut, sprechen Sie mit ihm in der Sprache, die ihm gefällt. Erklären Sie ihm, welchen Nutzen unser Bündnis für die Menschen haben kann und daß darin einer der großen Gesichtspunkte der Vorsehung erkannt werden muß.« (Er war wirklich ein Commediante; der Gesichtspunkt der Vorsehung war ein zu schönes Thema, um es nicht mit einem der Träumerei und Mystik verfallenen Zaren zu behandeln.) »Gemeinsam sind wir berufen, die allgemeine Ordnung in Europa wiederherzustellen.« (Welche Ordnung? Die in Spanien?) »Wir sind beide jung, wir brauchen uns nicht zu beeilen. Sagen Sie ihm, daß man ohne die öffentliche Meinung nichts erreicht und daß Europa, ohne über unsere Macht erschreckt zu sein, mit Freude das große Unternehmen sich verwirklichen sieht, über das wir beraten.« (Ein Wahnwitz zu glauben, daß ein zerstückeltes und von zwei Tyrannen unterworfenes Europa sich freuen könnte!) »Die Sicherheit der angrenzenden Mächte, das wohlverstandene Interesse des Kontinents, sieben Millionen wieder befreite Griechen und so weiter. Das ist ein schönes Feld für Philanthropie. Ich lasse Ihnen dafür freie Hand, nur möchte ich, daß es Philanthropie auf weite Sicht ist. Adieu.« [TM]

Ein herrliches Stück Zynismus: Philanthropie auf weite Sicht ist ein glänzender Einfall. Es wäre interessant zu wissen, welches Gesicht Talleyrand dazu machte.

Um mit dem Zaren zu sprechen, brauchte er keine von Napoleon servierten Themen, er hatte seine eigenen. Einen Ratschlag jedoch, den Napoleon ihm gab, befolgte er, und wahrscheinlich mit dem größten Vergnügen: »Besuchen Sie oft den Kaiser Alexander.« Von dieser Aufforderung machte er Gebrauch, sogar im Übermaß. Talleyrand stand mit dem Zaren seit 1801 in Verbindung, er hatte ein mit Diamanten besetztes Porträt und einen äußerst liebenswürdigen Brief von ihm bekommen. Insbesondere kannte er ihn durch die Vermittlung Caulaincourts, der den Zaren und Talleyrand gleichermaßen bewunderte. Beiden machte er vertrauliche Mitteilungen über den einen wie über den anderen, und stets waren sie des Lobes voll. Der Zar wußte, daß Talleyrands Einstellung Napoleon gegenüber sich seit 1801 stark geändert hatte und daß er dessen Politik jetzt mißbilligte.

Hätte Napoleon allein mit Alexander verhandelt, wäre ihm dieser unterlegen. Der Zar war kraftlos und willensschwach, die geistige Stärke und der Charme Napoleons hätten ihn bezwungen. Dadurch, daß er sich Talleyrand als Mitarbeiter nahm, erreichte Napoleon genau das Gegenteil von dem, was er sich erhoffte. Talleyrand machte den Einfluß, den Napoleon auf den Zaren ausübte, zunichte und brachte es fertig, daß dieser sich gegen seinen Verbündeten stellte.

Da er Metternich über alles auf dem laufenden hielt und ihn hinsichtlich der Politik beriet, die die Regierung in Wien verfolgen sollte, um der Vernichtung zu entgehen, kam es dazu, daß am Ende der Konferenz Österreich und Rußland, die eigentlich Feinde hätten sein sollen, um Napoleon Sicherheit zu verschaffen, sich so weit angenähert hatten, daß sie ihn bei der erstbesten Gelegenheit schlagen konnten. Das war das Ergebnis der häufigen Besuche, die Talleyrand auf Geheiß und zur Zufriedenheit Napoleons dem Zaren machte.

Die Manöver, die zu dem führten, was manche Historiker »den Verrat von Erfurt« nennen, die aber richtig gesehen nichts weiter sind als ein Zurechtrücken der willkürlich verschobenen Kräfte, müssen näher betrachtet werden. Napoleon gegenüber war es ein Verrat, Frankreich und Europa gegenüber war es ein Akt der Klugheit.

Der erste Mensch, den er sah, als er am 21. September 1808 in Erfurt eintraf, war Caulaincourt. Sie besprachen die Lage. Über das zu erreichende Ziel waren sie sich einig, sie mußten nur noch festlegen, auf welche Art und Weise sie vorgehen wollten. Talleyrand hatte Hochachtung und Sympathie für Caulaincourt, und wenn er ihm in seinen Memoiren eine bedeutende Rolle bei den Vorgängen in Erfurt zuschreibt, so geschieht es nicht, um ihn bloßzustellen – denn er selber fühlt sich auch nicht bloßgestellt –, sondern um seine guten Eigenschaften und Fähigkeiten hervorzuheben. »Eines Tages muß den Eigenschaften Herrn von Caulaincourts Gerechtigkeit widerfahren.« Keiner der beiden konnte ahnen, daß man sie einmal als »Verräter« bezeichnen würde, weil sie versucht hatten, einer Gewaltherrschaft und ihrem Unheil ein Ende zu setzen. Sie glaubten – und damals täuschten sie sich nicht –, im Einklang mit den Bestrebungen der Mehrheit der Franzosen und der Europäer zu handeln. Das Blutbad hatte 1792 begonnen und dauerte noch immer an. Es mußte beendet werden. In seinen Memoiren verschleiert Talleyrand seine Rolle nicht, er rühmt sich sogar, sie gespielt zu haben. Zur Zeit der Restauration sagte Talleyrand, verärgert über die Redner der Ultras, die meinten, jedesmal den Thron zu retten, wenn sie auf die Tribüne stiegen, zu Vitrolles: »Jeden Tag behauptet man, die Monarchie zu retten, nun, in Erfurt habe ich Europa gerettet.«

Als Napoleon am 27. September in Erfurt erschien, waren alle Vorbereitungen getroffen. Sein Einzug war spektakulär. Alle zitterten vor ihm. Die Schar der deutschen Fürsten bezeigte ein Entgegenkommen, das an Unterwürfigkeit grenzte. Sogar Talleyrand fand es widerwärtig: »Nie hat die Niedrigkeit soviel Genie gezeigt ... Ich habe in Erfurt keine einzige Hand gesehen, die mit einiger Noblesse die Mähne des Löwen gestreichelt hätte.«

Des Zaren Gesicht erhellte sich, als er neben Napoleon Talleyrand erblickte. »Er ist ein alter Bekannter«, sagte er, »ich bin entzückt, ihn zu sehen, ich hoffte sehr, daß er anwesend sein würde.« Diese Atmosphäre des Wohlwollens und des Einverständnisses bewog Talleyrand dazu, zu schreiben: »Herr von Caulaincourt, der ihm entgegengefahren war hatte ihm gesagt, daß ich unterrichtet sei über alles, was geschehen sollte.« Als Talleyrand am Wagenschlag des Zaren stand, flüsterte dieser ihm zu: »Wir sehen uns noch.« Das war genau das, was Napoleon gewollt hatte. Die Dinge ließen sich also gut an – wenn man so sagen kann. Diese Dinge, diese Angelegenheiten waren von zweierlei Art: einmal handelte es sich um den Bündnisvertrag und zum anderen – welche Überraschung! – um eine Eheaffäre. Talleyrand wurde beauftragt, für Napoleon beim Zaren um die Hand seiner Schwester zu bitten: der Kaiser wollte Joséphine verstoßen und sich wiederverheiraten. Außerdem lag Napoleon daran, die Vertragsverhandlungen nicht zu schnell vorankommen zu lassen, zunächst wollte er den Zaren beeindrucken. Ein paar Tage waren nötig, um Alexander in die gewünschte Verfassung zu bringen: »Vor dem Beginn möchte ich, daß der Zar durch die Schaustellung meiner Macht beeindruckt wird, es gibt keine Verhandlung, die dadurch nicht leichter würde.«

Den Absichten Talleyrands war nichts förderlicher. Der Vertrag war seinen Plänen hinderlich. Er ließ ihn schlummern und kümmerte sich um seine eigenen Geschäfte, die zum Ziel hatten, die Geschäfte Napoleons zum Scheitern zu bringen.

Er kümmerte sich um sie, wie es seine Gewohnheit war, in der Gesellschaft von Frauen, im Rahmen des mondänen Lebens. Der gesamte Hochadel Mitteleuropas war zu Erfurt versammelt. Den brillantesten Salon führte die Prinzessin von Thurn und Taxis. Eines Abends, als Talleyrand in diesem Kreis vor Prinzesinnen und Herzoginnen seinen Charme entfaltete, erschien ohne Vorankündigung der Zar und bat, familiär liebenswürdig, um eine Tasse Tee. Ohne Umstände kündigte er der Prinzessin an, er würde jeden Abend nach dem Theater zu ihr kommen. Während er so sprach, blickte er Talleyrand fest in die Augen. Von nun an trafen sich die beiden allabendlich, konferierten und tranken Tee. Zwischen Mitternacht und zwei Uhr morgens. Das war für Talleyrand die günstigste Zeit zur Arbeit.

Die Tage waren ausgefüllt mit Festen, Empfängen und Theatervorstellungen. Der Schauspieler Talma versetzte Napoleon in Entzücken. Er stellte ihn vor, als wäre er sein Sprachrohr. Wenn Talma »Cinna« spielte, blickte Napoleon über das Parterre von Königen und Fürsten hin und schien zu sagen: »Hört gut zu, ich bin es, der spricht.« Besser wäre es gewesen, er hätte nach der Vorstellung dem zugehört, was sein Großkämmerer dem Zaren bei der Prinzessin von Thurn und Taxis erzählte: »Sire, was tun Sie hier? Sie müssen Europa retten, und es wird ihnen nur gelingen, wenn Sie Napoleon die Stirn bieten. Das französische Volk ist kultiviert, sein Herrscher ist es nicht; der Herrscher Rußlands ist kultiviert, sein Volk ist es nicht. Der Herrscher Rußlands muß folglich der Verbündete des französischen Volks werden.« [MET]

Ist das wirklich Verrat? Talleyrand macht sich zum Vorkämpfer der französischen Nation gegen einen Herrscher, der sie verbluten läßt und zugrunde richtet. Napoleon ist nicht mehr Frankreich. Es geht um Frankreich, Frankreich muß gerettet werden.

Beim Anhören solcher Äußerungen muß dem Zaren schwindlig geworden sein. Graf Tolstoj, sein neuer Gesandter in Paris, hatte ihm zwar gesagt, es habe sich in Paris um Talleyrand eine verschworene und verschwiegene Opposition gebildet, er konnte aber nicht darauf gefaßt sein, daß Talleyrand ihn auffordern würde, sich an die Spitze eines Kreuzzuges für die Befreiung zu stellen. Talleyrands Verwegenheit konnte sich auf eine immer stärker werdende öffentliche Meinung stützen, er stand nicht mehr allein da, wie 1804. Joseph de Maistre gibt wieder, was Tolstoj in Erfurt selbst aus dem Munde dreier bekannter Franzosen vernahm: »Talleyrand, Berthier und Lannes haben dem Marschall Graf Tolstoj gesagt, sie seien recht verärgert über ihren teuren Herrn, und wenn es ihnen je in den Sinn kommen sollte, eine Kehrtwendung zu machen, würden sie sich geehrt fühlen, unter Alexanders Zepter zu kommen.«

Zwei Marschälle Frankreichs waren bereit, zusammen mit dem Bischof von Autun zu desertieren? Und was tat Fouchés Polizei?

Talleyrand erklärte dem Zaren: »Der Rhein, die Alpen und die Pyrenäen sind Errungenschaften Frankreichs, der Rest ist eine Eroberung des Kaisers, Frankreich besteht nicht darauf.« Das war so einleuchtend, daß es den Zaren tief beeindruckte. Er wußte, daß das schweigende Frankreich nicht mehr hinter Napoleon stand und daß es unter den Großwürdenträgern und Marschällen eine Stimme gab, die dem Ausdruck gab, was die Nation im geheimen dachte. Er folgerte daraus, daß Frankreich die Eroberungen des Kaiserreichs ohne Bedauern zurückgeben würde: ein französisches Departement mit dem Hauptort Hamburg, ein anderes mit dem Hauptort Rom. Und Europa würde sein Gleichgewicht und den Frieden zurückgewinnen.

Für Alexander hatten sich die Verhältnisse völlig geändert, man riet ihm, die Annäherung an Österreich zu betreiben, so wie man Metternich bearbeitet hatte, sich Rußland anzunähern. Metternich schrieb: »Talleyrand zufolge erfordert es das Interesse Frankreichs, daß die Mächte, die imstande sind, Napoleon die Stirn zu bieten, sich zusammenschließen, um einen Deich gegen seinen unersättlichen Ehrgeiz zu errichten. Napoleons Sache sei nicht mehr die Frankreichs, Europa könne nur gerettet werden durch die engste Union zwischen Österreich und Rußland.«

Das Vertrauen, das der Zar in Talleyrand setzte, war so uneingeschränkt, daß er ihm den Vertragstext, den Napoleon ihm unter der Bedingung, ihn keiner menschlichen Seele zu lesen zu geben – nicht einmal seinem Außenminister –, überließ. Napoleon hatte den von Talleyrand angefertigten Entwurf eigenhändig abgeschrieben. Talleyrand mußte lächeln, als er den Text las, er kannte den Vertrag und seine Schwächen, er wußte, wie man die Klauseln drehen und wenden konnte.

Es gelang Talleyrand, für seine Wiener Freunde ein gutes Wort einzulegen und ihnen einen Vorteil zu verschaffen. Zwar ließ Napoleon keinen offiziellen Vertreter Österreichs zu, erlaubte aber, daß Herr von Vincent nach Erfurt kam. Um ihn kümmerte sich Dalberg. So hatte Österreich zumindest ein Ohr bei der Konferenz, wenn auch keine Stimme. Alles wurde ihm mitgeteilt. Die Gespräche mit Alexander, alle Äußerungen und Napoleons Launen. Sicherlich ist Österreich durch Talleyrand besser vertreten worden, als wäre es selber zugegen gewesen. Er gab Vincent Weisungen und schickte ihn damit zum Zaren, der gewissermaßen umgarnt war vom »Netz Talleyrand«. Caulaincourt, Tolstoj, Vincent, die Prinzessin Thurn und Taxis und Talleyrand sagten und wiederholten dieselben Dinge. Alexander begriff allmählich, daß Österreich kein Feind, sondern im Gegenteil bereit war, gemeinsam mit ihm Front gegen Napoleon zu machen. »Was hat mir Herr von Vincent gesagt?« fragt der Zar eines Abends Talleyrand. – »Sire, äußerst vernünftige Dinge, denn er hofft, daß Eure Majestät sich vom Kaiser Napoleon nicht verleiten lassen wird zu bedrohlichen oder zumindest beleidigenden Maßnahmen Österreich gegenüber. Und wenn Euer Majestät mir erlauben, es zu sagen, so schließe ich mich diesem Wunsche an.« – »Das möchte ich durchaus«, sagte der verblüffte Zar, »aber es ist recht schwierig, denn Kaiser Napoleon ist anscheinend sehr gereizt.« – »Aber Sire, Sie brauchen nur Einwendungen zu erheben. Kann Euer Majestät nicht die Artikel, in denen von Österreich die Rede ist, als überflüssig bezeichnen und sagen, sie seien bereits im Vertrag von Tilsit mit einbegriffen?« [TM]

Und dann gab er dem Zaren Hinweise, wie dem Vertrag jegliche Wirkung genommen werden könnte. »Ich sah«, fügt Talleyrand hinzu, »wie Kaiser Alexander sich freute. Mit einem Bleistift machte er sich Notizen über das, was ich ihm sagte.«

Am nächsten Tag zeigte ihm der Zar als gehorsamer Schüler, was er aufgesetzt hatte. »Huldvoll sagte er zu mir: ›Sie werden sich an manchen Stellen wiedererkennen.‹« Der Mentor fand, daß »diese Einwendungen ausreichend seien«. Nun legte der Zar sie dem vor, den sie angingen: Napoleon. Dieser fiel aus allen Wolken. Er glaubte, den Zaren eingewickelt zu haben, und sah sich nun einem Felsblock gegenüber. »In einer drei Stunden währenden Konferenz gab der Zar dem Kaiser in nichts nach.« Mit Genugtuung konnte Talleyrand feststellen, daß seine Weisungen Frucht getragen hatten.

Der Zar wollte sich nicht mit einem Herrscher verbünden, dessen Macht in Spanien zerrieben wurde und in Paris nur noch eine bereits unterminierte Fassade war. Nach dieser Konferenz war Napoleon von dem plötzlichen Sinneswandel des Zaren so frappiert, daß er zu dem insgeheim entzückten Talleyrand sagte: »Ich habe beim Kaiser Alexander nichts erreicht, ich habe ihn in alle Richtungen gedreht und gewendet, aber er ist kurz von Begriff. Ich bin nicht einen Schritt vorangekommen.«

Talleyrand kannte seinen Herrn, er wußte, daß er bei seinem Stolz gepackt werden mußte. »Sire«, sagte der Fuchs, »ich glaube, daß Euer Majestät sehr viel erreicht haben, seit E.M. hier sind, denn Kaiser Alexander ist völlig von Ihnen bezaubert.« – »Das macht er Ihnen vor, Sie fallen auf ihn herein«, sagte Napoleon geringschätzig. (Wie muß Talleyrand es ausgekostet haben, bei dieser Gelegenheit als der Hereingefallene bezeichnet zu werden.) »Wenn er mich so schätzt, warum unterzeichnet er nicht?« fragte Napoleon weiter. – »Sire, es ist etwas Ritterliches in ihm, das bewirkt, daß er bei zu viel Vorsicht vor den Kopf gestoßen wird. Durch sein Wort und seine Zuneigung fühlt er sich Ihnen mehr verpflichtet als durch Verträge. Seine Korrespondenz, die Sie mir zu lesen gegeben haben, ist voll von Zeichen solcher Art.« – »Possen sind das alles!« rief der Maître aus.

Talleyrand versuchte, ihn zu beschwichtigen, und Napoleon gab ihm auf, den Zaren noch öfter zu besuchen und ihn davon zu überzeugen, daß sein größtes Anliegen die umfassende Allianz mit Napoleon sein müsse. Talleyrand versprach, seine Nächte dieser edlen Aufgabe zu widmen.

Talleyrand lud Goethe und Wieland zum Diner ein. Napoleon hatte sie herbeigerufen und sich lange mit ihnen unterhalten. Talleyrand ließ sich das Gespräch von den beiden Dichtern wiedererzählen, er erfuhr, daß Napoleon Tacitus attackiert, daß Goethe ihn verteidigt und daß Napoleon dann ein Loblied auf Corneille gesungen habe. Mit Freude traf er die Dichter in Weimar wieder, wohin für einen Tag die Konferenz verlegt war. Am gleichen Abend traf er auch wieder mit dem Zaren zusammen. Dieser war sich schlüssig geworden, Kaiser Franz II. in einem Schreiben seine Gedanken über eine Annäherung darzulegen. Talleyrand war begeistert über die Fortschritte, die der Zar auf dem Weg machte, den er gebahnt hatte.

»Kaiser Franz hat es sehr nötig, beruhigt zu werden«, sagte Talleyrand scheinheilig, »ich zweifle nicht, daß Euer Majestät Brief diese Wirkung vollbringt.« – »Das ist zumindest meine Absicht«, antwortete der Zar. Talleyrand konnte das als einen Sieg verbuchen.

Jetzt ging es darum, die Hand der Großherzogin Katherina, der Schwester des Zaren, zu erlangen. Das wäre die Krönung der Allianz gewesen. So dachte Napoleon. Talleyrand hingegen mißfiel diese Heiratsabsicht. Er setzte alles ins Werk, um sie zu vereiteln, ohne jedoch eine Abfuhr einstecken zu müssen. Um nicht als erster auf den Plan treten zu müssen, schickte er Caulaincourt vor, das Terrain zu erkunden. Der Zar schien nicht abgeneigt. Nun sprach Talleyrand mit dem Zaren. Er sprach in einer Weise mit ihm, daß, so sagt er selber, »er mich beim ersten Wort verstand, und er verstand mich genauso, wie ich wollte, daß er mich verstehe«. Das heißt, daß es weder eine Ablehnung noch eine Hochzeit geben würde. »Ich muß zugeben, daß ich für Europa Schrecken empfand bei dem Gedanken an eine weitere Verbindung zwischen Frankreich und Rußland.« Dieses Wort wirft ein bezeichnendes Licht auf Talleyrands Gedankengänge hinsichtlich Rußlands. Ein Einverständnis mit dem Zaren war zweifellos nützlich, um sich des Tyrannen zu entledigen, aber was danach folgen könnte ... Diese geplante Heirat sollte nur dazu dienen, Napoleon einzulullen. Drei Monate danach heiratete die Großherzogin, an die er gedacht hatte, den Herzog von Oldenburg. Die jüngere Schwester war erst vierzehn Jahre alt, Napoleon wurde gebeten, zu warten. Wie konnte ein so argwöhnischer Mann so leichtgläubig sein?

Die Heirat sowohl wie das Bündnis waren gescheitert. Die beiden Kaiser verabschiedeten sich am 14. Oktober 1808. Sie umarmten sich auf das freundschaftlichste. Sie hatten ein Schriftstück unterzeichnet, das nicht als Vertrag gelten konnte, das niemanden zu irgend etwas verpflichtete, das festlegte, Walachei und Moldau sollten erst an Rußland zurückfallen, wenn

Verhandlungen mit England begonnen hätten (als würde England es zugelassen haben, daß Rußland auf dem Balkan in Richtung Konstantinopel Fuß faßte!).

Napoleon war vom Schicksal schon gezeichnet, er war, wie Racine sagt, die Beute »dieses Geistes der Unklugheit und des Irrtums, dieses unheilvollen Vorläufers des Sturzes der Könige«. Aber Napoleon hörte nicht auf Racine. Talleyrand hingegen hörte auf alles und fing während der Vorstellung von »Cinna« jenen Vers von Corneille auf, der für ihn geschrieben zu sein schien: »Treulosigkeit der Tyrannis gegenüber ist edel.«

So endete diese Konferenz, in die Napoleon so große Hoffnungen gesetzt hatte, so begann die Unterhöhlung des Kaiserreichs. In der Herbstluft lag der Geruch verlöschter Lampions und zur Neige gegangener Feste. Die Zeit der Rückschläge war angebrochen.

Oft ist an Tatsachen und Ereignissen, an denen er nicht direkt beteiligt war, die er aber aus der Ferne beeinflußt hat, Talleyrands unauslöschliches Siegel zu bemerken. Fünf Jahre nach dem Fürstentag zu Erfurt fuhr Napoleon in größter Eile nach Paris zurück, er war auf dem Rückzug aus Rußland und in düstere Gedanken versunken. In seinen Schlitten gekauert, ließ er die Tage von Erfurt an sich vorüberziehen und suchte nach einer Erklärung für die merkwürdige Kehrtwendung des Zaren Alexander, die das Scheitern des Bündnisses bewirkt hatte. Neben ihm im Schlitten saß Caulaincourt, der Freund und Helfershelfer Talleyrands, des Zaren und Vincents. Plötzlich gab Napoleon ihm seine Gedanken preis, er sprach über den Verdacht, der ihm hinsichtlich des möglichen Urhebers des »Verrats« gekommen sei. Caulaincourt war inmitten der eisigen und einsamen Weiten von der Erinnerung an Erfurt mehr gepackt als von der russischen Kälte. Er war nicht wenig überrascht zu hören, daß Napoleon Marschall Lannes verdächtigte. Der Kaiser erinnerte sich, daß dieser dem Zaren entgegengeschickt worden war, um ihn nach Erfurt zu geleiten, und er glaubte, daß Lannes, seinem wohlbekannten schlechten Charakter nachgebend, die Stunden, in denen er mit dem Zaren allein war, dazu benutzt hatte, ihm zu sagen, »daß Napoleon ihn betrügen wolle, daß sein Ehrgeiz schrankenlos sei, daß er als Mittel, alles zu erreichen, nur den Krieg kenne und daß er, der Zar, sehr vorsichtig sein müsse«. [CAUL]

Ob er Napoleon über seinen Irrtum aufgeklärt hat, sagt Caulaincourt nicht. Es ist auch einerlei. Lannes war 1813 tot, aber Talleyrand noch sehr lebendig.

Die Gründe für eine Scheidung

Die Beziehungen zwischen Napoleon und Talleyrand sind von so außergewöhnlicher Art, sie haben auf den Gang der Geschichte so ungeheuren Einfluß gehabt, daß im Augenblick des verhängnisvollen Bruchs versucht werden muß, sie richtig zu verstehen, wobei der zeitliche Abstand genutzt werden kann und die Ressentiments und die Aufregungen ihrer Zeitgenossen nicht berücksichtigt zu werden brauchen.

Napoleon hat zwei Scheidungen vollzogen: die erste von Talleyrand in Erfurt, die zweite von Joséphine im Jahr 1809. Die erste Scheidung geschah ohne jeden Eklat. Talleyrand wurde nie ersetzt.

Zu den persönlichen Gründen, die sich seit 1802 angesammelt hatten, kamen solche hinzu, die auf der öffentlichen Meinung beruhten. Hätte Talleyrand nur persönliche Vorwürfe gehabt, hätte er einem Gelüst der Vergeltung wahrscheinlich kaum nachgegeben, er gab aber jener unbestechlichen Stimme nach, von der er sagte: »Es gibt jemand, der klüger ist als Voltaire und mächtiger als der Kaiser, das ist jedermann.«

Zur Zeit des Kaiserreichs war die Stimme von »jedermann« eine geheime Stimme: Talleyrand vernahm sie deutlicher als andere. Manchmal wurde sie schrill wie ein Schrei, dann tat er so, als wäre er taub. So zum Beispiel, als Madame de Staël schrieb: »Fünfzig Meilen von der Grenze entfernt ist Frankreich gespickt mit Zitadellen, Haftanstalten, Städten, die als Gefängnis dienen, wo man überall Menschen sieht, die vom Willen eines einzigen Mannes niedergezwungen werden, Rekruten des Unglücks ...«

Ein merkwürdiger Zustand, in dem »la douce France« sich befand, eine Fülle von Häftlingslagern, von Zwangsaufenthaltsorten: »In Dijon spanische Flüchtlinge, die sich geweigert haben, den Eid abzulegen ... in Auxonne englische Gefangene« – in Besançon »weitere Spanier«. Das Fort de Joux im Jura war vollgestopft mit französischen politischen Häftlingen. Dort starb vor Kälte, neben vielen anderen, Toussaint-Louverture, der Schwarze aus Santo Domingo.

Trotz seines Schweigens hat Talleyrand diese Art zu herrschen und zu regieren abgelehnt. Er hat sicher die aufwühlenden Worte Madame de Staëls gekannt, die halb wahnsinnig vor Schmerz war, daß man sie wie eine Verbrecherin verfolgte: »So war ich gezwungen, zwei Vaterländer, die Schweiz und Frankreich, als Schuldige zu verlassen, auf Befehl eines Mannes, der weniger Franzose war als ich, denn ich bin am Ufer jener Seine geboren, an der er durch seine Gewaltherrschaft sich naturalisiert hat. Wo ist sein Vaterland? Das ist die Erde, die er sich untertan gemacht hat. Seine Mitbürger? Es sind seine Sklaven, die seinen Befehlen gehorchen.« Obwohl Talleyrand entzweit war mit Germaine, wußte er, daß sie recht hatte.

Es ist nicht anzunehmen, daß er nicht gesehen hat, wie Napoleon die

Wirtschaft vernachlässigte, da der Krieg die einzige Industrie war, um die er sich sorgte, wie er sich weder um Bevölkerungsprobleme kümmerte noch um soziale Probleme, von Bildung und Unterricht ganz zu schweigen. Der Kaiser war Julius Cäsar ähnlicher als einem modernen Staatschef. Auch das ließ ihn in Talleyrands Augen verdammenswert erscheinen, er hatte gesehen, wie die Angelsachsen »Geld machten«, er wußte, daß man mit Wohlstand Glück schafft.

Zum Zeitpunkt des Fürstentags zu Erfurt hatte er den Puls der Nation gespürt. Sein Herz schlug im gleichen Takt wie Frankreichs Herz. Hinter der Mauer von Polizei und Schweigen dachte das Land wie er. Zum erstenmal blieb dieses Volk, das redseligste der Welt, fünfzehn Jahre lang stumm. Doch 1808 gab es die ersten erschreckenden Zeichen von sich: Dreihunderttausend junge Kriegsdienstverweigerer gingen in die Wälder, sie lehnten es ab, unter die Fahnen zu treten. Der kaiserlichen Einberufung Widerstand zu leisten wurde ein von der öffentlichen Meinung anerkanntes Recht. Es handelte sich weder um Feigheit noch um Vaterlandsverrat, sondern um den Selbsterhaltungstrieb eines Volkes. Frankreich mußte für die Zukunft vorbereitet werden. Auf die Zukunft hielt Talleyrand die Augen geheftet.

Um seine antinapoleonischen Vorhaben durchführen zu können, stützte sich Talleyrand auf dieses Gefühl, das aus den Tiefen der Nation an die Oberfläche kam – auch bei den anderen europäischen Nationen.

In Spanien wurde eine Kettenreaktion ausgelöst, die nicht mehr nur die Regierungen, sondern auch deren Untertanen gegen die kaiserlichen Armeen aufbrachte. »Führen Sie Krieg gegen den König von Spanien, aber nicht gegen das spanische Volk«, hatte Talleyrand zu Napoleon gesagt. Auch an Warnungen von anderer Seite fehlte es nicht: »Ihr Ruhm, Sire, wird in Spanien zunichte werden«, schrieb sein eigener Bruder Joseph an Napoleon, der ihn zum Phantomkönig des unglücklichen Landes gemacht hatte. Joseph war sogar bereit, mit den Spaniern gegen seinen Bruder zu paktieren. Die Spanier konnten ihn nicht leiden. »Ich bin nicht entsetzt über meine Lage«, schrieb er, »aber sie ist einzigartig in der Geschichte. Ich habe keinen einzigen Anhänger.« Leider hatte er einen: Napoleon. Doch das war keine Empfehlung, man braucht nur den spanischen Katechismus jener Zeit zu lesen: »Wer ist der Feind unseres Glücks?« – »Der Kaiser der Franzosen.« – »Was ist das für ein Mann?« – »Ein neuer Herr, Verkörperung aller Laster.« – »Ist es eine Sünde, einen Franzosen zu töten?« – »Nein, man kommt in den Himmel, wenn man einen dieser ketzerischen Hunde umbringt.«

So ist das Bild von Frankreich beschaffen, das Napoleon in Europa verbreitete. Ein ganz anderes Bild von ihrem Vaterland vermittelten Voltaire, Diderot, d'Alembert, Maupertuis, wenn sie auf Reisen waren oder ihre Bücher und Theaterstücke ins Ausland schickten.

Wie hätte Talleyrand, von den gleichen Ideen durchdrungen, nicht die

Schande spüren sollen, die Frankreich durch Napoleons Eroberungen zugefügt wurde? Wie konnte dieser Mann der Vernunft und des gesunden Menschenverstandes ungerührt so viele, von überspannter Phantasie eingegebene Äußerungen anhören? »Was kann ich dafür, wenn ein Übermaß an Macht mich zur Diktatur der Welt zwingt ...« Wer hätte bei der Vorstellung nicht gezittert, daß das Schicksal eines Landes, Europas, von den Visionen eines Mannes abhing, der so etwas aussprach? Nicht viel anders klingt, was Napoleon zu Fouché sagte und was Talleyrand ebenfalls wußte: »Europa ist nur eine alte verkommene Hure, mit der ich mit achthunderttausend Mann machen werde, was mir gefällt.« [FM]

Aus diesen Gründen kam es zur Scheidung zwischen Talleyrand und Napoleon. Für Napoleon war Frankreich nur ein erobertes Land, das ihm ein unvergleichliches Sprungbrett verschaffte für weitere Eroberungen. Frankreich besaß die Sprache der europäischen Kultur und den Nimbus der neuen Ideen, es war nur eine Etappe im schwindelerregenden Schicksal des Kaisers, das er für noch schwindelerregender hielt, als es war. Für Talleyrand war Frankreich Körper und Seele zugleich, hier war er verwurzelt. Die Vorstellung, die er sich von dem Land machte, war deutlich definiert, abgegrenzt und gezeichnet wie ein Gesicht. Er sah es in unverrückbare Grenzen körperlich eingefügt, Grenzen, die die Geographie und die Geschichte gezogen hatten. Er sah den Ablauf der Geschichte wie den seiner eigenen Familie. Es war das Gegenteil von schwindelnder Höhe, von Gewalt, Räubereien, kaiserlichen Annexionen. Talleyrands Waffen waren die Tradition, die Klugheit, das Recht und die Zeit. Er allein wagte es, den unbesiegbaren Herrn Europas anzugreifen. Dieser Hinkefuß, der Anführer einer Schwadron von Frauen des Faubourg Saint-Germain, begann gelassen, den Koloß vom Sockel zu stoßen. Er tat es, ohne zu zittern, seines Rechtes eingedenk und gewiß, in das verwegene Schicksal eingreifen zu müssen, das Frankreich an den Abgrund brachte. Das ist bisher als »Verrat« bezeichnet worden.

Der Fürst von Benevent zieht um und verheiratet seinen Neffen: zwei gute Geschäfte

Als er gegen den 15. Oktober 1808 wieder in Paris war, nahm er, wie er sagt, »die belanglosen Gewohnheiten eines Großwürdenträgers« wieder auf. Um sich etwas Ernsthafterem zu widmen, ließ er sich von François Gérard malen. Es wurde eines der besten Porträts von Talleyrand, weniger umdüstert und weniger streng als das von Prud'hon. Man erkennt Monsieur d'Autun wieder. Abbé Sieyès, der ihm nicht verzieh, daß er mit der Eleganz und der Kühnheit eines Seiltänzers den Abgrund, der das Direktorium vom Kaiserreich trennte, übersprungen hatte, einen Abgrund, in den der Abbé selbst gestürzt war, rächte sich, indem er von dem Porträt sagte: »Er sieht aus wie eine alte Frau, die gerade ihr Rouge und ihre Schönheitspflästerchen entfernt hat.« Diese Bemerkung klingt gerade so, als habe eine alte Frau sie gemacht.

Goethes Urteil ist interessanter: »Wir sehen den ersten Diplomaten des Jahrhunderts, in der größten Ruhe, sitzend und alle Zufälligkeiten des Augenblicks gelassen erwartend. Umgeben von einem höchst anständigen, aber nicht prunkhaften Zimmer finden wir ihn im schicklichen, einfachen Hofkleide, den Degen an der Seite, den Federhut nicht weit hinterwärts auf dem Kanapee liegend, eben als erwarte der Geschäftsmann die Meldung des Wagens, um zur Konferenz zu fahren; den linken Arm auf eine Tischdecke gelehnt, in der Nähe von Papier, Schreibzeug und Feder, die Rechte im Schoß, den rechten Fuß über den linken geschlagen, erscheint er vollkommen impassibel. Wir erwehrten uns nicht des Andenkens an die Epikurischen Gottheiten, welche da wohnen, ›wo es nicht regnet noch schneiet noch irgendein Sturm weht‹; so ruhig sitzt hier der Mann, unangefochten von allen Stürmen, die um ihn her sausen. Begreifen läßt sich, daß er so aussieht, aber nicht, wie er es aushält. Sein Blick ist das Unerforschlichste; er sieht vor sich hin, ob er aber den Beschauer ansieht, ist zweifelhaft. Sein Blick geht nicht in sich hinein, wie der eines Denkenden, auch nicht vorwärts, wie der eines Beschauenden; das Auge ruht in sich und auf sich, wie die ganze Gestalt, welche, man kann nicht sagen ein Selbstgenügen, aber doch einen Mangel an irgendeinem Bezug nach außen andeutet. Genug, wir mögen hier physiognomisieren und deuten, wie wir wollen, so finden wir unsre Einsicht zu kurz, unsre Erfahrung zu arm, unsre Vorstellung zu beschränkt, als daß wir uns von einem solchen Wesen einen hinlänglichen Begriff machen könnten. Wahrscheinlicherweise wird es künftighin dem Historiker auch so gehen, welcher dann sehen mag, inwiefern ihn das gegenwärtige Bild fördert.« [JWG]

Auch unsere These wird durch diese Betrachtung gestützt, die einen Blick von hoher Warte bezeugt und die Bescheidenheit des Genies gegenüber einem Genie von anderem Wuchs. Diese abgewogene und tiefschürfende Würdigung steht auf solideren Füßen als die Bissigkeit des Abbés Sieyès.

Talleyrand liebte die Malerei und die Maler. Er verkehrte in Gérards Atelier. An einem Tag in jenem Winter ließ Gérard ihm als Geschenk ein Porträt von Canova bringen, das Talleyrand bei ihm bewundert hatte. Talleyrand bedankte sich durch ein Billet: »Die Liebenswürdigkeit, die Sie beweisen, mein lieber Gérard, indem Sie mir das Porträt von Canova schenken, zwingt mich, auf Grundsätze, die ich mir zu eigen gemacht habe, zu verzichten, und sie verdoppelt meine Dankbarkeit. Sie machen es einem recht schwer, in Ihr Atelier zu gehen, da man nicht ohne Gefahr sagen kann, was man liebt und was man bewundert.« 21. Februar 1809. [L-G]

Warum behaupten einige seiner Biographen, er habe die Malerei nur als Spekulationsobjekt betrachtet und geschätzt? Weil er seine Gemälde verkauft hat, wie er seine Bücher verkaufte? Das ist doch kein Beweis dafür, daß er seine Bilder und seine Bücher nicht liebte. Er liebte die Malerei derart, daß er bei einem Besuch, den er Madame de Souza machte, die wir aus der Zeit kennen, als er der Bischof von Autun war und sie Madame de Flahaut hieß, die Zeit damit zubrachte, die Gemälde zu betrachten, die ihm gefielen und die Madame de Souza gesammelt hatte. Auch sein Sohn, Eugène Delacroix, liebte die Malerei; er wurde ein Maler von Rang.

1809, als er fünfundfünfzig Jahre alt war, verkaufte Talleyrand das Haus in der Rue d'Anjou und erwarb das Hôtel de Monaco in der Rue de Varenne, und natürlich ließ er es restaurieren und neu möblieren. Dieses Gebäude ist heute bekannt unter dem Namen Hôtel Matignon. Er ließ einen Flügel anbauen. Es wurde zu einem Wallfahrtsort für die mondäne Welt von Paris. In der Folgezeit wurde dieses Palais das Domizil der österreichischen Botschaft und blieb es bis 1914. 1918 fiel es an den Staat zurück. Heute ist es der Sitz des Ministerpräsidenten und eine der schönsten Wohnstätten des Faubourg Saint-Germain. Damals stand ein Koch namens Boucher in Talleyrands Diensten, der seine Tafel zur hervorragendsten von Paris und sogar in der Welt machte. Es wird berichtet, daß es bei manchen Diners achtundvierzig Vorspeisen gab! Boucher bezog ein Gehalt, das den Einkünften eines Botschafters entsprach. Wie ein Botschafter trug er den Ruhm seines Landes in alle ausländischen Vertretungen und in alle Hauptstädte.

Beeindruckt und geschmeichelt von dem Glanz, den sein Großkämmerer und Vice-Grand Electeur seinem Hof verlieh, wies Napoleon Talleyrand an, viermal in der Woche ein Diner zu sechsunddreißig Gedecken zu veranstalten. Er selbst bestimmte die Namen der Gäste. Zumeist waren es Mitglieder des Corps législatif, Staatsräte und Minister, die sich widerspenstig gezeigt hatten. Der Kaiser meinte, der Tafelluxus, den sein Großkämmerer entfaltete, könne dem kaiserlichen Regime von Nutzen sein. Er schrieb ihm, diese Diners hätten keinen anderen Sinn und Zweck, als die Räte und Minister »in Stand zu setzen, sich zu sehen, die wichtigsten Persönlichkeiten kennenzulernen und ihr Auftreten zu kultivieren«. Talleyrand sollte sie also auf seine sanfte Art und Weise auf den Weg des Gehorsams zurückbringen. Hätte Napoleon die innersten Gedanken des Fürsten von Benevent lesen können, er hätte fürchten müssen, daß diese Diners eher eine Schule des Ungehorsams wurden, aber Talleyrand war zu klug, als daß er sich dieser Gefahr aussetzte. Der Kaiser war zufrieden, die Tafelgäste, die er ins Hôtel Matignon schickte, wurden ebenso gut belehrt wie genährt. Und Talleyrand benutzte die Gelegenheit, Napoleon einige Überlegungen über das Regime zu Gehör zu bringen. Wie er sagte, seien sie ihm gekommen, wenn er den Gesprächen der Mitglieder des Corps législatif zuhörte. Er erklärte dem Kaiser, daß dieses Corps, das keinerlei beschlußfassende Befugnis hatte, dem Charakter der Nation nicht entspräche: »Franzosen, aus welcher Klasse sie immer stammen mögen, können nicht versammelt bleiben, ohne etwas zu sagen ...« Napoleon aber wollte, daß diese Versammlung stumm bliebe, und obwohl sie das Beiwort legislativ, gesetzgebend, trug, mit Bedacht davon abgehalten würde, Gesetze zu machen. Talleyrand gab noch andere Hinweise, die ebenso wenig Beachtung fanden: »Frankreich braucht eine Vertretung, um über die Steuer abzustimmen ...« Das war schon in den seinerzeitigen »Beschwerdeschriften« zu lesen gewesen. Wie zu vermuten, waren diese klugen Hinweise in eine Flut schmeichelhafter Worte getaucht. Napoleon fischte sie nicht heraus.

Zu diesem Zeitpunkt hatte der Kaiser andere Sorgen, als das Geflüster von Juristen anzuhören, die meinten, etwas zu sein, oder die etwas werden wollten. Er war in Spanien, wo sich die Situation von Woche zu Woche verschlimmerte. Er war der Auffassung, daß seine erhabene Gegenwart während dieser Reise das spanische Volk vor Schrecken und Bewunderung in Stein verwandeln würde. Mit Not und Mühe konnte er die Schlacht von Somosierra gewinnen. Talleyrand sandte ihm Glückwünsche, die so innig waren, als wäre in Erfurt überhaupt nichts zwischen ihnen geschehen. Er wünschte dem Kaiser, »alle Geister für sich zu gewinnen durch die Aussicht auf die Wohltaten einer noblen und glücklichen Herrschaft« (der seines Bruders Joseph über Spanien!). »Die durch die Niederlagen erschöpften und zersplitterten Spanier, verwirrt durch Zwietracht, entsetzt über das Schauspiel der Anarchie, müssen allseits dazu neigen, einen Punkt der Sammlung zu finden. Und wer wüßte besser als Eure Majestät, die keimenden Neigungen eines Volkes zu lenken und sie dem Erfolg Ihrer Ziele nutzbar zu machen?« [Brief vom 8. Dezember 1808.]

Er log ganz bewußt. Er hatte begriffen, daß »die keimenden Neigungen« des spanischen Volks dem »Erfolg der Ziele« Napoleons völlig entgegengesetzt waren. Diese Schmeicheleien waren belanglos. Sie störten in keiner Weise die Gespräche, die er zur gleichen Zeit in Paris mit Metternich führte, der ein getreues Protokoll darüber nach Wien schickte. Gegenstand der Gespräche war nichts anderes als Napoleons Sturz und die verschiedenen Möglichkeiten, seine Nachfolge festzusetzen. Zugleich handelte es sich um die »Douceurs«, die die Wiener Regierung ihm zukommen ließ. Vermochte jemand anzunehmen, daß die unermeßlichen Dienste, die er Österreich und Rußland leistete, ohne Bezahlung bleiben konnten? Die Haushaltung des Fürsten von Benevent war ein Faß ohne Boden. Der Kauf und die Instandsetzung des Hôtels Matignon, die Unterhaltskosten für die spanischen Gefangenen in Valençay richteten seine Finanzen zugrunde. Er brauchte Ausgleich und Entschädigung. Was Österreich anging, nahmen die Dinge ihren gewöhnlichen Lauf. Durch Vermittlung Dalbergs und der Banken in Bremen und Hamburg wurden die Zahlungen so geschickt vorgenommen, daß keine Spur von ihnen zu finden ist. Barras behauptet in seinen Memoiren, Österreich habe Talleyrand siebzehn Millionen überwiesen. Das ist ein so ungeheurer Betrag, daß es kaum glaubhaft ist. Ein Viertel der Summe, was dreißig Millionen heutiger Francs entspräche, kann als möglich angenommen werden.

Mit Rußland waren die Dinge weniger einfach. Sankt Petersburg zahlte nicht oder nur sehr wenig. Da Zar Alexander die doch so klare Sprache der Zahlen nicht verstand, sprach Talleyrand mit ihm eine andere.

Er sprach mit ihm die Sprache des Herzens – oder, um genauer zu sein, er sprach über Verlobung und Heirat. Seit dem Tod seines Neffen Louis beschäftigte sich Talleyrand mit der Zukunft des jüngeren, Edmond de Périgord, oder deutlicher gesagt, mit der Zukunft seiner Familie, der er stets Zuneigung und Anhänglichkeit bewiesen hat. Mit den Jahren war ihm diese Verbundenheit nicht nur eine Sache der Form, sondern ein inneres Bedürfnis geworden, sein Kummer über Louis' Tod beweist es. Sein Bruder Archambaud, der immer mehr in den Hintergrund trat, überließ Talleyrand alle Sorgen und auch alle Ehren eines Familienoberhaupts. Deshalb bemühte sich der Fürst von Benevent darum, seinen Neffen und Erben Edmond so glänzend wie möglich zu verheiraten. Selbst bei den Verhandlungen über die ernstesten Angelegenheiten Europas beschäftigte ihn dieser Gedanke. In Erfurt, als er mit dem Zaren die Heirat Napoleons mit einer Großherzogin von Rußland besprach, brachte er ein weiteres Heiratsgesuch vor, diesmal zugunsten seines Neffen. Er bat Zar Alexander um die Hand von Dorothee von Kurland, der Tochter der Herzogin von Kurland, einer Untertanin des Zaren.

»Sire«, sagte er zu Alexander, »da Eure Majestät sich gerade mit so erfreulichen Eheproblemen befaßt, wird Sie mir erlauben, um eine Gunst zu bitten. Ich hatte das Unglück, meinen ältesten Neffen zu verlieren, einen jungen, hoffnungsvollen Mann. Ich habe noch einen, den ich vorteilhaft verheiraten möchte, doch in Frankreich muß ich darauf verzichten. Die reichen Erbinnen sieht der Kaiser für seine Adjutanten vor. Euer Majestät hat als Untertanen eine Familie, mit der mich zu vereinigen mein größter Wunsch wäre: die Hand der Prinzessin Dorothee von Kurland würde meinen Neffen glücklich machen.«

Sein Gesuch hatte mehr Erfolg als das Napoleons. Der Zar gab unverzüglich sein Einverständnis, diese Gunst kostete ihn nichts.

Alles, was Talleyrand dem Zaren sagte, war richtig. In Frankreich war es für Edmond schwierig, eine vorteilhafte Ehe zu schließen. Da er kein Adjutant von Napoleon war, konnte er keine junge Dame aus altem Adel heiraten, die so reich gewesen wäre, wie sein Onkel es wünschte.

Daher sondierte Talleyrand das Gelände in ganz Europa, um eine reiche

Erbin auszumachen. So entdeckte er Dorothee. Läse man nur seine Memoiren, könnte man meinen, diese Heirat beruhe auf einer hübschen, von glücklichen Umständen herbeigeführten Romanze. In Wirklichkeit hatte er gründliche Recherchen über verfügbare Erbinnen vornehmen lassen, und Dalberg sowie der Pole Batowski führten die Enquète durch. Auf Dorothee kam als erster Batowski. Wie noch ersichtlich werden wird, vermochte niemand auf der Welt über die Mutter, die Tochter und ihr Vermögen eingehendere Auskünfte beizubringen als der unersetzliche Batowski.

Aber Talleyrand soll selber zu Wort kommen. In seinen Memoiren schreibt er: »Ich hatte in Deutschland und Polen oft von der Herzogin von Kurland reden hören. Ich wußte, wie vornehm sie war, wie ausgezeichnet durch den Adel ihrer Gefühle, durch die Eleganz ihres Wesens und durch die brillantesten und liebenswertesten Eigenschaften.« (Kein Wort über den merkwürdigen Haushalt der Herzogin, über das bei ihr herrschende Durcheinander und über ihr ungeheures Vermögen.) »Die jüngste ihrer Töchter war zu verheiraten. Diese Wahl konnte Napoleon nur allzu wohlgefällig sein.

Damit wurde ihm keine Partie für seine Generale genommen, die ohnehin abgelehnt worden wäre, der Plan mußte sogar der Eitelkeit schmeicheln, die er darein setzte, die großen ausländischen Familien nach Frankreich zu bringen. Ich beschloß also, Prinzessin Dorothee für meinen Neffen zu erbitten, und damit Kaiser Napoleon nicht mit Vorsatz oder aus Laune eine gegebene Einwilligung zurückziehen konnte, ersuchte ich Kaiser Alexander, der mit der Herzogin von Kurland besonders befreundet war, diese selbst um die Hand ihrer Tochter für meinen Neffen zu bitten.«

Er stellt es so dar, als habe er zuallererst mit Napoleon über seinen Plan gesprochen, in Wirklichkeit unterbreitete er ihm die Angelegenheit erst, als sie mit dem Zaren bereits abgesprochen war.

Wer war Dorothee von Kurland? [Was die Heirat Edmonds und Dorothees selbst angeht, sei auf das hervorragende Werk von Françoise de Bernardy verwiesen: »Talleyrands letzte Liebe: die Herzogin von Dino«.] In der Zukunft spielt sie eine so wichtige Rolle, daß Talleyrands letzte Lebensjahre von der Persönlichkeit dieser ungewöhnlichen Nichte geprägt sind. Man muß ihr Wesen und Leben vor der Hochzeit kennen, um sie später besser zu verstehen. Sie galt als Tochter des Herzogs Peter II. von Kurland; ihre Mutter, die dritte Ehefrau des Herzogs, war eine geborene Gräfin von Médenc. Der Herzog starb im Jahre 1800. Er hieß Biron, wie sein Vater – dieser Vater, Sohn eines Reitknechts der früheren Herzöge von Kurland, war der Günstling der Zarin Anna Iwanowna. [ARR] Er sah gut aus, und die Zarin machte ihn zum Herzog von Kurland. Beim Tode seiner Gönnerin wurde er jedoch nach Sibirien verbannt, Katharina II. rief ihn zurück. Sie gab ihm auch sein Herzogtum wieder, er ging nach Mitau, in seine Hauptstadt, und regierte dort. Diese Biren waren bemerkenswert ihrer Schönheit,

Gewalttätigkeit, Launen und Grausamkeit wegen. Ausschweifung und Derbheit galten ihnen als Vergnügungen. Im Gegensatz dazu hatte Dorothees Mutter, aus einer alten Adelsfamilie stammend, eine höhere Erziehung genossen. Sie war nicht ausgesprochen hübsch (sie soll eine etwas zu lange Nase gehabt haben), besaß aber Anmut und Geist. Sie liebte die Künste und die Künstler und hatte aus Mitau in diesem fernen östlichen Teil Europas eine Stätte feiner und eleganter Lebensart gemacht. Und was in jener Gegend als einzigartig gelten konnte: sie bewunderte Napoleon und liebte Frankreich. Das hatte ihr einen heillos schlechten Ruf eingebracht, aber man sah darüber hinweg, weil sie über eines der beträchtlichsten Vermögen in Europa verfügte. Sie besaß das Herzogtum Kurland, das Fürstentum Sagan, die unermeßlichen Ländereien des Fürsten Piccolomini in Böhmen, und ein Palais in Berlin, Unter den Linden. Sagan mochte sie nicht, es war eine düstere Kaserne, deren Einrichtung aus Wallensteins Zeiten stammte. Sie zog das weniger weiträumige, dafür freundliche Löbikau vor. Dort lebte sie mit ihrem Geliebten Batowski, der nach der Schlacht von Jena und Auerstädt Talleyrand in den Tagen von Warschau von ihr erzählte.

In seiner Jugend hatte Batowski großen Erfolg gehabt, doch mit dem Alter bedrückten ihn das Unglück seines Vaterlands und seine Stellung als ausgehaltener Liebhaber. Er war bitter geworden, zweifellos lag es in seinem Charakter. Er wurde von phantastischen Gedanken heimgesucht und von romantischen Vorstellungen gepackt, er zog sich in die Tiefe der Wälder zurück und verlangte in seiner launischen Art, daß die Herzogin ihm unter großen Kosten einen luxuriösen Wohnsitz baute. Er liebte die Nächte, den Mond, die Nebelschwaden, Alpträume und Friedhöfe. Er wurde zu einer Shakespeare-Figur, kurz gesagt: unzugänglich. Doch bevor es soweit war, hatte er mit der Herzogin von Kurland eine Tochter gezeugt: die bereits erwähnte Dorothee. Sie wurde allenthalben Fräulein Batowski genannt.

Die Herzogin hatte sich nie viel um ihre Töchter gekümmert, um die jüngste kümmerte sie sich am wenigsten. Schon in der Kindheit hatte Dorothee ein düsteres, hartes und verschlossenes Wesen. Sie liebte ihre Mutter nicht, deren Oberflächlichkeit ihr unerträglich war. (Oberflächlichkeit und Leichtlebigkeit waren bei der Herzogin durchaus vorhanden, aber, was ihre Tochter auch denken mochte, in durchaus erträglicher Form.) Als Hauslehrer hatte Dorothee einen intelligenten und gebildeten Mann, der ihr den Geschmack an ernsthafter Lektüre vermittelte. Es war ein Italiener, ein früherer Abbé mit Namen Piattoli, ein Freund von Intrigen und ein Freund des Fürsten Adam Csartoryski, mit dem zusammen er die unentwirrbaren Fäden der polnischen Politik ent- und verwickelte. Seiner Schülerin gegenüber rühmte Piattoli seinen Freund Csartoryski so sehr, daß Dorothee sich mit vierzehn Jahren in den Fürsten, der vierzig Jahre alt war, verliebte. Sie hatte ihn nie gesehen, aber die grauen Schläfen und die schwermütigen

Augen, die in den Schilderungen ihres Lehrers immer wieder vorkamen, hatten sie bezaubert. Dorothee hatte sich geschworen, keinen anderen Mann als Csartoryski zu heiraten – und sie war eigensinnig.

Ihre drei älteren Schwestern waren verheiratet. Eine mit einem Prinzen Rohan, die andere mit einem Hohenzollern, die dritte mit dem Herzog von Acerenza, einem neapolitanischen Edelmann. Alle drei waren schön und reich, sie liebten ein ausschweifendes Leben und haßten Napoleon und Frankreich.

Auch Dorothee teilte diesen Haß – und sei es, um ihrer Mutter Widerpart zu bieten. Es gibt eine Selbstbeschreibung von ihr aus jener Zeit, der man durchaus glauben kann, sie ist hart, aber aufrichtig. Übrigens stimmen andere Zeugnisse mit dem ihren überein: »Ich war klein, hatte eine gelbliche Hautfarbe, war übermäßig mager, und seit meiner Geburt immer krank; ich hatte düstere Augen, die so groß waren, daß sie in keinem Verhältnis zu meinem kleinen Gesicht standen. Ich wäre tatsächlich sehr häßlich gewesen, hätte ich nicht viel Ausdruck besessen.«

Woher hatte sie die jettschwarzen Haare? Die Hautfarbe der Zigeuner und die Magerkeit? Jedem fiel es auf. Sie sagt nicht – das beruht aber nicht auf Bescheidenheit, sondern auf hochmütiger Zurückhaltung –, sie sagt nicht, daß sie die schönsten Augen der Welt hatte. Sie waren nicht schwarz, sondern dunkelviolett und bekamen von dem inneren Feuer, das diesen dürren Körper beseelte, Tönungen und Ausdrucksmöglichkeiten von faszinierender Kraft. Wie unter einem Bann war man gezwungen, ihr in die Augen zu sehen. Sie litt das nicht und konnte ihren Blicken den härtesten und verächtlichsten Ausdruck geben, den man sich nur denken kann. Dorothee Batowski war kein einfaches Wesen.

Mutter und Tochter wohnten nicht zusammen. Dorothee hatte ihr eigenes Vermögen und ihre eigene Haushaltung. Sie residierte in Tannenfeld, dem kleinen Palais, das sich Batowski mitten in den Wäldern hatte bauen lassen: für Dorothees scheues und wildes Gemüt die richtige Umgebung. Die zahlreichen Bewerber um ihre Hand und ihr Vermögen machten ihrer Mutter in Löbikau den Hof. Da kamen die Fürsten von Hohenlohe, die Prinzen Solms, Reuß und Mecklenburg. Dorothee empfing sie kühl, entmutigte aber niemanden, in der Hoffnung, ihr Verhalten würde den gleichgültigen Csartorisky eifersüchtig machen. Das Summen dieser Drohnen um ihre Mutter herum vermochte sie nicht aus ihren düsteren Hoffnungsträumen zu reißen.

Unterdessen war Talleyrand, der von dieser regelrechten Belagerung Kenntnis hatte, am Werk, um all diesen Prinzen die Festung vor der Nase zu entreißen. Nicht ganz einen Monat nach Erfurt erhielt die Herzogin von Kurland eine Kuriermitteilung des Zaren, mit der er sich bei ihr am 16. Oktober 1809 zum Diner ansagte. An jenem Tag gegen fünf Uhr nachmittags erhielt Löbikau den Besuch von vier Persönlichkeiten: von Alexander I., dem Fürsten Trubetzkoy, Caulaincourt und Edmond. Die Herzogin empfing die Herren in Begleitung ihrer beiden älteren Töchter, der Prinzessin von Hohenlohe und der Herzogin von Acerenza. Es war ihr gelungen, Dorothee aus ihren Wäldern zu locken, das junge Mädchen war zugegen. Die übrigen Bewerber machten dem Zaren arglos ihre Reverenz. Schnell wurde offenbar, daß Alexander, der sonst seinen berühmten slawischen Charme großmütig und weitherzig auf alle Anwesenden ausstrahlte, ihn diesmal allein für Dorothee spielen ließ. Scherzend machte er ihr Andeutungen über die große Zahl ihrer Bewerber. Unvermittelt fragte er sie, ob sie nicht die große Ähnlichkeit bemerkt habe, die zwischen dem Fürsten Csartoryski und dem Leutnant von Périgord bestünde; der saß am anderen Ende der Tafel. »Von wem belieben Eure Majestät zu sprechen?« antwortete sie. »Nun, von dem jungen Mann, der dort hinten sitzt, er ist der Neffe des Fürsten von Benevent und begleitet den Herzog von Vicenza (Caulaincourt) nach Sankt Petersburg.« – »Pardon, Sire, ich hatte den Adjutanten des Herzogs von Vicenza nicht bemerkt, und ich bin so kurzsichtig, daß es mir unmöglich ist, von hier aus seine Gesichtszüge zu erkennen.«

Tatsächlich war sie kurzsichtig, und geschickt benutzte sie diese Tatsache, um zu verstehen zu geben, daß der Leutnant in keiner Weise ihre Aufmerksamkeit erregt und sie keineswegs Lust habe, seine Gesichtszüge zu betrachten, weder aus der Ferne noch aus der Nähe.

Caulaincourt lobte die Eigenschaften des Leutnants. Dorothee hörte nicht zu. Die Stimmung bei Tisch erwärmte sich nicht. Nachdem die Tafel aufgehoben war, bat der Zar die Herzogin um eine kurze Unterredung unter vier Augen. Sie hatte ein bißchen Angst; dabei hatte sie doch Dorothee empfohlen, freundlich, zumindest höflich dem Herzog von Vicenza gegenüber zu sein: »Sie wissen, daß der Zar ihn als Freund ansieht. Ich habe bei Ihren Schwestern nicht erreichen können, daß sie das Wort an ihn richten. Ich fordere Sie auf, sich um Herrn von Caulaincourt zu kümmern, denn ich möchte nicht, daß er unzufrieden weiterreist.«

Doch Dorothee handelte nach ihrem Kopf. Hingegen beschäftigte sich Caulaincourt viel mit ihr, mehr als ihr lieb war. Er beschäftigte sich sogar mit ihrer Zukunft über jede Vorstellung hinaus, die sie sich von ihr machte. In seinen Memoiren berichtet er: »Zusammen mit Kaiser Alexander machte ich mich auf den Weg nach Weimar und Löbikau, um die Herzogin von Kurland zu besuchen. Während dieses Besuchs brachte ich die Verheiratung ihrer Tochter mit Edmond von Périgord zustande, dank der ehrenwerten Vermittlung des Zaren.«

Gewiß, die Mutter mußte von den in Erfurt gefaßten Beschlüssen unterrichtet und es mußte ihr Einverständnis erlangt werden. Dazu war der Zar mit der Herzogin in den Nebenraum gegangen. Er kam mühelos zum Erfolg. Csartoryski gefiel der Herzogin nicht, und die Heirat Périgord brachte sie ihrem Traum näher, in Paris leben zu können. Zudem sagte ihr die

Verbindung mit der altadligen Familie Périgord zu, das heißt mit dem Neffen des Fürsten von Benevent, der den dritthöchsten Rang im Empire einnahm.

Jetzt mußte noch Dorothees Einwilligung eingeholt werden. Die Herzogin verhehlte dem Zaren nicht, daß dies über ihre Kräfte ginge: ihre Tochter sei antifranzösisch eingestellt, sie liebe Csartoryski, höre nicht auf ihre Mutter und sei verstockt ... Der Zar unterbrach sie und sagte, Csartoryski habe in keiner Weise die Absicht, Dorothee zu heiraten. Was die antifranzösische Gesinnung angehe, so brauche man sich darum nicht zu kümmern. Politische Ansichten, die man mit fünfzehn Jahren äußere, seien ohne Wert. Die Herzogin solle ihre Tochter dazu bringen, den Leutnant von Périgord zu akzeptieren. Er selber, der Zar, habe dem Fürsten von Benevent sein Wort gegeben. Er würde keine Entschuldigung gelten lassen. Das war ein ausdrücklicher Befehl. Die Herzogin als Untertanin des Zaren, von dem ein Großteil ihres Besitzes herstammt, verstand, was das bedeutete. Sie machte den Hofknicks, und beide begaben sich wieder in den Salon. Der Zar verweilte noch einen Augenblick und verließ bald darauf mit seinem Gefolge das Haus.

Nun mußte Dorothee ins Bild gesetzt werden. Als ihre Mutter sie am nächsten Tag fragte, wie sie den Leutnant gefunden habe, gab sie zur Antwort, sie habe ihn nicht einmal angesehen. Gleich darauf reiste sie nach Berlin, wo sie drei Monate, bis zum Januar 1809 blieb, noch immer von Csartoryski träumend.

Caulaincourt verfaßte einen Bericht über die Unterhaltung in Löbikau, den Edmond selber seinem Onkel nach Paris brachte. Talleyrand zeigte sich sehr befriedigt. Der mißmutigen Stimmung der Verlobten schenkte er gar keine Beachtung. »Edmond ist angekommen, mein lieber Caulaincourt. Ich werde den Kaiser bitten, ihn Ihnen zu schicken. Sie waren sehr gütig zu dem Onkel und zu dem Neffen. Er hat mir gesagt, welche Mühe Sie sich gegeben haben.« [26. Oktober 1808.]

Talleyrand verfolgte die Angelegenheit, ohne viel Aufhebens zu machen, aber er betrieb sie mit Eile. Drei Tage danach erlangte er Napoleons Zustimmung zu der Heirat, gerade in dem Augenblick, da dieser aufbrach, um die spanische Affäre zu regeln – wenigstens glaubte er es. Am wenigsten eilig hatte es Edmond, denn er hatte gar keine Lust, wieder nach Sankt Petersburg zu reisen, auch nicht, unterwegs »seine Verlobte« aufzusuchen. Talleyrand setzte ihm den Kopf zurecht und erwirkte von seinem Chef Berthier einen dreimonatigen Urlaub, damit er sich nach Löbikau begeben könne. Das war, wie Talleyrand an Caulaincourt schrieb, »genügend Zeit, um die für ihn höchst wichtige Angelegenheit, die ich unter Ihrer Schutzherrschaft unternommen habe, zu beginnen und zu einem Ende zu führen.« Da er nicht das geringste Vertrauen in die Intelligenz und Geschicklichkeit seines Neffen setzte, gab er ihm Batowski zur Seite. »Er ist«, sagte er, »ein Mann der Geschäfte und kennt die Herzogin von Kurland sehr genau.« Das war nicht zu bestreiten. Er fügte hinzu: »Hat er acht Tage bei ihr verbracht, wird er mir kurz schreiben, was wir tun müssen und können. Nach diesen acht Tagen wird Edmond sich Ihren Befehlen in Sankt Petersburg zu Verfügung halten und dort bis zu dem Augenblick bleiben, da wir einen festen Bescheid haben.«

Wenn sich alles gut anließ, wollte Talleyrand seinen Bruder Archambaud ins Spiel bringen. »Archambaud wird nach Löbikau reisen und mit seinem Berater die Verträge aufsetzen. Edmond soll zur gleichen Zeit wie sein Vater eintreffen, und dann werden die Dinge schnell gehen . . .«

Am 15. November 1808 machte sich Edmond mit Batowski auf den Weg. Bei seiner Ankunft in Löbikau überreichte er der Herzogin einen liebenswürdigen Brief seines Onkels. Sie war sehr gerührt. Edmond sah Dorothee nicht, sie war noch immer in Berlin. Er reiste weiter nach Sankt Petersburg. Batowski jedoch blieb zurück, um Talleyrand zu Diensten zu sein, und zugleich genoß er neue Huld bei der Herzogin und verbrachte den Winter mit ihr. In ihrem Antwortschreiben an Talleyrand machte sie kein Hehl daraus, daß Dorothee störrisch sei, und es liege ihr nicht, einen Druck auf ihre Tochter auszuüben. Talleyrand las aus den Zeilen heraus, daß sie einen Druck, der von anderer Seite, von höherer Stelle käme, begrüßen würde. Er bat Caulaincourt, den Zaren zu einer neuerlichen Vermittlung zu bewegen, denn dem Zaren konnte weder die Mutter noch die Tochter Widerstand leisten. »Ich schreibe heute (26. Dezember) dem Kaiser, um ihm für den Brief zu danken, mit dem er mich beehrt hat. Ich möchte, daß Edmond seine Abreise nach Löbikau so einrichtet, daß er dort am 3. Februar eintrifft. Dieses Datum ist der Herzogin sehr recht, an jenem Tag wird sie viele Gäste haben.« (Talleyrand vernachlässigt die gesellschaftlichen Formen nicht, sie erleichtern ihm die wichtige Angelegenheit.) »Er soll so lange dort bleiben, wie Batowski und er es für geziemend erachten, und von dort soll er nach Paris kommen. Könnte er der Überbringer eines Briefes des Zaren an die Herzogin sein und könnte der Zar in seinem Brief gütigst ein Wort der Anteilnahme an ihm einfügen, ich glaube, das wäre sehr förderlich. Die Herzogin scheint mir sehr geneigt, in unsere Kreise einzutreten. Ich schicke Edmond einen Brief, den ich an die Herzogin richte als Antwort auf den, den ich bekommen habe.«

So bemühte er sich um eine neuerliche Fürsprache des Zaren. Er erhielt sie. Am Namenstag ihrer Mutter kam Dorothee aus Berlin zurück und machte unterwegs einen Besuch bei Piattoli, der im Sterben lag. Sie wollte sich Trost und Stärkung bei ihm holen und freudige Nachrichten von ihrem ältlichen Traumprinzen. Doch dem Sterbenden war eingefuchst worden zu sagen, daß er von Csartoryski nichts gehört habe und daß sie sich dieses Hirngespinst aus dem Sinn schlagen solle. Dorothee war fest entschlossen, ihm nicht zu gehorchen. Von ihrer Mutter wurde sie mit ungewohnter Zärtlichkeit empfangen: »Meine Mutter nahm mich mit einer Freude und Liebenswürdigkeit auf, deren ich sonst nicht teilhaftig wurde.« Schon das beunruhigte sie, und Batowskis Anwesenheit, der wieder in Gnaden aufgenommen war, schien ihr ein schlimmes Vorzeichen zu sein. Vier Tage Frist waren ihr gegönnt, am Abend des vierten erklangen die Hörner und kündigten das Eintreffen der Besucher an. Edmond von Périgord betrat die Szene, genau nach den Anweisungen, die sein Onkel gegegeben hatte. Dorothee wurde alles klar, sie floh in ihr Zimmer und weinte sich in den Armen ihrer braven Gouvernante, Fräulein Hoffmann, aus. Sie wußte, wie sehr ihre Mutter die Heirat mit dem Leutnant von Périgord begünstigte, weil die Franzosen Menschen waren, unter denen sie sich am wohlsten fühlte. Dorothee trocknete ihre Tränen und erschien wieder im Salon, wo große Fröhlichkeit herrschte. Selbst der griesgrämige Batowski strahlte. Ihre Mutter glänzte in Schönheit, eine leichte Verwirrung machte sie noch anziehender: in den Händen hielt sie Briefe, von denen sie sich den ganzen Abend über nicht trennte. Sie stellte Edmond ihrer Tochter vor, Dorothee wußte, worum es ging, und deshalb musterte sie diesmal den bevorrechteten Freier auf das genaueste. Wie sein Vater Archambaud, wie sein Bruder Louis war Edmond ein schöner Mann. Er war ziemlich groß, gut gewachsen, kräftig und besaß angeborene Eleganz und adliges Aussehen. Sein Gesicht hatte regelmäßige Züge, es war länglich, die Nase schmal und gerade, die Augen braun, eher matt als lebhaft, ein liebenswürdiges und etwas kindliches Lächeln machten diesen Kavalier zu einem angenehmen jungen Mann, der weder durch Charakterstärke noch durch Intelligenz hervorstach. Er begeisterte Dorothee nicht, er mißfiel ihr auch nicht.

Am nächsten Tag begab sich Dorothee zu ihrer Mutter, als diese noch zu Bett lag. Die Briefe, die sie am Abend zuvor in der Hand gehalten hatte, waren auf der Decke verstreut. Die Herzogin gab sie ihrer Tochter zu lesen. Der eine, vom 10. Januar, war vom Zaren, er hatte ihn auf Talleyrands Ersuchen geschrieben. Er gab frei heraus zu erkennen, was er von der Herzogin und vor allem von ihrer Tochter erwartete: »Herr von Périgord ist ein reizender junger Mann von hervorragenden Eigenschaften und dazu geschaffen, das Glück einer Frau zu machen. Ich wünschte sehr, daß Eure Hoheit und die junge Prinzessin der gleichen Meinung sind und daß diese so ersehnte Vereinigung zustande kommt.«

Dorothee war erst fünfzehn Jahre alt, aber sie begriff, was die Worte »Ich wünschte sehr«, von der Hand eines Zaren geschrieben, bedeuteten. Für den Fall, daß sie nicht ganz und gar begriffen hätte, sagte die Mutter zu der Tochter: »Sie wissen, daß in Rußland die Gunst des Herrschers schwankend ist, daß alles von seiner Laune abhängt und daß es für mich von größter Wichtigkeit ist, mir sein Wohlwollen zu erhalten. Ich habe ihm versprochen, mein möglichstes zu tun, Sie zu der Heirat zu bewegen, die er wünscht. Ich bitte Sie daher, keine Ablehnung auszusprechen, ohne vorher die Vorteile erwogen zu haben, die aus dieser Verbindung für Ihre ganze Familie erwachsen können.«

Nach dem Ukas des Zaren gab sie ihr die Epistel des Herrn von Talleyrand zu lesen. Für Dorothee war das nicht viel tröstlicher. Die vom Exbischof von Autun zu dem Zweck beschworenen Gefühle, diese Vereinigung schnell zustande zu bringen, sind recht erstaunlich: er gibt sich gerührt und verweist auf die sehnlichen Wünsche, die seine eigene Mutter hinsichtlich dieser wünschenswerten Eheschließung ausgesprochen habe. Die uralte Gräfin von Périgord, jetzt, wenige Wochen vor ihrem Tod, in dieser Angelegenheit auftauchen zu sehen, ist tatsächlich sehr merkwürdig. Anläßlich seiner eigenen Hochzeit hatte er sie für tot erklärt, und jetzt läßt er sie für die Heirat ihres Enkels auferstehen. Natürlich, die Prinzessin Dorothee von Kurland war keine Mrs. Grand, und Edmond von Périgord war kein Bischof. Es entspricht den Tatsachen, daß Talleyrand seiner alten Mutter einen Besuch gemacht hat, um ihr das Heiratsprojekt zu unterbreiten und ihre Meinung dazu zu hören. [MCT]

Sie gab ihre Zustimmung, und er war froh darüber. Ein Zeugnis für diese achtungsvolle Beziehung zwischen Sohn und Mutter ist vorhanden, sein am 14. November 1808 an die Herzogin von Kurland gerichteter Brief, mit dem er sie über sein Gespräch mit seiner Mutter unterrichtete. Das Heiratsprojekt habe er »ihrer Zustimmung unterbreitet, sobald er es ins Auge gefaßt habe«.

Dieses Gefühlstricks bediente sich Talleyrand bald mit äußerster Geschicklichkeit. Sogar die segenspendende Großmutter mußte herhalten, um Dorothee zu rühren. Dem Geheiß des Zaren hatte sie getrotzt, vor dem Begehren der alten Dame kamen ihre Vorsätze ins Wanken. Doch gab sie nicht sofort nach. Ihre Mutter machte ihr Vorwürfe ihres Eigensinns wegen und bedeutete ihr, noch drei Tage nachzudenken, sie dabei beschwörend, sich dem Leutnant gegenüber zumindest höflich zu benehmen – und auch Batowski gegenüber, der ihr von der illustren Familie Périgord und von den Verdiensten des Fürsten von Benevent erzählen würde.

Dorothee mochte Fräulein Hoffmann noch so sehr anflehen, ihr beizustehen, sie bekam von ihrer Gouvernante nur den bitteren Ratschlag: nachzugeben. Batowski indes sprach in höchsten Tönen vom Fürsten von Benevent, diesem Fürsten, der so etwas darstelle wie die erhabenste Entfaltung einer Familie, die erhaben war seit der Sintflut. Es hatte fast den Anschein, als handele es sich um Talleyrand selbst, den sie heiraten sollte. Allerdings gab es einen heiklen Punkt: die Ehe des Exbischofs mit einer gewissen Mrs. Grand, deren Existenz nicht unterschlagen werden konnte. Batowski zog sich aus der Klemme, indem er die Fürstin von Benevent als »eine unbedeutende und so nichtige Person schilderte, daß sie nicht als ein Ungemach betrachtet werden könne«. Damit wurde der einzige Schatten, den übelwollende Geister auf diese glänzende Heirat hätten werfen können, verscheucht.

Aber Dorothee gab noch immer nicht ihre Einwilligung. Ihre Mutter bekam Fieber. Und Batowski hatte eine Idee. Da das einzige Argument, das Dorothee geltend machte, ihre unsinnige Treue zu Csartoryski war, mußte ihr der Beweis geliefert werden, daß ihre Hoffnungen vergeblich und nichtig wären. Er eilte an Piattolis Krankenbett und zwang dem Sterbenden einen für seine Schülerin bestimmten lügenhaften Brief ab. Er brachte ihr zur Kenntnis, daß Fürst Csartoryski, mit dem Segen der alten Fürstin und der ganzen Stadt, in Warschau Fräulein Matuschewitz geheiratet habe. Dorothee war erschüttert, sie ließ unverzüglich anspannen und stürzte selber an das Lager ihres alten Lehrers. Mit ersterbender Stimme sagte er das her, was Batowski ihm eingegeben hatte: sie habe nicht recht getan, bei ihren Traumvorstellungen zu verharren, von nun an dürfe sie nur mehr dem weisen Rat ihrer Mutter folgen.

Um das Maß der Trauer und Verzweiflung vollzumachen, traf sie durch einen Zufall bei der Rückkehr nach Löbikau die aus Warschau kommende Gräfin Oginska, die ihr als große Neuigkeit die Verheiratung des Fürsten Csartoryski mitteilte. Dorothee brach vor Zorn und Demütigung in Schluchzen aus, dann erklärte sie ihrer Mutter, Edmond von Périgord heiraten zu wollen. Ihre Mutter war glücklich, sie schürte noch den Zorn gegen Csartoryski, beglückwünschte sie zu ihrem erfreulichen Entschluß und beeilte sich, den Freier zu benachrichtigen. »Am liebsten hätte ich sie zurückgehalten«, beichtet Dorothee in ihren Memoiren.

Während dieser aufregenden Tage ließ Edmond in völliger Gleichmütigkeit die Dinge ihren Gang nehmen. Seine Verlobte beobachtete ihn in ihrer Bangigkeit sehr genau. »Es war unmöglich«, sagte sie, »irgend etwas über seinen Charakter und seinen Geist zu mutmaßen, denn nie hat jemand so viel Gebrauch vom Schweigen gemacht.«

Wie hätte sie etwas über seine Fähigkeiten und Eigenschaften mutmaßen können? Er besaß nur die, die auf den ersten Blick festzustellen waren: sein hübsches Gesicht, sein untadeliges Benehmen. Man darf auch seinen Onkel nicht vergessen, der stets im Hintergrund sichtbar bleibt.

Die Herzogin ließ die beiden Verlobten allein miteinander. Für sie war die Angelegenheit abgeschlossen. Die jungen Leute saßen sich schweigend und verlegen gegenüber, sie empfanden beide das Abenteuer als peinlich, in das sie gedrängt worden waren. Dorothee machte den ersten Vorstoß und hielt eine eindrucksvolle kurze Rede: »Ich hoffe Monsieur, Sie werden glücklich sein in der Ehe, die für uns beschlossen worden ist. Ich selber aber muß Ihnen sagen, was Sie wahrscheinlich wissen, daß ich dem Wunsch meiner Mutter entspreche, ohne mich gegen die Tatsache aufzulehnen, aber mit der vollkommensten Gleichgültigkeit Ihnen gegenüber. Vielleicht werde ich glücklich werden, ich will es hoffen, doch Sie werden, denke ich, mein

Bedauern verstehen, daß ich mein Vaterland und meine Freunde ganz einfach verlassen muß, und werden mir nicht böse sein wegen der Betrübnis, die Sie, zumindest in der ersten Zeit, an mir bemerken werden.«

Aus dem Munde eines fünfzehnjährigen Mädchens ist eine solche Aussage, in dem Zustand von Aufregung und Verdruß, in dem sie sich befand, kaum glaubhaft. Gleichwohl muß man daran glauben, denn Dorothee selber hat diese Worte überliefert.

Edmond kam ihr auf dem von ihr eingeschlagenen Weg entgegen, und man kann ihm Freimut und Ursprünglichkeit nicht absprechen. »Mein Gott«, sagte er, »das ist doch ganz natürlich. Übrigens verheirate ich mich auch nur, weil mein Onkel es wünscht, denn in meinem Alter schätzt man mehr das Junggesellenleben . . .«

Alles in allem stimmten sie zumindest in diesem Punkt überein. Sie hatten beide nicht den Wunsch und keine Lust, sich zu verbinden. Dies einmal gesagt, blieb ihnen nichts weiter übrig, als sich zu heiraten und so wenig Zeit wie möglich zusammen zu verbringen.

Edmond reiste am Tag darauf, am 24. Februar 1809, nach Paris zurück.

Es könnte der Eindruck entstanden sein, Herr von Talleyrand wäre während dieser Reise nach Deutschland ins Hintertreffen geraten: das hieße seine Allgegenwart schlecht kennen. Alle Leute, die in Löbikau und Umgebung auftraten, angefangen vom Zaren bis zu Batowski, sind nur Steine eines Schachspiels, die der Fürst von Benevent hin und her schiebt. Edmond ist weder »Turm« noch »König«, noch »Läufer«, noch »Springer«. Er ist nur ein »Bauer«: der unbedeutendste Stein. Beachtlich nur dadurch: er ist ein Talleyrand-Périgord. Nur eine Tugend wird von ihm verlangt: Gehorsam. Intelligenz, Willenskraft und Macht sind auf der Seite des Fürsten von Benevent.

Dieser schrieb, sobald er von dem glücklichen Ergebnis unterrichtet war, an die Herzogin: »Ich hoffe, daß Prinzessin Dorothee die Zeichen der Zuneigung, die ich ihr entgegenbringen möchte, mit einiger Freude aufnehmen wird, ebenso wie die ständigen Aufmerksamkeiten, mit denen ich und meine Familie versuchen werden, sie zu umgeben« [8. März 1809].

Er teilt die Nachricht dem Zaren mit, und zwar in einem höfischen Stil, der feinsinniger ist als die verblümte Einfachheit vermuten läßt. »Alles ist zu einem guten Ende gelangt, Sire, wie es zu hoffen stand, da zwei so starke Mächte, die Ihre und die der Liebe, sich die Mühe machten, darauf einzuwirken.«

Ja, alles ist gut zu Ende gegangen. Der Zar hat dabei geholfen, der Familie Périgord ein ungeheures Vermögen einzubringen, aber davon wird nicht gesprochen, gesprochen wird nur von einem huldvollen Herrscher in Verbindung mit der Macht der Liebe. Ihm wird geschmeichelt, er wird beweihräuchert und betört. Und es wird vorgesorgt für die Zukunft: es wird an den Zeitpunkt gedacht, da er für eine ganz andere Sache notwendig sein wird als zum Entzünden der Hochzeitsfackeln. »Von Tag zu Tag wird die Dankbarkeit, die ich Euer Majestät zu Füßen lege, größer. Ich würde Ihnen ergeben sein, selbst wenn Sie nichts für mich getan hätten. Ich bin es, weil Sie mir die echtesten Gefühle eingeben, weil in Ihnen die vollkommenste Güte zu erblicken ist und alle Eigenschaften, die den noch immer höchsten Thron der Welt adeln. Es ist wohltuend zu denken, daß auf Ihnen, Sire, heute die Geschichte des Universums und der Fortschritt der Kultur ruhen.«

Dieser Hinweis auf die Gespräche in Erfurt, zusammen mit einer ungeheuren Schmeichelei, bedurfte sofort eines vorsichtigen Gegenzugs. Der Brief hätte abgefangen, eine Kopie angefertigt und dem »anderen« ausgehändigt werden können, dem anderen Kaiser, dessen Untertan Talleyrand bis zum nächsten Regimewechsel war. Also rückt er alles an seinen Platz und verkündet: »Meine unwandelbare Zuneigung zu Kaiser Napoleon, dessen großes Genie ich bewundere, dessen Vertrauen, das er mir so oft bewiesen hat, dessen Wohltaten, die er mir zuteil werden ließ, für immer mein Herz gefesselt halten ...« und so weiter. Dann gibt er seiner Hoffnung auf Frieden zwischen »den beiden Kolossen« Ausdruck, aber er hütet sich, von Allianz zu sprechen [Brief vom 24. März 1809]. [L-G]

Die Politik war nützlich gewesen, um diese Ehe zustande zu bringen, die Eheschließung führt auf die Politik zurück. Hatte Talleyrand dem Zaren nicht gesagt, daß, falls Dorothee seinen Neffen heiratete, die Herzogin von Kurland ein hervorragender Verbindungsagent zwischen dem Onkel ihrer Tochter und ihrem »Väterchen Zar« sein würde? Kostenlose Spione! Der Zar fand, daß diese Heirat eine fündige Quelle war. Von nun an entwickelte sich zwischen Talleyrand und der Herzogin ein Briefwechsel, der anfänglich liebenswürdig war, dann äußerst liebenswürdig wurde und, als sie sich kennengelernt hatten, unendlich zärtlich.

Die Hochzeit von Edmond und Dorothee fand am 22. April 1809 in Frankfurt statt. Sicherlich war es ein glücklicher Zufall, daß der Fürst-Primas Theodor von Dalberg sie trauen konnte. Allezeit waren die Dalbergs bei guten Geschäften zugegen.

Die junge Gräfin Edmond von Périgord und ihr Mann zogen nach Paris und wohnten beim Fürsten von Benevent. Die Herzogin von Kurland befand sich in ihrer Begleitung. Sie war bei weitem die Glücklichste. Sie kam nicht, um über das Glück des jungen Paares zu wachen, sie kam, um ihr Glück zu machen, und das gelang ihr besser als ihm.

Gefahrvoller Umgang des Fürsten von Benevent

Es war nicht anzunehmen, daß die Tätigkeiten eines Talleyrand – selbst nach der Entlassung aus dem Ministeramt – »belanglos« waren. Als er 1792 in London zum Angeln ging, war Pitt so wenig von der Belanglosigkeit dieser Beschäftigung überzeugt, daß er diesen Gründlings-Fischer ausweisen ließ. Und als er in Erfurt zum Tee zur Fürstin von Thurn und Taxis ging? Während des Winters 1809 waren seine Diners, seine Besuche, sein Kartenspiel, war alles, auch sein Blick, gefährlich für seinen abgeschriebenen und abwesenden Herrn. Zur gleichen Zeit, da er Napoleon Ruhm und Erfolg in Spanien verhieß, streute er in den Pariser Salons giftige Bemerkungen über den gräßlichen Krieg aus. »Man greift nach Kronen, aber man stibitzt sie nicht.« Zuweilen war er so verwegen in seinen Äußerungen, daß seine Freunde das Zittern ankam. Ganz unverfroren sagte er im Salon von Madame de Rémusat das Ende des Kaiserreichs und die Katastrophe voraus. Er hatte die Zustimmung auf seiner Seite, er wußte, wie unpopulär die Spanien-Affäre war: »Sich zum Feind der Völker erklären, ist ein Fehler, der nie wiedergutzumachen ist.«

Es gehörte Mut dazu, der kaiserlichen Polizei Trotz zu bieten. Sie war überall. Wie war es möglich, daß ihr Talleyrands »Äußerungen« entgingen? Wer schlug sie nieder? Wer verbrämte sie, wenn sie dem Kaiser vorgelegt wurden? Oder, sofern der Kaiser sie kannte, warum unternahm er nichts? Man begreift es nicht. Aber die »Äußerungen« waren nur eine Arbeit, die er an der Oberfläche leistete, Köder, um Gleichdenkende anzulocken. Das Regime mußte unterhöhlt und durch ein anderes ersetzt werden. Einer solchen umfassenden Unternehmung gegenüber vermochte ein einzelner Mann nichts, vor allem ein Talleyrand nicht, der zwar Entwürfe bringt, aber nicht handelt, es sei denn durch Mittelspersonen. Eine Verschwörung war nötig. Mit wem aber war sie möglich? Nichts ist gefährlicher als ein Verbündeter. Jeder Verbündete ist ein Verräter, der auf seine Stunde wartet. Das wußte er besser als jeder andere.

Da es möglicherweise einen Schutzengel der Verschwörung und Intrige gibt, wurde ihm ein Mann zugeführt, der anrüchigste, der am meisten in die schrecklichen Geschehnisse der Revolution verwickelt gewesen war, ein Mann mit einem wahren Talent für heimliche Umtriebe, für Hinterhalt, für »spontane« Massaker, nie aufgeklärtes Verschwinden von Menschen, zur rechten Zeit begangene Selbstmorde, für Höllenmaschinen, die nur harmlose Spaziergänger töten, ein Mann, der über alles von allen in Frankreich und sogar in Europa im Bilde war und der Fouché hieß, Polizeiminister. Fouché war genau zu dem Zeitpunkt verfügbar, da Talleyrand einen Mann – wenn man ihn so nennen kann – suchte.

Bisher waren sie sich aus dem Weg gegangen. Sie haßten sich. Paris amüsierte sich darüber. Talleyrand sagte: »Ein Polizeiminister ist ein Mann, der sich in das mischt, was ihn angeht, und hernach in das, was ihn nichts angeht.«

Als in Anwesenheit Talleyrands einmal gesagt wurde, der Polizeiminister leide an einer totalen Menschenverachtung, antwortete er: »Das kommt daher, daß er sich gründlich selbst studiert hat.« Aber nicht die Menschenverachtung trennte sie voneinander, es war die Verschiedenheit ihrer Erziehung, ihrer Neigungen, ihrer Herkunft, ihrer Aura sogar. Alles, was Talleyrand verkörperte, der ein Grandseigneur war, der opulent und ausschweifend lebte, der sich liebenswürdig und selbstsicher gab, der seine Laster und Schulden gelassen zugab, war dem elenden früheren Pfäfflein verhaßt, der arbeitsam war, trübsinnig, häßlich, voller Leberflecken, der spärliches rötliches Haar hatte und blutunterlaufene, abstoßende, Angst einjagende Augen. Fouché lebte wie ein kleiner Krämer, von Suppe und gekochtem Rindfleisch, zwischen seiner kümmerlichen Frau und einer siechen Tochter, die er verhätschelte und die er versteckte, als wäre sie ein Laster. Dieser Mann, der in Lyon und an anderen Orten Tausende von Unschuldigen hatte niederkartätschen lassen, war ein vorbildlicher Ehemann und Vater. Was er stahl, gab er nicht aus, deshalb galt er als ehrlich. Im geheimen stapelte er ein Vermögen auf. Von seinen Verbrechen abgesehen, war ihm nichts vorzuwerfen. Talleyrand wurde übel, wenn er an ihn dachte.

Diese unüberwindliche Abneigung blieb bestehen bis zu dem Tag, da der Ehrgeiz sie zu überwinden vermochte – als es galt, »einen großen Schlag« ins Werk zu setzen.

Vermutlich wäre eine Annäherung nicht zustande gekommen, wenn Blanc d'Hauterive sie eines Tages nicht zusammengebracht und ausgesöhnt hätte. Wie erinnerlich, war Hauterive Talleyrands rechte Hand im Ministerium der Auswärtigen Beziehungen. Wie Fouché war er ein Exoratorianer, hatte gute Beziehungen zu ihm unterhalten und begriff nicht, weshalb diese beiden Männer Feinde waren. Er kannte Talleyrands Gedanken über Napoleons Politik, und als ihm Fouché die seinen anvertraute, die gleichen, ließ es Hauterive keine Ruhe, bis er sie überzeugt hatte, daß sie füreinander geschaffen wären, daß sie sich verbünden müßten.

Ihr erstes Zusammentreffen fand statt – wer hätte es gedacht? – bei der Fürstin von Vaudémont, geborene Montmorency. Sie hatte, so hieß es, »den Geist der Liga, das Temperament der Fronde«. In ihrem Salon traf sich alles, gleich welcher Herkunft und Auffassung. Außer ihrer eigenen dominierte keine Persönlichkeit. »Sie war der Meinung, ihre kleinen Hunde hätten das Recht, die Minister und Gesandten zu beißen.« Sie war ihren Freunden zugetan und verschaffte ihnen den liebenswertesten Rahmen und völlige Freiheit. Aimée de Coigny schrieb: »Ihr Haus kann als der ruhigste Zufluchtsort der Freundschaft und als die gefährlichste Stätte für schlecht fundierte Regierungen betrachtet werden. Man kann dort in aller Sicherheit Komplotte schmieden, und das Leben ist so angenehm und tändelnd, daß die Spione dabei einschlafen.« Talleyrand suchte sich wirklich die Nester gut aus, in denen der Sturz des Kaiserreichs ausgebrütet wurde. Die Begegnung Talleyrands mit dem Königsmörder verlief gut: sie reichten sich die Hand. Talleyrand entfaltete seinen Charme. Als Fouché irgendwelche

Gemeinplätze von sich gab, setzte der Bischof ein erstauntes Gesicht auf und murmelte mit Nachdruck: »Dies, Fouché, geben Sie acht, ist höchste Diplomatie.« Es waren nur Plänkeleien, man ging daran, ein gefährliches Spiel zu spielen: entweder wurde Napoleon vom Thron gestoßen, oder man verlor seinen Kopf dabei.

Bei einer der Abendgesellschaften war Madame Mère, Napoleons Mutter, anwesend, sie war erstaunt, Fouché dort zu begegnen. Sie erstaunte noch mehr, als sie ihn im Gespräch mit Talleyrand erblickte. Sie schob sich in ihre Nähe, spitzte die Ohren und fing einige Worte auf, denen sie entnahm, daß man nicht viel von ihrem »Nabulio« hielt. Sie hörte leider nicht alles, denn sie hätte an jenem Abend oder an irgendeinem anderen Äußerungen wie diese aufschnappen können: »Es hat mich stets verwundert«, sagte Fouché mit düsterem und gespanntem Gesicht, »daß sich kein Jacques Clément gefunden hat, um uns von dem Korsen zu befreien, wie dieser Mönch Frankreich von Heinrich III. befreit hat.« Worauf Talleyrand glattzüngig und seufzend antwortete: »Was wollen Sie? Mit der Religion geht es bergab.« Frau Laetitia war gleichwohl so betroffen, daß sie an den Kaiser nach Spanien schrieb.

Sie war nicht die einzige, die etwas von einer Verschwörung bemerkt hatte. Metternich wußte viel mehr, und er schrieb nach Wien: »Zwei Männer stehen im Augenblick in Geltung und Einfluß an erster Stelle: Herr von Talleyrand und Herr Fouché. Einst der Anschauung und den Interessen nach Gegner, sind sie jetzt durch Umstände, die unabhängig von ihnen sind, zusammengeführt worden.« Es war ihm nicht entgangen – denn Talleyrand enthielt ihm nichts vor –, daß das Ziel dieser Einigung Napoleons Entthronung war. Das Bild, das er von Frankreich und den Franzosen malt, ist beeindruckend: »Eine von langwährenden Anstrengungen erschöpfte Nation, erschreckt von der Ungeheuerlichkeit der Bahn, die der gegenwärtige Herr ihres Schicksals sie noch durchlaufen lassen will.« Ein Volk, das nicht mehr bereit ist, »um den Preis seines Bluts und seines Glücks Pläne zu unterstützen, die nur noch die persönlichen Pläne dieses Herrn sind«.

Man meint, Talleyrand zu hören. Die Tragik des Kaisers und der Nation ist in den folgenden von Metternich stammenden Zeilen ausgedrückt: »Seit dem Frieden von Lunéville führt nicht Frankreich mehr den Krieg. Napoleon ist es, der ihn mit französischen Werkzeugen führt.« Deshalb trat Talleyrand auf die Seite Frankreichs.

Metternich beschreibt die beiden Verschwörer als »fest entschlossen, die Gelegenheit zu ergreifen, wenn diese Gelegenheit sich bietet, da sie nicht genügend Mut haben, sie herbeizuführen«. [Metternichs Memoiren] Hier muß man zwischen den Zeilen lesen. »Die Gelegenheit« soll heißen Napoleons Ermordung, die Fouché mit seinem Hinweis auf Jacques Clément bereits angedeutet hatte. Metternich sagt weiter, die beiden Komplicen seien bereit, das Steuer des Schiffes in die Hand zu nehmen, dessen Kapitän den gesunden Menschenverstand verloren hat. Was wiederum übersetzt werden muß: Talleyrand und Fouché denken an eine Ersatzregierung. Wer wird ihr angehören? Zunächst sie beide, natürlich. Und sonst? Ein Mann ist nötig, oder besser gesagt, ein Symbol. Ein Bourbone? Davon kann keine Rede sein. Die beiden Kumpane waren von den Bourbonen für den Galgen vorgesehen. Napoleons Brüder? Das waren Nullen. Ihre Wahl fiel auf Murat, Napoleons Schwager, mit ihm würde man vor allem die Bonapartisten auf seiner Seite haben. Er war groß, tapfer, feurig und überdies nicht sehr scharfsinnig, alles in allem also der richtige Mann. Sie schickten ihm einen Brief nach Neapel, wo er regierte, sozusagen, er herrschte über fast genauso viele Soldaten – um die Ordnung aufrechtzuerhalten – wie über Untertanen, die ihn stürzen wollten. Mit verblüffender Kühnheit schrieben sie ihm in dem Brief, er solle sich bereit halten, um nach Paris zu kommen, sobald die Nachricht vom Tode Napoleons bekannt würde. Man rechnete augenscheinlich sehr mit den krummen Dolchen der spanischen Patrioten ...

Am 20. Dezember 1808 veranstalteten Talleyrand und Fouché für alles, was Rang und Namen in Paris hatte, eine politische Demonstration, ein Meisterwerk ihrer Art. Der Fürst von Benevent lud an jenem Abend zu einem riesigen Empfang den Faubourg Saint-Germain ein, das gesamte diplomatische Corps, die Würdenträger, die Körperschaften des Staates, die Finanz und eine Anzahl von Abenteurern internationaler Klasse. Nur er war imstande, eine solche Versammlung zustande zu bringen. Angesichts dieses Forums führten die beiden Komplicen ein stummes Duett auf, dessen Echo von Sankt Petersburg bis Valladolid hallte; Napoleon wurde es heiß und kalt. In den Salons drängten sich die Gäste; auf einmal wurde, mit wohl abgemessener Verspätung, ein Mann angekündigt, dessen Name von der Wandtäfelung wie das Geläut einer Sturmglocke zurückgeworfen wurde. Fouché übertrat die Schwelle, die er eigentlich nie und nimmer hätte überschreiten sollen. Er machte ein paar Schritte und lächelte, wie man ihn nie hatte lächeln sehen. Er betrat das Haus seines Feindes, als käme er zu einem Freund. Er hielt einen Augenblick inne, als wollte er all diesen vor Verblüffung starren Menschen sagen: »Ja, ich bin es tatsächlich, Sie träumen nicht«, und als wollte er dem hinkenden Fürsten Zeit lassen, auf ihn zuzukommen, seinen Arm zu nehmen und sich vertraulich auf ihn zu stützen. Sie schritten durch alle Salons, ohne ein Wort zu sagen, beide strahlten vor Genugtuung.

Diese Darbietung, die wie auf einem Laufsteg vor sich ging, kam einem öffentlichen Aufruf gleich. Augenblicks begriff jeder, daß sie in geheimem Einverständnis miteinander standen und welches Ziel sie verfolgten. Für die Dauer eines Blitzschlags wankte Napoleons Thron. Nachdem die gewünschte Wirkung erreicht war, setzten sie sich ein wenig abseits der Menge nieder und redeten verschwörerisch und zugleich ungeniert miteinander.

Im Angesicht von dreihundert Personen, von denen die meisten bereits die Berichte und Depeschen im Kopf vorbereiteten, die am frühen Morgen schon die aufsehenerregende Nachricht in die Provinzen und Hauptstädte, in die Schlösser und Bistümer bringen sollten.

Europa vernahm nun, daß Napoleon in Gefahr war, und zwar nicht nur in Spanien, sondern auch in Paris. Das »Arm in Arm« bedeutete auch: »Wenn unter Ihnen Sympathisanten sind, wissen Sie, an wen Sie sich wenden können.« Die Meisterschaft hatte darin bestanden, stumm geblieben zu sein.

In Valladolid erhielt Napoleon zur gleichen Zeit den Brief, den Talleyrand an Murat geschrieben hatte, der von Eugène Beauharnais aber abgefangen worden war, und die Nachricht von der Verschwörung Talleyrands und Fouchés.

Der Kaiser war außer sich. Auf der Stelle brach er auf, verließ Spanien und war fünf Tage später in Paris. Wenn man den Zustand der spanischen Straßen zu jener Zeit bedenkt, die Unsicherheit und die Jahreszeit, so ist das als eine Rekordleistung zu werten. Am 23. Januar um acht Uhr morgens traf er in den Tuilerien ein. Sein Zorn richtete sich eher gegen Talleyrand als gegen Fouché. Er kochte. Doch er nahm sich die Zeit, die in Spanien erhaltenen Informationen durch seine Polizei nachprüfen zu lassen. Währenddessen besichtigte er die Bauarbeiten am Louvre und empfing Gesandte. Am 28. Januar berief er einen auf wenige Leute beschränkten Rat ein. Talleyrand nahm daran in seiner Eigenschaft als Vice-Grand Electeur teil. Zugegen waren Cambacérès, Fouché, Lebrun und Decres. Jetzt war Napoleon mit seiner »Szene« an der Reihe. Und diese Szene ging nicht stumm vonstatten.

Die Szene vom 28. Januar oder der Zorn des Clowns

Es war nicht die erste Szene, die Napoleon Talleyrand machte, wiewohl dieser unter den Würdenträgern und Vertrauten bisher am wenigsten beschimpft worden war. Der Kaiser übertrug seine Zornesausbrüche häufig auf Gegenstände, auf seinen Hut zum Beispiel, auf dem er herumtrampelte. Er hätte Talleyrands Rat befolgen sollen: »Man darf seinen Zorn nie an Dingen auslassen, denn ihnen tut das nicht weh.« Von Angesicht zu Angesicht mit seinem Großkämmerer ließ er sich niemals gehen und benutzte keine Schimpfworte, in seiner Abwesenheit aber hielt er sich nicht zurück. General Clarke gegenüber sagte er, er solle sich nicht mit Talleyrand einlassen: »Das ist nur Scheiße und würde Sie beschmutzen.« Auch sagte er, Talleyrand sei »der Mann, der am meisten gestohlen« habe. Pardon, Sire, immerhin weniger als Ihre Brüder, Ihre Schwestern und Ihre Marschälle. Vergessen Sie, daß Ihr Hof von Plünderung lebte? »Was für ein Lügner!«

rief Napoleon manchmal aus. Sire, der Papst sagt das gleiche von Ihnen, ohne sich dabei ärger zu täuschen. Haben Sie nicht die spanischen Prinzen belogen, als Sie sie in die Falle von Bayonne lockten? An alle diese Vorgänge muß man sich erinnern, um die berühmte Szene zu verstehen, die jedermann zum Zittern brachte, niemandem jedoch Schaden zufügte – außer Eurer kaiserlichen und königlichen Majestät.

Doch von Cäsar geschleudert, konnte der Blitz tödlich sein: der Donner hat gegrollt, der Blitz hat nicht gezündet. Napoleon ging auf und ab, er hielt die Hände auf dem Rücken verschränkt, er war nachdenklich, gesammelt, bedrohlich. Um in Hitze zu geraten, begann er in Andeutungen über das zu sprechen, was sich während seiner Abwesenheit in Paris zugetragen hatte. Das Corps législatif hatte es gewagt, gegen einige Verfügungen des neuen Code zu stimmen, durch Spekulanten wurde eine Baisse an der Börse hervorgerufen, und schließlich und endlich hatte »man« seinen Tod an die Wand gemalt. »Man« hatte an ihm gezweifelt, »man« hatte die Welt ohne ihn eingeteilt. »Diejenigen, die ich zu Großwürdenträgern oder Ministern gemacht habe, sind nicht mehr frei zu denken und zu sagen, was sie wollen, sie können nur noch die ausführenden Organe meiner Gedanken sein.« Das ist die treffendste Definition der Gewaltherrschaft und zugleich der Sklaverei. Talleyrand, der sich nicht setzen konnte, solange der Kaiser nicht Platz genommen hatte, aber seines Gebrechens wegen auch nicht länger stehen konnte, hatte sich an den Kamin gelehnt, die anderen standen ihm gegenüber, der Kaiser zwischen ihnen. Dieser wandte sich plötzlich Talleyrand zu, und das Gewitter brach los. Napoleon ließ ihm die Ehre zuteil werden, seine ganze Wut an ihm auszulassen. Er beendete den obigen Satz mit den Worten: »Für sie hat der Verrat bereits begonnen, wenn sie sich erlauben zu zweifeln, er ist vollständig, wenn aus dem Zweifel Abweichung wird.« [L-G]

Als das Wort »Verrat« fiel, hat Talleyrand vermutlich schon seinen Kopf fallen sehen. Er mußte annehmen, alles sei entdeckt. Und es war auch so. Sein Verhalten hätte ein Kriegsgerichtsverfahren nach sich ziehen können. Die anderen waren davon überzeugt, daß es dazu kommen würde, sie waren bleich vor Furcht. Talleyrand sah von oben auf den kleinen, in seinen Uniformrock gezwängten Mann herab, der schrie und gestikulierte. Er war fülliger, seine Hautfarbe gelber, sein Haar spärlicher geworden, kurzum, er sah anders aus als der junge Gott des Sieges. In der Wut fiel alle kaiserliche Würde von ihm ab, und sichtbar wurde ein aus Vorzeiten stammender Mensch, der grotesk hätte wirken können, wenn hinter ihm nicht die Festungsgräben von Vincennes und das Hinrichtungspeloton zu ahnen gewesen wären.

Der Fürst von Benevent benahm sich wie jemand, der so tut, als höre er einer Rede zu, die ihn im Grunde nicht interessiert. Nichts konnte für einen rasenden Mann aufreizender sein als diese unglaubliche Unverfrorenheit.

Napoleon machte eine Szene, ohne den zu bezeichnen, dem sie galt, und je eindringlicher er den Schuldigen anblickte, desto deutlicher ließ Talleyrand erkennen, daß ihn das Ganze nichts anginge. Das war zu viel: der Kaiser geriet so außer Fassung, daß er jegliches Maß verlor. Er ging auf Talleyrand zu und drohte ihm. Er brüllte, wie Leute sich auf der Straße beschimpfen: »Dieb! Dieb! Sie sind nichts als ein Dieb! Sie sind ein Feigling, ein Mensch ohne Glauben, Sie glauben nicht an Gott. Ihr Leben lang haben Sie Ihre Pflichten vernachlässigt, Sie haben alle Welt betrogen und verraten. Ihnen ist nichts heilig. Sie würden selbst Ihren Vater verkaufen. Ich habe Sie mit Wohltaten überschüttet, und es gibt nichts, dessen Sie nicht gegen mich fähig wären. So haben Sie, weil Sie unüberlegt meinten, meine Angelegenheiten in Spanien stünden schlecht, die Schamlosigkeit gehabt, jedem, der es hören wollte, zu sagen, Sie hätten stets meine Unternehmung in diesem Königreich mißbilligt, während doch Sie es waren, der mich auf die Idee gebracht hat, der mich ständig dazu gedrängt hat.« (Irrtum, Sire! Nie hat jemand Einfluß auf Sie gehabt. Talleyrand hat Ihnen geholfen, arglistig zweifellos, Ihre spanischen Bestrebungen zu rechtfertigen. Er hat Ihnen aber seit der Direktorialzeit Friedenspläne vorgetragen, denen Sie nie Gehör schenkten.) »Und dieser Mensch, dieser Unglückliche, durch wen habe ich seinen Aufenthaltsort erfahren? Wer hat mich angestachelt, gegen ihn vorzugehen?« (Es handelt sich um den Herzog von Enghien.) Dieser Vorwurf ist ernster; doch wenn Napoleon den Herzog nicht hätte töten wollen, Talleyrands Rat hätte ihn nicht dazu bewogen. Daß Talleyrand ihm die Dinge erleichtert hat, steht fest, daß aber ein Kaiser sich mit seinem Komplicen auf diese Weise auseinandersetzt, ist ein grober Mißgriff. Noch immer schreiend fuhr er fort: »Was sind Ihre Absichten? Was erwarten Sie? Wagen Sie es zu sagen!« (Das stand in dem Brief an Murat.) »Sie verdienten, daß ich Sie wie Glas zerbreche.« Und der Schluß verliert sich in unnützen und wahnwitzigen Drohungen: »Ich habe die Macht dazu, doch ich verachte Sie zu sehr, um mir diese Mühe zu machen. Warum habe ich Sie nicht am Gitter der Tuilerien aufhängen lassen? Aber noch ist Zeit dazu.« Und nun holte er nur Luft, um den Satz herauszuschleudern, den alle Welt kennt: »Ja, hören Sie, Sie sind nur Scheiße in einem Seidenstrumpf!« Der Sieger von Austerlitz glitt auf etwas aus, das er nicht mit Namen hätte nennen sollen. [PAS/SEB]

Keine Rede mehr von »Justiz« oder Rache. Für einen Tyrannen bedeutet eine so bezeigte Schwäche, einem Wort Talleyrands zufolge, »den Anfang vom Ende«. Das ist kein Gnadenbeweis, das ist das erste Anzeichen der Abdankung.

Der beschimpfte Fürst wischte den üblen Erguß ab, als wäre er nicht belästigt worden. Sein unbewegtes Gesicht schien aus Elfenbein zu sein, seine Augen waren erloschen, seine Lippen blutleer: er sah aus wie eine Mumie. Möglicherweise hatte der rasende Napoleon Lust, ihn zu ohrfeigen, doch vor dieser hochmütigen Miene, diesem abwesenden Gesichtsausdruck hielt er sich zurück. Er ohrfeigte ihn in anderer Weise – mit einer scheußlichen Beschimpfung: »Und Ihre Frau? Sie haben mir nicht gesagt, daß San Carlos der Liebhaber Ihrer Frau ist.« Talleyrand war getroffen; er sah den, der ein Kaiser war, beherrscht an und antwortete im Ton des vollkommenen Hofmanns: »In der Tat, Sire. Ich habe nicht geglaubt, daß ein Bericht darüber für den Ruhm Euer Majestät oder den meinen von Bedeutung sein könnte.«

Napoleon war besiegt, er hatte das Gesicht verloren. Talleyrand war der Souverän. Beiden blieb nur noch übrig, sich einen guten Abgang zu verschaffen. Als der Kaiser den Raum verließ, besann er sich noch einmal und versetzte Talleyrand und Fouché einen letzten Schlag: »Seien Sie gewiß, sollte es eine Revolution geben, an der Sie in irgendeiner Weise teilgenommen haben, würden Sie alle beide von ihr zermalmt werden.«

Der Fürst von Benevent blieb gelassen und durchquerte in seiner unnachahmlichen Art zu hinken den Salon, wobei er die zitternden und schreckensbleichen Zeugen der Szene anblickte. Es war zu ahnen, welch unheimliches Bild vor ihrem inneren Auge stand: die Mumie Talleyrand aufgehängt am Gitter der Tuilerien. Er selber sah nur Einfaltspinsel, die nichts begriffen hatten. Sie hatten gemeint, Jupiter zu sehen, doch sie sahen nur einen schwachen und gewöhnlichen Schauspieler. Auf der Schwelle drehte er sich um und sagte: »Wie schade, Messieurs, daß ein so großer Mann so schlecht erzogen ist.«

Seine Äußerung bewies großes Geschick, sie bagatellisierte alles. Keine Rede mehr von Verrat und Aufhängen. Es handelte sich nur noch um einen Fall von ungeschliffenem Benehmen. Wahrscheinlich dachte er an das Wort Fénélons, das er bei anderen Gelegenheiten zitierte: »Beleidigungen sind das Recht derjenigen, die unrecht haben.« Aber vor einem so mittelmäßigen Publikum wollte er es nicht aussprechen; er bewahrte es für seine schönen, geistreichen Freundinnen auf, die er am Abend bei der Vicomtesse de Laval traf.

Er erzählte ihnen alles, aber nur ihnen allein. Selbst in seinen Memoiren läßt er nichts darüber verlauten. Madame de Laval, außer sich über den zynischen und kühlen Bericht, den er über die schändliche Szene gab, empörte sich: »Was, das hat er Ihnen alles ins Gesicht gesagt?« – »O ja«, antwortete er, »und dazu noch Beschimpfungen.« Er gab sie in aller Ruhe wieder. Sie geriet in Feuer: »Wie, das haben Sie sich angehört? Sie standen vor ihm, und Sie haben nicht einen Stuhl, eine Feuerzange, ein Scheit oder ich weiß nicht was ergriffen, Sie haben sich nicht auf ihn gestürzt?« – »Oh, ich habe wohl daran gedacht, aber für so etwas bin ich zu faul.« [L-G]

Dieses Wort kennzeichnet ihn. Für ein paar unflätige Äußerungen eines »Parvenüs« die Zukunft aufs Spiel setzen? Wahnsinn! Doch selbst die größte Kaltblütigkeit hat Grenzen. In der darauffolgenden Nacht überfiel ihn ein Unwohlsein. Am 29. Januar blieb er im Bett. Den ganzen Tag über wartete er darauf, festgenommen zu werden. Er erhielt eine Order, mit der er seiner Stellung als Großkämmerer enthoben wurde: er mußte den Schlüssel, das Symbol seines Amts, zurückgeben. Ihm war es lieber, den Schlüssel zurückzugeben, als die Seele im Festungsgraben von Vincennes auszuhauchen. Jetzt hatte er das Vorrecht verloren, in die Gemächer des Kaisers einzutreten, und dazu die vierzigtausend Francs Pension. Neben den fünfhunderttausend, die er erhielt, war das nicht ruinös. Unverzüglich machte er sich daran, auf Ausgleich zu sinnen. Er schickte dem Kaiser seinen Schlüssel zurück mit einem für ihn typischen Brief, in dem zu lesen stand: »Mein Trost ist es, Eurer Majestät anzugehören durch zwei Empfindungen, die kein Schmerz überwältigen oder abschwächen kann: durch Dankbarkeit und Ergebenheit, die erst mit meinem Leben enden werden.« Und das kaum vierundzwanzig Stunden, nachdem er diese Flut von Schimpfworten hatte über sich ergehen lassen müssen. Aber man staunt bei ihm über gar nichts mehr.

Schon am Abend des 29. fühlte er sich besser, stand auf und begab sich zum Hof-Cercle, unerschüttert, stumm, wie eine Statue wirkend. Die auf ihn abgeschossenen Blicke prallten stumpf an dieser Sphinx-Maske ab. Der Kaiser erschien, unterhielt sich mit diesem und jenem und schnupfte Tabak. Er sprach mit dem Nachbarn zur Rechten von Talleyrand, ging dann, ohne ihn anzublicken, an ihm vorbei und sprach mit dem Nachbarn zur Linken. Napoleon hatte ihn nicht beachtet, aber er hatte ihm den Zutritt zu den Tuilerien nicht untersagt. Das war ein Erfolg. Seine Frau hatte weniger Glück: sie erhielt den Befehl, nicht mehr im Schloß zu erscheinen und sich auf ihre Ländereien nach Pont-de-Sains zurückzuziehen. Da San Carlos am Tag zuvor im Zusammenhang mit der Fürstin in ärgerlicher Weise genannt worden war, wurde er nach Bourg-en-Bresse verbannt. So wurde Madame de Talleyrand ihres letzten Trostes beraubt.

Ganz Paris sprach nur von der »Szene«. Es herrschte die Meinung, Talleyrands Laufbahn sei beendet. Jeder andere hätte sich in dieser schrecklichen Situation in Valençay vergraben. Er war nicht irgendwer und bewies es zwei Tage später, als er sich zu einem diplomatischen Empfang in die Tuilerien begab, er stellte sich in die erste Reihe. Alle blickten nur auf ihn – außer dem Kaiser, der, als er an seinem Exgroßkämmerer vorüberschritt, den starren Blick dessen annahm, der nicht sehen will. Jetzt übertraf sich Talleyrand selbst. Napoleon richtete das Wort an einen neben Talleyrand stehenden Diplomaten, der mit der Antwort zögerte. Ohne weiteres antwortete Talleyrand an seiner Statt. Napoleon war erstaunt und stutzte einen Augenblick, den Talleyrand sich zunutze machte. Er beugte sich fast bis zum Kniefall nieder und küßte des Kaisers Hand. Verwunderte Stille breitete sich aus, nie hatte das diplomatische Korps etwas Ähnliches erlebt. Ein arabisches Sprichwort sagt: »Küsse die Hand, die du nicht beißen kannst.«

Diese Szene hat der russische Diplomat Rumiantsow als einen Geniestreich bezeichnet.

Talleyrand erhoffte sich noch Besseres. Um das zu erreichen, mußten »die Frauen in Gang gesetzt werden«. Madame de Rémusat setzte sich in Gang. Er schickte sie zur Königin Hortense, der sie sich tränenüberströmt zu Füßen warf und ihr Mitteilung machte von dem Schmerz des Fürsten von Benevent, der von einer unbegreiflichen Ungnade getroffen worden war. War er nicht der Mann, der dem Kaiser am meisten verbunden war? Hortense erinnerte sich, daß er vor allem der am stärksten parfümierte Mann war. Sie willigte ein, ihn zu empfangen und seine Klagen anzuhören, damit sie seine Sache beim Kaiser vertreten könne. Sie ließ die Fenster öffnen und empfing den Fürsten von Benevent. Er war nicht tränenüberströmt, er war nicht zerknirscht, er war Talleyrand. Er betrug sich wie ein kühler und achtungsvoller Hofmann und streifte unter tausend Komplimenten seine Angelegenheit kaum, so daß die Königin von Holland den Eindruck hatte, sie empfange von einem durchreisenden Souverän die Gunst, Kaiser Napoleon eine Botschaft überbringen zu dürfen. Sie vermochte es kaum zu fassen, doch sie tat ihr Bestes und legte für den in Ungnade gefallenen hochmütigen Mann ein gutes Wort ein. Sie selber erzählt von ihrem Besuch beim Kaiser und berichtet, was sie ihm über die abgrundtiefe Verzweiflung seines Großkämmerers und seine Ergebenheit sagte: »Ich log derart, daß ich Mühe hatte, ernst zu bleiben.« Dafür brach Napoleon in Lachen aus. Er wußte, was er von der aufrichtigen Verzweiflung und der Ergebenheit Talleyrands zu halten hatte. Er bezeichnete Hortense als leichtgläubig und naiv. Als weitere Verteidigung für den in Ungnade Gefallenen führte sie an, daß er nie etwas vor anderen sage. Wie könne er also den Kaiser angreifen? Darauf Napoleon: »Wenn er nichts vor Ihnen sagt, mein Kind, dann entschädigt er sich dafür um zwei Uhr morgens bei seinen Freundinnen, Madame de Laval und den anderen. Im übrigen tue ich ihm nichts Böses an. Nur will ich nicht mehr, daß er sich in meine Affären mischt.« [HORT]

Hinsichtlich des gesellschaftlichen Klatsches, der um zwei Uhr morgens bei Madame de Laval brodelte, täuschte Napoleon sich nicht. Das war ihm ein Dorn im Auge. Und sein Verhalten gegenüber Talleyrand gestaltete sich so, wie er es angekündigt hatte. Einige Wochen später, am 6. März 1809, wiederholte er in einem Gespräch mit Rœderer: »Ich tue ihm nichts Böses an, seine anderen Posten lasse ich ihm.« Welch seltsame Milde! Die Erinnerung an die Tage des Directoires, an die Tage des Idylles war nicht verflogen. Talleyrand ist nie behandelt worden wie die anderen. In dieser »Huld« Napoleons liegt etwas Menschliches, so etwas wie Schwäche, durch die er sympathischer wird. Er sagte noch: »Ich habe ihm gegenüber die gleichen Gefühle, die ich früher hatte, aber ich habe ihm das Recht genommen, zu jeder Stunde in mein Kabinett zu kommen. So wird er keine Unterhaltung unter vier Augen mit mir haben. Er wird nicht mehr sagen können, er habe mir dies oder jenes geraten oder davon abgeraten.« [SEB]

Er wollte Talleyrand nicht mehr sehen, aber er konnte nicht ohne ihn auskommen. Welch ein Leichtsinn drückt sich darin aus, daß er bei Hortenses Worten auflachte. Er lachte über ein Geschehnis, das gefährlicher für seine Dynastie war als die unheilvolle Kapitulation von Baylen [Juli 1808] in Spanien.

»Er ist jeder Unbesonnenheit fähig«, sagte Talleyrand über den Napoleon der letzten Jahre. Hier handelte es sich um einen Fall, wo er Talleyrand füsilieren oder ihn sich engstens verpflichten mußte. Was sollten die wahnsinnigen Drohungen in aller Öffentlichkeit, was sollte die untilgbare Erniedrigung? Hortense hatte die klare Einsicht: »Der Kaiser demütigt zu viel und bestraft nicht genug.« Talleyrands Meinung nach war eine Demütigung schlimmer als eine unterlassene Bestrafung. Als einziger hat Metternich, zwei Tage nach der Szene, das wahre Gesicht des Fürsten von Benevent gesehen, der, wie er nach Wien schrieb, »ihm gegenüber jede Maske abgestreift hatte«. Talleyrand hatte ihm zur Kenntnis gegeben, welche Entschlüsse er gefaßt, eiskalte, grausame Entschlüsse. Er stellte sich Österreich zur Verfügung, gegen Napoleon. »Er glaubte, daß es seine Pflicht sei, in direkte Verbindung mit Österreich zu treten und die Angebote, die ihm Graf Cobenzl gemacht, die er jedoch seinerzeit abgelehnt hatte, zu diesem Zeitpunkt anzunehmen.« Und Talleyrand selber fügte hinzu: »Jetzt bin ich frei, und wir verfechten eine gemeinsame Sache.«

So nutzte er also die Freiheit, die ihm Napoleon ließ. So mußte es kommen. Er folgte dem Gefälle der Ereignisse: Napoleon war verloren, sein Sturz mußte beschleunigt werden.

Da die Politik – selbst die verhängnisvolle – ihre ehrenwerten Verfechter speisen muß, und zwar aus goldenen Schüsseln, unterließ Talleyrand es nicht, über Geld zu sprechen. »Er hat mir zu verstehen gegeben, daß er einige hunderttausend Francs benötige.« Metternich hat ihm die Versicherung gegeben, daß Österreich ihm »alles, was er vernünftigerweise verlangen könne«, zahlen würde. Umgehend erhielt Talleyrand einhunderttausend Francs. In zwei Tagen war der Verlust seiner Pension weithin ausgeglichen. Die Folgezeit erwies sich als noch fruchtbringender.

Aber zu welchen Bedingungen! Es war ein Leben in ständiger Gefahr und in ständiger Schwebe. Er war durch nichts gebunden. Seine innere Freiheit ist so außergewöhnlich, daß man sie als abnorm ansehen kann. Hatte sein Herr und Gebieter geglaubt, ihn durch Pfründen an sich fesseln zu können, etwa durch das italienische Fürstentum? Der Kirche war es mit der Mitra, dem Krummstab und den sakramentalsten und unauflöslichsten Eiden nicht gelungen. Talleyrand diente, um sich selbst zu dienen. Er beugte sich, nur um Geld und Macht an sich zu raffen. Seine Gelüste wären vulgär gewesen, wäre mit ihnen nicht ein höheres Streben einhergegangen, das darin bestand, der Kultur und Frankreich, der Verkörperung dieser Kultur, zu dienen. Durch alle Regime hindurch war er erfüllt von dem Wunsch und der Lust, in einem Vaterland zu leben, das ein Vorbild an Menschlichkeit wäre. Dieses Ideal hatte Napoleon verraten. Das mußte Napoleon büßen. Offen oder im geheimen, um dieses Vaterland ging es ihm, diesem Vaterland diente er – selbst gegen den jeweiligen Herrn.

Der verstoßene Talleyrand gewinnt seine Freiheit zurück und denkt an das ihm zugefügte Unrecht

Die alten Umstände hatten sich gewandelt, unverzüglich stellte Talleyrand sein Leben auf die neuen ein. »Ich mußte meiner Lebensweise den Anschein von Gleichgültigkeit und Untätigkeit geben, damit Napoleon nicht der geringste Anlaß zu einem Verdacht geboten wurde.« Er wußte, daß die Polizei ihn überwachte. Mit größter Kaltblütigkeit setzte er seine Beziehungen zu Metternich fort. Dieser hatte mehr Furcht als sein Helfershelfer. Furcht ist eine Empfindung, die Talleyrand fremd ist. Seine übergroße Vorsicht zeugt von Geschicklichkeit, sie ist keineswegs, wie behauptet wurde, von Feigheit bestimmt. »Furcht ist nie in mein Herz gedrungen«, schreibt er, »ich könnte fast sagen, daß der Haß, den er (Napoleon) mir gegenüber zu erkennen gab, ihm schädlicher war als mir selbst.«

Ohne zu zittern spielte er das doppelte Spiel. Seine an den Kaiser gerichteten Lobhudeleien wurden weder weniger noch schwächer. In dem mit Deutschland wieder aufgeflammten Krieg wurde Napoleon leicht verwundet. Talleyrand schrieb ihm: »Ihr Ruhm, Sire, ist unser Stolz, aber Ihr Leben ist unsere Existenz.«

Ob man es glaubt oder nicht, es ist ganz offenkundig: der Charme des alten Schmeichlers wirkt noch immer. Als vier Jahre später Napoleon im Schlitten mit Caulaincourt sprach, seufzte er bedauernd, er erinnerte sich der Ratschläge, die ihm Talleyrand anläßlich des spanischen Krieges gegeben hatte, und er sprach anerkennend darüber: »Ich bin weit davon entfernt, ihm Vorwürfe zu machen. Er beurteilt die Dinge sehr gut, er ist der fähigste Minister, den ich je hatte.«

Jawohl, Talleyrand beurteilte die Dinge sehr gut. »Er griff Spanien ohne Bedenken an«, schreibt er über Napoleon in seinen Memoiren, »ohne den geringsten Vorwand geltend zu machen. Das ist es, was die Redlichkeit der Völker nie verzeiht.« Selbst mit den von Napoleon in diesem unseligen Krieg begangenen taktischen Fehlern beschäftigt er sich: »Man kommt beinahe zu dem Glauben, daß er in diesem so wichtigen Abschnitt seines Geschicks von einer Art Verhängnis getrieben wurde, das seine hohe Intelligenz blind machte. In diesem Unternehmen gegen Spanien war alles sinnlos.« Auch beklagt Talleyrand, daß Napoleon, der die Möglichkeit hatte,

Europa das Gleichgewicht und die Einheit zu verschaffen, dies nicht getan hat: »Ein wahres Gleichgewicht hätte den Krieg unmöglich gemacht. Ein angemessener Aufbau hätte allen Völkern die Kultur gebracht, und zwar die höchste Stufe, die sie erreichen kann.« Das war die große Idee der Philosophen des 18. Jahrhunderts. Talleyrand fügt bitter hinzu: »Napoleon hätte diese Dinge tun können, aber er hat sie nicht getan . . . Statt dessen hat er den Zustand herbeigeführt, den wir vor uns sehen.« (Leider sehen wir ihn das ganze 19. Jahrhundert hindurch, sehen ihn 1914, 1940 . . . und heute noch liegt Europa in Stücken vor uns.) »Er hat Gefahren heraufbeschworen, die Europa von Osten her drohen. Aufgrund dieser Tatbestände muß er und wird er gerichtet werden.«

Dieser prophetische Satz ist indes mit Illusionen behaftet. Talleyrand glaubte, die Geschichte würde Napoleon richten: diesem Richtspruch ist der Kaiser entgangen. Er hat sich in die Legende geflüchtet. Talleyrands Urteil über Napoleon muß bis auf den Grund ausgelotet werden, denn nach der Idylle legt er die Gründe für die Trennung dar. »Die Nachwelt wird von ihm sagen: dieser Mann war mit großer geistiger Kraft ausgestattet, aber er hat nicht begriffen, was der eigentliche Ruhm ist . . .« Der Ruhm, der darin besteht, den Völkern das Glück zu bringen und nicht, sich fremde Länder einzuverleiben.

Von 1809 an war zwischen den beiden Männern alles zu Ende. Aber Talleyrand versicherte Napoleon seiner Treue, obwohl er der unversöhnliche und stumme Feind des Feindes seines Vaterlands und Europas war, und Napoleon, der Talleyrand beschimpft hatte, sehnte sich noch immer und auch weiterhin nach diesem amoralischen Grandseigneur, nach diesem unfehlbaren großen Minister, der ihn einen Blick hatte tun lassen in die Zukunft, in die Sicherheit, in das süße Leben, kurzum, in ein Paradies, das zu betreten diesem kometenhaft aufgestiegenen Cäsar von einem unerbittlichen Verhängnis untersagt war.

Am 24. Juni 1809 starb Talleyrands Mutter. In seinen Memoiren spricht er nicht darüber. Bekannt ist nur, daß er um die Genehmigung nachsuchte, sie auf dem Friedhof Picpus neben der Frau seines Bruders Archambaud beerdigen zu dürfen, die am Tag vor dem 9. Thermidor auf dem Schafott hingerichtet worden war. Die Genehmigung wurde nicht erteilt unter dem Vorwand, daß »der frühere Adel daraus (aus Picpus) ausschließlich seinen Friedhof machen wollte«. Muß aus der Tatsache, daß der Todesfall von ihm nicht erwähnt wird, geschlossen werden, er sei ungerührt geblieben?

Talleyrand hat nie mit seiner Familie gebrochen. Da er darüber Schweigen bewahrt, ist es besser, die Tatsachen als sein Schweigen zu untersuchen und zu deuten. Der häufige Wechsel seiner Wohnsitze ist sehr aufschlußreich. Die verschiedenen Häuser, die er bewohnt hat, liegen stets ganz in der Nähe von Wohnungen von Familienangehörigen. Als er das väterliche Domizil in der Rue Saint-Dominique Nummer 1 verließ, zog er in die Rue de Bellechasse, was der Nummer 9 in der Rue Saint-Dominique entsprach. Nach dem Tode des Vaters kaufte die Mutter, mit Unterstützung des Onkels Erzbischof von Reims, das Gebäude in der Rue de Lille, und Talleyrand zog um, damit er wieder in der Nähe seiner Mutter war, er bewohnte ein Haus in der Rue de l'Université, Ecke Rue de Beaune. Als dann seine Mutter 1803 aus der Emigration zurückkehrte, brachte er sie in der Rue d'Anjou Nummer 36 unter, da er im Hôtel de Créqui, Nummer 35, wohnte. Wie ist diese gewollte und gewünschte Nachbarschaft anders zu erklären als durch den beiderseitigen Wunsch, sich ohne Mühe besuchen zu können?

Der kaiserliche Hof in den Tuilerien fehlte ihm nicht allzusehr. Er hatte sich dort stets gelangweilt, weil der Hof wirklich sehr langweilig war. Es war kein echter Hof, sondern eine steife, gekünstelte und manchmal grobe Nachahmung. Er selber sagt es, und indem er den Zustand beschreibt, beschreibt er sich: »Der Prunk der von Napoleon gegründeten Höfe war widersinnig. Der Prunk der Familie Bonaparte war weder deutsch noch französisch, es war eine Mischung, eine Art künstlicher Prunk, von überall entlehnt ... Was dieser Prunk vor allem erkennen ließ, war der völlige Mangel an herkömmlicher Schicklichkeit, und wenn es in Frankreich daran zu sehr mangelt, ist der Spott sehr nahe.« Er hätte hinzusetzen können, daß das, worüber man spottet, keine Aussicht auf Dauer hat. Es wird aber noch schlimmer und grausamer: »Die Bonapartes täuschten sich sehr in dem Glauben, sie brauchten die Könige, denen sie die Throne wegnahmen, nur kindlich nachzuahmen, und das wäre dann eine Art der Nachfolge.« Jedenfalls nicht für lange.

In seiner Stellung als Großkämmerer hatte er die Empfänge in den Tuilerien oft ertragen müssen. Eines Tages hatte Napoleon selber die in ihre Titel oder Goldverschnürungen gezwängten Hofleute satt und wünschte, daß sie etwas auftauten. Er meinte, Talleyrand könne das besorgen. Dieser tat es auf seine Art und Weise. »Mit seinem feierlichsten Gesicht« ging der Großkämmerer umher und »brachte den erlauchten Wunsch zur Kenntnis: ›Messieurs, der Kaiser spaßt nicht, er möchte, daß man sich amüsiert.‹ Das Scherzwort ging von Mund zu Mund, und die Anwesenden wurden fröhlicher.«

Zuweilen fing man unversehens einen »Scherz« auf. Einmal wandte sich Napoleon in seiner brüsken Art an die Herzogin von Fleury und fragte sie taktlos: »Eh, Madame, lieben Sie noch immer die Männer?« Darauf die Antwort: »Ja, Sire, vor allem, wenn sie höflich sind.«

Ein anderer »Scherz« Talleyrands: Er empfing eine Dame, die mit einem Amt bei Hof belehnt worden war. Ehe sie es ausüben konnte, mußte sie vor dem Großkämmerer einen Eid leisten. Sie erschien in einer sehr aufreizenden Toilette. Er sagte zu ihr: »Das ist, Madame, ein sehr kurzes Kleid für einen Treueschwur.«

Ein anderes Mal sagte der Kaiser etwas sehr Merkwürdiges. Er hatte viel für die Handlesekunst übrig und ließ sich oft die Zukunft aus den Linien seiner Hände deuten. [Memoiren von Joséphine] Mit der Zeit erlangte er einige Kenntnisse in dieser »Wissenschaft«, nahm eines Tages Talleyrands Hand, studierte sie und rief dann aus: »Mein Genie staunt und zittert vor dem seinen.« Er ahnte nicht, wie wahr er gesprochen hatte.

Während Talleyrand in Ungnade war, wurden ihm ab und zu Äußerungen Napoleons hinterbracht, die ihm ungeheuer wohltaten. Als der Krieg mit Österreich beendet war, wurde der Vertrag von Wien vorbereitet. Sein Nachfolger Champagny wurde und wurde nicht fertig damit. Er mußte sich vom Kaiser beschimpfen lassen, der nicht vergessen konnte, wie rasch Talleyrand gearbeitet hatte. Er sagte zu dem unglücklichen Champagny: »Sie haben eine Entschädigung von hundert Millionen für Frankreich festgesetzt, alles wird in den Staatsschatz kommen, ich weiß es. Zur Zeit Talleyrands hätten wir vielleicht sechzig bekommen, und zehn wären an ihn gegangen. Aber bei ihm wäre alles bereits vor zwei Wochen erledigt gewesen. Schließen Sie den Vertrag ab.«

Woraus zu entnehmen ist, daß die durch solche Dummköpfe verlorene Zeit viel mehr kostete als die »Douceurs« für Talleyrand und daß nichts kostspieliger ist als ein Minister, der das Unglück hat, nichts weiter als ehrlich zu sein.

Zwar ließ Napoleon sein Bedauern durchblicken, was aber nicht bedeutete, daß er verziehen hatte. Das trat zutage, als in einer englischen Zeitung Talleyrands und Fouchés Lob gesungen und festgestellt wurde, daß die französischen Staatsangelegenheiten darniederlägen, seitdem die beiden in Ungnade gefallen waren. Napoleons Zorn auf Talleyrand und Fouché flammte wieder auf. Dieses Lob war schädlicher für sie als alles andere.

Am 13. November, in den Herbstnebeln des Jahres 1809, kam aus den Tuilerien ein kleines Frühlingszeichen zu ihm. Der Kaiser ließ ihn bitten, dem König von Sachsen entgegenzufahren und ihn in Meaux zu empfangen. Talleyrand war um so mehr erfreut, als er König Friedrich August sehr mochte und in ihm so etwas wie ein gutes Omen für die Wiederkehr der kaiserlichen Gunst sah. Vergebliche Hoffnung.

Der in Ungnade Gefallene hält seinen Vergnügungen und seiner »Antiquitäten«-Galerie rührende Treue

Solange die kaiserliche Ungnade währte, versammelten sich wieder alle »seine Frauen« um ihn. Neue kamen hinzu und baten um Aufnahme in die staunenswürdige Galerie von Persönlichkeiten, die um ihn den Hofstaat eines abgedankten, aber auf seine Stunde wartenden Souveräns bildeten. Welche Bezeichnung soll man dieser Vereinigung ehemaliger Schönheiten geben, die ewig anmutig und liebenswürdig blieben und unendliche Hingabe bezeigten? Heutzutage würde sich wahrscheinlich jemand finden, der sagt: Klub abgetakelter Mätressen. Ein boshafter Journalist zur Zeit der Restauration hat vielleicht noch etwas Besseres gefunden. Als er über den Fürsten inmitten seiner Frauen berichtete, fand er das Wort »der alte Satrap in seinem Serail«. Ihr Spiel bestand darin, die vergangene Jugend und die dahingeschwundene Welt von 1785 wiederzuerwecken. Sie waren untereinander verbunden durch eine zärtlichere Freundschaft, als es die Freundschaft gemeinhin ist, eine Freundschaft, die auch weniger zerbrechlich ist als die Liebe, der sie nachgefolgt war. Doch mit und bei Talleyrand ist nichts unnütz, selbst das Vergnügen nicht – oder vor allem das Vergnügen nicht.

Jede Nacht hielten ihn die Damen bei Madame de Luynes oder bei Madame de Laval über alles auf dem laufenden, was in den Salons gesprochen wurde. Da ging es um finanzielle Neuigkeiten, heimliche Liebschaften, in den Alkoven ausgeplauderte diplomatische Geheimnisse oder um das Gerede der Straße, das von den »Leuten des Hauses« herangetragen wurde. Fast jede Nacht, gegen zwei Uhr, zog der entlassene Minister eine genaue Bilanz des abgelaufenen Tages in Paris. »Sein Serail« war sein Nachrichtendienst. Und vermutlich war dieser tüchtiger als die kaiserliche Polizei.

Man kann von »Serail« sprechen, wenn man will. Die Damen, die als Schmuckstücke dazu gehörten, sollen näher betrachtet werden.

Die Vicomtesse de Laval hatte sehr schöne dunkle Augen – »Augen wie Samthosen«, sagte naiverweise ihr Schwager, der Herzog von Laval-Montmorency. Weniger naiv bemerkte Aimée de Coigny: »Sie ist die geistreichste, die fröhlichste, die eigenmächtigste, die am wenigsten gütige der Frauen. Als sie noch hübsch war, war sie die Mätresse von Herrn Talleyrand, gegenwärtig ist sie seine sehr anspruchsvolle Freundin, im Grunde die einzige, die Einfluß auf ihn hat.« Sie war mit einer großen Wollstrickerei beschäftigt – oder tat zumindest so. Und wenn sie sprach, war man wie verzaubert. Madame de Coigny fügt nicht ohne Scharfblick hinzu: »Das Interieur dieses kleinen Zimmers von Madame de Laval gab Monsieur de Talleyrand die Sicherheit, daß das Band, das ihn mit guten Freunden zusammenhielt, nicht zerrissen war, und das beruhigte sein Gewissen. Da er sich keine Verbrechen vorzuwerfen hatte, kamen ihm seine Fehler leichter vor, wenn er den Beweis erhielt, daß sie ihn nicht von denen getrennt hatten, die sie als einzige hätten anstößig finden können.« Besaß er denn ein Gewissen? Besaß er denn Gefühle? Wir selber wußten es schon, doch er behielt sie denen vor, die seiner Ansicht nach allen würdig waren, ihn zu beurteilen.

Talleyrand machte sich ein Vergnügen daraus, den etwas einfältigen Herzog von Laval zu necken. Der Herzog hatte die Manie, Gemälde zu kaufen, wo sich ihm gerade eine Gelegenheit bot. Eines Tages sagte Talleyrand zu ihm: »Ich wette, Sie haben wieder einen alten Schinken erworben.« –

»Ja gewiß«, antwortete der Herzog. »Einen Schinken, den Sie sicherlich gern zum Schmuck in Ihre Bibliothek hängen würden. Es handelt sich um die Porträts zweier berühmter Persönlichkeiten.« – »Ach was! Und wer sind diese Persönlichkeiten?« – »Einmal eine gewisse Laura. Und der Herr ist so etwas wie ›patraque‹ [deutsch etwa: Klapperkasten oder gebrechliche Person].« – »Ein für allemal sollten Sie sich die Namen der Helden merken. Mein lieber Freund, Sie wollen sicher sagen: Laura und Plutarch.« Der Herzog ging prompt in die Falle und entgegnete: »Ja, so ist es. Den Namen dieses verteufelten Plutarch vergesse ich immer. Bei der Versteigerung waren Leute, die sagten ›Pétrarque‹ (Petrarca), aber das waren Ignoranten, die nicht besser als ich den eigentlichen Namen des Liebhabers der Laura kannten.« [Comtesse Potocka] Der Serail lachte schallend.

Die Herzogin von Luynes war eine weitere Getreue dieser Zusammenkünfte. »Gebaut wie ein Gendarm, angezogen wie die einfachste der Frauen, spielte sie mit wahrer Wut Karten, hatte eine Stentorstimme, lachte lauthals, vertrat ihre Ansichten mit ungewöhnlicher Grobheit, das Ganze galt als ›Originalität‹.« Diese Beschreibung stammt von der Gräfin Potocka, deren geringste Tugend Wohlwollen war. Die Herzogin, geborene Montmorency, konnte sich im übrigen alles erlauben. In aller Öffentlichkeit bezeichnete sie Napoleon als einen betrunkenen Stallknecht. Weshalb sie es durfte: »Allgemein wurde die Noblesse und Festigkeit ihres Charakters wie die Beständigkeit ihrer Ansichten bewundert.« Mit Talleyrand hatte sie gemeinsame Alkoven- und Freiluft-Erinnerungen, sie hatte eigenhändig bei den Aufschüttungsarbeiten auf dem Champ-de-Mars für das Föderationsfest mit geholfen, sie hatte ihren Karren aus Mahagoniholz auf den geweihten Hügel geschoben, auf dem ihr geweihter Bischof dann seine merkwürdige Messe zelebrierte. Solche patriotischen Erinnerungen waren unvergeßlich.

Eine der glühendsten Verehrerinnen war die Gräfin Tyskiewicz, geborene Poniatowska. Sie war damals sieben- oder achtundvierzig Jahre alt. Die gute Seele war nicht sehr hübsch, sie hatte ein Glasauge, aber das andere strahlte Feuer für vier aus. Fünfundzwanzig Jahre lang liebte sie Talleyrand wie närrisch. Diese Liebe hatte bereits vor 1789 in Paris begonnen. Als er aus der Rue de Varenne in die Rue Saint-Florentin zog, zog auch sie um, sie wollte ihm gegenüber wohnen. Um ihm nahe zu sein, wurde sie zu einer begeisterten Whistspielerin und verbrachte die Nächte damit, an der Seite ihres Idols die Karten zu mischen. Sei es, daß sie schlecht spielte, sei es, daß sie mit ihrem einen Auge nicht zugleich dem Spiel folgen und ihren Partner anblicken konnte, sie verlor jede Nacht riesige Summen, und jede Nacht war sie glücklich. Außerdem gab sie ungeheuer viel Geld für Geschenke aus, die sie ihrem Idol zu Füßen legte; er ließ sich verehren, wobei er sein gewohntes Phlegma wahrte. Diese häßliche Frau mit dem treuen und großmütigen Herzen liebte er – auf seine Weise – aufrichtig und zärtlich. Er stellte ihr auf Lebenszeit ein Appartement im Schloß Valençay zur Verfügung, und um dieses Beieinanderwohnen zu verewigen, ließ er sie, ihrem Wunsch entsprechend, in der Kapelle von Valençay beerdigen, neben der Stelle, an der er selber ruhen wollte. Als sie 1834 starb, sah der erstaunte Montrond Talleyrand »zum erstenmal« in seinem Leben weinen. Die für die Königin von Preußen vergossenen Tränen waren nicht glaubhaft, aber diese sind es ganz gewiß.

Eine »Neue« – sie gehörte nicht eigentlich zum Serail – erschien ein paarmal. Es war die Gräfin Kielmannsegg, eine Deutsche, Tochter eines Marschalls am Hof von Sachsen, bemerkenswert intelligent und kultiviert. Mit ihrem Mann, einem Preußen, der Frankreich feindlich gesinnt war, verstand sie sich nicht. Das Ehepaar trennte sich. In Berlin lernte sie die Herzogin von Kurland kennen; die beiden Damen kamen sich aufgrund ihrer Bewunderung für Napoleon näher, und die Herzogin nahm sie mit nach Paris. Talleyrand empfing sie. In ihren Memoiren ist der Dank zu lesen für das Diner, zu dem sie gebeten worden war: »Als Herr von Talleyrand auf mich zukam mit seinem schweren und schwankenden Schritt – seine Augen glänzten in einem Kopf mit Reptilkiefern, auf seinen Lippen lag das Lächeln eines Hypnotiseurs – und als aus diesem Körper die übertriebensten Schmeicheleien kamen, sagte ich bei mir: ›Die Natur scheint dich vor die Wahl zwischen Tiger und Schlange gestellt zu haben. Du hast für die Anakonda optiert.‹ Und dieser Eindruck ist stets bei mir haftengeblieben. Seine stark entblößte Stirn verriet Ruhelosigkeit ... Von beklagenswerten Sitten und Prinzipien, erschreckend in seiner Ironie, hatte er, wie er selbst sagte, ›das Laster nötig, um die Tugend zu praktizieren‹.«

Man würde meinen, eine so tugendhafte und vom bloßen Anblick dieser unheimlichen Anakonda abgestoßene Person hätte sich von ihm abgewandt. Das war keineswegs der Fall. Die Gräfin schmuggelte sich in den Kreis der Freundinnen, setzte eine lächelnde und unterwürfige Miene auf, damit sie geduldet wurde, und kam um vor Ärger, wenn die »Schlange« es unterließ, ihr ein Kompliment zu machen oder sie einzuladen.

Noch besser nahm Napoleon sie auf, und ohne Zweifel war sie seine Nachrichtenagentin in Talleyrands Milieu. Warum hat dieser ihre Machenschaften nicht unterbunden? Obwohl er sehr achtgab, ist es ausgeschlossen, daß sie nicht Worte oder kompromittierende Briefe aufgeschnappt und abgefangen hat. Er tat sein möglichstes, um sie loszuwerden, er nannte sie »das große Frauenzimmer«. Sie klammerte sich an die Herzogin von Kurland ... und an ihn. Sie ist Napoleon stets treu geblieben, sie half ihm 1813 in Deutschland in schwierigen Situationen. Noch von Sankt Helena aus schrieb er ihr, und als er starb, legte die Gräfin Trauer an. Auf ihren eigenen Grabstein ließ sie die Worte meißeln: »Allein und untertänig.«

Um sie in Verlegenheit zu setzen, fragte Talleyrand sie eines Tages: »Was meinen Sie, wird die Nachwelt über mich sagen?« Die Erwiderung, die sie gab, ist eine der merkwürdigsten und scharfsinnigsten Aussagen, die je über Talleyrand gemacht worden sind, sei es von anderen, sei es von ihm selbst. »Daß Sie ein Mensch sein wollten, über den die Meinungen ständig auseinandergehen werden.« Er sah sie erstaunt an und sagte: »Jawohl, so ist es. Genauso ist es. Ich möchte, daß man noch jahrhundertelang darüber diskutiert, was ich gewesen bin, was ich gedacht habe, was ich gewollt habe.«

Er hat sich nicht getäuscht: wir diskutieren noch immer darüber.

Madame de Rémusat gehörte zur Galerie der Freundinnen, aber nicht zum Serail. Sie war eine Nichte von Vergennes, dem berühmten Minister Ludwigs XVI. Sie hatte den viel älteren Herrn von Rémusat geheiratet. Dank der Vermittlung Joséphines bekam er die Stellung eines Ersten Kämmerers des Kaisers für sich, und für seine Frau die einer Ehrendame der Kaiserin. Talleyrand war sechsundzwanzig Jahre älter als sie; sie stand im sechsunddreißigsten Jahr, als er sie 1809 kennenlernte, und er im sechsundfünfzigsten. Sie war die jüngste seiner Verehrerinnen. Sie hatte Charme und war recht hübsch, besaß Geist, ein Herz voller Redlichkeit, aber sie liebte die Intrigen, nicht, um dabei mitzuwirken, sondern nur, um sie zu beobachten. Talleyrand brachte sie eine vollkommen platonische Zuneigung entgegen. Ihrem Mann gegenüber machte sie kein Hehl daraus, und dieser war nicht eifersüchtig, weil er sie kannte. Auch mit ihrem Sohn Charles sprach sie vertraulich darüber – unter sich nannten sie Talleyrand den »Curé«, den »Pfarrer«. Eines Tages, als Talleyrand sich während einer Senatssitzung sterblich langweilte, hatte er, wie es im Jahrhundert zuvor im Schwange war, ein Text-Porträt von ihr – unter dem Namen »Clari« – entworfen. Es war sehr schmeichelhaft und endete mit den Zeilen: »Viele Gedanken, eine lebhafte Auffassungsgabe, eine bewegliche Vorstellungskraft, eine wunderbare Sensibilität und ein beständiges Wohlwollen – alles das drückt ihr Blick aus . . . Claris Geist ist umfassend und reich. Ich kenne niemand mit besserer Konversation.«

Man braucht also nicht erstaunt zu sein, wie es manche ihrer Zeitgenossen waren, daß eine so bedeutende Persönlichkeit wie Talleyrand häufig abends, ehe es Zeit für den Serail war, mit Madame de Rémusat im Tête-à-tête am Kaminfeuer saß.

Bei den lieben Freundinnen traf er viele frühere Bekannte wieder: Narbonne, damals der »ordentliche« Geliebte von Madame de Laval, ein Titel, der aber auch Talleyrand zukam. Da dies die Rangordnung ein wenig durcheinanderbrachte, wurde festgesetzt, daß Narbonne den Ehemann spielte und Talleyrand den Geliebten. Damit wurde alles annehmbar. Er traf auch Choiseul-Gouffier wieder, ferner Jaucourt, den Fürsten Poniatowski, den Bruder der Gräfin, Adrien de Montmorency und die Damen de La Tour du Pin, du Jaucourt, de Baufremont, de Coigny, Balbi und de Souza (Adélaide de Flahaut). Man war unter sich im Familienkreis. Als im darauffolgenden Jahr, 1810, die Gräfin Potocka nach Paris kam, wurde sie bei Madame de Laval empfangen und begegnete Talleyrand wieder. Sie wußte die Einladung zu schätzen und vermerkte sofort, daß in diesem Pariser Kreis empfangen zu werden, »ein Ausweis für Liebenswürdigkeit und guten Geschmack« war. Und mit spitzer Feder fügte sie hinzu: »Frau von Talleyrand kam niemals dorthin. Sie verschaffte sich selber ihr Recht.«

Unter Talleyrands Freunden war es noch immer Montrond, der ihm am nächsten stand. Er war der Freund aus der Londoner Zeit und aus den »turbulenten, tollen Jahren« des Directoire. Zwischen ihm und Talleyrand hat die beiderseitige Treue und Freundschaft nie aufgehört. Am 13. Januar 1810 schrieb Talleyrand an Montrond: »Halten Sie es gut in Ihrem Kopf und Herzen fest, daß alles, was Sie angeht, im Glück, in Schwierigkeiten und im Unglück, für mich von größtem Interesse ist und es immer, zu aller Zeit und in jeder Lage sein wird. Ich sage es Ihnen ein für allemal. Niemand liebt Sie zärtlicher als ich.«

Was über Montrond bekannt ist, wirft auch ein Licht auf Talleyrand. Bekannt ist, daß er vom Spiel lebte – indem er betrog. In der Armee hatte er ein aufsehenerregendes Debüt gegeben. Ein junger Leutnant hatte ihn in flagranti ertappt, und es kam zu einem Duell. Der Betrüger tötete den Kontrahenten. Von nun an verschaffte er sich Einkünfte durch Betrug beim Spiel, was Talleyrand zu dem grausamen Ausspruch veranlaßte: »Er lebt von seinem Toten.« Während der Revolution war er in London. Dort hatte ihn Aimée de Coigny getroffen. Sie war mit dem Herzog von Fleury verheiratet, hatte Biron und einen Schauspieler zu Geliebten, war aber in den schönen Montrond besonders verliebt. Die beiden begingen die Unvorsichtigkeit, nach Frankreich zurückzukehren, und wurden ins Gefängnis Saint-Lazare geworfen. Dort lernten sie André Chénier kennen, der für Aimée de Coigny außer der »Jungen Gefangenen« ein Stück in Versen schrieb: »Weiße und reine Taube, liebenswerte Gefangene«. Der Dichter hatte die Federn nicht gezählt, die sie bereits gelassen hatte. Montrond, der einem Kerkermeister hundert Louis versprach, die er nicht besaß, rettete auf diese Weise sich und seine Aimée. Kaum befreit, heirateten sich die beiden Narren. Fast hätte Montrond seine Frau zugrunde gerichtet. Sie ließen sich scheiden. Aimée heiratete ihren Schauspieler, der das letzte Viertel ihres Vermögens vertat. Später traf sie Montrond beim Fürsten von Benevent wieder. Montrond war einer der ersten »Muscadins« [Geck, Stutzer] gewesen. Die gesamte Jeunesse dorée ahmte seine Anzüge, seine Krawatten und seine Verrücktheiten nach. Als sein Haar schütter wurde, rissen sich seine Verehrer ihre eigenen Haare aus und trugen gelockte Toupets. Seinen Esprit nachzuahmen, war viel schwieriger. Talleyrand schwärmte für seine Aussprüche und Scherze. »Das Verbrecherischste auf der Welt ist ein Dummkopf«, sagte Montrond. Über den Bailli de Fenelle, Kommandeur des Malteser Ordens, der klein, hager und fast durchsichtig war, verbreitete er, er wäre Frankreichs kühnster Mann, denn er wage es auszugehen, wenn der Wind wehte. Ein Partner aus dem Spielsaal erschien eines Tages in Trauer und Tränen: »Ich habe meine Frau verloren«, jammerte er. »Beim Lansquenet [Landsknecht, ein altes Kartenspiel]?« fragte Montrond. Eine Dame kam zu ihm, um für bekehrte leichtfertige Mädchen zu sammeln. »Wenn sie bekehrt sind, gebe ich nichts für sie. Sind sie es nicht, spende ich meine Gaben direkt.«

Die Antwort, die er einem englischen Admiral gab, als er während des Krieges gefangen war, amüsierte ganz Frankreich. Ein englischer Offizier, ein Gentleman, brachte einen Toast auf die Franzosen aus. Montrond war gerührt von dem Vorgang und erhob sich, um zu danken. In diesem Augenblick brummte der Admiral: »Das sind alles Taugenichtse, ich mache keine Ausnahme.« Montrond setzte sich wieder hin, füllte sich sein Glas, verbeugte sich vor dem Admiral und sagte ihm ins Gesicht: »Ich trinke auf die Engländer, sie sind alle Gentlemen, aber ich mache eine Ausnahme.«

Seine Mätressen sind nicht zu zählen: die berühmte Madame Hamelin, die Herzogin von Abrantès, Lady Yarmouth, die einen Sohn von ihm bekam, der als Lord Seymour berühmt wurde, bekannter aber noch unter dem Namen »Mylord l'Arsouille« [Liederjahn], und schließlich Pauline Bonaparte. Beinah hätte er sogar die unbezwingliche Juliette Récamier bekommen. Als er eines Tages mit ihr in einer Kutsche zu einer Maison de rendez-vous fahren wollte, folgte ihnen Madame Hamelin, stellte ihren Wagen als Hindernis quer über die Straße und wiegelte die Leute auf, indem sie schrie: »Zu Hilfe, zu Hilfe! In dieser Kutsche sitzt eine Elende, die mir meinen Mann entführt hat.« Die Leute eilten herbei, der Wagenschlag wird aufgerissen. Zum Vorschein kommt die göttliche Juliette, in höchstem Zorn und in ziemlich derangierter Kleidung steigt sie aus der Kutsche. Die perfide Hamelin sagt, sie habe sich getäuscht, es handele sich nicht um ihren Mann, und dann trägt sie eilig die Nachricht durch ganz Paris.

Montrond verstand es, Talleyrand zu amüsieren, er war ihm auch nützlich. Er sprach fließend englisch. In London hatte er die besten Beziehungen, weshalb ihn Talleyrand, sei es in eigenem Namen, sei es im Namen des Ministeriums, zu mehr oder weniger ausgefallenen Aufträgen heranzog. Bei einer glücklich verlaufenen Spekulation ließ Talleyrand ihn zwei Millionen verdienen, die sich rasch in Nichts auflösten.

Über die Heirat mit Mrs. Grand war Montrond bestürzt. Er ließ es sich nicht anmerken, doch sah ihn die Fürstin von Benevent nicht sehr häufig zu ihren Füßen. Hingegen empfand Montrond tiefe Freundschaft für Flahaut, Talleyrands Sohn. Zwischen Vater und Sohn war Montrond das Bindeglied. Er war fünfzehn Jahre jünger als Talleyrand und fünfzehn Jahre älter als Flahaut, der damals fünfundzwanzig war. Als Montrond als Freund des gestürzten Talleyrand beim Kaiser nicht mehr gern gesehen war, trat Charles de Flahaut, der bei Hof gelitten war, zu seiner Verteidigung auf. Napoleon war über Charles' Ungestüm nicht böse, denn er mochte ihn gern.

Wenn es wahr ist, daß man im Gesicht seiner wahren Freunde einen Abglanz des eigenen Gesichts zu entdecken vermag, kann man auf Montronds Porträt einige Züge des Porträts von Talleyrand erkennen.

In das Leben des Fürsten trat eine neue Gestalt: die Herzogin von Kurland. Dann und wann erschien sie in dem »kleinen Universum« der Madame de Laval, aber noch war sie nicht zugelassen, sie stand unter Beobachtung. Die anderen hatten ein »Dienstalter« von zwanzig oder mehr Jahren im Serail. Sie mußte antichambrieren. Im Sommer wohnte sie im Schloß von Rosny, das Edmond de Périgord gehörte. Er hatte es von seiner Mutter, einer Nachfahrin Sullys, bekommen. Im Winter wohnte sie, ganz einfach, im Haus von Talleyrand. Der Fürst bezeigte ihr Aufmerksamkeiten in solcher Fülle, daß die anderen ein wenig eifersüchtig wurden, obwohl Eifersucht sonst in ihrem Gefühlsregister nicht verzeichnet stand. Aber kleine Rivalitäten gab es zuweilen unter ihnen: beneidet wurde, wer zum Beispiel den »Satrapen« am weitesten ins Treppenhaus begleiten durfte und das letzte Wort von ihm bekam. Die Herzogin war reizend, ihr Französisch ausgezeichnet, sie sprach es mit einem leichten, anmutig wirkenden Akzent. Sie redete sehr viel, die anderen meinten: zu viel. Talleyrand allein beklagte sich nicht über dieses Übermaß. Bald waren sie mehr als Freunde. Er schrieb ihr oft. Die Billete, die er ihr fast täglich sandte, zeugen von einer rührenden Zärtlichkeit, auch kühlte ihre Liebe mit den Jahren nicht ab. Am 20. Januar 1814 schrieb er ihr: »Adieu, die Sie einen klugen Kopf und ein prächtiges Herz haben. Ich liebe Sie innigst. Bitte teilen Sie Dorothee die Nachricht mit, die ich Ihnen vermelde. Adieu, mein Engel. Dieses Billet soll verbrannt werden.« Fügsamkeit schien keine Tugend dieses Engels gewesen zu sein, denn das Kärtchen ist übriggeblieben. Am 25. Januar: »Alles finde ich erträglich, wenn Sie in meiner Nähe sind. Sie! Sie! Sie liebe ich am meisten auf der Welt.«

Es sieht nach großer Leidenschaft aus. Aber bei ihm ist man nie ganz sicher. Von Angesicht zu Angesicht mit den Frauen, und wenn er spricht, ist er zurückhaltend und sogar kühl. Sobald er zur Feder greift, beginnt das Papier zu glühen. Nur das Papier?

Lady Yarmouth, Montronds Mätresse, schrieb über Talleyrand und die Herzogin von Kurland: »Nichts scheint ihn so zu fesseln wie das Alter, denn alle seine Amouren sind wahre Antiquitäten.« Das ist nicht ganz falsch. Die Herzogin war siebenundvierzig Jahre alt, die anderen Damen verziehen ihr nicht ihr Alter, nicht ihr Vermögen und nicht die Gunstbeweise Talleyrands. Ihr Charme ist die einzige Erklärung für die Liaison. Bevor sie nach Paris kam, war sie eine Verehrerin Napoleons gewesen, unter Talleyrands Einfluß wurde sie zu einer entschiedenen Gegnerin des Kaisers. Manchmal hielt sie sich im Château-neuf von Saint-Germain auf, wo sie Nesselrode, den Abgesandten des Zaren, traf und einen gewissen Tchernychew, der heutzutage, etwas zu gewichtig, als Spion bezeichnet werden würde. Sie war in der Umgebung dieser Herren das Auge, das Ohr und die Stimme Talleyrands. Als Untertanin des Zaren, verliebt in Talleyrand, »setzte sie sich in Gang« gemäß den Anweisungen des »Abwesenden« und veranlaßte Nesselrode, für Zar Alexander bestimmte Berichte abzufassen. Bei sehr schönem Wetter begab sich auch Talleyrand nach Saint-Germain, dort war er manchmal zu Pferde zu sehen, ein etwas lächerlicher Reiter auf einem zu niedrigen Pferd; Talleyrands Beine schleiften fast auf dem Boden, zwischen den Hufen des Pferdes.

In Talleyrands Haus eingeladen zu werden, galt als eine ebenso hohe Auszeichnung wie die Einladung zu einem Souverän. Bei den Diners legte er allergrößten Wert auf erlesene Speisen und Weine. Der Prunk der Tafel, die Köstlichkeit und Überfülle der Gerichte gehörten aus Tradition zu seiner Lebensart. Er nahm nur eine einzige Mahlzeit am Tag ein, das Diner, das um sechs Uhr serviert wurde. Er geriet in gehobene Stimmung, und häufig sprach er, wenn die Tafel aufgehoben wurde, mehr als man von ihm erwartete. Es war eine Familieneigenheit, die »bon vivant«-Seite des alten Adels, die bei ihm durchschlug. Er war, ließ er seiner Zunge freien Lauf, spöttisch, bissig und brillant. Er genoß die angeregte und warme Atmosphäre großer Diners. 1817 sprach Napoleon in Sankt Helena noch davon und bezeichnete Talleyrands Verhalten als eine seiner wenigen diplomatischen Schwächen. Und die Schauspielerin Raucourt sagte: »Es gelingt einem nicht, ihn zum Sprechen zu bringen, er ist eine richtige Blechbüchse, doch nach dem Abendessen, in einem kleinen Kreis von fünf oder sechs Freunden, braucht man ihm nur zuzuhören, er schwatzt wie eine alte Frau.« Er hatte es gern, wenn bei Tisch jeder sich behaglich fühlte, ungezwungen und selbst überschwenglich redete. »Als Mensch im Privatleben war er die Aufrichtigkeit in Person, denn er brauchte niemanden zu täuschen«, sagte ein Zeitgenosse von ihm. Nach dem Diner folgte ein Empfang, dann und wann ein Ball. Der Empfang begann erst um elf Uhr. Um Mitternacht wurde ein Souper aufgetragen, dann bis etwa ein Uhr geplaudert. Nun schlug die geheiligte Stunde, die Spieltische wurden aufgestellt. Der Fürst setzte sich mit seinen Vertrauten zusammen, die anderen taten das gleiche oder unterhielten sich. Von diesem Augenblick an verschloß er sich in eine Welt, in der er allein war, er verspann sich in seine Spielberechnungen wie in einen Kokon. Nichts mehr drang zu ihm. Es muß ein merkwürdiger Anblick gewesen sein, diesen ganz von Politik, vom gesellschaftlichen Leben beherrschten Mann sich plötzlich, mitten in der Schar der Gäste, abkapseln zu sehen. Dazu ein Wort von Paul Valéry: »Die Realität des Spiels liegt ganz allein im Menschen.« In Schweigen und Geheimnis gehüllt, ist jeder Spieler ein Rätsel. In manchen Nächten war seine Stimme nur zu vernehmen, wenn er seine Karten ansagte. Einige Besucher, die gekommen waren, um beeindruckt zu werden, gingen enttäuscht fort. Eine deutsche Prinzessin hatte eine lange Reise und tausend Versuche unternommen, um zu einem Diner eingeladen zu werden, bei dem sie den Fürsten sehen und ihm zuhören wollte. Es wurde alles für sie getan, sie wurde sogar neben ihn gesetzt. Er blieb stumm. Die tiefbetrübte Prinzessin beklagte sich bei der Hausherrin darüber, sie sagte, sie wäre mit »zwei oder drei persönlichen Worten« zufrieden. Worauf sie zur Antwort bekam: »Das, Prinzessin, ist unmöglich, schon seit langem liest er keine stillen Messen mehr.« (Was heißen soll, er tuschelte nicht mehr mit anderen.)

Wenn er sich hingegen Mühe gab, war es, als öffnete er sich allem und jedem, er verschaffte jedem die Illusion, als spräche er nur zu ihm. Manchmal nahm er nur in langen Abständen das Wort und gab kurze Sätze von sich, die wie Sentenzen wirkten. Es wurde gesagt, er habe sie jeweils vorbereitet, wie Rivarol, der seine Sentenzen auf einen Zettel schrieb, sie an seinem Spiegel befestigte und auswendig lernte, wenn er sich rasierte, bevor er zu einer Einladung ging. Vermutlich hat Talleyrand das auch getan. Doch zuweilen schien es, als flüstere ihm ein Kobold im richtigen Moment die richtige Bemerkung ein, so die Äußerung, die er über Chateaubriand fallenließ, als dieser mit großem Aufwand sein Buch »Les Martyrs« veröffentlichte. Alle Welt redete darüber, alle Welt war hingerissen, außer Talleyrand, der weder den Geschmack der Allgemeinheit an dem schwülstigen Stil noch an der zur Schau gestellten Frömmigkeit teilte. Eines Abends schwärmte Fontanes in höchsten Tönen von der Stelle in den »Martyrs«, wo die beiden unglücklichen Eudore und Cymodocée von wilden Tieren zerrissen werden. »Wie das Buch selber«, sagte Talleyrand. Diesen Scherz und einige andere zahlte Chateaubriand ihm später heim: in den »Erinnerungen von jenseits des Grabes« macht er aus dem Fürsten der Ironie einen Märtyrer neueren Datums.

Talleyrand liebte Kammermusik. Bei ihm im Hause lebten ein tschechischer Pianist namens Dussek, ein Geiger und ein Harfenist. Am meisten gefiel ihm klare, einfache Musik, schon Mozart war ihm ein wenig zu romantisch und gefällig. Dienten die Stunden allgemeinen Gesprächs der Erholung, so waren die musikalischen Stunden dem Ernst geweiht, religiöser Stille und völliger Reglosigkeit. Ein weiterer Zug im Porträt des Fürsten.

Dann und wann ging er zum Diner zu zwei Schwestern, den Damen de Bellegarde, die artige Manieren und ein überschäumendes Temperament hatten, wie es in ihrer Welt um 1785 anzutreffen war, und die nicht ganz tugendhaft waren. Man könnte auch sagen, sie besaßen viel Liebenswürdigkeit und kaum Vorurteile. Dort traf Talleyrand auch die Damen de Laval und de Coigny, ferner einen Dichter namens Nepomucène Lemercier, der seines Vornamens wegen berühmter war als seiner Verse wegen, und einige andere Schriftsteller, die der Nachwelt so unbekannt blieben wie ihren Zeitgenossen. Auch der Maler François Gérard, den Talleyrand sehr mochte, war zugegen. Die Glanzlichter bei den Diners der Schwestern Bellegarde waren Talleyrand und Aimée de Coigny. Einer der Gäste sagte mit hübschem Freimut: »Das Geschnatter dieser beiden Zungen verschaffte uns unendliches Vergnügen.« Eine der Schwestern hatte ein Kind von dem Sänger Garat bekommen und es zu derselben Amme in Pflege gegeben, die Talleyrands Enkel aufzog, das heißt das Kind, das Charles de Flahaut mit der Königin Hortense hatte, den kleinen Demorny, aus dem später der Duc de Morny wird. Wie man sieht, bestanden zwischen diesen Müttern, Vätern, Söhnen und Großvätern von Bastarden unvermutete Bande . . .

Im Herbst 1811 tauchte plötzlich ohne viel Aufhebens ein Kind auf, dessen Geburtsurkunde als Geburtsort Paris, als Datum den 21. Oktober 1811 aufweist, das aber in Wirklichkeit in der Schweiz zur Welt kam. Die Eltern sind nicht verzeichnet. Der Sieur Demorny, der dem Kind den Namen gab, verschwand schnell aus dieser Affäre. Die nicht verzeichneten Eltern sind wohlbekannt: die Mutter ist die Königin Hortense und der Vater der General Flahaut, Talleyrands Sohn. Deshalb muß das Kind, das im Second Empire unter dem Namen Duc de Morny Karriere machte, hier erwähnt werden. Der Junge wurde vor aller Augen von seiner Großmutter, Adélaide de Souza, erzogen. Schon in seiner Kindheit wußte Morny von seiner unehelichen Geburt, später prahlte er sogar in recht talleyrandesker Ungeniertheit darüber. »In meiner Abkommenschaft sind wir Bastarde von der Mutter auf den Sohn seit drei Generationen.« Das war nicht übertrieben. Nicht mehr übertrieben als sein Kommentar: »Ich bin der Urenkel eines Königs, der Enkel eines Bischofs, der Sohn einer Königin und der Bruder eines Kaisers.« Daß sein Halbbruder Louis-Napoléon Kaiser wurde, verdankte er Morny mehr als irgendeinem anderen. Mit meisterhaftem Talent organisierte er erfolgreich den Staatsstreich vom 2. Dezember 1851, durch den Frankreich ins Second Empire gelangte. Eine bemerkenswerte Wiederholung in der Geschichte! Talleyrand hat den 18. Brumaire, sein Enkel den 2. Dezember ausgeheckt. Ganz offenkundig gehörte der prachtliebende, intelligente Morny, ein liebenswürdiger Don Juan, der ebenso geschickt wie lebenslustig war, »zur Familie«. Bis zu seinem Tode 1864 war er Innenminister. Danach ging es mit dem Kaiserreich abwärts . . . Ein merkwürdiges Zusammentreffen.

So ging die Zeit der Ungnade dahin. Zwar war er sein Ministerium und seinen goldenen Großkämmerer-Schlüssel losgeworden, aber das Wichtigste hatte sich Talleyrand bewahrt: das mondäne gesellschaftliche Leben. Am Rande der Macht übte er eine parasitäre Macht aus. Nie hatte er auf die öffentliche Meinung mehr Einfluß als zu der Zeit, da er, seiner offiziellen Ämter ledig, über Muße genug verfügte, auf die öffentliche Meinung einzuwirken. Sein Schatten war nicht nur bei allen Kronräten gegenwärtig, sondern lag auch über Napoleon.

Anfang 1810 glaubte Talleyrand eine Weile, ein Spalt könne sich öffnen, der ihm die Rückkehr in die Gunst erlaubte. Und zwar anläßlich der Scheidung des Kaisers und seiner Wiederverheiratung.

Wie erinnerlich, war Talleyrand seit der Konsulatszeit für die Scheidung. Er hielt dafür, der Kaiser müsse eine Prinzessin heiraten, die aus einer der alten königlichen Familien Europas stammte. Seiner Meinung nach gab es nur zwei Geschlechter, die des kaiserlichen Throns würdig waren: die Bourbonen und die Habsburger. Eine Verbindung mit den Bourbonen war völlig unmöglich. Blieb also eine Habsburger Heirat übrig, die in seinen Augen den Vorteil hatte, eine Allianz mit Österreich nach sich zu ziehen. Bedeutet hätte das: ein Ende des Krieges, Fortbestand der kaiserlichen Dynastie und Wohlstand. Sich selbst sah er überhäuft mit Ruhm, Millionen und Ehren. Und er sah Frankreich auf dem höchsten Gipfel.

Aber Joséphine mußte in den Hintergrund treten. Und was geschah, als sie einwilligte, es zu tun? Der Fürst von Benevent schrieb an die Kinder, Eugène und Hortense, so etwas wie einen Kondolenzbrief, ein Meisterwerk geheuchelter Rührseligkeit und platter Hofschranzerei.

Wer sollte die Kaiserin ersetzen? Napoleon brachte seinen Heiratsplan mit der Großherzogin Anna, der Schwester des Zaren, wieder ins Gespräch. Caulaincourt erhielt den Auftrag, das Gelände zu sondieren. Doch jetzt geschah etwas Unerhörtes: Der Wiener Hof geriet bei dem Gedanken an eine französisch-russische Heirat in Schrecken. Wien sah sich aufgerieben zwischen den beiden Kaiserreichen. Um dieser tödlichen Gefahr zu entgehen, wurde dem »Oger« die Hand der Erzherzogin Marie-Louise angeboten. Man macht sich heute nicht recht klar, wie ungeheuerlich damals die Vorstellung der Heirat einer Nachfahrin Karls V. mit dem ehemaligen General Bonaparte war.

In Paris war die Nachricht eine Sensation. Napoleon fand das Angebot schmeichelhaft: eine Nichte Marie-Antoinettes! Diesmal würde sein Sohn sagen können: »Wir Adligen...« Am 28. Januar 1810 rief er einen Kronrat zusammen, damit die Entscheidung über die russische oder die österreichische Heirat getroffen würde. Talleyrand als Vice-Grand Electeur war zugegen. Als es an ihm war, seine Meinung zu sagen, tat er es mit Takt und Nachdruck, wie man es von ihm gewohnt war. Er trat mit einer seit langem vorbereiteten Beweisführung für die österreichische Heirat ein, die hartnäckige Feinde hatte. In sein Plädoyer flocht er einige Schmeicheleien und Gefälligkeiten ein, denn er wußte, daß Napoleons Ehrgeiz auf »die Tochter der Cäsaren« gerichtet war.

Talleyrand lagen zwei Dinge am Herzen: der Frieden und Frankreich. Da diesmal der Weg der Klugheit über den kaiserlichen Ehrgeiz und Stolz führte, schmeichelte er dem Stolz. Es gehörte gezügelte Kühnheit und Geschicklichkeit dazu, den Tod Ludwigs XVI. zu erwähnen, was er zu tun wagte, und die Meinung zu vertreten, der Kaiser würde Frankreich von dem Verbrechen, für das er eine kleine Gruppe verantwortlich machte, reinwaschen, wenn er die Nichte der ermordeten Herrscher heiratete. Damit reihte er Frankreich wieder in die Familie der regierenden Dynastien ein. Der Gedanke des Fortbestands, der Talleyrand so teuer war, wurde durch diese spektakuläre Heirat verwirklicht: Das neue Frankreich legte sich in das Bett des früheren Frankreich, und die Revolution söhnte sich mit dem monarchistischen Europa aus.

Allein das Haus Österreich verbürgte Fortbestand, denn seine Politik war nie die eines einzigen Mannes, sondern die einer sich selbst durch die Jahrhunderte treu gebliebenen Dynastie gewesen. Seine Ausführungen erhielten die Zustimmung des Kaisers.

Zur Belohnung wurde Talleyrand zur Hochzeit Napoleons und Marie-Louises eingeladen, sie fand am 2. April 1810 im Louvre statt. Doch eine Rückkehr in die Gunst bedeutete das nicht. Trotzdem unterließ er es nicht, dem neuvermählten Kaiser eine Huldigung darzubringen. »Seine Gefangenen« von Valençay veranstalteten zu Ehren der Heirat des Mannes, der sie ausgeplündert und ihres Landes verwiesen hatte, ein Feuerwerk. Das Knattern der Raketen drang bis in die Tuilerien. Die Huldigung der Gefangenen wurde Talleyrand gutgeschrieben, Napoleon war nicht unempfänglich für die zwei Dutzend zischender Feuerwerkskörper.

Da man jedoch nie weiß, welche Wendung die Dinge nehmen können, fuhr der Fürst von Benevent in Begleitung der Herzogin von Kurland nach der Hochzeit nach Malmaison, um die tränenüberströmte Joséphine zu trösten. Im engen Kreis wurde sie »die rechtmäßige Sultanin« genannt.

Diese Aufheiterung war von kurzer Dauer. Bald grollte wieder Napoleons Zorn. Im Mai 1810 wurde der Kaiser doppelt in seinem Stolz verletzt. Es handelte sich um seine Familie und um ein Vorhaben, das ihm am meisten am Herzen lag: die Kontinentalsperre. Er war nahezu der einzige, der an die Wirksamkeit dieses »Systems« glaubte, und er klammerte sich um so mehr daran, je sinnloser das System wurde und je deutlicher er die gärende Opposition spürte. Die erste Unbotmäßigkeit leistete sich sein eigener Bruder Louis, König von Holland, der es wagte, in Verhandlungen mit England einzutreten, um Holland von der Sperre auszunehmen.

Der zweite Versuch, die Kontinentalsperre zu durchbrechen, wurde vom Finanzier Ouvrard, Talleyrands wohlhabendem Freund, unternommen. [Gabriel Ouvrard, 1770 in der Nähe von Clisson geboren, wurde dreimal eingekerkert, zuerst 1808, dann am 17. Februar 1810 und schließlich am 3. Juni 1810. Napoleon verachtete ihn, fürchtete ihn, brauchte aber sein Geld. Unter dem Zwang des Ersten Konsuls finanzierte Ouvrard nach dem 18. Brumaire die Kosten des Feldlagers von Boulogne und später die Ausrüstung der Grande Armée. Nach der Rückkehr des Kaisers von der Insel

Elba zahlte er ihm täglich zwei Millionen.] Zweifellos wurde der Versuch in Übereinstimmung mit dem König von Holland unternommen, denn Ouvrard kehrte von einer geheimgehaltenen Reise aus Amsterdam zurück. Urheber der Unternehmung war Talleyrand wahrscheinlich nicht, doch war er so wenig gegen sie, daß er Ouvrard nützliche Adressen in London mitgab sowie Empfehlungen an wichtige Persönlichkeiten und Anhaltspunkte, die dazu beitragen konnten, den Handel durch die Kontinentalsperre hindurch in Gang zu bringen. Gleich nach seiner Rückkehr aus Amsterdam wurde Ouvrard von dem fürchterlichen Savary im Haus von Madame Hamelin, der früheren Mätresse Montronds, festgenommen. Es tauchen immer die gleichen Namen und Häuser auf. Bedauerlicher- und zufälligerweise befand sich Talleyrand zur gleichen Zeit am gleichen Ort. Er wurde zwar nicht festgenommen, doch verlangte Napoleon von ihm eine schriftliche Erklärung über die Gründe seiner Anwesenheit bei Madame Hamelin und seines Umgangs mit Ouvrard. Anscheinend war die Erklärung nicht sehr einleuchtend, denn der Kaiser sagte, die Lektüre sei für ihn »unangenehm« gewesen. Er sagte weiter, er bedauere es lebhaft, daß der Vice-Grand Electeur an jenem Tag in jenem Haus überrascht worden sei. Am gleichen Tag, am 3. Juni 1810, wurde Fouché abgesetzt und auf dem Posten des Polizeiministers von Savary abgelöst. Unerschrocken ging Talleyrand als erster zu dem niedergeschmetterten Fouché. Dann begab er sich von Salon zu Salon und verkündete, Napoleon habe einen neuen Fehler begangen: »Zweifellos hat Fouché etwas Unrechtes getan, und ich würde ihm einen Nachfolger geben, doch nur einen einzigen: Fouché selber.«

Keinen Besuch stattete er seinem Freund Ouvrard ab, der zwei Jahre im Gefängnis in Sainte-Pellagie blieb, aber er trauerte dem Mann nach, der eine so glückliche Hand hatte, daß Millionen aus ihr sprudelten. Der Kaiser sagte einmal zu Ouvrard: »Mit fünfhunderttausend Mann macht man, was man will.« Und Ouvrard erwiderte: »Mit fünfzig Millionen macht man sehr viel mehr.«

Talleyrand hatte kaum den letzten Zorn des Kaisers abgeschüttelt, da ging ein neues Gewitter über ihn nieder. Wieder eine häßliche Affäre.

Napoleon, der noch immer Provinzen und Königreiche um- und neugestaltete, war dabei, ein neues »französisches« Departement zu schaffen: »Bouches de l'Elbe«, Elbemündung, mit dem Hauptort Hamburg. Die Bürger der reichsten Stadt der Hanse hofften, einer völligen Annexion, die sie ihrer alten Handelsfreiheiten beraubt hätte, zu entgehen, wenn sie Talleyrand flehentlich baten, sich für sie zu verwenden. Sie ließen ihm vier Millionen (zwanzig Millionen heutige Francs) aushändigen. Sein Ruf, sehr mächtig und bestechlich zu sein, war so bekannt, daß die guten Hamburger glaubten, er würde ihre Vorrechte retten, wenn sie ihn mit Geld überhäuften. Talleyrand aber war zu diesem Zeitpunkt nichts mehr, er tat nichts für sie, behielt aber das Geld. Die Hamburger verlangten es von

Napoleon zurück. Es war nicht mehr vorhanden. Alles hatte sich verflüchtigt. Die Instandsetzung des Palais de Monaco, Valençay, die Diners und Feste, die Spielsäle ...

Napoleon ließ ihn zu sich kommen und machte ihm eine weitere Szene. Wortlos ließ der Fürst von Benevent sie über sich ergehen. Eine Maßregelung blieb aus.

Zu dieser Zeit machte der steinreiche Ehemann der Schauspielerin Lange, der Brüsseler Bankier Simons, Bankrott, was ungeheures Aufsehen erregte. Talleyrand hatte diesem liebenswürdigen Mann vier Millionen anvertraut: er büßte sie ein. Das war katastrophal. Talleyrand befand sich in einer fürchterlichen Lage. Ihm fiel ein, daß der hauptsächlichste Nutznießer seiner Umtriebe in Erfurt, Zar Alexander, ihn nicht bezahlt hatte. Der Zar hatte sich losgekauft, indem er Dorothee Talleyrands Neffen, Edmond de Périgord, zur Frau gab. Talleyrand wäre bares Geld lieber gewesen. Er bedrängte den Zaren. Sein langer Brief stellt eine Kuriosität dar, es ist ein Ballett, das er vor dem Herrscher aufführt, um ihn zu betören, ihn einzuwickeln in Dankbarkeit, Ergebenheit, Unterwürfigkeit und selbst Verehrung, und es endete folgendermaßen: »Ich benötige eine Million fünfhunderttausend Francs, und es wäre mir wichtig, sie im November zu bekommen. Obschon es eine an sich einfache Sache ist, muß ich sehr vorsichtig sein bei der zu treffenden Wahl, sie mir gegenwärtig zu beschaffen und sie zurückzuerstatten, sobald die Umstände sich geändert haben.«

Sie zurückerstatten? Es ist kaum zu glauben. Die Zeiten haben sich geändert, es ist das erste Mal, daß er dieses Wort gebraucht. Ängstlich fährt er fort: »Ich muß möglichst unbemerkt aus dieser Lage herauskommen und muß mich deshalb an eine Person wenden, deren Feingefühl ausgeprägt genug ist, daß sie, wenn sie mir helfen will, die Vorsichtsmaßregeln beachtet, die ich ihr angeben werde und die alle unerläßlich sind.«

Napoleon läßt ihn beobachten – durch Savary –, und das ist gefährlich. Nun folgen in dem Brief sehr eingehende Hinweise über den Weg, den das Geld des Zaren nehmen muß, damit es den Empfänger erreicht, ohne daß Spuren hinterlassen werden. Hinterließe es eine, würde Savary diesmal einen Beweis in der Hand haben. Zum Schluß bekommt dieses ehrenwerte Geschäft einen moralischen Anstrich: »Die rege Arglist derer, die weder Vertrauen noch Großherzigkeit und auch die einfachen Beweggründe der Dinge nicht kennen, bestimmt mich, Euer Majestät zu bitten, diesen Brief zu verbrennen.«

Noch einer, der das nicht tat. Der Brief liegt vor. Und der Zar hat sogar den Entwurf des Schreibens aufbewahrt, mit dem er Talleyrand Antwort gab. Wie man in den Wald hineinruft, so schallt es heraus: der Text ist reiner Talleyrand, retourniert an Talleyrand. Der Zar ist überzeugt, daß der Fürst diese Summe tatsächlich benötigt, er ist sehr gerührt von dem Vertrauen, das der Fürst in die kaiserliche Großherzigkeit setzt, und er dankt ihm dafür. Dann muß die Ablehnung begründet werden. Der vorgeschützte Grund ist von komischer Scheinheiligkeit. Der Zar lehnt es ab, das Geld zu schicken, damit er seinen liebenswürdigen Briefpartner nicht kompromittiert. Aus Zuneigung also läßt er ihn auf dem trockenen: »Mit großem Bedauern, mein Fürst, muß ich mir mithin das Vergnügen versagen, das mir stets daraus erwachsen würde, Ihnen einen Gefallen zu tun.«

Das war ein harter Schlag. Zum drittenmal trennte sich Talleyrand von seiner Bibliothek. Der Verkauf fand am 30. April 1811 statt. Unter den Büchern war die kostbare Ausgabe der »Henriade« von Voltaire, die vollständige »Encyclopédie« mit allen Bildtafeln und viele andere Werke von großem Wert. Der Erlös war mittelmäßig. Er seufzte und fügte sich darein. »Man muß sich in die Zeit und in die Verhältnisse schicken.« Dieser Grundsatz, der ihm spontan aus der Feder kommt, definiert ihn hervorragend. Man muß sich von den Ereignissen formen lassen. Sich nicht verhärten, denn sonst wird man zerbrochen. Die Geschmeidigen passen sich an und überleben.

Er gibt sich, was den Zaren anbetrifft, noch nicht geschlagen. Wie hätte er auch geschlagen sein können, da er nie einen Kampf geliefert hat? Er nahm die Angelegenheit mit Nesselrode, dem Abgesandten des Zaren in Paris, wieder auf. Ein merkwürdiger Fall, denn der russische Gesandte in Paris war Kurakin, ein beleibter, absonderlicher, dummer, von oben bis unten mit Diamanten bespickter Mann. Außer Champagny, dem Minister für Auswärtige Beziehungen, kümmerte sich niemand um ihn. Die beiden waren die einzigen in Europa, die die Politik von Tilsit noch fortsetzten, an die keiner mehr glaubte. Auf der anderen Seite war Metternich, unterdessen zum Minister des österreichischen Kaisers in Wien ernannt, an der Gesandtschaft in Paris durch den Fürsten Schwarzenberg ersetzt worden, ebenfalls eine Null. Talleyrand traf mit ihm überhaupt nicht zusammen. Auf welche Weise machten Rußland und Österreich in Paris Politik – die eigentliche Politik? Indem jedes der Länder einen außerordentlichen Abgesandten ernannte, der nur seinem Souverän unterstellt war: der Zar berief Nesselrode, Kaiser Franz II. den Chevalier de Floret als Vertreter Österreichs. Das Außerordentlichste an ihrer Mission aber war, daß sie nicht bei der Regierung Napoleons akkreditiert waren, sondern beim Fürsten von Benevent. Man steht fassungslos vor dieser Tatsache. Es sei daran erinnert, daß Dalberg einst Talleyrand und Nesselrode zusammengebracht hatte. In der geheimen Korrespondenz wird Talleyrand als »Cousin Henry« bezeichnet. Nesselrode übermittelte seinem Herrscher also das neue Gesuch des Vetters Henry. Er bat nicht um bares Geld, er bat um Einfuhrlizenzen, die es erlaubten – unter dem Deckmantel Rußlands –, die Kontinentalsperre zu passieren und bestimmte, in Frankreich nicht mehr erhältliche Waren auf den Binnenmarkt zu bringen. In einem Brief an Nesselrode vom 17. März 1811 schreibt er: »Wenn ich sie in diesem Moment erhielte, würden mir sehr beträchtliche Vorteile erwachsen, und ich wäre sehr glücklich, sie von Seiner Majestät dem Zaren Alexander zu bekommen.« Das Geschäft ist einleuchtend: der Verkauf der Waren verschaffte denen, die sie einführten, riesige Gewinne. Herr von Talleyrand liebte auch hier die Grandeur.

Aber die Dinge standen schlecht. Vor allem waren da diese Hamburger, die ihr an Talleyrand gegebenes Geld von Napoleon zurückverlangten. Auch in Valençay sah es ungünstig aus: die spanischen Prinzen, die er fürstlich unterhielt, hatten ihn siebenhunderttausend Francs gekostet. Napoleon erstattete ihm nur vierzigtausend zurück. Außerdem ging es mit der Domäne bergab. Vor der Ankunft der gefangenen Prinzen brachte sie ihm hundertfünfzigtausend Francs ein, jetzt überhaupt nichts mehr. Er unternahm einen verzweifelten und sehr gewagten Schritt: er bat Napoleon, ihm Benevent abzukaufen. Die Antwort wirkte wie ein Peitschenschlag: Der Kaiser hatte keine Lust, das Fürstentum zurückzukaufen, er wollte es nur übernehmen und dem Empire einverleiben.

In dieser Lage schrieb Talleyrand an Montrond: »Sie werden mich, so glaube ich, sehr verändert finden. Persönlichen Ärger, Besorgnis um andere Übel verändern notwendigerweise den Charakter.«

Die Schläge hagelten auf ihn nieder. Am 11. Februar 1811 glaubte er an eine Besserung, als er vom Finanzministerium hunderttausend Francs für die Ausgaben in Valençay erhielt. Doch leider verlangte das gleiche Finanzministerium die sofortige Zahlung von sechshundertfünfzigtausend Francs, die er ungebührlicherweise von der Hansestadt entgegengenommen hatte. »Sie werden ihm zu verstehen geben«, sagte der Kaiser zu Mollien, dem Finanzminister, »daß, wenn er die Summe nicht zurückgibt, Sie gezwungen sein werden, ihn zu bedrängen, es sei denn, er bringt seine Dinge mit mir in Ordnung.«

Die Ungnade wurde nicht gemildert, aber Talleyrand schien jede Gelegenheit recht, eine Milderung zu erreichen, und so benutzte er die Geburt des Königs von Rom, um wieder in »die Gemächer« zu gelangen, deren Türen ihm seit der Szene vom 28. Januar 1809 verschlossen waren. Er hatte keine Eile gezeigt, denn er befürchtete eine Abfuhr. Was ihn ermutigte, wiederaufzutauchen, war der Ärger über den Erfolg des Erzkanzlers Cambacérès. Hatte dieser Elende nicht zwei Besuche gemacht? »Er hat mir einen Besuch voraus«, sagte Talleyrand mit Verachtung. Er unternahm zunächst einen, und als Napoleon nach Holland aufbrechen mußte, benutzte er die Gelegenheit, um den zweiten zu machen, am 21. Oktober 1811. Wenn es wahr ist, daß er dabei ein berühmtes Wort aussprach, muß man ihm die Gabe des zweiten Gesichts zuerkennen und die Macht der bösen Fee, denn als er sich über die Wiege des Königs von Rom beugte, soll er gemurmelt haben: »Das alles wird mit einem Bourbonen enden.«

Von der Fürstin von Benevent wird nie gesprochen, man sieht sie manchmal, aber man hört sie nie. Sie war aus dem abgelegenen Pont-de-Sains zurückgekehrt und wohnte wie ein Schemen im Palais Matignon, wo »sie sich nur durch eine unglaubliche Mischung von List und Dummheit zu halten vermochte«. Talleyrand ließ sie schalten und walten, er lebte während der Sommermonate mit der Herzogin von Kurland im Château-neuf de Saint-Germain, das sie gemietet hatte. Wenn er zur Kur nach Bourbon-l'Archambault ging, kam das Ehepaar für drei Wochen wieder zusammen.

Die Herzogin von Kurland war, nachdem sie ihre Probezeit hinter sich hatte, in den »Serail« aufgenommen worden. Sie war dort so beliebt, daß die Vicomtesse von Laval ebenfalls nach Saint-Germain zog, um die Einsamkeit zu zweit in ein Komplott zu dritt zu verwandeln. Es war ein Idealzustand: er redete, sie waren im siebten Himmel.

An einem Sommerabend des Jahres 1811 wurde ihr »kleines Universum« von einem Gendarmen gestört, der einen Brief vom Polizeiminister, dem Herzog von Rovigo, überbrachte. Noch einmal mußte Talleyrand zu seinem Verdruß sich sagen lassen, daß seine Frau ihn mit dem Herzog von San Carlos betrüge und daß der Kaiser das nicht dulde. Ob Herr von Talleyrand sich darum kümmerte? Es hieß, seine Frau habe sich, als Mann verkleidet, nach Valençay begeben, um sich dort mit ihrem galanten Hidalgo zu treffen. Der Kaiser verlangte, daß sie von neuem in die Verbannung auf ihren Besitz nach Pont-de-Sains ginge und daß ihr Mann, der Nachlässigkeit beschuldigt, ihr dahin folge. Das wäre eine zweifache Hölle gewesen: einmal der Aufenthalt in jenem düsteren Sumpfgebiet, zum anderen das Zusammenleben mit seiner Frau. Schon der Gedanke, Paris verlassen zu müssen, wirkte niederschmetternd auf ihn. Er schrieb an Savary. Es war nicht einfach, dem Brief die richtige Wendung zu geben. Er fertigte zehn Entwürfe an und übergab schließlich, um ein Uhr nachts, den Text dem Gendarmen, der so lange auf die Antwort gewartet hatte.

Um fünf Uhr in der Frühe brach Talleyrand selbst nach Paris auf. Er wurde sofort bei Savary vorgelassen und angehört, was bereits gewonnenes Spiel war. Er erreichte es, daß die ihn betreffende Maßnahme zurückgenommen wurde. Seine ungetreue Ehegattin sollte allein in die Sümpfe geschickt werden. So konnte er mit seinen Frauen – mit Ausnahme der angetrauten – seine untergründige Politik weiter fortsetzen. Napoleons Verhalten ist seltsam. Er glaubte, Talleyrand sei ihm dadurch auf Gnade oder Ungnade ausgeliefert, daß er ihn demütigte und finanziell ruinierte. Er hoffte, der Fürst von Benevent werde sich eines Tages, wenn er genug beschimpft, mittellos, und von seinen Schutzbefohlenen und Freunden im Stich gelassen wäre, wie ein Sklave dem Herrn zu Füßen werfen. »Ich will, daß Talleyrand, der es so oft an Treue hat fehlen lassen und der so viele Beispiele von Unmoral gegeben hat, gezwungen ist, nur von dem zu leben, was mein Wohlwollen ihm zukommen läßt.« Doch Talleyrand glaubte nicht mehr an des Kaisers »Wohlwollen«. Er wußte, daß es mit dem Empire bergab ging. Er drängte Nesselrode dazu, dem Zaren zu raten, Frieden mit der Türkei zu schließen, damit er sich gänzlich auf den Krieg vorbereiten könne, den Napoleon zu entfesseln sich anschickte, um Polen wiederherzustellen. Er riet dem Zaren, ein Bündnis mit Österreich einzugehen, und drängte sowohl Rußland wie Österreich, sich zu rüsten. Er bezeichnete das Jahr 1812 als das entscheidende für den Beginn des neuen Krieges im Osten. Er hat sich nicht geirrt. 1812 war Napoleon zum erstenmal im Rückstand mit seinen Vorbereitungen. Der allzu kühne Zar hätte beinah einen Fehler gemacht: er wollte mit der Offensive beginnen. Talleyrand brachte ihn davon ab. Er sollte warten, bis die kaiserlichen Armeen noch stärker in Spanien gebunden wären und Napoleon nicht mehr über die tüchtigen Offiziere verfügte, die nötig waren, die »Grande Armée« zu befehligen. Auch sollte Napoleon ein für allemal als der Brandstifter in Europa hingestellt werden. Für Napoleon war der geheime Einfluß, den Talleyrand auf die das französische Kaiserreich bedrohenden Kräfte ausübte, ungeheuer schädlich. Nesselrode hat Talleyrands und Fouchés Wirken folgendermaßen beschrieben: »Diese Männer glaubten nicht, ihren Herrn zu verraten, sondern ihn vor dem Ungestüm seiner Leidenschaften zu bewahren, indem sie ihn daran hinderten, diese ständigen Kriege weiterzuführen, durch die Frankreich entvölkert wurde und verarmte und die nur mit einer schrecklichen Katastrophe enden konnten.«

Sie waren sich durchaus bewußt, daß sie den Herrn verrieten, aber sie glaubten, dem erschöpften Frankreich zu dienen. Auch glaubten sie an den »Pazifismus« des Zaren, wurden aber in diesem Punkt enttäuscht. Außer Zweifel aber steht, daß sie Napoleons Sturz beabsichtigten. Es wird berichtet, Talleyrand habe in der Abgeschiedenheit von Saint-Germain seinen verzückten Frauen gegenüber geäußert: »So werden wir ihn los!« Und sie hätten, vor Freude tanzend und in die Hände schlagend, mehrmals wiederholt: »Wir werden ihn los, wir werden ihn los!«

Bei einem Gespräch zwischem dem Kaiser und Talleyrand 1812 in Trianon hat Napoleon, sich verabschiedend, eine erschütternde Aussage gemacht: »Sie sind ein toller Mann! Ich kann nicht umhin, mit Ihnen meine Angelegenheiten zu besprechen, und ebensowenig kann ich umhin, Sie zu mögen.« Ein vielsagendes Eingeständnis. Talleyrand beschränkte sich darauf, ihm seine weisen, wenn auch vergeblichen Ratschläge noch einmal zu wiederholen: die Wiederherstellung Polens zu unterlassen, Österreich und Rußland zu beschwichtigen und sich aus Spanien zurückzuziehen. Es war zu spät.

Nesselrode sagte: »Eine völlige Aussöhnung zwischen diesen beiden Männern hat nie stattgefunden.« Allerdings auch kein völliger Bruch.

Diese zweideutige Situation kam Talleyrand zugute. Er hätte die Huld zurückgewinnen können, wenn er gewollt hätte, denn Napoleon hat ihm in seiner »Inkonsequenz«, die seinem gefährlichen Vice-Grand Electeur nicht entging, mehrmals Gelegenheit dazu gegeben. Am 31. Januar 1812 ließ er Talleyrand für das Palais Matignon eine Million zweihundertachtzigtausend Francs zahlen. Er befahl dem Finanzminister Mollien sogar, von dieser Summe nichts abzuziehen, mithin schenkte er Talleyrand die sechshundertfünfzigtausend Francs, die ihm dieser eigentlich hätte zurückerstatten sollen. Warum hat er dann, einige Monate zuvor, Talleyrands Besitztümer mit einer Hypothek belegen lassen? Seine Inkonsequenz wird noch offenkundiger, wenn man weiß, daß alle diejenigen, die eine Rückzahlung zu leisten hatten, wie Marschall Brune, dazu gezwungen wurden. Die einzige Ausnahme war Talleyrand.

Der Verkauf des Palais Matignon war schmerzlich für ihn. Als er jedoch sah, daß der Kaiser sich ihm gegenüber versöhnlicher verhielt, faßte er wieder Hoffnung. Er war so davon überzeugt, sich finanziell wieder zu erholen, daß er unverzüglich das Palais de l'Infantado, Rue Saint-Florentin, Ecke Rue de Rivoli, kaufte und dazu ein Landhaus in Saint-Brice, nördlich von Paris. Das Palais de l'Infantado war wirklich ein fürstlicher Wohnsitz. Es trug diesen Namen nach seinem vorigen Besitzer; das war 1789 ein spanischer Grande, der Herzog von Infantado, gewesen.

Talleyrands Sanierung ist nicht allein durch diese eine unverhoffte Großzügigkeit Napoleons zu erklären, es muß auch gesagt werden, daß der Kaiser ihm vermutlich Summen zukommen ließ, die aus dem »domaine extraordinaire«, der durch Eroberung erworbenen Güter, stammten. Napoleon hatte die Gewohnheit, derlei Geschenke zu machen, und im Hinblick auf Talleyrand sagte er: »Er war nicht der einzige, denn nie haben Ney, Oudinot und viele andere eine Schlacht begonnen oder beendet, ohne Geld von mir zu verlangen.« Damit sind wir über die kaiserlichen Geschenke unterrichtet. Erstaunlich ist, daß Talleyrand noch 1812 daran teilhatte. Was ihn nicht hinderte, ein Jahr lang unentwegt zu klagen, er sei ruiniert. Selbst die Komödie des Verkaufs seiner Bibliothek hat er noch einmal aufgeführt. Eingebracht und geholfen hat ihm das gar nichts, doch es war ein spektakulärer Vorgang. Kurzum, nachdem er, wie sehr viele andere, ein Opfer der Wirtschaftskrise des Jahres 1810 – unvermeidliche Folge der Kontinentalsperre – gewesen war, schwamm er, während andere untergingen, wieder an der Oberfläche, und zwar mit Hilfe seines Kaisers, der ihn bald plagte, bald unterstützte und als Antwort auf sein launisches Verhalten nur die Unannehmlichkeiten dieser Plagen zu hören bekam, dagegen nichts über die angenehmen Seiten seiner Milde und Unterstützung.

Die »Versöhnung« ging sogar so weit, daß Napoleon Talleyrand anbot, mit nach Polen zu reisen, um für den neuen polnischen Staat, den er wiedererrichten wollte, die Verwaltung aufzubauen. Talleyrand ließ durchblicken, er wäre nicht abgeneigt. Der Kaiser hatte ihm strengste Geheimhaltung auferlegt. Aber der verschlossenste aller Männer ging herum und redete allüberall über den Vorschlag, den ihm der Kaiser gemacht hatte. Warum tat er es? Doch nur, damit der Plan scheiterte. Napoleon war so wütend über Talleyrands Verhalten, daß er in Anwesenheit Caulaincourts schrie: »Ich werde den Befehl geben, ihn aus Paris zu verjagen, ich verbiete Ihnen, zu ihm zu gehen und mit ihm darüber zu sprechen.« Gleichviel, wieder einmal unternahm der Kaiser nichts gegen Talleyrand.

Es hatte keinen Sinn, sich an einen Souverän zu binden, der in sein Verderben lief. Talleyrand wußte, daß die Russen bereit waren, daß die ungeheure, aus Angehörigen aller Länder bestehende Armee Napoleons nicht mehr ein so sicheres Instrument war wie seine allein aus Franzosen zusammengesetzten und von fähigen und ausgebildeten Offizieren befehligten Regimenter. Das verhängnisvolle Ergebnis eines Feldzugs, der den Kaiser nach Rußland hineinführte, sah er so sicher voraus, daß er sich nicht mehr scheute, in den Salons die Folgen auch vorauszusagen. Zu jener Zeit will man sein Wort gehört haben: »Das ist der Anfang vom Ende.«

Im Februar 1812 machte Napoleon noch einen Schritt auf ihn zu. Er ernannte Talleyrand zum Mitglied des Rats, der die Generale Dupont und Vedel aburteilen sollte, die in Baylen kapituliert hatten. Auf diese Ehre hätte Talleyrand gern verzichtet. Während der Sitzungen zog er eine undurchschaubare Maske auf, und wenn er um seine Meinung gefragt wurde, beschränkte er sich darauf, »einen schändlichen Akt« zu tadeln. Ohne auf Einzelheiten einzugehen. Er meinte jedoch, daß der Kaiser, da ein Verrat nicht vorlag, die Angelegenheit begraben, vergessen und vergeben sollte. Etwas »auslöschen«: das liegt völlig auf der Linie von Talleyrands Charakter.

Als Napoleon im Frühjahr 1812 in den russischen Krieg zog, zerfiel »das galante Europa« en miniature, das Talleyrand um sich gebildet hatte. Die Herzogin von Kurland, genannt »die Sultanin« des Palais Matignon, ging in ihr vom Krieg bedrohtes Land zurück; die Gräfin Tyszkiewicz wollte in Warschau sein, um die Wiedergeburt Polens mitzuerleben; andere zogen sich auf ihre Ländereien in der Provinz zurück. Dieser Auszug hätte Talleyrand betrüben können, aber wie stets schickte er sich in die neuen Umstände und machte sogar eine Zerstreuung daraus. Er sagte: »Ich habe die Abreise der Damen so eingeteilt, daß ich acht Tage lang jeden Nachmittag um halb zwei eine von ihnen zu ihrem Wagen bringe. Das ist wirklich sehr spaßig.«

Ihm genügte ein neuer Stern am Pariser Himmel, um alle anderen zu ersetzen. Auch das ist sehr spaßig.

Wir kennen bereits die kleine Frau: Dorothee, Gräfin von Périgord, Talleyrands angeheiratete Nichte. Sie war nicht abgereist, sie blieb bei ihrem Onkel, sie blieb sogar für immer bei ihm.

Ihr Mann hingegen fand sich sozusagen niemals ein. Er war Oberst im 8. Jäger-Regiment der Muratschen Armee. Wie ihre Mutter, die Herzogin von Kurland, wohnte Dorothee im Palais Matignon. Die Gräfin von Périgord war im Grunde sehr deutsch oder, anders gesagt, sehr preußisch und hatte es zu Anfang in Paris sehr schwer gehabt. Sie mißbilligte alle dort herrschenden Neigungen, Sitten, Moden und Gedanken. Sie schloß mit niemandem Freundschaft. Sie beobachtete und verachtete. Das wurde ihr vergolten. Was Intelligenz und Wissen anging, war sie all den Papageien, die sie von oben herab behandelten, oft überlegen. Vor allem aber was ihre Willenskraft und ihren Ehrgeiz anging. Bei ihrer Ankunft in Paris litt sie an einem sich bald verflüchtigenden Fehler, an ihrer großen Jugend. Sie war sechzehn Jahre alt, als sie sich mit dem Hof und Paris auseinandersetzen mußte. Ihre Jugend konnte jedoch nicht darüber hinwegtäuschen, daß sie keine Schönheit war. Die verschiedenen Aussagen über sie faßt Lacour-Gayet zusammen. Er schreibt, daß sie das war, was »die Frauen gemeinhin ein ›Pruneau‹ nennen«. (Das heißt ein braunhäutiges, schwarzhaariges Wesen. Pruneau gleich Dörrpflaume.) Selbst Talleyrand, der sie seinem Neffen aufgedrängt hatte, schätzte sie nicht sonderlich. Er war höflich ihr gegenüber, aber da sie sich in Zurückhaltung und Steifheit verschloß, unternahm er auch nichts, um sie herauszulocken. Die junge Verbannte schien an dieser bitteren Einsamkeit Gefallen zu finden.

Gleichwohl entging ihren schönen, ins Violette spielenden Augen, ihrem strengen Blick nichts von dem, was Talleyrand tat. Sie wußte, daß ihr Geschick weit mehr von diesem Mann abhing als von ihrem Leichtfuß von Mann. Hinter ihrer Maske suchte sie das wahre Gesicht des Fürsten von Benevent, und sie fand es. Was sie entdeckte, und zwar in einer Tiefenschicht, zu der die Leute der Gesellschaft und der Politik keinen Zugang hatten, versetzte sie in Staunen und Bewunderung.

Sie machte sich klar, daß weder Macht, Reichtum noch selbst Intelligenz bei ihrem Onkel bestimmend waren, sondern eine einzigartige Form von Mut, ein unbezwinglicher Mut. »Dieser Mut, verbunden mit Kaltblütigkeit und Geistesgegenwart, dieses kühne Temperament, diese angeborene Bravour, die einen unwiderstehlichen Hang zur Gefahr in jeder Form eingibt, macht die Unsicherheit verlockend und verleiht den Zufällen so viel Charme.« In der Tat hat Talleyrand immer gefährlich gelebt. Bedrohung und Unsicherheit waren für diese weiche Natur die starken Stimulantia, die sie benötigte, um aktiv zu werden. In jenem Jahr 1812 war sich Talleyrand bewußt, daß sein Schicksal häufig von einem Polizeibericht abhing, daß einer seiner Briefe an Metternich oder an den Zaren abgefangen werden konnte, und so lebte er in einem Zustand, der andere mit Hangen und Bangen erfüllt, der für ihn aber nur ein prickelnder Rausch war, der Rausch des Spielers, der vor dem aufregenden Risiko des Alles oder Nichts steht. In ihren Memoiren schreibt Dorothee weiter: »Unter dem Adel seiner Gesichtszüge, der Bedächtigkeit seiner Bewegungen, der Genüßlichkeit seiner Gewohnheiten lag ein Fundament kühner Furchtlosigkeit, das zeitweilig funkelnd sichtbar wurde, neue Regeln geistigen Vermögens offenbarte und ihn gerade durch den Gegensatz zu einem der eigenartigsten und anziehendsten Menschen machte.«

Bei dieser ungewöhnlich zutreffenden Entdeckung Dorothees stimmt nur eines nicht völlig, das was sie »eine neue Regel geistigen Vermögens« nennt, was in Wirklichkeit aber das älteste Fundament, das eigentliche Fundament der alten Seigneurs de Périgord ist. Wir wissen, woher diese listige und schonungslose Kühnheit kommt; sie stammt von den Panzerhemden der Archambauds, der Hélies, die im Lauf von acht oder zehn Jahrhunderten Kultur verfeinert und mit Seide verkleidet wurden. Das war es, was Dorothee erstaunte und anzog. Sie war klarsichtig, weil sie jene Vorteile, Eifersüchteleien und Schwärmereien der Franzosen nicht kannte, die sich in Talleyrands Umgebung befanden. Sie selbst war nicht leicht zu durchschauen. Stendhal traf sie bei der Neujahrsmesse 1811 in den Tuilerien. Ihr Gesichtsausdruck fiel ihm auf. In seinem Tagebuch steht: »Buntbewegte Menge. Mir gefiel bei der Messe das Gesicht der Gräfin von Périgord, es hatte reine Züge. Müßte ich nicht befürchten, von meinem gegenwärtigen Geschmack für die deutschen Frauen beeinflußt zu sein, würde ich diese Vorzüge damit erklären, daß sie Deutsche ist.«

Unter dem Einfluß ihrer protestantischen Erziehung und der Einsamkeit ihrer behüteten Kindheit war sie im Grunde recht naiv geblieben, sie besaß einen Zug von Strenge und Reinheit, dem Napoleon auf seine Weise huldigte: »Sie sind anständig«, sagte er laut und allen verständlich zu ihr, »Sie sind nicht wie jene Dame ...«, die dicht daneben stand und auf die er mit dem Finger wies. Am 12. März 1811 brachte sie ihren ersten Sohn zur Welt. Der Kaiser und die Kaiserin waren Paten.

Ihr Mann war ebenso leichtlebig wie sein Vater, ein ebensolcher Spieler wie sein Onkel und überdies frivol und ein Schürzenjäger. Mit vollen Händen verschwendete er das Geld seiner Frau und das, was ihm von seiner Mutter zukam. Er hatte Geschmack an funkelnden Uniformen. Eines Tages erschien er derart goldverschnürt, bestickt und mit Pailetten und Diamanten bespickt bei seinem Vorgesetzten, dem Marschall Berthier, daß dieser ihn hinausschickte und sagte, seine Bekleidung sei keine Uniform mehr. Dieser Firlefanz hatte ein Vermögen gekostet. Spiel und Tänzerinnen trugen dazu bei, ihn völlig zu ruinieren. Seine Frau verachtete ihn mehr und mehr, er selber langweilte sich bei ihr. Bald verabscheuten sie sich gegenseitig.

Nun geschah es, daß mit den Jahren und nach einer glücklichen Mutterschaft »die kleine Dörrpflaume« sich verhübschte. Das kleine hagere und verbitterte Mädchen bekam Formen und paßte sich an, sie wurde eine sehr hübsche Pariserin, und Narbonne war der erste, der es bemerkte.

Der ehemalige Geliebte von Germaine de Staël wollte sich sofort zum Präzeptor der jungen Schönheit aufschwingen, er wollte aus ihr eine der Königinnen von Paris machen. Er begann seine Cour nach den Regeln und nach der Mode des vergangenen Jahrhunderts und erging sich in ironischen Andeutungen. Dorothee war völlig verwirrt. Talleyrand bemerkte das Treiben bald und setzte ihm ein Ende: »Schweig still, Narbonne! Frau von Périgord ist zu jung, um dich zu verstehen, und zu deutsch, um dich zu billigen.« Deshalb nahm der Onkel sich ihrer an. Aber er ließ sich Zeit. Er beobachtete sie, jedoch mit weniger gutem Erfolg als sie ihn, er konnte nichts Anziehendes an ihr entdecken. Der Grund ist wohl darin zu sehen, daß Dorothee bekümmert war, und dieser Anstrich hochmütiger Traurigkeit konnte einem Mann keine Sympathie einflößen, für den Traurigkeit eine Unschicklichkeit und oft eine Dummheit war.

Dorothee erfüllte ihr Amt als Ehrendame der Kaiserin nur widerwillig. Am Hof wurde sie als Ausländerin angesehen. Napoleon schätzte sie zwar, fügte ihr jedoch in aller Öffentlichkeit einen Affront zu. Es war im August 1811, der Hof befand sich in Saint-Cloud. Der Kaiser blieb vor der jungen Gräfin stehen und sagte: »Ihr Mann macht wirklich zu viele Dummheiten. Wie konnte er nur für zehntausend Francs Kameen kaufen?« – »Sire, Eure Majestät sind schlecht unterrichtet, mein Mann hat diese Dummheit nicht gemacht«, gab sie zur Antwort. Er hatte sie gemacht. Napoleon ließ Berthier gegenüber eine Bemerkung fallen und wandte sich dann erneut an Dorothee: »Im übrigen sind mir diese armen Périgords, wie Sie wissen, seit langem völlig gleichgültig.« Dorothee war gekränkt, sie wurde rot, verteidigte aber mit Tränen in den Augen die Périgords: »Sire, mein Mann und mein Onkel haben Eurer Majestät stets mit Eifer gedient, und es liegt nur an Eurer Majestät, sich weiterhin ihrer zu bedienen. In jedem Fall verdienten es zumindest ihre früheren Dienste, daß Eure Majestät sich nicht über sie lustig machen.«

Einige Tage später ließ Napoleon – er hatte, wie es häufig bei ihm geschah, seine Meinung geändert – Dorothee eine Einladung übermitteln und bezeigte ihr große Aufmerksamkeit. Es war zu spät, die Kränkung saß zu tief. Als Talleyrand von der Szene erfuhr, wurde sein Haß gegen den Kaiser nur noch stärker. Nach dem Vorfall hatten sich alle Hofdamen von Dorothee abgewandt; nach der Einladung beim Kaiser wurde sie allgemein wieder anerkannt. So lernte Dorothee, den Kaiser und seinen Hof verachten. Dieses Jahr war für sie eines der schwersten. Sie flüchtete sich in die Religion und trat zum Katholizismus über. Es heißt, die Lektüre der Texte von Bossuet hätte sie dem Altar nahegebracht. Ihr Übertritt vollzog sich ohne jedes Aufsehen, mit größter Würde. Sie vertraute sich einem einfachen Dorfpfarrer an, der sie taufte und ihr die Kommunion spendete. Ihre Frömmigkeit war von jener Zeit an vorbildlich. Während der ersten Jahre ihrer trübseligen Ehe war ihre Tugend untadelig. Mit dem Mann, der ihr angetraut war, und in dem Milieu, in dem sie lebte, hätte sie durchaus Grund und Möglichkeiten gehabt, sich der Mode anzupassen. Ihre Tugend blieb bis zum Sturz des Kaiserreichs intakt, mit ihm sank sie hin.

Im Mai 1812 begab sich Napoleon zu seiner Armee nach Dresden. Vor dem Aufbruch ergriff er gegen Talleyrand einige Maßnahmen, die von seltener Bösartigkeit und Taktlosigkeit zeugen. Er verbietet ihm, zugunsten der kleinen Charlotte über Geldmittel zu verfügen, die aus kaiserlichen Schenkungen stammten. Man stelle sich vor: Im Augenblick, da Spanien brennt und ihn verjagt, da er sich anschickt, die in der Kriegsgeschichte bisher größte Armee tief nach Rußland hineinzuführen, kümmert sich der Kaiser des Abendlands um die Geldmittel eines kleinen unehelichen Mädchens aus dem einzigen Grund, seinen ehemaligen Großkämmerer zu kränken. Er hätte besser getan, ihn mit sich zu nehmen und ihn zu überwachen, anstatt ihn in Paris zu lassen, wo er untätig umherging und seinen kalten Zorn verbiß. Eine weitere Kränkung: er läßt Talleyrand die Warnung zustellen, er würde ihn verbannen lassen, wenn er es an Ehrerbietung seiner angetrauten Frau gegenüber fehlen ließe. Das war etwas Neues. Napoleon als Beschützer der früheren Mrs. Grand! Welch böser Geist trieb Napoleon dazu, so etwas zu tun? Talleyrand konnte allmählich die »Wohltaten« vergessen und brauchte sich nur noch der Schikanen zu erinnern. Als politischen Ratgeber nahm Napoleon den Abbé Pradt nach Polen mit. Eine höchst mittelmäßige Gestalt. Napoleon machte sich dies später klar und sprach darüber mit Caulaincourt im Verlauf der umfassenden Beichte, die er dem Generalstallmeister während der rasenden Schlittenfahrt von Moskau nach Warschau ablegte: »Daß ich diese Wahl traf, hat meinen ganzen Feldzug zum Scheitern gebracht ... Talleyrand hätte im Salon von Madame Tyszkiewicz mehr erreicht als Maret und Pradt mit ihrem ganzen Geschwätz. Talleyrand hat mir hier oft gefehlt.« Zu spät. Er hätte Talleyrand mitnehmen und sich nicht um dessen Frau und Mademoiselle Charlotte kümmern sollen. Bei den Großen wirkt sich nichts schlimmer aus als kleine Bosheiten.

In Paris tat Talleyrand so, als mache er sich nichts aus den kaiserlichen Schikanen. Er befaßte sich mit seiner Familie. Es wäre ihm lieb gewesen, Edmond hätte sich auf dem Schlachtfeld hervorgetan, anstatt durch seine Extravaganzen und seine Spielschulden aufzufallen. Würde Edmond in einem Siegesbericht erwähnt werden, könnte Talleyrand Nutzen daraus ziehen. Sein Traum war es, seinen Neffen und Dorothee zu adoptieren, um sie zu seinen Erben zu machen. Dann wollte er Charlotte verheiraten, sie sollte eine gute Mitgift bekommen. Doch damit mußte gewartet werden, bis der Kaiser anderen Sinnes wurde – oder es mußte geschehen, daß er überhaupt nicht wiederkam, was für Herrn von Talleyrand am günstigsten gewesen wäre.

In den Briefen, die er schreibt und von denen er weiß, daß die Polizei sie abfängt, spielt er den Scheinheiligen. Er gibt seiner Freude Ausdruck über den Sieg an der Moskwa, hofft auf einen glorreichen Frieden und die Erneuerung Polens. Wenn er von sich selber spricht, gibt er sich ruhig und gelassen: »Ich bleibe in meinem Winkel und führe das einförmige, fast eintönige Leben, an das ich mich gewöhnt habe.« Savarys Polizei kann ruhig schlafen.

Er geht auch in diesem Sommer 1812, wie immer, zur Kur nach Bourbon-l'Archambault. Sein Bruder Boson begleitet ihn. Eine unergiebige Gesellschaft. Boson war kein Kirchenlicht, und zudem war er taub. Er nahm den ganzen Tag über Kopfbäder und blieb doch so taub wie zuvor. Die Fürstin war ebenfalls dort, dies war die eheliche Saison im Jahr. Abends hörte er ihr zu, wenn sie mit lauter Stimme vorlas. Tagsüber schrieb er an einem Essay über den Minister Choiseul. Wahrscheinlich war der Text für seine Memoiren bestimmt, über die er bereits nachdachte.

Ende August gingen sie nicht gleich nach Paris zurück, sondern zuerst nach Saint-Brice. Dort tat die kleine Gruppe das gleiche wie in Bourbon. Boson hatte seine Taubheit mitgebracht und seine Tochter Georgine, die mit Charlotte ausritt. Manchmal stieg auch Talleyrand zu Pferde. Er hielt den beiden kleine Geschichtsvorlesungen, die den Professor mehr interessierten als die Demoisellen. Ein merkwürdiges Bild: dieser Lebemann in seiner Rolle als gewissenhafter Hauslehrer junger Mädchen. Auf einer Karte zeigte er ihnen den Vormarsch der Armee, die in die unermeßliche Weite Rußlands eindrang. Und welche Kommentare gab er dazu?

Er verließ Saint-Brice, um nach Paris zu fahren, wo in Notre-Dame ein Tedeum zur Feier des Sieges an der Moskwa veranstaltet wurde. Im Oktober war man wieder in der Rue Saint-Florentin. Im November nahm er an einem Geburtstagsdiner für Abbé Morellet teil – den Freund Voltaires, der ihn »Abbé Mords-les« [Abbé Beiße-sie] nannte –, er wurde achtundachtzig Jahre alt. Ein Überbleibsel aus dem Jahrhundert, aus welchem dem Abbé de Périgord die Kunst zu leben überkommen war.

Talleyrand träumt von der Zukunft, als er den Namen Bourbon aussprechen hört

Da der »Serail« sich in alle Winde verstreut hatte, nahm Talleyrand vorlieb mit Aimée de Coigny, die ein Serail für sich war. Täglich verbrachte sie zwei Stunden in der Bibliothek mit ihm. Sie sprachen freimütig miteinander. Zum Freund hatte sie den Grafen von Boisgelin, einen Anhänger des späteren Ludwigs XVIII., der an Napoleons Sturz und die baldige Wiedereinsetzung der Bourbonen glaubte. Da der Graf wußte, daß Aimée de Coigny familiären Umgang mit dem Fürsten von Benevent hatte, bat er sie, den Versuch zu unternehmen, ihn auf ihre Seite zu ziehen. Das Thema anzuschneiden war nicht einfach. Zunächst stimmten Aimée de Coigny und Talleyrand darin überein, daß es notwendig sei, Napoleon zu vernichten. Talleyrand ließ durchblicken, daß nach dem Sturz des Kaisers die Freiheit wiederhergestellt werden müsse. Er nannte die Namen einiger früherer Liberaler, die sich dem Empire zwar angeschlossen hatten, aber der Tyrannis feindlich gegenüberstanden; mit ihnen, sagte er, könne man eine Regierung bilden. Garat, Sieyès, das sind die alten Anhänger der Freiheit. »In ihren Köpfen müssen die Ideen ihrer Jugend wieder lebendig werden.« In dieser Weise gibt er sein politisches Denken zu erkennen. Mit ihnen wäre er bereit, an einer neuen Regierung teilzunehmen. »Und schließlich«, sagte er, »ist der Kaiser auf dem Rückzug von Moskau und somit weit entfernt.« Er glaubte also in Sicherheit zu sein, weil der Kaiser fern war.

Hatte wenige Tage zuvor General Malet nicht beinahe das Regime zu Fall gebracht? Auf Malets Listen standen die Namen Talleyrand und Fouché als zwei mögliche »Konsuln der Republik«. Für die Komplicen war es höchst gefährlich, von diesem Tölpel Malet bloßgestellt zu werden. In einem Brief an die Herzogin von Kurland – auch er insbesondere für die Polizei bestimmt – hebt Talleyrand Malets Komplott hervor und nennt es »eine Art kleinen Aufstand, hervorgerufen von einem schlechten Subjekt, einem gewissen General Malet, der nicht genügend überwacht wurde«. Das klang wohlmeinend und schlug Savary die Waffen aus der Hand. In Wirklichkeit erwies sich die Maletsche Unternehmung als sehr viel ernsthafter. Die Öffentlichkeit war niedergeschmettert, als sie erkennen mußte, wie schwankend der kaiserliche Thron geworden war. Das Komplott hatte eine ähnliche Wirkung wie die Kapitulation von Baylen, die offenbarte, daß die Armee nicht mehr unbesiegbar war. In Paris wußte man in allen Gesellschaftsschichten, von oben bis unten, daß Napoleons Thron wankte wie ein wackliger Sessel.

Diese Gedanken unterhöhlten die öffentliche Meinung wie Termitengänge, sie untergrub unmerklich das Vertrauen. Jetzt war es soweit, daß der Koloß, dessen Unverletzbarkeit unglaubwürdig geworden war, zusammenstürzen konnte.

Es gelang Aimée de Coigny nicht, Talleyrand zu den Bourbonen zu bekehren, allerdings hatte er nicht gesagt: niemals. War der Platz erst leer, könnte man weitersehen.

Die Nachricht von der Katastrophe an der Beresina traf am 16. Dezember 1812 in Paris ein. Die Tatsache des völligen Scheiterns des Feldzugs in Rußland wirkte auf Frankreich wie ein Keulenschlag. Talleyrand nahm sie auf als die erwartete Bestätigung dessen, was er Napoleon schon am Tag nach Austerlitz klarzumachen versucht hatte.

Am 18. Dezember hatte Dorothee Dienst als Gesellschafterin der Kaiserin in den Tuilerien. Sie vernahm Geräusche an Marie-Louises Tür. Sie erblickte zwei unheimlich aussehende Gestalten, eingemummt in dicke Pelze. In der einen erkannte sie den Kaiser, in der anderen Caulaincourt. Paris glaubte, »er« sei in Polen: »Er« war da! Unverzüglich schrieb Dorothee ein Billet, das sie ihrem Onkel bringen ließ. Um es ihm auszuhändigen, mußte er geweckt werden. Talleyrand war in Paris einer der ersten, der die Nachricht von der Rückkehr des Kaisers erfuhr.

Auf der Stelle traf er Vorsichtsmaßregeln. Die Affäre Malet hatte Napoleon viel stärker beunruhigt als der unglückselige Übergang über die Beresina. Die Polizei verdoppelte ihre Überwachung. Von nun an war ein Zusammentreffen mit Aimée de Coigny nicht mehr möglich. Was nicht bedeutete, daß man nicht weiter komplottierte, denn nie waren die Umstände günstiger gewesen. Man ging zum Tee zur Fürstin von Vaudémont, bei ihr war Dalberg anzutreffen, der seinen Freund Vitrolles, einen anderen royalistischen Agenten, mitbrachte. Aimée de Coigny stellte unverzüglich die Verbindung her. Die Gespräche zwischen Dalberg, Vitrolles und Talleyrand bekamen, ohne daß einer der drei sich offen bekannte, eine gewisse bourbonische Färbung und einen Duft von Königslilien. Ach, wie behaglich war das Haus! »Die Sessel waren so bequem, das Leben so angenehm und so nichtssagend, daß die Spione einschliefen.«

Und wiederum begann das Spiel zwischen Napoleon und Talleyrand. Der Kaiser hielt Rat in den Tuilerien und fragte jeden nach seiner Ansicht. Als Talleyrand das Wort ergriff, trat er für die Aufnahme sofortiger Verhandlungen ein, mit dem Ziel, einen Friedensschluß herbeizuführen – einen Frieden um jeden Preis, mit der Rückkehr zu den Grenzen des Vertrags von Lunéville. Es war die Nachricht eingetroffen, daß Preußen das Bündnis mit Rußland suche. Was bedeutete, daß Deutschland von den Überbleibseln der Grande Armée nicht mehr gehalten werden konnte. Mit Würde, mit Mut, mit dem Scharfblick, den eine umfassende Information und eine unvergleichliche Erfahrung stützten, sagte Talleyrand zu Napoleon: »Verhandeln Sie! Sie haben jetzt Pfänder in der Hand, die Sie aufgeben können; morgen können Sie sie verloren haben, und dann ist die Möglichkeit zu verhandeln, ebenfalls verloren.«

Sind das die Worte eines Verräters? Nie hat einer der Brüder des Kaisers noch irgendeiner seiner Marschälle oder seiner Bewunderer ihm einen wertvolleren Rat gegeben. Hätte Napoleon damals auf ihn gehört, hätte er seinen Thron noch retten können, auf jeden Fall hätte er Frankreich gerettet in dem Bestand der Grenzen, die von der Monarchie und der Revolution geschaffen worden waren.

Napoleon hörte nicht auf ihn. Auf der Insel Elba sagte er, er hätte seinen Thron behalten, wenn er Talleyrand und Fouché hätte hängen lassen. Ganz im Gegenteil. Aber er zog es vor, auf Maret, Herzog von Bassano, zu hören. Ärgerlich darüber, sein Ministerium in den Händen dieses faden und mittelmäßigen Napoleon-Bewunderers zu sehen, schoß Talleyrand spitze Pfeile auf ihn ab: »Ich kenne auf der Welt nur einen Mann, der dümmer ist als Maret.« – »Wer ist das, Monseigneur?« – »Der Herzog von Bassano.« Nach Marets Rückkehr aus Polen gab Talleyrand, als er in den Tuilerien hörte, wie der Herzog von Bassano angekündigt wurde, den Satz von sich: »Sie sehen, wie man übertreibt. Wurde nicht gesagt, das gesamte Material wäre verlorengegangen? Und doch ist Maret zurück!« Napoleon wollte dieses unnütze »Material« loswerden und bot Talleyrand das Ministerium an. Warum, da er doch entschlossen war, einer ganz anderen Politik zu folgen? Er wollte sich des Ansehens und der Geschicklichkeit Talleyrands bedienen, wie er es früher schon getan hatte.

Die Zeit der »Ukase« war vorbei. Während der letzten Jahre des Kaiserreichs wurden die Launen und Zornausbrüche Napoleons immer heftiger und besorgniserregender. Seine Vertrauten stellten bei ihm eine gewisse Überspanntheit fest. Die ausländischen Diplomaten berichteten ihren Regierungen darüber, und es ist wohl sicher, daß man sich eines Euphemismus befleißigte, wenn man von »Inkonsequenz« oder »Zusammenhanglosigkeit« sprach. Daher lehnte Talleyrand – nicht ohne Stolz – das Ministerium ab. In kühlem Ton antwortete er: »Ich kenne Ihre Politik nicht.« – »Sie kennen Sie«, schrie Napoleon wütend, »aber Sie wollen mich verraten!« Darauf Talleyrand, ruhig wie zuvor: »Nein, Sire, aber ich möchte es nicht auf mich nehmen, weil ich glaube, daß Ihre Politik im Widerspruch zu meiner Ansicht über den Ruhm und das Glück meines Landes steht.« [AICM]

Das war Talleyrands Gedankengang seit 1805. Er hatte sieben Jahre gewartet, bis er sagte, was er dachte. In der Tat war er den Gedanken treu geblieben, die er in seinem Memorandum des Jahres 1792 niedergelegt hatte, in der Rede zu Ehren Bonapartes bei der Rückkehr aus Italien, und in seinem Memorandum über den Frieden von Preßburg. Beständigkeit und Treue sind Eigenschaften, die Talleyrand zuzusprechen man manchmal vergißt. Seine Gedanken sind sehr viel weniger wechselhaft als die Regime.

Zur Stunde gehörte Napoleons Regime bereits der Vergangenheit an. Es ging nicht einmal mehr darum zu wissen, wie lange es sich noch halten würde, sondern darum, wie und durch was es ersetzt werden sollte. Warum hat Talleyrand den Agenten der Bourbonen das Ohr geliehen und nicht die Hand? Nicht um sich ihnen anzunähern, sondern um sie aufzufordern, ihm Avancen zu machen. Danach würde man weitersehen.

Einer jener wie durch ein Wunder gefügten Zufälle bewirkte es, daß der ehemalige Bischof von Autun an seinen Onkel, den Erzbischof von Reims, in dem Augenblick schrieb, da Vitrolles über Thron und Altar zu ihm sprach. Der Erzbischof lebte in Hartwell in England, an dem kleinen trübseligen Hof, mit dem Ludwig XVIII. sich umgab. Dieser Brief mißfiel anscheinend dem Onkel nicht, denn er gab ihn gleich Ludwig XVIII. zu lesen. Der dicke, listige Mann lächelte: Ein verirrtes Schaf erinnert sich an die Krippe! Ein vielversprechendes Anzeichen. »Gott sei gelobt«, sagte er. »Bonaparte scheint kurz vor dem Sturz zu stehen, denn ich wette, daß Ihr Neffe, als das Direktorium kurz vor dem Sturz stand, dem Sieger von Italien mit denselben Worten geschrieben hat. Wenn Sie ihm antworten, so sagen Sie ihm, daß ich das Zeichen seines Grußes entgegennehme.« So bewies Ludwig XVIII., daß er besser als Napoleon begriff, was es hieß, von Talleyrand verlassen zu werden. Es bedeutete Untergang.

Szenen der Wut und der Versöhnung tragen nur dazu bei, den kaiserlichen Nimbus zu zerstören

In dem unheilvollen Jahr 1813 schrieb Talleyrand oft an seine teure Herzogin. Es sind liebenswürdige kleine Briefe, in denen weder von Politik und nicht einmal vom Krieg die Rede ist. Der Polizeiminister konnte beruhigt sein. Es hatte den Anschein, als kämen sie von einem braven Bürger, einem redlichen Mann, einem getreuen Untertan des Kaisers, der sich mehr mit seiner Familie beschäftigt als mit den politischen und kriegerischen Affären in Deutschland, wo Napoleon zugrunde ging. Dresden war ein Sieg, der ohne Folgen blieb, Leipzig war das Grabgeläut der französischen Besatzung in Deutschland. Wenn noch Zeit blieb, mußte der Rückzug organisiert und das gerettet werden, was von der zerrütteten und aller Mittel entblößten Armee übriggeblieben war.

Talleyrand beweihräucherte Marie-Louise, als wäre sie wirklich die Herrscherin, der er zu Diensten sein wollte. Sie präsidierte einem Ministerrat, worüber er berichtet: »Sie hört sehr gut zu und stellt Fragen, die beweisen, wie aufmerksam sie ist.« Es klingt, als spräche er von einer guten Schülerin.

Als er in Notre-Dame dem Tedeum beigewohnt hatte, schrieb er, es wäre alles schön und strahlend: die Straßen und Gärten der Stadt in Blüte, die Frauen in duftiger Toilette. Es war der Marien-Monat. Wer würde, wenn er so etwas liest, an die nahende Katastrophe denken? Ein einziger Schatten lag auf dem lieblichen Gemälde: es war alles herrlich, »außer daß Kardinal Maury den Gottesdienst ohne Würde abhielt«. Am 24. Mai beendete er seinen Brief an die Herzogin mit den Worten: »Glück empfinde ich nur in Ihrer Nähe, dahin zielen alle meine Wünsche. Alle ehrgeizigen Gedanken sind fern von mir.« Er scheint sich nur um Charlotte zu kümmern, die jetzt vierzehn Jahre alt ist und »sich ganz entfaltet«. Auch seine Memoiren entfalten sich. Er sagte auch: »Ich verbringe meine Zeit damit, das zu korrigieren, was ich während meiner Badekur über einige Zeitabschnitte schrieb, die ich erlebt habe und die der Revolution voraufgegangen sind.« Mehr und mehr klagt er über seine schlechte Handschrift, weil die anderen sich darüber beklagen und er gezwungen ist, Abschriften selbst vorzunehmen oder zu diktieren, denn die Sekretäre haben Mühe, sein Gekritzel zu entziffern.

Und währenddes nicht ein Wort über Napoleon. Obwohl eine weitere heftige Szene zwischen ihnen stattgefunden hatte. In ihren Memoiren berichtet Frau von Kielmannsegg, daß Briefe von Talleyrand von der Polizei aufgemacht und Napoleon übergeben worden wären. Wutausbruch, Herumstampfen auf dem Hut und schreckliche Drohungen gegen den Verräter. Entscheidung: keine. Talleyrand verließ das kaiserliche Kabinett ebenso frisch und munter, als käme er aus dem Boudoir von Madame de Laval. Zu den Würdenträgern und Hofleuten, die bleich und zitternd Spalier standen, denn das Donnergepolter war durch die Tür gedrungen, sagte Talleyrand mit ungerührter Miene: »Der Kaiser ist reizend heute morgen.«

In einer Unterhaltung mit dem Grafen Molé sprach Napoleon dem Mann, dem er einige Tage zuvor – am 29. März – die Auswärtigen Angelegenheiten hatte anvertrauen wollen, jegliche Fähigkeit und jegliches Talent ab. Die Sinneswandlungen, die Launen des Despoten so kurz vor dem Sturz sind wirklich unerklärlich.

Napoleon sagte zu Molé: »Sein Ansehen beruht zum Teil auf Zufällen ... Ich schwöre Ihnen, daß ich tatsächlich nicht sagen könnte, daß ich viel Beistand von ihm erhalten habe, noch daß er mir Wege gezeigt hat, die einen wirklich erfinderischen Geist bewiesen hätten, noch große Geschicklichkeit ... Ich glaube nicht, daß er ein Mann mit viel Geist ist, wie Sie es sagen, man braucht nur sein Leben zu überblicken.« Dann kam er wieder auf »seine schändliche Mätresse« zurück, das war Salbaderei. Die arme Mrs. Grand spielte im Kaiserreich überhaupt keine Rolle, auch im Leben ihres Mannes nicht. Der ob dieser völligen Vernichtung verblüffte Molé wagte einzuwerfen: »Zumindest wird der Kaiser mir gestatten zu sagen, daß seine Redekunst voller Liebenswürdigkeit, Witz und Charme ist.« – »Oh, das ist seine Hauptstärke, er weiß es wohl.« Nun, das wenigstens läßt ihm Napoleon.

Doch dieser Talleyrand, der zu nichts nütze war, leistete dem Kaiser noch einen großen Dienst. Nach der Niederlage von Leipzig mußte Napoleon überlegen, wie er aus Deutschland herauskommen sollte. Wenn die Bayern ihm den Rückzug nach Frankreich abschnitten, würde es zu einem neuen

Baylen kommen. Talleyrand war so gut unterrichtet, daß er den Kaiser rechtzeitig vor der Gefahr warnen konnte. Dank dieses Hinweises konnte sich der Kaiser im letzten Augenblick bei Hanau einen Durchgang verschaffen und an den Rhein gelangen. Talleyrand hatte ihn vor der Umzingelung gerettet. Statt ihm eine Belohnung zu geben, sagte der Kaiser zu ihm, er habe es nur getan, um Marets Unfähigkeit offenkundig werden zu lassen. Das war nicht sehr ermutigend.

Ermutigungen kamen von anderer Seite. Wir erfahren darüber etwas aus den »Memoiren einer Frau von fünfzig Jahren«, von Madame de La Tour du Pin. Talleyrand schätzte sie sehr, sie hingegen bewunderte ihn zwar, schätzte ihn aber nicht. Die beiden mochten sich jedoch. Im November 1813 besuchte sie ihn in Paris, er war gerade aus Saint-Brice zurück. Sie war besorgt über die Folgen des unseligen Feldzugs in Deutschland, der möglicherweise einen ebenso unseligen Feldzug in Frankreich nach sich ziehen würde. Sie fragte ihn, ob er Napoleon gesehen und was dieser gesagt habe. »Ach, lassen Sie mich doch mit Ihrem Kaiser in Ruhe. Das ist ein geschlagener Mann.« – »Wieso geschlagen? Was wollen Sie damit sagen?« – »Ich will damit sagen, daß er ein Mann ist, der sich unter einem Bett verstecken wird.« Sie war bestürzt, Talleyrand so bitter und haßerfüllt sprechen zu hören. Talleyrand setzte noch hinzu: »Er hat sein gesamtes Gerät verloren, er ist am Ende.« Das war nur zu wahr.

Wie beiläufig gab er ihr einen aus einer englischen Zeitung ausgeschnittenen Artikel zu lesen, der ein Diner beschrieb, das der Prinzregent Ihrer Königlichen Hoheit der Herzogin von Angoulême, der Tochter Ludwigs XVI. und Marie-Antoinettes, gegeben hatte. Der Bankettsaal war mit blauem Tuch ausgeschlagen und mit Lilien geschmückt. Der Tisch ebenfalls. Jeder Kommentar war überflüssig. In London hatte der Wind sich gedreht, die bourbonischen Lilien blühten wieder. Herr von Talleyrand beobachtete aufmerksam die Richtung des Windes. Genauer gesagt: der Wind blies in der Richtung, für die er sich insgeheim entschieden hatte. Als Madame de La Tour du Pin ihn entgeistert ansah, sagte er zu ihr mit dem feinen und maliziösen Lächeln, das ihm eigen war: »Ach, wie dumm Sie sind! Aber nun gehen Sie und erkälten Sie sich nicht.«

Am Hof in Hartwell waren Talleyrands Dinge schon recht gut vorangekommen. Geschickt hatte Aimée de Coigny dem König von Frankreich einen neuen wertvollen Mitarbeiter verschafft. Der Ratgeber Ludwigs XVIII., de Blacas, konnte sich nun an Talleyrand wenden und Informationen für die im Exil befindliche Majestät erbitten. Es stand viel zu erhoffen.

Talleyrand hätte Madame de La Tour du Pin verraten können, weshalb sie den Eindruck gewann, er wäre bös und bitter gegenüber »ihrem Kaiser« gewesen. Es war nämlich am 9. November 1813 zu einer schrecklichen Beschimpfung gekommen. Napoleon empfing Talleyrand beim Lever in Saint-Cloud mit den Worten: »Was wollen Sie hier?« (»Sie zum letztenmal sehen«, hätte Talleyrand theatralisch erwidern können.) »Ich weiß, Sie bilden sich ein, Sie würden, wenn ich ausfallen sollte, zum Regentschaftsrat gehören. Geben Sie acht, Monsieur. Man gewinnt nichts, wenn man gegen meine Macht ankämpft. Ich versichere Ihnen, daß Sie, sollte ich gefährlich erkranken, vor mir sterben werden.« – »Sire, ich hatte eine solche Warnung nicht nötig, den Himmel um die Erhaltung des Lebens Eurer Majestät inständigst anzuflehen.«

Es war das drittemal, daß Napoleon einem seiner Würdenträger mit dem Tod drohte und daß dieser sich öffentlich darüber mokierte. Einige Tage später erhielt Napoleon die Nachricht von der Niederlage bei Vitoria in Spanien, was bedeutete, daß in Kürze die anglo-spanischen Armeen am Grenzfluß Bidassoa stehen würden. Es bestand die Gefahr, daß Frankreich im Südwesten angegriffen wurde. In Saint-Cloud sah er den Fürsten von Benevent noch einmal, der, obwohl ihm die Erschießung angedroht worden war, nicht eingeschüchtert wirkte und auch seine höfischen Manieren nicht vergaß. Napoleon ging auf seinen ehemaligen Minister zu, als wäre zwischen ihnen nichts vorgefallen, schilderte ihm die Situation und fragte ihn um seinen Rat. Talleyrand von oben herab: »Wie denn, Sie konsultieren mich, als wenn wir nicht entzweit wären.« – »Ach was«, entgegnete Napoleon, »alles zu seiner Zeit! Lassen wir die Vergangenheit und die Zukunft und sagen Sie Uns Ihre Meinung über die gegenwärtige Situation.«

Talleyrand ließ sie ihn unerschrocken wissen: Die völlige Mißbilligung der kaiserlichen Politik in Spanien. »Geben Sie König Ferdinand die Freiheit wieder und ziehen Sie Ihre Truppen zurück.« Hart muß die Lektion für den Mann gewesen sein, der nie auf jemanden gehört und stets jedes Zugeständnis verweigert hat. So kam es dazu, daß er im Vertrag vom 11. Dezember 1813 – er wird der Vertrag von Valençay genannt – den spanischen Prinzen die Freiheit und ihren Thron zurückgab. Am 3. März 1814 verließen sie Schloß Valençay. Ihr Exil hatte lange genug gedauert. Einige Monate später mußte sich auch Napoleon auf den Weg machen ... nachdem er abgedankt hatte. Talleyrand verfügte wieder allein über sein Schloß, seinen Park, seine Wälder – aber den Fuß setzte er nicht dorthin. Paris war ungeheuer aufregend, selbst für einen Mann, der »keine Ambition mehr hatte«.

Noch einmal bot der Kaiser Talleyrand das Ministerium des Auswärtigen an, jedoch unter der Bedingung, daß er auf seinen Titel Vice-Grand Electeur verzichte. Warum dieser Handel? Welcher Unsinn! Offenbar hatte Napoleon noch die Vorstellung, jemand könne sich glücklich schätzen, ihm zu dienen.

»Wenn der Kaiser Vertrauen in mich setzt«, sagte Talleyrand, »dürfte er mich nicht degradieren. Und wenn er kein Vertrauen in mich setzt, warum will er meine Dienste?« Talleyrand lehnte deshalb ab, was unannehmbar war. In seinen Memoiren schreibt er zutreffend: »Was Napoleons Verhalten mir gegenüber merkwürdig macht, ist die Tatsache, daß er in jener Zeit, da er den größten Verdacht gegen mich hegte, versuchte, mich an sich zu ziehen. So bat er mich im Dezember 1813, das Portefeuille der Auswärtigen Angelegenheiten zu übernehmen, was ich strikt ablehnte, da ich mir darüber klar war, daß wir uns nie über die einzige Art und Weise, aus dem Wirrwarr herauszukommen, in das seine Verrücktheiten ihn gebracht hatten, verständigen würden.«

Und seine letzte Verrücktheit bestand darin, seinem Minister zu drohen und sich gleichzeitig an ihn zu klammern. Napoleon war ratlos.

Durch kaiserliches Dekret wurde Talleyrand zum Mitglied der Kommission der Großwürdenträger ernannt, zu denen auch Fontanes gehörte. Sie trat Ende Dezember zusammen und, der Tradition aller Kommissionen gemäß, verlas Fontanes eine Art Bittschrift, die in theatralischem und schwülstigem Ton gehalten war und Seine Majestät zu dem Entschluß beglückwünschte, so lange zu kämpfen, bis »die Ruhe der Welt besiegelt« sei. Zweifellos die der Friedhöfe. Mit spöttischer Miene ließ Talleyrand diesen Wortschwall über sich ergehen. Solche Kundgebungen hatten keinen Sinn mehr. Er blickte nicht in die Runde, sondern nach vorn. Die Stunde zu handeln war noch nicht gekommen, er ließ Fontanes reden. Er schrieb: »Es ist noch kein Anlaß, besorgt zu sein; man muß sich auf die Ereignisse ohne Aufregung vorbereiten, um keine Unvorsichtigkeit zu begehen.« [An die Herzogin von Kurland am 28. Dezember 1813.] Unvorsichtigkeiten? Um ihn braucht man keine Angst zu haben. Mit der Vorsicht und der Sicherheit eines Seiltänzers entging er dem Erschießungspeloton, und nach einer völlig unerwarteten Drehung machte er am 1. Januar 1814 der Exkaiserin Joséphine einen Besuch. Sie tauschten Glückwünsche aus ... und einige Erinnerungen.

In Paris selber verlief der 1. Januar weniger gut. Das Jahr begann mit heftigen Vorwürfen des Kaisers gegen das Corps législatif. Die einzige Macht, die dem Kaiser verblieb, war – leider Gottes – sein Zorn. Talleyrand war sich darüber seit langem im klaren, aber auf alle anderen, die der Szene beiwohnten, hatte sie eine vernichtende Wirkung. Andererseits bestand für Talleyrand Anlaß zur Freude: Die Herzogin war in Paris eingetroffen. Am 2. Januar schickte er ihr sein tägliches Billet: »Beim Diner, liebe Freundin, werden wir uns sehen. Ich umarme Sie und ich liebe Sie von ganzem Herzen.«

Ja, setzen wir uns zum Diner zusammen. Alles andere wird sich ergeben. Jedoch nicht sofort. Am 16. Januar machte Napoleon ihm eine neue Szene. Sie nahm eine üble Wendung. Napoleon hatte Talleyrand nichts Bestimmtes vorzuwerfen, aber ihm waren von verschiedenen Seiten Äußerungen zugetragen worden, die der Vice-Grand Electeur über ein nachfolgendes Regime gemacht hatte. Mit dem Mut und der Gelassenheit, die seine Nichte an ihm festgestellt hat, bot er dem Kaiser die Stirn. Der Zustand der Überreiztheit, in dem dieser sich befand, war für Talleyrand außerordentlich gefährlich. Was den Kaiser nicht hinderte, ihm nach der Messe sämtliche Vollmachten für Verhandlungen mit den Alliierten anzubieten. Natürlich lehnte Talleyrand ab. »Wer mir heute seine Dienste verweigert, ist zwangsläufig mein Feind«, schrie Napoleon. Das war offenkundig. Die Zeugen der Szene, Cambacérès, Caulaincourt und Savary, glaubten, Talleyrands letzte Stunde sei gekommen. Voller Wut rief Napoleon: »Wir werden sehen. Lassen Sie Herrn von Bassano hereinkommen.« Das bedeutete Festnahme und weitere Konsequenzen. Maret, Herzog von Bassano, war glücklicherweise nicht aufzufinden, Napoleons Furor legte sich, und Talleyrand ging hinaus. Was ist von einem Herrscher zu halten, der »seinem Feind« einerseits Vollmachten anbietet, andererseits den Galgen?

Wenige Tage danach noch ein Zwischenfall: Napoleon beschuldigt Talleyrand, er habe durch böswillig falsche Informationen einen Sturz der Staatspapiere an der Börse bewirkt. Die nachfolgende Enquete brachte nichts zutage. Doch Talleyrand spürte, daß die Gefahr von Tag zu Tag größer wurde. Er beauftragte Courtiade, eine Menge von Dokumenten zu verbrennen, die ihn womöglich kompromittiert hätten.

Als Caulaincourt, der couragierterweise das Ministerium des Auswärtigen übernommen hatte, nach Châtillon aufbrach, wo versucht werden sollte, mit den Alliierten über einen Frieden zu verhandeln, besaß Talleyrand die Kühnheit, ihm zu verstehen zu geben, es wäre von großem Belang für ihn, der Sache der in Kürze zu erwartenden Nachfolger Napoleons einen Dienst zu leisten. Caulaincourt traute seinen Ohren nicht, als er Talleyrands Bemerkung zugunsten der Bourbonen vernahm. Ohne Antwort zu geben, ging er hinaus und sagte niemandem ein Wort über das, was Talleyrand ihm angetragen hatte. Tatsächlich war es so, daß der Vice-Grand Electeur des Empire seit kurzem der heimliche und willkommene politische Ratgeber Ludwigs XVIII. war. Es wird gesagt, ein Aufruf des Königs, der am 2. Januar in Frankreich verbreitet wurde, sei von Talleyrand angeregt worden.

Um Talleyrands Amoralität zu beweisen, beruft man sich oft auf die Königin Hortense, die in ihren Memoiren schreibt: »Der seit langem gedemütigte Fürst von Benevent erkannte die Unhaltbarkeit der Lage und suchte sie auszunutzen. Er besaß die Mittel und Möglichkeiten, Schaden anzurichten. Er nutzte sie. Selten läßt Haß ohne Mut« (Ohne Mut? War er nicht der einzige, der ›nein‹ zu Napoleon sagte?) »sich die Gelegenheit entgehen, die er im dunkeln ausgespäht hat.« Talleyrand im dunkeln? Keiner stand sichtbarer im Rampenlicht als er. Ganz Paris und alle Höfe Europas kannten seine Meinung über den schon im Sturz begriffenen Kaiser. Was die Moralistin angeht, die sich als Richterin aufspielt und deren Auffassung sich mit der einer großen Zahl ihrer Zeitgenossen deckt, ist es vielleicht interessant zu erfahren, daß Hortense de Beauharnais, die Napoleon alles verdankte, Reichtum, Ehemann, Königreich – und selbst ihr Hemd –, daß diese Hortense 1814, nach der Abdankung zu Ludwig XVIII. eilte und sich ihm zu Füßen warf. Dieser berichtet mit sanfter Tücke über den Fußfall, die royalistischen Treueschwüre ... und die Bitte um den Titel einer Herzogin. Mit undurchschaubarem Lächeln ernannte Ludwig XVIII. sie zur Herzogin von Saint-Leu. Dann später, als Napoleon von Elba zurückkam, kehrte die Saint-Leu zum Bonapartismus zurück und arbeitete mit allen Kräften gegen den König, der sie zur Herzogin gemacht hatte. Eine Zeugin von solcher Moral kommt einem nicht sehr moralisch vor.

Am 25. Januar begab sich Napoleon zur Armee. Es war soweit: Talleyrand und der Kaiser sahen sich von nun an nicht mehr von Angesicht zu Angesicht. Wie Talleyrand vorgeschlagen hatte, blieb die Kaiserin in Paris. Ihre Gegenwart sollte beruhigend wirken. Sie präsidierte dem Regentschaftsrat, dem auch Talleyrand angehörte. Er schrieb an die Herzogin: »Solange sie hier ist, ist Paris wirtlicher als jeder andere Ort. Ginge sie fort, müßte man, um jedem Hindernis aus dem Weg zu gehen, unverzüglich an die Abreise denken. Das ist meine Ansicht, liebe Freundin. Ich liebe Sie von ganzem Herzen.«

Aus den darauffolgenden Briefen ist die von Tag zu Tag beängstigend sich verschlimmernde Lage herauszulesen, der Anmarsch der feindlichen Armeen und die Einschließung von Paris. Schwere Niederlagen standen leichten Siegen gegenüber. Sechzehnjährige Jungen kämpften tapfer wie alte Krieger und wurden reihenweise hingemäht. Sie starben in der einzig gerechten Schlacht des Kaiserreichs, bei der Verteidigung Frankreichs. Und sie endete mit einer Niederlage. Dieser Feldzug in Frankreich war erschütternd. Talleyrand war nicht unempfindlich dafür. »Man müßte ein sehr schlechter Franzose sein, um nicht schrecklich zu leiden unter all der Not und Erniedrigung, die unser unglückliches Land erduldet.«

Die Situation war tragisch. Ein Mann wie er konnte sich bei der Niederlage, die der »Tyrann« erlitt, erleichtert fühlen, zugleich aber zerriß es ihm das Herz, weil Napoleons Sturz der Sturz Frankreichs war. Er hatte ihn vorausgesehen und hatte ihn seinem Land ersparen wollen. Jetzt war er unabwendbar, es mußte so schnell wie möglich Schluß gemacht werden.

Noch auf den Schlachtfeldern beschäftigte sich Napoleon mit dem Verhalten seines Vice-Grand Electeurs. Er ließ ihn streng überwachen. An seinen Bruder Joseph, der im Palais Luxembourg residierte, schrieb er, er solle die Kaiserin nicht in Paris lassen, wenn die Hauptstadt bedroht würde, obwohl es Talleyrands Idee sei, sie dort zu behalten. »Nehmen Sie sich vor diesem Mann in acht. Ich habe seit sechzehn Jahren Umgang mit ihm, ich habe ihm sogar Gunst bezeigt, aber er ist sicherlich der größte Feind unseres Hauses, jetzt da das Glück uns seit einiger Zeit im Stich läßt.‹ [Nogent, den 8. Februar 1814.]

Savary ließ ihn beschatten und überwachte auch seine Besucher. Eines

Tages wurde ihm mitgeteilt, der frühere Abbé de Pradt, Erzbischof von Mecheln, Dalberg und Baron Louis seien bei Talleyrand versammelt. Alle waren verdächtig. Savary wollte sie überraschen. Talleyrand erzählt den Vorfall in seinen Memoiren, Savary ebenfalls in den seinen. Die beiden Versionen stimmen im großen ganzen überein. Savary erschien, ohne sich anmelden zu lassen, riß brüsk die Tür auf und stand den vier Verschwörern gegenüber. »Ich trat so plötzlich ein, daß die Anwesenden meinten, ich sei durchs Fenster eingestiegen.« Die einen Augenblick zuvor noch äußerst angeregte Unterhaltung war unterbrochen, und keiner brachte ein Wort heraus. Savary versetzte die vier in größte Unruhe. »Diesmal können Sie sich nicht herausreden, ich ertappe Sie bei einem Komplott.« Das Gesicht des Erzbischofs von Mecheln war von Angst entstellt. Talleyrand glich, wie immer, einer Marmorstatue. In seiner Version schreibt er, Savary habe diese Worte in freundlicher Weise ausgesprochen. Das ist Talleyrands Art: Alles, was ihm unangenehm ist, wird verzuckert oder ausradiert. Stendhal, der Kenntnis von dem Vorfall hatte, schrieb: »Wäre der Herzog von Rovigo [Savary] nicht schwach gewesen, Talleyrand wäre 1814 vor der Einnahme von Paris festgenommen worden.« Talleyrand selber betrachtete das Ganze von hoher Warte und zog als Moralist den Schluß: »Polizeiminister zu sein, ist entschieden ein sehr häßlicher Beruf.«

Eine unmerkliche List des Herrn von Talleyrand beschleunigt Napoleons Sturz

Abbé Louis gehörte zu seinen alten Bekannten. Wie erinnerlich, hatte er ihm bei der Messe zum Föderationsfest assistiert. Von der nebulosen Theologie war er zu den konkreten Finanzen übergewechselt. An Geschicklichkeit fehlte es ihm nicht. Er spekulierte wie der beste Jobber. Er hatte den Baronstitel erhalten und beim Schatzamt eine große Stellung inne, doch er fühlte sich zum Minister berufen. Vom Sturz des Kaiserreichs erwartete er sich viel, daher hatte er sich auch wieder an den früheren Bischof von Autun angeschlossen. Aus ihren alten Soutanen hofften sie beide sich schöne Ministerportefeuilles schneidern zu können.

Auch Bourrienne, den Sekretär Napoleons, zog Talleyrand auf seine Seite. Wegen einiger Unredlichkeiten hatte Napoleon ihn entlassen, dann aber wieder zurückgerufen. Und anstatt Napoleon zu Diensten zu sein, diente er Talleyrand, das heißt seiner eigenen Zukunft. Seine Tätigkeit bestand darin, alle Informationen, die er der Post des Kaisers entnehmen konnte, weiterzugeben. Dazu muß gesagt werden, daß Bourrienne ein enger Freund vom Postdirektor de Lavalette war, der Zugang zu allen Postsachen hatte. So las auf der einen Seite Napoleon Talleyrands Briefe, auf der anderen Talleyrand Napoleons Post.

In der verschwörerischen Gruppe dürfen die reizende Aimée de Coigny, aber auch der Abbé de Montesquiou nicht vergessen werden. Dieser war ebenfalls ein alter Bekannter Talleyrands, er war als Abbé Thron und Altar treu geblieben. Er besaß keinen roten Kupferpfennig und lebte von der Gastfreundschaft der Fürstin von Poix. Was ihn fröhlich aufrecht hielt, war seine unerschütterliche Hoffnung auf die nahe Rückkehr des Lilienbanners. Er komplottierte in völliger Ruhe und Gelassenheit, mit einer Uneigennützigkeit und Lauterkeit, die seinen forschen Komplicen nicht eigen war. Er war ein Träumer, während die anderen bereits eine provisorische Regierung gebildet und eine Verfassung ausgearbeitet hatten. Der legitime Thron stand bereit. Sobald der »Oger« verschwunden war, wollten sie den König darauf setzen.

Mit großen Schritten ging es auf die Katastrophe zu. Talleyrand schrieb an die Herzogin: »Ich komme heute vormittag zu Ihnen. Wir sind einer schrecklichen Wende ganz nahe. Gott möge uns schützen. Adieu. Ich umarme Sie von ganzem . . .« Der Brief bricht hier ab. Er verdient Beachtung. Talleyrand mischt Gott unter seine Karten. Ist er aufrichtig beunruhigt, oder handelt es sich nur um eine Phrase? Einen herzlichen Gedanken hat er für Charlotte, er anempfiehlt sie – weiß man, was geschehen kann? – der guten Herzogin: »Wir stehen vier Tage vor irgend etwas. Ich lege Ihnen Charlotte ans Herz. Vollenden Sie ihre Erziehung: formen Sie sie nach Ihrem Wesen.«

Hatte er etwas zu befürchten? Napoleon war durchaus imstande, einigen Getreuen den Befehl zu geben, alle diejenigen füsilieren zu lassen, die ihn hintergangen hatten. An erster Stelle Talleyrand. Möglicherweise wurde er gerettet, weil die Zahl der Verräter allzu groß war. Kaum jemand ist mehr vergöttert worden als Napoleon, kaum jemand ist mehr im Stich gelassen worden. In der Stunde des Zusammenbruchs wächst er, umgeben von der Mittelmäßigkeit seiner Brüder, Marschälle und Würdenträger, zu einiger Größe auf. Ein schrecklicher Satz, den Abbé Louis Dalberg gegenüber ausgesprochen hat, kennzeichnet die niedrige Gesinnung seiner Umgebung: »Der Mann ist ein Kadaver, aber er stinkt noch nicht.« Das könnte als Titel unter einem der makabren Bilder von Goya stehen.

Talleyrands Haltung während dieser beklemmenden Tage wird in Pasquiers Memoiren richtig beschrieben: »Alles beobachten, sich bemühen, alles zu erfahren, ohne sich zu sehr bloßzustellen daran arbeiten, den Wirrwarr zu vergrößern, der in jedem Augenblick eintreten kann, und sich bereithalten, den letzten Schlag zu führen, wenn sich eine sichere Gelegenheit bietet.«

Vorsicht, Kühnheit und Geduld – das sind Eigenschaften, die er seit je besaß. Alles das läßt ihm den Kopf frei, um für Aimée de Coigny und einige Freunde eine Lesung zu veranstalten. Dem kleinen Kreis las er vor aus dem Buch »Entretiens du Maréchal d'Hocquincourt et du Père Canaye«, einem Meisterwerk an freiheitlichem Geist und Verschlagenheit. Diese Lesestunde muß bezaubernd gewesen sein. Und sie verschleierte eine weniger ungefährliche Beschäftigung. Das Haus in der Rue Saint-Florentin war wie ein Taubenschlag, so viele Besucher gingen dort aus und ein. Alles, was in Paris Rang, Namen und Vermögen hatte, erschien, um zu hören, was es Neues gab, um Hinweise zu bekommen zur Rettung des Titels, der Stellung, des Vermögens. Dieses Kommen und Gehen war bereits eine Volksabstimmung. Wurde damit nicht spontan die künftige Regierung bestimmt? Aber eine Regierung unter was für einem Regime? Talleyrand hüllte sich in Schweigen. Er sollte sich aber äußern. Aimée de Coigny wurde von ihrem Liebhaber, Bruno de Boisgelin beauftragt, dem Fürsten von Benevent ein einziges Wort, das kürzeste, das deutlichste zu entlocken. Man forderte ihn auf, zu sagen: der König. Aber er wollte noch abwarten. Er wollte warten, bis sich in Paris eine Vorstellung vom Königtum bildete. Den König hatte man. Wenn ständig der Name des Königs geflüstert wurde, konnte die Hoffnung auf einen König wachwerden, dann die Notwendigkeit, einen König zu besitzen, und schließlich würde das Königtum wieder auferstehen. Den von Napoleon bestimmten Regentschaftsrat lehnte Talleyrand ab. »Aber was soll werden?« fragte ihn Aimée de Coigny. Er antwortete: »Haben wir nicht seinen Sohn?« Das paßte ganz und gar nicht in das Konzept der Bourbonen. Beharrlich fragte sie weiter: »Nichts anderes?« Er wich aus. Sie unternahm einen neuen Vorstoß. Nun brachte er den Herzog von Orleans ins Gespräch. Für das Haus Orleans hatte er stets Sympathie gehabt. Aber für die ältere Linie der Bourbonen wäre diese Entscheidung katastrophal gewesen. Aimée de Coigny erwiderte: »Nein, der Herzog von Orleans ist ein Usurpator, aus besserem Haus zwar als der andere, aber doch ein Usurpator. Warum nicht den Bruder Ludwigs XVI. nehmen?«

Sie bemühte sich umsonst, er gab ihr keine Antwort. Einige Tage später jedoch, als sie unter vier Augen miteinander sprachen, hörte sie ihn flüstern: »Madame de Coigny, ich persönlich bin durchaus für den König, aber ...« Sie traute ihren Ohren nicht, sie war hingerissen. Wenn Talleyrand den König wollte, konnte sie sicher sein, daß der König wiederkehren würde. Talleyrand war zu allem fähig: selbst den Bruder des auf dem Schafott hingerichteten Königs auf den Thron zu setzen. Sie gab ihm eine besonnene, wenig begeistert klingende Antwort: »Monsieur de Talleyrand, Sie retten die Freiheit unseres armen Landes, indem Sie ihm die einzige Möglichkeit glücklich zu sein geben, und zwar durch einen dicken, schwachen König, der gezwungen sein wird, gute Gesetze zu erlassen und durchzuführen.« Sie hatte das »aber« vergessen, mit dem er seinen Satz abgebrochen hatte. Talleyrand wiederholte es ihr. »Ich bin durchaus für ihn«, sagte er lachend, »aber Sie müssen sich klarmachen, wie ich mit dieser Familie stehe. Mit dem Grafen von Artois würde ich mich ganz gut verstehen, weil zwischen ihm und mir einiges ist, das meine Haltung verständlich macht; doch sein Bruder kennt mich überhaupt nicht. Ich gestehe Ihnen, daß ich mich statt eines Danks nicht einem Pardon aussetzen möchte, auch möchte ich mich nicht rechtfertigen. Ich habe keine Möglichkeit, an ihn heranzukommen.«

Er zeigte genau alle Schwierigkeiten auf, die eines Tages zwischen der ultraroyalistischen Partei und dem Exbischof von Autun auftreten könnten. Dennoch war er entschlossen, um Frankreich den Frieden und eine Zeit der Genesung zu verschaffen, »diesen dicken schwachen König«, der Weisheit und Esprit besitzt, zu akzeptieren. Der Satz: »Ich habe keine Möglichkeit, an ihn heranzukommen« bedeutete: »Übernehmen Sie es, die Verbindung herzustellen.«

Die Verbindung wurde von dem findigen Dalberg hergestellt, er hatte einen royalistischen Mittelsmann an der Hand, seinen Freund Vitrolles. Übereinstimmung bestand darin, eine Regierung der Brüder Bonapartes oder der Marschälle abzulehnen. Doch um die Bourbonen ins Land zu bekommen, war die Zustimmung der Alliierten nötig. Am 6. März verließ Dalberg in Begleitung Vitrolles' Paris, und am 10. traf letzterer bei den alliierten Staatsmännern ein. Er erklärte, man warte in Paris auf sie, und Frankreich habe bereits eine provisorische Regierung, die sie, bitte, gutheißen wollten. Mitten im Krieg kann dieser Schritt als ungeheuerlich bezeichnet werden, aber er war nützlich. Er bewahrte Frankreich davor, unter ein direktes militärisches Besatzungsregime der Alliierten zu geraten. Talleyrand hatte die Verhandlung bis an die äußerste Grenze dessen getrieben, was in einem von fremden Armeen überfluteten Land zulässig ist. Er hatte Vitrolles ein kleines Billet, ein winziges, irgendwo abgerissenes Stück Papier, mitgegeben, auf das mit sympathetischer Tinte drei Zeilen geschrieben waren. Das Billet wurde Nesselrode überbracht, der an dem etwas fehlerhaften Französisch erkannte, daß Dalberg der Verfasser war. Der Inhalt: »Die Person, die ich Ihnen schicke, ist vertrauenswürdig. Hören Sie sie an und erkennen Sie, wer ich bin. Es ist Zeit, deutlicher zu werden. Ihr marschiert auf Krücken, benutzt nun Eure Beine und wollt, was Ihr könnt.«

Das bedeutete, daß der Weg nach Paris frei, daß die Hauptstadt wehrlos war. Vitrolles wurde vom Zaren, von Metternich und von Castlereagh empfangen; das Billet löste Heiterkeit aus. Man kann verstehen, daß Talleyrand dem Land die Schrecken der Besatzungswillkür ersparen wollte, daß er es eilig hatte, dem mörderischen und unnützen Kampf ein Ende zu setzen, daß er den Wunsch hatte, »das Land von diesem Rasenden zu befreien«. Nicht zu verstehen ist, daß er den feindlichen Armeen das Zeichen zur Einnahme von Paris gegeben hat. Für seine persönliche Treulosigkeiten waren Gründe zu finden, wie auch Entschuldigungen für seine Geldgier. Ohne Zorn kann man seine eher unverschämten als unterwürfigen Schmeicheleien ansehen, aber dieser »kleine Fetzen Papier« kann nicht gutgeheißen werden. Man denke an die jungen, sechzehnjährigen Franzosen, die eilig in Uniformen gesteckt und in den Kampf geworfen wurden, die sich in Stücke hauen ließen, um für ihr Vaterland einen letzten – und vergeblichen – Sieg zu erringen. An sie hatte Talleyrand nicht gedacht. Sein Papier tat den Russen und Preußen kund: »Vernichtet sie, sie sind am Ende.« Er hat sich dieses Stücks Papier nicht geschämt. Er hat die Botschaft nicht selber geschrieben, er hat sie diktiert. Der unentbehrliche Dalberg nahm die Feder, jedoch nicht widerstandslos. Zunächst weigerte er sich, denn ihm lag daran, daß Nesselrode die Schrift des »Cousins Henry« erkannte. Doch schließlich hat er sich murrend gefügt, und danach hat er gesagt: »Sie kennen diesen Affen nicht, er würde nicht riskieren, sich die Pfote zu verbrennen, selbst wenn die Kastanien für ihn allein bestimmt sind.«

Nesselrode hat zugegeben, daß dieses Billet »über den Marsch auf Paris entschieden habe«. Wir haben früher schon gesagt, daß ein Wort von Talleyrand manchmal ungeahnte Macht besaß. Niemals ist diese Macht auf tragischere Weise sichtbar geworden.

Zur gleichen Zeit schrieb er an seine teure Herzogin einen Brief, der seine Ungeduld über das Zögern der Alliierten ausdrückt: »Fürst Schwarzenberg hat mit seinen hunderttausend Mann nur die Korps Marmont und Mortier vor sich, die beide unfähig sind, ihm Widerstand zu leisten, und er rührt sich nicht vom Fleck. Das ist wirklich unbegreiflich! Die österreichische Bummelei hat ihre Sprichwörtlichkeit nie besser bewiesen. Kaiser Franz dürfte sehr erstaunt sein über die Aktivität seines Schwiegersohns.« 24. März 1814.

Dieses eine Mal hatte Talleyrand es eilig. Doch das Leben mit seinen Annehmlichkeiten ging weiter. Er schließt den Brief: »Adieu, mein Engel, wir speisen heute abend zusammen, aber ich werde Sie vor dem Diner noch sehen – Gott, wie liebe ich Sie!«

Charlotte kam an das Bett des Fürsten, um mit ihm das erste Frühstück einzunehmen, ein Briefchen der Herzogin verschönte sein Erwachen, die Alliierten umzingelten Paris, und Talleyrand schrieb an seine teure Herzogin: »Mein Vormittag beginnt, wie ich es liebe.« 25. März 1814.

»1814 war dieser Schlauberger Talleyrand da; ich war nicht da.« (Fouché) Aber man mußte da sein

Vitrolles befand sich in Nancy bei dem Grafen von Artois. Noch saßen die Prinzen nicht auf dem Thron, spielten aber bereits die Schwierigen. Als der spätere Karl X. erfuhr, daß Talleyrand sich auf die Seite der Legitimität stelle, bezeichnete dieser große Tor, anstatt sich darüber zu freuen, diese entscheidende Stütze als kompromittierend. Unterdessen spielte Talleyrand in Paris mit der Kaiserin und der Königin Hortense Whist. Der Vierte am

Spieltisch war Molé. Man scherzte über die angeblichen Siege der Alliierten, die sich einbildeten, bald vor den Toren von Paris zu stehen. Die Sorglosigkeit der Damen war unglaublich, sie wurden durch das zustimmende Lächeln des Fürsten von Benevent noch ermutigt. Doch da das Ende nahe war, mußte etwas mit der Kaiserin geschehen. Vorbei war es mit den Whist-Partien.

Am 28. März warf Talleyrand dem Polizeipräfekten Pasquier im Verlauf eines Diners bei Madame de Rémusat vor, er widersetze sich der Abreise der Kaiserin. Seiner Meinung nach müsse sie aus Gründen der Sicherheit ihrer erlauchten Person und der ihres Sohns in die Provinz flüchten. Pasquier vertrat nachdrücklich die Auffassung, die Regentin müsse in Paris bleiben. Dann verließ er den Raum. Talleyrand sagte nun etwas, das allen Anwesenden ein Licht aufsteckte: »Ich wußte nicht, daß Pasquier ein solcher Feind des Hauses Bourbon ist; er hat einen Rat gegeben, der für ihn sehr ungünstig sein kann.«

Madame de Rémusat, die über Talleyrands Pläne unterrichtet war, benachrichtigte Pasquier unverzüglich. Allein die Tatsache, daß Talleyrand seiner Entscheidung Ausdruck gegeben hatte, würde unausweichlich ein hohes Maß an Zustimmung nach sich ziehen. Sah er nicht immer den Erfolg voraus?

Am gleichen Tag fand eine Sitzung des Regentschaftsrats statt. Man war sich endlich der Gefahr bewußt geworden, und der Rat mußte darüber entscheiden, ob die Kaiserin und ihr Sohn Paris verlassen oder dort bleiben sollten. Napoleon hatte seinem Bruder Joseph geschrieben, er wolle auf keinen Fall, daß seine Frau und sein Sohn in die Hände der Feinde fielen. Sie mußten also Paris verlassen, ehe die Einschließung vollständig war. Der Rat war gegenteiliger Meinung und wollte die Kaiserin in Paris behalten. Talleyrand schloß sich dem Rat an. Schließlich aber war das Geheiß des Kaisers ausschlaggebend: die Kaiserin gab ihre Zustimmung zur Abreise.

Talleyrand ist vorgeworfen worden, er habe im Regentschaftsrat eine völlig andere Haltung eingenommen als in Privatgesprächen. Seine Antwort war eindeutig: »Ich wußte, daß die Kaiserin mir mißtraute und daß sie geblieben wäre, wenn ich zur Abreise geraten hätte. Ich war dafür, daß sie blieb, damit sie abreiste.«

Ein Kapitel über die Kunst, die Regentin zu regieren.

Die Kaiserin und ihr Sohn, der König von Rom, brachen am 29. März von Paris nach Blois auf. Der Platz war frei. An den Toren von Paris wurden – allerdings nur zum Schein – Verteidigungsmaßnahmen ergriffen. In den »Erinnerungen von jenseits des Grabes« versetzt Chateaubriand, nicht wissend, wen er am meisten haßte, Talleyrand einen fürchterlichen Hieb: »Jetzt blieb Herrn von Talleyrand nur noch übrig, zum Fuß des Kolosses zu humpeln, den er nicht stürzen konnte.« Der Koloß jedoch lag schon am Boden. Und, obwohl humpelnd, war es Talleyrand, der den legitimen Thron wiederaufrichtete, und nicht Chateaubriand. Nach der Ratssitzung sagte Talleyrand zu Savary: »Anstatt mich zu beschimpfen, hätte der Kaiser besser getan, die Leute zu verurteilen, die ihm Anschuldigungen einflüsterten; er hätte gesehen, daß solche Freunde mehr zu fürchten sind als Feinde.« Das war richtig. Zum gleichen Zeitpunkt sagte Napoleon: »Ach, wenn Talleyrand hier wäre, würde er mir aus der Klemme helfen.«

Dem Fürsten von Benevent war es gelungen, die Kaiserin fortzuschicken. Aber ob er daran gedacht hat, daß er sie in seiner Eigenschaft als Großwürdenträger des Kaiserreichs hätte begleiten müssen? Man machte ihn darauf aufmerksam. Wie, er sollte über Land fahren, hinter den Überresten eines in den letzten Zügen liegenden Regimes her? Das überläßt er anderen . . . Er sagt nicht ja, er sagt nicht nein, »vielleicht morgen, vielleicht nie«, wie es im Lied heißt. Für ihn hieß es nie. Und so stellte er es an: er weigerte sich nicht, mitzufahren, er traf sogar Vorbereitungen. Er tat noch mehr: er brach auf. An jenem Morgen vernahm die entsetzte Bevölkerung von Paris den Kanonendonner in Pantin und Romainville. Die Kartätschen wüteten am Montmartre und in La Villette. Am 30. März 1814 wartete Talleyrand nur darauf, daß Paris eingeschlossen wurde. Ein Billet an die Herzogin beweist es: »Ich werde frühmorgens bei Ihnen sein. Ich warte auf Nachrichten. Ich liebe Sie von ganzem Herzen und bin betrübt, Sie in Angst, Unruhe und vielleicht begründeter Angst zu wissen. Mein Engel, ich liebe Sie, ich liebe Sie.« Und die Kaiserin war schon ein gutes Stück auf dem Weg ins Exil.

Um die Mittagszeit war alles verloren. Es wurde noch an der Barrière du Trône gekämpft, aber die Alliierten standen zum Einmarsch in Paris bereit. Darauf hatte Talleyrand gewartet, um so zu tun, als führe er hinter der Kaiserin her. Er mußte um jeden Preis in Paris bleiben, um den »Übergang« zu bewerkstelligen, das heißt eine neue Regierungsgewalt einzusetzen anstelle der in Agonie liegenden, zur Sicherung der Existenz Frankreichs. Da, seinen eigenen Worten zufolge, »die Frauen das Werkzeug der Politik sind«, ging er an dem unheilschwangeren Abend des 30. März zu Pasquier, an seiner Seite die von ihm genau instruierte Madame de Rémusat. Man kann sich vorstellen, wie er sich hinter seiner Freundin versteckte und sie vor den Polizeipräfekten schob, man meint ihn zu hören: »Gehen Sie, Madame, Sie sind das Werkzeug des Schicksals.« Madame de Rémusat, eine Kusine Pasquiers, sagte ihre Lektion her: »Talleyrand sei zwischen zwei Pflichten hin und her gerissen. Einerseits müsse er Marie-Louise folgen, wen aber würden andererseits, wenn er Paris verließe, die fremden Mächte vorfinden, der die Bevölkerung und die Rechte Frankreichs verteidigte, oder der ganz einfach imstande wäre, mit den Verwaltungsbehörden umzugehen? Wer in Frankreich kannte besser als Talleyrand die ausländischen Herrscher, ihre Minister, ihre Generale, ihre Gesandten? Wer könnte besser als er die Rolle des Vermittlers und Beschwichtigers gegenüber den

Forderungen der Sieger übernehmen? Pasquier konnte sich den Argumenten nicht verschließen, er fragte, was er tun solle. Bescheiden antwortete Madame de Rémusat: »Er kommt, um Sie um Rat zu bitten.« Talleyrand schien nach Worten zu suchen, er war innerlich so aufgeregt, daß er stotterte. Die gerührte Madame de Rémusat redete statt seiner, sie schlug ihrem Vetter vor, eine Komödie ins Werk zu setzen. Der Fürst von Benevent solle an einem der Tore von Paris vorfahren und so tun, als wäre er auf dem Weg nach Blois zur Kaiserin. Ein paar Schreihälse sollten angestachelt werden, ihrem Unmut Luft zu machen und zu rufen, daß niemand das Recht habe, die Stadt zu verlassen, daß die Leute, die Verantwortung trügen, bleiben müßten, um die Rechte der Einwohner zu verteidigen. Der bestürzte Pasquier gab zur Antwort, er sei dazu da, für Ruhe und Ordnung zu sorgen, und nicht dazu, einen Aufruhr zu entfesseln. Immerhin hatte er eine Idee: »Herr von Rémusat hat Befehlsgewalt über eine Abteilung der Nationalgarde, die irgendeinen Schlagbaum bewacht. Herr von Talleyrand möge sich dort einfinden, um hinauszufahren, und Herr von Rémusat möge mit seinen Nationalgarden das tun, was Sie mir vorgeschlagen haben, mit dem Volk zu tun.« Das war noch besser, als man erwartet hatte.

Unverzüglich stieg der Vice-Grand Electeur – wieviele Stunden würde er es noch sein? – in den Wagen, nebenher ritt sein Sekretär Perrey. Der wohlinstruierte Herr von Rémusat erwartete sie am Schlagbaum von Passy. Als Talleyrands Wagen vorfuhr, wurde ihm bedeutet, er solle umkehren. Er protestierte energisch und so laut, daß seine Worte in weitem Umkreis gehört wurden. Er trieb die Vorsicht sogar so weit, daß er an einem anderen Tor erschien und sich über den Mißbrauch der Gewalt, deren Opfer er war, beschwerte. Er hatte Pech, er geriet an einen braven Mann, der das Unrecht wiedergutmachen wollte und ihm sogar eine Eskorte bis nach Rambouillet anbot. Talleyrand wünschte diesem Narren die Pest an den Hals, er hatte große Mühe, sich von ihm loszumachen. Er drehte um und fuhr nach Hause. Auf jeden Fall konnte Rémusat bezeugen, daß er abfahren wollte, das genügte. Er war aufgebrochen, aber er würde nie ankommen. Alles war in Ordnung.

Wie kam es, daß so viele Leute bereits auf dem laufenden waren? Als er in die Rue Saint-Florentin zurückkam, summte es auf dem Hof, im Treppenhaus und in den Vorzimmern wie in einem Bienenkorb. Tausend Hände streckten sich ihm entgegen. Einer der ersten, die auf ihn zukamen, war Bourrienne, Napoleons Sekretär. Alle sahen in Talleyrand den Herrn von morgen.

In der gleichen Nacht, um zwei Uhr, sollte Marmont, Herzog von Ragusa, die Kapitulation unterzeichnen. Er war mit Orlow, dem Abgesandten des Zaren, in Paris. Talleyrand ließ sich zu Marmont bringen und bat diesen um eine kurze Unterredung unter vier Augen. Sie gingen zusammen in den Speisesaal. Zunächst fragte Talleyrand, ob es noch freie Straßen gäbe, was keine vertrauliche Frage war. Dann sprach er über das Unheil, in dem Frankreich sich befand, was ebenfalls kein Geheimnis war. Schließlich schnitt er die Frage an, welche Gegenmaßnahmen man ergreifen könne, und das war ein Gemeinplatz. Er zählte einige Möglichkeiten auf, ohne bei irgendeiner zu verweilen. Den Namen Bourbon sprach er nicht aus, ging aber auf die Frage der Legitimität so deutlich ein, daß in Marmont eine Viertelstunde, nachdem Talleyrand gegangen war, der – ganz eigene – Gedanke aufkeimte, daß Frankreich aus dem Chaos nur herauskommen könne, wenn ein König mit Namen Ludwig XVIII. aufträte. So kann es einem Mann ergehen, der den Moralpredigten von Monsieur d'Autun sein Ohr leiht. Bevor Talleyrand das Haus verließ, begrüßte er Oberst Orlow und sagte zu ihm: »Monsieur, würden Sie es bitte übernehmen, Seiner Majestät dem Kaiser von Rußland den Ausdruck der vorzüglichsten Hochachtung des Fürsten von Benevent zu Füßen zu legen.« – »Fürst«, gab Orlow zur Antwort, »ich werde Seiner Majestät, seien Sie versichert, diese Blankovollmacht zur Kenntnis bringen.« Mit der Würde eines echten Souveräns schritt Talleyrand hinaus.

In seinem Palais war unterdessen wieder Stille eingekehrt, er überließ sich den Händen seines getreuen Courtiade, der ihn fürsorglich zu Bett brachte – mit den üblichen Nachtgewändern, Salben und Parfüms. Nun empfand Serenissimus, seine Durchlauchtigste Hoheit, Serenität. Der Tag war sehr anstrengend gewesen. Doch was hatte er wirklich getan? Nichts. Er war da gewesen. Er hatte sich an den Platz gestellt, auf dem jemand stehen mußte, um Frankreich zu verkörpern und ihm eine Stimme zu verleihen. Der Zar wußte, daß er in Paris erwartet – sogar sehnlichst erwartet – wurde und daß er jemanden vorfinden würde, mit dem nach Napoleons Abdankung über die Wiederherstellung Frankreichs gesprochen werden konnte. Zur gleichen Stunde traf Napoleon besiegt und verlassen in Fontainebleau ein. Das war das Ende.

Am nächsten Morgen, am 31. März, erlebte das Palais Talleyrand ein kleines Wunder. Um sechs Uhr in der Frühe war der Herr und Gebieter schon auf den Beinen, angekleidet, gepudert, zum Kampf bereit. Diese beispiellose Anstrengung, vor elf Uhr aufzustehen, zeigte mehr als alles andere den Ernst der Lage. Obwohl er sich sehr beeilte, wurde er bei der Toilette von Nesselrode überrascht. Talleyrand hatte einen Frisiermantel umhängen und war in Tücher gewickelt, denn Courtiade kämmte, bürstete und puderte sein Haar. Was selten vorkam, geschah: Talleyrand verlor seinen Gleichmut, er sprang auf, riß sich die Servietten ab und warf sich in die Arme des Abgesandten des Zaren und erstickte ihn fast in einer Wolke von Puder. Der große Tag der Kapitulation begann mit Bergamottenduft.

Nesselrode teilte ihm mit, der Zar schicke ihn, um in einer gemeinsamen Vereinbarung die Maßnahmen für den Einzug der Herrscher und der alliierten Armee in Paris festzulegen. Genau das erwartete Talleyrand. Er ließ die Freunde, die seiner Toilette beigewohnt hatten, kommen, um ihnen die frohe Botschaft weiterzugeben. Es waren Dalberg, Abbé Louis und Mgr. de Pradt. Alle waren bereit, mit den Alliierten zusammenzuarbeiten. Sie schritten zum Dringlichsten: die Bevölkerung von Paris mußte unterrichtet werden, daß auf die bisher herrschende Ordnung wiederum Ordnung folgen würde. Talleyrand, Dalberg und Nesselrode gingen daran, den Aufruf abzufassen. Roux de Laborie schrieb nieder, was sie diktierten. Talleyrand hatte anderes zu tun und ließ sie allein mit ihrer Schreiberei. Fast unmittelbar darauf erschienen sie wieder. Was, so schnell? Warum nicht? Dalberg hatte einen am Abend zuvor aufgesetzten Entwurf in der Tasche, über den sie sich schnell einig geworden waren. Der Urheber des Entwurfs war Talleyrand. Es fehlte nur noch die Unterschrift des Zaren. Als Alexander kurz darauf eintraf, wurde ihm der Text vorgelegt. Er unterzeichnete ihn nach Hinzufügung eines Satzes, der ihn zu einem großmütigen Sieger machte. Und die Franzosen sollten nicht vergessen, daß sie diesen Satz Talleyrand verdanken, er hatte ihn dem Zaren nahegelegt. Die Erklärung der Alliierten wirkte beschwichtigend. Verlangt wurde Bonapartes Abgang, man verpflichtete sich, Frankreich mit Mäßigung zu behandeln, unter der Bedingung, daß eine kluge und gemäßigte Regierung gebildet würde. Garantiert wurden die natürlichen Grenzen, und der von Talleyrand bearbeitete Zar fügte im Namen der Alliierten hinzu: »Die Alliierten können sogar ein Weiteres tun, denn sie bekennen sich stets zu dem Grundsatz, daß zum Heil Europas Frankreich groß und stark sein muß.« Dieser Satz rettete Frankreich vor dem Ruin und der Zerstückelung.

Die Feinde Talleyrands werfen ihm vor, er habe nicht genug von den Alliierten erlangt. Was sollte er tun? Sie bitten, zu sich nach Hause zurückzukehren und den gestürzten Napoleon, seinen Sohn oder seine Brüder wiedereinzusetzen oder gar eine Kaiserin, die ein Spielzeug in den Händen Metternichs gewesen wäre? Glaubt man, daß die siegreichen Herrscher ihm zu Füßen lagen? Daß sie bereit waren, die »Bouches de l'Elbe« mit Hamburg, Holland und Italien bei Frankreich zu belassen, weil der Zar Talleyrand ein Lächeln geschenkt hatte? Glaubt man, daß England die Scheldemündung und Antwerpen Frankreich überlassen hätte? Talleyrand hat kein Wunder vollbracht. Er hat es fertiggebracht, einer Klugheit und Geschicklichkeit ohnegleichen zum Triumph zu verhelfen. Das grenzt schon an ein Wunder.

Über sein Verhalten in diesem Abschnitt seines Lebens soll er selber zu Wort kommen: »Der geschlagene Napoleon mußte von der Weltbühne verschwinden. Das ist das Schicksal besiegter Usurpatoren. Aber welche Aussichten bestanden für das besetzte Frankreich!« Jawohl, Frankreich mußte die Zeche bezahlen, nachdem »der Usurpator« seine schwindelerregende Bahn beendet und das Land ins Unglück gestürzt hatte. Was sollte aus Frankreich werden? Talleyrand hatte dieses Ende seit langem vorausgesehen und für die Zukunft vorgearbeitet. »Seit mehreren Jahren hielt ich dies für meine Pflicht ... Das hieß nicht Napoleon verraten noch gegen ihn konspirieren, obwohl er mir dies mehr als einmal vorgeworfen hat.« Der folgende Satz klingt wie eine historische Wahrheit, und er ist aufrichtig. In ihm liegt der Schlüssel zu Talleyrands rätselvoller politischer Laufbahn: »Ich habe in meinem Leben nur zu den Zeiten konspiriert, da ich die Mehrheit Frankreichs auf meiner Seite wußte und da ich, zusammen mit ihr, das Wohl des Vaterlandes zu finden trachtete.«

Das ist wahr, denn die »Verschwörung« des Vice-Grand Electeurs hätte nicht erfolgreich sein können, wenn nicht die Umgebung des Kaisers selbst und ganz Frankreich den Kaiser aufgegeben hätten. Später entstand dann die Legende ... Doch 1814 war Frankreich am Ende. Frankreich verabscheute die Kriege Napoleons, seine Siege und seine Eroberungen. Wenn Talleyrand über Napoleon sagt: »Es hat nie einen gefährlicheren Verschwörer gegen ihn gegeben als ihn selbst«, so ist das völlig zutreffend. Hinsichtlich der Person Talleyrands mangelt es nicht an Zweifel und Kritik. Ist es wirklich notwendig, noch einen ungerechtfertigten Tadel anzuhängen, da er 1814 Frankreich und den Franzosen unermeßliche Dienste geleistet hat?

Der leere Thron rief nach einem Nachfolger: Talleyrand hatte einen in Reserve

Am 31. März hielten die Herrscher und die alliierten Armeen Einzug in Paris, sie zogen die Boulevards hinunter bis zur Place Louis XV. (Place de la Concorde). Von den Fenstern seines Hauses, die auf die Rue Rivoli gingen, konnte Talleyrand sie auf dem Platz sehen. In der Mitte der Zar, zu seiner Linken der König von Preußen, zu seiner Rechten Fürst Schwarzenberg, in Vertretung des Kaisers von Österreich. Inzwischen war in ganz Paris nach einem Drucker gesucht worden, der willens war, die »Déclaration« zu drucken. Der sich dazu bereiterklärte, nahm von sich aus eine Korrektur vor, er taufte sie um in »Proclamation«. Der Zar und Talleyrand hatten dagegen nichts einzuwenden. Gegen Abend war die Proklamation ausgedruckt.

Ein kleiner Zwischenfall – es war, als hätte es so sein sollen – trieb den Zaren in Talleyrands Arme – zum Nutzen und Vorteil für Frankreich. Man meldete Alexander, daß der Elysée-Palast, wo er Quartier nehmen sollte, unterminiert sei. Obwohl Talleyrand dieses Gerücht nicht für glaubhaft hielt, erkannte er, welch günstige Gelegenheit sich ihm bot. Er hütete sich, das Gerücht zu bagatellisieren, er lud den Zaren ein, in seinem Haus Wohnung zu nehmen. Der Zar willigte ein. Ob Talleyrand selbst das Gerücht ausgestreut hatte? Es sähe ihm ähnlich. Zwar wäre er unfähig gewesen, eine Bombe zu legen, hingegen war er fähig, allen nur erdenklichen Nutzen aus einer von ihm erdachten Bombe zu ziehen. Kein Schaden, kein Lärm, kein Blut, nur Vorteile. Auf diese Weise wurde Talleyrand der Gastgeber, der Haushofmeister, der Kämmerer, der Ratgeber und der Vertraute des Zaren. Unversehens verwirklichte sich sein Traum, »Favorit« zu sein. Er spielte seine Rolle vollendet gut. Er bezauberte, unterhielt und unterrichtete den Zaren. Er legte der siegreichen Majestät alle Opfergaben zu Füßen, die ihr gebührten. Und unbewußterweise unterstützte der Zar Talleyrands Politik. Die besten Bedingungen und Umstände trafen zusammen, damit der Fürst der Diplomaten das ausführen konnte, was wir mangels eines anderen Ausdrucks, seine »Arbeit« nennen wollen. Er arbeitete ohne Unterlaß ... selbst bei Tisch. Der damals in Talleyrands Diensten stehende Koch trug einen der berühmtesten Namen im Bereich der kulinarischen Kunst, er hieß Carême. Im Jahr 1814 war Talleyrands Tafel die beste auf der Welt.

Und die ganze Welt saß an seiner Tafel. Sogar Komödianten, die sich nicht dafür hielten, wie der Abbé de Pradt, Erzbischof von Mecheln, der als der »Küchenjunge der politischen Küche« bezeichnet wurde. Eines Tages erschien er verbittert in der Rue Saint-Florentin und beklagte sich, daß er keine wichtige Rolle bekäme. Talleyrand hörte ihn an und sagte dann tröstend und tückisch zugleich: »Ach, wer will Sie denn zur Seite schieben? Sie können gerade jetzt einen bemerkenswerten Dienst leisten. Haben Sie ein weißes Taschentuch?« – »Ja«, antwortete verblüfft de Pradt. »Ein wirklich sehr weißes?« – »Natürlich.« – »Zeigen Sie es mir.« Es ist ein possenhafter Dialog, aber was soll er bewirken? Talleyrand setzte seine gewichtigste Miene auf. Man wußte nicht, worauf er hinauswollte. Talleyrand nimmt das Taschentuch, »entfaltet es, wedelt damit, macht eine Fahne daraus und schreit: ›Vive le roi! Vive le roi!‹« Es lebe der König! Diese hübsche Szene spielte sich im Adler-Salon ab, wo das Schicksal Frankreichs entschieden wurde. »Sehen Sie, was ich getan habe? Gehen Sie jetzt hinunter auf den Boulevard de la Madeleine und schwenken Sie bis zum Faubourg Saint-Antoine andauernd Ihr Taschentuch unter dem Ruf: Vive le roi!« Der kleine Erzbischof war von dem merkwürdigen Auftrag nicht begeistert. »Aber Fürst, das ist doch nicht Ihr Ernst! Bedenken sie doch mein Habit. Meine Haartracht weist mich als Geistlichen aus, ich trage mein Brustkreuz und das Kreuz der Ehrenlegion.« – »Eben deswegen! Wenn Sie nicht so gekleidet wären, müßten Sie so angezogen werden. Ihr Bischofskreuz, Ihr Toupet, Ihre gepuderte Tonsur, das alles wird Aufsehen erregen. Und Aufsehen brauchen wir.« Und damit schiebt er den Erzbischof zur Tür. Der guten Sache wegen mußte »Vive le roi!« auf der Straße gerufen werden und mußte dieser kleine Mann sich lächerlich machen. Beides wurde erreicht. Kaum erschien Pradt auf der Rue Royale – sie war voller Menschen, die den Einzug der Sieger miterleben wollten –, begann er mit seiner

Vorführung. Man sah ihn staunend an. Doch als er in die ärmeren Stadtviertel kam, wurde Ernst aus dem Spaß. Die Neugierigen und Müßiggänger, die hinter ihm herliefen, zogen Scharen von Straßenjungen an, und so kam es zu einer lärmenden Gegenkundgebung. Schnell steckte der Erzbischof seine Fahne in die Tasche, was aber nicht verhinderte, daß er angerempelt und mit Schmutz beworfen wurde. Durch Nebenstraßen flüchtete er in die Rue Saint-Florentin zurück. Verschmutzt, zerrissen und atemlos. Sein Wiederauftauchen im Salon blieb nicht unbemerkt. Er berichtete vom Verlauf seiner gefährlichen Unternehmung. Talleyrand hörte mit hochmütiger Miene zu und sagte: »Ich hatte Ihnen ja gesagt, daß Sie in Ihrem Aufzug ungeheure Wirkungen erzielen würden.« [BEUG] Und das war auch alles, was ihm sein Drängen, eine wichtigere Aufgabe zu bekommen, einbrachte. Doch unnütz war sie nicht gewesen. Am Abend erzählte man sich in vielen Familien, auf dem Boulevard habe man den Ruf »Vive le roi!« vernommen. Vielleicht kam der König zurück?

Chateaubriand berichtet, auch die Fürstin von Benevent sei für die Propaganda mobilisiert worden. Sie nahm es gutwillig auf sich, sie war den Bourbonen stets treu ergeben gewesen. Chateaubriand schreibt, man hätte die Fürstin in einer Kalesche durch die Straßen von Paris fahren gesehen, sie habe Ruhmeshymnen auf die fromme Familie Bourbon gesungen. Wenn das wahr ist, muß die Fürstin ein staunenswertes Schauspiel aufgeführt haben. Doch was ist davon zu halten? Chateaubriand duldet es nicht, daß jemand sich als Royalist ausgibt, sofern er nicht emigriert, geköpft oder ... von ihm genehmigt ist.

Doch um Royalist zu sein, war vor allem ein König nötig. Talleyrand holte einen aus der Versenkung hervor.

Der Zar war nicht für eine Restauration der Bourbonen. Ihm wäre ein Regentschaftsrat lieb gewesen, der bis zur Großjährigkeit Napoleons II., des Königs von Rom, regieren sollte. Österreich war der gleichen Auffassung. Die Regentin, Erzherzogin Marie-Louise, wäre den Interessen ihres kaiserlichen Vaters nicht im Wege gewesen. England hingegen war für die Bourbonen. Der Regent von England hatte sich Ludwig XVIII. gegenüber verpflichtet, ihm auf den Thron zu helfen. Die Engländer wollten weder mit Napoleon noch mit der Regentin, noch mit den Brüdern und Abgesandten dieser Leute verhandeln. Sie hatten genug von fünfzehn Jahren Krieg und Kontinentalsperre. Mit den Bourbonen würden wieder Frieden, Besonnenheit und Respekt vor dem Gesetz einkehren. Napoleon selber grauste es vor dem Gedanken, seine Frau und sein Sohn könnten unter Talleyrands, Fouchés und Metternichs Druck regieren – lieber hätte er sie tot gesehen. Deshalb, so sagte er zu Las Cases, hatte er angeordnet, Marie-Louise solle Paris verlassen, er wollte »die Pläne derjenigen durchkreuzen, die von Regentschaft träumten und unter ihr zu regieren gedachten«. Talleyrand, klug wie immer, wäre dem Regentschaftsrat beigetreten, sofern Napoleon verschwunden war. Solange er lebte, waren die Risiken zu groß. Sein Vorhandensein hätte alles in Frage gestellt, die Verwaltung wäre unterminiert, die Bevölkerung von den Agenten des gestürzten Kaisers bearbeitet worden, Frankreich hätte unentwegt am Rand des Bürgerkriegs gestanden.

Zu jener Zeit kam das Gerücht auf, Talleyrand habe Napoleon ermorden lassen wollen. Etwas zu deutlich hatte Dalberg des öfteren gesagt, das jähe Verschwinden Napoleons würde die politische Lage klären. Das legte die Vermutung nahe, daß ... Man nannte sogar den Namen des Mannes, der, von Laborie zu Talleyrand geschickt, am 2. April 1814 den Auftrag bekommen hätte, Napoleon ins Jenseits zu befördern. Es handelte sich um einen Abenteurer aus einer adligen Familie, die auf seiten der Chouans gestanden, sich dann aber anders orientiert hatte. Er hieß Maubreuil und war Marquis. Talleyrand hat stets behauptet, er habe mit ihm nur über belanglose Dinge geredet. Bekanntlich können aber auch harmlose Äußerungen Talleyrands von Belang sein ... Nun wurde einige Zeit danach dieser Maubreuil festgenommen, weil er den Wagen der Königin von Westfalen überfallen und sie ihres Schmucks und ihres Geldes beraubt hatte. Eine Beute von mehreren Millionen. Zu seiner Verteidigung brachte Maubreuil vor, Talleyrand habe ihm Männer und Geld beschafft, damit er Napoleon ermorde. Glaubhaft ist das nicht. Wem hätte das Verbrechen genützt? Talleyrand? Der ist doch zu vorsichtig. Der Zar hätte das Verbrechen nicht gebilligt. England gleichfalls nicht. Außerdem würde ein solches Vorgehen nicht zu Talleyrands Wesen passen, er hätte es nur eines flüchtigen Vorteils wegen nie riskiert, denn der Nachteil wäre die Gefährdung der Zukunft gewesen.

Für ihn war die Zukunft zunächst nur denkbar mit den Bourbonen. Unter allen Möglichkeiten war das der beste Ausweg. Zu dieser Auffassung mußten der Zar und Österreich bekehrt werden. In seinen Memoiren führt er die Argumente auf, die er geltend machte. War es möglich, den Thron für die Familie des Mannes zu bewahren, »der Frankreich und Europa in den Abgrund getrieben hat«, solange dieser Mann noch am Leben war? »Er würde sich in alles hineinmischen«, sagte er. Was Frankreich ersehnte, konnten nur die Bourbonen bringen, weil sie die »Legitimität« verkörperten. Das Wort stammt nicht von Talleyrand, wie behauptet wird, es wurde zum erstenmal von Ludwig XVIII. selbst ausgesprochen, und zwar zum Zeitpunkt der Krönung Napoleons. »Das oberste Erfordernis Europas«, schrieb Talleyrand, »sein größtes Anliegen war es folglich, die Doktrinen der Usurpation auszumerzen und das Prinzip der Legitimität wieder zum Leben zu erwecken. Es ist das einzige Heilmittel für alle Übel, mit denen Europa geplagt worden ist, und das einzige, das geeignet war, einen Rückfall zu verhindern.«

Talleyrand kehrte also zu seinem Prinzip zurück und klammerte sich daran. Seiner Auffassung nach ist der legitime Herrscher identisch mit dem

Gesetz. Nie ist das Gesetz stärker, als wenn es von einem Herrscher verkörpert wird, dessen Macht unbezweifelbar ist. Was er verteidigte, war weder die Person Ludwigs XVIII., noch die Familie Bourbon, sondern Frankreich. Ein bewundernswerter Satz aus seiner Feder: »Mit dem Haus Bourbon hörte Frankreich auf, gigantisch zu sein, um wieder groß zu werden.« Wie ein Echo darauf wirkt Napoleons Ausspruch: »Wenn die Nation den Frieden auf der Grundlage ihrer früheren Grenzen will, sage ich: ›Sucht euch jemand, der euch regiert, ich bin zu groß für euch.‹«

Hier standen sich unvereinbar zwei Prinzipien oder zwei Ideale gegenüber: Kaiserreich und Königtum. Talleyrand entschied sich für das Königtum, weil es Mäßigung, Festigkeit und Dauer repräsentierte. Er beruft sich sogar auf eine »Autorität«, die der gleichen Auffassung war, und diese »Autorität« ist Napoleon selbst. Als er sah, daß er verloren war, war ihm der Gedanke, außer den Bourbonen könne nach ihm niemand über Frankreich regieren, eine bittere Genugtuung. Folgende unglaubliche Empfehlung richtete er an seine Umgebung, als er sich in Fontainebleau verabschiedete: »Sie müssen, Messieurs, den Bourbonen ebenso treu dienen, wie Sie mir gedient haben. Wenn sie gut beraten sind, werden sie auf Sie zurückgreifen.« Das bedeutete, daß die Bourbonen von Talleyrand beraten werden würden. Und Napoleon fährt fort: »Es liegt in Ihrer aller Interesse, daß er [Talleyrand] in den Staatsgeschäften bleibt, denn er wird frei sein von den Vorurteilen der Emigranten und der Männer, die der König mitbringt. Er könnte ihm sogar richtige Gedanken über die Menschen und die Dinge eingeben.« Weshalb hat er sich selber das nicht rechtzeitig zunutze gemacht?

Diese vom Kaiser in Fontainebleau zur Zeit seines mißglückten Selbstmordversuchs ausgesprochenen Worte zeugen von Gelassenheit und Größe, wovon in seinen Wutausbrüchen nichts zu spüren ist. »Ich vergebe Talleyrand, denn ich habe ihn schlecht behandelt. Er wäre nicht in Frankreich geblieben, wenn ich siegreich geblieben wäre. Die Bourbonen werden gut tun, ihn zu verwenden. Er liebt das Geld, die Intrige, aber er ist tüchtig. Ich habe stets eine Schwäche für ihn gehabt. Ich weiß nicht, wie es gekommen ist, daß ich mich, Marets wegen, mit ihm entzweit habe, denn beide waren mir nützlich ... Solange Talleyrand sich um meine Angelegenheiten gekümmert hat, gingen sie gut. Es ist seine Schuld, daß er meinen Ideen nicht mehr gefolgt ist, warum hat er das Ministerium verlassen wollen? Er ist der Mann, der Frankreich und Europa am besten kennt. Er wird den Emigranten schmeicheln, aber er wird ohne Vorurteil gegen die neuen Männer, gegen Sie, sein. Es liegt in Ihrem Interesse, daß er an seinem Platz bleibt.«

Talleyrand trat beim Zaren mit solcher Geschicklichkeit für die Sache der rechtmäßigen Thronfolge ein, daß dieser nachgab. Was forderte der Zar eigentlich? Daß sich Frankreich friedlich innerhalb seiner natürlichen Grenzen verhielt und stark genug wäre, ein Gegengewicht gegen England und

Österreich zu bilden. Talleyrand überzeugte ihn davon, daß allein die Bourbonen ein zugleich vernünftiges und starkes Frankreich schaffen könnten. »Um ein dauerhaftes Gebilde zu schaffen, das ohne Einspruch hingenommen wird, muß einem Prinzip gemäß gehandelt werden. Mit diesem Prinzip sind wir stark, wir werden keinerlei Widerstand begegnen. Auf jeden Fall werden Gegnerschaften in kurzer Zeit verschwunden sein. Und als Prinzip gibt es nur eines: Ludwig XVIII. ist ein Prinzip, er ist der rechtmäßige König Frankreichs.«

Der Zar fragte ihn: »Wie kann ich wissen, ob Frankreich das Haus Bourbon wünscht?« – »Durch einen Beschluß, Sire. Ich übernehme es, ihn im Senat zustande zu bringen, Eure Majestät wird sofort das Resultat sehen.« – »Sind Sie dessen sicher?« – »Ich übernehme die Verantwortung, Sire.«

Alles wurde in der Nacht vom 31. März geregelt. In Paris schlief kein Mensch. Die Staßen waren belebt, die fremden Soldaten mischten sich unter die Menge. Die Stimmung war hitzig. Tugend und Patriotismus hatten gemeinsam kapituliert. Kosaken, Preußen und Österreicher konnten sich über den Empfang in Paris nicht beklagen.

Die Herrscher hatten das Diner bei Talleyrand eingenommen, er führte sie dann in die Oper. In dem von der Pariser Gesellschaft bevölkerten Zuschauerraum ging es ebenso unziemlich her wie auf der Straße. Wirklich, Napoleons Sturz war kein nationaler Trauertag. Wie Befreier wurden die Sieger aufgenommen. Später deckte die Legende den Schleier der Vergessenheit über diese Peinlichkeiten. Nach der Vorstellung fuhr man zurück ins Palais in der Rue Saint-Florentin, das in vollem Glanz erstrahlte. Im Treppenhaus und in den Salons wimmelte es von goldverschnürten und federgeschmückten Menschen. Als Souverän empfing Talleyrand die Souveräne Europas.

In der Nacht schickte seine getreue Mannschaft, bestehend aus Jaucourt, Dalberg, Louis und Pradt, Boten in alle Richtungen von Paris, sie sollten die Senatoren aufwecken, sie für den nächsten Morgen einberufen und ihnen sagen, sie sollten kommen, um Frankreich eine provisorische Regierung zu geben, eine Regierung der Freiheit, eine Verfassung, eine Kammer, die über Gesetze abstimmen würde, über den Haushalt und so weiter. Alles wurde in der Schwebe gelassen, es wurde nicht über die Art des Regimes und auch nichts über den Nachfolger des »Usurpators« gesagt. Seit einigen Stunden war das der einzige Ausdruck, mit dem Napoleon noch benannt wurde.

Die Senatoren, die sich eine republikanische Ader bewahrt hatten und einen Rest Erinnerung an die Jakobinerzeit, fühlten sich angesprochen. Sie sprangen aus ihren Betten und eilten zum Senat. Nicht alle, von hundertvierzig kamen dreiundsechzig. Das waren jene, die Heimweh nach der Republik hatten. Wie alte, auf Gnadenbrot gesetzte Pferde, die faul und schwer werden auf den Weiden und die plötzlich zusammenzucken und wiehern, wenn sie die Trompete der Gemeindekapelle einen Marsch blasen hören, scharrten die mit kaiserlichen Goldverschnürungen aufgezäumten Exjakobiner zu Ehren Talleyrands, als sie ihn von Freiheit und Verfassung reden hörten. Sie kamen und stimmten ab. Die Abwesenden ließen sich krankheitshalber entschuldigen und votierten im Bett. So hatte Talleyrand die stille Genugtuung, die Restauration des Throns der bourbonischen Lilie mit den Stimmen der jakobinischen und königsmörderischen Senatoren erlangt zu haben.

Am 1. April gab Talleyrand dem Zaren den Beschluß des Senats bekannt und zeigte ihm die Liste mit den Unterschriften. Die oberste Körperschaft des Staates forderte die Abdankung Napoleons, die Wiedereinsetzung des Hauses Bourbon und eine Verfassung. Der Zar beugte sich dem »Volkswillen«, wie man diese Abstimmung allen Ernstes nannte. Österreich folgte nach. England spendete Beifall: Talleyrand hatte genau das vollbracht, was England von ihm zu fordern nicht gewagt hatte. Der geschickte Unterhändler, obschon in bestem Einvernehmen mit Alexander, stand in Wirklichkeit England viel näher. Es bedurfte später nur eines andeutenden Lächelns von seiten Londons, um eine verhinderte, aber treue Liebe wiederzuerwecken.

In der Folgezeit versuchten die Ultras, die Rolle des Fürsten von Benevent bei der Restauration zu bagatellisieren. Sie gerieten in Wut, wenn sie hörten und sahen, wie Talleyrand hochstehenden Besuchern den Adler-Salon in der Rue Saint-Florentin zeigte und den Tisch, an dem Alexander I., der König von Preußen, Schwarzenberg und Castlereagh Platz genommen hatten, und wenn er sagte: »Ja, Messieurs, hier in diesem Salon haben wir den Thron der Bourbonen und die Monarchie von vierzehn Jahrhunderten wiederaufgerichtet.« Doch Vitrolles, der besser als jeder andere wußte, daß weder Rußland noch Österreich, noch die französische Öffentlichkeit ohne Talleyrand Ludwig XVIII. jemals zurückgerufen hätten, schreibt, daß »er die Restauration wie ein notwendiges Übel ertrug und ihr mit seinem ganzen Sinn trotzte«. Er ertrug sie nicht, er schuf sie; er trotzte ihr nicht, er zwang sie auf.

Die Jakobiner hatte er durch ihre Stimmabgabe in der Hand. Unverzüglich spielten sich die Royalisten auf, sie meinten, »der Renegat« würde, nachdem er seine Arbeit getan hatte, als Dank den Abschied erhalten. Doch Talleyrand brachte den König und die Royalisten auf die richtige Bahn, die der Fügsamkeit. Er empfing zwei Besucher. Zunächst den Grafen von Sémallé. Er war vom Grafen von Artois, dem Bruder des Königs, geschickt und verlangte eine Unterredung mit dem Zaren. Talleyrand war sehr höflich, untersagte ihm aber die Tür des Zaren und gab ihm zu verstehen, daß man sich an ihn und nicht an den Zaren wenden mußte, um über Frankreichs Staatsaffären zu sprechen. Das alles geschah mit großer Zuvorkommenheit, mit feuchtem Blick, wenn vom Grafen von Artois die Rede war, und von dem rührenden Geheimnis, das zwischen ihnen bestand (die merkwürdige Unterhaltung in der Nacht vom 17. Juli 1789). Obwohl mit süßen und blumigen Reden bedacht, sah sich Graf von Sémallé Herrn von Talleyrand gegenüber in eine untergeordnete Rolle gedrängt. Talleyrand sollte am nächsten Tag zum Präsidenten der Provisorischen Regierung gewählt werden – also zum Herrn über das Land. Er riet Sémallé, den Bourbonen nahezulegen, ihren Einzug in Paris hinter der Trikolore und nicht hinter der weißen Standarte zu halten. Der Graf zuckte zusammen, er sagte, das sei unmöglich. Worauf Talleyrand erwiderte: »Glauben Sie, Monsieur, man kann das Interesse einer Nation der Eigenliebe einer Familie opfern?« Das war ein Schlag, der aus der Tiefe der Zeiten kam, aus dem Jahr 987, aus der Tiefe von acht Jahrhunderten. Der Périgord des Jahres 1814 machte, ohne große Umstände, den Kapetinger von 1814 zum König, wie sein Vorfahr Adalbert von Périgord ohne viele Umstände den ersten Kapetinger zum König gemacht hatte. Talleyrand fühlte sich von der Tradition mit dem Recht belehnt, in die Geschichte der Nation eingreifen zu dürfen. Niemand war zu jenem Zeitpunkt mehr als er befähigt, die Nation zu vertreten und ihr den Weg in die Zukunft zu bahnen.

Der zweite Besucher, Caulaincourt, regte ihn mehr auf. Immer noch treu zu Napoleon haltend, kam Caulaincourt aus Fontainebleau als Sprecher des Besiegten, den er nach wie vor als seinen Herrscher betrachtete. Zweimal wurde er am Eingangstor des Palais in der Rue Saint-Florentin vorstellig, zweimal ließ Talleyrand ihn abweisen. Die Treue des Generalstallmeisters war nicht mehr zeitgemäß. Schöne Gefühle wären peinlich und völlig sinnlos gewesen. Beim drittenmal näherte Caulaincourt sich dem Zaren am Ende einer Beratung. Talleyrand konnte nichts weiter tun als zusehen, nicht ganz ohne Besorgnis, denn der Zar mochte Caulaincourt sehr gern. Was würde jetzt geschehen? Würde er ihn empfangen, ihn anhören? Würde Alexander, der von Natur aus sentimental und wankelmütig war, sich erweichen lassen? Talleyrand vernahm Caulaincourts letzte Worte, die Vorschläge Napoleons, die er dem Zaren übermitteln sollte: der Kaiser war bereit, sämtliche Bedingungen des Zaren zu akzeptieren. Alexander antwortete nur: »Zu spät.« Caulaincourt zog sich zurück. Talleyrand stellte erleichtert fest: »Herr von Caulaincourt ist endgültig abgewiesen worden.« Er machte kein Hehl aus seiner Genugtuung.

Dem Usurpator in Fontainebleau blieb nichts anderes übrig, als seine Abdankung zu unterzeichnen und seine »Getreuen« freizugeben, die schon ungeduldig wurden. Sie wollten so schnell wie möglich nach Paris, um den neuen Herren ihre Dienste anzubieten.

Als der Senat die Provisorische Regierung, an deren Spitze Talleyrand stand, benannte, stieß man auf die Namen Jaucourt, Dalberg, Beurnonville, Montesquiou. Was Chateaubriand zu der Äußerung veranlaßte, Talleyrand habe »seinen Whist-Tisch« zusammengestellt. Das war nicht falsch gewesen.

Am 2. April ließ Talleyrand über Napoleons Abdankung abstimmen und über einen Aufruf an die Armeen. Einige Verbände waren über den Verlauf der Ereignisse nicht unterrichtet und leisteten weiterhin Widerstand. Die Armeen wurden von ihrem Treuegelöbnis Napoleon gegenüber entbunden, »diesem Mann, der nicht einmal Franzose ist«. Diese Worte stammen von Fontanes, der zur kaiserlichen Regierung gehört hatte und vom ersten bis zum letzten Tag des Empires mit Gunstbeweisen überhäuft worden war. Nachdem Marmont kapituliert hatte, erschien er verstörten Gesichts in der Rue Saint-Florentin und war verblüfft, daß er Glückwünsche erhielt und gehätschelt wurde, weil er besiegt war. Talleyrand sagte: »Er muß zu essen bekommen, bevor er sprechen kann.« Ein herrlich gedeckter Tisch wurde vor Marmont aufgebaut, und Talleyrand betrachtete mit vielsagendem Blick den Marschall des Kaiserreichs, der seinen Weisungen so gelehrig folgte.

Als persönlichen Ratgeber wählte Talleyrand einen sehr aufgeschlossenen Mann, den er seit der Zeit des Directoires kannte: Dupont de Nemours. Sein persönlicher Sekretär blieb der getreue Roux de Laborie. Er wußte alles und tat alles, zu jeder Tag- und Nachtstunde.

Glückwünsche erhielt Talleyrand, und das war ein erfolgversprechendes Zeichen, von Benjamin Constant. Er tauchte wieder an der Oberfläche auf, nachdem er durch den 18. Brumaire und die Freundschaft mit Germaine de Staël in den Schatten geraten war. »Es ist angenehm, seiner Bewunderung Ausdruck zu geben, wenn man sie für den Mann empfindet, der in einer Person der Retter und der liebenswerteste der Franzosen ist. Diese Worte schreibe ich, nachdem ich die grundlegenden Ideen der verkündeten Verfassung gelesen habe.«

Abgesehen von dem pflichtschuldigen Lob muß festgehalten werden, daß die von Talleyrand vorbereitete und dem König – ehe dessen Anhänger Einspruch erhoben – zur Unterschrift vorgelegte Verfassung von einem liberalen und feinsinnigen Mann nicht nur als eine Rückkehr zur Freiheit, sondern als eine Rückkehr zur Legalität angesehen wurde. »Pardon, daß ich Ihre Titel nicht aufzähle; Europa und die Geschichte werden sie Ihnen mit Freuden geben, aber der schönste Titel wird ewig der eines Präsidenten des Senats sein.« [Benjamin Constant, am 3. April 1814.]

Er erhielt nicht nur Belobigungen. Die Journalisten atmeten jetzt freier. Sie nutzten das fröhlich aus. Die Karikaturen jener Zeit stellen Talleyrand als Wetterfahne dar. Man nannte ihn den »Mann mit den sechs Köpfen« oder »Monsieur de Bienauvent« [Gutimwind] oder »Bonvent« oder auch »Tournetoujours« [Drehtsichstets]. Hätten die Franzosen, die höhnisch über »die Wetterfahne« lachten, besser um sich geblickt, sie hätten entdeckt, daß drei Viertel von ihnen zur gleichen Gattung gehörten. Mit dem Unterschied, daß die Wetterfahne Talleyrand sich nur dreht, um die Zeitgenossen mitzureißen; sie folgten ihm gefügig.

Es brach ein wahrer Furor des »Verrats« aus, wie manche sagen. Andere nennen es »Wandlung« oder »Anpassung« oder einfach »Überleben«. Wenn alle Welt abschwört und verleugnet, sind diejenigen, die treu bleiben, Sonderlinge. Wie der arme Caulaincourt. Aus allen Himmelsrichtungen strömte man in die Rue Saint-Florentin. Alle Anwärter auf Posten, die ihre Wandlung demonstrieren wollten, drängten sich herzu, um einen Platz im neuen Regime zu ergattern: Marschälle, die zwei Tage zuvor im Hof von Fontainebleau noch faustdicke Tränen geweint hatten, hohe Richter, die Dienstpflichtverweigerer in die Verbannung geschickt hatten. Selbst der Jakobiner Merlin de Thionville, der Hauptverantwortliche für das Gemetzel am 10. August, rief jetzt lauter als jeder andere »Es lebe der König!«, was heißen sollte: »Schnell, eine Stellung!« Er hatte sich sogar erboten, ein Freikorps aufzustellen, um den König zurückzuholen, wiewohl er Menschen hingerichtet hatte, deren einzige Schuld es war, Ludwig XVI. verteidigt zu haben.

Talleyrand wies ihn angewidert fort. Eine seltsame Idee kam ihm, als er alle Welt scharwenzeln und kriechen sah. Er ließ bei Joséphine anfragen, ob sie sich nicht für die Bourbonen erklären wolle. Sie lehnte ab. Endlich ein einziges treues Herz! Die Judasse waren nicht mehr zu zählen, und sie fühlten sich so wohl in ihrer Rolle, daß man nicht groß Rücksicht auf sie zu nehmen brauchte. Daher erlaubte sich Talleyrand einen Scherz mit zweien von ihnen. Marmont gegenüber, dem ehemaligen Freund Napoleons, behauptete er, Jourdan, der alte Republikaner, der sich gerade dem neuen Regime zur Verfügung gestellt hatte, habe seinen Truppen befohlen, die weiße Kokarde anzustecken. Das stimmte nicht. Dann sagte Talleyrand zu Jourdan, Marmont habe seine Truppen die Kokarde anstecken lassen. Da keiner von beiden im Rückstand sein wollte, ließen sie royalistische Kokarden an ihre Truppen verteilen, sie bildeten sich ein, der andere wäre ihnen zuvorgekommen. [BOI] Solche Späße amüsierten Seine Durchlauchtigste Hoheit und verschafften ihm Genugtuung.

Von seinen Fenstern aus wohnte er dem Tedeum bei, das auf der Place Louis XV. in Anwesenheit der alliierten Herrscher oder ihrer Vertreter gesungen wurde, auf dem gleichen Platz, wo Ludwig XVI. und die Königin unter der Guillotine gestorben waren.

Seinen Bruder Archambaud schickte er, wie er es mit Pradt gemacht hatte, auf die Straßen von Paris, um ebenfalls die weiße Kokarde zur Schau zu tragen. Was sonst sollte er mit einem »so schönen und so dummen« Bruder machen? Er benutzte ihn als Fahne. Als die Nationalgarden in der Rue du Faubourg Saint-Honoré den Agitator, hinter dem eine Schar von Schreiern herlief, näher kommen sahen, brachten sie ihre Gewehre in Anschlag, um auf die Manifestanten zu schießen. Doch zum Glück erkannten sie im letzten Augenblick den Bruder des Fürsten.

In jedem großen Mann steckt ein Schauspieler. Einen Beweis dafür lieferte Talleyrand. Er kam auf den Gedanken, dem Zaren und dem König von Preußen die Mitglieder des Senats vorzustellen, die Urheber des entscheidenden Beschlusses. Einige Senatoren weigerten sich, trotz aller Wendigkeit, das Knie vor den ausländischen Herrschern, den Siegern und Besatzern, zu beugen. Das machte Talleyrand nichts aus. Er fand umgehend eine Ersatzlösung. Was benötigte er? Etwa vierzig krumme Rücken, die, wenn sie sich wieder aufgerichtet hatten, die Tafelgäste eines pompösen Soupers sein sollten. Sein Koch Carême sollte es auf feuervergoldetem Geschirr servieren, die Gäste sollten sich zum Toast erheben und auf ein gegebenes Zeichen hin ausrufen: »Es lebe der König!« Um das zu tun, brauchte man nicht notwendigerweise Senator zu sein, es genügten vierzig Anwesende. Diese Statisten ließ Talleyrand als Senatoren des Kaiserreichs einkleiden, veranstaltete Proben mit ihnen, und besser noch als die echten Senatoren schrien sie: »Es lebe Ludwig XVIII.!« Der Zar war entzückt über diese royalistische Kundgebung. Herr von Talleyrand ebenfalls.

Der König präsentiert sich mit seiner Krone, Talleyrand präsentiert ihm die Verfassung

Die Zeit drängte. Der König war im Anmarsch. Es mußte ihm eine Verfassung vorgelegt werden. Am 3. April trat in Talleyrands Haus eine Kommission zusammen. Sie unterbreitete einen Entwurf: es war die Kopie der Verfassung von 1791. Talleyrand sah es auf den ersten Blick, da er der Verfassunggebenden Versammlung angehört hatte. Er war nicht einverstanden. Er erklärte den Senatoren, daß Ludwig XVIII. sich mit einer nur scheinbar neuen Verfassung nicht zufriedengeben würde. Nicht ohne Besorgnis sagte er: »Der Prinz, der sie annehmen und ihr Leben geben soll, ist besser als irgendwer imstande, sie zu beurteilen.« Ludwig XVIII. war kein spanischer Bourbone, er konnte sehen und hören. Talleyrand schickte die Kommission erneut an die Arbeit. Am 10. April war ein Verfassungstext fertiggestellt, der in der Geschichte »La Charte constitutionelle« genannt wird. Talleyrand billigte ihn. Am gleichen Tag schrieb er an die Herzogin von Kurland: »Das Familiendiner findet erst am Montag statt. Kommen Sie zu uns, wie auch Dorothee. Ich umarme Sie. Lesen Sie die ersten zwanzig Zeilen im ›Moniteur‹. Es ist alles erledigt und gut erledigt.«

Der »Moniteur« verkündete, daß »Louis-Stanislas-Xavier de France aufgrund einer Charte constitutionelle dem Begehr der Franzosen zurückgegeben ist.« [L-G]

Das Empire ging in die Geschichte ein. Die Restauration begann.

Inmitten aller Staatsaffären verlor Talleyrand seine persönlichen nicht aus dem Auge. Am 7. April schickte er einen gewissen de Villers in die Tuilerien mit dem Auftrag, sich alle Akten aushändigen zu lassen, die Talleyrand anläßlich der Erschießung des Herzogs von Enghien und über den

Ursprung des Spanischen Krieges angelegt hatte. Der zuständige Archivar verweigerte die Aushändigung. Ein zweites Beispiel der Treue zum Kaiser! Unverzüglich wurde er abberufen und – vorübergehend – durch Villers ersetzt. Dieses Provisorium dauerte so lange, wie nötig war, um alle, die beiden Affären betreffenden Akten herauszusuchen und zu verbrennen. Nur jener schon erwähnte Brief Talleyrands an Napoleon blieb verschont, er war hinter eine Schublade gerutscht, wurde später aufgefunden und von Chateaubriand gelesen und verwendet . . . um Talleyrands Verantwortlichkeit für den Tod des Herzogs von Enghien zu beweisen. Aimée de Coigny sagte mit trotziger Miene: »Herr von Talleyrand verbrennt sehr gut.« Nach getaner Arbeit trat Villers seinen Posten wieder an den starrköpfigen Bonapartisten ab, der nun nur noch über leere Kästen verfügte.

Da Talleyrand Geld benötigte und da er durch seine Stellung in der Lage war, Druck auszuüben, verkaufte er recht vorteilhaft sein Haus in Saint-Brice. Unverfroren schüchterte er den Konzessionär der Spielhäuser in der Hauptstadt ein; er stellte ihn vor die Wahl, entweder Saint-Brice für achthunderttausend Francs zu kaufen oder die Konzession zu verlieren, was einen Riesenverlust bedeutet hätte. (Wert war das Haus in Saint-Brice ungefähr zweihunderttausend Francs.) Das Geschäft wurde abgeschlossen. Da er in den Spielsälen einige Vermögen verspielt hatte, meinte Herr von Talleyrand wohl, er erhebe nur eine ihm zustehende Abgabe bei ihren Inhabern.

Am Ostertag fand ein bemerkenswertes Diner statt. Kein politisches, sondern eines im Kreis der Familie, obwohl der Zar daran teilnahm. Talleyrand schrieb: »Ich lade Archambaud ein und möchte, daß Dorothee als erste hier ist, damit sie Archambaud, der hier speist, bei mir empfängt.« Das ist etwas Neues. Und ihre Mutter, die Herzogin? Von Edmond wird nicht gesprochen. Er ist bei den Alliierten in Gefangenschaft. Es ist das erste Diner, bei dem Dorothee obenan sitzt. Für sie der Beginn einer brillanten Laufbahn als Hausherrin.

Am folgenden Tag, dem 11. April, wurde der Vertrag von Fontainebleau unterzeichnet. Bonaparte wurde jegliche Oberhoheit über Frankreich und Italien abgesprochen, er erhielt dafür auf Lebenszeit die Oberhoheit über die Insel Elba und das Recht, weiterhin seinen Kaisertitel zu führen.

Hierbei wurde eine Bosheit des Zaren offenbar, der Talleyrand sowie England einen Streich spielte. Sie hatten gehofft, Napoleon würde viel weiter fortgeschickt werden, zumindest auf die Azoren. Er war zu groß, als daß man ihn in solcher Nähe beließ. Talleyrand hatte schon früher gesagt, Napoleon würde »sich in alles hineinmischen«. Alexander empfand eine Art Schadenfreude dabei, das Damoklesschwert über Westeuropa hängen zu lassen. Man mußte sich damit abfinden.

Am 12. April begaben sich Talleyrand und die Provisorische Regierung an den Schlagbaum von Bondy, um den Grafen von Artois zu empfangen.

Dieser hatte den Titel eines Generalleutnants des Königreichs angenommen. In seinen Memoiren schreibt Talleyrand: »Er bezeigte mir gegenüber das gleiche Wohlwollen wie in der Nacht des 17. Juli 1789, als wir uns trennten, er, um in die Emigration zu gehen, ich, um mich in den Wirbel zu stürzen, der mich schließlich an die Spitze der Provisorischen Regierung brachte.«

Wie geschickt und liebenswürdig er diese beiden Daten zusammenbringt! Talleyrand war in der Tat sehr herumgewirbelt worden. Zu welchem Zweck? Um den Bruder des hingerichteten Königs auf den Thron zu setzen. Zeigte der Graf von Artois sich gnädig, so war Talleyrand ausgesucht höfisch in seinem Benehmen: »Monseigneur, das Glück, das wir an diesem Tag der Erneuerung empfinden, übersteigt jede Möglichkeit des Ausdrucks ...« Wie ein Echo klingen einem die Worte desselben Mannes an Germaine de Staël in den Ohren: »Für Frankreich ist das Haus Bourbon erledigt.« Man zeihe ihn nicht der Lüge, das wäre zu einfach. Man stelle sich den Exbischof von Autun während seiner blumenreichen Ansprache vor, wie er sich lässig gegen das Bein des auf dem Pferd sitzenden Bruders des Königs lehnt. Und in einer Pose, die kaum ernster zu nehmen ist als jene damals bei der Messe des Föderationsfestes, tauschte er mit dem früheren »Gecken« von Trianon erinnerungsschwere Blicke aus. Er benutzte die Gelegenheit, der Schar von Notabeln im Gefolge des Grafen von Artois zu zeigen, daß ein Périgord sich von königlichen Prinzen nicht beeindrucken läßt. Monsieur, der Bruder des Königs, murmelte als Antwort ein Kompliment, das niemand vernahm.

Am Abend des 12. April schlief Monsieur in den Tuilerien und Talleyrand in seinem wieder ruhig gewordenen Palais. Der Zar war in den Elysée-Palast umgezogen, wo er im Bett der Caroline Bonaparte, Madame Murat, Königin von Neapel, schlief. Talleyrand legte sich nicht früher als gewöhnlich nieder, das heißt gegen drei Uhr morgens. Er blieb auf, um für den »Moniteur« den Bericht über den Einzug des Grafen von Artois in Paris abzufassen. Was zu sehen und zu hören gewesen war, war gar nichts, es mußte also etwas daraus gemacht werden. Der Artikel im »Moniteur« sollte den wahren Einzug des Prinzen der Lilien in die Hauptstadt des heiligen Ludwig vor Augen führen. Beugnot wurde beauftragt, den Entwurf des Artikels anzufertigen. Dupont de Nemours wollte sich daran beteiligen. Talleyrand war dagegen: »Nein, Sie nicht. Sie bringen zu viel Poesie hinein, ich kenne Sie. Beugnot ist ausreichend dafür ...«

In seinen Memoiren beschreibt Beugnot die Szene. Niemand konnte sich erinnern, was Monsieur gesagt hatte, auch Talleyrand nicht. »Denken Sie sich eine Antwort aus«, sagte er. Beugnot äußerte Skrupel, jemandem Worte in den Mund zu legen, die er nicht gesagt hatte. Talleyrand verscheuchte die Skrupel: »Nach zwei Tagen wird er meinen, er habe sie (die Rede) gehalten. Und er wird sie gehalten haben. Sie haben damit nichts zu tun.«

Beugnots erster Entwurf war wortreich und theatralisch. Talleyrand gab ihn zurück: »Seien Sie kurz, seien Sie einfach.« Beugnot erschien wieder und las seinen zweiten Entwurf vor. Erneut wurde er verworfen. »Ich war zu lang, zu steif«, gibt er zu. Bald darauf bringt er den dritten Entwurf. »Endlich bin ich mit dem Text niedergekommen, der im ›Moniteur‹ steht und in dem ich den Prinzen sagen lasse: ›Keine Zwietracht mehr: Frieden und Frankreich. Endlich sehe ich Frankreich wieder, nichts hat sich geändert, außer daß noch ein Franzose hinzugekommen ist.‹«

»Diesmal akzeptiere ich«, sagte Talleyrand, »das ist wirklich die Rede von Monsieur, und ich nehme die Verantwortung auf mich, daß er sie gehalten hat. Sie können nun beruhigt sein.«

Alles, was Talleyrand vorausgesehen hatte, traf ein, die Zeitungen stürzten sich auf Beugnots letzten Satz. Alle Redner würzten ihre Ansprachen damit. »Es ist nur noch ein Franzose hinzugekommen« war als Schlagwort in aller Munde. Doch besonders stolz auf diesen Ausspruch war der Graf von Artois, er malte sich aus, wie er ihn vor einer begeisterten Menge hinsagte, er zitierte sich selber, deutete sich selber, und berauschte sich an seinem Einfall. Talleyrand hatte keine Mühe, ihm einzureden, er sei ein unvergleichlicher Prinz.

Am 8. April war Fouché aus Neapel zurückgekehrt. Er begab sich in die Rue Saint-Florentin, dinierte dort und kam auch zu anderen Gelegenheiten wieder. Das zwischen den beiden Männern geschlossene Bündnis wurde bekräftigt. Im Augenblick stellte Fouché gar nichts dar. Talleyrand nahm ihn mit in den Senat, er ließ ihn teilnehmen an einer Sitzung der Provisorischen Regierung. Gleich fand er durch Fouché Unterstützung bei zwei Konflikten, die er mit den Royalisten auszufechten hatte. Typische Konflikte, die die Kluft offenbarten, die zwischen den neuen Männern wie Talleyrand und den Männern des Ancien régime bestand, die »nichts gelernt und nichts vergessen« hatten.

Der erste Zusammenstoß ereignete sich am 13. April. Herr von Sémallé führte ihn herbei, als man auf den Kronschatz zu sprechen kam, der auf acht bis zehn Millionen beziffert wurde und von der Kaiserin Marie-Louise mitgenommen worden war. In Orleans wurde er entdeckt. Sémallé hatte ihn dem Grafen von Artois übergeben lassen. Talleyrand war der Meinung, dieser Schatz dürfe einem Prinzen nicht wie ein persönliches Gut überlassen werden. Zusammen mit Fouché bestand er darauf, die von Marie-Louise mitgenommenen Kisten müßten dem Schatzamt als nationales Eigentum einverleibt werden. Sémallé und Montesquiou blieben dabei, daß nur der König darüber verfügen könne. Es wurde beschlossen, bis zum Eintreffen des Königs zu warten. Talleyrand tat so, als beuge er sich. Man glaube aber nicht, er habe bei dieser Verbeugung vergessen, daß die Verfassung den »Belangen des Prinzen« übergeordnet war.

Der andere Konflikt. Der Graf von Artois führte den Titel eines Generalleutnants des Königreichs. Von wem hatte er ihn bekommen? Sémallé und Montesquiou sagen: »Von seinem Bruder, dem König.« Talleyrand entgegnete, es gäbe eine Regierung, einen Senat und eine Verfassung, und wenn Monsieur einen politischen Titel führe, könne er ihn nur vom Senat verliehen bekommen. Monsieur müsse also vor den Senat treten, eine Rede halten und von einer verfassungsmäßigen Körperschaft die Bestätigung seines Rangs empfangen. Monsieur beging, von Vitrolles schlecht beraten, den Fehler, zu verstehen zu geben, daß sein Bruder hinsichtlich der Verfassung Vorbehalte machen würde. Jetzt schon! Zwei Tage nach Monsieurs Eintreffen! Das war der erste Riß.

Als der Graf von Artois auf dem Weg nach Paris war, hatte Talleyrand ihm einen Boten entgegengeschickt – einen Freund, einen wohlbekannten: Ouvrard. Wie sollte eine Regierung ohne ihren oder ihre Ouvrards auskommen? Ein Finanzier zwischen Talleyrand und dem Repräsentanten des neuen Regimes – was konnte das anderes bedeuten als Geld? Viel Geld. Aus welcher Quelle? In welcher Form? Barras, dieser Satan Barras, sagte, Talleyrand habe in einer Woche provisorischer Regierung achtundzwanzig Millionen zusammengerafft. Das ist derart übertrieben, daß solchem Gerede keine Beachtung geschenkt werden sollte. Daß England ihm Dankbarkeit bezeigt hat, weil er dessen Spiel spielte, ist sehr wahrscheinlich. Vom Zaren bekam er kein Geld. Die Großherzigsten waren wohl die Bourbonen, die sich auch Nesselrode gegenüber erkenntlich zeigten, der selber erstaunt war über die ungeheuren Geschenke, die ihm als russischem Gesandten gemacht wurden; sie übertrafen bei weitem die Gaben, »die in der Diplomatie üblich sind«. Talleyrands Bestechlichkeit ist mithin nicht ungewöhnlich. Ungewöhnlich hingegen ist seine Fähigkeit, das Geld an sich zu ziehen; dem kommt nur seine Begabung gleich, es wieder auszugeben.

Doch ist Barras in der Veranschlagung von Talleyrands Vermögen wirklich nicht ernst zu nehmen. Er ist nicht redlich genug, um über irgend etwas redlich sprechen zu können – vor allem über Talleyrand nicht, den er haßt. Chateaubriands Aussage, ebenso affektgeladen und haßerfüllt, hat wenigstens den Vorzug, daß sie keine Zahlen enthält. »Wenn Herr von Talleyrand nicht konspiriert, dann macht er Geschäfte.« Ein Wort, das übrigens nicht ganz zutrifft, denn Talleyrand war durchaus imstande, beides zur gleichen Zeit zu tun. Ein Journalist meinte, es sei nicht erstaunlich, daß der Fürst so reich sei, da »er alle diejenigen verkauft habe, die ihn gekauft haben«. Weil er nun schon mit Pfeilen durchbohrt wird, soll noch einer abgeschossen werden, der jedoch von anderem Format ist: »Herr von Talleyrand ist ein Mann mit unendlich viel Geist, der immer Geld nötig hat.« Dieser Pfeil ist von Stendhal.

Germaine de Staël kam genauso schnell nach Paris zurück wie die Prinzen. Talleyrand machte ihr einen Besuch, die Begegnung verlief unglücklich.

Süßsaures Zusammentreffen zwischen dem Abkömmling Hugo Capets und dem Abkömmling Adalbert von Périgords

Seit der Kapitulation war zwischen Frankreich und den Alliierten nichts geschehen, um dem Kriegszustand ein Ende zu setzen. Am 19. April 1814 schlug Metternich Talleyrand vor, ein Waffenstillstandsabkommen zu unterzeichnen. Talleyrand akzeptierte die ihm auferlegten Bedingungen. Frankreich erhält wieder die Grenzen des Jahres 1792 und nicht, wie Talleyrand gehofft hatte, die im Friedensvertrag von Lunéville festgelegten. Napoleon hatte es abgelehnt, unmittelbar nach dem russischen Feldzug Frieden zu schließen. »Verhandeln Sie, solange Sie Pfänder in der Hand haben«, hatte Talleyrand ihm geraten. Jetzt waren sämtliche Armeen Europas als Besatzung im Land, Pfänder waren nicht mehr vorhanden. Selbst die Eroberungen aus der Revolutionszeit, die in Lunéville anerkannt worden waren, gingen Frankreich verloren. Das war das Ergebnis der glorreichen Napoleonischen Feldzüge.

Talleyrands Feinde machen ihn verantwortlich für die harten Bedingungen. So schmerzlich der Verlust der Revolutions-Eroberungen für das französische Nationalgefühl sein mag – sie rundeten das von der Monarchie geschaffene territoriale Gebilde ab –, es muß in aller Gerechtigkeit zugegeben werden, daß der Verlust der von Napoleon gemachten abenteuerlichen Eroberungen unvermeidlich war. Talleyrand blieb nichts anderes übrig als zu akzeptieren. Im übrigen waren die ihm vorgelegten Bedingungen bei weitem nicht so hart, wie sie gewesen wären, wenn ein anderer als er an der Spitze der Provisorischen Regierung gestanden hätte. Heftig vorgeworfen wird ihm insbesondere, er habe die Festungen abgetreten, die nicht kapituliert hatten, wie Antwerpen und Hamburg. Was hätte er tun sollen? Den dort eingeschlossenen französischen Soldaten sagen: »Sterbt bis zum letzten Mann, aber ergebt euch nicht«? Bestand denn eine Aussicht, daß diese Festungen einem verbündeten Europa Widerstand zu leisten vermochten? Man vergißt, daß Frankreich allein war, ohne Verbündete. Vergaßen diese Aufwiegler, die für die Erhaltung der Grenzen des Kaiserreichs eintraten, in ihren Pariser Büros oder in ihren verräucherten Kneipen, daß Nord- und Ostfrankreich bis über Paris hinaus zur Beute der Ulanen und Kosaken geworden war? Und von den Pyrenäen bis Bordeaux die Beute der anglo-spanischen Armeen? Wiederum ist Talleyrand als »Verräter« bezeichnet worden, weil er nicht verteidigt hat, was nicht zu verteidigen war. In Wirklichkeit war er in den Jahren 1814 und 1815, während der Unglücksjahre, der eigentliche »Mann Frankreichs«, wie Doktor Laforgue unter Bezugnahme auf ein Wort aus Talleyrands Memoiren ihn nennt. Talleyrand brachte Europa Ruhe und Sicherheit, er konnte die Haßgefühle beschwichtigen, denn man wußte, daß er Haß nicht kannte.

Talleyrands Vernunft und die stete Folgerichtigkeit seines Denkens sind uns bekannt. Sein Verhalten im Jahr 1814 rechtfertigt er in seinen Memoiren: »Dieser Waffenstillstand war nicht nur zwangsläufig, es war ein sehr politischer Akt. Vor allem war es nötig, auf die Gewalt der Alliierten Vertrauen folgen zu lassen, und um das zu erreichen, mußte man es ihnen eingeben.«

Klugerweise wollte er Frankreichs friedliches Gesicht präsentieren, weil Frankreich den Frieden nötig hatte. Das Land mußte wieder in den Kreis der Nationen zurückgeführt werden, auf jeden Fall mußten das Mißtrauen und der Haß ausgemerzt werden, die durch den Druck der napoleonischen Armeen von den Regierungen auf die Völker übergegangen waren. Bis heute ist dieser Haß nicht völlig erloschen, besonders im spanischen Volk nicht.

Das Waffenstillstandsabkommen wurde am 23. April 1814 unterzeichnet. Dieses eine Mal wirft man Talleyrand vor, zu rasch vorgegangen zu sein: er hätte diskutieren, die Dinge hinhalten sollen ... Doch der Waffenstillstand war unerläßlich. Frankreich lag seit 1792 im Krieg gegen Europa, das Land war ausgeblutet und wirtschaftlich ruiniert. Gewiß, die Art und Weise, wie er in einem Brief an die Herzogin am 23. April über seinen Waffenstillstand spricht, ist ein bißchen leichtfertig. »Ich habe meinen Waffenstillstand abgeschlossen. Das ist bereits eine gute Sache. Später, in etwa einem Monat, werden wir den Frieden haben.« Das ist eine Leichtfertigkeit höfischer Form, Leichtfertigkeit des Herzens ist es nicht. Anderenorts hat er von »schmerzlichen und demütigenden« Bedingungen dieses Waffenstillstands gesprochen. Und in seinen Memoiren steht: »Mit diesem Abkommen sollte das Dringlichste angepackt werden, die Befreiung des Landes, die Freilassung der Gefangenen, die Rückkehr der jenseits des Rheins stehenden Garnisonen nach Frankreich und die Beendigung der unseligen Beschlagnahmungen.«

War das nichts? Zwei Monate nach der Niederlage hatte er der Besatzung ein Ende gemacht und die Gefangenen zurückgeführt. Was blieb, waren die schmerzlichen Abtretungen: Nizza, Savoyen, der Rhein. Doch wem fällt die Verantwortung dafür zu? Talleyrand, der das Gesetz des Siegers anerkennen mußte, oder Napoleon, der das Unheil verursacht hat?

Erstaunlich ist, daß die meisten nichtfranzösischen Geschichtsschreiber Frankreich zu dem Glück gratulieren, in diesem tragischen Augenblick einen Talleyrand besessen zu haben, der als Vermittler zwischen dem Haß der Sieger und der Verzweiflung der besiegten Nation stand. Wohingegen manche Franzosen ihm vorwerfen, nicht die gleichen guten Bedingungen erreicht zu haben, wie ein siegreicher Napoleon sie erreicht hätte.

All das geschah ohne den König. Wann würde Seine Majestät auftauchen? Hatte Talleyrand, was Bedächtigkeit betraf, einen Meister gefunden? Am 24. April endlich betrat Seine Bedächtige und Schwere Majestät die Küste bei Calais. Talleyrand schickte seinen Bruder Boson – den Tauben – dem

König entgegen. In der Zwischenzeit hatte er Seine Majestät mit politischen Noten bombardiert. Unter anderem empfahl er ihm, und das war weise, die Verfassung zu akzeptieren, selbst wenn sie ihm ein wenig zu liberal erschiene. Die unpassenden Bemerkungen, die der Graf von Artois gleich zu Anfang von sich gegeben hatte, verhießen nichts Gutes.

Auch vertrauliche Billets wurden geschickt: »Herr von Talleyrand sieht all sein Glück darin, sein ganzes Leben dem Dienst des Königs zu widmen, und er verlangt nichts für sich.« Und unmittelbar darauf: »Er erachtet sich im Ministerium der Auswärtigen Beziehungen für notwendig und ersucht um das Ressort.« In seinen Augen war das wahrscheinlich kein Gesuch, es verstand sich von selbst. Und weiter: »Er bittet den König inständigst, Monsieur Edmond de Périgord den Rang eines Ersten Adjutanten bei Hofe zu gewähren und Madame de Périgord den Rang einer Ehrendame, ihre Lebensführung und ihre Frömmigkeit erweisen sie dessen würdig.« Damit hat er recht, Dorothees Lebensführung und ernste Frömmigkeit waren bereits von Napoleon als Beispiel hingestellt worden. Diese Referenz wird Ludwig XVIII. später beachten. »Er empfiehlt dem König auch Edmond de Périgord als einen der ersten für die Ernennung von Herzögen und Pairs.« [PAS] Da Leistung und Verdienst – zumindest des Onkels – belohnt werden mußten, wurde Edmond de Périgord in den Rang eines Brigadegenerals erhoben.

Am 29. April 1814 wurde Talleyrand zum erstenmal vom König empfangen, in Compiègne, wohin Talleyrand sich begeben hatte. Die Begegnung war kein eindeutiger Erfolg. Die beiden Persönlichkeiten kannten sich nicht. Sie waren ungefähr gleich alt, sechzig Jahre. Der eine zog ein Bein nach, der andere beide Beine. Fürst und König hatten tausend gute Gründe, sich zu verabscheuen, und hatten ihrem Mißfallen auch Ausdruck gegeben. Sie machten sich keine Illusionen über ihre gegenseitigen Meinungen, desto mehr über die Meinungen der übrigen Menschheit. Talleyrand besaß Esprit, auch dem König mangelte er nicht. Talleyrand verfügte über Kenntnisse und Erfahrungen der alten Welt und der neuen Zeiten, der König kannte die neue Gesellschaft nicht so gut, aber ebenso gut wie Monsieur d'Autun kannte er die Finessen und Listen der alten und war imstande, die der neuen zu erfassen, über die er im übrigen gut unterrichtet war, wenn auch aus zweiter Hand, während Talleyrand persönlichen Umgang mit ihr hatte. Zwei einander ebenbürtige Gesprächspartner saßen sich gegenüber. Talleyrand hätte lieber einen König gehabt, der flinker auf den Beinen, aber weniger behenden Geistes gewesen wäre. Er nahm ihn hin, wie er war, aber er war nicht sehr zufrieden. Von Anfang an legte es Ludwig XVIII. darauf an, Talleyrand, Bischof und Ehemann »dieser Frau Grand«, spüren zu lassen, daß er ihn nur widerwillig und durch die Umstände gezwungen übernehmen wollte. Um es ihm ganz deutlich zu machen, ließ er ihn drei Stunden lang im Vorzimmer warten. Das sind Racheakte alter Jungfern.

Anstatt ihm zu danken, demütigte man ihn. Solcherart Demütigung ruft Verbitterung hervor und bleibt unfruchtbar. Und hat zuweilen überraschende Folgen. Nach der langen Wartezeit streckte der König Talleyrand freundlich die Hand hin und hielt dem Nachfahren der Grafen von Périgord folgende kleine Ansprache: »Ich freue mich sehr, Sie zu sehen. Unsere Häuser stammen aus derselben Epoche. Meine Ahnen sind die geschickteren gewesen. Wären die Ihren es gewesen, würden Sie heute zu mir sagen: ›Nehmen Sie einen Stuhl, kommen Sie näher und sprechen wir über unsere Angelegenheiten.‹ Heute bin ich es, der zu Ihnen sagt: ›Setzen Sie sich und plaudern wir.‹« [TM]

Sehr geschickt klammerte der König 1789 und alles, was seither geschehen war, aus, alles das also, was man juristisch die Streitsache nennt. Hingegen wurden seine Anspielungen auf den Uradel des Nachfahren der Périgords mit Stolz von Talleyrand vermerkt. Leicht ironisch auch verwies ihn der König auf seinen Platz: »Setzen Sie sich und plaudern wir«, wurde für den Fall gesagt, daß die wichtige Rolle, die Talleyrand bei der Restauration gespielt hatte, das ärgerliche Ergebnis haben sollte, ihn »bedeutend« zu machen. Im Verlauf der Unterhaltung wurde Ludwig XVIII. noch stichelnder. Er gab mit scheinbar bewundernder, doch sarkastischer Miene seinem Erstaunen Ausdruck über die Gewandtheit, mit der Talleyrand, der dem Directoire und dem Empire gedient hatte, das eine Regime niederrang, um das nächste zu errichten, und das nächste, um zur Vernunft zurückzukehren. Mit dem natürlichsten, dem sanftesten und gefährlichsten Gesichtsausdruck der Welt antwortete Talleyrand dem König: »Mein Gott, Sire, ich habe nichts dazu getan. Es ist etwas Unerklärliches in mir, das den Regierungen, die mich vernachlässigen, Unglück bringt.« [VIL]

Ludwig XVIII. hat als ebenbürtiger Gesprächspartner diese, eine Drohung enthaltende Antwort mit einem Lächeln aufgenommen, das dem anderen wahrscheinlich nicht gefiel. Talleyrand hat die Unterredung nicht in guter Erinnerung behalten. Er sagte, nachdem er Ludwig XVIII. verlassen hatte, zu Beugnot: »Wir haben uns, beide zufrieden, voneinander getrennt.« Doch Colmache, der später in London sein Sekretär war, bekam einen ganz anderen Bericht: »Ludwig XVIII. war der abgefeimteste Lügner, den die Erde je getragen hat. Ich kann Ihnen nicht beschreiben, wie groß meine Enttäuschung war, als ich ihn 1814 zum erstenmal traf . . . Ich kann über das Wesen eines Menschen urteilen nach der Art, wie er jemanden empfängt. Egoistisch, herzlos, genießerisch, undankbar, so habe ich Ludwig XVIII. stets empfunden.« Merkwürdig, man meint, Chateaubriand zu hören, der über Monsieur d'Autun spricht.

Der König sah Talleyrand in Saint-Ouen wieder, wo der vollzählig versammelte Senat Ludwig XVIII. erwartete. Der Fürst stellte den Herrscher dem Senat vor. Seine Ansprache war, wie nicht anders zu erwarten, eine Lobeshymne. Allerdings sind die Worte des Fürsten von Benevent fast peinlich: »Indem Sie den Thron wiederbesteigen, folgen Sie auf zwanzig Jahre Verwüstungen und Unglück.« War er denn nicht jahrelang Minister der Verwüstungen und des Unglücks gewesen? Auf der anderen Seite hatte er soviel Takt, eine Formulierung aus der in Saint-Ouen unterzeichneten Erklärung, die der »Charte« vorangestellt wurde, herauszunehmen; die Worte, die dem Datum folgten, waren eine unnötige Provokation »... des Jahres 1814 und des neunzehnten Jahres unserer Regierung« [Memoiren des Grafen Ferrand]. Später wurden sie törichterweise wieder hineingenommen.

Und am 11. Mai nahm Talleyrand wieder einmal an einer in Notre-Dame zelebrierten, feierlichen Messe teil. Sie wurde für das Seelenheil Ludwigs XVI. gefeiert. Er wohnte ihr bei in seiner Eigenschaft als Minister der »Affaires étrangères«, der Auswärtigen Angelegenheiten. Der König hatte seinem Begehren entsprochen, man sagte jetzt nicht mehr »Relations extérieures«, Auswärtige Beziehungen. Mit Freude übernahm Talleyrand den Titel, den Choiseul und Vergennes getragen hatten.

Als er die Kathedrale verließ, sagte er: »Das reinigt den französischen Boden. Nach dieser Zeremonie muß alles vergessen werden.« Das ist ganz er. Die Emigranten wie die Jakobiner hätten gut getan, auf sein Wort zu hören.

Schwierigkeiten, einen Vertrag zu schließen, einem rechtmäßigen König zu dienen und der Freund eines Zaren zu sein

Zum drittenmal in seinem Leben – und in der Geschichte Frankreichs – zog Talleyrand in das Ministerium in der Rue du Bac ein. Völlig gelassen leistete er Ludwig XVIII. den Eid. Einen Eid? Nichts einfacher. Zum Zeitvertreib zählte er die Eide auf, die er seit seinem Abgang vom Seminar geleistet hatte. Die Zahl war so bemerkenswert, daß er nicht umhin konnte, zum König zu sagen: »Sire, das ist der dreizehnte. Ich hoffe, es wird der letzte sein.« Das dreistündige Antichambrieren hatte sich gelohnt.

In die Rue du Bac begab er sich nur für die Amtsgeschäfte, um die Büros zu durchschreiten und den persönlichen Kontakt mit seinen Untergebenen zu halten. Das prunkvolle Leben spielte sich in der Rue Saint-Florentin ab. Dort traf sich die europäische Gesellschaft. Wellington schloß Freundschaft mit Talleyrand. So war er erneut mit England verbunden. Germaine de Staël wurde wieder eine treue Besucherin. An die Herzogin von Kurland schrieb er am 10. Juni 1814: »Es tut mir leid, daß Sie gestern abend nicht zu mir gekommen sind. Wellington war da, und er ist sehr lange geblieben. Madame de Staël war ebenfalls anwesend. Das hat den Abend sehr pikant gemacht.« [L-G]

Die Fürstin, die ehemalige Mrs. Grand, war noch immer da. Sehr viel umfangreicher, aber weniger zungenfertig als während der schönen Tage des Directoires. Sie thronte selig auf einem erhöhten Platz, die Füße auf ein Kissen gesetzt. Auch sie hätte, wie Napoleon – und wie eine Grisette – sagen können: »Mein Leben ist ein Roman.« Sie war über diese plötzliche Rückkehr ins Glück erstaunt, blieb aber, auf eheliches Geheiß hin, stumm.

Talleyrand selbst verhielt sich, wie stets, gegenüber Kritiken, Verleumdungen und Beleidigungen gleichgültig und besuchte ohne Scheu die Lokalitäten, die damals in Mode waren. Um Eis zu essen, ging er zu »Tortoni«, als Kenner der Weiblichkeit ließ er sich von den entzückenden »Damen«, die jene Gaststätten frequentierten, die modischen Neuheiten vorführen. Er wurde mit Blacas dort gesehen, dem Günstling Ludwig XVIII. Allein die Nähe dieses Menschen verursachte Talleyrand Übelkeit. Aber was half's, Blacas hatte zu jeder Stunde Zugang zum König, Blacas verstand es, den König zum Zuhören zu bringen, und der König hörte Blacas zu. War das nicht ein Mann, mit dem man Umgang pflegen mußte?

Manchmal mußte Talleyrand Seitenhiebe einstecken. Eine englische Zeitung brachte ein Bild, auf dem er, neben seiner Frau, dem König in Notre-Dame gegenübersteht. Unterschrift: »Paris am 6. Mai. Gestern nach der Messe hatte Monseigneur, der Bischof von Autun, die Ehre, dem Sohn des heiligen Ludwig seine Frau vorzustellen.« In unseren Tagen würde so etwas kaum ein Echo finden, aber 1814 haben beim Lesen dieser drei Zeilen nicht wenige Royalisten mit den Zähnen geknirscht.

Es gab wichtigere Probleme. Er hatte auf den Posten des Premierministers gehofft, den der König ihm aber nicht geben wollte. Diese Weigerung war eindeutig; Ludwig XVIII. gab diesen Rang, der eigentlich dem zukommen mußte, der den Thron wiederaufgerichtet hatte, lieber niemandem, als ihn Talleyrand zu übertragen.

Der Friedensvertrag von Paris wurde am 31. Mai unterzeichnet. Er regelte die Beziehungen zwischen Frankreich und Europa. Die anderen zwischen den verschiedenen europäischen Staaten schwebenden Fragen regelte er nicht. Der Vertrag enthielt die gleichen Klauseln wie das Waffenstillstandsabkommen. Die fremden Armeen zogen aus Frankreich ab, die Gefangenen kehrten zurück, und die Requirierungen der Besatzer hörten auf. In seinen Memoiren schreibt Talleyrand: »Wenn ich an die Zeit dieser Verträge, an das Jahr 1814 denke, an die vielfachen Schwierigkeiten, die ich zu überstehen hatte, an die Rachegelüste, denen ich bei einigen der Unterhändler begegnete und gegen die ich gezwungenermaßen kämpfen mußte, sehe ich dem Urteil der Nachwelt mit Vertrauen entgegen.«

Und er fügt hinzu: »Schließlich bewahrten wir auch alle die wunderbaren Kunstwerke, die mit Hilfe unserer Waffen in den Museen Europas erobert worden waren.«

Auch das zählt. Doch leider erinnerten sich die Alliierten 1815 daran, daß Napoleons Heere ihre Museen ausgeraubt hatten. Und sie räumten nun die französischen aus.

Über diesen Vertrag, wie über alles, was von Talleyrand herrührt, hat die Nachwelt lange und viel gestritten. Heute, fern von den Gegensätzen und Gehässigkeiten jener Zeit, ist es leichter, ihm Gerechtigkeit widerfahren zu lassen. Diplomaten und Historiker, vor allem nichtfranzösische, zeigen mehr Bewunderung als die Politiker. Lyautey, ein großer Franzose, dessen Patriotismus, dessen Menschlichkeit und Größe niemand bezweifeln wird, sagte über diesen Vertrag: »Konnte man nach dem so umfassend verlorenen Krieg den Frieden besser gewinnen?« Um Talleyrand, der sein Vaterland aufrichtig liebte, zu verstehen, muß daran gedacht werden, daß er als Kind des 18. Jahrhunderts eher ein Europäer als ein »jakobinischer Patriot« war. Seine Überzeugung war es, daß die Anliegen der europäischen Nationen miteinander solidarisch seien. Schon die damaligen Grenzen schienen ihm zu eng; für ihn wie für Voltaire und den Fürsten von Ligne trennten sie die Nationen gleicher Kultur nur aus reinem Herkommen voneinander, während es eine wirkliche, eigentliche Grenze gab, die das westliche von der Aufklärung beeinflußte Europa (England, Österreich, Deutschland und Frankreich) von dem östlichen Europa trennte. Das war auch der Grund, warum er Napoleon auf jeden Fall davon abhalten wollte, Österreich zu vernichten. Das Habsburger Reich war die Schildwache Europas an den Grenzmarken Asiens. Im Zusammenbruch des Napoleonischen Reichs tat er sein möglichstes: das Reich war tot, aber Frankreich war gerettet. Er selbst war mit seinem Werk nicht unzufrieden. »Mit den vier großen Mächten ist mein Friede zustande gebracht. Er ist sehr gut, basiert auf der vollkommensten Gleichheit und ist recht nobel ... Meine Freunde und Sie an der Spitze sollten mit mir zufrieden sein.« Das schrieb er an die Herzogin. Seine Freunde waren wahrscheinlich zufrieden, aber die anderen?

Das Leben, das er seit zwei Monaten führte, war anstrengend. Wochenlang hatte er Tag und Nacht im Geschirr gestanden. Die tausend Intrigen, die er im Kopf hatte, die Winkelzüge, die Ränke, die Rückschläge, die Gefahren und selbst die Erfolge, das alles brachte ihn an den Rand der Erschöpfung. »Noch einige Wochen, und ich hoffe in eine Arbeitsordnung zurückzufinden, die nicht mehr so anstrengend sein wird.« Er meinte, der Frieden würde auch für ihn Gültigkeit haben.

Das war leider nicht der Fall. Er hatte mit Ludwig XVIII. mehr Mühe als mit dem zähesten Unterhändler. Der König und seine Umgebung deutelten und modelten an der Verfassung herum, sie wollten aus ihr ein Werkzeug absoluter – oder fast absoluter – Macht machen. Talleyrand und seine Mitarbeiter waren ganz gewiß keine Muster an Rechtschaffenheit, Ehrlichkeit und Enthaltsamkeit, aber sie besaßen einen scharfen Wirklichkeitssinn und wußten, daß das neue Frankreich nur mit einer liberalen Verfassung regiert werden konnte. Es lag im Interesse Frankreichs und auch der

Monarchie, dieses nationale Anliegen zu respektieren. Talleyrand hatte Ludwig XVIII. darauf hingewiesen. Dieser, von seinem Bruder, von Blacas, von Vitrolles und ihren Freunden belehrt, tat genau das Gegenteil. Talleyrand war besorgt und verärgert darüber, daß die von Napoleon aufgehobene Pressefreiheit nicht wiederhergestellt wurde. Er war mit gutem Gewissen für den König eingetreten, weil er glaubte, eine kluge Monarchie würde Frankreich die Freiheit zurückgeben. Er ging sehr weit: er mißbilligte es auf das nachdrücklichste, daß die katholische Religion zur Staatsreligion erklärt wurde. Hierin kann ein Grund gesehen werden für die heftigen Angriffe Chateaubriands, des Verfassers des »Génie du Christianisme«, gegen den Minister, der ein abtrünniger Priester war und es wagte, Gewissensfreiheit zu fordern. Bei einem anderen Problem trat der Gegensatz noch stärker zutage. Die Royalisten, der König an der Spitze, verlangten, die Funktionen der Abgeordneten sollten unentgeltlich ausgeübt werden. Das hieß, sie blieben den reichen Kandidaten vorbehalten. »Die Tätigkeit der Abgeordneten wird um so ehrenvoller sein, als sie unbezahlt bleibt«, sagte der König. »Ja, Sire«, antwortete Talleyrand in einem Ton, der ein Nein ausdrücken sollte, »ja, doch unbezahlt, unbezahlt, das wird sehr teuer werden.« [L-G] Er wußte, was Leute kosten, die sich selbst Bezahlung verschaffen.

Am 3. Juni verließ der Zar Paris. Talleyrand war tief erschüttert, weil Alexander I. sich weigerte, ihn zu empfangen, und aufbrach, ohne ihn noch einmal gesehen zu haben. Das war ein Bruch. Was war geschehen? In einem langen Brief, den Talleyrand dem Zaren einige Tage darauf schrieb, verwahrte er sich dagegen, in irgendeiner Weise mit den Änderungen in Verbindung gebracht zu werden, die vom König und seiner Umgebung an der Verfassung vorgenommen worden waren. Wir wissen, daß er die Politik des Königs offen tadelte. Alexander hingegen war überzeugt, daß Talleyrand ihm eine liberale Verfassung vorgegaukelt hatte mit dem alleinigen Zweck und Ziel, seinen Beistand zugunsten der Bourbonen zu erlangen. Und als es soweit war, habe er – Talleyrand – eine Rückkehr zum Absolutismus begünstigt. Daß der Zar sich irrte, ist sicher. Doch daß der Autokrat aus Sankt Petersburg sich mit Talleyrand entzweit, weil dieser ihm nicht liberal genug ist, muß schlicht als Verzerrung bezeichnet werden. In seinem Land war 1814 die Leibeigenschaft drückender als in Frankreich im 13. Jahrhundert. Wie auch immer, auf Reisen im Ausland empfand Väterchen Zar Neigungen zum Jakobinertum – unter der Bedingung natürlich, daß die Jakobiner die Stadtgrenzen von Paris nicht überschritten. Der würdige Brief, den Talleyrand ihm schrieb, um sich zu rechtfertigen, in dem er an ihre früheren guten Beziehungen erinnerte und dem Zaren Schmeicheleien sagte, kurz, der Brief, der sie wieder zusammenbringen sollte, blieb ohne Antwort. Dieser Bruch war schlimm. Und er war unausweichlich. Er beruhte auf falschen Informationen und einer Laune des Zaren, aber der fadenscheinige Vorwand kann den wahren Grund für diese

Trennung nicht verschleiern. Nach Talleyrands Ansicht konnte der Zar, dessen Rolle förderlich gewesen war, solange Napoleon Europa aus den Angeln hob, jetzt, da Napoleon geschlagen war, den Wiederaufbau des westlichen Europa nur behindern. Andererseits war Talleyrand auch für den Zaren nicht mehr wichtig. Die beiden durch die Umstände zusammengeführten Freunde nahmen nun ihre eigenen Wege wieder auf. Der Zar den Weg Rußlands, das versuchen wollte, Europa zu überfluten, Talleyrand den Weg Europas, das sich dem Vordringen des Ostens widersetzen und es aufhalten wollte. (Um zu zeigen, in welchem Geist ein von Napoleon faszinierter französischer Historiker Talleyrand beschrieb, soll hier eine bestürzende Aussage Louis Madelins – aus seinem Werk »Talleyrand« – zitiert werden. »Es ist sehr wahrscheinlich, daß der russische Herrscher – mehr Franzose als mancher Franzose – seine Mißbilligung nicht auf die Innenpolitik des Fürsten beschränkte, sondern sein strenges Urteil auf das Entgegenkommen ausdehnte, das er bei der Regelung der Grenzen an den Tag legte.« Es ist sehr wahrscheinlich, um die Worte dieses Historikers zu gebrauchen, daß Talleyrand um jeden Preis in Verruf gebracht werden sollte.)

Wenn Ludwig XVIII. in Bedrängnis geriet, vergaß er vorübergehend seine Voreingenommenheit und bürdete Talleyrand die Funktionen eines Premierministers auf, ohne ihm jedoch den Titel zu verleihen. So beauftragte er ihn, das von Baron Louis ausgearbeitete Finanzgesetz den Kammern vorzulegen. Talleyrand schöpfte aus seiner Begabung als Finanzier und benutzte seine Erfahrungen als Generalbevollmächtigter des Klerus und als Berichterstatter der Verfassunggebenden Versammlung. Vor der Chambre des Pairs (Oberhaus) hielt er eine hervorragende Rede, mit der das Vertrauen in die Finanzverwaltung des Staates gestärkt wurde. Was er sagte, war nicht übertrieben, denn Baron Louis war ein bemerkenswerter Finanzier. Das Schatzamt der Restauration war eines der besten, das Frankreich je gehabt hat.

Talleyrands Stellung bei Hofe war äußerst unerfreulich. Die Herzogin von Angoulême, die Schwester des Königs, bereitete ihm einen so barschen Empfang, daß er daraus die schwärzesten Folgerungen hinsichtlich der Gefühle der königlichen Familie ihm gegenüber ziehen mußte. Der Graf von Artois und seine Freunde zeigten ganz offen ihren Haß und ihre Geringschätzung für alle, die in irgendeiner Weise mit der Revolution und dem Kaiserreich zu tun gehabt hatten. Das war äußerst ungeschickt. Diese »reumütigen« Revolutionäre waren zu jeder Unterwerfung, zu jeder Erniedrigung bereit, nur um ihre Vergangenheit auszulöschen. In der Armee wurden die Offiziere des Kaiserreichs ausgemerzt und dafür die Offiziere der Condé-Armee oder der Vendée-Armee eingegliedert. Mit einem Wort, das Königtum schuf sich, als müsse es so sein, Feinde, während Frankreich das Königtum mit Erleichterung begrüßt hatte. Talleyrand wurde kaltgestellt. Außer Blacas hatte niemand Einfluß auf den König. Ein ausländischer Gesandter schrieb: »Der Einfluß des Fürsten von Benevent ist zur Zeit gleich Null. Er beklagt sich sogar darüber. Gut unterrichtete Personen glauben jedoch, daß er in seiner Stellung bleiben wird und daß der König, wiewohl er Talleyrands Tätigkeitssphäre stark beschränkt, dessen Fähigkeiten zu genau kennt, um ihn wirklich fallenzulassen.«

Das war richtig gesehen. Ludwig XVIII. hielt seinen gefährlichen Minister im Hintergrund, damit er ihn zum Wiener Kongreß schicken konnte. Der König war zu gescheit, um nicht zu wissen, daß er den wendigsten Unterhändler der Epoche zur Verfügung hatte. Wenn er ihn nach Wien schickte, befreite er außerdem Paris von seiner beunruhigenden Gegenwart. Talleyrand sollte gegen die Ausländer intrigieren. In Paris war er durchaus fähig, gegen den Thron zu intrigieren. Ludwig XVIII. und sein Klüngel waren froh, Talleyrand, dessen Anblick allein ihnen mißfiel, abreisen zu sehen.

Vorbereitungen für das große Schaugepränge in Wien

Es war beschlossen worden, daß zwei Monate nach der Unterzeichnung des Friedens von Paris in Wien ein Kongreß stattfinden sollte, um die Art und Weise der Durchführung des Vertrags festzulegen und um Europa aus den Ruinen, die das Kaiserreich hinterlassen hatte, wiederaufzubauen. Alles, was Frankreich hatte erlangen können, war das Recht, auf dem Kongreß vertreten zu sein, jedoch ohne Stimmberechtigung. Frankreich durfte zuhören, aber nicht mit beraten. Die vier Sieger: England, Österreich, Preußen und Rußland hatten sich alle Rechte vorbehalten. Frankreich stand am Rande wie Schweden, Spanien, Dänemark, Portugal und die deutschen Staaten. Insgesamt waren also viele Leute zugegen, die schweigen mußten. Die »kleinen Mächte«, wie sie genannt wurden, sollten fügsam sein und darauf warten, was man ihnen zum Fraß hinwerfen – oder was man ihnen entreißen würde, wenn sie Mißfallen erregten, wenn sie zu schwach oder schlecht vertreten waren. Auf diese Weise sollte, wie die vier Großen meinten, in Europa »ein System wirklichen und dauerhaften Gleichgewichts« geschaffen werden. Im Grunde waren die Sieger entschlossen, die Überbleibsel des Kaiserreichs untereinander aufzuteilen.

Bevor Talleyrand aufbrach, hatte er lange Unterredungen mit Ludwig XVIII. Sehr eingehend besprachen sie zusammen die Instruktionen Talleyrands für Wien. Unter vier Augen verstanden sich der König und sein Minister recht gut. Ludwig XVIII. hatte seinen Klüngel und vor allem seinen Bruder ausgeschaltet. Sein Feingefühl, seine Klugheit und seine Liebe zu Frankreich flößten Talleyrand Bewunderung ein. Er schrieb an die Herzogin: »Ich glaube, wenn diese Instruktionen bekanntwerden, wird Frankreich auf den Souverän, der sie unterzeichnet hat, stolz sein.« Dieses gute

Einvernehmen dauerte leider nicht lange. Es fehlt nicht an Stimmen, die behaupten, daß diese »Instructions« – in ihrer Art ein kleines Meisterwerk hinsichtlich ihres literarischen Stils, ihrer großen Klugheit und ihrer Zukunftsvisionen – La Besnardière zum Verfasser hatten. Das erinnert auffällig an Talleyrand.

Der König machte es ihm zur Pflicht, vier Zielpunkte, die zur Sicherheit Frankreichs unumgänglich notwendig waren, zu verteidigen. Erstens, daß weder Österreich noch irgendein Prinz dieses Hauses je über die Staaten des Königs von Sardinien regieren solle; zweitens, daß Neapel an den rechtmäßigen König Ferdinand IV. von Bourbon zurückgegeben werden solle; drittens, daß Polen nie unter russische Oberherrschaft fallen solle, und viertens, daß Preußen weder Sachsen noch das Rheinland erhalten solle.

Diesem letzten Punkt lagen verschiedene Motive zugrunde. Einerseits hatte Ludwig XVIII. Sympathien für den guten König Friedrich August, der mit Frankreich verbündet und deshalb von den Alliierten bedroht war. Andererseits lagen politische Gründe vor: es mußte jeder Vergrößerung Preußens entgegengetreten werden, ebensowohl in Osteuropa wie am Rhein, wo es nichts zu suchen hatte. Diese Motivierungen waren unvereinbar miteinander, und in der Zukunft wurden die verheerenden Folgen, die daraus erwuchsen, offenbar.

Um dieses Programm durchzuführen, reiste Talleyrand nicht allein nach Wien. Natürlich begleitete ihn Dalberg, dazu Alexis de Noailles und der Marquis de La Tour du Pin-Gouvernet. Impertinent sagte Talleyrand, Dalberg würde dazu nützlich sein, die Geheimnisse, die man in Umlauf setzen wollte, zu verbreiten, Noailles, ihn im Auftrag von Ludwig XVIII. zu überwachen, und La Tour du Pin, die Pässe auszustellen. Für die ernsthafte Arbeit stand La Besnardière zur Verfügung. Talleyrand meinte: »Es ist notwendig, die Gesandschaft Frankreichs angenehm zu gestalten.« Er nahm Dorothee mit. Seine Nichte hatte auffallend große Fortschritte in puncto Schönheit, Eleganz, Ungezwungenheit und ... Freizügigkeit gemacht. Sie spielte beim Kongreß eine so wichtige Rolle, daß die neue Persönlichkeit, zu der sie geworden war, eines bewundernden Blicks bedarf.

Als sie mit ihrem Onkel nach Wien ging, als sie die Dame des Hauses des bedeutendsten Diplomaten Europas wurde, brach sie mit ihrer Vergangenheit und sogar mit ihrem ehelichen Leben. Mit zweiundzwanzig Jahren wurde sie sich bewußt, daß sie niemals »jenes ehrbare und geregelte Glück« finden würde, »dem zu begegnen nur manchen Frauen gegeben ist«, so schrieb sie. Sie wollte daher ein anderes Glück finden. Da das Schicksal ihr den Onkel ihres Ehemanns – den freizügigsten aller Männer – über den Weg geführt hatte, schloß sie sich ihm an. Er war für sie der Patriarch – sechzig Jahre war er alt –, der Freund, der Geliebte, der Lehrer. Als sie 1814 eine kleine Tochter verlor, gerade zu der Zeit, da Talleyrand Tag und Nacht mit den schwierigsten Verhandlungen beschäftigt war und den Zaren und sein Gefolge im Hause hatte, umgab ihr Onkel sie mit größter Zärtlichkeit. Es ist kaum zu glauben, daß dieser Mann jeden Tag einige Augenblicke Zeit fand, um zu der jungen Mutter zu gehen und sie zu trösten. Er allein nahm Anteil an ihrem Schmerz. Sie hat es ihm nie vergessen. Als sie die Trauer ablegte und mit ihrem Onkel nach Wien aufbrach, war sie wie verwandelt. Sie hatte in ihrem Kummer heimlich eine Umwandlung durchgemacht. Aus der strengen Dorothee war eine mondäne und zu jeglichem Abenteuer bereite Dorothee geworden. Das war auch der Zeitpunkt des endgültigen Bruchs mit ihrem Mann. Als dieser in den Generalsrang erhoben wurde, zog sie mit ihren Kindern in die Rue Saint-Florentin. Edmond blieb in der Rue d'Anjou wohnen. Talleyrands Frau war fassungslos, als sie Dorothee ankommen sah. Sie haßte die Nichte, aber sie fürchtete sie auch. Sie hielt es für besser zu schweigen, änderte ihren Sinn aber nicht.

Das war nicht alles. Talleyrands Intimleben ist genauso kompliziert wie sein politisches Leben. Es war ja noch die Herzogin vorhanden, »die offizielle Sultanin«, Dorothees Mutter. Als die Herzogin sah, daß ihre Tochter das eheliche Heim verließ und mit nach Wien reiste, während sie selbst nicht gebeten wurde, dem »Satrapen« zu folgen, begann sie nachzudenken ... Sie zog sich in den »Serail« zurück. Madame de Laval nahm sie freudig auf, die offizielle Sultanin hatte ihren Rang eingebüßt. Sie stand in der Reihe der anderen. Ganz im klaren über den Grund des Gunstverlustes war sie sich noch nicht. Aber sehr wohl hatte sie die geheimnisvolle und faszinierende Anziehungskraft ihrer Tochter bemerken müssen. Dorothee wurde dadurch, daß sie den Fürsten von Benevent nach Wien begleitete, für ihn zu einer alles in den Schatten stellenden Trumpfkarte, die man beim Pariser Friedensvertrag Frankreich wegzunehmen vergessen hatte.

Während der Abwesenheit des Ministers übernahm Jaucourt das Interim in der Rue du Bac, Jaucourt, sein Freund und auch der Freund Dorothees, Jaucourt, die Redlichkeit, die Vornehmheit und Freundschaft in Person.

Als alles geregelt war, machte sich Talleyrand mit seiner Truppe am 16. September 1814 auf den Weg zum großen internationalen Schaugepränge nach Wien. Um noch heller zu glänzen, nahm er den Titel Fürst von Talleyrand mit, den ihm Ludwig XVIII. verliehen hatte. Doch einige Monate lang führte er noch den Titel Fürst von Benevent. Er legte den Orden des Goldenen Vlieses an, den im Kaiser Franz II. nach einem kurzen Aufenthalt in Paris im Monat zuvor hatte überreichen lassen. Sein neuer Fürstentitel, der prächtige Orden des Hauses Habsburg, alle diese Anhängsel waren nicht unnütz beim Einzug in den sagenhaften Jahrmarkt der Eitelkeiten, zu dem der Wiener Kongreß werden sollte. Aber kein Titel, kein Rang, kein Orden, kein Band, kein Diamant kam der jungen Gräfin von Périgord gleich.

Am 23. September 1814 traf Talleyrand in Wien ein und bezog mit Dalberg das Palais Kaunitz. Die Inneneinrichtung war völlig von Motten zerfressen. Bettzeug, Teppiche und Vorhänge mußten erneuert werden. Die zeitraubenden Besorgungen verzögerten die protokollarischen Besuche nicht, die er vom nächsten Tag an unternahm. Hatte er sich noch irgendwelche Illusionen über die wohlwollende Haltung der Alliierten gemacht, er hätte sie augenblicklich aufgegeben. Er sagt es selbst in seinen Memoiren: »Es war viel mehr zu tun, als Vorurteile zu tilgen, sehr viel mehr, als Voreingenommenheiten zu bekämpfen, sehr viel mehr, als Ambitionen zu unterbinden, es mußte umgestoßen werden, was ohne Frankreich getan worden war.« Dazu muß gesagt werden, daß die Großen sich ihre Anteile schon zugeschanzt hatten, ohne auf den Vertreter Frankreichs zu warten, der im Prinzip dort auch nichts zu suchen hatte. Bei seinen Visiten legte er die ganze ihm eigene Höflichkeit an den Tag. Pozzo di Borgo, der Ratgeber des Zaren und wie dieser gegen Talleyrand eingestellt, sagte mehrmals, daß »selbst seine Artigkeiten Wucherzinsen sind, die noch, bevor der Tag sich neigt, bezahlt werden müssen«, und er fügt hinzu: »Im übrigen kennen Sie das Biest besser als ich.« [MT]

Der Anfang war für ihn sehr wenig ermutigend. Eine andere Schwierigkeit bei seiner Mission bestand darin – wie die Archive bekunden, wußte er es vielleicht gar nicht –, daß der mißtrauische Ludwig XVIII. durch Vermittlung des Grafen Bombelles, des österreichischen Gesandten in Paris, heimliche Beziehungen mit Metternich unterhielt. Einige Instruktionen, die er Talleyrand gegeben hatte, hintertrieb er sogar. Aufschluß darüber gibt ein Schreiben, das Metternich am 27. November in Paris an Bombelles richtete: »Talleyrand wird hier bei Hofe mehr gefürchtet als geliebt. Ich glaube, daß der König nicht daran denkt, diesem Minister grenzenloses Vertrauen zu schenken. Graf Blacas sagte mir, nachdem er mir strengstes Stillschweigen anempfohlen hatte über das, was er mir mitteilen würde, daß der König nicht daran dächte zu fordern, Österreich solle sich gegen Neapel [Murat] erklären. Es genüge ihm, daß wir mit unseren Truppen, die wir in unseren italienischen Provinzen stehen haben, gute Ordnung aufrechterhalten. Graf Blacas beschwört Eure Hoheit, die vertrauliche Mitteilung nur Seiner Majestät dem Kaiser zu unterbreiten.«

So etwas nennt man, seinem eigenen Rennpferd die Fesseln durchschneiden. Ludwig XVIII. hatte Talleyrand eingeschärft, Neapel an Ferdinand IV. zurückgeben zu lassen; im geheimen widerrief er es.

Talleyrand schrieb dem König regelmäßig und pünktlich. Er teilte ihm mit, daß er überall auf Widerstand stoße: »Der Geist der Koalition ist mit der Niederlage und dem Vertrag von Paris nicht ausgelöscht.« Frankreich war mithin noch immer isoliert – und Talleyrand desgleichen. Zwar ist eine

Verhandlung kein Krieg, aber eine Form des Krieges. Die einzige, die Talleyrand praktizierte. Er stand vor einem noch immer gegen ihn verbündeten Europa und konnte nicht verhandeln, da er zu den Sitzungen der Großen nicht zugelassen wurde. Eine Mauer erhob sich vor ihm. Er mußte einen Spalt finden, ihn erweitern und hineinschlüpfen.

Wären die Alliierten einig geblieben, wäre Frankreich zerstückelt worden. Was Frankreich rettete, war ihre unheimliche Gier, denn sie spaltete die Verbündeten. Deswegen war jemand nötig, der ihren Hunger noch reizte, anstatt ihn zu besänftigen, jemand, der die Eifersüchteleien schürte und vor allem ihre Uneinigkeiten verstärkte. Das aber war nur die Hälfte der zu leistenden Arbeit. Nachdem jeder mit jedem zerstritten war, mußte aus dieser Zwietracht so etwas wie eine Harmonie herausdestilliert werden, die Europa Frieden verschaffte . . . und Frankreich die Möglichkeit, von ihnen angehört zu werden.

Dieses Wunder an Geschicklichkeit, durch das Frankreich seinen Platz unter den großen Nationen wieder erhielt und seine Stimme im europäischen Konzert, vollbrachte Talleyrand.

Mit Würde und Takt nahm er die ersten Kränkungen hin. Er schrieb an die Herzogin: »Ich werde meinen Standpunkt der Mäßigung und Ruhe nicht aufgeben, wie es die noble Haltung des Königs mir vorschreibt.« Wer hätte ihn auch dazu bringen sollen, seine Mäßigung und Ruhe aufzugeben? Nicht einmal Napoleon in seinen Wutanfällen ist es gelungen.

Aus freundschaftlichen und rein persönlichen Gründen und in Erinnerung an die früheren guten Beziehungen luden ihn Nesselrode und Metternich zu einer Sitzung des Rats der Großen ein. Er hörte schweigend und abseits sitzend zu. Als einem der vier der Ausdruck »verbündete Mächte« entschlüpfte, spitzte er die Ohren, streckte sein Kinn hochmütig vor und sagte mit der Miene eines beleidigten und betrübten Patriarchen: »Sollte ich falsch verstanden haben? Verbündete? Gegen wen? Doch nicht mehr gegen Napoleon, er ist auf der Insel Elba. Doch nicht gegen Frankreich: der Friede ist geschlossen. Doch nicht gegen den König von Frankreich, er ist der Garant des Friedens. Meine Herren, sprechen wir offen miteinander. Wenn es noch verbündete Mächte gibt, bin ich hier überflüssig . . .« [LMT]

Das, in der Tat, dachten seine Gesprächspartner, doch einer solchen Kühnheit gegenüber wagte keiner, ihn beim Wort zu nehmen. Verblüfft hörten sie ihm zu. Folglich blieb er und machte sich ihre Bestürzung zunutze. Aus der Situation des Besiegten geriet er schlagartig in eine überlegene Stellung. Er sprach weiter: »Indes, wäre ich nicht hier, würde ich Ihnen gewiß fehlen. Ich bin wohl der einzige, der nichts verlangt.« (Das ist eine Position der Stärke.) »Achtung und Anerkennung, das ist alles, was ich für Frankreich will. Ich wiederhole, ich will nichts, und ich bringe Ihnen unendlich viel.« [LMT]

Er hatte es erreicht, man hörte ihm zu. Alles weitere beruht auf der

Magie, die von der Intelligenz und von erlesenen Umgangsformen ausgeht. Das erste Wort, das dieser schweigsame Mann aussprach – es wäre allen lieber gewesen, sie hätten einen Tauben und Blinden vor sich gehabt –, das erste Wort, das er unter den Siegern, die Europa tranchierten wie ein Geflügel, vernehmen ließ, war das Wort: »Recht«. Er berief sich auf das Recht inmitten dieser Tiger und Leoparden, unter die sich auch einige Schlangen mischten. Die Zuhörenden waren wie betäubt. Seit zwanzig Jahren war in Europa dieses Wort nicht zu hören gewesen. Die Gewalt des Wortes wurde verzehnfacht durch den Überraschungseffekt und auch dadurch, daß Talleyrand sich nicht zu Frankreichs Gunsten auf das Recht berief, sondern zugunsten der kleinen Nationen – der Nationen am Rande –, die zu Opfern Napoleons geworden waren und die neuerdings zu Opfern derjenigen werden sollten, die sich rühmten, einen Tyrannen vernichtet zu haben. Diese »kleinen Nationen« waren Spanien, Württemberg, Portugal, Schweden und Dänemark. Da sie das Pech hatten, schwach zu sein, wurden sie wie Besiegte behandelt. Das ist das barbarische Gesetz des Dschungels, es sei denn, Herr von Talleyrand interveniert und versucht, den Dschungel weniger barbarisch zu gestalten. Er tat dies, um dem Recht Geltung zu verschaffen, das steht außer Zweifel, aber er benutzte es auch ganz sicher als honorablen Umweg, um den Interessen Frankreichs und Ludwigs XVIII. zu dienen, die sich im Jahre 1814 deckten. Was seine eigenen Interessen anging, so kann man beruhigt sein, die Sache des Rechts diente ihnen gleichermaßen.

Er trat also für die kleinen Nationen ein. Seine Waffen waren seine Meisterschaft im Formulieren, seine Diners, seine Nichte, seine sphinxhafte Miene und seine liebenswürdigen Umgangsformen, die Manieren eines Grandseigneurs. Es war nicht einfach. Ihm gegenüber standen Unbeugsame. An die Herzogin von Kurland schrieb er: »Ihre Preußen lieben Bonapartes usurpatorische Doktrin leidenschaftlich, sie verabscheuen nur seine Erfolge. Das sind häßliche Leute und insbesondere Herr von Humboldt ... Sie wollen unbedingt Sachsen zerreißen, wie wenn sie das Recht dazu hätten, wie wenn die Eroberung allein Souveränität verschaffe. Ich trete gegen all diese Ansprüche auf ...« 13. und 19. Oktober 1814. [LMT]

Im würdevollsten und gemäßigsten Ton sprach der Besiegte von oben herab mit den mächtigen Siegern. Auf diesem ziemlich verrückten Kongreß, in dieser vornehmen, geschwätzigen, lasterhaften Wiener Anarchie, in der obendrein schamlose Geldgier herrschte, bildete sich um den Vertreter Frankreichs eine gewisse Ordnung. Ihm ist es zu verdanken, daß Frankreich seine Stimme wiederbekam und die Gerechtigkeit einen Vorkämpfer, und zwar ohne Vorankündigung und ohne Skandal. Frankreich war wieder aufgelebt, als verstünde sich das von selbst. »Ich werde sanft, konziliant, aber bestimmt sein«, schrieb er an Ludwig XVIII., »ich werde nur über Prinzipien sprechen und niemals davon abgehen.« Er muß richtig verstanden werden. Seine »Prinzipien« hatten nichts gemein mit der Moral der Moralisten. Für ihn gibt es keine andere Moral als diejenige, die es erlaubt, frei zu leben, in einer gut formierten, wohlhabenden, abgestuften Gesellschaft, um individuellen Gelüsten widerstehen zu können, die man Laster nennt, wenn sie die Laster der anderen zu sehr behindern. So wurde der Fürst von Talleyrand zum Verteidiger des internationalen Rechts und der Gerechtigkeit auf dem Wiener Kongreß.

Die Prinzipien, die Talleyrand mit der stolzen Sanftmut seiner unbestrittenen Autorität aufgestellt hatte, proklamierte der Vertreter Spaniens, der Chevalier de Labrador, mit lauter Stimme und sammelte die anderen hintanstehenden Nationen um den Vertreter Frankreichs. Talleyrand gab ihnen einen ausgezeichneten Rat: Sie sollten ihr Recht geltend machen, an den Komiteesitzungen teilzunehmen, ein Recht, das ihnen in ihrer Eigenschaft als Signatarmächte des Pariser Vertrags zustand. Die vier Großen mußten wohl oder übel »die kleinen Nationen« zu ihren Sitzungen zulassen. Das Komitee erweiterte sich, und da die Bresche geschlagen war, schlüpfte Talleyrand zusammen mit den anderen hinein. Gehörte er nicht zu den Unterzeichnern des Pariser Vertrags? »Talleyrands und Labradors Einschreiten hat unsere Pläne gewaltig durchkreuzt«, schrieb Gentz, der Generalsekretär des Kongresses und Vertraute Metternichs. Die Großen waren so verärgert, daß sie die Protokolle der voraufgegangenen Sitzungen verbrannten. Ihre Verlesung wäre für die Neuankömmlinge peinlich gewesen. Leider aber wurde von diesem Zeitpunkt an auf den Sitzungen kein wichtiges Thema mehr angeschnitten. Die »kleinen Nationen« langweilten sich und kamen nicht mehr. Nur Talleyrand, für den verlorene Zeit nie verloren war, blieb. So wurde aus dem Komitee der Vier das Komitee der Fünf. Durch die Hintertür hereingekommen, thronte Talleyrand bald obenan.

Die größten Schwierigkeiten entstanden ihm von seiten Rußlands und Preußens. Der Zar wollte ganz Polen und verlangte es mit Gewalt. Der Zar hatte sich mit Preußen abgesprochen, das Sachsen haben wollte und vieles andere noch, aber Sachsen vor allem. Der Zar hatte Preußen versprochen, dessen Ansprüche auf das Königreich Sachsen zu unterstützen, als Gegenleistung überließ Preußen dem Zaren seinen Anteil an Polen. Ludwig XVIII. und Talleyrand aber wollten weder das eine noch das andere. »Er [der Zar] ist ganz anders, als er in Paris war. Seine Philanthropie ist recht eroberungssüchtig geworden ... Der Kaiser Alexander ist von seiner Menschenliebe zum Jakobinertum übergegangen«, schrieb Talleyrand am 17. November an die Herzogin.

Es kam zum Eklat. Mit diesem Despoten hatte Talleyrand eine Szene, wie er sie mit dem »anderen« gehabt hatte. In seinen Memoiren berichtet er über die Unterredung mit Alexander I.

»Ich werde behalten, was ich besetzt habe«, sagte der Zar.

»Euer Majestät wird nur das behalten wollen, was Ihr rechtmäßig gehört.«

»Ich bin im Einverständnis mit den großen Mächten.«

»Ich weiß nicht, ob Euer Majestät Frankreich zu diesen Mächten zählt.«

»Ja, gewiß. Aber wenn Sie nicht wollen, daß jeder seine Interessen (convenances) findet, was erstreben Sie?«

»Ich stelle das Recht vor die Interessen.«

»Die Interessen Europas sind das Recht.«

»Diese Sprache, Sire, ist nicht die Ihre, sie paßt nicht zu Ihnen, und Ihr Herz mißbilligt sie.«

»Nein, ich wiederhole es, die Interessen Europas sind das Recht.«

Dieser Zusammenstoß mit dem Zaren, dem Haupt der Koalition, dem derzeit mächtigsten Herrscher, einem launenhaften und jähzornigen Mann, war für die Zukunft Europas äußerst gefährlich. Talleyrand, der den Zaren gut kannte, versuchte ihn zu beeindrucken und spielte ihm eine Posse vor: »Ich wandte mich nun zur Wandtäfelung um, vor der ich stand, stützte meinen Kopf dagegen, schlug gegen das Holz und rief: ›Europa! Europa! Unglückliches Europa!‹ Und indem ich mich wieder dem Zaren zuwandte, fragte ich ihn: ›Soll es einmal heißen, daß sie es vernichtet haben?‹ Darauf der Zar: ›Lieber Krieg als auf das verzichten, was ich besetzt habe.‹«

Wie konnte er bei dem unglaublichen Auftritt des sonst so gleichmütigen Fürsten, der mit dem Kopf gegen die Wand schlug, ungerührt bleiben? Rot vor Zorn verließ der Zar den Raum, Talleyrand verbeugte sich tief. Die kaiserlichen Stiefel knarrten über das Parkett, die Tür schlug zu. Talleyrand hatte sich umsonst bemüht. Phlegmatisch wie gewöhnlich ging er hinaus. Er hatte schon manches andere erlebt.

Drei Tage nach dieser Szene hatte er ein langes Gespräch unter vier Augen mit Metternich. Hierbei kein lautes Wort, kein Türenschlagen, kein Stiefelknarren. Man spielt in Lackschuhen, das Spiel ist feinsinniger. Sie gingen alles durch, was den Wiederaufbau Europas betraf. Die Interessen, die sie vertraten, waren in sehr vielen Punkten unterschiedlich, aber die beiden Männer waren aus demselben Holz, sie hatten die gleiche Erziehung, und sie hingen denselben Werten an. Talleyrand unendlich viel freisinniger und ideenreicher, der Zukunft aufgeschlossener als der österreichische Minister, der noch in seinem heilgebliebenen »Ancien régime« befangen war. Aber alle beide gleichermaßen glattzüngig und gerissen. Es war Talleyrand ein leichtes, seinem Gesprächspartner klarzumachen, daß Rußland mit Österreich eine gemeinsame Grenze bekommen würde, wenn Rußland sich ganz Polens bemächtigte, und daß diese Grenze somit bis ins Herz Europas vorverlegt würde. Daran hatte Metternich auch schon gedacht, aber die Art und Weise, wie Talleyrand ihm diese Nachbarschaft schilderte,verursachte ihm eine Gänsehaut. Wenn Preußen andererseits die Hand auf Sachsen legte, würde es ebenfalls an das österreichische Kaiserreich grenzen. Die

Erben Friedrichs II. waren unersättlich, und wenn ihre Macht in Deutschland nicht ein Gegengewicht durch den Kaiser von Österreich fand, würde Deutschland unter die Abhängigkeit der Preußen fallen. Metternich begriff durchaus, daß die Feinde Österreichs nicht mehr in Paris saßen, sondern in Berlin und Sankt Petersburg. Auch Preußen hatte begriffen. Als der preußische Minister während der Verlesung des Protokolls der vorangegangenen Sitzung vernahm, daß die Verhandlungen nunmehr gemäß den Grundsätzen des Völkerrechts vor sich gehen sollten, taten ihm die Ohren weh bei diesem unerträglichen Wort. »Was soll hier das Völkerrecht?« fragte er. Darauf Talleyrand pfeilschnell: »Es bewirkt, daß Sie hier sind.«

Das Komitee bekam zu spüren, daß es einen Vorsitzenden bekommen hatte.

Am Ende der Sitzung zuckte Alexander ärgerlich die Schultern und sagte: »Talleyrand spielt hier den Gesandten Ludwigs XIV.« Das schönste Kompliment, das er dem Vertreter des besiegten Frankreich machen konnte. Diese nicht von Wohlwollen zeugende Äußerung müßte allein genügen, um Talleyrand von den Vorwürfen seiner Feinde reinzuwaschen, er habe die Interessen Frankreichs nicht nachdrücklich genug vertreten. In Wirklichkeit war Talleyrand nicht der Gesandte des Sonnenkönigs, er war nie der Gesandte eines Königs noch eines Regimes, ebensowenig der Gesandte Ludwigs XVIII. wie Napoleons oder des Directoires. Stets aber war er der Gesandte Frankreichs, ob es das Frankreich der Monarchie oder der Revolution war. Man kann ihm alles vorwerfen, außer seinem Vaterland schlecht gedient zu haben. Damals in Wien diente er auf loyale Weise Ludwig XVIII., und das war verdienstvoll, denn dieser König mußte auf jeden Fall unterstützt werden, um dem Vaterland Gelegenheit zu geben, sich wieder frisches Blut, Geld, Waffen und Gesetze zu verschaffen.

Es war schwierig für ihn, von Österreich wirksame Unterstützung zu erlangen. Ludwig XVIII. hatte ihn beauftragt, dafür zu sorgen, daß Murat vom Thron in Neapel heruntergestoßen werde. Es war undenkbar, daß das siegreiche Österreich einen Schwager Napoleons auf einem italienischen Thron dulden würde, der auf Kosten einer rechtmäßigen Monarchie usurpiert worden war. Und doch duldete es Österreich. Österreich intrigierte in Italien, wo es die Oberherrschaft behalten wollte und unterstützte deshalb den Usurpator. Der Zar ließ Talleyrand wissen, er würde Murat aus Neapel vertreiben, indem er Druck auf Österreich ausübte, unter der Bedingung jedoch, daß Frankreich in der sächsischen Frage nachgäbe. Eine Hand wäscht die andere. Der Russe erhielt als Antwort eine wunderschöne Lektion in Moral und Redlichkeit, er traute seinen Ohren nicht: »Sie sprechen da von einem Handel, bei dem ich nicht mitmachen kann. Ich habe das Glück, nicht so frei zu sein wie Sie. Sie werden von Ihrem Willen und Ihrem Interesse bestimmt, und ich bin gezwungen, den Prinzipien zu folgen, und die Prinzipien geben nie nach.« [LMT]

Wer hätte das geglaubt?

Und dann erfolgte ein Meisterstück, genau gesagt ein Meisterwerk der Verhandlungskunst. Zwei Monate nach dem Kongreßbeginn hatte er Österreichs und Englands Argwohn gegen den eroberungs- und herrschsüchtigen Osten derart angestachelt, daß die drei Westmächte in größter Heimlichkeit am 3. Januar 1815 einen Vertrag über ein Verteidigungsbündnis abschlossen: England, Frankreich und Österreich gegen Preußen und Rußland. Gestern noch stand Frankreich unter dem Bann der Nationen, jetzt war es mit den stärksten und kultiviertesten Nationen verbündet. Am Tag nach der Unterzeichnung, am 4. Januar, konnte Talleyrand mit größter Befriedigung an seinen König schreiben: »Jetzt, Sire, ist die Koalition auseinandergefallen, und zwar für immer.« (Dieses »immer« sollte drei Monate dauern, die Zeitspanne, die Napoleon für die Vorbereitung seiner Rückkehr brauchte.) »Nicht nur ist Frankreich nicht mehr isoliert in Europa, sondern Euer Majestät hat jetzt ein Bündnissystem, wie es fünfzigjährige Verhandlungen Ihr nicht hätten verschaffen können.« [LMT]

Das Ergebnis war, daß Preußen nur einen Teil Sachsens bekam, und Rußland einen Teil Polens.

Wie lange ein politisches Geheimnis gehütet werden kann, ist nachgerade bekannt. Bald darauf erfuhr der Zar von der Existenz dieses Vertrags. Er wußte, daß Talleyrand dessen Urheber war. Von nun an haßte er seinen früheren Komplicen. Richtig betrachtet, war dieser Haß für Talleyrand ehrenvoller als die »Freundschaft«, mit der der russische Kaiser ihn in Erfurt ausgezeichnet hatte.

Doch eine katastrophale Sache ließ er geschehen – oder war gezwungen, sie geschehen zu lassen: die Festsetzung Preußens am Rhein. Historisch und politisch gesehen war das ein Ärgernis. Man brachte katholische, friedliche, der Arbeit, dem Studium, den Künsten zugewandte Provinzen unter die Herrschaft des protestantischen, militaristischen und aggressiven Preußen. Napoleon war im Namen der europäischen Sicherheit geschlagen worden. Das Rheinland wurde Preußen überlassen, die europäische Sicherheit war für anderthalb Jahrhunderte gefährdet. Wie konnte Talleyrand die Augen vor diesem Vorgang verschließen? In seinen Instruktionen hatte Ludwig XVIII. ausdrücklich darauf bestanden, in diesem Punkt nicht nachzugeben. Nicht Rußland und Preußen waren daran schuld, sondern England. Ihm gegenüber war Talleyrand machtlos. Er konnte sich seinen besten Verbündeten nicht entfremden. England trägt die Verantwortung für diese Abtretung, die zielstrebig vorgenommen wurde. Warum es geschah, muß dargelegt werden. Da Ludwig XVIII. keinesfalls seinen Verwandten, den König von Sachsen, zugunsten Preußens enteignen lassen wollte, da Preußen in seiner Habgier unaufhörlich Sachsen, das Rheinland, Luxemburg und Belgien forderte, unterstützte England diese Forderungen in einem Punkt: dem, das Rheinland betreffend. Die Engländer wollten unbedingt eine Kriegsmaschine an der französischen Grenze aufstellen. Sie glaubten, das, was Napoleon einmal gelungen, könnten später andere Napoleons ebenfalls zu erreichen versuchen. So stand Frankreich unter der scharfen Aufsicht einer Armee, die nur zweihundertzwanzig Kilometer von Paris entfernt ständig an einer offenen Grenze kampierte. Vor Frankreichs Tür stand eine Nation, die seit der Schlacht von Jena und Auerstädt Haßgefühle in sich trug. Für England war es eine vorteilhafte Sache. Es postierte, ohne daß ihm Kosten daraus erwuchsen, einen furchterregenden Gendarm am Rhein. Was daraus folgte, ist bekannt: Bismarck, Sadowa, Sedan, die Annexion Elsaß-Lothringens, der Krieg 1914–1918, Hitler. Europa war gemordet. Talleyrand hätte einigen Grund gehabt, wie Voltaire zu sagen: »Mein Gott, bewahre mich vor meinen Freunden, mit meinen Feinden werde ich allein fertig.«

Der unglückliche König von Sachsen, Gefangener in Berlin, beklagte sein Schicksal und das seines besetzten Landes. Er ging Talleyrand um Hilfe an. Er wußte, welche Sprache er anwenden mußte, um bei ihm Gehör zu finden. Er ließ ihm sechs Millionen zukommen! Murat, der seinen Thron wanken sah, und sich von Talleyrand bedroht wußte, versuchte, ihn mit achthunderttausend Francs zu beschwichtigen. Der legitime König von Neapel, Ferdinand IV., dem bekannt war, daß Ludwig XVIII. seine Sache durch Talleyrand vertreten ließ, schickte ihm drei Millionen siebenhunderttausend Francs. Der liebenswürdige Markgraf von Baden eine Million. Und es muß noch andere unbedeutendere Trinkgelder gegeben haben, die im dunkeln bleiben, da sie von niemandem verbucht wurden. Alles in allem ergibt das einige Zigmillionen heutiger Francs. Ein Frechling wagte zu sagen: »Für diesen ehemaligen Bischof sind die heiligsten Kelche zu Weinkrügen geworden.« [Unübersetzbares Wortspiel: Pots de vin sind im übertragenen Sinn Bestechungsgelder.] Wir möchten sagen, daß die enorme Höhe der empfangenen »Douceurs« dem Ausmaß der geleisteten Dienste entspricht.

Alles war ihm recht, um seine und Frankreichs Präsenz zu betonen, um den, wenn auch unharmonischen Chor der Nationen an Frankreich zu binden. Nur keine Isolierung. So ließ er zum Beispiel am 21. Januar mit großem Pomp einen Gedenkgottesdienst für Ludwig XVI. zelebrieren. Ganz Europa war zugegen. In der ersten Reihe vertrat der Fürst von Talleyrand den König von Frankreich. »Nichts hat bei dieser Zeremonie gefehlt«, schrieb er an Ludwig XVIII., »weder der diesem Anlaß geziemende Pomp noch die Auswahl der Teilnehmer, noch der Schmerz über das Ereignis, an das sie erinnerte, der Schmerz, den sie ewig hervorrufen soll.«

Ob er sich jenes 21. Januars 1798 erinnerte, als unter der Direktorial-Regierung der Bürger Talleyrand Bonaparte überredete, den Gedenktag des Todes Ludwigs XVI. zusammen mit den Jakobinern zu feiern? Doch was sollen Erinnerungen? Die Zeiten ändern sich.

Was bewirken langweilige Sitzungen bei einem Kongreß, der in einer tollen Stadt abgehalten wird? Eben Langeweile, die vertrieben werden muß. Und das taten die Teilnehmer des Kongresses.

Im Herbst und Winter 1814–15 war in Wien alles versammelt, was in Europa einen großen Namen und viel Geld hatte – oder viel Schläue, um es sich zu beschaffen. Das Wort »versammelt« ist untertrieben: zusammengedrängt wäre richtiger. Die Paläste wie die Elendsquartiere waren gestopft voll und wurden zu Höchstpreisen vermietet. Die Tätigkeit in den Komiteesitzungen war nichts, verglichen mit den Intrigen und der wuchernden Spionage, die außerhalb der Sitzungen, neben den offiziellen Aktionen herliefen, sie zuweilen zunichte machten, ihnen eine bestimmte Richtung aufzwangen oder sie durcheinanderbrachten. Jeder Empfang war gespickt mit Polizeileuten. Die Wiener Archive quellen über von Berichten und Bezichtigungen, die von den unerwartetsten Namen unterzeichnet sind. Jeder war Spion und Ausspionierter. Die Wandtäfelungen hatten Hohlräume, die Betten hatten Ohren, die Kutscher waren Polizeioffiziere, und die Herzoginnen Soubretten einer Spionenoper. Wien war einige Monate lang so etwas wie ein Wirbel, in dem Europa zusammengeströmt war, um seine Zukunft zu bauen, vor allem aber die zwanzig Jahre der Angst zu vergessen, des Krieges, des Elends, des Schreckens der Revolution, der Invasionen, des Zusammenbruchs und des Todes, der tagtäglich an alle Türen gepocht hatte. Der Wiener Kongreß war für das Europa der Souveräne, der Großen, der Bankiers, der Minister, der Gesandten und der Damen des Hofes – und manchmal auch der Straße – das Ende des Unheils. Vor allem war es das Fest des Friedens. Politik und Ausschweifung gingen Hand in Hand. Die Zügellosigkeiten bedeutendster Personen sind schonungslos festgehalten in äußerst gewissenhaften und verblüffenden Berichten. Metternichs Meisterwerk war nicht der Kongreß, sondern der Polizeiapparat des Kongresses. Talleyrand durchschritt den Wirbel, ohne daß eine einzige Feder an seinem Hut geknickt wurde. Seine hochmütige Zurückhaltung, seine Würde erregten Aufsehen. Von oben herab betrachtete er den adligen europäischen Mummenschanz und warf dieses Wort hin: »In Wien wird der Handel in den Alkoven getätigt.« Seine Nichte Dorothee vertrat ihn aufs beste.

Von allen Frauen, die je um ihn waren, ist Dorothee die wertvollste Ergänzung seiner selbst gewesen. Sie war nicht nur sehr intelligent, ihre Intelligenz war anders als die ihres Onkels. Sie besaß Strenge, Kraft, Tiefe. Er besaß Eingebung und Feingefühl. Sie führte ihm Energie zu. Auf ihrer Seite war männliche Intelligenz, sie beherrschte ihn; er fand es köstlich. Er tat mehr, als ihr sein Haus und sein Herz zu schenken, er beteiligte sie an seinen Arbeiten, er ließ sie teilhaben an seinen Geheimnissen. Sie wurde seine Vertraute, seine Stütze, oftmals seine Ratgeberin. Für den einundsechzigjährigen abgeklärten Mann war sie die Hoffnung auf einen neuen Frühling. Und wahrscheinlich geschah es zum erstenmal, daß er liebte. Als Beweis mag gelten, daß er zum erstenmal Schmerz empfand und litt.

Einen emotionalen Schock hatte er in seinem Leben schon erfahren, einen bei ihm nicht erwarteten Überschwang seines kühlen Naturells. Es ging nicht um Liebe, es war eine Art inneren Bebens, dem die Gewißheit folgte, daß er an jemanden gebunden, daß er in die Abhängigkeit einer faszinierenden Persönlichkeit geraten war. Von Enthusiasmus zu sprechen wagt man nicht, weil Enthusiasmus stets etwas Überschwengliches ist, in seinem Fall aber die gefühlvolle Hinwendung zu einem anderen Menschen zurückhaltend blieb, doch wir kennen deren Tiefe und Aufrichtigkeit. Angesichts des Genies des jungen Bonaparte verspürte er zum erstenmal diese erstaunliche Regung, sich binden zu wollen, sich jemandem hinzugeben und ihn zu bewundern. Er war der außergewöhnlichsten Verkörperung der Intelligenz begegnet.

Den zweiten emotionalen Schock empfand Talleyrand, als er in seiner Umgebung, in seinem Haus, im Bett seines Neffen Dorothee von Kurland entdeckte. Damit aber ihre Intelligenz und Willenskraft sichtbar wurden, mußte die Schönheit »die kleine Dörrpflaume« noch verklären. In beiden Fällen war der Kopf mehr beteiligt als das Herz. Aber der Fortgang seiner Liaison mit Dorothee zeigt, daß die vom Kopf gesteuerten Liebschaften genau wie die anderen ihre geschlungenen Pfade, ihre Tragödien haben – und sogar Kinder hervorbringen.

Es war ein bemerkenswertes Schauspiel, den alten Satrapen und die strahlende und geheimnisvolle Dorothee bei einem Empfang im Palais Kaunitz nebeneinander auf einem Kanapee sitzen zu sehen. Stets waren sie von einem Kreis von Menschen umgeben: die ranghöchsten Damen und Herren, die verwöhntesten, die durchtriebensten Leute ließen sich von ihnen bezaubern. Als Erzherzog Johann Talleyrand fragte, was er während der Kämpfe in Frankreich in Paris getan habe, antwortete der Fürst: »Ich habe gehinkt.« Dorothee fühlte sich in ihrer neuen Rolle wohl, sie fand in der Verbindung zu ihrem Onkel eine tiefe Befriedigung ihrer Eigenliebe und Intelligenz.

In Wien wurden ihre sittenstrengen Prinzipien hinweggefegt. Sie ließ sich von der allgemeinen Tollheit mitreißen. Später schrieb sie: »Wien! Mein ganzes Schicksal liegt in diesem Wort.« Wer diese Zeit der Waffenruhe zwischen zwei Katastrophen miterlebt hatte, behielt sie in unauslöschlicher Erinnerung. Niemand ist so aus Wien zurückgekehrt, wie er hingegangen war. Für Dorothee galt das mehr als für irgend jemanden sonst.

Das Signal für Zerstreuung und Vergnügen kam von ganz oben. Am 8. Oktober, nach zehn Sitzungstagen, vertagte sich der erschöpfte Kongreß bis zum 1. November. Der Kongreß wollte tanzen.

Die politischen Rivalitäten wurden noch verwickelter durch Alkoven-Rivalitäten. Der Zar war Metternichs Rivale in der Gunst der Fürstin von Sagan, Dorothees Schwester. Sie war schon dreimal verheiratet gewesen. Sie verbrauchte die Männer so schnell, daß sie sagen konnte: »Ich richte mich an Ehemännern zugrunde« oder zumindest an Scheidungen. Liebhaber kosteten sie weniger, daher konnte sie mehr von ihnen verbrauchen. Talleyrand benutzte sie eine Weile, um sich über die Ansichten zu unterrichten, die ihre beiden rivalisierenden Liebhaber hinsichtlich seiner – des Fürsten – Person hatten.

Vom Tage seiner Ankunft an beschäftigte Talleyrand in höchstem Maß die österreichische Polizei. Nicht weil er Intrigen spann, sondern weil er sie nicht spann. Das konnte doch nicht mit rechten Dingen zugehen. Alle Angehörigen seiner Mission und die Bediensteten seines Hauses waren unbestechlich. Es gelang der Polizei nicht, auch nur einen einzigen Agenten ins Palais Kaunitz zu schmuggeln. Man war überzeugt davon, daß hinter den hohen, die ganze Nacht erleuchteten Fenstern unheilvolle Pläne geschmiedet wurden. Talleyrand bereitete es großen Spaß, die Beamten seines Freundes Metternich in Unruhe zu halten.

Eine Gestalt aus seinem Gefolge machte einen so geheimnisvollen Eindruck, daß die österreichische Polizei von ihr um den Schlaf gebracht wurde. Man wußte, daß diese Person vorhanden war, aber keiner hatte sie gesehen. Alle Listen, die Aufklärung bringen sollten, scheiterten. Immerhin verzeichneten die Berichte einen Punkt: der Mann nahm seine Mahlzeiten an einem Tischchen in Talleyrands Schlafzimmer ein. Nachts schlichen die Späher an den Außenwänden entlang, und was sie vernahmen, waren die Klänge eines Pianos bis in die frühen Morgenstunden hinein. Daraus wurde geschlossen, diese Musik habe keinen anderen Zweck, als Verschwörerstimmen zu überdecken. Zwei Wochen und Talleyrands ironische Mithilfe waren nötig, bis Metternich erfuhr, daß die in Frage stehende Person den Namen Neukomm führte, daß der Mann Österreicher war, sechsunddreißig Jahre alt, ein Pianist, der seit sechs Jahren in Talleyrands Diensten stand und in seinem Haus wohnte. Ihn hatte Talleyrand beauftragt, ein Tedeum für die Rückkehr Ludwigs XVIII. zu komponieren. Nach Wien hatte er ihn als Bestandteil seines Luxuslebens mitgenommen, als eine Art Kapellmeister eines auf Reisen befindlichen Fürsten.

Trotz dieser plausiblen Erklärung blieben die Kongreßmitglieder überzeugt, daß Talleyrands Pianist ein Spion war. In Wirklichkeit war er ein redlicher, harmloser Musiker. Seinen schlechten Ruf verdankte er nur der Fähigkeit seines Herrn und Gebieters, alle Welt in Unruhe zu versetzen. Stets war Talleyrand von liebenswürdigen und ihm treu ergebenen Wesen umgeben. Das gehört zu der nahezu unergründlichen, willentlich abgeschirmten Seite seines Lebens – wie auch die Gefühle seiner Familie gegenüber –, und diese Seite ist seinen Feinden und vielen seiner Biographen entgangen. Der Glanz mondäner Lebensart begünstigt diese Tarnung: man glaubt, alles zu wissen, da man alles über sein politisches Leben und die gesellschaftliche Repräsentation weiß. Talleyrand kehrte eher seine Laster hervor, als daß er seine guten Eigenschaften und insbesondere seine Empfindlichkeit zeigte. Er kannte den Dschungel. Während des Kongresses verbrachte er seine Nächte in Einsamkeit, er speicherte neue Energien auf. Bücher, vor allem aber die Musik verhalfen ihm dazu. Er brauchte Nahrung für diese verborgengehaltene Empfindsamkeit, die Musik gab ihm innere Kraft und Duldsamkeit. Als Ausgleich für den Zynismus, die Steifheit und die Hast des Tages hatte er die Freuden der Nacht. La Tour du Pin hatte ihm in sein Arbeitskabinett einen tiefen Lehnsessel gestellt. Genüßlich setzte er sich hinein und verbrachte in Gedanken versunken unbeweglich und schweigend lange Stunden. Neukomm schlich wie ein Schemen herbei und spielte gedämpft. Das wundervolle Schweigen wurde nur durch Haydn und Mozart belebt.

Seinen Schreibtisch ordnete Dalberg für ihn, er legte die Aktenstücke zurecht, die der Fürst lesen sollte. Er las sie langsam, während Neukomms Finger über die Tastatur glitten: »Die Entführung aus dem Serail« übertrug ihre Heiterkeit und ihren anmutigen Zauber auf Talleyrand. Dabei wurden ihm Nachdenken und Überlegen leicht. Dann erstanden vor seinen Augen die politische Welt, die Gesellschaft, die Staaten und ihre Grenzen: alles gestaltete sich zu einem gedanklichen Entwurf, dessen Grundlinien klar hervortraten. Er bereitete seine Unterredungen für den nächsten Tag vor, er ließ seine Pläne reifen, dachte sich Fallgruben aus und formte und glättete seine »mots«, seine Sentenzen. Kurzum, in einer Welt reiner Vorstellung schuf und probte er die Rolle, die er am folgenden Tag auf der Bühne der Welt spielen wollte.

Unterdessen rieb sich Metternichs Polizei vor Besorgnis über »Talleyrands Spion« auf. Dem Hörensagen nach konnte »der hinkende Teufel«, wie Talleyrand seines Zynismus wegen genannt wurde, nicht musikbegeistert sein. Aber er war es.

Um seine persönliche Note noch zu unterstreichen, ließ er in Wien seine berühmte Krawatte noch höher binden. Nie wurde der Ausdruck »hochgestochen« eindrucksvoller dargestellt.

Er lebte wie in Paris, er stand spät auf, veranstaltete ein »Lever« wie ein Herrscher. In Wien wurde die Etikette dieser Zeremonie endgültig festgelegt, sie wurde später eine der Kuriositäten des Pariser Lebens.

Schon beim Anlegen des Hemds benahm er sich wie ein Star, stets temperamentvoll vorgetragene Bemerkungen gaben dem Gespräch Nahrung.

Seine Tafel war nicht weniger berühmt. Sein Koch Carême befand sich natürlich im Gefolge.

Jedoch war das Raffinement der Küche nichts gegen die Kunst, die der Hausherr aufwandte, um der Konversation Glanz zu verliehen. Er wünschte sie sich leicht, schwebend und zuweilen sogar spielerisch. Es galt das Übereinkommen, daß man sich selbst in politischen Dingen alle Gewagtheiten erlauben konnte, und was gesprochen wurde, verpflichtete niemanden. Alles, was er sagte oder sagen ließ, war brillant und lehrreich, er nahm manches noch einmal auf und brachte durch eine Korrektur eine funkelnde Bemerkung zustande. Die äußerste Gepflegtheit und Eleganz nahmen dem Umgangston nichts von seiner Liebenswürdigkeit und Vertrautheit. Und selbst beim Scherzen vergaß er nie, daß er Frankreich vertrat. Eines Abends bei Tisch rühmten seine Gäste wetteifernd die Käsesorten ihrer Länder, so Castlereagh den englischen Stilton, ein Schweizer den Emmentaler, Falk den Edamer, Alvino den Stracchino aus Italien. Talleyrand hörte schweigend zu. Er hatte keine handgreiflichen Beweise, das heißt keinen französischen Käse auf dem Tisch. Mit einemmal kam ein Kammerdiener herein und verkündete das Eintreffen eines Kuriers aus Paris.

»Was bringt er?« fragte Talleyrand.

»Die Depeschen vom Hof und eine Kiste mit Brie-Käse.«

»Ausgezeichnet. Die Depeschen sollen in die Kanzlei und der Käse auf den Tisch gebracht werden«, sagte der Fürst. Dann wandte er sich an seine Gäste: »Ich habe davon abgesehen, in der Diskussion Stellung zu nehmen, und da ich hier in meinem Haus bin, ein Produkt des französischen Bodens zu rühmen. Doch hier ist es. Fällen Sie Ihr Urteil, Messieurs.« [Frédéric Loliée]

Beim Zerschneiden floß der kremige Brie über die Messer, es war ein Genuß, und einmütig wurde ihm die Krone zuerteilt. In der Diplomatie gab es für Talleyrand keine belanglosen Siege.

Auch den Maler Isabey hatte er mit nach Wien genommen. Er war der offizielle Maler des Kaisers gewesen und nach dessen Sturz verzweifelt zu Talleyrand in die Rue Saint-Florentin gekommen, um ihm seine unglückliche Lage zu schildern und seinen Schutz zu erbitten. Talleyrand sah ihn schweigend an. Er wußte bereits ein Mittel, dem Unglücklichen zu helfen. Er wies auf ein großes Gemälde, das von Terburg stammte und den »Kongreß von Münster« darstellte. Er sagte zu Isabey: »Warum kommen Sie nicht mit nach Wien? Sie werden der Terburg eines Kongresses sein, auf dem sich große Dinge abspielen werden.« Isabey folgte dieser Aufforderung; der Fürst stellte ihn den Mitgliedern des Kongresses vor, und Isabey malte das berühmte Bild mit allen Berühmtheiten des Jahres 1815: sie sitzen und stehen um den Tisch, auf dem Europa seziert wurde. Es ist ein gutes Gemälde und ein hervorragendes Zeitdokument. Talleyrand nimmt einen bevorzugten Platz darauf ein, er hat ihn verdient.

Um den am wenigsten Geschwätzigen, den am wenigsten Aufgeregten der Großen des Kongresses sammelten sich die Neugierigen, die Bewunderer, die Ehrgeizigen, die Gehässigen und die Getreuen. Bei den glanzvollen Empfängen in den prächtigen Wiener Barock-Palais waren Talleyrands Auftritte stets ein Ereignis. Man stand Spalier, um ihn ankommen zu sehen in seiner bedächtigen, theatralischen Gangart, mit einem Schwanz von Bewunderern. Seine Nichte Dorothee wurde in das Bestauntwerden miteingeschlossen. Sie war bemerkenswert elegant, sie verstand es, sich die Vorzüge der Pariser Mode zu eigen zu machen, die sie einst verabscheut hatte. Ihre Mutter hatte ihr erlesenen Schmuck geschenkt. Dem Rat und den Lehren ihres Onkels folgend, war sie zu einer der Königinnen des Kongresses aufgestiegen. Sie und Talleyrand bildeten das berühmteste Paar in Wien. Ein leichter Hauch von Skandal – man möchte nicht sagen von Inzest – trug zu ihrem Erfolg noch bei.

Talleyrands Aussehen und Auftreten hatte stets großen Stil. Er hatte volles Haar, das Courtiade mit viel Kunst und Sorgfalt kräuselte, puderte und manchmal mit einer Schleife im Nacken zusammenband. Der Frack war meistens blaßlila oder violett – Erinnerung an seine Bischofswürde? – oder auch taubengrau oder perlmuttfarben, übersät mit diamantbesetzten Ordenssternen und Kreuzen; um den Hals den Orden des Goldenen Vlieses. Er trug schwarze Seidenstrümpfe mit vergoldeten Zwickeln, Eskarpins mit roten Absätzen und diamantenen Schnallen. Seine sechzig Jahre hatten ihn nicht füllig und schwer gemacht, aber sie hatten ihn zerknittert. Der Talleyrand des Jahres 1780 war durch alle Regime und Wechselfälle hindurch bis 1815 vollkommen der gleiche geblieben. Es war etwas in ihm, das dem Feuer ausgesetzt werden konnte, ohne daß es verbrannte oder sich veränderte, und über das die Zeit hinwegging. Diese unerklärliche Beständigkeit, die an ihm zu beobachten war, machte aus ihm, der im Grunde der menschlichste der Menschen war, einen, der über der gewöhnlichen Menschheit stand. Er hatte eine Form, einen Stil, eine vergeistigte Kraft, die das alltägliche Leben sublimiert und es erhöht. Sein Auftrag unter den Nationen und Menschen bestand darin, einige Erscheinungsformen des Glücks zu wahren und weiterzugeben, Formen, die andere mit Gewalt zerstören wollten. In der heruntergekommenen Welt von 1815 war er eine Art Wahrzeichen, ein hinkendes Wahrzeichen, lahm wie die Gesellschaft des vorigen Jahrhunderts, die ins Grab stieg, sich aber in ihm überlebte. Nie hat ihn jemand in der Öffentlichkeit – besser wäre es, zu sagen: auf der Bühne – ohne seine Sphinx-Maske gesehen. Die Maske! Schon in seiner Kindheit war ihm bewußt geworden, daß man maskiert durchs Leben gehen mußte, um überleben und, wie er es tat, über die Mördergruben der Geschichte hinwegschreiten zu können.

In Wien traf er mit einem Ebenbürtigen zusammen, einem »fils de roi«, einem Königssohn, wie Gobineau gesagt hätte, dem Fürsten von Ligne. Im Spiegel der Zeiten überlagern sich ihrer beider Gesichter, das eine macht das andere deutlicher. Das Schicksal hatte sie aus demselben Holz geschnitzt: der Fürst von Ligne konnte sechzig adlige Ahnen nachweisen. Wie Talleyrand hat auch er sich dessen nie gerühmt. Er sagte: »Die Adelsbriefe sind Nahrung für Ratten und Dummköpfe, Dokumente, die man in den Vorzimmern der Höfe bekommt.« Wie Talleyrand kannte er keinen Chauvinismus, er war der europäischste der Europäer. Ein Mann, dem das Leben manchen Grund zur Verbitterung geliefert hatte, woraus er sich aber Freuden schuf. Seine hervorstechendste Tugend war sein Mut zur vollendeten Lebensart. Seine Lehrzeit hatte er in Frankreich, vor 1789, abgeleistet, in jener Epoche, die, wie er sagte, die »Zeit des großen Glücks in Europa« war, was auch Talleyrands Meinung entsprach. Beide hatten zahlreiche Liebschaften gehabt, aber nie hielten sie sich mit unterjochenden und schwermütigen Leidenschaften auf. »In der Liebe«, sagte der Fürst von Ligne, »ist nur der Anfang reizvoll. Ich finde es nicht erstaunlich, daß man Vergnügen daran findet, so oft neu zu beginnen.« Seine Ehe war ein Fiasko, doch kein Drama. Weder Tränen noch Worte, nur ein Satz: »Das Herz meiner Frau ging fort, das meine blieb da.«

Das Gespräch zwischen diesen beiden Grandseigneurs, obwohl formvollendet, war nicht nur eitel Sanftheit. Sie kreuzten die Klingen: ein Tropfen Blut perlte häufig an der Spitze eines geschliffenen Worts.

Ligne sagte zu Talleyrand: »Sie sind fast der König von Frankreich. Ludwig XVIII. kann nichts anderes tun als Ihnen gehorchen.« Ein gefährliches Wort, wenn es Ludwig XVIII. zu Ohren kam. Und so geschah es. Talleyrand selber sagte, Verleumdung sei ihm nie erspart geblieben, und es gebe Leute in Paris, die ihn beschuldigten, Napoleon sieben Jahre lang verraten zu haben. »Wie?« rief der Fürst von Ligne erstaunt aus. »Nur sieben Jahre? Und ich hatte Sie seit zwanzig Jahren in Verdacht.« Er erzählte von der berühmten Messe anläßlich des Föderationsfestes, bei welcher Gelegenheit der Bischof von Autun »sich den Spaß erlaubt habe, Gott eine phrygische Mütze aufs Haupt zu setzen«. Der Fürst bestätigte, daß Talleyrand eine ungewöhnliche Anziehungskraft auf die Herrscher, die Minister und Gesandten Europas ausübe. Der Fürst von Ligne schrieb, wenn der Minister Ludwigs XVIII. den Beratungssaal beträte, »verfalle Alexander in Schweigen, verschwinde Franz durch eine Tür, und Friedrich betrachte seine Stiefelspitzen«.

Der Wiener Kongreß war das letzte Schauspiel, das der Fürst von Ligne mit – sicherlich bitterer – Freude betrachtete. Der Vorhang senkte sich über eine Welt, die die seine gewesen war, sie ging mit einem Kongreß zu Ende, von dem man als Geringstes sagen kann, daß er täuschte und unseriös war. Ligne fand das Wort: »Er tagt nicht, er tanzt.« Der Kongreß überdauerte ihn. Er starb, und Talleyrand gab ihm an Stelle einer Leichenrede sein Wort zurück: »Der Kongreß begrub ihn, ohne das Tanzen einzustellen.«

Ludwig XVIII. erkundigte sich besorgt, ob Talleyrand auch gute Mitarbeiter habe und ob er ihm Gesandtschaftspersonal schicken solle. Der Fürst lehnte dankend ab: »Sire, ich habe eher Köche nötig als Diplomaten.«

Im Grunde hatte er keine guten Hilfskräfte. Noailles und La Tour du Pin waren ihm keine Stütze. Noailles befand sich als Gesandter in Wien, er hatte sich, nachdem er Napoleon rechtzeitig abgeschworen hatte, den Bourbonen und der Kirche in die Arme geworfen. Talleyrand wußte, daß Noailles ihn im Auftrag von Blacas und des Königs beschatten sollte. Mit einem kurzen Wort ließ Talleyrand Noailles seine Meinung über ihn wissen. An einem Fastentag wurde an Talleyrands Tafel ein Braten aufgetragen. Noailles' frisch übertünchte Frömmigkeit geriet beim Anblick des Fleischgerichts in Entsetzen: er weigerte sich, davon zu nehmen. »Unter Bonaparte, Monsieur, jagte Ihnen ein ›rôt‹ [sowohl Braten wie Rülpser] keinen Schrecken ein«, sagte Talleyrand über den Tisch hinweg zu ihm. Auch Titel und Einkünfte erschreckten ihn nicht.

Was manche Frauen an Talleyrand reizte, war die Koketterie, mit der er ganz offen seine Laster zugab, die Laster, die man ihm am häufigsten nachsagte. Nichts vermochte den Fürsten mehr zu amüsieren als die Heuchelei seiner Kritiker. Ihm machte es Spaß, die Scheinheiligkeit regelrecht zu provozieren, die dann unbändig losbrach. Gern unterhielt er sich mit der Fürstin von Sagan, die das Gegenteil einer Scheinheiligen war. Sie berichtete ihm von fürchterlichen Szenen, deren Ursache sie war; sie hatte es fertiggebracht, daß der Zar und Metternich sich wütend gegenüberstanden. Die beiden gingen so weit, ein Duell auf Leben und Tod austragen zu wolllen. Mit großer Heiterkeit verfolgte die Fürstin den Krieg zwischen den beiden Reichen, der auf ihrem Kopfkissen ausgefochten wurde. Talleyrand war ihr dankbar für die reizenden Berichte, die sie ihm gab. Mit ihr konnte er rückhaltlos sprechen; so sagte er zu ihr: »Heute morgen ist mir wieder einmal vorgeworfen worden, ich hätte meine Meinung geändert. Aber gibt es denn etwas, das meine Treue besser beweist, als daß ich meiner Untreue treu bleibe?« Sie konnte ihm nur beipflichten, denn sie selber hatte in wenigen Jahren dreimal den Ehemann und unzählige Male den Geliebten gewechselt.

Wenn er mit seinen Vertrauten über sein politisches Werk sprach und versuchte, es zu analysieren, kam er zuweilen auf einen Satz zurück, den Goethe ihm in Erfurt gesagt hatte, und dessen Urheber Martin Luther ist: »Meine guten Werke machen mir mehr Angst als meine Sünden.« Ein tiefsinniges Wort, das Talleyrand auf sich anwandte. Was ist bei ihm als »gutes Werk« und was als »Sünde« eines Staatsmanns aufzufassen? Die unbedingte Treue oder das berechnete und nützliche Imstichlassen? »Die Regime wechseln, Frankreich bleibt bestehen. Zuweilen kann man alle Interessen seines Landes verraten, indem man einem Regime mit Eifer dient; doch indem man diesem dient, ist man sicher, nur ›Unterbrechungen‹ zu dienen.«

Eine gute Definition: er bezeichnet die politischen Regime nur als »intermittences«, als Unterbrechungen! Sie sind der Fond de Teint auf dem Gesicht einer Nation. Man wischt ihn ab – durch einen Aufruhr, eine Niederlage –, und die Schminke ist fort. Das Vaterland bleibt bestehen. Es schminkt sich neu, dem Geschmack der Zeit entsprechend, und die Nation lebt weiter. Muß man einer Schminkschicht treu bleiben?

Während der Sitzungen des Kongresses langweilte sich Herr von Talleyrand bisweilen. Er kritzelte irgend etwas auf ein Stück Papier. Erweckte ein Redner sein Interesse, hob er die Augenbraue und hörte aufmerksam zu. Die Entgegnung würde zu gegebener Zeit erfolgen, inzwischen kritzelte er weiter. Der Polizei gelang es, ein solches Stück Papier in die Hand zu bekommen, man hoffte, ein Staatsgeheimnis erwischt zu haben. Weit gefehlt! Was da stand, war eine in ausgezeichnetem Latein verfaßte Abhandlung über die Umlaufbahnen der Gestirne. Worüber Diplomaten nachgrübeln! Er kam zu einer überraschenden Schlußfolgerung: »Veneris revolutione perpetue.« Dieser Überlegung folgten einige Liebesworte, an eine gewisse Isabelle gerichtet. War er Dorothee untreu geworden? Während die Großen Sachsen und Polen zerstückelten, wanderte der Fürst von Talleyrand durch »die unendlichen Räume« und begegnete dabei der Liebe, deren Wiederkehr im Zyklus des Lebens so ewig ist wie die Bahn der Gestirne am Himmel ... Immerhin eine Art und Weise, der unerfreulichen Gesellschaft der Preußen und Russen zu entgehen.

Unter seinen Feinden tat sich die Fürstin Bagration durch Ungestüm und Heimtücke hervor. Sie gehörte zu den Mätressen des Zaren, sie war eine seiner Geheimagentinnen. Schamlos versuchte sie, ihren slawischen Charme auf Talleyrand wirken zu lassen; doch er blieb unzugänglich. Aus Rache sagte sie, er sei ihr widerwärtig »mit seinen toten Fischaugen und seinen schweren Lidern, die er herunterläßt wie Jalousien vor einer Auslage«. Schlagfertig ließ er über die fürstliche Alkoven-Spionin die Äußerung fallen: »Ihre Art und Weise, schnell und oberflächlich Geheimnisse zu entlocken, muß nicht alle Tage angenehm sein.«

Eines seiner erprobtesten Mittel, andere zum Sprechen zu bringen, bestand darin, absichtlich Schnitzer zu machen. Er gab ein im Augenblick erdachtes Geheimnis preis und tat dann so, als müsse er sich korrigieren. Auf den Gesichtern der Gesprächspartner las er die Wirkung ab. Baron von Stetten, der hinter diese List gekommen war, sagte witzig: »Herr von Talleyrand feuert Pistolenschüsse in die Luft, um zu sehen, wer ans Fenster läuft.«

Es war schwer, ihn aus der Fassung zu bringen, selbst wenn er bei einer Lüge in flagranti ertappt wurde. Redete er über jemanden, und dieser jemand erschien plötzlich, empfing er ihn freundlich mit den Worten: »Ah, lieber Freund, wir haben gerade sehr viel Schlechtes über sie gesagt.« Der Angesprochene war entzückt, und die anderen Anwesenden staunten über soviel Kaltblütigkeit. War er dabei, einen Gedankengang zu entwickeln, und kam jemand hinzu, der bekanntermaßen eine gegenteilige Meinung vertrat, so wechselte er über zur Idee des anderen, und er überbot noch die Auffassung des Neuankömmlings. Wagte einmal ein Zuhörer zu protestieren, blickte der Fürst ihn mit einem solchen Mißfallen an, daß dem Unglücklichen das Wort im Halse steckenblieb.

Er wußte, was er wollte, und das allein war wichtig. War das Ziel erreicht, interessierte ihn nichts weiter. Zustimmung benötigte er nicht, sie war ihm nicht einmal angenehm. Was trugen ihm Lobsprüche ein? Sie kamen stets nur von unten. Und den Wert von Schmeicheleien kannte er zur Genüge.

Große Befriedigung empfand er, wenn es ihm wie am Kartentisch gelang, die Partner zur Aufdeckung ihres Spiels zu bewegen. Zu diesem Zweck mußten sie verunsichert werden, es mußte ihnen irgendein fundierter Grundsatz hingeschleudert werden. Dann verloren sie den Boden unter den Füßen und gaben ihre geheimen Gedanken preis. Eines Tages verkündete er mit seiner schönen, samtenen Prälatenstimme das folgende redliche Prinzip: »Die Affären müssen mit offenen Karten ausgetragen werden.« Er selber hatte gezinkte Karten in jedem Ärmel! Jeder wußte es. Unter niedergeschlagenen Lidern hervor beobachtete er die erzielte Wirkung: der eine wagte nicht zu lachen, der andere mußte seinen Widerspruch unterdrücken, erstickte aber fast daran, wieder ein anderer setzte sich aufs hohe Pferd, und ein letzter schien nicht begriffen zu haben.

Jedem war bekannt, wie er mit den deutschen Fürsten geschachert hatte, als Napoleon den Rheinbund schuf. Talleyrand fand nichts dabei, zu verkünden: »Frankreich hat sich niemals in die Angelegenheiten Deutschlands eingemischt.« Bei Behauptungen solcher Art war die Zuhörerschaft wie versteinert.

Die Minister und Gesandten hielt er durch Äußerungen im Zaum, die er wie Nägel unter ihre Füße streute. In Preußen waren, um die französische Besatzung abzuschütteln, Vereinigungen gegründet worden, die den Namen »Tugendbund« führten. Da seit dem Friedensschluß diese Bünde keine Daseinsberechtigung mehr hatten, wollte Preußen sie, anstatt sie aufzulösen, in Italien einsetzen, um die von Österreich besetzten italienischen Staaten zu befreien. Der Vorgang war nicht neu, die patentierte »Tugend« maßt sich gern das Recht an, sich mit Dingen zu befassen, die sie nichts angehen. Warum befaßte sich die preußische Tugend nicht mit der Befreiung Polens? Und Sachsens? Und des Rheinlands? Talleyrand sagte dazu: »Man kann die Tugend mit allen nur möglichen Saucen servieren, der tote Hund riecht durch.«

Nie und nirgends war ein Terrain günstiger für seine Intrigen und für sein ungeheures Talent, Menschen und Dinge zu manövrieren und zu betören, als dieser Zustand der Gärung, in dem Europa sich auf dem Wiener Kongreß befand. Aber über dieser trunkenen Freude schwebte ein Schatten.

Ein Schatten liegt bedrohlich über der Heiterkeit des Kongresses und bringt ihn zum Verlöschen

Die siegreichen und allmächtigen Herrscher spürten, daß sich an ihrem Beratungstisch immer stärker eine geheimnisvolle und beängstigende Präsenz breitmachte. Es handelte sich nicht etwa um Talleyrand, dessen Unverfrorenheit sie genau kannten. »Der andere« existierte nur als Mutmaßung. Unmerklich beschwor Talleyrand ihn herauf. Napoleons Schatten verdüsterte zuweilen das Fest. Das unbekümmerte Europa tanzte unter dem spähenden Blick des Adlers. Er war zu nah. Das versuchte Talleyrand von Zeit zu Zeit deutlich werden zu lassen. »Solange Napoleon der französischen Küste so nahe ist«, sagte er immer wieder, »ist er eine Gefahr.« Genau wie er auch England beunruhigte über diese gefahrvolle Nähe. Metternich teilte diese Auffassung, doch Franz II. wollte das Thema nicht noch einmal aufgreifen. Alexander I. hingegen beunruhigte Talleyrand sehr. Er beobachtete den Zaren, der heftig und schlaff zugleich wirkte, der abhängig war von einem Blick aus schönen Augen, von einer Blume oder plötzlich Wutanfälle bekam. Wurde ihm ein Stück von Polen verweigert, so schrie er: »Nehmen Sie sich in acht, ich werde das Scheusal loslassen.« Er bediente sich Napoleons wie einer Vogelscheuche und jagte den anderen Angst ein. War der Streit vorüber, ging alle Welt zum Tanzen.

Ein Ereignis besonderer Art wurde zum Störenfried und trübte das Freudenfest: die Pest. Die Epidemie war in Schlesien ausgebrochen. Langsam aber sicher kam sie auf Wien zu. Hier würde sie erlesene Beute finden. Sobald das Wort Pest ausgesprochen wurde, fuhr eine Art Wirbelwind über die Stadt hinweg. Weder Seide noch Perlen, weder tausendjährige Ahnen noch Jugend, noch Schönheit, nichts vermochte vor der Pest zu schützen. Ob diese Geißel der Menschheit sich von der prächtigen Gesellschaft beeindrucken ließ? Ob die Pest sich mit bescheidenen Opfern begnügen würde? Sie machte halt vor den Toren Wiens. Anscheinend mochte sie die Walzermelodien nicht.

Aber der »andere« war noch da. »Der Usurpator, der Oger, das Ungeheuer, das Scheusal«, kurzum Bonaparte. Als die Nachricht von seiner Flucht in Wien eintraf, galt nur noch die Parole: Rette sich, wer kann! Es war, als hätte eine Explosion alle Glasscheiben zertrümmert. Europas Festsaal leerte sich. Diese Verwirrung und Unordnung war eine spontane Huldigung an den kaiserlichen Flüchtling.

Wie hatte er entweichen können? Waren die Äußerungen des Zaren bis zu ihm gedrungen und hatten sie ihn veranlaßt, die Flucht zu riskieren? Das Spiel war wohl feiner gesponnen. Talleyrand, in Verbindung mit seinen englischen Freunden, war höchstwahrscheinlich daran beteiligt.

Es existiert kein schriftlicher und aufschlußgebender Beweis für das unglaubliche Komplott, vermittels dessen Napoleon seine Eskapade bewerkstelligen konnte: ein vollendet geschmiedetes Komplott hinterläßt keine Spur. Wenn Talleyrand und das Londoner Kabinett, von Metternich gedeckt, alle Talente vereinigten, war eine solche Tat nicht undenkbar.

Zwar mangelt es an schriftlichen Unterlagen, aber es gibt Mutmaßungen, die sich auf bestimmte Verhaltensweisen gründen, auf den Umgang verschiedener Menschen miteinander, auf vorsätzlich von den Komplicen hingeworfene Worte, auf die Dienste, die sie sich ohne ersichtlichen Grund gegenseitig geleistet haben und so weiter. Kurz und gut, die Flucht von der Insel Elba ist unerklärlich, sofern man sie nicht durch »Willfährigkeiten« erklärt, für die diejenigen den Strick verdient hätten, die den Kaiser bewachen sollten, aber seine Flucht erleichterten. (Darüber haben Ferdinand Bac in seinem Buch »Le secret de Talleyrand« und der Engländer Paul Bartel in seiner Dissertation »Napoléon à l'île d'Elbe« geschrieben.)

Vor der Eskapade hatte der Plan eines anderen Komplotts bestanden. Es ist nicht ausgeführt worden, hat aber Spuren hinterlassen. Sir Sydney Smith sollte von Sardinien aus Napoleon entführen. Darüber verfaßte Sir Colin Campbell, Hoher Kommissar beim Kaiser auf Elba, einen Bericht an Talleyrand – warum an Talleyrand? – und wies auf die unüberwindlichen Schwierigkeiten hin, die mit der Unternehmung verbunden waren. Kaiser Franz II. hätte sich gegen eine gewaltsame Entführung gesträubt, denn er war trotz allem der Schwiegervater des »Scheusals«. Die Urheber hatten im Sinn, Napoleon so zu behandeln, wie Bonaparte den Herzog von Enghien behandelt hatte. Ein alter Chouan namens Brulart, der seit der »Befriedung« der Vendée durch Feuer und Schwert auf Rache sann, sollte es übernehmen, den Usurpator umzubringen. Auf ein solches Risiko wollte sich der österreichische Kaiser nicht einlassen. Angesichts dieser Schwierigkeiten brachten Talleyrand und sein Freund Lord Stewart, der englische Gesandte in Wien, ein feiner gesponnenes Projekt zustande. Ihre Idee war es, Napoleon die Flucht von seiner Insel nahezulegen. Es mußte ihm die Hoffnung gelassen werden, dieses sinnlose Vorhaben könne gelingen. Der Plan soll von Castlereagh stammen; Talleyrand arbeitete ihn aus, Metternich gab seinen Segen. Er gab noch mehr, den österreichischen General Koller nämlich, der nach Elba geschickt wurde.

In Wien streute Talleyrand allenthalben seine berühmten Worte aus. Eines Abends sagte er im Palais des Fürsten Schwarzenberg: »Ja, von den Schlachtfeldern haben wir ihn weggebracht, aber er ist noch immer so nah, daß wir ihn mit unserer Lorgnette sehen können.« Und Castlereagh sagte zu Schwarzenberg: »Alexanders wegen ist Napoleon auf Elba. Hätte man auf uns gehört, auf Talleyrand und mich, wäre er sechzehntausend Meilen von hier entfernt deportiert worden, auf die Azoren und sogar noch weiter.« Es ist durchaus richtig, daß Talleyrand die Azoren oder Sankt Helena genannt hatte. Die Festsetzung auf Elba – ein Scheingebilde von Hofstaat und Armee – war lächerlich und gefährlich zugleich. Diese Maßnahme, sagte Talleyrand, »ist so milde, daß sie einer Höflichkeitsbezeigung gleichkommt«. Was also sollte man tun? Bekanntlich müssen neue Tatbestände vorliegen, damit ein Urteil geändert werden kann. Napoleon mußte eine Unrechtshandlung begehen, sich als unverbesserlich, als meineidig aufführen, kurzum, er mußte selber einer neuerlichen Verurteilung Vorschub leisten. Davon ging Castlereaghs und Talleyrands Plan aus. Talleyrand wußte, wie hitzig und lebhaft Napoleons Wesen war. Abgeschlossenheit und Untätigkeit waren ihm unerträglich. Sein früherer Minister wußte auch, daß er den Worten gut ausgewählter Besucher zugänglich sein würde, wenn sie sich ihm achtungsvoll und bewundernd näherten und ihm geheuchelte Sprüche von Popularität, Wiedergeburt, Flucht, Begeisterung und Ruhm ins Ohr bliesen. Koller spielte erfolgreich die Rolle des Versuchers. Er beruhigte Napoleon hinsichtlich der Folgen und stellte dar, welche guten Möglichkeiten sich ihm böten. Er ließ durchblicken, daß eine Rückkehr nach Frankreich nicht unmöglich, daß die Alliierten der Bourbonen schon überdrüssig seien, daß das französische Volk seinem Kaiser nachtrauere. Warum hätte Napoleon Koller nicht Glauben schenken sollen? Er sprach im Namen Franz' II., seines Schwiegervaters, und Napoleon wußte, daß er seinen Schwiegersohn nicht verstoßen hatte. Konnte Napoleon ahnen, daß Kollers Stimme im Grunde die seines früheren Ministers Talleyrand war? Es schien ein Schicksalszeichen zu sein, daß diese aus Wien kommende Stimme genau das gleiche verkündete, was seine Getreuen, seine Götzendiener ihm sagten. Freunde wie Feinde, alle trieben ihn in das verhängnisvolle Abenteuer.

Mehr als seine Anhänger haben seine Feinde ihm die Flucht erleichtert. In Wien erfuhren Castlereagh und Talleyrand Tag für Tag, was auf Elba vor sich ging, alle von Napoleon und seinen Getreuen unternommenen Vorbereitungen waren genau bekannt. Allerdings kaschierte sie Napoleon auch kaum, er war derart in Sicherheit gewiegt worden, daß eine Verheimlichung ihm nicht als notwendig erschien. Am 21. Februar schreibt ein »Ölhändler« genannter Spion in einem Bericht: »Ich habe in eigener Person Verladung von sechzig Kisten Kartuschen, Ballen mit Ausrüstungsmaterial und Nahrungsmitteln auf die ›Inconstant‹ beigewohnt.« Woher kam die Munition? Hat sich niemand über die Verladung gewundert? An welchen Bestimmungsort sollte sie gelangen? Von diesem Rapport nahmen Castlereagh und Talleyrand Kenntnis. Keine Gegenmaßnahme. Alles geschah so, wie sie es sich vorgestellt hatten.

In Wien gehörte es unterdessen zum guten Ton, sich über die Insel Elba lustig zu machen, diesen eisenhaltigen Riesenkieselstein, wo Rost und Langeweile am Exkaiser des Abendlandes nagten. Dieser Hofstaat und sein Herrscher wurden lächerlich gemacht und verspottet. Sein »Haus« bestand aus einem Koch, einer Wäschebeschließerin und einem Pianisten. Die Fürstin Bagration war besonders bissig. Talleyrand jedoch muß man Gerechtigkeit widerfahren lassen: er hat nie auch nur ein einziges häßliches Wort über Napoleon fallenlassen, er schenkte den Beschimpfungen, die von so niedriger Ebene kamen, nicht einmal Gehör. Im Februar 1815 hatte ein falsches Fluchtgerücht den Hühnerhof in Aufregung versetzt. Doch bald beruhigte man sich wieder. Wie sollte er denn entkommen? Es war unmöglich. Die Insel war von englischen Kriegsschiffen umzingelt, alle Kanonenrohre waren auf den winzigen Hafen gerichtet, aus dem niemand und nichts herauskonnte. Am 26. Februar war es soweit. Napoleon selbst gab den Notabeln der Insel, die er zu einer Audienz empfangen hatte, bekannt: »Messieurs, ich verlasse Sie, Frankreich ruft mich, die Bourbonen haben das Land zugrunde gerichtet.« Was folgt, ist noch aufschlußreicher: »Einige Nationen werden mich mit Freude zurückkehren sehen.«

Wer hat ihm also »grünes Licht« gegeben, wie man heute sagen würde? Der schlagende Beweis dafür, daß sein Aufbruch gründlich vorbereitet worden war, ist die Art und Weise, wie er sich auf den Weg machte. Es ist kaum glaublich. Die französische Flottille in Toulon, zur Aufsicht über die Insel Elba eingesetzt, führte die ihr gegebenen Anweisungen nicht durch. Und die englische Marine? Deren Verhalten ist noch verwunderlicher. Ihr Befehlshaber Campbell war über den Aufbruch genauso im Bilde wie jedermann auf der Insel. Im entscheidenden Moment bekam er Urlaub, damit er nach Florenz reisen konnte, wo seine Mätresse wohnte. Die zur Umzingelung der Insel eingesetzte englische Flotte hatte keinen Befehlshaber. Zwei Tage nach Napoleons Flucht war Campbell wieder auf Elba: sein Urlaub fiel also genau mit dem Zeitpunkt des Entweichens zusammen. Eine Erklärung verlangte die englische Admiralität nicht, und sie selber gab auch keine ab.

Das Tollste jedoch ist, daß die vor Elba kreuzenden Schiffe den Befehl erhielten, auf den kaiserlichen Konvoi weder zu schießen noch ihn anzuhalten.

Die öffentliche Meinung jener Zeit ließ sich weniger prellen als die Historiker des ausgehenden 19. Jahrhunderts. Eine englische zeitgenössische Karikatur stellt Napoleon (mit Beinamen Boney) dar, wie er die Riegel seines Gefängnisses aufsperrt, um zu entfliehen, während die englischen Wächter so tun, als schliefen sie. Einer von ihnen sagt: »Mach nicht solchen Krach, Boney, sonst müssen wir notgedrungen aufwachen.«

Die Falle, in die Napoleon 1815 ging, war mithin ein Geheimnis, das die Spatzen von den Dächern pfiffen. Nach einem festgelegten Plan schiffte er sich nach Frankreich ein. Oder glaubt man etwa, der Gefangene habe sich in ein in den Felsen und im Nebel verstecktes Boot geschlichen? Ganz und gar nicht. Am hellichten Tage im Hafen ging er mit neunhundert Mann – jawohl, neunhundert! – an Bord der »Inconstant«. Von ihren Schiffen aus hatten die Engländer ihn im Visier ihrer Feldstecher, auch im Visier ihrer Kanonen, doch nur ihre Feldstecher benutzten sie. Als der kaiserliche Konvoi auf offener See war, taten die englischen Schiffe so, als machten sie sich an die Verfolgung. »Diese Jagd ist so lahm«, schrieb ein Augenzeuge, »daß die Matrosen sich darüber wundern.« Herr von Talleyrand wunderte sich über gar nichts.

Am Morgen des 28. Februar – er war noch nicht aufgestanden – erschien Dorothee, setzte sich auf sein Bett und plauderte beim Frühstück mit »ihrem vertrauten Onkel«. Sie freute sich auf das Fest, das am Abend stattfinden sollte, und hoffte, in der Rolle, die sie in einer Komödie spielen sollte, glänzen zu können.

Ein Schreiben Metternichs wurde hereingebracht. »Wahrscheinlich wird mir der Zeitpunkt des Konferenzbeginns mitgeteilt«, sagte der Fürst. Dorothee öffnete das Kouvert und las die Mitteilung: »Bonaparte hat die Insel Elba verlassen!« rief sie aus. »Ach, lieber Onkel, und meine Generalprobe?« – »Sie wird stattfinden, Madame«, antwortete er ihr mit gewohnter Ruhe.

Man stellte sich die Frage, wo der Flüchtige wohl an Land gehen würde. In Italien? In den Vereinigten Staaten? Jedenfalls nicht in Frankreich. Pozzo di Borgo hatte gesagt: »Wenn er den Fuß hierher setzt, wird er bei der Landung ergriffen und am nächstbesten Baumast aufgehängt.«

Solche Worte hörte Talleyrand sich an, ohne daß sie in sein Bewußtsein drangen. Er kannte seinen früheren Herrn besser als jeder andere und sah ihn bereits auf Paris vorstoßen.

Der Kongreß in Wien zerbröckelte. Das dort geschaffene Europa fiel bereits in sich zusammen. Die Geigen spielten umsonst, die Kerzen vertropften ihr Wachs und erstarben in Rauchschwaden. Das Fest war zu Ende. Dieser Jahrmarkt im Flittergewand war im übrigen nicht eigentlich ein Akt des Dramas jener Epoche. Er gehörte nicht ins Stück, es war ein Zwischenakt, dem der gewaltigste Tragöde der Geschichte, Napoleon, ein Ende machte. Als er im Golf von Juan den Fuß an Land setzte, war der fünfte Akt angekündigt: das Gemetzel und der Zusammenbruch.

Zu Beginn jedoch mochte die Flucht, für einige zumindest, als ein günstiges Ereignis gelten. England, Österreich und die Bourbonen konnten, wenn der Flüchtling schnell gefaßt wurde, sein Schicksal ein für allemal besiegeln. Napoleon hatte seinen Eid gebrochen, er hatte sich selber aus dem Kreis der Nationen ausgeschlossen, diesmal konnte man ihn verurteilen.

Talleyrand ermaß die gewaltigen Risiken, die Castlereagh und er eingegangen waren. Ein Spieler mag manches wagen, Talleyrand aber wagte nur etwas, wenn er ganz sicher war. Er wußte, in welchem Zustand Frankreich sich befand. Die Armee war ohne Offiziere, war wehrlos, die Verwaltungsbeamten hatten keine Ahnung, sie waren in alle Winde verstreut und bei der royalistischen Säuberung ausgewechselt worden, die Finanzen waren nach fünfundzwanzig Jahren Revolution und Kaiserreich zerrüttet. Bei der Rückkehr würde Napoleon nur ein paar »Verräter« auf manchen

Posten vorfinden, die ihm im April zuvor abgeschworen hatten. Nun würden sie ihm noch einmal, für die Zeitdauer, da er der Herr war, Treue schwören. Selbst mit dem Einsatz seines ganzen Ingeniums würde es Napoleon nicht gelingen, die intakten Reserven auf allen Gebieten zu mobilisieren, die Talleyrand beim Zusammenbruch gerettet hatte. Möglicherweise vermochte er noch eine Schlacht zu gewinnen, allenfalls zwei, doch würden das nur Verzweiflungserfolge sein. Er hatte endgültig ausgespielt. So stand es geschrieben. Nicht in den Sternen, wie romantische Historiker meinen, die an Legenden glauben, sondern in der Bilanz der Banque de France, in den Bestandslisten der Verwaltung, in den Statistiken der Gendarmerie, in allen Berichten der Präfekten. Frankreich konnte und wollte nicht mehr kämpfen. Übrig blieb eine Handvoll Militärs: sie konnten eine Schlacht schlagen, nicht aber das verbündete und zu allem entschlossene Europa besiegen.

Mit welch kühlem und verächtlich mitleidvollem Blick mochten Talleyrand und Castlereagh Bonapartes fanatische Anhänger betrachten, die ihrem Idol entgegenliefen und meinten, ihm einen Triumph bereiten zu können, während sie ihn doch seinem endgültigen Untergang entgegentrieben. Talleyrand blieb unerschüttert und sagte: »Es ist eine Frage weniger Wochen, er wird schnell am Ende sein.«

In Wien verödeten die Ballsäle, und die Kirchen füllten sich. Im gleichen Maß wie der Adler »von Kirchturm zu Kirchturm fliegt«, eine Armee zusammenstellt und sich Paris nähert, schwellen die Gebete an. Talleyrand läßt alles um sich herum geschehen. Er gibt sich so gelassen, daß man ihn verdächtigt, an Napoleons Spiel teilzuhaben. In Wien wurde gesagt: »Er hat das Feuer an das Haus gelegt, um es vor der Pest zu retten.«

Zu diesem Zeitpunkt traf er mit einem Neapolitaner namens Ruffo zusammen, der beauftragt war, die Interessen des Fürsten in Neapel und Benevent wahrzunehmen. Dieser Mann war nicht blind. Am 8. März 1815 hatte er mit dem Fürsten eine vierstündige Unterredung. Wie die Wiener war er überrascht »von der äußersten Gelassenheit des illustren Diplomaten«. Und Ruffo schreibt: »Müßte er nicht als erster die Fassung verlieren, da die Rückkehr des Kaisers ihn mehr denn jeden anderen als die größte Katastrophe seines Lebens treffen muß?« Unbezweifelbar war die Rückkehr keine Katastrophe für ihn – und auch keine Überraschung. »Und was seltsam ist«, fügt der scharfsinnige Neapolitaner hinzu, »diesmal ist die Ruhe nicht gespielt. Man entdeckt an ihm nichts von jener etwas verkrampften Haltung, die er zuweilen zur Schau trägt und die der Ausdruck einer gekünstelten Gelassenheit ist.«

Ist diese Aussage nicht quasi ein Beweisstück? In Wien wurde sogar beobachtet, daß Herrn von Talleyrands Gangart seit Napoleons Flucht leichtfüßiger geworden war. Wenn der Adler fliegt, bekommt der Klumpfuß Flügel.

Er wurde mit Fragen bestürmt. Um die Angst der Leute zu dämpfen, sagte er immer wieder: »Es ist eine Frage weniger Wochen, er wird schnell am Ende sein.« Mehr noch als seine Worte wirkte sein ganzes Gehabe beruhigend.

Indes, der Fluchtplan, wie er ihn sich gedacht hatte, lief nicht glatt ab, es kam etwas dazwischen. Ein Polizeibericht vom 18. März erwähnt, daß der Fürst »sich den Kopf mit beiden Händen kratzte«, als die Nachricht eintraf, daß zwischen Paris und Napoleon keine Barriere mehr war und daß der Usurpator in die Hauptstadt einziehen würde, als kehrte er nach Hause zurück. Diese ungewöhnliche Gebärde versetzte seine Sekretäre in Staunen, vermerkt der Polizeibericht. Hätte er sich gehenlassen und den Kopf mit einem Finger gekratzt, wäre die Situation heikel gewesen; mit einer Hand, wäre sie ernst gewesen – aber mit beiden Händen: das bedeutete das Schlimmste. Das Schlimmste war in diesem Fall für Talleyrand die Feigheit Ludwigs XVIII., der sich zum zweitenmal ins Ausland absetzte. Am Abend des 20. März 1815 schlief Napoleon im Bett des Königs. In diesem Augenblick verkündete Talleyrand in Wien den Mitgliedern seiner Mission, daß die Regierung, für die sie alle arbeiteten, zur Stunde in einer Kutsche zwischen Paris und den Niederlanden durchgerüttelt würde, die Regierung in Gestalt eines dicken alten Mannes ohne Geld und Ansehen. Nach dieser niederschmetternden Nachricht verließen die Angestellten das Haus. Talleyrand behielt nur Courtiade und einen Diener für alle Verrichtungen.

Die Flucht des Königs – sie war in Napoleons Fluchtprogramm nicht vorgesehen – brachte Talleyrand an den Rand des Ruins. Der Bankier Gaymüller, der dem Fürsten die aus Paris eintreffenden Gelder auszuhändigen pflegte, verschloß ihm seine Schalter. Sobald Napoleon in Paris war, ließ er Talleyrands gesamtes Vermögen beschlagnahmen. Ohne einen Pfennig stand er da. Allerdings wurde er unverzüglich wieder flottgemacht. »Man« ließ den Banken die Mitteilung zukommen, daß »man« für alle Schulden aufkommen würde, die Herr von Talleyrand machte. Unbegrenzt, unkontrolliert. Das hieß, daß man sich auf etwas Ungeheures einließ. Und wer war dieser großherzige und ungenannte Gewährsmann? Castlereagh, der namens der englischen Regierung handelte. Wodurch waren die beiden Männer so eng miteinander verbunden? Zwischen Castlereagh und dem Fürsten bestand das Einvernehmen, das »Ungeheuer« zwar fliehen zu lassen, aber nur, um es desto besser fangen zu können. So daß man feststellen kann: das Komplott hat zwar keine Spuren hinterlassen, es hatte aber exzellente Auswirkungen.

In Wien wird die Anwesenheit eines napoleonischen Spions verzeichnet, eines Mannes namens Schulmeister, der bei den internationalen Geheimdiensten kein Unbekannter war. [Karl Ludwig Schulmeister, aus Neu-Freistett stammend, seines Zeichens Krämer in Straßburg. Als Agent

Fouchés, Napoleon treu ergeben, leistete er mit ungewöhnlicher Geschicklichkeit und Tüchtigkeit große Dienste. In ganz Deutschland ist er aufgetaucht, in Preußen, in Österreich, in Erfurt. In Wien während des Kongresses war er unsichtbar zugegen, wahrscheinlich im Dienst Talleyrands stehend, in dem er den großen Mann des nachnapoleonischen Europa sah. Seine gesamten Unterlagen hat er verbrannt. Hat er mit der Flucht von der Insel Elba zu tun gehabt? Wahrscheinlich. Er fuhr dem Geflohenen einige Tage, bevor dieser landete, entgegen. 1853 starb er. Über seine Tätigkeit hat er nie etwas verlauten lassen. Bemerkenswert, daß er 1850 den Besuch Louis-Napoleons erhielt.] Bekannt ist, daß er, wie sein Vorgesetzter Fouché, es abgelehnt hat, sich Napoleon wieder anzuschließen. Diese Leute wußten, was geschehen würde ... Ob Schulmeister mit der Flucht zu tun hatte? Man weiß es nicht. War er der Träger eines geheimnisvollen Briefes, der Talleyrand übergeben werden sollte, von der Polizei aber abgefangen wurde? Der Brief war nicht unterzeichnet, er enthielt eine Warnung und eine Todesdrohung. Metternich hat ihn anstelle Talleyrands gelesen. Er war bedroht von »Schurken, die genau wissen, daß Sie die Seele aller großen und edlen Maßnahmen sind, durch die sie vernichtet werden sollen«. Diese »Schurken«, wie sie sich durch Umkehrung des Wortsinns bezeichnen, sind diejenigen, die alles auf die Rückkehr des Kaisers gesetzt haben und wissen, daß Talleyrand die Flucht zu ganz anderen Zwecken und Zielen vorbereitet hat. In Wien stellt man sich immer wieder und immer dringlicher Fragen über diese merkwürdige Flucht. Der englische Gesandte Lord Stewart, ein Vertrauter Talleyrands, ergibt sich dem Trunk. Bei Tisch lacht er laut los und ruft: »Diesen Narren Bonaparte spieße ich mit meiner Gabel auf.« Das war zu viel gesagt. Talleyrand tat so, als habe er nichts gehört. Manchmal, zu später Abendstunde, entspannte er sich, und wenn man ihn drängte, sagte er, das Schauspiel des durch eine allgemeine Aufrüstung in Verwirrung geratenen Europas sei im Grunde recht befriedigend. Das sei, sagte er, »ein Fieberanfall der Völker, die zu früh zu zittern aufgehört hatten«. Ein andermal war er unvorsichtiger, er wagte auszusprechen, daß dieser aufsehenerregende neue Auftritt Napoleons die beste Art und Weise sei, »den Kopf des Bandwurms zu bekommen«. Und damit uns später nichts weiter übrigbleibt, als Mutmaßungen über Talleyrands Komplott anzustellen, verbringt er seine Zeit damit, Briefe und Aktenstücke am offenen Kamin zu verbrennen. Wenn er gefragt wird, ob Napoleon viele Anhänger in Paris habe, antwortete er: »Das weiß ich nicht, ich kenne nur die, die er in Wien hat, das sind zu viele.« Das war richtig: Die Bewunderer tauchten überall wieder auf, nachdem Napoleon Paris wiedererobert hatte. Frauen und romantische junge Leute waren begeistert wie alle anderen, die nur auf etwas Neues aus waren, Neues um jeden Preis, Schlachtenlärm, Kanonendonner, Kosaken- und Ulanen-Angriffe. Nach fünfundzwanzigjährigem Gemetzel riefen sie: »Immer weiter!« Auch die Fürstin

Bagration. Sie verkündete laut, sie würde sich dem Kaiser in die Arme werfen, wenn sie ihn träfe. Diese Vergewaltigung verdiente Napoleon nicht. Als Jérôme, Napoleons Bruder, sich dem Kaiser wieder anschloß, sprach Talleyrand den schrecklichen Satz aus: »Daran erkenne ich den Mann, der die Frauen zu sehr liebte. Er verliert den Kopf für nichts ...« Dieses Wort »für nichts« ist der Ausdruck größter Geringschätzung. Für Talleyrand war der »Adlerflug«, der viele Leute in Begeisterung versetzte, nur eine Falle. Waterloo, das hieß »für nichts«. Und das Schlimmste ist, daß Talleyrand recht behielt.

Der Kongreß löst sich auf, und Dorothee entschwindet

Den Alliierten gegenüber war Talleyrands Aufgabe unmöglich geworden. Die Angst vor Napoleon hatte alle Haßgefühle gegen Frankreich wieder entfacht, die Talleyrand zu beschwichtigen versucht hatte. Was sollte er denen antworten, die ihm vorhielten, Frankreich habe Napoleon nicht nur nicht aufgehängt, sondern sich ihm aufs neue ausgeliefert? In Wien wurde erklärt, Frankreich habe sich als Helfershelfer des »Scheusals« erwiesen, und zugleich erklärte man den Kampf auf Leben und Tod gegen das unverbesserliche Land. Wenn Napoleon geschlagen war, sollte Frankreich für ihn zahlen. Was Talleyrand vernahm, versetzte ihn in Schrecken: Preußen, Österreich und Rußland forderten die Zerstückelung Frankreichs.

Napoleons Flucht hatte andere Folgen als geplant. Talleyrand hüllte sich in Schweigen und sann auf einen Gegenzug. Er wußte, was Frankreich darstellte, er wußte, daß man es nicht vernichten konnte, es nicht einmal aufteilen durfte. Im Höchstfall konnten Frankreichs Feinde – unter schrecklichen Risiken für die Zukunft – es unternehmen, das Land zu beschneiden. Er war entschlossen, sich dem entgegenzustellen. »Nicht nachgeben bedeutet manchmal, getötet werden«, sagte er, »aber nachgeben bedeutet geschwächt werden.« Nie ist der Minister eines besiegten Landes in einer verzweifelteren Lage gewesen, er mußte ein Land verteidigen, das eigentlich nicht zu verteidigen war. Nötig war, Napoleons Sache von der Sache der französischen Nation zu trennen und für die Schuldlosigkeit Frankreichs zu plädieren. Das hieß aber, gegen die Gewißheit und den Augenschein plädieren. Das überstieg die Fähigkeiten des Fürsten nicht.

Im März trat der Kongreß noch mehrere Male zusammen. Solange noch die Möglichkeit bestand, nutzte Talleyrand sie und nahm sich jeden Minister und Gesandten einzeln vor, um ihn zu beeinflussen. Er gab Empfänge, er ging aus, er ließ seine Nichte ausgehen und desgleichen die Herzogin von Kurland, die, durch Napoleons Rückkehr aus Paris verjagt, jetzt gleichfalls in Wien war. Alle Frauen, die die Herzogin und Dorothee zu ihm brachten, oder zu denen er eingeladen wurde, erhielten Sonderlektionen von ihm. Dann schickte er seine fliegende Schwadron zu den einflußreichsten Männern; die Frauen sollten weitergeben, was sie gelernt hatten. Überall, bei Tisch, beim Tanz, im Bett sollte gesagt und wiederholt werden, daß von allen Opfern Napoleons Frankreich das beklagenswerteste sei. Es sei eine Ungerechtigkeit – und sogar eine Gefahr –, den Namen ihres Henkers mit dem der Nation in Zusammenhang zu bringen, die von ihm zugrunde gerichtet wurde. Das mußte den Politikern eingehämmert werden. Die Damen verstanden ihre Waffen zu gebrauchen. Verfochten sie nicht eine heilige Sache? Was sollte aus den übrigen zivilisierten Nationen werden, wenn Frankreich eines Tages von den Preußen und den Kosaken besetzt würde?

Er bereitete den Text einer Erklärung vor, Erklärung vom 13. März 1815 genannt, mit der der Kongreß zugestehen sollte, daß der wiederaufflammende, blutige Krieg in Europa nicht von Frankreich, sondern vom Ehrgeiz eines einzigen Mannes entfesselt worden sei. Europa kämpfe nicht gegen Frankreich und seine rechtmäßige Regierung, sondern nur gegen Napoleon. Mit der Freisprechung Frankreichs und seines Königs bereitete Talleyrand bereits den späteren Friedensvertrag vor, die Rückgabe der Krone an die Bourbonen, und er verhinderte die Zerstückelung des Landes.

Würden aber die aufgebrachten Alliierten eine solche Erklärung unterschreiben? Talleyrand war am Morgen des 13. noch im Zweifel. Nur seine Sekretäre wußten, daß er Befürchtungen hatte. Die Sitzung fand an jenem Tag bei Metternich statt. Talleyrand machte sich auf, den Kampf für die Integrität des nationalen Bodens zu unternehmen. In seiner Tasche steckte die Erklärung. Ein Stück Papier, über dem er die ganze Nacht mit seinen Sekretären gesessen hatte. Sie begleiteten ihn zur Kutsche, sie waren bleich und sehr besorgt. Er beugte sich aus dem Wagenschlag und sagte zu ihnen: »Wartet auf mich. Damit eure Ungeduld nicht einen Augenblick zu lange auf die Folter gespannt wird, stellt euch an die Fenster und späht nach mir aus. Habe ich den Sieg davongetragen, werde ich den Vertrag, von dem das Schicksal Frankreichs und Europas abhängt, aus dem Wagenschlag heraushalten.«

Sie warteten auf die Rückkehr des Ritters, der bei dem Turnier allein für das belagerte Frankreich kämpfte. Würde es von der Landkarte verschwinden, wie die Fürstin Bagration und die preußischen Adjutanten verkündeten? Endlich erschien der Wagen wieder. Aus dem Wagenschlag hing eine Hand, sie schwenkte ein Blatt Papier. Jubel! Frankreich würde nicht in Stücke gerissen werden. Die Sekretäre umarmten sich.

Neben den bedeutsamen Geschehnissen ereigneten sich viele kleine. Eines ist sehr rührend verlaufen. Er traf Madame de Brionne wieder. Wie erinnerlich hatte sie es zur Zeit des Preßburger Friedens abgelehnt, ihn zu empfangen. Es war schmerzlich für ihn gewesen. 1815, als er wieder in Preßburg war, verzieh ihm Madame de Brionne, da er so viel für die Bourbonen und für Frankreich getan hatte. »Da sind Sie endlich wieder!« sagte sie zu ihm. »Ich habe stets gehofft, Sie wiederzusehen. Ich bin vielleicht unzufrieden mit Ihnen gewesen, aber ich habe nicht einen Augenblick aufgehört, Sie zu lieben. Meine Anteilnahme hat Sie überallhin begleitet.«

Seit dreißig Jahren! Dieses »überallhin« war wirklich erschütternd. Talleyrand selber sagt: »Ich konnte kein Wort herausbringen. Ich weinte.« Diese Tränen waren echt. »Ihre Stellung ist gut«, sagte sie ihm. »Ja, ich finde sie sehr gut.« Madame de Brionne war alt und krank, deshalb ist die Rührung, die er empfand, noch besser zu verstehen. Viel Schönheit und Gnade war ihnen zuteil geworden, aber auch gekränkte Freundschaft, und alles war noch lebendig. Zwischen ihnen der tiefe Abgrund von Trauer und Ruinen. »Vor Tränen erstickte ich fast, ich fühlte, daß ich ohnmächtig wurde. Ich ging, um Luft zu schöpfen, an die Ufer der Donau.«

Wenige Tage danach starb Madame de Brionne.

Auch im engsten Familienkreis traf ihn ein neuer Schmerz: seine Nichte Dorothee ging auf Abenteuer aus. Über die meisten ist Stillschweigen bewahrt worden; Dorothee kannte ihre Partner kaum und zuweilen überhaupt nicht, sie sah sie auch nicht wieder. Einige Seitensprünge sind bekannt. Ihr Geliebter war Graf Trauttmannsdorff, Großstallmeister des österreichischen Kaisers. Ein verführerischer Mann, leichtlebig, ein Schürzenjäger: das Ebenbild Edmonds. Bald wandte sie sich von ihm ab und dem Grafen Clam zu. Das war ernsthafter. Schwierig zu sagen, ob Talleyrand Eifersucht empfand – dieses Gefühl war ihm immer unbekannt gewesen –, aber Besorgnis empfand er gewiß, und sicherlich hatte er auch Angst, sie zu verlieren. Bei ihm fand sie alles, was eine junge und hübsche Frau nur begehren kann und was ihr schmeichelt, außer ... außer, was sie bei ihren jungen Geliebten suchte. Er stellte fest, daß Dorothee die würdige Tochter ihrer Mutter war, und die würdige Schwester der Fürstin von Sagan, der Herzogin von Acerenza und der Prinzessin von Hohenzollern: die vier Damen Kurland hatten sich einen soliden Ruf in der europäischen Galanterie erworben. Dorothee, die fünfte, war in Wien zur Familientradition übergegangen.

Die Herzogin war am 24. März ins Palais Kaunitz eingezogen. Doch leider war ihr Platz von der eigenen Tochter eingenommen worden – ganz und gar. Nichts ist durchgesickert über die gegenseitigen Gefühle des Trios, nichts über die maßvoll und andeutend geführten Auseinandersetzungen zwischen ihnen.

Noch ein weiterer Besucher erschien bei Talleyrand, ein Freund aus der Vergangenheit, der unersetzliche Montrond. Frisch und munter kam er aus Paris. Mitten im Kriege konnte man also von einem Feindesland ins andere hinüberwechseln, denn im Kriege befand man sich wieder. Alle Armeen Europas waren auf dem Marsch und strebten nach Frankreich. Montrond kam als Sonderbeauftragter und geheimer Bote Napoleons, um Talleyrand mit Engelszungen und allen möglichen Versuchungen zu bewegen, wieder in den Dienst des Kaisers zu treten. Als Helfer stand Montrond ein gewisser Saint-Léon zur Seite, den Talleyrand gut kannte. Gemeinsam versuchten sie, den Fürsten zu überreden. Man glaube nicht, daß Montrond plötzlich Treuegefühle Napoleon gegenüber empfunden habe! Ihm lag jedoch viel daran, die Prämie zu erhalten, die der Kaiser ihm versprochen hatte, wenn er seinen Freund Talleyrand nach Paris brächte: eine lebenslange Rente von zweihunderttausend heutigen Francs! Montrond, der stets Geld benötigte, versuchte das Unmögliche, nämlich Talleyrand zu betören. Er redete gegen eine Wand. In Wien, selbst in Gent, in der Umgebung Ludwigs XVIII., gab es Leute, die Talleyrand des Doppelspiels verdächtigten und meinten, er sei bereit, wieder zu Napoleon zu stoßen. Ein etwas naives Mißtrauen. Napoleon war einem sinkenden Schiff vergleichbar, und der einfältige Montrond lief seiner lebenslangen Rente umsonst nach, die Ewigkeit hätte sowieso nur neunzig Tage gedauert.

Am 9. Juni unterzeichnete Talleyrand die abschließenden Urkunden des Wiener Kongresses. Am 10. bestieg er die Kutsche und machte sich, wie er sagte, nach Belgien auf den Weg, wo sein König ungeduldig auf ihn warte. Der Abschied war sehr traurig. Talleyrand hatte geglaubt, daß Dorothees Abenteuer mit Clam, obwohl es schon länger währte als die früheren, mit dem Kongreß ein Ende finden würde. Er hatte die Fristen, die Ludwig XVIII. ihm gesetzt hatte, mehrmals überschritten, aber Dorothee hatte sich immer verliebter gezeigt. Ihr »vertrauter Onkel« mußte schmerzlich feststellen, daß sie von ihrem Liebhaber nicht mehr lassen konnte. Anstatt Talleyrand nach Belgien zu begleiten, ging sie nach Sagan, in der Hoffnung, Clam in Deutschland wiederzutreffen, wo sein Regiment stand. Schon am 3. Juni war sie abgereist.

Hauptsächlich aus diesem Grunde hatte Talleyrand keine Eile gezeigt, dem Geheiß Ludwigs XVIII. zu folgen. Er meinte, er wäre dem König und Frankreich nützlicher in Wien, als er es am Hof von Gent hätte sein können, der aus Emigranten bestand und von dem unerträglichen Blacas beherrscht wurde. Dort hätte er die Verbitterung, die Dummheit, die Unkenntnis über das Zeitgeschehen erdulden müssen und dazu die Verachtung und den Haß dieser Dummköpfe, für die er noch immer nur der Exbischof von Autun, der Gatte von Mrs. Grand war. Diesen Frevel warf man ihm ewig vor.

Zugegeben werden muß, daß er seine Abreise von Wien mit einiger Unverfrorenheit verzögert hatte. Das wurde ihm später heimgezahlt.

Als er am 19. Juni durch Aachen fuhr, wurde bekannt, daß am Tag zuvor eine große Schlacht stattgefunden hatte, in der Napoleon von den vereinigten Armeen Wellingtons und Blüchers geschlagen worden war. Das war Waterloo. Bislang hatte Talleyrand es nicht eilig gehabt, von Wien bis Aachen dauerte die Reise neun Tage. Jetzt beeilte er sich noch weniger.

Er brauchte vier Tage bis nach Brüssel. Schließlich traf er am Abend des 23. Juni in Mons ein, wo sich Ludwig XVIII. befand. Dessen Geduld war am Ende, er tat so, als erwarte er seinen Minister gar nicht mehr. Die gegenseitige Abneigung wurde immer schlimmer.

Von nun an hatte Talleyrand nur noch für einen Mann Bewunderung, »für unseren großen, für unseren herrlichen Herzog«. Natürlich handelte es sich um Wellington, den Sieger von Waterloo. Er war sein Freund, der sich als eine hervorragende Beziehung – nicht zuletzt für Frankreich – erwies.

Eitelkeit ist eine häßliche Eigenschaft und eine große Unklugheit

Kaum war Talleyrand in Mons eingetroffen, bildete sich ein kleiner Hof um ihn. An der Spitze Jaucourt, sein Nachfolger im Ministerium der Auswärtigen Angelegenheiten, und Baron Louis. Sie verkörperten die Freundschaft, die Anhänglichkeit, aber auch die Geschäfte. Da Talleyrand in Wien wie ein Souverän behandelt worden war, warum sollte es in Mons nicht ebenso sein? Er kam, um Glückwünsche und Belohnungen zu empfangen. Ludwig XVIII. hingegen, von Blacas und seinem Klüngel angestachelt, hätte ihn am liebsten verabschiedet. Jeder König in Europa hätte ihn mit Gold überschüttet und hätte ihn gern als Minister gehabt. Metternich hatte dem österreichischen Gesandten in Brüssel die Anweisung gegeben, »Talleyrand bei jeder Gelegenheit zu konsultieren und sich nach seinem Rat zu richten«. Ist man selber unfähig zu regieren, muß man so klug sein, diejenigen regieren zu lassen, die das Land gerettet haben. Sicherlich war dem König manche Unbotmäßigkeit Talleyrands unangenehm. So antwortete er jemandem, der ihn aufforderte, unverzüglich beim König zu erscheinen: »Ich habe es niemals eilig. Dazu ist morgen noch Zeit.«

Chateaubriand stattete Talleyrand einen Besuch ab, er wurde zuvorkommend aufgenommen. Talleyrand berichtet, der Vicomte »sei unzufrieden mit allem und jedem gewesen«. Acht Tage nach Waterloo war seine Verbitterung zu verstehen. Sogar der Empfang, den der Fürst ihm bereitete, war für Chauteaubriand Anlaß zu neuen Beschwerden: er war mit zu großer Liebenswürdigkeit empfangen worden. »Er umgab mich mit allen Schmeicheleien, mit denen er die kleinen Ehrgeizlinge und die wichtigen Dummköpfe betört.« Gewiß, unter das kleine Gelichter ist er nicht zu zählen, er war ein großer Ehrgeizling und begierig, sehr wichtig genommen zu werden. Der Vicomte ließ sich nicht betören und lud den Fürsten ein, mit ihm zum König zu gehen. Der arme König saß wie auf Kohlen. Nicht die Folgen der Schlacht von Waterloo verursachten ihm Pein, sondern eine Hofkabale, die darauf abzielte, den teuren Blacas zu stürzen, auf den er doch nicht verzichten konnte. Auch gegen Talleyrand war er aufgebracht, weil dieser sich öffentlich gerühmt hatte, »ein zweites Mal die Krone auf das Haupt Ludwigs XVIII. gesetzt zu haben«. Das entsprach zwar der Wahrheit, aber es war nicht nötig, es auszusprechen. Das erste Mal war es bereits peinlich gewesen, das zweite Mal war es unerträglich. Talleyrand wurde mitgeteilt, in welcher Stimmung der König war. Er lächelte. Er fühlte sich unersetzlich und unverletzlich. Chateaubriand tat sein möglichstes, um die beiden Parteien zusammenzubringen, er riet Talleyrand, unverzüglich zum König zu gehen, da dieser sich anschickte, Mons zu verlassen. Was mag in Talleyrand vorgegangen sein? Aus Trotz, was gar nicht mit seinem Charakter vereinbar ist, sagte er: »Er wird es nicht wagen.« Das ist nicht einer seiner besten Aussprüche. Es ist ein neuer Zug an ihm, ein Alterszeichen. Er ist weniger ungezwungen, er wird immer empfindlicher und eitler.

Bereits in Wien hatten manche Leute eine beginnende Versteifung an ihm wahrgenommen, die jetzt mehr und mehr zutage trat. Lag es an der Enttäuschung, die Dorothee ihm verursacht hatte, oder war ihm der Wiener Rausch in den Kopf gestiegen? Der König begnügte sich, als Chateaubriand ihm Bericht erstattete, zu antworten: »Wie er will.« Und er setzte hinzu: »Ich breche um drei Uhr auf.« Tatsächlich reiste er um drei Uhr in der Frühe ab.

Talleyrand wurde geweckt: »Der König bricht auf!« Er rief aus: »Verräterisches Spiel!« Das war übertrieben. Im Nu wurde er angezogen, er stützte sich auf den Arm von Ricé und humpelte zum König. Es war höchste Zeit. Die Kutsche befand sich bereits am Tor, dem Kutscher wurde zugerufen, er solle anhalten. Der König war verwundert und fragte, weshalb. Ein Postillon sagte: »Sire, es ist Herr von Talleyrand.« – »Er schläft«, antwortete Ludwig XVIII. Ihm wurde versichert, es sei wirklich der Fürst, und er sei zu Fuß. Der König ließ den Wagen zurückrollen und willigte ein, seinen Minister zu sehen. Der Fürst durfte sprechen, dann sagte der König, der so tat, als habe er überhaupt nichts gehört, im unpersönlichsten Tonfall: »Fürst, Sie verlassen uns. Die Badekur wird Ihnen guttun. Sie werden uns Nachricht von sich geben.«

Talleyrand war völlig niedergeschlagen, er traute seinen Ohren nicht: das bedeutete Entlassung. Der König ließ den Wagen wieder anfahren. Diese Verabschiedung, in dieser Art und Weise, war sehr viel schmerzlicher als die Szene mit Bonaparte.

Daß »er vor Zorn geschäumt« habe, wie Chateaubriand schreibt, ist nicht recht zu glauben. Der Ausdruck zeigt eher das absonderliche Vergnügen, das der Vicomte daran fand, Talleyrand gedemütigt zu sehen, als daß er Talleyrands Empfindungen wiedergibt. Glaubhafter scheint uns die Verbitterung, die sich in den drei Sätzen ausdrückt, die Talleyrand dem Herzog von Levis-Mirepoix sagte, der dem König nachfolgte: »Bitte, Herr Herzog, verkünden Sie, wie man mich behandelt. Ich habe die Krone auf das Haupt des Königs gesetzt. Ich gehe nach Deutschland in eine neue Emigration.« [L-G]

Eine neue Emigration? Das war eine Albernheit, die erste, die er unseres Wissens ausgesprochen hat.

Das einzige, was er selber über diese Szene äußert und was überliefert ist, steht in dem Satz an die Herzogin: »Über mein erstes Zusammentreffen (mit dem König) war ich nicht sehr froh.«

In seinen »Memoiren von jenseits des Grabes« läßt Chateaubriand durchblicken, er habe alles getan, um den König und Talleyrand zu versöhnen. Er begab sich zum Fürsten und bot ihm seine Vermittlung an. Der Vicomte benutzte dazu – wie es sonst Talleyrands Art war – eine Frau, die Herzogin von Duras, die er »meine Schwester« nannte. Bald darauf traf ein Billet von der Hand des Herzogs von Duras ein. Es besagte, daß alles geregelt sei. Genaugenommen waren diese Zwistigkeiten und Versöhnungen, diese »Worte« und das ganze Gebaren nichts weiter als Katzbalgereien alter Jungfern. Es war nur zu offensichtlich, daß Ludwig XVIII. nicht ohne Talleyrand und daß Talleyrand nicht ohne Macht auskam, die er benötigte wie Luft und Licht. Der Kapetinger und der Périgord verabscheuten sich von gleich zu gleich, und das ist die schlimmste aller Gegnerschaften. Da das Schicksal sie jedoch für eine bestimmte Zeit vor denselben Wagen gespannt hatte, mußten sie ihn gemeinsam ziehen.

Während der Wartezeit in Mons fiel es Talleyrand ein, daß der König von Neapel ihm sechs Millionen versprochen hatte. Er schickte seinen Sekretär Perrey nach Neapel, der die Summe holen sollte. Bedauerlicherweise hatte sich alles geändert. Man wies Perrey darauf hin, daß Talleyrand nichts getan hatte, daß er Ferdinand erst auf den Thron verholfen hätte, als der Kongreß beschlossen habe, Murat zu verjagen. Unter diesen Umständen schulde Ferdinand ihm nichts. Es mußte lange verhandelt, erklärt werden ... schließlich und endlich siegte Perrey und brachte Wechsel über sechs Millionen zurück. Talleyrand geruhte, Perrey zu umarmen, um ihm seine Genugtuung auszudrücken, »erlaubte ihm aber nicht, einen neapolitanischen Orden zu tragen, der an eine Reise und eine Unternehmung hätte erinnern können, deren Geheimnis in den Banken und nicht irgendwo sonst verschlossen bleiben mußte«. [Sainte-Beuve]

Sobald Ludwig XVIII. in Cambrai war, ließ er Talleyrand zu sich rufen. Diesmal leistete er der Aufforderung unverzüglich Folge.

Bei dem kurzen Zusammentreffen in Mons hatte er dem König sein Memorandum über das, was während der jetzt bevorstehenden schwierigen Zeit zu tun war, übergeben. Paris befand sich in der Hand Napoleons, der noch einen verzweifelten Widerstandsversuch unternehmen, die Stadt in eine Festung verwandeln und sie zerstören konnte. Es war also nicht alles geregelt. Wie sollte der König sich verhalten? Chateaubriand und Talleyrand waren sich in einem Punkt einig: der König durfte den fremden Armeen nicht sofort folgen. Er mußte allein bleiben, getrennt von ihnen. Man schlug ihm vor, in das nicht besetzte Lyon zu gehen, dort eine freie Regierung zu bilden, mit den Siegern zu verhandeln und nicht eher in Paris einzuziehen, als bis die Stadt von fremder Besatzung frei sei. Selbst Metternich schrieb an Talleyrand und empfahl ihm, Ludwig XVIII. darzulegen, daß er der König aller Franzosen sein müsse – sogar der Königsmörder, daß er die Parteien aussöhnen und sich jeglichem ausländischen Einfluß entziehen müsse. Alle Könige Europas hatten Furcht vor den Ultras, denn Maßlosigkeiten und Übergriffe hätten Anlaß sein können, die Revolution wieder zu entfachen. Selbst ein Klotz hätte sich von Chateaubriands Satz erweichen lassen: »Die Legitimität würde also in Paris hinter den roten Uniformen einziehen, deren Purpurrot mit dem Blut der Franzosen frisch gefärbt war . . .«

Die Ultras und der König ließen sich nicht erweichen. Sie hörten weder auf Talleyrand noch auf Chateaubriand. Da Talleyrand jedoch befürchtete, in Ungnade zu fallen, und da er Minister sein wollte, vergaß er die guten Ratschläge, die er gegeben hatte und schloß sich – um dem König zu gefallen – der Meinung Ludwigs XVIII. und seines Klüngels an. Er macht daraus keinen Hehl und hat auch keine Skrupel: »Ich ließ also meine eigene Überzeugung fallen und begab mich zum König nach Cambrai, um mich wie er in den Troß der englischen Armee einzureihen.«

Noch miserabler als der König Paris verlassen hatte, zog er wieder ein.

Talleyrand bereitet die Wiederbesteigung des Throns behutsam vor

Napoleon verließ Paris am 29. Juni und zog sich nach Malmaison zurück, womit er der Restauration wider Willen einen Dienst erwies. Von Cateau-Cambrésis aus hatte Ludwig XVIII. einen Aufruf erlassen, um seine Rückkehr anzukündigen. Das hätte er besser nicht getan, denn mit diesem Appell kränkte er viele Franzosen – außer die Ultras. Auch die ausländischen Regierungen fühlten sich verletzt. Talleyrand und Beugnot fertigten eine zweite Fassung an. Es ist bekannt, mit welch unvergleichlicher Hand Monsieur d'Autun Hirtenbriefe und öffentliche Kundgebungen aufsetzen konnte. Der von den beiden vorgelegte Text war sehr gemäßigt, die zu Beginn der Restauration begangenen Fehler wurden zugegeben, und es wurde versprochen, sie sollten sich nicht wiederholen: »Nur die Erfahrung konnte helfen, sie wird nicht vergeblich gewesen sein.« Zwar wurde versprochen, die Vergangenheit zu vergessen, aber zugleich wurden Verfolgungen angekündigt gegen diejenigen, die sich während der Hundert Tage Bonaparte zur Verfügung gestellt hatten. Als der Text im Kronrat vorgelesen wurde, schleuderte der Graf von Artois zornige Worte gegen die Passagen, in denen der König begangene Fehler zugab. Talleyrand bot ihm die Stirn:

»Monsieur werden verzeihen, wenn ich in meinen Auffassungen von den seinen abweiche. Ich halte diese Ausdrucksweise für notwendig und demzufolge für am Platze. Der König hat Fehler begangen, persönliche Gefühle haben ihn auf Irrwege gebracht, es steht nicht zu viel darin.«

»Ist das eine indirekte Anspielung auf mich?« fragte ihn der Graf von Artois.

»Da Monsieur die Erörterung auf dieses Thema bringen: ja. Monsieur haben viel Unheil angerichtet.«

»Der Fürst von Talleyrand vergißt sich!« schrie Monsieur.

»Ich fürchte es, aber die Wahrheit zwingt mich dazu«, antwortete Talleyrand. [LMT]

An jenem Tag war er kein Höfling. Doch hätten die Bourbonen auf ihn gehört, wäre die Monarchie in Frankreich vielleicht gerettet worden.

Auch der Herzog von Berry, der Sohn des Grafen von Artois, wandte sich heftig gegen Talleyrand. Ludwig XVIII. gebot seinem Neffen Schweigen: »Genug, lieber Neffe. Über das, was in meiner Gegenwart und in meinem Rat gesagt wird, kommt es mir allein zu, Recht zu sprechen.«

Der kaum veränderte Aufruf wurde veröffentlicht. Talleyrand war zufrieden. Doch Monsieur, der Herzog von Berry und der Klüngel der Ultras waren nun entschlossen, Talleyrand zu Fall zu bringen. Für die Öffentlichkeit indes war er der Mann des Tages. Nicht zu Monsieur drängte die Menge der Höflinge – außer den Ultras –, sondern zu Talleyrand, dem Minister von morgen. Die Bittsteller wimmelten um ihn herum, sogar unter seinem Bett. Er hörte zu und versprengte sein unechtes Weihwasser. Einem, der besonders hartnäckig um Rang und Stellung kämpfte, stellte Talleyrand die Frage nach seinen Verdiensten, und was ihm der König schuldig sei. »Aber Fürst, ich bin in Gent gewesen«, antwortete der andere. In der Tat war es ein Verdienst, in Ungewißheit und Unbequemlichkeit im Schatten eines Schattenkönigs während der Hundert Tage gewartet zu haben. Talleyrand tat erstaunt: »Sie sagen, Sie sind nach Gent gegangen? Es gibt diejenigen, die in Gent waren, und es gibt diejenigen, die von dort zurückgekommen sind. Mit Seiner Majestät waren vielleicht sieben- bis achthundert dort. Aber zurückgekommen von Gent sind meiner Kenntnis nach mehr als fünfzigtausend.« [L-G] Der Gesprächspartner verschwand.

Am 3. Juli machten der König, der Hof und die Gepäckwagen – wie der englische Troß – halt in Roye, von wo aus Talleyrand an die Herzogin schrieb; sie war noch in Baden-Baden. »Der König ist wundervoll, und wenn er nicht von Monsieur beeinflußt wird, ist er großartig ... Wellington, das ist ein prächtiger Mann. Er hat einen guten, schlichten Charakter, und auf dem Schlachtfeld ist er so etwas wie ein Gott ... Bonaparte ist in Cherbourg, wo er sich einschiffen wird. Ich hoffe, daß die Engländer ihn fangen werden. Er führt viel Geld mit sich. Es wird gesagt, er gehe nach Amerika.« [L-G]

In Roye trat der Rat erneut zusammen. Talleyrand versuchte, die Meinungen zu sondieren. Er machte den Vorschlag, alle Franzosen in allen Stellungen, für die sie Fähigkeiten besaßen, zuzulassen, selbst die früheren Konventmitglieder, die für den Tod des Königs gestimmt hatten. Die Antwort ließ nicht auf sich warten. Der König zuckte in seinem Sessel zusammen, schlug mit den Händen auf die Armlehnen und rief mit feierlichem Gehabe: »Niemals!« In seinen Memoiren berichtet Chateaubriand von der Szene und fügt noch ein Wort hinzu: »Niemals in vierundzwanzig Stunden.« Diese unerbittliche Wahrheit war bald allen klar. Talleyrand hatte nicht ins Leere gesprochen. Er dachte an den ganz bestimmten Fall eines königsmörderischen Konventmitglieds: an Fouché. Dieser hatte sich, ungeheur klug und listig, unentbehrlich gemacht, er hielt Ruhe und Ordnung in Paris aufrecht. Selbst die Herzoginnen, selbst den Grafen von Artois hatte er bezwungen.

Talleyrand war nicht sehr begeistert, daß der Herzog von Otranto Mitglied in seinem Kabinett werden sollte. Um aber Paris weiterhin friedlich zu halten, vor allem in dem Augenblick, da der König wieder einziehen wollte, war Fouché unumgänglich notwendig.

Er traf Fouché in Neuilly an Wellingtons Tafel. Der Sieger von Waterloo und sein Freund Talleyrand stellten gemeinsam die Ministerliste zusammen für eine Regierung, mit der die zweite Restauration beginnen sollte. Auch Pozzo di Borgo war anwesend, das heißt das Auge und Ohr Alexanders I. Die Unterhaltung verlief vernünftiger ohne den Grafen von Artois, der sich in alles einmischte. Die Lage war ernst, man wußte, daß in Paris ein Aufstand gärte. Hätte man Fouché aus irgendwelchen Bedenken in die Opposition gedrängt, wäre es zu einer Katastrophe gekommen, zu einem Bürgerkrieg unter fremder Besatzung. Denn Fouché war imstande, einen Aufruhr zu ersticken, aber er konnte ihn auch schüren. Aus der Unterredung schied Talleyrand in der Überzeugung, daß Paris unter einem Polizeiminister Fouché ruhig bleiben würde. Das Kabinett würde zusammenhalten, und die alte Maschine würde wieder in Gang kommen.

Talleyrand begab sich nach Saint-Denis zurück, wo Ludwig XVIII. auf seinen Einzug in Paris wartete. Er unterrichtete den König über die Situation. Dieser begriff und sagte: »Tun Sie alles, was Sie für meine Zwecke als nützlich erachten.« Genaugenommen war es schon getan.

Die Ultras waren außer sich. Vitrolles suchte überall nach Talleyrand. Er drang um vier Uhr morgens in sein Schlafzimmer ein. Seitdem Talleyrand wieder in Paris war, hatte er zu seinem gewohnten nächtlichen Leben zurückgefunden. Vitrolles glaubte, Talleyrand würde zum Lever angekleidet, während er gerade ausgezogen und für die Nacht zurechtgemacht wurde. In Flanellnachthemd, Wolljacke und Nachtmütze wirkte er, eingewickelt in seinen Kokon, wie ein dickes, altes, weißes, weiches Baby. Jaucourt und Baron Louis, ebenfalls im Nachthemd, schauten zu. Der aufgeregte Vitrolles flehte den Fürsten an, ihm zu sagen, was bei der Unterredung mit Fouché herausgekommen sei. Der Fürsten erwiderte gähnend: »Ihr Herzog von Otranto hat überhaupt nichts gesagt.« – »Der Herzog von Otranto ist weit mehr der Ihre als der meine«, gab Vitrolles zurück, er war wütend, daß er aus dem Wollknäuel nichts herauspressen konnte.

Allenfalls hätte Talleyrand ihm sagen können, daß Fouché das Polizeiministerium bereits angenommen hatte.

Das Weitere kann niemand besser beschreiben als Chateaubriand. Der neue Minister des Bruders Ludwigs XVI., der Veranstalter des Massakers von Lyon, Fouché, leistete am 7. Juli dem König in Saint-Denis den Eid. Zur selben Zeit war Chateaubriand dort, um dem Monarchen seine Aufwartung zu machen. Dieser hatte in der uralten Abtei der Kapetinger-Könige haltgemacht und dort das Lager aufgeschlagen. Chateaubriand wartete in einem dunklen Raum; er saß in einer Ecke, allein, denn Gedränge gab es im königlichen Vorzimmer nicht. Er schreibt: »Plötzlich geht die Tür auf. Schweigend tritt das Laster, gestützt auf den Arm des Verbrechens ein, Talleyrand wird beim Gehen von Fouché unterstützt. Die höllische Vision geht langsam an mir vorüber, schreitet in das Kabinett des Königs, wo sie verschwindet.« Ob das wahr ist? Oder ist es eine Vision? Hat Chateaubriand, im Dunkeln kauernd, das wirklich gesehen? Fest steht, daß die Szene, seit Chateaubriand sie beschrieben hat, nicht mehr wegzudenken ist. Den beiden Akteuren hängen die Worte an, die sie für ewig und immer herabwürdigen: »Das Laster, gestützt auf das Verbrechen«. Der Vicomte schließt: »Fouché kam, um seinem Herrn Treue und Ehrerbietung zu schwören. Der Königsmörder legte kniend die Hände, die Ludwigs XVI. Kopf zu Fall brachten, in die Hände des Bruders des Märtyrerkönigs; der abtrünnige Bischof war Bürge dieses Schwurs.«

Pozzo di Borgo sagte es schlichter, als er den Exbischof und den Ex-Schreckensmann zusammen in den Wagen steigen sah: »Ich würde gern hören, was diese Lämmer sagen.«

Von einem so bemerkenswerten Polizeiminister bewacht, konnte Ludwig XVIII. seinen Einzug in die Tuilerien halten, ohne Bomben, Pflastersteine und Anspucken befürchten zu müssen. An Beschimpfungen gab es nur undeutliches Gemurmel, das von nicht sehr kühnen Bonapartisten herrührte. Am 8. Juli schlief Ludwig XVIII. in den Tuilerien in Bonapartes Bett.

Der offizielle Einzug des Königs ging vor sich wie zu Zeiten der ersten Könige: durch die Rue Saint-Denis. Talleyrand hielt es nicht für nötig, bei diesem Gepränge aufzutreten. Er nahm den Weg über Batignolles. Es sah aus, als läge ihm nichts daran, im Gefolge der Prinzen gesehen zu werden. Er kauerte sich in eine unscheinbare graue Kutsche, die ihm die Preußen geliehen hatten; doch davon wußte niemand etwas. Ludwig XVIII. hingegen war mit dem englischen Troß gekommen; und das wußte jedermann.

Talleyrand fuhr den Faubourg Saint-Honoré hinunter in die Rue Saint-Florentin; sein Kammerdiener Courtiade saß auf dem Bock.

Was war seit Bonapartes Rückkehr geschehen? Nichts. Hundert Tage Ferien der legitimen Macht waren verflossen.

Eine der glücklichsten Auswirkungen der Niederlage war der Umzug der Mrs. Grand nach London. Dort blieb sie. Das prächtige Palais war heilgeblieben. Die auf Befehl Napoleons angebrachten Siegel waren entfernt, und es war etwas Staub gewischt worden. Der Fürst brauchte nur in seine frischen Bettücher und weichen Flanelldecken zu gleiten und konnte an den Exkaiser des Abendlands denken, der bereits gefangen saß an Bord eines englischen Schiffes. Er selber war zum Premierminister Ludwigs XVIII. ernannt worden. Er nahm also den fürstlichen Lebensstil wieder auf, den er als Minister des »Usurpators« gehabt hatte. So vergeht und so besteht mancher Ruhm dieser Welt.

Zum erstenmal verwirren Talleyrands Herzensangelegenheiten seinen politischen Blick

Die Minister des Fürsten von Talleyrand waren keineswegs mittelmäßige Gestalten: Louis im Finanzressort, Fouché in dem der Polizei, der bemerkenswerte Gouvion-Saint-Cyr im Kriegsministerium, Pasquier, gewissenhaft und tüchtig, übernahm das Justiz- und Innen-Ministerium, Jaucourt das der Marine. Es war wirklich ein Kabinett nationalen Wideraufbaus. Nur die Ultras waren dagegen und stichelten. Talleyrand bedauerte es sehr, daß der Herzog von Richelieu ihm eine Absage erteilte. Dieser hatte sich Berühmtheit verschafft durch seine Gouverneurstätigkeit in Odessa und auf der Krim. Seine Ablehnung, das Ministerium des königlichen Hofstaats zu übernehmen, bemäntelte er mit Bescheidenheit. Richelieu sagte, er habe zweiundzwanzig Jahre außerhalb Frankreichs gelebt und kenne das Land nicht mehr gut genug, um das Amt eines Ministers ausüben zu können. Das war nur ein Vorwand; der Herzog wollte nicht in einer Regierung sitzen, in der sich ein Fouché befand.

Um jemand anderen an die Stelle zu bringen, inszenierte Talleyrand ein kleines boshaftes Spiel. Er schlug zunächst den Herzog von La Vauguyon vor, den der König nicht leiden konnte. Als der König den Namen hörte, schmollte er. Talleyrand blieb hartnäckig. Seine Majestät schmollte immer mehr. Schließlich hielt Talleyrand den Augenblick für günstig und nannte den Namen dessen, den er gern auf dem Posten gesehen hätte: Alexis de Noailles; ihn hatte er mit nach Wien genommen und im wahrsten Sinne des Wortes so dressiert, daß er alles für seinen Herrn und Meister tat. Er war ein Mann seines Vertrauens. Der König gab unverzüglich seine Einwilligung.

Ein wichtiger Posten blieb noch zu besetzen. Der des Polizeipräfekten. Alle in Erwägung gezogenen Kandidaten hatten abgelehnt. Im Jahre 1815 war dieser Posten äußerst unangenehm. Man muß sich Paris von vier fremden Armeen besetzt vorstellen, rasende Soldaten, die alle erdenklichen Ausschreitungen begingen: Plünderung, Vergewaltigung, Mord und Totschlag. Man muß sich ein miserables, schlecht versorgtes Paris vorstellen, mit einer aus dem Gleichgewicht geratenen, arbeitslosen Bevölkerung als Beute politischer Parteien, eine Stadt, die mit Übeltätern und Verbrechern vollgestopft war. Baron Louis hatte einen jungen Bewerber für den Präfektenposten, einen Rechtsanwalt aus Libourne, »eine gute Erscheinung«, wendig und weder schüchtern noch hochmütig, ein völlig Unbekannter. Louis empfahl ihn Talleyrand. Da der Fürst sich nicht an den Namen des Kandidaten erinnerte, sagte er, um ihn zu beschreiben: »Sie wissen doch, dieser Mann, der die Allüren eines hübschen Friseurjünglings hat.« Dieser Mann hieß Decazes. Baron Louis nahm Decazes beim Arm, stellte ihn vor Talleyrand hin und sagte: »Decazes, Sie sind jezt Polizeipräfekt.« Talleyrand ließ ihn gewähren. Das war der Anfang einer brillanten politischen Karriere. Talleyrand tat nichts dazu, er mochte den Advokaten nicht, der plötzlich und unerwartet in Gunst stand. Das ärgerte ihn, und er machte aus seiner Ablehnung kein Hehl. Damit verspielte er den Rest an Vertrauen, das Ludwig XVIII. ihm widerwillig gewährte.

»Was wirft man ihm (Decazes) eigentlich vor?« fragte Ludwig XVIII. Talleyrand. »Er arbeitet viel, er liebt mich sehr. Hier liebt man ihn nicht, man findet ihn süffisant.« – »Ja, Sire«, antwortete Talleyrand, »süffisant und insüffisant [unzulänglich].«

Diese Reibereien erschwerten Talleyrands Aufgabe. Er hatte die Ultras und den Grafen von Artois, die Bonapartisten und die Republikaner gegen sich. Im Ausland verziehen ihm der Zar und Preußen sein »Recht, seine Prinzipien und sein Europa« des Wiener Kongresses nicht. Hingegen unterstützten ihn England und Österreich. Solange Talleyrand an der Macht war, waren diese Länder sicher, daß Frankreich gut regiert werden und sich in keine Abenteuer stürzen würde. Dem Zaren allerdings wäre ein republikanisches Abenteuer recht gewesen.

Talleyrand versuchte, die lästigsten Feinde zum Schweigen zu bringen, die Ultras, die Einfluß auf den König nehmen konnten. Er hatte die Kühnheit, den Grafen Artois und dessen Sohn vom Ministerrat auszuschließen. »Wir schulden Ihnen keine Dankbarkeit«, sagte Monsieur zu ihm. »Sie haben uns untersagt, am Rat teilzunehmen.« – »Monsieur werden mir danken, wenn Monsieur König sein werden«, antwortete der Périgord dem späteren Karl X. [L-G]

In den Departements des Südens benahmen sich die Ultras aufsässig. Es herrschte Anarchie, der »weiße Schrecken«. Sie brachten die Monarchie in Verruf. Talleyrand bezeichnete sie mit einem herben Wort: »die Fremden im Innern«. Und er wandte auf sie den Satz an, der in die Geschichte eingegangen ist: »Diese Leute haben nichts gelernt und nichts vergessen.« Ihm, der schnell vergaß, warfen sie ewig und immer seine Soutane und die Heirat vor. Trotz seiner Gelassenheit war er tief gekränkt. Eines Abends versuchte er, einige Starrköpfe zu überzeugen: »Aber, Messieurs, Sie wollen das Ancien régime wieder einführen, das ist nicht möglich.« – »Aber, Monseigneur, wer könnte daran denken, Sie wieder zum Bischof von Autun zu machen? Das wäre eine Torheit.«

Es war auch eine Torheit, sie davon überzeugen zu wollen, daß sie die Monarchie wirkungsvoller untergruben, als es die Republikaner taten. Um die Aussöhnung des Throns mit dem Volk zu beschleunigen, schlug Talleyrand Ludwig XVIII. vor, die blauweißrote Fahne zu übernehmen. Es wäre nur eine Geste, aber sie wäre vielsagend gewesen. Der König begriff es und war bereit zuzustimmen. Sein Bruder und dessen Klüngel drohten damit, Frankreich zu verlassen, wenn die Monarchie die weiße Fahne nicht beibehielte.

Außerdem mußte der Premierminister sich mit den fürchterlichen Ausschreitungen beschäftigen, die die Besatzungsarmeen begingen. Sie richteten ungeheure Verheerungen an. Die Nachrichten aus den besetzten Gebieten waren schreckenerregend. Ganze Dörfer wurden geplündert, angezündet, die Bevölkerung dezimiert. Die armen Leute mußten für Napoleons Eroberungszüge büßen. Vor allem die Preußen waren schlimm. »Die Arglist der Preußen ist nur noch mit ihrer Barbarei zu vergleichen«, schrieb Talleyrand am 29. August. Blücher selbst stachelte seine Truppen zu Plünderungen an. Schließlich forderte er, die Seine-Brücke, die nach der Schlacht von Jena benannt war, zu sprengen, weil das preußische Nationalgefühl durch die Erinnerung an einen Sieg Napoleons verletzt sei. Talleyrand intervenierte bei Blücher, um die Brücke zu retten. Blücher ließ ihm antworten: »Ich würde es gern sehen, daß in diesem Augenblick (wenn die Brücke in die Luft ging) Herr von Talleyrand auf ihr stünde.« Bei dieser Gelegenheit handelte Ludwig XVIII., wie ein König zu handeln hat. Er ließ Blücher mitteilen, nicht Talleyrand, sondern er selbst sollte mit der Brücke in die Luft gesprengt werden. Und er ließ anspannen, um zur Brücke zu fahren. Die anderen Alliierten beschwichtigten Blücher, die Brücke und der König wurden nicht in die Luft gesprengt, aber Blücher rächte sich an der Bevölkerung. Der Pont d'Iéna wurde umgetauft in »Pont de l'Ecole Militaire«, Militärschul-Brücke, um wie Talleyrand sagte, »der wilden Eitelkeit der Preußen« Genüge zu tun.

Was tat Talleyrand in diesem Wirrwarr? Er behauptete zu arbeiten. Der König aber, die Minister und seine Zeitgenossen warfen ihm vor, er tue nichts. Nie traf er Entscheidungen zur rechten Zeit. Die Akten stapelten sich. Die Klagen häuften sich beim König. Gleichwohl schrieb Talleyrand am 20. August an die Herzogin: »Ich bin erstaunt darüber, was das Ministerium jeden Tag leistet. Der gegen uns erhobene Vorwurf der Langsamkeit beruht nur auf dem Ungestüm unseres Landes.« Und auf der Noncholance des Ministers, müßte man hinzufügen. War seine Lässigkeit schlimmer geworden? Möglich ist es. Diese ungute Eigenschaft wurde deutlicher sichtbar, weil er jetzt das Amt des Premierministers ausübte. Premierminister war er zum erstenmal in seinem Leben. War er dafür geschaffen?

Er war weder ein Kardinal Richelieu noch ein Mazarin, obwohl er mit dem letzteren einige Ähnlichkeit hat. Trotz seiner großen Gaben war er nicht in der Lage, der erste Mann im Staat zu sein. Mit seinen berühmten Vorgängern hatte er zwar die Geschmeidigkeit und Wendigkeit gemein, an die Spitze der Macht zu gelangen; um sie aber anzuwenden und sich in ihr zu behaupten, fehlte ihm die Charakterstärke. Da lag seine Grenze. Sein höfisches Gebaren, sein Hofschranzentum war nicht nur ein Zeichen von Oberflächlichkeit, es äußerte sich darin etwas, das tief in ihm lag. List und Klugheit befähigten ihn, selbst aus seiner Schwäche Nutzen zu ziehen. Trotz seines Hochmuts und seiner Unverfrorenheit bestand bei ihm stets das Bedürfnis zu vermitteln, zu Diensten zu sein, sich vor der Macht zu beugen, und das hinderte ihn daran, ein Vorgesetzter zu sein – es trieb ihn dazu, sich einem Vorgesetzten zu unterwerfen.

Als er, nach Napoleon, unter Ludwig XVIII. geriet, glaubte er, sein eigener Herr zu sein. Er ließ sich gehen. Er gab sich seinem gewohnten täglichen Leben hin, einem Leben, das Dorothee als sybaritisch und genüßlich bezeichnete, er huldigte seiner Schwäche für die Frauen und seinem fast femininen Geschmack am mondänen Leben.

Daß er zu jener Zeit immer schlaffer wurde, hatte tiefere Gründe. Am 26. August 1815 schrieb er an die Herzogin: »Alles geht so schlecht, alles ist so mühevoll, daß ich glaube, es kann nicht mehr so weitergehen. Aus dem Übermaß des Bösen muß ein bißchen Gutes erwachsen.« Insbesondere hatte Talleyrand nicht mehr die Kraft, sein Leben aufzuteilen und »die Staatsgeschäfte« fest in der Hand zu halten. Er wankte, er versagte. Als die Herzogin wieder in Paris war, fand er bei ihr den Trost und den Frieden, den er benötigte, doch Dorothee fehlte ihm. Wo reiste sie mit ihrem Geliebten Clam umher? Das bohrte in ihm. Der Sommer 1815 war traurig für ihn. Er war auf dem Gipfel seines Strebens, und er war sehr unglücklich. Die – wenn auch vorübergehende – Menschenscheu machte ihn griesgrämig. Und die teure Gräfin Tyszkiewicz hatte unter dieser Stimmung zu leiden. Bekanntlich hatte sie nur ein Auge, und als sie ihn wieder einmal – vielleicht hatte sie es schon zu oft getan – fragte, wie es ihm gehe, gab er zur Antwort: »So, wie Sie sehen, Madame.«

Dorothee kam am 20. Juli 1815 nach Paris zurück. Sie brachte ihren Geliebten mit. Eine triumphale Rückkehr war es weder für sie noch für Talleyrand, noch für ihren Mann Edmond de Périgord. Dem Liebesverhältnis zwischen Dorothee und dem Grafen Clam fehlte Heiterkeit. Sie legte viel Leidenschaft und Stolz hinein, und er wenig Leidenschaft und viel Überheblichkeit. Traurig vermerkte die Herzogin die Auswirkungen: Nicht das war schlimm, was Clam im Leben ihrer Tochter verursachte, sondern das, was ihre Tochter im Leben Talleyrands anrichtete. Je mehr Talleyrand spürte, wie stark Dorothee von Clam abhängig war, desto mehr liebte er sie. Die Herzogin selbst starb fast vor Eifersucht, doch versuchte sie, ihre Gefühle unter freundschaftlicher Zärtlichkeit zu verbergen. Selten hat es nach einer Liebe eine Freundschaft gegeben, die so innig war wie die ihre.

Plötzlich und unerwartet wachte Edmond auf. Er beschloß, man weiß nicht warum, Dorothee wieder als seine angetraute Frau zu behandeln. Es kam zu einem Duell. Die Berichte darüber vermerken den Namen von Edmonds Gegner nicht, bezeichnen ihn jedoch als »österreichischen Major«. Eine mächtige Hand löschte jede amtliche Spur des Treffens aus. Bekannt aber ist, daß die vier Damen Kurland, die Mutter und Töchter, sich unbändig freuten, daß »der Périgord einen ordentlichen Säbelhieb über das Gesicht bekommen hat«.

Angstvoll beobachtete Talleyrand die ständig wachsende Leidenschaft Dorothees. Würde sie nach Wien gehen und dort ihr Leben verbringen? Er spürte, daß er es nicht überwinden würde, sie zu verlieren. Was wogen die Sorgen der Regierungsgeschäfte gegenüber einer solchen Verwirrung der Gefühle?

Der Kanzler Pasquier täuscht sich nicht, wenn er in seinen Memoiren schreibt, daß in dem Augenblick, da die schwerste politische Verantwortung auf Talleyrand lastete, persönliche Schwierigkeiten sich auftürmten. »Es war genau der Augenblick, da er mit über sechzig Jahren sich einem Gefühl überließ, dessen Glut ihn derart verzehrte, daß sie ihm keine Willensfreiheit mehr ließ.« Als Talleyrand glaubte, Dorothee würde ihn verlassen, »überfiel ihn eine unmöglich zu beschreibende, ebensowohl körperliche wie geistige Niedergeschlagenheit«.

Madame de Boigne sagt in ihren Memoiren, daß »Herr von Talleyrand den Kopf dabei verlor.« Und Charles de Rémusat, ein Vertrauter in der Rue Saint-Florentin, schreibt, es waren »die Qualen des Begehrens und der Eifersucht, die den Grund dafür abgaben, daß Herr von Talleyrand in den letzten Monaten unterhalb seines sonstigen Niveaus gestanden hat«.

Die extreme Nachlässigkeit des Ministers und die Unzufriedenheit des Königs sind begreiflich.

Talleyrand hatte das Ministerium der Auswärtigen Angelegenheiten behalten. Seit fünfzehn Jahren hatte sich dort nichts geändert. D'Hauterive, La Besnardière und die alte Mannschaft waren auf ihren Plätzen. Seine Macht über diese von ihm geformten Menschen war so groß, daß, wenn er schlief, seine Mitarbeiter für ihn sprachen, dachten und schrieben, und zwar genau wie er. Bei den anderen Ministerien aber ließ er die Dinge laufen oder richtiger gesagt, er verhinderte, daß sie liefen.

Betrachten wir ihn etwas näher in jenem Monat August 1815. Er ist einundsechzig Jahre alt. Zwischen elf Uhr und Mittag steht er auf. Charles de Rémusant beschreibt ein »Lever«, dessen Ablauf bis zu seinem Tod keine Veränderung erfährt.

»Der Fürst erschien in einem großen Salon oder Ankleidezimmer. Er war groß und breit, seine Schultern und Hüften waren stark ausgebildet, seine Kleidungsstücke stets lang und weit. Im ersten Augenblick sah man nur eine gewaltige Ansammlung von Flanell, Molton, Barchent, Perkal, ein weißliches Gebilde, das sich schleifend näherte, den Oberkörper hin und her bewegte und die Anwesenden kurz begrüßte. Er setzte sich vor den Kamin, wo drei Kammerdiener auf ihn warteten, der eine groß, gepudert und gekleidet wie sein Herr, in schwarzen Seidenstrümpfen. (Das war Courtiade.) Er überwachte die Toilette mehr, als daß er daran teilnahm. Die beiden anderen trugen Schürzen, graue Friseur-Kittel und waren hauptsächlich mit der Frisur befaßt. Sogleich begann man, seine Beine aus Wollstrümpfen und Flanellbinden auszuwickeln. Die Füße wurden in einen kleiner Eimer mit Eau de Barèges getaucht ... Man brachte ihm eine Tasse mit Kamillentee; er nahm während der Prozedur noch ein oder zwei Tassen, das war sein ganzes Frühstück. Sein übriger Körper war bedeckt mit Unterhosen, Westen, Morgenröcken, mit allen möglichen Tüchern, die überall an ihm herumhingen, und auf dem Kopf trug er eine Art von Tiara aus Perkal, die mit einem blaßfarbenen Band zusammengehalten wurde; sie bestand aus einem Häubchen und einem Kopfband und reichte bis zu den Augenbrauen herunter. Sein Gesicht war blaß, ausdruckslos, mit schilffarbenen Augen; der untere Teil versank in dicken Halsbinden, in denen sich sein kurzes Kinn verbarg.

Die Kopfbedeckung wurde abgenommen, und zu sehen war fülliges, feines Haar, das einmal blond gewesen sein muß, jetzt war es weiß, aber vielleicht mehr vom Puder als vom Alter. Er war stolz auf sein Haar, und es blieb ziemlich dicht bis an sein Lebensende. Die beiden Kammerdiener gingen nun daran, ihn zu kämmen, zu frisieren, mit Salben einzureiben, zu pudern, und währenddessen wurde ihm eine Silberschale gereicht, in die er Frottiertücher tauchte, um sich damit das Gesicht zu erfrischen. Unter diesen verschiedenen Arten der Körperpflege, die merkwürdig aber nicht abstoßend waren, war eine der erstaunlichsten die Verabreichung von zwei oder drei großen Gläsern mit lauwarmem Wasser, das er durch die Nase einsog und – wie ein Elefant durch seinen Rüssel – wieder ausstieß. Während er frisiert wurde, war gewöhnlich Zeit, ihm die Füße abzutrocknen, ihm Wollstrümpfe und weiße Seidenstrümpfe überzuziehen, eine Hose aus schwarzer Seide und hohe Schnallenschuhe anzulegen. Dann erhob er sich mühsam, ließ seine zwei oder drei Morgenröcke fallen, und gleich wurde ihm geschickt ein Hemd übergestreift. Der erste Kammerdiener band ihm dann mehrere Krawatten aus weißem Musselin um den Hals, und zugleich wurde ihm sein Hut aufgesetzt, weil es damals nicht als elegant galt zu zeigen, daß die Haare ganz frisch aus den Händen des Friseurs kamen. Gewöhnlich hing sein Hemd, statt in die schwarzseidene Hose gesteckt, über der Hose und flatterte wie eine Bluse. Oftmals plauderte er in dieser Aufmachung, mit dem Hut auf dem Kopf, mit den Anwesenden, unter denen manchmal Frauen waren. Man erzählte, er habe so den Kaiser von Rußland empfangen. Gewöhnlich war es dann ein Uhr mittags, und da er es weder liebte, sich zu beeilen, noch seine Gewohnheiten zu ändern, waren nur wenige Gelegenheiten zu vermerken, bei denen er zur Zeit der Republik, des Kaiserreichs oder der Restauration die Umstände für ernst genug gehalten hatte, irgend etwas an diesem Zeremoniell zu ändern.

Während dieser Schaustellung kamen und gingen die Besucher.« Es waren also auch Frauen da. Er genierte sich überhaupt nicht und wendete sich nicht einmal um, wenn sein Hemd gewechselt wurde. Ein Packen französischer und englischer Zeitungen »lag auf einem Tisch. Man nahm sie in die Hand, las sie und sprach über das Gelesene. Talleyrand ließ bei all diesen Waschungen bald eine Sentenz, bald ein Spottwort fallen«. Die Herumstehenden fingen seine Worte auf, gingen davon und verbreiteten sie.

Es gibt noch eine andere Beschreibung von ihm und dem »Lever«, nahezu aus der gleichen Zeit. Sie stammt von Molé, einem »Freund« Talleyrands, auf jeden Fall von jemandem, der häufig bei den Empfängen in der Rue Saint-Florentin zugegen war. Die Aussage ist interessant, nicht nur weil sie einen genauen Umriß von der Gestalt gibt, sondern auch die Unbilden unterstreicht, die die Zeit ihm zugefügt hat. Molé spricht von dem »bleichen Teint und dem schlaffen, abgestorbenen Fleisch des Gesichts, seinem arroganten Blick und seinen erloschenen Augen«. Das Alter hatte ihn häßlich gemacht, aber die Böswilligkeit auch. Wenn Molé schreibt: »Der Mund, einzig in seiner Art, drückt Wollust, Übersättigung und Verachtung zugleich aus«, so ist das sehr viel für einen Mund allein; wären Müdigkeit und Verachtung nicht ausreichend gewesen? Kamen aus diesem Mund nicht geistvolle, höfliche und zärtliche Worte? Daß die Gesichtsfarbe bleich war, ist nicht erstaunlich. Bei dem fast ausschließlich nächtlichen Leben des Fürsten und seiner Veranlagung zur Trägheit konnte er keinen rosigen Teint haben. Dann spricht Molé von »einem Ungeheuer, halb Mensch, halb Schlange«. Diese Tiervergleiche waren zu Beginn des Jahrhunderts in Mode. »In ihm ist etwas von einem Grandseigneur, einer Frau, einem Abbé und einer Katze: der Grandseigneur und der Abbé dominieren.« Molé und die beiden Rémusat nannten Talleyrand stets den »Curé«, den Pfarrer, genau wie Madame de Staël. Es scheint also, daß der kirchliche Zug an ihm alle sonstigen Verwandlungen überdauert hat.

Molé war sehr beeindruckt von dem Lever. Er hat einige Einzelheiten beobachtet, die Charles de Rémusat entgangen waren. Das Bett war so zurechtgemacht, daß Talleyrand nicht ausgestreckt schlief, sondern sitzend.

Daß er sich einwickeln ließ, geschah nicht, um sich vor Kälte zu schützen, sondern aus einer kindlichen und wohl krankhaften Furcht heraus, im Schlaf aus dem Bett zu fallen. Er beschreibt abstoßende Einzelheiten bei der Toilette, insbesondere Talleyrands Art und Weise, Wasser durch die Nase einzuziehen und es durch Nase und Mund wieder auszustoßen. »Diese Spülungen und Kaskaden dauerten mehr als eine Viertelstunde, und unterdessen füllte sich der Raum mit den beachtlichsten Menschen ... Auf die erste Waschung folgte ein Fußbad, wobei er frisiert wurde. Allen Blicken bot er mit einem Zynismus und einem Gleichmut, der mich immer überrascht hat, die Klauen dar, die er statt der Füße hatte.«

Überrascht konnte man tatsächlich sein. Über den Zynismus des »Monstrums«, aber auch über die Bereitwilligkeit derjenigen, die treu und ergeben kamen, um seine »Monstrositäten« zu betrachten.

Am Nachmittag ging er in die Rue du Bac. Nie hielt er sich länger als zwei Stunden dort auf, denn um fünf Uhr wurde er zum Diner erwartet. Das war seine einzige Mahlzeit, es waren die großen Stunden des Tages. Der Höhepunkt der Arbeit und des Vergnügens. Konnten diese Kontakte und Unterhaltungen, die häufig so nützlich und oft von höchstem Interesse waren, die Arbeit eines Premierministers ersetzen? Er schien es zu glauben. An seiner Tafel saßen Metternich, Wellington, Nesselrode, Castlereagh. Ein wahrer Europa-Rat. Sehr wichtig für den Minister der Auswärtigen Angelegenheiten. Aber nicht ausreichend, um die Angelegenheiten zu regeln, deren Akten sich auf dem Tisch des Königs ansammelten. Beschäftigte er sich mit einer Affäre, war es zwischen zwei und drei Uhr morgens: ein bißchen spät für den Arbeitsbeginn eines Premierministers. Er nannte es »den ganzen Tag arbeiten«.

Die Angelegenheiten seiner Familie regelte er mit der gleichen Eile: er brauchte nur eine Stunde Unterhaltung mit seinen Brüdern, um Charlotte zu verheiraten. Er gab sie dem Sohn Bosons, Alexandre de Périgord. Sicherlich machte er beruhigende Angaben über die Herkunft des liebenswerten jungen Mädchens und über die Mitgift, mit der er sie versah. Wie gut sich alles fügte! Er gab der namenlosen Charlotte den Namen, der ihr zustand, denn sie war höchstwahrscheinlich seine Tochter. Und was das Geld anging, es blieb in der »Familie«. Périgord plus Périgord, der Kreis schloß sich und ließ nichts hinaus.

Später wurde Alexandre Präfekt von Arras. 1830 wagten es spitzzüngige Journalisten, von »seiner bastardhaften Verwaltung« zu sprechen und damit auf die Herkunft seiner Frau hinzuweisen, und sie schrieben »er sei sowohl der Schwiegersohn wie der Neffe des Fürsten von Talleyrand«. Es ist wie ein Verhängnis, der Fürst befindet sich ständig in schiefen Situationen. Ihn störte es weniger als alle anderen.

Talleyrand glaubte, unentbehrlich zu sein, der König belehrte ihn eines Besseren

Er raffte sich noch einmal auf, um Frankreich gegen die Alliierten zu verteidigen, um gegen ihre unglaublichen, diesmal unerbittlichen Forderungen anzukämpfen. Da ihnen Talleyrands Umtriebe in Wien noch im Gedächtnis waren, lehnten sie es brüsk ab, ihn an ihren Sitzungen teilnehmen zu lassen. Immer wieder wurde er vorstellig und wollte ihnen beweisen, daß sie nicht das Recht hätten, Frankreich als Feindesland zu behandeln. Hatten sie nicht einen Friedensvertrag mit Frankreich abgeschlossen? Dieser Vertrag war noch immer gültig, da die rechtmäßige Regierung, die ihn unterzeichnet hatte, sich während der letzten Feindseligkeiten in Gent befand: Der Frieden zwischen Europa und dem rechtmäßigen König war mithin nie gebrochen worden. Hatten die Alliierten nicht außerdem in Wien vor Talleyrand eine Erklärung unterschrieben, in der festgestellt wurde, daß Napoleon allein ihr Feind sei, daß sie nicht Krieg gegen Frankreich führten, sondern allein gegen den Usurpator? Leider Gottes hatte sich alles geändert. Frankreich hatte sich dem Usurpator in die Arme geworfen, hatte sich zu seinem Helfershelfer gemacht: Frankreich mußte zahlen.

Talleyrand hatte einen weiteren Angriff zu bestehen: Die Alliierten verlangten die Rückgabe der Kunstwerke, die Bonaparte aus den Museen, den Palästen, den Kirchen der von ihm eroberten Länder zusammengetragen hatte. 1814 hatte Talleyrand diese Kunstwerke vor der Rückgabe retten können: diesmal war es unmöglich. Sogar sein Freund Wellington ließ den Louvre ausräumen, und der Papst schickte den Bildhauer Canova, der wieder einsammeln sollte, was Bonaparte dem Vatikan geraubt hatte. Canova spielte sich auf und ließ Talleyrand mitteilen, man behandele einen Mann ungehörig, der, wie er theatralisch sagte, »Botschafter des Heiligen Vaters« sei. »Verpacker wäre richtiger«, erwiderte Talleyrand mit seinem bezauberndsten Lächeln.

Diese Rückgaben waren für Talleyrand Anlaß zu einer Äußerung über den Zustand der französischen Museen und der zusammengeschmolzenen Armee: »Die Armee ist wie der Louvre. Bei beiden bleiben alte Rahmen übrig.«

Er war empört, als er die Note der Alliierten erhielt, in der festgelegt wurde, auf welcher Grundlage der Frieden hergestellt werden sollte. »Ich empfand tiefste Entrüstung, als ich diese Mitteilung empfing, die in ihrer Form noch unverschämter war als in den Forderungen, die sie enthielt. Es gab im Rat nur eine einhellige Antwort, die zu geben ich vorschlug.« [L-G]

Er faßte die Protestnote ab, er berief sich auf alle möglichen Argumente. Am 22. September 1815 gaben die Alliierten zur Antwort, daß sie von ihren Forderungen nicht abgingen. Was sollte Talleyrand tun angesichts dieser auf Kanonen und Bajonette gestützten Feindseligkeit? Harakiri begehen? Ein Opfertod lag nicht in der Linie eines Mannes, der sechs Flanellwesten trug, der einen Serail von Herzoginnen und einen Koch namens Carême hatte. Er fügte sich und unterzeichnete, aber es war ein harter Schlag.

Eine andere schwierige Affäre entstand in der Innnenpolitik. Aus den Wahlen im Jahr 1815 ging eine Deputiertenkammer hervor, die als »Chambre introuvable« [sinngemäß etwa: unmögliche Kammer] bezeichnet wurde, weil sie fast gänzlich aus Ultraroyalisten bestand. Frankreich war nicht nur von den Alliierten erdrückt, das Land war auch nicht mehr zu regieren. Für die Monarchie war diese Mehrheit sehr gefährlich. Talleyrand fühlte sich bedroht. Er hielt es, um sein Kabinett zu retten, für richtig, Ballast abzuwerfen. Am meisten belastet unter den Ministern war Fouché. Talleyrand mußte den Schreckensmann loswerden. Der Hof hatte vergessen, daß der unerwünschte Fouché Ludwig XVIII. den Einzug in Paris ermöglicht hatte. Talleyrand dachte daran, ihm vom König eine weit von Frankreich entfernte Gesandtschaft übertragen zu lassen. Vitrolles, der mit der Angelegenheit zu tun hatte, berichtet Einzelheiten darüber. Eines Abends war der Ministerrat in der Rue Saint-Florentin zusammengekommen. Als er auseinanderging, begann der Fürst wie von ungefähr von Reisen und Gesandtschaften zu sprechen, von der wichtigen Rolle, welche die französischen Gesandten in den ausländischen Hauptstädten spielten, hauptsächlich in Amerika. Ein herrliches Land, dieses Amerika! Er verfiel in Erinnerungen: die Wälder, die Savannen. Niemand konnte sich zusammenreimen, warum Talleyrand so redete. Fouché blieb als letzter, er ordnete seine Papiere, und er hörte zu. »Es ist ein schönes Land, ich kenne es, ich habe es durchstreift, ich habe dort gelebt, es ist ein wundervolles Land«, sagte Talleyrand. Vitrolles stand neben ihm, er wußte, was der Fürst vorhatte, das Spiel faszinierte ihn. »Dort gibt es Ströme, wie wir sie gar nicht kennen. Nichts Schöneres gibt es als den Potomac.« Fouché blieb unzugänglich für den Zauber des Potomac. »Und dann die herrlichen Wälder mit Bäumen, wie wir sie hier nur in Kübeln haben. Wie heißen sie doch gleich? Da... Da...« – »Daturas [Stechapfel]« suoufflierte Vitrolles. »Ganz richtig, Wälder von Daturas«, sagte der Fürst entzückt. Fouché warf ihm einen fragenden Blick aus seinen blassen Augen zu. Er hatte verstanden. Der Polizeiminister war gewarnt. Kaum war Fouché zur Tür hinaus, sagte Talleyrand zu Vitrolles: »Diesmal habe ich ihm endgültig den Hals umgedreht.« Wenige Tage danach, am 19. September, ernannte der König Fouché zum Gesandten in Dresden beim König von Sachsen. Man hoffte, er würde ablehnen. Doch er nahm den Knochen, den man ihm hinwarf. Bald danach wurde ihm die Gesandtschaft entzogen. Er war verbannt. Kein anderes Land bot ihm Gastfreundschaft. Österreich duldete ihn, unter polizeilicher Beobachtung. Er starb, geächtet und elend, in Triest, auf einem Haufen Gold, den er zusammengerafft hatte.

Wenn Talleyrand geglaubt hatte, sich retten zu können, indem er Fouché preisgab, hatte er sich getäuscht. Seine Illusion war von kurzer Dauer. Eine Unterhaltung zwischen royalistischen Abgeordneten wurde ihm hinterbracht. »Der König hat gut daran getan, Fouché zu entlassen, aber wann wird er den anderen entlassen?« – »Den anderen? Welchen anderen?« – »Talleyrand selbst.« – »Aber muß man nicht die Dienste berücksichtigen, die er geleistet hat, indem er Minister, die für Ludwigs Tod gestimmt hatten, entfernte?« – »Das ist möglich, doch wird der König auf jeden Fall gut tun, sich von dem revolutionären Minister loszusagen.« [L-G]

Noch immer, seit der Zeit des Directoires, lag eine Affäre unerledigt in den Akten der Rue du Bac: die nicht bezahlte Schuldforderung Bacri-Busnach. Sie war ein Streitpunkt zwischen der französischen Regierung und dem Dey von Algier. Talleyrand taucht wieder in dieser Angelegenheit auf: er schickte den Konsul Duval nach Algerien. Anscheinend machte Duval seine Sache schlecht, denn der Dey jagte ihn fort. Die Affäre endete damit, daß Karl X. 1830 die Okkupation von Algier befahl.

Doch das war die geringste von Talleyrands Sorgen. Sein Kabinett wankte. Um es zu halten, hätte der König mehr Energie aufwenden müssen. Hier erwies sich die Wahrheit des Ausspruchs von Talleyrand: »Ein Kabinett, das unterstützt werden muß, ist ein Kabinett, das stürzt.« Das seine stürzte, ohne Unterstützung zu erhalten. Ihm kamen bissige Bemerkungen Ludwigs XVII. über ihn zu Ohren. Talleyrand selber nannte den König manchmal den »Roi Nichard«, aber die »Niches« [Späße] des Königs waren nicht immer harmlos. »Talleyrand nennt sich von Périgord, aber er täuscht sich um einige Buchstaben, er ist aus Périgord.« Eine richtige Bosheit. Der König hatte, als sie sich zum erstenmal sahen, huldvoll bemerkt, daß ihrer beider Häuser eines so alt wie das andere seien. Er verletzte Talleyrand an der verborgensten und empfindlichsten Stelle. Richtig gesehen, wollte der König seinem Minister zu verstehen geben, daß man ihn nicht halten würde, wenn er ginge. Sein Minister hatte verstanden, aber er war nicht bereit zu gehen. Der König blieb beharrlich. Alle Reize und Schönheiten Valençays hielt er Talleyrand vor Augen, er sagte, wie gut es seiner Gesundheit tun würde, wenn er sich einen langen Aufenthalt in einer so schönen Gegend gönnte. Kurzum, ein Talleyrand wohlbekanntes Lied, das Lied von den Daturas. Da immer noch nichts erfolgte, wurde der König drängender und deutlicher. Er fragte Talleyrand: »Ist es eigentlich weit von Paris nach Valençay?« Die schlagfertige Antwort lautete: »Sire, zwanzig Meilen mehr als von Paris nach Gent.«

Wie Talleyrand in seinen Memoiren berichtet, lehnte er es ab, mit den Alliierten auf der Basis zu verhandeln, die sie forderten. Aus diesem Grund reichte er sein Rücktrittsgesuch ein. Er setzt hinzu: »Der König nahm es mit dem Ausdruck eines höchst erleichterten Mannes entgegen.« Wenn er es so darstellt, deutet er den Vorgang wieder einmal nach seiner Manier. Sein

Rücktritt war sicherlich eine Erleichterung für den König, aber Talleyrand wollte das Kabinett nicht verlassen. Er wurde verabschiedet. Ludwig XVIII. zeigte sich als Herr der Lage. Am 24. September begab sich Talleyrand, eingerahmt von seinen beiden Freunden Dalberg und Baron Louis, zum König. Das Trio wollte eine kleine Erpressung verüben, um Talleyrand in seiner Stellung als Premierminister zu halten. Dieser forderte vom König bedingungslose Unterstützung der Abgeordnetenkammer gegenüber. Erhielte er sie nicht, würde er sich zurückziehen. Er war des Glaubens, der König würde ihn zu halten versuchen. Seiner Meinung nach gab es niemanden außer ihm, der ein Kabinett bilden konnte. Wie unbeteiligt blickte der König zur Decke. Seine Entscheidung war bereits getroffen. In gelassenem, fast talleyrandeskem Ton antwortete er: »Nun gut, ich werde ein neues Kabinett bilden.«

Mit seinen eigenen Waffen war Talleyrand geschlagen worden: er wurde still entlassen. Am nächsten Tag schrieb er an die Herzogin: »Wir treten ab ohne jedes Kompliment. Etwas Trockneres als das Journal officiel gibt es nicht: nicht ein einziges Wort über uns, so als hätten wir gar nicht existiert.«

Was wollte er? Abschiedsreden, Weihrauch, Dankbarkeit? Den Bourbonen sind Dankbarkeitsbezeigungen nie leicht gefallen. Es ist nicht falsch, wenn Talleyrand schreibt, daß »die Undankbarkeit nicht einmal verschleiert ist«. Daß er jedoch etwas anderes erwartet und erhofft hat, ist bei einem so scharfsichtigen Mann erstaunlich.

Sein Verhalten dem Nachfolger gegenüber, dem Herzog von Richelieu, bezeugt eine Verärgerung, die er klugerweise hätte verschleiern sollen. Früher verstand er das besser. Doch seine Äußerungen waren noch immer treffend. Bekanntlich hatte Richelieu zwanzig Jahre lang im Dienst des Zaren in Odessa gestanden. Als Talleyrand von der Ernennung Richelieus hörte, sagte er: »Ganz gewiß eine gute Wahl, das ist der Mann Frankreichs, der die Krim am besten kennt.«

Der Herzogin teilte er seine Überlegungen mit; über den »Serail« sollte der ganze Faubourg Saint-Germain informiert werden. »Liebe Freundin, das ist ein vollendetes Kabinett: der Präsident ist Russe, Corvetto, der Finanzminister, ist Genuese, und sie alle verteidigen die Anliegen Frankreichs. Darüber zu schreiben, wird amüsant sein, wenn ich einmal schreibe.«

Nicht ganz glaubwürdig klingt es, wenn er in seinen Memoiren bemerkt: »Ich kann also sagen, daß ich mich ohne Bedauern von den Staatsgeschäften zurückgezogen habe, mit dem festen Entschluß, nie wieder ihre Führung zu übernehmen.« Beim kleinsten Wink Ludwigs XVIII. oder irgendeines seiner Nachfolger hätte er den Dienst wieder aufgenommen. Zwar überhäufte der König ihn nicht mit Lobsprüchen, erwies ihm aber dennoch Achtung. Am 28. September machte er ihn zum Großkämmerer. Wiederum war er der Person des Herrschers verpflichtet. Er hatte Zutritt zu »den Gemächern«

und stand bei den Galadiners hinter dem König. Er war nicht unempfänglich für diese Ehrung, auch für den Gratulationsbesuch nicht, den Richelieu ihm machte, und für den persönlichen Brief des Königs, mit dem ihm die Ernennung mitgeteilt wurde. »Das ist alles geziemend erfolgt«, geruhte er anzuerkennen. Der Rang des Großkämmerers brachte ihm hunderttausend Francs Rente ein: das war Balsam für den Pensionär.

DRITTER TEIL

ER NAHM das Gebaren eines Einsiedlers an. Für die niedrige Welt der Politik hatte er nur noch Geringschätzung. Wie aufrichtig sein Verzicht war, kann man sich vorstellen. Zum Lever wie zu Tisch kamen nach wie vor viele Leute bei ihm zusammen. Doch bei einer Begegnung mit Charles de Rémusat sprach er von nichts weiter als von den Freuden des Landlebens. Er gedachte, sich in seine »Hütte« von Valençay zurückzuziehen und seinen Garten zu bebauen. Wenige Wochen nach dem Sturz, am 18. Oktober 1815, schrieb er an die Herzogin: »Dreißig Jahre meines Lebens habe ich damit zugebracht, an nichts anderes zu denken als an das, was meinem Land von Nutzen sein könnte. Heute kümmere ich mich um meine persönlichen Angelegenheiten, die ich völlig vernachlässigt habe. Das ist jetzt mein Dasein, für meine Denkungsart ein wahrer Umschwung.« Daß er an sein Land gedacht und ihm aufs beste gedient hat, steht außer Zweifel. Daß er zu sagen wagt, er habe seine persönlichen Interessen völlig vernachlässigt, ist eine Heuchelei.

Richtig besehen war dieser Einsiedler noch stark mit der Welt verbunden. Außer seinem Rang als Großkämmerer hatte er das Amt eines erblichen Mitglieds des Oberhauses, der Chambre des Pairs inne.

Er konnte mithin an den Sitzungen im Palais Luxembourg teilnehmen, dort das Wort ergreifen und politische Aktivität ausüben. Er tat es nur, um Richelieu zu kritisieren. Er rühmte sich, den Vertrag von Paris nicht unterzeichnet zu haben. »Auf jeden Fall bin ich froh, und Sie sind es auch, daß ich nicht zu den Unterzeichnern dieses prächtigen Werks gehöre«, schreibt er am 24. November 1815. Warum rühmt er sich? Er war bereits vor der Unterzeichnung verabschiedet worden. Ganz gewiß hätte er den Vertrag genauso unterzeichnet, wie er den Waffenstillstand 1814 und den Pariser Vertrag von 1814 unterzeichnet hatte.

Als Marschall Ney abgeurteilt wurde, fand er Ausflüchte, um nicht zu den Richtern gehören zu müssen. Er wusch seine Hände ... Was ihn nicht hinderte, Richelieu mit Kritiken zu durchlöchern: »Das ist sehr traurig für alle, die den Vertrag von Preßburg und über den Njemen unterzeichnet haben. Was für eine schändliche Zeit!« Diese scheinheilige Äußerung war ein Augenzwinkern zu den Bonapartisten hin. Zu solchen Dingen ließ er sich hinreißen. Als Gegengabe für diese häßlichen Anwürfe konnte Richelieu für Herrn von Talleyrand etwas Gutes vermelden. Er teilte ihm am Weihnachtstag 1815 mit, daß ein königlicher Erlaß ihn ermächtigte, seinem Bruder Archambaud den erblichen Pair-Titel und den Titel Fürst von Talleyrand zu übertragen, mit der Möglichkeit für Archambaud, diese Titel auch an seine männlichen Nachkommen weiterzugeben. Für die Familie war das eine sehr erfreuliche Nachricht, und für Talleyrand selbst eine große Genugtuung.

Auch wurde er in die Académie des Inscriptions et Belles-Lettres aufgenommen. Anläßlich seiner Einführung war Lady Morgan, die ihn zum erstenmal sah, sehr beeindruckt von ihm. Er war »bemerkenswert wegen der Ruhe seines Gesichtsausdrucks, das Gesicht glich dem eines schlafenden Kindes«. Und Molé sprach von einem »Monstrum«!

Im Frühjahr 1816 folgte er, obgleich widerwillig, dem perfiden Rat Ludwigs XVIII: er ging nach Valençay. Seit er sich damals 1808 von den spanischen Gefangenen verabschiedet hatte, war er nicht mehr dort gewesen. Die Spuren ihrer harmlosen Beschäftigungen waren noch vorhanden, sie hatten in den Zimmern Beete angelegt und Blumen gezüchtet. Die Bewässerung hatte erhebliche Schäden auf dem Parkett verursacht, sie wurden repariert. Die Rechnung dafür hätte er nach Sankt Helena schicken können.

Obwohl Paris fern war, obwohl die Wiederinstandsetzung von Valençay ihn beschäftigte und er den Reiz des Landlebens genoß, schmerzte die durch die Entlassung verursachte Kränkung noch immer heftig. Es zeigte sich in seinen Briefen. Er schrieb am 4. Mai an Madame de Baufremont: »Das Kabinett Richelieu wird sehr geringschätzig beurteilt. Bei jeder Gelegenheit läßt man es erkennen. Herr von Richelieu wird besonders mißachtet, weil er am weitesten nach vorn gerückt wurde ... Die Namen der anderen kennt man nicht. Eine der wichtigsten Persönlichkeiten von Chateauroux sagte gestern beim Diner: ›Decazes ist der Réal dieses Kabinetts.‹«

Richelieu und Decazes, der letztere als Polizeiminister, waren seine Zielscheiben. Sein Grimm gegen das Regime gab ihm geistreiche Äußerungen ein, aber die Verärgerung und der Neid, den sie offenbaren, sind deutlich zu spüren. Bulwer-Lytton schreibt ihm das Wort zu: »Die Natur hat den Menschen die Augen auf die Stirn gesetzt, damit sie nach vorn blicken, aber die Bourbonen haben sie auf der anderen Seite, sie blicken nach hinten.« Selbst seine Kollegen der Chambre des Pairs fanden keine Gnade vor seinen Augen, er bedachte sie mit sarkastischen Bemerkungen. Irgend jemand versuchte, ihn zu besänftigen, und sagte: »Aber trotz allem gibt es ein Gewissen«. Er erwiderte: »Ja, ich weiß, mein Freund Sémonville hat sogar mehrere.« Über Sémonville sagte jemand, er habe stark an Gewicht zugenommen. Mit harmloser Miene bemerkte Talleyrand: »Das verstehe ich nicht.« – »Was verstehen Sie nicht, Monseigneur?« – »Was Sémonville für ein Interesse daran hat, dicker zu werden.«

Die Verbitterung machte ihn grimmig. Ruhlière, einer seiner Freunde, sagte im Beisein von anderen: »Ich habe in meinem Leben nur eine Schlechtigkeit begangen.« – »Und wann hört sie auf?« fragte Talleyrand zurück.

Als Ludwig XVIII. von diesen Bissigkeiten hörte, sagte er mit philosophischer Ruhe: »Die verletzte Eitelkeit, der enttäuschte Ehrgeiz, die in seinen Briefen zu spüren sind, machen diese Briefe sehr bemerkenswert.«

Bemerkenswert vielleicht. Doch besser geworden ist der Charakter Talleyrands durch die Ungnade nicht.

So wie er in galliger Wachsamkeit alles beobachtete, was die Regierung tat, ließ diese ihn, seine Tätigkeiten und seine Äußerungen, nicht weniger aufmerksam bewachen. Er bekam einen Besuch, anscheinend aus reiner Höflichkeit. Es erschienen der Präfekt des Département Indre und dessen Sekretär. In Wirklichkeit wollten sie im Lauf einer Unterhaltung den Groll und die Ressentiments des Fürsten gegen die Regierung erforschen. Diese Enquete wurde unternommen, weil ein Bewohner von Valençay, der häufig im Schloß war, Dummheiten berichtet hatte. Er erzählte, der »Prince Taillerang« spinne Intrigen, um Napoleon II. auf den Thron zu bringen, damit er selber Regent werden könne. Er behauptete weiter, Napoleon sei nicht auf Sankt Helena, sondern irgendwo in der Gegend versteckt, und er beschwor, daß er alle diese Dinge aus dem Munde des Fürsten selbst vernommen habe. Als der Präfekt erschien, um das Komplott aufzudecken, bot sich ihm ein anmutiges, völlig beruhigendes Bild: der Fürst ordnete seine aus Paris eingetroffenen Bücher in der Bibliothek und wurde dabei von zwei hübschen und eleganten Damen unterstützt: der Herzogin von Kurland und Dorothee. Es waren die beim dritten Verkauf seiner Bibliothek in London im Mai 1816 übriggebliebenen Bücher. Der Erlös betrug zweihundertzehntausend Francs. Weit mehr als die anderen Verkäufe erbracht hatten.

Sein einziges Glück war damals die Anwesenheit der Herzogin und Dorothees. Im Monat zuvor hatte er an die Herzogin geschrieben, sie möge zu ihm nach Valençay kommen; sie selber befand sich noch in Schlesien. »Ich werde mich um Ihr Zimmer kümmern, werde den Teppich herausnehmen und alle Sachen säubern lassen, damit Sie im Oktober einigermaßen angenehm hier wohnen können. Wir werden, liebe Freundin, unser Leben an den gleichen Stätten verbringen, bei den gleichen Beschäftigungen und in der gleichen Weise. Ich wüßte nicht, was dem Glück vergleichbar wäre, diese Tage mit Ihnen zu verleben.« [21. Mai 1816]

Die Herzogin hatte nicht bis zum Herbst gewartet, sie war schleunigst herbeigeeilt. Dorothee befand sich bereits in Valençay. Woher kam sie und seit wann war sie zurück? Im November 1815 war sie nach Italien und Wien gereist. Talleyrand hatte alles getan, um sie zurückzuhalten, aber die Eskapade mit Clam schien ihr reizvoller. Er schrieb ihr nach Venedig, wo er sie vermutete. Am 21. Dezember war sie mit zwei ihrer Schwestern in Wien. Talleyrand schickte Gentz zu ihr und ließ sie flehentlich bitten, in die Rue Saint-Florentin zurückzukehren. Gentz' Vermittlung geschah in einem günstigen Augenblick. Dorothee stand vor einem Bruch mit Clam. Nach einigem Hin und Her trennten sich die Liebenden im Februar endgültig. Sie ging aus dem Abenteuer verletzt und gedemütigt hervor. Ihrem Geliebten gegenüber empfand sie fast Haß. Ehe sie Wien verließ, besuchte sie Gentz am 21. Februar noch einmal. Er sagt von ihr: »Diese Frau war für mich sowohl durch die bemerkenswerte Schärfe ihres Geistes als auch durch die Verderbtheit ihres Herzens ein Objekt des Nachdenkens und des Vergnügens.«

Dorothee kam zu ihrem Onkel zurück und verließ ihn nicht mehr. Ihr Einvernehmen war ganz außergewöhnlich. Er schrieb ihr: »Mit Ihnen kann man mit geschlossenen Füßen in alle nur möglichen Gedankengänge hineinspringen. Ihr Geist ist nie gehemmt, darin zeigt sich, daß Sie keine Deutsche mehr sind. Sie sind es in Ihren Gewohnheiten geblieben, außer denen des Geistes; er hat keinen stärkeren Akzent mehr als ihre Sprache.«

Ohne Schwärmerei, ohne Übertreibung wird damit eine leidenschaftliche Bewunderung ausgedrückt: ein intelligenter Kopf bewundert den anderen. »Geben Sie zu, daß wir unrecht täten, aufeinander zu verzichten, denn ich würde meinen Schwung und Sie würden Ihre Ruhe verlieren.«

Sie beantwortete diese Bewunderung mit ebensolcher Bewunderung, in ihren Memoiren schrieb sie: »Der lange Umgang mit Herrn von Talleyrand hat mich für den Umgang mit der übrigen Welt schwierig gemacht. Die Geister, denen ich begegne, kommen mir träge vor, verworren, eingeengt durch Nebensächlichkeiten.«

Aus den Wonnen des Wiedersehens wurde der Fürst bald durch die Pflichten seines Amts als Großkämmerer gerissen, er mußte der Hochzeit des Herzogs von Berry, des Thronerben nach dem Herzog von Angoulême, beiwohnen. Der Herzog heiratete Caroline de Bourbon-Sicile, eine Tochter des Königs François von Neapel. Diese Heirat hatte Talleyrand zustande gebracht. Ursprünglich hatte man für den Herzog von Berry an eine jüngere Schwester des Zaren gedacht, an die Großherzogin Anna, die Napoleon schon hatte heiraten wollen. Da Talleyrand von dieser Eheschließung im Falle Napoleon abgeraten hatte, riet er auch im Falle des Herzogs von Berry ab. Um seinen Einspruch zu begründen, gab er den Religionsunterschied und vor allem die Mesalliance zu bedenken: der Adel des Hauses Holstein-Romanow bedeutete nichts neben der Abkunft eines Nachfahren des heiligen Ludwigs und Ludwigs XIV. Er schlug Caroline de Bourbon-Sicile vor, und die königliche Familie entschied in diesem Sinn.

Ludwig XVIII. lud Talleyrand ein, in seiner Karosse Platz zu nehmen, um zum Empfang der jungen Prinzessin nach Fontainebleau zu fahren. Talleyrand war hocherfreut, in der königlichen Karosse sitzen zu können, erfreut, bei der von ihm arrangierten prächtigen Hochzeit glänzen zu können, erfreut, sich seinem Naturell als Höfling überlassen zu können, erfreut, vom König selbst umschmeichelt zu werden und ganz gewiß auch erfreut, heimlich die bösen Worte Seiner Majestät über Persönlichkeiten am Hof zu vernehmen – Ludwig XVIII. liebte den Klatsch und vertröpfelte ihn kunstgerecht. Alles war schön, seit Dorothee und die Herzogin zurück waren.

Talleyrand fand die junge Prinzessin charmant. Er zählte ihre Reize auf. An einem jedoch mangelte es: »Die Stelle, wo eine hübsche Brust hingehört, ist recht gut vorbereitet, aber sie ist noch nicht ganz fertig.« Der Herzog von Berry mußte sich noch etwas gedulden ... Talleyrand setzt hinzu: »Sie hat etwas in den Augen, das ein bißchen in die Luft blickt, aber«, beeilt er sich zu verbessern, »das ist kein Schielen.« Wer sonst würde es wagen, so etwas von einer Königlichen Hoheit zu sagen? Und um das Loblied zu beenden: »Sie ist fröhlich, munter und flink, aber ihre Füße stehen noch etwas nach innen.« Kurzum, die Prinzessin war vollkommen bis auf einige Mängel.

Bei den Hochzeitsfeierlichkeiten in den Tuilerien wurde große Pracht entfaltet. Das war etwas anderes als die Lumpenparaden, die Napoleon als seine Feste bezeichnete. Talleyrand erschien in vollem Glanz, er wurde bestaunt und bewundert. Sein Onkel Erzbischof, Monseigneur de Talleyrand-Périgord, der Almosenier des Königs, zelebrierte die Messe. Die Familie hatte also hervorragende Stellungen inne. Der Fürst hatte jedoch eines zu bemängeln: während des Balls, der so verlief wie die Bälle in Versailles, wurde Walzer getanzt. Er hielt es für eine Geschmacksverirrung, sich in Hofkleidung im Walzertakt zu drehen. Charles de Rémusat sah, wie viele andere, daß der Fürst bei diesem Fest fröhlich und liebenswürdig war. Er war, so schrieb Rémusat an seine Mutter, »so charmant, wie er es nur vermochte, er lachte, er unterhielt den König, er erzählte tausend Geschichten, war ganz und gar huldvoll, er hatte nichts Ministerhaftes an sich, vor allem nichts von einem in Ungnade gefallenen Minister. Seine Fröhlichkeit machte sehr vielen Leuten große Angst«. [17.–19. Juni 1816]

Diese Leute beunruhigten sich zu Unrecht. Talleyrand war glücklich, nicht weil er ein Kabinett stürzen wollte, sondern weil »seine Frauen« in Valençay auf ihn warteten. Auch sie waren glücklich, als er wieder zurück war. Dorothee hatte immer eine Vorliebe für das Leben in abgelegenen Schlössern gehabt. Und für des Fürsten Fröhlichkeit gab es noch einen heimlichen Grund: er war dabei, seine eigene Ehe gütlich zu lösen. Er sah den Zeitpunkt kommen, da dieses unerträgliche Joch, zu dem seine Verbindung mit Mrs. Grand geworden war, sich lockern und ihm frei zu atmen gestatten würde.

Wie erinnerlich, war sein Haus, als er in einer grauen preußischen Kutsche nach Paris zurückkam, leer: die Fürstin, seine Frau, war verschwunden. Warum hatte sie Talleyrands Aufenthalt in Wien und Gent dazu benutzt, nach London zu fliehen? Weil sie an das Zusammenwohnen mit Dorothee schreckliche Erinnerungen hatte und weil die Aussicht, ihr Mann könne mit Dorothee zurückkommen, ihr Angst machte. Das Leben zu dritt – oder zu viert, wenn die Herzogin von Kurland dazu kam – war für Frau von Talleyrand so peinvoll gewesen, daß sie lieber die Flucht ergriff. Es war ein unbesonnener Entschluß. Anstatt dann das eheliche Heim wieder zu beziehen, war sie von London nach Brüssel, und von Brüssel nach Pont-de-Sains gezogen. Dort wurde ihr bewußt, daß sie einen Fehler begangen hatte. Sie kam nach Paris zurück, aber ihr Platz war nicht mehr frei. Talleyrand wollte sie nicht mehr sehen, wollte nicht einmal von ihr sprechen hören.

Durch die Rückkehr der Fürstin war Talleyrand jedoch in eine unbequeme Lage geraten, die Ludwig XVIII. höchst pikant fand. Als verheirateter Bischof, umgeben von drei Frauen – seiner angetrauten Frau, seiner Nichte und der Mutter seiner Nichte –, bot Talleyrand ein merkwürdiges Bild. In spöttischem Ton sagte der König zu ihm: »Stimmt es, daß Frau von Talleyrand zurückgekommen ist? Das kann Sie doch nicht gleichgültig lassen.« Dies war ein Thema, das nicht berührt werden durfte, selbst vom König nicht, der es zu spät merkte. Schneidend antwortete ihm Talleyrand: »Auch ich mußte meinen 20. März erleben.« Er spielte damit auf das Datum der Rückkehr Napoleons von Elba nach Paris an. Der König machte auf den Fersen kehrt.

Am 1. Juni 1816 schrieb Talleyrand an die Herzogin, daß er nichts unversucht lassen wolle, um sich von seiner Gattin zu lösen. Heftigkeit oder Gewalt war von seiner Seite nicht zu fürchten. »Aber ich muß diese Sache beenden. Die finanziellen Opfer machen mir keine Sorge.«

Glücklicherweise nahm die energische Dorothee die Angelegenheit in die Hand. Talleyrand wäre unfähig gewesen, seine Frau zu verjagen. Dorothee gab ihm die Hinweise, die er befolgen mußte, »um die Sache zu beenden«. Danach brauchte er nur noch zu zahlen. »Da das Geld«, schrieb Dorothee, »der eigentliche Beweggrund jeglichen Tuns von Frau von Talleyrand ist, muß ihr gegenüber immer von diesem Gesichtspunkt ausgegangen werden, und ich wage es, Ihnen demzufolge einen Rat zu geben, der Ihnen eine peinliche und widerwärtige Korrespondenz ersparen wird. Hier ist er. Schikken Sie sofort jemanden zu ihr, aber nicht einen unzuverlässigen Mann wie Roux, sondern lassen Sie Perrey reisen mit einer Art Schuldbrief. Er müßte von Ihnen beauftragt werden, Frau von Talleyrand mitzuteilen, daß sie nur dann in den Genuß einer Rente kommt, die Sie ihr aussetzen, wenn sie in England bleibt, und daß sie außerhalb Englands nicht einen Sous bekommt. Perrey sollte sie bis Calais oder Ostende begleiten und erst umkehren, wenn er gesehen hat, daß sie an Bord gegangen ist. Mein Rat ist sehr gut, das versichere ich Ihnen, und Sie täten schlecht daran, ihn nicht zu befolgen.« [14. Juni 1816] [LAC]

Dorothee war eine entschlossene Frau. Hätte Frau von Talleyrand es abgelehnt, nach London zu fahren, und wäre sie wieder ins eheliche Haus zurückgekehrt, hätte Dorothee alle Mittel und Möglichkeiten angewendet, um der legitimen Gattin das Leben unerträglich zu machen. Doch wie sie vorausgesehen hatte, fügte sich die Fürstin. Sie akzeptierte die Rente und das Exil.

Ein amüsanter Zufall, an dem Ludwig XVIII. seine Freude hatte, fügte es, daß zum gleichen Zeitpunkt auch Chateaubriand einige eheliche Mißhelligkeiten hatte. Der Hof ließ Chateaubriand taktvoll wissen – auch er hatte seine Gemahlin fortgeschickt –, daß die königlichen Herrschaften es gern sähen, wenn der Verfasser des »Génie du Christianisme« mit seiner Frau christlich vor Gott zusammen leben würde. Es war ein seltsames Chassé-croisé, daß Talleyrand seine Frau in dem Augenblick nach London schickte, als der fromme Vicomte die seine wieder aufnahm.

Nachdem diese Angelegenheit zufriedenstellend erledigt war, fuhr Talleyrand schnell nach Valençay zurück, aber nur zu kurzem Aufenthalt. Die Damen packten ihre Koffer, und man begab sich zur Badekur nach Bourbon-l'Archambault. Auch Madame Tyszkiewicz war bei ihnen. Zuvor hatte Talleyrand noch die Treppe von Valençay erneuern lassen; nur unter Schwierigkeiten hatte er den richtigen Stein als Material dafür gefunden.

Der Bürgermeister von Bourbon-l'Archambault gehörte zu den Ultraroyalisten. Er hatte erfahren, daß Talleyrand in Ungnade gefallen war und meinte, er müsse seinem berühmtesten und ältesten Badegast einige Kränkungen antun, um sich bei Hofe ins richtige Licht zu setzen. Talleyrand beschwerte sich darüber, und der übereifrige Bürgermeister mußte einen Tadel des Polizeiministers Decazes persönlich einstecken. Er ließ den Bürgermeister wissen, daß »dem Rang des Herrn von Talleyrand immer Achtung zukomme, in welcher Situation er sich auch befinden möge«. Decazes, das »schwarze Schaf« war mithin nicht so unangenehm, wie Talleyrand behauptete.

Ehrgeiziger Verdruß

Als der König am 5. September 1816 die »Chambre introuvable« auflöste, hätte Talleyrand sich am meisten freuen müssen. Er hütete sich jedoch. Da diese Maßnahme von Richelieu ausgegangen war, erklärte er sie für unheilvoll. Sobald er mit seinem kleinen »Serail« wieder in Paris war, wurde die Rue Saint-Florentin zum Zentrum der Opposition. Nie zuvor, nicht einmal auf dem Gipfel der Macht, hatte er so viele Menschen in seinem Haus empfangen. Alle, die ihn schlechtgemacht hatten, als er Minister war, beweihräucherten ihn, seitdem er in Ungnade war. Die wildesten Ultras bauten nur noch auf ihn. Zur Stunde des Levers war das Zimmer überfüllt. Selbst Germaine de Staël erschien. Nicht um die Ultras zu unterstützen, sondern um Neuigkeiten zu erfahren. Mit wildem Haar und tönender Stimme war sie nur wichtig für eine kleine Gruppe von Getreuen, denen sie zusetzte »mit allen Irrlichtern, die ihre Phantasie und ihren Geist bewegten«, wie Talleyrand sagte. Sein Grimm und er selber waren in diesem Herbst unerträglich. Die Eigenschaften, die er am meisten schätzte und auch besaß: Mäßigung, Takt und Gelassenheit, waren plötzlich verschwunden. Germaine de Staël, wie stets ein wenig zu abrupt und indiskret, fragte ihn eines Tages, ob es wahr sei, daß er ein Ultra geworden wäre. Früher hätte er sich mit einer übermütigen Wendung aus der Klemme gezogen. Jetzt antwortete er ihr mit einer zu gewichtigen Ernsthaftigkeit, was die am wenigsten geeignete Art und Weise war, einer solchen Frage zu begegnen. »Wenn Sie sagen wollen, daß ich gegen die Regierung bin: ja. Ich bin gegen die Regierung im allgemeinen, und im besonderen gegen Decazes.« Als seinen Empfangstag wählte er den Mittwoch, weil es Decazes' Tag war. Er hoffte, damit würden die Salons des Polizeiministers leer bleiben. Am gleichen Abend wie Decazes gab er ein Diner und lud alle Minister ein, die nicht wagten, bei Decazes abzusagen, aber auch bei Talleyrand nicht ablehnen wollten. Er war nicht wiederzuerkennen. In seinem Groll vergaß er jede Zurückhaltung. Eines Tages verursachte er einen Skandal, der seiner unwürdig war. Bekanntlich nahm er nur eine Mahlzeit ein, das Diner. Aber das zählte für drei Mahlzeiten. Schwere und reichliche Speisen, volle Weine, Anregung durch die Gäste und die Unterhaltung, alles zusammen wirkte auf seine Stimmung. War die Tafel aufgehoben, begann dieser verschlossene Mann zu sprechen – es ist schon oft geschildert worden –, und zuweilen sprach er zu viel und zuweilen auch weniger gut, als man es von ihm erwartete. »Wie eine Frau gibt er dem Bedürfnis nach, über das zu sprechen, was ihn beschäftigt. Seitdem er aus der Regierung ausgeschieden ist, ergeht er sich regelmäßig in Beschimpfungen gegen Decazes und Richelieu.« [Memoiren von Molé]

Das tat er auch am 18. November 1816, nach einem großen Diner in der englischen Gesandtschaft. Es waren bedeutende Persönlichkeiten zugegen wie Canning und mehrere Mitglieder der französischen Regierung, insbesondere Pasquier, der Kammerpräsident.

Seine heftigen Worte gegen den Minister erregten um so größeres Aufsehen, als sie in den Räumen einer Gesandtschaft fielen. Man stand im Kreis um Talleyrand herum. Er vermochte weder seine Wut noch seine Verbitterung darüber zurückzuhalten, daß er in Valençay und in Bourbon-l'Archambault überwacht worden war. Er machte dem Minister einen Vorwurf daraus, daß er den Vertrag von Paris unterzeichnet habe. Die Ausdrücke waren so scharf, daß Pasquier sich zurückziehen wollte. Als Talleyrand sah, daß er sich zur Tür hin begab, wollte er ihm den Weg abschneiden und sagte, seine Vorwürfe richteten sich allein gegen den Polizeiminister Decazes, den er, wie Molé berichtet, als »Zuhälter« bezeichnete. »Eine Kammer kann, ohne sich zu beschmutzen, keine Beziehungen zu ihm haben.«

Pasquier gab ihm zur Antwort, alle Mitglieder einer Regierung seien solidarisch, er könne es nicht dulden, daß man sie so behandle, wie der Fürst es getan habe. Darauf verließ er das Haus. Und die Soirée war damit beendet. Doch am nächsten Morgen sprach ganz Paris über diese Szene.

Da der Abend zu früh zu Ende gegangen war, fuhr Talleyrand zu

Madame de Laval. Er gab seinem »Serail« einen Bericht über den Vorfall. Es war ein verzuckerter, amüsanter, gekünstelter Bericht. Aber er klang den teuren Sultaninnen so echt, daß sie zur Verteidigung des Satrapen schritten, wenn in der Gesellschaft der Zwischenfall so zur Sprache kam, wie er sich abgespielt hatte.

Der Ministerrat beriet über die Affäre des Großkämmerers. Einige forderten seine Absetzung und die Verbannung. Richelieu und Decazes, die am meisten Betroffenen, waren zugleich die Gemäßigsten. Sie meinten, das Verbot, die Tuilerien zu betreten, genüge als Bestrafung. Sie vergaßen nicht, daß sie es Talleyrand verdankten, daß Ludwig XVIII. König war und sie selbst Minister. Konnte man wissen, ob nicht morgen neuerdings auf ihn zurückgegriffen würde? So erhielt er aus der Hand des obersten Edelmanns der Kammer, de la Châtre, ein Billet des Königs, das ihm bedeutete, er habe so lange nicht mehr bei Hof zu erscheinen, bis Seine Majestät ihm die Erlaubnis dazu gäbe. Er erwiderte dem König schriftlich, der getreueste seiner Untertanen unterwerfe sich achtungsvoll der ihm auferlegten Sühne. Er gehorchte mit dem Schmerz des zu Unrecht bestraften Unschuldigen, und um sich selbst gleich zu bleiben, endete er mit einer feinen Impertinenz: »Ich würde Seine Majestät um Vergebung bitten für meine schlechte Schrift, wenn ich nicht wüßte, daß S. M. sie seit langem kennt und sie leicht liest.«

Er versteht es besser, einen Brief zu beenden als ein Diner. Lord Charles Stewart, der englische Gesandte, unterrichtete seine Regierung. Um die Dinge nach seiner Fasson zu regeln, trat Talleyrand die Flucht nach vorn an und schrieb an seinen Freund Wellington. Diesem Brief zufolge war der Abend zu aller Zufriedenheit verlaufen, spräche aber jemand von einem Zwischenfall, so geschähe es aus dem Wunsch heraus, einen solchen zu schaffen.

Die Herzogin erfuhr von dem Zwischenfall durch drei Zeilen, die Talleyrand ihr am 29. November sandte. Er bedauerte nicht, was vorgefallen war, sondern beglückwünschte sich selber zu dem hervorragenden Brief, den er an den König gerichtet hatte, und zu der Besucherschar, die zu seinen Levers kam. »Ich beklage mich über einen Minister. Darauf beschränkt sich alles.« Schranken aufzuführen gegen das, was ihm abträglich ist, darin ist er unvergleichlich.

Dennoch war ihm der Zwischenfall abträglich, selbst bei denen, die ihn schätzten. Madame de Rémusat vernahm das häßliche Echo der Abendgesellschaft bei Lord Stewart selbst in Toulouse, wo sie sich aufhielt. Sie machte kein Hehl aus ihrer Mißbilligung und bedauerte, daß sie nicht dabei gewesen sei. »Wenn ich meinen früheren Einfluß hätte geltend machen können, hätte ich ihn vielleicht zurückgehalten. Das ist mir damals zwei- oder dreimal gelungen. Frauen haben sehr viel mehr Einfluß auf ihn als Männer. Aber die Frauen, die ihn umgeben, sind schwach und ohne Prinzipien.« (Das galt der Herzogin, Dorothee und dem Scrail, zu dem Madame de Rémusat nicht gehörte.) »Wenn man Lob und Tadel gut mischt, erreicht man viel bei ihm.« Sie kannte ihn mithin sehr gut, aber sie kannte auch die Grenzen ihrer Macht. »Ich würde es allerdings nicht unterdrücken können, ernsthaft mit ihm zu reden. Das würde ihm möglicherweise mißfallen, und wir würden uns entzweien.«

Eine Stütze wenigstens hatte er: Chateaubriand. Der Vicomte ging in die Chambre des Pairs, um den Fürsten ostentativ zu begrüßen. Anlaß, ihm zu gratulieren, war zwar nicht gegeben, aber dieses eine Mal hatten sie beide etwas gemeinsam: die Verbitterung.

Madame de Staël wußte, daß die Ungnade nicht ewig dauern würde. Sie verglich Talleyrand mit einem Kinderspielzeug, das Stehaufmännchen genannt wird, Figuren, deren oberer Teil hohl und der untere aus Blei ist. Was man auch mit ihnen tut, sie rollen, sie überschlagen sich, doch unfehlbar finden sie ihr Gleichgewicht wieder.

Die Gelegenheit, wieder in Erscheinung zu treten, ergriff Talleyrand am 21. Januar 1817, anläßlich der überwältigenden Zeremonie, die der König zum Jahrestag des Todes von Ludwig XVI. in Saint-Denis angeordnet hatte. Talleyrand, in großer Staatsrobe, erschien, um seinen Platz als Großkämmerer einzunehmen. Nur der Zugang zu den Tuilerien war ihm versagt, nicht aber der zur Kathedrale Saint-Denis. Der Zeremonienmeister de Dreux-Brézé bat ihn im Namen des Königs, seinen Platz unter den Mitgliedern der Chambre des Pairs einzunehmen. Er folgte dem Geheiß. Man gab ihm zu verstehen, er müsse die Order des Königs abwarten, um wieder in seine Vorrechte einzutreten. Er hatte einen Versuch unternommen . . .

Schließlich, im Februar, schlug Richelieu selbst vor, die Bestrafung zu beenden. Es fiel ihm nicht schwer klarzumachen, daß Talleyrands Salon, solange er nicht bei Hof erscheinen durfte, zum Zentrum der Opposition wurde. Am 28. Februar wurde der Fürst vom König eingeladen. Seine Majestät empfing ihn zuvorkommend. Sie unterhielten sich eine Weile unter vier Augen und sprachen über alles mögliche, nur nicht über den Zwischenfall; es stand alles zum Besten. An die Herzogin schrieb er: »So ist alles recht gut. Wir müssen uns zufriedengeben und schweigen.« Das ist ungefähr alles, was Ludwig XVIII. von seinem Großkämmerer erhoffte. Doch der Großkämmerer erwartete vom König viel mehr: ein Ministerium. Er bekam es nicht. Auf diese Weise kann der Verdruß bei einem leidenschaftslosen Mann zu einer schwelenden Krankheit werden, einem Mann, dem es nicht gegeben ist, sich durch Gewalttätigkeit Luft zu schaffen.

Den Royalisten war es gelungen, Talleyrands Licht zu dämpfen. Er glänzte nur durch seine Verbitterung. Zu jener Zeit kam Rostopschin, der den Brand in Moskau gelegt hatte, nach Paris, um sich drei Berühmtheiten anzusehen: Talleyrand, Fouché und einen Schauspieler namens Potier. Er sah sie alle drei. Doch nur Potier schien seinen Ruf zu verdienen. Talleyrand stürzte sich für den Moskauer Herrn nicht in Unkosten.

Wenn der Fürst arbeitete, so behaupteten die bösen Zungen, täte er nichts. Jetzt, da er nichts tat, warf man ihm vor, unheimliche Dinge zu tun. Decazes' Polizei ließ ihn nicht aus den Augen und kam dahinter, daß er heimlich einen Boten seines alten Komplicen Metternich empfing. Er übergab ihm Papiere, die über die österreichische Gesandtschaft nach Wien gelangten. Eine andere verwerfliche Aktivität: als er geruhte, zu einer Sitzung in die Pairs-Kammer zu gehen, machte er sich das boshafte Vergnügen, das Wahlgesetz zu torpedieren, das »sein Freund«, der Innenminister Molé, vorlegte. Man muß Talleyrand zubilligen, daß er liberale und aufgeklärte Argumente vorbrachte, die sehr viel klüger waren als der Entwurf der Ultras. Ein andermal, am 23. Januar 1817, trat er mit einem weit über die Anschauungen seiner Gegner hinausgehenden Gerechtigkeitssinn mit großer Geschicklichkeit für die Verteidigung der persönlichen Freiheit ein. Er zeigte auf, daß die persönliche Freiheit untrennbar sei von der Pressefreiheit. Als einige Jahre später im Zusammenhang mit der Zensurfrage die Diskussion darüber wieder aufflammte, wurde es ihm leicht, unter Zuhilfenahme dieser Argumente die Pressefreiheit zu verteidigen. Das waren nur Scharmützel, aber sie betrafen wichtige Themen. Der Regierung war die Diskussion unangenehm, die Liberalen freuten sich darüber.

Geschah es aus Ärger und Verdruß, daß er sich auf einen unwürdigen Handel einließ? Sein Brief vom 17. Januar 1817 gibt Aufschluß darüber. Dieser Brief wurde dem Empfänger Metternich durch Vermittlung von Madame de Souza überbracht. Sie vertraute ihn einem portugiesischen Kurier an. Die Damen, selbst wenn sie nicht mehr in Gunst standen, blieben ihm ergeben.

»Ich möchte Sie heute mit einer Sache befassen, die von einigem Interesse ist. Ein Russe hat versucht, aus den Archiven des Ministeriums der Auswärtigen Beziehungen den Briefwechsel Bonapartes mit mir, von seiner Rückkehr aus Ägypten an, in die Hand zu bekommen. Es ist ihm nicht gelungen. Man glaubt, daß ich diese Korrespondenz an mich genommen habe« (was der Wahrheit entspricht), »und man hat mich ausforschen wollen, um zu erfahren, ob ich sie dem Kaiser überlassen würde. Ein solches Unterfangen und der russische Einfluß bei uns, lassen mich vermuten, daß man mir eines Tages die Briefe wegnehmen könnte. Diese Befürchtung hat mir den Gedanken eingegeben, mich der Papiere zu entledigen, und ich biete sie Ihnen an. Es handelt sich unbestreitbar um das interessanteste Archivstück, das sich denken läßt, denn außer der Korrespondenz mit mir, die am 25. Nivôse des Jahres VII beginnt und die bis zum Ende des Jahres 1806 reicht, könnte ich die Korrespondenz Bonapartes mit Champagny aus den Jahren 1807 und 1808 und die Bonapartes mit Maret aus dem Jahre 1813 beifügen.« (Es sind also nicht allein seine eigenen Briefe, sondern auch die seiner Nachfolger. Daß er seine eigenen Briefe an sich genommen hat, mag angehen, aber die der anderen? Er hat sie gestohlen.) »Es ist alles im Original, von ihm unterzeichnet, und es macht zwölf umfangreiche Pakete aus. Ich bin sicher, daß England und Preußen eine solche Erwerbung mit größtem Vergnügen machen und gern einen guten Preis dafür zahlen würden. Ich nenne England und Preußen, denn um nichts in der Welt würde ich sie Rußland geben.« (Geben ist gut gesagt ...) »Wollen Sie, mein lieber Fürst, meinen Vorschlag dem Kaiser unterbreiten. Nach Ihrer Antwort werde ich alles Herrn von Binder übergeben.« (Das war der Mittelsmann.) »Sie wissen, daß ich zuallererst Franzose bin, was ich aber gleich danach bin, ist Österreicher. Meine Gesinnung gibt mir den Wunsch ein, dieses kostbare und oftmals kompromittierende Stück unserer gegenwärtigen Geschichte möge in Ihre Hände kommen.«

Das ist eine der peinlichsten Unternehmungen Talleyrands. Sie brachte ihm nichts ein. Er wurde von Metternich hereingelegt. Dieser antwortete ihm, die Angelegenheit interessiere ihn. Talleyrand meinte, damit wäre sie perfekt. Er übergab die Pakete dem Boten Metternichs und setzte den Preis auf fünfhunderttausend Francs fest. Man teilte ihm mit, die Ware sei abgeliefert worden, ließ aber kein Wort über den Preis und über eine eventuelle Bezahlung verlauten.

Was dann folgte, ist traurig und düster. Fünfzehn Monate später schickte Metternich ihm die Pakete durch Binder zurück. In der Zwischenzeit hatte er die Papiere kopieren lassen. Talleyrand war getäuscht worden.

Chateaubriand war, in seiner Amtszeit, über diese Sache genau orientiert. Er hätte ganz sicher Alarm geschlagen, wenn der kostbare Briefwechsel verschwunden gewesen wäre. Er schreibt: »Er hat alte Papiere aus unseren Archiven an Österreich geben wollen. Diesmal wurde er von Metternich geprellt. Dieser schickte ihm die Manuskripte getreulich zurück, nachdem er Kopien angefertigt hatte.«

Metternich schickte nicht einmal alles zurück: Originalbriefe von Bonaparte sind in Wien verblieben. Was er Talleyrand zurückgab, wurde von dessen Sekretär Perrey zusammen mit anderen Papieren gestohlen. Der Dieb des Diebes floh 1827 nach London, wo er sie an Autographensammler verkaufte. So sind also diese Briefe verstreut – oder verlorengegangen. Ein Teil entging dem Dieb und wurde von Dorothee ins Schloß von Sagan in Schlesien mitgenommen. Das Schloß wurde geplündert und in Brand gesteckt, als die Russen kamen.

Seine Sehnsucht, wieder an die Macht zu gelangen, war so groß, daß er in der geringsten Geste, die aus den Tuilerien kam, eine Aufforderung sah. Er täuschte sich sehr. Schenkte man ihm ein Lächeln, so geschah es nicht, um ihn herbeizurufen, sondern um ihn einzulullen. »Jeden Tag seit einer Woche macht man mir Andeutungen über eine Wiederannäherung, auf die ich stets antworte, daß ich bald aufs Land gehe und dort sehr lange bleiben werde.« [L–G] Genau das wollte der König, ohne es auszusprechen, und genau das wollte Talleyrand nicht, wenn er dauernd beteuerte, er reise ab.

Um den Bonapartisten entgegenzukommen und die Tuilerien zu ärgern, ging er zum Begräbnis des Marschalls Masséna. »Man hat dort mit Interesse gesehen, daß ich gekommen bin. Ich bin sicher, daß ich all den tapferen Männern große Freude gemacht habe«, schreibt er am 14. März an die Herzogin. Ganz sicher ist es nicht, ob die Getreuen Napoleons den Ex-Fürsten von Benevent mit Wohlwollen betrachtet haben. Ihm selber sind Gefühle gleichgültig, er treibt sein Schaukelspiel und hält sich eine Tür offen zur oppositionellen Partei. Er seufzt. Zu Bonapartes Zeiten brauchte man sich wenigstens nicht zu langweilen. Jetzt erlebt er Abende wie ein Rentner: er sitzt allein neben dem Kamin und liest. Die jungen Frauen sind zum Ball gegangen. »Ich habe Plutarch gelesen, der mehr wert ist als alle jene Herren, die uns in den Zeitungen Moral und Lehren beibringen wollen.« Das war nicht mit den schönen Abenden in Wien zu vergleichen, und Plutarch zeigte ihm die Zukunft des Regimes in düsterem Licht. Er sah den Sturz voraus: »Es ist sehr schmerzlich, vor seinen Augen ein Gebäude einstürzen zu sehen, für das man so viel getan hat.« Und hämisch setzt er hinzu: »Das betrübt mich sehr.«

Er hatte keinen Anteil mehr an den großen Staatsaffären, und die kleinen, die ihm blieben, waren höchst unangenehm. Unter anderem tauchte der sonderbare und unheimliche Abenteurer Maubreuil wieder auf und verbreitete erneut, Talleyrand habe ihn seinerzeit kaufen wollen, damit er Napoleon umbringe. Das war falsch, aber manche Leute meinten, es sei vielleicht wahr, und auch wenn man es nicht glaubte, so sagte man es weiter. Talleyrand war außer sich über dieses Gerücht. Die Stille von Valençay war ihm lieber.

Auch andere Motive hatte er, sich nach dem Landleben zu sehnen. Seit einiger Zeit schon, allerdings ohne Erfolg, versuchte er Ludwig XVIII. dazu zu bewegen, sein Besitztum Valençay in ein Herzogtum zu erheben. Genaugenommen lag ihm selber nicht viel am Herzogstitel, aber er hätte ihn gern Archambaud und dessen Sohn Edmond übertragen. Man muß es so sehen: dessen Frau Dorothee wäre Herzogin geworden. Talleyrand bedrängte Pasquier, sich beim König für ihn zu verwenden. Schließlich kam der König, um seinen Großkämmerer abweisen zu können, auf eine Antwort, deren Spitzfindigkeit der des Bittstellers gleichkam. Er setzte eine betrübte Miene auf und sagte, der König von Spanien würde sich über dic Errichtung eines Herzogtums Valençay ärgern; denn er könne es als eine Glorifikation der Stätte auffassen, an der er gedemütigt worden war. Man müsse also vorsichtigerweise den König von Spanien konsultieren. Talleyrand war so enttäuscht, daß er unverzüglich die Abreise nach Valençay vorbereitete.

Als er Madame de Rémusat seinen Abschiedsbesuch machte, sah er nicht sehr munter aus. »Wir haben uns umarmt. Er ist traurig und verärgert. Seine Abreise macht keinerlei Eindruck auf die Gesellschaft«, schrieb sie. Diese Gleichgültigkeit war für jemand wie Talleyrand das Schlimmste, was sich ereignen konnte.

Den Monat Mai verbrachte er in Valençay. Frieden empfand er jetzt, und es zeigte sich sogar ein Aufflackern von Kraft und Mut. »Was ich benötige, ist nicht Ruhe, sondern Freiheit. Tun, was man will, denken, was einem gefällt, seinen Neigungen nachgehen, anstatt seinen Weg zu suchen.« (Das ist eine fromme Lüge. Hat er denn je etwas anderes getan, als seinen Neigungen zu folgen?) »Das ist die wirkliche Ruhe, die ich brauche, und ich finde sie in Valençay. Wenn man die Augen nicht ganz geschlossen hat und unbedingt sehen muß, ist es besser, das Widerwärtige aus der Ferne als aus der Nähe zu sehen. Was sind das für traurige Persönlichkeiten, diese Ehrgeizlinge von heute.« Was war ihm widerwärtig? Das Ministerkabinett, in das er brennend gern zurückwollte. Waren die Ehrgeizlinge von 1817 denn anders als die von 1789, 1798, 1800 und so weiter? Gewiß, Herr von Talleyrand, der Zynismus stand Ihnen besser an, als Scheinheiligkeit.

Seinen Verdruß wollte er durch Reisen mit Dorothee und der Tyszkiewicz vertreiben. Doktor Andral war stets dabei. Zur Expedition gehörten weiterhin Courtiade und die Zofen der Damen, dazu ein Berg von Gepäckstücken. Die Badekur in Bourbon-l'Archambault wurde aufgegeben. Sie fuhren in die Pyrenäen. Der Ministerpflichten ledig, erfand Herr von Talleyrand den Tourismus. Bei der Durchquerung der Provinz Périgord ließ er in Chalais haltmachen. Rührende Erinnerungen überkamen ihn. Die Einwohner waren freundlich. Die gute alte Fürstin hatte man noch nicht vergessen. In Bordeaux empfing ihn der Präfekt mit großen Ehren. Es tat ihm gut, nachdem der Präfekt des Département Indre ihn so schlecht behandelt hatte. »Herr von Tournon, der Präfekt, hat uns große Höflichkeit bezeigt. Das ist in jeder Hinsicht ein vorzüglicher Mann. Das erweckt Liebe zum König und zu ihm selbst.«

Dann kamen sie in die Berge. Der Zeitgeschmack hatte sich geändert. Man fand die Berge nicht mehr »schrecklich«. Man fand sie beeindruckend, und deshalb liebte man sie. Holpernd und polternd erklommen die Kutschen die Wege zwischen den Felsen oder fuhren durch die Täler, in denen Wildwasser rauschten. Am 7. Juli trafen sie in Cauterets ein und blieben im Hôtel de France bis zum 26. August. Der Tagesplan war ausgefüllt mit

Duschen, Baden und Gurgeln. Mit Wonne überließ sich Talleyrand den Nasenspülungen mit dem Thermalwasser. Am Nachmittag brachte man ihn in einem Tragstuhl zu den Quellen, die oberhalb des Tals sprudelten. Am folgenden Tag setzte er die Anwendungen mit gleichem Eifer fort. Die Hydrotherapie sagte ihm zu. Ende Juli ließ Doktor Andral die Kur unterbrechen, um später eine andere zu beginnen. Sie unternahmen Ausflüge. Wahrscheinlich in Tragstühlen. Talleyrand war begeistert: »Ich glaube nicht, daß dieses Land mit einem anderen zu vergleichen ist. Die anderen Gebirgsländer gleichen ihm nicht.«

Sie hatten einen Führer genommen, der sich noch lange nach ihrem Aufenthalt an die seltsamen reichen Reisenden erinnerte. Er sagte, er habe »einen kleinen humpelnden Greis herumgeführt, der die Badekur machte, um sein Bein in Ordnung zu bringen«. Doch seinen Namen wußte er nicht mehr genau: »Taille ... Taille ...« stotterte er. Kam man ihm zu Hilfe, nickte er und sagte: »Ja, Prince de Taille et rang.« Was wiederum darauf hinweist, daß damals der Name Taille-rand ausgesprochen wurde. Den Namen hatte der Führer vergessen, aber nicht die fünfhundert Francs, die Talleyrand ihm gegeben hatte, und auch nicht die Regelung einer Pension, die der Unglückliche bislang nicht bekommen hatte. Am 29. Juli 1817 war die Karawane in Bagnères-de-Bigorre angelangt. In dem Hotel, in dem sie abstiegen, wurden sie alle zu Prinzen und Prinzessinnen erhoben. Die Hotelbesitzerin war vermutlich begeistert, daß sie in ihr Anmeldebuch schreiben konnte: Prince Talleyrand, Princesse de Périgord, née Princesse de Courlande, und Tyskainvins, Princesse Poniatowska. Von dort fuhren sie nach Pau, besichtigten das Schloß Heinrichs IV. und übernachteten in Coarraze, wo Heinrich IV. gespielt hatte und wo sie selber in einen tiefen Graben stürzten – ohne Schaden zu nehmen. Talleyrand tat die Schulter weh, und er sagte, der Unfall habe »seine Schrift noch schlechter gemacht, als sie schon war«.

Am 25. August waren sie wieder in Cauterets und feierten den Saint-Louis-Tag. Die Ortsveränderungen und Hotelaufenthalte verliefen nicht immer glatt. Talleyrand hatte die Gewohnheit, so etwas wie eine Pauschale auszuhandeln, wenn er mit seinem Gefolge in die Hotels kam. Manchmal verlangten die Wirte zusätzliche Zahlungen. Kam dann die Stunde der Rechnungsbegleichung, wollte der Fürst von Nachzahlungen nichts wissen und hielt sich an den vereinbarten Preis. Deshalb waren die Abreisen nicht immer ganz heiter und wolkenlos.

Die Wasserkur, die Bergluft, die kleinlichen Gastwirte und die umgestürzten Wagen brachten ihm seine Gelassenheit zurück. Dazu trugen auch einige gute Nachrichten bei. Sein Onkel Erzbischof bekam den Kardinalshut. »Seit langem ist uns nichts so Beglückendes begegnet. Ich bin entzückt zu erfahren, daß das Leben dieses hervorragenden Mannes gekrönt wird durch das Höchste, was ihm in seinem Stand zukommen kann.« Hätte der hervorragende Mann der Familie keinen solchen Glanz gebracht, wären seine Tugenden nicht derart gelobt worden.

Er hatte Sehnsucht nach der Herzogin. Sie war nach Deutschland gereist, um sich um ihre Angelegenheiten zu kümmern. »Wie fern ist noch der Monat November«, schrieb er. Er gibt ihr auch Schilderungen, in denen sich seine Unzufriedenheit über die Politik ausdrückt: Man bildet Kabinette und löst sie wieder auf, man schafft erneut welche, aber ohne sich um ihn zu kümmern. Er wünscht dem König gute Gesundheit. Allerdings Decazes noch nicht. Immerhin hat der Aufenthalt in den Pyrenäen seine Stimmung gebessert.

Aber es gab noch etwas Besseres als die Badekur: Am 31. August verlieh ihm der König den Titel eines Herzogs und Pairs, mit der Genehmigung, ihn später auf seinen Bruder Archambaud übertragen zu können. Dieser ist also nach Talleyrand der erste Namensträger des herzoglichen Zweigs der Talleyrand-Périgord. Der Titel ging auf Edmond über, dann auf seinen ältesten Sohn Napoléon-Louis. [Der Sohn von Napoléon-Louis (1811–1898) – 3. Herzog von Talleyrand-Périgord – war Boson, 4. Herzog (1832–1910). Der 5. Herzog Hélie, Sohn von Boson und Jeanne Seillière, heiratete 1908 die gebürtige Amerikanerin Anna Gould (geschiedene Frau von Boniface de Castellane). Sie hatten zwei Kinder: den 1929 gestorbenen Howard und Hélène-Violette, die erst den Grafen von Pourtalès und später Gaston Palewski heiratete. – 1829 wurde das Gebiet von Valençay ebenfalls zum Herzogtum erklärt, zugunsten von Napoléon-Louis, dem Sohn von Dorothee und Edmond. Dieser vereinigte in seiner Person alle Titel seines Großonkels. Napoléon-Louis heiratete Alix de Montmorency.]

Ehren kommen, wie das Unglück, nie allein. Am 2. Dezember 1817 machte Ferdinand, König von Neapel, Talleyrand einen weiteren Herzogstitel zum Geschenk, dazu Einkünfte von sechzigtausend Pfund. Dieser Titel bezog sich auf eine kleine Insel vor der kalabrischen Küste: Dino. Talleyrand schenkte Edmond den Titel und behielt die Einkünfte. Ihm lag seit langem daran, Dorothee als Herzogin zu sehen. Nun war es erreicht. Herzogin von Dino, so wurde sie von jetzt an in der Gesellschaft genannt. Wenn der Titel auch nur Flitter war, bei Hof hatte Dorothee das Recht auf den Tabouret, das heißt, sie durfte sich in Gegenwart des Königs oder der Königin auf einen Hocker setzen. Talleyrand dachte nicht daran, dieses Herzogtum geringschätzig zu behandeln, er schrieb an die Herzogin von Kurland, die noch immer in Sagan war: »Es ist ein königlicher Landstrich, in Kalabrien gelegen.« In Wirklichkeit war der Landstrich weder königlich noch herzoglich. Es handelte sich um eine menschenleere und unbebaute Insel, vom Festland durch eine Meerenge getrennt, in der Anchovis gefischt wurde.

Niemals hätte jemand den Namen Dino in den Mund genommen, wenn Talleyrands Nichte ihn nicht getragen hätte. Er versank wieder im

Nichts, als der Tod der Verbindung der Herzogin von Dino mit ihrem Onkel ein Ende setzte.

In jenem Sommer erfuhr er vom Tod dreier Menschen, die er liebte oder die er geliebt hatte. Seine Gelassenheit wurde indes nicht sehr beeinträchtigt. Suards Ableben war nicht erschütternd, aber die beiden anderen Hingeschiedenen, Choiseul und Germaine de Staël, hätten etwas Besseres verdient als eine bloße Erwähnung ihres Namens: »Menschen, mit denen ich mehr oder weniger verbunden war.« Bei Choiseul setzte er jedoch hinzu, daß er Kummer empfinde. »Von den Menschen, mit denen ich aufgewachsen bin, war er der letzte. Aus dieser Generation bin nun ich der letzte, das ist sehr traurig.« Er bedauert sich selber mehr als die anderen. Bei Germaines Tod war es noch schlimmer. Sein Gerede über den Sarg einer großherzigen Freundin hinweg ist fast peinlich: »Paris beschäftigt sich sehr mit dem Tod von Madame de Staël und mit ihrer Eheschließung, die erst bekannt geworden ist, als sie nicht mehr lebte.« Germaine hatte in der Tat eine letzte Verrücktheit begangen, sie hatte ihren Geliebten Rocca heimlich geheiratet. »Seit Jahren war sie Madame Rocca und hatte nicht den Mut, es zu sagen.« Er selber hatte den Mut gehabt, Mrs. Grand als die Frau des Bischofs von Autun vorzustellen. Jetzt spielt er die häßliche Rolle des Heuchlers: »Das ist nicht sehr schön, und was noch weniger schön ist, sie hat einen kleinen Rocca bekommen, der ein Drittel des Erbes erhält und von dem sie anläßlich der Verheiratung von Madame de Broglie (der Tochter von Madame de Staël) nicht gesprochen hatte. Sie müssen mir einräumen, daß ich recht hatte, als ich sagte, sie habe kein Feingefühl.« Warum er sich so verhält, ist leicht zu begreifen. Er setzt die Maske des Scheinheiligen auf, weil das Gewäsch der Kongregationen in Mode ist. Er will die Frommen in Sicherheit wiegen, die Doktrinäre der Restauration. Er umwirbt selbst die, die er verachtet. Wirklich, als Zyniker ist er schätzenswerter.

Anstatt nach Valençay zurückzufahren, bewegt sich die Reisegesellschaft über die Straßen des Südens. Man erreicht Montpellier. Talleyrand verfehlt nicht, darauf hinzuweisen, daß ein Großonkel Périgord Gouverneur des Languedoc gewesen ist und daß der Name hier noch immer hochgeachtet wird. Jede Gelegenheit nimmt er wahr, um die Familie herauszustreichen. In Nîmes beschäftigt ihn etwas anderes, es handelt sich hier nicht um Politik, nicht um Finanzen oder Genealogie, sondern um Parfüms. Es ist bekannt, was für einen ungeheuren Verbrauch an Duftwässern er hatte. Er deckt sich also reichlich ein mit berauschenden Essenzen, Salben und Toilettenwasser. Man hätte die Stadt und die Vororte zehn Jahre lang damit parfümieren können. Sie durchqueren Marseille, fahren bis Hyères und kehren dann um. Am 18. September sind sie in Bourges.

Am 30. Oktober stellt sich der Großkämmerer in den Tuilerien beim König ein. Am gleichen Tag trifft ihn Madame de Rémusat und stellt fest, daß er völlig liberale Ideen hat: etwas Neues ist das nicht. Was aber neu ist –

und sehr betrüblich für einen ehrgeizigen Mann: seine Rückkehr erweckt nicht mehr Anteilnahme als seine Abreise. Doch Geduld. Man lasse ihm Zeit, zwei- oder dreimal in der Gesellschaft zu dinieren und die Diners bei sich zu erwidern, man lasse ihn in seinem Serail predigen, und gleich werden Hof und Regierung erkennen, daß die Rückkehr des Fürsten nicht unbemerkt bleiben kann.

Die Freude, alle guten Freundinnen wiederzutreffen, wird getrübt durch die Tatsache, daß die Herzogin von Kurland noch nicht zurück ist.

Die Ultras bemerken plötzlich, daß er vorhanden ist. Furcht riß sie aus ihrer Gleichgültigkeit, denn Talleyrand unternahm einen auffälligen Annäherungsversuch an das Haus Orléans.

Wie ein Ehepaar wurden Dorothee und er ins Palais-Royal eingeladen. Die Herzogin Amélie empfing sie höchst freundschaftlich. Mit Mademoiselle (es ist die älteste Tochter des jüngeren Bruders des Königs), die etwas von Politik verstand, nahm Talleyrand sofort die Beziehungen wieder auf, die 1792 in London geknüpft worden waren. Stets hat er eine Schwäche für die jüngere Linie der Bourbonen gehabt, die liberaler, aufgeschlossener war, und 1816 hatte er seiner Ergebenheit dadurch Ausdruck verliehen, daß er dem Haus Orléans die gewaltigen Besitztümer hatte zurückerstatten lassen. Das war verdienstvoll gewesen, denn der älteren Linie lag nicht sonderlich viel daran, die Orléans in übergroßem Wohlstand zu sehen. Daß sie reich waren, verdankten sie Talleyrand. Nach dem im Palais-Royal verbrachten Abend schrieb er: »Das Diner war großartig, und im Haus herrschte eine angenehme Atmosphäre. Die alten Diener des Hauses Orléans wirken gut in den Vorzimmern.« Er war sehr empfänglich für diesen Prunk – vor allem weil er selbst dazu beigetragen hatte, ihn wiederherzustellen – bei einem Teil des königlichen Hauses, auf den er sich, wenn nötig, stützen konnte.

In den Tuilerien war man außer sich. Man witterte bereits ein Komplott der »Orléans-Partei«. Es war wirklich nicht geschickt, so laut zu verkünden, Talleyrand wolle die ältere Linie durch die Orléans ersetzen.

Die Öffentlichkeit wurde aufmerksam. Viele, die noch gestern so taten, als hätten sie den Fürsten vergessen, rissen sich darum, an seinen Tisch geladen zu werden, als sie erfuhren, daß der Fürst von Talleyrand vom 10. November ab jede Woche ein großes Diner geben würde.

Es wurde ersichtlich, wie schwierig es war, eine Persönlichkeit solchen Formats aus der Gesellschaft auszuschließen. Wenige Tage nach seiner Rückkehr hielt der Fürst wieder »in vollem Umfange Hof«. Charles de Rémusat fand ihn »fröhlich, frisch und unternehmungslustig«. Die Kur war ihm gut bekommen. Außer den Duschen und Bädern hatte sich eine Kaskade von Herzogtümern über ihn ergossen, und dazu hatte er seine Gemäldegalerie hervorragend verkauft: seine Breughel, seine Téniers und andere. Das alles erbrachte Geld, viel Geld. So war es immer gewesen: stand er außerhalb der Macht, regneten Geld und Ehren auf ihn herab, war er an der Macht, gab es nur Geld. In beiden Fällen war ein Gewinn sicher. Wenn der König ihn von den Staatsaffären ausschloß, wurden nur sein Ehrgeiz und Stolz verletzt.

Aus verletztem Stolz heraus unternahm er einen unsinnigen Schritt, vor dem gerade dieser Stolz ihn hätte warnen müssen. Er forderte den Bankier Laffitte auf, sich mit ihm zusammenzutun, um die Regierung zu stürzen. Der Bankier fühlte sich zwar sehr geehrt, daß eine so hohe Persönlichkeit sich an ihn wandte, lehnte die Ehre aber ab. Das war die Strafe für den lächerlichen Schritt und die Schmeicheleien, mit denen er den Bankier umworben hatte. Der Ehrgeiz und der Groll gegen die Bourbonen hatten den ausgeglichensten Mann Frankreichs aus dem Gleichgewicht gebracht.

Manchmal wurde auch wieder vom Empire gesprochen. Als Maria Walewska starb, kam Talleyrand vielleicht die Erinnerung an den Abend, an dem er, mit der Serviette über dem Arm, sie Napoleon offiziell vorgestellt hatte. Ob er wußte, daß Edmond de Périgord die Gunst der Gräfin Walewska genossen hatte? Vielleicht in der Eigenschaft als Neffe des Kupplers? Auch über die Krankheit Napoleons auf Sankt Helena wurde gesprochen. »Besser hätte eine Kanonenkugel«, sagte Talleyrand, »vier oder fünf Jahre früher, diesem außergewöhnlichen Leben ein Ende gemacht.« Darin täuschte er sich. Der Heldentod auf dem Schlachtfeld wäre vielleicht schöner gewesen, doch dann wäre Napoleon um die Legende gekommen, die er allmählich um sich aufbaute.

In der Zwischenzeit hatte es Edmond fertiggebracht, sich und seine Frau allmählich zu ruinieren. Als Familienoberhaupt achtete Talleyrand auf jegliche Gefahr. Das schöne Schloß Rosny, das Edmond verkaufen wollte, um seine drängenden Gläubiger zu befriedigen, hatte er retten können. Aus Vorsicht riet Talleyrand zu einer Gütertrennung zwischen den beiden Gatten. Sie wurde am 24. März 1818 ausgesprochen. Von nun an wurde die Verbindung zwischen Dorothee und ihrem Gatten immer lockerer; sie wurde aber auch erträglicher, da es keine Streitgespräche über Geld mehr gab. Im Grunde hatten sie nur noch den Namen gemein. Nach außen hin wurde ein gemeinsames Domizil in der Rue d'Aguesseau beibehalten. Dorothee aber und ihre Kinder wohnten dort nie, sie lebten in der Rue Saint-Florentin. 1822 kam auch Edmond in das Haus des Patriarchen – eine Zeitlang, aber nicht zu seinem Vergnügen.

Über alle Familienangelegenheiten entschied Talleyrand. Er bestellte einen Herrn Thierry zum Hauslehrer für den siebenjährigen Napoléon-Louis, der eines Tages der Erbe aller Titel und Besitztümer seines Großonkels sein sollte. Nie ist seine Autorität über die Familie bestritten worden, nie mußte sie hervorgekehrt werden. Er entschied, und die Umgebung beugte sich.

Er litt darunter, daß die Herzogin von Kurland nicht in Paris war. Sie konnte sich nicht entschließen zurückzukehren. Am 1. Februar 1816 schrieb er ihr, daß er den letzten großen Montags-Empfang, »die große und notwendige Montags-Fron«, gegeben habe. Es waren immer ungefähr fünfhundert Personen gekommen. Außerdem veranstaltete er die großen Dienstags-Diners. Es klingt nicht überraschend, wenn er sagt: »Um zu sparen, müßte ich ein bißchen nach Valençay gehen, denn der Winter ist sehr kostspielig gewesen.« Jeder Empfang, jede Einladung verschlang ein Vermögen. Warum machte er sich diese Unkosten? Zum Vergnügen und weil er meinte, er könne damit den Neubeginn einer politischen Karriere vorbereiten ... Er vergaß, wie eigensinnig der König war.

Während des Winters widmete er sich als ritterlicher Kavalier seinen schönen und alten Freundinnen vom Serail. Man redete viel über die bevorstehende Veröffentlichung der Memoiren des Herzogs von Lauzun, des übermütigen Biron, der während der ersten Jahre der Revolution zu Talleyrands vertrautesten Freunden gehört hatte. Heimlich reichte man sich einige Seiten der Memoiren herum, die, wie zu erwarten stand, aufsehenerregende Enthüllungen enthielten. Lauzun erzählte seine kriegerischen und galanten Heldentaten, und viele der tugendhaften alten Damen der Restauration wurden fast ohnmächtig vor Angst bei dem Gedanken, es könne 1818 der Öffentlichkeit preisgegeben werden, welchen Lebenswandel sie 1789 geführt hatten. Am ausführlichsten wurde Madame de Laval beschrieben, und sie war am meisten zu bedauern. Mehr als seinerzeit Robespierres Guillotine fürchtete sie nun die spitzen Zungen der Konregation. Zu ihrer Verteidigung griff Talleyrand nicht zum Degen, sondern zur Feder, er schrieb an den »Moniteur«, um zu protestieren und um die »Wahrheit« wiederherzustellen. »Der Herzog von Lauzun, dessen Freund ich war, hat seine Memoiren geschrieben; er hat sie mir vorgelesen. Ich weiß nicht, in welche Hände Abschriften gelangt sind. Mit Sicherheit weiß ich, daß sie gräßlich verfälscht worden sind. Ich würde Schweigen über dieses finstere Werk bewahren, wenn ich nicht Grund zu der Annahme hätte, daß dieses sogenannte Manuskript unverzüglich in Druck gegeben werden soll.« Das schrieb er am 27. März 1818. [L-G]

Diese Würde beim Lügen ist fast ein Meisterstück. Besser als jeder andere wußte Talleyrand, daß der Bericht Lauzuns über seine Heldentaten wahr und wahrhaftig war. Dennoch versuchte er, das Interesse an »diesem sogenannten Manuskript« zu untergraben, es gelang ihm auch: das »finstere Werk« versank in Vergessenheit. Seine schönen Freundinnen waren gerettet.

Die Damen überhäuften ihn mit Blumen und Parfüm. Die Herzogin von Escars wurde, sobald sie den »Moniteur« gelesen hatte, von Dankbarkeit überwältigt und schrieb an den galanten Kavalier: »Ich hoffe, mein Fürst, daß man die Bedeutung des Dienstes, den Sie geleistet haben, anerkennt. Ein Brief von Ihnen nimmt den Memoiren ihre Glaubhaftigkeit und vernichtet sie ... Sie sind jetzt nichts mehr als ein Roman. Vorgestern waren sie noch sehr gefährlich, heute sind sie es nicht mehr.«

Diese Dankesbezeigung entspricht dem geleisteten Dienst, man kann daran ermessen, welche Wirkung ein Wort Talleyrands auf die Gesellschaft seiner Zeit hatte.

Ein kleiner Skandal streifte ihn selber. Es handelte sich um eine posthume Rache von Germaine de Staël. Sie hatte ein Manuskript hinterlassen, das im Mai 1818 veröffentlicht wurde. Er fühlte sich angegriffen des Wortes wegen, das er nach dem Tode des Herzogs von Enghien ausgesprochen und das alle Welt weiter verbreitet hatte: »Das ist viel schlimmer als ein Verbrechen, es ist ein Fehler.« Germaine schrieb: »Ich hege tiefste Verachtung für diese Politiker, deren Geschicklichkeit darin besteht, sich der Tugend überlegen zu zeigen.« Es ist einigermaßen schwierig, alle diese Menschen ernst zu nehmen, die sich gegenseitig die »Tugend« an den Kopf werfen. Für die Tugend tat Madame de Staël nicht mehr als Talleyrand, wenn er Germaines Verhalten kritisierte. Sie rächte sich für die Angriffe Talleyrands gegen ihren Vater. »Madame de Staël möchte eine ›Necker-Religion‹ gründen«, sagte Talleyrand, der jede Vergötterung ablehnte, besonders die Neckers, dessen finanzielle Talente ihm stets zweifelhaft erschienen waren. Dieses freimütige Urteil hatte Germaine ihm nie vergeben.

So ging der Winter mit Diners und Scharmützeln hin, der Frühling erinnerte Talleyrand an seinen Hofstaat in Valençay. Es wurde gesagt, sie hätten sich Pässe nach Neapel ausstellen lassen, wohin sie reisen wollten, um dem König ihren Dank dafür abzustatten, daß er Dorothee, ohne es zu wollen, zur Herzogin von Dino gemacht hatte.

Der Aufbruch erfolgte am 16. Mai. Am Abend zuvor hatte Madame de Rémusat eine lange Unterhaltung mit Talleyrand. Er war bei guter Gesundheit und in guter Stimmung. Nur ein paar Minister zerrupfte er. »Ich habe zwei Stunden bei ihm verbracht und habe mich sehr amüsiert«, schrieb sie an ihren Sohn.

Diese Reise Talleyrands, Dorothees und der Madame Tyzskiewicz führte nicht nach Neapel, sondern nach Bagnères-de-Bigorre, wo sie nachweislich am 17. August waren. Man erfährt, daß ein Herr Thierry, Erzieher der Kinder »Dinot« im Gefolge gewesen sei, sowie Doktor Andral und ein Herr Samuel, der sich mit den Geschäften des »Monseigneur Téleyran« befaßte. Sie fuhren über Toulouse zurück und feierten am 24. August den Saint-Louis-Tag mit großem Pomp in Valençay: mit einem Tedeum, einem Feuerwerk, das ganze Dorf war weiß beflaggt. Dorothee entzündete ein Freudenfeuer, im Hof des Schlosses fand ein Ball statt. Diesmal konnte der Präfekt seinem Minister einen günstigen Bericht schicken.

Am 11. November waren sie wieder in Paris. Talleyrand stellte sich bei Hof vor, und anläßlich des Geburtstags Seiner Majestät am 17. November übte er sein Amt als Großkämmerer aus. Aber nur ein einziges Mal.

Dieses gemächliche Leben wurde durch eine neue Verbitterung unterbrochen. Als er erfuhr, daß der Kongreß von Aachen ohne ihn stattfinden sollte, war er zutiefst gekränkt. Sein Haß auf Richelieu, der, wie er sagte, »weder Talent noch Kombinationsgabe« besaß, wurde immer stärker. Das größte Pech war, daß sein Rivale einen offensichtlichen Erfolg davontrug. Es gelang dem Herzog von Richelieu, mit großer Überzeugungskraft und Würde von den Alliierten den Abzug ihrer Truppen zu erlangen. Richelieu war es zu verdanken, daß die drückende und erniedrigende Besetzung des französischen Territoriums ein Ende nahm. Böswillige Zungen verbreiteten, Talleyrand wäre imstande gewesen, Ludwig XVIII. in Aachen zu verraten, wie er Napoleon in Erfurt verraten hatte. Es war schiere Bosheit, wenn vermutet wurde, Talleyrand hätte irgend etwas unternommen, um die Befreiung des Landes zu verzögern. Aber er war eifersüchtig auf Richelieu, der dies an seiner Statt zustande gebracht hatte.

Jetzt waren die Ultras darauf aus, Richelieu abzusetzen, und sie versuchten, Talleyrand für sich einzuspannen. Der Graf von Artois »schmiedete« die Affäre. Er hatte die Idee, sich des Zaren zu bedienen. Zu diesem Zweck mußte ein Memorandum über die gegenwärtige Lage Frankreichs abgefaßt werden. Das alles ohne Wissen des Premierministers Richelieu, der mit Alexander befreundet war. Der Graf von Artois meinte, Talleyrand könne als Vermittler dienen. Vitrolles, des Grafen Vertrauter, war mit Dorothee eng befreundet. Bei einem Tête-à-tête konnte er es sich erlauben, das Thema anzuschneiden. Sie hörte ihm zu. Obgleich Vitrolles nur andeutungsweise sprach, zeigte ihm ein Aufblitzen ihrer veilchenblauen Augen, daß er verstanden worden war. »Ihr Geist war äußerst rege«, sagte Vitrolles, »und um zu begreifen, brauchte sie weniger Worte anzuhören als jede andere.« Sie war bei Talleyrand in die Schule gegangen! Vitrolles bat sie, ihren Onkel zu bewegen, jemanden zu bestimmen, der in seinem Auftrag nach Aachen gehen und dem Zaren das Memorandum des Grafen von Artois überreichen würde. Zudem sollte Talleyrand dem Boten Empfehlungen mitgeben, damit dieser mit den Herrschern und ihren Ministern in Verbindung treten könne. Talleyrand kannte sie alle aus früherer Zeit. Die kluge und vorsichtige Dorothee riet Vitrolles, selbst mit ihrem Onkel zu sprechen. Sie würde für das Weitere sorgen.

Plötzlich befand sich Talleyrand wieder auf der großen Straße der Staatsaffären. Wie würde er sich verhalten?

Er hörte sich an, was Vitrolles zu sagen hatte. Und Vitrolles war erstaunt, daß ein so scharfsinniger Mann wie Talleyrand nicht gleich begriff und daß er tausend Erklärungen verlangte. Vitrolles selber begriff wohl nicht, daß Talleyrand es vergnüglich fand, ihn alle seine Schubfächer leeren zu lassen. Talleyrand bat um zwei Tage Bedenkzeit. Vitrolles kam zurück. Mit bedauernder Miene sagte ihm Talleyrand, er habe über jeden seiner Freunde nachgedacht, habe aber unter ihnen keinen gefunden, der diese vertrauliche Mission übernehmen könne. Und Vitrolles glaubte, was Talleyrand sagte. In überlegenem Ton, überzeugt davon, daß Talleyrand von allen im Stich gelassen war, fragte er: »Wie denn, lieber Fürst, wie ist diese Leere um Sie herum zu erklären? Wie viele Menschen haben Sie nicht während Ihrer langen Laufbahn in der Regierung und in bedeutenden Situationen kennengelernt, wie vielen haben Sie nicht geholfen oder ihnen ein Vermögen geschaffen? Was, von all diesen bleibt Ihnen nicht ein einziger, in den Sie Vertrauen setzen können?« [Memoiren von Vitrolles] Und der Prahler wies auf die große Zahl und auf die Anhänglichkeit seiner eigenen Freunde hin, nachdem er noch einmal die Einsamkeit und Undankbarkeit, die den Fürsten umgaben, hervorgehoben hatte. Der muntere Baron aus Marseille war sicher, daß er in dieser Hinsicht Talleyrand überlegen war. In Wirklichkeit hatte Talleyrand ihn hereingelegt. Talleyrand wollte sich nicht auf die törichten Machenschaften des Grafen von Artois einlassen, er wollte auch seine Freunde mit einer dem Mißerfolg anheimgegebenen Affäre nicht belasten. Er wollte in der Intrige nicht mitspielen, vermied es aber, eine klare Ablehnung auszusprechen. Vitrolles hatte ihm somit einen Dienst erwiesen.

Nach dem Aachener Kongreß kam Alexander I. nach Paris. Talleyrand gab sich der Illusion hin, der Zar würde ihn besuchen. »Ich bin sicher, daß er nicht am Tor der Rue Saint-Florentin vorbeigehen wird, ohne daran zu denken, daß er den Ruhm, den er genießt, den Entschlüssen verdankt, die in diesem Haus zugunsten des Königs gefaßt wurden.«

Doch der Zar wollte ihn nicht sehen. Seit dem Wiener Kongreß konnte er Talleyrand nicht mehr leiden. Er hat ihm die englisch-französisch-österreichische Allianz nie verziehen.

Im Monat November sah Madame de Rémusat, der nichts entging, Talleyrand wieder. Im März hatte sie ihn bereits weniger verbittert gefunden, im November war er die Milde selbst. Und was sie sah, vermochte sie kaum zu glauben: die Herzogin von Dino und die Baronin Alexandre de Périgord – Mademoiselle Charlotte – machten Madame Decazes, der Frau des Polizeiministers, einen Besuch! Sie hatten einen guten Vorwand für diesen Höflichkeitsbesuch. Madame Decazes, eine geborene Saint-Aulaire, aus einer alten Familie des Périgord stammend, war mit den Talleyrands verwandt. Doch das war nur ein Vorwand. »Ich habe gestern Herrn von Talleyrand gesehen«, schrieb Madame de Rémusat. »Er sprach lobend über Decazes, bezeichnete ihn als den einzigen Mann im Kabinett und als geschickt.« Der Wind hatte sich gedreht.

Warum er so redete, wird gleich ersichtlich werden. Richelieu schien entschlossen, die Regierung zu verlassen, und zwar eines Wahlgesetzes wegen, das er vorlegen wollte und das von Decazes bekämpft wurde. Auch Talleyrand war dagegen. Er meinte, die Stunde der Rückkehr in die Regierung sei für ihn gekommen. Das war der heimliche Grund der Besuche seiner Damen und seiner freundlichen Worte über Decazes. Was Talleyrand aber nicht hinderte, Richelieu zum Diner einzuladen. Ein prächtiges Diner, ein Begräbnis-Diner für diese Regierung. Richelieu wußte, aus welchem Grund Decazes und Talleyrand sich nähergekommen waren. Trotzdem verkündete Talleyrand immer wieder, er trachte nach nichts anderem, als Ruhe zu finden und auf dem Land leben zu können. Diese Meinung entsprach viel mehr dem Wunsch des Hofes als seinem eigenen. Wenn Talleyrand gewußt hätte, wie man in den Tuilerien über ihn dachte! Als Richelieu von seinem Vorhaben zu demissionieren sprach, antwortete ihm der König: »Sie zwingen mich zu der beklagenswerten äußersten Maßnahme, auf Herrn von Talleyrand zurückzugreifen, den ich weder liebe noch schätze.« Und Monsieur, der Graf von Artois, der sich gern des Fürsten bedient hätte, um seine unmöglichen Aufträge durchzuführen, schrieb an Richelieu, er möge »dem König und Frankreich die Schande und das Unglück ersparen, auf Herrn von Talleyrand zurückgreifen zu müssen«. [LMT]

Richelieu trat aus der Regierung aus, an seine Stelle trat General Dessolles. Den Namen Talleyrand hatte niemand ausgesprochen. Es war ein harter Schlag für einen Mann, der »beim Anblick eines Ministers der Auswärtigen Angelegenheiten stets einen Stich empfand«, wie sein Freund Castellane sagte.

Man muß Talleyrands Verbitterung richtig sehen und beurteilen. Gewiß spielte der enttäuschte Ehrgeiz eine große Rolle. Doch hinzu kam die Trauer, mit ansehen zu müssen, daß die Legitimität sich selbst zugrunde richtete, daß Frankreich keine fähige Regierung bekam und daß das Land aus Dummheit in neue Abenteuer gestürzt wurde. Der Hof hätte mehr auf diesen Mann hören sollen, »der den Regimen, die ihn vernachlässigen, Unglück bringt«.

Und noch einmal schrieb er, da man ihn nicht brauchte, an die Herzogin: »Ich habe es nicht mehr nötig, mich mit den Staatsgeschäften zu befassen. Ich kann meinen Kopf beschäftigen mit allem dem, was ich gesehen und woran ich teilgenommen habe. Damit kann ein Leben ausgefüllt werden, das länger als das meine sein müßte . . . Ich liebe Sie, mein Engel, von ganzem Herzen.« 20. April 1818. Außer dem zärtlichen Gruß kann in diesem Brief an die Herzogin alles angezweifelt werden. Mehr denn je trachtet er nach der Macht, und mit seinen Erinnerungen beschäftigt er sich nur, weil ihm die große Aktion verwehrt ist.

Als der Herzog von Mouchy in den Orden des Goldenen Vlieses aufgenommen wurde, nahm Talleyrand an der Feierlichkeit in Gegenwart Ihrer Königlichen Hoheiten des Grafen von Artois, der Herzöge von Berry und von Bourbon sowie der Herzöge von La Vauguyon und Fernand-Nunez teil. Er legte den weiten Mantel und die aus Gold und Diamanten bestehende Ordenskette an, aber sein Hunger nach der Macht wurde dadurch nicht gestillt, im Gegenteil. Er stand in der ersten Reihe der Ehrengäste, aber es war eine hohle Ehre. Anstatt ihm ein Ministerium zu geben, bot man ihm an, Aufträge zu erledigen. Er mußte unter anderem auf den Herzog von Gloucester warten und ihm beim Besuch von Fontainebleau als Führer dienen. Und wenn ihn dieses ehrenvolle Amt nicht befriedigte, so sollte er sich damit begnügen, Mitglied der »Kommission zur Verbesserung der Zustände in den Gefängnissen« zu werden.

Ludwig XVIII. sprach ständig davon, er wolle sich krönen lassen, tat es aber nicht. Es war ihm lästig. Und Talleyrand war es lästig, darauf zu warten. Im Frühjahr 1819 ging er nach Valençay und empfing dort den Besuch des spanischen Generals Alava. Er bereitete ihm einen Empfang, wie nur er es verstand zu empfangen, und beide sprachen über die Gefangenschaft der Prinzen. Wie Alava konnten sich der König von Spanien und die Infanten nur lobend über Talleyrand äußern. Bald danach erhielt er das Porträt Ferdinands VII. Ein weiterer Souverän nahm unter denen Platz, die bereits in der Galerie von Valençay hingen. Es war eine königliche Bildergalerie. Vertreten war bereits Napoleon im Krönungshabit, von François Gérard gemalt. Und daneben, ungeniert, Ludwig XVIII. im blauen, mit Lilien bestickten Mantel, ebenfalls von Gérard gemalt. Später kam Karl X. im Hofmantel dazu, auch dieses Bild ein Werk Gérards. Louis-Philippe, in ganzer Figur, er aber von Hersent gemalt, kam später hinzu.

Bei der Rückkehr nach Paris blitzte ein neuer Hoffnungsstrahl auf: die Regierung Dessolles wurde gestürzt. Aber von Talleyrand war wieder nicht die Rede. Decazes wurde beauftragt, die neue Regierung zu bilden. Von nun an mußten alle Hoffnungen aufgegeben werden. Decazes stand beim König derart in Gunst, daß an seinem Posten nicht zu rütteln war.

Eintönige Gesellschaften und ein paar neue Köpfe in Talleyrands Umgebung vermochten sein Leben nicht auszufüllen. Im Sommer ging er mit seinem Freund Montrond zu einer Kur nach Barèges. Madame de Souza-Flahaut nannte Talleyrand und sein Gefolge »häßliche Leute« und untersagte ihrem Sohn, sie zu besuchen. Die Zeiten und Menschen ändern sich!

Gute Beziehungen unterhielt er mit dem neuen Erzbischof von Bourges, dorthin hatte er sich im Jahre 1787 vergeblich als Erzbischof beworben. Die beiden sprachen über seinen Onkel, den Erzbischof von Paris und seinen Koadjutor, Monseigneur de Quélen, einen Prälaten, dessen Würde und Tugend im späteren Leben Talleyrands eine bedeutsame Rolle spielen. Umgang mit der kirchlichen Welt war ihm immer angenehm gewesen. Zu diesem Zeitpunkt sagte Madame de Rémusat, die hart in ihrem Urteil wurde, man dürfe Talleyrand nicht zum Minister machen, ohne ihn mit arbeitsamen und grundsatztreuen Leuten zu umgeben, um »die intrigante und parfümierte Seite dieses Pfarrers zu neutralisieren«.

Wieder leuchtete ein Hoffnungsschimmer auf. Im Zusammenhang mit einem Drama. Als der Thronerbe, der Herzog von Berry, am 13. Februar

1820 von Louvel ermordet wurde, waren die Royalisten niedergeschmettert. Decazes mußte demissionieren. Seine Polizei war allzu unfähig gewesen. Talleyrand meinte, endlich würde der große Tag seiner Rückkehr in die Staatsgeschäfte anbrechen. Leider stand er allein da mit dieser Ansicht. Der König blieb unbeugsam, und Decazes unterstützte ihn in seinem Entschluß: jeder andere, nur nicht Talleyrand! Es wurde von Richelieu gesprochen, von Molé, Pasquier, Villèle. Talleyrand verharrte in seinen Illusionen, während man in den Tuilerien es durchaus für möglich hielt, daß er den Dolch Louvels gewetzt habe. Er lud Villèle zum Diner ein, um ihm eine Liste der Mitglieder der nächsten Regierung vorzulegen. Villèle folgte nicht einmal der Einladung. Der König beauftragte Richelieu mit der Regierungsbildung. Für Talleyrand war es ein neuer Stich ins Herz.

Völlig unerwartet fand er Trost in dieser unerfreulichen Lage.

Eines Nachts las er ein kleines Buch, das seine Freundin, die Fürstin von Talmont, ihm gerade gebracht hatte. Es enthielt Gedichte. Die ersten Verse eines Unbekannten. Die Lektüre begeisterte ihn, er berauschte sich an diesem Werk, das leicht ist wie ein Windhauch, die »Méditations« von Lamartine. Das war weder Delille noch Chenier, weder Jean-Baptiste Rousseau noch Voltaire, kurzum, nichts von all dem, was ein Mann seines Alters und seines Milieus zu lieben und verstehen vermochte. Denn man liebte eine reine und klare Sprache, das kühle und strahlende Feuer des Geistes. Doch der alte Satrap, frei von jeder romantischen Gefühlsregung, von jeder Redseligkeit, der außerdem verbittert und sarkastisch ist, läßt sich bezaubern und verbringt eine beglückende Nacht mit der Lektüre dieser Klagegesänge, dieser Verse ohne Stoff und Farbe. Wer hätte gedacht, daß jemand wie er, als er in derselben Nacht das Buch an seine Freundin zurückschickt, Worte wie die folgenden über Lamartine schreiben könnte: »Ich schicke Ihnen, Fürstin, ehe ich einschlafe, das kleine Buch zurück, das Sie mir gestern geliehen haben. Sie sollen nur wissen, daß ich nicht habe schlafen können und daß ich es bis vier Uhr morgens gelesen und wieder gelesen habe. Ich bin kein Prophet, ich kann Ihnen nicht sagen, was das Publikum empfinden wird, mein Publikum aber ist der Eindruck, den ich selber habe hinter meinen Gardinen. Das ist ein Mensch! Wir werden noch darüber sprechen.« [L-G]

In der Folgezeit verbindet den Fürsten und den jungen Dichter gegenseitige Bewunderung, obwohl sie in ihrer Gefühlswelt wie in der Moral völlig verschieden waren. Die Dichtung hat ein Wunder vollbracht.

Lamartine und die Dichtung waren nur ein Zwischenspiel. Wie dachte der Fürst über die Politik? Madame de Rémusat stellte ihm Fallen, um Äußerungen aus ihm herauszulocken. Sie erwähnte in der Unterhaltung den Namen des Herzogs von Orléans, um »seine Antwort auszukundschaften«. Hoffte sie, er würde ihr seinen Plan, die Bourbonen durch die Orléans zu ersetzen, anvertrauen? Zu jenem Zeitpunkt hatte er ein solches Projekt nicht im Kopf. Gleichwohl traute Madame de Rémusat es ihm zu, sie war bestimmt nicht die einzige. Die allgemeine Heimtücke war Talleyrand weit voraus. Er wehrte sich, als er begriff, worauf die schlaue Person hinauswollte. Sie schrieb: »Jede Idee in dieser Richtung hat er lebhaft zurückgewiesen, und er ist dabei so hartnäckig gewesen, daß ich, ob ich wollte oder nicht, den Gedanken haben mußte, es liege ihm daran, Verdächtigungen dieser Art zu zerstreuen.« Ihm sind viele Komplotte und Verrätereien nachgesagt worden, aber oft zu Unrecht. Der enttäuschte Ehrgeiz machte Talleyrand dem Regime gegenüber nicht erbarmungslos. Er hatte das Regime geschaffen, er hätte es gern beibehalten, doch unter der Bedingung, daß man ihm gestattete, es zu verbessern, und dem Thron das zu geben, was ihm am meisten fehlte: Leben und Sinn für die Realitäten der Gegenwart, mit dem Blick auf die Zukunft. Was er zu Madame de Rémusat sagte, zeigt, daß er der Legitimität verhaftet blieb. »Im Augenblick hat er den Gedanken«, schrieb sie, »daß die empfindsamen Saiten der französischen Herzen noch bewegt sind von der Hoffnung auf ein Kind, sofern die Herzogin von Berry einen Knaben bekommt; sollte sie aber eine Tochter haben, werden die Bande zerreißen.« Da Madame de Rémusat ihn für zu schwarzseherisch hielt, behauptete sie ihm gegenüber, daß Frankreich im wesentlichen royalistisch sei, weil das Land sich nach Ruhe sehne und die Revolution vergessen habe. Sie fügte hinzu, Frankreich »begreife übrigens seine Lage nicht«. Dieses Wort konnte einem Mann nur mißfallen, für den »nicht begreifen« nicht als Argument galt. Er erwiderte ihr: »Frankreich wird in diesem Jahr begreifen, weil das Brot teurer wird.« Das war zynisch, aber »die Wahrheit ist traurig«, hat Renan gesagt.

Talleyrands politische Gedanken gehen aus Äußerungen hervor, die er anläßlich einer kleinen Revolution von sich gab. Sie fand im Juli 1820 in Neapel statt, wo König Ferdinand gezwungen wurde, seinem Volk eine Verfassung zu geben. Talleyrand fand den Vorgang normal und bedauerte, daß die Herrscher nicht selbst die Initiative ergriffen und Verfassungen zuließen. Eine Verfassung bringe den Thron nicht zum Wanken, sondern stärke ihn, indem sie die revolutionären Minderheiten beschwichtige. »Ich glaube, daß man in allen Ländern, in denen die Verwaltung sich klarmacht, daß dies die zu befolgende Linie ist, leicht die kleine Zahl derer in Schrankken halten kann, denen die Anarchie keine Furcht macht.« [L-G]

Er macht deutlich, was er unter »Legitimität« versteht. Der Abgrund, der zwischen ihm und den Ultras besteht, wird immer größer. Die Ultras gaben dem Wort eine fast mystische Bedeutung, maßen ihm göttliche Macht bei, die unbezweifelbar und unbegrenzt ist. Talleyrand hingegen sah in der Legitimität wohl die wahre Quelle der Macht, er wollte sie aber vernünftig anwenden, gemäßigt und durch das Gesetz überprüft. Er erkannte an, daß »die Legitimität der Könige, oder um es besser zu sagen, die Legitimität der Regierungen die Sicherung der Nationen ist, und deswegen ist sie heilig«. Aber diese Macht der Legitimität leitete er nicht von der Tatsache ab, daß der Heilige Geist in Gestalt einer Taube eine Phiole mit Öl gebracht habe, um die Könige zu salben. Wenn die Legitimität auch nicht aus übernatürlichen Gründen heilig war, so war sie es aus menschlichen. »Die mystische Macht der Legitimität«, sagt er, benutzt das Mystische nur, um sich mit einem Heiligenschein von Majestät zu umgeben. Für ihn leitet sie sich davon her, daß sie eine Verkörperung des Gesetzes in der erhabenen Gestalt des Herrschers ist. Nicht der Wille oder die Laune des Königs sind heilig. Heilig ist das Gesetz, zu dessen Bewahrer ihn die Nation gemacht hat. Aufgrund dieses Auftrags ist der Souverän heilig. Doch die königliche Majestät ist nur der Widerschein der Majestät des Gesetzes. Die Macht des Gesetzes hebt alles ins Erhabene, den König einbegriffen. Alles in allem war für Talleyrand die Legitimität (die Rechtmäßigkeit) die Vollendung der Legalität (der Gesetzlichkeit). Darin zeigt er sich als Mann des Jahrhunderts der Aufklärung. Da die Legitimität die Fortdauer und die Ordnung der Nationen verbürgt, verbürgt sie zugleich auch ihr Wohlergehen.

Die Bourbonen und die Ultras des Jahres 1820 konnten Talleyrand nicht gelten lassen. Aber es sollte der Augenblick kommen, da Talleyrand sich ihrem geschichtlichen Rückwärtsgang nicht mehr anschließen konnte und wollte. Er wollte aus dem legitimen Thron den Wegweiser Frankreichs in die Zukunft machen. »Dazu muß sich dieses Haus aufgerufen fühlen«, schrieb er. Heinrich IV. hätte diese Sprache verstanden, doch Heinrich IV. war tot, und Heinrich V. sollte erst geboren werden. Jedenfalls schien der Bruch zwischen Talleyrand und den Bourbonen bevorzustehen.

Am 9. August 1820 schrieb Talleyrand: »Für das Haus Bourbon und für Frankreich wird der Knabe, den, wie ich hoffe, die Herzogin von Berry zur Welt bringt, eine so große Angelegenheit sein, daß mich nichts davon abbringen wird, zur Zeit ihrer Niederkunft in Paris zu sein.«

In seiner Untätigkeit klammert er sich an alles und selbst an nichts. Sogar an Fouché schickte er eine Botschaft, der in Triest im Exil lebte. Und er versprach ihm, ihm eine liebenswürdige Botin zu schicken. Fouché nahm die Nachricht und die Überbringerin nicht ernst, die Verführungskünste des Fürsten wirkten nicht mehr auf ihn. Am 2. Mai 1820 schrieb er an die Großherzogin Elisa: »Talleyrand schickt mir Komplimente. Das ist eine Koketterie, auf die ich nicht gefaßt war. Er kündigt mir den Besuch einer Dame aus seinem Bekanntenkreis an, aber er nennt den Namen nicht. Wahrscheinlich ist es eine seiner alten Mätressen, die er mir zum Geschenk macht, um mein Exil aufzuheitern.« [L-G] Eine Dame aus dem Serail sollte Fouché eine Information überbringen? Wer mochte es sein? Es ist nicht bekannt.

In den ersten Julitagen verließ er Paris. »Paris wird öde. Selbst die Gesandten reisen ab. Ich verlasse die Stadt mit großem Vergnügen. Alles mißfällt mir hier«, schreibt er am 2. Juli an die Herzogin. Diese Melodie kennen wir. »Ich habe vor, mich sehr um Valençay zu kümmern, das nicht so viel einbringt, wie es müßte, aber ich halte mich nicht für sehr besonders talentiert, Ländereien wirtschaftlich zu verwalten.« Er spielt den Bescheidenen: Valençay war ausgezeichnet geführt.

Die lange Abwesenheit der Herzogin wurde besorgniserregend. Fast zwei Jahre schon wartete Talleyrand auf ihre Rückkehr. Ihre Briefe waren noch immer zärtlich, aber ... War der Zauberbann des Lebens in Paris gebrochen? Ist es zu gewagt anzunehmen, daß Dorothees Stellung in der Rue Saint-Florentin und in Valençay etwas mit dem Fortbleiben der Herzogin zu tun hatte? Schließlich war sie vor ihrer Tochter die Hausherrin gewesen.

Am 27. September 1820 brach Talleyrand in großer Eile von Valençay auf. Es war höchste Zeit: »Das Wunderkind«, der nachgeborene Sohn des Herzogs von Berry, kam am 29. zur Welt. Freude im Königshaus und bei den Royalisten. Die Königslilien blühten wieder auf. Ludwig XVIII. war so glücklich über die Geburt, daß er auf einen Schlag fünfunddreißig neue Ritter seiner Orden ernannte. Talleyrand hatte sich so angelegentlich und zur rechten Zeit über die Wiege Heinrichs V. gebeugt, daß er zum Ritter des Ordens vom Heiligen Geist geschlagen wurde. Er liebte diese glitzernden Dinge, insbesondere die Dinge, die seit langem schon glitzern und mit deren Hilfe die neuen Würdenträger sich in eine lange Kette illustrer Namen einreihen. Talleyrand war ein Mann der Zukunft, und man würde ihn falsch einschätzen, wenn man vergäße, daß er bis zum Hals in der Vergangenheit steckte – doch der Kopf ragte heraus, und der Kopf sah weit, sehr weit nach vorn.

Mit fast weiblicher und schauspielerischer Genugtuung legt er den prächtigen schwarzsamtenen, mit Gold bestickten Mantel an und das breite blaue Moiréband, an dem das Goldkreuz mit der Taube des Heiligen Geistes hing. Castellane sagte, der Fürst habe in dieser Aufmachung ausgesehen »wie eine vergoldete Pille«. Außer Talleyrand waren in Europa nur noch der Kaiser von Österreich und der Zar imstande, noch mehr und noch prächtigere Roben anzulegen.

Dann überließ Talleyrand den jungen Prinzen seinen Ammen, seinen Mantel den Händen der Stickerinnen und machte sich auf, den Herbst in Valençay zu genießen. Doch im November war er wieder zurück und nahm seinen Sitz in der Chambre des Pairs ein. Seine Kollegen ernannten ihn zum Mitglied des Ausschusses der Sieben Pairs, die den Hohen Gerichtshof bildeten. Er sollte im Falle eines Verrats die höchsten Persönlichkeiten des Staates, von der königlichen Familie bis zu den Gesandten, aburteilen.

Talleyrand begnügte sich nicht mit diesem Amt als Oberster Richter. Eines Tages nahm er in der Kammer das Wort. Es wurde eine denkwürdige Sitzung. Am 24. Juli 1821 stand er auf und verteidigte die Pressefreiheit. Seine Rede war so beachtlich, daß ihr selbst die ihm feindlich gesinnten Pairs die Ehre der Drucklegung nicht versagten. Noch heute ist der Text der Rede lesenswert.

Er begann mit einer Klage darüber, daß nur die Pairs-Kammer es wage, die Stimme der Vernunft und der Achtung vor der Verfassung hören zu lassen, während die Deputierten-Kammer von einer extremen Partei beherrscht sei, die jegliche Diskussion unterdrücke und die Gesetze geringachte. Mit dieser Präambel stachelte er von neuem den Haß der Ultras an.

Dann stellte er ein Prinzip auf: »Ohne die Freiheit der Presse gibt es kein parlamentarisches Regime.« Seiner unfehlbaren Methode gemäß, die er im Seminar gelernt und seitdem praktiziert hatte, teilte er das wichtige Thema in zwei Abschnitte.

Einmal legte er dar, daß »die Freiheit der Presse eine Notwendigkeit der Zeit ist«. Zum anderen, daß »eine Regierung sich in Gefahr bringt, wenn sie zu hartnäckig und zu lange verweigert, was die Zeit als notwendig fordert«.

Er hatte die unerhörte Kühnheit, unter einer ultra-royalistischen Regierung eine Lobrede auf die 1789 erworbenen Freiheiten zu halten, wenngleich er Fehler und Übertreibungen der Jakobiner zugab, welche die Nachfolge der Reformatoren der Konstituante antraten. Wenn man bedenkt, in welcher Geistesverfassung die Emigranten aus der Zeit der Revolution im Jahre 1821 waren, muß man die Kühnheit und die ungewöhnliche Klugheit der Worte bewundern, die er aussprach: »Alles, was damals der durchdachte Wunsch der aufgeklärten Männer der Nation war, das nenne ich die Notwendigkeiten. Die Verfassunggebende Versammlung war nur das Sprachrohr, als sie die Freiheit der Religionsausübung, die Gleichheit vor dem Gesetz, die Freiheit der Person, das Geschworenengericht und die Freiheit der Presse verkündete.«

Da die Pressefreiheit »eine Notwendigkeit der Zeit« ist, war es ein Unsinn, sie zu verweigern. Sie war zu einem Recht geworden. Dann erhob er mahnend seine Stimme. Nur durch Gewalt kann man dem Land dieses Recht nehmen. Doch eine stärkere Macht, eine unwiderstehliche Macht würde über die Macht einer Regierung, die ihre Zeit verkennt, obsiegen. »Heutzutage ist es nicht leicht, eine Täuschung lange Zeit zu betreiben. Es gibt jemanden, der mehr Klugheit hat als Voltaire, mehr Klugheit als Bonaparte, mehr Klugheit als jeder der Direktoren, als jeder der früheren, gegenwärtigen und künftigen Minister, das ist Jedermann.« Niemand hatte bisher die öffentliche Meinung so glänzend definiert, und auch das Prinzip einer Regierung so deutlich aufgestellt: Man regiert nicht gegen die öffentliche Meinung des Landes. Das war wieder Talleyrand in seiner ganzen Größe.

Als einziger hatte ihn Ludwig XVIII. verstanden. Doch der König selber stand unter dem Einfluß seiner Familie und seiner Umgebung. Außerdem war er müde, krank und für die, die ihn beraten sollten, zu intelligent. Auch hatte er den Fehler, nachtragend zu sein, er hätte sich lieber den Hals abschneiden lassen, als dem »Scheusal von Autun« recht zu geben. Daher zerrannen Talleyrands Mahnung und seine Gedanken über die Pressefreiheit in Gleichgültigkeit. Neun Jahre später erging es der Monarchie ebenso.

Schmerzliche Trauer und mirakulöse Geburt in der Rue Saint-Florentin

Eine Rede vermag nicht ein ganzes Jahr auszufüllen. Auch 1821 war ein hohles Jahr. Im März hatte er den Kummer, Fontanes beerdigen zu müssen: »Ich trauere ihm sehr nach. Er war ein hervorragender Mann, er hatte ein gutes Herz und war mir vierzig Jahre lang zugetan. Er war das größte Talent unseres Landes.« Der Ruhestand hatte Talleyrand ein wenig rührselig gemacht, und seine Trauerrede ist übertrieben. Fontanes war vor allem ein ergebener Höfling Napoleons. Sein größtes Talent war ohne Zweifel seine Dienstbeflissenheit.

Ein anderer Todesfall rührte ihn weniger, bewirkte aber, daß er viel und besser darüber sprach. An einem Juliabend 1821 war er zum Diner bei Mrs. Crawford in Paris eingeladen. Als man bei Tisch saß, wurde gemeldet, daß Napoleon am 5. Mai auf Sankt Helena gestorben war. Zwei Monate hatte die Nachricht gebraucht, um nach Paris zu gelangen. Die Gesellschaft geriet in Verwirrung, die Hausherrin rief: »Ach, mein Gott, welch ein Ereignis!«

Gelassen gab Talleyrand seine Meinung zu verstehen: »Das ist kein Ereignis mehr, Madame, das ist eine Nachricht.« Wer mit dem Kaiser zu tun gehabt hatte, gab Erinnerungen zum besten. An der Tafel saß auch Lord Holland, ein alter Freund Talleyrands, der genau zuhörte und aufschrieb, was der Fürst über Napoleon sagte. »Sein Genie war unfaßbar. Seine Energie, sein Vorstellungsvermögen, sein Geist, seine Arbeitskraft, seine Aktivität waren unvergleichlich. Er hatte auch Scharfsinn. In seiner Urteilsfähigkeit war er nicht so stark, doch wenn er sich etwas Zeit ließ, konnte er sich die Urteilsfähigkeit anderer zunutze machen. Nur selten hatte sein schlechtes Urteilsvermögen die Oberhand, und zwar immer dann, wenn er sich nicht die Zeit genommen hatte, andere Menschen zu konsultieren.« (Höchstwahrscheinlich Herrn von Talleyrand.) »Er hatte den Sinn für das Große, aber nicht für das Schöne. Seine Laufbahn ist die erstaunlichste, die es seit tausend Jahren gegeben hat. Er hat drei große Fehler begangen, und ihnen ist sein Sturz zuzuschreiben, der kaum weniger überraschend ist als sein Aufstieg: Spanien, Rußland und der Papst. Abgesehen von diesen dreien hat er erstaunlich wenig politische Fehler begangen, wenn man die Vielfalt der Angelegenheiten bedenkt, die er zu erledigen hatte, und den Umfang, die Bedeutung und die Schnelligkeit der Ereignisse, an denen er teilhatte. Er war zweifellos ein großer Mann, ein außergewöhnlicher Mensch, fast ebenso außergewöhnlich durch seine Fähigkeiten wie durch seine Fortüne. Meiner Ansicht nach der außergewöhnlichste Mensch, der in unserer Zeit und seit vielen Jahrhunderten gelebt hat.« [HOL]

Was dieses Urteil über Napoleon aussagt, ist weniger bedeutend, als was es über Talleyrand offenbart. Von unangreifbarer Unparteilichkeit ist alles, was er über das Genie und das Wesen des Kaisers sagt. Er äußert sich jedoch nicht über den Charakter, das Benehmen, die Gefühle. Und was am erstaunlichsten ist, Talleyrand sagt kein Wort über den Wert der Politik Napoleons und ihrer Folgen für Frankreich und Europa. Er urteilt ausgezeichnet über die abenteuerliche Laufbahn Bonapartes, hält sich aber zurück in allem, was eigentlich in den Augen eines Diplomaten und Politikers wichtig wäre. Talleyrand hat seine wahren Gedanken hinter einem Vorhang von Allgemeinheiten verborgen, wie er seinen Blick verbirgt hinter seinen schweren Augenlidern.

Während des Sommeraufenthalts in Valençay traf ihn ein tiefer Schmerz. Er erfuhr, daß die Herzogin von Kurland am 20. August in Löbikau gestorben war. Seit Juni war sie krank gewesen, im Juli ging es ihr etwas besser, und sie schrieb ihm am 24. Juli, es war ihr letzter Brief. Als er von ihrer Krankheit hörte, schrieb er ihr: »Ich habe es vielleicht nie so stark empfunden, wie sehr ich mich Ihnen verbunden fühle. Sie sind so gut, Sie verstehen es so hervorragend, zu schützen, zu geben, daß jeder, der Sie kennt, Sie verehren muß. Adieu, Engel der Güte und Milde.« Er wußte nicht, daß dies sein Abschiedsgruß war. Der Verlust war ungeheuer schmerzlich für ihn, er hat sich nie darüber hinwegtrösten können. Es mag vielleicht erstaunen, daß er am Kult der Verehrung für diese Frau Dorothee teilnehmen ließ. Als er eines Tages mit ihr zusammen ein Porträt der Herzogin betrachtete, war er zu Tränen gerührt und murmelte: »Ich glaube nicht, daß es auf Erden je eine Frau gegeben hat, die der Verehrung würdiger war.«

Er blieb dieser Liebe treu, ein Mann, der als kühl galt, weil er in einer Zeit, als Gefühle zur Schau gestellt wurden, zurückhaltend und diskret blieb. Mit Zynismus brachte er häßliche Empfindungen zum Ausdruck und zeigte auch offen seine körperlichen Gebrechen, doch die Geheimnisse seines gefühlvollen und empfindlichen Herzens blieben den Zeitgenossen verborgen.

In diesem Jahr folgte ein Trauerfall auf den anderen. Am gleichen Tag, als Dorothee einen Gottesdienst in der Pariser lutherischen Kirche für ihre Mutter abhalten ließ, wurde unter großem Gepränge der Onkel Talleyrands, Monseigneur de Périgord, Kardinalerzbischof von Paris, beigesetzt, der am 20. Oktober 1821 gestorben war. Er war fünfundachtzig Jahre alt geworden und hatte, bevor er starb, seinen illustren und zu Besorgnis Anlaß gebenden Neffen in einem Brief flehentlich gebeten, in den Schoß der Kirche zurückzukehren, »von der Sie sich niemals entfernt haben, weil Sie redlich sind«. Der heiligmäßige Mann hatte von der Bedeutung der Worte eine ganz eigene Vorstellung. Doch selbst wenn sie nicht völlig auf dem richtigen Wege sind, erreichen heiligmäßige Menschen manchmal ihr Ziel. Hatte Talleyrand nicht stets ein Stück Soutane an sich? Sein Onkel hatte es vielleicht gespürt. Seinem Nachfolger, Monseigneur de Quélen, hatte er die Sorge um seinen Neffen ans Herz gelegt, und dieser versprach, die Seele des abtrünnigen Neffen zu retten. Für diese Menschen arbeitete die Zeit, und sie gaben die Hoffnung nicht auf.

Warum hätten sie auch nicht hoffen sollen? Bei der Beisetzung seines Onkels wurden Talleyrands Traurigkeit und Frömmigkeit allseits bemerkt. Vielleicht weinte und betete er auch für die Herzogin? Wie dem auch sei, die familiären Bande waren bei Talleyrand sehr stark, und durch den doppelten Kummer war der Fürst erschüttert und sein Gesicht von Schmerz gezeichnet. Für Paris ein seltenes Schauspiel.

Es darf nicht vergessen werden, daß er zu den ehemaligen Herren von Saint-Sulpice, Professoren und Seminaristen gute Beziehungen unterhalten hatte. Sehr befreundet war er mit Monseigneur Bourlier, dem Bischof von Evreux und Mitglied der Pairs-Kammer. Er kam sowohl in die Rue Saint-Florentin wie nach Valençay zu Besuch. Er starb 1821 und hatte kurz zuvor einen Brief an Talleyrand geschrieben, der im gleichen Stil gehalten war wie der seines Onkels. Talleyrand war sehr bewegt. Die häufigen Todesfälle, die Briefe und Erinnerungen beeindruckten ihn. Er übernahm es, in der Chambre des Pairs die Trauerrede auf Monseigneur Bourlier zu halten. Er hob hervor, daß Bourlier in den Dienst der Kirche eingetreten sei in einer Zeit, da »Herr von Voltaire dabei war, sich des vorigen Jahrhunderts zu bemächtigen und demzufolge die Laufbahn, die Herr Bourlier seiner Bestimmung nach durchlaufen mußte, schwieriger aber auch glänzender machte«.

War es sinnvoll, diesen listigen Umweg zu machen, um ein Lob anzubringen? Der Abbé de Périgord hatte sich, als er gerade geweiht worden war, zu Voltaire begeben, zum Fürsten des Unglaubens, um sich dessen Segen zu holen. Talleyrand beendete seine etwas wehmütige und bewegende Rede mit einem Lob des Alters: »Ein hohes Alter ist eine große Stärke. Ratschläge im Alter verletzen nicht, weil die Rivalitäten erloschen sind. Hoffen wir, daß uns die Greise, die wir in dieser Kammer haben, noch lange erhalten bleiben. Ihre Gegenwart ist eine ständige Mahnung: sie sagen uns, wir sollten uns Zeit lassen bei den Staatsgeschäften, Vernunft im Umgang miteinander walten lassen und alle Dinge des Lebens ohne Illusionen ansehen.«

Und dieser weise Greis ist er selber. Er nimmt Monseigneur Bourlier zum Vorwand, um von sich selbst und für sich selbst zu sprechen.

Neue Trauer, neuer Kummer im Dezember 1821, als Madame de Rémusat starb. Seine teure und kritische Vertraute würde ihm sehr fehlen. Sie kannte ihn gut, sie sagte über ihn: »Auf seinen Lippen vermischte sich ein sardonisches Lächeln mit dem deutlichen Wunsch zu gefallen.« Eines Tages, als er sie bezaubert und gerührt hatte, rief sie aus: »Guter Gott, wie schade, daß Sie so schrecklich verdorben sind, denn mir scheint, daß Sie mehr wert sind, als Sie scheinen.«

Die Zeiten waren sehr traurig, dieses Herbstes Ernte bestand aus Särgen – und noch immer kein Ministerportefeuille in Aussicht. Die Ultras wollten Richelieu loswerden. Sie spannen Intrigen beim König, er sollte den »Befreier des Landes« abberufen und ihn durch Villèle ersetzen.

Wiederum schöpfte Talleyrand Hoffnung, plusterte sich auf, gab ein Diner nach dem anderen und machte den Ultras Avancen. Seine Ministerliste war schon fertig: Chateaubriand, Molé, Broglie und ... Talleyrand als Minister der Auswärtigen Angelegenheiten. Der König ernannte Villèle. Unter dem Einfluß des Grafen von Artois wurde der Rückwärtsgang der Monarchie immer deutlicher. Von einem Eintritt Talleyrands in die Regierung war keine Rede. Trocken bemerkte er: »Der Graf von Artois spekuliert auf sein Königtum.« Ja, bis zum Verschleiß.

Der Zufall wollte es, daß Talleyrand mit Richelieu zusammentraf, als dieser die Treppe zum König hinaufging, um seinen Abschied zu erhalten, und daß im gleichen Moment Villèle strahlend die Treppe herabkam; er hatte das Versprechen bekommen, Richelieus Nachfolger zu werden. Mit einem Blick erfaßte Talleyrand die Situation, und mit einem Satz beschrieb er sie: »Sehen Sie, der herabkommt, steigt auf, und der, der hinaufsteigt, tritt ab.«

Es war ein Jahr der Trauer, das Jahr der verstorbenen Freunde und der enttäuschten Hoffnungen. Ehe es zu Ende ging, trat ein beachtenswertes Ereignis ein: am 29. Dezember 1821 brachte Dorothee ein Mädchen zur Welt, das den Namen Pauline erhielt. Zu Beginn des Jahres hatte Edmond de Périgord seine Wohnung in der Rue d'Aguesseau verlassen und einige Monate in der Rue Saint-Florentin gewohnt. Dieses Zusammenwohnen bedeutete nicht etwa Versöhnung, es hatte an den Beziehungen – am Nichtbestehen von Beziehungen – zwischen den Gatten nichts geändert. Es wurde behauptet, das Kind habe Talleyrand zum Vater, und Edmond sei nur vorübergehend zu seinem Onkel gezogen, um der Geburt den Anschein der Rechtmäßigkeit zu geben. Welchen Preis verlangte er für seine Einwilligung? Gewiß ist, daß er sie nicht gern gab. Doch wie hätte er sich weigern sollen? Er war der präsumtive Erbe der Titel und Besitztümer seines Onkels. Bis es aber mit dem Erbe soweit war, war er auf Vorleistungen aus. Am 9. Mai verlangte er den Titel eines Großoffiziers der Ehrenlegion.

Talleyrand verschaffte ihm die Würde. Kaum war Pauline geboren, begab Edmond sich nach England. Als er zurückkam, führte er sein Junggesellenleben in der Rue d'Aguesseau weiter. Wieder einmal fehlt jeder formale Beweis für Talleyrands Vaterschaft, hingegen gibt es eine Menge von Mutmaßungen. Talleyrand hatte im November 1820 Edmonds gesamte Schulden bezahlt. Das war keine kleine Affäre. Sein Neffe wurde dadurch nicht liebenswürdiger, aber er schwieg und fügte sich in alles.

Talleyrands Verhalten Pauline gegenüber erinnert sehr an seine Bemühungen um Charlotte, doch war er jetzt noch zärtlicher und bestaunte dieses neue »Kind des Wunders«, das sein Alter erhellte und erfreute. Pauline de Périgord war eingestandenermaßen nicht nur schön, sondern hatte eine Lauterkeit des Herzens, eine Gefühlstiefe und eine Ausstrahlung, die ihre Umgebung bezauberten, und Talleyrand mehr als alle anderen. Äußerlich ähnelte sie ihrer Mutter, doch als sie selber Kinder bekam, war eine ihrer Töchter, Marie de Castellane, das Ebenbild Charlottes – der anderen Tochter Talleyrands.

Die neue Regierung verschaffte Talleyrand eine unerwartete Genugtuung, doch blieb sie für ihn, da er nicht Minister war, durchaus platonisch. Villèle war von Talleyrands Rede über die Pressefreiheit beeindruckt gewesen und zog den Gesetzentwurf über die Zensur zurück.

Die Deputiertenkammer schäumte vor Wut und setzte ihre Angriffe gegen die Zeitungen auf dem Umweg über Anklagen wegen Beamtenbeleidigung fort.

Am 26. Februar 1822 ging Talleyrand seinerseits wieder zum Angriff über. Das war gewagt und gefährlich, denn bei der Erregung der Geister in liberalen und republikanischen Kreisen, nicht nur in Paris, sondern auch in der Provinz, war eine offene Parteinahme gegen die Regierung gleichbedeutend mit einer Feindschaft gegen Thron und Altar. Das wollte Talleyrand allerdings nicht. Da aber eine der Grundfreiheiten in Gefahr war, verteidigte er sie – zugunsten des Throns und gegen die Ultras.

Seine Rede erregte nicht so viel Aufsehen, wie jene vom 24. Juli, aber sie war geschickt und überzeugend. Sein Argument hieß: der Gesetzentwurf verstößt gegen den Geist der Charta, das heißt gegen das feierliche Versprechen des Königs und gegen die Hoffnungen der Nation. Das galt für die Gegenwart. Dann wandte er sich der Vergangenheit zu, wie er es gern tat, um das Recht, das er verteidigte, in der Geschichte zu verwurzeln, und um ihm mehr Würde und die Kraft der Tradition zu verleihen, erinnerte er an die noble Gestalt Malesherbes. Malesherbes hatte 1758 für seine Freunde der Enzyklopädie die Meinungsfreiheit verteidigt, was ihn jedoch nicht vor der Guillotine bewahrte, weil er vor dem Konvent für den König und die Gerechtigkeit eingetreten war. Den mittelmäßigen, aufgeregten Politikern, die der Nation diese Freiheit nehmen wollten, stellte er einen großen Geist wie Malesherbes gegenüber und beendete seine Rede mit den Worten: »Ich stimme mit Monsieur de Malesherbes für die Ablehnung des Gesetzes.« Die Kammer empfand die Rede als einen Schlag.

Nur der Herzog von Fitz-James stieg auf die Tribüne, um Talleyrand anzugreifen. Er ging nicht auf dessen Argument ein, sondern beschäftigte sich eindringlich mit der seltsamen Karriere seines Vorredners, mit seinen Machenschaften während der Revolution, des Directoires und des Kaiserreichs, die ihm große Gewinne eingebracht hatten, so wie er jetzt Nutzen zog aus der Restauration. Nie zuvor waren ähnliche Angriffe in der Öffentlichkeit gegen den Fürsten gerichtet worden. Die ganze Pairs-Kammer blickte nur auf Talleyrand. Er selber sah den Redner aufmerksam an. Von Zeit zu Zeit notierte er etwas. Alle meinten, er bereite eine Erwiderung vor. Darauf wartete man, darauf hoffte man. Als der Herzog mit seinen Anwürfen fertig war, setzte er sich wieder. Talleyrand blieb so unbewegt, als habe der Herzog über die Düngung kieselhaltiger Erde gesprochen. Er beugte sich zu seinen Nachbarn hin und murmelte: »Der Herzog hat großes Talent, und abgesehen von einigen überflüssigen Stacheln war seine Rede sehr gut.« Als wäre nichts gewesen. Er antwortete dem Herzog ebenso wenig wie seinen anderen Verleumdern. Mit einer Erwiderung hätte er einem Publikum, das nur darauf wartete, ein Schauspiel gegeben.

Später unternahm die Regierung einen neuen Versuch. Sie legte das Zensurgesetz unter der trefflichen Bezeichnung vor: »Gesetz der Gerechtigkeit und Liebe.« Chateaubriand war wütend und nannte es das »Wandalen-Gesetz«. Und als Talleyrand befragt wurde, antwortete er: »Ich meine, es ist nicht französisch, es ist dumm.« 1830 verwarf Frankreich das Gesetz und mit ihm das Regime.

Das war das bedeutendste Ereignis des Winters 1822. Im Frühling war der Fürst wieder in Valençay. Das Schloß füllte sich mit Gästen, die sich köstlich unterhielten. Man führte Komödien auf, wie seinerzeit bei Voltaire in Ferney. Am Tag unternahm man Spaziergänge im weitläufigen Park oder im Wald, durch den breite Alleen führten. Man las und plauderte miteinander. In der Nacht Soupers und natürlich Kartenspiel. Aus einem Brief, mit dem er eine Freundin einlud, geht hervor, daß es um seine Gesundheit nicht zum besten stand, daß aber der Aufenthalt in Valençay dadurch nicht getrübt wurde. »Sie fehlen uns. Kommen Sie schnell. Sie können am 22., dem Tag meines Festes, hier sein.« (Sein Namenstag, Saint-Maurice, wurde stets feierlich begangen.) »Es hat den Anschein, als amüsiere man sich seit einigen Tagen gut in Valençay. Ich weiß es nur vom Hörensagen, denn leider sind meine Beine so schlecht, daß ich kaum noch das Zimmer verlasse. Am Donnerstag haben wir die Aufführung eines hübschen Gelegenheitsstücks, das gegenwärtig von allen einstudiert wird. Kommen Sie also schnell, Madame, und lassen Sie sich nicht irgendeine armselige Entschuldigung einfallen.« 18. September 1822.

»Der Reiz des Landlebens« verdrängte die Politik aus seinen Gedanken nicht völlig. Die Liberalen grollten ihm, die Ultras schmähten ihn, und er selbst hielt zu einer winzigen Gruppe von Gemäßigten, die zwar keinen großen politischen Einfluß hatte, aber aus bedeutenden Männern bestand. Sie respektierten die Verfassung, sie waren anständig, sich ihrer Fähigkeiten bewußt, aber sie wirkten steif und traurig. Es waren die Doktrinäre. Royer-Collard, Guizet, Broglie, Jordan und der alte Beugnot standen an der Spitze der Partei und waren zugleich die einzigen Mitglieder. Charles de Rémusat hatte Spottverse auf diese Männer gemacht, über die man sich in den Salons belustigte. Sie hätten eine Doktrin, die sie über alle anderen Parteien stelle.

In weniger langweiligen Zeiten hätte er ihre Gesellschaft geflohen, doch die Machthaber, der Hof und der adlige Faubourg Saint-Germain waren so konformistisch und so dumm, daß er sich an die Doktrinäre hielt.

Die Regierung tat ihm, diesmal sogar in Valençay, eine neue Schmach an. Der Gendarmerie-Brigadier des Kantons Valençay wurde versetzt, »weil er dem Fürsten von Talleyrand zu ergeben war und die Überwachung unmöglich machte, die gegenwärtig unbedingt über die im Schloß von Valençay stattfindenden Zusammenkünfte ausgeübt werden mußte.« [L-G]

Daß er sich vom Fürsten von Talleyrand hatte betören lassen, mußte ein braver Gendarm mit Abberufung bezahlen. Daran ist der Argwohn zu ermessen, den man in Paris Talleyrand gegenüber hegte.

Seine plötzliche Hinwendung zu den Doktrinären zeitigte bald einen Erfolg. Der führende Kopf dieser Partei war Royer-Collard, der etwa fünfzehn Kilometer von Valençay entfernt in Châteauvieux wohnte. Madame Royer-Collard war eine geborene Demoiselle des Forges de Châteaubrun, und der Besitz von Châteauvieux stammte aus ihrer Familie. Talleyrand unternahm Annäherungsversuche bei seinem gestrengen Nachbarn. Sie hatten nichts gemein, außer einem Punkt: sie waren in der Opposition. Royer-Collard ging auf Talleyrands Entgegenkommen nicht ein. Talleyrand war etwas erstaunt darüber, doch wußte er recht gut, was der fromme Royer-Collard in Paris von sich gab: »Es gibt zwei Wesen auf der Welt, die ich nie ohne inneren Widerwillen habe sehen können: einen Königsmörder und einen verheirateten Priester.« Dennoch »sah« er den verheirateten Bischof. Talleyrand kümmerte sich nicht um Vorrang und Würden, er ließ Royer-Collard mitteilen, er würde ihm, zusammen mit der Herzogin von Dino, einen Besuch in Châteauvieux machen. Der Doktrinär ließ ihm antworten, seine Frau sei krank, man dürfe nicht erwarten, daß der Besuch erwidert würde. Talleyrand indes war entschlossen, sich einen Doktrinär aus der Nähe anzusehen, und fuhr zu ihm. Er und Dorothee wurden auf holprigen Wegen durch Wälder und Schluchten durchgerüttelt, bis sie nach Châteauvieux kamen, einer düsteren Ritterburg auf hohem Felsen. Beim Eintreffen machte Talleyrand dem Doktrinär sofort ein Kompliment nach seiner Art. Halb lachend, halb ernsthaft sagte er zu ihm: »Der Zugang zu Ihnen, Monsieur, ist wirklich schwierig.«

Danach brauchten der Onkel und die Nichte nur wenige Stunden, um unter Entfaltung ihres ganzen Charmes den Einsiedler von Châteauvieux zu betören und eine Freundschaft zu knüpfen, die aus gegenseitiger Hochachtung, sogar Bewunderung bestand. Man hatte den Wunsch, sich wiederzusehen und sich zu unterstützen. Auch dies war ein diplomatischer Erfolg.

Diese beiden so ungleichen Männer hielten zusammen in einer unangenehmen Affäre, in die Frankreich durch die Unbesonnenheit der Ultras verwickelt zu werden drohte: in der spanischen Affäre.

Chateaubriand ist für den Krieg in Spanien, Talleyrand ist dagegen

König Ferdinand sah sich 1820 gezwungen, dem Zeitgeist zu folgen und seinen Untertanen eine Verfassung zu geben. Um seine Machtbefugnis zu begrenzen, wurden zwei Kammern gewählt, die Cortes. 1822 entfesselten die Anhänger des Absolutismus im Norden Spaniens einen Aufstand, um die Cortes zu verjagen und die Verfassung abzuschaffen. Sogleich begeisterten sich die Ultras in Frankreich für die Sache der spanischen Royalisten und forderten ein Eingreifen der französischen Armee mit dem Ziel, dem König von Spanien die unumschränkte Gewalt wiederzubeschaffen.

Sollte der schreckliche spanische Krieg wieder aufflammen, den Talleyrand zu den Hauptfehlern Napoleons gerechnet hatte? Abgesehen von den Ultras war die öffentliche Meinung gegen die Intervention – aber die Ultras waren an der Macht. Am 20. Oktober 1822 kamen die Nationen der Heiligen Allianz zu einem Kongreß in Verona zusammen, der über die Zweckmäßigkeit eines Eingreifens in Spanien beschließen sollte.

Talleyrand witterte den unheilvollen Pulvergeruch und die Gefahr des Bürgerkrieges in Spanien, er fuhr früher als sonst von Valençay nach Paris zurück. Er versuchte, die Gegner eines militärischen Eingreifens in Spanien um sich zu sammeln: Molé, Saint-Aulaire und Manuel schlossen sich ihm und Royer-Collard an. Er erhoffte sich auch Beistand von einer Seite, von der er eigentlich seit seinem Zwist mit Alexander I. nichts mehr erwarten konnte. Er ging zu Pozzo di Borgo, dem Gesandten des Zaren in Paris.

Unglücklicherweise – hinsichtlich der Interessen Frankreichs und selbst des Throns – wurden zwei begeisterte Anhänger der Intervention nach Verona geschickt: Montmorency und Chateaubriand. Der erstere war ein Klotz, der zweite ein Schwärmer. Beide hatten sich zum Ziel gesetzt, Frankreich an die Spitze eines neuen Kreuzzugs zu stellen. Chateaubriand befand sich in einer Art Rauschzustand wie zur Zeit, als er »Le Génie du Christianisme« schrieb, aber hier handelte es sich nicht um eine Bibelauslegung, sondern um einen Krieg. Er glaubte, Politik zu machen, führte aber auf dem Kongreß nur einen theatralischen, romantischen Akt auf.

Am 14. Dezember ging der Kongreß auseinander. Chateaubriand und

Montmorency hatten sich mehr von ihren persönlichen Überzeugungen leiten lassen als von den gemäßigten Instruktionen, die Ludwig XVIII. ihnen gegeben hatte. Aber sie hatten zur Zufriedenheit ihrer Partei gewirkt. Als Montmorency das Ministerium der Auswärtigen Angelegenheiten aufgab, schlugen die Ultras dem König Chateaubriand als Nachfolger vor, sie waren begeistert von seinem Ungestüm. Talleyrand glaubte nicht, daß der König ihn berufen würde. Er berief ihn. Und am 28. Januar 1823 erfuhr Talleyrand, wie alle Welt durch die Thronrede, daß der spanische Feldzug beschlossen war.

Talleyrand wurde zum Haupt der Gegner der bewaffneten Intervention. Von da an betrachtete ihn Chateaubriand als persönlichen Feind. Die Tätigkeit in der Opposition verjüngte den »Pensionär«. Er nahm seine alten Gewohnheiten wieder auf. Er ging in die Salons, schuf sich einen Kreis von Menschen, die er unterwies und ausschickte, um in ganz Paris seine subversiven Äußerungen zu verbreiten. Er gab »Sprüche« von sich, die dem Regime unangenehm waren. Ängstlich wurde er gefragt: »Der König hat drei Stunden lang Rat gehalten, was hat sich abgespielt?« – »Drei Stunden«, antwortete er. Über den Günstling Blacas äußerte er sich mit hinterhältiger Bewunderung: »Er bringt es fertig, mit hundertfünfzigtausend Francs Gehalt acht Millionen zu sparen.«

Er hatte nicht nur ein Ohr für die Meinung in Stadt und Land, er gab ihr Nahrung und stachelte sie an, was für eine nicht ganz gefestigte Regierung sehr gefährlich ist. Eines Tages erschien Graf Ferrand in der Pairs-Kammer, von zwei Lakaien gestützt, da er krank war. »Schauen Sie Ferrand an«, sagte Talleyrand ganz laut, »er ist in der gleichen Lage wie die Regierung. Er glaubt zu gehen und wird getragen.«

In jenem Winter hielt er seinen Cercle im Salon einer Gräfin Bourcke ab. Sie hatte sich früher einen Namen auf der Bühne und in der Galanterie gemacht und beendete ihre Laufbahn im Haus eines dänischen Grafen. Wer gegen die Regierung war, wurde bei ihr empfangen: General Foy, Molé, Girardin, Dalberg, General Sebastiani. Einige dieser Herren begnügten sich nicht damit, schlecht über die Regierung zu reden, sie hielten Lobreden auf den Herzog von Orléans. Solche Worte wurden nicht zufällig ausgesprochen, sie waren gezielt, denn man wußte, daß Talleyrand bei den Orléans im Palais-Royal verkehrte und dort die Aussprüche wiederholen würde. Der Salon der Gräfin Bourcke war ein bequemes Forum, umfaßte aber doch eine zusammengewürfelte und zu auffällige Gesellschaft. Der Innenminister ließ die Dame aus Frankreich ausweisen. Nachdem das Haus geschlossen war, verlor Talleyrand dessen Anhänger.

Jetzt trat er in Beziehung zu einer neuen Persönlichkeit, einer Persönlichkeit der neuen Zeit, zu einem Unbekannten, einem kleinen giftigen Mann; er war nicht viel größer als ein Zwerg, verwegen, ehrgeizig, skrupellos, redselig und hatte keine Umgangsformen. Er hieß Adolphe Thiers und war auffallend intelligent und kenntnisreich, beim Sprechen merkte man den Marseiller Akzent.

Um sich beim Fürsten beliebt zu machen, hatte Thiers sich etwas Besonderes ausgedacht. Er war der einzige, der in der Presse ein überschwengliches Loblied auf den jungen Maler Eugène Delacroix anstimmte, dessen Bild »Dante und Vergil in der Hölle« in der Ausstellung von 1822 figurierte. Thiers war keineswegs Kunstkritiker, sondern politischer Journalist. Nicht die Liebe zur Kunst inspirierte ihn zu dem Artikel, in dem er Delacroix Genie bescheinigte, sondern listige Berechnung. Zudem war er gut informiert.

Der Maler François Gérard, sowohl mit Talleyrand wie mit Thiers befreundet, hatte den Neuling über Delacroix' Herkunft aufgeklärt. Das dem Sohn bescheinigte Genie war eine Huldigung an das Genie des Vaters. Vor allem aber wollte der Journalist Zugang zur Rue Saint-Florentin finden. Als Talleyrand den Artikel gelesen hatte, ließ er den Verfasser rufen. Thiers eilte herbei. Von dem Augenblick an, da er seinen Fuß in das Haus gesetzt hatte, war er nicht mehr herauszubringen.

Talleyrand fand Gefallen an ihm. Dieser quecksilbrige Mann hatte gerade eine Reise nach Spanien unternommen. Den Zeitpunkt, sich an Ort und Stelle zu informieren und den Parisern zu berichten, in welche Sackgasse Frankreich geführt werden sollte, hatte er gut gewählt. Talleyrand war beeindruckt. Obwohl alles dafür sprach, daß er diesen Mann aus einer anderen Welt eher von sich fernhielt, empfing er ihn oft, lange – und sogar im Familienkreis.

Talleyrand staunte über die geistige Wendigkeit Adolphe Thiers', vor allem über seine Fähigkeit, die Dinge so darzustellen, daß sie das ausdrückten, was er für richtig hielt. Talleyrand fragte ihn über Spanien aus. Sie stimmten in ihrer Meinung nicht überein, denn Thiers hielt es aus Opportunismus mit der Regierung und war für die Intervention. Talleyrand sagte: »Wir werden gegen einen Aufstand kämpfen müssen, und das ist der schlimmste unter allen Kriegen. Seinerzeit hatte ich es vorausgesehen und hatte mir alle Mühe gegeben, Napoleon davon abzuhalten, sich in die spanischen Affären einzumischen. Napoleon hörte nicht auf mich, wagte sich in das Wespennest und rieb seine Armee ruhmlos auf. Jetzt, wenn wir hartnäckig daran festhalten, nach Spanien zu gehen, wird sich die Geschichte wiederholen. Wir gehen einem Fiasko entgegen.« [LAC/TH]

Bemerkenswert ist die Duldsamkeit des Fürsten den Ideen des jungen Mannes gegenüber, der frei heraus sagte, was er meinte. So wagte er zu antworten: »Das glaube ich nicht. Die Spanier haben eine lebendige Erinnerung daran, was die Guerillas sie gekostet haben. Sie werden solche Leiden nicht noch einmal riskieren.« Und seine Schlußfolgerung faßte er in einem brillanten Satz zusammen: »Spanien ist eine erloschene Vendée.« Eine beachtenswerte journalistische Schlußfolgerung, die jedem einging, denn zu der Zeit dachten die Franzosen mit Schaudern an die Aufstände der Chouans in der Vendée.

Wenn Talleyrand auch Thiers' Auffassung nicht teilte, war er doch klarsichtig und klug genug, die Fähigkeiten seines Gesprächspartners anzuerkennen.

Eine Tribüne, um die Sache der Nicht-Intervention zu verteidigen, stand Talleyrand in der Pairs-Kammer zur Verfügung. Er bereitete sich auf eine Rede vor. Hätte die Kammer sie aus seinem Munde vernommen, wäre man über die Notwendigkeit des spanischen Krieges vielleicht anderer Meinung geworden. Aber sie wurde nicht gehalten. Die Stimme der Opposition wurde von der Regierung durch Verbot unterdrückt. Talleyrands Rede wurde erst am 3. Februar 1823 gedruckt, man konnte sie lesen, sie wurde nicht vorgetragen.

Diese Rede ist genauso beachtlich wie die vorhergehenden. Wie immer stellt er einen Grundsatz auf: »Die Völker haben das Recht, das politische Regime, unter dem sie leben wollen, selbst zu wählen und zu bestimmen.« Deshalb haben ihre Nachbarn die Pflicht – was auch in ihrem eigenen Interesse liegt –, sich nicht mit Gewalt in die innerpolitischen Streitigkeiten anderer Staaten einzumischen. Wie er es schon Thiers gegenüber getan hatte, wies Talleyrand auf die Rolle hin, die er bei Napoleon im spanischen Krieg gespielt hatte. Er war dagegen gewesen, und er hatte recht behalten; aber nun behauptete er, opponiert zu haben, sobald er von dem Plan erfuhr. Seine zweideutige Rolle vor Beginn des damaligen Krieges ist jedoch bekannt. Um seine eigene Rolle herauszustreichen, fand er die Worte: »Heute sind es sechzehn Jahre, daß ich von dem, der damals die Welt regierte, berufen wurde, um ihm meine Ansicht über einen mit dem spanischen Volk begonnenen Krieg zu sagen. Ich hatte das Unglück, ihm zu mißfallen, als ich ihm die Zukunft vor Augen führte und ihm alle Gefahren vorstellte, die aus einer ebenso ungerechten wie waghalsigen Aggression entstehen könnten. Ungnade war die Frucht meiner Aufrichtigkeit.« Man lächelt, wenn man an die eigentlichen Gründe der Ungnade denkt. Ernsthafter ist, was folgt: »Ein seltsames Geschick bringt mich dazu, nach dieser langen Spanne Zeit bei dem legitimen Souverän dieselben Bemühungen zu erneuern. Dieselben Ratschläge.«

Das wenigstens ist eine klare Haltung, sie ist unangenehm für Ludwig XVIII. Der König war dabei, einen Fehler zu begehen, der in jeder Weise dem glich, den der »Usurpator« begangen hatte. Talleyrand warnte ihn: »Frankreichs Sehnen, es ist überflüssig, es zu sagen, Frankreichs Sehnen ist ganz und gar auf den Frieden gerichtet. Überdrüssig des militärischen Ruhms hofft Frankreich, unter der Regierung seines Königs, in der Ruhe des Friedens alle Leiden eines dreißigjährigen Krieges lindern zu können . . .«

Er hatte recht. Er sprach für die ganze Nation. Er sprach für das Land und nicht für eine Partei. Für die Franzosen war 1815 die Rückkehr des Königs gleichbedeutend mit Frieden. Es drohte Gefahr, wenn der König sich von dem entfernte, was die Allgemeinheit von ihm erwartete. Und was sollte dieser Krieg? Fühlte sich Frankreich von Spanien bedroht? Verlangte Frankreich etwas von Spanien? Die Intervention war ziel- und zwecklos – außer man wollte die spanische Verfassung verbessern. »Merkwürdige Verbesserer«, schrieb Talleyrand, »sind diese hunderttausend Soldaten, denen bald weitere hunderttausend folgen werden. Wen will man mit dieser politischen Donquichotterie beeindrucken?«

Er wies auf sein Alter hin, auf seine Rolle bei der Restauration, auf seine Liebe zu Frankreich und verkündete, er würde alle Anstrengungen darauf richten, »zu verhindern, daß das Werk der Klugheit und Gerechtigkeit durch törichte und gewagte Leidenschaften verdorben wird«. Durch die Leidenschaften Chateaubriands und der Ultras.

Chateaubriand, der sich in seinem Ministerium seinen »törichten und gewagten Leidenschaften« hingeben konnte, mochte jubeln: der Feldzug hatte Erfolg. Die Halbinsel stürzte nicht gänzlich in einen neuen Bürgerkrieg, doch der stolze Vicomte konnte die Erstürmung des Trocadero feiern. Er schrieb sich den Sieg zu, es war ein sehr bedingter Erfolg. Die Geschichte hat ihn auch nur ganz unten in ihrem Buch verzeichnet. Die Unternehmung hätte sehr übel ausgehen können, glorreich war sie nicht. Aber kostspielig. Es kam sogar zu einem beträchtlichen Finanzskandal. Der unvermeidliche Ouvrard verhandelte als Armeelieferant mit dem Herzog von Angoulême, der die Expedition befehligte. Der mutige Herzog verstand nicht viel von Gelddingen, er war harmlos und ehrlich und ist sicherlich übervorteilt worden. Mit einem Satz stellte Talleyrand die Dinge wieder richtig: »In dieser Affäre gibt es nur einen Unschuldigen.«

Chateaubriand rächte sich für Talleyrands Gegnerschaft. Noch einmal versetzte er ihm einen Dolchstoß in seinen »Erinnerungen von jenseits des Grabes«. Er beschreibt Talleyrand – als habe er ihn gesehen, als habe er ihn gehört – auf der Tribüne der Pairs-Kammer am 3. Februar 1823. Die teuflischen Worte des Fürsten der Hölle hat er sich eingeprägt, und er schreibt: »Als der Verbreiter dieser unverfrorenen Behauptungen von der Tribüne herabsteigt und sich unbewegten Gesichts zu seinem Platz begibt, folgt man ihm mit dem Blick, hin und her gerissen zwischen Abscheu und Bewunderung. Man weiß nicht, ob dieser Mann von der Natur die Macht empfangen hat, die Wahrheit umzugestalten oder zu vernichten.«

Wer ließe sich durch diesen freimütigen Ton nicht beeindrucken? Doch ist, wie gesagt, diese Rede unglücklicherweise niemals gehalten worden. Wie dem auch sei, der letzte Satz Chateaubriands ist bewundernswert; er hat Tausende von gutgläubigen Lesern eine Szene, die nicht stattgefunden hat, lebendig vor Augen geführt.

Bei dieser Gelegenheit müssen die beiden illustren Täuscher einmal ins

Licht gerückt werden. Chateaubriand bedient sich der erhabenen Lüge, mit großer Untermalung und Überschwenglichkeit. Talleyrand flicht glatte, unauffällige, falsche Wahrheiten ein: es sind Wahrheiten hinter dem Spiegel. Talleyrand täuscht genauso wie Chateaubriand, obwohl er weniger lügt, aber seine Meisterschaft ist größer: Chateaubriands Lüge ist von Leidenschaft geprägt, zielt auf eine Wirkung ab, Talleyrands Lüge hat stets einen heiteren Anstrich. Chateaubriand berauscht seinen Leser, weil er selber berauscht ist. Richtig betrachtet, ist er, wie der Leser, am Ende des Kapitels auf seine eigenen Zauberkünste hereingefallen. Talleyrand ist bei seinem Spiel nie der Geprellte, er täuscht nur, um zu gewinnen. Die Lüge erreicht bei ihm in ihrer sparsamen Anwendung eine Vollendung, die Chateaubriand ihm neiden könnte. Mit einem Minimum an Worten, ohne Bilder, ohne Farben, ohne Musik. Doch beide sind sie Meister: bei diesem Grad von Vollendung gerät die Lüge in die Nähe der Dichtung. Der Exbischof und der Schriftsteller haben beide den brüchigen Boden der geläufigen Moral durchstoßem. Ihre Kunst, die Wahrheit zu verkleiden oder verschwinden zu lassen, ist genausowenig ein Laster wie die Kunst der Fuge oder des Kontrapunkts. In der Vollendung wird alles zum Meisterwerk.

Ludwig XVIII. war von der Lektüre der Rede nicht begeistert. Er war es müde, die Hinweise Talleyrands auf seine Rolle bei der Wiederaufrichtung des Throns immer von neuem zu hören. Der König war nicht der einzige. Die Geister waren überreizt. Talleyrands Gegenwart genügte, die Ultras außer sich zu bringen. Menschen, die anderer Meinung waren als Talleyrand, verloren schnell die Geduld mit ihm. Zu einem Diner bei der Herzogin von Broglie (der Tochter von Germaine de Staël) war Talleyrand zusammen mit der Herzogin von Dino eingeladen: man lud sie ein wie ein Ehepaar. Dorothee war etwas beunruhigt, weil La Fayette zugegen war, sie fürchtete Zusammenstöße mit ihrem Onkel. Die beiden Generale Foy und Sebastiani stritten sich wegen einer Rede Manuels. Der Redner hatte über den Königsmord gesprochen, ihn aber nicht verdammt. Dann kam das Gespräch auf die Direktorial-Regierung. Talleyrand blieb stumm. Er kannte die Dinge besser als irgend jemand, doch da die Diskussion hitzig geworden war, hielt er sich zurück. Dorothee biß sich vor Besorgnis auf die Lippen. Das Diner war unerträglich geworden, und Dorothee vermochte ihre schlechte Stimmung nicht zu verbergen. Die Gastgeberin bemerkte es. Sie mochte weder den Onkel noch die Nichte. Sie hatte ihre Gründe dafür. Talleyrands Äußerungen über ihre Mutter konnten von der Tochter nicht als angenehm empfunden werden, und überdies war sie zum Katholizismus – dem Katholizismus der Restauration – übergetreten und in Fragen der Rechtgläubigkeit päpstlicher als der Papst. Die Lebensumstände des Exbischofs von Autun fand sie abscheulich. Von solchen Gefühlen bewegt, äußerte sie sich verschiedentlich über ihn und Dorothee. Über Dorothee: »Sie würde gern Revolution im Volk anfachen mit Kreppkleidern und Silberturbanen, die Massen aufstacheln mit schönen Worten und die Gesellschaft auf den Kopf stellen, ohne ihre Diners und Empfänge zu unterbrechen. Eine merkwürdige Person, sie ist stets in Verteidigungsstellung. Ihr Geist ist scharf und streng, aber sie besitzt viel Geist.« [Erinnerungen des Herzogs von Broglie]

Es mag sein, daß Dorothee »merkwürdig« gewirkt hat, aus ihr aber eine Revolutionärin machen zu wollen, ist noch merkwürdiger. Madame de Broglie wirft ihr vor, daß sie während des Diners ihre schlechte Stimmung nicht unterdrücken konnte, daß sie »ihre Laune nicht besser verbirgt als irgendeine ganz naive Person, die es nicht gelernt hat, ihre Eindrücke zu verschleiern«.

Dorothee soll naiv gewesen sein? Das war sie am allerwenigsten. Die Gastgeberin hatte es zugelassen, daß ihre Gäste das langweilige Diner in eine politische Debatte niederen Niveaus verwandelten. Dieser Fehler mußte ihr irgendwie angestrichen werden. Außerdem versuchte Madame de Broglie, Talleyrand seine Freunde abspenstig zu machen und sie auf ihre Seite zu ziehen. Sie schrieb an Barante, er solle nach Coppet kommen. »Was wollen Sie in Valençay? Wozu sollte das nützlich sein? Valençay ist ein Ort, an den man sich nur aus Zweckmäßigkeit begibt, denn die Pflicht hat dorthin nie den Fuß gesetzt.«

Barante blieb Valençay treu. Zweckmäßigkeit hin, Zweckmäßigkeit her, dort konnte er sich mit einem Mann unterhalten, der zwar nicht die Absicht hatte, heiliggesprochen, geschweige denn Minister zu werden, dessen Geist aber, dessen Kenntnis von Dingen und Menschen und dessen Benehmen durchaus ein Gewinn sein konnten oder auch nur ein Vergnügen.

Während des Sommers gestalteten sich die Beziehungen zu Royer-Collard noch enger. Am 17. September 1823 schrieb Talleyrand an seinen Nachbarn: »Gourville sagt irgendwo, er habe, wenn er auf seine Ländereien kam, Sorge getragen, den Erlauchten seiner Nachbarschaft bekanntzugeben, daß er in ihre Gegend gekommen sei, um hier zu wohnen. Ich folge seinem Beispiel, jedoch mit dem Unterschied, daß er seine Erlauchten nicht liebte, während ich sie liebe.« [L-G]

Ein altes Freundesgesicht tauchte wieder auf: Montrond. Er kam aus England und blieb für einige Zeit in Valençay. Was tat er in London? Hatte ihn sein Freund mit einer Mission betraut? Weder er noch Talleyrand ließen ein Wort darüber verlauten. Im Gespräch mit Montrond mokiert sich Talleyrand über seine Nachfolger im Außenministerium. Er enthüllt ihre Unzulänglichkeiten, den Mangel an Ausbildung und Information. Pasquier hält er für unwissend: »Man sollte ihm zu Weihnachten ein hübsches Exemplar des Westfälischen Friedens zum Geschenk machen.«

Das waren Unterhaltungen zum Zeitvertreib. Dorothee unternahm eine Reise nach Deutschland. Seit 1816 trennten sie sich zum erstenmal. Sie wollte nach Sachsen, um sich um ihre Güter zu kümmern, anschließend nach Baden-Baden, um ihre Gesundheit wiederherzustellen. Sie war krank, wahrscheinlich schwindsüchtig, sie litt ständig an Erkältungen und spuckte Blut. An Barante, ihren tugendhaften und taktvollen Vertrauten, schrieb sie: »Adieu, Monsieur, ich werde aus Deutschland ein wenig von jener Kraft, die die Heimatluft verleiht, zurückbringen, aber wahrscheinlicher noch eine Geistes- und Herzensverfassung, die meinem zweiten Vaterland zum Vorteil gereicht. Anfangs gezwungenermaßen, habe ich es seither aus eigenen Stücken zu dem meinen gemacht, und nur hier will ich Schutz und Ruhe suchen.« Schutz und Ruhe gab ihr Talleyrand – aber auch das Gegenteil, das Dorothee ebenso notwendig brauchte: Ehrgeiz, das Bedürfnis, auf der Weltbühne mitzuspielen und jemanden zu beherrschen.

»Unsere Taten folgen uns nach«, sagte Paul Bourget: der Herzog von Enghien steht wieder auf, und Ludwig XVIII. verschwindet

Im Jahre 1815 wäre von einem Gespenst beinahe eine Affäre heraufbeschworen worden, die Talleyrand hätte vernichten können: es tauchte der Schemen des unglücklichen Herzogs von Enghien auf. Talleyrand traf am Hof den alten Prinzen Condé und hatte die Unverfrorenheit, sich ihm vorstellen zu lassen. Der Großvater des Herzogs von Enghien nahm das nicht zum Anlaß, einen schrecklichen Skandal hervorzurufen, auf den manche vielleicht warteten. Er reagierte anders. Er tat so, als verwechsele er Talleyrand mit dessen Onkel Erzbischof und erkundigte sich nach seinem Neffen, diesem »merkwürdigen« Menschen, diesem »Schurken«, »diesem üblen Subjekt von Autun«. Ungerührt steckte Talleyrand die Beschimpfung ein. In seinen Memoiren berichtet er anders darüber: »Mit einer Huld, die ich nie vergessen werde, sprach er mit mir über die Erfolge, die Frankreich auf dem Wiener Kongreß erzielt hatte.« Beleidigungen waren für ihn in die Luft gesprochen. Das war die ganze Rache eines Greises für den Tod seines Enkels. 1818 starb der alte Prinz in Chantilly. Sein Sohn, Herzog von Bourbon, kam zurück, nahm den Titel eines Prinzen von Condé an und bezog das Schloß von Chantilly. Es stand zu befürchten, daß er die Mörder seines Sohnes verfolgen würde, aber er unternahm nichts. Talleyrand verhielt sich ruhig. Durch die Rückkehr des letzten Condé jedoch wurden die Zusammenhänge wieder in die Erinnerung gerufen und von den Akteuren der Tragödie wurde zu viel gesprochen. Talleyrands Name sowie der von Savary und Caulaincourt waren in aller Munde.

Caulaincourts Frau, die Herzogin von Vicenza, wollte die Ehre ihres Mannes verteidigen. Bevor sie irgend etwas unternahm, meinte sie, Talleyrands Meinung hören zu müssen. Sie hatte vor, dem Prinzen von Condé zu erklären, daß weder Savary noch Caulaincourt, noch Talleyrand und selbst Bonaparte nichts zu tun hatten mit dem Ereignis, das Savary schamhaft »die Katastrophe des Herzogs von Enghien« nannte. »Was sollen wir tun?« fragte die Unglückliche. – »Nichts.« Das war alles, was Talleyrand zur Antwort gab. Das war klug. Doch Frau von Caulaincourt wollte die Ehre ihres Mannes um jeden Preis retten. Sie trug Talleyrand einen Plan vor. Sie wisse, sagte sie, daß der Prinz von Condé eine Mätresse habe, Madame de Feuchères, die grenzenlosen Einfluß auf ihren Geliebten ausübe. Als Talleyrand den Namen der Mätresse hörte, setzte er sein hochmütigstes Gesicht auf und sagte verächtlich: »Madame Feuchères? Pfui! Wollen Sie wirklich so tief hinabsteigen?« Madame de Caulaincourt war betroffen über diesen Ausspruch, zog sich zurück und hüllte sich in Schweigen. Talleyrand hatte die erste Hälfte der Partie gewonnen. Blieb die zweite: das Schweigen der Condés.

Den Gedanken, Madame de Feuchères einzuschalten, den er für verabscheuungswürdig gehalten hatte, als Madame de Caulaincourt ihn vorbrachte, fand er plötzlich ausgezeichnet. Wie aber war an die Mätresse des Prinzen von Condé heranzukommen? Er bediente sich der Vermittlung eines ehrenwerten Herrn, des Grafen von Durfort, der sowohl den Prinzen wie Madame de Feuchères gut kannte. Er lud ihn ein, umschmeichelte ihn, bewirtete ihn fürstlich, und Durfort war so überwältigt, daß er Wachs in Talleyrands Händen war. Durfort glaubte, zu einem Vertrauten geworden zu sein, und hörte staunend zu, was Talleyrand mit leiser Stimme über die schicksalhafte Nacht, in der der Herzog von Enghien umkam, zu berichten wußte. Talleyrand erzählte ihm, er habe am Tage vor der Entführung das unmöglich Erscheinende getan und habe dem unglücklichen Herzog eine Botschaft zukommen lassen, mit der er ihn beschwor, unverzüglich zu fliehen. Talleyrand habe sich in Lebensgefahr begeben, um »ein so teures Haupt« zu retten. Durfort war erschüttert, voller Dankbarkeit und Bewunderung. Ohne sich zu erkundigen, ob die Botschaft noch nachweisbar war, ob der Überbringer noch lebte und wie der genaue Inhalt lautete, begab er sich eiligst nach Chantilly, um Talleyrands Bericht weiterzugeben. Ehe Durfort aufbrach, hatte Talleyrand ihm eingeschärft, zuerst mit Madame de Feuchères zu sprechen und sie von seiner Ergebenheit dem Hause Condé gegenüber zu überzeugen. Madame de Feuchères wollte es übernehmen, ihrerseits ihren Geliebten zu überzeugen, und Durfort brachte die Dame in die Rue Saint-Florentin. Ihr wurde die gleiche Behandlung zuteil, die bei Durfort so guten Erfolg gezeitigt hatte. Die Herzogin von Dino erwies »dieser Frau« eine Reverenz, als wäre sie die Prinzessin von Condé. Jetzt war die Feuchères zu allem bereit.

Sie entledigte sich der ihr übertragenen Mission so gut, daß Talleyrand nach Chantilly eingeladen wurde. Hierauf lud Talleyrand den Vater des Herzogs von Enghien zur Jagd nach Valençay. Die Gesellschaft war höchlichst erstaunt.

Jetzt erst war der Herzog von Enghien wirklich unter der Erde. In seinen

Memoiren kommt Talleyrand mit fünf Zeilen darauf zurück, er zog sich aus der Klemme mit einigen erstklassigen Diners, einigen Komplimenten und einigen Douceurs für die Dame Feuchères, die Ausgaben für Kleidung und Schmuck gehabt hatte. Das geschah 1818.

Fünf Jahre später, am 9. Oktober 1823, erschien in der Zeitung »Oriflamme« ein Artikel, der die Angelegenheit erneut aufrührte. Die Rolle, die Talleyrand, Savary und Real, im Zusammenhang mit dem Mord am Herzog von Enghien gespielt hatten, wurde noch einmal beleuchtet. Eine unangenehme Mahnung. Wäre es nicht besser gewesen, den Artikel eines obskuren Journalisten unerwidert zu lassen? Savary, Herzog von Rovigo, tat das Gegenteil. Er veröffentlichte eine Broschüre: »Auszüge aus den Memoiren des Herzogs von Rovigo, die Katastrophe des Herzogs von Enghien betreffend.« Um sich zu entlasten, belastete Savary Talleyrand. »Ich kann es nicht dulden, daß schändliche Verdächtigungen über meinem Haupt schweben, während die eigentlich Schuldigen, mit hohen Würden bekleidet, umherstolzieren.«

Die Broschüre hatte die gewünschte Wirkung: Alle Welt erkannte, wer der »eigentlich Schuldige« war. Talleyrand war niedergeschmettert. Er hatte sein möglichstes getan, um diese Affäre zu begraben. Wie erinnerlich hatte er die Unterlagen verbrannt. Savarys Broschüre riß alles wieder auf. Er spürte die unmittelbar drohende Gefahr. Zum erstenmal in seinem Leben hatte er schlaflose Nächte. In aller Eile brach er am 3. November 1823 von Valençay nach Paris auf, um sich dem Gewitter zu stellen. Dieses Verhalten ist völlig ungewöhnlich bei ihm, sonst läßt er es regnen. »Ich bin ein alter Parapluie, auf den es seit vierzig Jahren regnet. Was macht da ein Tropfen mehr oder weniger aus?« pflegte er häufig zu sagen. Diesmal handelte es sich nicht um einen Regenguß, sondern um Blitz und Donner. Glücklicherweise hatte er die Freundschaft und Unterstützung von Royer-Collard. Langweilige Leute haben oft einen soliden guten Ruf. Talleyrand war schon abgereist; Dorothee blieb noch und kümmerte sich um das Gepäck. Am 5. November war sie wieder bei ihm. Barante gegenüber klagte sie, daß Paris »der Herd niedrigster Verleumdungen, der monströsesten Erzeugnisses eines abscheulichen Geistes« sei.

»Der Winter beginnt sehr schlecht«, schrieb Dorothee. Ihrer Meinung nach sollte der Rat Royer-Collards, »oben etwas zu unternehmen«, befolgt werden. Das heißt beim König selbst. Bald nach seiner Ankunft schrieb Talleyrand an den König, um die Auswirkungen der schrecklichen Broschüre zu durchkreuzen und ihm Aufschluß über den Tod seines Vetters, des Herzogs von Enghien, zu geben. Verschrobener und verwickelter ist nie ein Brief von ihm gewesen. Lag es an der Eile? An seiner Aufregung? Wahrscheinlicher ist es, daß er das verwirrt hat, was nicht klar werden sollte. Er hatte kein reines Gewissen. Er ersuchte den König, Savary vor Gericht zu stellen. Hatte er den Kopf verloren? Wollte er es zu einem Prozeß kommen lassen, bei dem der Mord als Vorwand für einen politischen Zusammenstoß gedient hätte? Innerhalb von acht Tagen wäre es zu Barrikadenkämpfen gekommen. Vermochte er nicht mehr klarzusehen? Seine Reaktion auf diese Broschüre glich der eines Junkers, dessen Jagdrecht verletzt wird.

Ludwig XVIII. zeigte sich als kluger Herrscher. Er rettete Talleyrand und die Ruhe und Ordnung. Er lehnte es ab, die Pairs-Kammer mit der Affäre zu befassen und sprach Talleyrand sein Vertrauen aus. »Seine Majestät äußert den Wunsch, das zu vergessen, was vergangen ist; eine Ausnahme bilden nur die Frankreich und Seiner Person erwiesenen Dienste. Der hohe Rang, den Sie am Hof einehmen, Fürst, ist ein sicherer Beweis dafür, daß die Sie kränkenden und betrübenden Beschuldigungen keinen Eindruck auf den Sinn Seiner Majestät gemacht haben.«

Mit diesen Zeilen gab der König Talleyrand seinen Thron in der Rue Saint-Florentin zurück, sein Königreich Valençay und seine Herrschaft über die öffentliche Meinung. Der König rettete ihn. Jetzt waren sie quitt.

Und der Hof ließ den Zeitungen folgende Notiz zustellen: »Der König hat dem Herzog von Rovigo (Savary) den Zugang zu den Tuilerien untersagt.« [17. November 1823.]

Talleyrand atmete auf. Er verhielt sich, wie es seiner Natur entsprach: Was ihm lästig gewesen war, hatte er beiseite geschoben. An Dalberg schrieb er: »Dem Angriff des Herzogs von Rovigo darf man nicht zu viel Wichtigkeit beimessen. Die Öffentlichkeit hat mir Gerechtigkeit, umfassende Gerechtigkeit zuteil werden lassen. Das Urteil ist gesprochen: von dieser Affäre will man nichts mehr hören.« [L-G]

Süßsauer wie immer schrieb die Herzogin von Broglie an Barante: »Herr von Talleyrand ist aus dieser Affäre weiß wie Schnee hervorgegangen. Sie müssen zugeben, daß es für ihn ein großer Glücksfall war, verleumdet zu werden.« Talleyrand schrieb ebenfalls an Barante, jedoch mit größerer Gelassenheit. Allerdings versuchte er, sich durch historische Unterlagen reinzuwaschen. Dazu diente ihm vor allem Napoleon als Zeuge, nämlich »der Satz in Napoleons Testament, in dem er erklärt, er sei der einzige Urheber des Mordes am Herzog von Enghien und er würde, befände er sich in den gleichen Umständen, wieder genauso handeln wie damals«. [Barantes Erinnerungen]

Napoleon hatte die Verantwortung für das Verbrechen allein auf sich genommen. Doch damit sind die Zweifel nicht völlig getilgt, die noch über seinen Helfershelfern schweben. Für Talleyrand jedoch wog ein Zweifel nicht schwer. Das trübte sein Glück nicht.

Kann die eingetretene Beruhigung als Glück bezeichnet werden? Talleyrand war siebzig Jahre alt, er konnte nur mit Mühe gehen, er sank in sich zusammen. Um dem entgegenzuwirken, schlang er seine Krawatte ein paarmal mehr um den Hals, damit der Kopf aufrecht blieb; noch immer war er von einer Wolke von Parfüm in den Salons und in den Sterbegemächern umgeben. 1824 starben Cambacérès und Ludwig XVIII. Als der ehemalige Erzkanzler am 8. März verschied, beschlagnahmte die Polizei seine gesamten Papiere. Talleyrand sagte bei dieser Gelegenheit: »Das ist eine Warnung, welche die Tuilerien an die Rue Saint-Florentin richten!« Er hatte diese Warnung nicht abgewartet und schon vorher Aschehäufchen anstatt Papier hinterlassen.

Ehe der König im September starb, gab Talleyrand ihm neuen Grund zur Unzufriedenheit. Durch Intrigen brachte er in der Pairs-Kammer eine Mehrheit gegen Villèle zustande, der den Zinssatz von fünf auf drei Prozent senken wollte. Um das Projekt zu Fall zu bringen, griff Talleyrand auf ein bewährtes Mittel zurück, er brachte eine Frau ins Spiel, diesmal die Herzogin von Dino. Er schickte sie, deren Frömmigkeit bekannt war, zu Monseigneur de Quélen, dem Erzbischof von Paris. Sie sollte erwirken, daß der Klerus gegen Villèles Vorhaben Stellung nähme. Dorothee traf den Erzbischof öfters, ihm lag selber daran, mit Talleyrand in Verbindung zu kommen, weil er ihn in den Schoß der Kirche zurückführen wollte. Sie ging vielleicht in ihren Bemühungen ein wenig zu weit: sie verdrehte dem Prälaten den Kopf. Doch »eine treulose Freundin der Herzogin klärte ihn über den Schelmenstreich auf, ehe er völlig genarrt wurde. Er trug seine Reue zu den Altären« [BOI]. Monseigneur schöpfte wahrscheinlich aus dieser Reue große Kraft, um Herrn von Talleyrand zu bestürmen und ihn zu Gott zurückzuführen.

Als die Kammer das Projekt verwarf, befand Dorothee sich in Schlesien. Sie freute sich in der Ferne darüber, daß sie im Rahmen ihrer redlichen Mittel dazu beigetragen hatte, Villèle in Bedrängnis zu bringen.

Zahlen mußte Chateaubriand, für alle anderen. Auch er hatte gegen Villèle intrigiert, und deshalb entledigte sich dieser des ungetreuen Ministers. Er wurde »entlassen wie ein Lakai«. Eine schmerzlichere Demütigung läßt sich für einen seines Genies so bewußten Mann nicht denken. Talleyrand hatte von der Entlassung gehört, ehe Chateaubriand von ihr unterrichtet wurde. Der hinkende Fürst stattete seinem Feind umgehend einen scheinheiligen Höflichkeitsbesuch ab, nur um mit Genugtuung erleben zu können, was für ein Gesicht der stolze Minister an dem Tag machte, an dem er vor die Tür gesetzt wurde. Er genoß das Schauspiel und führte sich dabei so auf, daß Chateaubriand seine Freude bemerken mußte.

Noch eine Genugtuung, eine weniger grausame und verborgenere wurde ihm zuteil. Bei der Jahresausstellung 1824 war Delacroix mit seinem berühmten Gemälde »Die Massaker von Chio« vertreten. Es kam zu einem riesigen Skandal. Auf der Leinwand waren grünliche, übereinandergehäufte Leichname zu sehen, die ganz realistisch wirkten. Sie lagen nicht da wie die Körper toter Helden nach der Manier der Königlichen Maler-Akademie. Das ging zu weit. Die offizielle Malerei wollte der Revolution der Palette ein Ende machen und mit Delacroix abrechnen. Und das Ergebnis dieses ganzen Aufruhrs: der Staat kaufte das revolutionäre Gemälde für sechstausend Francs. Eine ungeheure Summe für das Werk eines nicht berühmten und sogar verunglimpften Künstlers. François Gérard, der Freund Delacroix', hatte das Nötige bei Sosthème de La Rochefoucauld, der die Ankäufe tätigte, veranlaßt. Talleyrand mochte bekanntlich Gérard sehr gern ... und natürlich auch Delacroix.

Um frische Luft atmen zu können und nicht bis nach Valençay fahren zu müssen, kaufte Talleyrand der Herzogin von Duras ein Landhaus ab, das keineswegs eine Hütte war. Es lag am Wald von Montmorency, und dort empfing er die Herzogin und seine Freunde. Talleyrand schätzte Madame de Duras, sie hatte Romane geschrieben, die man damals schön fand, weil sie traurig waren. In den Salons schlürfte man in vollen Zügen Ströme von Schwermut. Talleyrand gab Rivarol den Vorzug.

Royer-Collard war stets an den politischen Intrigen gegen die Ultras beteiligt. Der eingefleischte Doktrinär scheute aber die Gesellschaft. Talleyrand mochte ihn noch so sehr drängen, es gelang ihm nicht, ihn in den Zauberkreis der Abendgesellschaften in der Rue Saint-Florentin zu ziehen.

Schließlich aber konnten Talleyrand und Madame de Dino unter Entfaltung ihres ganzen Charmes Royer-Collard dahin bringen, die Einladung zu einem Diner anzunehmen. Es wurde zu Ehren des Erbprinzen von Sachsen gegeben. Zu Sachsen und ihren Herrschern unterhielten Talleyrand und Frankreich stets die besten Beziehungen. Bei diesem Abendessen wollte Talleyrand der Königlichen Hoheit die berühmtesten Persönlichkeiten des Pariser Lebens vorführen, aus dem Kreis der Wissenschaften, aus der Literatur und den Künsten. Royer-Collard sollte die Redekunst vertreten, was den Gast zu der Bemerkung veranlaßte, man betrachte ihn wohl als »Musterstück«.

Im September unterbrach der Großkämmerer seinen Kuraufenthalt in Bourbon-l'Archambault und eilte an das Krankenlager des Königs. Jeden Tag sprach er in den Tuilerien vor. Traurige Tage und ein trauriges Schauspiel. Ein sterbender König und ein mumienhafter Greis, zwei Überbleibsel aus einem anderen Jahrhundert und aus einer anderen Welt, einander so nah und doch verfeindet, vereint im Anblick des Todes, der zwischen ihnen stand.

Madame de Dino war besorgt um die Gesundheit ihres Onkels. Wenn die Krankheit des Königs andauerte, würde Talleyrand zusammenbrechen. Er war unablässig auf den Beinen, er mußte beim König »Verrichtungen ausführen, die für einen Mann des Alters und der Gebrechlichkeit von Herrn von Talleyrand zu den unangenehmsten und unappetitlichsten gehören. Das war mehr als genug, um mir Angst für seine Gesundheit einzuflößen«, schrieb Dorothee.

Am 13. September empfing der König die Letzte Ölung. Talleyrand wurde gefragt, wie der König sich verhalten habe. »Höchst geziemend«, antwortete der Fürst.

Die Beisetzung fand am 23. September in Saint-Denis statt. Der Großalmosenier und der Großkämmerer trugen das Herz des Königs auf einem Kissen. Bei den Trauerfeierlichkeiten am 25. September stand Talleyrand neben dem Katafalk und hielt die weiße Standarte in der Hand – wie Jeanne d'Arc!

Nach diesen aufreibenden Tagen genoß er die Behaglichkeit seines Hauses sowie die mit Bewunderung und Hochachtung gemischte Zärtlichkeit der Seinen. Aber es war trotz allem ein seltsames Haus. Er, der alte Satrap, kümmerte sich um die Erziehung der Kinder seines Neffen und verwöhnte dessen Frau. Sie war in ihrer Rolle als Herrin des prächtigsten und am besten geführten Hauses in Paris unübertrefflich. Ein großartiger Haushalt – aber in verworrener und heikler Lage. Sie bekamen es zu spüren, als am 6. November 1824 die Trennung von Edmond und Dorothee auf gerichtlichem Weg offiziell kundgetan wurde. Warum ließen Talleyrand und Dorothee Edmond vor Gericht laden? Warum mußte dieses Urteil sein, das an einer seit langem bestehenden Situation nichts änderte? Der Familienclan der Périgords, der bei Hof sehr angesehen und mit der Herzogin von Angoulême, der Tochter Ludwigs XVI., sehr befreundet war, wütete gegen Dorothee. Die Familie fürchtete, sie könne einen Teil der Erbschaft Talleyrands an sich reißen. Die Tuilerien und der Faubourg Saint-Germain ließen es die Herzogin von Dino spüren, daß sie unerwünscht war. Manche Türen blieben ihr verschlossen, insbesondere das Haus von Madame de Castellane. Nie war ihr Paris hassenswerter erschienen. Und Talleyrand gefiel es immer mehr in Valençay.

Ein anderer König, der gleiche Ärger, es folgt das Regime des Ärgers

Noch ein König! Noch eine Krönung! Das Tedeum, das königliche Gepränge, der Federschmuck auf dem Kopf und ein goldüberladener Mantel auf den Schultern, der indes weniger schwer wog als die Jahre und die Traurigkeit über ein nicht ausgefülltes Leben. Talleyrand wußte, was ein König in den Maschen einer gut gesponnenen Intrige wert war.

Karl X., vormals Graf von Artois, ließ sich am 29. Mai 1825 in Reims krönen. Er herrschte seit dem 24. September 1824. In der Zwischenzeit hatten seine Minister die schlimmsten Fehler gemacht, die unpopulärsten Gesetze erlassen, wie das über die Gotteslästerung und ein anderes über die Entschädigung der Opfer der Revolution.

Um zur Krönung dieses Königs zu fahren, dessen Herrschaft so unerfreulich begonnen hatte, kaufte Talleyrand eine prächtige Kutsche. Sein Wappen war auf den Wagenschlag gemalt: die drei gekrönten Löwen mit herausgeschlagenen Zungen wetzten ihre Krallen auf dem purpurroten und goldenen Untergrund. Diese Kutsche war ein Denkmal. Bis an sein Lebensende benutzte er sie für seine Galabesuche. In Paris sah man sie, wenn er Besuch im Palais-Royal bei Louis-Philippe von Orleans machte. In Reims brachte sie die Unterwürfigkeit und die Ergebenheit des Fürsten zum König Karl X., einige Jahre später bringt sie die Unterwürfigkeit und Ergebenheit des Fürsten, vermischt mit Ironie und manchmal Haß, zu dem König, der den am 29. Mai gekrönten entthronte.

Die Krönung war für Talleyrand eine Qual. Stundenlang stand er neben dem König, in einem erdrückenden Aufputz, mit einundsiebzig Jahren auf den Schultern und einer Fülle von brennenden Erinnerungen. Vielleicht erblickte er unter den geheiligten Gewölben seinen im königlichen Dienst amtierenden Vater, seinen Onkel Erzbischof, die hübschen Gesichter der Damen de Laval, de Brionne . . . An diesem Tag sah er den früheren Bischof von Nancy wieder, Monseigneur de La Fare, der Erzbischof von Sens geworden war, und einige andere von der Zeit und der Verbitterung der Emigration gezeichnete Gesichter. Auch der König war ein Greis mit faltigem Gesicht. Diese Krönung, die eine Wiederauferstehung sein wollte, war ein erschreckendes Festspiel von Ruinen.

Der Hofmaler Gérard machte Jünglinge aus diesen Wracks. Talleyrand sieht auf diesem Krönungsgemälde aus wie der muntere Abbé de Périgord, während allgemein und überall gesagt wurde, er sähe aus wie ein Toter. Sein Gesicht hatte die Färbung eines Toten, den Ausdruck abgrundtiefer Trostlosigkeit.

Am nächsten Tag nahm er, wiederum stehend, an der mittelalterlichen Zeremonie der Skrofulösen teil: Hundertzwanzig von Skrofeln zerfressene arme Leute zogen am König vorüber, der die Wunden berührte und jedesmal den feierlichen Satz sprach: »Dieu te guerisse, le roi te touche.« Gott möge dich heilen, der König berührt dich.

Um sich für Talleyrands ausgezeichnete Dienste zu bedanken, schickte Karl X. ihm sein von Gérard gemaltes Porträt. Ein weiterer König für die Bildergalerie in Valençay.

In Paris folgten neue Zeremonien. Talleyrand war erschöpft. Als er eines Abends aus der Oper kam, wo »Pharamond« gespielt worden war, sagte er: »Das Leben wäre erträglich, wenn es keine Vergnügungen gäbe.« Diese Oper war in der Tat langweilig und schwer, und das darauffolgende Ballett war nicht viel leichter. Um der Kongregation mit ihrer Prüderie Genüge zu tun, waren die »Tutus« der Ballettänzerinnen verlängert und die dünnen Schleier durch ein undurchsichtiges Gewebe ersetzt worden. Die sittsamen Zuschauerinnen konnten nun »diese Geschöpfe« ohne Abscheu betrachten, in der Hoffnung, der neue König würde sie bald von Kopf bis Fuß in Sackleinwand hüllen.

Der Fürst war von den Anstrengungen so ermüdet, daß sein Hinken schlimmer geworden war. Er erhielt zu jener Zeit den Beinamen »der hinkende Teufel«, der ihm von nun an anhaftete. Stärker hinkend als zuvor fuhr er aufs Land. Doch diesmal nicht nach Valençay, sondern zur Herzogin von Dino auf das Schloß Rochecotte, eine Besitzung, die Dorothee in der Touraine in der Nähe von Langeais gekauft hatte. Unter den ersten Gästen in Rochecotte war Adolphe Thiers. Erstaunlich schnell hatte sich die Freundschaft zum Fürsten entwickelt und vielleicht noch mehr die Freundschaft zur Herzogin von Dino. Sie schrieb ihm: »Sie wissen, daß Sie nicht nur der beste, sondern auch der liebste unserer Freunde sind.« Thiers galt damals als ausgezeichneter Historiker der Revolution und benutzte dieses Renommee, um in die Politik zu gelangen. Dorothee schrieb ihm dazu: »Wir denken oft an Sie und sprechen über Ihre Zukunft. Sie interessiert uns sehr, und wir erhoffen schöne und gute Dinge für Sie.« Talleyrand sagte über ihn: »Das ist ein Bursche, der das heilige Feuer besitzt.« Thiers lernte aus den Erfahrungen des alten Satrapen. Als jemand in Talleyrands Gegenwart sagte, der kleine Thiers sei nur ein Parvenü, wies der Fürst den Vorlauten zurecht: »Nein, Monsieur, Thiers ist kein Emporkömmling, er ist ein gemachter Mann.«

Ein anderer Freund, der unendlich viel zurückhaltender und liebenswürdiger war, hatte sich Talleyrand und Dorothee angeschlossen: Prosper de Barante, der Historiker der Herzöge von Bourgogne. Barante war viel jünger, er gehörte zur Generation Lamartines und de Vignys. Er war stets ernst, ein wenig traurig und absolut redlich.

Im Juli 1825 hätte Talleyrand gern einen Umweg gemacht, um Barante auf seinem Schloß zu besuchen und, wie er ihm schrieb, dort »das einfache, tiefe, elegante Gespräch zu führen, das in Paris der Freundschaft mit Ihnen so viel Charme verleiht«. Er war auf dem Weg nach Bourbon-l'Archambault, um seine Beine zu kurieren. Er langweilte sich dort schrecklich, bis er eines Tages einen jungen Abbé kennenlernte, der ihm anvertraute, er sei fälschlicherweise auf den Weg ins Priestertum geraten. »Im September soll er zum Priester geweiht werden und ist unglücklich über den Entschluß, den er gefaßt hat.« Die Beichte hatte ein aufmerksames Ohr gefunden. »Er ist gebildet, er hat Phantasie und ein bißchen Begeisterung im Kopf«, schrieb Talleyrand an Barante. Was den jungen Abbé aber mehr quälte als seine verfehlte Berufung war eine Warze an der Fußsohle, die durch eine Wasserkur geheilt werden sollte. Zu dieser Zeit las Talleyrand mit Bewunderung die Memoiren von d'Argenson.

Nach einem Aufenthalt in Valençay und einem Wiedersehen mit Royer-Collard, der stets auf seinem Schloß besucht werden mußte und nur sehr selten nach Valençay kam, plante das Trio Dorothee, Tyszkiewicz, Talleyrand, in den Süden zu fahren. Die Erinnerung an den letzten Winter in Paris und unter den Parisern war zu schrecklich. Um das Abenteuer vergnüglicher zu machen, beschlossen sie, jeder für sich zu reisen. 1825 war es wirklich ein Abenteuer, sich in einen wenig erschlossenen Landstrich zu wagen, der außer der Sonne nicht viel zu bieten hatte. Jeder der drei wählte seinen Reiseweg, und man traf sich an bestimmten Punkten. Die erste Etappe war Genf. Talleyrand schrieb an Royer-Collard: »Auf meinen Fahrten durch die Schweiz, wo prächtiges Wetter herrschte, habe ich Pflanzen für Sie gesammelt. Was ich an Bedeutendem fand, habe ich Ihnen geschickt. Ich glaube, es ist eine in Paris seltene Pflanze, sie wird nützlich sein für die Krankheiten des Monats Februar.« [L-G] Es ist überraschend, Herrn von Talleyrand bei solcher Beschäftigung zu ertappen. Die Manie des Pflanzensammelns war durch Jean-Jacques Rousseau in Mode gekommen und hatte sich als dauerhaft erwiesen bei Menschen, die 1774 zwanzig Jahre alt waren. Wer hätte gedacht, daß Talleyrand sich mit Heilkräutern beschäftigte? Sie wollten Germaine de Staëls Sohn besuchen, aber das Schloß in Coppet war menschenleer. Da die Jahreszeit schon vorgeschritten war, verabredeten sie den nächsten Treffpunkt ganz im Süden, in Marseille, »ein gutes Obdach für die Monate November und Dezember«.

Am 28. Oktober trafen sie dort ein. Die Lokalpresse gab es bekannt. Sie wohnten nicht in einem Hotel, sondern in einem Haus, das der Eigentümer den Reisenden zur Verfügung gestellt hatte. Die Behörden und Honoratioren in Marseille bereiteten ihnen einen freundlichen Empfang. Für Talleyrands Geschmack waren vielleicht ein wenig zu viele feierliche Messen und Einweihungen von Statuen vorgesehen, aber das verschaffte Ansehen. Wie ein Herrscher auf Reisen wurden er und seine Damen behandelt. Früher einmal hatte er gesagt, und man könnte meinen, das Wort stamme von Stendhal: »Das Provinzleben in seiner ganzen Scheußlichkeit kann man eigentlich nur in Frankreich kennenlernen.« Die Ehrungen, die ihm in Marseille zuteil wurden, müssen ihn anderen Sinnes gemacht haben, denn dieser prächtige Aufwand gab ihm seinen freien Atem wieder, seine Ungezwungenheit, und er verschaffte ihm die Hoffnung, die unstillbare Sehnsucht nach dem Ministerium zu überwinden. Dorothee stellte mit Freude fest, daß ihr Onkel sich verjüngte. »Bewegung, frische Luft, kaum anderes Feuer als das der Sonne und die Meeresluft, die ihm gestattet, außer seinem Diner ein gutes Frühstück einzunehmen, alles das läßt mich an ein Wunder glauben.« [L-G]

Langeweile kam nicht auf. Sie lernten einen Bankier kennen, einen Freund des Barons Louis, der ebenso viel Geist wie Geld besaß und am Exabbé Louis kein gutes Haar ließ. Er sprach mit südlichem Akzent und erzählte tausend komische Geschichten, von denen Talleyrand entzückt war. Sie besuchten auch einen Sterbenden, den Marschall Suchet, der Anfang Januar starb, und den General de la Briche, der Talleyrand bei unzähligen Ekarté-Partien gegenübersaß. Talleyrand erfuhr viel über den Handelsgeist, der in Marseille herrschte. Während des Krieges, den die Griechen gegen die Türken führten, um ihre Unabhängigkeit zu erlangen, verstanden es die Marseiller, Gewinn aus beiden Lagern zu ziehen. Den Griechen liehen sie Geld, damit sie sich gegen die Türken bewaffnen konnten. Den Türken verkauften sie Schiffe, damit sie die Griechen angreifen konnten. Er bemerkt: »Derselbe Händler ist sowohl der Zahlmeister der Griechen als auch der Fregatten-Bauer für den Pascha von Ägypten.« Talleyrand stellt es mit großer Gelassenheit fest, in seinen Augen war der Unterschied zwischen »Handeln« und »Verhandeln« nur gering.

Trotz der Konzerte, die für sie gegeben wurden, trotz der Loge, die der Präfekt ihnen in der Oper überlassen hatte, flohen sie in die Sonne, als der Mistral aufkam. Am 26. Januar 1826 waren sie in Hyères. Wie in Marseille, bezogen sie ein Haus, das schönste am Ort. Vor allem vom Garten waren sie begeistert; er war groß, von der Sonne beschienen und erstreckte sich bis ans Meer. Dorothee vor allem war entzückt, denn für sie war der Mistral »die häßlichste und ungesundeste Sache auf der Welt«. »Es ist ein Wetter, daß ich Ihnen am offenen Fenster schreiben kann. Ich habe die Vorhänge vorgezogen, damit die Sonne mir nicht auf den Kopf scheint. Dann die Abendspaziergänge – sie sind wie im August in Paris ... Ich wüßte keinen Ort, wo es sich angenehmer leben ließe.« (Während dieses Aufenthalts soll Dorothee heimlich von einem Mädchen entbunden worden sein. Der Bürgermeister des Orts, Alphonse Denis, hat einen ausführlichen Bericht über diese Affäre hinterlassen, die sich vor Talleyrands Augen abspielte. Der Vater soll Piscatory gewesen sein, einer der bekannten Geliebten von Madame de Dino – aber sie hatte auch unbekannte.)

Doch die Gegend hatte einen großen Nachteil, und sie wollten deshalb weiterziehen. Um sie herum starben die Leute wie die Fliegen. Zu jener Zeit schickten die Ärzte die Schwindsüchtigen ans Mittelmeer. »Man sieht nur Sterbende, man trifft dauernd auf Trauerzüge, man hört nur von Lungenentzündung sprechen.«

Als Kundschafter wurde die gute Tyszkiewicz nach Nizza geschickt, sie sollte eine Unterkunft ausfindig machen. Dort wurde zwar genausoviel gestorben wie in Hyères, aber die Stadt war größer, und man sah die Trauerzüge nicht so häufig. Der Zauber des Südens aber war gebrochen. In Nizza erreichte sie die Nachricht, daß Talleyrand zum Bürgermeister von Valençay ernannt worden war. Man glaubt es kaum: dieser Mann, der mit Ehren und Titeln überhäuft war, nahm das Bürgermeisteramt seines Dorfs mit kindlicher Freude an. Die Koffer wurden gepackt, und bald war man unterwegs zur Bürgermeisterei. Die Reise in die Provence endete mit einer Erinnerung an sonnenbeschienene Beerdigungen und mit der Hoffnung, am Saint-Maurice-Tag das Rosenmädchen krönen zu können.

Dann begaben sie sich nach Paris und nahmen ihr mondänes Leben wieder auf. Doch es war sehr eintönig. Man traf überall und immer dieselben Gesichter. In den von Gespenstern und Schemen bevölkerten Salons herrschte ein steifer, frömmlerischer und säuerlicher Konformismus. Und die Jugend? Wo war die Jugend der Restauration? Sie war verrückt: Sie rezitierte die verwehenden Verse jenes Lamartine, dessen Atem am Ende jeder Strophe erlosch, sie hörte mit Begeisterung die Musik eines gewissen Chopin an, der einen zum Weinen brachte.

Die Beamten und Würdenträger versammelten sich um Katafalke und sangen traurige Choräle. Um aus dieser Erstarrung herauszukommen, stürzten sich die Leute mit Furor in die Politik. Die Ultras wollten jede Spur der Revolution auslöschen, und die anderen die Überbleibsel des Ancien régime. Beide Seiten waren gleicherweise schulmeisterlich und steif. Und beide Seiten haßten natürlich Voltaire. Das Frankreich der Aufklärung, des Lichts war tot. Herr von Talleyrand hielt noch eine Kerze hoch.

Am 3. Mai 1826 war der Fürst auf der Place de la Concorde an der Seite Karls X. zu erblicken. Der König legte den Grundstein zu einem Denkmal, das zur Erinnerung an Ludwig XVI. und Marie-Antoinette errichtet werden sollte, genau an der Stelle, wo ihr Blut geflossen war. Eine grandiose Zeremonie war es gewiß, aber auch eine unheimliche. Das amtliche Frankreich lebte nur noch mit der Vergangenheit. In feierlicher Prozession waren die heiligsten Reliquien, die Paris besaß, herbeigebracht worden, die Nägel des Kreuzes und die Dornenkrone. Alles, was Rang und Namen hatte, war anwesend: die Prälaten, an erster Stelle Monseigneur de Quélen, die Prinzen, die Marschälle, die Pairs, die Herzöge im weiten Mantel, die Abgeordneten in roter Uniform. Der König schritt an der Spitze des denkwürdigen Zuges. Einen Schritt hinter ihm folgte Talleyrand. Man blickte nur auf ihn. Er wirkte wie ein Standbild, das Standbild der Gegenwart, der Fortdauer der Nation über alle Regime und Revolutionen hinweg.

In diese langweilige und gelangweilte Welt kam durch einige Fremde etwas frischer Wind. Der Herzog von Bedford brachte einen jungen Engländer, den Domherrn Sidney Smith mit in die Rue Saint-Florentin. Er unterhielt die Abendgesellschaft, er erinnerte Talleyrand an einen Ausspruch, den dieser 1792 in London gemacht und über den die Engländer sehr gelacht hatten. Sidneys Bruder, der damals Minister war, sagte, zum jungen Sidney gewandt, er werde ihm einen guten Posten verschaffen, aber zuvor »sollen Sie sämtliche Niedrigkeiten begehen, deren die Priester fähig sind«. Mit Kennermiene hatte der Bischof von Autun zugehört und die Worte eingeworfen: »Welch ungeheurer Spielraum!« Die Worte selbst und sein Gesichtsausdruck – der eines heiligen Eremiten – wurden sehr bewundert.

Sidney erzählte ihnen auch von einem Mißgeschick, das ihm bei einem Diner widerfahren war. Er hatte den Namen eines Gastes nicht richtig verstanden und glaubte, es handele sich um Barras, den man »den Korrupten« nannte. Sidney suchte auf dem Gesicht des vorgeblichen Jakobiners die Spuren von Lastern, und mit einiger Anstrengung fand er sie. Später erfuhr er, daß er nicht Barras, sondern Barante vor sich hatte, den ehrenwerten, lauteren, traurigen Prosper. Über diese Verwechslung mußten Dorothee und Talleyrand schallend lachen. Hätte der arme Barante erfahren, daß er mit Barras verwechselt worden war, wäre er »schwindsüchtig« geworden.

Dieses Schicksal wäre Dorothee beschieden gewesen, wenn sie in Pont-de-Sains hätte leben müssen, wohin Talleyrand mit ihr im Juni 1826 fuhr. (Diese bedeutende Besitzung – sie war sehr viel weniger düster, als ihr nachgesagt wurde, und erbrachte ansehnliche Einkünfte – fiel später an Pauline. Durch ihre Heirat mit dem Marquis de Castellane kam das Schloß in diese Familie.) Zwar war Dorothee an die eintönigen Landstriche Pommerns gewöhnt, Pont-de-Sains aber fand sie scheußlich. Montrond besuchte sie in dieser feuchten, vermoosten Einöde. Bald fuhren sie nach Paris zurück. Dorothee machte einen Umweg, um Bäder im Meer bei Dieppe zu nehmen. Die Herzogin von Berry hatte den Ort und die Bäder in Mode gebracht. Dorothees Naturell verlangte von Zeit zu Zeit solche Seitensprünge.

Die Tore des Hauses in der Rue Saint-Florentin öffneten sich im Juli wieder. Auch die Diners wurden wieder aufgenommen. Henriette Sontag, eine junge deutsche Sängerin, entthronte damals in Paris die berühmte Malibran. Fräulein Sontag besaß ebensoviel Talent wie Sittsamkeit und wurde sogar in die Salons des Faubourg Saint-Germain eingeladen. Ein Lichtblick in dieser gelangweilten Gesellschaft.

Die Ohrfeige, die Talleyrand bekommt, kann die Langeweile in Frankreich nicht vertreiben

Ende August machte sich der ganze Hausstand auf den Weg nach Valençay: die drei Kinder Dorothees, deren Lehrer, die Dienerschaft. Dorothee nannte das ein »Kolleg«, Talleyrand eine »Normalschule«. Daß er zum Bürgermeister von Valençay ernannt worden war, verdankte er seiner Pietät. Ein Erlaß des Präfekten tat es denen kund, die vielleicht daran zweifelten. Der blumenreiche Text lautete: »Seine Durchlauchtigste Herrschaft ist belehnt worden, weil es sein Wunsch und Wille war, mit der Verwaltung zusammenzuarbeiten, was er bewiesen hat durch das fromme, nützliche und barmherzige Bauwerk, mit dem Seine Herrschaft die Stadt beschenkt hat.« Das war kein »Kolleg«, sondern die Kapelle Saint-Maurice.

Bei Einladungen wies Talleyrand seine Gäste vorsorglich darauf hin, daß die jungen Leute anwesend wären und daß sie viel Unruhe stifteten. In Wirklichkeit waren alle von ihnen entzückt, Talleyrand am meisten. Als es eines Tages so stark regnete, daß eine Fahrt nach Châteauvieux unterbleiben mußte, schrieb Talleyrand an Royer-Collard: »Mit aufrichtigem Bedauern sind Madame de Dino, unsere ganze Normalschule und ich selber gezwungen, den Besuch, den wir unseren lieben und achtenswerten Nachbarn machen wollten, auf die ersten Tage der nächsten Woche zu verschieben.«

Nach kaum einer Woche mußte er eine Fahrt nach Paris unternehmen, wo am 16. September 1826 in Saint-Denis ein Gottesdienst aus Anlaß des Geburtstags Ludwigs XVI. abgehalten wurde. Sehr zuvorkommend erbot er sich, für Royer-Collard einige Aufträge in Paris auszuführen. Es gäbe nichts, schrieb er ihm, was er nicht tun würde, um seinem lieben Nachbarn angenehm zu sein. Nach den Liebenswürdigkeiten kam er auf den König zu sprechen. Für die politischen Taten Seiner Majestät hatte er gar nichts übrig, er lobte nur dessen Jagderfolge: »Was sagen Sie zur königlichen Jagd? An einem einzigen Tag hat er tausendsiebenhundertdreiundneunzig Stück Wild getötet, was noch kein König von Frankreich fertiggebracht hat. Welch Fortschritt in der Zivilisation! Tausend freundschaftliche Grüße.«

Diese Einstellung Talleyrands macht die Antwort verständlich, die er Karl X. gab, als dieser sagte, die Ultras würden Frankreich retten. »Sire, ich habe nie geglaubt, daß das Kapitol von Gänsen gerettet worden ist.«

Barante kam nach Valençay. »Nun bin ich in diesem großen Schloß, in dem alles wunderbar gastfreundlich ist, in dem aristokratisch entfalteter Reichtum herrscht, den es sonst in Frankreich nicht mehr oder noch nicht wieder gibt ...« Er war ein von allen gern gesehener Gast. Dorothee sagte eines Tages zu ihm: »Zwischen Paris und mir ist ein Riß, der sich vielleicht nie mehr schließen wird.« Richtig gesehen war es schlimmer: Zwischen Paris und ihr gab es nur ein Band. Das war Talleyrand. Dahinter ein Abgrund.

Anfang November fuhren sie nach Paris zurück. Am 4. sollte Saint-Charles gefeiert werden, der Tag des Schutzheiligen des Königs. Wiederum eine feierliche Messe, ein unnützer Aufmarsch der Würdenträger in den Tuilerien, ein Defilee des Diplomatischen Korps. Das war der ganze Inhalt des politischen Lebens. Aber die Öffentlichkeit wartete nur auf den kleinsten Zwischenfall, um aufzubegehren und das Regime in Gefahr zu bringen. Zu einem Ärgernis wurde der Tod des Schauspielers Talma; er hatte sich die Anwesenheit von Priestern verbeten. Er wurde weltlich zu Grabe getragen. Es war ein Affront für das Regime: eine ungeheure Menschenmenge folgte schweigend dem ketzerischen Sarg. Die Regierung, die Kongregation und der Faubourg Saint-Germain konnten es nicht übersehen, daß die schweigende Öffentlichkeit gegen das Regime demonstriert hatte. Aber es handelte sich nur um eine Beerdigung. Paris dämmerte dahin wie ein Dorf. In der Rue Saint-Florentin war es genauso langweilig wie in der Welt, die sie umgab. Jede Gelegenheit wurde ergriffen, um ein Fest zu feiern. So zum Beispiel als Louis de Périgord Klassenerster wurde ... Wo waren die Kongresse von einst? Talleyrand wurde träge, er dachte daran, sich ganz nach Valençay zurückzuziehen, aber der Gedanke an Winterkälte und Feuchtigkeit brachte ihn wieder davon ab. Dorothee war Launen und Stimmungen unterworfen, auch sie war traurig und zuweilen unliebenswürdig. Überall schlich sich etwas Kleinbürgerliches ein. Und was tat man, um Frankreich aus seiner Starre zu reißen? Man bescherte der Nation mit schwarzen Kreppschleiern eine neue Trauerfeier. Am 20. Januar 1827 wurde in Saint-Denis vor den während der Revolution geschändeten Königsgräbern ein Trauergottesdienst zum Gedenken an den Tod Ludwigs XVI. abgehalten.

Talleyrand stand als Großkämmerer neben dem König. Am Ende der Zeremonie sorgte der Marquis de Dreux-Brézé für den vom Protokoll vorgeschriebenen Auszug der Prinzen. Talleyrand ging dem Thronfolger und der Thronfolgerin, dem Herzog und der Herzogin von Angoulême, voraus. Durch ein Spalier von Gardesoldaten geleitete er sie zu ihrem Wagen. Er stand am Wagenschlag, reglos und versteinert wie gewöhnlich und wartete auf die Abfahrt der Karosse. In diesem Augenblick zwängte sich jemand durch die Reihe der Soldaten, stürzte auf Talleyrand zu und ohrfeigte ihn mit aller Macht, mit der robusten Kraft eines Mannes in seinen besten Jahren. Talleyrand fiel zu Boden, und der andere versetzte ihm eine Reihe von Fußtritten. Alles war wortlos geschehen, ohne Geschrei und mit unfaßlicher Schnelligkeit.

Die in der Nähe Stehenden glaubten, er sei umgebracht worden. Sie beugten sich über ihn, hoben ihn auf und sahen, daß er nur eine ungeheure Ohrfeige bekommen hatte, er war benommen. Verletzt war er nicht. Unter großem Getue wurde er nach Hause gebracht und ins Bett gelegt. Schon strömten die Besucher herbei. Endlich hatte Paris eine aufregende Zerstreuung. Diese schallende Ohrfeige hatte ein langnachhallendes Echo.

Mühelos wurde der Übeltäter festgenommen. Es hatte den Anschein, als habe er den Skandal hervorgerufen, nur um verhaftet zu werden. Er wurde verhört, wie ein Verrückter oder Betrunkener vorgenommen wird, jedoch überraschte er die Untersuchungsrichter mit den Worten: »Ich habe den Fürsten von Talleyrand verprügeln wollen. Er hat mir und meiner Familie Unrecht angetan.« Der das sagte, ist kein Unbekannter, er hat im Leben Talleyrands bereits eine unheilvolle Rolle gespielt. Er hieß Maubreuil, Marie-Armand, Comte de Guerry-Maubreuil, Marquis d'Orvault. Er brachte wiederum das vor, was er schon 1815 gesagt hatte: Talleyrand habe ihn bestochen, damit er Napoleon umbringe und den Wagen der Königin von Westfalen überfalle. Er sollte mehrere Millionen an Gold und Diamanten rauben. Die Diamanten habe er geraubt, den Mord an Napoleon aber abgelehnt. Er war damals wegen bewaffneten Überfalls und wegen Raubes zu fünf Jahren Gefängnis verurteilt worden. Er wurde nun erneut eingekerkert und schickte aus Saint-Denis an den Kommissar ein haßerfülltes Manifest gegen Talleyrand. Als Grund für seine Tat gab er an, er habe die Ehre seiner Familie rächen wollen, und er fügte hinzu, er hasse Talleyrand, weil dieser ein abtrünniger Priester sein. Dieser Anwurf (er war dazu bestimmt, bei der Kongregation Eindruck zu machen) wurde auf jeder Zeile wiederholt. Schließlich bezeichnete er Talleyrand als »Astaroth«, was für Maubreuil wohl die schlimmste der Beleidigungen war. (Astaroth oder Astarte ist eine Venusgestalt. Talleyrand als chaldäische Venus ist eher eine abwegige Vorstellung. Wahrscheinlich meinte er Asmodée, »den hinkenden Teufel« aus dem Roman von Le Sage.)

Unterdessen lag Talleyrand zu Bett. Diesmal waren die Salben nicht nur Schönheitsmittel. Sein Verhalten in dieser Angelegenheit ist manchem Biographen merkwürdig vorgekommen. Wir kennen ihn so gut, daß wir ihn verstehen. Obwohl sein Gesicht geschwollen, die Rippen geprellt und das Rückgrat steif waren, blieb der dreiundsiebzigjährige Greis ganz und gar der Herr von Talleyrand. Da der Zwischenfall schrecklich demütigend war, spielte er ihn auf die Ebene eines leichten Zusammenstoßes herunter, den das Leben, die Massen und die Narren unter den Menschen allen herrschaftlichen Personen vorbehalten, die durch Ämter gezwungen sind, in der Öffentlichkeit zu erscheinen. Für den Fürsten der Diplomatie ist ein Attentat – sei es tödlich oder nicht – ein Risiko, das er auf sich nehmen muß wie einen Regenguß, wenn man zu Fuß geht. Was sollte also dieser ganze Lärm um ein Handgemenge? Opfer zu sein hätte er, wenn es sein mußte, hingenommen, doch beleidigt zu werden niemals! Auch die körperlichen Verletzungen überging er. Als der Untersuchungsrichter am 26. Januar 1827 zu ihm kam, um seine Aussagen aufzunehmen, hob Talleyrand immer wieder hervor, er würde, ehe die im Gesetzbuch vorgeschriebenen zwanzig Tage vorüber wären, wiederhergestellt sein und in der Öffentlichkeit erscheinen. (Überstieg die durch die Schläge hervorgerufene Arbeitsunfähigkeit zwanzig Tage, hatte der Schuldige mit einer Zuchthausstrafe zu rechnen.) Die Sache mußte in Vergessenheit geraten ... Diese Ohrfeige durfte im Leben von Herrn von Talleyrand nicht existieren. Hundert Personen hatten gesehen, wie er sie bekam, hunderttausend hatten darüber gesprochen, fünfhunderttausend hatten die Berichte gelesen. Einerlei, die Ohrfeige mußte verdrängt werden.

Kurze Zeit darauf fragte ihn der König, wie es ihm gehe, und sagte im besten Glauben, ihm eine Genugtuung zu verschaffen, der verabscheuungswürdige Mensch, der ihm die Ohrfeige versetzt habe, würde hart bestraft werden. Talleyrand erstarrte, wie wenn er eine zweite Ohrfeige bekommen habe, und erwiderte dem König mit dem hochmütigen Gesicht, mit dem er sonst Störenfriede und Dummköpfe abfertigte: »Sire, es war ein Faustschlag.« Ein Périgord bekommt keine Ohrfeige.

Im Bett liegend empfing er seine Freunde. Er ließ sich die in der Vorhalle ausliegende Liste bringen, auf der die Unterschriften der Besucher standen, die sich nach seinem Befinden erkundigt hatten. Er nahm sehr aufmerksam zur Kenntnis, welche Namen verzeichnet waren, und mit noch größerer

Aufmerksamkeit merkte er sich die, die nicht darauf standen. Zu den letzteren gehörte der Polizeipräfekt. Er sagte zu Dorothee: »Finden Sie nicht auch, Madame, daß Delaveau für einen Polizeipräfekten sehr wenig neugierig ist?« Delaveau war den Ultras und der Kongregation völlig hörig, er hatte für Talleyrand nicht die geringste Sympathie. Ebensowenig Sympathie empfand Talleyrand für Delaveau, und er hatte den frömmlerischen Eifer des Präfekten öfters lächerlich gemacht. Dieser scharfsichtige Polizeimann hatte zum Beispiel gemerkt, daß bei den Maskenbällen, in der Oper Zügellosigkeiten auftraten. Mit seinen Luchsaugen hatte er sogar beobachtet, daß frivole Liebespaare sich unter der großen Uhr verabredeten. Ein Gendarm wurde in die Oper beordert, der die Zeiger anhalten mußte. Talleyrand kommentierte den Vorfall mit dem Ausspruch: »Delaveau treibt die Manie der Arrestationen etwas weit, wenn er sogar die Opernuhr durch einen Gendarmen arretieren läßt.«

Auch die Kongregation bedachte er mit bitteren Freundlichkeiten, und einmal gingen sie auf Kosten der Jesuiten. Er sagte zu dem Gelehrten Cuvier: »Ich wette, daß der berühmteste Naturwissenschaftler Europas nicht weiß, welches die dankbarsten Tiere sind.« Cuvier, einen Scherz witternd, verhielt sich ausweichend. »Nein, nein, ich spreche ganz ernsthaft«, sagte Talleyrand. Cuvier gab zu, er wisse es nicht. »Sie wissen es nicht? Nun, ich werde es Ihnen sagen: die dankbarsten Tiere sind die Truthähne. Einst haben die Jesuiten sie nach Frankreich gebracht, heute bringen die Truthähne die Jesuiten wieder hierher zurück.« [Im Französischen ist »dindon« zugleich Truthahn und Dummkopf.]

Doch auch er selber war wegen der Ohrfeigen-Geschichte die Zielscheibe für manchen Spott. Er hatte einen schön formulierten Brief an den Staatsanwalt entworfen, in dem er mitteilte, er verzichte auf eine Verfolgung des Angreifers. Seine Freunde verbreiteten überall in der Stadt Abschriften des Textes und erklärten dazu, es handele sich um ein Dokument von unglaublicher Großherzigkeit. Gleich gab man dem Brief eine spöttische Überschrift: »Über die Gleichgültigkeit in Sachen Ohrfeige« von Herrn Talleyrand. Der Hieb saß. Der Brief verschwand, der Staatsanwalt hat ihn nie erhalten.

Am 24. Februar kam der Prozeß vor die Strafkammer. Der halbe Faubourg Saint-Germain war zugegen, um sich zu delektieren. Maubreuil wiederholte seine Anschuldigungen gegen Talleyrand, der ihm damals zweihunderttausend Pfund Rente, einen Herzogstitel und den Generalsrang angeboten habe »für den infamen Auftrag, Napoleon und seine Familie umzubringen«. Maubreuils Dolch wäre auch billiger zu kaufen gewesen. Die Strafkammer verurteilte Maubreuil zu fünf Jahren Gefängnis, zehn Jahren polizeilicher Überwachung, fünfhundert Francs Geldstrafe und dreitausend Francs Kaution. Das Urteil war so hart, weil Maubreuil für seine Übeltat die Basilika Saint-Denis gewählt und sie anläßlich einer feierlichen Zeremonie im Beisein des Thronfolgers und der Thronfolgerin ausgeführt habe. Wieder versuchte Talleyrand, den Skandal zu bagatellisieren. Er habe der Zeremonie als Privatperson beigewohnt und nicht in seiner Eigenschaft als Großwürdenträger der Monarchie. Wem wollte er das weismachen? Das Gericht hielt sich an die Tatsachen: Maubreuil hatte den Großkämmerer in Ausübung seines Amts geschlagen. Seit der Ermordung des Herzogs von Berry lebte die Polizei in ständiger Furcht vor Attentaten. Die ganze Polizei- und Gerichtsverwaltung war von Schrecken erfaßt worden bei dem Gedanken, wie leicht Maubreuil Talleyrand hätte töten können und mit ihm den Thronfolger, der nur zwei Meter von ihm entfernt in der Karosse saß.

Maubreuil legte Berufung ein. Er forderte das Erscheinen zahlreicher Zeugen, unter ihnen Roux Laborie, der 1814 Talleyrands Sekretär gewesen war. Er hatte Maubreuil im Auftrag seines Vorgesetzten angeworben. Maubreuils Absicht war es, die Affäre aus dem Jahr 1814 vor Gericht zu bringen, und was er in Saint-Denis getan hatte, war nur ein Vorwand, um das zu erreichen. Das Berufungsurteil, das am 11. Mai 1827 gefällt wurde, befaßte sich nur mit der Ohrfeige von Saint-Denis. Die Zeugen wurden nicht geladen, und die Sache auf den 15. Juni vertagt.

Das neugierige Publikum, das sich zahlreich eingefunden hatte, war enttäuscht. Selbst Skandale gingen in Langeweile über.

Doch am 15. Juni war der Gerichtssaal überfüllt. Die Zuschauer erlebten Maubreuil in seinem ganzen Furor. Er war hemmungslos, er beschimpfte die ganze Welt. Sogar den Zaren betitelte er als »Mörder und Sohn eines Mörders«. Der Bischof von Autun bekam, wie gewöhnlich, sein Teil, aber das war nicht schlimmer, als was die anderen einstecken mußten. Maubreuil weigerte sich, die Verhandlung ohne Zeugen anzuerkennen, so daß sie wiederum vertagt wurde.

Das Verhalten Maubreuils während dieser Verhandlung kam Talleyrands Sache sehr zugute. Maubreuil hatte sich als überspannter Erpresser aufgespielt. »Er bekommt kein Geld und macht Skandal. Wenn man unflätige Beschimpfungen, die ein Straßenräuber Leuten zufügt, die er nie gesehen hat, Skandal nennen kann.« Auf diese Weise verharmloste Talleyrand die Affäre.

Neue Verhandlung am 29. August. Neuer Wutausbruch Maubreuils. Zu allem, was er bereits vorgebracht hatte, beschuldigte er Talleyrand diesmal, Mirabeau umgebracht zu haben. Als Beweis führte er an, ein Engländer habe es ihm gesagt ... Wiederum wurde Talleyrand als abtrünniger Priester und als »Astaroth« bezeichnet. Als Maubreuil merkte, daß das Gericht sich nur mit der Tätlichkeit befaßte, bagatellisierte auch er den Talleyrand versetzten Schlag. Die Ohrfeige verrauchte allmählich ... Ungewollt spielte er dem in die Hände, den er zugrunde richten wollte. Er beteuerte, »es wäre ungebührlich gewesen, einen Greis zu schlagen«, daher habe er ihn nur mit seiner vorgestreckten Hand am Kinn berührt, es sei nur ein Druck gewesen ... »Ich hatte nicht die Absicht, ihn zu ohrfeigen, sondern ihn nur auf irgendeine Weise zu beleidigen.« Glattzüngig fügte er hinzu: »Es tut mir leid, daß ich ihn geohrfeigt habe, ich wollte ihm nur ins Gesicht spukken.« Doch dann übermannte ihn wieder der Zorn: »Ich habe ihn geohrfeigt, weil ich ungeduldig war ... Ich wußte ja nicht, als ich nach Saint-Denis ging, ob es mir möglich sein würde, diesen Schurken Talleyrand, diesen niederträchtigen Pfaffen zu beschimpfen, ihm ins Gesicht zu spukken, ihm einen Tritt in den Hintern zu versetzen oder ihn zu ohrfeigen.« [L-G]

Diesmal hielt das Gericht Vorsätzlichkeit für nicht gegeben, Maubreuils Strafe wurde auf zwei Jahre Gefängnis und zweihundert Francs Buße ermäßigt. Die Angelegenheit war damit erledigt.

Schon im Mai hatte Talleyrand Paris verlassen, der Aufenthalt in der Stadt war ihm verleidet. Er pendelte zwischen Valençay und Bourbon l'Archambault hin und her.

Das Regime altert schneller als Talleyrand

In den letzten Jahren der Restauration schrieb Talleyrand häufig an die Gräfin Mollien, die Frau eines napoleonischen Ministers. Zum »Serail« gehörte sie nicht, nahm aber einen bevorzugten Rang ein. Ihren Wohnsitz hatte sie im Schloß von Jeurs. Was im Sommer 1827 geschah, geht aus einem Briefwechsel hervor. Talleyrand machte seine Kur in Bourbon l'Archambault, er hatte die sechseinhalbjährige Pauline mitgenommen. Ihre Anwesenheit erfreute ihn. Dorothee war in Néris, sie mußte wieder ein bißchen unterwegs sein. Da er Néris nicht leiden konnte, war der Ort günstig für sie. »Die Fürstin (es handelt sich um Tyszkiewicz) fährt morgen nach Néris, wo sie vierundzwanzig Stunden bleiben wird. Ich bin sehr froh, denn sie wird mir genau berichten, wie sie Madame de Dino vorgefunden hat. Ich fahre später hin.«

In einem Brief an Madame Mollien erzählt er von einem Geschehnis, das der extravaganten Madame Tyszkiewicz zustieß. Sie schwärmte für Pferde mit grauem Fell, und als sie zwei besonders schöne sah, kaufte sie sie sofort. Mit ihrer neuen Equipage wollte sie unverzüglich Eindruck machen, aber, schrieb Talleyrand: »Sie wurden ihr von einem Kutscher gebracht, der eine Zipfelmütze auf dem Kopf trug und sie nicht abnehmen konnte, weil er die Krätze hatte. Das hat ihrer Eleganz etwas Abbruch getan und mich amüsiert.« (Ob es nicht eher Kopfgrind und nicht Krätze war?)

Der Maler Gérard hielt sich ebenfalls in Néris auf. Talleyrand lud ihn mit einem Brief nach Valençay ein. Ein Grandseigneuer des Jahrhunderts

Ludwigs XV. schreibt an einen Künstler: »Ich höre, daß Sie in Néris sind, und ich freue mich darüber. Einmal weil die Quellen von Néris besonders wirksam sind bei Nervenleiden, und dann weil Sie auf der Rückfahrt von Néris notwendigerweise durch Bourges kommen. Wenn Sie frühzeitig aufbrechen, können Sie leicht zum Diner in Valençay sein. Ich würde mich glücklich schätzen, Sie hier zu sehen. Nach der Kur benötigt man einige Ruhetage, und ich halte es für sehr heilsam, wenn Sie diese Tage bei jemandem verbringen, der Sie seit fünfundzwanzig Jahren verehrt.« [SEB]

Anstatt sich um die Stimmung der Öffentlichkeit zu kümmern, ließ die Regierung die Korrespondenz und die Freunde Talleyrands peinlich genau überwachen. Vor allem war die Polizei über Montronds häufige Reisen beunruhigt. Warum schickte ihn Talleyrand so oft nach London? Wen traf er dort? Welche Nachrichten brachte er von dort mit? Verärgert über diese Beaufsichtigung wollte Talleyrand der Regierung zu verstehen geben, daß er wohl wisse, warum Briefe ihn mit achttägiger Verspätung erreichten, daß sie nämlich im Schwarzen Kabinett zurückgehalten wurden. Deshalb schrieb er ein Billet an Barante, das aber für den Polizeiminister bestimmt war. »Wir haben gut daran getan, das Budget der Post zu erhöhen, denn das ermöglicht es der Behörde, einige weitere Beamte dafür zu bezahlen, eine noch größere Zahl von Briefen zu öffnen und es dazu zu bringen, daß ein von Barante am 6. Juni aufgegebener Brief am 19. in Bourbon eintrifft.« [L-G]

Den Ort Bourbon fand er in der Saison des Jahres 1827 sehr schwach besucht. »Dieses Jahr ist kein bekannter Rheumatismus hier«, schrieb er.

Doch Paris hatte in jenem Sommer Fieber. Die Regierung unternahm nichts, es zu mildern, sondern ergriff sinnlose Maßnahmen. So wurde die Nationalgarde aufgelöst. Die Studenten demonstrierten lautstark. Daraufhin kündigte der Minister an, er werde die Zensur wieder einführen. Das hieß, sich gegen den Strom stellen. Talleyrand sah keinen Ausweg aus dieser Krise. »Niemals war ich mit so schlechten Ahnungen hinsichtlich der öffentlichen Angelegenheiten von Paris abwesend. Ohne zu ahnen, was man tun wird, fürchte ich, daß man uns trotz der allgemeinen Apathie in große revolutionäre Abenteuer stürzt, wenn man der Versuchung nachgibt, die Zensur einzuführen.« (Genau das traf drei Jahre später, im Juli 1830 ein.) »Das wäre das erste Glied einer Kette, die alles in den Abgrund reißt. Aber was ist dagegen zu tun?« [Brief vom 20. Juni 1827 an Madame Mollien]

Hatte er den König und die Verantwortlichen nicht oft genug gewarnt? Das Regime trieb, als müsse es so sein, dem Verderben zu. Talleyrand war entsetzt über so viel Dummheit und Anmaßung. Es gab kein Heilmittel mehr: »Ich weiß wirklich nicht, wer etwas dabei verliert.« Dieses Schlußwort entsprach ganz und gar seiner Denkweise. Seiner Auffassung nach würde Frankreich nichts verlieren, wenn dieses absurde Regime zusammenbrach. Das Augenmerk der klugen Leute mußte sich auf das folgende Regime richten, damit dieses nicht ebenfalls absurd wurde.

Im Juli machte Talleyrand auf einer Reise nach Paris in Jeurs halt, im Département Seine-et-Oise, bei Madame Mollien. Man sprach über die Memoiren der Exkaiserin Joséphine, die von einer Demoiselle Lenormand geschrieben waren. Talleyrand hielt gar nichts von dieser Publikation.

Der plötzliche Tod des Ministers Canning in London – Talleyrand hatte ihn bei seinem Freund Lansdowne 1792 kennengelernt – berührte ihn nicht sonderlich. Zwar war Canning eine wichtige Persönlichkeit gewesen, doch für Talleyrand galt in der Politik alles, was vergangen war, als irreal. Trotzdem schrieb er mit Bezug auf den Tod des englischen Ministers: »Die Verfassung, in der sich die gesamte Stadt London befindet, ist höchst rühmlich für ganz England. Vierundzwanzig Stunden lang hat es weder Geschäfte noch Arbeiten, noch irgendwelche Unternehmungen gegeben.« [Brief an Madame Mollien vom 14. August]

Selbst die Gegenwart war seiner Meinung nach manchmal in Verzug. Seine spitzeste Feder bewahrte er für Angriffe gegen Villèle auf. »Lesen Sie täglich den ›Moniteur‹, er ist fast amüsant. Aus ihm erfährt man sogar, daß der materielle Wohlstand unseres Landes dem Genie unserer Minister zu verdanken ist, deren Namen Frankreich 1816 nicht kannte und die es Frankreich dadurch heimzahlen, daß sie das Land heute nicht kennen.« Ein schwerer Vorwurf. In der Tat regiert die Ultra-Regierung über ein Land, das sie nicht kennt. Sie ist sich nicht im klaren darüber, daß zwischen 1789 und 1815 in Frankreich etwas geschehen ist. »Alle diese Herren sind dadurch verblendet, daß Frankreich einigermaßen gutwillig eine Milliarde zahlt«, die berühmte »Milliarde für die Emigranten«. Frankreichs Stillschweigen ist nicht unbedingt Zustimmung, da die öffentliche Meinung kein Sprachrohr hatte. Talleyrand wußte, was hinter diesem Stillschweigen schwelte.

Von seiner Reise nach Paris und Jeurs kam er am 26. August zurück. Er fand Valençay öde und trist. Die Herzogin von Dino fuhr von Badeort zu Badeort. Von Bagnères-de-Bigorre nach Bagnères-de-Luchon. War sie allein unterwegs? Was war die Ursache ihrer schlechten Gesundheit? Ein »Vorfall« wie damals in Hyères? Sehr wahrscheinlich war Piscatory, ihr bevorzugter Liebhaber, in ihrer Begleitung. Stendhal schrieb zu jener Zeit über sie: »Mehr denn je ist sie in Piscatory verliebt.« Wie gut, daß Talleyrand seine Pauline hatte!

Eine Persönlichkeit wie Talleyrand ist vielen Skandalen ausgesetzt. Die Affäre Maubreuil war vor Gericht noch nicht abgeschlossen, als der Fürst das Opfer einer weiteren Affäre wurde. Sein ältester, am besten unterrichteter und ordentlichster Sekretär, Perrey, floh nach England und nahm

Dokumente und die Anfangskapitel des Memoiren-Manuskripts mit. Der Dieb verkaufte die Schriftstücke in London, und bald waren Abschriften im Umlauf. Da Perrey die Handschrift und den Namenszug seines Herrn, für den er viele als eigenhändig geltende Briefe geschrieben hatte, täuschend nachzuahmen verstand, ließ Talleyrand das Gerücht verbreiten, die von Perrey verkauften Manuskripte seien Fälschungen, sie seien von einem Dieb, der außerdem ein Fälscher sei, verfaßt worden.

Auch in der Schweiz wurden Talleyrands Memoiren gelesen. Man hielt sie für authentisch und beurteilte sie als ausgezeichnet. Madame de Chavagnac, eine in der Schweiz wohnende Freundin des Fürsten, schickte ihm ihre Glückwünsche, die aber nicht so aufgenommen wurden, wie sie hoffte. »Ich muß herzlich lachen, wenn ich daran denke, daß Sie hinten in der Schweiz Vergnügen finden an den Scharaden, die man hier erfindet, und daß gutwillig jeder glaubt, Auszüge aus den Memoiren gelesen zu haben, die man mir geraubt haben soll.« Immer wieder der gleiche Vorgang: Talleyrand leugnet jede Unannehmlichkeit, jeden Skandal, oder er schwächt Belastendes ab. Warum wird behauptet, man habe ihn bestohlen? »Ich wüßte gern, in welcher Schrift die Kopie geschrieben ist, die Sie in Händen gehabt haben, denn sie zirkulieren dutzendweise, und eine ist lügenhafter und törichter als die andere. Ich werde mich hüten, mir deswegen Sorgen zu machen.« Damit ist die Sache erledigt. »Lachen Sie bitte so wie ich, wenn man Ihnen noch einmal irgendeine von diesen Albernheiten anbietet. Sagen Sie, daß Sie die Quelle kennen. Das kann für mich von Nutzen sein.«

Dann ging er zu angenehmeren Dingen über. Zum Beipsiel bat er darum, ihm Gemüsesamen aus der Schweiz zu schicken, der so hervorragend sei. Für den Garten von Valençay benötigte er Karotten, Salat und Schwarzwurzeln.

Viele Politiker, viele Schriftsteller wären vor Aufregung krank geworden nach dem Diebstahl ihrer Papiere. Er ließ seinen Sekretär laufen, ihn zu verfolgen hätte mehr Sorge und Mühe bereitet als der Verlust der Schriftstücke.

Der Tod Cannings war für Talleyrand nicht mehr als eine Zeitungsmeldung, wichtig und bedeutend aber war seine Nachfolge. Die europäische Politik konnte dadurch verändert werden. Gespannt vernahm Talleyrand den Namen von Lord Lansdowne, der als Nachfolger Cannings genannt wurde. Er hatte seinen Vater gut gekannt und ihn geschätzt. Mit dessen Sohn wäre ein Freund auf den höchsten Posten in London gekommen.

Der Sommer in Valençay war regnerisch. Dorothee befand sich noch immer in den Pyrenäen. Zu allem Unglück wurde Paulines Erzieherin schwerkrank, und in Valençay gab es nur einen Landarzt. So mußte Talleyrand die Lehrerin pflegen. »Ich bleibe hier, um den Doktor zu überwachen«, schrieb er an Royer-Collard. Er seufzte über das lange Fortbleiben Dorothees, das Fehlen von Nachrichten aus Paris, die Bedeutungslosigkeit der

Zeitungen. Doch dann endlich ein Ereignis! Villèle wurde bei den Neuwahlen geschlagen. Der Premierminister hatte die Kammer aufgelöst, weil er nicht mit ihr fertig wurde. Durch Neuwahlen hoffte er, wieder eine »Chambre introuvable« zu erhalten. Aber er kannte die Stimmung der Wähler nicht. Eine liberale Kammer kam zustande. Er mußte gehen.

Im Herbst war Talleyrand nach Paris zurückgekehrt. Er hoffte, eine liberale Regierung würde auf ihn zurückgreifen. Er wäre als einziger fähig gewesen – hätte man ihn gewähren lassen –, den Thron zum drittenmal zu retten. Doch Martignac wurde beauftragt, er stellte seine Regierung am 5. Januar 1828 vor.

Das schwache, hoffnungsvolle Lächeln, das bei Villèles Sturz um Talleyrands Mund spielte, erlosch.

Am 13. November 1827 wurde Royer-Collard in die Académie française aufgenommen. Da Talleyrand in Valençay war, konnte er der feierlichen Einführung nicht beiwohnen. Er las Royer-Collards Rede im Januar und sandte seinem Freund Glückwünsche mit den Worten:

»Meinem Eindruck müßte ich mit La Fontaine Ausdruck geben:

›Unsere Speisen sind, gestehen wir es, nicht sehr köstlich,
Was aber werden wir den Göttern geben, wenn wir einmal Könige sind?‹

Ihre Rede ist bewunderungswürdig, wenn man sie schnell liest, und ausgezeichnet sowie geschickt, wenn man sie langsam liest.«

Da Dorothee sich in Paris befand, konnte sie der Sitzung beiwohnen. Sie war begeistert und schrieb an Barante: »Monsieur Royer und ich kokettieren heftig miteinander. Ich habe ihn von Herzen gern.«

Bei der feierlichen Eröffnung der parlamentarischen Sitzungsperiode, die am 6. Februar 1828 im Louvre stattfand, stand der Großkämmerer neben dem König. Am Tag zuvor hatte er an der Messe teilgenommen, die aus diesem Anlaß in Notre-Dame zelebriert wurde. Unter den Mitgliedern der königlichen Familie war auch der Herzog von Orléans. Bewunderung erregte ein siebenjähriges Kind, das »Kind des Wunders«, das in seinem roten Anzug recht stolz wirkte. Es war der Erbe der Krone, »Heinrich V.«.

Die Rede zur Eröffnung des Parlaments verherrlichte den Seesieg von Navarino, durch den Griechenland seine Unabhängigkeit wiedererlangte. Talleyrand folgte dem Loblied auf einen Sieg, den er nicht vorausgesehen hatte, nur mit halbem Ohr. Der Sieg von Navarino existierte für ihn nicht.

Doch was er aus seinem Gedächtnis streicht, bleibt trotzdem Wirklichkeit. Wie leicht hatte er es sich gemacht, seine Frau zu vergessen. Aber sie war noch immer vorhanden, sie war sogar ungemein gegenwärtig in ihrer Leibesfülle, mit ihren siebzig Jahren. Sie wohnte in der Rue de Lille, Nummer 87. Sie ging zu niemandem, und nur wenige Besucher kamen zu ihr. Da von ihrer Schönheit nicht viel übriggeblieben war, stellte sie gern, als einen Rest ihres Ruhms, das »Großkreuz des Königlichen Marie-Louise-Ordens« zur Schau, den die Königin von Spanien ihr verliehen hatte »aus

Dankbarkeit für die Aufmerksamkeiten, mit denen sie die Lage Seiner Majestät Ferdinands VII. während seines Aufenthalts in Valençay erleichtert hatte«. Merkwürdigerweise war ihre treueste Besucherin die Herzogin von Esclignac, eine Tochter Bosons und Nichte Talleyrands. Noch einen anderen Getreuen hatte Frau von Talleyrand: San-Carlos, ihren Geliebten San-Carlos, Hofmeister der spanischen Prinzen. Jetzt war er spanischer Gesandter in Paris, er starb im Juli 1828. Talleyrand nahm die Nachricht vom Tod des Geliebten seiner Frau mit Gefühlen auf, die recht ungewöhnlich waren. Selbst Dalberg war überrascht, als Talleyrand zu ihm sagte: »Ich betrauere den Herzog von San-Carlos sehr, sein Tod betrübt mich wirklich.« Dalberg sah ihn erstaunt an. »Ich werde es Ihnen erklären: Der Herzog von San-Carlos war der Geliebte meiner Frau, er war ein Ehrenmann und gab ihr gute Ratschläge, die sie nötig hatte. Jetzt weiß ich nicht, in wessen Hände sie fallen wird.«

Die Nüchternheit und Klugheit dieser Überlegung ist bewunderswert. Im gleichen Jahr gab Savary, Herzog von Rovigo, seine Memoiren heraus, die nicht weniger als acht Bände umfaßten. »Wenn es sich um die Geschichte Frankreichs handelt, ist es nicht viel«, sagte Talleyrand, »handelt es sich um die Geschichte des Herzogs von Rovigo, ist es sehr viel.«

Im Frühjahr zog der gesamte Hausstand wieder nach Valençay um, und dann nach Bourbon-l'Archambault. Am 18. August verließen sie den Badeort wieder. Pauline war der einzige Sonnenstrahl in dieser trüben Zeit und in dem wiederum sehr regnerischen Sommer. »Ich verlasse Bourbon heute abend«, schrieb Talleyrand. »Seit zwei Wochen ist das Wetter so schlecht, daß ich nicht weiß, ob die Kur mir gutgetan hat oder nicht. Pauline war meine einzige Freundin. Allein die Nähe eines lieblichen Kindes hat großen Charme.«

In Valençay verbrachte man die Zeit vom 28. August bis zum 4. November, dem Zeitpunkt, da man zum Namenstag des Königs nach Paris aufbrechen mußte. Öde, inhaltslose Tage. Charles de Rémusat verheiratete sich mit Mademoiselle de Lasterie. Er wäre ganz entflammt, so wurde gesagt. Auch die Doktrinäre, was immer man denken mochte, konnten von der Liebe gepackt werden. Und eine andere Neuigkeit noch: Chateaubriand kehrte nach Rom zurück, wohin er mit dreihunderttausend Francs Gehalt als Gesandter ging.

Auf dem Weg nach Paris kehrten Talleyrand und Dorothee für kurze Zeit in Rochecotte ein.

Im Alter von vierundsiebzig Jahren behielt Talleyrand den Tageslauf bei, an den er seit je gewöhnt war: erst beim Morgengrauen legte er sich nieder, stand zur Mittagszeit auf, mit öffentlichem Lever; die einzige Mahlzeit war das Diner, dem als Höhepunkt des Tages Gespräche und Spiel folgten. Montrond war stets in seiner Nähe. Nach Dorothees Meinung hätte er weniger oft erscheinen sollen, denn sie konnte ihn nicht leiden.

Er stammte aus einer Zeit, da sie noch nicht vorhanden war. Wenn Talleyrand Montrond zuhörte, existierte Dorothee für ihn nicht. Montrond sprach oft in einem unziemlichen Ton und nahm sich Freiheiten heraus, die Talleyrand nur ihm erlaubte; was ihm bei anderen mißfallen hätte, fand er bei Montrond liebenswert. Nicht immer konnte Dorothee ihren Ärger verbergen. Talleyrand übersah es. Montrond war ihm nützlich, Montrond gefiel ihm, Montrond erinnerte ihn an seine Jugend.

Im Winter 1828 malte Ary Scheffer ein Porträt von Talleyrand. Der Maler schuf ein Bildnis in romantischer Manier. Das Bittere, Unruhevolle, Düstere in Talleyrands Persönlichkeit ist bis auf den Grund ausgeschöpft. Der Maler des Jahres 1828 hat den Talleyrand des 18. Jahrhunderts getötet, der aber durchaus weiterlebte. Er ist schwarz gekleidet, er trägt einen schweren Gehrock, er wirkt wie aus Bronze gegossen, die Krawatte ist ein Halseisen. Das Gesicht ist breit und flach, die Nase stumpf, die Augen liegen in tiefen Höhlen; ungesunde Blässe liegt über dem Antlitz, der welke Mund wirkt enttäuscht. Das ist kein Porträt, es ist eine Anklage.

Chateaubriands Wort: »Im Alter sah Talleyrand immer mehr wie ein Totenkopf aus«, gab einen Eindruck wieder, den auch andere Zeitgenossen empfanden. Sein Anblick lähmte die Menschen, die ihn nur bei offiziellen Gelegenheiten sahen. Talleyrand äußerte sich über den bissigen Vicomte mit Worten, die nicht weniger boshaft waren, aber er würzte sie mit Humor. »Wenn nicht mehr über ihn gesprochen wird, glaubt Herr von Chateaubriand, er sei taub geworden.«

Da Staatsgeschäfte ihn nicht mehr in Anspruch nahmen, widmete sich Talleyrand der Erziehung seiner Neffen. Louis, der ältere, hatte sein Bakkalaureat glänzend bestanden. Sein Onkel schickte ihn auf eine Reise durch Italien und Deutschland. Der jüngere wurde nach Brest geschickt, weil er Seemann werden wollte. Das »Kolleg« leerte sich; der Sommer in Valençay würde noch ein bißchen langweiliger werden. Zum Glück blieb ihm Pauline. Man blieb auch im »Familienkreis«, wenn Talleyrand Flahaut und seine Frau in Valençay beherbergte. Er liebte diesen Sohn sehr; er hatte ihn 1815 verteidigt und geschützt, denn Flahaut war Napoleon treu geblieben – sogar nach Waterloo. Ihm hatte Verbannung gedroht. Talleyrand riet ihm, sich ruhig zu verhalten und nicht nach Paris zu gehen. Flahaut ging freiwillig außer Landes, er hielt sich in England auf. Dort heiratete er die sehr wohlhabende Tochter von Lord Keith. Doch der Lord hatte Bedingungen gestellt: sein Erbe sollte nur an männliche Nachkommen seiner Tochter und Flahauts fallen. Flahaut hatte sechs Töchter. Daher keine Erbschaft.

In Valençay war die Freude groß, als bekannt wurde, daß Barante in die Académie française aufgenommen worden war.

Talleyrand kam auf die Idee, nach englischem Vorbild in Paris einen Cercle zu gründen – er nannte ihn nicht »Club«, obwohl er sehr gut englisch sprach. Daraus wurde der »Cercle de l'Union«, der, zusammen mit dem »Jockey-Club« bis zum Krieg 1914 der eleganteste Cercle in Paris blieb.

Das alles vermochte aber das Leben eines Mannes, der so viele Talente und Fähigkeiten besaß, nicht auszufüllen. Er dämmerte dahin wie Frankreich. Doch Talleyrand spürte, daß Frankreich in seinen Tiefen bebte. Und die Ruhezeit war nicht die eines Greises, der kurzatmig geworden ist. Für Napoleons früheren Minister gab es keine Erschlaffung, er wartete auf neue Waffengänge.

Mit sechsundsiebzig Jahren denkt Talleyrand an ein neues Regime und an eine neue Laufbahn

Er spürte eine Gefahr. In seinen Memoiren schreibt er: »Als 1829 Karl X. den unsinnigen Beschluß faßte, die Regierung auszuwechseln und in seinen Rat die unbeliebtesten Männer des Landes zu berufen, die keine anderen Meriten hatten als einen Gehorsam, der ebenso blind war wie die Starrköpfigkeit des unglückseligen Königs, konnte man sich nicht mehr verheimlichen, daß wir auf den Abgrund zugingen.«

Doch waren weder Talleyrand noch Frankreich bereit, sich in einen Abgrund reißen zu lassen. Die Ultras haben Talleyrand vorgeworfen, er habe sie verraten. Im Gegenteil, er hatte sie gewarnt, er hatte zu dem forschen Vitrolles gesagt: »Geben Sie acht, Monsieur de Vitrolles, der Herzog von Orléans ist Ihnen auf den Fersen.«

Die Liberalen blickten auf die Linie Orléans, da Frankreich mit Karl X. wie vor einer Mauer stand. Eine offene Opposition hätte das Risiko mit sich gebracht, der Regierung soviel Verteidigungswillen einzugeben, daß das Regime sich verhärtet hätte und eine Entscheidung hinausgezögert worden wäre. Es sollte langsam in der Leere ersticken, die um den Thron entstanden war. Schon 1829 hatte Talleyrand eine Ersatzlösung parat, unternahm aber nichts, um sie Frankreich aufzuzwingen. Er kannte sein Land nur zu gut: Es hätte genügt, den Franzosen vorzuschlagen, die ältere Linie des Königshauses durch die Orléans zu ersetzen, um sie dagegen einzunehmen.

Talleyrand hing dieser Idee an, weil sie ihm schon immer gefallen hatte, er sagte selbst, daß 1829 »diese Idee in der Luft lag«. Ideen, die in der Luft liegen, haben meistens Erfolg. Deshalb war es nicht nötig, sie zu forcieren, sie mußte nur im gegebenen Augenblick ausgewertet werden. Unterdes ließ er seinen alten Verbündeten, die Zeit, für sich und die Idee arbeiten.

Talleyrands ungewöhnlicher Spürsinn konnte sich auf eine sehr sichere Information stützen. Montrond kam in alle Kreise und brachte Neuigkeiten und Nachrichten mit. Außerdem stellte er die Verbindung zu Mademoiselle Adélaide her, der Schwester Louis-Philippes. Und der »Sérail« informierte

Talleyrand über den Faubourg Saint-Germain, den Hof, die Minister und die Gesandten. »Man« hatte Kontakte, »man« redete, »man« war jedoch nicht Talleyrand, sondern die Herzogin von Dino. Sie empfing Thiers, Mignet, die Generale Foy und Sebastiani – sie gehörten alle zur liberalen Opposition. Die Herren meinten, sie wären beim Fürsten eingeladen, aber er stand oben an der Treppe, begrüßte sie und schob sie nach links: »Nein, Sie sind nicht bei mir eingeladen, sondern bei meiner Nichte.« Wer hätte zu sagen gewagt, er habe die Opposition eingeladen? Die Herzogin von Dino war eine Dame der Gesellschaft, sie konnte einladen, wen sie wollte. Natürlich nahm der Fürst am Diner teil. Diese blassen Intrigen spielten sich im melancholischen Licht der Epoche ab.

Im Januar verheiratete er seinen Neffen Louis mit Alix de Montmorency. Der Bräutigam war achtzehn Jahre alt. Bei dieser Gelegenheit verschaffte ihm sein Onkel den Titel eines Herzogs von Valençay und vermachte ihm Schloß und Besitz mit dem Vorbehalt der Nutznießung bis an sein Lebensende. [Napoléon-Louis de Talleyrand-Prigord, erster Herzog von Valençay, 1898 gestorben, war der Großvater des Herzogs Hélie de Talleyrand-Périgord, der Anna Gould heiratete. Ihre Tochter ist die Comtesse de Pourtalès, die Gattin Gaston Palewskis. Louis' Sohn wurde bekannt unter dem Namen Fürst von Sagan, den er von seiner Großmutter, Dorothee von Kurland, erbte.]

Da Talleyrand an Bourbon l'Archambault keine sehr freundlichen Erinnerungen und die Kur keine rechte Wirkung gezeitigt hatte, reiste er im Sommer 1829 nach Aachen. Dorothee war nicht in seiner Begleitung, sie gab Rochecotte den Vorzug, das sie immer mehr liebte. Pauline war nach Boulogne geschickt worden, sie litt an Hautrötungen, die mit Bädern im Meer geheilt werden sollten. Dem alten einsamen Mann fehlte das Mädchen sehr. Auch in diesem Jahr war die Saison regnerisch. Er schreibt an Pauline: »Mein liebes Kind, es regnet hier ununterbrochen, was mich für Aachen verdrießt, aber mehr noch für Boulogne, woran mir mehr als an Aachen gelegen ist. Wenn die Hitze nicht kommt, fürchte ich, mußt du noch einige Tage länger in Boulogne bleiben, denn da so viel getan worden ist für diese Reise, muß sich wenigstens ein kleiner Erfolg einstellen. Ich glaube, das Thermalwasser tut mir gut. Wärest du in Bourbon l'Archambault, würde ich es bedauern, daß ich meinen Sommeraufenthalt nicht dorthin verlegt habe, doch da Du in Boulogne bist und ich sowieso getrennt von Dir bin, bin ich froh, hierher gegangen zu sein. Jeden Tag bin ich unterwegs, um die guterhaltenen Altertümer der Umgebung Aachens zu besichtigen. Ich bin auch wieder in den Dom von Aachen gegangen, und ich habe gehört, daß Kaiser Napoléon 1805 dort gewesen ist. Das Grab [Karls des Großen] befindet sich in der Mitte der Kirche, und es ist keine andere Inschrift als Karls des Großen Name darauf. Die den Kaiser begleitenden Personen schritten über den Grabstein. Der Kaiser rief ihnen mit lauter

Stimme zu: ›Gehen Sie herum!‹ Und er selber tat es, um nicht über das Grab des großen Mannes hinwegzugehen. Dieses Zeichen von Respekt machte großen Eindruck auf alle, die zugegen waren. Adieu, liebes Kind, ich umarme Dich, ich liebe Dich innig.« [LPT]

Ein reizender, würdiger und einfacher Brief, mit dem in Pauline Achtung und Bewunderung vor den großen Männern der Vergangenheit geweckt werden sollte. In einem anderen Brief mit dem Datum vom 14. Juli schreibt er in ähnlichem Ton: »Vom 14. Juli leiten sich alle großen Veränderungen ab, die in der modernen Zivilisation erfolgt sind. Wenn Du größer bist, werde ich Dir gern diesen Abschnitt der Geschichte näherbringen.« Geschichte, die er selber erlebt, an der er mitgewirkt hatte und der er treu blieb. Es ist fast nicht zu glauben, daß dieser Aristokrat aller Aristokraten, der in Valençay in der ersten Hälfte des 19. Jahrhunderts ein völlig unversehrtes herrschaftliches Leben führte, aus tiefster Überzeugung erklärte, daß sich vom 14. Juli 1789 »die großen Veränderungen im modernen Leben« herleiten. Veränderungen, die er 1789 hatte verwirklichen wollen und denen er 1830 noch verhaftet war. Diese Treue zu den Prinzipien von 1789 bestand gleichwertig neben der Sehnsucht nach dem Leben, das er bei seiner Großmutter, der Fürstin von Chalais, kennengelernt hatte. Am Ancien régime der Sitten und der höfischen Umgangsformen hielt er fest, aber in den staatlichen Institutionen lehnte er es ab. Er wußte, daß dieses herrliche Leben weder von der neuen Volkswirtschaft noch von der neuen Moralauffassung getragen werden konnte. In Talleyrand lebte das Beste aus der alten Welt, und es lebte in ihm das Kraftvollste der neuen Welt. In ihm vollzog sich, ohne Bruch, der Übergang Frankreichs von Hugo Capet ins demokratische Zeitalter.

Als er nach einem Herbstaufenthalt in Valençay nach Paris zurückkehrte, war man betroffen über sein schlechtes Aussehen. Gleich verbreitete sich das Gerücht, er stehe schon mit einem Fuß im Grabe. Fröhlich schrieb Genoude, ein Freund der Kongregation und der Ultras, der frömmste Mann Frankreichs: »Herr von Polignac wird aus der Regierung ausscheiden, um anstelle von Herrn Talleyrand, der bald sterben wird, Großkämmerer zu werden.« Das war voreilig gesprochen, der Schreiber hatte vergessen, daß Talleyrand es niemals eilig hatte. Obwohl er krank war, trieb er einige boshafte Scherze. Er ließ durch die Presse die Aufstellung einer neuen Regierung verbreiten; jeder glaubte, die gegenwärtige Regierung sei abgesetzt. Das stimmte zwar nicht, aber die falsche Nachricht brachte Regierung und Hof in Wut, denn man mußte verbittert erfahren, daß Royer-Collard Premierminister werden sollte. Paris hatte ein Gesprächsthema. Grollend dementierte die Regierung die bedauerliche Information, während Herr von Talleyrand in aller Gelassenheit sich auf den Weg nach Rochecotte machte.

Hier fand er Ende November Ruhe, er fand auch die Herzogin von Dino wieder, und ein sehr gefährliches Spielzeug, mit dem er gegen die Tuilerien intrigierte. Thiers, von Mignet unterstützt, hatte es erfunden. Da die Regierung Polignac die liberale Partei heftig bekämpfte, hatte Thiers sich vorgenommen, Polignac zu stürzen, und zu diesem Zweck mit Mignet und Armand Carrel ein Kampfblatt gegründet, dem sie den Namen »Le National« gaben. Das mit Sprengstoff hantierende Trio befand sich in Rochecotte, als Talleyrand dort eintraf. Piscatory hatte die drei Journalisten mitgebracht, er selber kämpfte für die gleiche Sache: die Sache des Herzogs von Orléans. Welche Bande zwischen Piscatory und Madame de Dino bestanden, ist bekannt, bekannt ist auch, daß die Gedankengänge Dorothees und ihres Onkels im Einklang miteinander standen. Es ist nicht zu gewagt, wenn man behauptet, daß die Orleanisten sich in Rochecotte um Dorothee mit dem Einverständnis Talleyrands sammelten. Da »Le National« unter dem Dach der Herzogin gegründet wurde, hat es sicherlich nicht an Ermutigungen, Ratschlägen und finanzieller Unterstützung von seiten des Onkels gefehlt.

Einen Hereingefallenen gab es in der Affäre; das war der überzeugte Republikaner Armand Carrel, der nicht ahnte, daß er benutzt wurde, um einen neuen Thron aufzurichten.

Zur gleichen Zeit schrieb Dorothee an ihren teuren Vitrolles und lud ihn ein, den Zauber ihres Schlosses in der Touraine zu genießen. Vitrolles war verliebt in Dorothee. Seine Mätresse hatte sie nicht werden wollen, doch tat sie alles, um die Freundin dieses mustergültigen Ultras zu bleiben. Die Zuneigung des begeisterten Legitimisten, der in ihr orléanistisches Wespennest gelockt werden sollte, wurde auf eine harte Probe gestellt. Er lehnte ab. Mit der Freundschaft war es aus.

Im Januar 1830 war es soweit, daß der »National« erscheinen konnte. 1830 war ein schlechter Jahrgang für die Legitimität.

Während seiner Aufenthalte in Paris entledigte sich Talleyrand dem König gegenüber seiner Pflichten, die das Amt als Großkämmerer ihm auferlegte. Er erschien im vertrauten Kreis des Herrschers und spielte Karten mit ihm. Eines Abends zögerte er bei einer Whist-Partie sehr lange, ehe er eine Karte ausspielte. Karl X. wurde ungeduldig und sagte unüberlegt: »Nun, Herr von Talleyrand, sind Sie mit Ihrem Dominus vobiscum bald fertig?« Im gleichen Augenblick wurde ihm bewußt, daß er fatalerweise an Talleyrands Vergangenheit als Bischof von Autun gerührt hatte. Die Anwesenden lachten über den königlichen Schnitzer. Talleyrand tat so, als habe er nichts gehört, er hielt noch immer seine Karte in der Hand und legte sie erst auf den Tisch, als er mit dem Überlegen fertig war. [CAS]

Seine Gesundheit besserte sich nicht, eine schmerzhafte Schwellung an den Augen entstellte sein Gesicht und machte ihn wochenlang fast blind. Er behandelte die Augen mit Umschlägen und bewahrte bewunderungswürdig seine Ruhe, obwohl die Krankheit ihn daran hinderte, in den Regalen seiner Bibliothek zu stöbern. Madame de Coigny hatte ihn dabei beobachtet: »Er nimmt die Bücher, legt sie hin, läßt sie liegen, um sie wieder in die Hand zu nehmen, er befragt sie, als lebten sie, und dieses Tun vermittelte seinem Geist die tiefe Erfahrung von Jahrhunderten und verlieh den Schriften eine Gunst, die ihren Verfassern oft nicht zuteil geworden war.« Dennoch gelang es ihm, ein Buch zu lesen, das während des Winters 1830 Aufsehen erregte: »Les Mémoires« von Saint-Simon. Das Werk gefiel ihm sehr. Für die Öffentlichkeit war es eine wahre Offenbarung. Das erschreckende Bild, das Saint-Simon vom Hof entwarf, stimmte nicht überein mit der sittsamen und frommen Verherrlichung von Versailles, die von den Ultras und der Kongregation unter Aufbietung vieler Mittel betrieben wurde.

Aus Rochecotte schrieb Talleyrand am 11. Januar 1830 an Barante: »Ich habe Ihnen seit langem nicht geschrieben, weil ich eine starke Schwellung an den Augen hatte. Ich konnte weder lesen noch schreiben. Ich habe mir einen günstigen Augenblick für meine schlechten Augen ausgesucht, denn mir scheint, es gibt nicht viel zu lesen; mit Ausnahme der Memoiren von Saint-Simon wird nichts gedruckt, das ich mir aus Paris kommen lassen möchte.«

In Paris war Talleyrand so gut wie begraben. Guizot sagte, er sei »ein toter Löwe«. »Er ist alt, hat keinen Einfluß am Hof und ist für eine Regierung, in der alles diskutiert wird, kein Diskussionspartner.«

Geduld! Die Regierungen sind vergänglich. Talleyrand hatte keinen Einfluß bei Hof, weil der Hof nichts mehr darstellte. Die eigentliche Macht lag jetzt bei der öffentlichen Meinung. Und auf diese hatte Talleyrand einen gewissen Einfluß. Das hatte Guizot nicht begriffen. Eines Tages wird er seinen Mangel an Scharfsicht teuer bezahlen.

Auch Molé sah in Talleyrand nur noch ein Fossil und fand rührselige Worte über die Nichtigkeit »dieses historischen Greises«.

Doch »der historische Greis« war noch imstande, historische Aussprüche zu tun. Eines Tages beklagte sich Karl X. empört über die heftige Opposition gegen gewisse, von seinem Minister Polignac getroffene Maßnahmen; er blähte sich auf in seiner königlichen Würde und sagte zu Talleyrand: »Ein König, den man bedroht, hat nur noch die Wahl, aufs Pferd oder auf den Henkerskarren zu steigen.« – »Sire«, gab Talleyrand mit ruhiger Stimme zur Antwort, »Euer Majestät vergessen die Postkutsche.«

Dazu mußte sich Karl X. im Juli des gleichen Jahres entschließen. Wenn Talleyrand auch, wie Chateaubriand behauptet, niemals Geschichte gemacht hat, so hat er sie doch scharfsinnig vorausgesehen.

Er machte kein Hehl aus seiner Auffassung, denn er sah die Entscheidung heranreifen. Als die Ultras ihm vorwarfen, er intrigiere zugunsten des Herzogs von Orléans, drückte Talleyrand sich ganz klar aus: »Das Prinzip der Legitimität hat uns in Wien geholfen, die Bestrebungen der Alliierten einzudämmen. Heute kann die Aufopferung der Legitimität die liberale Monarchie retten und sogar festigen.«

Wenn die Bedingungen und Gegebenheiten es erfordern, müssen die Prinzipien geändert werden. Die Anhänger der Legitimität waren die schlimmsten Feinde der Monarchie und ihres Landes. Das einzig unwandelbare Prinzip der Monarchie bestand darin, die Kontinuität der Machtbefugnis und zugleich die Elastizität einer im Geist von 1789 ununterbrochenen Entwicklung zu verkörpern. »In dem Augenblick, da die Legitimität selbst ihr Prinzip verriet, indem sie ihren Eid brach, mußte das Heil Frankreichs im Zufall gesucht werden, es mußte zumindest das monarchische Prinzip gerettet werden, unabhängig von der Legitimität und in dem Sturm, der von ihr entfesselt worden war.« Hier ist Talleyrands Denken offen und ehrlich dargelegt. Ausgenommen der Passus »es mußte im Zufall gesucht werden«. Talleyrands »Zufall« war genau vorausbestimmt, er hieß Louis-Philippe d'Orléans, und er verknüpfte das monarchische Prinzip mit den Prinzipien von 1789.

Ein neuer Trauerfall: im Februar verlor Talleyrand seinen jüngeren Bruder Boson. Er war kein Kirchenlicht gewesen. Folglich hatte die Restauration ihn mit Auszeichnungen überhäuft. Seine Tochter, die Herzogin von Esclignac, war uns schon als beste Freundin von Talleyrands Frau begegnet.

Ein Augenzeugenbericht gestattet es, Talleyrand und seine Nichte Dorothee im familiären Umgang, wie in einer »Großaufnahme« zu betrachten. In jenem Winter kam ein junger Dichter aus Montauban, Mary-Lafon, ins Haus und trug in der Sprache des Languedoc Gedichte vor, die Dorothee sehr gefielen. Der Rue Saint-Florentin war der Dichter durch Talleyrands Sekretär zugeführt worden, durch Daure, einen ehemaligen Seminaristen, der ebenfalls aus Montauban stammte. Daure war bescheidener Herkunft, und seine Heimatstadt wollte nicht leiden, daß der Sohn eines Gastwirts, der das Amt des Totengräbers ausübte, zugleich Dichter war. Er hatte sein Glück in Paris versucht und die Stelle bei Talleyrand bekommen. Der romantische, gefühlvolle und zerquälte junge Mann verliebte sich unsterblich in Dorothee. Sie nahm ihn nicht ernst und machte sich über die hoffnungslose Leidenschaft des Jungen lustig. Mary-Lafon schildert eine häusliche Szene: »Vor dem Kamin befanden sich zwei Personen: der Fürst auf der einen Seite, halb liegend in seinem Sessel, und eine noch schöne Frau, wiewohl sie sich dem reifen Alter näherte.« Das ist Dorothee, die damals sechsunddreißig Jahre alt war. Sie warf dem Dichter »jenen scharfen und selbstbewußten Blick der Damen von Welt zu und erwiderte meine tiefe Verbeugung mit einem leichten Kopfnicken«. Reglos und stumm wies der Fürst mit der Hand auf einen Sessel. »Herr von Talleyrand ähnelte, trotz seiner Laisierung, mit seinen gepuderten weißen Haaren, die in dichten

Locken über seinen Hals und die hohe Krawatte, in der sein Kinn versank, herabfielen, Strich um Strich einem alten Landgeistlichen.«

Talleyrand sprach wohlwollend und schlicht mit dem Dichter und warnte ihn vor Illusionen, die er sich möglicherweise über seine Karriere als Schriftsteller mache. Madame de Dino unterbrach ihn und bat den Dichter, seine Verse im Dialekt herzusagen. Der Fürst und seine Nichte scherzten über seine Schüchternheit, es wurde Tee gebracht und dazu Kuchen; Talleyrand aber nahm eine Scheibe Brot, die mit Butter bestrichen und mit Pfeffer bestreut war. Die Unterhaltung war so ungezwungen und natürlich, daß sie dem Dichter fast unnatürlich erschien. In Gegenwart von Dorothee hatte er gezögert, das Wort »Busen« auszusprechen, worüber der Onkel und die Nichte lachen mußten. Der schamhafte Mary-Lafon sagt, in diesem Augenblick habe Madame de Dino, »die an den Kamin gelehnt stand, plötzlich ihre Kleider und Unterröcke hochgehoben, hoch bis zu den Hüften, und sich seelenruhig vor uns das gewärmt, was Venus den Beinamen ›Kallipygos‹ eingebracht hat«.

Der Dichter war verwirrt und verwundert über das, was die Herzogin dem Feuer und den Blicken darbot, aber auch über ihre ruhige Gelassenheit und Talleyrands völlige Gleichgültigkeit. Da er in Montauban solche Schaustellungen noch nicht erlebt hatte, vermochte er seine Verwirrung nicht zu verbergen. Der Fürst beruhigte ihn mit einem Wort: »Russische Sitte«, sagte er, sich in seinem Sessel rekelnd. Dann wandte er sich an Madame de Dino: »Sie vergessen stets, meine Liebe, daß Daure, der Herr über meine Geheimakten, früher Seminarist war. Durch solche Dinge werden die Seelen verletzt. Und das bringt den jungen Mann auf sträfliche Gedanken, ihn, der vorhin rot wurde, als er die Gedichte vortrug.«

Die beiden jungen Männer verließen das Zimmer. Daure war außer sich, »er behauptete, nicht ohne Grund, sie tue so, als wäre ihr nicht klar, daß er ein Mann ist, und behandele ihn, wie die Damen aus Sankt Petersburg ihre Muschiks behandeln«.

Solche Vorfälle lassen erkennen, warum Madame de Dino trotz ihrer Bildung und Intelligenz in Paris nicht einmütige Sympathie gefunden hat. Der arme schwärmerische Daure nahm sich, vier Jahre später, in den Ruinen des Schlosses von Pennes, in der Nähe seiner Heimatstadt das Leben. Ob er diesen äußersten Schritt aus Liebe zu Dorothee tat oder aus romantischem Überschwang: Herr von Talleyrand hätte ihm gewiß klügere Ratschläge gegeben.

Früher als gewöhnlich verließen Dorothee und Talleyrand das Kaminfeuer in der Rue Saint-Florentin und gingen schon im April nach Valençay. Talleyrand war der Auffassung, der entscheidende Moment sei gekommen. Er wollte, wenn das Gewitter losbrach, nicht in Paris sein. Aus Valençay schrieb er am 11. Juni 1830 an die Fürstin von Vaudémont, er habe keine Hoffnung mehr: »Ein Schiffbruch ist nicht zu verhindern.«

Am 14. Juni kündigt er Barante das Ende des Regimes an: »Morgen reise ich von Valençay zur Kur nach Bourbon-l'Archambault, wo ich etwas Kraft für meine Beine zu finden hoffe. Am 17. werde ich dort sein ... Wir gehen, ohne Kompaß und ohne Steuermann, einer unbekannten Welt entgegen. Nur eines ist sicher, alles das wird mit einem Schiffbruch enden ... Die Revolution in England hat ein halbes Jahrhundert gedauert. Die unsere ist erst in ihrem vierzigsten Jahr, ich kann also in keiner Weise hoffen, ihr Ende zu erleben. Ich glaube nicht einmal, daß die jetzige Generation es erleben wird ... Wir begeben uns in neue Zufälligkeiten.«

Da er stets auf gute Beziehungen zum Klerus Wert legte, empfing er höchst würdevoll den Erzbischof von Bourges, Monseigneur de Villèle, der nach Valençay gekommen war, um etwa sechshundert Kinder zu firmen. »Er tadelt alles, was sich ereignet«, bemerkte Talleyrand. Natürlich in der Politik. Also waren nicht alle Villèles Ultras, und Talleyrands Meinung nach wäre der Erzbischof Villèle ein besserer Premierminister gewesen als der andere.

Der Sache der Bourbonen konnte Talleyrand nicht unbegrenzt zugetan bleiben. Sie haben ihm Schmähungen nicht erspart. Wenige Wochen vor der Juli-Revolution erfolgte die letzte. Wie erinnerlich hatte er es auf dem Wiener Kongreß fertiggebracht, daß das Königreich von Neapel an Ferdinand von Bourbon zurückgegeben wurde; dann hatte er zur Eheschließung seiner Nichte mit dem Herzog von Berry, dem präsumtiven Thronerben geraten. Doch der neue König von Neapel, der Vater der Herzogin von Berry, bezeigte Talleyrand seine Dankbarkeit auf eine merkwürdige Art und Weise. Als er im Mai 1830 auf einer Reise Frankreich durchquerte, machte er in Blois halt. Talleyrand befand sich in Valençay und glaubte aus Ehrerbietung für einen Bourbonen, dem Souverän seine Reverenz machen zu müssen. Er fuhr also im Alter von sechsundsiebzig Jahren, gebrechlich und krank, von Valençay nach Blois. Als der Präfekt von Blois für den Fürsten um eine Audienz beim König von Neapel nachsuchte, ließ dieser durch Blacas antworten: »Wir haben hier keine Lust, abtrünnige Priester zu sehen.« Es war ein bißchen spät, um diesem Widerwillen Ausdruck zu geben. Immerhin hatte man die Krone aus den Händen eines abtrünnigen Priesters entgegengenommen. War er nicht zum Herzog von Dino gemacht worden, damit seine Nichte und Konkubine Herzogin werden konnte? Hatte er nicht ein königliches Handgeld bekommen? Der Präfekt, obwohl ein Anhänger der Ultras, fühlte sich durch die Abweisung gekränkt. Er bestand darauf, daß der Fürst von Talleyrand empfangen würde. Ungnädig erhielt er den Bescheid, der Abtrünnige könne empfangen werden, aber erst am nächsten Tag um sieben Uhr abends. Talleyrand mußte mithin einen ganzen Tag in einer Stadt warten, in der der König von Neapel müßig herumsaß. Am nächsten Abend begab sich Talleyrand in die fast schäbige Herberge, in der der König Hof hielt. Wenige Minuten nachdem er von der Präfektur abgefahren war, sah der Präfekt den Fürsten von Talleyrand zu seiner Überraschung schon wieder zurückkommen. Er bekam einen Bericht über die Aufnahme, die Talleyrand bei Seiner Neapolitanischen Majestät zuteil geworden war. Talleyrand sagte, es sei ein Empfang gewesen, wie er »nur dieser Majestät eigen, den zahlreichen Souveränen aber unbekannt ist, denen zu begegnen ich die Ehre hatte. Ich mußte die schmutzige Treppe in der schmutzigen Herberge hinaufsteigen, wo es Seiner Majestät beliebt hat, abzusteigen, und dann ließ mich ein Edelmann auf dem Treppenabsatz, der für mich also ein Wartezimmer war, stehen und sagte, er würde mich beim König melden, es könne nicht lange dauern, bis er erschiene.« Der Fürst wartete stehend oben an der Treppe, die er mühsam erklommen hatte. Eine Tür knarrte, er sah »in einer halbgeöffneten Tür eine Gestalt, die ihm als der König bezeichnet wurde«. Er bekam ein Kopfnicken, die Tür schlug zu. Herr von Talleyrand hatte den König gesehen. Die Audienz war beendet. Der Mann, der sonst nicht leicht in Erstaunen geriet, war darüber, wie er sagt, »verblüfft«. Treffend schloß sein Bericht: »Von diesem Herrscher wird man nicht sagen können: ›Die Welt hatte, als sie ihn sah, ihren Herrn erkannt.‹«

Eine solche Taktlosigkeit war nicht dazu angetan, Talleyrands Sympathie, obwohl er nicht nachtragend war, für diese so albern vertretene Familie zu fördern, und das in einem Augenblick der Geschichte, der für sie höchst gefährlich war.

Von 1830 an war Talleyrand nicht mehr Bürgermeister von Valençay, wurde aber vom König zum Generalrat des Departement Indre bestellt, und er blieb auch Mitglied des Gemeinderats von Valençay. Er bat Barante, ihm Werke über die Gemeindeverwaltung zu beschaffen, damit er den Verhandlungen folgen und im rechten Augenblick in die Diskussion eingreifen könne.

Der Hof beabsichtigte, einige Veränderungen in der Regierung vorzunehmen, was Talleyrand für nicht mehr nötig erachtete. Er sagte in einem Brief an Barante: »Diese Herren können noch so schöne Versprechungen machen, taugen tun sie nichts. Man sollte ihnen das englische Sprichwort vorhalten: None but gardener can give good gift. Eines ihrer Kinder könnte es folgendermaßen übersetzen: Es bedarf guter Leute, um gute Geschenke zu machen. Mein Plan ist, von hier (Bourbon l'Archambault) geradewegs nach Paris zu fahren, wo ich am 24. Juli sein will. Das Thermalwasser wirkt auf meinen alten Körper nur noch in unmerklicher Weise.«

Er war aus Paris geflohen, um den Wirren, die er voraussah, zu entgehen, kam aber gerade in dem Augenblick zurück, als es schlecht um die Regierung stand. Er wurde in die Vorgänge verwickelt.

In einem Punkt irrte er. Er war derart gegen die Regierung Polignac eingestellt, daß er alles verdammte, was sie anpackte, selbst die Einnahme von Algier. »Der Feldzug von Algier erscheint als eine Unbesonnenheit, die möglicherweise zu ernsthaften Ereignissen führen kann.« Unbesonnen nannte er eine Unternehmung, die seiner vorgefaßten Meinung nach nur ein Ablenkungsmanöver war, ein lachhafter Krieg. Mit einem leicht erkämpften Sieg würde die Regierung sich Ruhm verschaffen und mit diesem Talmi-Erfolg das Unbehagen im Innern verschleiern. Besser wäre es gewesen, meinte Talleyrand, »die Steuern zu senken. Seit der Zeit der kaiserlichen Regierung sind sie um über zweihundert Millionen gestiegen, während sie in England um vierhundert Millionen Francs gesenkt wurden . . .«

Ein ausgezeichneter Ratschlag. Aber hätte Talleyrand, wäre er in der Regierung gewesen, das ausgeführt, was er lehrte? Er wußte besser als jeder andere, daß Frankreich im Jahre 1815 für das enorme Defizit aufkommen mußte, das durch die Napoleonischen Kriege, die Zerstörungen, die Entschädigungen an die Alliierten, die Besatzungskosten und durch die Milliarde der Emigranten entstanden war. Der Vergleich mit England war nicht gerecht. Im finanziellen Bereich war die Verwaltung während der Restauration recht vernünftig gewesen. Und Talleyrand wußte es auch, obgleich er das Gegenteil behauptete. Aber im Juli 1830 war das Regime am Ende.

In den Kulissen einer Revolution bewirkt der Fürst eine für unglaublich gehaltene Wiederaufrichtung des Throns

Obwohl er für die Ultras keinerlei Sympathien hatte, jubelte er nicht über den Sturz des Regimes. Er war zu klug, um sich den »Zufälligkeiten« einer Revolution auszuliefern. Gern hätte er dem Land eine neue Erschütterung erspart, und dieser Meinung waren viele Franzosen. »Das beunruhigt jeden, welcher Klasse er auch angehören mag.« Er selber hatte sich »der Hoffnung hingegeben, friedlich im Schatten des Throns zu sterben, zu dessen Wiederaufrichtung er mit seinen Kräften ein wenig beigetragen hat«.

Seine Zweifel und Besorgnisse passen schlecht zu dem Bild des mephistophelischen Talleyrand, das seine Feinde gemalt haben. Als habe er in einem Schauerstück mitgewirkt und das Komplott geschmiedet, mit dem der Bruder des unglücklichen Ludwigs XVI. gestürzt und der Lilien-Thron umgeworfen wurde. Kaum jemand war so enttäuscht wie er über die nicht wiedergutzumachenden Fehlgriffe der Legitimität.

Da ein gewisses Gespür bei jeder Gelegenheit, selbst im Augenblick der Gefahr, Nutzen bringt, gab Talleyrand bei der Nachricht, Karl X. sei in Saint-Cloud und bereite mit Polignac jene Verfügungen vor, die den Sturz des Throns herbeiführten, den Auftrag, an der Börse auf Baisse zu spekulieren. Der Kalkül erwies sich als vortrefflich, zumindest für ihn.

Am 27. Juli, dem ersten Tag des Volksaufstands, verhielt sich das Haus in der Rue Saint-Florentin ruhig und still. Der Ausgang der Straßenschlacht war noch zweifelhaft, und bauen kann man nur auf Gewißheiten. Am

28. konnte sich Talleyrand anhand von Nachrichten, die seine Boten aus allen Himmelsrichtungen herbeibrachten, eine genauere Vorstellung machen: das Königtum war verloren, der Aufstand erfolgreich. Am Nachmittag vernahm er das Sturmgeläut. Die Aufständischen hatten das Rathaus besetzt. Er sah auf die Uhr, sie schlug fünfmal, und er gab den Orakelspruch von sich: »Noch einige Minuten, und Karl X. ist nicht mehr König von Frankreich.« Davon waren nur sehr wenige Leute in Paris zu jenem Augenblick überzeugt. Er hatte die Idee, die Mitglieder der Pairs-Kammer zusammenzurufen, aber diese waren noch unentschlossen. Am 29. würde alles klarer sein. In einem war Talleyrand seinen Zeitgenossen überlegen: er sah voraus, was am nächsten Tag geschehen würde. Er bereitete den nächsten Tag vor und bereitete sich selbst darauf vor. Am 28. ließ er die Tafel mit der Aufschrift »Hôtel Talleyrand«, die über dem Tor angebracht war, entfernen. Die Aufständischen näherten sich den Tuilerien, und die Rue Saint-Florentin war nicht weit entfernt. Wenn auch die Bourbonen vergessen hatten, daß Talleyrand sie auf den Thron gesetzt hatte, gab es unter den Aufständischen Revolutionäre genug, die sich sehr wohl daran erinnerten und sicherlich imstande waren, ihrem Zorn stärker Ausdruck zu geben, als die Bourbonen ihm Dankbarkeit bezeigt hatten.

Der 28. war ein noch ungewisser Tag. Nur eines stand fest: der Sturz des Königs. Als das Glockenläuten einsetzte, sprach Talleyrand ein aufschlußreiches Wort: »Hören Sie das Sturmgeläut! Wir siegen.« – »Wir?« fragte jemand, »wer wir?« – »Psst! Kein Wort, ich werde es Ihnen morgen sagen.«

Er ist ein herrlicher Komödiant und beherrscht die Kunst, seine verborgensten Gedanken kurz und bündig zu formulieren. Da ein Sieg bevorstand, war es gut, sich auf die Seite des Sieges zu stellen, das heißt in das Lager, das morgen Frankreich sein und verkörpern würde.

Die Besuche, die er an jenem Tag empfing, sind sehr bedeutsam. Lord Stewart of Rothsay, der englische Gesandte, bekannt für seine Sympathien für die Familie Orléans, kam in die Rue Saint-Florentin. Jedesmal, wenn alles zusammenbricht, 1814 in Wien, 1815 und Juli 1830 in Paris, hat Talleyrand jeweils vertrauliche Gespräche mit dem englischen Gesandten gehabt. Lord Stewart traf bei Talleyrand Sebastiani und Bertin de Veaux, Freunde des Fürsten, weil sie Freunde Louis-Philippes von Orléans waren. Der Herzog von Broglie sah Talleyrand oben an einem Fenster stehen, das nach den Tuilerien hinausging, er wollte sich über die Schießerei orientieren. Broglie ging ins Haus, um dem Fürsten Neuigkeiten über den Aufstand zu bringen. Er blieb zum Abendessen. Zum Dessert erschien auch der englische Gesandte wieder, und ungeniert wurde über das gesprochen, was nun folgen sollte. Ihrer Meinung nach mußte die jüngere Linie des Hauses Bourbon die Nachfolge antreten. Der Herzog von Broglie schreibt: »Wie sie sich über das unterhielten, was eintreten mußte – das stammte ganz sicher nicht von Leuten, die zum erstenmal miteinander darüber sprachen.«

Am 29. wurde noch wie wild geschossen, aber nötig war es eigentlich nicht mehr. Karl X. war von Saint-Cloud nach Rambouillet übergesiedelt. Wieder einmal war er es, der abreiste. Was Talleyrand zu der Äußerung veranlaßte: »Nicht ich habe den König im Stich gelassen, der König hat uns im Stich gelassen.«

Talleyrand schickte seinen Sekretär Colmache nach Neuilly, wo der Herzog von Orléans wohnte. Colmache war der Überbringer eines Briefes an Madame Adélaide, die Schwester Louis-Philippes, die aber ehrgeiziger und kühner war als der Herzog. Der Brief enthielt nur die Empfehlung, sich das anzuhören, was der Überbringer zu sagen habe. Er war beauftragt, die Meinung des Fürsten zu erläutern. Talleyrand riet dem Herzog von Orléans, unverzüglich nach Paris zu kommen und sich an die Spitze der Aufstandsbewegung zu stellen. Täte er es nicht, würde Paris in die Anarchie stürzen. Madame Adélaide hatte so großes Vertrauen in Talleyrand, daß sie ihren vielgeliebten Bruder bereits mit der Krone auf dem Haupt sah. »Der gute Fürst«, rief sie aus, »ich wußte, daß er uns nicht vergessen würde.« Allein, auf sich gestellt, hätte der Herzog es nicht gewagt, an die Spitze des Aufstands zu treten, aber gedrängt von seiner Schwester und von Talleyrand, fand er den Mut. Er begab sich ins Palais-Royal, ins Zentrum des Aufstands – hinzugefügt werden muß, und das Détail ist wichtig –, des siegreichen Aufstands. Karl X. schiffte sich in Cherbourg nach England ein. Kurz vor der Abfahrt hatte er zugunsten seines Enkels, des Herzogs von Bordeaux, abgedankt. Das war ein geschickter Schachzug, auf jeden Fall war er äußerst unangenehm für den Herzog von Orléans, denn der König beauftragte ihn, die Übertragung der Machtbefugnisse zu gewährleisten. Er hatte bereits von einer Anzahl Abgeordneter den Titel Generalleutnant des Königreichs angenommen, aber er war aufgrund des königlichen Erlasses nur der vorübergehende Treuhänder der Macht. Behielt er den Titel, entthronte er den jungen, legitimen Erben. Louis-Philippe zögerte.

In manchen Fällen kommt ein Zögern einer Ablehnung gleich. An diesem Tag durfte nicht gezögert werden, denn was mittags möglich war, war es am nächsten Morgen um sechs Uhr vielleicht nicht mehr.

Am 31. Juli übernahm Talleyrand das Spiel für Louis-Philippe, er gab ihm die Karten in die Hand, mit denen er die Herrschaft an sich bringen konnte. Das alles von der Rue Saint-Florentin aus, und ohne daß die für oder gegen ihn eingestellten Mitspieler seinen Namen aussprechen hörten. Ein anderer agierte für ihn, sprach für ihn: es war Thiers. Er fuhr von Paris nach Neuilly und arbeitete gemäß Talleyrands Weisungen zugunsten Louis-Philippes. Auch zugunsten Adolphe Thiers'.

Um acht Uhr morgens erschienen am 31. Juli die Abgeordneten im Palais-Royal und baten den Herzog von Orléans, die Herrschaft zu übernehmen. Er verlangte eine Stunde Bedenkzeit und schickte General Sebastiani mit einer Botschaft zu Talleyrand. »Er soll annehmen!« war die bündige Antwort Talleyrands. Mit dieser Stärkung versehen, begab sich der Herzog von Orléans ins Rathaus, er wurde mit Beifall empfangen und gewissermaßen von den Aufständischen selbst durch ein Plebiszit anerkannt. Deshalb bezeichneten ihn die Legitimisten mit dem niederträchtigen Beinamen »Barrikadenkönig«. Der Herzog zeigte sich auf dem Balkon und schwenkte die Trikolore. La Fayette umarmte ihn. Es war, als beginne 1798 noch einmal auf diesem Platz, auf dem die gleichen Szenen sich einundvierzig Jahre zuvor abgespielt hatten.

Nach drei turbulenten Tagen, nach Beifallrufen, Ehrensalven und Umarmungen, verzogen sich die Massen und die Soldaten, Paris wurde wieder ruhig, und Louis-Philippe von Orléans, König von Volkes Gnaden, kehrte erschöpft, aber beglückt ins Palais-Royal zurück.

Spät in der Nacht fuhr eine schwere Kutsche ins Palais-Royal ein. Heraus stieg der Fürst von Talleyrand, der im Lauf der letzten Monate mehr als zehnmal begraben worden war. Er erschien als Grandseigneur, in seiner Pracht und Würde, mit einem unmerklichen, ironischen Blitzen in den Augen, vielleicht war ein bißchen Herablassung dabei. Er erschien als erster der Franzosen, um dem neuen König seine Reverenz zu erweisen, der, wie seine Vorgänger, ihm den Thron verdankte.

Das Grundgesetz wurde im liberalsten Sinne abgeändert.

Die beiden Kammern stimmten in ihrer Begeisterung, so billig davongekommen zu sein, allem zu, was von ihnen verlangt wurde, und Louis-Philippe wurde König der Franzosen. Das alles war von Meisterhand arrangiert worden; aus bürgerlicher Angst waren die Politiker klug und gefügig geworden. Man freute sich über die Umarmung Louis-Philippes mit dem alten Komiker La Fayette, dem der Pariser Zirkus am Ende seiner Laufbahn unverhofft noch eine Rolle anbot. Zu Louis-Philippe sagte er: »Sie sind mehr wert als alle Republiken, die man hätte schaffen können.« Talleyrand hörte sich das alles nüchtern an und sagte zu jemandem, der allzu laut jubelte: »Monsieur, was dem allem fehlt, ist ein bißchen eigene Eroberung.« Die Herrschaft war wirklich zu leicht an einem Abend des Aufruhrs vor dem Rathaus aufgelesen worden; manche sagen sogar »stibitzt« worden. Auf jeden Fall war die Art und Weise weder sehr heroisch, noch sehr legal, geschweige denn legitim gewesen. Wie auch immer, Frankreich brauchte diese Herrschaft. Folglich war Talleyrand ihr zu Diensten. Louis-Philippe besaß vielleicht nicht viel Prestige, doch er verkörperte die Vernunft, den Frieden und den Schutz der Freiheit.

Talleyrand ist allerdings zu bescheiden, wenn er in seinen Memoiren schreibt, er habe bei der Einsetzung des Herzogs von Orléans nicht mitgewirkt. Vielleicht will er sagen, er habe bei der Entthronung Karls X. nicht mitgewirkt. In diesem Punkt hatte er recht. Doch seine Rolle bei den Ereignissen am dritten Tag der Juli-Revolution bagatellisiert er, und er tut es, um es mit den Legitimisten nicht zu verderben. Wie immer besänftigt er seine Feinde und ist ihnen nicht mehr gram, wenn sie besiegt sind. Auf der anderen Seite lag ihm nichts daran, seine verschwiegene, aber entscheidende Aktion zugunsten Louis-Philippes herauszustellen. Denn er hielt es nicht für vorteilhaft, daß die Republikaner erfuhren, was er getan hatte, um die Republik zugunsten einer neuen Monarchie auszuschalten. Der Brief, den seine Nichte, in Übereinstimmung mit ihm, an die Schwester des Königs schrieb, läßt keinen Zweifel über die Rolle, die er spielte. »Mademoiselle, mit ganz Frankreich komme ich, um Sie als unseren guten Geist zu begrüßen. Ja, Mademoiselle, das waren Sie in der Stunde der Gefahr. Es ist überflüssig, Ihnen zu sagen, daß das bewunderungswürdige Geschehnis unser Herzenswunsch gewesen ist. Sie wußten es seit langem. Wie sollte man, wenn man Sie kennt, wenn man für immer mit Herrn von Talleyrand verbunden ist, nicht glühend den Triumph Ihrer Tugenden und Ihrer Sache erhoffen, die die Sache des ganzen Landes ist.« [L-G]

Es war auch Talleyrands Sache.

Er schrieb am 8. August: »Nun sind wir eingesetzt. Das vierte Geschlecht beginnt . . .« Dieses »wir« ist sehr beredt.

Die Einsetzung des Königs hatte sogleich eine Wiedereinsetzung Talleyrands zur Folge. Man kann sechsundsiebzig Jahre alt und gebrechlich sein und die Macht noch immer reizvoll finden. Warum übertrug Louis-Philippe ihm nicht das Ministerium der Auswärtigen Angelegenheiten, das dem Fürsten der Diplomaten zuzustehen schien, sondern die Gesandtschaft in London? Weil die Gesandtschaft in London für das neue Regime ungleich viel wichtiger war als das Ministerium, das Molé anvertraut wurde. Talleyrand jedoch lehnte ab, er brachte vor, er sei alt und müde. Molé, jetzt sein Chef, bedrängte ihn, wies auf die Entschlossenheit des Königs hin: »Der König besteht darauf, er ›fordert‹ es, und zwar mehr, als ich Ihnen sagen kann. Suchen Sie ihn auf, um sich selbst zu überzeugen.« Ob Molé ahnte, welche Bürde er auf seine Schultern lud, indem er einen Gesandten »unter seine Weisungen« nahm, der imstande war, seinen Minister zu erdrücken?

Dem König gelang es, Talleyrand zu überreden. In Talleyrands Memoiren steht: »Ich glaubte, die neue Regierung könne Stabilität nur durch die Aufrechterhaltung des Friedens gewinnen. Und wiewohl zu jener Zeit alle Welt gegen meine Meinung behauptete, der Krieg sei unvermeidlich, wurde mir bewußt, daß es mir mit meinem Namen, den Diensten, die ich früher geleistet hatte, und meinen Bemühungen vielleicht gelingen könnte, das fürchterlichste Unheil abzuwenden, einen revolutionären und allgemeinen Krieg. Am Ende meiner Laufbahn bin ich glücklich bei dem Gedanken, daß es mir gelungen ist.«

Das alles war richtig. London war der Dreh- und Angelpunkt der Außenpolitik des neuen Regimes. Dort mußte es auf feste Füße gestellt werden. Auch sehr viel persönlichere Gründe bewogen Talleyrand, den

Posten anzunehmen. Er liebte noch immer das diplomatische Spiel, den Einfluß, den es verleiht, und das Geld, das es einbringt. Und er liebte die gesellschaftliche Welt, die Repräsentation, und er liebte London. Am Ende seines Lebens kam er wieder auf den ersten Posten, den er 1792 eingenommen hatte. Nach einem großartigen Umlauf schließt sich seine Karriere. Was er 1792 erhofft hatte und was mit einem Mißerfolg und sogar durch eine Ausweisung beendet wurde, verwirklichte er 1830. Seiner Auffassung nach gab es kein »zu spät«. Zu Beginn waren die Umstände und Bedingungen nicht die besten. Doch es gelang ihm, die Situation mit solcher Geschicklichkeit und solchem Gewicht zu wandeln, daß seine letzte Mission als großer Erfolg gelten kann.

Die stichhaltigen Gründe, die ihn zur Übernahme bewogen, hätten es dennoch kaum vermocht, die alte, kurzatmig gewordene und wacklige Maschine wieder in Gang zu setzen, wenn ihr nicht neue Kraft eingehaucht worden wäre. Es war die Stimme der Herzogin von Dino. Von Ehrgeiz besessen und von leidenschaftlichen Gefühlen bewegt, verbrachte Dorothee wohl oder übel ihre letzten Jugendjahre in der Gesellschaft eines gewiß bewunderungswürdigen Mannes, der jedoch ein Greis war. Sie brach aus, wann sie nur konnte, sie fuhr von Badeort zu Badeort, das heißt, sie war auf Abenteuer aus. Mit der Gesandtschaft in London bot sich ihr die Möglichkeit, dem erstickenden Bann der Rue Saint-Florentin und Valençays zu entrinnen. Zu entrinnen aber auch ihren eigenen Leidenschaften, indem sie sich einer einzigen widmete, die sie dem hellen Licht des Tages aussetzen konnte: dem Ehrgeiz. Bei dem Gedanken, eine wichtige politische Rolle zu spielen, und das auf einer großartigen Bühne, empfand sie Stolz, und sie blühte auf. Auch konnte sie das verhaßte Paris hinter sich lassen. Der Fürst würde ganz von ihr abhängig sein, denn sie war allmählich seine Sekretärin, seine Vertraute und Ratgeberin geworden. Sie würde über ihn herrschen, über seine Staatsaffären, seinen Salon und seine Tafel. Sie würde die Seele der Londoner Gesandtschaft sein. Mit ihrer Hilfe würde der Fürst seine Laufbahn krönen, und mit seiner Hilfe würde ihr Leben Sinn und Wert bekommen. Von der Liebe, von der Familie, von der Gesellschaft enttäuscht, würde sie ihr Glück in der Politik finden.

In Paris hatte Talleyrand zu viele Neider, als daß Louis-Philippes Entscheidung günstig aufgenommen worden wäre. Man wies auf Talleyrands Unbeliebtheit hin. Wo war er unbeliebt? In den Korridoren bestimmter politischer Zirkel, in den Salons der Legitimisten und in den Milieus sogenannter »Anarchisten« – in Paris natürlich. Aber in den Hauptstädten der anderen Länder war es völlig anders: Talleyrand war der Mann Frankreichs. Die Schwester des Königs drängte genauso wie ihr Bruder. Deshalb schrieb er an sie, um mitzuteilen, daß er annehme: »Als Ihr Gesandter, Mademoiselle, hätte ich geglaubt, Ihnen Kummer zu bereiten, wenn ich den Platz nicht besetze, auf dem Sie mich zu sehen wünschen.«

Als der König die gute Nachricht erfuhr, sagte er: »Er wird das große Wort führen.« Damit behielt er recht. Am 6. September wurde die Ernennung im »Moniteur« bekanntgegeben.

In den Hauptstädten der anderen Länder hatte die Juli-Monarchie eine schlechte Presse. Zar Nikolaus wollte eine aus einem Aufstand hervorgegangene Regierung nicht anerkennen. Doch änderte er seine Meinung, als er von Talleyrands Ernennung in London erfuhr. »Da Herr von Talleyrand sich der neuen Regierung anschließt, muß die neue Regierung Aussichten auf Dauer haben.« Die Ironie beiseite gelassen, ist es bemerkenswert, daß sein Name als Bürgschaft für das neue Regime galt.

Selbst in Paris mußten manche seiner Feinde, die nicht völlig blind vor Haß waren, wie der Legitimist Montlosier, trotz der bekannten Vorbehalte der Soutane, der Heirat mit Mrs. Grand, des Verrats von diesem und jenem, anerkennen, daß Talleyrand als Gesandter in London sich Verdienste erwerben könnte. »Er kann in England einen günstigen Eindruck hervorrufen«, sagte Montlosier. »In erster Linie wird er den Glauben bestärken, daß unsere Regierung fest etabliert ist, da ein so kluger Mann wie der Bischof von Autun zu ihr hält. Ferner wird man glauben, daß wir die Absicht haben, den äußeren Frieden zu bewahren, da wir zu einer der ersten Mächte einen Mann schicken, der bekanntermaßen am meisten dazu beigetragen hat, das Völkerrecht in Europa zu begründen.« [L-G] Von gegnerischer Seite ein wahrhaft großartiges Zeugnis!

In Wien hatte Talleyrand Wegmarken abgesteckt. Noch war die Schießerei in den Tuilerien nicht verhallt, da schickte er bereits eine Botschaft an Metternich, um ihm jede Besorgnis zu nehmen. Eine weise Maßnahme. Der Vorkämpfer der Heiligen Allianz glaubte sich ins Jahr 1792 zurückversetzt und sah Europa von neuem in Feuer und Blut getaucht. Metternichs Angst war keineswegs unbegründet; die Jakobiner des Jahres 1830, die sich »Anarchisten« nannten, verkündeten während des Aufstands in Paris, sie würden wieder in den Krieg ziehen, um die Völker zu befreien und die Errungenschaften der Revolution und des Kaiserreichs zurückzugewinnen. Diese kriegerischen Parolen hatten in London wie in Wien die Juli-Revolution in ein schlechtes Licht gebracht. Man fragte sich, ob Frankreich, wenn es wieder in die Abhängigkeit dieser Rasenden geriete, nicht noch einmal den Krieg aufflammen lassen würde. Befand man sich in der Situation von 1792 oder der von 1802? Gesandter einer Regierung zu sein, die ihre Existenz einem Aufstand verdankte, war nicht sehr bequem.

Als Wellington von Talleyrands Ernennung hörte, war er beruhigt. Mit Freude las er die Botschaft, die ihm sein alter Freund schickte: »Wir beide werden den Frieden aufrechterhalten gegen die französischen Anarchisten und gegen die auswärtigen Störenfriede.«

Talleyrand leistete der Juli-Monarchie und Frankreich auf diese Weise ohne Aufhebens einen unermeßlichen Dienst. Balzacs Romangestalt Vautrin sagt im »Père Goriot«: »Der Fürst hat Frankreich die Zerstückelung erspart, man schuldet ihm Kronen, man bewirft ihn mit Schmutz.«

In der Tat wurden Talleyrand schon 1830 die übelsten Verleumdungen angehängt. Der englische Gesandte in Paris, Lord Grenville, sagte ihm, welche Freude, Bewunderung und Hoffnung seine Mission in England und in Europa erwecke. Paris jedoch spuckte auf seinen Gesandten.

Ein Jugendtraum: London oder das neubegonnene Leben

Am 22. September 1830 verließ Talleyrand Paris. Einige Tage zuvor hatte er seinen Abschiedsbesuch beim König gemacht, der noch im Palais-Royal residierte und darauf wartete, daß die Tuilerien gesäubert und in Ordnung gebracht wurden. Er begab sich zu ihm wie zu einer Investitur-Zeremonie – es war die letzte von vielen, die er erlebte. Doch gleichgültig und abgestumpft war er nicht, denn er liebte alles Zeremonielle. Daher erschien er geschmückt wie ein Reliquienschrein vor dem König, beladen mit seinen Orden, gepudert und gelockt. Das war seine Art und Weise, in den Krieg zu ziehen.

Während Paris seinen Aufbruch mit Karikaturen begleitete – Daumier stellte ihn mit einer Wetterfahne auf dem Kopf dar und gab ihm den Namen »Monsieur Bienauvent« –, wurde dem Fürsten zu seiner Überraschung in Dover ein ungewöhnlich spektakulärer Empfang bereitet. Eine Ehrengarde, die von Wellesley, Wellingtons Bruder, befehligt wurde, begleitete ihn bis nach London. Die Kanonen der Festung Dover schossen bei der Ankunft dieses Gesandten Salut wie bei einem Herrscher.

Bevor er in Calais das Schiff bestieg, war er mit dem unvermeidlichen Ouvrard zusammengetroffen, der irgendein Geschäft mit dem Fürsten besprechen wollte. Er brachte auch eine schlimme Nachricht mit: Belgien, das seit 1815 unter holländischer Herrschaft stand, hatte einen Aufstand entfesselt. Die Engländer konnten vermuten, er hänge mit der Juli-Revolution zusammen und sei möglicherweise von der neuen Regierung begünstigt worden. Dieses Geschehnis konnte Talleyrands Aufgabe erschweren, seine Bemühungen, »endlich die Allianz zwischen Frankreich und England zustande zu bringen, die ich stets als sicherste Gewähr des Glücks der beiden Nationen und des Friedens in der Welt angesehen habe«. Er war sich nicht im unklaren über die Schwierigkeiten, indes die Menge in den Straßen Londons ihm Beifall klatschte und sich um die Karosse von »old Talley« drängte. »Solche Überlegungen beschäftigten mich, während ich das schöne, reiche und friedliche England durchquerte und als ich am 25. September 1830 in London eintraf. Glücklicherweise erschütterten sie weder meine Entschlüsse noch meine Überzeugung« [TM].

Sein Einzug in London geriet ziemlich theatralisch. Er hatte ein blauweißrotes Band umgelegt, trug am Hut eine große republikanische Kokarde und ließ sich von drei ausstaffierten Aufrührern begleiten. Natürlich gehörte zu der Posse auch eine lange Rede. Er stellte sich als Vertreter einer Volksregierung hin, symbolisch brachte er auf diese Weise die Juli-Monarchie nach London. Die Straße zollte ihm Beifall: er war sozusagen durch ein Plebiszit gebilligt.

Wellington kam aus diesem Anlaß eigens vom Land zurück und gab am gleichen Abend zu Ehren des Fürsten ein großes Diner. Talleyrand erschien im Seidenhabit, in Strümpfen mit goldenen Zwickeln, mit seinen Orden, seinen Diamanten und seinem gepuderten Haar. Keine Spur mehr von blauweißroten Bändern! Die Straße hatte er erobert, jetzt mußte er die Salons erobern. Zur Verstärkung traf am 30. September seine Nichte ein. Auch die Herzogin von Dino bekam einen prächtigen Empfang. Die Liaison zwischen Onkel und Nichte erregte keinerlei Ärgernis. Dorothee fühlte sich gleich viel wohler als in Paris. Schon auf dem ersten Fest beim Herzog von Wellington strahlte sie in voller Schönheit. Sie glaubte sich in die Gesellschaft von Wien im Jahr 1815 zurückversetzt, sie sah den Fürsten Esterhazy, den österreichischen Gesandten, wieder und Bülow, den preußischen Gesandten und Neffen Humboldts. Als ein Engländer sich mit gespielter Höflichkeit nach ihrem Mann erkundigte, antwortete sie unbefangen: »Ich weiß wirklich nichts von ihm.« Damit war der Zwischenfall erledigt. Dorothees Renommee war indes nicht das beste. Doch Lady Grey, Londons Tugendrichterin, brachte die bösen Zungen zum Schweigen und legte ein für allemal die Sprachregelung fest: »Ich liebe Madame de Dino sehr, sie ist stets guter Stimmung und eine angenehme Gesellschafterin. Da sie nie etwas sagt, was mich verletzt, warum sollte ich mich um die Geliebten kümmern, die man ihr nachsagt? Ich rühme mich nicht, daß ich anders bin als sie. Ich habe Glück gehabt, das ist alles.«

Das alles trug dazu bei, Talleyrands Erfolg zu sichern. Nicht sehr begeistert stellte es Madame de Boigne fest, deren Vater, der Marquis d'Osmond, den Gesandtenposten vor ihm ziemlich glücklos ausgefüllt hatte. »Herrn von Talleyrands Verhalten in London hat den neuen Thron sogleich auf eine hohe Stufe der diplomatischen Leiter gestellt.«

Die französische Gesandtschaft bezog ein Haus am Portland Place, Nummer 50. Sie wurde schnell zu einem Mittelpunkt Londons. Talleyrand »führte ein großes Haus, dem die Herzogin in Dino in vollendeter Weise vorstand. Beiden gelang es, in allem tonangebend zu sein.«

Mérimée hat nach einem Aufenthalt in London Beobachtungen über die Art und Weise, wie der Fürst repräsentierte, niedergeschrieben; so sagte er: »Wohin er auch geht, er schafft sich einen Hof und ist maßgebend.«

Dorothee schrieb ihrem Freund Barante mit einigem Stolz, daß ihre Diners »in der Gastronomie von London Epoche machten, aber sie sind sehr kostspielig, und Herr von Talleyrand ist entsetzt über die Ausgaben.«

Die hunderttausend Francs, die mit seinem Rang als Großkämmerer verbunden waren, ließ Louis-Philippe ihm zukommen, obwohl er das Amt nicht mehr ausfüllte. Was aber war die Pension für jemanden, der für den Lebensstil seiner Gesandtschaft eine Million im Jahr brauchte? Für Leute vom Kontinent war London damals eine sehr teure Stadt. Dazu Dorothee: »Sogar Fürst Esterhazy hat es, trotz seines großen Vermögens und Gehalts, fertiggebracht, eine Million Schulden zu machen.«

Bekanntlich liebte Talleyrand es, sich mit Mitarbeitern zu umgeben, die ihm auch freundschaftlich verbunden waren, zu denen er volles Vertrauen hatte und mit denen er, wenn man so will, unter einer Decke steckte. Während der langen Amtspause von 1816 bis 1830 waren die meisten seiner früheren Helfer in alle Winde verstreut worden oder waren verschwunden. Deshalb wurde Dorothee in London sein erster Sekretär. Molés Ministerium hatte ihm zwar Personal gestellt, es waren aber nur Beamte. Die wollte er nicht. Er ließ Bacourt kommen, den er kannte, der mit Dorothee befreundet war und dem er vertraute. Zu dritt arbeiteten sie viel, sie bewältigten alles mit Erfolg. Das untergeordnete Personal spielte keine Rolle.

Nicht vergessen werden darf Montrond in seiner halbamtlichen Eigenschaft. Er war Gast in den vornehmsten Häusern Londons – und auch in den andern. Er kümmerte sich um die heimlichen Verbindungen, die der französische Gesandte mit den englischen Ministern unterhielt, und bekam von ihnen ausgezeichnete Börsentips. Weder auf Vergnügen noch auf Spekulationen konnte Talleyrand verzichten. Durch eine schlechte Information verlor er 1832 an einem einzigen Tag achthunderttausend Francs, drei Millionen heutige Francs. Wenn er gewann, bewegten sich die Summen in der gleichen Gößenordnung.

Bevor Talleyrand König Georg IV. sein Beglaubigungsschreiben überbrachte, stellte er sich die Frage, wie sich die Dinge gestalten würden unter diesem Herrscher, der weder durch Intelligenz noch durch Lebensart glänzte. Es war Brauch, daß die neuen Gesandten eine kurze Rede hielten. Talleyrand entwarf seine Ansprache, während Courtiade ihm das Haar kämmte und puderte. Dorothee kam hinzu. Er sagte zu ihr: »Bitte, Madame, setzen Sie sich dort hin und schreiben Sie mir zwei oder drei Sätze auf, aber in sehr großen Buchstaben.« Sie tat es und reichte ihm den Bogen, er korrigierte und änderte, wie es seine Gewohnheit war, und fügte eine dem Anschein nach harmlose Umschreibung hinzu, um den König von England als »Nachkomme des illustren Hauses Braunschweig« zu apostrophieren. Damit wurde zum Ausdruck gebracht, daß man zwar Gesandter eines aus der jüngeren Linie und aus einem Aufstand hervorgegangenen Königs war, trotzdem aber genau wußte, daß im Jahr 1714 das Haus Braunschweig den Thron der Stuarts usurpiert hatte. Mit ein paar Worten wurde alles an seinen Platz gerückt.

In der kurzen Rede war für den, der hören konnte, außer der »Umschreibung« noch einiges Interessante zu vernehmen: Die Juli-Monarchie »war einstimmig von einem großen Volk gewählt worden«. In Wirklichkeit hatten die beiden Kammern im Verhältnis von dreihundertacht zu zweihundertvierunddreißig Stimmen für Louis-Philippe gestimmt. Einstimmig war das nicht, und zudem repräsentierten die Kammern auch den Volkswillen nicht. Das »Volk« mußte zu Worte kommen, und was immer das Volk auch sagen sollte, es wurde gut gesagt, da es durch Talleyrands Mund sprach.

Schon Napoleon hatte das von seinem Minister bewundernd gesagt: »Talleyrand ist ein Philosoph, aber ein Philosoph, dessen Philosophie im rechten Augenblick aufhört.« Wahrscheinlich verstand sich dieser Philosoph deshalb mit den Engländern so gut. An Mademoiselle schrieb er: »Ich habe bei der Audienz, als ich über den König und Frankreich sprach, den Tonfall wiedergefunden, den ich in der Verfassunggebenden Versammlung hatte.« Bei jeder Gelegenheit achtete er darauf, daß seine Regierung respektiert wurde. Eines Tages ließ Wellington das Wort »die unglückliche Juli-Revolution« fallen. Talleyrand ging sofort darauf ein. Wellington lächelte und nahm den Ausdruck zurück. Die Fürstin Lieven, Gesandtin Zar Nikolaus' I., mußte mit Ärger sehen, wie Talleyrand und seine Nichte die gesamte Aufmerksamkeit der diplomatischen Welt und der englischen Regierung auf sich zogen. Sie tat ihr möglichstes, um Talleyrand herabzusetzen, und warnte den König vor ihm. »Ein Mann, der fünfundsiebzig Jahre lang Intrigen gesponnen hat, verlernt das Metier im sechsundsiebzigsten Jahr nicht.«

Wellingtons Sympathie für Talleyrand fand sie lächerlich: »Der Herzog von Wellington ist ganz einfach dem Charme von Herrn von Talleyrand erlegen. Sie können sich nicht vorstellen, mit welch gutem Gewissen er behauptet, Talleyrand sei ein ehrenwerter Mann, und alles Gegenteilige, das man sagt, sei pure Verleumdung. Die Redlichkeit des Herrn von Talleyrand kann ich nur mit dem Esprit des Herrn von Polignac vergleichen.« (Dieser galt als einfältig.) »Der Herzog von Wellington ist nicht glücklich bei der Beurteilung von Menschen.« Bei der nächsten Gelegenheit wies Talleyrand sie zurecht. Als sie verkündete, die Revolution von 1830 sei eine Usurpation, erwiderte er: »Sie haben recht, Madame, bedauerlich ist nur, daß sie nicht sechzehn Jahre früher erfolgt ist, wie es der Zar, Ihr Gebieter, erhoffte und wünschte.« Nie wieder sprach die Fürstin von Usurpation.

Wie Wellington freute sich auch Lord Aberdeen über die Anwesenheit Talleyrands in London. Darüber schrieb Talleyrand an die Fürstin von Vaudémont, und vom »Serail« wurde der Brief an den König und seine Schwester weitergegeben. »Ich bin höchst zufrieden mit der Offenheit und Ehrlichkeit des englischen Kabinetts und insbesondere des Herzogs. Man muß das Vertrauen des Herzogs genießen, wenn man etwas Gutes und Dauerhaftes schaffen will ... Ich wäre froh, wenn der König und Mademoiselle diese

Überzeugung hätten. Molé ist mir gleich, denn er wird in dieser Richtung mit uns gehen, wenn er merkt, daß es in seinem Interesse ist.«

Das war ein kleiner Angriff gegen Molé. Es war nur ein Anfang.

Talleyrand tat alles, um das Wohlwollen der englischen Nation aufrechtzuerhalten: »Das Verhalten Englands uns gegenüber wird entscheidend für Europa sein, und wir täten unrecht, irgendwo anders Beistand zu suchen.« [22. Oktober 1830 an die Fürstin von Vaudémont]

Voll Stolz und Freude berichtete Dorothee, daß die Zeitungen jeden Morgen voll wären über das Tun und Lassen des französischen Gesandten und daß der Fürst selber entzückt sei über diese Publizität. Wo sie auch hinkämen, sie und er, würden sie gefeiert. Als Talleyrand am 2. November Westminster verließ, bereitete ihm die Menschenmenge eine Ovation. Wie weit lag die Zeit zurück, da die Londoner den Abgesandten der französischen Revolution aus dem Weg gingen, als seien sie Pestkranke. Jetzt wollte König Georg IV. für den Fürsten von Talleyrand eine kleine Estrade errichten lassen, damit er sich, entgegen dem herkömmlichen Brauch, während des Gottesdienstes setzen konnte. Talleyrand bedankte sich, lehnte aber ab. Stehend, wie das ganze diplomatische Korps, nahm er an der Zeremonie teil. Als ein Wunder wurde diese Aufmerksamkeit des Königs angesehen. Und um Louis-Philippe zu erfreuen und zu beruhigen, schrieb er: »Der König hat hier viele Bewunderer, viele Menschen lieben ihn, und sein Lob ist in aller Munde.« Um das wohlwollende Verhalten der englischen Regierung der Juli-Monarchie gegenüber klarzumachen, wies er darauf hin, daß Karl X. die Weisung erhalten habe, seinen Wohnsitz »fünfzig Meilen im Inneren des Landes« zu nehmen. Damit sollte die Möglichkeit, daß Intrigen von einer französischen zu einer englischen Küstenstadt gesponnen wurden, ausgeschaltet werden.

Leider waren Talleyrands Beziehungen zum Ministerium in Paris sehr viel weniger gut als seine Beziehungen zur Regierung in London. Zwischen dem Außenminister Molé und seinem Gesandten in London bestand überhaupt kein Einverständnis. Es war vorauszusehen gewesen. Molé wollte uneingeschränkt Minister sein, doch Talleyrand hatte die Schlüsselstellung der gesamten Außenpolitik des neuen Regimes inne – und möglicherweise sogar ganz Europas. Alle in London akkreditierten Gesandten unterrichteten ihre Minister, wenn Talleyrand nach einem Diner mit Wellington, mit einem Minister oder einem Gesandten ein Einzelgespräch führte. Es spielte sich alles in London ab und nicht in Molés Kabinett. Dieser war nicht klug genug, die Dinge richtig zu sehen, er fühlte sich von seinem ihn überragenden Mitarbeiter erdrückt und grollte.

Der erste wirkliche Riß wurde durch die Algier-Affäre hervorgerufen. Talleyrand, der immer das Bündnis mit England vor Augen hatte, war dafür, die Eroberung Algeriens einzustellen, um den Engländern ein Zeichen und Unterpfand französischer Gutwilligkeit zu geben und sie damit zu ermuntern, ein ewiges Bündnis abzuschließen. Molé sträubte sich und drohte mit Rücktritt, wenn Algier aufgegeben würde. Algier blieb besetzt, und auch der Minister blieb. Sein Gesandter war jedoch der Meinung, Molé habe viel Lärm gemacht.

Nunmehr verschlechterten sich ihre Beziehungen schnell. Den Aufstand der Belgier gegen die Holländer glaubte Talleyrand von London aus zusammen mit Wellington und seinem Freund Bertin de Veaux, dem französischen Gesandten in Den Haag – dieser Posten war jetzt von wesentlicher Bedeutung –, schlichten zu können. Aufgrund ihrer Freundschaft schlug Talleyrand vor, Bertin solle ihm seine Berichte direkt zuschicken, ohne den Umweg über den Minister. Molé sollte später davon unterrichtet werden, daß eine Affäre so oder so beigelegt worden sei, er brauchte nur einige Unterschriften zu geben. Molé war damit keineswegs einverstanden, er forderte, Bertin solle alle Berichte nach Paris schicken. Er hatte das Recht dazu, falsch aber war, daß er Talleyrand nicht von dem unterrichtete, was sich zwischen Holland und den aufständischen Belgiern abspielte und was die Regierung in Paris im Sinne hatte. Der einzige Mann, der fähig war, diese Angelegenheit durch Verhandlungen beizulegen, wurde übergangen. Daraus konnte ein Krieg mit England und Preußen entstehen. Nun schickte Talleyrand an Molé nur noch unwichtige Noten über Steuerabgaben bei der Einfuhr von Porto-Wein nach England. Die Herzogin von Dino, sozusagen stellvertretende Gesandtin, als welche sie auch auftrat, sagte: »Wir sind unzufrieden mit dem Ton der Depeschen von Herrn Molé.«

Talleyrand war gekränkt, daß sein Minister – und der König – sich gegen die Veröffentlichung des Textes seiner Ansprache an Georg IV. ausgesprochen hatten. Wahrscheinlich meinte man, daß es zwar gut wäre, dem König von England bestimmte Dinge zu sagen, daß es aber weniger gut wäre, dies die Pariser lesen zu lassen. Die Worte über die »Einstimmigkeit eines großen Volks« waren wohl doch etwas zu gewagt, um sie den Augen der Legitimisten und Republikaner auszusetzen.

Talleyrand machte Molé verantwortlich für diesen Affront. Madame de Dino sann auf Rache. Sie schickte den Text »ihrem besten Freund«, Adolphe Thiers. Dieser führte seinen Kampf gegen die Regierung in der Hoffnung, in der folgenden vertreten zu sein, und ließ den Text in der Zeitung »Le National« erscheinen. So wie Dorothee gegen Molé arbeitete, indem sie Thiers benutzte, benutzte Talleyrand Mademoiselle, das heißt den König selbst. Er teilte Mademoiselle mit, Molés Vorgehen, direkt an Wellington zu schreiben, ohne den Gesandten einzuschalten, »habe etwas Jugendliches an sich«. Anmaßend fügte er hinzu, es handele sich nur um die winzige »Ungeschicklichkeit« eines kleinen Geistes, der glaube, einem großen schaden zu können; im übrigen gebe Wellington Molés Ungeschicklichkeit an den weiter, den sie vor den Kopf stoßen sollten. Molé verlor die Geduld und reichte sein Rücktrittsgesuch ein; er schrieb an den König: »Ich bin durch nichts zu bewegen, auf meinem Posten zu bleiben, wenn Herr von Talleyrand nicht unter meine Leitung und meine Abhängigkeit gestellt wird, wie jeder Gesandte.«

Man spürt den Ärger, aber auch die Übertreibung. Grundsätzlich hatte der Minister recht, doch durfte er Talleyrand gegenüber wirklich den Chef spielen? Molé verlangte von seinem Untergebenen Unterordnung wie von einem Beamten und begab sich einer unvergleichlichen Informationsmöglichkeit, die ihm zugänglich gewesen wäre, wenn er Liebenswürdigkeit und Rücksicht bewiesen hätte. Er schuldete sie dem Fürsten der Diplomatie sowieso.

Der König lehnte den Rücktritt ab, und Talleyrand schrieb daraufhin einen geschickt abgefaßten Brief an seinen Minister. Er redete ihn nicht amtlich an, wie ein Gesandter seinen Minister, er ging sehr viel feinsinniger und klüger vor. Er erinnerte an ihre frühere Freundschaft, ihre gemeinsamen Auffassungen und das gemeinsame Ziel, dem sie zustrebten: »Warum sollen wir uns auf dem Weg nicht verständigen? Es liegt etwas vor, das ich nicht begreife, und das, wie ich hoffe, vorübergehend sein wird. Unsere Korrespondenz ist weder freundschaftlich noch amtlich, mir scheint jedoch, es könnte zwischen uns beiden anders sein. Sollte meine Art und Weise, die politischen Affären zu sehen, außer Mode sein, müssen Sie es mir ganz einfach sagen. Gutes werden wir nur schaffen, wenn wir die Affären mit der Unbeschwertheit behandeln, die aus gegenseitigem Vertrauen erwächst. Ich weiß, daß das gegenwärtige Frankreich dieser alten Tradition nicht mehr folgt, daß Frankreich in Bewegung ist, wie man es nennt.« Dann verteidigt er das Recht, nichts zu überstürzen. Die Eile ist etwas, das »zu sehr außerhalb der englischen Gewohnheiten liegt, sie würde allen unseren Schritten etwas von ihrem Gewicht nehmen«.

Das war klug gesagt. Er warnte seinen Minister vor der »Leichtfertigkeit«, die den Schritten der französischen Diplomaten Abbruch taten. In einem weiteren Brief vom 29. Oktober kritisierte er nicht mehr die Leichtfertigkeit und Improvisation, sondern einen anderen Fehler, die Weitschweifigkeit. Damit erweist er sich als Zeitgenosse des »Candide« von Voltaire und als Kenner La Fontaines und Rivarols. Er erinnerte daran, daß Napoleon redselige Gesandte geringschätzte: sie redeten, um sich bei ihrer Regierung ins rechte Licht zu setzen, aber sie brachten keine Informationen.

Noch war der Friede nicht wiederhergestellt zwischen dem Minister, der immer wieder mit Rücktritt drohte, und Talleyrand, der davon sprach, sich nach Valençay zurückzuziehen. Am 26. Oktober schrieb Dorothee an Thiers: »Sobald die belgische Affäre beendet ist, welchen Ausgang sie auch nehmen mag, wir verlassen England. Herr von Talleyrand hat weder die Neigung noch die Gewohnheit, die Angelegenheiten eines ausländischen Kabinetts zu erledigen. Er will sich nicht aufreiben und will sich hier auch nicht ruinieren. Es ist unausbleiblich, daß man sich ruiniert, denn Sie können sich nicht vorstellen, wie hoch die Kosten hier sind und wie groß der Geiz des Ministeriums uns gegenüber ist.« Das war ein weiterer Aspekt des heimlichen Krieges: Talleyrand gab vielleicht zu viel aus, und Molé beschnitt die Zuwendungen.

Als Molé das Ministerium aufgab, wurden die Dinge besser. Sein Nachfolger, General Sebastiani, machte dem Fürsten der Diplomatie keinen Ärger. Da er von Diplomatie nichts verstand, war er so klug, ihn gewähren zu lassen. Talleyrand gab ihm Ratschläge: »Wir müssen danach trachten, uns mehr mit den Regierungen zu befreunden, in deren Ländern die Zivilisation am meisten fortgeschritten ist. Dort sind unsere wahren Familien-Gesandtschaften.« (Und nicht die Vetternwirtschaft der Könige.) »Deswegen müssen wir natürlich England als die Macht betrachten, mit der wir die besten Beziehungen unterhalten sollten. England ist die einzige Macht, die, wie wir, aufrichtig den Frieden will. Die anderen Mächte erkennen irgendein göttliches Recht an, Frankreich und England knüpfen ihren Ursprung daran nicht mehr.«

Der alte Seigneur verdammte das hinfällige Prinzip der Heiligen Allianz. Mit Bezug auf gewisse Regierungen göttlichen Rechts sagt er noch: »Sie stützen ihr Recht mit Kanonen. England und wir stützen die öffentliche Meinung mit Prinzipien. Die Prinzipien lassen sich überall verbreiten, die Kanonen haben eine Reichweite, deren Maß bekannt ist.« [Depesche vom 27. November 1830.]

Das sind die Prinzipien der fortgeschrittensten Länder Europas im 19. Jahrhundert. Talleyrand konnte sich glücklich schätzen, sie in London zu verteidigen, umgeben von einem Volk, das sie am besten begriff.

In London konnte Talleyrand sagen: »Ich habe ein bißchen Gutes getan, das ist mein bestes Werk«

Talleyrand erreichte weder den ewigen Frieden noch die endgültige Allianz mit England, aber er bewahrte den Frieden in Europa, schuf die Grundlagen der Entente cordinale und setzte sich für die Unabhängigkeit Belgiens ein.

Für den Frieden in Europa und die Zukunft der Juli-Monarchie war die belgische Affäre die bei weitem gefährlichste.

In Wien hatte sich Talleyrand gegen eine Annexion Belgiens durch Holland ausgesprochen. Der Aufstand der Belgier gegen ihre Unterdrücker, der am 25. August begonnen hatte, überraschte ihn deshalb nicht. Allerdings versetzten die Belgier, indem sie sich mit bewaffneter Hand gegen die holländische Herrschaft erhoben, dem auf dem Wiener Kongreß entworfenen europäischen Gebäude einen tödlichen Schlag. In allen Hauptstädten herrschte Aufregung, im Lager der Heiligen Allianz regierte die Furcht, bei den revolutionären Parteien kam es zu Freudenausbrüchen. In Paris forderten die Republikaner ohne Unterlaß und ohne Umschweife die Annexion Belgiens. Da die Trikolore über Paris wehte, sollte sie auch über Brüssel wehen; auf diesem Wege würde es zu einer europäischen Koalition kommen. Zwei Länder vor allem reagierten besonders empfindlich auf den durch die Belgier geschaffenen neuen Zustand: Preußen fürchtete, Frankreich würde sich wieder am Rhein festsetzen, und England fürchtete, Frankreich in Antwerpen zu sehen.

Mit diesen Problemen mußte Talleyrand sich in London herumschlagen.

Unverzüglich beteuerte er die Gültigkeit des Prinzips der Nichteinmischung und konnte die Engländer von seiner Aufrichtigkeit überzeugen – ob seine Verleumder es glauben wollen oder nicht. Die Engländer vertrauten ihm, und sie taten recht daran. Wellington und Talleyrand machten den Vorschlag, eine europäische Konferenz zur Regelung der belgischen Frage einzuberufen. Damit wurde bereits anerkannt, daß Belgien existierte. Nun mußte der Konferenzort festgelegt werden. Nach längerem Hin und Her wurde London bestimmt. Talleyrands Feinde warfen ihm vor, er habe sich nicht genug für Paris eingesetzt. Er hatte gute Gründe, in London zu bleiben. Einerseits hielt er damit die Konferenz außerhalb des Intrigenbereichs Pozzo di Borgos, das heißt Rußlands, unter dessen Einfluß Molé geraten war, andererseits waren in London keine Straßendemonstrationen zu befürchten, mit denen in Paris ein Druck auf die Sitzungen ausgeübt worden wäre. Schließlich konnte sich in London Wellingtons und Talleyrands friedfertiger und maßvoller Einfluß besser durchsetzen. Im Grunde kam es auf diese beiden Männer an, die entschlossen waren, sich zu verständigen.

Am 4. November erschien der Fürst nicht, wie bei früheren Gelegenheiten, mit einem Gefolge von aktenbeladenen Sekretären und Ratgebern auf der Konferenz, sein Gesichtsausdruck war weder hochmütig noch starr, nicht einmal gewichtig, er sah aus wie ein Gentleman, der sich in seinen Klub begibt, wo er mit anderen Gentlemen zusammentreffen will. Mit ihnen kann er verbindlich über komplizierte und ernste Fragen reden, die durch Zuvorkommenheit und das wohlverstandene Interesse eines jeden klarer und weniger lastend werden. Verbannt werden mußten aus diesen Zusammenkünften die Redseligkeit, die Eitelkeit und der Nationalismus, kurz gesagt, die Dummheit.

Schon mit dem ersten Satz schuf Talleyrand die Atmosphäre für die Verhandlungen: »Ich spreche hier nicht mit der Stimme des diplomatischen Frankreichs, es gibt kein diplomatisches Frankreich mehr. Ich bin nur ein Mann mit einiger Erfahrung, der sich zu alten Freunden setzt, um mit ihnen über allgemeine Fragen zu plaudern.«

Schon am ersten Tag erreichte er die Einstellung der kriegerischen Handlungen zwischen der holländischen Armee und den belgischen Aufständischen. Beide Seiten blieben in ihren Stellungen, und das kam einer Anerkennung Belgiens als eines unabhängigen Staates gleich. Nun mußte die Frage gelöst werden, welchen Souverän der neue belgische Staat bekommen sollte. Louis-Philippe selbst schrieb an Talleyrand, um ihn zu informieren und ihn zu bitten, die in London versammelten Vertreter der Nationen zu informieren, daß er für seinen Sohn, den Herzog von Nemours, auf die Krone verzichte, die dem jungen französischen Prinzen vom belgischen Volk angeboten worden war. Nachdem Talleyrand das Schreiben gelesen hatte, schrieb er an Mademoiselle: »Ich bin zutiefst berührt von der großen Einsicht und dem tiefen Wissen um die Dinge, von denen das Schreiben geprägt ist.« Der König und sein Gesandter waren sich völlig einig. Die Klugheit und der Wille zum Frieden erforderten dieses Opfer.

Louis-Philippes Regierung schickte einen höchst bemerkenswerten Boten zu Talleyrand: den Grafen von Flahaut. Er war der Überbringer geheimer Instruktionen. Welche Gedanken mochten Talleyrand durch den Kopf gehen, welche Erinnerungen an die Vergangenheit tauchten auf, als sein Sohn vor ihm stand? Wie stets bewahrte er Schweigen – bis auf eine vage, kaum wahrnehmbare Andeutung: »Man hatte aufgrund der wohlwollenden Protektion, die ich Herrn von Flahaut zu Beginn seiner Karriere (zur Zeit des Kaiserreichs) gewährt hatte, gemeint, daß mir seine Anwesenheit unter den gegenwärtigen Umständen angenehm sein könnte.«

Leider war das Gegenteil der Fall. Der Plan, dessen Überbringer Flahaut war, erschien Talleyrand unvertretbar, den Interessen Frankreichs entgegengesetzt, ungerecht in sich und unannehmbar für mehrere europäische Nationen. Außenminister Sebastiani war der Urheber folgender Idee: Belgien sollte in drei Teile gerissen werden, ein Teil sollte an Holland, einer an Preußen, einer an Frankreich fallen. Diese Salami-Diplomatie lehnte Talleyrand rundweg ab.

Nikolaus I. hatte Talleyrand den Vorschlag gemacht, ganz einfach seine Kosaken zu schicken, um die Belgier zur Ordnung zu rufen. Zum Glück begannen die Polen am 29. November mit einem Aufstand. Den Belgiern kam die russische Befriedungsaktion in Polen zugute.

In London kam es zu einer Regierungsumbildung: auf den Tory Wellington folgte ein Whig, Lord Grey. Talleyrand war auch mit Lord Grey freundschaftlich verbunden, sie stimmten in allem überein. Am 20. Dezember ließ Talleyrand, von Grey unterstützt, über ein Protokoll abstimmen, das sich mit dem zukünftigen europäischen Gleichgewicht befaßte und nebenbei die Worte »Unabhängigkeit Belgiens« enthielt. Die größte Schwierigkeit war, die Unterschrift des russischen Delegierten zu bekommen, doch schließlich gelang es. Das Jahresende war in Sicht, und die Konferenz versandete allmählich. In Paris wechselten die Regierungen ständig, die Opposition wurde stärker. Louis-Philippe hätte die Konferenz in London gern mit einem sichtbaren Erfolg beendet gesehen, und wenn möglich, schnell. Vermutlich meinte er, er könne die Entscheidung beschleunigen und sandte daher Flahaut ein zweitesmal mit dem Projekt der Zerstückelung Belgiens nach London. Im geheimen beauftragte er ihn, die Angelegenheit selbst zum Abschluß zu bringen. Auf den ersten Blick erriet Talleyrand, daß ihn Flahaut »doublieren« sollte. Die Stimme des Bluts schwieg, es herrschte Feindseligkeit. Kategorisch lehnte Talleyrand jede Idee einer Teilung ab. Am 20. Januar 1831 brachte er durch eine Abstimmung den berühmten Artikel 5 durch, der die immerwährende Neutralität Belgiens und die Unverletzlichkeit seines Staatsgebiets garantierte.

Talleyrand teilte Sebastiani das Ergebnis mit und wies auf die Länge und die Schwierigkeiten der Debatten hin. Die letzte Sitzung hatte achtundeinehalbe Stunde gedauert. Talleyrand war froh über den Erfolg, aber auch erschöpft. Er legte die günstigen Folgen dieser Abstimmung für Frankreich und Belgien dar, das nun »in der gleichen Situation wie die Schweiz war«. Der Wiener Kongreß hatte »aus Haß auf Frankreich« das Königreich der Niederlande bis an die französische Nordgrenze vorrücken lassen; es waren Befestigungen angelegt worden, die jetzt geschleift wurden. »Die dreizehn Festungen in Belgien, durch die unsere Nordgrenze unaufhörlich bedroht war, fielen sozusagen als Folge dieses Beschlusses.«

In Talleyrands Augen war das eine Revanche für 1815, es war eine Revanche nach seinem Geschmack: sie wurde durch friedliche Verhandlung erlangt. An Mademoiselle schrieb er: »Der gestrige Tag gehört zu jenen, die, wie mir scheint, einen guten Platz in meinem Leben einnehmen.« Louis-Philippe war begeistert über den Artikel 5, er nannte ihn »eine große Tat des Herrn von Talleyrand«. Paris aber steckte voller Unzufriedener, »die Krieger« sahen sich um den Krieg gebracht, »die Patrioten« um Eroberungen.

In London feierte man den Sieger. Der Lord-Mayor gab zu Ehren des Siegs der Einsicht und des Friedens ein großes Diner. Talleyrand war unter den Tafelgästen der einzige Nichtengländer. Er brachte einen Toast auf die Union der beiden Länder aus, die »das seltene Glück haben, Europa das Schauspiel der Freiheit zu bieten, die geschützt ist durch das Gesetz und verbürgt durch die Beliebtheit ihrer Souveräne. Die Herrscher sind sich der Vorteile des Friedens bewußt und vereinigen ihre Bemühungen, um ihn zu erhalten.«

Ihm wurde eine Ovation dargebracht, seine Worte ernteten donnernden Applaus. Hier war er verstanden worden.

Preußen verletzte später die belgische Neutralität, was aber nicht bedeuten kann, daß Talleyrands Werk nichts taugte, wie oft behauptet wurde. Aber es gab Leute – eben jene, denen Talleyrand mißtraute –, die nur eine einzige Verhandlungsform gelten lassen, nämlich eine von Bajonetten und anderen Waffen diktierte.

Um die belgische Angelegenheit zum Abschluß zu bringen, mußte noch der feierliche Verzicht des Königs der Franzosen auf den belgischen Thron ausgesprochen werden. Das geschah am 17. Februar 1831 in den Tuilerien in Anwesenheit der belgischen Abgesandten, die den Herzog von Nemours, Louis-Philippes Sohn als Herrscher haben wollten. Wiederum wurde Talleyrand vorgeworfen, er habe die Interessen Frankreichs schlecht wahrgenommen. Er sah weiter als die übereifrigen Patrioten. »Belgien kommt vielleicht einmal zu uns, aber später«, schrieb er an die Fürstin von Vaudémont, »heute ist das von zweitrangigem Interesse. Zwangsläufig kommt es auf Frankreich zu, aber Frankreich kann nur etwas Gutes und Sicheres tun, wenn es sich unter die großen Nationen begibt, die es heute dazu auffordern.«

Nur wenn der Frieden gewährleistet war, konnte Frankreich seinen Platz im Kreis der großen Nationen wieder einnehmen, aus dem es seit dem napoleonischen Abenteuer ausgeschlossen war. Nach fünfzehn Jahren mißtrauischer Beobachtung wurde Frankreich wieder gerufen, und deswegen war jetzt nicht der Moment, sich in die Eroberung Belgiens zu stürzen.

Schließlich wurde am 4. Juni 1831 Leopold von Sachsen-Koburg vom Kongreß zum König der Belgier gewählt. Talleyrand war erleichtert und hoffte, wie alle Welt, daß Belgien nun eine glückliche Existenz beschieden sei. Noch war es nicht soweit. Belgien verlangte Berichtigung im Grenzverlauf. Die Situation verschlechterte sich augenblicklich, es hatte den Anschein, als würde einiger Morgen Land wegen alles in Frage gestellt.

Talleyrand war entsetzt und zudem sehr erschöpft, er verlor die Geduld. Um einen Schlußstrich zu ziehen, kam sogar er selber auf das absurde Zerstückelungsprojekt zurück. Mit Flahaut hatte er sich dieses Projekts wegen überworfen, die Gebietsforderungen der Belgier entmutigten ihn. Seine Sinnesänderung wurde bekannt und rief vor allem in Belgien Feindseligkeit hervor. Mit einemmal vergaß man alles, was er getan hatte, und in Erinnerung blieb nur dieser Stimmungwechsel. Talleyrand hatte sich die Dankbarkeit der Belgier verscherzt und erhielt auch die Schärpe des Leopold-Ordens nicht. Belgien aber bestand, und bestand weiter.

Mit Hilfe seiner englischen Freunde trachtete er, die polnische Frage zu lösen. Zur Zeit des Kaiserreichs und noch auf dem Wiener Kongreß hatte er sich nicht sehr aktiv für die Wiederherstellung des unglücklichen Landes eingesetzt. Doch unter dem Einfluß der Gräfin Tyszkiewicz und Dorothees, die mit dem polnischen Aufstand sympathisierte, kam eine Sinnesänderung Talleyrands zustande. 1830 aber hörten weder England noch Preußen, noch Österreich auf ihn. Rußland konnte in Warschau tun, was ihm beliebte. Talleyrand erkannte jetzt, daß die Fürstin Lieven großen Einfluß auf Lord Grey ausübte. Er konnte ihrem Charme nicht widerstehen. Die Gesandtin des Zaren durfte somit die erste Runde für sich verbuchen. Und Polen verlor sie zugleich mit Talleyrand. Die schreckliche Folge dieses Scheiterns ist bekannt: Warschau wurde verwüstet und in Blut getaucht. In einer Kammersitzung gab Sebastiani diese »Befriedung« mit dem niederträchtigen Wort bekannt: »In Warschau herrscht Ordnung.«

London zu Füßen zu haben ist ebenso anstrengend wie es auf den Schultern zu haben

Sein politischer Erfolg ist nur im Zusammenhang mit seinem gesellschaftlichen und persönlichen Erfolg zu sehen. »Er hatte hier«, schrieb ein englischer Journalist, »alle Welt zu seinen Füßen. Der gesamte englische Adel war auf seine Gesellschaft erpicht, die Diplomaten aller Länder verneigten sich vor ihm.«

Mehr noch als seine diplomatische Arbeit offenbaren sein alltägliches Leben und insbesondere seine Gespräche – zumindest was davon erhalten ist – das Geheimnis dieses erstaunlichen Greises.

Häufig empfing er Lamartine, der im Frühjahr 1831 in London war. Die Beziehungen zwischen dem idealistischsten Dichter des Jahrhunderts und dem so gar nicht romantischen Diplomaten sind recht erstaunlich: sie verstehen sich gegenseitig, sie schätzen und bewundern sich. Kaum ein Mensch ist redlicher als Lamartine gewesen. Er wußte, welchen Haßgefühlen und Verleumdungen Talleyrand seit seiner Jugend ausgesetzt war und daß sie mit den Jahren, den Ehren, den Titeln und dem Vermögen immer stärker geworden waren, aber er wußte auch, welche Dienste er Frankreich geleistet hatte. Talleyrand hatte gespürt, daß hinter dem Dichter ein Politiker verborgen war, wovon Lamartine selber nichts wußte; er wollte ihn auf die Seite Louis-Philippes ziehen. Lamartine lehnte ab, er berief sich auf die Treue, mit der er der Legitimität anhing. Talleyrand vermutete andere Gründe, und eines Abends nach dem Diner sagte er dem Dichter Worte von prophetischer Bedeutung: »Ich glaube Sie zu verstehen. Sie wollen sich für etwas Umfassenderes aufsparen und etwas Größeres als die Ersetzung eines Onkels durch einen Neffen auf einem Thron ohne Fundament. Sie werden das erreichen. Die Natur hat Sie zum Dichter gemacht, Die Dichtung wird Sie zum Redner, Taktgefühl und Besonnenheit werden Sie zum Politiker machen.«

Er sah den Lamartine des Jahres 1848 vor sich. Er als Diener der Juli-Monarchie, die er »einen Thron ohne Fundament« nannte, sah mit erschreckender Klarheit, daß Louis-Philippe sowohl die Legitimität als auch die Unterstützung durch das Volk fehlte. Und Talleyrand unterstützte dieses Regime nur, weil es »im Augenblick« unerläßlich für den Frieden und das Gedeihen des Landes und Europas war.

Auch was er weiter sagte, war seherisch: »Ich kenne die Menschen. Ich bin achtzig Jahre alt. Ich sehe weiter als meine Augen: Sie werden eine große

Rolle übernehmen bei den Ereignissen, die auf dies hier folgen werden.« (Dies, damit war der schon zum Sturz verurteilte Thron Louis-Philippes gemeint.) »Ich habe die Umtriebe an den Höfen erlebt, Sie werden die in ganz anderer Weise eindrucksvollen Bewegungen des Volkes erleben.«

Welche Überlegenheit über seinen alten Kollegen Metternich drückt sich darin aus, der des Glaubens war, er könne die Vergangenheit versteinern lassen, um der Zukunft die Stirn zu bieten. Talleyrand hat bereits eine Vision von den Volksmassen, bei deren kleinstem Beben die Regime gestürzt werden. Von nun an mußte mit dem Volk gerechnet werden: »Lassen Sie die Verse, wiewohl ich die Ihren bewundere. Das ist nicht mehr an der Zeit.« Talleyrand war den großen Rhetoren der Romantik weit voraus. Sie glaubten, im Zeitalter der Dichtung zu leben, während die Maschinenwelt und der Sozialismus sich stetig vor ihren Augen entwickelten. Er ließ vor Lamartine die große Gestalt Mirabeaus erstehen, nicht um die Vergangenheit wiederzuerwecken, sondern um mit dem Hinweis auf diesen damals noch unverstandenen Politiker anzudeuten, wie der politische Mensch künftiger Zeiten aussehen würde. 1830 hatte außer Talleyrand wirklich noch niemand Mirabeau begriffen. Mit seiner erstaunlichen Einfühlungsgabe erfaßte er sogar die Schwäche dieses Politikers: »Er war ein großer Mann, aber ihm fehlte der Mut zur Unpopularität.« Mirabeau war noch zu gut erzogen gewesen, als daß er die moderne Gestalt des Politikers verkörpern konnte: den Volkstribun.

Und dann sprach Talleyrand, was selten vorkam, einmal von sich. Er sprach aufrichtig und einfach, und er hatte einen Dichter gewählt für seine einzigartige Beichte.

»Unter diesem Betracht bin ich mehr Mensch, als er (Mirabeau) es war. Ich überlasse meinen Namen allen Deutungen, allen Beleidigungen der Masse. Man hält mich für unmoralisch und machiavellistisch, aber ich bin nur gleichmütig und ablehnend. Ich habe einer Regierung oder einem Herrscher nie einen ruchlosen Rat gegeben, aber ich gehe nicht mit ihnen unter. Nach dem Schiffbruch sind Steuerleute nötig, um die Schiffbrüchigen zu sammeln. Ich bin kaltblütig und führe sie zu irgendeinem Hafen, einerlei welchem, wenn er nur Schutz gewährt.« Solche Worte erhellen die verschlungenen Pfade einer unvergleichlichen Laufbahn. Er gibt sich keiner Täuschung hin über die Gefühle all jener, die er vor der Anarchie bewahrt hat, vor dem Bürgerkrieg, vor dem allgemeinen Krieg, vor der Zerstückelung und der Besatzung. »In den französischen Zeitungen wird man mich verfluchen. Weiterhin und später wird man mich segnen. Mein Gewissen pflichtet mir bei, und ich beende meine öffentliche Laufbahn aufs beste ... Sie gehören zu der sehr kleinen Zahl von Menschen, von der ich gekannt und erkannt sein möchte.«

Lamartine hat diese Bekenntnisse in seinen »Entretiens familiers de Littérature« festgehalten. Der Schluß ist ebenso erstaunlich wie das vorher

Gesagte. Der Dichter sagte Talleyrand ins Gesicht, daß ihm manche seiner Methoden unredlich erschienen und daß er sie verwerfe. Ohne verärgert zu sein, antwortete Talleyrand: »Für den Staatsmann gibt es viele Arten und Weisen, redlich zu sein. Die meine ist nicht die Ihre, ich weiß es, aber eines Tages werden Sie mich höher schätzen als jetzt. Meine vorgeblichen Verbrechen sind Erfindungen von Dummköpfen. Hat ein geschickter Mensch es nötig, jemals ein Verbrechen zu begehen? Das ist das Hilfsmittel der Idioten in der Politik. Das Verbrechen ist wie das Rückfluten des Meeres, es macht kehrt und ertränkt den Betreffenden. Ich habe Fehltritte begangen, einige sagen Sünden, aber Verbrechen? Pfui.«

Darin ist der ganze Talleyrand enthalten. Das von ihm benutzte Argument, sich von jedem Verbrechen reinzuwaschen, ist erstaunlich – und es ist wahr: Das Verbrechen, wie der Krieg, ist der letzte Ausweg der Dummköpfe, die – da sie weder zu verhandeln noch zu überzeugen vermögen – töten müssen. Einer solchen Dummheit ist Talleyrand nicht fähig. Voltaire hat sich auf ähnliche Weise verteidigt, er erwiderte denen, die ihm nachsagten, er habe niederträchtige Verse verfaßt: »Wie sollten sie von mir sein, da sie schlecht sind?«

Trotz der Erschöpfung wurde Talleyrand durch seine Erfolge bei guter Gesundheit gehalten. Doch auf die Dauer war er den Anstrengungen nicht mehr gewachsen, obwohl Dorothee schrieb, er sei »heiter und ruhig gewesen, habe das Beste erhofft und sei ebensowenig entmutigt wie in den ersten acht Tagen seines Aufenthalts hier«. Dorothee wandte sich an Mademoiselle, um Hilfe zu erbitten: »Seine Erkältung war ein fiebriger Katarrh, der glücklicherweise vorüber ist. Ich wünschte, er könnte die Osterferien benutzen, um etwas Landluft zu atmen, doch ist er leider in diesem Augenblick allein in der Gesandtschaft und kann nicht fort . . .« Es ist kaum zu glauben, daß Talleyrand mit achtundsiebzig Jahren von Büroarbeiten, die er nie in seinem Leben getan hat, überlastet war. Dorothee malt ein düsteres Bild. Talleyrand war von allen Gesandten am schlechtesten mit Mitarbeitern versehen. Die anderen hatten drei Sekretäre. Er keinen. Bresson war abgereist (Talleyrand mochte ihn nicht), de Bacourt, äußerst fähig, war ans Bett gefesselt. (Dorothee vergißt zu berichten, daß sie den liebenswürdigen jungen Bacourt hingebungsvoll zärtlich, aber auch voller Verlangen gepflegt hat.) Schließlich war noch de Laborde vorhanden, der zu nichts zu gebrauchen war. »Somit fallen die gesamten politischen und anderen Aufgaben – sie sind hier vielfacher Art – einzig und allein Herrn von Talleyrand zu. Es ist mehr, als er zu leisten vermag. Ich finde, er sieht schlecht aus, aber sein Eifer und sein Tätigkeitsdrang sind unverändert.« [8. April 1831]

Der diplomatische Himmel in London war inzwischen weniger heiter als zum Zeitpunkt der Ankunft. Lord Palmerston als Kabinettschef brachte »Old Talley« nicht die Bewunderung seiner Vorgänger entgegen. Doch er hörte auf ihn und folgte seinem Rat ... bis zu dem Tag, als ein Karikaturist einen vielbeachteten Kupferstich veröffentlichte, auf dem zwei Personen – sie sahen Palmerston und Talleyrand sehr ähnlich – abgebildet waren. Die Unterschrift lautete: »The lame leading the blind«, der Lahme führt den Blinden. Palmerston als Blinder und Geprellter dargestellt, nahm den Scherz übel auf. Von nun an war das gute Einvernehmen zwischen der englischen Regierung und dem französischen Gesandten gestört. Palmerston machte die Augen auf und sah nur noch die Sünden von Old Talley.

Im August ein neues Sturmzeichen: Belgien wollte Luxemburg annektieren. Talleyrand war bestrebt, den Schlag abzufangen; Holland, besorgt und übereilig, ließ eine Armee in Belgien einmarschieren. Trotz des Artikels 5 wurde Belgien, wenige Wochen nach seiner Geburt, vergewaltigt. Auf Talleyrands Anraten zog eine französische Armee in Belgien ein, die Holländer traten den Rückmarsch an. »Diese Regelung ist mir äußerst unangenehm ... Das alles ärgert mich sehr«, schrieb der Fürst an Madame de Vaudémont.

Am Himmel von London zog ein weiteres Ärgernis auf. Zuviel des Guten zieht manchmal Schlechtes nach sich. Palmerston verhielt sich bereits reserviert. Und im übrigen rief der Einfluß, den Talleyrand ausübte, Eifersucht und gewisse Empfindlichkeiten im Nationalgefühl mancher Engländer hervor. Stimmen erhoben sich gegen ihn, die von der Opposition hinterlistig geschürt wurden, aber auch von den anderen Gesandtschaften, insbesondere von der giftigen Fürstin Lieven. Diese Stimmen drangen auch ins House of Lords, wo es am 29. November 1831 zu einem Skandal kam. Der Marquis of Londonderry griff Talleyrand an, er nannte ihn »den listigen Diplomaten, den Diener von vier Regimen. Wenn man sieht, wie englische Minister, einer nach dem anderen, einen solchen Mann um Rat fragen, empfindet man einen Abscheu, der ganz natürlich ist.« Unverzüglich ergriff Wellington das Wort, um Londonderry zurechtzuweisen. Das war um so verdienstvoller, als der Redner derselben Partei angehörte wie der Herzog, und wie er stand er in der Opposition. »Ich fühle mich verpflichtet zu erklären, daß niemals ein Mann in seinem amtlichen Tun und in seinem privaten Leben so verleumdet worden ist wie die erwähnte berühmte Persönlichkeit.« Das gesamte Oberhaus spendete Wellington Beifall. Lord Holland sprach als nächster, er äußerte sich im gleichen Sinn, er sagte, er kenne Talleyrand seit mehr als vierzig Jahren, und das in einer Zeit, die »reich war an Verleumdungen aller Art. Kein Mensch ist in seinem privaten Leben schändlicher diffamiert und sein öffentliches Tun mehr verkannt sowie fälschlicher dargestellt worden als der amtliche und private Charakter des Fürsten von Talleyrand.« [TM]

Diese im englischen Parlament feierlich ausgesprochenen Worte sollten beachtet werden. Talleyrand hatte Tränen in den Augen, als ihm von den Reden berichtet wurde. »Ich bin dem Herzog sehr dankbar, er ist der einzige

Staatsmann in der Welt, der je Gutes über mich gesagt hat.« Er war für diese Achtungs- und Freundschaftsbezeigungen empfänglicher, als er über die Beleidigungen von Londonderry gekränkt war.

Am 15. November 1831 wurde endlich der Vertrag unterzeichnet, der die belgische Affäre definitiv regelte. Talleyrand hatte geglaubt, sie in zwei Wochen beenden zu können, hatte aber mehr als ein Jahr kämpfen müssen. An Madame de Vaudémont schrieb er am 16. November: »Ich glaube, in den Tuilerien wird man mit Freuden den Kurier empfangen, den ich entsende, um den Vertrag zu überbringen. Es ist der erste, den der König abschließt, und er ist nützlich für Frankreich, dessen Grenze er schützt, und für Belgien, dem er Unabhängigkeit beschert.« Ein paar Zeilen, nicht um sich seines Erfolgs zu rühmen, sondern um den Vertragsinhalt zu erklären.

Der König und Mademoiselle beglückwünschten ihn. Die öffentliche Meinung fand ihren Ausdruck in der Presse, es ergoß sich ein Schwall von Beleidigungen, Spöttereien und niedriger Verleumdung über ihn. Die Legende vom teuflischen Fürsten wurde verbreitet und setzte sich fest. Er wurde als »Proteus mit dem Hinkfuß« oder »Satan der Tuilerien« bezeichnet. In einem Gedicht hieß es: »Republik, Kaiser, König – er hat alles verkauft.« Talleyrand antwortete darauf mit nur einem Satz, der als kleines Meisterwerk der Prägnanz und Verachtung gelten kann: »Der Verfall gebiert Gedichte.«

Während Charles de Rémusat anläßlich eines Aufenthaltes in London schrieb: »Was man über Herrn von Talleyrands Stellung in London erzählt, ist wahr und bleibt eher unter als über der Wahrheit. Diese Stellung ist bewundernswert. Sie ist eine französische Festung«, war halb Frankreich dabei, den das Vaterland schützenden Wall in die Luft zu sprengen. In der Karikatur wurde Talleyrand vor allem als Judas dargestellt, oder als Bischof, der die Messe zelebriert und statt einer Hostie eine Birne zum Himmel hebt – eine Birne, die dem Gesicht Louis-Philippe glich. Zugleich aber wurde der Abtrünnige zum Verteidiger der Jesuiten und der Kongretation gestempelt, die ihn jedoch noch ärger haßten als die Jakobiner.

Niemand hingegen erwähnte, daß Talleyrand es war, der an den neuen König der Belgier schrieb, er müsse die Festungen schleifen, die die Heilige Allianz längs der französischen Grenze gebaut hatte. Die »Patrioten« dachten an Straßenbarrikaden, der »Verräter« dachte an die Sicherheit seines Landes.

Im Januar 1832 wurde ihm Genugtuung zuteil. An seine alte Freundin Madame de Vaudémont schrieb er darüber: »Aus Holland ist eine Antwort eingetroffen. Sie umfaßt vierzig Seiten. Sie können mir glauben, lieber hätte ich vierzig Seiten in Ihrer schlechten Handschrift erhalten, die ich aber ebenfalls liebe, da ich alles liebe, was von Ihnen kommt. Die Schleifung ist festgelegt und zugestanden. Die Frankreich zugefügte Schmach ist getilgt, und die fünfundvierzig Millionen, die diese Festungen die Alliierten gekostet haben, sind verloren ... Adieu, Engel oder Dämon, ich liebe Sie.«

Ohne Aufsehen, ohne weiteren Aufwand als die Kosten für seine Diners, untergrub er den Wiener Vertrag. Er wußte, daß Frankreich mit Geduld und ohne Krieg das wieder bekommen würde, was es verloren hatte. Ein dauerhaftes Regime und wirtschaftliches Gedeihen sollten und mußten daraus erwachsen.

Talleyrand ist entsetzt, als Casimir Périer, der Regierungschef in Frankreich geworden war, aus Hurrapatriotismus Ancona durch eine französische Armee besetzen ließ. Öffentlich tadelte Talleyrand diesen »absurden Feldzug, der gegen jeden Menschenverstand ist«. Tatsächlich flammte das Mißtrauen Europas gegen das kriegerische und eroberungssüchtige Frankreich wieder auf. An seinen Minister schrieb Talleyrand nicht als Gesandter, sondern wie ein Souverän: »Ich flehe Sie an, lassen Sie uns diese Ancona-Affäre beenden und wälzen Sie die Verantwortung dafür auf einige Untergebene ab, die zu sehr an revolutionäre Zeiten gedacht haben.« [22. März 1832]

Im Mai erbat der Greis, der Tag und Nacht auf dem Posten war, einen Urlaub, um nach Frankreich reisen zu können. »Ich muß an meine Beine, an meine Augen denken, ich muß mich um meine persönlichen Angelegenheiten kümmern«, schreibt er an seine alte Freundin und teilt ihr dabei auch politische Überlegungen mit. Er beklagt die Kleinmütigkeit des Regimes, weil ein Freund nicht zum Pair ernannt worden ist. Die Regierung hatte Angst, den Legitimisten zu mißfallen: »Anscheinend fürchtet man den Faubourg sehr, wo doch überhaupt keine wirkliche Macht vorhanden ist. Aus der Ferne kann man Mitleid haben mit dieser Uferseite.« Weder politische noch wirtschaftliche Macht; übriggeblieben von der Legitimität war nur noch die Sehnsucht nach ihr.

In einem anderen Brief spricht er von seinen Befürchtungen für die Zukunft. Die übrigen europäischen Nationen wollen Frankreich und England unbedingt auseinanderbringen. Gelänge es ihnen, wäre das Ende der Juli-Monarchie gekommen. Mit den Ultras auf der einen Seite und den Revolutionären auf der anderen würde Frankreich wieder einmal in gewagte Abenteuer stürzen. »Ich glaube, dieser Brief wird im Feuer Ihres Kamins besser aufgehoben sein als in Ihrer Schublade. Bitte schreiben Sie mir: Ich war gehorsam.« Die Fürstin von Vaudémont war nicht gehorsam.

Im Lauf des Jahres 1831 tauchten wieder Schemen auf. Talleyrand verscheuchte sie nicht: die Königin Hortense, jetzige Herzogin von Saint-Leu, ließ um einen Paß bitten. Liebenswürdig gewährte er ihn der Mutter seines eigenen Enkels Morny. Als Vermittler war Montrond tätig. Talleyrand hätte Hortense gern empfangen, wenn sie den Wunsch geäußert hätte. Er hatte auch nicht abgelehnt, die Brüder Napoleons, Lucien und Joseph, zu treffen. Er gab eine ganz einfache Erklärung dazu: er empfinde dem Kaiser gegenüber Dankbarkeit, habe aber seine Meinung hinsichtlich der Gefahr, die er für Frankreich und Europa darstellte, nicht geändert. Dies alles, sagte er, »hat keinen Einfluß auf meine politischen Auffassungen«, und hinzufügen hätte er können: auf die Höflichkeit, die er den Mitgliedern der Familie Bonaparte schulde.

Charles de Rémusat kam eigens nach London, um Talleyrand den Vorschlag zu unterbreiten, die neue Regierung zu bilden. Rémusats Freunde, die Doktrinäre – oder Freunde des »Juste milieu« [der ausgewogenen Mitte] – hatten ihn geschickt, um den alten Fürsten zur Übernahme zu bewegen. Am 25. Mai 1832 schrieb Madame de Dino: »Herr von Talleyrand ist zu fest entschlossen, keiner Regierung mehr anzugehören, als daß er in diesem Punkt wankend werden könnte.«

Obwohl Rémusat, Royer-Collard, Guizot und ihre Freunde ihn drängten, lehnte Talleyrand ab: »Ich antworte darauf ruhig und gelassen, wie man es tut, wenn man in seinem Entschluß unerschütterlich ist.« Allerdings hatte der König selbst sich nicht an ihn gewandt.

Als sein Urlaub bewilligt war, verließ er London am 20. Juni 1832. Sogar Palmerston schrieb ihm: »Pflegen Sie Ihre Gesundheit, erholen Sie sich schnell von den Anstrengungen der Konferenzen und kommen Sie bald zurück, vor allem aber: kommen Sie zurück.«

Fürchtete Palmerston, der Aufbruch könnte endgültig sein? Seine Furcht war nicht grundlos. Talleyrand war müde. In Paris waren die bösen Zungen am Werk. Über die Rückkehr des Fürsten waren die gehässigsten Deutungen im Umlauf: Es wurde gesagt, er käme, um die Macht zu ergreifen, sich mit Gold vollzustopfen und das Regime zu verraten. Er selber sagte: »Man muß mich für sehr töricht halten, wenn man meint, ich hätte den Wunsch, mir die Ministerpräsidentschaft aufzubürden. Ich will mir in der Rue Saint-Florentin kein Höllenspektakel aufladen.«

Er tat nur das, wozu er gekommen war: er fuhr zur Behandlung seiner Beine nach Bourbon-l'Archambault. Und »um frühzeitig ins Bett zu gehen« (wahrscheinlich um zwei Uhr nachts anstatt um vier), »um nur das Notwendigste zu essen und um nicht gezwungen zu sein, auch nur ein Wort von irgendeinem allgemeinen Interesse aussprechen zu müssen.«

Denn in London wie in Paris hatte man bestimmte Aussprüche von ihm dazu benutzt, Gebirge von Doppeldeutigkeit daraus zu machen. So erzählte zum Beispiel die Fürstin Lieven von einer Unterhaltung, die sie mit Talleyrand gehabt habe. Bei einer Abendgesellschaft habe sie ihn, allein in einer Ecke sitzend, seinen Kaffee trinken sehen. Man fragt sich, warum er allein war, da alle Augenzeugenberichte vermerken, er sei stets von einem Kreis von Neugierigen und Bewunderern umgeben gewesen. Die listige Gesandtin sei zu ihm gegangen und habe ihn keck ermuntern wollen: »Nun, Fürst, unterhalten Sie mich, erzählen Sie mir etwas!« Und gleich kam sie auf ein brennendes Thema: »Sprechen wir über unsere beiden Armeen. Was denken

Sie darüber?« (Es handelte sich um die holländische Armee, die in Belgien eingefallen war, und um die französische, die dann das gleiche getan hatte.) Über das, was Talleyrand für Belgien getan hatte, habe sie sich lustig gemacht. »Sie haben sich große Mühe gegeben für etwas, das nicht von Dauer sein wird.« – »Ach, meinen Sie!« sagte Talleyrand. – »Und Sie, mein Fürst?« – »Ich hoffe es.« – »Was, Sie hoffen wirklich, daß Ihr belgisches Königreich und Ihr König der Belgier . . .« – »nicht von Dauer sein werden«, unterbrach er sie. »Sehen Sie, das ist keine Nation. Auch zweihundert Protokolle machen niemals eine Nation daraus. Dieses Belgien wird nie ein Staat sein, das kann nicht halten.«

Diese Äußerungen sind unglaubwürdig. Er soll nach all den Anstrengungen zugegeben haben, daß sein Werk nichts tauge, und noch dazu der Person gegenüber, die ihn am hartnäckigsten bekämpft hatte, von der er genau wußte, daß sie seine schlimmste Feindin war?

Die Fortsetzung des Gesprächs ist noch verblüffender. Der »naive« Talleyrand soll unter den geschickten Händen der Fürstin schließlich zugegeben haben, daß Preußen ein Stück von Belgien bekommen würde, Holland das größte, Frankreich ein ganz kleines . . . »Und wer noch?« habe die Fürstin gefragt, um den Harmlosen zum Weitersprechen zu ermuntern. »Und wer noch?« habe der Fürst wiederholt. – »Nun, etwas für England: Antwerpen zum Beispiel.« Sie berichtet, daß Talleyrand nun wütend geworden sei, er habe mit der Faust auf den Tisch geschlagen und mit seinem Stock auf den Boden gestampft. Der ganze Salon sei auf den Lärm hin zusammengelaufen, und Talleyrand habe geschrien: »Antwerpen! Antwerpen an England! Wissen Sie, daß es empörend ist, was Sie da sagen! England auf dem Kontinent? Madame, solange Frankreich bestehen wird, so klein es auch sein mag, auf dem Kontinent wird es und kann es kein England geben. Ich bin empört. Das ist abscheulich!« [Briefe und Papiere von Nesselrode]

Dann habe die Fürstin gesagt, es sei nur Scherz gewesen, und Talleyrand habe gute Miene zum bösen Spiel gemacht.

Was ist von diesen Angaben zu halten? Von den vielen Leuten, die anwesend waren und Zeugen des Zorns und der Schmähungen gegen England wurden, soll keiner einen Bericht gegeben haben? Wurde die englische Presse nicht unterrichtet? Und Dorothee hat nicht eingegriffen? Es handelt sich um eine Montage der Vertreterin des Zaren, die Talleyrand mit seinen englischen und belgischen Freunden entzweien wollte.

In Bourbon war er solchen Gefahren nicht ausgesetzt, doch war der Aufenthalt nicht sehr erfreulich. Er war allein dort, Madame de Dino war nach Rochecotte gegangen. In seinem Wohnzimmer erlitten zwei Personen einen Schlaganfall. Das beeindruckte ihn sehr. Schließlich kam er noch zu Fall und zog sich »eine starke Erkältung zu, derentwegen ich gestern ein Brechmittel nehmen mußte. Soweit ist es mit mir gekommen«, schrieb er am 14. August 1832 an Royer-Collard.

Zu allem Unglück wütete die Cholera in Paris. Es war ein Massensterben. Im Lauf des Sommers griff die Epidemie auf die Provinz über. Im August war sie bis auf fünfzehn Kilometer an Valençay herangekommen. Talleyrand war Ende August bei seiner Nichte. »Die Luft in Rochecotte ist so gut, daß sie fast ein Heilmittel ist«, schrieb er. Er beabsichtigte, seinen Posten in London im Oktober wiedereinzunehmen. Den Gerüchten von einer Revolution in Deutschland maß er keine Bedeutung bei: »Fünf Sechstel des deutschen Volks wollen sie nicht.« Er kannte den Charakter der Nationen besser als die Informanten der Regierung, die alle Nachrichten aufbauschten und entstellten, um die Regierung in Schrecken zu versetzen und die Öffentlichkeit zu erregen. Um die Kriegstreiber zum Nachdenken zu bringen, wies er auf die prekäre militärische Situation Frankreichs hin ... »Wien, Berlin und Sankt Petersburg können in zwanzig Tagen vierhunderttausend Mann aufstellen.«

Wer sollte Frankreich dann retten?

Der Aufenthalt in Rochecotte verlief höchst erfreulich. An Bacourt, der während seiner Abwesenheit in London die Geschäfte der Gesandtschaft führte, schrieb er: »Madame de Dino geht es nicht schlecht, sie erholt sich, und ich selber glaube, mehr Kräfte zu haben. Ich schlafe auch besser.« [10. September 1832]

Als er am 14. Oktober wieder in London eintraf, warteten bereits Unannehmlichkeiten auf ihn.

Jeder Neubeginn bringt Verdruß mit sich

Die renitente Haltung des Königs von Holland verhinderte die endgültige Regelung der belgischen Frage. Er weigerte sich, Antwerpen zu räumen. Trotz der vertraglichen Abmachungen saß er dort seit zwei Jahren fest. Ihn in der Hafenstadt zu lassen, wäre einer Nichtanerkennung Belgiens gleichgekommen.

Das konnte Talleyrand nicht dulden. Er, der stets für Nichteinmischung eingetreten war, wurde jetzt zum Wortführer einer Intervention, die sich gegen Holland richten sollte.

Es konnte nicht ausbleiben, daß über die angebliche Unwandelbarkeit der Prinzipien Talleyrands gewitzelt wurde. Er maß jedoch jede Angelegenheit, jede Frage anhand der gegebenen Tatsachen. In diesem Fall hielt er es im allgemeinen Interesse und für die Zukunft des Friedens für unerläßlich, den Vertrag in Anwendung zu bringen. Damit verleugnete er seine Grundsätze nicht, sondern verteidigte sie gegen jene, die sie nicht respektierten. Zu allen Zeiten ist der Frieden auch mit den Waffen errungen worden. Ein Engländer mit trockenem Humor fragte Talleyrand ernsthaft, was er von der Nichteinmischung halte. Ebenso ernsthaft gab Talleyrand zur

Antwort: »Nichteinmischung ist ein metaphysisches und politisches Wort, das ungefähr dasselbe bedeutet wie Einmischung.«

Palmerston unterstrich die französisch-englische Solidarität. Ein englisches Geschwader blockierte die Küsten von Holland, eine französische Armee belagerte Antwerpen. Der König von Holland räumte die Stadt und übergab sie am 23. Dezember 1832 an Belgien. Jetzt erst war Belgien wirklich Herr im eigenen Haus, und Talleyrand hatte Europa die Wirksamkeit eines anderen seiner aus dem Jahr 1792 stammenden Prinzipien vor Augen geführt: Wenn Frankreich und England vollkommen solidarisch waren, herrschte Frieden in Europa. Einer augenfälligen Demonstration ihrer Entente war es gelungen, dem Vertrag Geltung zu verschaffen. Das mondäne Leben nahm wieder seinen Lauf, mit kleinen Dramen und Komödien, mit Annehmlichkeiten und Widerwärtigkeiten.

In jenem Winter erwuchsen Talleyrand und seiner Nichte Mißhelligkeiten durch die Umtriebe des Ehepaars Flahaut. Talleyrand sagte dazu: »Heute müßte ich mich selbst für einen Dummkopf halten, wenn ich alles, was ich über dieses Paar sagen höre, als Verleumdung zurückweisen würde.« Besonders die Gräfin von Flahaut tat sich gegen ihren »Schwiegervater« hervor, denn sie war von ihm enttäuscht. Sie hatte sich der Illusion hingegeben, ihn während seines Urlaubs in der Gesandtschaft vertreten zu können. Den Auftrag bekam jedoch Bacourt, er wußte über alle laufenden Geschäfte Bescheid und war vertraut mit Talleyrands Denkweise; noch besser kannte er die Gedanken von Madame de Dino. Außerdem war er die Redlichkeit in Person. Er war der richtige Mann. So mußte London auf die Repräsentation der Flauhauts verzichten, Frankreich auf ihre Dienste, und sie selbst auf die Befriedigung ihrer Eitelkeit. Talleyrand war gezwungen, sie sich vom Leibe zu halten.

Palmerston verhielt sich kaum weniger unfreundlich Talleyrand gegenüber. Wenn Talleyrand politischer Angelegenheiten wegen zu ihm käme, erzählte er, warte Montrond im Wagen vor dem Haus, bis Talleyrand ihm letzte Informationen bringe, aufgrund deren er sogleich an der Börse spekuliere. Das ist durchaus wahrscheinlich. Aber immerhin war es Palmerston selbst, der diese »Tips« gab.

Noch ein Gespenst tauchte auf. Der unheimliche Maubreuil hatte, als er 1829 aus dem Gefängnis kam, einen neuen Prozeß gegen Talleyrand angestrengt. 1832 kam es zur Verhandlung. Aufsehen erregte der Prozeß nicht. »Es wird mit einer Zurückweisung enden«, sagte Talleyrand. »Im übrigen stört und ärgert es mich nicht.« Maubreuil wurde mit seiner Klage abgewiesen und zur Zahlung der Gerichtskosten verurteilt. [Maubreuil ist als Persönlichkeit so merkwürdig, daß sein weiteres Leben eine knappe Beachtung verdient. Er war völlig mittellos, besaß aber einige Schlauheit. Auf irgendeine Weise verschaffte er sich eine Staatspension, Guizot hob sie wieder auf, Napoleon III. zahlte sie ihm wieder. Unter dem Namen Marquis d'Orvault verheiratete er sich 1866, im Alter von zweiundachtzig Jahren, mit einer Dame namens Schumacher, die zahlreiche intime Beziehungen hatte. 1867 beschäftigte sich die Justiz erneut mit Maubreuil. Seine Gattin, die Marquise, war das Opfer eines Mordversuchs geworden. Das Paar lebte dürftig in einem möblierten Haus im 18. Arrondissement. Er starb 1869, die Marquise folgte ihm erst 1910. Ihr Leichenbegängnis war sehr viel prunkvoller als das seine. Sie besaß eine luxuriöse Wohnung in der Rue de Rivoli und eine Kutsche. Was war inzwischen geschehen? Zu ihrem Universalerben setzte sie das Institut Pasteur ein (eine Million im Jahr 1910). So zollte sie der Tugend ihren Tribut.]

Der Tod der Fürstin von Vaudémont erschütterte Talleyrand zutiefst. Als die traurige Nachricht eintraf, war Montrond bei Talleyrand und wurde Zeuge eines unerwarteten Schauspiels: Talleyrand brach in Tränen aus. »Ich habe«, schrieb der Fürst, »eine Freundin verloren, mit der ich seit fünfzig Jahren verbunden war. Kennengelernt hatte ich sie bei ihrer Schwiegermutter, der Gräfin von Brionne, bei der ich die angenehmsten Jahre meiner Jugend verlebt habe.«

Wen beweinte er? Die durch ihre Herzensbildung, ihren Geist und ihre Lebensart überragende Freundin? Sicherlich, er hat sie innig geliebt. Wenn er mit ihr zusammen war, genoß er das einfache Glück, die Artigkeit und die stille Fröhlichkeit, die aus uneingeschränktem Vertrauen erwächst. Er beweinte sie, das ist sicher, aber er beweinte auch sich selbst, denn mit ihr ging ein Stück seiner selbst dahin. Mit ihr entschwand die wundervolle Erinnerung an eine strahlende Zeit, an eine Welt aus Seide, eine Welt, die 1775 zwanzig Jahre alt war.

Nach der Fürstin starb Dalberg. Sein Tod traf Talleyrand hart, der Kummer verging nicht; noch zwei Jahre danach war der Schmerz nicht abgeklungen.

Das mondäne und diplomatische Leben war nur noch eine brillante Fassade auf dem Hintergrund unheilbarer Melancholie. Talleyrand war vom Tod eingekreist. Niemand vermochte jedoch auf seinem Gesicht oder in seinem Benehmen die geringste Spur von Hoffnungslosigkeit zu erkennen. Niemand bemerkte, wie er sich von der Welt löste: er blieb unverändert. Nie waren seine Diners prachtvoller, nie hatten sie so häufig stattgefunden; seine Empfänge waren großartiger denn je, am Spieltisch war er kühner und einsatzfreudiger denn je. Sein Hinken war stärker und schmerzhafter geworden.

Während jenes Winters wohnte Mérimée in London und war ein ständiger Besucher in der französischen Gesandtschaft. Die Skizzen, die er dort entwarf, sind ungeheuer lebendig. In einem Brief vom 1. Dezember 1832 schreibt er an einen Freund, der ihm einen Empfehlungsbrief an Talleyrand mitgegeben hatte: »Die Einführung hat bereits stattgefunden, aber Ihr Brief verschafft mir das Vergnügen, diesen wahrhaft ungewöhnlichen Mann öfters zu sehen. Ich kann die tiefe Bedeutung dessen, was er sagt, nicht genug bewundern, seine Einfachheit und das ›comme il faut‹ seines Auftretens. Er ist der vollkommene Aristokrat. Die Engländer, die größten Wert auf Eleganz und guten Ton legen, kommen ihm nicht gleich.«

Mérimée mit seinem ironischen Blick und seinem Geschmack für alles Außergewöhnliche ließ sich von dem Schauspiel, das der Fürst inmitten seines Hofes gab, nichts entgehen. »Es gibt nichts Amüsanteres, als ihn zusammen mit den einflußreichsten Mitgliedern des Oberhauses zu sehen, die sich beflissen, fast servil geben.«

Der spöttische Verfasser der Bücher »Carmen« und »Colomba« berichtet auch von einer unwahrscheinlichen Szene. Sie hat sich tatsächlich abgespielt, es gibt weitere Zeugnisse, die aber keineswegs so lebendig sind wie Mérimées Erzählung: »Der Fürst hat eine recht merkwürdige Angewohnheit. Anstatt sich nach dem Diner den Mund zu spülen, wie es in London und Paris üblich ist, spült er sich die Nase, und zwar auf folgende Art und Weise. Man legt ihm eine Serviette aus Wachstuch unter das Kinn, dann zieht er zwei Glas Wasser durch die Nase ein und gibt die Flüssigkeit durch den Mund wieder von sich. Dieser Vorgang spielt sich – nicht ohne eine gewisse Geräuschentfaltung – über einem Buffet ab, zwei Schritt von der Tafel entfernt. Gestern nun wartete das gesamte diplomatische Korps während dieser seltsamen Spülung stehend und mit niedergeschlagenen Augen darauf, daß die Operation zu Ende ging. Hinter dem Fürsten stand Lady Jersey; ihre Serviette in der Hand haltend, folgte sie mit achtungsvollem Interesse dem Weg des Wassers. Am liebsten hätte sie die Schüssel gehalten. Lady Jersey ist die hochmütigste und impertinenteste Frau in ganz England. Sie ist sehr schön, sehr geistreich, sehr gebildet und überdies sehr adlig. Der Fürst muß ein ganz großer Verführer sein, da er so viel Entgegenkommen von ihrer Seite erfährt. ›Das ist eine sehr gute Gewohnheit, mein Fürst‹, hat Lady Jersey gesagt. ›Aber sehr schmutzig, sehr schmutzig‹, hat der Fürst geantwortet. Dann hat er ihren Arm genommen, nachdem er sie fünf Minuten hatte warten lassen.«

Während des Diners sprach man über tausend Dinge, ohne sich über einen Gegenstand lange zu verbreiten oder sich aufzuregen. »Man hat über Politik, Literatur und Küche gesprochen«, sagt Mérimée, »und mir schien, der Fürst war auf allen drei Gebieten den anderen überlegen.« Talleyrand lobte Mérimée, daß er seine Lehrzeit als Schriftsteller mit Geschäften verbinde. Bei dieser Gelegenheit wies er auf ein Vorbild hin, dem er jedoch nicht folgen sollte. Er meinte Chateaubriand und sagte, dieser kenne die Menschen schlecht, erledige auch sämtliche Geschäfte schlecht, sowohl seine persönlichen wie die des Staates, und er beschreibe eine Welt, die nur er allein erlebt habe. Die abschließende Feststellung hat Chateaubriand Talleyrand nie verziehen. Talleyrand sagte: »Chateaubriand schreibt seine Werke mit einer schwarzen Rabenfeder.« Da Talleyrand sich nicht gern mit fremden Federn schmückte, gestand er, das Wort sei nicht von ihm, sondern von Madame Hamelin. Mérimée fügt hinzu: »Ich vermute, es stammt doch von ihm.«

Mérimée befaßte sich auch mit Klatschgeschichten. Er erzählt seinem Briefpartner von den 1832 in London tonangebenden Damen, den Herzoginnen und Gräfinnen und sagt dann: »Da ich gerade beim Thema Huren bin: Als Madame de Dino nach London kam, ging ihr der Ruf voraus, sie gefalle sich in gymnastischen Übungen, was alle Damen schrecklich schokkierte. Sie verkündeten ihre Absicht, Madame de Dino nicht zu sehen, sie zu schneiden, to cut her, wie man hier sagt.«

Durch die folgende Geschichte wird der stille Krieg, der sich hinter dem Rücken des Fürsten zwischen Dorothee und Montrond abspielte, verständlicher. Mérimée: »Montrond, der Ordnung in das alles bringen wollte, nahm Lord Palmerstons Neffen beiseite, einen sechs Fuß großen Burschen, und sagte zu ihm: ›Sie haben keine Mätresse, Sie Tölpel, Sie brauchen eine, und zwar eine berühmte. Ich habe, was Sie benötigen. Nehmen Sie Madame de Dino, aber um sie zu besitzen, muß man Mut haben. Sie müssen folgendermaßen vorgehen: Wenn Sie allein mit ihr sind, schließen Sie die Tür ab, werfen Sie sie auf ein Kanapee oder auf den Teppich, heben Sie ihr die Röcke hoch, und dann das übrige. Aber verlieren Sie vor allem nicht Ihre Zeit mit unnützen Gesprächen.‹ Mein Riese ist durch diese Worte lüstern geworden, läuft geradewegs zu der Herzogin, schlägt ihr das Kleid über den Kopf und beginnt, sie zu bearbeiten. Sie fängt zu schreien an, springt dem Verführer ins Gesicht und prägt ihm ganz deutlich ihre zehn Krallen auf die Wangen. Nach einem kurzen Kampf war der Engländer besiegt, blutend zog er ab, und die Herzogin, als Siegerin auf dem Schlachtfeld, hatte sich den Ruf eines Tugenddrachens erworben.«

In einem Brief vom 21. Januar 1833 kommt Mérimée auf die Unterhaltung mit Talleyrand zurück: »Er war sehr liebenswürdig zu mir ... Er ist ein großes Paket aus Flanell, eingehüllt in einen blauen Frack, und darüber sitzt ein mit Pergament überzogener Totenkopf. Meist ist er sehr geistreich, wobei ich aber bemerkt habe, daß der Geist sich nie über den gesunden Menschenverstand stellt. Ist das nicht selten bei einem Franzosen?« Doch die Liebenswürdigkeit des Fürsten war eigennützig. Er hatte den Besucher für einen Journalisten gehalten, er war mißtrauisch und versuchte ihn zu umschmeicheln. »Deshalb war er unruhig und bemüht, den jungen Tiger zu zähmen, um Tatzenhieben zu entgehen. Er selber gehört zur Rasse der Tiger.«

Die beiden Männer wurden Freunde, und Talleyrand erbot sich, Mérimée Lord Holland vorzustellen. »Es ist die allerhöchste Gunst, vom Fürsten irgendwo eingeführt zu werden.« In der Kutsche, die sie zu Lord Holland brachte, richtete Mérimée die Frage an Talleyrand, ob seiner Meinung nach die Revolution gute oder schlechte Auswirkungen auf die französische Nation gehabt habe. Talleyrand: »Man war zwar zügellos vor der Revolution, aber man hatte Anstand. Man war spitzbübisch, aber man hatte Esprit. Jetzt ist man grobschlächtig zügellos und nur noch spitzbübisch.«

Maxime du Camp, der Talleyrand 1833 in London sah, notiert: »Seine Blässe war totenähnlich, die Unterlippe hing herunter, seine Schultern waren gebeugt; sein Hinken war so stark, daß der Körper bei jedem Schritt von rechts nach links schwankte, als würde er hinfallen.« Dieser Greis indes spielte im Mai 1833 in London den Zeremonienmeister für den jungen Herzog von Orléans, den ältesten Sohn Louis-Philippes und Thronerben. Talleyrands Wunsch war es, die Bande zwischen den beiden Ländern fester zu knüpfen. Außerdem krönte diese Reise – offenkundig für ganz Europa – seine Mission in London. Allerdings verbrauchte er dabei seine letzten Kräfte. Alexis de Saint-Priest, der diesen Besuch miterlebte, schrieb am 16. Mai 1833: »Ich habe nie einen so beachtlichen und so beachteten Mann gesehen. Er braucht keinen Rückhalt von seiner Partei (der Juli-Monarchie), aber er gibt ihr seine ganze Würde, das ganze Gesicht seines eigenen Daseins. Die Juli-Revolution wirkt in Paris manchmal etwas bürgerlich, in London hat sie, dank Herrn Talleyrands, großes Ansehen. Auch Madame Dino spielt ihre Rolle sehr gut in diesem Ensemble.«

Flahaut sollte zur Suite des Herzogs von Orléans gehören, doch Talleyrand schloß ihn, in Erinnerung an die bissigen Äußerungen seiner Frau, aus.

Dieser Besuch verursachte Talleyrand eine ebenso große Erschöpfung wie Genugtuung. Die Genugtuung versickerte in neuem Ärger, die Erschöpfung blieb.

Palmerston ging ihm aus dem Weg, er nahm keine Einladung von Talleyrand mehr an. Holland versetzte Belgien Nadelstich auf Nadelstich, weil es sich mit Belgiens Unabhängigkeit nicht abfand. In früherer Zeit hätte Talleyrand das alles bewältigt. Mit neunundsiebzig Jahren schaffte er es nicht mehr. Im September bat er um seinen Urlaub, er hatte den Hintergedanken, es könne der endgültige sein. Doch weder der König noch der Kabinettschef gingen darauf ein. Zu gut wußten sie, was Talleyrand in London darstellte, als daß sie ihn in den Ruhestand hätten gehen lassen.

Am 26. September war er in Paris. Sein Bruder Archambaud war sehr krank. Dann fuhr Talleyrand nach Valençay, er wollte der Politik entfliehen, dem Druck des Königs und des Herzogs von Broglie, der Premierminister geworden war. Als er im Dezember nach Paris zurückkehrte, fügte er sich ihnen schließlich, er fuhr wieder nach London, aber ohne Begeisterung. Am 13. Dezember 1833 schrieb er an Barante: »Ich kehre für einige Monate nach England zurück. Man glaubt, mehr als ich selber, daß ich dort von einigem Nutzen sein kann: ich füge mich. Madame de Dino reist in zwei Tagen, ich in drei Tagen. Mein Plan ist, im April wieder in Frankreich zu sein und mich im Mai gänzlich zurückzuziehen. Ich habe mehr getan als ich brauchte ...« Der Ruhestand war nicht mehr nur ein geheimer Wunsch. Er betrachtete die innen- und außenpolitische Lage als befriedigend. Er wollte sich und die anderen beruhigen und den Eindruck erwecken, er zöge sich zurück, nachdem alles in Ordnung gebracht war. So konnte er ohne Trauer und Bedauern abtreten.

Während seines viermonatigen Urlaubs hatte, wie beim vorigen, Bacourt die Vertretung in London übernommen. Doch was war geschehen? Der tüchtige Bacourt war nicht mehr tüchtig. Talleyrand war verärgert über ihn und behandelte ihn unfreundlich. Bacourt beklagte sich bei der Herzogin von Dino. Er nannte seine Vertraute nicht »Madame«, wie Talleyrand, sondern »mein Engel, meine hübsche schwatzhafte Elster«. Er erklärte ihr, daß die Rückkehr des Fürsten ihn mit Besorgnis erfülle, er empfinde »ein großes Unbehagen, wieder unter das Joch des schlechtgelaunten Herrn von Talleyrand zu kommen. Sie können mir noch so oft sagen, er sei ein zahmes Schaf geworden, es klafft ein Graben zwischen uns, der nicht zu überbrücken ist«. Daß dieser Konflikt politische oder berufliche Hintergründe hatte, ist nicht anzunehmen, denn Bacourts Verhalten war unanfechtbar. Sollte Talleyrands schlechte Laune von einem Anflug von Eifersucht herrühren? Bei den anderen Liebhabern seiner Nichte hatte er sich nie eifersüchtig gezeigt, am wenigsten Piscatory gegenüber. Doch Piscatory kam und ging wieder, während Bacourt an ihrer beider Leben teilnahm, er wohnte unter dem gleichen Dach. Möglicherweise war der noch immer verliebte Greis, trotz größtem Wohlverhalten, durch tagtägliche, kaum wahrnehmbare Kleinigkeiten verärgert worden ... Doch er fand zu seiner Gelassenheit und Liebenswürdigkeit zurück. Bacourt stand jetzt als Schaf da. Das Trio war wieder in Freundschaft und angenehmer Arbeit vereint.

Während dieses letzten Aufenthalts in London gelang es Talleyrand, Frankreich und England durch einen wirklichen Vertrag fest aneinanderzubinden. »Eine enge Allianz zwischen Frankreich und England war zu Beginn und am Ende meiner politischen Laufbahn mein größter Wunsch. Denn ich bin überzeugt, daß der Frieden der Welt, die Festigung der liberalen Ideen und die Fortschritte der Zivilisation nur auf dieser Grundlage ruhen können.« [TM]

Palmerston verhielt sich abwartend, ohne nein zu sagen. Im April 1834 hing alles noch in der Luft. An gutem Willen fehlte es nicht, doch auch an Intrigen der anderen Hauptstädte nicht, die viele Schwierigkeiten machten. Palmerston schlug Talleyrand vor, Frankreich solle einem Pakt beitreten, den England mit Spanien und Portugal abschließen wollte. Damit sollten die Regierungen dieser beiden Länder gegen unrechtmäßige Thronanwärter abgeschirmt werden. Talleyrand benutzte diesen Umweg, um den Pakt in einen echten Vertrag umzuwandeln, in dem Frankreich nicht mehr nur beitretende, sondern vertragschließende Partei war. Dieser Pakt der vierfachen Allianz wurde am 22. April 1834 unterzeichnet. Das war das letzte Meisterstück Talleyrands. Admiral de Rigny, der neue Kabinettschef in Paris, beglückwünschte ihn und dankte ihm im Namen Frankreichs.

Seine sogenannte Großnichte, die entzückende Pauline, war in London. Sie feierte dort im März 1834 ihre Erstkommunion. Am Morgen erschien sie in ihren weißen Schleiern und erbat den Segen ihres Onkels, der ein bißchen mehr war als ihr Onkel, und überdies Bischof. Paulines Unschuld und Frömmigkeit rührten den alten Mann. Er sagte: »Die Frömmigkeit eines jungen Mädchens geht zu Herzen, der Unglaube, vor allem bei den Frauen, ist eine widernatürliche Sache.«

Im Mai 1834 erhielt er die Nachricht vom Tod La Fayettes, den er nie sehr bewundert hatte, doch war der Fürst, wie Dorothee schrieb, recht bekümmert. »Mit über achtzig Jahren meint man, daß jeder Zeitgenosse ein Freund war.«

Am 18. August setzte er ein letztesmal seinen Namenszug unter einen Nachtrag des Vertrags. Vier Tage danach war er in Paris in der Rue Saint-Florentin. Er stand am Ende seiner Laufbahn. In London hatte er den an einem roten Band befestigten goldenen Schlüssel zu seinem Portefeuille liegenlassen. Er bat seinen Sekretär Colmache brieflich, ihn nachzuschicken. Mit diesem Schreiben nahmen die Beziehungen des Fürsten von Talleyrand zum Haus der französischen Gesandtschaft in London, Hanover Square Nummer 21, im Jahre 1834 ihr Ende.

Wissen, wann man abtreten muß

Der Empfang in Paris war nicht triumphal. Talleyrand wurde mit einer Flut von Beschimpfungen überschüttet, mit den immer gleichen. »La Tribune des Départements« schilderte ihn als »belastet mit den Schändlichkeiten von neun Regierungen, die seit einem halben Jahrhundert über Frankreich hingegangen sind. Ein Verräter an Gott und den Menschen, der sein Leben damit verbracht hat, die Moral zu verschachern, die Gewissen zu verkaufen ...«

Der »Charivari« vom 6. September servierte das gleiche Gericht mit der gleichen Sauce: er behandelte Talleyrand als »Jakobiner« (er war aus Frankreich fortgegangen, um den Jakobinern zu entfliehen), als »Königsmörder« (1793 war er in Amerika), als »royalistischen Verschwörer« (er wurde beschuldigt, den Herzog von Enghien füsiliert zu haben), als »Emigranten« (das trifft nicht zu), als »Minister Blüchers« (obwohl er die Pläne Preußens stets durchkreuzt hat). Über seine Leistungen und Verdienste kein Wort. Daß er sein Bestes für Frankreich getan, ein unabhängiges Belgien geschaffen, die Heilige Allianz auseinandergebracht, den Beistand Englands gesucht und die Freiheit aufrechterhalten hat, alles das fand keine Beachtung. Er mußte geschmäht werden, weil er es fertiggebracht hatte, der von den Legitimisten und den Republikanern verachteten Regierung Louis-Philippes »Bürgerrecht in Europa zu verschaffen«. Frieden, Sicherheit und Frankreichs Ehre hatten in diesem Streit und Haß der Parteien keine Bedeutung. Der »Charivari« stellte die Männer aus den Tuilerien auf eine Ebene mit ihrem Gesandten und schrieb: »Die Schmutzereien jedes einzelnen ballen sich in diesem Menschen zusammen, der keine Schmutzerei ausgelassen hat.«

Nach diesem Brennesselbukett, den die Linke ihm ins Gesicht warf, drückte ihm Chauteaubriand, der christlichste der Legitimisten, die Dornenkrone aufs Haupt: »Bevor seine Mumie in die Krypta gesenkt wurde, war sie eine Weile in London ausgestellt zur Repräsentation des Kadavers von Königtum, das uns regiert.«

Aufgrund solcher Aussagen machten sich viele Franzosen ihre Vorstellung von Talleyrand. Das war alles, was über vier Jahre mühevoller Verhandlungen gesagt wurde, Verhandlungen, deren Ergebnisse ganz Europa bewunderte und den Franzosen neidete. Talleyrand selber war sich dessen, was er war, bewußt, und so wie er sich in seinen Memoiren definierte, sah ihn ganz Europa, mit Ausnahme der Franzosen: »Ich war für dieses Frankreich, das in seiner nationalen Empfindlichkeit so streng ist, was ich stets hatte sein wollen: l'homme de la France.« Der Mann Frankreichs.

Selbst Metternich ließ ihm Anerkennung zuteil werden, der doch Grund hatte, sich zu beklagen wegen der Schläge, die Talleyrand der Heiligen Allianz zugefügt hatte: »Herr von Talleyrand repräsentiert als Mensch und als Geist das ganze und wahre Frankreich, so wie es ist, während die meisten Abgesandten der anderen Länder oft nur Teile ihres Landes vertreten und sehr oft nur sich selbst.«

Es ist bekannt, was sich Talleyrand aus Beschimpfungen machte; sie ermüdeten ihn weniger als die Erfolge, die er in London hatte. Er dachte nur daran, nach Valençey zu fahren, wo Dorothee sich schon befand, um das riesige Schloß für einen langen und bequemen Aufenthalt instand zu setzen. Indes fürchtete sie noch, ihr Onkel könne sich wiederum, sei es durch den König, durch Broglie, aber vor allem durch Mademoiselle, verlocken lassen, nach England zu gehen. Um ihn der Politik zu entreißen, schrieb sie ihm einen langen, sehr überlegten Brief. Sie wollte ihn bestimmen, sich jetzt zurückzuziehen. Sie selbst wollte nicht wieder nach London. Die letzten Monate hatten ihr bewiesen, daß die Gefahren immer größer wurden, daß die Stellung des Fürsten nicht mehr so gefestigt war, kurzum, daß es Zeit war, sich einen guten Abgang zu verschaffen, ehe man gezwungen wurde, abzutreten.

»In der Jugend«, so schrieb sie, »ist jeder Zeitpunkt günstig, um in die Schranken zu treten; im Alter handelt es sich nur darum, den richtigen Augenblick des Abgangs zu finden.«

Sie machte ihm gegenüber kein Hehl daraus, daß es für ihn keine andere Zukunft gebe als die im Urteil der Geschichte: »Sie richtet, wie Sie wissen, das Ende strenger als den Beginn.« Und sehr gut war ihr letzter Satz: »Bezeichnen Sie sich selbst als alt, damit man Sie nicht für zu alt hält. Sagen Sie einfach und würdig vor der ganzen Welt: Die Stunde hat geschlagen.«

Das war eine würdige Sprache, Mut war nötig, um so etwas zu schreiben, und der gleiche Mut gehörte dazu, so etwas aufzunehmen. Beide hatten diesen Mut. Als Dorothee ihren Onkel wiedersah, konnte sie mit Freude feststellen, daß sie beide, wie so oft, einer Meinung waren. Sie brauchten nur noch die Schritte miteinander abzustimmen, die unternommen werden sollten, »um gut aus der Karriere auszuscheiden«. Talleyrand reichte sein Rücktrittsgesuch zuerst beim Außenminister ein. Er brachte vor, den Posten in London in seinem hohen Alter nur zur Durchführung einer bestimmten Mission übernommen zu haben. Da diese zum Besten des Regimes und Frankreichs ausgegangen sei, gäben ihm sein Alter und seine Gebrechlichkeit das Recht, sich zur Ruhe zu setzen. Den Briefentwurf schrieb Dorothee. Talleyrand brachte nur einige Verbesserungen an. Dann wurde er an Royer-Collard gesandt, der eine einzige Wendung änderte. Nun fand Talleyrand den Brief einwandfrei und schickte ihn ab.

Zur gleichen Zeit teilte Dorothee Thiers mit, daß das Rücktrittsgesuch unterwegs sei. Der Schluß ihres Briefes klingt bescheiden: »Wir werden bald vergessen sein, wie es nicht anders sein kann. Unsere wahren Freunde bleiben uns, Sie vor allem, ich weiß es, und ich danke Ihnen dafür.«

Auch an den König schrieb Talleyrand. Er wies mit Genugtuung darauf hin, daß er seine Aufgabe in London gut erfüllt habe, und er schloß: »In seiner nachsichtigen Güte vergißt der König zu oft mein hohes Alter. Er vergißt, daß es einem Achtzigjährigen nicht gestattet ist, die Vorsicht außer acht zu lassen, denn was die im Alter begangenen Fehler so traurig macht, ist, daß sie nicht wiedergutzumachen sind«. [23. November 1834]

Er konnte nicht umhin, auch an Mademoiselle zu schreiben, die so viel für seine Alterskarriere getan hatte. In diesem Brief läßt er die eigentlichen Gründe für seinen Rücktritt erkennen: »Wenn ich meine Tätigkeit, die nun ohne bestimmten Zweck ist, fortsetze, würde ich meinem Land kaum nützlich sein und könnte meiner persönlichen Würde nur schaden.« Im Grunde war dieses letztere Motiv, das auch Dorothee so stark betont hatte, ausschlaggebend gewesen: die Furcht, nicht auf der gleichen Höhe zu stehen wie früher.

In Louis-Philippes Antwort war mehr enthalten als offizielles Bedauern, er wußte, daß er einen Pfeiler seines Regimes verlor: »Ich hoffe sehr, daß Sie so bald wie möglich nach Paris zurückkehren. Mit Ungeduld warte ich darauf, Sie sprechen zu hören und von Ihnen angehört zu werden. Ich bedarf des Beistands Ihrer Erfahrung und vor allem der Ratschläge, die auf der Freundschaft beruhen, die mir so teuer ist. Ich möchte Ihnen wiederholen, wie sehr Sie auf die meine rechnen können und auf die wohlwollenden Gefühle, die ich Ihnen seit langem entgegenbringe.«

Einer von den Ratschlägen, die Talleyrand gab, wurde nicht befolgt. Als seinen Nachfolger in London hatte er de Rayneval vorgeschlagen, den er schätzte. Paris ernannte den alten Sebastiani. Es war ungeschickt und überdies lächerlich, einen hinkenden, aber hellsichtigen Achtzigjährigen durch einen kraftlosen und geistig stumpfen Achtzigjährigen zu ersetzen. Daumier karikierte diesen Unsinn mit seinem sarkastischem Stift. Auf der Straße nach Calais begegnen sich zwei offene Kutschen, deren jede einen auf Kissen ausgestreckten Sterbenskranken transportiert. In der einen ist Sebastiani zu erkennen, der nach Calais fährt, in der anderen Talleyrand, der von Calais kommt. Unterschrift: »Der Schlaganfall auf dem Weg nach London, um die Wassersucht abzulösen.«

Kurz bevor Talleyrand sein Rücktrittsgesuch abschickte, wurde Valençay die hohe Ehre eines Besuchs des Herzogs von Orléans zuteil. Es ist möglich, daß Mademoiselle ihren Neffen gebeten hatte, dem alten Diplomaten diesen gewissermaßen königlichen Besuch abzustatten, um ihn zu einem Verzicht auf den Rücktritt zu bewegen. Belegt ist es nicht. Doch sicherlich hat sich der Thronerbe nicht nur auf den Weg gemacht, um die achtundzwanzig Herrscher in der Gemäldegalerie zu bewundern, mit denen der Fürst im Laufe seines Lebens verhandelt hatte. Ebensowenig, um nur das Schloß von Valençay zu besichtigen, die Gartenanlage, das Wildgehege; auch nicht nur um in dem riesigen herrschaftlichen Wald zu jagen, noch um ein Diner einzunehmen, das mit einer Prachtentfaltung und Etikette veranstaltet wurde, die einem Souverän zukamen. Dem Gastgeber gelang es, den Herzog in noch größerem Maße zu betören als zu ehren. Gezeigt wurden dem Thronfolger die Kirche, die Schule, die Krankenstation, die Apotheke, alles, was man dem gütigen Seigneur von Valençay verdankte. Gezeigt wurden ihm auch die Schmiedewerkstätten und die Strumpfwirkerei, die Talleyrand eingerichtet hatte, um dem Landstrich zu Wohlstand zu verhelfen. Bei dem Besuch hat der Herzog von Orléans sicherlich gestaunt über die Abgüsse der Beine von Talleyrands schönen Freundinnen. Eine besondere Aufmerksamkeit dieses liebenswürdigen Mannes war es, für die Damen des »Serails« Strümpfe nach Maß anfertigen zu lassen. In einer Zeit, in der es für eine Frau unschicklich war, ihre Wade zu zeigen, hat die Ausstellung nackter Beine sicherlich die Neugier des Herzogs erregt, vor allem, da die Originale den berühmtesten Damen des Faubourg Saint-Germain gehörten. Diese Erinnerung an Valençay zumindest nahm der Herzog mit sich, und er hinterließ die Erinnerung an einen aufgeschlossenen und verbindlichen Prinzen.

Um Talleyrand im Dienst halten zu können, bot ihm die Regierung die Gesandtschaft in Wien an. Man war sicher, daß er sich mit Metternich gut verstehen würde. Talleyrand lehnte ab. Er trachtete nur nach einem: »In meiner Höhle zu bleiben und in den Winterschlaf zu verfallen, der mir jetzt einzig angemessen ist.« Viel Bitterkeit liegt in diesen Worten eines Mannes, der immer nur auf der großen Weltbühne gelebt hatte, im Schnittpunkt der bedeutendsten politischen Affären eines unruhigen Jahrhunderts. Das war vorbei: Talleyrand hatte ein für allemal entschieden, daß er von nun an alt sei.

»Die Höhle« des prunkliebendsten Pensionärs des Jahrhunderts

Valençay, diese höchst komfortable »Höhle«, war ein fast königliches Schloß. Talleyrand liebte das Besitztum wegen der zauberhaften Abgeschiedenheit inmitten von Wäldern, wegen der Schönheit des Panoramas und der Aussicht auf die hohen Bäume. Außer landschaftlichem Reiz und häuslichem Luxus fand er dort auch etwas unermeßlich Wohltuendes: er wurde von allen geliebt und verehrt. Selbst aus der Ferne kümmerte er sich stets um seine Lehnsleute und seine Ländereien. Was er im Alter von sechs Jahren bei der Großmutter in Chalais gelernt hatte, trug Früchte. Er ließ ein neues Rathaus bauen, er gründete eine von den Schwestern von Saint-André geleitete Mädchenschule, er ließ den Kirchturm erneuern, auf dem als Jahreszahl 1836 zu lesen ist. Die Krankenstation verteilte gratis Medikamente. Auch Brot, Holz, Wäsche und Geld ließ er verteilen. In Valençay war er ein völlig anderer als in der Rue Saint-Florentin. Er überließ sich ganz der gütigen und menschlichen Seite seines Wesens, er hatte gern Gäste und empfing sie als Grandseigneur und Freund. Und Dorothee schrieb an Barante: »Sie müssen nach Valençay kommen, ich versichere Ihnen, daß Sie sich wohlfühlen werden. Herr von Talleyrand entfaltet seinen ganzen Charme, und wenn ich zu etwas nütze bin, ist es bestimmt hier.«

In Paris hielt man ihn für Machiavelli, für den Fürsten der Laster, in Valençay war er der umsichtige und großherzige Patriarch.

Das gewaltige Schloß hatte er umbauen lassen. Als er es erwarb, war es noch ein Zwischending zwischen Burg und Kloster gewesen. Es wurden Fenster eingebaut, es wurde freundlicher gestaltet, dem Jahrhundert angepaßt. Talleyrand leitete alle Arbeiten, auch die im Park und auf den Feldern. Er mochte Pfirsiche gern, die Mauern des Gemüsegartens waren bedeckt mit Spalieren. Gehege und Park waren mit Tieren bevölkert, sein Tisch war stets reich gedeckt. Auch Käse ließ er gern servieren. Der Brie hatte ihm bekanntlich in Wien einen diplomatischen Erfolg eingetragen. Er hielt den Brie für den »König der Käse«. Der Schriftsteller Eugène Sue fügte als Kommentar hinzu: »Der einzige König, den er nicht verraten hat.« Talleyrand hätte ihm erwidern können, daß der Brie seinem guten Ruf mehr Treue erwies als die Könige den von ihnen unterzeichneten Verfassungen.

Von Bacourt ließ er sich aus London schottische Pinienkerne schicken; sie sollten in Valençay zu einem Wald werden.

Die Geistlichen der Umgebung drückten dem Abbé Dupanloup ihr Staunen darüber aus, daß ein so großer Mann sich mit solchem Eifer sogenannten niedrigen Arbeiten widmete.

Mit den ersten Gästen, bald nach der Rückkehr aus London, am 2. November 1834, erschien auch der Tod. Die getreue Tyszkiewicz starb in Tours: Marie-Thérèse, Fürstin Poniatowska. Schön war sie nicht gewesen, ihr Charme lag in ihrer Anhänglichkeit und Zärtlichkeit. In Valençay hatte sie ihre ständigen Gemächer. In Paris hätte sie in Talleyrands Palais wohnen können, das wäre einfacher gewesen, denn hier verbrachte sie ihre Tage und Nächte, doch sie nahm eine Wohnung ganz in der Nähe der Rue Saint-Florentin. Ihr letzter Wohnsitz war Valençay, sie wurde in der Kapelle Saint-Maurice beigesetzt, neben der Stelle, wo einmal der liegen sollte, der ihrem Leben Inhalt gegeben hatte. Ihre Großzügigkeit war sprichwörtlich. Eines Tages hatte Talleyrand bei einem Antiquitätenhändler zwei Porzellansäulen gesehen, er bewunderte sie sehr, zögerte jedoch sie zu kaufen, da der Preis sehr hoch war. Am Abend standen sie in der Rue Saint-Florentin. Madame Tyszkiewicz hatte sechzigtausend Francs für sie bezahlt (ungefähr dreihunderttausend heutige Francs). Für die Kapelle Saint-Maurice, in der sie ruht, hatte sie ein Ziborium gestiftet, das sie aus Polen mitgebracht hatte. Ein Papst hatte es einst ihrem Onkel Kardinal Poniatowski, Erzbischof von Krakau, geschenkt. Ihr Tod war sehr schmerzlich für Talleyrand. Dorothee wagte es kaum, ihm die Nachricht mitzuteilen. »Es ist für Herrn von Talleyrand in seinem Alter ein Schmerz, den er erleidet; schlimmer ist, daß es eine Mahnung ist, die er empfängt. Das betrübt und bedrückt mich noch mehr als ihn.« Er selber schrieb an Lady Jersey: »Nach siebenundzwanzig Jahren hingebungsvoller Freundschaft ist ihr Tod sehr schmerzlich für mich. Seit einiger Zeit schon war ein nahes Ende zu ahnen, aber der Augenblick der ewigen Trennung ist kummervoll. Nie ist die Zuneigung auf diese letzte Stunde vorbereitet. Ich habe das Bedürfnis, das, was ich empfinde, jemandem mitzuteilen, den ich seit zwanzig Jahren liebe, und deshalb schreibe ich Ihnen.«

Die Beisetzung fand am 20. November statt. Es war ein trauriger November, Talleyrands Nichte, die Tochter Archambauds, Gräfin de Noailles, Herzogin von Mouchy, Fürstin von Poix, starb ebenfalls in diesem Monat. Er schrieb an einen »seiner Sterne«, wie er manchmal seine Freundinnen aus dem Serail nannte, die Fürstin von Bauffremont: »Wie viele Menschen fallen um mich herum!«

Sein Leiden und seine Krankheiten erinnerten ihn daran, daß auch auf ihn der Tod wartete. Die Ruhe in Valençay ließ ihm die Muße, sich zu pflegen. Er versuchte neue Heilmittel: seine Beine wurden mit einer Mischung aus Weingeist und heißem Wasser abgerieben. Bacourt hatte ihm Bouillon-Bäder empfohlen. Leider begann er, medizinische Bücher zu lesen und bildete sich ein, er habe neben den wirklichen Leiden einen »Polypen am Herzen«; das machte ihm sehr zu schaffen.

Gleichwohl schrieb er: »Unser Leben hier ist sehr geregelt, wodurch die Tage recht kurz werden. Am Ende des Tages empfindet man keine Mattigkeit. Heute morgen wurden unsere Lesungen im Salon unterbrochen, weil ein Wolf gebracht wurde, den die Feldhüter getötet hatten. Das ist das große Ereignis des Tages. Ich arbeite täglich mehrere Stunden und befinde mich sehr wohl.« [LPT]

Er stand spät auf. Da seine Beine immer schwächer wurden, wagte er es nicht mehr, zu Fuß durch den Park zu gehen. Er wurde in einem recht seltsam gebauten Rollsessel spazierengefahren. Das war ein Geschenk Louis-Philippes, das wenig gekostet hatte, trotzdem sehr kostbar war. Es handelte sich um den Rollsessel Ludwigs XVIII., der in den Tuilerien in einem Winkel aufgefunden worden war.

Von der Spazierfahrt zurück, nahm er ein Glas Madeirawein, in den er Zwieback tauchte. Waren Spielpartner vorhanden, setzte er sich mit ihnen an den Whist-Tisch. Manchmal saß er allein in seinem Zimmer und grübelte; er konnte über viele Ereignisse nachdenken. Er schrieb einige Seiten seiner Memoiren. Oftmals las er. »Lesen«, sagte er, »ist sehr viel angenehmer, sehr viel weniger anstrengend als schreiben.«

Er las die Klassiker und vor allem Bossuet. Möglicherweise ist sein Stil durch die Lektüre beeinflußt worden. Bei der Sonntagsmesse fehlte er nie. Er hörte allerdings nicht zu, er las Bossuets »Leichenreden« und die »Abhandlungen über die Universalgeschichte«. Bossuet machte einen solchen Eindruck auf ihn, daß er eines Tages Dorothee zu sich rufen ließ und zu ihr sagte: »Kommen Sie, ich möchte Ihnen zeigen, wie man über Mysterien sprechen muß. Lesen Sie, lesen Sie laut und lesen Sie langsam.« Dorothee berichtet: »Ich las die folgende Stelle: ›Im Jahre viertausend der Welt wurde Jesus Christus, Sohn Abrahams in der Zeit, Sohn Gottes in der Ewigkeit, von einer Jungfrau geboren.‹ – ›Lernen Sie diese Stelle auswendig‹, sagte Herr von Talleyrand zu mir, ›und erkennen Sie, mit welcher Gültigkeit, welcher Schlichtheit alle Mysterien in wenigen Zeilen verdichtet sind. So, nur so geziemt es sich, über heilige Dinge zu sprechen. Man stellt sie dar, man erklärt sie nicht. Nur so sind sie hinzunehmen. Jede andere Form taugt nichts, denn der Zweifel setzt ein, sobald die Gültigkeit fehlt. Und sie, wie die Überlieferung der Meister, offenbaren sich hinreichend nur in der katholischen Kirche.‹«

Mit allem Respekt hätte man Monseigneur d'Autun darauf hinweisen können, daß die Kirche ihm anscheinend weder Geltung noch Überlieferung hinreichend offenbart hatte, denn er war beiden entflohen. Außerdem bewunderte er an Bossuets Textbeispiel die Knappheit, Klarheit und Nüchternheit, die für die Prosa dieses frommen Autors nicht gerade charakteristisch sind.

Kann man in dieser literarischen Lektion, die er Dorothee erteilte, ein Aufflackern des religiösen Gefühls sehen, daß sich schon in London bei der Kommunion von Pauline geäußert hatte? Von Religiosität oder gar Glauben zu sprechen, wäre kühn, zumindest könnte das Interesse an dem erhabenen Stil als eine Rückkehr zur katholischen Lehre gedeutet werden. Die Hinneigung zu einem moralischen und sozialen Weltgefüge wird erkennbar, das für ihn untrennbar mit der Menschenwürde verbunden ist, mit einer Hierarchie der Werte, wie sie sich in der katholischen Kirche verkörperte.

Unter den Gästen, die ins Schloß kamen, waren der Herzog von Noailles, der Fürst von Laval, der Herzog Decazes, mit dem Talleyrand sich ausgesöhnt hatte, Lady Clanricarde, die Tochter von Minister Canning, der Historiker Mignet, Cuvillier-Fleury, das immer gern gesehene Ehepaar Thiers und John Hamilton, der Sohn des freundlichen Amerikaners, der Talleyrand 1793 in Philadelphia aufgenommen hatte. Auch Durchreisende kamen, manchmal unerwartet, nach Valençay, wie die Fürstin Lieven, mit der Talleyrand Frieden geschlossen hatte. Er ließ sich viel von ihr bieten, sie war unausstehlich in Valençay. Alles ärgerte sie, jeden Tag bezog sie ein anderes Zimmer, doch beim Abschiednehmen kam es zu einer rührenden Szene: sie schnitt sich eine Haarlocke ab und gab sie Talleyrand. Er tat das gleiche.

Royer-Collard, der Nachbar und bevorzugte Freund aus Châteauvieux, kam jetzt gern zu Besuch. Die Unterhaltung mit Talleyrand entzückte ihn. Wenn Talleyrand von früheren Zeiten erzählte, sagte er: »Herr von Talleyrand erfindet nicht mehr, er erzählt sich selbst.«

Eines Nachmittags im September 1834 fanden Talleyrand und seine Nichte, als sie aus dem Park zurückkamen, das Schloß voller unbekannter Besucher, die alles ungeniert betrachteten und kritisierten. Die Dienerschaft sagte, eine Madame Dudevant sei gekommen, in Begleitung eines Monsieur de Musset und weiterer Personen. Keiner kannte sie, nur eine Freundin Talleyrands unterrichtete ihn leise, daß Madame Dudevant bekannt sei unter dem Namen George Sand. Der Mann, der sie begleitete, war jedoch nicht Alfred de Musset, sondern ein nicht unbekannter Dichter aus der Provinz. Wenn George Sand sich in die Einsamkeit ihres Besitzes von Nohant begab, war sie stets von einem summenden Schwarm verschiedenartigster Leute umgeben.

Madame Dorothee empfing die Königin des Bienenvolkes im großen Salon. Dann brachen die Gäste wieder auf.

Nach diesem Besuch traf kein Dankesbrief ein, sondern es erschien drei Wochen später ein langer Artikel in der »Revue des Deux Mondes«. Der

Inhalt ist bestürzend. Nichts Niederträchtigeres ist je über Talleyrand und seine Nichte geschrieben worden als dieser Beitrag, der die Unterschrift von George Sand trug, der Frau, die unaufgefordert in Valençay eingedrungen war, das Schloß durchstöbert, die Diener befragt hatte und von Madame de Dino empfangen worden war.

»Weißt du nicht, daß der Mann, der dort wohnt, seit sechzig Jahren die Völker und Kronen auf dem Schachbrett des Universums hin und her schiebt ... Die gewölbten und zusammengepreßten Lippen sind die einer Katze, eines Satyrs, eine Mischung aus Verstellung und Lüsternheit ... die hochmütige Nase, der Reptilienblick ... ein Mann, geschaffen für die großen Laster und die kleinen Werke, nie hat dieses Herz die Wärme eines großmütigen Gefühls verspürt ... eine seltene Monstrosität. Welche blutigen Kriege, welche öffentlichen Mißstände, welche ärgerniserregenden Übeltaten hat er verhindert? Laß mich diesen Feind des Menschengeschlechts verfluchen.« Dann wendet sie sich an den Achtzigjährigen selbst: »Und du wirst langsam und klagend in deinem Nest sterben, du alter, blasser, satter Geier ...«

Um dem Leser des Jahres 1834 einen Schauder einzujagen, mußte dem Geier eine schöne Antithese gegenübergestellt werden, eine Anrufung der Reinheit: die Lilie auf dem Dunghaufen. Die Lilie ist Dorothee. »Weiß gekleidet wie ein junges Mädchen, wie eine Nymphe Dianens ... die schönsten Augen Frankreichs ... magische Blitze. Oh, ich begreife, das ist die Herzogin ... Man sagt, daß ...« Hier bricht George Sand beklommen ab. Sollte sie verstanden haben? Konnte sie es wagen, »das unreine Verhältnis« anzudeuten? »Gibt es auf der Welt solche Ungeheuer?« George Sand ringt die Hände, ruft voller Entsetzen: »Sage das nicht noch einmal, erspare meiner Phantasie diese widerwärtigen Bilder und gräßlichen Vermutungen ... Wenn kriechende Wollust und schäbige Habsucht so verführerische Geschöpfe bewohnen und sich unter so reinen Formen verbergen, dann will ich sie nicht kennen, dann will ich sie verleugnen ...«

Dorothee war niedergeschmettert, und diesmal auch Talleyrand. Wie gewöhnlich sagte er nichts, nur seine engsten Freunde wußten, daß er betroffen war. Als George Sand darauf aufmerksam gemacht wurde, daß ihr Artikel Kränkungen verursacht habe, tat sie erstaunt. Wie denn? Wegen solcher Kleinigkeiten? »Es war nur ein launiger Einfall.«

In Valençay wurde auch Theater gespielt, Dorothee und Pauline taten es mit Begeisterung. Da Talleyrand behauptete, sie wären großartige Schauspieler, sagten es auch die Freunde ringsum. Spaß daran aber hatte nur sie selbst und der Fürst. Allerdings auch die Dorfbewohner. Wenn Molières »Posse von Maître Patelin« aufgeführt wurde, war das Gelächter so unbändig, daß Dorothee Angst vor ihrem Publikum bekam. Hervorragend sollen sie auch »Die gelehrten Frauen« gespielt haben. La Besnardière verkündete, nachdem er die Aufführung gesehen hatte, sie sei besser gewesen als in der Comédie-Française. Des Satrapen alte Mitarbeiter waren nun zu alten Hofschranzen geworden.

Dann und wann hörte man Musik. Stets hatte Talleyrand seinen bestallten Hausmusiker. Der letzte in Valençay hieß Nedermann und war Harfenist. Für sechshundert Francs monatlich, Hin- und Rückreise bezahlt – ein großartiges Honorar –, langweilte er sich unsterblich in Valençay.

Ständig hielt sich auch Montrond bei ihnen auf. Anziehungskraft besaß er nicht mehr, das Älterwerden bekam ihm schlecht. Er beschwerte sich über alles und über alle. Angetan mit grünen Augengläsern, goß er Bitterkeit über Himmel und Erde, über das Essen und über die Tafelgäste. Wie immer ertrug Talleyrand ihn schweigend. Der Kleinkrieg, den Montrond und Dorothee sich lieferten, hatte ihn sogar amüsiert. Doch in Valençay ging Montrond zu weit. Dorothee konnte ihn nicht leiden, sie setzte Talleyrand zu, dem alten Junggesellen zu verstehen zu geben, daß der Aufenthalt in Valençay ungesund für ihn sei, daß Paris ihm besser bekäme. Im Oktober 1834 reiste Montrond ab. Er war gekränkt, er beklagte sich, Talleyrand habe ihn weder »mit der Zuneigung einer alten Freundschaft noch mit der Höflichkeit eines Hausherrn« behandelt. Dorothee antwortete ihm, der Hausherr habe bei Montrond die Rücksicht eines Gastes vermißt. »In welchem Haus hätten Sie alles und jedes getadelt, wie Sie es hier tun? Sie haben seine Nachbarn bekrittelt, seine Diener, seinen Wein, seine Pferde. War er barsch, so waren Sie zänkisch.« Als Montrond fort war, atmete Dorothee auf. Bei einem Aufenthalt in Paris traf Talleyrand Montrond in einem Salon, und Montrond grüßte ihn nicht. »Sieh an«, sagte der Fürst, »er grüßt nicht? Offensichtlich habe ich ihn schlecht erzogen.« Doch Montrond wurde wieder aufgenommen, am Arm seines unzertrennlichen Freundes zeigte er sich wieder in der Rue Saint Florentin. Dorothee beachtete ihn kaum. Wie auch immer: Das »Jesuskind der Hölle« und der »hinkende Teufel« waren lebenslang aneinandergeschweißt.

In Valençay führte Talleyrand seine Besucher durch die Säle und Galerien, zeigte ihnen seine Gemälde, seine Marmorbüsten und die zehntausend Bände seiner Bibliothek. Ein Bild, das Dorothee bei einer Lotterie gewonnen hatte, stellte das Grab Karls X. dar. Sie schenkte es ihrem Onkel, weil sie meinte, ihm eine Freude zu machen. »Sie haben recht, liebe Nichte«, sagte er, »Karl X. war gewiß, was die Fähigkeiten anlangt, der nichtigste König, derjenige, der die meisten Fehler gemacht hat. Aber ich habe ihn stets als den loyalsten und besten Mann angesehen und geschätzt, dem ich begegnet bin.«

Wenn das Wetter es erlaubte, nahm er in einem offenen Wagen an der Jagd teil. Mit dem Stock zeigte er seinen Gästen im Unterholz die flüchtenden Hirsche und Rehe.

Bei einer Spazierfahrt stürzte er mit seinem historischen Rollsessel um.

Er fiel zu Boden, sein Kopf schlug hart auf, man glaubte, er sei schwer verletzt. In seinem Alter und bei seiner Kränklichkeit hätte der Sturz schlimme Folgen haben können. »Er hätte tot sein können«, schrieb die Herzogin von Dino am 17. Juni 1836, »tatsächlich hat er nur einen Kratzer im Gesicht.«

Mehr als dieser Unfall machte ihm das Verhalten des Präfekten des Départements Indre zu schaffen. Der Beamte weigerte sich, ihm die Genehmigung zum Pflanzen von Bäumen zu erteilen. Talleyrand drängte darauf, obwohl alte Verfügungen bestanden. Der Präfekt erklärte ihm von oben herab, daß er fest auf seinen Paragraphen säße. »Sie sitzen auf einem alten Klepper«, antwortete ihm der fürstliche Gärtner von Valençay.

Ganz pünktlich und mit großem Aufwand feierte er die Namenstage seiner Schutzheiligen Maurice und Charles. Der Brauch machte ihm große Freude, er erinnerte ihn an Chalais, den einzigen Ort, wo in seiner Kindheit sein Namenstag gefeiert worden war. Wichtiger als Saint-Charles war ihm Saint-Maurice am 22. September. Der Tag wurde in der Frühe mit dem Klang der Hörner aller Feld- und Waldhüter eingeleitet. Dann folgte die Messe in der Schloßkapelle. Die Schulkinder kamen, sagten ihre Glückwünsche auf und brachten Blumen. Zu einem großen Bankett, bei dem Pauline den Vorsitz führte, wurden alle Armen eingeladen; es war keine Armenspeisung sondern eine reichgedeckte Tafel, zu der großzügig Wein ausgeschenkt wurde. Beim Nachtisch erschien Talleyrand und übergab jedem einen Anzug für den Winter. Am Abend wurden die Türme und der Donjon des Schlosses festlich illuminiert und alle Bewohner zum Feuerwerk eingeladen.

Auf das Benehmen und die Umgangsformen seiner Gäste achtete er sehr. Geschmacklosigkeiten schockierten ihn mehr als Undankbarkeit oder Feindseligkeit. »Man empfängt jemanden gemäß dem Namen oder dem Kleid, das er trägt«, sagte er, »man geleitet ihn wieder hinaus gemäß dem Esprit, den er beweist.« Und zuweilen schloß sich die Tür für immer hinter gewissen Besuchern. Meistens tat er so, als sähe er nichts, aber auf bestimmte Fehler wies er auch hin. Die Lehren, die er erteilte, werfen ein Licht auf ihn selbst, etwa die Bemerkung einem durchreisenden Gast gegenüber, der ein ihm kredenztes Glas Cognac bester Qualität in einem Zug heruntergoß. Talleyrand brachte ihm bei, wie man sich angesichts gewisser Meisterwerke verhält: »Man nimmt das Glas in die Höhlung seiner Hand, erwärmt es, man schwenkt es mit einer kreisförmigen Bewegung, damit die Flüssigkeit ihren Duft entfaltet. Nun hält man das Glas an die Nase und zieht den Duft ein. – Und dann, Monsieur? – Dann stellt man es ab und spricht darüber.« Man muß sich dabei den Tonfall und den Blick des Fürsten vorstellen.

Zuweilen lebte man längere Zeit in Rochecotte. Wie sehr Talleyrand den Reiz Rochecottes genoß und wie wach seine Gefühle den alten Freunden gegenüber waren, zeigt ein Brief, den er von dort an seinen österreichischen Freund Baron Gagern schrieb: »Aus alter Freundschaft haben Sie den Wunsch geäußert, etwas über meine Gesundheit zu erfahren. Ich kann Ihnen sagen, sie ist so gut, wie es der Zahl meiner Jahre entspricht. Ich lebe in angenehmer Zurückgezogenheit, ich bin umgeben von denen, die mir das Liebste auf der Welt sind, meine einzige Beschäftigung ist, in ganzer Fülle die Annehmlichkeiten des Farniente zu genießen. Sie kennen Rochecotte nicht. Sonst würden Sie nicht sagen: warum Rochecotte? Stellen Sie sich vor: In diesem Augenblick habe ich einen wirklichen Garten, zwei Meilen breit und vier Meilen lang, vor Augen, der von einem großen Bach durchflossen wird und umgeben ist von bewaldeten Hängen. Hier zieht der Frühling, dank dem Schutz gegen Norden, drei Wochen früher ein als in Paris, und jetzt grünt und blüht alles. Außerdem ziehe ich Rochecotte jedem anderen Ort vor, weil ich hier nicht nur mit Madame de Dino bin, sondern bei ihr, was für mich eine zusätzliche Freude ist« (20. April 1835).

Einmal fuhren sie auch zum Schloß Courtelain, im Département Eure-et-Loire, zum Herzog von Montmorency. Dort trafen sie mit Sabine de Noailles zusammen, der Tochter der Fürstin von Poix, die 1834 gestorben war. An dieser Nichte Talleyrands war ein Junge verlorengegangen. Dorothee sagte von ihr, sie sei von »grober Schönheit, habe eine Männerstimme, Geist, Bildung ... mit anderen Worten, etwas Schroffes in ihren Manieren«. Das bewies sie bei einem Diner. Sie wandte sich an ihren Onkel, der am anderen Ende der Tafel saß, und rief, mit dem Glas in der Hand: »Wollen Sie ein Glas Wein mit mir trinken?« – »Sehr gern, lieber Neffe«, antwortete Talleyrand und hob freundlich sein Glas.

Trotz der Beschaulichkeit war das Leben in Valençay manchmal von Traurigkeit erfüllt. Talleyrand litt an Schlaflosigkeit. Er wollte niemanden stören, hätte aber gern mitten in der Nacht Whist gespielt oder sich aus Bossuet vorlesen lassen. So schrieb er an seinen Memoiren oder an »Maximes« und »Pensées«, er benutzte lose Blätter oder ein dickes rotes Heft, das er in der Tasche mit sich trug.

Wie er über das Alter dachte und wie er es empfand, erhellen die folgenden Zeilen: »Hier in Valençay richte ich mir das Leben so ein, das es eintönig ist. Ich will mich in häusliche Gewohnheiten einmauern. Ich bin nicht glücklich, ich bin nicht unglücklich, meine Gesundheit ist nicht gut, sie ist nicht schlecht. Ich habe keine Schmerzen und bin nicht krank; ich werde langsam immer schwächer, und wenn dieser Zustand der Ermattung nicht nachläßt, weiß ich wohl, wie das enden wird. Ich bin darüber weder betrübt noch erschreckt. Mein Geschäft ist getan. Ich habe Bäume gepflanzt, ich habe ein Haus gebaut, ich habe noch sehr viel andere Dummheiten gemacht. Ist es nicht Zeit, aufzuhören?« [LPT] Der letzte Satz könnte aus Voltaires Feder stammen.

Die »Pensées«, Gedanken, die er als Grandseigneur niederschrieb, ohne sich um die Form oder um eine etwaige Veröffentlichung zu kümmern, sind nicht gerade in Bronze gegossen, aber sie sind mit spitzer Nadel graviert, der Strich ist so fein, so bewegt, daß sie eher mit Rivarol oder Laclos zu vergleichen sind als mit Pascal oder La Rochefoucauld. Hier zeigt sich unfehlbare Intelligenz, tiefe, unvergleichliche Menschenkenntnis und ein fast verzweifeltes Wissen um den tödlichen Verschleiß der Zeit.

»Die Väter wollen die jungen Leute stets daran hindern, sich Freuden zu verschaffen.« So denkt ein zweiundachtzigjähriger Greis.

Über die Politik: »In Frankreich wird der Gehorsam durch nichts stärker unterstützt als durch Epigramme.« Schon Mazarin hatte es entdeckt: »Sie singen, sie werden zahlen.«

»Je beweglicher der Geist eines Volkes ist, desto mehr müssen die Regierungsformen beachtet werden.«

Wenn er sagt: »Die Finanziers machen nur gute Geschäfte, wenn die Staaten die ihren schlecht machen«, kann seine Kompetenz kaum bestritten werden. Sein Freund Ouvrard hätte ihm diese Maxime zuflüstern können.

Auch hinsichtlich der Umgangsformen gab es keinen besseren Richter: »Eleganz und Einfachheit zusammen sind für jede Sache und für jede Person das untrügliche Zeichen von Noblesse.«

Manchmal begibt er sich aus der Abstraktion heraus in die Aktualität, und man erkennt an den Pfeilen, die er abschießt, daß er ein schlimmer Pamphletist hätte sein können. Doch anstatt seine Beleidiger zu zerzausen, kritzelte er drei Zeilen auf ein Stück Papier und warf es in eine Schublade. Unter den Doktrinären hatte er Freunde, aber auch Neider und Feinde, wie Molé und Broglie. Mit scharfem Blick erfaßte er diese strengen Männer, die, in ihre Clergymen-Gehröcke gezwängt, nichts als Langeweile ausströmten und, alles in allem, von hochmütiger Unzulänglichkeit waren. »Bislang hatte man geglaubt, Frankreich könne langweilige Minister nicht leiden; anscheinend findet es sich damit ab.« Nicht aber im Jahr 1848.

Einen anderen Hieb versetzte er den Leuten des »juste milieu«: »Das sind Menschen, die zwischen Hof und Garten bleiben; sie sehen nie auf die Straße.« Dieser Greis, ein Grandseigneur des Ancien régime, bringt den jungen und steifen Bürgern bei, daß man nicht regieren kann, wenn man die Straße nicht kennt. Was nicht heißt, daß man mit der Straße, noch auf der Straße regieren soll. Ein weiterer Zettel rückt die Dinge zurecht: »Die öffentliche Meinung ist eine nützliche Kontrolle und ein gefährlicher Wegweiser für die Regierungen.« Die Straße lehrt, wie weit man nicht gehen darf, aber nicht, wohin man gehen muß. Über die Menschen, denen er begegnet ist, sagt er: »Ich verzeihe den Leuten, wenn sie nicht meiner Meinung sind, aber ich verzeihe ihnen nicht, wenn sie keine eigene Meinung haben.« Gerade das ist ihm selber vorgeworfen worden; man beurteilte ihn nur von außen. Er hat die Herrscher gewechselt, aber nicht die Meinung. Wechselt man die Haut, wenn man das Hemd wechselt?

Was hätte er 1798 über eine Bemerkung gedacht, die er jetzt aufschrieb? »Die Ehe ist eine so schöne Sache, daß man sein ganzes Leben daran denken muß.«

Auch mit der folgenden Maxime definiert er sich selbst: »Mit der Zeit und mit Geduld wird das Blatt des Maulbeerbaums glatt wie Satin.« Man könnte seine Gedanken weiterspinnen ... und die Feinde werden Verbündete, die Gläubiger Schuldner.

Das waren die Früchte seiner schlaflosen Nächte und seiner Grübeleien. Kein geistiger Zerfall. Er blieb sich gleich bis an das Ende. Sein bescheidenes Zurücktreten war ein Akt des Willens und der Schicklichkeit – sicherlich auch des Stolzes. Da er ein großer Herr und ein großer Politiker war, konnte er in einer Welt nicht leben, in der seine politische Rolle gemindert war; aber auch außerhalb der Welt konnte er nicht leben: er war der Fürst im Ruhestand. Folglich zog er sich fürstlich zurück. Das alles war eine Angelegenheit des Savoir-vivre, des Geschmacks und der Würde. Man darf es nicht vergessen: es herrschte strenge Disziplin in diesem Leben aus Samt und Seide.

»Entsagung« hat für Talleyrand ungefähr dieselbe Bedeutung wie »Zuneigung«

Im Winter bezog er wieder das Palais in der Rue Saint-Florentin. Er empfing genauso viele Gäste wie vor seinem Rücktritt. Mit falscher Bescheidenheit pflegte er zu sagen: »Wir sind recht bürgerlich geworden.« Zweimal in der Woche fanden die Empfänge im Zwischenstock statt. Er thronte in einem riesigen Sessel, völlig reglos, priesterlich steif, seine Gestalt hatte ihre endgültige Form gefunden. Er war nicht geneigt, die kleinste Änderung vorzunehmen: die Haare, wie immer, sorgfältig frisiert und gepudert, um den Hals die vielfach geschlungene hohe Krawatte. »Sein runder, kurzer Klumpfuß, ein richtiger Pferdefuß«, wie die Gräfin Mirabeau sagte, lag auf einem Schemel. Ganz Paris defilierte an dem Kissen vorüber, auf dem der ungestalte Fuß, faszinierend und schrecklich zugleich, ausgestellt war. Der alte Satrap bezauberte durch seinen Esprit, seine Liebenswürdigkeit, den Glanz seiner Laufbahn, doch seine Gebrechlichkeit und sein legendärer schlechter Ruf stießen auch viele Menschen ab.

Zur Mehrzahl der Besucher hielt er Abstand, interessierte ihn jedoch ein Gesicht, dann belebte sich sein Geist, er fand bissige oder freundliche Formulierungen. Er sei oft schweigsam gewesen, sagt d'Argout, »dann wachte er plötzlich auf, seine Rede wurde lebhaft, einfallsreich, glänzend und tiefschürfend, sein Geist schleuderte Blitze, und man war geblendet. Man hörte ihm mit Entzücken zu, doch wenn er sprach, dachte er keineswegs daran, seiner Umgebung zu gefallen. Er folgte der Laune des Augenblicks, sein mit Elektrizität geladenes Gehirn mußte sich entladen. Stets sprach er überlegen, ständig beherrschte er seine Gesprächspartner.«

Er konnte sarkastisch sein, Klatschgeschichten aber verabscheute er. Madame de Dino sagt: »Üble Nachrede mißfiel ihm. Geschwätz hörte er sich nie an, und ich glaube, in ganz Paris hat es kein Haus gegeben, in dem davon weniger zu hören war und in dem man es mehr verachtete als in dem seinen.« Doch waren die Pfeile, die er auf Lächerlichkeiten und Geschmacklosigkeiten abschoß, höchst giftig. Angesichts einer hageren Frau, die sich übermäßig dekolletiert hatte, bemerkte er: »Es ist unmöglich, mehr zu enthüllen und weniger zu zeigen.« Als er eines Tages mit Montrond von einer Spazierfahrt zurückkam, fand er die Visitenkarte eines Unbekannten vor, der ins Institut de France aufgenommen werden wollte. Montrond fragte erstaunt: »Wie heißen die Titel seiner Bücher? Hat er nichts geschrieben?« – »Pardon«, antwortete Talleyrand und hielt ihm die Karte hin: »Er hat seinen Namen geschrieben.«

Später erinnerte er sich nicht an solche Aussprüche, die übrigens nie Haß noch Groll oder gar Zorn in sich schlossen. Er war niemandem böse: »Es ist sehr leicht, sich mit jemandem zu entzweien, das kann ich ebensogut wie alle anderen. Aber wozu? Um die Geschäfte zu verderben, Schwierigkeiten zu schaffen? Außerdem bin ich zu träge dafür und vielleicht zu geschickt. Man darf anderen nicht die Freude machen, sich mit ihnen zu entzweien. Mit mir kann sich niemand entzweien, wenn ich nicht will.«

Da er sich mit denen nicht zerstritt, die schlecht über ihn redeten, wie hätte er sich mit jenen zerstreiten sollen, die er mit spitzen Bemerkungen bedachte? Oft waren diese Pfeile nur »Worte«, wie man sie damals gern formulierte, mehr um Eindruck bei denen zu machen, die Gefallen daran fanden, als um das unschuldige Opfer zu kränken. So sagte er über eine zahnlose Dame (der Name ist in Vergessenheit geraten), als sie mit der Schauspielerin Duchesnois, einer Tragödin bar jeder Schönheit und mit schlechten Zähnen, verglichen wurde: »Hätte Madame X Zähne, wäre sie genauso häßlich wie Mademoiselle Duchesnois.«

Strenger jedoch verhielt er sich jeglicher Ungeschliffenheit gegenüber. General Dorsenne Le Paige, zum Diner in die Rue Saint-Florentin geladen, erschien mit Verspätung. Man saß bereits bei Tisch. Dem General schien es nichts auszumachen, er nahm Platz und sagte, er sei durch einen verdammten »pékin« [militärischer Ausdruck für einen Zivilisten] aufgehalten worden. In seinem hochmütigsten Tonfall sagte Talleyrand: »Darf ich fragen, General, was Sie mit pékin bezeichnen?« – »Wir haben die Gewohnheit, mit pékin alles zu bezeichnen, was nicht militärisch ist«, antwortete der General. – »So wie wir alles, was nicht zivil ist, militärisch nennen«, war Talleyrands Erwiderung.

Andererseits war er grenzenlos nachsichtig. Achtzehn Jahre lang ertrug er einen Kammerdiener mit einem Galgenvogelgesicht, dessen Aussehen auch nicht täuschte: später wurde er festgenommen und kam wegen Diebstahls und aller möglichen Gaunereien ins Gefängnis. Als Talleyrand von der Verhaftung erfuhr, sagte er, es erstaune ihn gar nicht: »Seit achtzehn Jahren meinte ich, er würde mir vielleicht den Hals durchschneiden, wenn er meinem Gesicht mit dem Rasiermesser nahe kam.«

Es hieß, er habe sich bestimmte Aussprüche und Sätze vorher zurechtgelegt, ehe er zum Diner ging, aber viele kamen auch spontan aus seinem Mund. Einmal hörte er einem deutschen Diplomaten zu, der sich in eine nicht enden wollende Satzperiode verstrickt hatte. Talleyrands Gesicht drückte angestrengte Aufmerksamkeit aus. »Worauf warten Sie?« fragte ihn jemand. – »Auf das Verb«, antwortete er.

Sobald er Pariser Luft atmete, bekam er wieder Geschmack an der politischen Intrige. Er versuchte, das Kabinett zu Fall zu bringen, um seinem Schützling Adolphe Thiers den Weg zu bahnen. Kaum war Talleyrand in Paris, bekam Molé die Wühlarbeit zu spüren. »Die Rue Saint-Florentin ist sehr aktiv, das ist ein Herd schwelender Intrige«, schrieb Molé im Februar 1836.

Der Fürst begab sich hin und wieder in die Tuilerien, er machte dem König und Mademoiselle, dessen Schwester, Besuch. Dort begegnete er dem berühmten Chevalier d'Orsay, der den Fürsten so beschrieben hat, wie die meisten seiner Zeitgenossen ihn gesehen haben. Doch fügt er hinzu – es ist der Dandy d'Orsay, der spricht –, daß des Fürsten Frack zu weit war und sein Zylinder zu groß. Und schließlich noch ein bemerkenswertes Detail: der Stock. Der Stock, mit dem Talleyrand auf das peinigende Eisengestell schlug, das sein rechtes Bein stützte. Der metallische Klang begleitete seine Schritte und kündigte sein Erscheinen schon von weitem an. Bei dem Geräusch flüsterten die Leute: »Der Fürst, der Fürst!« Dieser Stock war Talleyrands Zepter.

Am 13. Dezember 1834 nahm er an der Feier teil, mit der Thiers in die Académie française aufgenommen wurde. Er wollte die Rede seines Schützlings hören und seine Protektion öffentlich bekanntmachen. Sein Auftritt wurde sehr beachtet: er stützte sich auf den Arm des Herzogs von Valençay, seines Großneffen, und eine Schar eleganter Damen umgab ihn: die Herzogin von Dino, Lady Clanricarde, die Gräfin von Castellane, die Gräfin von Boigne und einige andere. Die Anwesenden waren tief beeindruckt, er vermittelte ihnen ein Gefühl von Grandeur. Auf seinen Schultern trug er die Geschichte Frankreichs und Europas der letzten fünfzig Jahre. Als er erschien, erhoben sich die Versammelten wie auf ein Zeichen von ihren Sitzen, so stark war die Ausstrahlung seiner Persönlichkeit. Thiers hielt eine vortreffliche Rede, während der er nur zwei vor ihm sitzende Männer anblickte, nur an sie waren im Grunde seine Worte gerichtet: Talleyrand und Royer-Collard.

Im Frühjahr 1835 bekam Talleyrand Lust zu reisen. Bevor er nach Valençay fuhr, besichtigte er seine Ländereien und Eisenhütten in Pont-de-Sains, hatte aber noch den Umweg über Rochecotte gemacht. Bei einer anstrengenden Besichtigung des Versailler Schlosses, das der König restaurieren wollte, begleitete er Louis-Philippe. Seit vierzig Jahren – darunter viele Jahre der Plünderung – war das Schloß dem Verfall preisgegeben. Für Talleyrand war dieser Pilgergang schmerzlich, sowohl seiner kranken Beine als auch der Erinnerungen wegen.

In diesem Jahr war er Bourbon-l'Archambault untreu und ging zur Kur nach Bourbonne. Endlich traf er in Valençay ein, nahm noch an einer Sitzung des Generalsrats des Départements Indre teil und konnte sich dann ausruhen. Seine Beine wurden immer schwerer und immer unsicherer. »Mein Gleichgewicht ist genauso bedroht wie das Europas.« Um das Unglück vollzumachen, starb im Dezember 1835, nachdem Talleyrand wieder in Paris war, sein Arzt Bourdois de la Motte.

Doch nicht dieses, sondern ein anderes Begräbnis beschäftigte die Öffentlichkeit. Am 10. Dezember starb in der Rue de Lille die fast vergessene Fürstin von Talleyrand, seine Gemahlin. Ihr Dasein war, wie erinnerlich, viele Jahre zuvor, Dorothees weisen Ratschlägen gemäß, geregelt worden. Aus Angst, ihre Pension zu verlieren, lebte sie ein unauffälliges und frommes Leben. Talleyrands Befürchtung, nach San-Carlos Tod könne sie auf Abwege geraten, war grundlos; ihre Lebensführung war fortan vorbildlich. Als ihr Ende nahte, ließ ihre Freundin, die Herzogin von Esclignac, Monseigneur de Quélen, den Erzbischof von Paris, rufen, der ihr die Sterbesakramente spendete. Ob Monseigneur in dem erbaulichen Ende der Fürstin eine Art Vorspiel des noch erbaulicheren Endes ihres Gatten sah?

Als die Nachricht vom bevorstehenden Hingang der Fürstin in die Rue Saint-Florentin drang, hatte Dorothee Bedenken, sie ihrem Onkel mitzuteilen, aber nicht Gefühle des Mitleids hielten sie zurück. Sie sagte es selbst: »Ich fürchtete nicht, sein Herz zu betrüben, das an dem Ereignis unbeteiligt war.« Sie sah klar. Er hörte die Nachricht an und sprach von etwas anderem, er tat, als habe er nichts gehört. Am Tag darauf nahm er das Thema von sich aus auf, nicht um von der Fürstin zu sprechen, sondern um die Beisetzungsfeierlichkeiten und den Versand der Traueranzeigen zu regeln. Er ließ die Erbangelegenheit nicht aus dem Auge. Wie erinnerlich sollten aufgrund des Heiratskontrakts alle Güter, die der Gatte seiner Frau zuerkannt hatte, im Fall des Ablebens der Gattin an diesen zurückfallen. Der Gedanke, sich in die Rue de Lille zu begeben, kam Talleyrand nicht. Für ihn war das alles tot und nicht mehr vorhanden. Am Nachmittag dieses Tages hörte Dorothee ihren Onkel vor sich hinsummen. Überrascht fragte sie ihn, ob die Aussicht auf seine nahe Witwerschaft ihn freudig stimme. Sein Gesicht nahm einen ärgerlichen Ausdruck an, wie wenn die Frage seiner Nichte ein Gefühl aufdeckte, das er lieber für sich behalten hätte.

Als die Nachricht vom Tode der Fürstin eintraf, sagte Talleyrand nichts als: »Das vereinfacht meine Lage sehr.« Das war die Totenrede auf die ehemalige Mrs. Grand. Die Beisetzung verlief dem Protokoll gemäß. »Die Familie« entzog jeder böswilligen Nachrede den Boden. Die Neffen des Fürsten führten den Trauerzug an, die Fürstin von Talleyrand wurde würdig begraben. Ein »legitimistischer« Journalist wagte, von einem »Begräbnisskandal« zu sprechen. Kühl forderten die Neffen den Widerruf, andernfalls würde es zu einem Duell kommen. Der inkriminierte Artikel erschien noch einmal mit allen verlangten Änderungen. Nur die Hauptfigur blieb unsichtbar und stumm. Talleyrand hatte an jenem Tag Herzbeschwerden.

Einige Schwierigkeiten gab es zweier Schatullen und einiger Papiere wegen, die die Fürstin dem Erzbischof übergeben hatte, die aber an den Fürsten zurückfallen mußten, wie alles, was seine Frau besaß. Danach wurde der Name der Fürstin nie wieder ausgesprochen.

Unterdessen war Thiers Ministerpräsident geworden. Er hielt sich im Winter 1836 recht und schlecht an der Macht. Bei seinem Ratgeber beklagte er sich über die unaufhörlichen Angriffe gegen ihn, über grundlos feindselige Abstimmungen. Talleyrand antwortete: »Sie wissen doch, mein Lieber, daß ich vierzig Jahre lang der in Europa moralisch am meisten diskreditierte Mann gewesen bin, aber stets war ich allmächtig oder kurz davor, an die Macht zu kommen.« Hinsichtlich seines Ruhms und der Meinung, die die Menschen von ihm hatten, machte er sich keine Illusionen. Und doch antichambrierten die Minister in der Rue Saint-Florentin, um ihm gute Wünsche zu bringen oder sich Ratschläge zu holen.

Einladungen zu Diners nahm er noch an. Nach einem Essen bei Thiers – er fand die Gesellschaft gemischt und die Aufwartung mittelmäßig – war sein Urteil: »Das ist ein Diner der Directoire-Zeit gewesen.«

Gern ging er zur Fürstin Lieven, die zwar noch immer Intrigen spann und unerträglich war, doch voller Leben und Esprit. In Paris erzählte man sich, er halte sich so gern bei ihr auf, weil er im Dienste Rußlands stünde und die Fürstin ihm Zahlungen des Zaren aushändigte. Das war sehr unwahrscheinlich. Zur Zeit, als Talleyrand den Zaren hatte Dienste leisten können, waren sie eher kleinlich gewesen, und es ist nicht einzusehen, warum sie ihn jetzt bezahlen sollten, da er keine Macht mehr hatte.

Der Greis indes war gefangengenommen von einem jungen, unschuldigen Wesen. Er liebte Pauline, und sie gab ihm die Liebe zurück. Für viele, die Talleyrand nur aus Beschreibungen Chateaubriands, der Journalisten und Politiker seiner Zeit kennen, entsteht hier ein ganz neues, unerwartetes Bild. Gleichwohl hat der zärtliche und empfindsame Talleyrand stets existiert: seine Brüder, seine Neffen, seine Freundinnen aus dem »Serail«, seine Sekretäre, seine Dienerschaft, die Leute aus Valençay kannten ihn so. Er selber hat aus Stolz sein inneres Leben verheimlicht. Mit achtzig Jahren sind die Würfel gefallen, er zeigt offen seine Zärtlichkeit für ein Kind, das ihn in seinen letzten Lebensjahren glücklich gemacht hat.

Selbst Sainte-Beuve, der Talleyrand nicht mochte, mußte zugeben: »Wenn es an Herrn von Talleyrand im Greisenalter eine gute Seite gab, ist es dieses Zeichen reiner Zuneigung gewesen.«

Er schrieb reizende Briefe an Pauline, darauf bedacht, dem Kind Freude zu machen. Nur schwer ertrug er die Trennung von ihr, wenn sie im Sommer ans Meer geschickt wurde. »Wie gern möchte ich Dich sehen, aber vor allem möchte ich, daß es Dir gut geht. Sollten ein paar Bäder im Meer nützlich sein, mußt Du sie nehmen. Darüber wird Mimi entscheiden. Wenn Du wieder in Paris bist, werde ich Dir den Elefanten des Königs von Siam zeigen. Er vollführt Kunststücke mit großer Anmut. Trotz seiner Schwere ist er sehr beweglich. Du weißt, daß man nach der Vorführung einen Schauspieler, wenn man mit ihm zufrieden war, herausruft, um ihm Beifall zu klatschen. So applaudiert man auch dem Elefanten nach jeder Vorführung, er kommt nach vorn und bedankt sich bei allen durch Schwenken seines Rüssels. Bestimmt wird es Dir Spaß machen. Adieu, liebes Kind, ich umarme Dich, ich liebe Dich innig.«

Ein andermal ist er besorgt um »den Engel des Hauses«, der zum Zahnarzt muß. »Ich habe oft daran gedacht, daß Du zum Zahnarzt mußtest. Meine liebe Ninette muß viel ausgestanden haben. Hoffentlich brauchst Du jetzt lange Zeit nicht wieder hinzugehen. Nur Mut. Ich kann Dir leider keinen abgeben ...« Er berichtete ihr auch, daß er den König nach einem Attentat – ein Wahnsinniger hatte am Abend zuvor auf ihn geschossen – gesehen habe. Die Königin sei sehr tapfer gewesen, »sie hat das Toupet, in dem die Kugel steckte, aus den Haaren des Königs genommen. Eine schreckliche Situation! Alles, was ich Dir hier mitteile, ist sehr traurig. Ich muß Dich bald wieder bei mir haben, liebes Kind.«

Durch das Attentat wurde die Einweihung des Triumphbogens auf den Champs-Elysées verzögert. Das Bauwerk war gerade fertig geworden. Talleyrand schrieb an Pauline: »Der Arc de Triomphe ist großartig, er ist hundertzweiundfünfzig Fuß hoch und hundertachtunddreißig Fuß breit; seine Tiefe mißt achtundsechzig Fuß.« Für Zahlen hat Talleyrand stets etwas übrig gehabt.

Paulines Erziehung und Unterricht überwachte er peinlich genau. Dieser »Voltairianer« verhielt sich wie Voltaire seinen Adoptivtöchtern gegenüber: auch um die religiöse Erziehung kümmerte er sich. Wenn Pauline zu ihrem Beichtvater Dupanloup ging, überließ er ihr seine Kutsche. Madame de Dino schrieb: »Er war persönlich stolz auf Paulines Frömmigkeit und schmeichelte sich, daß sie in seinem Haus so religiös erzogen worden ist.«

Im Dezember 1835 war Pauline fünfzehn Jahre alt. Sie besuchte ihre ersten Bälle. Talleyrand empfiehlt ihrer Mutter, auf Paulines Kleider und ihr Dekolleté zu achten. »Wenn das, was man zeigt, hübsch ist, ist es unziemlich«, sagte er, »wenn das, was man zeigt, häßlich ist, ist es sehr häßlich.«

Des öfteren unternahm er mit Pauline Streifzüge durch die alten und fast vergessenen Stadtviertel von Paris. Vielleicht hat er die bescheidene Behausung seiner Amme entdeckt, das öde Gelände, auf dem er mit den anderen schmutzigen Jungen des Viertels gespielt und wo sein Onkel ihn aufgelesen hatte. Heute war er einer der berühmtesten Männer Europas, einer der vornehmsten und reichsten Männer Frankreichs. Im Beisein Paulines erstand diese ganze Vorgeschichte wieder vor seinen Augen. Er ließ vor der Sorbonne anhalten, dem Lycée gegenüber, wo einst das Collège Harcourt stand, sein Collège, in dem er sehr glücklich war. Sie fuhren nach Saint-Sulpice, in die Rue Garancière; er zeigte dem Mädchen die Fenster des Hauses, in dem er geboren war. Ob er in der Rue Férou, auf die das Fenster seiner Seminaristenzelle hinausging, den Schatten der ersten Dorothee erblickt hat? Eines Abends traten sie in die Kirche Saint-Sulpice, und er blieb lange reglos stehen. Pauline fror, sie schmiegte sich an ihn, sie empfand auch Angst. Er sagte: »Hier habe ich die Taufe empfangen.« Dieser schlichte Satz machte großen Eindruck auf Pauline.

Er erzählte ihr von seinem Onkel Erzbischof und kam in dem Zusammenhang auf Monseigneur de Quélen zu sprechen. »Ich betrachte Mgr. de Quélen als jemand, der uns von meinem Onkel, dem Kardinal, vererbt worden ist. Er liebt uns, er liebt unseren Namen und alles, was Bezug auf den Kardinal hat. Wir müssen ihn stets als einen bevorzugten Verwandten ansehen.«

Er förderte in ihr den Familiengedanken, auf den er selber so viel Wert legte und im vorliegenden Fall auch eine Verbindung zur Religion darstellte. Was er Pauline sagte, würde dem Abbé Dupanloup zu Ohren kommen und von ihm ins erzbischöfliche Palais getragen werden.

Wieder gingen sie nach Valençay und im Herbst nach Rochecotte, wo sie unter anderem den Besuch von Balzac bekamen. Balzac hatte in einem seiner Romane von einem Fürsten gesprochen, »der gehbehindert ist, den ich als einen genialen Politiker ansehe und dessen Name in der Geschichte wachsen wird«. Noch eingehender beschreibt er die Gestalt, wenn er Vautrin sagen läßt: »Ein Mann, der sich rühmt, nie die Meinung zu wechseln, ist ein Mann, der sich vornimmt, stets geradeaus zu gehen, ein Tor, der an die Unfehlbarkeit glaubt.« Und weiter: »Es gibt keine Prinzipien, es gibt nur Ereignisse, es gibt keine Gesetze, es gibt nur Gegebenheiten ... Der überlegene Mensch paßt sich den Ereignissen an, um sie zu lenken ... Der Mensch ist nicht verpflichtet, weiser zu sein als eine ganze Nation.« Vor allem, hätte er hinzufügen können, wenn es sich um die wankelmütigste auf der Welt handelt, und die strengste, wenn es darum geht, die Wankelmütigkeit zu geißeln.

Solche Worte freuten Talleyrand. Dorothee öffnete dem Verfasser des »Père Goriot« die Tore von Rochecotte. In einem an Madame Hanska gerichteten Brief vom 13. Dezember 1836 berichtet Balzac von dem denkwürdigen Besuch. Dorothee war über die Begegnung nicht entzückt, der beleibte Balzac gefiel ihr nicht sonderlich, doch Talleyrand war begeistert und lud ihn nach Valençay ein. »Wenn er dann noch lebt, werde ich Folge leisten«, schrieb Balzac. »Ich muß noch Wellington und Pozzo di Borgo sehen, damit meine Antikensammlung vollständig ist.« Den Klang der schönen, tiefen Stimme Talleyrands behielt er in Erinnerung und »zwei oder drei erstaunliche Gedankenblitze«. Er hatte nur Augen und Ohren für Talleyrand gehabt, vermutlich war Madame de Dino deswegen nicht entzückt von ihm.

In Valençay fühlte sich Talleyrand müde und zerschnitt deshalb ein weiteres Band, das ihn mit der Umwelt verband: er reichte seinen Rücktritt als Generalrat ein. 1834 hatte er bereits ein Testament abgefaßt, jetzt setzte er ein neues auf. Der erste Satz ist aufschlußreich. »Zuvörderst erkläre ich, daß ich in der römisch-katholischen apostolischen Religion sterbe.« Er gab einen Abriß der Geschichte seines Lebens und eine Erklärung für seine Heirat, er sagte, er habe sich frei geglaubt. In kurzen, einfachen Sätzen skizzierte er auch sein politisches Leben. Über die Zeit nach der Niederlegung des Bischofsamts sagte er: »Meine Lage schrieb mir vor, meinen Weg zu suchen. Ich suchte ihn allein, weil ich mein Leben von keiner Partei abhängig machen wollte.« Das ist wahr: »Talleyrand war stets ein Einzelgänger, er ist nie von irgendeiner Partei unterstützt worden, keine beruft sich auf ihn, und alle haben ihn angegriffen.

»Nach langen Überlegungen faßte ich den Gedanken, Frankreich als Frankreich zu dienen, in welcher Situation das Land sich auch befand. Immer gab es Gelegenheiten, Gutes zu tun. Daher mache ich mir keinen Vorwurf, allen Regimen, vom Directoire bis jetzt, da ich schreibe, gedient zu haben.«

Das war folgerichtig gedacht. Balzac hatte es begriffen. Dann schrieb Talleyrand über die Regierungen, in deren Diensten er gestanden hatte: »Ich habe keine im Stich gelassen, die sich nicht zuvor selbst im Stich gelassen hatte.« Er unterstrich, daß er die Anliegen einer Partei oder seine persönlichen nie entgegen »den wahren Anliegen Frankreichs, die übrigens meiner Meinung nach nie im Widerspruch zu den wahren Anliegen Europas stehen«, in die Waagschale geworfen habe.

Überraschenderweise stößt man unter allgemeinen Bemerkungen auf eine Textstelle über die Dankbarkeit, die er Napoleon schuldet. Er sagt, daß der Kaiser ihm zu seinem Vermögen verholfen habe, und bittet seine Erben, es nie zu vergessen. »Bis zu meiner letzten Stunde werde ich mich daran erinnern, daß er mein Wohltäter war, denn das Vermögen, das ich meinen Neffen hinterlasse, verdanke ich zum großen Teil ihm. Meine Neffen sollen es nicht nur nicht vergessen, sondern es ihren Kindern und denen, die nach ihnen kommen, weitergeben, so daß sich die Erinnerung von Generation zu Generation fortpflanzt. Geschieht es einmal, daß ein Mensch, der den

Namen Bonaparte trägt, sich in einer Schicksalslage befindet, in der er Hilfe und Beistand braucht, so sollen ihm meine unmittelbaren Erben oder deren Nachkommen jede Art von Hilfe gewähren, die in ihrer Macht steht.«

Was bedeutet dieses Übermaß an Dankbarkeit? Ist es ein aufrichtiges Gefühl, oder verbirgt sich etwas hinter den Worten? Talleyrand wollte verhindern, daß nach seinem Tod Fragen gestellt würden über die Herkunft seines »ungeheuren Vermögens«. Einige verborgene Quellen, aus denen Einkünfte flossen, haben wir im Lauf seines Lebens entdeckt. Andere sind verborgen geblieben, jedoch weiß man, daß sie vorhanden waren. Es gab unterirdische Adern, die ihm von weit her kommende »Douceurs« zuführten. Die Beträge, die Napoleon ihm zukommen ließ, sind jedoch bekannt. Gewiß, der Kaiser war großzügig, doch nicht großzügig genug, um die ungeheuren Bedürfnisse seines prachtliebenden Ministers zu befriedigen. 1814 hatte Talleyrand ungefähr alles ausgegeben, was er von Napoleon bekommen hatte, außer Valençay und dem Palais in der Rue Saint-Florentin. Nicht aufgeklärt blieb mithin das Vermögen, das er sich nach 1814 geschaffen hatte, und eben über dieses verfügte er 1836 in seinem Testament. Um das Unerklärbare zu erklären, meinte er, es gäbe nichts Rührenderes, nichts Listigeres, als feierlich zu verkünden, er verdanke sein ganzes Vermögen der Großmut Napoleons.

In dem Augenblick, da Bilanz gezogen wird, kann die Frage nach Talleyrands Beziehung zum Geld aufgeworfen werden. Das beträchtliche Vermögen, das er Dorothee, seinen Neffen und Pauline hinterließ, war nur ein geringer Teil dessen, was er im Lauf seines Lebens ausgegeben hatte. Beim Spiel hat er gewonnen, aber auch viel verloren. Der Rest? Der Rest wurde ausgegeben. Nicht verschwendet. Aufwendige Ausgaben hatten durchaus einen Sinn für ihn, und die Dinge hatten ihren Preis. Seine Freigebigkeit, sein Luxus waren groß, manchmal grandios, doch nie maßlos. Die Ausgaben für Haus und Tafel waren genau kalkuliert und entsprachen der Vorstellung, die er sich von seinem Rang machte, von seiner Herkunft und dem Ziel, das er verfolgte. »Reichtum«, sagte Lamartine, »war für Herrn von Talleyrand sowohl Politik wie Glanz in seinem Leben.« Darin unterschied er sich von seinem Neffen Edmond, dem Herzog von Dino, der nur ein verschwenderischer Dummkopf war, maß- und ziellos in der Vergeudung. Seiner Schulden wegen wäre Edmond in London fast ins Gefängnis gekommen. Der Herzog von Laval rettete ihn, indem er für ihn zahlte. In Paris machte Edmond weiterhin Schulden, so daß Talleyrand sich einmischte und seinen anderen Neffen untersagte, sich für eine so mittelmäßige Persönlichkeit zu ruinieren. Der Herzog von Valençay und dessen Bruder durften die Schulden ihres Vaters nicht bezahlen. Edmond kam ins Gefängnis. Später lebte er in Florenz von den vierzigtausend Francs Pension, die seine Frau ihm ausschüttete. Talleyrand wollte das Vermögen seiner Familie bewahren und nicht einen Neffen unterstützen, der es verschleuderte. Er selber hat aber zweifellos zehnmal so viel Geld ausgegeben wie der unglückselige Edmond. Doch auf andere Weise. Wie genau und sorgfältig Talleyrand seinen Haushalt führte, ist dem Brief zu entnehmen, den er von Valençay an den Verwalter der Rue Saint-Florentin schrieb, wo seine Nichte Charlotte, Baronin Alexandre de Talleyrand, und ihre Tochter Marie-Thérèse einige Tage wohnen sollten:

»Mein lieber Couslier, Charlotte und ihre Tochter werden am 30. November oder am 1. Dezember in Paris eintreffen. Sie sollen in den gleichen Zimmern wohnen, die sie schon im Frühjahr innehatten. Nicht mehr ... Das Appartement von Charlotte muß gründlich gesäubert und mit Betttüchern, Handtüchern, Servietten, Wand- und Kerzenleuchtern und Kaminrosten versehen werden. Das ist alles, wofür Sie zu sorgen haben. Silberne Wand- und Kerzenleuchter genügen. Für Holz und Kerzen muß sie selbst aufkommen. Sagen Sie, wenn Sie gefragt werden, daß Sie das nie beschaffen. Und sagen sie alles sehr höflich und ohne Erklärungen zu geben. Wenn sie mit Pferden kommt, soll der Kutscher kein Logis erhalten, die Pferde müssen allabendlich weggebracht werden.«

Der selbstbewußte und großzügige Grandseigneur ließ nichts unbedacht, Nachlässigkeit war für ihn eine Form von Gewöhnlichkeit.

Genug vom Geld. Das Testament schloß mit persönlicheren Hinweisen. Das Manuskript seiner Memoiren vertraute er Bacourt an mit der Maßgabe, sie erst dreißig Jahre nach seinem Tode zu veröffentlichen. Sie wurden jedoch erst fünfzig Jahre danach, 1888, herausgegeben. Dorothee galt ein bewegender Abschiedsgruß: »Ich bitte Madame de Dino hiermit, meinen innigsten Dank entgegenzunehmen für das Glück, das ich durch sie erfahren habe und für das ich ihr seit fünfundzwanzig Jahren Dankbarkeit schuldig bin ...«

An seinem Geburtstag, dem 2. Februar 1837, notierte er einige Gedanken: »Dreiundachtzig Jahre sind vergangen! Ich vermag nicht zu sagen, ob ich froh bin, wenn ich bedenke, wie die vielen Jahre dahingegangen sind ... Wieviel unnütze Aufregung! Wie viele fruchtlose Unternehmungen, ärgerliche Verwicklungen, übertriebene Gefühlswallungen, vertane Kräfte, vergeudete Fähigkeiten ... Und was ist das Ergebnis? Seelische und körperliche Erschöpfung, völlige Hoffnungslosigkeit hinsichtlich der Zukunft, tiefer Ekel vor der Vergangenheit. Es gibt viele Menschen, denen die Gabe oder die Unfähigkeit verliehen ist, sich je ihrer selbst bewußt zu werden. Ich besitze leider nur zu sehr den gegenteiligen Vorzug; er nimmt zu mit dem Ernst, den die Jahre verleihen ...« [LPT]

Trotz der unendlich drückenden Mattigkeit erschien er noch auf der Hochzeit des Herzogs von Orléans mit der Prinzessin von Mecklenburg, die am 30. Mai 1837 in Fontainebleau stattfand. Louis-Philippe ordnete an, der Fürst von Talleyrand solle die Gemächer von Madame de Maintenon bewohnen. Aufgemuntert durch den Glanz und Prunk ertrug er in bester Laune und Verfassung die langen ermüdenden Zeremonien. »Fontainebleau hat mir so gut gefallen, daß ich keine Erschöpfung fühlte«, schrieb er einige Tage danach an Montrond. Er fuhr aber nicht mit dem König und dem Hof nach Versailles, wo das von Louis-Philippe geschaffene Museum eingeweiht wurde, sondern begab sich nach Valençay, wohin ihn Hausherrnpflichten riefen. Er wollte den Erzbischof von Bourges empfangen, der auf einer Firmungsreise war. Ein großes Diner zu Ehren von Monseigneur de Villèle, der Geistlichen und Notabeln des Bezirks, und ein ländliches Fest füllten den Tag aus. Solche Freuden genoß er in vollen Zügen, er zeigte sich freigebig, er empfing rührende Zeichen von Zuneigung und Achtung. Der Ausdruck dieser Gefühle und Paulines Liebe und Zärtlichkeit bedeuteten ihm alles in seinem letzten Lebensjahr.

Als er Valençay im Herbst verließ, tat er es mit den Worten: »Diesmal empfinde ich, da ich mich von Valençay losreiße, einen so übermäßigen, so ungewöhnlichen Kummer, daß es mir wie eine Ahnung vorkommt.« Er täuschte sich nicht, es war sein letzter Abschied von Valençay.

Auch der Weg in den Himmel hat seine Windungen

Er hatte nur noch wenige Monate zu leben. Wie immer und mit allem verfügte er über diese Zeitspanne mit einem Sinn und Gefühl für das, was sich geziemt, und mit einer erstaunlichen Beherrschung der Dinge und Menschen. Er sah dem Tod mit der gleichen Gelassenheit entgegen, wie allen Ereignissen, vor die das Leben ihn gestellt hatte. Er verhandelte mit dem Tod wie mit einem Partner, vor dem man zu kapitulieren gezwungen ist, aber er behielt sich vor, selber die Bedingungen und das Protokoll der Kapitulation festzusetzen. Hatte man bei manchen Gelegenheiten an seiner Größe zweifeln können – im letzten Augenblick wird jeder Zweifel behoben. Talleyrand verhandelte mit der Ewigkeit von gleich zu gleich.

Diese stille Tapferkeit, diese erhabene Gleichgültigkeit, die er Gefahren, Beschimpfungen, Angriffen und Mißerfolgen entgegensetzte, war keine Maske, sondern der eigentliche Kern seiner Persönlichkeit. In der Stunde der Wahrheit war er Herr von Talleyrand, wie er es angesichts der Beleidigungen und Drohungen Napoleons gewesen war.

Madame de Broglie, die ihn nicht aus den Augen ließ und nur auf den Augenblick wartete, da er zusammenbrechen und als Ungläubiger und Verzweifelter sterben würde, sprach ein Wort, das nicht von Menschenfreundlichkeit zeugt. Als jemand die Lebenskunst des Fürsten pries, antwortete die Tochter Germaine de Staëls: »Was er jetzt braucht, ist die Kunst zu sterben.«

Seit Jahren näherte sich sein Stern auf stillen, gewundenen Pfaden wieder der katholischen Kirche. Mit dem Klerus hatte er die Verbindung stets aufrechterhalten, es waren Bande der Höflichkeit und Ehrerbietung, leicht distanziert aber beständig. Öfters wies ihn seine Nichte Dorothee auf die ungewöhnliche Situation hin, in der er sich der Kirche gegenüber befand. Seit dem Tod seiner Frau war die Lage einfacher geworden, aber sie blieb äußerst heikel.

Seine Ergriffenheit vor »der Frömmigkeit der jungen Mädchen« schloß nicht aus, daß er Voltaire treu blieb. Eines Tages hörte Pasquier, wie er in einem größeren Kreis feierlich sagte: »Ich bekenne, daß ich den Wiener Vertrag nie unterzeichnet hätte, wenn Ferney (Voltaires Wohnsitz) nicht an Frankreich gekommen wäre.« Das sagte, wenige Wochen vor seinem Tod, der Mann, den man beschuldigte, der Ungetreuesten einer gewesen zu sein. Es bewahrheitet sich, daß Menschen der Untreue beschuldigt werden, nur weil sie Ideen treu bleiben, die nicht die der anderen sind.

An seinem vierundachtzigsten Geburtstag lag er im Bett. Nach einem Diner bei Lord Grenville in der englischen Gesandtschaft war er hingefallen. Er sprach mit Dorothee über seine Vergangenheit. Alles, was man ihm seitens der Kirche vorwerfe, sagte er, habe er nicht vorsätzlich getan, einer antireligiösen Lehre sei er nie gefolgt. Er habe nur mit Unbekümmertheit gehandelt. Sie meinten beide, das sei weniger schwerwiegend.

Er ging regelmäßig zur Messe, las die »Imitation de Jésus-Christ« und empfahl seinen Freunden die Lektüre. Dorothee fragte ihn, was er empfinde, wenn er einen Priester, wie er selber einer sei, am Altar die Messe lesen sähe. Er antwortete, seiner Meinung nach habe die Kirche ihn von allen Gelübden entbunden, er sehe ihn wie jeder andere auch, und da er selber in den Laienstand zurückversetzt sei, wäre seine Stellung genauso eindeutig wie die jedes anderen. Alle diese Äußerungen teilte Dorothee Monseigneur de Quélen mit.

Manchmal fand er zu fast kindlicher Frömmigkeit zurück, insbesondere verehrte er die Mutter Gottes. Er fragte Dorothee, welches Gebet sie am liebsten spreche, und sie antwortete: das Vaterunser. »Sprechen Sie vor allem das Salve Regina«, sagte er, »es wird Ihnen guttun. Setzen Sie sich hier her, ich werde es Ihnen beibringen, denn ich weiß es auswendig. Ich sage es auf lateinisch und werde es Ihnen übersetzen.« Mit priesterlicher Miene rezitierte er das Gedicht, unterbrach sich und erklärte: »Es gibt doch nichts Tröstlicheres und Sanfteres. Salve regina, mater misericordiae, das sind herrliche Worte. Vita, dulcedo et spes nostra, salve: unter Leben, unser Trost und unsere Hoffnung. Lernen Sie es und sprechen Sie es oft, es wird Ihnen guttun.« – »Dann mußte ich das Gebet mehrmals wiederholen, damit ich es mir einprägte. Heute weiß ich es noch auswendig, ich habe es nie in einem Buch gelesen. Er allein hat es mir beigebracht.« [LPT]

Von Vikaren aus schlichten Pfarreien, auch von Nonnen bekam Talleyrand Zuschriften, in denen ihm mitgeteilt wurde, daß täglich Gebete für ihn gesprochen würden. In einem Portefeuille, das er bei sich trug, bewahrte er die rührenden Zeilen auf. »Die guten Seelen wollen, was mich betrifft, die Hoffnung nicht aufgeben«, sagte er. »Zeigt das nicht, daß ich besser bin, als man glaubt?«

Nach außen drang nichts von dieser inneren Einkehr. Doch ein Mann beobachtete ihn unaufhörlich: Monseigneur de Quélen. Nicht immer benahm sich der heiligmäßige Mann geschickt in seinem Eifer – er drängte manchmal zu sehr. Talleyrand verehrte ihn, wahrte aber Abstand. »Ja, ja«, sagte er, wenn zu lange und zu eindringlich über den Erzbischof gesprochen wurde, »ich weiß, er will meine Seele retten und sie dem Herrn Kardinal darbieten.«

Dorothee war voller Besorgnis, denn die frommen Gedanken ihres Onkels führten zu keinem Entschluß. Sie fragte sich, wie sich die Kirche verhalten würde, wenn der Exbischof von Autun starb, bevor er seine Haltung der Kirche gegenüber in Ordnung gebracht hatte. Monseigneur de Quélen schrieb deswegen nach Rom. Er erhielt zur Antwort, daß, sollte der Sterbende die heiligen Sakramente empfangen, ihm das religiöse Begräbnis nicht verwehrt werden könne, unter der Bedingung, daß er ausreichend Buße täte. Das bedeutete Reue und öffentlichen Widerruf seiner Irrtümer, denn der vom Exbischof von Autun verursachte Skandal hatte ein weites Echo gehabt.

Mgr. de Quélen ließ ein schriftliches Schuldbekenntnis vorbereiten und übergab es Madame de Dino. Der Pfarrer der Madeleine-Kirche wurde benachrichtigt, daß er dem Fürsten die Sterbesakramente spenden und ihn begraben dürfe, wenn dieser zuvor das Schuldbekenntnis unterzeichnet hätte. Alles war bereit, es fehlte nur das Wichtigste: Talleyrands Unterschrift.

So begannen die Verhandlungen zwischen den beiden in Frage stehenden Parteien: Gott und Talleyrand. Der Fürst hatte nicht nein zum Paradies gesagt, er hatte nicht ja gesagt. Die Gruppe um Adolphe Thiers lachte verstohlen und stellte sich vor, wie Talleyrand den Erzbischof mit guten Worten hinhielt und ihm ein Schelmenstück vorführte. Talleyrand blieb stumm. Er wollte den geeigneten Moment und die Modalitäten für seine Unterwerfung selber bestimmen, und er wollte sie nicht zu teuer bezahlen. In Wirklichkeit stand sein Entschluß seit langem fest. Als ihn 1825 Metternich bei einem Zusammentreffen darauf hinwies, er müsse an ein würdiges Ende seiner Laufbahn und seines Lebens denken, hatte Talleyrand ihm geantwortet, er habe bereits daran gedacht, und man würde sich nicht über ihn zu beklagen haben.

Durch Pauline lernte er den Abbé Dupanloup kennen, das war ein entscheidender Schritt. Dorothee und Pauline sprachen oft lobend über den Priester, der das kleine Seminar Saint-Nicolas-du-Chardonnet leitete. Talleyrand äußerte den Wunsch, ihn zu sehen. Dorothee lud den Abbé am

6. Februar 1838 zum Diner ein. Dieser geriet durch die Einladung in peinliche Verlegenheit; er hatte von Talleyrand die Vorstellung, die man sich in den Sakristeien der Kongregation von ihm machte: er sei der Teufel. Talleyrands politische Laufbahn, sein moralischer Ruf, der Ursprung seines Vermögens hielten den Abbé davon ab, zu ihm zu gehen. Er schlug die Einladung aus. Talleyrand zeigte sich erstaunt: »Man hatte mir gesagt, Abbé Dupanloup sei ein Mann von Geist. Wenn das wahr ist, wäre er gekommen. Er hätte begriffen, von welcher Bedeutung es gewesen wäre, dieses Haus zu betreten.«

Dorothee horchte auf. Sie ging ins erzbischöfliche Palais und berichtete dort über den Vorfall. Mgr. de Quélen war entsetzt, er las dem Abbé Dupanloup die Leviten. Diese Gelegenheit war verfehlt worden. Wann würde sich eine neue bieten? Man kannte den Fürsten schlecht. Sein Plan stand fest, und von Talleyrands Hand geschrieben erhielt Abbé Dupanloup eine neue Einladung, der er schnellstens Folge leistete.

Dupanloup war damals sechsunddreißig Jahre alt, er war glaubensstark, entschlossen und klar: er gefiel dem Fürsten. Im Verlauf dieses ersten Abends fielen alle Vorurteile, die der Abbé gegen Talleyrand hatte, nacheinander in sich zusammen. Talleyrands Verführungskunst ist immer wieder erstaunlich. Der Abbé war eher zu Talleyrand bekehrt worden als Talleyrand zur Bußfertigkeit. Abbé Dupanloup hat über seine Demarchen, Unterhaltungen und den Briefwechsel mit der Rue Saint-Florentin während dieses Zeitabschnitts gewissenhaft berichtet. Er schrieb: »Der Fürst empfing mich mit größter Zuvorkommenheit.« Er saß in seinem hohen Sessel und »von dort beherrschte er mit seinem erhabenen Blick, seinen kurzen, seltenen, geistreichen und abgewogenen Worten völlig, aber doch liebenswürdig alles, was ihn umgab. Ich glaube nicht, daß die Könige in ihren Gemächern mehr König sind als Herr von Talleyrand in seinem Salon.«

Dieses königliche Gebaren war so natürlich, daß es nicht bedrückend wirkte. Das Gespräch wurde vom Fürsten gelenkt, und zwar immer auf religiöse Themen, um dem Abbé Gelegenheit zu geben, seine Gedanken auszudrücken. Nach dem Essen erzählte Talleyrand Erinnerungen aus seiner Zeit in Saint-Sulpice. Er sprach über seine Lehrer und wiederholte ein Wort von Papst Pius VII.: »Gott sei seiner Seele gnädig, ich aber liebe Herrn von Talleyrand sehr.«

Der Abbé verhehlte nicht, daß er dem Charme Talleyrands erlegen war: »Ich gebe zu, ich war erstaunt, gepackt, fast hingerissen. Wenigstens konnte ich, als ich wegging, nicht umhin, zu mir selbst zu sagen: das war gewiß eine der erbaulichsten Unterhaltungen, die heute in Paris geführt worden sind.« Nur das Brustkreuz hat gefehlt, um ihn zum Monseigneur Bischof von Autun zu machen, muß der Abbé gedacht haben.

Für den hochintelligenten und aufrechten Priester war es eine Offenbarung und ein Fall, über den er nachdenken mußte. Er hatte einen Talleyrand entdeckt, den die übrige Welt nicht kannte. Er selbst hatte früher über ihn geredet, ihn verdammt, wie alle anderen. Einige Wesenszüge dieser erstaunlichen Persönlichkeit bewegten ihn tief: er hatte große Würde und viel Wohlwollen gegenüber der Welt entdeckt, was ihn aber am stärksten beeindruckte, war »die Achtung, die Sorge, die Zärtlichkeit, ich möchte fast sagen der Kult, den er mit seiner Familie, mit seinen Freunden trieb«, womit sich Talleyrand vor »den Angriffen und Beleidigungen, die dem Staatsmann galten«, schützte. Daß Talleyrand die Beleidigungen mit »so vollkommener Gelassenheit« ertrug, war nur möglich, weil er Zuflucht fand in der Zuneigung, Achtung und Zärtlichkeit des privaten Lebens; das hatte Dupanloup begriffen. »Denn eine Sache, die mir unbekannt war und die man allgemein nicht kennt, ist, daß der Fürst von Talleyrand verehrt und geliebt wird von allen, die in seiner Nähe sind. Und da diese Verehrung und Zärtlichkeit ihm während seines ganzen fast hundertjährigen Lebens treu geblieben sind, müssen diejenigen, sagte ich mir, die so viel Schlechtes und nie Gutes über ihn geredet haben, im Unrecht sein und nicht alles gesehen haben.« [LPT]

Eine der verborgensten Seiten Talleyrands wird somit am Ende seines Lebens enthüllt. Werden seine Feinde weiterhin behaupten, er sei herzlos gewesen? Sein Leben lang hat er treue Freundschaften aufrechterhalten. Dazu gehörte ein Feingefühl, eine gedankliche Einfühlung in das Wesen seiner Freunde, die mehr wert war, als die gesamte Sentimentalität jener Zeit.

In drei Worten faßte Talleyrand den Abend mit Dupanloup zusammen, er sagte zu Dorothee: »Ihr Abbé gefällt mir, er weiß, was leben ist.«

Abbé Dupanloup selber war voller Bewunderung, aber auch voller Hoffnung: Er war sicher, eine Seele gerettet zu haben.

Der Fürst hielt es für schicklich, von der Welt und Paris Abschied zu nehmen, ehe er für immer fortging. Seit der Zeit des Directoires war er Mitglied des Instituts der Wissenschaften und Künste und hatte seinerzeit Aufsehen durch seinen Vortrag über den Nutzen der Kolonien erregt. Vierzig Jahre später, 1838, erregte er wiederum Aufsehen durch sein letztes öffentliches Auftreten. Bei der Rückkehr aus der Emigration war er durch den Torbogen des Instituts wieder ins politische Leben eingezogen; durch denselben Torbogen erfolgte nun sein Abgang. Der Tod des Grafen Reinhardt gab ihm Gelegenheit zu einer Gedenkrede. Reinhardt, ein gebürtiger Württemberger, der Franzose geworden war, hatte sein Leben im Ministerium der Auswärtigen Angelegenheiten verbracht. Talleyrand war viel mit ihm zusammengewesen, er hatte ihn geschätzt und ihm viel Arbeit aufgebürdet. Das Leben dieses ehrenwerten Mannes war kein großes Thema für Talleyrand, er machte mehr daraus: es war ein ausgezeichneter Vorwand, um sich selbst ein letztes Mal in voller Größe zu zeigen.

Seine Familienangehörigen und Freunde versuchten vergeblich, ihn von dieser Anstrengung abzuhalten. Sein Arzt sagte, er könne für die Folgen keine Verantwortung übernehmen. »Wer verlangt von Ihnen, die Verantwortung zu übernehmen?« fragte der Fürst. Und er fügte hinzu: »Das ist mein Abschiedsgruß an die Öffentlichkeit, nichts wird mich hindern, ihn auszusprechen.«

Am Samstag, dem 3. März 1838, war das Palais des Instituts gedrängt voll von Menschen, man wollte dabeisein, wenn der berühmteste lebende Europäer – nach Napoleon die erstaunlichste politische Figur des Jahrhunderts – die Gedenkrede auf einen so gut wie unbekannten Staatsbeamten hielt.

Chateaubriand schrieb boshaft, der Fürst habe »einen Kraftakt unternommen, um im Institut eine Rede auf einen deutschen Tölpel zu halten, über den er sich immer lustig gemacht hat. Trotz aller Schaustellungen, von denen wir genug haben, hat man Spalier gestanden, um den großen Mann vorübergehen zu sehen.«

Ein großes und großartiges Publikum war erschienen. Die berühmtesten Mitglieder der Académie waren zugegen: Tocqueville, Victor Cousin, Mignet, Guizot. Von den persönlichen Freunden: Royer-Collard, Pasquier, Thiers, Noailles, Barante, Molé. Talleyrands Erscheinen war beeindruckend, durch seine Gebrechlichkeit kam eine theatralische Note hinzu. Zwei Diener in Galalivree stützten ihn und halfen ihm, die Stufen hinaufzusteigen. Er trug, wie es damals Mode war, einen langen schwarzen Gehrock, doch sein Kopf war unverändert geblieben: das Haar sorgfältig frisiert und gepudert, das Kinn hochgehalten durch seine »Incroyable«-Krawatte. An der Tür zum Sitzungssaal rief der Amtsdiener: »Der Fürst!« Alle Versammelten erhoben sich von den Sitzen. Ohne Brille verlas er eine halbe Stunde lang die Gedenkrede auf den Grafen Reinhardt. Seine Stimme war genauso klangvoll und stark wie immer. Der Text war von ihm und seiner vertrauten Mitarbeiterin Madame de Dino klug abgefaßt und gründlich bearbeitet worden.

Der Versammlung wurde bald bewußt, daß unter dem Namen Reinhardt, der als »der Diplomat« betitelt wurde, Talleyrand über sich selber sprach. Er schilderte eine Laufbahn »unter drei Regimen«, und wie beiläufig fügte er hinzu, daß sie »sehr verschiedenartig« gewesen seien. Die Hörerschaft hielt den Atem an. Er betonte, daß Reinhardt ein Theologiestudium absolviert hatte. Ein merkwürdiges Zusammentreffen! Er lobte die Theologie als ausgezeichnete Vorbereitung für den diplomatischen Dienst. Und was er über den vollkommenen, theologisch geschulten Diplomaten sagte, paßte genau auf die Laufbahn und zum Wesen von Monseigneur d'Autun. Jede Bemerkung, jede Aussage war von beachtenswerter Treffsicherheit und Eindringlichkeit, alles führte zu einer Schlußfolgerung hin, die in dem Wort gipfelte: »die Religion der Pflicht«. Seine Rede war ein Triumph. Unbewegt nahm der Fürst den Dank des Präsidenten entgegen, dann verließ er, wieder eingerahmt von seinen beiden Dienern, unter dem Beifall der Bewunderer den Saal. Er wußte, daß er für immer abtrat, und er hatte gewünscht und gehofft, daß es so sein würde.

Die gesamte Presse urteilte überströmend günstig, jeder spürte, daß diese akademische Feier das Vorspiel für die Trauerfeierlichkeiten war.

Sainte-Beuve, der Talleyrand nicht sehr freundlich gesinnt war, schrieb in den »Nouveaux Lundis«, der Fürst habe in der Gedenkrede »die dreifache Idealgestalt des vollkommenen Außenministers, des vollkommenen Abteilungsleiters, des vollkommenen Konsuls gezeichnet«. Er lobte »Herrn von Talleyrands Feder«, sie sei »gepflegt und der Text gefeilt« gewesen.

In der Rue Saint-Florentin zeigten sich Familienangehörige und Freunde höchst befriedigt. Der erste Schritt des Abgangs war ein würdiger Schritt gewesen.

Der Wortlaut der Gedenkrede wurde gedruckt. Talleyrand schickte je ein Exemplar an Mgr. de Quélen und an Abbé Dupanloup. Der Sendung an Bacourt lag ein Brief bei, er teilte ihm mit, er sei krank, habe ein Zugpflaster am Arm und leide an Schweißausbrüchen.

Um sich zu bedanken, kam der Abbé selber, und Talleyrand wurde gefragt, ob er ihn empfangen wolle. »Ich bin entzückt«, sagte er. Pauline führte ihren Beichtvater zu ihrem Onkel und ließ die beiden allein. Der Fürst gestand dem Abbé, er habe an ihn gedacht, als er von »der Religion der Pflicht« gesprochen habe. Dann redete er über seine Krankheiten, die Medikamente, die Fußbäder in Fleischbrühe, Beinbäder in Branntwein ... und daß nichts helfe. Er scherzte über die eingebildeten Kranken, über die man stets spreche, und über die eingebildeten Gesunden, über die man nie spreche und die am meisten zu beklagen seien. Über Widerruf und Bußfertigkeit kein Wort. Pauline und ihre Mutter sandten inständige Gebete zum Himmel, ihr Onkel möge sich unterwerfen, damit er in Frieden sterben könne.

Am 17. März war sein Gesundheitszustand so schlecht, daß er sein Testament noch einmal durchsehen wollte. Wiederum bestimmte er, daß Madame de Dino seine Universalerbin sei, daß sie nicht nur sein gesamtes Vermögen, sondern auch alle seine Dokumente und Papiere übereignet bekommen und darüber verfügen solle gemäß den Anweisungen, die er ihr gegeben habe. Einen Diamanten im Wert von fünfzigtausend Francs vermachte er Bacourt, der Sorge tragen sollte, daß die Memoiren zum festgesetzten Zeitpunkt veröffentlicht würden. Allen Hausangestellten setzte er eine Rente aus und bestimmte, daß die Rente für einen von ihnen, der ein Trinker war, in den Jahren erhöht werden solle, in denen der Weinpreis steige.

Abbé Dupanloup schickte dem Fürsten sein Buch »Le Christianisme présenté aux hommes du monde par Fénélon« [Das Christentum, von Fénélon dargestellt für Weltleute]. War es ein Mittel, das Gespräch über Religionsfragen wiederzubeleben? Talleyrand nahm das Buch dankbar an und bat den Abbé zum Diner an einem Tag, der diesem genehm sei. Der Sendung hatte ein Brief beigelegen, von dem er gerührt war. Er ließ Madame de Dino rufen, reichte ihr den Brief und bat sie, ihn laut vorzulesen. Zum erstenmal äußerte er sich freimütig über das Thema, das alle beschäftigte: »Glauben Sie«, fragte er, »daß der Abbé Dupanloup kommen würde, wenn er an mein Sterbelager gerufen wird?« Seine Nichte bejahte die Frage. Jetzt gestand er ihr, daß er bereits an eine Aussöhnung mit Rom gedacht habe. Seit wann? fragte sie. Seit dem Besuch des Erzbischofs von Bourges in Valençay. Er fügte hinzu, es tue ihm leid, daß der Erzbischof nichts für ihn getan habe. Als seine Nichte ihn darauf hinwies, der Prälat habe es nicht gewagt, erwiderte Talleyrand, er sei bereit, aber er wolle wissen, was Rom von ihm erwarte. Sie verhehlte ihm nicht, daß sie ein fertig formuliertes Schuldbekenntnis vorliegen habe. Er dachte nach. Und nun begann das Aushandeln. Seinen Irrtum hinsichtlich des Schwurs auf die Zivilverfassung des Klerus wollte er anerkennen, ebenso den Irrtum hinsichtlich der Weihe verfassungstreuer Bischöfe. Nicht anerkennen wollte er hingegen den Irrtum seiner Verheiratung. Er sagte mehrmals: »Ich war frei, ich war frei!« Dorothee ging auf das päpstliche Breve ein, das Mgr. d'Autun auf seine Weise interpretiert hatte, was aber nicht im Einklang mit Rom stand. Er war sich darüber klar, aber er räsonierte noch. Dann, auf einmal, war er bereit, alles zu akzeptieren. Er befürchtete, böse Zungen könnten seine Unterwerfung unter die Kirche, wenn sie zu spät geschähe, einer Anwandlung von Senilität zuschreiben. »Ich möchte nicht, daß man das, was ich tun werde, der Altersschwäche zuschreibt. Ich muß es in dem Monat tun, in dem ich meine Rede in der Académie gehalten habe.«

Sicherlich fürchtete er weniger Gott als den Skandal eines nichtkirchlichen Begräbnisses – auch in diesem Punkt befand er sich im Einverständnis mit seinem Lehrer Voltaire.

Er schrieb an Abbé Dupanloup, ließ ihm eine prächtige Ausgabe der »Imitation« überreichen und zugleich eine neuerliche Einladung. Der Abbé kam einige Tage nach Ostern. Sie sprachen über die Heilige Woche, unternahmen aber nichts Konkretes.

Am 28. März starb Talleyrands Bruder Archambaud. Er führte den Titel Herzog von Talleyrand. Von diesem Tage an war Dorothee Herzogin von Talleyrand, da Edmond, ihr Mann, den Titel erbte. Dieser Todesfall erschütterte Talleyrand. »Noch eine Mahnung«, sagte er. Überdies war Archambaud unerwartet gestorben und hatte die Sakramente nicht empfangen. Abbé Dupanloup kam, um ihm sein Beileid auszudrücken. Sie unterhielten sich lange miteinander. Sogar über seine Mutter sprach Talleyrand ... und überraschenderweise über Mgr. de Quélen, dessen Palais 1831 geplündert worden war und der seitdem irgendwo provisorisch residierte. Talleyrand kam auch auf ein Wort von Montlosier in der Gesetzgebenden Versammlung zurück: »Ein Holzkreuz hat die Welt gerettet.«

Das Gespräch war vertrauensvoll verlaufen. Der Abbé hatte den Eindruck, ein wenig vorangekommen, aber noch nicht angekommen zu sein.

Im April fühlte Talleyrand sich bei guter Gesundheit. Sogleich schmiedete er Reisepläne. Er sah sich am 1. Mai in Pont-de-Sains, wo er den Sommer zu verbringen gedachte. Am 1. September wollte er nach Nizza reisen und im Frühjahr darauf nach Valençay zurückkehren.

Der Gedanke an das Schuldbekenntnis beschäftigte ihn weiterhin. Eines Tages übergab er seiner Nichte einen Brief für Mgr. de Quélen – besser gesagt einen Briefentwurf. »Hier ist etwas, mit dem Sie dort, wohin Sie gehen, sicherlich gut aufgenommen werden. Sagen Sie mir, was der Herr Erzbischof darüber denkt.«

Dorothee berichtete ihm, als sie zurückkam, Mgr. de Quélen sei sehr bewegt gewesen, er habe aber den Eindruck, der Brief würde sich besser ausnehmen, wenn er kürzer und in mehr kanonischen Formulierungen abgefaßt wäre. Diese Kritik ärgerte ihn ein wenig, er machte aber keine Bemerkung dazu. Er sagte nur, er wünsche, daß das Schuldbekenntnis das Datum der Woche tragen solle, in der die Sitzung im Institut stattgefunden hatte. »Ich möchte nicht, daß man sagt, ich sei kindisch geworden.«

Talleyrand gelingt die letzte Verhandlung und ein guter Abgang

Am 10. Mai war er noch im Park Monceau in der Sonne spazierengefahren, doch am 12., als er mit Alexandre de Talleyrand, Noailles und der Fürstin von Lieven bei Tisch saß, bekam er Schüttelfrost, obwohl ein Kaminfeuer brannte. Man trug ihn in sein Schlafzimmer, wo er von Unwohlsein befallen wurde. Dann trank er Tee und kam wieder zu sich – er war wieder der alte. An der Unterhaltung beteiligte er sich, als sei nichts geschehen, man sprach über den »Sturz eines Engels« und den Autor Lamartine, der am Tag zuvor in der Rue Saint-Florentin gespeist hatte.

Die Nacht war schlecht. Cruveilhier, sein Arzt, diagnostizierte ein Karbunkel in der Lendengegend. Sein Zustand war besorgniserregend, möglicherweise hoffnungslos. Er mußte operiert werden. Man stelle sich vor, mit welchen Mitteln ein Chirurg zu jener Zeit arbeitete. Es muß furchtbar gewesen sein. Talleyrand ertrug den Eingriff mit bewunderungswürdiger Ruhe und unerschütterlicher Tapferkeit. Einmal war der Schmerz so groß, daß er den Kopf zum Chirurgen wandte und in höflichstem Ton zu ihm sagte: »Wissen Sie, Monsieur, daß Sie mir sehr weh tun?«

Als die Qual vorüber und er wieder zu Kräften gekommen war, ließ er sich in den Salon tragen. Er betrat wieder die Bühne, die Vorstellung ging weiter. »Das Gesicht des Fürsten war verändert, man sah, daß er große Schmerzen hatte aushalten müssen und daß er noch immer litt. Aber der Klang seiner Stimme war ruhig und sanft, sein Geist heiter und gegenwärtig.« Er ließ den Anwesenden Tee servieren. Bacourt, der ihn in vielen schwierigen Situationen erlebt hatte, war verblüfft über diese Selbstbeherrschung, er schrieb: »Herr von Talleyrand gehört zu den Menschen, die am stärksten an die Macht und Kraft geglaubt haben, die von der moralischen Haltung auf die physische Natur ausgeübt wird.«

Diese äußerste und überlegene Verstandes- und Willenskraft über das Körperliche, das ihm Schmerzen verursachte, würde genügen, Talleyrand aus der Masse der Menschen herauszuheben.

Am 15. Mai besuchte ihn Abbé Dupanloup. Der Fürst empfing ihn freundlich, obwohl er eine schreckliche Nacht verbracht hatte. Der Abbé kam gleich auf das Schreiben mit dem Widerruf zu sprechen. Talleyrand sagte, in seinem Entwurf sei alles, was er zu erklären habe, niedergelegt, und wer ihn läse, würde seine Empfindungen verstehen. Der Abbé wiederholte ihm, was beim Erzbischof vorgebracht worden war: Es gäbe viele Leute, die nur das herausläsen, was sie begreifen wollten. Daher müsse, um falsche Deutungen auszuschließen, ein kurzer und deutlicher Brief geschrieben werden. Talleyrand stimmte ihm zu. Dupanloup meinte, der Fürst würde den am Bischofssitz abgefaßten Wortlaut akzeptieren. Er hatte ihn bei sich und übergab ihn Talleyrand mit der Bemerkung, man habe den Geist seines eigenen Briefes respektiert und viele seiner Formulierungen übernommen. Er wollte dem Fürsten diese Fassung vorlesen. »Geben Sie mir den Brief, ich werde ihn selbst lesen.« Das Räsonieren ging weiter. Mühevoll setzte sich der Fürst, gestützt von vielen Kissen, auf den Bettrand, denn er konnte nicht ausgestreckt liegen. Die große Wunde am Rücken schmerzte ihn. Den Kopf in eine Hand gestützt, las er aufmerksam die vom Erzbischof abgefaßten Blätter. Dann sagte er: »Herr Abbé, ich bin sehr zufrieden mit diesem Schriftstück.« Der Abbé atmete auf, er hatte angstvoll auf den Urteilsspruch gewartet. Er meinte, die Angelegenheit sei erledigt, doch der Fürst der Diplomaten fügte hinzu: »Würden Sie mir bitte das Schriftstück hierlassen, ich möchte es noch einmal lesen.«

Der Abbé war so niedergeschlagen, daß er keinen Einwand vorzubringen wagte. Die Verhandlung trat in eine neue Phase ein. Die beiden sprachen über den Schmerz, den Tod, die göttliche Barmherzigkeit, alles in größter Gelassenheit. Dann zog sich der Abbé zurück, ohne Unterschrift und ohne das Versprechen, sie zu erhalten.

In der Nacht vom 15. auf den 16. wurden die Schmerzen noch ärger. Kurz nach Mitternacht erlitt er einen Herzanfall, und man glaubte, das Ende sei gekommen. Talleyrand befragte seinen Arzt, der ihm nicht verhehlte, daß der Zeitpunkt gekommen sei, an dem ein Christ seine Angelegenheiten in Ordnung bringen müsse. Als sei ein Zauberwort gesprochen worden, trat der Abbé herein. Die Herzogin und die ganze Familie standen tausend Ängste aus: Sollte der Onkel unversöhnt mit der Kirche sterben, wäre ein Skandal unausbleiblich. Der Fürst lag in den letzten Zügen, er mußte unterschreiben. Wie war er dazu zu bewegen? Pauline allein konnte es gelingen, ihn zu überzeugen, daß der Augenblick, die Unterschrift zu leisten, nicht mehr hinausgeschoben werden dürfe. Die Herzogin flehte ihre Tochter – sie war achtzehn Jahre alt – an, zu dem Sterbenden hineinzugehen. Aus Frömmigkeit und aus Liebe zu dem Greis, der ihr so zärtlich zugetan war, willigte Pauline ein. Sie erbat den Segen ihres Beichtvaters und begab sich an das Lager des Fürsten. Sie war sich der Bedeutung und Größe des Augenblicks bewußt. Sie sprach allein mit ihm. Nach ihr trat der Abbé an das Bett. Er bekam die Unterschrift nicht. Der Fürst rief nach der Herzogin und bat sie, ihm den Text des Erzbischofs laut vorzulesen. Mehrmals äußerte er, er wolle als Sohn der Kirche sterben: »Ich will es ... Ich will es ...« Er werde unterschreiben, aber erst später. Später? Es gab kein Später. »Aber, Fürst, solange Ihre Hand es noch vermag.« Nichts geschah. Er wurde von Stunde zu Stunde schwächer. Sein Geist blieb wach, doch alle zitterten bei dem Gedanken, er könne plötzlich verscheiden. Sollte das eintreten, mußte er heimlich begraben werden. Er sagte mit der gleichen Gelassenheit wie früher im Außenministerium, wenn er die Absendung einer dringenden Depesche aufschob: »Nur Ruhe, ich bin bald soweit!«

In der Öffentlichkeit fragte man sich: Wird er unterzeichnen? Wird er nicht unterzeichnen? Im Erdgeschoß der Rue Saint-Florentin gingen die Leute aus und ein, um zu erfahren, wie es um den Fürsten stand. Man redete über das Fortschreiten des Leidens und über die Fortschritte bei der Unterzeichnung des Schuldbekenntnisses, über die Besserung der scheußlich eiternden Wunde und über den Stillstand der Bußwilligkeit. Man redete, man scherzte, man unterhielt sich aufs beste. Wenn Dupanloup einen Schritt vorankam, machte der Clan der Voltairianer zwei Schritte zurück. Dann fielen sarkastische Worte gegen die immer noch mächtige Kongregation und gegen die Heuchler. Verließ Dupanloup unverrichteter Dinge das Haus, fühlte sich Voltaire obenauf: der Fürst spielte dem lieben Gott und den Soutaneträgern einen letzten Streich. Kurzum, noch auf der Schwelle zwischen Leben und Tod war und blieb Talleyrand, was er stets gewesen war: jemand, an dem sich Streitgespräche entzündeten.

Doch was sollte dieses Zögern, was sollten diese Umwege? Warum unterschrieb er nicht, da er doch entschlossen war, zu unterschreiben? Die einleuchtendste Antwort liefert Montrond. Sein alter Freund läßt sich von politischen und religiösen Meinungen nicht leiten und beeinflussen. Von allen, die um Talleyrands Sterbelager standen, kannte Montrond ihn am besten: selbst in der Agonie war und blieb er Talleyrand. Der Fürst war nicht geneigt zuzugeben, daß diese Stunde mehr Eile verdiene als irgendeine andere; sein Tod sollte sich dem Rhythmus gemäß abspielen, der seit seiner Geburt sein Leben und alles Tun in seinem Leben geprägt hatte: mit gemächlich sich windender Langsamkeit. Dieser Rhythmus sollte bis zum

Ende eingehalten werden. Und die Langsamkeit war nicht ohne Erhabenheit und Würde.

Seine Unterwerfung »war auf Hindernisse gestoßen, die des Teufels würdig waren«, schrieb Mgr. de Quélen. Hindernisse, die im Wesen Talleyrands begründet waren, in Talleyrand, der nur tat, was ihm gefiel und richtig schien. Das mußte man hinnehmen, oder man mußte verzichten. Die Kirche nahm hin, was er bereit war, ihr zu gewähren. Seine Zusage zögerte er hinaus, um sicher zu sein, seinen Widerruf nicht zu überleben. Er wäre sich lächerlich vorgekommen. Als frömmelnder Greis mochte er nicht gelten. Diese Heuchelei war ihm zu bürgerlich. Unterwerfung und Tod sollten unverzüglich aufeinander folgen, damit dem Geistlichen nur ein Leichnam in die Hände fiel. Er verhielt sich wie ein Unterhändler, der, so schreibt Duff Cooper, »Gott seine Seele streitig machte«. Seine Bekehrung hat er ausgehandelt wie einen internationalen Vertrag: auf der einen Seite Gott, vertreten durch den Erzbischof und seinen Minister Dupanloup, auf der anderen Seite der Fürst, der nicht nur eine zu rettende Seele vertrat, sondern eine ganze Sippe, die Sippe Périgord mitsamt ihrer gesellschaftlichen Stellung und ihren Interessen. Es war eine sehr schwierige Angelegenheit. Die Seele eines Bischofs in Verdammnis war nur ein Aspekt des Problems, auf das durch den Gang der Geschichte und durch persönliches Streben ungeheuer viel aufgepfropft war, es war ein fast undurchdringliches Dikkicht von Gottlosigkeit, Revolution, Schisma, Kriegen, Verträgen und Geld ... viel Geld geworden. Das alles stand hinter dem von Mgr. de Quélen aufgesetzten Schriftstück. Und vielleicht auch Gott.

»Zwei Überlegungen bestimmten sein Verhalten: er wollte das Ärgernis einer Beisetzung ohne kirchliche Ehren vermeiden, und er wollte sich erst in der letzten Minute bekehren, um dem Hohn und Spott der Welt zu entgehen.« Montrond hatte sich nicht getäuscht. Was Talleyrand auch unternahm, es war wie ein Verhängnis, das ihn verfolgte: stets Ärgernis hervorzurufen.

Seine letzte Tat vollbrachte er mit einer fast übermenschlichen Beherrschung, sie schien ihm Gewalt über den Tod zu verleihen: er setzte die Stunde seines Todes fest.

Am Mittwoch, dem 16. Mai 1838, ließ Dupanloup den Sterbenden nicht einen Augenblick allein. Um acht Uhr abends unternahm der Abbé einen Vorstoß: »Möchten Sie Ihre Erklärung unterschreiben?« fragte er, nachdem er erwähnt hatte, daß Mgr. de Quélen Wünsche und Gebete für ihn spreche. »Danken Sie dem Erzbischof sehr und sagen Sie ihm, daß alles getan werden wird«, antwortete Talleyrand unverzagt. Unterzeichnen wollte er noch immer nicht.

Wiederum wurde Pauline zu ihm geschickt, sie fragte mit zitternder Stimme: »Wann aber wird es soweit sein, lieber Onkel?« Sie erhielt eine Antwort von tragischer Schlichtheit und Deutlichkeit: »Morgen, zwischen fünf und sechs Uhr in der Frühe.« Sie zweifelte bei sich, ob es ein Morgen überhaupt geben würde und fragte noch einmal: »Morgen?« – »Ja, morgen, zwischen fünf und sechs Uhr.«

Dupanloup wollte zum Erzbischof eilen, um Bericht zu erstatten. Er vergewisserte sich noch einmal: »Kann ich dort Hoffnung erwecken?« Talleyrand antwortete ein wenig ungeduldig: »Sagen Sie nicht Hoffnung, sagen Sie Gewißheit. Es steht fest.« Der Erzbischof und der Tod mußten gehorchen.

In der Nacht verschlechterte sich sein Zustand zusehends. Um elf Uhr schien es, als wolle der Tod ihm ungehorsam sein. Doch es war noch nicht soweit. Pauline wurde ein weiteres Mal zu ihm geschickt. Sie reichte ihm die Feder, damit er die beiden Schriftstücke, den Widerruf und den Begleitbrief für den Papst, unterzeichne. Sanft, aber entschieden wies er sie ab: »Es ist noch nicht sechs. Ich habe dir gesagt, daß ich zwischen fünf und sechs Uhr unterzeichnen will. Ich verspreche dir noch einmal, es zu tun.«

Er litt unsägliche Schmerzen, er war ungeheuer schwach. Trotzdem bezwang er seinen Körper, den Schmerz und das Drängen seiner Angehörigen. In der Nacht hatte er ein Gespräch mit Bacourt; er sprach nicht über sich, sondern über Paulines Frömmigkeit und die Nüchternheit des Protestantismus.

Um vier Uhr morgens war Abbé Dupanloup bei ihm, ebenso die Herzogin und Pauline. Die vom Erzbischof bestimmten Zeugen trafen nacheinander ein. »Es waren die ehrenwertesten und würdevollsten Männer ausgewählt worden«, schrieb Dupanloup. Jeder von ihnen war in seinem Rang der Hervorragendste: der Fürst von Poix für die Aristokratie, Saint-Aulaire, Gesandter in Wien, und Barante, Gesandter in Sankt Petersburg, für die Diplomatie, Royer-Collard für die staatsbürgerliche Tugend, und Ministerpräsident Molé für die Politik.

Jetzt wurde das Zimmer zur Bühne des Todes, des dramatischsten Todes im 19. Jahrhundert. Die fünf schwarzgekleideten Koryphäen schritten langsam herein, ihre gewichtige Gegenwart verlieh der Sterbeszene einen Hintergrund und eine Bedeutung, die sich ihrem Geist und Gemüt einprägte. Was sie gesehen und gehört hatten, würden sie verkünden; es sollte in alle Gesellschaftsschichten dringen und sogar über die Grenzen hinaus. Hélie, der älteste Kammerdiener, war ebenfalls zugegen. Talleyrand hatte es verlangt. Auch Hélie sollte Zeugnis geben.

Nur Balzac wäre in der Lage gewesen, die fünf Standbilder der staatlichen und gesellschaftlichen Macht zu beschreiben. Die Zeugen waren zum Teil durch einen Vorhang verdeckt, der über der Tür zu einem Nebenzimmer hing. Sie sahen zu, ohne im Sterbezimmer zu stehen, sie hörten zu, ohne anwesend zu sein, sie beobachteten den Vorgang des Sterbens und des Verhandelns. Sie sollten erst im letzten Augenblick vor dem Sterbenden erscheinen, wenn er mit einem Kopfnicken, mit einem Federstrich oder mit einem Hauch Ja zu Gott sagte. Diese Männer waren gekommen, um die

Übereinkunft zu beurkunden. Sie warteten zwei Stunden, stehend, reglos, ergeben, fasziniert, sie warteten auf das Zeichen des Geistlichen.

Nie zuvor ist der Tod so hoheitsvoll behandelt worden, nie zuvor ist der Tod genötigt worden, in solcher Weise mit seinem Opfer einen Ausgleich zu finden. Das Zimmer, prächtig ausgestattet wie das eines Königs, war zugleich eine Folterkammer. Ein System von Seilen und Rollen war an der Decke angebracht, damit der gemarterte Körper aufgerichtet und umgedreht werden konnte, gestützt war er von Kissen, um jede Berührung mit der gräßlichen, kratergroßen Wunde zu vermeiden, die an den Lenden bis tief in die Eingeweide drang.

Über diesen Entsetzlichkeiten thronte der Kopf. Der heile, gepuderte, unwandelbare, königliche Kopf. Er öffnete die Augen und fragte nach der Zeit. Eine beflissene Stimme antwortete: »Es ist sechs Uhr.« In Wirklichkeit war es noch nicht fünf. Dupanloup, dem die geringste Unehrlichkeit wie ein Frevel erschienen wäre, sagte: »Fürst, es ist noch nicht fünf Uhr.« – »Gut«, erwiderte der Sterbende mit der Gelassenheit dessen, der dem festgesetzten Zeitplan nicht vorgreifen will.

Plötzlich, als habe es sich ein genialer Regisseur ausgedacht, trat eine kleine Elfe, eine Erscheinung in duftigen weißen Schleiern, in diese Höhle des Schmerzes und des Todes, eine Höhle aus edlem Holz mit goldenen Beschlägen, aus Samt und Seidenfransen, ausgestattet mit dem ganzen Prunk jener Zeit. Dieses Wesen stand auf einmal zwischen den fünf schwarzgekleideten Männern, dem Priester und den am Bett knienden Frauen, es war Marie-Thérèse de Périgord, die Tochter von Charlotte. Sie kam, den Sterbenden um seinen Segen zu bitten, ehe sie zu ihrer ersten Kommunion ging. Sie kniete nieder, Talleyrand segnete sie, sagte einige zärtliche Worte zu ihr, und die Elfe entschwebte wieder ins Leben. Talleyrand war gerührt: »Das sind die beiden Pole des Lebens: sie geht zu ihrer ersten Kommunion . . . und ich . . .«

Endlich schlug es sechs. Pauline fragte Talleyrand, ob er gestatte, daß sie ihm die Schriftstücke vorlege. Er nickte. Er nahm die Feder in die Hand. Dorothee fragte ihn, ob sie ihm die beiden Briefe noch einmal vorlesen solle. Er antwortete: »Ja, lesen Sie.« Zuerst las die Herzogin das Schuldbekenntnis:

»Immer stärker von ernsten Überlegungen bewegt und von dem Willen geleitet, mit kühlem Kopf die Folgen einer Revolution zu beurteilen, die alles mit sich gerissen hat und die seit fünfzig Jahren andauert, bin ich im hohen Alter und nach langen Erfahrungen dahin gekommen, die Auswüchse des Jahrhunderts, dem ich angehört habe, zu tadeln und die schweren Irrtümer offen zu verdammen, die in dieser langen Abfolge von Jahren die römisch-katholische apostolische Kirche gestört und betrübt haben, Irrtümer, an denen ich unglücklicherweise teilhatte.

Wenn es dem verehrungswürdigen Freund meiner Familie, Monseigneur dem Erzbischof von Paris, der mich der wohlwollenden Geneigtheit des Heiligen Vaters meiner Person gegenüber versichert hat, beliebt, dem Heiligen Vater, wie es mein Wunsch ist, die Darbietung meiner achtungsvollen Dankbarkeit und meine völlige Unterwerfung unter die Lehre und Disziplin der Kirche, unter die Beschlüsse und Urteilssprüche des Heiligen Stuhls in den kirchlichen Angelegenheiten Frankreichs zu übermitteln, wage ich zu hoffen, daß Seine Heiligkeit geruhen wird, sie gütigst zu empfangen.«

Ausgedrückt sind in diesen Sätzen allgemeine, politische sowie religiöse Gedanken. Wahrscheinlich hätten einige kürzere Sätze mit genauen Fakten der Kirche größere Genugtuung verschafft. Wirklich, er verstand es, nicht zu teuer bezahlen zu müssen.

Der Schluß des Schreibens ist im Ton persönlicher, doch auch hier bezieht sich die Reue auf nichts Bestimmtes. Irrtümer und Fehler werden in vier farblose Worte gekleidet, »die Taten meines Lebens«.

»Später, von der Ausübung der kirchlichen Amtshandlungen durch den verehrungswürdigen Pius VII. entbunden, habe ich in meiner langen politischen Laufbahn die Gelegenheit wahrgenommen, der Religion und vielen ehrenwerten Mitgliedern des katholischen Klerus jeden Dienst zu erweisen, der in meiner Macht stand. Nie habe ich aufgehört, mich als Kind der Kirche zu betrachten. Noch einmal bedauere ich die Taten meines Lebens, die die Kirche betrübt haben, und meine letzten Gedanken gelten ihr und ihrem Oberhaupt.«

Mit größter Aufmerksamkeit hörte Talleyrand zu, nahm die Feder, tauchte sie selbst ins Tintenfaß und, ohne daß die Hand zitterte, setzte er seine Unterschrift unter das Schreiben, den offiziellen Namenszug, mit dem er alle Verträge unterzeichnete: »Charles Maurice, Prince de Talleyrand«.

Er bemerkte dazu noch, daß nicht alles, was er habe sagen wollen, in dem Text enthalten sei. Die Herzogin versicherte ihm, er werde es in dem zweiten, an den Heiligen Vater gerichteten Schreiben finden.

Die gleichen Wendungen, mit denen Gehorsam, Anhänglichkeit und Zuneigung zum Papst ausgedrückt werden, waren darin enthalten. Er machte mildernde Umstände geltend, ohne je deutlich zu sagen, auf welche Fehler sie anzuwenden seien. Er sprach von der allgemeinen Verwirrung der Epoche. Endlich folgte ein Satz, ein einziger, der erschütternd ist in seiner Mäßigung und Zurückhaltung. Zum erstenmal in seinem Leben, angesichts des Grabes, erwähnte er die Umstände, unter denen er für die Kirche bestimmt worden war. »Die Ehrfurcht, die ich denen schulde, die mir das Leben schenkten, verbietet mir nicht, zu sagen, daß meine ganze Jugend einem Beruf gewidmet gewesen ist, für den ich nicht geboren war.«

Hätte er eine so furchtbare Anklage – er hielt sie seit seiner traurigen Kindheit in seinem Innern verschlossen – mit mehr Takt – fast andeutend nur – ausdrücken können? Am 17. Mai 1838, als alles geregelt war, wagte er es zu sagen.

Als er zur Feder griff, vergaß er nicht, was er hinsichtlich des Datums beschlossen hatte. Er fragte: »An welchem Tag habe ich die Rede in der Académie gehalten?« – »Am 3. März.« – »Gut, schreiben Sie den 10., damit es die gleiche Woche ist.«

Die beiden am 17. Mai unterzeichneten Briefe tragen mithin ein falsches Datum. [Sie wurden von Gregor XVI. bis zu seinem Tod aufbewahrt. Er zeigte sie 1842 Pauline, die durch ihre Heirat Madame de Castellane geworden war. Seither sind sie verschwunden.] Sie wurden unverzüglich zum Sitz des Erzbischofs gebracht. Mgr. de Quélen schickte sie nach Rom, als wären sie eine Siegesmeldung für die Kirche.

Gegen sieben Uhr erlitt Talleyrand einen weiteren Schwächeanfall. Kurz darauf kam er wieder zu sich. Um acht ging es ihm besser. Unten im Haus war Stimmengewirr zu vernehmen. Der Besuch des Königs wurde angekündigt. Louis-Philippe, in Begleitung seiner Schwester Adelaide, kam, um von Talleyrand Abschied zu nehmen. »Es tut mir leid, Sie so krank zu sehen.« Die ungelenken Worte verbargen die innere Bewegung des Königs und seiner Schwester nicht. Sie wußten, was sie mit ihm verloren. Talleyrand empfing den König, wie es sich geziemt: »Sire, Sie sind gekommen, um den letzten Augenblicken eines Sterbenden beizuwohnen. Es ist eine hohe Ehre, die der König meinem Haus durch seinen heutigen Besuch erweist.« Dann übte er ein letztes Mal sein Amt als Großkämmerer aus, er entsprach der Hofetikette, die fordert, daß alle anwesenden Personen dem König namentlich genannt werden. Er stellte alle vor, die sich im Raum befanden, und er achtete darauf, daß der Kammerdiener Hélie nicht ausgelassen wurde. Auch das gehörte zum Dekor, zum Schauspiel des Todes eines Mannes, der sich einen grandiosen Tod schuf, so wie er sich sein Leben gestaltet hatte. Der König zog sich zurück. Seine Schwester blieb noch einen Augenblick. Talleyrand sagte zu ihr: »Ihnen muß kalt sein, Madame.« Sie drückte dem Sterbenden die Hand. Dann sagte er noch: »Ich habe Sie sehr gern.« Sie ging hinaus.

Er fiel in eine längere Bewußtlosigkeit. Als er die Augen wieder aufschlug, war Abbé Dupanloup bei ihm. Er wußte, daß der Augenblick gekommen war: er mußte beichten und bereuen. Seit 1789 hatte er nicht gebeichtet ... Ein halbes Jahrhundert war vergangen. Er wollte sich aufrichten. Mit den Seilen und Rollen setzte man ihn auf den Rand des Bettes und stützte ihn mit Kissen; die schon abgestorbenen Beine hingen herunter. Alle Kraft, die ihm verblieben war, lag in seinen Händen. Er ergriff die Hände des Abbés und ließ sie nicht mehr los. Der Raum hatte sich geleert, sie waren allein. Als der Abbé ihm die Absolution erteilen wollte, wußte er nicht, wie er seine rechte Hand freimachen sollte. Er war von der Beichte des Bußfertigen erschüttert und gerührt, Demut und Reue hatte er in gesprochenen Worten besser ausgedrückt als in den beiden Briefen.

Sie sprachen über die Freundschaft, die Mgr. de Quélen für Talleyrand empfand; er hatte gesagt, er würde sein Leben hingeben, um den Fürsten zu retten. »Sagen Sie ihm, er kann besseren Gebrauch davon machen«, antwortete Talleyrand.

Schon am frühen Morgen hatte sich die Nachricht von der Unterzeichnung verbreitet. Während der Beichte und dem Besuch des Königs hatte sich das Palais in der Rue Saint-Florentin mit Besuchern gefüllt. Im Hof, im Treppenhaus, in den Salons wogte eine elegante Menge auf und ab wie vor dem Beginn eines Festes. Lachen klang auf, das nicht immer von ärgerlichem »Psst«-Zischen erstickt werden konnte. Als die schwarzgekleideten Zeugen die Bühne verließen, drängte man sich um sie, bestürmte sie mit Fragen. Man wollte den Inhalt der Briefe erfahren, die Äußerungen und das Verhalten des Sterbenden. Es war wirklich ein aufregender Vormittag des Pariser Lebens.

Nachdem die Beichte beendet war, füllte sich der Raum schnell wieder. Der Abbé spendete ihm die Sterbesakramente. Ein Wort noch, ein letztes, hatte der Fürst zu sprechen. In dem Augenblick, als der Abbé ihm die Hände mit dem heiligen Öl benetzen wollte, streckte Talleyrand ihm die Handrücken hin statt der Handflächen und sagte: »Vergessen Sie nicht, Herr Abbé, daß ich Bischof bin.« 1789 hatte er die Bischofssalbung auf der Innenhand empfangen. So starb er, nach seinem eigenen Willen, als Bischof: die Kirche hatte gesiegt. Es ist wohl die größte Ehrerbietung, die ihr ein Abtrünniger je erwiesen hat.

Mehr als vierzig Personen murmelten im Chor mit dem Priester die Sterbegebete. Als beim Hersagen der Heiligenlitanei die Namen Maurice und Charles ausgesprochen wurden, öffnete er die Augen. Pauline, wiewohl am Ende ihrer Kräfte, wohnte der Zeremonie bei. Sie schrieb später:

»Als seine Kräfte ihn verließen, fiel sein armer haltloser Kopf bald nach vorn, bald nach rechts, bald nach links ... Herr von Bacourt, der Abbé Dupanloup und der Kammerdiener stützten ihn abwechselnd, und so tat er seinen letzten Atemzug.« Krampfhaft drückte er Bacourts Hand und verschied nachmittags um drei Uhr fündunddreißig. »Wir von der Familie knieten vor dem armen Onkel, wir beteten und weinten. Als der Arzt feststellte, daß er nicht mehr lebte, küßten wir die schon ganz kalte Hand.«

Er starb öffentlich, wie ein König.

Die Nachricht verbreitete sich in Windeseile mit dem Schwarm der Leute, die das Palais bevölkert hatten. In kürzester Frist waren die Räume leer, und leer für immer. Die großen Tage der Rue Saint-Florentin waren zu Ende.

Ganz Paris begann zu wispern. Von Mund zu Mund gab man sich die Bemerkungen weiter, die über den Toten im Umlauf waren. Bei den Legitimisten hieß es: »Nachdem er die ganze Welt geprellt hat, hat er schließlich sogar den lieben Gott geprellt.« Pozzo di Borgo erzählte einen Scherz. Als Talleyrand in der Hölle eintraf, empfing ihn der Satan mit großen Ehren und sagte zu ihm: »Fürst, Sie haben meine Anweisungen übertroffen.« Im anderen Lager benutzte Adolphe Thiers Talleyrands Bekehrung als Vorwand, sich von jeder Dankbarkeit dem Mann gegenüber loszusagen, der sein Vorbild gewesen war, der ihn geformt, nach oben gebracht und stets verteidigt hatte: »Durch diesen Kapuzinerstreich hat der Fürst von Talleyrand sein ganzes Leben verdorben.« Thiers kam nicht, um sein Beileid auszusprechen, ließ sich auch nie wieder bei Madame de Dino blicken, der er ungeheuer viel verdankte.

Die Herzogin von Broglie war nicht einverstanden, Talleyrands Ende kam ihr »seltsam« vor. Immerhin hätte sie seine Größe und seinen Mut anerkennen können. Aber sie wollte mehr, sie wünschte, Talleyrand hätte mit Gott direkt verhandelt: »Gott selbst hätte mit seiner Seele sprechen wollen«, schrieb sie an Barante.

Alfred de Vigny hörte, wie bei der Nachricht von Talleyrands Tod gesagt wurde: »Nun gibt es in Frankreich einen unredlichen Mann weniger.«

Selbst der Besuch des Königs wurde zum Anlaß des Spotts. Talleyrand soll gesagt haben: »Ich leide Schmerzen wie ein Verdammter.« Worauf der König geantwortet habe: »Jetzt schon?«

Es gab auch ernsthafte Stimmen. Royer-Collard, der gewiß nicht im Ruf stand, mit der Tugend zu scherzen, schrieb: »Ich habe Herrn von Talleyrand krank gesehen, ich habe ihn sterbend gesehen, ich habe ihn als Toten gesehen. Dieses große Schauspiel wird mir lange vor Augen stehen. Herr von Talleyrand ist als Christ gestorben, er hat seinen Frieden mit der Kirche gemacht und die Sakramente empfangen. Er ist die letzte Zeder des Libanons, er ist auch das letzte Urbild einer Lebensart, dieses Savoir-vivre, das den Grandseigneurs mit Esprit eigen war.«

Das stellte Talleyrand in seiner Todesstunde dar.

Die Aussage des Abbé Dupanloup war bescheidener und wohlwollender als die aller Frömmler einerseits und der Voltairianer andererseits. Besser als jeder andere war er in der Lage, ein zutreffendes Zeugnis abzugeben. Nach Talleyrands Beichte schrieb er: »Gott kennt das Geheimnis der Herzen.« Talleyrands Geheimnis zu ergründen, war nicht einfach, und wir wollen nicht kühner sein als sein Beichtvater, wenn es darum geht, die Aufrichtigkeit der Bekehrung zu beurteilen. Anschließen hingegen kann man sich dem Wort von Madame de Girardin: »Herr von Talleyrand ist als ein Mann gestorben, der zu leben versteht.«

Auch Victor Hugo hat sich ein Bravourstück geleistet. Ihm geht es weniger um das Sujet als um amüsante stilistische Formulierungen. Er hat Spaß an einer Aufzählung von historischen Namen und medizinischen Ausdrücken. Dieses Wortgeklingel tönt manchmal wie ein hohles Faß, es ist eher vergnüglich als boshaft. »In der Rue Saint-Florentin gibt es ein Palais und eine Gosse. Der letzte Bewohner dieses Palais' hat vielleicht nie seinen Blick auf diese Gosse gerichtet. Es war eine seltsame, gefürchtete und bemerkenswerte Persönlichkeit. Sie hieß Charles Maurice de Périgord. Er war ein Adliger wie Machiavelli, ein Priester wie Gondi, ein Abtrünniger wie Fouché, geistreich wie Voltaire, und er hinkte wie der Teufel. Nun ist dieser Mann, vorgestern, am 17. Mai gestorben. Ärzte sind gekommen und haben den Leichnam einbalsamiert. Zu diesem Zweck haben sie, wie die alten Ägypter es taten, die Eingeweide aus dem Bauch und das Gehirn aus dem Schädel entfernt. Als das geschehen war, als der Fürst von Talleyrand in eine Mumie verwandelt und diese Mumie in einen Sarg aus weißem Satin gelegt worden war, sind sie wieder gegangen und ließen auf dem Tisch das Gehirn zurück, dieses Gehirn, das ... und das ... und so weiter. Als die Ärzte fort waren, trat ein Diener herein und sah, was sie zurückgelassen hatten: ›Schau an‹, sagte er, ›sie haben das hier vergessen. Was soll ich damit machen?‹ Ihm fiel ein, daß eine Gosse auf der Straße war, er ist hinuntergegangen und hat das Gehirn in die Gosse geworfen.«

Victor Hugos Lesern lief ein Grusel- und Wonneschauer über den Rükken.

Das Schlimmste kommt noch. Während Talleyrand von der Weltbühne abtrat, hockte Chateaubriand im Außenministerium in der Rue du Bac, pflegte seinen Groll und spitzte sein Stilett, um die Autopsie vorzunehmen. Selten hat sich ein neidischer Schriftsteller mit solcher Grausamkeit auf einen Leichnam gestürzt. In der Tat ist Chateaubriand von allen Feinden Talleyrands der einzige, der verletzend wirkt, der einzige, dem es gelingt, Treffer anzubringen, eben weil er der grausamste, ungerechteste und empfindlichste ist. Er allein ist bewunderungswürdig und gefährlich. Er verleiht dem Haß und der Lüge die Farben, die Töne, den Zauber, den nur ein unvergleichliches Genie hervorbringt, mit allen Erscheinungsformen unwiderlegbarer Aufrichtigkeit. Noch heute übt dieser »Zauberer«, trotz aller Beweise, die seinen schlechten Willen bekunden, seine Macht aus. Um diesem Bann zu entrinnen, soll ein Wort Talleyrands zu Hilfe genommen werden: »Was übertrieben ist, ist wertlos.« Durch Übertreibung schadet sich Chateaubriand. Im Übermaß seiner Rachsucht vergißt er die Demut vor den Schrecken des Todes. Wagt er doch zu schreiben: »Die Menge hat beim Tode dieses zu drei Vierteln verfaulten Fürsten auf eine brandige Wunde an den Rippen gestarrt, der Kopf war auf die Brust gesunken, trotz der Binde, die ihn halten sollte ...«

Der Satz, mit dem er die scheußliche Schwäre beschreibt, die seinen Feind auffraß, bebt vor tückischer Freude. »Männer mit solchen Wunden ähneln den Gerippen von Prostituierten: von Geschwüren sind sie derart zerfressen, daß sie nicht einmal mehr zum Sezieren zu verwenden sind.«

Über die Aussöhnung mit der Kirche kurz vor dem Tode war Chateaubriand außer sich. Er hätte es lieber gesehen, Talleyrand wäre wie ein Hund verendet. Er speit auf alles, selbst auf Pauline, als er die Sterbestunde Talleyrands beschreibt. »Er zögerte seine Versöhnung mit dem Himmel von Minute zu Minute hinaus, seine Nichte spielte bei ihm eine seit langem vorbereitete Rolle zwischen einem mißbrauchten Priester und einem irregeführten jungen Mädchen.« Er deutet an, daß Talleyrand das Schuldbekenntnis nicht unterschrieben habe. Und die Zeugen? Sie sind ihm einerlei. Chateaubriands Art und Weise, vor der Geschichte Zeugnis abzulegen, hätte ihm vor einem Gericht ganz sicher Ärger eingetragen. »Talleyrand«, sagt er, »hatte Gedächtnisausfälle, die einem Angst einjagten.« Er selbst litt eher an einem Übermaß an Phantasie. »Der Tod suchte ihn im Auftrag Gottes.« Das ist nur eine hohle Phrase, die aber ihre Wirkung hat. Talleyrand war vierundachtzig Jahre alt, der Tod brauchte ihn nicht zu suchen, er wußte, wo er ihn finden konnte. Und von wem anders als von Gott sollte für einen Christen wie Chateaubriand der Tod kommen? Selbst wenn er ihn mit zwanzig Jahren geholt hätte. Nach diesen Unsinnigkeiten und Lügen packt ihn der Zorn. »Niemals hat sich der Stolz so elend gezeigt, die Bewunderung so dumm, die Frömmigkeit so töricht.« Ist Talleyrand aus Stolz – wenn schon nicht als Christ – als Stoiker gestorben, müßte man sagen: er bewies eine bewundernswerte Seelengröße. Und es zwingt zum Lächeln, wenn man liest, Talleyrands Stolz sei »elend« gewesen. Das sagt der stolzeste aller Christen, von dem bekannt ist, daß er in seinem Reisepaß radiert hat, um drei Zentimeter hinzuzufügen – nicht seiner eigentlichen Körpergröße, die leider unverändert klein blieb, sondern den Ziffern, die dort seine Größe angaben. Und ist Chateaubriands Grabmal nicht ein Monument des Stolzes?

Kam dem Verfasser von »Der Geist des Christentums« die schreckliche Aufgabe zu, Talleyrands Gerippe auf den Schindanger zu werfen? War denn Talleyrand von Stolz, Neid und Wollust mehr zernagt als Chateaubriand, dessen Lebensführung diesen drei Hauptsünden zu einer recht bemerkenswerten Verbreitung verholfen hat? Mit welchem Recht warf sich der kleine Vicomte zum Richter auf? Was er über Talleyrands Leichnam sagt, zerstört völlig das Vertrauen, das den christlichen Gefühlen dieses Schriftstellers entgegengebracht werden konnte. Doch sind diese Seiten der »Memoiren von jenseits des Grabes«, wiewohl sie weder christlich noch menschlich, noch zutreffend sind, so großartig, daß sie der Bösartigkeit zu einem weltweiten Widerhall verholfen haben.

Und was dachte und meinte die Kirche? Die Auffassungen gingen auseinander. Von Paris aus bat man den Vatikan, nicht zu jubeln. Die Kirche hatte kein so gutes Geschäft gemacht, wie Mgr. de Quélen und Abbé Dupanloup zunächst glaubten. Talleyrand hatte seinen Abgang meisterlich inszeniert. Er hatte seinen Klumpfuß auf den Weg zum Himmel gestellt, wahrscheinlich wollte er den anderen nicht folgen lassen. Doch war er, wie Duff Cooper sagt, mit ordnungsgemäßen Papieren auf die Reise gegangen. Er hatte »ein Beglaubigungsschreiben, einen visierten Paß« in der Tasche. Auf die Reise gegangen, ja – aber wohin?

Sein Tod, es war allenthalben zu spüren, rief eine Art Unbehagen hervor. Im Milieu der bürgerlichen Mittelmäßigkeit erregte er Ärgernis. Sein Tod bewegte die Leute nicht, sondern verwirrte sie. Des Fürsten Kaltblütigkeit und Größe dem Tod gegenüber vermochten es nicht, eine durch romantische Gefühlsseligkeit angekränkelte Gesellschaft zu rühren. Talleyrand erscheint dieser Gesellschaft nicht übermenschlich, sondern unmenschlich. Eine solche Selbstbeherrschung, eine solche Zurückhaltung und Würde hatten weder Sinn noch Bedeutung für »die Kinder des Jahrhunderts«, für den Herrn Biedermann. Warum hat er sich nicht theatralisch aufgeführt, geweint, gejammert, geschimpft, den Himmel oder die Hölle angerufen? Wenn der sterbende Talleyrand vielleicht nicht danach trachtete, vor Gottes Gericht zu erscheinen, insbesondere nicht vor dem seiner Zeitgenossen, so erschien er auf jeden Fall vor seinem eigenen Gericht. Als der Chirurg seinen Rücken mit dem Operationsmesser bearbeitete und Ströme von Eiter herausdrückte, hatte Talleyrand sich weder besiegt noch erniedrigt, auch nicht beklagenswert gefühlt. Er blieb, was er war: Talleyrand, Graf von Périgord, den Kapetingern ebenbürtig. Sein Tod war grauenvoll, wäre aber Erniedrigung hinzugekommen, hätte man ihn als widerlich empfinden können. Durch seine »Courage« entging er dem Zerfall. Betagte Leute des Faubourg Saint-Germain, die sich weder in der Politik noch überhaupt in der neuen Zeit auskannten, die aber die gute alte Lebensart zu schätzen wußten, sagten: »Er ist als Edelmann gestorben.« Man könnte auch sagen: als Stoiker. Ein wirklich christliches Ende war es nicht.

An höchstem Ort war man sich darüber klar. Mgr. de Quélen wurde von Rom getadelt. Er in seiner Arglosigkeit hatte geglaubt, ein Wunder zu vollbringen, er mußte schmerzlich feststellen, daß er sich hatte blenden lassen. Darüber starb er, fünf Monate nach Talleyrand.

Man könnte sagen, daß Talleyrand mit der Kirche verhandelt hatte wie mit einer Schutzmacht, an die er sich durch eine Art Lehnsverhältnis gebunden fühlte – ohne eine Spur von Mystik. Im letzten Augenblick beugte er sich, ohne ein Wort der Demut und der Reue auszusprechen, ohne die göttliche Barmherzigkeit anzurufen. Er verhielt sich wie in vielen anderen Umständen zuvor, und er hätte sagen können: »Ich habe mich den Ereignissen angepaßt.«

Die Form war gewahrt worden; das war sehr viel wichtiger als die Ansprüche des Himmels.

Die Trauerfeierlichkeiten für den Fürsten fanden am 22. Mai um elf Uhr statt. Seine letzte Fahrt entsprach seinem Leben und Wesen, sie vollzog sich mit einem Gepränge ohne Traurigkeit und in geordnetem Ablauf. Kaum Tränen, viel Aufwand. Ein großer Leichenwagen trug das Wappen der Périgord: die gekrönten Löwen, aufrecht, als tanzten sie, und den Wahlspruch: »Nichts als Gott«, der ironisch wirken konnten, denn bei dieser Beisetzung war alles zugegen außer Gott. Der Trauerzug war unendlich lang: Der Klerus in großer Zahl schritt dem mit Federbüschen geschmückten Wagen voran; gezogen wurde das Gefährt von sechs Pferden, die Straußenfedern auf dem Kopf trugen und deren silbergesäumte Schabracken bis auf die Erde hingen. Dahinter das diplomatische Korps, die Pairs-Kammer, das Institut, sechs Karossen der königlichen Familie und eine Unzahl von Trauerwagen zwischen zwei Reihen Soldaten, die vor dem Leichenwagen und der auf einem Samtkissen liegenden Herzogskrone die Waffen präsentierten. Alle Welt in großer Aufmachung oder in Galauniform: Goldverschnürungen, Federn, Stickereien. Alle hatten die Schärpen, die Halsbänder und Medaillen der verschiedensten und prächtigsten Orden angelegt. D'Argout fand die richtigen Worte: »Wäre der Sarg nicht gewesen, man hätte meinen können, einer Hochzeit oder einer Hoffeierlichkeit beizuwohnen.« Etwas anderes hätte Talleyrand sich nicht gewünscht. Die Totenmesse wurde in der nahegelegenen Kirche Assomption abgehalten, und der Sarg wurde in die Kirchengruft gesenkt, wo er verbleiben sollte, bis die Überführung nach Valençay erfolgen konnte. Talleyrand hatte verfügt, dort beigesetzt zu werden. Eine endlose Reihe von Menschen defilierte an den beiden Neffen vorüber, dem Herzog von Valençay und dem Herzog von Dino. So ging das Fest zu Ende.

Bis zum 2. September mußte Talleyrand warten, dann war die Grabstelle in Valençay fertiggestellt. Wie Victor Hugo schon sagte, war der Leichnam nach altägyptischer Art einbalsamiert worden.

Madame de Dino ließ nicht viel Zeit vergehen. Am 3. Juli, vierzig Tage nach den Trauerfeierlichkeiten verkaufte sie das Palais in der Rue Saint-Florentin für eine Million einhunderteinundachtzigtausend Francs an den Baron James de Rothschild. Sie klagte, sie habe das Haus zu einem niedrigen Preis abgegeben, fügte aber hinzu: »Das ist zumindest ein sehr zahlungskräftiger Käufer, der bar bezahlt; das ist in Rechnung zu stellen.« Am 9. Juli verkaufte sie die Bibliothek ihres Onkels. Zum viertenmal wurden Talleyrands Bücher in alle Winde verstreut. In einem Punkt ähnelt diese alles erbende Nichte der alles erbenden Nichte Voltaires, in der Art und Weise nämlich, das Erbe des »guten Onkels« zu verramschen.

Man kann Dorothees Eile verstehen: Sie mochte Paris nicht und wollte der Stadt so schnell wie möglich den Rücken kehren. Sie wußte, und darin irrte sie sich nicht, daß sie ohne den Fürsten nichts weiter mehr darstellte als einen Gegenstand des Neides und des Anstoßes. Der Faubourg Saint-Germain hatte es ihr klar zu verstehen gegeben, und der »philosophische Clan« hatte ihr durch Adolphe Thiers ein Beispiel seiner Feindseligkeit geliefert.

Am 5. September war Talleyrand wieder auf seinem Grund und Boden in Valençay. Er war nicht allein gereist. Zwei Särge begleiteten ihn: der seines Bruders Archambaud und der einer mit drei Jahren gestorbenen Großnichte, Yolande von Périgord, einer Tochter von Louis de Valençay. Die Särge standen auf einer Artillerie-Lafette, auf der im Jahr zuvor bereits die sterblichen Überreste der Königin Hortense nach Frankreich zurückgebracht worden waren. Wie merkwürdig: Talleyrand wurde spazierengefahren im Rollsessel Ludwigs XVIII. und zum Grab gefahren auf demselben Fahrzeug, das schon Königin Hortense, der Mutter seines Enkels Morny, zur letzten Reise gedient hatte.

Die Beisetzung brachte das Alltagsleben im weiten Umkreis von Valençay durcheinander. Die gesamte Bevölkerung zog zum Schloß. Der Fürst hatte verfügt, er wolle in der kleinen Kapelle zur letzten Ruhe gebettet werden, der Kapelle, die er hatte erbauen lassen und die Saint Maurice geweiht war. In der riesigen Volksmenge waren weder der Erzbischof von Bourges noch der Präfekt zu erblicken. Der Brandgeruch, der von den Bußbriefen ausging, hatte sich schon verbreitet. Für die Gendarmen und die Gemeinderäte hingegen stand Talleyrand noch im Geruch der Heiligkeit. Nach der Messe und der Absolution in der Pfarrkirche wurden die drei Särge in die Kapelle übergeführt und in die Gruft gesenkt. Eine Musketensalve grüßte den Sarg des Fürsten, als er im Gewölbe verschwand.

Es gibt nichts weniger Hoffärtiges als diese Krypta, in der Talleyrand neben seiner teuren Tyszkiewicz liegt, die er dreißig Jahre lang verehrte, und neben seinem Bruder, dem er sein Erstgeburtsrecht abgetreten hatte.

Nie hat Talleyrand durch ein Wort oder eine Geste Neid oder Mißgunst seinem Bruder gegenüber ausgedrückt, auch nie eine Klage seiner Familie gegenüber erhoben. Er, der Geächtete, hat ihr Glanz und Vermögen wiederverschafft, was sie beides seit dem 15. Jahrhundert nicht mehr besessen hatte. Als Gegengabe erwartete er nichts, denn seiner Moralauffassung nach schuldete er alles seiner Familie, ihr verdankte er es, als Talleyrand-Périgord geboren zu sein.

Von seinen Zeitgenossen erwartete er nicht viel mehr. Er baute auf die Nachwelt. Die letzten Zeilen seiner Memoiren lauten: »Die Nachwelt wird ein freieres und unabhängigeres Urteil als die Zeitgenossen über diejenigen abgeben, die, wie ich, in einer der ungewöhnlichsten Epochen der Geschichte in das große Welttheater gestellt wurden und damit das Recht haben, mit größerer Unparteilichkeit und größerer Gerechtigkeit beurteilt zu werden.«

Nicht immer sind diese Worte berücksichtigt worden. Heute, mehr als ein Jahrhundert nach seinem Tod, ist es leichter, ein echtes Bild von einem Mann zu geben, der zu allem fähig war, selbst dazu, das Gute zu tun.

Ihm ist das Schwierigste gelungen: sich selbst zu überwinden. Er hat Leiden und Demütigungen ertragen, er hat seinen Stolz durch Höflichkeit, seine Macht durch Menschlichkeit, seinen Reichtum durch Eleganz gemeistert. Kein Trieb hat in seinem Leben die Oberhand gewonnen, er hat keiner Leidenschaft nachgegeben, hingegen hat er stille und unbezwingliche Beharrlichkeit besessen. Um die Einförmigkeit zu durchbrechen, hat er sich viele Unstetigkeiten geleistet, er hat allen Gelüsten nachgegeben, allen Sinnesgenüssen und allen Windungen des Lebenslaufs. Doch nichts hat ihn von seinem Ziel abbringen können. Sein Ziel war das Frankreich der Aufklärung. Wenn es zutrifft, daß man durch Begeisterung Menschen berauschen und beherrschen kann, dann muß gesagt werden, daß er selber sich nie berauscht und andere nie beherrscht hat. Ihm lag daran, bestimmte Menschen zu betören, um sie zu überzeugen, und andere in die Irre zu führen, um sie loszuwerden.

Er hatte keine Lehre und keine Satzungen, um eine Welt zu verändern, die, wie er wußte, ebenso unveränderlich war wie er selbst. Er gab durch seine Persönlichkeit und nicht durch seine Reden ein uraltes Erbe der zivilisierten Menschheit weiter. Obwohl ihm mehr an der Zukunft als an der Vergangenheit lag, wußte er, daß die Zukunft nur mit der Vergangenheit gestaltet werden konnte. In einer aus der Revolution hervorgegangenen Welt verkörperte er das glanzvolle und schillernde Alter, das stets gewillt ist, sich vor der Zukunft zu beugen, um dem Leben seine Reverenz zu erweisen und der Zivilisation ihren Fortbestand zu sichern. »Ein großes Überbleibsel aus der Vergangenheit und ein Glanz in der Gegenwart ... Das, Messieurs, haben wir gesehen, und fürderhin werden wir nichts sehen, das dem gleichkommt«, sagte Barante. [Prosper de Barante, »Trauerrede auf den Fürsten von Talleyrand vor der Pairs-Kammer« am 8. Juni 1838.]

Gleichwohl hat er gelitten, darüber dürfen Samt, Seide und Spitzen nicht täuschen. Von seinem Tauftag an haben ihn Schmerz und Unglück verfolgt. Wie die meisten großen Männer des ausgehenden 18. Jahrhunderts war es sein Schicksal, in Stürmen zu leben und den Blitz auf sich zu lenken. Keinerlei Nimbus hatten für ihn die Stürme, und keinerlei Poesie verschönte das Unglück. Das waren nur die Erscheinungsformen der Gewalt und der Dummheit der Welt. Da aber die Welt so und nicht anders ist, glich er sich ihr an, er verstand es, ohne Schiffbruch durch sie hindurchzusteuern, irgendeinen Hafen zu finden und dort mit der gleichen Gelassenheit zu landen, als habe er Kythera erreicht. Er schuf sich ein Glück, wie andere sich eine Stellung schaffen.

Was bleibt von dem unvergleichlichen Gepränge und dem tiefen Leid? Eine Marmorplatte, eine Inschrift, die so nüchtern ist wie eine Eintragung im Standesamtsregister.

»Hier ruht der Leib von Charles Maurice de Talleyrand-Périgord,
Fürst-Herzog von Talleyrand, Herzog von Dino
Geboren in Paris am 2. Februar 1754
Gestorben in derselben Stadt am 17. Mai 1838«

Es bleibt der große unauslöschliche Name in Stein gemeißelt und in der Geschichte.

Jean Orieux
Quirgane-Marrakesch
Le Bugue-Périgord – 1966–1970

ANHANG

ZEITTAFEL

1754 Freitag, 2. Februar: Geburt von Charles Maurice de Talleyrand-Périgord in Paris, Rue Garancière 4.

[23. August: Geburt des Dauphins, des späteren Ludwig XVI.]

1755 1 Jahr. In Pflege im Faubourg Saint-Jacques.

1758 4 Jahre. Aufenthalt in Chalais bei seiner Großmutter.

1762 8 Jahre. Eintritt ins Collège d'Harcourt.

1769 15 Jahre. Aufenthalt in Reims bei seinem Onkel Alexandre-Angélique de Talleyrand, Koadjutor des Erzbischofs von Reims.

1770 16 Jahre. Eintritt ins Seminar von Saint-Sulpice.

[Der Dauphin heiratet Marie-Antoinette.]

1772 18 Jahre. Romanze mit Dorothée Dorinville, genannt Luzy, von der Comédie Française.

1774 20 Jahre. 28. Mai: Empfängt die niederen Weihen; 22. September: Verteidigt seine Doktorthese in Theologie an der Sorbonne.

[Tod Ludwigs XV. Thronbesteigung Ludwigs XVI.]

1775 21 Jahre. Subdiakonus. 11. Juni: Teilnahme an der Krönung Ludwigs XVI. in Reims.

1776 22 Jahre. Studium an der Sorbonne.

1778 24 Jahre. Lizenz in Theologie.

1779 25 Jahre. Am 18. Dezember zum Priester geweiht in Reims. 19. Dez.: Ernennung zum Generalvikar der Diözese Reims.

1780 26 Jahre. Generalbevollmächtigter des Klerus.

1785 31 Jahre. Am 21. April: Geburt von Charles de Flahaut.

1788 34 Jahre. Am 2. November: Ernennung zum Bischof von Autun. 4. November: Tod seines Vaters, Charles-Daniel de Talleyrand.

[Die amerikanische Verfassung tritt in Kraft.]

1789 35 Jahre. Am 12. April geht er von Autun nach Paris. 26. Juni: Sitz in der Nationalversammlung. 14. Juli: Mitglied des Verfassungsausschusses.

[Hungersnot in Frankreich. Erstürmung der Bastille. Erklärung der Menschenrechte. Kirchengüter werden nationalisiert. Gründung des Klubs der Jakobiner.]

1790 36 Jahre. 16. Februar: Präsident der Nationalversammlung. Am 14. Juli zelebriert er die Messe beim Föderationsfest auf dem Champ-de-Mars.

[Abstimmung über die Zivilverfassung des Klerus.]

1791 37 Jahre. Am 13. Januar schickt er das Schreiben ab, mit dem er seine Demission als Bischof des Départements Saône-et-Loire erklärt.

[Flucht des Königs und dessen Festnahme in Varennes. Dekrete gegen die Emigranten und Prinzen.]

1792 38 Jahre. Januar bis Juli: Diplomatische Mission in London. September ein zweites Mal. 5. Dezember: Dekret des Nationalkonvents gegen Talleyrand und Festnahmeverordnung.

[Rouget de Lisle dichtet »La Marseillaise«. Abschaffung der Feudalrechte. Aufstände. Abschaffung des Königtums.]

1793 39 Jahre. Er wird auf die Emigrantenliste gesetzt.

[Verurteilung und Hinrichtung des Königs. Schaffung der Revolutionsarmee.]

1794 40 Jahre. Ausweisung aus England. Am 3. März: Einschiffung zur Fahrt in die Vereinigten Staaten.

[Sturz Robespierres am 9. Thermidor. Trennung von Staat und Kirche.]

1795 41 Jahre. Am 31. März Beschlagnahme des Vermögens von Talleyrand. 4. September: Der Nationalkonvent zieht das Anklagedekret zurück und streicht seinen Namen von der Emigrantenliste. 14. Dezember: Er wird ins Institut gewählt.

[Wiederzulassung der Kirchen. Beginn des Directoire.]

1796 42 Jahre. 18. Juni: Er verläßt Amerika und landet Ende Juli in Hamburg. 20. September: Ankunft in Paris.

[Bonaparte wird Befehlshaber der Italien-Armee. Feldzug in Italien.]

1797 43 Jahre. 4. April und 3. Juli: Er hält vielbeachtete Vorträge im Institut. 16. Juli: Das Direktorium ernennt ihn zum Minister der Auswärtigen Beziehungen. 6. Dezember: Erste Begegnung zwischen Talleyrand und Bonaparte.

[Staatsstreich des 18. Fructidor. Den preußischen Thron besteigt Friedrich-Wilhelm III.]

1798 44 Jahre. 3. Januar: Talleyrand gibt zu Ehren von Joséphine ein großes Fest.

[Bonaparte beginnt den Feldzug in Ägypten. Schlacht bei Abukir.]

1799 45 Jahre. 20. Juli: Er tritt von seinem Ministeramt zurück. 22. November: Ernennung zum Minister des Auswärtigen des Konsulats.

[Fouché wird Polizeiminister. Pressefreiheit. Bonaparte kehrt nach Frankreich zurück. Staatsstreich des 18. Brumaire.]

1801 47 Jahre. Mrs. Grand tritt in sein Leben.

[Vertrag von Lunéville. In Rußland wird Paul I. ermordet, Alexander I. besteigt den Thron.]

1802 48 Jahre. 21. Juni: Laizisierung Talleyrands durch ein Breve des Papstes. 10. September: Zivilheirat mit Mrs. Grand.

[Vertrag von Amiens: Wiederherstellung des Friedens in Europa. Bonaparte wird zum Konsul auf Lebenszeit ernannt.]

1803 49 Jahre. 7. Mai: Talleyrand kauft Valençay.

[Germaine de Staël darf nicht mehr nach Frankreich. Reichsdeputationshauptschluß in Frankfurt.]

1804 50 Jahre. 11. Juli: Talleyrand wird Großkämmerer des Kaisers.

[21. März: Hinrichtung des Herzogs von Enghien. Der Code Civil tritt in Kraft. 18. Mai: Das Empire wird geschaffen. Vierzehn Marschälle werden ernannt. 2. Dezember: Krönung Napoleons.]

1805 51 Jahre. Im November ist Talleyrand in Wien. 26. Dezember: Unterzeichnung des Friedensvertrages mit Österreich in Preßburg.

[Dritte Koalition: England, Österreich, Rußland gegen Frankreich. Kapitulation von Ulm. Seeschlacht von Trafalgar. Schlacht von Austerlitz.]

1806 52 Jahre. 5. Juni: Talleyrand wird Fürst von Benevent. 12. Juli: Er unterzeichnet in Paris den Vertrag der Schaffung des Rheinbunds. Im Dezember ist er in Polen; bleibt bis Mai 1807 in Warschau.

[Wiedereinführung des Gregorianischen Kalenders. Joseph Bonaparte wird König von Neapel, Louis Bonaparte König von Holland. Ende des Heiligen Römischen Reiches. Preußisch-Russische Übereinkunft. Schlacht bei Jena und Auerstädt. Einnahme von Berlin. Kontinentalsperre.]

1807 53 Jahre. Anfang Juli unterzeichnet Talleyrand in Tilsit den Vertrag mit Rußland und Preußen. 10. August: Rücktritt als Minister des Auswärtigen. 17. August: Ernennung zum Vice-Grand-Electeur.

[Jérôme Bonaparte wird König von Westfalen. Sieg in Portugal. Steinsche Reformen in Preußen.]

1808 54 Jahre. 15. Mai: Die gefangenen spanischen Prinzen werden in Valençay interniert. Am 24. September nimmt Talleyrand auf Napoleons Geheiß am Fürstentag in Erfurt teil.

[Geburt von Louis-Napoléon Bonaparte (später Napoleon III.), Sohn von Louis Bonaparte. Joseph Bonaparte wird König von Spanien, Joachim Murat König von Neapel. Die Franzosen besetzen Rom.]

1809 55 Jahre. Napoleon entzieht Talleyrand das Amt des Großkämmerers im Januar. Am 22. April: Heirat seines Neffen Edmond von Périgord mit Dorothée von Kurland. 24. Juni: Talleyrands Mutter stirbt.

[Napoleon wird vom Papst exkommuniziert. Napoleon läßt sich von Joséphine scheiden. Aufstand von Andreas Hofer. Fünfte Koalition gegen Frankreich.]

1810 56 Jahre.

[Wiedereinführung der Zensur und der Staatsgefängnisse. Napoleon heiratet Marie-Louise von Österreich.]

1812 58 Jahre. 5. Mai: Talleyrand kauft das Stadtpalais in der Rue Saint-Florentin.

[Allianz mit Österreich. Der entführte Papst wird in Fontainebleau festgehalten. 24. Juni: Beginn des Feldzuges in Rußland. Einnahme und Brand von Moskau. 26.–29. November: Übergang über die Beresina.]

1813 59 Jahre. Im Dezember weigert sich Talleyrand, wiederum Napoleons Außenminister zu werden.

[Preußisch-Russische Allianz. Österreichische Allianz. Schlacht bei Leipzig.]

1814 60 Jahre. 29. März: Trotz Napoleons Weisung verläßt Talleyrand Paris nicht. 31. März: Der Zar nimmt Wohnung bei Talleyrand in der Rue Saint-Florentin. 1. April: Talleyrand wird vom Senat zum Präsidenten der Provisorischen Regierung gewählt. 23. April: Er unterzeichnet den Waffenstillstandsvertrag mit den Alliierten. 13. Mai: Ernennung zum Minister der Auswärtigen Angelegenheiten. 30. Mai: Unterzeichnung des Friedensvertrages von Paris mit den Alliierten. 4. Juni: Auf Lebenszeit ernannt zum Mitglied der Pairs-Kammer. Ludwig XVIII. überträgt ihm den Titel eines Fürsten von Talleyrand. 23. September: Er ist zur Teilnahme am Kongreß in Wien eingetroffen.

[Paris kapituliert. Ludwig XVIII. wird zum König ausgerufen. Die Alliierten ziehen in Paris ein. Abdankung Napoleons, Verbannung auf die Insel Elba. Tod der ehemaligen Kaiserin Joséphine.]

1815 61 Jahre. 13. März: Talleyrand unterzeichnet die Erklärung der auf dem Wiener Kongreß versammelten Mächte gegen Napoleon. 4. Juni: Das Fürstentum Benevent fällt an den Heiligen Stuhl zurück. 9. Juni: Unterzeichnung der Schlußakte des Wiener Kongresses. 23. Juni: Zusammentreffen mit Ludwig XVIII. in Mons. 9. Juli: Ernennung zum Präsidenten des Ministerrats und zum Minister des Auswärtigen. 24. September: Demission der Regierung Talleyrand. 28. September: Ernennung zum Großkämmerer. 10. November: Ferdinand I., König Beider Sizilien, verleiht Talleyrand die Herzogswürde.

[Napoleon landet in Golfe-St.-Juan und rückt auf Paris vor. Der König verläßt die Hauptstadt. Schlacht von Waterloo. Zweite Abdankung Napoleons. Der König kehrt nach Paris zurück. Murat und Ney werden hingerichtet.]

1817 63 Jahre. 2. Dezember: Ferdinand I. verleiht Talleyrand für seinen Neffen und Erben den Titel eines Herzogs von Dino.

1820 66 Jahre. 19. Dezember: Geburt von Pauline de Périgord.

1830 76 Jahre alt. 6. September: Talleyrand wird zum Botschafter in London ernannt.

[Juli-Revolution: Die »Trois Glorieuses« (27., 28. und 29. Juli). Abdankung Karls X. Das Bürgertum setzt Louis-Philippe auf den Thron. 5. Juli: Einnahme von Algier.]

1834 80 Jahre. 10. Januar: Talleyrand macht in London, wo er noch immer als Botschafter ist, sein Testament. 22. August: Rückkehr nach Frankreich. 13. November: Er schickt dem Minister des Auswärtigen sein Rücktrittsgesuch.

[In Deutschland wird der Zollverein gegründet.]

1838 84 Jahre. 3. März: Er hält im Institut die Rede auf den Grafen Reinhardt. 17. Mai: Er unterzeichnet einen Brief an Papst Gregor XVI. und eine Erklärung; mit diesen beiden Schreiben ist die Aussöhnung mit der Kirche vollzogen. Donnerstag, den 17. Mai: Tod Talleyrands. 5. September: Beisetzung in Valençay.

QUELLENSIGNATUREN

Die vom Verfasser zitierten Quellenangaben stehen in Versalien als Signaturen in eckigen Klammern und sind nach der hier folgenden Aufzählung aufzulösen:

ARR	L. Arrigon, Eine Freundin T.s: die Herzogin von Kurland
A	Aulard, Paris sous le Directoire
BB	B. Barère, Memoiren
BAR	Barras, Memoiren
BERT	P. Bertrand, Briefe T.s an Napoleon
PB/L-G	P. Bertrand in: Lacour-Gayet
BEUG	Memoiren von Beugnot
SEB	Sainte Beuve, Nouveau lundis
BOI	Memoiren der Gräfin de Boigne
BRO	Memoiren des Herzogs von Broglie
CAS	Tagebuch von Castellane
CAUL	Caulaincourt, Memoiren
CAZ	Tagebuch der Madame Cazenove d'Arlens
AICM	Aimée de Coigny, Memoiren
CPT	Colmache, Reminiscences of Prince T.
FM	Fouché, Memoiren
G	Memoiren der Madame de Genlis
JWG	Goethe, Collection des Portraits Historiques de M.le Baron Gérard
G-A	Grivot-Autun, Denis
HOL	Lord Holland, Souvenirs diplomatiques
HORT	Memoiren der Königin Hortense
JOS	Memoiren der Kaiserin Joséphine
LAC/TH	B. de Lacombe, Conversations avec M. Thiers
LPT	B. de Lacombe, La vie privée de T., 1
LVP	B. de Lacombe, Le vie privée de T., 2

L-G	Lacour-Gayet, G., Talleyrand
F. LOLLIE	Frédéric Lollie, T. et la société européenne
LMT	Louis Madelin, Talleyrand (In: Geschichte des Directoire und des Kaiserreichs)
MET	Metternich, Memoiren
MCT	Michel Misoffe, Le cœur secret de T.
ART	Artaud de Montar, Histoire du Cte. Hauterive
PCDJ	G. Pallain, Correspondance diplomatique de T.
PMTD	G. Pallain, Le Ministère de T. sous le Directoire
PAS/SEB	Pasquier, Memoiren / Sainte Beuve, Nouveaux lundis
PTEU	Michel Poniatowski, T. aux Etats-Unis, 1794–1796
POT	Memoiren der Gräfin Potocka
REM	Mme de Rémusat, Memoiren
SAV	Savary, Herzog von Rovigo, Memoiren
SERF	A. Sorel, L'Europe et la Révolution française
TM	Talleyrand, Memoiren
V	L. de Villefosse / J. Bouissounouse, L'opposition à Napoléon
VIL	Ch. M. de Villemarest, M. de T.
JV	Jacques Vivent, La vie privée de T. (Encycl. Britannica.)

BIBLIOGRAPHIE

A. Von Talleyrand

Talleyrand ... A ses citoyens (12 déc. 1792). Paris, Druckerei de Plassan.

L'Album perdu. Paris. Marchands de nouveautés, 1829. Dieses von H. Latouche nach Quérard verlegte Werk erschien 1835 erneut unter dem Titel: Pensées et maximes de Maurice de Talleyrand.

L'Assemblée nationale aux Français (11. Februar 1790) Paris, impr. nationale. o. J. (Von Talleyrand, nach Barbier.) 1790, Paris, Baudouin.

L'Assemblée nationale aux Français (11. Februar 1790), o. O. u. J. (Von Talleyrand, nach Barbier. Gedruckt in 2 Kolumnen, die zweite enthält eine Replik: *Les Français à l'Assemblée nationale,* 12. Februar 1790.)

Bericht des Herrn von Talleyrand-Périgord in Namen des Constitutions-Ausschusses über den Schluß des Pariser Départements vom 6ten April jüngst, Straßburg, P. J. Dannback, Buchdrucker, 1791.

Compte de la dépense du ministère des Relations extérieures, sur le fonds affecté par le Corps législatif à l'arriéré antérieur au 1er Vendémiaire au V, à commencer du 18 Prairial an VI jusqu'au 1er Vendémiaire an VII, et du 1er Vendémiaire an VII au 1er Germinal suivant; rendu par Cen Charles-Maurice Talleyrand. Paris, impr. de la République, an VII.

Compte de la dépense du ministère des Relations extérieures sur les fonds affectés par le Corps législatif à l'exercice an V (an VII) ... rendu par le Cen Charles-Maurice Talleyrand. Paris, impr. de la République, an VII, an IX.

La Confession de Talleyrand (1754–1838). Paris, L. Sauvaitre, 1891. (Texte von und über Talleyrand zusammengestellt von Ch. Joliet.)

Correspondance de Talleyrand avec le Premier Consul pendant la campagne de Marengo, publiée par le comte de la Meurthe. Laval, Druckerei E. Jamin, 1892. (Auszug aus der »Revue d'Histoire diplomatique«.)

Correspondance diplomatique de Talleyrand. La mission de Talleyrand à Londres en 1792, correspondance inédite de Talleyrand avec le département des Affaires étrangères, le général Biron, etc., ses lettres d'Amerique à Lord Lansdowne. Avec introduction et notes par G. Pallain. Paris, Plon, Nourrit et Cie, 1887.

Correspondance diplomatique de Talleyrand. Ambassade de Talleyrand à Londres, 1830–1834. 1re partie, avec introduction et notes par G. Pallain. Paris, E. Plon, Nourrit et Cie, 1891.

Correspondance diplomatique de Talleyrand. Le ministère de Talleyrand sous le Directoire. Avec introduction et notes par G. Pallain. Paris, E. Plon, Nourrit et Cie, 1891.

Correspondance du comte de Jaucourt ... avec le prince de Talleyrand pendant le congrès de Vienne ... publiée par son petit-fils [Jean-François Le Visse de Montigny, Mis de Jaucourt] ... avec avant-propos et notice biographique ... Paris, Plon, 1905.

Correspondance inédite du prince de Talleyrand et du roi Louis XVIII pendant le congrès de Vienne, publiée sur les manuscrits conservés au dépôt des Affaires étrangères, avec préface, éclaircissements et notes par M. G. Pallain. Paris, Plon, 1881.

Discours de M. le prince de Bénévent au Roi, en lui présentant le Sénat à Saint-Ouen, le 2 mai 1814. Paris, impr. de P. Gueffier.

Éclaircissements donnés par le Cen Talleyrand à ses concitoyens. Paris, Laran, an VII.
Essai sur les avantages à retirer des colonies nouvelles dans les circonstances présentes. Paris, impr. de Baudouin. (Der Titel des Schlußblatts lautet: Par le citoyen Talleyrand, lu à la séance publique de l'Institut national, le 15 Messidor an V. Rédigé par d'Hauterive, d'après Quérard.)
Mémoire: »Essai sur les avantages à retirer des colonies nouvelles.« Siehe DUTOT (S.): »De l'Expatriation.« Paris, 1840.
Les États-Unis et l'Angleterre en 1795. Brief des Herrn de Talleyrand ... Paris, E. Leroux, 1889 (2ex.). (Auszug aus der »Revue d'Histoire diplomatique«, 3e année, 1889.)
Institut royal de France. *Éloge de M. le comte Reinhard, prononcé à l'Académie des Sciences morales et politiques par M. le prince de Talleyrand* dans la séance du 3 mars 1838. Paris, impr. de F.-Didot frères, 1838.
Lettres du ministre des Relations extérieures, à M. Géry, envoyé des États-Unis en lui envoyant ses passeports ... [Gezeichnet: C. M. Talleyrand.] Paris, impr. de Laran, an VI.
Dernière lettre que M. Géry, envoyé des États-Unis, reçut du ministre des Relations extérieures avant son départ. [Signé: C. M. Talleyrand.] Paris, impr. de Laran, o. J. (Gebunden unter: »Propagateur an VI« zwischen den Nummern 228 und 229, 21 sowie 22 Thermidor.)
Lettres et billets du prince de Talleyrand et de M. Royer-Collard, avec une introduction par M. Paul Royer-Collard. Paris, impr. de Lahure, 1903. (Auswahl für die Französ. Gesellschaft der Bibliophilen, 1re partie, pièce no 3.)
Lettres inédites de Talleyrand à Napoléon, 1800–1809, publiées d'après les originaux conservés aux archives des Affaires étrangères, avec une introduction et des notes; par Pierre Bertrand, 2. Auflage. Paris, Perrin, 1889.
Des Loteries, par M. l'évêque d'Autun [Talleyrand]. Paris, Barrois, aîné, 1789.
Mémoires du prince de Talleyrand, publiées avec une préface et des notes, par le duc de Broglie ... Paris, C. Lévy, 1891–1892. (5 Bde.: I–1754–1808, II–1809–1815, III–1815–1830, IV–1830–1832, V–1832–1834.)
Mémoires, lettres inédites et papiers secrets de Talleyrand, accompagnés de notes explicatives par Jean Gorsas ... Paris, A. Savine, 1891.
Extraits des Mémoires du prince de Talleyrand-Périgord ... recueillies et mis en ordre par Mme la comtesse O ... Du C ... [Baron E. L. Lamothe-Langon.] Paris, C., Le Clère, 1838–1839 (apocryph).
Le ministre des Relations extérieures au citoyen Camille Corona ... (Gezeichnet: C. M. Tallcyrand). Roma, i Lazzarini stampatori, 1798. (Datierter Brief vom 3. Germinal des Jahres VI; übermittelt die Glückwünsche des Direktoriums an die römische Regierung.)
Notice historique sur le chevalier Don Joseph Nicolas d'Azara ..., ambassadeur d'Espagne à Paris, mort dans cette ville, le 5 Pluviôse an XII (par Talleyrand). Paris, o. J. (Auch J. F. Bourgouing und Hauterive zugeschrieben.)
Pensées et maximes de M. de Talleyrand, précédées de ses premières amours et suivies de l'opinion de Napoléon sur le grand diplomate. Paris, les librairies, 1835.
Pétition de Maurice Talleyrand ..., à la Convention nationale. Paris, Vve A. J. Gorsas, o. J. (Der Autor ersucht darum, nach Frankreich nicht als Emigrant zurückkehren zu dürfen, sondern wegen Nichterscheinens vor Gericht. Der Brief ist datiert vom 28. Prairial III aus Philadelphia.)
Procès-verbal de l'Assemblée général du clergé de France, tenue à Paris ... en 1786. M. l'abbé de Périgord ancien agent général secrétaire de l'Assemblée ..., Paris, G. Desprez, 1789.

Rapport de l'agence contenant les principales affaires du clergé depuis 1780 jusqu'en 1785, par M. l'abbé de Périgord et M. l'abbé de Boisgelin ... Paris, F. A. Didot aîné, 1788.
Réponse de M. l'évêque d'Autun [Talleyrand] *au Chapitre de l'Église cathédrale d'Autun.* Paris, impr. nationale, 1790. (Über das Dekret der Nationalversammlung vom 13. April 1790.)
G. LACOUR-GAYET: *Talleyrand et Royer-Collard* (Ungedruckter Briefwechsel). Paris, éditions de la »Revue mondiale«, 1927.
Talleyrand intime, d'après sa correspondance inédite avec la duchesse de Courlande. La Restauration en 1814. Paris, E. Kolb, 1891.
Talleyrand. Trois régimes: république, empire, monarchie. (Notice biographique par Ch. Simond.) Paris, H. Gautier, 1890. (Von Talleyrand ausgewählte Briefe, Nouvelle bibliothèque populaire Nr. 223.)
Two letters ... upon the uniformity of weights and measures. Siehe Miller (John Riggs). Speeches in the House of Commons upon the equalization of the weights and measures of Great-Britain ... London.
Motion de M. l'évêque d'Autun [Talleyrand] *sur les mandats impératifs.* (Entwurf über die Grundlagen, vor der Nationalversammlg. gelesen am 7. Juli 1789.)
Motion de M. l'évêque d'Autun [Talleyrand] *sur la proposition d'un emprunt faite à l'Assemblée nationale par le premier ministre des Finances, et sur la consolidation de la dette publique,* du 27 août 1789. Versailles, Baudouin.
Motion de l'évêque d'Autun [Talleyrand] *sur les biens ecclésiastiques du 10 octobre 1789.* Versailles, Baudouin.
Opinion de M. l'évêque d'Autun [Talleyrand] *sur les banques et sur le rétablissement de l'ordre dans les finances,* prononcée à l'Assemblée le ... 4 décembre 1789 ... Paris, Baudouin, 1789.
Opinion de M. l'évêque d'Autun [Talleyrand] *sur la fabrication des petites monnaies* ... (12. Dezember 1790). Paris, impr. nationale, o. J.
Rapport fait au nom du Comité de constitution, à la séance du 7 mai 1791, relatif à l'arrêté du département de Paris, du 6 avril précédent par M. de Talleyrand-Périgord. Paris, Impr. nationale. (Über die Freiheit der religiösen Kulte.)
Liberté des cultes religieux. Rapport fait au nom du Comité de constitution à la séance du 7 mai 1791 relatif à l'arrêté du département de Paris, du 6 avril précédent, par M. de Talleyrand-Périgord. Paris, impr. de Lottin aîné et J. R. Lottin, 1791.
Rapport sur l'instruction publique, fait au nom du Comité de constitution, à l'Assemblée nationale les 10, 11 et 19 septembre 1791. (Entwurf von Gesetzen über den öffentl. Unterricht.) Par M. de Talleyrand-Périgord. Paris, Impr. nationale, 1791.
Rapport sur l'instruction publique, fait au nom du Comité de Constitution par M. Talleyrand-Périgord.
Projet de décrets sur l'instruction publique, Paris, impr. nationale, 1791. (Vorschläge zu dem gleichen Entwurf.)
Rapport fait au premier Consul, en Sénat, par le ministre des Relations extérieures, concernant le règlement des indemnités germaniques. Séance du ... 3 Fructidor an X. (Gezeichnet: Charles-Maurice de Talleyrand, und datiert: Paris, Thermidor an X.) Paris, impr. du Dépôt des Lois.
Communication faite au Sénat dans sa séance du 15 Pluviôse an XIII, par le ministre des Relations extérieures. [Talleyrand] ... Serment prêté dans la même séance par ... le grand amiral de l'Empire [Murat] ... Rapport (de François de Neufchâteau) fait au Sénat, dans la séance du 18 du même mois et délibération, (Sénat-conservateur, impressions ordonnées, an XIII.)

Chambre des Pairs de France. Sitzung vom 8. September 1814. *Discours prononcé ... par le ministre des Affaires étrangères* [Talleyrand] en présentant à la Chambre des Pairs le projet de loi sur les finances, adopté par la Chambre des Députés le 3 du même mois ... Paris, impr. de la P. Didot l'aîné.

Proposition faite à la Chambre des Pairs par le prince de Talleyrand, dans la séance du 23 janvier 1817. Paris, J. G. Dentu, 1817.

Chambre des Pairs de France. Sitzung vom 26. Dezember 1820. *Opinion de M. le prince duc de Talleyrand sur une proposition de M. le comte Lanjuinais, relative à la compétence de la Chambre des Pairs ...* Paris, impr. de Didot aîné.

Chambre des Pairs de France. Sitzung vom 9. April 1821. *Opinion de M. le prince duc de Talleyrand sur le projet de loi relatif à la circonscription des arrondissements électoraux.* Paris, impr. P. Didot aîné, 1821.

Chambre des Pairs de France. Sitzung vom 24. Juli 1821. *Opinion de M. le prince de Talleyrand sur le projet de loi relatif aux journaux et écrits périodiques.* Paris, impr. P. Didot aîné, 1821.

Opinion de M. le prince de Talleyrand ... contre le renouvellement de la censure. (Sitzung vom 24. Juli 1821.) Paris, Baudouin fils, 1821.

Chambre des Pairs de France. Sitzung vom 13. November 1821. *Discours prononcé dans cette séance par M. le prince de Talleyrand, à l'occasion du décès de M. le comte Bourlier, évêque d'Évreux.* Paris, impr. J. Didot aîné, 1821.

Discours prononcé à la Chambre des Pairs, par M. le prince de Talleyrand à l'occasion du décès de M. le comte Bourlier ..., in der Sitzung vom 13. November 1821. Paris, Me Seignot, o. J.

Chambre des Pairs de France. Sitzung vom 26. Februar 1822. *Opinion de M. le prince duc de Talleyrand sur le projet de loi relatif à la répression des délits commis par la voie de la presse ou par tout autre moyen de publication.* Paris, impr. J. Didot aîné, 1822.

Discours de M. le prince de Talleyrand ... sur le projet de loi relatif aux délits de la presse (26. Februar 1822). Paris, Plancher, 1822.

Opinion de M. le prince de Talleyrand ... sur le projet d'adresse en réponse au discours du Roi, à l'ouverture de la session. (Sitzung vom 3. Februar 1823.) Paris, Baudouin frères, 1823.

Archives parlementaires, Bd. VIII. *Intervention de Talleyrand sur l'article 6 de la déclaration des droits de l'homme.*

Précis de la vie du prélat d'Autun, digne ministre de la fédération. Paris, 1790.

Précis de la vie de M. l'évêque d'Autun.

Talleyrand in America as a financial promoter, 1794–1796, unpublished letters and memoirs ... (by Talleyrand and others). Translated and edited by Hans Huth and Wilma J. Pugh. Foreword by F. L. Nussbaum. Washington U. S. Government printing office, 1942.

[Vente livres.] Talleyrand, 1811, 30 avril. *Catalogue des livres très bien conditionnés du cabinet de M. de Talleyrand.* Vente à Paris, 30 avril 1811. Paris, De Bure et fils, 1811.

B. Über Talleyrand

Abrantes (Mme d'). *Le sacre de Napoléon, la cour impériale.* Bibliothèque Figuière Nr. 1, Eugène Figuière éditeur, 1934.

Acton, Lord. *Essai sur les mémoires de Talleyrand,* dans »Historical essays«, 1906.

Angeberg, Comte. *Le Congrès de Vienne et les traités de Vienne précédés et suivis des actes diplomatiques qui s'y rattachent.* Paris, Amyot, 1863, 4 Bde.

Arrigon, L. G. *Une amie de Talleyrand: la duchesse de Courlande, 1761–1821.* Paris, Flammarion, 1945 (»L'histoire et les hommes«).

Bastide, Louis. *Vie politique et religieuse de Talleyrand-Périgord ...* Paris, Faure, 1838.

Bernardy, Françoise de. *Le dernier amour de Talleyrand. La duchesse de Dino.* Hachette, 1956.

Bernardy, Françoise de. *Le dernier amour de Talleyrand, la duchesse de Dino (1793–1862).* Paris, Perrin, 1965.

Bertaud, Jules. *Talleyrand.* Lyon, H. Lardanchet, 1945. (Sammlung »Histoires et Mémoires«, Nr. 8.)

Blei, Franz. *Talleyrand, der Staatsmann.* Aus dem Deutschen von René Lobstein. Paris, Payot, 1935.

Blennerhasset, Lady. *Talleyrand ...* Berlin, Paetel, in-8°, VII, 572 S.

Boigne, Comtesse. *Mémoires ...* 4 Bde. Paris, Plon, 1907–1908.

Boulay de la Meurthe. *Les justifications de Talleyrand pendant le Directoire.* Angers, 1889, in-8°, 23 S.

Boulay de la Meurthe. *Le Directoire et l'expédition d'Égypte.*

Bourgoing, Jean de. *Lettres de Talleyrand à Metternich* copiées d'après les originaux. R. Inst. »Napoléon«, 1965, Nr. 95.

Brinton, Crane. *The Lives of Talleyrand.* London, G. Allen und Unwin, printed in the USA, 1937.

Brougham, Lord. *Historical sketches of statesmen. 1839–1843.*

Bulwer, Sir H. Lytton. *Historical characters. Essai sur Talleyrand.* Übers. von Perrot, Paris, Reinwold, 1868, in-8°, XVI, 396 S.

Cambon, Jules. *Le diplomate.* Paris, 1931.

Castellane, Jean de. *Talleyrand.* Paris, Édit. des Ambassadeurs, 1934.

Caulaincourt. *Mémoires du général de C ...* 3 Bde. Paris, Plon, 1933.

Chastenay, Mme de. *Mémoires de Mme de ... 1771–1815,* 2 Bde., Plon, 1896.

Chateaubriand. *Talleyrand, La mort du duc d'Enghien.* Bibl. Fig. Nr. 1. Eugène, Figuière, éditeur, 1934.

Coigny. *Mémoires d'Aimée de Coigny.* Paris, 1902.

Colmache. *Reminiscences of Prince Talleyrand.* Londres, 1843, in 2 Bdn.

Combaluzier, F. *Le sacre épiscopal de Roberto Obaldini, nonce en France (3. Februar 1608) et de Charles-Maurice de Talleyrand-Périgord évêque d'Autun (4. Januar 1789).* »Ami Clergé«, 1967.

Cooper, Duff. (28) *Talleyrand.* Cercle Historia, Paris, 1958.

Cooper, Duff. *Talleyrand 1754–1838.* Traduit de l'anglais par H. et R. Alix. Paris, Payot, 1937. In deutscher Übersetzung von Karl Lerbs; Insel-Verlag, 1937; bei Christian Wegner 1946.

Cooper, Alfred Duff. *Viscount Norwich. Talleyrand.* London, Arrow Books, 1958.

Couchoud, Paul Louis, Couchoud, Jean-Paul. *Talleyrand-Mémoires ...* Introduction, note et établissement du texte. Paris, Plon, 1957, 2 Bde.

Dino, Dorothée de Courlande, duchesse de. *Chronique de 1831–1862,* publiée par la princesse Radziwill, Paris, 1909.

D. S. Mlle. *Éloge historique de M. de Périgord,* o. O., an VIII.

DUFOUR DE LA THUILERIE, Sosthène. *Histoire de la vie et de la mort de M. de Talleyrand-Périgord ... avec un grand nombre de documents et de notes historiques, par S. D.* Paris, Lib. de la Société de Saint-Nicolas, 1838, d'après M. Quérard.

DUPANLOUP, Abbé. In der »Revue des Deux Mondes«, März 1910.

DUPUIS, Ch. *Le ministère de Talleyrand en 1814.* Paris, Plon, 1919, 2 Bde.

EARL III, John L. *Talleyrand in Philadelphia 1794–1796.* »Pennsylvania Mag.«, 1967, Bd. 91, Nr. 3.

ÉVANS, P. D. *Deux émigrés en Amérique, Talleyrand et Beaumetz dans la Révolution française,* 1926, T. LXXXIX, S. 51–61.

FABRE-LUCE, Alfred. *Talleyrand.* Paris, Dargaud, 1969.

FERRERO, G. *La reconstruction. Talleyrand à Vienne, 1814–1815.* Paris, Plon, 1940.

GAJE, J. Antonio de Araujo. *Talleyrand et les négociations secrètes pour la paix de Portugal 1798–1800.* Bulletin des études portugaises, 1950.

GARDE CHAMBONAS, A. de la. *Souvenir du Congrès de Vienne.* Paris, Appert, 1843, 2 Bde.

GENLIS, Mme de. *Mémoires de Mme de ...* Vorwort von Lucas Dubreton. Paris, Didot, 1892, 2 Bde.

GUIZOT. *Mémoires pour servir à l'histoire de mon temps.* Bd. IV: »Talleyrand après Waterloo.«

GUYOT, R. *Projet de Talleyrand à la conférence de Londres, 16 janvier 1831.*

GUYOT, R. *Le Directoire et la paix de l'Europe.* Paris, 1941, 848 S.

GUYOT, R. *Du Directoire au Consulat. Les Transitions* in der »Revue hist.«, 1912.

JOELSON, Annette. *Courtesan princess. Catherine Grand, princesse de Talleyrand.* London, A. Redman, 1966.

KRAFT, Johannes. *Doctrine politique. Prinzipien Talleyrands in der Außen- und Innenpolitik.* Bonn, H. Bouvier, 1958.

LACOMBE, Bernard de. *Talleyrand, évêque d'Autun.* Paris, Perrin, in-16, VIII, 303 S.

LACOMBE, Bernard de. *La vie privée de Talleyrand. Son émigration. Son mariage. Sa retraite. Sa conversion. Sa mort.* Nouvelle édition, Paris, Plon, 1933.

LACOUR-GAYET, Georges. *Talleyrand.* Vorwort von *François Mauriac.* 1–6; S. D. Édit. Rencontre.

A propos du mariage de Talleyrand.

Talleyrand 1754–1838. I. *1754–1799.* Paris, Payot, 1928. – II. *1799–1815.* Paris, Payot, 1930. – III. *1815–1838.* Paris, Payot, 1931. – IV. *Mélanges,* Paris, Payot, 1934.

Talleyrand et Royer-Collard (Unveröffl. Briefwechsel). Garnier, Paris, 1927.

Comment on devenait ministre sous le Directoire [Talleyrand]. Paris, 1926.

LACRETELLE, Jacques de, AUDIBERTI, Jacques, CONTE, Arthur, DUNAN, Marcel, etc. *Talleyrand.* Paris, Hachette, 1964.

LAFORGUE, Dr René. *Talleyrand, l'homme de la France, essai psychanalitique sur la personnalité collective française.* Genève, Édit. du Mont Blanc, 1947.

LAUZUN, duc de. *Correspondance intime ...* Paris, 1858.

LESOURD, Paul. *L'Ame de Talleyrand.* Paris, Flammarion, 1942.

LIMOUZIN-LAMOTHE, Roger. *La rétractation de Talleyrand, documents inédits.* Paris, société d'histoire ecclésiastique de France, 1954. (Auszug aus der »Revue d'Histoire de l'Église de France«, Bd. LX, Juli–Dezember 1954.)

Mgr de Quélen et la conversation de Talleyrand, documents inédits. Toulouse Institut Catholique, 1957. (Enthält den Briefwechsel des Mgr. de Quélen und Talleyrands; Auszug aus: »Bulletin de littérature ecclésiastique«, Nr. 3, Juli–September 1957.)

LORD HOLLAND. *Foreign Reminiscences.* Übersetzt von H. de Chousky. Paris, Rouvier, 1851.

LOTH, Arthur. *Talleyrand et l'Église constitutionelle de France* in: »Revue anglo-romaine«, Oktober 1896.

MADELIN, Louis. *Fouché 1750–1820*. Paris, Plon, 1955, Perrin 1969. In deutscher Übersetzung von Gerhard Heller im Societäts-Verlag, 1970.

MATHIEZ, A. *La réforme de la Constitution de l'an III après le coup d'État du 18 fructidor*, in den: »Annales hist. de la Rev. franç.«, VI, 1929.

MENTIENNE, M. *Histoire de deux portefeuilles de ministre du temps de la grande Révolution française, ayant appartenu à Talleyrand et à Fouché dès le temps du premier Directoire*. Paris, Honoré Champion édit., 1924.

METTERNICH: *Aus Metternichs nachgelassenen Papieren;* hg. von Fürst R. M. und A. v. Klinkowström; 8 Bde.(1880–1884).

METTERNICH. *Documents et écrits divers laissés* ... Paris, Plon, 1880–1884, 8 Bde.

MICHEL, Bernard. *Les Grandes énigmes du temps jadis*, présentées par Bernard Michel. Paris, Amis de l'Histoire, 1968. (Band 13: Talleyrand et le Congrès de Vienne), 1969.

MICHAUD, L.-G. *Histoire politique et privée de Charles de Talleyrand, ancien évêque d'Autun – Suivie d'un extrait des mémoires inédits de M. de Sémallé, commissaire du roi en 1814; de nouveaux documents sur la mission qui fut donnée à Maubreuil pour assassiner Napoléon* ... Paris, Bureau de la Bibliographie universelle, 1853.

MIGNET. *Sur la vie et les travaux de M. le prince de Talleyrand;* in den: »Portraits et notices historiques«, 1852.

MOLÉ, Comte. *Mémoires* ... Paris, Champion, 1822–1830, 6 Bde.

NESSELRODE, Chr. R. *Lettres et papiers du chancelier* ... Paris, 1906.

OLDEN, Peter Hans. *Napoleon und Talleyrand. Die französische Politik während des Feldzugs in Deutschland*, 1805.

OLLIVIER, A. *Le 18 brumaire*. Paris, 1959.

PALÉOLOGUE, Maurice. *Talleyrand, Metternich, Chateaubriand*. Paris, Hachette.

PALLAIN, G. *Correspondance inédite du roi Louis XVIII pendant le Congrès de Vienne*. Paris, 1881. »Archives de l'Histoire de France«, Langlois et Stein.

PONIATOWSKI, Michel. *Talleyrand aux États-Unis*, 1794–1796. Paris, Presses de la Cité, 1967.

POTOCKA. *Mémoires de la comtesse P* ... Paris, Plon, 1897.

RAOUL DE SCEAU (Pater). [Kapuziner]. *Guide historique de Valençay, le château, l'église, le tombeau de Talleyrand.*

RÉMUSAT, Mme de. *Les confidences d'une impératrice*. »Bibliothèque Figuière«, Nr. 1. Eugène Figuière éditeur, 1934.

RENAUD, Ferdinand. *La onzième heure, retouches à 3 portraits, Mgr. Dupanloup, la duchesse de Dino, Talleyrand*. Paris, G. Victor, 1960.

RENOUVIN, Pierre. *Histoire des relations internationales. La Révolution française et l'Empire napoléonien par André Fugier*. Paris, 1954.

SAINT-AULAIRE [Graf von]. *Talleyrand*. Paris, Dunod, 1936.

SAINTE-BEUVE. *Monsieur de Talleyrand*. Paris, Lévy, 243 S.

SOREL, Albert. *L'Europe et la Révolution*. Paris, 1946–1949, 8 Bde.

SOREL, A. *Talleyrand au Congrès de Vienne*, in: »Essais d'histoire et de critique«, 1895, S. 55–94.

Talleyrand et ses mémoires, in: »Lectures historiques«. Paris, 1894, S. 71–112.

STENDHAL. *Le rouge et le noir*, Bd. II: Talleyrand auteur de la restauration des Bourbons. [Deutsch: Rot und Schwarz; in zahlr. Übersetz.]

TESSIER, J. *Les relations anglo-françaises au temps de Louis-Philippe. L'élection du roi des Belges nov. 1830–juil. 1831*, in den Mémoires de l'Académie nationale des Sciences ... de Caen. Bd. LIX, 1905, S. 59–135.

VANDAL, A. *Napoléon et Alexandre*, I.

VILLEMAREST, Charles-Maxime de. *M. de Talleyrand.* Paris, J.-P. Roret, 1834–1835, d'après M. Quérard.

VITROLLES. *Mémoires et relations politiques du baron de V.* Vitrolles, Bd. III, S. 119 ff.

VIVENT, Jacques. *Monsieur de Talleyrand intime.* Paris, Hachette, 1963.

La vie privée de Talleyrand. Paris, Hachette, 1940 (Sammlung »Les Vies privées«).

La vieillesse et la mort de M. de Talleyrand. Écrivains contemporains, 1964.

YEWDALE, Ralph B. *An identified article by Talleyrand,* in »American historical review«, Okt. 1922.

Chambre des Pairs. Sitzung vom 8. Juni 1838. Discours prononcé par M. le Bon. de Barante à l'occasion du décès de M. le prince de Talleyrand. (Nr. 106, Bd. III de la session de 1838, du recueil catalogué Bd. VI, S. 723, Nr. 2.)

BÉNÉVENT (Fürstentum).

Recueil de 22 pièces concernant l'administration de la principauté de Bénévent sous Charles-Maurice de Talleyrand. P., 1806–1815, o. O. u. J.

NAMENVERZEICHNIS

VERZEICHNIS DER BILDTAFELN